科学出版社“十四五”普通高等教育本科规划教材

中 医 学

主　　编　范　恒

副 主 编　文　磊　吴国琳　吴喜利　戴幸平　夏　庐

数字教材

主　　编　范　恒

副 主 编　文　磊　吴国琳　吴喜利　戴幸平　吕军影

　　　　　孙学刚　张诗军　宋恩峰　唐　庆

科 学 出 版 社

北　京

内 容 简 介

本教材涵盖了中医基础理论、中医诊断学、中药学、方剂学、中医内科学、中医妇科学、中医外科学、中医儿科学等内容。在编写本教材过程中，吸收了其他《中医学》教材的成功经验，结合中医学最新进展和成果，尽量做到条理清晰、框架合理，内容全面，便于教学，注重理论与实践相结合。充分考虑到西医院校学生与中医院校学生知识结构的区别，精心设计教材内容，注重中西医的相互联系及融会贯通，使学生临床诊治疾病的思维更加开阔，知识结构更加严谨。本教材侧重基本技能的训练和培养，启发学生独立思考，提高学生应用中医学及中西医结合医学的知识水平和处理临床实际问题的能力。同时，为了便于《中医学》的教学和学习，我们还配套编写了《中医学》数字教材。

本教材主要用于高等学校医学院基础、临床、预防和口腔等专业五年制本科生或八年制学生作为主体教材或配套教材，还可以用于临床医生提高临床中医及中西医结合水平，并能作为医师资格考试和中西医结合研究生入学考试的学习用书。

图书在版编目（CIP）数据

中医学 / 范恒主编. — 北京 : 科学出版社，2024. 11. —（科学出版社“十四五”普通高等教育本科规划教材）. — ISBN 978-7-03-080026-8

Ⅰ. R2

中国国家版本馆 CIP 数据核字第 2024F67Y41 号

责任编辑：朱　华 / 责任校对：宁辉彩

责任印制：张　伟 / 封面设计：陈　敬

科 学 出 版 社 出版

北京东黄城根北街 16 号

邮政编码：100717

http://www.sciencep.com

北京建宏印刷有限公司印刷

科学出版社发行　各地新华书店经销

*

2024 年 11 月第　一　版　开本：787×1092　1/16

2024 年 11 月第一次印刷　印张：32 1/2

字数：950 000

定价：128.00 元

（如有印装质量问题，我社负责调换）

《中医学》编写委员会

编　　委（按姓氏笔画排序）

马天鹏　海南医科大学
王景博　华中科技大学同济医学院
文　磊　浙江中医药大学附属第一医院
吕军影　广西医科大学第一附属医院
朱晓峰　暨南大学
刘星星　华中科技大学同济医学院附属协和医院
安　鹏　西安交通大学第二附属医院
孙　闵　济宁医学院
孙学刚　南方医科大学
李一明　深圳大学第一附属医院
李华蓉　华中科技大学同济医学院附属协和医院
李雪峰　兰州大学
吴国琳　浙江大学医学院附属第一医院
吴喜利　西安交通大学第二附属医院
何　钦　浙江大学医学院附属金华医院
汪选斌　湖北医药学院附属人民医院
宋恩峰　武汉大学人民医院
张诗军　中山大学附属第一医院
范　荣　中南大学湘雅医院江西医院
范　恒　华中科技大学同济医学院附属协和医院
胡德胜　华中科技大学同济医学院
施杰民　浙江大学医学院附属湖州医院
贾爱明　大连医科大学附属第二医院
夏　庆　四川大学华西医院
奚胜艳　厦门大学医学院
唐　庆　华中科技大学同济医学院
黄国栋　南昌大学第一附属医院
黄宗轩　广西医科大学第一附属医院
谢毅强　海南医科大学
戴幸平　中南大学湘雅医院江西医院

学术秘书　李华蓉

数字编委

前　言

为了适应新时代我国高等医学院校教育发展的需要，深化课程体系与教学方法改革，提高高等医学教育教学质量，借鉴国外 PBL 教学模式，强调基础学科与临床学科的联系和结合，强化临床理论向临床实践的过渡。我们接受科学出版社的委托，吸取既往《中医学》教材的经验和成果，组织编写《中医学》这本教材。本教材以中医基础理论为核心，结合中医望闻问切四诊的独特诊疗方法，针对病因、病机进行临床辨证，让学生形成以中医脏腑为中心的整体观念，并将这一观念运用到临床诊治疾病过程中去，使学生在认识疾病中能够更好地运用中医理论及中医思维模式进行辨证施治，从而提高自身的临床诊疗水平及实践能力，更好地培养临床应用型人才。

本教材有下列五个特点：①创新性。一是本教材编写重点突出，相关知识点以数字教材体现；二是坚持理论与实践相结合、教学与科研相结合、传承与创新相结合，纳入目前各学科重要研究成果，体现知识的更新和进展。②科学性。本教材总体设计与体例体现了科学性，在体现中医学特色的同时，力求语言客观、公正、平和，以免引起歧义和争议。③系统性。本教材的内容涉及中医理论基础及临床综合运用两方面，将中医理论基础与临床多门学科相结合。④代表性。本教材下篇选取了内、外、妇、儿科具有代表性的常见病症，在编写过程中各编委树立了质量意识和精品意识。⑤实用性。本教材的最终目的是落实到运用，培养临床、检验、护理及其他医学相关专业医学生熟悉中医理论基础，掌握一定的中医知识，期待其在临床中能给予患者恰当的治疗建议。

本教材主要用于高等医学院校临床、预防、基础等专业中医学教学，作为主体教材或配套教材，也用于中医实践教学中的辅导与考试，还可以用于临床医生提高临床中医及中西医结合水平，并能作为医师资格考试和中西医结合研究生入学考试的复习辅导用书。本教材适用对象为西医院校学生，故充分考虑到西医院校学生与中医院校学生知识结构的区别，精心设计教材内容，注重中西医的相互联系及融会贯通，使学生临床诊治疾病的思维更加开阔，知识结构更加严谨。通过教学使学生在临床中能初步掌握中医基础理论的核心、中医药处方用药特色、临床证候辨别要点等。侧重基本技能的训练和培养，启发学生独立思考，提高学生应用中医学的知识水平和处理临床实际问题的能力。本教材涵盖了中医基础理论、中医诊断学、中药学、方剂学、中医内科学、中医妇科学、中医外科学、中医儿科学等内容，我们在编写中尽量做到条理清晰、框架合理、内容全面，便于教学，注重理论与实践相结合。

在本教材的编写过程中，得到了华中科技大学同济医学院、四川大学华西医院、厦门大学医学院、浙江大学医学院、西安交通大学医学院、中南大学湘雅医院、暨南大学、兰州大学、广西医科大学、南方医科大学、西安交通大学、大连医科大学、中南大学、海南医科大学、武汉大学人民医院、深圳大学第一附属医院等领导和专家教授的热情支持，谨在此表示谢意。

由于编者水平有限，疏漏之处在所难免，敬请各院校师生和广大读者提出宝贵意见，以便进一步修改、完善。

《中医学》编委会

2024 年 7 月

目　　录

上　篇

中　篇

下　篇

上　篇

第一章　导　论

中医学，是由中华民族创造的医学，具有数千年的应用传统，是以中国传统的社会历史文化为背景，以传统的医学理论和实践为主体，研究人体生命活动中健康与疾病转化规律及其预防、诊断、治疗、康复和保健的一门综合性学科。它受到古代的唯物论和辩证法思想特别是阴阳五行学说的深刻影响，以整体观念为主导思想，以脏腑经络的生理和病理为基础，以辨证论治为诊疗特点。中医学植根于中国古代文化土壤之中，蕴含着中华优秀传统文化的丰富内涵，是中华文明史中的一颗璀璨明珠，是我国优秀传统文化的一个重要组成部分，是中华民族在长期的生活与生产实践中，逐渐积累不断发展而形成的。中医学以其博大精深的思想内涵、独特而完整的理论体系、丰富的实践经验、显著的临床疗效，不仅为中华民族的繁衍昌盛作出了巨大贡献，而且，在科学技术突飞猛进的今天，仍有效地指导着临床医疗实践，并在世界医学的发展中也发挥着重要的作用。

第一节　中医学的历史沿革

沿革即沿袭变革，历史沿革是指事物发展和变化历程。中医学不仅历史悠久，而且今古相续，一脉相承。回顾中医学的起源与发展历程，了解中医学发展的轨迹与规律，有助于加深对中医学的认识与理解。

一、中医学的起源

关于中医学的起源，现在还没有直接的依据能够证明其起源于何时以及是如何起源的。但中医的历史，与中华文明一样悠久，则是毫无疑问的。在有文字记载之前，除了出土文物外，历史传说、人类学、社会学等研究也能够帮助我们了解一定的医学知识积累的情况。

根据远古时代的传说，我国经历了五个漫长的历史时期，分别是有巢氏时代、燧人氏时代、伏羲氏时代、神农氏时代和黄帝时代。其中伏羲、神农和黄帝既是中华文明的始祖，也是医药的创始人。传说中，伏羲制九针、神农尝百草、黄帝论医药，表明中医学的起源与中华文明的起源是同步的。

从远古到春秋时期，出现早期的医药卫生实践。人类在生产劳动和生活实践中，在坚持不懈地与威胁健康和生命的创伤、疾病作斗争的过程中，不断地摸索能医治创伤、疾病的药物和方法，从偶然的发现到有意识的寻找，从点滴的经验到共同经验，从感性认知到理性实践，逐渐产生了原始的医药卫生知识。早期医药知识和医药应用经验的积累，为后世中医理论的形成，奠定了实践基础。

（一）对疾病与病因的认识

商代甲骨文中就有了人体和疾病的体现。甲骨文是我国目前发现的最早的文字，在殷墟出土的16万片甲骨中，有300多片与疾病有关，包括内、外、妇、儿等20多种疾病（商周甲骨文拓片如

图 1-1 所示）。

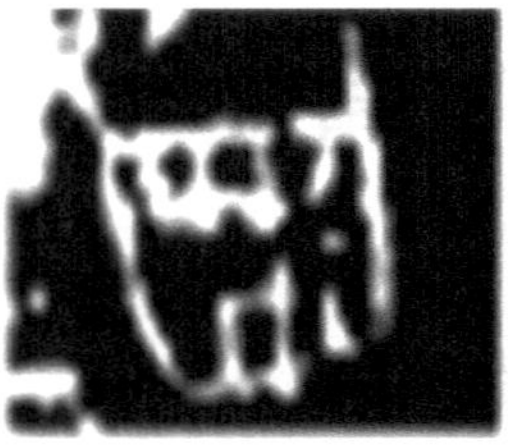

齿　　　　龋（象牙齿生虫之形）

图 1-1　商周甲骨文拓片

到了春秋时期，对疾病的认识有了进一步发展。据研究，《山海经》中记载的病名有 38 种，大都按疾病特点予以固定的名称，如瘿、痔、痈、癣等。在病因方面，《周礼》《礼记》等均载有季节气候对发病的影响。《左传》在记述秦国名医医和给晋平公诊病时，提出了“阴、阳、风、雨、晦、明”六气致病说，是最早的病因理论。

（二）药物知识的积累

《补史记·三皇本纪》有“神农……始尝百草，始有医药”的记述，《淮南子·修务训》则记载：“神农……尝百草之滋味，水泉之甘苦，令民知所避就。当此之时，一日而遇七十毒。”这是关于药物起源的传说。到了春秋时期，有关药物的记载逐渐增多。如《诗经》载有后世入药的植物 80 余种，《山海经》不仅将药物数量扩大到 120 多种，而且对药物的功效进行了分类，包括有毒药、解毒药、补益药、醒神药、杀虫药等。值得提出的是，夏代已经发明了人工酿酒方法，酒的出现有力地促进了医药的发展。酒不仅能够疏通血脉，而且是很好的溶剂，可制作药酒以防病治病。在远古时期，我们的祖先靠采摘植物果实、掘取根茎或出猎来获取食物。人们在漫长的生活实践中，经过无数次的口尝身受，逐步认识到哪些植物可以食用，哪些植物可以用来治疗疾病，从而逐步积累了一些植物药的知识，有了原始的食物疗法和药物疗法。进入氏族公社以后，随着多种石制工具和弓箭的发明，人们能够通过捕鱼、狩猎来获取较多的肉类、鱼类、蚌壳类食物。与此同时，也发现了一些动物的肝胆、壳甲、骨骼等具有一定的治疗作用，于是，又逐步积累了动物药的知识。随着人们对矿物性能的了解，矿物药也相继出现了。这些都说明了药物的发现是和人类长期的生产劳动、生活实践分不开的。而陶器的发明和应用，又为多种药物组成复方并煎熬成汤液创造了条件，古书中记载“伊尹始创汤液”，这样，人们可以根据不同的病情，选择多种药物配制成复方煎服。这种将药物灵活组合的治病方式，既能适合不同疾病、不同个体的需要，而且能够在提升单味药疗效的同时降低毒副作用，故至今仍是中医治病的重要手段。

（三）疾病的诊断和治疗

在殷商时代，人们已开始关注对疾病的诊断。通过对甲骨卜辞的研究，可以看出当时人们主要使用占卜的方式，寻求神灵的指引来判断所患疾病。到了西周时期，人们积累了更多的经验，逐渐超越了对巫的依赖，疾病诊断开始具备初步形态。《周礼》中记载着：“以五气、五声、五色视其死生；两之以九窍之变，参之以九藏之动。”这说明在西周前后，诊断疾病已经涉及望诊（观察外貌）、闻诊（听声音）、问诊（询问症状）、切诊（按摩脉搏）等内容。《周礼》所载的有关“四诊”的内容，通过综合分析患者的内外症状，没有神秘色彩，可以被视为中医诊断学的起源。这些记载表明，在西周时期，人们已经开始通过观察、询问、听诊和脉诊等方式来诊断疾病，逐渐发展了对疾病诊断的理论和实践。这些初步的诊断方法为后来中医诊断学的形成奠定了基础。

在商周时期，临证治疗方面已经广泛应用了食疗、药疗、酒剂、砭法以及针刺火灸等方法。《周礼·天官》记载“以五味、五谷、五药养其病”，这说明人们当时已经使用五味、五谷和五种药物来调养和治疗疾病。另外，《周礼》中还提到了治疗疮疡的方法，使用了外用的腐蚀药物，这也是我国历史上最早记录的化学药物使用。关于酒剂在医疗中的应用，可以从甲骨文中的“鬯其酒”的记载以及《史记·扁鹊仓公列传》中关于“在肠胃，酒醪之所及”的描述得知，那个时候酒剂在医疗中的应用已经相当广泛。在治疗方法方面，《左传》中的“病入膏肓”的典故，提出了“攻”“达”“药”的治疗法则，表明当时已经有了比较系统的治疗方法。

（四）原始医疗工具、外治方法的发明和针灸的起源

古人懂得用兽角进行相当于拔罐的“角法”，用甲骨、兽骨、鱼刺等除去异物，切开脓肿和实施放血。新石器时代，人们已掌握了磨制技术。随着种类繁多的石器的制造，出现了我国最早的原始医疗工具——砭石。砭石有剑形、刀形、针形、锥形、三棱形等，可用于切割痈疡、放血排脓、按摩、热熨等。后世的刀、针就是在此基础上发展而成的。砭石骨针如图 1-2 所示。砭石是用特定的石头磨制而成的医疗工具，用于刮痧、按摩等疗法。砭石被广泛应用于外科治疗。石针用于刺破皮肤、放血，以缓解疼痛和治疗疾病。随着时间的推移，针刺疗法逐渐发展，成为中医治疗的重要方法之一。

图 1-2 砭石骨针

早期人类在逃避敌害、与野兽搏斗和部落战争中，常有外伤发生。为了减轻外伤引起的疼痛和流血，对于受伤部位自然地会用手抚摸和按压，形成了最早的按摩术和止血法。古人用树皮、泥土、捣烂的草茎或树叶涂敷伤口，逐渐摸索出贴敷疗法，逐步发现了外用药。火的发明和应用，为原始的热熨法创造了条件。因火而发生的烧伤、烫伤，意外地减轻或消除了某些原有的病痛，于是随着经验的积累，产生了灸法。

（五）早期的卫生保健

夏商时期在卫生保健方面取得了明显进步。据传黄帝时代已有水井，夏代更有“伯益作井”的说法，水井的使用对于保障良好的饮食卫生有着重要作用，但需要经常保持清洁。《管子》中明确提到，在春季要清除积垢和泥，更换新水（即“杼井易水”），并疏通沟渠，排除积水。商周文化遗址中发现了规模庞大的地下排水管道（陶实），《周礼·考工记》中也记载了高达三尺的巨大下水管道。

在个人卫生方面，夏商时期的人们已经养成了洗脸、洗手、洗脚、沐浴和洗涤食具等习惯，这些方面在甲骨文中有不少记载。1935 年在殷墟的考古发掘中，出土了壶、盂、勺、盘、陶槎、头梳等全套盥洗用具。到了周代，人们已经认识到沐浴对于医疗和疾病保健的意义，将沐浴视为一种疗疾保健的方法。《礼记》更要求人们养成饭前洗手、用餐时不对面说话、不剩饭、不随地吐痰等日常卫生和生活习惯，并提出了“疾病，内外皆扫，彻亵衣，加新衣”的主张。

西周时期的人们也非常重视饮食卫生。《周礼》中简要介绍了四时肉食的品种、各类饮食的服食方法、四时调味的宜忌，以及饭食与菜肴的搭配等。《论语·乡党》指出，食物的重要性在于精细、适时和新鲜洁净，任何变质、恶臭的肉食都不应食用。

导引，是古代的一种医疗、保健方法，早在先秦的《庄子·刻意》中就已提及“道引”（即导引）。导引由原始舞蹈演化而来，他们利用摇筋骨、动肢节的舞蹈动作，通过肢体运动和姿势的变化，以发挥舒壮筋骨、宣畅气血、消肿和止痛的作用，是一种早期的健身和治疗方法。导引由于对健身、疾病防治确有效而流传至今，并成为后世体育及推拿疗法的重要内容。

先秦时期，人们对早婚和近亲婚配的危害已经有了一定的认识。《周礼》记载“男三十娶，女二十嫁”以及“礼不娶同姓”。《礼记》中提到，三十岁称为壮年，应该有了自己的住所。《左传》也有类似的说法，男女同姓，他们的后代不会繁衍。

值得指出的是，我们的祖先很早就有了人体解剖学实践。大约在 3000 年前的商代甲骨文中，“心”字象形人或动物心的轮廓。显然，古人已经对解剖学有了初步的认识（图 1-3）。

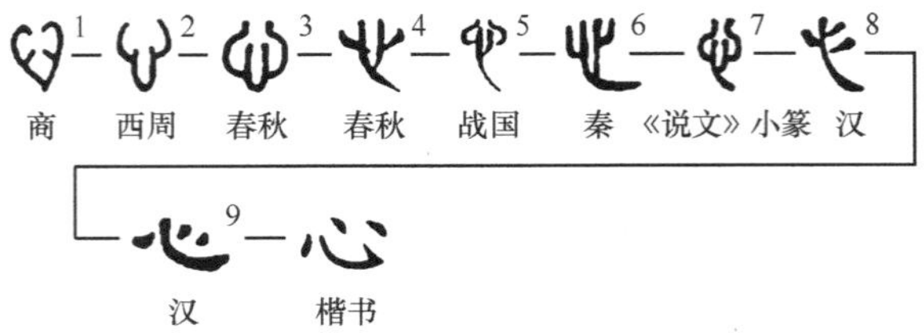

图 1-3 “心”字的各种字体

总之，中医学起源经历了漫长而又复杂的过程。疾病的危害、人类固有的自我保护，消除病痛的本能给予医学的产生以最初的动力，但人一开始就是在思维支配下活动的，他们能够把同疾病作斗争的经验积累起来，传递给后代，与动物单纯求生的本能有着本质的区别。生产劳动和广泛的生活实践深化着人们的认识，深化着人们与疾病作斗争的经验，提供了医用器具和丰富的药物知识，使人们得以更深入地认识疾病，更好地积累医学经验。可以说，古人同疾病作斗争的需求和有意识地积累、传播医学知识，是中医学起源的真正源头。中医学起源的历史，也就是人类的文明史。随着医药知识的逐步积累，我国古代医者开始研究医学理论。他们从人体的组织结构、功能活动，联系到自然界和当时流行的哲学思想，从而产生了我国医学理论的萌芽。在人体方面，已有精神、气血、经脉、四肢、五脏、九窍等概念，从外在形态、内脏器官到生理现象都有长足的认识。春秋时期，作为古代哲学思想的精气学说、阴阳五行学说等开始引入对医学问题的解释，成为中医学理论的重要思想基础。上述成就，为中医学理论体系的形成奠定了基础。

二、中医学理论体系的形成与发展

（一）春秋战国至两汉时期，中医学理论体系的初步形成和奠基阶段

这一时期，是从医药应用经验的早期积累到形成中医理论体系的第一个高峰。我国进入封建社会，社会生产力的发展，促进了经济、科技、文化的发展。在医学领域，人们从简单的医疗活动逐步深化到对人体的外在形态、内脏器官、生理现象以及疾病原因的理性认识，长时间积累的大量医药知识得以整理总结，为中医学理论体系的形成提供了素材。而精、气、阴阳、五行学说等广泛用于揭示自然界事物现象变化规律的古代哲学思想的确立，又为中医学理论体系的形成奠定了自然观、方法论的基础。

西汉以前，我国曾出现过一大批医药学专著，据《汉书·艺文志》记载，当时尚存的医学文献为数很可观，“凡方技三十六家，八百六十八卷”，可分为医经和医方两大类。20 世纪 70～80 年代，在长沙马王堆汉墓及湖北江陵张家山考古发掘中，出土了大量的医书及简帛医书，如《足臂十一脉灸经》《阴阳十一脉灸经》《脉法》《五十二病方》《养生方》《胎产方》《杂疗方》《杂禁方》《导引图》《天下至道谈》等，都是秦汉以前（战国时期）问世、后世已经失传的医书，部分地反映了这一时期医学水平。战国至秦汉时期，是我国封建制度建立、巩固和发展的重要时期。在此期间，先是战国“诸子峰起，百家争鸣”；之后秦始皇统一中国，实行车同轨、书同文；至汉代，国力强盛，经济发展，科技进步，文化繁荣。在思想方面，精气学说、阴阳五行学说广泛地应用于不同领域。这一社会文化背景，极大促进了医学发展的步伐，《黄帝内经》《难经》《神农本草经》和《伤寒杂病论》等医学典籍的相继问世，标志着中医学理论体系的初步形成。与此同时，还出现了扁鹊、淳于意（仓公）、张仲景、华佗等著名医家。其中扁鹊是被《史记》列入传记的第一位医家，是医与巫分离的标志性人物，称为“方者宗”。汉代华佗创立了“麻沸散”，是世界上第一个进行剖腹手术使用麻醉剂的人，比欧洲约早 1700 年。

1.《黄帝内经》 简称《内经》，《汉书·艺文志·方技略》已著录，大约成书于战国至秦汉时期，分为《素问》《灵枢》两部分，各 9 卷，合计 18 卷；每卷 9 篇，合计 162 篇，是我国现存最早的较为系统阐述中医理论体系的专著，是许多医家进行搜集、整理、综合而成的第一部医学经典著作，标志着中医学由单纯积累经验的阶段，发展到系统的理论总结阶段，它为中医学的发展提供了理论指导和依据，代表了当时我国医学理论的最高成就，是中医学的重要典籍。《内经》内容十分丰富，它对人与自然的关系，人的生理、病理、疾病的诊断、治疗及预防等方面，进行了全面系统的阐述。书中借助古代哲学思想，遵循“天人合一”的系统整体观，用精、气、神、阴阳、五行等学说，对人体脏腑、经络、病因、病机、诊法、治则、辨证、针灸、摄生等问题进行阐发，并构建了藏象、气血津液、经络、病因病机等基本理论，奠定了中医学的理论基础。至今中医学许多带有根本性的医学观点和理论原则，仍以该书为依据。《内经》在阐述医理的同时，还对当时代表文化进步的古代哲学思想，如精气、阴阳、五行、天人关系、形神关系等，进行了深入的探讨，并用医学科学的成果丰富和发展了古代哲学思想。千百年来，它始终有效地指导着我国传统医学的临床实践，不仅在国内为历代医学家所重视，而且对世界医学的发展亦有重要影响。

2.《难经》 原名《黄帝八十一难经》，共计 3 卷（亦有 5 卷本），旧题战国秦越人（扁鹊）所作，约成书于西汉后期。全书以问答解疑的形式论述了脏腑、经络、脉学、腧穴、针法、三焦、命门等八十一个问题，以基础理论为主，还分析了一些病症，补充和完善了《内经》理论。尤其是在脉学方面，将《内经》上、中、下三部九候的全身诊脉法简化为寸口诊脉法，为后世医家所遵循。该书对经络、命门、三焦的论述，则在《内经》的基础上有所发展，是继《内经》之后的又一部中医经典著作。

3.《神农本草经》 简称《本草》或《本草经》，共 3 卷（亦有作 4 卷），约成书于西汉后期至东汉时期，由许多医药学家不断搜集各种药物学资料加工整理而成，托名神农，是我国现存最早的药物学专著。书中收载药物 365 种，其中植物药 252 种，动物药 67 种，矿物药 46 种。根据药物性能功效的不同，分为上、中、下三品，这是中国药物学中最早、最原始的药物分类方法。书中概括论述了药物的四性（寒、热、温、凉）、五味（酸、苦、甘、辛、咸），提出了单行、相须、相使、相畏、相恶、相反、相杀的“七情和合”等药物配伍理论，为组方提供了重要依据，从而奠定了后世中药学理论体系的基础。

4.《伤寒杂病论》 为东汉末年伟大医家张机（字仲景，明朝开始被称为医圣）所著，他“勤求古训，博采众方”，发展了《内经》《难经》《汤液经》等书的理论，同时结合当时人们同疾病作斗争的丰富经验及自身医疗实践而撰成我国第一部临床医学专著。原书伤寒部分经晋代太医令王叔和收集、整理、编次成册，名为《伤寒论》，分 10 卷 397 条，主要论述治疗外感热性病，以六经辨证为纲，对伤寒各阶段的辨脉审证大法和立方用药的规律，作了全面的论述，共载方剂 113 首；原书杂病和妇科部分经北宋医官林亿等人整理、采集、编纂，书名为《金匮要略方论》，后世通称为《金匮要略》，共 25 篇，398 条，以整体观为指导思想，以脏腑经络学说为基本论点，认为疾病的发生都是整体功能失调，脏腑经络发生病理变化的反应，并据此提出了病证结合的辨证方法，确立了内伤杂病的辨证论治的规律和原则，对辨治杂病具有重要意义。共记载疾病 50 余种，方剂 262 首。总之，《伤寒杂病论》一书理、法、方、药齐备，确立了中医学辨证论治的理论体系，为后世中医临床医学的发展奠定了坚实的基础。书中所载方药至今仍在临床上广泛运用。

（二）晋代至五代时期（公元 265～960 年），中医学理论体系的不断完善和发展

随着科学的发展和社会的进步，中医药学理论和医疗技术也不断发展和提高，特别是大量的医疗实践的积累，医学专科的发展，众多医药文献、著作的问世，使中医学自汉代以后进入了不断完善、丰富和全面发展的阶段。

魏晋南北朝隋唐时期，是中医学理论体系充实、融合和临床学科发展阶段。魏两晋南北朝时期，中国社会处于动乱割据状态，学术思想领域较为纷杂，在这样的文化氛围中，中医学的发展受到一

定影响，但在脉学、针灸学、药物方剂、伤科、养生保健等方面仍取得了一定的成绩。

晋代太医令王叔和撰成我国现存最早的脉学专著——《脉经》，首次对脉诊进行了全面总结。《脉经》的问世，标志着中医脉学的成熟。晋代葛洪著有《肘后救卒方》，将临床急救、多见、简要实用部分，摘要编成该书，书中突出之点是对某些传染病的认识达到很高水平。南朝齐梁陶弘景著有《本草经集注》，该书是继《神农本草经》以后，又一次药物学的整理提高，药物品种增加一倍（700 种），并且开了按药物功用进行分类的先河。南朝齐梁全元起、隋唐杨上善和王冰等医家开始注疏诠释《内经》，王叔和编次整理《伤寒杂病论》，这对后世大规模研究《内经》和《伤寒论》等古典医籍产生较大的影响。由于隋唐一段时期内，国家重归统一，政治稳定、经济发展、文化繁荣，为中医学的全面发展创造了良好条件。伴随着学术起步，大型综合性医书、方剂及本草著作相继问世，政府设立太医署等中医管理和教育机构，隋代巢元方总结我国 7 世纪以前的病因、病机、证候学成就，撰写了《诸病源候论》，该书是我国现存的第一部病因证候学专著，对后世病因证候学的发展影响很大。

临床各科在分化中逐渐发展成熟。对脚气病、消渴、精神病、黄疸、绦虫病、麻风病、天花、狂犬病等诸多内科疾病的认识已达到很高的水平，外科治疗方法多样化，妇产科、儿科、骨伤科、急救专著《经效产宝》《颅囟经》《仙授理伤续断秘方》《肘后救卒方》相继问世。晋唐时期是针灸理论体系的形成时期，魏晋皇甫谧撰写的《针灸甲乙经》是我国现存的第一部针灸专著。唐朝创立了世界上最早的国家医学专科学校——太医署，编撰了世界上第一部由国家颁发的药典——《新修本草》（简称《唐本草》），比《纽纶堡药典》早 883 年。

唐代医学家孙思邈的《备急千金要方》《千金翼方》两部巨著，所载医论、医方系统地反映了唐初以前的医学成就，具有较高的学术价值，详尽地记载了唐以前主要医学著作的医学理论、方剂、诊法、治法、食养等作为一个医生所必备的各种医学理论和实践知识，代表了盛唐医学的先进水平，堪称我国第一部医学百科全书。孙思邈在他著作开篇以单独篇章提出："凡大医治病，必当安神定志，无欲无求，先发大慈恻隐之心，誓愿普救含灵之苦。若有疾厄来求救者，不得问其贵贱贫富，长幼妍媸，怨亲善友，华夷愚智，普同一等，皆如至亲之想，亦不得瞻前顾后，自虑吉凶，护惜身命。见彼苦恼，若己有之，深心凄怆，勿避崄巇、昼夜、寒暑、饥渴、疲劳，一心赴救，无作工夫形迹之心。如此可为苍生大医。"文中提出了"大医"必备素质，从博学精勤、仁慈恻隐、澄神定志等方面阐述了大医精诚的丰富内涵，被后世奉为医生道德医术修养的圭臬。"大医精诚"是高尚医德、精湛医术的集中体现，是中华优秀传统文化的一部分。

唐代王焘著有《外台秘要》，该书是内容包括内、外、骨、妇产、小儿、传染病、皮肤、五官等科的证治的综合性医籍，还记述了黄疸的尿检验法和金针拨障术（治疗白内障的眼科手术）。《诸病源候论》是一部病因、病机和证候学专著，它反映了我国 7 世纪时中医学理论与临证医学的发展水平，对后世医学的发展有着深远的影响。该书还记载有肠吻合手术、结扎血管止血术、漆过敏症等，还记载有如何鉴别天花和麻疹等。这些著作的出现，说明了当时临床医学的发展在逐步走向专科化。另外，随着对外交往，我国中医学曾传到日本、朝鲜、东南亚各国，国外的药材和医学著作也传入我国，丰富了中国医药学。表明临床医疗达到新的水平。此外，医事制度、医学教育、临床各科的分工设置及其发展日趋完善。

（三）宋代至金元时期（公元 960～1368 年），中医学各科的突出成就与金元医家的创新

宋金元时期是中医学承前启后的重要时期，是中医理论深入探索的重要阶段，学术争鸣、理论突破、派系丛生。一大批著名医学家涌现，各具特色的医学流派和具有独创见解的医学理论应运而生，基础理论和临床实践的发展和创新，对中医学的发展兴盛起到了积极的推动作用。金元四大家对中医学理论的创新，成就了中医学第二个发展高峰，也是中医学的总结、充实、突破、深化、发

展阶段。

北宋政府较为重视医疗事业和医药学术，曾多次组织人员编纂《太平圣惠方》《圣济总录》《太平惠民和剂局方》等大型方书和《嘉祐本草》《本草图经》等本草书籍。政府曾设立校正医书局对宋以前医籍进行校正，以广泛流传；设置太医局专门从事中医药教育。政府还命人铸造针灸铜人，撰修《铜人腧穴针灸图经》以供教学传习之用。随着医学各科学术的发展及印刷术的广泛应用，医籍的种类和数量大幅度增加，且不断刊行传播。解剖学、病因学、诊断学、运气学说以及《伤寒论》等基础医学研究不断深化，临床各科、卫生学、养生学、法医学、军事医学等都向更深更广的领域开拓。

北宋时期医家庞安时在《伤寒总病论》中首先提出温病与伤寒分治，不仅认识到温病有相当强的传染性和流行性，而且对温病的治疗、预防、预后、康复等有着全面而独到的认识和应对方法。南宋时期医家陈无择确立了“内因、外因、不内外因”的病因分类，对后代病因发展影响极为深远。特别是中医各种专科和综合性论著，层出叠见。

宋代陈无择提出的“三因学说”，将复杂的疾病按病源分为外感六淫、内伤七情及不内外因三大类，其所著《三因极一病证方论》对后世病因学的发展影响极为深远，三因分类原则一直为后世所遵循；宋神宗时我国已发明人痘接种术，开创了免疫学的先河；气味学说、归经学说、升降浮沉学说的创立使中药药性理论得到新的发展；钱乙的《小儿药证直诀》开创了脏腑证治的先河，是我国现存的第一部儿科专著；《太平惠民和剂局方》收录了当时医家和民间习用的有效中药方剂，共载方 788 首，是一部由官方颁定的流传甚广、影响颇大的方书；宋慈所著《洗冤集录》的问世，标志着法医学的成熟。该书曾被译成朝、日、英、德、法、荷等多国文字，流传于国际，是我国历史上现存的第一部有系统的司法检验专著，也是世界上较早的法医学专书。

金元时期是北方少数民族与汉文化大融合的时期，交通继续发展，医学研究的领域更加广阔，这一时期的经验积累更为丰富，为医学学派的产生创造了客观条件。金元医家在继承总结前人经验的基础上，结合自己的临床实践，敢于疑古，标新立异，争创新说，产生了最具盛名的“金元四大家”。刘完素（河间）倡导火热论，在深入研究《内经》病机学说和运气学说的基础上，结合自己的临床经验，认为百病多因于火，故治疗中主寒凉清热，而善用寒凉药物，后人称为“寒凉派”，其学术思想和临床经验对温病学说的形成具有深刻的影响；张从正（子和）力主攻邪，认为疾病的形成多由邪气使然，主张“邪去则正安”，善用汗、吐、下三法，被誉为“攻下派”；李杲（东垣）提出“内伤脾胃，百病由生”，主张治疗当以补脾胃为先，善用温补脾胃治法，被后世推崇为“补土派”；朱震亨（丹溪）倡导“相火论”，认为“阳常有余，阴常不足”，治病主张滋阴降火，善用养阴药，被后世称为“滋阴派”。此外，张元素、王好古、罗天益等医家在学术上也有较大贡献，他们一同将金元时期的医学学术推向了一个新的高潮。各种学术流派的出现，从不同角度丰富和发展了中医学理论体系，充实了临床辨证论治的内容。学术的争鸣，有力地推动了中医学的发展。

（四）明代至清鸦片战争前（公元 1368～1840 年），中医学在实践和理论上的综合集成和深化发展

自宋以来，临床各科临床经验，还以大量医案著作被记录下来，明清时期较著名的医案著作有《名医类案》《续名医类案》《临证指南医案》《古今医案按》等。这一时期中医学承袭宋金元的良好发展，加上社会经济发展的推动，以温病学的创立为标志，形成了从中医学综合集成到中医学深化发展的第三个高峰。

明清时期，中医学理论体系已臻于成熟，临床各科诊治水平明显提高，中医全书、丛书、类书及各科著作大量涌现。在方剂学方面，有明代朱橚的《普济方》，其是我国现存最大的一部方书；明代吴昆的《医方考》是历史上第一部方剂论述专著；清代汪昂的《医方集解》在编排、内容、体例及影响等方面堪称医方之典范。在全书方面，有明代张景岳的《景岳全书》和徐春甫的《古今医

统大全》等。在丛书方面，有明代王肯堂的《证治准绳》和《古今医统正脉全书》，还有由清代乾隆皇帝诏令太医院右院判吴谦领衔，组织众多御医等编纂的大型医学丛书《医宗金鉴》等。在类书方面，清代陈梦雷主编的《古今图书集成》是现存规模最大、资料最丰富的类书，其中的《医部全录》多达 520 卷，约 950 万字，是迄今收录医书最多的类书。明代，中医药学的发展出现了革新趋势。该时期瘟疫流行，促使医家研究防治办法。明末医家吴又可提出传染病病因创见性观点，指出“戾气”是特殊的致病因素，其传染途径多从口、鼻而入。“戾气说”是传染病病因学上的卓越创见，它对后世温病学说的形成产生了重要影响。至清代，以叶天士、吴鞠通为代表的温病学家，对外感温热病进行了深入探讨，经过大量的临床实践，创立了卫气营血辨证学说和三焦辨证学说，与张仲景的伤寒六经辨证相辅相成，成为外感热病辨证施治的两大体系，对温病学说的建立与发展，对多种急性发热性疾病、传染性疾病的诊治，具有很大的指导意义。

明代李时珍《本草纲目》一书的问世，成为中药学高度发展的标志。该书收载药物 1892 种，收集药方 11 096 个，附 1160 幅精美插图，约 190 万字。总结了 16 世纪以前我国药物学研究的成就，提出了较科学的药物分类法，系统论述了中药学知识，而且还对人体生理、病理、疾病的诊断、治疗以及预防等作出了详细的论述，极大地发展了中医药学理论，书中涉及的内容极为广泛，举凡生物、化学、天文、地理、地质、采矿以至于历史等方面，都具有一定的成就，丰富了世界科学宝藏，是一部具有世界性影响的博物学著作。这部巨著在科学史上具有崇高的地位，被译成多国文字流传国外，成为中华民族优秀文化的重要组成部分。此外，以薛己、张介宾等为代表的温补学派的形成，为中医藏象理论增添了新的内容，尤其是命门学说的产生，对中医学理论、临床各科以及养生防病等至今仍有重要指导意义。

此外，明清的寒温学派之争也比较激烈，或主张寒凉，或提倡温补。明代早期，朱丹溪学说盛行，当时的医生习惯用苦寒凉润的药物。到明代中晚期，医生们逐渐发现了过用苦寒凉润的药物的弊端，为了补偏救弊，温补学派兴起，转而重视温补药物的应用，代表医家有张景岳、赵献可和薛己等。他们代表的温补学派，还提出了“命门学说”，认为命门寓阴阳水火，为五脏六腑阴阳的根本，是调节全身阴阳的枢纽。李中梓则提出了“肾为先天本，脾为后天本”和“乙癸同源”的见解，为中医学理论特别是藏象学说的发展作出了新的贡献。

清代前、中期，是中医学体系相对完善，医学趋于普及和升华的时期。温病学派的学术思想经过长期孕育，继明代的传承，到清代形成了独具特色的体系。吴又可的《温疫论》为温病学说的形成奠定了基础。温疫“乃天地间别有一种异气所感”，其传染途径是从口鼻而入，突破了外邪侵袭人体从皮毛而入的传统认识，这对温病病因学的发展起到了重要作用。以温病四大家学术思想为代表，叶天士《温热论》首创卫气营血辨证，自叶天士创温病病机学说和卫气营血辨证论治思想后，薛己深入论述了湿热病的病因、病机、病证、治法，弥补了叶氏的不足；吴鞠通《温病条辨》创三焦分治辨证纲领，从深度和广度上进一步发展了叶氏学说；王孟英《温热经纬》，“以轩岐仲景之文为经，叶薛诸家之辨为纬”，集前贤温病学说之大成，对暑、湿、火三气辨证尤有阐发，把传染病、流行病的理论从认识到治疗推向了一个新阶段。温病学说和伤寒学说相辅相成，成为中医治疗外感热病的两大学说，在治疗急性热病方面作出了巨大的贡献。

值得一提的是，随着人口的快速增长，疾病流行，社会对医学的需求不断增加。不论是家传师授，还是自学中医，都需要易懂、易学、易记的普及读物。所以，清代中医学发展的另一个特点是医学知识进一步普及，各科医著层出不穷，医学普及读物遍及城乡。此时期中医普及类著作应运而生，流行最广的是《药性赋》《汤头歌诀》《四言脉诀》《医学三字经》。这些著作采用歌赋体裁，简单明了，易诵易记，特别适合初学者。还有一些通俗易懂的医学入门著作。例如，中药方面有《本草备要》和《本草述钩元》，方剂方面有《医方集解》《成方切用》等，脉学方面有《濒湖脉学》，综合性医书有《医经小学》《医学入门》《医宗必读》《医学心悟》。此外，陈修元还编写了系列科普读物，如《医学实在易》《医学从众录》《时方歌括》《时方妙用》等。

王清任躬身于人体解剖，著《医林改错》，改正了古医籍中在人体解剖方面的某些错误，并发展了瘀血理论，创立了活血化瘀诸方，对中医气血理论的发展作出了一定贡献。这时还出现了我国最早的医学杂志《吴医汇讲》（清代唐大烈主编），建立了我国民间最早的学术团体——一体堂宅仁医会。

（五）清鸦片战争至新中国成立前（公元1840～1949年），中医学在坎坷中的发展

中西医汇通和中医学理论科学化思潮的形成：近现代时期，随着中国社会的变革和西方文化、科技的大量传入，中西文化出现了大碰撞。西方医学传入我国，对中医学产生了较大的影响。中西医两种医学体系的长期争论，中西医汇通和中医学理论科学化思潮的形成，产生了以唐宗海、朱沛文、恽铁樵、张锡纯等医家为代表的具有近代科学思想的中西医汇通派。该学派认为中西医各有所长，主张汲取西医之长以发展中医。张锡纯所著《医学衷中参西录》是中西医汇通的代表作，强调从理论到临床都应衷中参西，开创了中西医并用于临床的先河。与此同时，众多的医家则继续从事收集和整理前人学术经验的文献研究工作，20世纪30年代曹炳章主编的《中国医学大成》，即一部集魏晋至明清128种中医药学著作汇编而成的宏大的医学丛书。

近代中医学“抗争图存”：民国时期，国民党政府试图以立法形式废除中医，中医学面临着生存危机。然而，在中医学自身不容忽视的医疗价值以及大批仁人志士的奋力抗争下，中医学得以顽强生存下来。民间中医教育大力发展，学术团体大量涌现，使中医学得以进步。这个时期“抗争图存”成为中医学发展的主题。

（六）新中国成立（1949年）至今，现代中医药事业全面、深入、科学地发展

新中国成立至今，中医药事业进入了全面、深入、科学的发展阶段，并取得了巨大成就，迎来了中医学发展的新的历史时期。

1. 新中国成立以来中医药事业成就　新中国成立成为中医学重获生机的历史转折点，中医学进入发展的历史新阶段。新中国成立后，政府相继成立了管理中医药的行政机构，党和政府制定和颁布了一系列发展中医的政策和措施，中医药事业有了长足的发展，孕育着新的腾飞。20世纪50年代开始，国家倡导中西医结合，鼓励中医师与西医师合作，共同探讨中西医结合的诊疗方法和研究思路。中西医结合的理念在这一时期得到了广泛推广，并取得了一定的成果。1955年，卫生部中医研究院成立，全国首届西医离职学习中医研究班（“西学中”班）在研究院举行开学典礼。1956年，国家决定在北京、上海、广州和成都建立4所中医学院，开始编纂教材，开启了中医学现代教育的历史进程。与中医药学相关的本科教育，自20世纪70年代后期开始的中医研究生教育，以及师带徒教育，中医函授自学考试教育，中西医结合教育等逐步发展、完善。多种形式的中医教育，不仅满足了中医药事业的发展对各种人才的需要，使中医药人员专业素质显著提高，同时，使他们掌握了现代科学研究技术，具备国际交流的能力，又为新世纪中医药的发展奠定了人才基础。

2. 改革开放以来中医药事业的成就　1982年4月16日至1982年4月22日，卫生部在湖南省衡阳市召开“全国中医医院和高等中医教育工作会议”，这是新中国成立以来首次召开的全国性高级别中医医院和高等中医药院校建设工作会议，史称“衡阳会议”。会议明确提出“突出中医特色，发挥中医药优势，发展中医药事业”的指导方针，强调“中医不能丢”“中西并重”。“发展现代医药和传统医药”载入《中华人民共和国宪法》，从此，中医药事业发展不仅有了政策支持，更有了法律保证。中医药教育体系得到了全面发展和完善。全国各地相继成立了二十多所中医药大学和学院，开设了从本科到博士的完整教育体系，培养了一大批高水平的中医药人才。

改革开放后，国家进一步重视中医药的发展，出台了一系列政策措施扶持中医药事业的发展。1986年国家中医管理局（1988年改为国家中医药管理局）成立，专门管理中医药各项事务。1989年《中国中医药报》创刊，该报是国家中医药管理局的机关报，是全国中医药战线的专业性报纸。1991年，国家中医药管理局同世界卫生组织联合在北京召开了国际传统医药大会。会议明确，中

西医并重是中国政府卫生工作的一项基本方针，继承发展中医药是中国政府的一贯政策。1997年，《中共中央、国务院关于卫生改革与发展的决定》进一步明确了“中西医并重”的方针，同时提出“正确处理继承与创新的关系，既要认真继承中医药的特色和优势，又要勇于创新，积极利用科学技术，促进中医药理论与实践的发展，实现中医药现代化”。

2003年，《中华人民共和国中医药条例》颁布实施，对中医药的管理和发展进行了全面规范。2006年初，由国务院发布的《国家中长期科学和技术发展规划纲要（2006—2020）》中，“中医药传承与创新发展”被作为人口与健康领域的优先主题列入其中。2007年，“中西医并重”及“扶持中医药和民族医药事业发展”被写入党的十七大报告，充分表明了党中央将中医药作为一项关切民生的事业加以发展。2009年国务院发布《国务院关于扶持和促进中医药事业发展的若干意见》，“坚持中西医并重，把中医药与西医摆在同等重要的位置”的基本原则再次被强调。2010年，国家中医药管理局发布通知，首次确定了包括22位国医大师和159位名老中医在内的181名专家，成为2010年全国名老中医药专家传承工作建设项目专家，并由中央安排专项资金落实传承工作。截至2019年，全国有中医类医院（包括中医医院、中西结合医院和民族医医院）5232所，实际拥有床位1092万张，中医药从业人员76万人，中医医院的诊疗量达68亿人次（包括113万人次的家庭卫生服务），开出约3亿张中医处方[数据来源于《全国中医药统计摘编》（2019年）]，中医医疗机构一直是我国防治疾病的重要力量。

党的十八大以来，党中央高度重视中医药事业的发展，中医药的认识高度、实践深度、影响广度前所未有，并取得了重要成就，中医药事业全面、深入、科学地发展。党中央和国务院印发《“健康中国2030”规划纲要》，提出了一系列发展中医药的重要举措和任务。2016年12月25日，《中华人民共和国中医药法》（简称《中医药法》）发布，明确了中医药的重要地位、发展方针和支持措施，对发展中医药事业具有里程碑意义。2019年10月25日，全国中医药大会隆重召开，这是新中国成立以来第一次以国务院名义召开的中医药工作会议，会议发布了《中共中央 国务院关于促进中医药传承创新发展的意见》，具有划时代的意义。2020年10月，党的十九届五中全会强调，“中西医并重，大力发展中医药事业”，这是以习近平同志为核心的党中央，着眼坚定文化自信、增进人民健康福祉，站在战略和全局的角度作出的重大部署。党和国家领导人的高度重视，为中医药发展指明了方向，这无疑为中医药事业的发展起到了积极的推进作用，中医药的发展迎来了新的历史机遇。中医医疗机构一直是我国防治疾病的重要力量。特别值得指出的是，中医药在传染病的救治中屡建奇功。1954年，石家庄暴发“乙脑”，中医药人创造了“零死亡”的纪录，与当时全市35%～60%的高死亡率形成鲜明的对比，获得新中国成立后的第一个部级科技进步甲等奖。2003年，在严重急性呼吸综合征（SARS）防治工作中，中医药人又创造了“零死亡、零转院、零感染、零后遗症”的“战疫”佳绩。中医药在防治重大疾病上取得了突破，尤其在严重急性呼吸综合征（SARS）、禽流感、艾滋病等传染病的防治上显示出一定的优势，所取得的阶段性成果，在世界范围内受到了广泛的关注。特别是，中医治疗骨折、急腹症，针刺麻醉，青蒿素治疗疟疾，砒霜治疗白血病取得较大成绩；在中医理论上，对阴阳学说、藏象学说、经络学说、活血化瘀等进行了基础性探讨，取得了可喜成绩。

3. 中医药科研成就 经过60多年的不懈努力，中医药科研也取得了许多重大成果。特别是2015年10月，屠呦呦因为发现青蒿素获得诺贝尔生理学或医学奖，成为第一个获得诺贝尔自然科学奖的中国人。中医药科研工作也取得了显著进展，通过国家自然科学基金等多种资助，中医药基础研究和应用研究得到了大力支持。中医药科研机构和实验室的建设，为中医药现代化和科学化提供了坚实基础。近年来，中医药现代化研究取得了许多重要成果，如中药成分的分离鉴定、中药新药的研发以及中医诊疗设备的改进等。通过国际学术交流、教育合作和医疗服务输出，中医药逐渐走向世界，成为国际医学的重要组成部分。随着科学技术的发展，注重运用传统方法和现代科学方法开展中医药基础、临床研究；运用哲学、系统论、控制论、信息论、现代实证科学等多学科方法研究中医学，在经络、藏象、证候实质研究方面以及对四诊客观化、药性理论、中药复方配伍的探索等方面，已取得了令人瞩目的成果。突出中医优势，保持中医特色，倡导中西医结合，创立中西医学辨病辨证相结合、宏观辨证与微观辨证相结合的新思路，促使了临床各科不断发展，诊治水平得到了进一步提高。在难治性疾病、慢性病、老年病、身心疾病的防治上，中医药发挥着越来越重要的作用。

4. 中医药文献整理为中医药发展奠定了坚实基础 进入近现代，中医药文献整理工作进一步系统化和科学化。新中国成立后，国家高度重视中医文献的整理和出版，组织编撰了《中医大辞典》《中华本草》《中医药学概论》等重要医书，系统总结和整理了中医理论和临床经验。这些文献的整理和出版，为中医的现代化和国际化奠定了坚实基础。中医文献整理和理论总结，是中医学发展的重要保障。通过系统整理和总结中医经典文献，不仅保存了宝贵的医学经验和理论成果，也为后世中医的发展提供了重要参考。正如《医宗金鉴》中所评价："医道广而成，文献整理为基。"中医文献的整理和理论总结，将继续推动中医学的发展，为人类健康事业作出更大的贡献。

中医文献整理和理论总结是中医学发展的重要组成部分，历代医家通过系统整理和总结中医经典文献，丰富了中医学的内涵，为中医的发展奠定了坚实基础。这一工作，将继续为中医学的发展提供重要支持和保障。中医古籍的大规模校勘整理出版、中医药学术团体的建立和相关的学术期刊的发行，有力地促进了中医药学术的研究和交流。

5. 中医药国际化全面发展 20 世纪 70 年代后，随着我国改革开放政策的实施以及经济全球化、科学技术一体化进程的加快，中医药作为传统医学以其安全、便捷、疗效卓越等独特的优势，得到许多国家，尤其是发达国家包括日本、韩国、法国、美国、加拿大等国家的关注和认同，以致在世界范围内出现了不同程度的"中医热""针灸热"和"中药热"。随着我国综合国力的不断提高，中医药走向世界的步伐逐渐加快。中医学被作为"补充和替代医学"（简称 CAM），已在慢性病、重大疾病的治疗上得到了世界多国的肯定。在中国政府的倡议下，第 62 届和第 67 届两次世界卫生大会通过了《传统医学决议》，该决议敦促成员方根据其实际情况，调整、采纳和实施《世界卫生组织传统医学全球战略 2014—2023》并要求世界卫生组织支持各国制定国家政策、标准和法规，加强能力建设，以发展传统医学。

截至 2018 年 12 月，中医药已传播到 183 个国家和地区，全球已经有 103 个世界卫生组织会员国认可针灸。其中，有 29 个国家设立了传统医学的法律法规，有 18 个国家将针灸纳入医疗保险体系。总部设在中国北京的世界针灸学会联合会，成员包括 53 个国家和地区的 194 个会员团体，至少有 40 个国家开设了中医针灸学校。美国有中草药专营公司 400 余家，每年有 100 多万人接受中医针灸疗法。世界中医药学会联合会，成员包括来自 67 个国家和地区的 251 个会员团体。中药逐步进入国际医药体系，已在俄罗斯、古巴、越南、新加坡、阿联酋等国家以药品形式注册。有 30 多个国家和地区开办了数百所中医药院校，培养本土化中医药人才。如今中医教育、医疗、科研机构已形成规模，中医药事业的发展出现了前所未有的良好势头。中国向亚洲、非洲、拉丁美洲 70 多个国家派遣的医疗队都有中医药人员，约占医务人员总数的 10%，并在海外支持建立了 10 个中医药中心。此外，国际标准化组织成立了中医药技术委员会（ISO/TC249），总部设在我国上海市，已经发布了针灸和人参等国际标准。

目前，中国政府与 40 多个国家、国际组织和地区主管机构签订了专门的中医药合作协议。现在，有多个国家已开始对中医药进行立法，承认其合法地位并纳入其医疗体系。世界卫生组织也将以中医药为主题的传统医学纳入新版《国际疾病分类》（ICD-11），中医针灸列入联合国教科文组织"人类非物质文化遗产代表作名录"，《本草纲目》和《黄帝内经》列入"世界记忆名录"。

三、中医学未来展望

医学模式的转变，疾病谱的变化，医源性、药源性疾病以及老龄性疾病的增多，预防保健意识的增强，国际社会对天然药物需求日益扩大，经济的全球化和文化的多元化，为中医药发展提供了广阔而美好的发展空间。具有几千年历史的传统中医药与现代科学技术相互渗透、互补融汇，逐步实现中医药现代化和国际化已是大势所趋。在当今世界经济竞争日趋激烈、科学发展突飞猛进的形势下，中医药的继承、发展和创新比任何时候都更为紧迫和重要。为此，我国政府从构建和谐社会、推动经济社会协调发展、加快自主创新的战略高度，确定了进一步加强科技创新、全面推进中医药现代化发展的战略方针。

当前中医药正面临着三大新机遇：其一，对中医药发展的需求日益迫切。大量现代研究表明，中医药在防治肿瘤、肝炎等复杂性疾病，以及亚健康状态的调节等方面有着独特优势。同时，由于中医药的低成本、适用性广，人们对新剂型的中医药的需求愈显迫切。其二，对中医药的科学研究越来越深入。近年来，不仅中国，欧美许多发达国家也加强了对包括中医药在内的传统医药的研究。系统科学、信息科学以及生物技术、基因工程、纳米科技等新学科、新理论和新技术的发展，也为中医药的深入研究提供了有力支撑。其三，中医药发展的国际环境有了较大变化。2003 年，世界卫生组织制定了新的全球传统医学战略规划。全球目前已有 70 多个国家制定了草药法规。世界草药市场逐年扩大，销售额正以每年 10%～20%的速度递增。但是我们要看到，中医药的发展也面临着严峻的挑战。学科的现代科学基础薄弱；学术理论尚未实现突破性发展；中医的基本概念内涵尚欠标准化、统一化；个体化的整体治疗、多种方法的综合干预，虽是中医临床诊治的主要策略，但现有的评价方法和统计学方法尚不能满足中医研究的要求；现代的诊断设备为数众多，但能有助于中医证候诊断的却甚少。诸多问题的存在制约着中医学的发展。为了应对新的机遇和挑战，我国政府已明确了推进中医药现代化发展的总体思路。即以中医药理论传承和发展为基础，通过技术创新与多学科融合，丰富和发展中医药理论，构建适合中医药特点的研究方法体系，提高临床疗效，促进中医药产业的可持续发展。要使这一“思路”得以贯彻落实，就必须完成四大基本任务。一是“继承”，即加强对中医药理论和经验的继承，深入挖掘中医药的宝贵知识财富。二是“发展”，即努力推动技术进步，提高中医医疗服务能力和中药产业技术水平。三是“创新”，即推动传统医学和现代医学协同发展，促进医学科学体系创新。四是“国际化”，即加强国际交流与合作，加快中医药国际化进程。

（一）中医药发展面临的挑战

1. 理论创新与传承 中医药理论的创新与传承是未来发展的重要课题。如何在传承中医药精髓的基础上，结合现代科学技术，创新中医药理论，是中医药学者面临的重要挑战。

2. 科学研究与临床应用 中医药的科学研究与临床应用需要进一步加强。通过多学科交叉研究，探索中医药作用机制，提高中医药的临床疗效和安全性，推动中医药在现代医学中的应用和发展。

3. 国际化进程的深化 中医药国际化进程需要进一步深化。通过加强国际合作，推动中医药标准化、规范化和科学化，提高中医药在国际上的认可度和影响力，促进中医药全球健康事业的发展。

（二）中医药事业发展的方向

1. 政策支持与法规保障 国家应继续加大对中医药事业的政策支持和法规保障，完善中医药管理体制，推动中医药事业健康可持续发展。

2. 教育培训与人才培养 加强中医药教育培训体系建设，培养高水平的中医药人才。通过校企合作、国际合作等多种方式，提高中医药教育质量，满足中医药事业发展的需求。

3. 科研创新与成果转化 加大中医药科研投入，支持中医药基础研究和应用研究。推动科研成果转化，提高中医药科技创新能力，促进中医药产业发展。

通过对近现代中医学发展的详细叙述，我们可以看到中医学在这一时期经历了巨大的变革和创新。从传统医学的传承到现代医学的融合，中医学在政策支持、教育培训、科研创新和国际化等方面取得了显著成就。未来，中医学将在理论创新、科学研究和国际化发展等方面继续探索和前进，为人类健康事业作出更大贡献。

近年来，中国中医药对外交流合作不断深入，中医药融入国际医学体系的步伐逐渐加快，全方位、多层次、宽领域的中医药国际深度合作基础已经形成。“十三五”时期，中国中医药开放发展取得积极成效，已传播到 196 个国家和地区，中药类商品进出口贸易总额大幅增长。与此同时，国际社会对中医药的作用给予了高度评价。

这一趋势还将持续。按照《“十四五”中医药发展规划》，“十四五”期间，中国中医药开放发展积极推进。在助力构建人类卫生健康共同体方面，积极参与全球卫生健康治理，推进中医药参与重大传染病防控国际合作，分享中医药防控疫情经验。在夯实传播应用基础上，推进中医药高质量融入“一带一路”建设，实施中医药国际合作专项行动，推动社会力量提升中医药海外中心、中医药国际合作基地建设质量，依托现有机构建设传统医学领域的国际临床试验注册平台。指导和鼓励社会资本设立中医药“一带一路”发展基金。推进在相关国家实施青蒿素控制疟疾项目。

在深化中医药交流合作方面，《“十四五”中医药发展规划》要求，巩固拓展与有关国家的政府间中医药合作，加强相关政策法规、人员资质、产品注册、市场准入、质量监管等方面的交流。鼓励和支持有关中医药机构和团体以多种形式开展产学研用国际交流与合作。促进中医药文化海外传播与技术国际推广相结合。鼓励和支持社会力量采用市场化方式，与有合作潜力和意愿的国家共同建设一批友好中医医院、中医药产业园。加强与港澳台地区的中医药交流合作，建设粤港澳大湾区中医药高地，打造高水平中医医院、中医优势专科、人才培养基地和科技创新平台。

在扩大中医药国际贸易方面，《“十四五”中医药发展规划》提到，大力发展中医药服务贸易，高质量建设国家中医药服务出口基地。推动中医药海外本土化发展，促进产业协作和国际贸易。鼓励发展“互联网＋中医药贸易”。逐步完善中医药“走出去”相关措施，开展中医药海外市场政策研究，助力中医药企业“走出去”。推动中药类产品海外注册和应用。

要重点做好以下五方面工作：

一是贯彻落实《推进中医药高质量融入共建“一带一路”发展规划（2021—2025 年）》，不断拓展中医药“一带一路”全方位合作新格局，全面推进中医药高质量融入“一带一路”建设，实现更大范围、更高水平、更深层次的开放发展。

二是实施中医药国际合作专项，以中医药海外中心和中医药国际合作基地建设为抓手，扩大中医药在共建“一带一路”国家的推广与应用，加强标准引领，促进中医药文化海外传播与交流互鉴，开展高水平国际科技合作项目。

三是深化中医药交流合作。通过政府间多、双边交流与合作，从传统医学政策法规、人员资质、产品注册、市场监管等方面着手，不断改善中医药海外发展的政策环境，鼓励社会力量采用市场化方式建设友好中医医院和中医药产业园等。加强与港澳台地区中医药交流合作，建设粤港澳大湾区中医药高地。

四是促进中医药产业发展，高质量建设国家中医药服务出口基地，推动中医药服务贸易做大做强，支持中医药企业开拓国际重点市场，支持中药类产品开展海外注册，组织好中国进出口商品交易会（广交会）、中国国际服务贸易交易会等大型交易会中医药相关活动。

五是积极推进中医药参与重大传染病防控国际合作，加强相关专家团队和平台机制建设，充分发挥上海合作组织、金砖国家等合作机制下的传统医药高级别论坛机制作用，加强交流互鉴，为有需求的国家提供支持，持续推进在非洲和大洋洲等相关国家实施青蒿素控制疟疾项目，助力构建人类卫生健康共同体。

现代生命科学研究表明，中医学科许多内容都包含着现代科学前沿的研究内容，中医学在面向现代和未来的基础科学以及高科技领域里，正在与现代医学、生物信息学、细胞分子学、蛋白质组学、基因组学等现代科学前沿有机衔接，这将有助于建立与中医药学科科学性和先进性相适应的医学体系。遵循中医药自身发展的规律，正确处理继承与创新、传统与现代化的关系，充分认识中医学的科学价值，以提高中医学术水平和防治疾病能力为核心，保持中医学的特色优势，实现中医学传统理论和技术的科学革命与技术创新，实现现代化，必将使古老的中医学焕发青春，大放异彩，走向世界，必将为维护和增强全人类的健康作出新的贡献。

（范 恒）

第二节 中医学理论的基本特点

一、整 体 观 念

（一）整体观念的含义

整体是指统一性、完整性和相互联系性。中医学理论认为人体是一个以五脏为中心的有机的整体，人与自然界密切相关，人体受社会、生存环境影响，这种机体自身整体性及其与内外环境统一性的认识，称为整体观念，是中医学的基本特点之一。

（二）整体观念的主要内容

1. 人是一个有机的整体

（1）形体结构上：人体由若干脏腑、组织器官所组成。这些脏腑器官在结构上是不可分割、相互关联的。人体以五脏为中心，通过经络系统，“内联脏腑，外络肢节”，把六腑、五体、五官、九窍、四肢百骸等全身组织器官有机地联系起来，并通过精、气、血、津液等的作用，构成一个表里相连、上下沟通、密切联系、协调共济、井然有序的统一整体。每一个脏腑器官都是有机整体的一个组成部分，都不能脱离整体而独立存在，属于整体的部分。这种五脏一体观充分地反映出人体内部各组织器官不是孤立的，而是相互关联的有机的统一整体。

（2）生命物质上：气、血、精、津、液是组成人体并维持人体生命活动的基本物质。分言之，则为气、为血、为精、为津、为液，实则均由一气所化。它们在气化过程中，相互转化，分布、运行于全身各脏腑器官，这种物质的同一性，保证了各脏腑器官功能活动的统一性。

（3）生理功能上：一方面各脏腑发挥着自身的功能，另一方面脏腑功能之间又有着相辅相成的协同作用和相反相成的制约作用。精、气、血、津液、神等是脏腑功能活动的基础，又依赖于脏腑功能活动而产生。形体结构和生命基本物质的统一，形神的统一，决定了功能活动的统一性，使各种不同的功能活动互根互用，协调和谐，密切联系。人体各个脏器、组织或器官，都有各自不同的生理功能，这些不同的生理功能又都是整体功能活动的组成部分，从而决定了机体的整体统一性，都反映了功能与形体的整体性。

（4）病理变化上：脏腑之间相互影响，任何局部的病变都可能引起全身的反应，整体功能的失调也可反映于局部。某一脏腑通过表里、五行生克、气血津液影响其他脏腑的功能。

2. 人与自然界的统一性 人类生活在自然界中，自然界提供了人类赖以生存的必要条件。自然界的变化，必然直接或间接影响着人体的生理活动，所以人体内的生理活动与自然环境之间存在着既对立又统一的整体关系。这就是中医学“人与天地相应”的观点。

（1）季节气候对人体的影响：四季气候的更替变化使人表现出规律性的生理适应过程。《灵枢·五癃津液别》说：“天暑衣厚则腠理开，故汗出……天寒则腠理闭，气湿不行，水下留于膀胱，则为溺与气。”说明人体随春夏秋冬气候的交变而出现相应的变化。

（2）昼夜晨昏对人体的影响：昼夜晨昏的变化，会使人体的功能发生相应的变化。《素问·生气通天论》说：“故阳气者，一日而主外，平旦人气生，日中而阳气隆，日西而阳气已虚，气门乃闭。”说明人体内的阳气随着昼夜的变化呈现规律性的波动，人体阴阳会随着自然界阴阳的变化产生适应性的自我调节。

（3）地方区域环境对人体的影响：不同的地域水土，不同的居住环境对人体会产生相应的影响。如南方的气候温热，多潮湿，故人体的腠理较疏松，体质较薄弱；北方的气候寒冷，多干燥，故人体的腠理较致密，体格偏壮实。一旦易地而居，环境突然改变，初期多会感到不适甚至患病，经过一段时间，通过机体本身的自我调节，才能逐渐地适应环境的变更。

人类适应自然环境的能力是有限的。一旦外界的变化过于剧烈，或个体本身适应及调节能力偏弱，不能对自然环境的变化作出适应性调节，就会发生某种疾病。因此，因时、因地、因人制宜，成为中医治疗学上的重要原则。

3. 人与社会环境的统一性 人体的生命活动，不仅受到自然环境变化的影响，而且也必然受到社会环境的影响。社会环境不同，可造成个人的身心机能与体质的差异。一般来说，良好的社会环境，有力的社会支持，融洽的人际关系，可使人精神振奋，勇于进取，有利于身心健康；而不利的社会环境，可使人精神压抑，或紧张、恐惧，从而影响身心健康。政治、经济、文化、宗教、法律、婚姻、人际关系等社会因素，会影响人体的各种生理、心理活动，甚至引发病理变化。人体必须进行自我调节，与之相适应，才能维持生命活动的稳定、有序、平衡和协调，这就是人与社会环境的统一性。

人既有自然属性，又有社会属性。社会是生命系统的一个组成部分。人从婴儿到成人的成长过程就是由生物人变为社会人的过程。人生活在社会环境之中，社会生态变迁与人的身心健康和疾病的发生有着密切关系。社会角色、地位的不同，以及社会环境的变动不仅影响人们的身心机能而且疾病谱的构成也不尽相同。“大抵富贵之人多劳心，贫贱之人多劳力；富贵者膏粱自奉，贫贱者藜藿苟充；富贵者曲房广厦，贫贱者陋巷茅茨；劳心则中虚而筋柔骨脆，劳力则中实而骨劲筋强；膏粱自奉者脏腑恒娇，藜藿苟充者脏腑恒固；曲房广厦者玄府疏而六淫易客，茅茨陋巷者腠理密而外邪难干。故富贵之疾，宜于补正；贫贱之疾，易于攻邪”（《医宗必读·富贵贫贱治病有别论》）。太平之世多长寿，大灾之后，必有大疫，这是朴素的社会医学思想。科学的发展、社会的进步、社会环境的变迁，对人身心机能的影响也在发生变化。现代社会的抑郁症、慢性疲劳综合征等的发生与社会因素有着密切关系。

中医学把人体内脏和体表各部组织、器官看成一个有机的整体，同时认为四时气候、昼夜晨昏、地方区域环境等因素对人体生理病理有不同程度的影响，既强调人体内部的统一性，又重视机体与外界环境、社会环境的统一性，这就是中医学整体观念的主要内容。

总之，中医学从天人合一的整体观念出发，强调研究医学应上知天文，下知地理，中知人事，治病宜不失人情，“不知天地人者，不可以为医”（《医学源流论》）。

需要说明的是，中医学整体观念源自中国传统文化的整体论。整体论不仅强调事物的完整性和统一性，而且认为事物和世界的本原是一个整体，各个部分都是由一个源头衍化而来的，而不是各部分的相加。

（三）整体观念的意义

中医学的整体观念，对观察和探索人体及人体与外界环境的关系以及临床诊治疾病，具有重要指导意义。

1. 整体观念与生理 中医学在整体观念指导下，认为人体正常生命活动一方面要靠各脏腑发挥自己的功能，另一方面要靠脏腑间相辅相成的协同作用才能维持。每个脏腑各自协同的功能，又是整体活动下的分工合作，这是局部与整体的统一。这种整体作用只有在心的统一指挥下才能生机不息，“主明则下安……主不明则十二官危”“凡此十二官者，不得相失也”（《素问·灵兰秘典论》）。经络系统则起着联系作用，它把五脏、六腑、肢体、官窍等联系成为一个有机的整体。精气神学说则反映了功能与形体的整体性。中医学还通过“阴平阳秘”和“亢则害，承乃制，制则生化”的理论来说明人体阴阳维持相对的动态平衡。五行相制是正常生理活动的基本条件，五行生克制化理论则揭示了脏腑之间的相反相成、制约互用的整体关系。这种动态平衡观、恒动观、制约观，与现代系统论有许多相通之处，对发展生理学有重要的意义。

2. 整体观念与病理 中医学不仅从整体来探索生命活动的规律，而且在分析疾病的病理机制时，也首先着眼于整体，着眼于局部病变所引起的病理反应，把局部病理变化与整体病理反应统一起来。既重视局部病变和与之直接相关的脏腑，更强调病变与其他脏腑之间有关系，并根据生克制化理论来揭示脏腑间的疾病传变规律。用阴阳学说来综合分析和概括整体功能失调所表现出来的病理反应。阳胜则阴病，阴胜则阳病；阳胜则热，阴胜则寒；阳虚则寒，阴虚则热。阴阳失调是中医学对病理的高度概括。在病因学和发病学上，中医学十分强调机体正气对于疾病发生与否的决定作用。“正气存内，邪不可干”（《素问·刺法论》），“邪之所凑，其气必虚”（《素问·评热病论》），“两虚相得，乃客其形”（《灵枢·百病始生》）。这种病因学、发病学的整体观，对医疗实践有重要的意义。

3. 整体观念与诊断 在诊断学上，中医学强调诊断疾病必须结合致病的内外因素加以全面考察。对任何疾病所产生的症状，都不能孤立地看待，应该联系到四时气候、地方水土、生活习惯、性情好恶、体质、年龄、性别、职业等，运用四诊的方法，全面了解病情，加以分析研究，把疾病的病因、病位、性质及致病因素与机体相互作用的反应状态概括起来，然后才能做出正确的诊断。故曰：“圣人之治病也，必知天地阴阳，四时经纪，五脏六腑，雌雄表里，刺灸砭石，毒药所主，从容人事，以明经道，贵贱贫富，各异品理，问年少长，勇怯之理，审于分部，知病本始，八正九候，诊必副矣”（《素问·疏五过论》）。人体的局部与整体是辩证的统一，人体的任一相对独立部分，都寓藏着整个机体的生命信息。所以人体某一局部的病理变化，往往蕴涵着全身脏腑气血阴阳盛衰的整体信息。如舌通过经络直接或间接与五脏相通。故曰：“查诸脏腑图，脾、肝、肺、肾无不系根于心。核诸经络，考手足阴阳，无脉不通于舌，则知经络脏腑之病，不独伤寒发热有苔可验，即凡内伤杂证，也无一不呈其形、著其色于其舌”（《临证验舌法》）。可见舌就相当于内脏的缩影。“四诊合参”“审察内外”就是整体观念在诊断学上的具体体现。

4. 整体观念与防治 中医防治学强调人与外在环境的统一，以及人体的整体性。预防和治疗疾病必须遵循人体内外环境相统一的客观规律。人的机体必须适应气候季节的变化，和昼夜阴阳变化相适应，“春夏养阳，秋冬养阴”，方能保持健康，预防疾病。治病“必知天地阴阳，四时经纪”（《素问·疏五过论》），“必先岁气，勿伐天和”（《素问·五常政大论》）。否则“治不法天之纪，不用地之理，则灾害至矣”（《素问·阴阳应象大论》）。故曰：“凡治病不明岁气盛衰，人气虚实，而释邪攻正，实实虚虚，医之罪也；凡治病而逆四时，生长化收藏之气，所谓违天者不祥，医之罪也”（《医门法律》）。所以，治疗疾病必须以天人一体观为指导思想，采取适宜的治疗方法，才能取得预期的疗效。人体是一个有机整体，局部和整体之间保持着相互制约、相互协调的关系。因此，治疗疾病必须着眼于全局，注意对整体的调节，避免“头痛医头，脚痛医脚”。如“从阴引阳，从阳引阴”“以左治右，以右治左”（《素问·阴阳应象大论》），“病在上者下取之，病在下者高取之”（《灵枢·终始》）等，都是在整体观念指导下而确定的治疗原则。

总之，中医治疗学强调治病要因时、因地、因人制宜，要从整体出发，全面了解和分析病情，不但要注重病变的局部情况、病变所在脏腑的病理变化，而且更要注重病变脏腑与其他脏腑的关系，把握整体阴阳气血失调的情况，并从协调整体阴阳、气血、脏腑平衡关系出发，扶正祛邪，消除病邪对全身的影响，切断病邪在机体脏腑之间所造成的连锁病理反应，通过整体作用于局部，从而达到消除病邪、治愈疾病的目的。

人既有自然属性，又有社会属性。天地人三才一体，人生活在天地之间、时空之内，人的生命活动必然受到自然环境和社会环境的影响。因此，置人于自然、社会环境的变化之中，以分析其机能状态，结合环境变化的各种因素进行诊断、治疗、预防、康复等一系列医学实践活动，是中医学的基本原则。所以要求医生必须上知天文，下知地理，中知人事。

中医学基于中国古代哲学“天人合一观”的“人与天地相参”的整体观念具有重要的现实意义。首先，中医学的整体观念强调人与自然的和谐统一，对纠正那种把人与自然对立起来、片面强调人是自然的主人、一味“征服自然”、向自然索取、破坏生态平衡的错误观点，有重大教育意义，并对建立现代环境科学有启迪作用。其次，中医学的整体观念强调天地人三才一体，把认识世界同认识人的自身统一起来，是对主体与客体辩证统一关系的朴素认识，对建立、发展现代医学模式具有重要意义。再次，中医学的整体观念在强调天地人三才一体的同时，又特别注重“天覆地载，万物悉备，莫贵于人”，把人作为处理三者关系的核心，把提高人的精神境界、保持身心健康当作重要任务，对认识和解决当代“科技理性过度膨胀”，重视物质文明而忽视精神文明的社会病，也有所裨益。

二、辨证论治

（一）辨证论治的含义

“辨”，有审辨、甄别等意思。“证”，即“证候”“证据”之意，它是机体在疾病发展过程中某一阶段的病理概括，它反映了疾病某一阶段的病因、病位、性质以及邪正关系和发展趋势，它揭示了疾病的本质。所谓辨证则是从整体观念出发，就是将望、闻、问、切四诊所收集的病史、症状和体征等资料，依据中医理论，进行综合分析，辨清疾病的病因、病位、性质以及邪正关系等，从而概括、判断为某种性质的证。论治，是根据辨证的结果，选择和确立相应的治疗原则和治疗方法的过程，是诊断和防治疾病的基本方法，是中医学对疾病的一种特殊的研究和处理方法。辨证论治是中医认识疾病和治疗疾病、指导中医临床工作的基本原则，也是中医学的基本特点之一。

辨证和论治，是诊治疾病过程中相互联系、不可分割的两个方面，是理、法、方、药在临床上的具体运用。辨证是确定治则和治法的前提和依据，辨证准确才能立法有据，提高疗效；论治则是确定治疗原则、选择治疗的具体手段和方法，又是对辨证结果正确与否的检验。

（二）辨证论治的主要内容

1. 强调个体化诊疗 中医学将“人”置于自然、社会整体的核心，既注重人的群体共性，又注意区分个体差异。在对待健康与疾病的问题上，始终注意区别整体状态下的具体的“人”，形成了中医学“辨证论治”的个体化诊疗特点。与西医学辨病治疗是不一样的。

2. 重视中医的“症”“病”和“证”三者的不同 “症”“病”和“证”三者有着质的区别：“症”主要是指症状，是机体因发生疾病而表现出来的异常状态，包括患者自身的各种异常感觉与医者的感觉器官所感知的各种异常表现，如头痛、身痛、发热、舌红、苔黄、脉数等。同一症状可以由多种不同病因引起，病理机制常大相径庭，基本性质也可以完全不同，如头痛可见瘀血头痛、痰湿头痛、风热头痛等。“病”是疾病的简称，是指有特定的致病因素、发病规律和病理演变的一个完整的异常生命过程，常有固定的临床表现。疾病的命名，有些是根据临床表现命名的，如黄疸、消渴等；有些是根据疾病部位命名的，如肠痈、肺痈等；有些是根据病因命名的，如伤食、中暑等。同一种疾病可以有不同的本质特点，可以由不同的病因所致，更可以有不同的发展阶段。所谓“证”，有“证候”“证据”之意，它是机体在疾病发展过程中某一阶段的病理概括，它反映了疾病某一阶段的病因、病位、性质以及邪正关系和发展趋势，它揭示了疾病的本质。“证”比单纯的症状或病名都更全面、深刻、确切地揭示了某阶段疾病变化的本质，在疾病诊治过程中更为重要。

3. 注重辨证与辨病的关系 辨证论治作为指导临床诊治的基本规范，它指导人们辩证地看待“症”“病”与“证”的关系，既应看到同一种疾病常表现出多种不同的“证”，又须注意不同的疾病在其发展过程中的某些阶段，有时可出现类同的“证”。因此在临床治疗时，还可根据辨证结果分别采取“同病异治”或“异病同治”等方法。如同为水肿，根据其本质特点，可辨为多种证候，就脏腑而言，主要涉及肺、脾、肾三脏；就性质而言，既可有虚证，又可有实证；就病因而言，有风热、风寒、邪毒、水湿等，因此在治疗时必须根据这些不同的性质与特点，采用不同的治疗方法。又如对久痢脱肛、子宫下垂、胃下垂等不同的病，其证都是中气下陷，都可以采用升提中气之法来治疗。辨证论治的过程，就是中医认识疾病和治疗疾病的过程，是中医的理、法、方、药理论体系在临床上的具体应用过程。中医强调个体差异，侧重辨证与辨病相结合，重视整体与局部、客观与微观的辩证关系。中医治病主要不是着眼于病的异同，而是着眼于病机的区别。相同的病机，其基本治法就相同，不同的病机，其治法也就不相同，即所谓“证同治亦同，证异治亦异”，实质上是由于“证”的概念中含有病机的缘故，这种针对疾病发展过程中，不同性质的“证”用不同的治疗方法去解决的法则，就是辨证论治的实质与精髓。所以，在临证过程中，针对疾病过程中的不同情况，随机应变，抓住主要矛盾——“证”的不同，因时、因地、因人制宜，选择最佳的治疗方案，可取得较好的临床疗效。

（三）辨证论治的运用

（1）辨证论治的过程，就是中医临床思维的过程。中国古代的科学思维主要是直观综合的思维方式，观察是中国传统思维的起点，由现象以辨物是其重要观察方式，而这种现象是建立在感觉器官基础之上的观察。事物的现象是宏观与微观的统一，随着科学技术的进步，人们的观察已从宏观世界进入到微观世界，既立足于感官的观察，又借助于科学仪器，延伸感官的直觉观察，以弥补其不足。中医学在辨证过程中所取得的四诊资料，是靠感官直接观察而获得的，人们感觉器官直接观察的局限性决定了望、闻、问、切四诊资料的局限性。因此，辨证既要基于感官直接观察，从宏观、整体上把握疾病的现象，又要不囿于感官的直接观察，而应用各种科学方法和手段去获取感官直接观察难以取得的资料，使观察更科学、更全面，把辨证的水平提高到一个新的高度，这也是中医学辨证论治的一项重要任务。

（2）疾病的发生，往往是在致病因素作用下，机体内外环境、各系统之间相互关系发生紊乱而产生的综合反应，常常通过症状、体征等现象表现出来，而辨证就是从现象识别致病因素，分析机体内环境以及系统之间所发生的变化，认识疾病本质的方法。辨证的过程就是对患者的病情做出正确的全面分析、推理、判断、诊断的过程，也可以说是分析并找出主要矛盾的过程。

（3）常用的辨证方法：在临床实践中常用的辨证方法有八纲辨证、脏腑辨证、气血津液辨证、六经辨证、卫气营血辨证、三焦辨证、病因辨证等。这些辨证方法，虽有其各自的特点，在对不同疾病的诊断上各有侧重，但又是互相联系和互相补充的。

三、恒动观念

（一）恒动观念的含义

恒动就是不停顿地运动、变化和发展。中医学用运动的、变化的、发展的，而不是静止的、不变的、僵化的观点，来分析研究生命、健康和疾病等医学问题，这种观点称为恒动观念，其是中医学的基本特点之一。

运动是物质的存在形式及其固有属性。世界上的各种现象都是物质运动的表现形式。运动是绝对的、永恒的，静止则是相对的、暂时的和局部的。静止是物质运动的特殊形式。中医学认为：气具有运动的属性，气不是僵死不变的，而是充满活泼生机的，因此，由气所形成的整个自然界在不停地运动、变化着。自然界一切事物的变化，都根源于天地之气的升降作用。气是构成人体和维持人体生命活动的最基本物质，所以人体也是一个具有能动作用的机体。“天主生物，故恒于动，人有此生，亦恒于动”（《格致余论·相火论》）。人类的生命具有恒动的特性。

（二）恒动观念的主要内容

世界是运动着的世界，一切物质，包括整个自然界，都处于永恒的无休止的运动之中，动而不息是自然界的根本规律。“高下相召，升降相因”（《素问·六微旨大论》），天地上下之间相引相召，造成气的升降和相互作用，从而引起世界上各种各样的变化。无论是动植物的生育繁衍。还是无生命物体的生化聚散，世界万物的生成、发展、变更，乃至消亡，无不根源于气的运动。气的胜复作用，即阴阳之气的相互作用，是“变化之父母，生杀之本始”（《素问·阴阳应象大论》）。就是说，气本身的相互作用是推动一切事物运动变化的根本原因。世界是物质“气”的世界，物质气不停息地进行升降出入运动，物质世界因运动而存在。物质存在的基本形式为形、气两大类，物质运动的基本形式为形气相互转化。中医学用气的运动和形气转化的观点，来说明生命、健康和疾病等问题。“人以天地之气生，四时之法成”（《素问·宝命全形论》），生命是物质的，人和万物一样，都是天地自然合乎规律的产物。人体就是一个不断发生着升降出入的气化作用的机体。

动和静是物质运动的两种表现形式。气有阴阳，相互感应，就有动静。“动静者，气本之感也；阴阳者，气之名义也”（《太极辨》）。动亦舍静，静即含动。阳主动，阴主静，阳动之中自有阴静之理，阴静之中已有阳动之根。“太极动而生阳，静而生阴”“阳为阴之偶，阴为阳之基”“一动一静，互为其根”（《类经附翼·医易义》）。动静相互为用，促进了生命体的发生发展，运动变化。人体生命运动始终保持着动静和谐状态，维持着动静对立统一的整体性，从而保证了人体的正常生命活动。

（三）恒动观念的意义

生命在于运动，生命体的发展变化，始终处在一个动静相对平衡的自然更新的状态中。“人身，阴阳也；阴阳，动静也。动静合一，气血和畅，百病不生，乃得尽其天年”（《增演易筋洗髓内功图说》）。因此，阴阳动静对立统一观点贯穿于中医学各个领域之中，正确地指导人们认识生命与健康、疾病的诊断与治疗，以及预防与康复等。

从健康与疾病言，“阴阳匀平，以充其形，九候若一”（《素问·调经论》）。“形肉血气必相称也，是谓平人”（《灵枢·终始》）。“平人”即健康者，其气血运行有序和谐，脏腑经络功能正常，形肉气血协调。机体内部的阴阳平衡，以及机体与外部环境的阴阳平衡是为健康。健康是一个动态的概念，只有机体经常处于阴阳动态变化之中才能保持和促进健康。健康和疾病在同一机体内阴阳此消彼长的关系是二者共存的主要特点。阴阳动态平衡的破坏意味着疾病。“阴平阳秘，精神乃治”“内外调和，邪不能害”（《素问·生气通天论》）。阴阳乖戾，疾病乃起。从生理而言，饮食物的消化吸收，津液的环流代谢，气血的循环贯注，以及物质与功能的相互转化等，无一不是在机体内部以及机体与外界环境的阴阳运动之中实现的。从病理而言，不论是六淫所伤，还是七情为害，都会使人体升降出入的气化运动发生障碍，阴阳动态平衡失调，而导致疾病。换言之，人体发生疾病后所出现的一切病理变化，诸如气血瘀滞、痰饮停滞、糟粕蓄积等，都是机体脏腑气化运动失常的结果。总之，人体的气化运动，不论是整体还是局部，只要气机升降出入运动失常，就能影响脏腑、经络、气血、阴阳等的协调平衡，引起五脏六腑、表里内外、四肢九窍等各种各样的病理变化。

就疾病的防治而言，疾病过程也是一个不断运动变化的过程，一切病理变化都是阴阳矛盾运动失去平衡协调，出现了阴阳偏胜偏衰的结果。治病必求其本的根本目的就在于扶正祛邪，调整阴阳的动态平衡，体现了中医学用对立统一运动的观点来指导临床治疗的特点。中医学主张：未病之先，应防患于未然；既病之后，又要防止其继续传变。这种未病先防、既病防变的思想，就是用运动的观点去处理健康和疾病的矛盾，旨在调节人体阴阳偏颇而使之处于生理活动的动态平衡。中医学养生防病治疗的基本原则，体现了动静互涵的辩证思想。

（王景博　范　恒）

第三节　中医学的认知与思维模式特点

任何学科的形成都经历“经验—观念—思维模式—理论体系”的发展过程，其中“思维”是基于观察和实践，对经验进行感知、理解、分析、综合、判断和推理的过程，是主观意识掌握客观规律的必要条件，是我们解决问题、作出决策、创造想法和理解世界的重要工具。毫无疑问，同样的经历，由于认知的角度与指导思想的不同可以得到不同的经验，进而导向不同的观念和思维模式，最终形成完全不同的理论体系。

对待“身体”，在其“生、长、壮、老、已”的生命过程中，东西方医学又是如何认知的，尤其在中医学实践过程中指导其认知的思维模式特点相较于西方生物医学又具有哪些特点？

一、注重宏观研究

中医学与西方医学都是系统性的医学体系，各自都有对身体生理、病理的系统性描述，以及对疾病现象的规律性解释。

中医学作为中华文化的瑰宝之一，继承了中华文化所孕育的宏观思维方式，即在寻求宇宙间共通的演变法则思想指导下（“道生一，一生二，二生三，三生万物”——《道德经》），通过对身体、对药物（包括植物生长、药物炮制及用药后反应）及对自然条件（季节、气候等）等整合性观察，巧妙运用现象归纳、类比联系等思维方式，最终使中医学对“身体”的理解重点关注于身体的整体行为和变化趋势，而不是仅简单关注身体中的某个（或某种）单个或局部的细节，这使中医更注重宏观研究，具体表现在：

（1）中医学强调形神合一观、天人相应观与病理整体观，重视身体与精神的协调同步、人-自然-社会环境的和谐统一，以及病理上传变与联系（五行生克制化思想）。

（2）中医学强调身体的“生长壮老已”的动态变化过程，对身体健康不仅关注治疗疾病，还关注养生保健以预防疾病的全生命周期的整体健康观。

（3）随着知识的丰富，学科的融合，现代中医学也逐渐关注并涉及对大规模人群中医药疗效和应用的宏观研究，包括流行病学调查、中药药效学研究、大样本临床试验等，其目标是了解中医药在不同人群中的普遍疗效、安全性以及影响因素。例如，通过流行病学研究，可以了解某些中药（如人参、冬虫夏草、石斛等）的使用情况及其对健康的影响，或者通过多中心临床试验评估某一特定中药方剂在特定疾病中的疗效等。

二、注重整体研究

随着社会的进步，知识的丰富，理论的创新，现代西医学呈现出不再是仅关注单一症状或单纯疾病的研究特征，而是趋势于多学科团队合作，综合考虑生物、心理和社会因素对健康的影响，通过详细的生活方式和环境评估，寻找慢性疾病的根本原因，进而全面评估患者健康状况，并依据评估结果制定精准化治疗方案的整体研究思路。这些整体观念帮助医生更关注患者的整体健康和生活质量，更全面地理解和处理健康问题。

中医学本身就是一种整体观念极强的医学体系，不仅认为人自身是一个“形神一体”的整体，同时也十分强调“天、地、人”是一个整体，因此，整体观是中医思维的突出特征之一，不同于现代西医学的整体研究特征，中医学更关注患者全身状况和整体功能的协调，强调从整体上看待身体的健康与疾病诊治，注重整体平衡与和谐，具体体现：①强调身体各系统、各脏腑之间的动态联系，以及人与环境协调统一的“整体观”思想贯彻；②根据全身状态情况辨证施治，注重个体化治疗的“理法方药术”诊疗行为；③强调通过调节生活方式、饮食、情志等，预防疾病发生的全生命周期的“预防为主”的观念。

总之，中医学的整体研究更加强调与突出关注身体各部分之间的关系以及它们与自然、社会的整体关系，而不是仅仅通过对身体各个独立的组成部分的研究来理解与认知身体的功能。强调从整体上把握身体状态，综合考虑各种因素，制定个性化的诊疗方案，以达到恢复和维持健康的目的。例如，同一类疾病，因患者所处地域、生活环境的不同，致病因素往往不同，如哮喘患者长期生活在北方，疾病诱因可能是寒冷气候，哮喘患者生活在南方则多考虑劳累过度或热喘的致病因素，同时考虑到不同身体内脏腑间的相互影响和作用关系特征，基于此提出不同的治疗方案，这就说明中医即使在治疗局部病变时也要兼顾整体治疗。相信中医学与现代医学整体观的互鉴对推动医学进步具有重要意义。

三、擅长哲学思维

中医学与西医学均是在生活实践过程中不断积累经验的基础上发展创造的医学知识体系，尽管医学的基本性质和基本任务是相同的，但由于各自社会和文化基础不同，观察角度不同，也造就了各自医学的思维特点不同。

中医学的理论发展受中华哲学思想深度影响，在实践过程中逐步形成生命从自然中产生，是天地之气交感产物的基本认识，并进一步形成“气”是构成人体和维持人体生命活动的最基本物质——“气聚而成万物”的认识，这种强调“聚”既具有“过程”的动态特征性，同时也具有“过程形成物体存在的真实性”的“一体两面”形而上的思维特征，成为指导中医描述与分析身体，指导医疗实践，进而推动中医理论发展的主要思维方式。中医学所依据的这种“形而上”的思维，更重视形象思维，并依此形成中医原创的“象-数思维”等一系列思维方式，使得中医研究总能从中不断阐发新意而推动中医学理论发展。

尽管西方医学早期也有一些形而上学思想作指导，但西方医学更倾向还原思维，更重视逻辑思维，因此，催生了现代生物医学“实验研究”，使得以解剖、病理、生理等理论作为基础的现代生物医学更擅长对身体结构和功能进行研究阐释，而“形而上”的思想只是作为实验科学研究的启发性作用存在。

总之，中医学发展更强调形而上哲学思辨，重视象数思维；现代生物医学更强调还原思维，重视逻辑思维；两种医学思维各有优势，不宜偏废。

四、强调功能联系

作为科学的起点和基础，中西医学都同样重视临床的观察和经验，但由于受各自文化及思维方式等因素影响，最终形成了中西医学不同的医学观。

受原子论哲学观指导，以还原思维为主的西医学认为：人独立于外界环境，是由原子组合而成的个体，因此，使用形态观察——解剖法认识身体，注重身体的物理结构、化学成分与形态变化等关系，主张“形态决定功能”，倾向定量分析和微观调控认识身体，由此发现疾病导致的身体器质性改变成为临床诊疗思维关键，强调发现“病理”（结构）的重要性，使医生更喜欢借助现代科学技术手段对身体结构进行观察和研究。

尽管身体中的器官有着结构性特征，但因深受中华文化整体观思想影响，中医学认为身体及身体内的器官都是相互作用过程中的一个相对被动的“产物”，器官只有在相互作用的“功能”组成的网络中才能有形态存在的意义，并发挥功能，维系生命。因此，尽管中医学中的“藏象”是以内在的器官命名，但中医学认为身体是由相互贯通的脏腑功能系统而非分立的器官组成，所以器官在中医学中的认识并不是解剖学结构化身体中存在的有边界的、分立的实体区域，而是相互渗透的、相互联系的功能系统，无论是人体五脏六腑的生理现象还是病理变化，中医学强调的是脏腑功能是否正常、气血运行是否调和、阴阳是否平衡，反映中医病理本质的“证”也可看作身体所处特定状况下的一种“功能态”。因此，相较西医学，中医学思维关注的是身体功能而非结构的变化，倾向定性把握及宏观调控，更擅长从功能性的角度认识身体的健康状态，在整体、系统、宏观层面围绕身体健康状态的各环节进行辨证，使医生更注重经验和领悟，最终得出认知结果。

（夏　庆）

第四节 中医学与西医学之比较与结合

一、中西医学模式与认识论的比较

医学模式是人们考虑和研究医学问题时所遵循的原则和出发点，即人们从总体上认识健康和疾病以及相互转化的观点，包括健康观、疾病观、诊断观、治疗观等，使医学带有一定的倾向性、习惯化的风格和特征。由于两种医学体系在发展的时期中因所处的地域、经济、文化背景等差异，形成了两种医学在上述医学认知观点上的差异，最终形成不同的医学模式风格，见表 1-1。

表 1-1 中、西两种医学比较

	中医学	西医学
健康观	阴平阳秘的医学模式、平人观	生物-心理-社会医学模式、从人-器官-分子-基因角度探讨健康
身体观	气血流动的身体、关系协调的身体	生物学客体
诊断观	形神合一，注重心理与意识的统一	只注意到心理
疾病观	强调人病之“失调”	强调患者之“病灶”
治疗观	因人论治——注重“病之人”	因病而治——注重“人之病”
学科重点	侧重人与自然、社会的关系把握	侧重人体内部结构、层次的分析

两种医学模式随着社会文化发展、经济水平进步均对健康观提出了不同的认识，尽管西医学逐渐形成了“生物-心理-社会医学模式”下的健康观，即强调健康是指“身体、心理、社会适应性和道德的完好状态”，但其并未摆脱“机械论”和“生物医学模式”的思维影响，学科重点仍放在对人体内部结构和层次的分析上，把人视为生物客体进行研究。而受中国文化影响的中医学，始终坚持认为身体是宇宙分化（天地之气）的产物，并且认为身体具有不可分解的“整体性”，不能对整体进行简单的分解与还原认识身体健康与否，而应在对人与自然关系的总体把握上，在注重人的自然、社会和心理属性的基础上，在协调人与自然及其各自内部的关系平衡中认识健康，进而逐渐形成“阴平阳秘”医学模式下的“平人”健康观，指出若任何一方或任何一部分发生偏移或太过及不足而造成关系的失调，身体则由生理状态向病理方向转变造成非健康状态，所以，中医学健康观——“平人”，是因时因地因人关系的和谐状态。

面对同样的身体，西方生物医学受其哲学思想——二元论（身心对立）理论影响，认为身体是一个闭合而自足的生物系统，可以通过把身体解剖分为不同的组织器官并研究每个组织器官的位置及所起作用认识身体。同时强调疾病是限于个人的身体之中并独立于身体存在。因此，西方生物医学可以从孤立的疾病症状出发，根据组织器官病理特征归类疾病类型，寻找发病机制进而形成一种标准化、规范化诊疗模式。而受中华文化“天人合一”思想的影响，中医学认为身体并非局限于肉体本身，而是通过“气”将身体看作一个与外界有多种联系的开放的系统，天与人构成一个周而复始、循环不息的动态系统，这个动态系统中充满了活泼的、运动不息的气，即“生生”之气，使身体具有了流动性——气血流动，进而强调身体形态——“象”是五行功能网络生克制化的关系呈现，是依赖气血流动的“聚散交感”“升降出入”实现的。因此，中医学总是以动态变化的思维方式从整体关系的平衡角度出发探讨症状，以八纲、脏腑、六经等辨证方式归类症状类型，寻找症状的病机变化特征与趋势而形成个性化的辨证论治诊疗模式。

中医学的动态思维理念将“观察、辨证”作为诊疗的根本准则，将诊断的思维模式从西医学的静态病理观念转变为动态“辨证”思维，强调对“身体”的状态把握，注重人的“形神合一”，对人体生理、病理及治疗的影响更为深刻。中医学不仅从理论上提出了形神合一、心神、七情等概念，而且在实践中加以运用以控制病情的发展并达到精准预防和综合治疗的目的。西医学虽然在生物医学模式的基础上补充了“心理”，但关于心理问题的研究与应用则相对独立，未能与医学形成有机的整体。

在疾病观和治疗观方面，中医学更为注重疾病状态下的“人”——关系的稳定，而西医学重点关注人的“病灶”——“病理”。所以中医治疗讲究辨证论治，三因制宜，从调整关系的角度恢复身体的健康；西医学治疗注重清除病灶，因病论治。

总之，中医学“阴平阳秘”的医学模式更强调在整体的关系中动态把握认识身体，确定健康标准，形成诊疗方案，比生物-心理-社会医学模式更为全面地反映了人的基本特性，符合以人为本的基本观念。西医学生物-心理-社会医学模式虽已注意到自然环境与社会因素，但就影响人类健康的自然与社会因素而言，许多是由于社会生活违反了自然规律，许多作用又是通过自然过程发生的，因此，进一步思考把社会环境与自然环境统一起来，强调人与整个环境协调的健康观还有很长的路。

中医学是基于中华民族文化传统而形成的以维护生命健康为目的的医学。数千年来，历代医家运用中医学理论知识为中华民族的繁衍昌盛及人类健康作出了巨大贡献，已是无争的事实。由于中医学对生命的认知运用的是中国传统文化独有的世界观和方法论，这正是中医学区别于其他医学的关键所在，也是中医学能够长期保持其生命力的原因所在。《庄子・养生主》说：“指穷于为薪，火传也，不知其尽也。”中国的传统必然由中华民族来延续，这是历史赋予每一代人的责任。

二、中西医学基本属性与特征的比较

中西医学是在东方与西方不同的地域、相异的文化背景下发生和发展起来的，二者在认知方法、理论体系、诊疗体系的基本属性和特征方面具有很大的差异。

（一）归纳与分析

中医学和西医学起源于不同的文化土壤，所采用的认知方法也就显著不同。中医采用的认知方法是司外揣内、归纳演绎，在阴阳五行理论指导下，对所观察到的人体生理与病理现象在横向的比类取象之后判定其本质。西医采取的认知方法则是深入地纵向分析，直接探讨生理与病理现象的原因和机制。

（二）宏观与微观

中医的整体观念决定了其认识人体生理与病理现象的宏观性，着眼于从宏观上把握病理现象的性质及其变化，任何发生在局部的病理现象，也被看作整体的病理反应在局部的表现。西医则偏重从微观入手，以还原论为指导，对医学现象不断深入细致地剖析，以把握其实质。

（三）抽象与具体

中医学司外揣内、演绎推理的认知方法，再加上阴阳五行等哲学概念和范畴融入其理论体系，使得中医学理论和相关术语富有抽象性，与西医概念和术语直观、直接、具体的描述形成鲜明的对照。

（四）功能与结构

演绎推理的认知方法，使得源于观察结构的中医脏腑概念逐渐功能化。无论是人体五脏六腑的生理现象还是病理变化，中医强调的是脏腑的功能是否正常、气血的运行是否调和、阴阳是否平衡，反映中医病理本质的“证”也可以看作机体所处特定状况下的一种“功能态”；而西医的理论则可以说是建立在结构的基础之上，依赖于肉眼观察所见或借助仪器设备的观察与检测，即使论及功能也是以结构为基础的功能，并且使结构与功能相统一。

（五）辨证与辨病

如前所述，中医辨证就是分析病变的原因、了解病变的机制、弄清病变的部位、判断机体的正气与病邪的盛衰关系，最后辨明为某种性质的“证”，因此中医的辨证过程就是中医的诊断过程；辨证是中医治疗的基础和前提，而“证”就是中医治疗的靶标。西医的诊断单元则是疾病，诊断与鉴别诊断都是以疾病为基础，因为西医疾病诊断的确立反映了病变的基本性质，在很大程度上决定了治疗方法和措施，预示了病变的发展趋势和预后。因此，西医病名的认定极为重要，而中医的疾病名称多来自某一症状或体征，对治疗不具决定性的作用。因此可以说，中医的诊断是辨证，西医的诊断则是辨病。如将二者结合起来进行诊断，则能更全面地反映出疾病的性质，将大大有利于提高疗效。

三、中医学的优势与中西医学的互补性

（一）中医学的优势

虽然现代生命科学和医药科学取得了巨大进步，可是人类面临的健康问题依然严峻，现代医学显然不能解决所有的疾病问题。随着社会的发展和生活方式的变化，中医药学的光芒在新的时期更加灿烂。究其原因，中医药学有其天才的理论和丰富的实践，在医学模式转化和疾病谱改变的今天大有可为，显示出不可替代、不可或缺的优越性。

1.“天人合一”的医哲交融整体观念 中医学诞生于中国文化下的自然哲学之中，在起源上与中国自然哲学连为一体，在思维方法上一开始就以“天人合一”的整体观念统领学科，使中医药学理论体系自始至终都是在整体观念下发展延伸。这种闪光的思想，正是中医学最为显著的优势；这与对现代自然科学的发展产生深刻影响的横断学科如系统论、控制论、信息论等思维方法，在一定程度上可谓异曲同工。

2. 安全有效的自然疗法 中医药疗法丰富多彩，包括中草药、针灸、推拿、按摩、火罐、刮痧等，治疗药具都源于自然，手法操作则更能体现医者与患者间的交流。中医药疗法主要的特点首先是安全，合理应用一般无明显的毒副作用；其次为有效，源于自然的疗法虽历经时代的变迁，皆因其经过反复的实践检验，疗效可靠而得以流传至今；最后，应看到中医药疗法的简便和廉价，从卫生经济学角度考量，中医药疗法具有显著的优势；这对当前全球范围内医疗费用的不断高涨，政府、社会及家庭已经不堪重负的局面，也许有一定的借鉴和提示作用。

3.“理法方药术”辨证论治的个体化诊疗方案 贯穿于全部中医学的辨证论治的诊疗精神、因人因时因地制宜的治疗原则，决定了中医学更具有追求个体化诊疗的特征；个体化的治疗不仅是追求完美医疗效果的需要，更是治疗措施人性化的体现，这正是现代医学甚为推崇并努力追求的医疗发展方向。

4. 治病与养生相结合 中医“未病先防，既病防变”的“治未病”思想和养生保健的思想，充分体现了中医学预防与治疗相统一的特点，是当今提倡的“全生命周期健康养护理念”的实践。尽管现代西方医学也重视和强调“预防为主”的理念，但中医药学在长期的发展过程中对养生保健积累了比现代西方医学更为丰富的经验和知识，产生了如食疗、药浴、针灸和推拿等多种医养手段，不仅对健康和亚健康状态有多姿多彩的方法进行维护和调理，即便是在疾病的治疗过程中也极为重视调护机体正气，促进康复，完整地体现了医养有机结合理念。

（二）中西医学的互补性

1. 西医辨病与中医辨证相结合 新中国成立以来，中西医结合领域的一项重大进步就是将现代生物医学辨病与中医辨证结合起来进行诊疗活动，现代生物医学长于对身体病理发现、分析及归类，中医学长于对身体状态分析、与整体关系平衡调整，这两种从不同角度、不同层面认识疾病本质和治疗规律的诊疗方案具有明显的互补性，使医生在制订诊疗计划时能整体与局部兼顾、宏观和微观并调，治疗措施更具针对性和选择性。

2. 西医善于祛病，中医长于调理 建立在微观的病原学和病理学等具体概念基础之上的西医

药在治疗病理性疾病方面有显著的优势，例如，对实质性肿瘤的治疗，手术、放疗、化疗被称为西医治疗恶性肿瘤的三大法宝，在祛除肿瘤病灶、减轻肿瘤负荷方面常能迅速取效。然而，恶性肿瘤仅施行针对局部的治疗不足以使肿瘤患者得以康复，这是因为肿瘤不是一种局部性疾病而是全身性疾病，简单切除肿瘤后身体的病理结构消除，但身体功能状态可能因手术等因素而失去平衡，导致患者生活质量下降，情绪焦虑等。随着治疗观念由"治病"到"治患者"的转化，医学的终极目标更强调集中在患者的整体状况——生活质量及优效生存时间的延长，最终使患者延年益寿、享受生活，而中医药在调整身体关系平衡，提高身体机能和改善生活质量等方面则有显著优势。中西医学二者的结合在疾病治疗领域可取长补短，根据治疗目标发挥相应的作用，以提升治疗率，提高生活质量。

3. 急则西治为主，缓则中调见长 中医治疗历来强调标本缓急，急则治标、缓则治本。但随着科技发展，现代生物医学诊疗手段的丰富使现代生物医学在治疗急症，尤其是创伤性疾病中更具快速取效、针对性强等特点，常可力挽狂澜。尽管中医药学在治疗急性危重疾病方面积累了丰富的经验，显示出中医药治疗急症的特色，但中医学的平衡阴阳、调畅气血的诊疗长处可对身体更好地实现调理、调和、调养等功效，这对于许多需要调整身体功能状态的慢性疾病多环节的病机非常对应，在治疗方面更具有显著的优势。

4. 单靶点取效与多因素协调 一般来说，西药的成分与结构清楚，作用机制明确，常对患病机体的某单一靶点有显著的干预作用；而中医针灸，尤其是方剂中因具有众多的化学成分，可通过多环节、多靶点的协调对疾病发挥治疗作用。

5. 科技文明与生态文明 在科学技术高速发展的今天，人类不仅在空间领域能够上天入地，而且在人体内可以移植器官，这种高科技带来了全新的社会生活方式，也促进了医学的全面进步，使医学在征服危害人类健康的重大疾病方面取得了巨大进展。尽管借助高科技人类不断创造新的医学奇迹，但现代社会的高度发展又派生出许多新的健康问题，所以如何保证健康与医疗的"人民性、公平性、国际性"成为今天医学发展需要重点思考的问题之一。中医学在其发展过程中始终坚持的"天人合一"理念使其在不断创新的路上始终将生态文明作为创新基石，即强调人与自然、人与人、人与社会的和谐共生、良性循环进而保证医疗资源的可持续性发展及医疗资源的可普及性与公平性。因此，在探求解决新问题的时候中医学发展思路给出的答案使人类认识到科技进步与生态文明的相辅相成是推动现代医学及促进人类健康发展的方向。

（夏　庆）

复习思考题

1. 中医是如何起源的？
2. 中医的四大经典著作是哪几部？
3. 中医理论体系的基本特点包括哪些内容？
4. 什么是整体观念？整体观念包括哪些内容？
5. "症""病"和"证"三者相互之间有何区别？

第二章　中医学的哲学思想

哲学是关于自然现象、社会认知和人类思维及其发展运动规律的理论化、系统化的世界观和方法论。科学是自然、社会和思维的知识体系，科学的发展离不开哲学。医学是研究人类生命过程以及同疾病作斗争的一门科学体系，属于自然科学范畴。要探索生命的奥秘及健康与疾病的运动规律，医学就必须以先进的哲学思想为指导，构建其理论体系的世界观和方法论。中医学和科学一样离不开理论思维，需要世界观和方法论的指导。距今2000多年前的战国至两汉时期，中国古代哲学思想得以长足发展，代表科学文化进步的元气论、阴阳学说、五行学说不仅渗透于天文、地理、政治、兵法与历法领域，也渗透至医学领域，并成为中医学理论体系的重要组成部分。

元气论、阴阳学说和五行学说是中国古代关于世界本源和物质发展变化的宇宙观和方法论，这一中国古代哲学思想对中医学理论体系形成和发展有着深刻影响。中医学是中国传统的自然地研究人类生命过程、健康与疾病变化规律的生命科学体系，中医学蕴含中国传统文化，自然以古代哲学思想为指导，构建中医学独特理论体系的世界观与方法论。万物变化皆因气，人之生属气之聚，气与医学相结合并应用于中医学之中，形成了中医学的元气论。阴阳学说是中国古代朴素的对立统一论，以元气论为基础，气是阴阳对立的统一体，物质世界通过阴阳二气的相互作用，不断地发生、发展、运动变化着；中医学以阴阳学说为基础，构建中医学自身科学观与方法论，冀以阐述生命的起源与本质以及机体的生理功能、病理变化和病证辨治规律。五行学说是中国古代朴素的系统论，中医学以五行学说系统论的观点，探索事物的运动变化及其相互关系，揭示人体健康、病证及其辨治规律。

中医学借助古代哲学思想与方法构筑其独特的医学理论体系，而古代哲学思想与方法又逐渐萌发于这一认识人体生命现象过程的土壤之中；中医学以中国古代哲学的元气论、阴阳学说、五行学说为世界观和方法论，与自身固有的理论和经验相融合，以诠释人体的形态结构、生命活动过程、疾病的病因、病机变化、辨证与防治规律及其与外部环境的关系，因此，元气论、阴阳学说、五行学说也就成为中医学理论体系的重要组成部分。

第一节　元　气　论

元气论是中国古代哲人认识世界的自然观，萌生于先秦，成熟于战国末年和秦汉，历代不断充实发展，对中国传统文化影响深刻，亦称“气一元论”。元气论认为世界的一切现象皆源于气，世界的一切事物皆属气的不同形态。元气论应用于中医学之中，形成中医学认识生命活动现象的世界观和方法论，即中医学元气论。

一、元气论的基本概念

气是中国古代哲学表示物质存在的基本范畴，是运动着的、至精至微的物质实体，是构成宇宙万物的最基本元素。气的概念源于“云气说”。《说文解字》载：“气，云气也。”说明“气”原本是古人对云气的认识与描述，后又被引申为无形无象、不断运动而又充斥天地的一种原始物质，由此成为构成物质世界的基础。先秦时期出现的气的多种概念受两汉时期的“元气说”同化，气是构成宇宙万物最基本的、最原始的物质，即后世所称之的“元气一元论”。

在中国古代哲学气的演变过程中，有“气”“元气”和“精气”之称谓。气是极细微的物质，是构成世界万物的本原。元气论之“气”指构成自然界万物的、活跃的细微物质。元气是产生和构成世界万物的原始物质，即原气，元气一词首见于《鹖冠子·泰录》：“故天地成于元气，万物乘于天地。”中医学认为人体之元气是人体生命动力的源泉，分为元阴之气与元阳之气，其发源于肾，包括“命门”，由先天之精化生，赖以后天之精不断滋养，藏于脐下之“丹田”，借“三焦”通路输布全身，推动脏腑组织活动。精气是无法看到的极细微的精粹物质，亦称“精”。“精也者，气之精者也”，《管子》将“精气”与“精”并称，认为精气属世界的本原。“凡物之精，此则为生。下生五谷，上为列星。流于天地之间……是故此气也”（《管子·内业》）。后世思想家一般认为精气是构成人体生命和精神的物质。

二、元气论的基本内容

（一）气的基本特征

1. 气是构成天地万物的本原 在天体自然演变初期，整个宇宙弥漫着混混沌沌的、性状不定的、烟云缥缈的无形物质——气。在这一物质作用下，出现了天地，再化生为万物，元气论据此认为气是构成万物的本原。气以弥散“无形”和聚合“有形”的形式存在并被人们感知，不是虚幻的，也不是超感觉的。

《素问·六节藏象论》载“气合而有形”。“无形”与“有形”处于相互转化状态，“无形”之气聚合可成有形之物，“有形物”中之气也可离而复归弥散，无形之气与有形之物均是气的不同存在方式。元气论宏观辩证地把握不同物质的基本存在形式及其相互之间的转化关系，提供了解释复杂多样、千变万化的宏观世界锐利的思想武器。

2. 气是运动不息的物质 借助自然界之“风”“云”等气活泼多动、变幻无常的特性，古人认为气亦颇为活跃、生机勃发、运动不息，而以“气”构成的整个自然界当然处于不停地运动与变化之中。气的运动变化促成了自然界一切事物的纷繁变化。《素问·六微旨大论》载：“气之升降，天地之更用也……升已而降，降者谓天；降已而升，升者谓地。天气下降，气流于地；地气上升，气腾于天。故高下相召，升降相因，而变作矣。”天地之气的升降出入，引发了天地间的千变万化。

气的运动具有普遍性。《素问·六微旨大论》载气“以升降出入，无器不有”。气在不停息的运动中，使整个自然界充满了活力：既孕育产生无数新事物，使之成长壮大；也遏抑许多旧事物，摧枯拉朽使之逐渐衰退凋谢，乃至消亡。《素问·五常政大论》载：“气始而生化，气散而有形，气布而蕃育，气终而象变，其致一也。”可见，古人认为自然法则之新陈代谢过程的实现，都是气运动变化的结果。

气的运动取决于自身所固有的“阴”与“阳”两个方面的相互作用。“阳”主升、浮、动、散、排斥等，“阴”主降、沉、静、聚、吸引等。阴阳之间时刻进行着相互渗透、彼此推荡、胜负来回、屈伸交替的运动变化，气自身内在的阴阳平衡与交替决定着气的运动，而不依赖于外界的推动。

3. 气是感应象或万物之间的中介 气是自然感应现象中起中介作用的物质。古人认为相距甚远的物体，在气的中介下彼此能相互感应，如乐器共鸣、磁石吸铁、阳燧取火于日、月盈亏而有潮汐一样，皆以气参与其间产生自然感应，即“气有潜通”。气的中介作用实现了人与自然界的和谐统一，即天人相应。气既参与日月、昼夜、季节、气候交替变换，又调节人体生理功能与病理过程，通过气的中介影响人类与自然界的活动变化。宋代朱熹《朱子语类》载：“人之气与天地之气常相接无间断。”《灵枢·岁露》载：“人与天地相参也，与日月相应也。”弥漫于空间的无形之气，不仅在物与物的相互感应中起中介作用，而且还使自然界有机联系成一个整体。《庄子·知北游》有“通天下一气耳”的理论观点。

4. 天地精气化生为人 宇宙万物皆由精或气构成，人是宇宙万物之一，自然由天地阴阳之气交合而化生。《素问·宝命全形论》载：“天地合气，命之曰人。”《管子·内业》载：“人之生也，天出其精，地出其形，合此以为人。”人生由天地阴阳精气凝聚，人死复散为气，人之生死皆因气之聚散。《庄子·知北游》载：“人之生，气之聚也。聚则为生，散则为死。”

（二）气化、气化的类型、形气转化和气机

1. 气化的概念 泛指气的作用所产生的变化。元气论认为万物的生成与变化皆源于气，万物生、长、化、灭，均为气的不同形态变化所致。在气的作用下，事物出现形态、性能、表现形式的各种变化，均属“气化”的结果。气化的过程分为“化”与“变”两种类型。《素问·天元纪大论》载：“物生谓之化，物极谓之变。”化与变皆因气的运动。

2. 气化的类型 一为“化”。化指气的渐进、缓和、不明显的运动，致使发生量多少的改变，即“量变”。《素问·六微旨大论》载：“其微也，为物之化。”《正蒙·神化》载：“气有阴阳，推行有渐为化。”二为“变”。变指气的激进、剧烈、明显的运动，致使发生根本性的质的改变，即“质变”。《素问·六微旨大论》载：“其甚也，为物之变。”《正蒙·神化》载：“化而裁之谓之变，以著显微也。”

3. 形气转化 指形与气间的相互转换变化。

（1）气与形之间的转化：无形之气交感聚合为有形之物，属“气生形”的形气转化过程；有形之物消散为无形之气，属“形化气”的形气转化过程。

（2）气与气之间的转化：无形之气间也可相互转化，《素问·阴阳应象大论》载：“地气上为云，天气下为雨。”

（3）形与形之间的转化：有形之物在气的推动下相互转化，如冰化水、水化雾等。

（4）有形之物自身的不断更新变化：自然界植物自身一年四时的生长化收藏过程、人体自身的生长壮老已生命过程，均属有形之物自身更新变化的过程。自然界形气转化井然有序，永无休止。

4. 气机 是指气有序的运动。永不停息地运动是气的根本属性，任何事物发生、发展与变化，不过是气运动的最终体现。在古人的认识中，人体的生命活动，依靠气永不停息地运动来推动，而升降与出入是生命运动的基本形式。各种人体功能与生命活动，都是依赖气机的升降出入运动方得以进行。如果气的运动不再协调稳定，气机紊乱失常，人就会发生疾病；严重的是气机停息，人就会死亡。故《素问·六微旨大论》曰：“出入废则神机化灭，升降息则气立孤危。故非出入，则无以生长壮老已；非升降，则无以生长化收藏。是以升降出入，无器不有。”

（三）元气论对中医学形成与发展的影响

中医学运用古代哲学的“气一元论”思想，逐渐形成了中医学理论体系基础的元气论，据此创建中医学整体观念与方法论，构成了中医学对人体与生命认识的基础，借以阐述生命过程的基本科学问题。

1. 说明生命过程的物质性与运动性 元气论认为气是万物的本原，而人作为万物之首，当由气凝聚而成。气维系着生命活动的全过程，气一旦离散，生命也随之终止，即人生命始于气聚、终于气散。《管子·枢言》载：“有气则生，无气则死。”人的各种生命活动、精神心理感觉也由气的运动所产生。气在体内的“升、降、出、入”运动发挥着畅达气机、协调功能、推动血运、布散精微、排泄废物等作用，使得生命活动得以正常进行；气的运动也参与精神、意识、思维等心理活动。《素问·阴阳应象大论》载：“人有五脏化五气，以生喜、怒、悲、忧、恐。”气的运动促进了人体生长发育，使生命充满活力；随着气的运动衰弱，人亦渐渐衰老；气的运动停止则生命终结。

2. 诠释人体的整体性与联系性 元气论认识的人与自然界万物的同一性，时刻进行着多样的物质、能量、信息的交换，使人与自然界密切相关而呈现着统一性与整体性。气构成了人体有形的组织和器官，且弥散于躯体组织和器官之间，周流不息，无所不至；无形之气贯通于有形的组织之间，使各部分密切关联，形成统一的整体；局部变化可影响整体，整体变化也可反映于局部；外在变化反映内在脏腑功能活动改变，内在脏腑功能改变亦可反映在体表；气属人体整体之本、联系之

根，完善了中医学的整体观念。人和自然界的万物存在物质上的同一性，又通过各种物质与信息的交换保持密切的联系，使得人和自然界密切相关，呈现出统一性和整体性。

3. 解析人体的生理现象和病理过程　中医学借助元气论之“气”，解释人体的生命活动与生理现象。《类经·摄生》载：“人之有生，全赖此气。”气是机体能量之源，运行于全身，推动激发着全身组织和器官的功能活动；气又遍布周身，具有抗御外邪、控摄机体阴液类物质外泄的作用；机体代谢全过程与相关功能活动均属气运动所产生的。《难经·八难》强调：“气者，人之根本也。”中医学认为，体内之气充沛、运行协调正常，则功能活动健全、抗病能力强，整体处于协调旺盛的健康状态。如若体内之气有虚实之变，或运行失常，致使整体或部分脏腑功能活动亢奋或减弱，出现病理状态，且易为邪气所侵而罹病。因此，注重调气促进机体康复，也是中医学临床重要的治疗手段之一。

（孙学刚）

第二节　阴阳学说

阴阳学说，是研究阴阳内涵及其运动变化规律，用以解释宇宙万物万象的发生发展和变化的一种古代哲学理论。阴阳学说是建立在古代唯物论基石之上的朴素辩证法思想，是古人认识宇宙本原和阐释宇宙变化的一种世界观和方法论。阴阳学说既是中医理论形成的基础，也是中医理论的标志。

以《周易》的成书为代表，阴阳理论初步形成。阴阳学说认为，世界本身是阴阳二气对立统一的结果。“一阴一阳之谓道”，即阴阳是对立统一的对等两面或两部分，太极图中“阴阳鱼”是对阴阳对立统一的直接说明。宇宙中一切事物和现象的发生、发展与变化，都是其含有阴阳两种对立势力相互作用的结果。故《素问·阴阳应象大论》说：“阴阳者，天地之道也，万物之纲纪，变化之父母，生杀之本始，神明之府也。”阴阳是一切变化的根源，“阴阳合德而刚柔有体”“刚柔相推而生变化”“阴阳不测之谓神”等论述，均明确了阴阳是宇宙运动的根本动力。

阴阳学说应用于医学，最早见于公元前541年秦国医家医和的“六气致病说”，“……天有六气，降生五味，发为五色，徵为五声。淫生六疾。六气曰：阴、阳、风、雨、晦、明也”。其后阴阳学说应用于医学领域，形成中医学阴阳学说理论，成为中医学的独特思维方法。中医学阴阳学说理论是中医学理论体系的基础和重要组成部分。它作为中医特有的思维方法，一直用于阐释人体的生命活动和疾病的病理变化，贯穿于中医的理、法、方、药，指导疾病的诊治，指导养生和康复等医事活动。

一、阴阳的概念

（一）阴阳的基本概念

阴阳最初含义是很朴素的，不过是指日光的向背而已。如《吕氏春秋·重己》说：“室大则多阴，台高则多阳。”进而认为，凡是向阳光或阳光照射充足的地方，即为阳；凡是背阳光或阳光照射不到的地方，则为阴。所以，《说文解字》注释说：“阴，暗也”“阳，高明也”。可见，阴阳的最初理解，来源于古人在生产生活实践中对自然现象的观察。随着观察面拓宽，观察深度增加，阴阳的朴素概念得到引申。通过类比思维而引申出向阳处温暖而明亮、生机旺盛为阳；背阳处寒凉而阴暗、生机萧条为阴。进一步引申兴奋、运动、激发、推动等是生机旺盛的表达，属阳；抑制、静谧、控制、固摄等是生机萧条的表达，属阴。以此类推，无穷无尽。《老子·四十二章》说：“道生一，一生二，二生三，三生万物，万物负阴而抱阳。”

因此阴阳，是对自然界和人体内的相关联的某些事物或现象对立双方的属性概括。阴与阳，既可以概括自然界具有对立属性的事物，又可以标示事物或现象内部相反的两方面。如《类经·阴阳类》说："阴阳者，一分为二也。"

（二）事物和现象的阴阳属性

阴和阳代表属性相反但又处于统一体中的两种事物或现象，或一事物内部的对立统一的两种属性，可以以阴阳的运动规律来阐释它们的内在联系和变化规律。相互对立的事物或现象，如天与地、日与月、水与火等；同一事物内部相对立的两种属性，如寒与热、升与降、明与暗等。一般地说，凡是剧烈运动着的、外向的、上升的、温热的、明亮的、刚强的、弥散的、兴奋的、亢进的一方皆属于阳，而相对静止的、内守的、下降的、寒凉的、晦暗的、柔和的、凝聚的、抑制的、衰退的一方都属于阴。

不在同一层次的，或不是同类的事物或现象及其属性，无法确定其属阴属阳。例如，物质与功能，不属同类的事物或现象，因而不能区分其何者为阴，何者为阳。

1. 事物或现象阴阳属性的相对性 事物或现象的阴阳属性，是根据事物或现象不同的运动趋势、不同的功能属性、不同的空间和时间等，通过相互比较而归纳出来的。若该事物或现象的总体属性发生了改变，或比较的层次或对象变了，则它的阴阳属性也随之改变。主要体现于以下几个方面。

（1）事物的阴阳属性在一定条件下可以相互转化。各种事物或现象以及事物内部双方的阴阳属性不是绝对的，一成不变的。因为阴阳双方在一定条件下可各自向其相反方向转化，即阴阳的转化性。如本来具有光明、向上运动、温热等特征的阳性事物或现象，可在一定条件下转化为具有晦暗、向下、静谧、寒凉等特性的阴性事物或现象。反之亦然。此即事物或现象的总体属性变了，其阴阳属性也随之改变。寒极生热，热极生寒等即阴阳转化的典型例证。

（2）阴阳之中可再分阴阳。即阴阳的无限可分性，以昼夜为例，昼为阳，夜为阴。但昼又分为上午和下午，上午阳气旺盛而为阳中之阳，下午阳气趋衰而为阳中之阴；夜又分为前半夜与后半夜，相对来说前半夜阴气趋盛而为阴中之阴，后半夜阴气趋衰而阳气始生为阴中之阳。因此《素问·阴阳离合论》说："阴阳者数之可十，推之可百，数之可千，推之可万，万之大，不可胜数，然其要一也。"

（3）事物的阴阳属性可因其比较对象的改变而改变。以春夏秋冬四季为例，春夏属阳，秋冬属阴。春天与冬天相比，春天气温高而属阳；但春天与夏天相比，春天气温低而属阴。同样，秋天与夏天相较而属阴，与冬天相较则属阳。因此，比较对象不同，事物的阴阳属性会发生变化。

2. 事物或现象阴阳属性的绝对性 若该事物的总体属性没变或者比较对象或层次没变，那么它的阴阳属性是固定不变的，具有不可变性。如天与地、水与火、日与月、上与下、升与降、动与静、寒与热、明与暗、温煦与凉润、兴奋与抑制等，其阴阳属性皆具有不可变性和不可反称性，水与火这一对阴阳范畴来说，水不论多热，仍属阴；火不论多弱，仍属阳。所以说事物或现象的阴阳属性在某种意义上又是绝对的。

二、阴阳学说的基本内容

阴阳学说的基本内容，主要是介绍阴阳的运动规律、运动形式及其对宇宙万物包括人体的发生、发展变化的作用和意义。概括起来主要有阴阳对立制约、阴阳互根互用、阴阳消长平衡、阴阳相互转化等。

（一）阴阳对立制约

阴阳对立制约，是指属性相反的阴阳双方在统一体内的相互斗争、相互制约和相互排斥。如寒与热，升与降，出与入，动与静，左与右，上与下等，都是属性相反的矛盾双方。"阴阳者，一分为二也。"没有对立统一，就没有相反相成。

阴阳的相互对立，表现在它们之间的相互斗争、相互制约，而相互斗争、制约，维持了阴阳之间的动态平衡。只有维持这种关系，事物才能正常发展，取得相对的协调平衡。在自然界中，春、夏、秋、冬有寒、热、温、凉的气候变化，春夏之所以温热，是因为春夏阳气上升抑制了秋冬的寒凉之气；秋冬之所以寒冷，是因为秋冬阴气上升抑制了春夏温热之气。这是自然界阴阳二气相互制约而取得相对协调平衡的结果。

人体之所以能进行正常的生命活动，也是阴阳双方相互制约取得统一的结果。白天阳气旺盛，人处于兴奋状态，工作学习精力充沛；而夜晚阴气旺盛，人处于抑制状态，进入睡眠状态。正是由于一日之内阴阳二气的盛衰更替，相互制约，才使兴奋与抑制取得了协调统一，人体处于正常的生理活动中，即所谓"阴平阳秘"。相互对立的阴阳双方，若一方太强或者太弱，一般称为"制约太过或不及"，如此则阴阳失去了相对平衡协调，在人体表现为生命活动失常而处于疾病状态，即《素问》所说："阴胜则阳病，阳胜则阴病""阴不胜其阳，则脉流薄疾，并乃狂；阳不胜其阴，则五脏气争，九窍不通"。

（二）阴阳互根互用

阴阳的互根互用是指阴阳双方相互依存、互为根本，即一方不能脱离另一方而单独存在，阴阳双方各以对方存在为自己存在的前提。例如，上与下，升与降，寒与热等，都是相互依存的阴阳双方，没有上就无所谓下，没有升就无所谓降，没有寒就无所谓热。阳依赖于阴，阴依赖于阳，中医学把这种阴阳双方相互依存的关系，称为"互根"。

在阴阳相互依存的基础上，某些阴阳范畴还存在着相互资生、相互促进的关系。在自然界中，四时的更替和气候的相应变化，是阴阳二气运动变化的结果。阴阳二气虽然是对立制约的，但又是相互资生和促进的。例如，夏天虽热，但阴从阳生，雨水增多；冬日虽冷，但阳从阴化，干燥少雨。如此则维持一年四季气候的相对稳定。故《素问·阴阳应象大论》说："阳生阴长，阳杀阴藏。"在人体内，也体现阴阳的互根互用。例如，白天人体阳气旺盛，精力充沛，但是要以夜晚充足的睡眠为前提；夜晚人体阳气衰少而阴气旺盛，进入良好的睡眠也以白天充分兴奋为条件，所谓"昼不精夜不瞑"。又如精与气而言，精属阴，气属阳。精化气，气生精，阴精化生阳气，没有阴精，阳气无以化生，故精亏则气少；阳气反过来又推动阴精的生成，没有气则难以生精，故气少则不能生精，精与气之间存在着既相互资生又相互促进的关系。如王冰说："阳气根于阴，阴气根于阳。无阴则阳无以生，无阳则阴无以化。"

若阴阳互根互用的关系遭到破坏，阴阳双方中的一方虚弱，不能滋养另一方，久之必然导致另一方亦不足，从而出现"阴损及阳"或"阳损及阴"的病理变化。日久则会出现"孤阴"和"独阳"，"孤阴不生，独阳不长"，最终导致"阴阳离决"而死亡。

（三）阴阳消长平衡

阴阳消长平衡是指阴阳双方的量和比例不是一成不变的，而是处于不断的增长或消减的运动变化之中，这种运动变化也维持了自然界和人体的内在平衡。阴阳消长平衡主要包括两个方面：阴阳互为消长和阴阳皆消皆长。

彼此对立制约且互根互用的阴阳双方互为消长，即阴阳双方此增彼减、此盛彼衰，此消彼长，处于动态的平衡之中。具体可分为四种类型，阴消阳长、阳消阴长与阴长阳消、阳长阴消。以四季为例，春夏秋冬四季更替，从冬至经春至夏，阳气逐渐旺盛，阳制约阴而见阳长阴消；从夏至经秋至冬，阴气逐渐旺盛，阴制约阳而见阴长阳消。再以人体生理功能为例，白天人体阳气旺盛，处于兴奋状态，但日中阴气渐起，逐渐制约阳气，出现阳气渐衰而阴气渐长的变化，机体由兴奋转为抑制；相反，夜间阴气旺盛，人体处于睡眠抑制状态，但子时阳气逐渐升起，制约阴气，出现阳气渐盛而阴气渐消的变化，机体由抑制转为兴奋。人体的新陈代谢中，亦存在同样的互为消长。例如，人在饱食后，消化精微物质需要大量的能量，即化生"精"以消耗"气"为前提，此为阳消阴长；

而在劳动过程中，需要消耗精微物质以保证精力充沛饱满，即“精”化为“气”，此为阴消阳长。以上皆为阴阳互为消长，从而达到自然界和人体的平衡状态。

阴阳在互根互用、互为消长的过程中也会出现皆消皆长，即阴阳某一方增长也会导致另一方的增长，一方的消减会带动另一方的消减。具体有阴随阳长、阳随阴长、阴随阳消、阳随阴消。以自然界四季为例，春夏期间，随着气温升高而降雨量增多；秋冬季节，气候转凉而降雨量减少，此为阴随阳长和阴随阳消。在生理情况下，饥饿能量减少，精微物资不够用，而导致气力不足，即“精”不足无以化“气”，补充足够的食物后，气力增加，即“精”化“气”。此为阳随阴消和阳随阴长的过程。

需要注意的是，阴阳双方的长是不偏盛，消是不偏衰。一旦超过这个限度，就会出现阴阳的偏盛或偏衰，即异常情况。在人体疾病发生过程中，阴阳双方消长超过正常限度，则出现“阳盛则阴病”“阴盛则阳病”及“阳虚阴盛”“阴虚阳亢”等病理情况。总之，阴阳的消长是阴阳运动变化的一种形式，其根本还是建立在阴阳对立制约和互根互用基础上的消长运动。

（四）阴阳相互转化

阴阳转化，是指相互对立的阴阳双方，在一定条件下可各自向其对立面转化。如果说阴阳消长是事物量变过程，那么阴阳相互转化则是事物发生质变，属阴者在一定条件下转化为阳，属阳者在一定条件下转化为阴，《素问·阴阳应象大论》说：“重阴必阳，重阳必阴。”即所谓“物极必反”。

必须指出，阴阳的相互转化是有条件的，阴阳发生转化的内在依据是阴阳的互藏互寓。阴中有阳，阳中有阴，阴阳才能向彼此对立面转化。事实上阴阳的属性是相比较而言，此事物属阴，只是说此现象或事物阴的属性占绝大多数，不代表只有阴，没有阳的成分，如果只有阴或阳，被称为“孤阴”“独阳”，孤阴不生，独阳不长，会逐步走向灭亡。阴阳的消长运动发展到一定程度，事物属性发生改变，阴转化为阳，阳转化为阴，因此阴阳的消长是阴阳转化的前提，阴阳转化是阴阳消长的必然结果。例如，以四时寒暑的更替为例，由春温到夏热，阳长阴消与阴逐渐转化为阳相互伴随，发展到夏热之极点，也是阳的极点，由此开启了向寒凉转化，其后阳渐消而阴长，阳也逐渐转化为阴；与此对应，秋凉到冬寒，阴长阳消与阳逐渐转化为阴相伴相随，发展到冬寒之极点，即向温暖转化的起点，其后阴渐消而阳渐长，阴也逐渐转化为阳。年复一年，循环往复。

在人体的阴阳转化中，大多以渐变形式发生，白天的兴奋与夜晚的抑制交替往复，人体的精与气转化的生理活动都属于渐变形式。但也有突变形式，阴阳双方快速或突然向其相反方面转化而表现为质的改变。例如，生性孤僻的内向型患者，在遭受重大心身刺激后，可表现出超乎常人的强烈的精神反应；急性热病中，高热至极的阳性病证，突然变为四肢发凉、面色苍白、脉微欲绝、冷汗淋漓等阴性病证，这些皆属于阴阳转化的突变形式。

三、阴阳学说在中医学中的应用

阴阳学说是中医学特有的思维方法，贯穿于中医学理论体系的各个方面。阴阳学说用于说明形体、脏腑的部位和功能特点，阐释人体的生命过程和生理功能，解释人体的病理、病机，命名脏腑经络，说明体质禀赋，概括归纳病因，概括辨证论治的方法和原则，概括药物功能，确立养生保健原则，是阴阳在中医病因、病机、治则、治法等方面的关照，是阴阳之理在中医的落实。

（一）说明人体组织结构

阴阳学说在阐释人体组织结构时，认为人体是一个有机整体，人体内部充满了对立统一现象。人体的经络、脏腑组织既是有机联系，又可以根据其位置、功能特点等划为阴阳对立的两部分。因此，《素问·宝命全形论》说：“人生有形，不离阴阳。”

就人体部位来说，人体的上半身为阳，下半身属阴；体表属阳，体内属阴；背部属阳，腹部属阴；四肢外侧为阳，内侧为阴。

就脏腑功能特点来说，五脏为阴，六腑为阳。由于阴阳之中复有阴阳，五脏之中，心、肺居上为阳，而心属火，主温通，为阳中之阳；肺属金，主肃降，为阳中之阴。肝、脾、肾居下为阴，而肝属木，主升发，为阴中之阳；肾属水，主闭藏，为阴中之阴；脾属土，居中焦，为阴中之至阴。

就经络来说，也分为阴阳。经属阴，络属阳。就十二经脉而言，也有手三阳经与手三阴经之分、足三阳经与足三阴经之别。

总之，人体组织结构的上下、内外、表里、前后各部分之间，皮肉筋骨和内脏之间，都可区分出阴阳，都可用阴阳概括其属性，也都含有阴阳的对立统一关系。

（二）说明人体生理功能

《素问·调经论》说："阴阳匀平，以充其形，九候若一，命曰平人。"说明人体在生理状态下，阴阳两方是平衡协调的。人体生长壮老已的全过程，以精所化之气的运动为动力来推动和调控，因此人体阴阳的协调平衡，可从精与气、气自身分化的阴阳二气两个层面来说明。

精藏于脏之中，主静而属阴；气运行全身，主推动和调控而属阳。"精化气"，说明精是构成人体并维持人体各种功能活动的最基本物质，精是本原。气的运动激发调控着各脏腑形体官窍的生理功能，并推动精、血、津液的化生和输布。人体之气，《黄帝内经》称为"人气"，可分为阴阳二气。阴阳二气的升降交感、相互作用，激发和推动着机体内物质之间、物质与能量之间的相互转化，推动和调控着人体的生命进程。阴气主凉润、宁静、抑制，阳气主温煦、推动、兴奋。只有阴阳二气对立制约、互根互用，人体的生命活动和各种生理功能才能有序运行。

（三）说明人体病理变化

人体内外阴阳平衡协调是正常生命活动的基础，而这种平衡状态遭到破坏，疾病产生。因此，阴阳失调是疾病产生的基础。阴阳学说在病理变化上的应用，主要包括两类：判断病因的阴阳属性和分析邪正斗争中病理变化基本规律。

病邪，又称邪气。邪气也可分为阴阳两大类。一般而言，自然界四时不正之气，即六淫邪气属阳邪，饮食居处、情志内伤等属于阴邪。阴阳之中复有阴阳，在六淫中，风邪、暑邪、火邪属阳，寒邪、湿邪属阴。

在疾病侵袭人体，邪正斗争过程中，会导致机体阴阳失调而出现偏盛、偏衰、互损等病理变化。《素问·著至教论》说："合而病至，偏害阴阳。"阴阳偏盛指阴阳双方中有一方偏胜，必然过度制约另一方而使之偏衰。《素问·脉要精微论》说："阳气有余为身热无汗，阴气有余为多汗身寒。"《素问·阴阳应象大论》说："阳胜则身热，腠理闭，喘粗为之俯仰，汗不出而热，齿干以烦冤，腹满死，能冬不能夏。阴胜则身寒汗出，身常清，数栗而寒，寒则厥，厥则腹满死，能夏不能冬。"阴阳偏衰指阴阳双方中某一方低于正常水平而使另一方相对亢盛。阳偏衰，机体温煦功能减退，出现面色㿠白、畏寒肢冷、脘腹冷痛、喜静卧等阴气相对偏盛而产生的寒象，即所谓"阳虚则寒"。阴偏衰，机体凉润、宁静等功能减退，出现低热、五心烦热、骨蒸潮热、面红等阳气相对偏亢而产生的热象，即所谓"阴虚则热"。

总之，阴阳偏盛与阴阳偏衰是临床上常见的寒热病证的病理变化，故中医学将"阳胜则热，阴胜则寒，阳虚则寒，阴虚则热"称为寒热性疾病的病理总纲。

（四）指导疾病诊断

《素问·阴阳应象大论》说："善诊者，察色按脉，先别阴阳。"在诊察疾病时，审辨阴阳，大则可以用以概括整个病证的基本属性是阳证还是阴证，小则可用以分析四诊中的某个具体症状或体征是属阴还是属阳。

在八纲辨证中，阴阳为总纲，表证、实证、热证属阳，里证、寒证、虚证属阴。临床上出现的各种复杂病证，只有分清阴阳，才能抓住疾病的本质，做到执简驭繁。在脏腑辨证中，虚证无外乎气虚、血虚、阴虚、阳虚，气虚、阳虚属阳，阴虚、血虚属阴。张仲景在阴阳理论的启发下，提出了三阴、三阳的辨证总纲，即六经病提纲，以阴证、阳证来概括邪正盛衰，如三阳病表示邪气实而正气盛，属阳证；三阴病表示病邪未除而正气已衰，属阴证，将阴阳与邪正盛衰有机联系、组合起来，是阴阳理论指导疾病辨证、诊断的实例。

在收集四诊信息中，也会从阴阳判断其属性。例如，色泽鲜明为病在阳分，病情较浅；色泽晦暗为病在阴分，病情较深重。又如黄疸色泽鲜明者，可能提示为急性肝胆疾病，病情一般较轻浅；色泽晦暗，黄中隐隐显露灰黑色者，一般提示为慢性肝胆疾病，或为恶性肿瘤。语声高洪亮，多言而躁动者，多属实、热而为阳；语声低微无力、少言而沉静者，大多为虚、寒而为阴。

（五）指导疾病防治

《素问·生气通天论》曰："阴平阳秘，精神乃治。阴阳离决，精气乃绝。"调整阴阳，使之恢复动态平衡，阳密以固阴精，阴强以助阳气，是防治疾病的基本原则，也是疾病治疗所要达到的主要目标。《景岳全书·新方八阵·补略》说："阳失阴而离者，不补阴何以收散亡之阳；水失火而败者，不补火何以苏垂寂之阴？此又阴阳相济之妙用也。故善补阳者，必于阴中求阳，则阳得阴助而生化无穷；善补阴者，必于阳中求阴，则阴得阳升而源泉不竭。"故防病治病务必以阴阳为本，以求阴阳调和，刚柔相济。

1. 指导养生防病 养生，又称"摄生"，即保养生命之意。阴阳学说认为人体应遵循自然界阴阳二气变化规律生活，与自然界阴阳变化协调统一，因此主张"春夏养阳，秋冬养阴"，使精神内守，饮食有节，起居有常，做到"法于阴阳，和于术数"，使形体强健，延年益寿。

2. 确定治疗原则 疾病发生的根本原因是阴阳失调。调整阴阳，是治疗的基本原则之一。《素问·至真要大论》说："谨察阴阳所在而调之，以平为期。"《济生方》说："冷者热之，热者冷之，痼者解之，积者散之。"使阴阳各得其平，而不偏胜之患。

《素问·至真要大论》说："诸寒之而热者取之阴，热之而寒者取之阳，所谓求其属也。"王冰注曰："言益火之源，以消阴翳，壮水之主，以制阳光，故曰求其属也。"是"治病求本，本于阴阳"在阴阳水火辨证的具体治则，是"寒之不寒，责其无水""热之不热，责其无火"的解决之道；金元李东垣立"补其中而升其阳"之则，创"甘温除大热"之法，制补中益气汤之方，真正解决了阴阳虚实寒热的正治与反治，以辩证的态度看待阴阳寒热。

3. 归纳药物性能 药物的四气、五味、升降浮沉特性皆可用阴阳概括。寒、热、温、凉四种药性，寒、凉属阴，温、热属阳。酸、苦、甘、辛、咸五味，辛、甘属阳，酸、苦、咸属阴。升降中，升浮之药，其性多具有上升发散的特点，故属阳；沉降之药，其性多具有收涩、泻下、重镇的特点，故属阴。治疗疾病，就是根据病情的阴阳偏盛偏衰，确定治疗原则，再结合药物的阴阳属性和作用，选择相应的药物，从而达到治疗疾病的目的。

（孙学刚）

第三节 五行学说

五行学说是研究木火土金水五行的概念、特性、生克制化乘侮规律，并用以阐释宇宙万物的发生、发展、变化及相互关系的一种哲学思想，属于中国古代（战国至两汉时期）唯物论和辩证法范畴及朴素的系统论。五行学说认为宇宙间的一切事物均由木、火、土、金、水五种基本要素组成，一切事物和现象的发展变化都是这五种物质不断运动与相互作用的结果。天地万物的运动秩序遵守五行相生、相克制约，即遵守五行生克制化的法则。按照木、火、土、金、水的性质和特点将自然界的一切事物和现象归纳为五大系统，借助五行生克制化的法则，维系和推动着事物的运动变化。

古人将自然界的许多事物或现象进行类比、演绎、归类，最终形成木、火、土、金、水五行系统理论。五行学说对中医学理论体系的形成有着巨大的推动作用，成为中医学认识人体生命活动的主要方法之一。

一、五行及五行学说的概念

（一）五行概念的形成

五行最初的概念与“五材”相关，指的是木、火、土、金、水五种基本物质。《左传·襄公二十七年》记载：“天生五材，民并用之，废一不可。”这五种物质是人类日常生活中最常见且必不可少的。例如，《尚书正义》指出：“水火者，百姓之所饮食也；金木者，百姓之所兴作也；土者，万物之所资生，是为人用。”此外，五行概念的形成还与“五方”“五时”“五星”等认识有关。

“五行”一词最早见于《尚书》。《尚书·周书·洪范》记载：“鲧堙洪水，汩陈其五行。”并对五行特性进行了归纳：“水曰润下，火曰炎上，木曰曲直，金曰从革，土爰稼穑。”这些记载标志着五行作为哲学概念的形成，此时的五行已从具体的木、火、土、金、水五种物质抽象出来，上升到哲学层面，使其特性从哲学高度得到了抽象概括。

随着对自然现象的观察与推理，人们逐渐认识到木、火、土、金、水五类物质之间存在着既“相生”又“相胜”的关系。《管子》是最早完整记载五行相生的文献，而《左传》是最早完整记载五行相胜顺序的文献。到战国后期，五行生克理论已趋于完善，五行学说已形成。

（二）五行的基本概念

五行，即木、火、土、金、水五类物质属性及其运动变化。“五”指由宇宙本原之气分化构成宇宙万物的五类物质属性；“行”指运动变化。《尚书正义》所言：“言五者，各有才干也。谓之行者，若在天，则为五气流注；在地，世所行用也。”从古代哲学概念出发，五行已超越具体物质，演化为归纳宇宙万物并阐释其相互关系的五类物质属性。

五行学说是研究五行特性、归类方法及生克制化规律，用以阐释自然界万物相互关系和运动变化、探求自然规律的系统论和方法论。秦汉之际，五行学说进入广泛应用和发展阶段，用于天文、地理、历法、气象、社会、经济、兵法等各领域，尤以中医学最为突出。古人运用五行学说，采用取象比类和推演络绎的方法，将自然与社会的各种事物或现象分为五类，并以五行之间的生克制化关系来解释其发生、发展和变化的规律。中医学运用五行学说阐述机体脏腑的生理功能、病理变化，局部与局部、局部与整体之间的有机联系，机体与外界环境的和谐统一，指导临床辨证和治疗。

（三）五行的特性与归类

五行的特性是古人在长期生活和生产实践中对木、火、土、金、水五种基本物质的直接观察和朴素认识基础上，进行抽象而逐渐形成的理性概念，作为归纳各种事物或现象五行属性的基本依据。《尚书·周书·洪范》对五行特性的经典概括为“水曰润下，火曰炎上，木曰曲直，金曰从革，土爰稼穑”。

1. 五行的特性

（1）木曰曲直：曲，弯曲；直，伸直。曲直指树木枝条具有生长、升发、柔和、能屈能伸的特性。引申为凡具有生长、升发、条达、舒畅等类似性质或作用的事物和现象，归属于木。

（2）火曰炎上：炎，炎热、光明；上，上升、升腾。炎上指火具有炎热、上升、光明的特性。引申为凡具有炎热、升腾、光明等类似性质或作用的事物和现象，归属于火。

（3）土爰稼穑：爰，通“曰”；稼，种植谷物；穑，收获谷物。稼穑泛指人类种植和收获谷物的农事活动。引申为凡具有承载、受纳、生化等类似性质或作用的事物和现象，归属于土。

（4）金曰从革：从，顺；革，变革。从革指金具有顺从变革、刚柔相济之性。引申为凡具有沉降、肃杀、收敛、变革等类似性质或作用的事物和现象，归属于金。

（5）水曰润下：润，滋润；下，向下。润下指水具有滋润、下行的特性。引申为凡具有滋润、下行、寒冷、闭藏等类似性质或作用的事物和现象，归属于水。

2. 五行的归类 五行学说根据五行特性，类比事物和现象的性质、特点、作用特性，以划分事物的五行属性。类比归类的主要方法有直接与间接之分。

（1）直接归类法：又称取象类比法。取象即从事物的形象（形态、作用、性质）中找出能反映本质的特有征象；类比即具有共同特征的个体集合。五行学说对事物进行“取象类比”，以获得事物的五行属性。

1）方位配五行：旭日东升，与木之升发特性相类似，故东方归属木；南方炎热，与火之炎上特性相类似，故南方归属火；西部高原，日落之处，其气肃杀，与金之特性相类似，故西方归属金；北方气候寒冷，无霜期短，虫类蛰伏，与水寒凉、向下和静藏的特性相类似，故北方归属水；中央地带，气候适中，长养万物，统管四方，与土的特性相类似，故中部归属土。

2）五脏配五行：肝性喜舒展而主升，故肝归属木；心推动血液运行、温煦全身，故心归属火；脾主运化，为机体提供营养物质，故脾归属土；肺主宣肃而喜清降，故肺归属金；肾主水，司封藏，主水液，故肾归属水。

（2）间接推演法：又称推演络绎法，即根据已知的某些事物的五行归属，扩展至其他相关事物，以得知这些事物的属性的推理方法。自然界许多事物无法以直接归类法纳入五行之中，鉴于此，古人运用推演络绎法归类，属中国古代的类推形式。

1）四季配五行：春主生发属木，春季多风，风与春季关系密切，风随春季而归属木；夏季属火，夏季炎热，热与夏季关系密切，热随夏季而归火；长夏属土，长夏较潮湿，湿与长夏密切关联，湿随长夏而归土；秋季属金，秋季气候干燥，燥与秋季密切关联，燥随秋而归金；冬主封藏属水，冬季寒冷，寒冷与冬季关系密切，寒冷随冬季而归水。

2）脏腑配五行：肝属木行，肝与胆相表里，肝主筋，肝开窍于目，故胆、筋、目随肝而归木；心属火行，心与小肠相表里，心主脉，心开窍于舌，故小肠、脉、舌随心而归火；脾属土行，脾与胃相表里，脾主肌肉、四肢，脾开窍于口，故胃、肌肉、四肢、口随脾而归土；肺属金行，肺与大肠相表里，肺主皮毛，肺开窍于鼻，故大肠、皮毛、鼻随肺而归金；肾属水行，肾与膀胱相表里，肾主骨生髓，肾开窍于耳及二阴，故膀胱、骨、髓、耳及二阴随肾而归水。

根据上述归类法，从而得出人体与自然界事物五行属性的归类，见表 2-1。

表 2-1 人体与自然界事物五行属性归类表

自然界									五行	人体								
五音	五时	五味	五色	五谷	五化	五气	五方	五季		五脏	五腑	五官	五体	五华	五志	五液	五神	五声
角	平旦	酸	青	麦	生	风	东	春	木	肝	胆	目	筋	爪	怒	泪	魂	呼
徵	日中	苦	赤	黍	长	暑	南	夏	火	心	小肠	舌	脉	面	喜	汗	神	笑
宫	日西	甘	黄	稷	化	湿	中	长夏	土	脾	胃	口	肉	唇	思	涎	意	歌
商	日入	辛	白	谷	收	燥	西	秋	金	肺	大肠	鼻	皮	毛	忧	涕	魄	哭
羽	夜半	咸	黑	豆	藏	寒	北	冬	水	肾	膀胱	耳	骨	发	恐	唾	志	呻

判别事物的五行属性归类，这是对各种事物和现象不同功能属性的总概括。无论是直接归类还是间接推演，凡被归入同一“行”类的事物或现象之间，多少存在着某些联系，这种联系可能属本质性的，也可能只是表象上的而非本质的，有的甚至牵强附会。必须注意：这一归类方法有其历史合理性的一面，同时，也有其局限性的一面。

总之，中医学在天人相应思想指导下，以五行为中心，以空间结构的五方、时间结构的五季、人体结构的五脏为基本框架，将自然界的各种事物和现象以及人体的生理病理现象，按其属性进行归纳，从而将人体的生命活动与自然界的事物或现象联系起来，形成了联系人体内外环境的五行结构系统，用以说明人体以及自然环境的统一。

二、五行学说的基本内容

五行学说的基本内容包括两个方面：一是五行生克制化的正常调节机制；二是五行生克的异常调节机制。

（一）五行的正常调节机制

五行学说以五行间的相生与相克、相乘与相侮关系，探索自然界的事物或现象的发生、发展，阐释事物及现象之间或内部的自我调控机制。

1. 五行相生　“生”即资生、助长、促进之意。五行相生指木、火、土、金、水之间存在着有序的递相资生、助长、促进的关系。

《春秋繁露·五行对》载：“天（自然界）有五行，木、火、土、金、水是也，木生火，火生土，土生金，金生水。”一年季节归属五行的“春、夏、长夏、秋、冬”依次出现，生物对应“生、长、化、收、藏”变化，体现自然界相生关系这一正常现象，机体生命活动同样存在着此相生现象。正是这种相生或促进作用，自然界有繁茂的景象，生命过程也能生机旺盛。

五行相生的次序：木生火，火生土，土生金，金生水，水生木（图 2-1）。五行相生关系链之任何一行存在“生我与我生”两方面。“生我者”为我母，“我生者”为我子。以“木”为例，“生我者”是水，“我生者”是火，则水是木之“母”，而火是木之“子”。五行相生关系亦称母子关系。

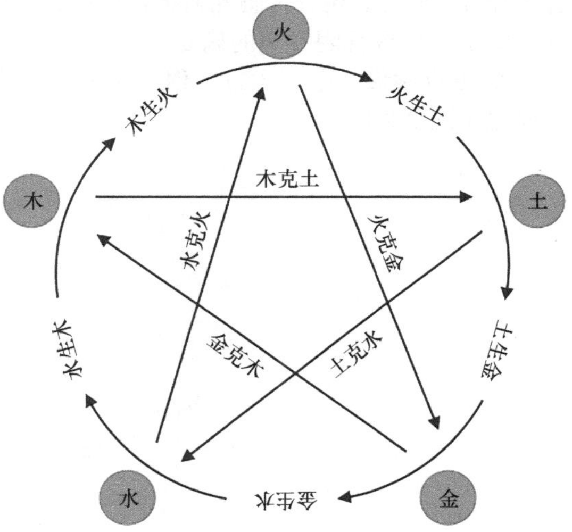

图 2-1　五行生克制化示意图

2. 五行相克　“克”即抑制、制约、约束和削弱之意。五行相克指木、火、土、金、水之间存在着有序的递相克制和制约的关系。

《素问·宝命全形论》载：“木得金而伐，火得水而灭，土得木而达，金得火而缺，水得土而绝。万物尽然，不可胜竭。”世间一个事物往往受到另一事物的抑制和约束，使事物保持正常协调发展，将其归纳为五行相克。正是这类相克机制，使自然界既生机蓬勃，又不亢而成害。

五行相克的次序：木克土，土克水，水克火，火克金，金克木（图 2-1）。五行相克关系链之任何一行都存在“克我与我克”两方面。“克我者”为我“所不胜”，“我克者”为我“所胜”。以“木”为例，“克我者”是金，则金是木“所不胜”，“我克者”是土，则土为木“所胜”。五行相克关系亦称所胜或所不胜关系。

3. 五行制化　制即制约、克制之意，化即生化、变化之意。五行制化指五行间具有生中有制、制中有生的生克协调关系。没有生（化），就没有事物的发生发展；没有克（制），就不可能正常协调发展。《类经图翼》载：“造化之机，不可无生，亦不可无制。无生则发育无由，无制则亢而为害。”只有生中有制、制中有生，才能维持和促进事物的相对协调和正常发展。

（1）生中有制：五行间相互资生，同时又相互克制。以“木”为例，水生木，木生火，而水又克火，维持三者间的协调平衡（图 2-1）。

（2）制中有生：五行间相互制约克制，同时又相互资生促进。以“木”为例，金克木，木克土，而土又能生金，维持三者间的协调平衡（图 2-1）。

五行间存在着生克制化关系，五行中的任何一行都有“生我”“我生”和“克我”“我克”四个方面的关系。五行生克制化的意义在于说明任何一个事物既受整体调节控制，而自身又影响着整体。通过这一复杂的调控机制，防止自身的某些太过或不及，以维持整体的动态平衡。

（二）五行的异常调节机制

五行结构系统在异常情况下的自动调节机制为子母相及和乘侮胜复。

1. 子母相及 及，影响所及之意。子母相及是指五行生克制化遭到破坏后所出现的不正常的相生现象，包括母病及子和子病及母两个方面。

（1）母病及子：指五行中的某一行异常，累及其子行，导致母子两行皆异常。例如，肾病及肝，即属母病及子。临床上常见的水不涵木证，即先有肾水（阴）不足，不能涵养肝木，导致肝阴不足；肝肾阴虚，阴不制阳，进而导致肝阳偏亢。又如肾精不足不能资助肝血，导致肝肾精血亏虚证；肾阳不足不能资助肝阳，导致寒凝肝脉证等，皆属母病及子的病变。它脏之间的母病及子病变，以此类推。

（2）子病及母：指五行中的某一行异常，累及其母行，终致子母两行皆异常。子病及母既有子脏不足引起母脏亦虚的母子俱虚之证，又有子脏亢盛导致母脏亦盛的母子俱实之证。例如，心病及肝的病机传变，临床上可见由于心血不足累及肝血亏虚而致心肝血虚证；心火旺盛引动肝火而致心肝火旺证。此外，还有子脏亢盛损伤母脏，导致子盛母衰病变，即所谓“子盗母气”。如肝火亢盛，下劫肾阴，以致肾阴亏虚的病变。

2. 五行乘侮 乘即太过，侮即欺侮，有恃强凌弱之意。五行乘侮指五行相克太过或不及的异常变化（图 2-2）。

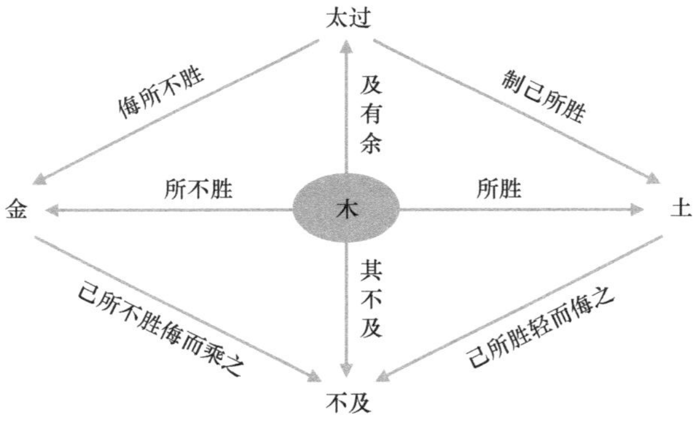

图 2-2 五行乘侮示意图

（1）相乘：五行间相克太过的异常变化，亦称倍克。相乘次序与相克同，即木乘土、土乘水、水乘火、火乘金、金乘木，参见图 2-1。

（2）相侮：五行间反向克制的异常变化，亦称反克。相侮次序与相克反，即木侮金、金侮火、火侮水、水侮土、土侮木，参见图 2-1。

五行相乘、相侮发生的原因不外乎两方面：一行过弱（不及）；一行过强（太过）。以“木”为例，木弱，被其所不胜金乘，受其所胜土侮；木强，乘其所胜土，侮其所不胜金。相乘是相克过度（太过），相侮是反克，相乘与相侮同时伴见。五行相乘指超过正常限度的太过相克，五行相侮指五行之间出现反克的异常现象，致使五行之间的平衡失调。

五行相乘和相侮，都是相克关系的异常，二者之间既有区别又有联系。相乘与相侮的主要区别是：前者是按五行的相克次序发生过度的克制，后者是与五行相克次序发生相反方向的克制现象。相乘与相侮的联系是：在发生相乘时，也可同时发生相侮；发生相侮时，也可同时发生相乘。例如，木气过强时，既可以乘土，又可以侮金；金虚时，既可受到木侮，又可受到火乘。如《素问·五运行大论》所言："气有余，则制己所胜，而侮所不胜；其不及，则己所不胜，侮而乘之，己所胜，轻而侮之。"

相生与相克是五行正常的资生和制约关系，属自然界正常现象、机体的生理状态。相乘与相侮是五行相克关系的异常表现，属自然界异常现象、机体的病理状态。

3. 胜复调节　胜复指胜气和复气的关系。五行学说把由太过或不及引起的对"己所胜"的过度克制称为"胜气"，而这种胜气在五行系统内必然招致一种相反的力量（报复之气），将其压制。这种能报复"胜气"之气，称为"复气"，总称"胜复之气"。"有胜之气，其必来复也"（《素问·至真要大论》）。这是五行结构系统本身作为系统整体对于太过或不及的自行调节机制，旨在使之恢复正常制化调节状态。例如，木气太过，作为胜气则过度克土，而使土气偏衰，土衰不能制水，则水气偏胜而加剧克火，火气受制而减弱克金之力，于是金气旺盛，把太过的木气克伐下去，使其恢复正常。反之，若木气不足，则将受到金的过度克制，同时又因木衰不能制土而土气偏亢，土气偏亢则加强抑水而水气偏衰，水衰无以制火而火偏亢，火偏亢则导致金偏衰而不能制木，从而使不及的木气复归于平，以维持其正常调节状态。故《素问·天元纪大论》曰："形有胜衰，谓五行之治，各有太过不及也。故其始也，有余而往，不足随之，不足而往，有余从之。"

胜复的调节规律是：先有胜，后必有复，以报其胜。"胜气"重，"复气"也重；"胜气"轻，"复气"也轻。在五行具有相克关系的各行之间有多少太过，便会招致多少不及；有多少不及，便会招致多少太过。由于五行为单数，所以对于任何一行，有"胜气"必有"复气"，而且数量上相等。故曰"有胜则复，无胜则否"（《素问·至真要大论》），"微者复微。甚者复甚"（《素问·五常政大论》）。这是五行运动的法则。通过胜复调节机制，使五行结构系统整体在局部出现较大不平衡的情况下，进行自身调节，继续维持其整体的相对平衡。

总之，五行结构系统具有两种调节机制：一为正常情况下的生克制化调节机制；一为异常情况下的子母相及、乘侮和胜复调节机制。通过这两种调节机制，形成并保障了五行结构系统的动态平衡和循环运动。

综上所述，五行生克制化是五行学说的理论基础与主体内容，木、火、土、金、水五行之间具有递相资生、间相克制的关系。五行中的每一行既可生他行，也可被他行所生；既可克制他行，也可被他行所制约。五行相生与相克、制化与胜复等关系是自然界万物存在的普遍联系。五行相生关系的异常表现为母病及子和子病及母；相克关系的异常表现为相乘和相侮。

三、五行学说在中医学中的应用

五行学说在中医学中的应用，主要通过五行特性来分析和归纳人体的结构和功能，构建以五脏为核心、与自然环境紧密联系的五脏系统，解释五脏之间的生理联系，并指导疾病的诊断和防治。

（一）构建天人一体的五脏系统

五行学说作为中医学的基础理论，通过五行特性类比五脏的生理特点，确定五脏的五行属性，并进一步推演人体的各种组织和功能，将形体、官窍、情志等归属五脏，构建以五脏为核心的生理系统。同时，将自然界的五方、五气、五化、五色、五味等与五脏联系起来，形成一个天人合一的整体系统，奠定了中医藏象学说的理论基础。

（二）说明五脏功能及其相互关系

五行学说在生理方面的应用，主要包括通过五行特性解释五脏的生理功能，以及通过生克制化理论解释五脏之间的相互关系。

1. 阐释五脏生理功能　中医学依据五行特性，将五脏分别归属于五行：

（1）肝：肝气喜条达而恶抑郁，具有疏通气血、调畅情志的功能，相应于木之生长、升发、条达的特性，故肝属木。

（2）心：心具有主血脉而推动血液运行、主神明为脏腑之大主的功能，相应于火之温热、光明的特性，故心属火。

（3）脾：脾具有运化水谷、化生精微、为气血生化之源以营养脏腑形体的功能，相应于土之生化万物的特性，故脾属土。

（4）肺：肺气肃降，具有主呼吸、通调水道、输布水液的功能，相应于金之清肃、收敛的特性，故肺属金。

（5）肾：肾具有藏精、主水的功能，相应于水之滋润、下行、闭藏的特性，故肾属水。

2. 分析五脏相互关系 中医学利用五行生克制化理论，分析五脏之间的关系，使五脏形成一个有机的整体，维持人体内环境的平衡。

以五行相生理论解释五脏之间的资生关系：木生火（肝助心），火生土（心助脾），土生金（脾助肺），金生水（肺助肾），水生木（肾助肝）。

以五行相克理论解释五脏之间的制约关系：水克火（肾制心），火克金（心制肺），金克木（肺制肝），木克土（肝制脾），土克水（脾制肾）。

应当指出，五脏的生理功能是多样且复杂的，五行特性不能完全说明五脏的所有功能，五行生克关系也难以完全阐释五脏之间的复杂联系。因此，在研究脏腑的功能及其相互关系时，不应局限于五行生克制化理论。

（三）解释五脏病变的相互影响

人体是一个有机整体，五脏之间通过生克制化关系维持正常功能，在病变时也会相互影响。某脏的病变可以影响其他脏器，这种病机的转移和相互影响称为“传变”。

1. 相生关系传变 五脏疾病按照相生关系传变，包括“母病及子”和“子病及母”两个方面。

（1）母病及子：指疾病从母脏传至子脏。例如，肾属水，肝属木，水生木，故肾为母脏，肝为子脏。肾病及肝，即母病及子，临床表现如肾精不足，不能滋养肝血，导致肝肾精血亏虚等。

（2）子病及母：指疾病从子脏传至母脏。例如，肝属木，心属火，木生火，故肝为母脏，心为子脏。心病及肝，即子病及母。病变包括子脏之虚引起母脏虚，或子脏亢盛引起母脏亢盛等。

2. 相克关系传变 五脏疾病按照相克关系传变，包括“相乘”和“相侮”两个方面。

（1）相乘：指相克太过致病。例如，肝气郁结或上逆，影响脾胃的功能，出现脘腹胀痛等症状，即“木旺乘土”。

（2）相侮：指反向克制致病。例如，肝火亢盛反向克制肺金，出现咳逆上气等症状，即“木火刑金”。

（四）指导疾病的诊断和防治

五行学说不仅可用于解释人体的生理功能和病机传变，还可指导疾病的诊断和防治。

1. 辨识五脏病变的部位 根据五行属性和生克乘侮规律，通过观察面色、味觉、脉象等外在表现，辨识五脏病变的部位。例如：

面色青，口味酸，脉象弦，常见于肝病。

面色赤，口味苦，脉象洪，常见于心火亢盛。

脾虚者，面色青，为木乘土，常见于肝气犯脾。

2. 指导疾病防治 根据中药的色、味，按五行归属指导脏腑用药；根据五行生克乘侮规律，控制疾病传变并确定治则治法；指导针灸取穴和情志治疗。

（1）指导脏腑用药：中药按其天然色味和性能归属五脏。例如，青色、酸味入肝；赤色、苦味入心；黄色、甘味入脾；白色、辛味入肺；黑色、咸味入肾。

（2）控制疾病传变：根据五行生克乘侮理论，除对本脏进行治疗外，还要根据其传变规律治疗其他脏腑。例如，肝气郁结时，预先培补脾气，以防肝病传至脾。

（3）确定治则治法：根据五行相生和相克规律，确定治疗原则和方法。例如，虚证补母，实证泻子；相克太过时，抑强扶弱。

1）根据相生规律确定治则：《难经·六十九难》载："虚者补其母，实者泻其子。"即脏虚证采用"补母脏"的原则，脏实证采用"泻子脏"的原则。根据五行学说"母能令子虚，子能令母实"的理论：当某脏现虚证时，其子脏也会现虚证；当某脏现实证时，其母脏也会现实证。母子两脏俱虚，则"虚者补其母"，强调补虚不单补本脏，更应补其母脏，如以滋水涵木法调补肝肾阴虚。母子两脏俱实，则"实者泻其子"，强调泻实不单泻本脏，更应泻其子脏，如以清心泻肝法调治心肝火盛。

2）根据相生规律制定治法：根据"虚者补其母"原则制定治法。滋水涵木、滋肾养肝、滋补肝肾：以滋肾阴并养肝血之法治疗肝肾阴虚证；培土生金、补脾养肺：以培补脾气助益肺气之法，治疗肺脾气虚证；益火补土、温阳健脾：以温肾阳助脾胃之法，治疗脾肾阳虚之证。

3）根据相克规律确定治则：五行相克异常表现的三种形式，包括相克太过、相克不及和反克。依据五行相克规律，确定"抑强"与"扶弱"治则，重在制强，弱者易于平复。

抑强：适于相克太过即相乘的病理状态。肝（木）气太过，横犯脾胃（土），出现肝脾不调、肝胃不和之证，即木旺乘土之证，以抑强的"疏肝或平肝"法为治疗原则。

扶弱：适于相克不及即相侮的病理状态。肝（木）虚郁滞、脾（土）失健运，出现木不疏土之证，自然以扶弱的"和肝兼运脾"为治疗原则，但脾胃壅滞加剧，导致肝失条达，而出现脾土侮肝木之证，则当以抑强的"运脾和胃"法为治疗原则。

4）根据相克规律确定治法：依据"抑强"与"扶弱"的原则制定治法。

抑木扶土：以疏肝/平肝兼健脾法治疗肝旺脾虚即木旺乘土之证，如临床出现胸闷胁胀、脘痞腹胀、纳呆嗳气、腹痛肠鸣、大便或溏或秘、矢气等症状，据此建立的疏肝健脾法、平肝和胃法、调理肝脾法均属抑木扶土原则的具体运用。

综上所述，中医学应用五行学说，阐释构建天人相应的系统结构、五脏系统之间的生理病机联系，说明内脏疾病的传变，指导疾病诊断和防治以及养生康复等，是研究多元关系的主要思维方法之一。特别是，中医学运用五行学说依据五行的生克乘侮规律，认识脏腑病理变化与病证的传变，进一步确定治疗原则，指导制定临床治法。从系统联系的视角，分清病证主次，兼顾彼此，以治母兼顾子、治子兼顾母，抑强辅以扶弱、扶弱辅以抑强的治则思路，系统调节整体平衡。由于生命、健康、疾病现象的错综复杂，并非都能用五行生克规律来解释，因此，将普遍规律与特殊情况相结合，具体问题具体分析，方为正确的思维方法。

（孙学刚　范　恒）

第三章　中医学的生理观

中医学的生理观主要是中医学对人体生命活动规律的总结和认识。它认为人体是一个有机的整体，以五脏为中心，结合六腑、奇恒之腑，以精气血津液为物质基础，通过经络沟通，形体官窍，从而构成五个功能活动系统，个体生理特殊性则反映为体质。人体各个系统之间相互联系，相互影响，并受自然界四时的影响，从而维持正常的生命活动。主要包括藏象学说、精气血津液神、体质学说以及经络学说等，它们分别是相对独立而完整又相互联系的中医理论体系。

第一节　藏象学说

藏象，是指藏于体内的内脏及其表现于外的生理病理现象。张介宾在《类经》中说："象，形象也。藏（zàng）居于内，形见（xiàn）于外，故曰藏象。"藏，是指藏于人体内的脏腑器官，即内脏。象，即征象、形象，其含义有二：其一指脏腑器官的形态结构，如"心象尖圆，形如莲花"（明代李中梓《医宗必读·改正内景脏腑图》）；其二指脏腑的生理功能活动和病理变化表现于外的征象。所以，藏象是指人体内脏腑的生理功能活动和病理变化反映于外的征象。

藏象学说，是通过对人体生理、病理现象的观察，研究人体各个脏腑器官的生理功能、病理变化及其相互关系的学说。藏象学说通过观察外在征象来研究内部脏腑的活动规律，认识脏腑的实质，即《灵枢·本脏》所谓："视其外应，以知其内脏。"藏象学说，在中医学理论体系中占有极其重要的地位，对于阐明人体的生理和病理，指导临床实践具有普遍的指导意义。

藏象学说，以脏腑为基础。脏腑，是内脏的总称。按其形态结构和生理功能特点分为脏、腑、奇恒之腑三类。脏，即肝、心、脾、肺、肾，合称五脏；腑，即胆、胃、小肠、大肠、膀胱、三焦，合称六腑；奇恒之腑，即脑、髓、骨、脉、胆、女子胞（子宫）。

五脏多为实质性脏器，其生理特点是化生和贮藏精气；六腑多为空腔脏器，其生理特点是受盛和传化水谷。正如《素问·五脏别论》所云："所谓五脏者，藏精气而不泻也，故满而不能实。六腑者，传化物而不藏，故实而不能满也。"这里的"满"和"实"，主要是针对精气和水谷的各自特点而言。

"奇者异也，恒者常也。"奇恒之腑，是指不同于六腑的腑，它们形态中空，与腑相似，但内藏精气，功能类脏，故称奇恒之腑。

藏象学说的特点，是以五脏为中心的整体观。主要体现在以五脏为中心的人体自身的整体性及五脏与自然环境的统一性两个方面。

人体是一个极其复杂的有机整体，藏象学说以五脏为中心，通过经络系统"内属于脏腑，外络于肢节"，将六腑、五体、五官、九窍、四肢百骸等全身脏腑形体官窍联结成有机整体，构成五大功能系统。五脏是系统的核心，人体所有的组织器官都可以包括在这五个系统之中。五个功能系统之间，在形态结构上不可分割，在生理上相互协调，在病理上相互影响。

同时，人与自然环境保持着统一性。自然界的五时、五方、五气、五化等与人体五大功能系统密切联系，构成了人体内外环境相应的统一体。

藏象学说中脏腑的名称，虽与现代解剖学的脏器名称相同，但其内涵和外延不尽相同。藏象学说中，一个脏腑的功能，可能包括现代解剖学中几个脏器的功能；现代解剖学中一个脏器的功能，可能分散于藏象学说的几个脏腑的功能之中。藏象学说中的脏、腑、奇恒之腑等，不单纯是一个解剖学概念，更重要的是对功能的概括。

一、五　　脏

五脏，是心、肝、脾、肺、肾的合称。五脏的生理功能，虽然各有专司，但心的生理功能起着主宰作用。五脏之间各种生理功能活动的相互依存、相互制约和相互协调平衡，主要是以阴阳五行学说的理论为基础来进行阐释的。

（一）心

心居于胸腔，膈膜之上，形似倒垂的未开莲蕊，有心包卫护于外。心在五行属火，为阳脏。心起着主宰生命活动的作用，故称之为“君主之官”“生之本”“五脏六腑之大主”。手少阴心经与手太阳小肠经经脉相互络属，故心与小肠相表里。

1. 心的主要生理功能

（1）主血脉：心主血脉，是指全身的血液均在脉管中运行，依赖于心脏的搏动而输送到全身，发挥其濡养的作用。《素问·五脏生成》说：“诸血者，皆属于心。”心脏、脉和血液构成一个相对独立的系统，这个系统的生理功能，都属于心所主，都有赖于心脏的正常搏动。因此，心脏的搏动是否正常，在“心主血脉”的功能中起着十分关键的作用。

心的正常搏动，主要依赖于心气。心气充沛，才能维持正常的心力、心率和心律，血液才能在脉内正常地运行，周流不息，营养全身，而见面色红润光泽，脉象和缓有力等外在的表现。血液的正常运行，也有赖于血液本身的充盈。如果血液衰少，血脉空虚，同样也能直接影响心的正常搏动和血液的正常运行。脉，即脉管，又称经脉，为血之府。脉是血液运行的通道，脉道的通利与否，营气和血液的功能健全与否，直接影响着血液的正常运行。所以，血液的正常运行，必须满足心气充沛、血液充盈和脉道通利三个基本条件。其中任何一方面出现问题，都将影响心主血脉功能的正常发挥。

（2）主神志：心主神志，又称心主神明、心藏神。神有广义和狭义之分。广义的神，是指整个人体生命活动的外在表现。如面色、眼神、言语、应答、肢体活动姿态等，无不包含于神的范围。换句话说，凡是机体表现于外的“形征”，都是机体生命活动的外在反映，也就是通常所说的“神气”。狭义的神，是指人的精神、意识、思维活动等。由于人的精神、意识和思维活动不仅仅是人体生理功能的重要组成部分，而且在一定条件下，又能影响整个人体各方面生理功能的协调平衡，所以《素问·灵兰秘典论》说：“心者，君主之官，神明出焉。”心主神志的生理功能正常，则精神振奋、神志清晰、思维敏捷、反应灵敏。如果心主神志的生理功能异常，可出现失眠、多梦、健忘、神志不宁，甚至谵狂；或可出现反应迟钝、精神委顿，甚则昏迷、不省人事等临床表现。

心藏神功能正常，人体各脏腑的功能则正常。若心主神志功能失常，神志错乱，人体各脏腑之间失去协调，功能紊乱，疾病因此而产生。故《灵枢·邪客》将心称为“五脏六腑之大主”。

心藏神的生理功能与心主血脉的生理功能密切相关。血液是神活动的物质基础，心神必须依赖心血的濡养，正如《灵枢·营卫生会》指出：“血者，神气也。”心主血脉功能正常，心神得到心血的濡养，则心主神志功能正常。相反，心血的运行亦依靠心神的调控，心主神志正常则心气推动血脉流畅。如果心血不足，心神失养，则见精神恍惚、心悸、失眠、多梦等心神失常之症；精神高度紧张或惊恐时，常见心跳加快，且兼有或面红或面色苍白等血行异常的临床表现。

2. 心的生理特性　心为阳脏，心以阳气为用。心的阳气能推动血液循环，维持人的生命活动，使之生机不息，故将心喻之为人身之“日”。心脏阳热之气，不仅维持了心本身的生理功能，而且对全身又有温养作用。

3. 心的生理联系

（1）在体合脉、其华在面：脉是指血脉，心合脉，即指全身的血脉都属于心，心脏不停地搏动，推动血液在脉中循行。华，是光彩之义。心其华在面，即心的生理功能是否正常，可以显露于面部的色泽变化。由于头面部的血脉极为丰富，所以心气旺盛，血脉充盈，则面部红润有泽；心气不足，则可见面色㿠白、晦滞；心血亏虚则面色无华，心血瘀阻则面色青紫等。故《素问·五脏生成》也说："心之合脉也，其荣色也。"

（2）开窍于舌：是指舌为心之外候，又称舌为"心之苗"。舌的功能是主司味觉和表达语言，这些均有赖于心主血脉和心藏神的生理功能。心的功能正常，则舌体红活荣润，柔软灵活，味觉灵敏，语言流利。若心有病变，可以从舌上反映出来。如心火上炎则舌质鲜红，甚则生疮；若心血瘀阻，则舌质暗紫或有瘀斑；心藏神的功能异常，则舌强、语謇等。

（3）在志为喜：是指心的生理功能与精神情志的"喜"有关。喜为心之志。喜是人对外界信息的良性反映，对心主血脉等生理功能有利。但喜乐过度则可使心神受伤，如《灵枢·本神》说："喜乐者，神惮散而不藏。"精神亢奋可使人喜笑不休，精神萎靡可使人易于悲哀。不仅喜能伤心，而且五志过极均能损伤心神。

（4）在液为汗：是说汗液的多少也与心主血脉的功能有关。因为汗是津液通过阳气的蒸腾气化后，从玄府（汗孔）排出之液体。由于汗为津液所化生，血与津液又同出一源，而血又为心所主，故有"汗为心之液"之说，所以说心在液为汗。

4. 心与夏相通应 心应夏。从五行配属来看，心与夏季、南方、热、火、苦味、赤色等有着内在联系，共处于一个系统当中，故说心与夏季相通应。了解心的这一生理特性，有助于理解心的生理病理，特别是病理与季节气候的关系。

附：心包络

（1）形态部位：心包络，简称心包，是心脏外面的包膜，为心脏的外围组织，其上附有脉络，是通行气血的经络，合称心包络。

（2）生理功能：由于心包络是心的外围组织，故有保护心脏，代心受邪的作用。藏象学说认为，心为君主之官，邪不能犯，所以外邪侵袭于心时，首先侵犯心包络。其临床表现，主要是心藏神的功能异常，如在外感热病中，因温热之邪内陷，出现高热神昏、谵语妄言等心神受扰的病态，称为"热入心包"。由痰浊引起的神志异常，表现为神昏模糊、意识障碍等心神昏乱的病态，称为"痰浊蒙蔽心包"。

（二）肺

肺位于胸腔，左右各一。其位最高，故有"华盖"之称。以气道与外界相通，易受邪侵，又称为"娇脏"。肺在五行属金。手太阴肺经与手阳明大肠经经脉相互络属，故肺与大肠相表里。

1. 肺的生理功能

（1）肺主气、司呼吸：肺的主气功能包括主呼吸之气和主一身之气。

1）肺主呼吸之气：是指肺是体内外气体交换的场所，通过肺的呼吸运动，吸入自然界的清气，呼出体内的浊气，实现体内外气体的交换。通过肺不断地呼浊吸清，吐故纳新，促进气的生成，调节气的升降出入运动，从而保证了人体新陈代谢的正常进行。《素问·阴阳应象大论》说："天气通于肺。"

2）肺主一身之气：是指一身之气都归属于肺，由肺所主。《素问·五脏生成》说："诸气者，皆属于肺。"肺主一身之气，体现在两个方面，一是参与人身之气的生成，尤其是宗气的生成；二是调节全身气机。宗气是由肺吸入的自然界清气和脾胃运化的水谷之精气相结合而生成。因此，肺的呼吸功能健全与否直接影响着宗气的生成，也影响着全身之气的生成。此外，肺主一身之气，还体现于对全身的气机具有调节作用。肺的呼吸运动，即气的升降出入运动。肺有节律地一呼一吸，对全身之气的升降出入运动起着重要的调节作用。

肺主呼吸之气和一身之气，实际上都隶属于肺的呼吸功能。肺的呼吸功能均匀和调，是气的生成和气机调畅的根本条件。

（2）肺主宣发肃降：宣发，即肺气向上向外布散的过程。肃降，即肺气向下向内布散的过程，可使呼吸道保持洁净、通畅。

肺主宣发的作用体现于三个方面：一是呼出体内浊气。二是将脾所转输的津液和水谷精微向上向外布散到全身，外达于皮毛，即《灵枢·决气》所说的："上焦开发，宣五谷味，熏肤、充身、泽毛，若雾露之溉，是谓气。"三是宣发卫气，调节腠理开合，将代谢后的津液化为汗液，排出体外。因此，肺气失宣，则可出现呼气不利、胸闷、咳喘以及鼻塞、喷嚏和无汗等病理现象。

肺主肃降的生理作用，主要体现于三个方面：一是吸入自然界清气。二是将肺吸入的清气和由脾转输至肺的津液及水谷精微向下布散。三是肃清呼吸道内的异物，以保持呼吸道的洁净、通畅。因此，肺失于肃降，可出现呼吸短促或表浅、咳嗽咳痰、咯血等病理现象。

肺的宣发和肃降是相反相成的两个方面。生理情况下相互依存和相互制约，病理情况下则相互影响。没有正常的宣发，就不会有很好的肃降；反之亦然。若二者的功能失常，则出现"肺气失宣"或"肺失肃降"的病变，表现为咳、喘、胸闷气急等症状。《素问·至真要大论》说："诸气膹郁，皆属于肺。"

（3）通调水道：通，即疏通；调，即调节；水道，是水液运行和排泄的道路。肺的通调水道功能，是指肺的宣发和肃降对体内水液的输布、运行和排泄起着疏通及调节的作用。肺主宣发，不但将津液和水谷精微宣发至全身，而且主司腠理的开合，调节汗液的排泄；肺气肃降，不但将吸入之清气下纳于肾，而且也将体内的水液不断地向下输送，成为尿液生成之源，经肾和膀胱的气化作用，生成尿液而排出体外。这就是肺在调节水液代谢中的作用，也就是肺通调水道的生理功能。所以有"肺主行水"和"肺为水之上源"之说。如果肺的通调水道功能减退，则可发生水液停聚而生痰、成饮，甚则水泛为肿等病变。

（4）朝百脉、主治节：朝，即聚会的意思；肺朝百脉，即指全身的血液，都通过经脉而聚会于肺，通过肺的呼吸，进行气体交换，然后再输布到全身。全身的血和脉，均统属于心，心脏的搏动，是血液运行的基本动力。而血的运行，又依赖于气的推动，随着气的升降而运行至全身。由于肺主呼吸，调节着全身的气机，所以血液的运行，亦有赖于肺气的敷布和调节，即助心行血。

"治节"，即治理和调节。肺主治节，出自《素问·灵兰秘典论》的"肺者，相傅之官，治节出焉"。肺的治节作用，主要体现于四个方面：一是肺主呼吸，调节着呼吸运动的节律；二是调节气机，随着肺的呼吸运动，治理和调节着全身之气的升降出入运动；三是助心行血，辅助心脏，推动和调节血液的运行；四是调节水液代谢，通过肺的宣发和肃降，治理和调节津液的输布、运行和排泄。因此，肺主治节，实际上是对肺主要生理功能的高度概括。

2. 肺的生理特性

（1）肺为华盖：肺在体腔中位居最高，肺又主一身之表，为脏腑之外卫，具有保护诸脏、抵御外邪的作用；又因其主气，为一身之纲领，故称肺为华盖。肺为华盖是对肺在五脏中位居最高和保护脏腑、抵御外邪、统领一身之气作用的高度概括。

（2）肺为娇脏：娇是娇嫩之意。肺为清虚之体，不耐寒热，易于受邪；外合皮毛，开窍于鼻，与天气直接相通，六淫外邪侵犯人体，不论是从口鼻而入，还是侵犯皮毛，皆易于犯肺而致病；它脏之病变，亦常波及于肺，故称娇脏。

3. 肺的生理联系

（1）在体合皮、其华在毛：皮毛，包括皮肤、汗腺、毫毛等组织，是一身之表，依赖于卫气和津液的温养和润泽，为抵御外邪侵袭的屏障。肺的生理功能正常，则皮肤致密，毫毛光泽，抵御外邪侵袭的能力亦较强；反之，肺气虚，宣发卫气和输精于皮毛的生理功能减弱，则卫表不固，抵御外邪侵袭的能力就低下，可出现多汗和易于感冒，或皮毛憔悴枯槁等现象。

（2）开窍于鼻：肺开窍于鼻，是指肺和鼻是相通的，通过鼻部的某些表现可以了解肺的功能情况。鼻为肺窍，喉是肺呼吸之门户，鼻的嗅觉与喉的发音都是肺气的作用。所以肺气和、呼吸利，则嗅觉灵敏、声音能彰。外邪袭肺，多从鼻喉而入；肺的病变，也多见鼻、喉的症候，如鼻塞、流涕、喷嚏、喉痒、音哑、失音等。

（3）在志为忧：忧和悲的情志变化，虽略有不同，但其对人体生理活动的影响是大体相同的，因而忧和悲同属肺志。忧愁和悲伤，均属于非良性刺激的情绪反应，它对于人体的主要影响，是使气不断地消耗。由于肺主气，所以悲忧易于伤肺；反之，在肺气虚时，机体对外来非良性刺激的耐受性就会下降，而易于产生悲忧的情绪变化。

（4）在液为涕：涕是由鼻黏膜分泌的黏液，有润泽鼻窍的功能。鼻为肺窍，在正常情况下，鼻涕润泽鼻窍而不外流。若肺寒，则鼻流清涕；肺热，则涕黄浊；肺燥，则鼻干失润。

4. 肺与秋相应 肺为清虚之体，性喜清润，与秋季气候清肃、空气明润相通应，故肺气在秋季最旺盛。肺气旺于秋，肺与秋季、西方、燥、金、白色、辛味等有内在的联系。秋季也多见肺的病变。秋金之时，燥气当令，肺为主气之脏，多气而少津，故燥邪极易伤肺之阴津，而出现干咳、皮肤和口鼻干燥等症状。

（三）脾

脾位于中焦，在膈之下。脾在五行属土。足太阴脾经与足阳明胃经经脉相互络属，故脾与胃相表里。二者共同完成饮食物的消化吸收，同称为“后天之本”。

1. 脾的生理功能

（1）主运化：运，即转运、输送。化，即消化、吸收。所谓“脾主运化”，是指脾具有把水谷（饮食物）化为精微并输送至全身的生理功能，包括运化水谷和运化水液两个方面。

1）运化水谷：是指脾对水谷的消化吸收和转输精微物质的功能。饮食入胃，依赖脾的运化功能，将水谷化为精微，再经脾的转输，运送到全身以营养五脏六腑、四肢百骸。若脾的运化功能减退，则可出现食欲不振、腹胀便溏，乃至倦怠、消瘦等。

2）运化水液：是指脾对水液的吸收、转输和布散作用。脾将饮食物中的水液，清者吸收，散精于肺而布散全身；经肺的通调、肃降及肾的气化功能，其清者继续上升布散，浊者下降而为尿液排出体外。若脾运化水液的功能减退，则可产生水湿、痰饮等病理产物，出现水肿、泄泻等病症。因此，有“脾为生痰之源”之说。《素问·至真要大论》说：“诸湿肿满，皆属于脾。”

脾的运化水谷和运化水液是一个过程的两个方面，不能够截然分开。所以在临床上当脾失健运时，两方面的症状均可以出现。

人出生后，饮食水谷是维持人体生命活动所需营养物质的主要来源，也是气血化生的物质基础。而水谷的运化由脾所主，故称“脾为后天之本”“气血生化之源”。

（2）主升清：脾的运化功能，是以升清为主。升，是指脾气的运动特点是以上升为主，故说“脾气主升”。清，是指水谷精微等营养物质。脾主升清，是指脾气将消化吸收的水谷精微等营养物质上输于心肺及头面五官，通过心肺的作用化生气血以营养全身。故说“脾以升为健”。若脾气不升反而下降，称为“脾气下陷”或“中气下陷”。临床主要表现为泄泻、脏器下垂等。

（3）主统血：统，即统摄、控制。脾主统血，是指脾有统摄血液在经脉中运行，防止溢出脉外的作用。脾统血的主要机理，实际上是气的固摄作用在血液运行方面的体现。脾统血的功能与脾的运化功能密切相关，若脾的运化功能健旺，则气生有源，气的固摄作用强健，血液就不会逸出脉外；反之，脾的运化功能减退，气生无源，气的固摄功能减退，就容易导致出血。

2. 脾的生理特性 脾喜燥恶湿。脾为太阴湿土之脏，得阳始运，故脾喜燥恶湿，与胃喜润恶燥相对而言。脾能运化水湿，自身性湿，虚而不运时则最易生湿，而湿邪过胜又最易困脾，造成脾失健运，故脾恶湿而喜燥，且对湿邪有特殊的易感性。

3. 脾与肢体官窍的联系

（1）在体合肉、主四肢：脾胃为气血生化之源，全身的肌肉，都需要脾胃运化的水谷精微来营养，才能使肌肉发达丰满，故说脾在体合肉。可见，人体肌肉的壮实与否，与脾的运化功能密切相关。脾的运化功能障碍，必致肌肉瘦削，软弱无力，甚至萎弱不用。四肢与躯干相对而言，是人体之末，故又称“四末”。人体的四肢，同样需要脾胃运化的水谷精微等营养，以维持其正常的生理活动。脾主运化和升清，因此，脾气健运，则四肢的营养充足，活动轻劲有力；若脾失健运，清阳不升，布散无力，则四肢的营养不足，而见倦怠无力，甚或萎弱不用。故又说脾主四肢。

（2）开窍于口，其华在唇：开窍于口，系指饮食、口味等与脾运化功能密切相关。口味的正常与否，全赖于脾胃的运化功能，也即为脾的升清与胃的降浊是否正常。脾胃健运，则口味正常，食欲良好。若脾失健运，则可出现口淡无味、口甜、口腻等口味异常的感觉，从而影响食欲。

口唇的色泽，与气血是否充盈有关。由于脾为气血生化之源，所以口唇的色泽是否红润，不但是全身气血状况的反映，而且实际上也是脾胃运化水谷精微的功能状态的反映。

（3）在志为思：思，即思考、思虑，是人体精神思维活动的一种形式。思虑过度，所思不遂，可导致气滞、气结，影响脾的运化和升清，而表现为不思饮食、脘腹胀闷、头晕目眩等症。

（4）在液为涎：涎为口津，润泽口腔，帮助吞咽和消化。脾气健运，涎液化生适量，上行润口，而不溢于口外。若脾不生津，则见口干；脾不制水，则见涎液增多、口涎自出。

4. 脾与长夏相应　脾主长夏，脾气旺于长夏，脾的生理功能活动，与长夏的阴阳变化相互通应。此外，脾与中央方位、湿、土、黄色、甘味等有内在联系。脾为后天之本，气血生化之源，与土的化生万物相近，而土又应于长夏；另外，长夏湿气当令，与脾之湿相应，故脾与长夏相应。

（四）肝

肝位于腹部，横膈之下，右胁之内。在五行属木，主动、主升。足厥阴肝经与足少阳胆经经脉相互络属，故肝与胆相表里，二者之间不仅有经络相互络属，而且肝与胆本身也直接相连。

1. 肝的生理功能

（1）主疏泄：疏，即疏通；泄，指畅达、发泄、升发。肝主疏泄，是指肝具有疏通、调节全身气机，使之保持通畅而不郁滞的功能。

气机，即气的升降出入运动。机体的脏腑、经络、器官等的活动，全赖于气的升降出入运动。由于肝的生理特点是主升、主动，这对于气机的疏通、畅达、升发，是一个重要的因素。因此，肝的疏泄功能是否正常，对于气的升降出入之间的平衡协调，起着调节作用。肝的疏泄功能正常，则气机调畅，气血调和，经络通利，脏腑、器官等的活动正常和调。如果肝的疏泄功能异常，则可出现两个方面的病理现象：一是肝的疏泄功能减退，即肝失疏泄，气机的疏通和畅达就会受到阻碍，从而形成气机不畅、气机郁结的病理变化，出现胸胁、两乳或少腹等某些局部胀痛不适等病理现象。二是肝的升发太过，而形成肝气上逆的病理变化，出现头目胀痛、面红目赤、烦躁易怒等病理表现；气升太过，则血随气逆，又可导致吐血、咯血等血从上溢的病理变化；甚则可以导致猝然昏仆、不省人事，称为气厥。

肝调畅气机的作用，具体表现在以下几个方面：

1）促进血和津液的运行：血液的运行和津液的代谢，有赖于气机的调畅。肝主疏泄功能正常，则气机调畅，血运通达，经脉通利，脏腑和调。若肝气郁结，则血行不畅，血液停积瘀滞而为瘀血，出现胸胁刺痛，甚至形成癥积、肿块，或出现女子经行不畅、经迟、痛经、闭经等。若肝气上逆，血随气逆，可见吐血、咯血，甚则猝然昏厥。肝的疏泄功能正常，可促进津液的运行，使之无聚湿生痰化饮之患。若肝失疏泄，气机郁结，则会导致津液运行障碍，形成水湿痰饮等病理产物，或出现水肿、痰核等病症。

2）促进脾胃运化：脾胃运化功能正常与否的关键因素是脾的升清与胃的降浊之间是否协调平衡，而肝的疏泄功能调节着气的升降出入，也就调节着脾升胃降。所以说，肝的疏泄功能正常，是保持脾胃升降协调的重要条件。当肝气郁结时，即可出现纳呆、腹胀、泄泻或呕逆、嗳气、脘腹胀痛等症。

3）调畅情志：情志活动属于心主神明的生理功能，但与肝的疏泄功能密切相关。因为正常的情志活动，主要依赖于气血的正常运行，而气血的正常运行又需要肝的疏泄功能的调节，进而调节情志活动。当肝的疏泄功能正常时，则气血和调，心情舒畅；肝的疏泄功能减退时，则肝气郁结，心情抑郁；肝的升泄太过，则易于急躁、发怒。

4）调节男女生殖功能：男子的排精、女子的月经来潮与排卵，与肝的疏泄功能密切相关。肝肾二脏之封藏与疏泄作用相互协调是男子精液正常贮藏与排泄的必要条件。肝的疏泄功能正常，气机调畅，则精液排泄通畅有度；若肝失疏泄，气机郁结，则表现为排精不畅；肝气亢逆，又可发生遗精、早泄。

女子的按时排卵也是肝之疏泄和肾之闭藏相互协调的结果。若肝失疏泄也会导致女子排卵异常，而导致不孕。气机调畅又是女子行经通畅有度的重要条件，因而亦受肝之疏泄功能的影响。若肝失疏泄，气机失调，则见月经周期紊乱、经行不畅、痛经甚或闭经。临床治疗女子月经不调，多以疏肝为大法。由于肝的疏泄功能对女子的生殖功能尤为重要，故有“女子以肝为先天”之说。

（2）主藏血：肝藏血，是指肝具有贮藏血液、调节血量和防止出血的功能。肝的藏血功能，主要体现于肝内必须储存一定量的血液，以制约肝的阳气升腾，勿使过亢，维护肝的疏泄功能，使之冲和条达。肝藏血的功能具体表现在以下几个方面：

一是涵养肝气。肝贮藏充足的血液，化生和涵养肝气，使之冲和畅达，发挥其正常的疏泄功能，防止疏泄太过而亢逆。

二是调节血量。肝贮藏充足的血液，可根据生理需要调节人体各部分血量的分配。

三是濡养肝及筋目。肝贮藏充足的血液，可濡养肝及其形体官窍，使其发挥正常的生理功能。所以《素问·五脏生成》说：“肝受血而能视，足受血而能步，掌受血而能握，指受血而能摄。”

四是肝为经血之源。肝贮藏充足的血液，是女子月经来潮的重要保证。肝藏血，与冲脉相通。冲为血海，任主胞胎，二脉与妇人的月经生殖密切相关，故肝的藏血量是否充足，直接影响到妇人的月经与生育。

五是防止出血。肝主藏血，有防止血液溢出脉外的作用。肝藏血功能失职，易致各种出血，称为肝不藏血。

藏血是疏泄的物质基础，疏泄是藏血的功能表现。藏血使血能养肝，保证肝疏泄功能的正常；疏泄使气机调畅，血运正常，保证血能正常地归藏和调节。

2. 肝的生理特性

（1）肝喜条达而恶抑郁：条达，舒展、调畅、通达之意。抑郁，遏止、阻滞之意。肝属木，其气通于春，春木内蕴生升之机，以春木升发之性而类肝，故称肝主升发，又称肝主升生之气。条达为木之本性，自然界中凡木之属，其生长之势喜舒展、顺畅、畅达，既不压抑又不阻遏而伸其自然之性。肝属木，木性条达，故肝亦喜条达而恶抑郁。

（2）肝为刚脏：肝为风木之脏，喜条达而恶抑郁，其气易逆易亢，其性刚强，故称肝为刚脏。肝之体阴赖肾之阴精以涵，方能充盈，故肝之自身阴常不足阳常易亢，刚柔不济，故肝气易亢易逆。肝气、肝阳常有余的病理特性，反映了肝本身具有刚强躁急的特性。

（3）肝体阴而用阳：所谓“体”，是指肝的本体；所谓“用”，是指肝的功能活动。肝为藏血之脏，血属阴，且其体居阴位，故肝体为阴；肝主疏泄，性喜条达，内寄相火，主升主动，故肝用为阳。故有“肝体阴而用阳”之说。

3. 肝的生理联系

（1）在体合筋，其华在爪

1）筋，即筋膜，附着于骨而聚于关节，是联结关节、肌肉的一种组织。筋膜有赖于肝血的滋养。肝的血液充盈，才能养筋，筋得其所养，才能运动灵活有力。若肝的气血衰少，筋膜失养，则表现为筋力不健，运动不利，易于疲劳，所以《素问·六节藏象论》称肝为“罢极之本”。此外，肝的阴血不足，筋失所养，还可出现手足震颤、肢体麻木、屈伸不利，甚则抽搐等症。

2）爪，即爪甲，为筋之延续。肝血的盛衰可影响爪甲的荣枯。肝血充足则爪甲坚韧明亮，红润光泽；肝血不足则爪甲薄软枯萎，粗糙脆裂。

（2）开窍于目：肝的经脉上联目系，目的视力有赖于肝血的濡养，所以说“肝开窍于目”。当肝血不足、肝阴亏虚时，则视物不清、两目干涩、夜盲；肝经风热，则目赤痒痛；肝胆湿热，则两目发黄；肝风内动，则目斜上吊。

（3）在志为怒：怒是人们在情绪激动时的一种情志变化，以肝血为物质基础，与肝主疏泄密切相关，故说肝在志为怒。怒，人皆有之，在一定限度内的情绪发泄，使肝之气机得以疏泄，对维持机体的生理平衡有重要意义。但大怒或郁怒不解，对于机体则是一种不良刺激。大怒暴怒，可导致肝气上逆，血随气升，发为头痛、头晕，甚或中风昏厥。郁怒则使肝气郁结，同时也可引起血和津液运行障碍，导致痰饮瘀血内生。

（4）在液为泪：肝开窍于目，泪为目液，由肝精肝血所化，故说肝在液为泪。若肝阴不足，则泪液分泌减少，两目干涩、视物不清。

4. 肝与春相通应　春季为一年之始，阳气始生，自然界生机勃发，一派欣欣向荣的景象。人体之肝主疏泄，恶抑郁而喜条达，为“阴中之少阳”，故与春气相通应。因此春季养生，在精神、饮食、起居诸方面，都必须顺应春气的生发和肝气的畅达之性：保持情志舒畅，力戒暴怒忧郁，夜卧早起，免冠披发，松缓衣带，广庭信步，舒展形体。春季天气转暖而风气偏胜，人体之肝气应之而旺，故素体肝气偏旺、肝阳偏亢或脾胃虚弱之人在春季易发病，可见眩晕、烦躁易怒、中风昏厥，或情志抑郁、焦虑，或两胁肋部疼痛、胃脘痞闷、嗳气泛恶、腹痛腹泻等症状。

（五）肾

肾位于腰部，脊柱两旁，左右各一，故称“腰为肾之府”。在五行属水。足少阴肾经与足太阳膀胱经经脉相互络属，故肾与膀胱相表里。

1. 肾的生理功能

（1）藏精，主生长发育与生殖：肾藏精，是指肾对于精气的闭藏和防止其无故流失的功能。肾对于精气的闭藏，主要是为精气在体内能充分发挥其应有的生理效应创造良好的条件。《素问·六节藏象论》说：“肾者主蛰，封藏之本，精之处也。”

肾所藏的精气包括“先天之精”和“后天之精”。“先天之精”是禀受于父母的生殖之精，它是与生俱来的，是构成胚胎发育的原始物质。所以称“肾为先天之本”。“后天之精”来源于摄入的饮食物，通过脾胃运化功能而生成的水谷精气，以及脏腑生理活动中化生的精气通过代谢后的剩余部分，藏之于肾。所谓“肾……受五脏六腑之精而藏之”。

“先天之精”和“后天之精”来源虽异，但均归于肾，二者相互依存，相互为用。“先天之精”有赖于“后天之精”的不断培育和充养，才能充分发挥其生理效应；“后天之精”的化生，又依赖于“先天之精”的活力资助。二者相辅相成，紧密结合而组成肾中精气。

肾中精气的主要生理效应是促进机体的生长、发育和逐步具备生殖能力。《素问·上古天真论》说：“女子七岁，肾气盛，齿更发长；二七而天癸至，任脉通，太冲脉盛，月事以时下，故有子；三七，肾气平均，故真牙生而长极；四七，筋骨坚，发长极，身体盛壮；五七阳明脉衰，面始焦，发始堕；六七，三阳脉衰于上，面皆焦，发始白；七七，任脉虚，太冲脉衰少，天癸竭，地道不通，故形坏而无子也。丈夫八岁，肾气实，发长齿更；二八，肾气盛，天癸至，精气溢泻，阴阳合，故能有子；三八，肾气平均，筋骨劲强，故真牙生而长极；四八，筋骨隆盛，肌肉满壮；五八，肾气衰，发堕齿槁；六八，阳气衰竭于上，面焦，发鬓颁白；七八，肝气衰，筋不能动；八八，天癸竭，精少，肾脏衰，形体皆极，则齿发去。”

《素问·上古天真论》的这一段论述明确地指出了机体生、长、壮、老、已的自然规律，与肾中精气的盛衰密切相关。人在出生以后，由于“先天之精”不断地得到“后天之精”的培育，肾中精气逐渐有所充盛，出现了幼年时期的齿更发长等生理现象，随着肾中精气的不断充盛，发展到一定阶段，产生了一种促进性腺发育成熟的物质，称作“天癸”，于是男子就产生精子，女子就按期排卵、月经来潮，性腺的发育渐趋成熟，具备了生殖能力，人也进入了青春期。以后，随着肾中精气由充盛而逐渐趋向衰退，天癸亦随之而减少，甚至逐渐耗竭，性腺亦逐渐衰退，生殖能力亦随之而下降，以至消失，人就从中年而转入老年。此外，明确地指出以齿、骨、发的生长状况，作为观察肾中精气盛衰的标志，亦即作为判断机体生长发育和衰老的标志，至今仍有极高的科学价值。由于较全面地阐明了肾中精气在人体生命过程中的重要作用，因此，调理肾对于防治某些先天性疾病、生长发育不良、生殖功能低下和防止衰老等，均有较普遍的指导意义。

肾中精气，是机体生命活动的根本，对机体各方面的生理活动均起着极其重要的作用。从阴阳属性的角度，又可把肾中精气的生理功能概括为肾阴和肾阳两个方面。对人体各个脏腑组织器官起滋养、濡润作用的称为肾阴；对人体各个脏腑组织器官起温煦、推动作用的称为肾阳。肾阴和肾阳是人体各脏腑阴阳的根本，又称元阴和元阳、真阴和真阳。肾阴和肾阳之间，相互制约、相互依存、相互为用，维护着各脏阴阳的相对平衡。如果由于某些原因，这种相对平衡遭到破坏而又不能自行恢复时，即可形成肾阴虚或肾阳虚，出现内热、眩晕、耳鸣、腰膝酸软、遗精、舌质红而少津等肾阴虚证候，或是出现疲惫乏力、形寒肢冷、腰膝冷痛、小便清长或不利或遗尿失禁、舌质淡及性功能减退和水肿等肾阳虚的证候。

（2）主水：肾主水液，主要是指肾中精气的气化功能，对于体内津液的输布和排泄、维持体内津液代谢的平衡起着极为重要的调节作用，所以《素问·逆调论》称“肾者水脏，主津液”。

在正常情况下，津液的代谢，是通过胃肠的摄入、脾的运化和转输、肺的宣散和肃降、肾的蒸腾气化，以三焦为通道，输送全身。经过代谢后的津液则化为汗液、尿液排出体外。所有这些均有赖于肾的蒸腾气化作用，所以肾中精气的蒸腾气化主宰着整个水液代谢，故说“肾主水”。

（3）主纳气：纳，即固摄、摄纳。肾主纳气是指肾具有摄纳肺吸入之气而防止呼吸表浅的功能。呼吸虽为肺所主，但必须依赖肾的纳气作用，才能使呼吸平稳。肾的纳气功能，实际上就是肾的封藏作用在呼吸运动中的具体体现。因此，肾的纳气功能正常，则呼吸均匀和调。若肾的纳气功能减退，摄纳无权，可出现呼吸表浅，动则气喘，呼多吸少等病理现象。这称为“肾不纳气”。

2. 肾的生理特性 肾主封藏。封藏，亦曰闭藏。肾主封藏是指肾贮藏五脏六腑之精的作用。肾为先天之本，生命之根，藏真阴而寓元阳，为水火之脏。肾藏精，精宜藏而不宜泄；肾主命火，命火宜潜不宜露，故《素问·六节藏象论》曰：“肾者主蛰，封藏之本，精之处也。”肾主封藏的生理特性体现在藏精、纳气、主水、固胎等各方面。

3. 肾的生理联系

（1）主骨生髓：肾主骨、生髓的生理功能，实际上是肾中精气具有促进机体生长发育功能的一个重要组成部分。骨的生长发育，有赖于骨髓的充盈及其所提供的营养。肾藏精，精生髓，肾中精气充盈，才能充养骨髓。小儿囟门迟闭，骨软无力，以及老年人的骨质脆弱，易于骨折等，都与肾中精气不足、骨髓空虚有关。

髓，有骨髓、脊髓和脑髓之分，这三者均由肾中精气所化生。因此，肾中精气的盛衰，不仅影响骨的生长和发育，而且也影响脊髓和脑髓的充盈和发育。脊髓上通于脑，髓聚而成脑，故称脑为“髓海”。肾中精气充盈，则髓海得养，脑的发育就健全，就能充分发挥其“精明之府”的生理功能；反之，肾中精气不足，则髓海失养，而形成髓海不足的病理变化。《素问·灵兰秘典论》说的“肾者，作强之官，伎巧出焉”，实际上也是指肾中精气主骨生髓生理功能的具体表现。

齿为骨之余。齿与骨同出一源，亦由肾中精气充养。肾中精气充沛，则牙齿坚固而不易脱落；肾中精气不足，则牙齿易于松动、脱落，或表现为小儿齿迟等。温热病中望齿的润燥和有无光泽，是判断肾精及津液盛衰的重要标志。

（2）其华在发：肾其华在发，是指发的生长与脱落、润泽与枯槁，常能反映肾精的盛衰。青壮年精血旺盛，发长润泽；老年人精血衰少，发白而脱落，皆属常理。但临床所见的未老先衰、年少而头发枯萎、早脱早白等，则与肾精不足有关，应考虑从肾论治。

（3）开窍于耳及二阴：肾开窍于耳，耳是听觉器官。中医认为耳的听觉功能与肾精密切相关。

肾精充盈，髓海得养，耳则听觉灵敏。若肾精亏虚，髓海不充，耳之听力减退，或见耳鸣，甚则耳聋。二阴，即前阴和后阴。前阴是指生殖和排尿的器官。肾藏精，主生殖，肾主水，与前阴关系密切。后阴，即肛门，又称魄门、谷道，是排泄粪便的器官。粪便的排泄虽与脾气调畅和大肠传导有关，但亦要靠肾气的推动和固摄。若肾气不足，则推动无力而致气虚便秘；若肾阳虚衰，温煦无权，可表现为久泄滑脱或五更泄泻。

（4）在志为恐：肾在志为恐，是指恐惧、惧怕的情志活动与肾的关系密切。肾精充足，人体在接受外界刺激时能产生相应的心理调节。过度的恐惧，易损伤脏腑精气，导致脏腑气机逆乱。《素问·举痛论》说："恐则气下。"恐则气下，是指人在恐惧的状态下，气不得升而转降，导致遗尿、大便失禁等病理状态。

（5）在液为唾：是指肾精是唾液化生的物质基础。由于唾源于肾精，若咽而不吐，则能回滋肾精；若多唾久唾，则能耗伤肾精。故古代养生家主张常咽唾以养肾精。

4. 肾与冬相应　肾与冬季、北方、寒、水、咸味等有着内在联系。如冬季寒水当令，肾为主水之脏；冬季万物蛰伏，肾为藏精之脏而司封藏之职，故肾与冬气相应。

附：命门

命门，即生命之门，有生命的关键、根本的意思。命门一词，最早见于《内经》。自《难经》提出"左肾右命门"后，命门便归属于腑的范畴。汉代以后，历代医家对命门阐发较少。明清以来，对命门开展了较为深入的研究，并形成了命门学说。近代医家对命门的部位、形态及生理功能，提出了各种不同的见解。归纳起来，其分歧主要体现于以下几个方面。

1. 关于命门的部位　就命门之部位，有右肾、两肾和两肾之间的不同。

（1）左肾右命门说：《难经》首先提出右肾为命门说。如《难经·三十六难》说："肾两者，非皆肾也，其左者为肾，右者为命门。"这一理论是寸口脉脏腑定位的依据，至今仍以左尺脉候肾，右尺脉候命门。

（2）两肾总号为命门说：元代滑寿首倡此说，他提出："命门，其气与肾通，是肾之两者，其实一耳。"至明代虞抟明确提出"两肾总号为命门"。张介宾也持此论，其在《类经附翼·求正录·三焦包络命门辨》中说："是命门总乎两肾，而两肾皆属命门。"认为肾就是命门，命门亦是肾。

（3）两肾之间为命门说：此说首推明代赵献可。他在《医贯·内经十二官论》中指出："命门即在两肾各一寸五分之间，当一身之中，《内经》曰'七节之旁，中有小心'是也，名曰命门，是真君真主，乃一身之太极，无形可见，而两肾之中，是其安宅也。"他认为十二官之外，还有一个人身之主，即命门。赵氏之说对后世影响很大，清代医家陈士铎、陈修园、林佩琴、张路玉、黄宫琇等均宗此说。

2. 关于命门的形态　就命门之形态，分有形与无形之论。《难经》视右肾为命门，为有形。如《难经·三十九难》说："肾两者，非皆肾也，其左为肾，右为命门。"明代张介宾认为命门为子宫，为精室，也为有形。而明代孙一奎在《医旨绪余》中认为命门不是一个具体而有形质的脏器，只不过是肾间动气。

3. 关于命门的功能　有主火、水火共主、非水非火为肾间动气之区别。

明代赵献可认为命门即真火，主持一身阳气。他在《医贯·内经十二官论》中说："余有一譬焉，譬之元宵之鳌山走马灯，拜者舞者飞者走者，无一不具，其中间唯是一火耳。火旺则动速，火微则动缓，火熄则寂然不动……夫既曰立命之门，火乃人身之至宝。"清代陈士铎在《石室秘录》中指出："命门者，先天之火也……心得命门而神明有主，如可以应物，肝得命门而谋虑，胆得命门而决断，胃得命门而受纳，脾得命门而转输，大肠得命门而传导，小肠得命门而布化，肾得命门而作强，三焦得命门而决渎，膀胱得命门而收藏，无不借命门之火而温养也。"认为命门真火是各脏腑功能活动的根本。明代张介宾在《景岳全书·传忠录》中提出："命门为元气之根，为水火之宅。五脏之阴气，非此不能滋；五脏之阳气，非此不能发。"认为命门的功能包括了阴阳水火两方面的作用。而明代的孙一奎在《医旨绪余·命门图说》中指出："越人亦曰：'肾间动气者，人之生命，五脏六腑之本，十二经脉之根，呼吸之门，三焦之原。'命门之意，盖本于此。……命门乃两肾中间之动气，非水非火，乃造化之枢纽，阴阳之根蒂，即先天之太极。"认为命门是两肾中间的动气，非水非火，是造化之枢纽，即《难经·八难》的"肾间动气"。

历代医家虽对命门的部位、形态、功能有不同的认识，但对命门的功能与肾相关的认识是基本一致的。历代医家大多认为命门与肾同为五脏之本，是人体阴阳的根本，又称真阴和真阳、元阴和元阳、真水和真火。因此可以认为：肾阳即命门之火，肾阴即命门之水。古代医家之所以提出"命门"，无非是强调肾气及肾阴肾阳在生命活动中的重要性。正如孙一奎在《医旨绪余·命门图说》中说："追越人两呼命门为精神之舍，元气之系，男子藏精，女子系胞者，岂漫语哉！是极归重于肾为言，谓肾间原气，人之生命，故不可不重也。"

二、六　　腑

六腑，是胆、胃、大肠、小肠、膀胱、三焦的总称。它们共同的生理功能是受盛和传化水谷，即主持饮食物的消化、吸收和糟粕的传导排泄。

六腑的生理特点是"泻而不藏""实而不能满"。故六腑皆以降为顺，以通为用。

（一）胆

胆，居六腑之首，又隶属于奇恒之腑。胆与肝相连，肝和胆又有经脉相互络属，互为表里。胆的主要生理功能是贮藏和排泄胆汁，主决断。

1. 贮藏和排泄胆汁　胆为"中精之府"，内藏胆汁。胆汁味苦，色黄绿，由肝之精气所化生，汇集于胆，泄于小肠，以助饮食物消化，是脾胃运化功能得以正常进行的重要条件。胆汁直接有助于饮食物的消化，故胆为六腑之一；因胆本身并无传化饮食物的生理功能，且藏精汁，与胃、肠等腑有别，故又称奇恒之腑。胆汁的化生和排泄，由肝的疏泄功能控制和调节。肝的疏泄功能正常，则胆汁排泄畅达，脾胃运化功能健旺。反之，肝失疏泄，可导致胆汁排泄不利，影响脾胃的运化功能，而出现胁下胀满疼痛、食欲减退、腹胀、便溏等症；若胆汁上逆，可见口苦、呕吐黄绿苦水；胆汁外溢，可出现黄疸。

2. 主决断　胆主决断是《内经》时期对胆的认识。《素问·灵兰秘典论》说："胆者，中正之官，决断出焉。"胆主决断，是指胆在精神意识思维活动过程中，具有判断、决定的作用。若胆气虚则易惊怯，善太息，或数谋虑而不能决。

（二）胃

胃，又称胃脘，分上、中、下三部。胃的上部称上脘，包括贲门；胃的中部称中脘，即胃体的部位；胃的下部称下脘，包括幽门。胃的主要生理功能是受纳与腐熟水谷。由于胃的运动过程中必须将食物不断地向下排送，而不能上逆，故言"胃以降为和"。

1. 主受纳、腐熟水谷　受纳，是接受和容纳的意思。腐熟，是饮食物经过胃的初步消化，形成食糜的意思。饮食入口，经过食管，容纳于胃，经过胃的腐熟后，下传于小肠，其精微经脾之运化而营养全身。所以称胃为"水谷之海"。人以水谷为本，胃气之盛衰有无，关系到人体的生命活动及其存亡。临床上诊治疾病，亦十分重视胃气，常把"保胃气"作为重要的治疗原则。

2. 主通降，以降为和　饮食物入胃，经胃的腐熟后，必须下行入小肠，进一步消化吸收，所以说胃主通降，以降为和。由于在藏象学说中，以脾升胃降来概括机体整个消化系统的生理功能，因此，胃的通降作用，还包括小肠将食物残渣下输大肠，以及大肠传化糟粕的功能。

胃的通降作用表现为降浊，降浊是受纳的前提条件。胃失通降不仅影响食欲，且因浊气在上而发生口臭、脘腹胀闷或疼痛，以及大便秘结等症状。

（三）小肠

小肠，是一个相当长的管道器官，位于腹中，其上口在幽门处与胃之下口相接，其下口在阑门处与大肠之上口相连。小肠与心有经脉互相络属，故与心相为表里。小肠的主要生理功能是受盛化物和泌别清浊。

1. 主受盛化物　受，是接受；盛，以器盛物；化，变化、消化；物，在这里指饮食物。受盛化物，是指小肠接受经胃初步消化的饮食物，然后作进一步消化，以化生精微的过程。受盛功能主要体现于两个方面，一是指小肠是接受经胃初步消化之饮食物的盛器；二是指经胃初步消化的饮食物，在小肠内必须有相当时间的停留，以利于进一步消化和吸收，将水谷化为精微。所以《素问·灵兰秘典论》说："小肠者，受盛之官，化物出焉。"

2. 泌别清浊　泌别，是指分泌、分别；清，指水谷精微；浊，指食物残渣。小肠的泌别清浊功能主要体现于三个方面：一是将经过小肠消化后的饮食物，分为水谷精微和食物残渣两个部分；二是将水谷精微吸收，把食物残渣向大肠输送；三是指小肠在吸收水谷精微的同时，也吸收了大量的水液，故又称"小肠主液"。小肠的泌别清浊功能，还与尿液的量有关。如小肠的泌别清浊功能正常，则二便正常；如小肠的泌别清浊功能异常，则大便稀薄，而小便短少。

由此可见，小肠受盛化物和泌别清浊的功能，在水谷化为精微的过程中是十分重要的，实际上这是脾胃升清降浊功能的具体体现。因此，小肠的功能失调，既可引起浊气在上的腹胀、腹痛、呕吐、便秘等症，又可引起清气在下的便溏、泄泻等症。

（四）大肠

大肠亦居腹中，其上口在阑门处紧接小肠，其下端紧接肛门。大肠与肺有经脉相互络属，而为表里。大肠的主要生理功能是传导糟粕。

大肠接受经过小肠泌别清浊后所剩下的食物残渣，再吸收其中多余的水液，形成粪便，经肛门排出体外，所以《素问·灵兰秘典论》说："大肠者，传导之官，变化出焉。"传导，即接上传下之意。"变化出焉"，即将糟粕化为粪便而排出体外。大肠的传导变化作用，是胃的降浊功能的延伸。由于肺与大肠相表里，大肠的传导亦与肺的肃降有关。此外，大肠的传导作用，亦与肾的气化功能有关，故有"肾主二便"之说。

大肠在传导糟粕的同时，还能同时吸收其部分水分，因此又有"大肠主津"的说法。由于大肠有吸收水分的功能，故能使糟粕燥化，形成粪便而排出体外。若大肠吸收水分过多，则大便干结而致便秘；反之，则可见腹泻、便溏。

（五）膀胱

膀胱位于小腹中央，为贮尿的器官。膀胱和肾直接相通，二者又有经脉相互络属而为表里，膀胱的主要生理功能是贮尿和排尿。

尿液为津液所化，在肾的气化作用下生成尿液，下输于膀胱。尿液在膀胱内潴留至一定程度时，即可及时自主地排出体外。所以，《素问·灵兰秘典论》说："膀胱者，州都之官，津液藏焉，气化则能出矣。"所谓膀胱气化，实际上隶属于肾的蒸腾气化。膀胱的病变，主要表现为尿频、尿急、尿痛；或是小便不利，尿有余沥，甚至尿闭或是遗尿。这些病变，也多与肾的气化功能有关。

（六）三焦

三焦是上焦、中焦、下焦的合称，为六腑之一。三焦是分布于胸腹腔的一个大腑，在人体脏腑中，唯它最大，故有"孤府"之称。

1. 三焦的主要生理功能　一是通行元气，二为水液运行之道路。

（1）通行元气：元气，是人体最根本的气。元气根于肾，通过三焦而充沛于全身。三焦是气升降出入的通道，人体的气，是通过三焦而输布到五脏六腑，充沛于全身的。故三焦有主持诸气，总司全身气机和气化的功能。

（2）为水液运行之道路：三焦有疏通水道、运行水液的作用，是水液升降出入的通路。全身的水液代谢，是由肺、脾、肾和膀胱等许多脏腑的协同作用而完成的，但必须以三焦为通道，才能正常地升降出入。如果三焦的水道不够通利，则肺、脾、肾等输布调节水液的功能也难以实现其应有的生理效应。所以，又把水液代谢的协调平衡作用，称作“三焦气化”。

三焦的上述两个方面的功能，是相互关联的。这是由于水液的运行全赖于气的升降出入；人体的气是依附于血、津液而存在的。因此，气升降出入的通道，必然是血或津液的通道；津液升降出入的通道，必然是气的通道。实际上是一个功能的两个方面而已。

2. 三焦的部位划分 上焦、中焦、下焦的部位划分及其各自的生理功能特点具体如下所述。

（1）上焦：上焦的部位为横膈以上的胸部，包括心、肺和头面部。上焦的生理功能是宣发卫气，敷布水谷精微和津液。所谓“上焦开发，宣五谷味，熏肤充身泽毛，若雾露之溉……”，从而营养肌肤、毛发及全身脏腑组织。故说“上焦如雾”。根据这一特点，《温病条辨》中提出了“治上焦如羽，非轻不举”的治疗原则。

（2）中焦：中焦的部位，是指膈以下，脐以上的上腹部，包括脾与胃。中焦的生理功能是受纳腐熟水谷，运化输布水谷精微和津液，化生气血。故概括为“中焦如沤”。《温病条辨》提出“治中焦如衡，非平不安”的治疗原则。

（3）下焦：下焦指脐以下的部位，包括如小肠、大肠、肝、肾、膀胱、女子胞等脏器。其中的肝，按其部位应归中焦，但因其生理功能和肾关系密切，一同划归下焦。下焦的生理功能是排泄糟粕和尿液，调节水液运行，故称“下焦如渎”。《温病条辨》提出“治下焦如权，非重不沉”的治疗原则。

三、奇恒之腑

奇恒之腑，包括脑、髓、骨、脉、胆、女子胞。它们在形态上多属中空而与腑相似，在功能上又贮藏精气，与脏的生理功能特点相类似。奇恒之腑中除胆为六腑之一外，其余的都没有表里配合，也没有五行的配属，这是不同于五脏六腑的又一特点。脉、髓、骨、胆前已论述，本节仅论述脑与女子胞。

（一）脑

脑居颅内，由髓汇集而成。“脑为髓之海”。人的忆、视、听、嗅、言等感官功能均与脑有关。脑的主要生理功能如下。

1. 主精神活动 人的精神活动与脑密切相关。脑的功能正常，则精神意识思维活动正常，表现为神志清楚，思维敏捷，语言清晰，情志正常。如脑的功能异常，则见神志异常，反应迟钝，精神情志异常。

2. 主感觉功能 脑的感觉功能正常，则视物清明，听力聪颖，嗅觉灵敏，感觉正常。反之，则可出现视物不清，嗅觉不灵，感觉迟钝。

（二）女子胞

女子胞，又称胞宫、子宫，位于小腹部，是发生月经和孕育胎儿的器官。主要功能是主月经和主孕育胎儿。

女子的月经来潮和胎儿的孕育，是一个复杂的生理活动过程。主要有如下三个方面的生理因素。

1.“天癸”的作用 “天癸”是肾中精气充盈到一定程度时的产物，具有促进性腺发育而至成熟的生理效应。因此，在“天癸”的促发下，生殖器官才能发育成熟，女子月经来潮，为孕育胎儿准备条件。反之，进入老年，由于肾中精气的衰少，而“天癸”亦随之而衰少，甚至衰竭，则进入绝经期。如《素问·上古天真论》说：“女子二七而天癸至，任脉通，太冲脉盛，月事以时下，故有子。……七七，任脉虚，太冲脉衰少，天癸竭，地道不通，故形坏而无子也。”可见“天癸”的至与竭，是女子月经来潮与否的前提条件。

2. 冲、任二脉的作用 冲、任二脉，同起于胞中。冲脉与肾经并行，与阳明脉相通，能调节十二经脉的气血，有“冲为血海”之称；任脉主胞胎，在小腹部与足三阴经相会，能调节全身的阴经，有“阴脉之海”之称。十二经脉气血充盈，才能溢入冲、任二脉，经过冲、任二脉的调节，注入胞宫，而发生月经。冲、任二脉的盛衰，受着“天癸”的调节。幼年时期，肾中精气未盛，“天癸”未至，任脉未通，冲脉未盛，故没有月经；人至老年，由于“天癸”逐渐衰竭，冲、任二脉的气血也逐渐衰少，而进入绝经期，出现月经紊乱，以至经绝。临床上，由于某些原因引起冲、任二脉失调时，即可出现月经周期紊乱，甚至不孕等症。

3. 心、肝、脾三脏的作用 心主血、肝藏血、脾为气血生化之源而统血，对于全身血液的化生和运行均有调节作用。月经的来潮和周期，以及孕育胎儿，均离不开气血的充盛和血液的正常调节。因此，月经的来潮与心、肝、脾三脏的生理功能状态有关。若肝的藏血、脾的统血功能减退，即可引起月经过多，周期缩短，行经期延长，甚至崩漏等症。若脾的生化气血功能减弱，则经血的化源不足，可导致月经量少，周期延长，甚至经闭。若因情志所伤，损伤心神或影响肝的疏泄功能，也都能导致月经失调等病理现象。

综上所述，月经来潮的生理，是个复杂的过程，并不是单一的因素，而更多的是与全身的整体情况和精神状态有关。从脏腑、经络等生理功能来说，主要的是与心、肝、肾和冲、任二脉的关系最为密切。

四、脏腑之间的关系

人体是一个统一的有机整体，它是由脏腑、经络等许多组织器官所构成的。各脏腑、组织、器官的功能活动不是孤立的，而是整体活动的一个组成部分，它们不仅在生理功能上存在着相互制约、相互依存和相互为用的关系；而且还以经络为联系通道，在各脏腑组织之间，相互传递着各种信息，在气血津液环周于全身情况下，形成了一个非常协调和统一的整体。

（一）脏与脏之间的关系

1. 心与肺 心肺同居上焦，心主血而肺主气，心主行血而肺主呼吸。心与肺的关系，主要表现在血液运行与呼吸吐纳之间的协同调节关系。

心主一身之血，肺主一身之气，二者相互协调，保证气血的正常运行，维持机体各脏腑组织的新陈代谢。血液的正常运行，必须依赖于心气的推动，亦有赖于肺气的辅助。肺朝百脉，助心行血，是血液正常运行的必要条件。正常的血液循环，又能维持肺主气功能的正常进行。由于宗气具有贯心脉而司呼吸的生理功能，从而加强了血液运行与呼吸吐纳之间的协调平衡。因此，积于胸中的宗气是联结心之搏动和肺之呼吸的中心环节。

在病理上，无论是肺的气虚还是肺失宣肃，均可影响心的行血功能，而导致血液的运行失常、迟涩，而出现胸闷、心悸，甚则唇青、舌紫等血瘀之病理表现。反之，若心气不足、心阳不振，瘀阻心脉等导致血行异常时，也会影响肺的宣发和肃降功能，出现咳嗽、气促等肺气上逆的病理现象。这就是心肺之间在病理上的相互影响。

2. 心与脾 心主血，脾统血，脾又为气血生化之源，故心与脾的关系主要表现在血液生成和运行方面。

（1）血液生成方面：脾主运化而为气血生化之源。脾的运化功能正常，则化生血液的功能旺盛。以保证心血充盈。血液充盈，则心有所主。

（2）血液运行方面：血液在脉中正常运行，既有赖于心气的推动，又依靠脾气的统摄，使血行脉中而不溢出。故血液能正常运行全赖心主行血与脾主统血的协调。心气充足，则运血有力，而不致瘀滞。脾气健旺，脾的统血功能正常，则血行脉中，而不溢出于脉外。

在病理上，心脾两脏亦常互为影响，如思虑过度，不仅暗耗心血，且可影响脾的运化功能；若脾气虚弱，运化失职，则气血生化无源，也可导致血虚而心无所主。若脾不统血而致血液妄行，则也会造成心血不足。以上种种，均可形成以眩晕、心悸、失眠、多梦、腹胀、食少、体倦、面色无华等为主要见症的“心脾两虚”之病理变化。

3. 心与肝 心主行血而肝主藏血，心藏神而肝主疏泄、调畅情志。因此，心与肝的关系，主要表现在血液运行以及精神情志两个方面。

（1）血液运行方面：心主血，肝藏血、调节血量。二者相互配合，共同维持血液的正常运行。人体的血液，生化于脾，贮藏于肝，通过心以运行全身。心之行血功能正常，则血运正常，肝有所藏；若肝不藏血，则心无所主，血液的运行失常。正是由于心和肝在血行方面密切相关，故临床上“心肝血虚”常同时出现。

（2）精神情志方面：心主神志，肝主疏泄、调畅情志。人的精神、意识和思维活动，虽由心所主，但与肝的疏泄功能亦密切相关。心肝两脏，相互为用，共同维持正常的精神情志活动。

4. 心与肾 心在五行属火，位居于上而属阳；肾在五行属水，位居于下而属阴。从阴阳、水火的升降理论来说，位于下者，以上升为顺；位于上者，以下降为和。所以，心火必须下降于肾，肾水必须上济于心，这样，心肾之间的生理功能才能协调，称为“心肾相交”“水火既济”。反之，若心火不能下降于肾而独亢，肾水不能上济于心而凝聚，心肾之间的生理功能就会失去协调，而出现一系列的病理表现，即称为“心肾不交”“水火失济”。例如，在临床上出现的以失眠为主症的心悸、怔忡、心烦、腰膝酸软，或见男子梦遗、女子梦交等症，多属“心肾不交”。

5. 肺与脾 肺主气司呼吸，脾主运化、化生水谷精气；肺主宣发肃降、通调水道，脾主运化水液。所以肺与脾的关系，主要表现于气的生成和津液的输布代谢两个方面。

（1）气的生成：机体气的生成，主要依赖于肺的呼吸功能和脾的运化功能，肺所吸入的清气和脾胃所运化的水谷精气，是组成气的主要物质基础。因此，肺的呼吸功能和脾的运化功能是否健旺，与气的盛衰密切相关。

（2）津液的输布代谢：是由肺的宣发肃降、通调水道和脾的运化水液、输布津液所构成。肺的宣发肃降和通调水道，有助于脾运化水液，从而防止内湿的产生；而脾的转输津液，上输于肺，不仅是肺通调水道的前提，也为肺的生理活动提供了必要的营养。因此，二者之间在津液的输布代谢中存在着相互为用的关系。

肺脾二脏之间在病理上的相互影响，主要也在于气的生成不足和水液代谢失常两个方面。例如，脾气虚损时，常可导致肺气的不足；脾失健运，津液代谢障碍，水液停滞，则聚而生痰、成饮，往往影响肺的宣发和肃降，而出现喘咳痰多等症状。所以有“脾为生痰之源，肺为贮痰之器”之说。反之，肺病日久，气耗太过，也可累及脾导致脾气虚，影响脾的健运，从而出现纳食不化、腹胀、便溏，甚则水肿等病理表现。

6. 肺与肝 肺与肝的关系，主要表现于气机的调节方面。肺主降而肝主升，二者相互协调，对于全身气机的调畅是一个重要的环节。若肝升太过或肺降不及，则多致气火上逆，而出现咳逆上气，甚则咯血等病理表现，称为“肝火犯肺”。相反，肺失清肃，燥热内盛，亦可影响到肝的疏泄条达，在咳嗽的同时，出现胸胁引痛胀满、头晕头痛、面红目赤等症。

7. 肺与肾 肺为水之上源，肾为主水之脏；肺主呼吸，肾主纳气；肺属金，肾属水，金水相生。肺与肾的关系，主要表现在水液代谢、呼吸运动及阴液互资三个方面。

（1）水液代谢：肾为主水之脏，肺为“水之上源”。肺的宣发肃降和通调水道，有赖于肾的蒸腾气化。反之，肾的主水功能，亦有赖于肺的宣发肃降和通调水道。若肺失宣降，通调水道失司，损及肾脏，则可出现尿少、水肿等症；若肾阳虚，气化失司，关门不利，水泛为肿，可影响肺的宣降，则可出现咳逆、喘促等症。

（2）呼吸运动：肺主呼吸，肾主纳气，肺的呼吸功能需要肾的纳气作用来协助。肾气充盛，吸入之气方能经肺之肃降而下纳于肾，故有“肺为气之主，肾为气之根”之说。若肾的精气不足，摄纳无权，气浮于上；或肺气久虚，久病及肾，均可导致肾不纳气，出现呼多吸少、动则气喘等症。

（3）阴液互资：肺肾阴液，相互资生。金为水之母，肺阴充足，下输于肾，使肾阴充盈；肾阴为一身阴液之根本，肾阴充盛，上滋于肺，使肺阴充足。故肺肾阴虚常同时并见，而出现两颧嫩红、骨蒸潮热、盗汗、干咳音哑、腰膝酸软等症。

8. 肝与脾 肝藏血而主疏泄，脾统血、主运化而为气血生化之源。肝脾两脏的关系，主要表现在疏泄与运化的相互为用、藏血与统血的相互协调关系。

（1）饮食物消化：肝主疏泄，调畅气机，协调脾胃升降，并疏利胆汁，输于肠道，促进脾胃对饮食物的消化及对精微的吸收和转输功能；脾气健旺，运化正常，水谷精微充足，气血生化有源，肝体得以濡养而使肝气冲和条达，有利于疏泄功能的发挥。

（2）血液运行：血的正常运行，虽由心所主持，但与肝、脾也有密切的关系。肝主藏血，调节血量；脾主生血，统摄血液。脾气健旺，生血有源，统血有权，使肝有所藏；肝血充足，藏泻有度，血量得以正常调节，气血才能运行无阻。若脾虚气血生化无源，或脾不统血，失血过多，均可导致肝血不足。

此外，如脾胃湿热郁蒸，熏蒸肝胆，形成黄疸。可见，在病理上肝病可以传脾，脾病也可以及肝，肝脾两脏病变常常互为影响。

9. 肝与肾 肝肾之间关系极为密切，有“肝肾同源”或“乙癸同源”之说。肝藏血，肾藏精。肝主疏泄而肾主封藏，故肝肾之间的关系，主要表现在精血同源、藏泄互用以及阴阳互滋互制等方面。

（1）精血同源：血的化生有赖于肾中精气的气化；肾中精气的充盛，亦有赖于血液的滋养。所以说精能生血，血能化精，称之为“精血同源”。在病理上，精与血的病变亦常相互影响。例如，肾精亏损，可导致肝血不足；反之，肝血不足，也可引起肾精亏损。

（2）藏泄互用：肝主疏泄与肾主封藏之间亦存在着相互制约、相反相成的关系，主要表现在女子的月经来潮和男子泄精的生理功能。若二者失调，则可出现女子月经周期的失常，经量过多，或闭经；男子遗精滑泄，或阳强不泄等症。

（3）阴阳互滋互制：由于肝肾同源，所以肝肾阴阳之间的关系极密切。肝肾阴阳，息息相通，相互制约，协调平衡，故在病理上也常相互影响。如肾阴不足可引起肝阴不足，阴不制阳而导致肝阳上亢，称之为“水不涵木”；如肝阴不足，可导致肾阴的亏虚，而致相火上亢。反之，肝火太盛，也可下劫肾阴，形成肾阴不足的病理变化。

10. 脾与肾 脾主运化，化生精微，为后天之本；肾主藏精，内藏元阴元阳，为先天之本。脾主运化水液，肾为主水之脏。故脾与肾之间的关系，主要表现在先后天相互资生和水液代谢方面。

（1）先后天相互资生：脾之健运，化生精微，须借助于肾阳的温煦，故有“脾阳根于肾阳”之说。肾中精气亦有赖于水谷精微的培育和充养，才能不断充盛和成熟。因此，脾与肾在生理上是后天与先天的关系，它们相互资助、相互促进。在病理上亦常相互影响，互为因果。例如，肾阳不足，不能温煦脾阳，则可见腹部冷痛、下利清谷或五更泄泻、水肿等症。若脾阳久虚，进而可损及肾阳，而成脾肾阳虚之病证。

（2）水液代谢：脾气运化水液功能的正常发挥，须赖肾气的蒸化及肾阳的温煦功能的支持。肾主水液输布代谢，又须赖脾气及脾阳的协助，即所谓“土能制水”。

（二）腑与腑之间的关系

六腑，是以“传化物”为其生理特点，六腑之间的相互关系，主要体现于饮食物的消化、吸收和排泄过程中的相互联系和密切配合。

饮食入胃，经胃的腐熟和初步消化，下传于小肠，通过小肠的进一步消化，泌别清浊，其清者为精微物质，经脾的转输，以营养全身；剩余之水液，吸收后，成为渗入膀胱的尿液之化源；其浊者为糟粕（食物之残渣），下达于大肠。渗入膀胱的尿液，经气化作用及时排出体外；进入大肠的糟粕，经传导与燥化，而由肛门排出体外。在饮食物的消化、吸收和排泄过程中，还有赖于胆汁的排泄以助消化；三焦不仅是水谷传化的道路，更重要的是三焦的气化推动和支持着传化功能的正常进行。由于六腑传化水谷，需要不断地受纳、消化、传导和排泄，虚实更替，宜通而不宜滞，所以后世医家有“六腑以通为用”和“腑病以通为补”的说法。

病理上，如胃有实热，消灼津液，则可致大肠传导不利，大便秘结不通；而大肠燥结，便闭不行，亦可影响胃的和降，而使胃气上逆，出现恶心、呕吐等症。又如胆火炽盛，常可犯胃，导致胃失和降而见呕吐苦水。脾胃湿热，熏蒸肝胆，而使胆汁外泄，可发生黄疸病证。

（三）脏与腑之间的关系

脏与腑的关系，实际上就是阴阳表里关系。由于脏属阴，腑属阳；脏为里，腑为表，一脏一腑，一阴一阳，一表一里相互配合，并有经脉相互络属，从而构成了脏腑之间阴阳表里相互配合的密切联系。

1. 心与小肠 心的经脉属心而络小肠，小肠的经脉属小肠而络心，二者通过经脉的相互络属构成了表里关系。病理上，如心有实火，可移热于小肠，引起尿少、尿热赤、尿痛等症。反之，如小肠有热，亦可循经上炎于心，引起心火上炎的表现，可见心烦、舌赤、口舌生疮等症。

2. 肺与大肠 肺与大肠亦是通过经脉的络属而构成表里关系；肺气的肃降，有助于大肠传导功能的发挥；大肠传导功能正常，则有助于肺的肃降。若大肠实热，腑气不通，则可影响肺的肃降，而产生胸满、喘咳等症。如肺失清肃，津液不能下达，可见大便困难；肺气虚弱，气虚推动无力，则可见大便艰涩而不行，称之为“气虚便秘”。若气虚不能固摄，清浊混杂而下，可见大便溏泻。

3. 脾与胃 脾与胃通过经脉相互络属而构成表里关系。脾主运化，胃主受纳；脾主升，胃主降；脾性湿而喜燥，胃性燥而喜湿。二者之间的关系表现为以下三方面。

（1）纳运相合：二者共同完成饮食物的消化吸收及其精微的输布，从而滋养全身，故称脾胃为“后天之本”。胃所受纳的水谷，要经过脾的运化才能化生为精微以营养全身，故说“脾为胃行其津液”。

（2）升降相因：脾主升，胃主降，相反相成。脾气升，则水谷之精微得以输布；胃气降，则水谷及其糟粕得以下行。故说：“脾宜升则健，胃宜降则和。”因脾胃居于中焦，气机一升一降，故二者间的升降关系又是维持全身气机升降的枢纽。

（3）燥湿相济：胃属燥，脾属湿，胃喜润恶燥，脾喜燥恶湿，两脏燥湿相济，阴阳相合，方能完成饮食物的传化过程。

由于脾胃在生理上的相互联系，因而在病理上也是相互影响的。如脾为湿困，运化失职，清气不升，即可影响胃的受纳与和降，可出现食少、呕吐、恶心、脘腹胀满等症。反之，若饮食失节，食滞胃脘，胃失和降，亦可影响脾的升清与运化，可出现腹胀、泄泻等症。

4. 肝与胆 胆附于肝，有经脉互为络属，构成表里关系。胆汁来源于肝之余气，胆汁之所以能正常排泄和发挥作用，亦依靠肝的疏泄功能。若肝的疏泄功能失常，就会影响胆汁的分泌与排泄；反之，若胆汁排泄不畅，亦会影响肝的疏泄。因此，肝与胆在生理和病理上密切相关，肝病常影响及胆，胆病也常波及于肝，最终肝胆同病，如肝胆火旺、肝胆湿热等。

5. 肾与膀胱 肾为水脏，膀胱为水腑，足少阴经属肾络膀胱，足太阳经属膀胱络肾，二者构成表里相合关系。生理上肾为主水之脏，开窍于二阴；膀胱贮尿排尿，是为水腑。膀胱的贮尿排尿功能，取决于肾气的盛衰。

病理上，若肾气虚弱，蒸化无力，或固摄无权，可影响膀胱的贮尿排尿，而见尿少、癃闭或尿失禁。膀胱湿热，或膀胱失约，也可影响到肾气的蒸化和固摄，以致出现小便色、质或排出的异常。

（范　荣　戴幸平）

第二节 精、气、血、津液、神

精、气、血、津液是人体脏腑经络、形体官窍进行生理活动的物质基础，是构成人体和维持人体生命活动的基本物质。神是人体生命活动的主宰及其外在总体表现的统称。

一、精

（一）精的基本概念

精是构成人体和维持人体生命活动的最基本物质之一，是人体生长发育及各脏腑器官生理活动的物质基础。

精有广义和狭义之分。狭义之精，是指具有繁衍后代作用的生殖之精。广义之精，是指人体内的一切精微物质，包括人体之内的血、津液、髓以及水谷精微等。

（二）精的代谢

精的代谢过程，包括生成、贮藏和施泄三个方面。

1. 精的生成 先天之精禀受于父母，是构成胚胎的原始物质。《灵枢·天年》认为人之始生，“以母为基，以父为楯”。《灵枢·决气》说：“两神相搏，合而成形，常先身生，是谓精。”后天之精，又称“水谷之精”，是指来源于饮食水谷由脾胃运化功能化生的水谷之精，是人出生后赖以维持生命活动的精微物质。人体之精以先天之精为本，并得到后天之精的不断充养而成。

2. 精的贮藏 人体之精主要藏于肾中，又分藏于脏腑。先天之精在胎儿时期就贮藏于肾，是肾精的主体成分。后天之精来源于水谷，由脾胃化生的精微物质，经脾气的转输源源不断地输送到各个脏腑组织，化为脏腑之精，在供给脏腑生理活动需要的同时，又将其剩余部分输送于肾中，以充养肾精。

3. 精的施泄 精的施泄有两种形式：一是分藏于全身各个脏腑之中，濡养脏腑，并化气以推动和调控各脏腑的功能；二是化为生殖之精而有度地排泄以繁衍生命。

（三）精的功能

精主闭藏而静谧于内，其性属阴。精除了具有繁衍生命的重要作用外，还具有濡养、化血、化气、化神等功能。

1. 繁衍生命 由先天之精与后天之精合化而生成的生殖之精，具有繁衍生命的作用。

2. 濡养作用 精能滋润濡养人体各脏腑形体官窍。先天之精与后天之精充盛，则脏腑之精充盈，肾精也充盛，因而全身脏腑组织官窍得到精的充养，各种生理功能得以正常发挥。

3. 化血作用 精可以转化为血，是血液生成的来源之一。

4. 化气作用 精可以化生为气。先天之精可以化生先天之气（元气），水谷之精可以化生谷气，再加上肺吸入的自然界清气，综合而成一身之气。

5. 化神作用 精能化神，精是神化生的物质基础。神是人体生命活动的外在总体表现，它的产生离不开精这一基本物质。

（四）精的分类

精，按其来源，可分为先天之精和后天之精；以其特殊功能，则有生殖之精；按其分布部位，则有各脏腑之精。

1. 先天之精与后天之精 人体之精从生成来源来说，有先天之精与后天之精之分。先天之精禀受于父母，源于父母的生殖之精，是生命产生的本原。后天之精源于饮食水谷，由脾胃等脏腑吸取饮食精华而产生，是维持人体生命活动的重要物质。

2. 生殖之精 生殖之精源于肾精，在天癸的促发作用下由肾藏的先天之精在水谷之精的资助充养下合化而成，起着繁衍后代的作用。人们通过生殖之精的交合将生命物质遗传给下一代。男女双方生殖之精结合成为胚胎，产生新的生命体。

3. 脏腑之精 是指脏腑所藏的具有濡养、滋润和支撑本脏腑及其所属的形体、官窍等作用的液态精华物质。脏腑之精中既有先天之精的成分，又有后天之精的成分。但各脏腑之精中所含先天之精与后天之精的比例是不同的：肾精的成分主要是先天之精，其他脏腑之精的成分主要是后天水谷之精。脏腑之精具有濡养脏腑及其所属的形体、官窍的作用。脏腑之精还能化生脏腑之气，推动和调控脏腑的生理功能。例如，肾精化生肾气，推动和调控人体的生长发育和生殖以及水液代谢、呼吸运动等。

二、气

中医学的气学说，是研究人体之气的概念、生成、分布、功能及其与脏腑、精、血、津液之间关系的系统理论，与古代哲学的气学说有着明显的区别。

（一）气的基本概念

气是人体内活力很强的、不断运动的精微物质，是构成人体和维持人体生命活动的最基本物质。气既指人体赖以生存的具体物质，又是人体脏腑功能活动的总称。

（二）气的生成

人体之气，由精化生，并与肺吸入的自然界清气相结合而成。一身之气的生成，是脾、肾、肺等脏腑的综合协调作用的结果。

1. 生成之源 人体之气来源于先天之精气、水谷所化生的水谷之精气和自然界的清气，三者结合而构成人体之气。

2. 相关脏腑 从气的来源得知，人体之气的充足与否有赖于全身各个脏腑的综合协调作用，其中与肾、脾胃和肺的关系尤为密切。

（1）肾为生气之根：肾藏先天之精，并受后天之精的充养。先天之精所化生的先天之气（即元气），是人体之气的根本。

（2）脾胃为生气之源：脾主运化，胃主受纳，共同将饮食水谷消化吸收，化生为后天水谷之气，故称脾胃为生气之源。

（3）肺为生气之主：肺主气，主司宗气的生成，在气的生成过程中占有重要地位，故为生气之主。

（三）气的运动和运动形式

人体的气，是不断运动着的具有很强活力的精微物质。它流行于全身各脏腑、经络等组织器官，推动和激发着人体的各种生理活动。

气的运动，称作“气机”。气的运动形式，因气的种类与功能的不同而有所不同，但总体来说，均可归纳为升、降、出、入四种基本运动形式。气的升降出入运动，是人体生命活动的根本；气的升降出入运动一旦停止，人的生命活动就要终止。如《素问·六微旨大论》说：“故非出入，则无以生长壮老已；非升降，则无以生长化收藏。是以升降出入，无器不有。故器者，生化之宇，器散则分之，生化息矣。”

气的升降出入运动，只有在脏腑、经络等组织器官的生理活动中，才能得到具体的体现。例如，肺的呼吸功能，体现着呼气是出，吸气是入；宣发是升，肃降是降。脾胃和肠的消化功能，以脾主升清，胃主降浊来概括整个机体对饮食物的消化、吸收、输布和排泄的全过程。机体的水液代谢，是以肺的宣发肃降，脾胃的运化转输，肾的蒸腾气化和吸清排浊，来概括水液代谢的全过程。所以，机体的各种生理活动，实质上都是气升降出入的具体体现。

气的升和降、出和入，是对立统一的矛盾运动。从局部来看，并不是每一种生理活动，都必须具备升降出入，而是各有所侧重，如肝、脾主升，肺、胃主降等。从整个机体的生理活动来看，则升和降、出和入之间必须协调平衡，才能维持正常的生理活动。因此，气的升降出入运动，又是协调平衡各种生理功能的一个重要环节。

气的升降出入运动之间的协调平衡，称作“气机调畅”；升降出入的平衡失调，即“气机失调”的病理状态。“气机失调”有多种表现形式：由于某些原因，气的升降出入运动受到阻碍，称作“气机不畅”；在某些局部发生阻滞不通时，称作“气滞”；气的上升太过或下降不及时，称作“气逆”；气的上升不及或下降太过时，称作“气陷”；气不能内守而外逸时，称作“气脱”；气不能外达而结聚于内时，称作“气结”或“气郁”，甚则“气闭”等。气的升降出入运动，从局部来看有所侧重，但从总体上却是有一定规律的，而且是协调平衡的。

（四）气的功能

气，是维持人体生命活动的最基本物质，在人体内具有十分重要的生理功能。主要有以下几方面。

1. 推动作用　气是活力很强的精微物质，它对于人体的生长发育，各脏腑、经络、组织器官的生理活动，血的生成和运行，津液的生成、输布和排泄等均起着推动作用和激发其运动的作用。推动作用主要包括：①推动人体的生长发育；②推动脏腑经络的生理活动；③推动精血津液的生成及运行输布。

2. 温煦作用　《难经·二十二难》说：“气主煦之。”就是说气是人体热量的来源。主要包括：①温煦机体，维持正常体温；②温煦各脏腑、经络、形体、官窍，发挥正常生理活动；③温煦精血津液等液态物质，维持其正常循行和输布。故说“血得温而行，得寒而凝”。如果气的温煦作用失常，则可见畏寒、四肢不温、体温低下、血和津液运行迟缓等寒象。

3. 防御作用　机体的防御作用是非常复杂的，是各方面作用的综合，但气在这里起着相当重要的作用。气的防御作用主要体现于：①护卫肌表，防御外邪；②保卫机体，祛邪外出。由此可见，气的防御作用减弱，全身的抗病能力必然下降，机体也易于患病。

4. 固摄作用　是指气对于体内血、津液、精等液态物质的固护、统摄和控制作用，从而防止这些物质无故流失，保证它们在体内发挥正常的生理功能。具体来说，气的固摄作用表现为：①统摄血液，可使血液循脉而行，防止其溢出脉外；②固摄汗液、尿液、唾液、胃液、肠液，防止其过多排出及无故流失；③固摄精液，防止其妄加排泄。若气的固摄作用减弱，则机体固摄液态物质的功能下降。例如，气不摄血，可导致各种出血；气不摄津，可导致自汗、多尿或小便失禁、流涎、泛吐清水、泄泻滑脱；气不固精，可出现遗精、滑精和早泄等。

气的固摄作用与推动作用是相反相成的两个方面。气一方面能推动血液的运行和津液的输布、排泄；另一方面，气又可固摄体内的液态物质，防止其无故流失。由于这两个方面作用的相互协调，构成了气对体内液态物质的正常运行、分泌、排泄的调节和控制，这是维持人体正常的血液循行和水液代谢的重要环节。

5. 气化作用　气化，是指通过气的运动而产生的各种变化。诸如体内精微物质的化生及输布，精微物质之间、精微物质与能量之间的互相转化，以及废物的排泄等都属气化。在中医学中，气化实际上是指由人体之气的运动而引起的精气血津液等物质与能量的新陈代谢过程，是生命最基本的特征之一。具体地说，是指精、气、血、津液各自的新陈代谢及其相互转化过程。例如，气、血、津液的生成，都需要将饮食物转化成水谷之精气，然后再化生成气、血、津液等；津液经过代谢，转化成汗液和尿液；饮食物经过消化和吸收后，其残渣转化成糟粕等，都是气化作用的具体表现。如果气化功能失常，即能影响到气、血、津液的新陈代谢和饮食物的消化吸收以及汗液、尿液和粪便等的排泄等，从而形成各种代谢异常的病变。所以说气化作用的过程，实际上就是体内物质代谢的过程，也是物质转化和能量转化的过程。

气的五个功能，虽然各不相同，但都是人体生命活动中不可或缺的，它们密切地协调配合，相互为用。

（五）气的分类

人体的气，从整体上说，是由肾中精气、脾胃运化而来的水谷精气和肺吸入的清气所组成，在肾、脾胃、肺等生理功能的综合作用下所生成，并充沛于全身而无处不到。但具体地说，人体之气，由于其主要组成部分、分布部位和功能特点的不同，而又有不同的名称。主要有如下几种。

1. 元气 又名“原气”“真气”，是人体最基本、最重要的气，是人体生命活动的原动力。

（1）组成与分布：元气的组成，以肾所藏的精气为主，依赖于肾中精气所化生。通过三焦而流行于全身，内至脏腑，外达肌肤腠理，作用于机体的各个部分。

（2）主要功能：元气的主要功能是推动人体的生长和发育，温煦和激发各个脏腑、经络等组织器官的生理活动，所以说，元气是人体生命活动的原动力，是维持生命活动的最基本物质。机体的元气充沛，则各脏腑、经络等组织器官的活力就旺盛，人体的素质就强健而少病。若因先天禀赋不足，或因后天失调，或因久病损耗，以致元气的生成不足或耗损太过，就会形成元气虚衰而产生种种病变。

2. 宗气 是积于胸中之气。宗气在胸中积聚之处，称作“气海”，又称“膻中”。

（1）组成与分布：宗气，是由肺所吸入的自然界清气和脾胃所化生的水谷精气结合而成。因此，肺的呼吸功能与脾胃的运化功能正常与否，直接影响着宗气的盛衰。

宗气聚集于胸中，贯注于心肺之脉，上司呼吸、助心行血，下行丹田，会注足阳明之气而下行于足。

（2）主要功能：宗气的主要功能有两个方面，一是走息道以行呼吸。凡语言、声音、呼吸的强弱，都与宗气的盛衰有关。二是贯心脉以行气血。凡气血的运行、肢体的寒温和活动能力、视听的感觉能力、心搏的强弱及其节律等，皆与宗气的盛衰有关。

3. 营气 是与血共行于脉中之气。营气富于营养，故又称“荣气”。营与血关系极为密切，可分而不可离，故常常“营血”并称。营气与卫气相对而言，属于阴，故又称为“营阴”。

（1）组成与分布：营气，主要来自脾胃运化的水谷精气，由水谷精气中的精华部分所化生。营气分布于血脉之中，成为血液的组成部分而循脉上下，营运于全身。

（2）主要功能：营气的主要生理功能，有营养和化生血液两个方面。水谷精微中的精微部分，是营气的主要成分，是脏腑、经络等生理活动所必需的营养物质，同时又是血液的组成部分。所以《灵枢·邪客》说：“荣气者，泌其津液，注之于脉，化以为血，以荣四末，内注五脏六腑。”

4. 卫气 是运行于脉外之气。卫气与营气相对而言，属于阳，故又称为“卫阳”。

（1）组成与分布：卫气，主要由水谷精气所化生，它的特性是“慓疾滑利”。也就是说它的活动力特别强，流动很迅速。所以它不受脉管的约束，“运行于皮肤、分肉之间，熏于肓膜，散于胸腹”。

（2）主要功能：卫气的生理功能有三方面。一是护卫肌表，防御外邪入侵。二是温养脏腑、肌肉、皮毛等。三是调节控制腠理的开合、汗液的排泄，以维持体温的相对恒定等。如《灵枢·本脏》说：“卫气者，所以温分肉，充皮肤，肥腠理，司开合者也”“卫气和，则分肉解利，皮肤调柔，腠理致密矣”。

营气和卫气，都以水谷精气为其主要的生成来源，“营行脉中”“卫行脉外”。营主内守而属于阴，卫主外卫而属于阳，二者之间的运行必须协调，才能维持正常的腠理开合、体温以及防御外邪的能力。反之，若营卫不和，则可见恶寒发热、无汗或汗多以及抗御外邪能力低下等。

人体的气，除了上述最重要的四种气之外，还有“脏腑之气”“经络之气”等。所谓“脏腑之气”和“经络之气”，实际上都是一身之气所派生的，是一身之气分布于某一脏腑或某一经络，即成为某一脏腑或某一经络之气，它属于人体一身之气的一部分，是构成各脏腑、经络的最基本物质，又是推动和维持各脏腑、经络进行生理活动的物质基础。

三、血

（一）血的基本概念

血，是红色的液态样物质，是构成人体和维持人体生命活动的基本物质之一，有营养和滋润作用。血必须在脉中运行，才能发挥它的生理效应。如因某些原因而溢出于脉外，即为出血，又称为“离经之血”。脉，具有阻遏血液溢出的功能，故有“血府”之称。

（二）血的生成

血，主要由营气和津液所组成。营气和津液，都来自脾胃所运化的水谷精微，所以说脾胃是气血生化之源。血液的生成过程是饮食物经胃的腐熟和脾的运化，转化为水谷精微，再经脾气的升清上输于肺，与肺吸入的清气相结合，通过心肺的气化作用，注之于脉，化而为血。《灵枢·决气》所说的“中焦受气取汁，变化而赤，是谓血”，即充分说明了脾和胃（中焦）的运化功能在生成血液过程中的地位和作用。

由于营气和津液都来源于水谷精气，所以饮食营养的优劣和脾胃运化功能的强弱，直接影响着血液的化生。饮食营养的长期摄入不足，或脾胃运化功能的长期失调，均可导致血液的生成不足，而形成血虚的病理变化。

此外，精血同源，即精和血之间还存在着相互资生和转化的关系。

（三）血的运行

血在脉管中运行不息，流布于全身，环周不休。随着血液的运行，为全身各脏腑组织器官提供了丰富的营养，以供其需要。

血，属于阴而主静。血的运行，主要依赖于气的推动作用。血在脉管中运行而不致溢出脉外，也是由于气的固摄作用。所以血液的正常运行，取决于气的推动作用和固摄作用之间的协调平衡。

心脏的搏动，推动着血液的运行。《素问·痿论》说：“心主身之血脉。”血液正常的循行，还与其他脏器生理功能的协调平衡密切相关，例如，肺的宣发和朝会百脉，肝的疏泄等，是推动和促进血液运行的重要因素；脾的统血和肝的藏血等，是固摄血液的重要因素。此外，脉道是否通利，血或寒或热等，更是直接地影响着血液运行的或迟或速。因此，血液循环的正常运行，不仅依赖于心的生理功能正常，而且还在于肺、肝、脾等脏器的生理功能协调平衡。如果推动和促进血液运行的因素增加，或固摄血液的作用减弱，则血液的运行可因之而变速，甚则溢出脉外，而导致出血；反之，则血液的运行因之而变慢，运行不利，可导致血瘀等病理变化。

（四）血的功能

血具有营养和滋润全身的生理功能。血在脉管中运行，内至脏腑，外达皮肉筋骨，无处不到，运行不息，对全身各脏腑组织器官起着营养和滋润作用，以维持正常的生理活动。《难经·二十二难》说：“血主濡之。”就是对血的营养和滋润作用的高度概括。

血的营养和滋润作用，具体体现在面色的红润、肌肉的丰满、皮肤毛发的润泽、感觉运动的灵活等方面。如果血的生成不足或耗伤过度，可出现头昏目花、面色不华或萎黄、毛发干枯、肌肤干燥、肢体或肢端麻木等血虚的临床表现。

血液是神志活动的物质基础。人的精神充沛，神志清晰，感觉灵敏，活动自如，均有赖于血气的充盛及血脉的调和与流利。所以，当血液生成不足或运行失常时，均可以出现精神衰退、健忘、多梦、失眠、烦躁，甚则可见神志恍惚，惊悸不安，以及谵狂、昏迷等神志失常的多种临床表现。

四、津　　液

（一）津液的基本概念

津液，是机体一切正常水液的总称，包括各脏腑组织器官的内在体液及其正常的分泌物，如胃液、肠液和涕、泪等。津液，同气和血一样，是构成人体和维持人体生命活动的基本物质。

津和液，同属于水液，都来源于饮食，有赖于脾和胃的运化功能而生成。由于津和液在其性状、功能及其分布部位等方面均有所不同，因而也有一定的区别。一般地说，性质较清稀，流动性较大，布散于体表皮肤、肌肉和孔窍，并能渗注于血脉，起滋润作用的，称为津；性质较稠厚，流动性较小，灌注于骨节、脏腑、脑、髓等组织，起濡养作用的，称为液。津和液之间可以相互转化，故津和液常同时并称，但在发生“伤津”和“脱液”的病理变化时，在辨证论治中，又须加以区分。

（二）津液的代谢

津液的生成、输布和排泄，是一个复杂的生理过程，涉及多个脏腑的一系列生理功能。《素问·经脉别论》说：“饮入于胃，游溢精气，上输于脾，脾气散精，上归于肺，通调水道，下输膀胱，水精四布，五经并行。”这是对津液的生成和输布、排泄过程的简明概括。

津液来源于饮食水谷。津液的生成，是通过胃对饮食物的“游溢精气”和小肠的“分清别浊”及“上输于脾”而生成。津液的输布和排泄，主要是通过脾的转输、肺的宣降和肾的蒸腾气化，以三焦为通道输布于全身。

脾对津液的输布作用，一方面将津液“以灌四旁”（《素问·玉机真脏论》）和全身；另一方面，则将津液“上输于肺”。这两个方面统属于脾的“散精”功能。

肺对津液的输布和排泄作用，又称作“通调水道”。通过肺的宣发作用，将津液输布于全身体表，以发挥津液的营养和滋润作用，津液通过代谢化为汗液而排出体外。故说肺“输精于皮毛”（《素问·经脉别论》）。津液通过肺的肃降作用，向下输送到肾和膀胱，最后化为尿液排出体外。此外，肺在呼气中也排出了大量的水分。可见，肺的宣发肃降，通调水道，对于津液的输布和排泄起着重要的作用。

肾对于津液的输布和排泄，亦起着极其重要的主宰作用。《素问·逆调论》说：“肾者水脏，主津液。”肾对津液的主宰作用，主要表现在肾所藏的精气，是机体生命活动的原动力，亦是气化作用的原动力。因而胃的“游溢精气”、脾的“散精”、肺的“通调水道”以及小肠的“泌别清浊”，都需要依靠肾的蒸腾气化作用而实现。全身的津液，最后亦都要通过肾的蒸腾气化，升清降浊，使“清者”蒸腾上升，从而向全身布散；“浊者”下降化为尿液，注入膀胱。尿液的排泄量，实际上调节着全身津液的代谢平衡。故《素问·水热穴论》说：“肾者，胃之关也。关门不利，故聚水而从其类也。”

综上所述，津液的生成，依赖于脾胃对饮食物的运化功能；津液的输布，依靠脾的“散精”和肺的“通调水道”功能；津液的排泄，主要是依靠汗液、尿液和随着呼吸排出的水气；津液在体内的升降出入，是在肾的气化蒸腾作用下，以三焦为通道，随着气的升降出入，布散于全身而环流不息。故《素问·灵兰秘典论》说：“三焦者，决渎之官，水道出焉。”可见津液的生成、输布、排泄及其维持代谢平衡，依赖于气和许多脏腑一系列生理功能的协调平衡；其中尤以肺、脾、肾三脏的生理功能起着主要的调节平衡作用。所以，不论是气的病变或脏腑的病变，均可影响津液的生成、输布、排泄，破坏津液的代谢平衡，从而形成伤津、脱液等津液不足的病理变化，导致津液环流障碍，形成水液停聚的病理变化。

（三）津液的功能

津液有滋润和濡养的生理功能。例如，布散于肌表的津液，具有滋润皮毛肌肤的作用；流注于孔窍的津液，具有滋润和保护眼、鼻、口等孔窍的作用；渗入于血脉的津液，具有充养和滑利血脉的作用，而且也是组成血液的基本物质；注入于内脏组织器官的津液，具有濡养和滋润各脏腑组织器官的作用；渗入于骨的津液，具有充养和濡润骨髓、脊髓和脑髓等的作用。

五、神

（一）神的基本概念

神是人体生命活动的主宰及其外在总体表现的统称。神的内涵是广泛的，既是一切生理活动、心理活动的主宰，又包括了生命活动外在的体现，其中又将意识、思维、情感等精神活动归为狭义之神的范畴。

（二）神的生成

精、气、血、津液是产生神的物质基础，神是不能脱离这些精微物质而存在的。《素问·八正神明论》说："血气者，人之神。"《素问·六节藏象论》又说："气和而生，津液相成，神乃自生。"都说明了精、气、血、津液不仅是构成人体的基本物质，而且还是神所赖以产生的基本物质。通过这些精微物质的新陈代谢，产生了生命活动，可以从形色、眼神、言谈、表情、应答、举止、精神、情志、声息、脉象等方面体现出来，而这些生命活动外在体现的总称即是神。

（三）神的作用

神的产生以精、气、血、津液作为物质基础，是脏腑精气运动变化和相互作用的结果。神不仅是脏腑生理功能的综合反映，而且对脏腑精气及其生理活动有着主宰和调节作用。

1. 调节精气血津液的代谢 神既由精、气、血、津液等作为物质基础而产生，又能反作用于这些物质。神具有统领、调控这些物质在体内进行正常代谢的作用。《类经·摄生类》说："虽神由精气而生，然所以统驭精气而为运用之主者，则又在吾心之神。"

2. 调节脏腑的生理功能 脏腑精气产生神，神通过对脏腑精气的主宰来调节其生理功能。以五脏精气为基础物质产生的精神情志活动，在正常情况下对脏腑之气的运行起到调控作用，使之升降出入运行协调有序。

3. 主宰人体的生命活动 《素问·移精变气论》说："得神者昌，失神者亡。"神的盛衰是生命力盛衰的综合体现，因此神的存在是人体生理活动和心理活动的主宰。《素问·灵兰秘典论》说："心者，君主之官也，神明出焉。"《素问·宣明五气》说："心藏神。"这些都突出了神在生命活动中的主宰地位。

六、精、气、血、津液、神之间的相互关系

气、血、津液是构成人体和维持人体生命活动的最基本物质。三者的组成，均离不开脾胃运化而生成的水谷精气。三者的生理功能，又存在着相互依存、相互制约和相互为用的关系。因此，无论在生理或病理情况下，气、血、津液之间均存在着极为密切的相互关系。

（一）气与血的关系

气属于阳，血属于阴。《难经·二十二难》说："气主煦之，血主濡之。"简要地概括了气和血在功能上的差别。但是，气和血之间，又存在着"气为血之帅"和"血为气之母"的密切关系。具体地说，即存在着气能生血、行血、摄血和血能养气、血能载气五个方面的关系。

1. 气能生血 是指血的组成及其生成过程中，均离不开气和气的运动变化——气化功能。营气和津液，是血的主要组成部分，它们来自脾胃所运化的水谷精气。从摄入的饮食物，转化成水谷精气；从水谷精气转化成营气和津液；从营气和津液转化成赤色的血，均离不开气的运动变化。因

此说，气能生血。气旺，则化生血的功能亦强；气虚，则化生血的功能亦弱，甚则可导致血虚。因此，在临床治疗血虚的病证时，常常配合应用补气的药物以提高疗效，这是气能生血理论指导临床的实际应用。

2. 气能行血 血属阴而主静。血不能自行，有赖于气的推动；气行则血行，气滞则血瘀。血液的循行，有赖于心气的推动，肺气的宣发布散及朝百脉，肝气的疏泄条达。因此，气虚则推动无力；气滞则血行不利、血行迟缓而形成血瘀，甚则阻滞于脉络，结成瘀血。若气机逆乱，血行亦随气的升降出入异常而逆乱。如血随气升，可见面红、目赤、头痛，甚则吐血；血随气陷，可见下血、崩漏等。临床治疗血行失常的病证时，常分别配合应用补气、行气、降气等药物，才能获得较好的效果，此是气能行血理论指导临床的实际应用。

3. 气能摄血 摄血，是气固摄功能的具体体现。血在脉中循行而不溢出脉外，主要依赖于气对血的固摄作用。如果气虚而固摄血液的作用减弱，可导致各种出血的病症，即“气不摄血”。治疗时，必须用补气摄血的方法，才能达到止血的目的。

以上三个方面气对血的作用，可概括为“气为血之帅”。

4. 血能养气 是指气的充盛及其功能发挥离不开血液的濡养。在人体各个部位中，血不断地为气的生成和功能活动提供营养，故血足则气旺。人体脏腑、肢节、九窍等任何部位，一旦失去血的供养，这些部位即可出现气虚衰少或气的功能丧失的病变。血虚的患者往往兼有气虚的表现，其道理即在于此。

5. 血能载气 是指血是气的载体。由于气的活力很强，易于逸脱，所以气必须依附于血和津液，而存在于体内。如果气失去依附，则浮散无根而发生气脱。所以，血虚者，气亦易衰；血脱者，气亦逸脱。在治疗大出血时，往往多用益气固脱之法，其机理亦在于此。

4、5 两条血对气的作用，可概括为“血为气之母”。

（二）气与津液的关系

气属阳，津液属阴。气和津液的关系，与气和血的关系极其雷同。津液的生成、输布和排泄，全赖于气的升降出入运动和气的气化、温煦、推动和固摄作用；而气在体内的存在，不仅依附于血，且亦依附于津液，故津液亦是气的载体。兹分述如下。

1. 气能生津 津液的生成，来源于摄入的饮食物，有赖于胃的“游溢精气”和脾的运化水谷精气。所以，脾胃之气健旺，则化生的津液就充盛；脾胃之气虚衰，则影响津液的生成，而致津液不足。因此，在临床上亦常可见气津两伤之证。

2. 气能行（化）津 津液的输布及其化为汗、尿等排出体外，全赖于气的升降出入运动。由于脾气的散精和转输、肺气的宣发和肃降、肾中精气的蒸腾气化，才能促使津液输布于全身而环周不休，使经过代谢的多余津液转化为汗液和尿液排出体外，津液的代谢才能维持平衡。在气的升降出入运动不利时，津液的输布和排泄亦随之而受阻；由于某种原因，津液的输布和排泄受阻而发生停聚时，则气的升降出入运动，亦随之而不利。因此，气虚、气滞可致津液停滞，称作气不行（化）水；津液停聚而致气机不利，则称作水停气滞（阻）。二者互为因果，从而形成内生之水湿、痰、饮，甚则形成水泛为肿的病理变化。临床治疗这类病症时，行气与利水之法并用，才能取得较好的效果。

3. 气能摄津 是指气的固摄作用控制着津液的排泄。体内的津液在气的固摄作用控制下维持着一定的量。若气虚或气的固摄作用减弱，则导致体内津液的无故流失，出现多汗、漏汗、多尿、遗尿的病理现象，临床治疗时应注意补气固津。

4. 津能化气 “水可化气”（《程杏轩医案续录》），“气生于水”（《血证论·阴阳水火气血论》）。水谷化生的津液，通过脾气升清散精，在肾阳的蒸动下，化而为气，升腾敷布于脏腑，发挥其滋养作用，以保证脏腑组织的正常生理活动，故《素问·经脉别论》云：“水精四布，五经并行。”

5. 津能载气　津液是气的载体，气必须依附于津液而存在，否则就将涣散不定而无所归。因此，津液的丢失，必导致气的耗损。如暑病伤津耗液，不仅口渴喜饮，且津液虚少无以化气，而见少气懒言、肢倦乏力等气虚之候。可见，在多汗、多尿和吐泻等大量津液丢失的情况下，亦可出现"气随津脱"的病证。故《金匮要略心典》说："吐下之余，定无完气。"

（三）精血津液之间的关系

精、血、津液都是液态物质，与气相对而言，其性质均归属于阴。在生理上，精、血、津液三者之间存在着互相化生、互相补充的关系。病理上，三者之间也往往发生互相影响。

1. 精血同源　精与血都由水谷精微化生和充养，化源相同；二者之间又互相资生，互相转化，并都具有濡养和化神等作用。精与血的这种化源相同而又相互资生的关系称为精血同源。

2. 津血同源　血和津液都由水谷精微所化生，都具有滋润濡养作用，二者可以相互资生，相互转化，这种关系称为"津血同源"。当饮食水谷摄入不足，脾胃虚弱，或大汗、大吐、大泻，或严重烧烫伤时，脉外津液不足，不仅不能进入脉内以补充化生血液，脉内的津液成分反而渗出脉外，以补充津液的亏耗，因此导致血液的亏少、浓稠、流行不畅的病变。故《灵枢·营卫生会》说："夺汗者无血。"血液行于脉中，脉中津液可以渗出脉外而化为津液，以濡润脏腑组织和官窍，也可弥补脉外津液的不足，有利于津液的输布代谢。其中，津液可化为汗液排泄于外，故又有"血汗同源"之说。如若血液亏耗，尤其是在失血时，脉中血少，不能化为津液，反而需要脉外津液进入脉中，因而导致津液不足的病变。故《灵枢·营卫生会》说："夺血者无汗。"

（四）精气神之间的关系

精、气、神三者之间存在着相互依存，相互为用的关系。精可化气，气能生精，精与气之间相互化生；精气生神，精气养神，精与气是神的物质基础，而神又统驭精与气。因此，精、气、神三者之间可分不可离，称为人身"三宝"。

1. 气能生精摄精　气的运行不息能促进精的化生。肾中所藏之精以先天之精为基础，且赖后天水谷之精的不断充养才得以充盛。只有脾胃之气充足，功能正常，才可以运化吸收饮食水谷之精微以充盈脏腑之精和肾精。因而，精的化生依赖于气的充盛。

气不但能促进精的化生，而且又能固摄精，使精聚而充盈，不致无故耗损外泄。

2. 精能化气　人体之精在气的推动激发作用下可化生为气。各脏之精化生各脏之气，而藏于肾中的先天之精化为元气，水谷之精化为谷气。精为气化生的本源，精足则人身之气得以充盛，分布到各脏腑经络，则各脏腑经络之气亦充足；各脏之精充足则各脏之气化生充沛，自能推动和调控各脏腑形体官窍的生理活动。故精足则气旺，精亏则气衰。

3. 精气化神　精与气都是神得以化生的物质基础，神必须得到精和气的滋养才能正常发挥作用。精盈则神明，精亏则神疲；气充则神明，气虚则神衰。神是生命活动的主宰，而精与气，以至包括血、津液等都是产生神的物质基础。

4. 神驭精气　神以精气为物质基础，但神又能驭气统精。人体脏腑形体官窍的功能活动及精气血等物质的新陈代谢，都必须受神的调控和主宰。形是神之宅，神是形之主，神安则精固气畅，神荡则精失气衰。故有"得神者昌，失神者亡"之说。

（戴幸平）

第三节　体质学说

体质是对个体基本生理特性的概括，早在《内经》中就有关于体质的论述。《灵枢·寿夭刚柔》

云："人之生也，有刚有柔，有弱有强，有短有长，有阴有阳。"《灵枢·论痛》说："筋骨之强弱，肌肉之坚脆，皮肤之厚薄，腠理之疏密，各不同……肠胃之厚薄坚脆亦不等。"《景岳全书·传忠录》指出："若其同中之不同者，则脏气各有强弱，禀赋各有阴阳。脏有强弱则神志有辨也，颜色有辨也，性情有辨也，筋骨有辨也，饮食有辨也……此固人人之有不同也。"脏腑之盛衰偏颇，精气血津液之盈亏决定了体质的特异性、多样性和可变性，形成了个体对疾病的易感倾向、病变性质、发展过程及其对治疗的反映等方面的明显差异。中医学始终强调"因人制宜"也是强调体质差异的重要性。总之，中医的体质思想虽源于医学之始，但2500年来未形成理论体系，在中医体质学说创建的过程中，后世医家找到了古代与现代医学研究的连接点及突破口，构建了这一理论体系，使中医理论得到新的发展。从"中医体质学"的理论渊源、"中医体质学说的形成"、"中国人九种体质的发现"，到"中医体质学"学科的建立，再到"中医体质学说"的形成，是一条创新与发展之路。因此，把体质学说同病因学、病机学、诊断学、治疗学和养生学等密切地结合起来，具有重要的理论与实践意义。

一、体质的基本概念及特点

（一）体质的基本概念

体质，又称禀赋、禀质、气质等，是人体在先天遗传和后天获得的基础上所形成的形态和功能上相对稳定的固有特性。体质禀受于先天，又受后天影响，是在生长、发育过程中所形成的与自然、社会环境相适应的人体形态结构、生理功能和心理因素的固有特征。这种特征具有相对稳定性，体现了中医学形神合一的体质观。体质影响着人对自然与社会的适应能力和对疾病的抵抗能力，以及发病过程中对某些致病因素的易感性和病理过程中疾病发展的倾向性；使人的生、长、壮、老、已生命过程带有明显的特异性。中医学认为，体质反映着个体在形质和生理功能方面的基本特征，它是对个体一般情况下，内在脏腑气血等强弱盛衰的概括。

体质是指人类个体在生命过程中，由遗传性和获得性因素所决定表现在形态结构、生理功能和心理活动上综合的相对稳定的固有特性。包括身体形态结构状况、身体素质及运动能力、适应能力、身体功能水平、心理发育水平等。在生理上表现为机能、代谢以及对外界刺激反应等方面的差异，在病理上表现为对某些病因和疾病的易感性或易罹性，以及产生病变的类型与疾病传变转归中的某种倾向性。体质学说是以中医理论为指导研究正常人体体质的形成、特征、类型、差异规律及其对疾病的发生、发展、演变过程的影响，并以此指导对疾病的诊断和防治的知识。

（二）体质的基本特点

1. 体质是人体身心特性的概括 体质能够反映人体在形态结构、生理功能和心理活动中的基本特征，体现脏腑气血阴阳的偏颇与机能活动的个体差异，是对身体和心理特性的概括。

2. 体质具有普遍性、全面性和复杂性 中医学认为，每个生命都是形神的统一体，而体质则普遍存在于每个生命个体中，显现出自己的身心特性。这些特性全面地体现在个体形态和机能的差异性上。这些差异，由于它的全面性而在不同个体之间表现为复杂的多样性，而这些差异并非没有规律可循。体质学说的建立，目的在于揭示体质的规律，通过体质辨识，为临床预防疾病发生提供依据。

3. 体质具有稳定性和可变性 体质禀承于先天，又受后天影响。先天禀赋决定着个体体质的相对稳定性和个体体质的特异性，后天各种因素，如环境、饮食、精神、年龄、疾病、用药等，又使得个体体质具有可变性。但体质是一个随着个体发育的不同时期而演变的生命过程，在生命过程中的不同阶段，体质状态呈相对稳定性。

4. 体质具有连续性和可预测性 体质特征伴随着生命的全过程，表现为不同个体体质的存在和演变时间的不间断性。体质既可表现出生理状态下的生理反应性，也可表现出病理状态下的发病倾向性。因此，偏于某种体质类型者，在初见端倪后，多具有沿着这类体质固有的发展演变规律缓慢变化的趋势。体质的这种可预测性，为临床防治疾病提供了重要依据。

二、体质的形成因素

体质的形成是机体内外环境多种复杂因素共同作用的结果，主要关系到先天和后天两个方面，并与性别、年龄、地理环境等因素有关。

（一）先天因素

1. 先天因素的含义　先天因素，又称禀赋，是指人出生以前在母体内所禀受的一切特征。中医学所说的先天因素，既包括父母双方所赋予的遗传性，又包括子代在母体内发育过程中的营养状态，以及母体在此期间所给予的种种影响。从父方的角度看，元气盛衰、营养状况、生活方式、精神因素等都直接影响着“父精”的质量，而父精也是影响子代禀赋的关键因素之一。

2. 先天因素在体质形成中的作用　先天因素不仅是人体体质形成的基础，而且是决定体质特征的前提条件。父母生殖之精气的盛衰，决定着子代禀赋的厚薄强弱，从而影响着子代的体质差异，诸如身体强弱、肥瘦、长短、肤色、性格、气质，乃至先天性生理缺陷和遗传性疾病，如鸡胸、龟背、癫痫、哮喘等。在体质形成过程中，先天因素起着决定性的作用。父母的先天之精充盛，则禀赋周全，体质强壮而少偏颇。若父母的先天之精不足，则禀赋薄弱，体质虚弱而有偏。需要注意的是，先天因素、遗传性状只对体质的发展提供了可能性，而体质强弱的现实性，则与后天营养、身体锻炼、个人修养和环境等有关。

（二）后天因素

1. 后天因素的含义　后天是指人从出生到死亡的整个生命历程。后天因素是人出生之后赖以生存的各种因素的总和。后天因素可分为机体内在因素和外界环境因素两方面。机体内在因素包括性别、年龄、心理因素，外界因素实际上就是环境因素。环境包括自然环境和社会环境。自然环境涉及生活环境、生产环境和食物链环境等一切客观环境。社会环境则涉及政治、经济、文化等环境要素。

2. 后天因素在体质形成中的作用　人的一生中体质并非是一成不变的，而是在后天各种因素的影响下变化着的。良好的生活环境，合理的饮食、起居，稳定的心理情绪，可以增强体质，促进身心健康。反之则会使体质衰弱，甚至导致疾病。改善后天体质形成的条件，可以弥补先天禀赋之不足，从而达到以后天养先天，使弱者变强而强者更强的目的。

（1）饮食因素：脾胃为后天之本，气血生化之源。饮食营养是决定体质强弱的重要因素。合理的膳食结构，科学的饮食习惯，保持适当的营养水平，对维护和增强体质有很大影响。由于人的体质不同，其对营养物质的新陈代谢功能也不一样。长期营养不良或低下，或营养不当，以及偏食、偏嗜等都会使体内某些成分发生变化，从而影响体质，乃至于引起疾病。“肥者令人内热，甘者令人中满”“膏粱之变，足生大丁”，饮食偏嗜会引起人体脏气偏盛偏衰而产生病变等。

（2）劳逸因素：劳动一般分为体力劳动和脑力劳动两大类。劳动的性质和条件，对人们的体质强弱有着较大的影响。劳逸适度，劳而不倦，可增强体质。一般来说，适度的体力劳动对体质的增强有积极的作用。但是，劳累过度，或在严重污染环境下的体力劳动，精神长时间处于高度紧张状态下的劳动等，对人的体质都会产生不利影响。反之，过度安逸又可使机体气机壅滞，气血运行不畅，脏腑功能减弱，正气不足，而致体质虚弱多病。故当有劳有逸，劳逸适度。

（3）年龄因素：年龄也是影响体质的重要因素之一。人体的结构、机能与代谢，随着年龄的增长而发生规律性的变化。年龄的增长，概括了一个人生长发育和衰老的全过程，包含着成熟和衰老两重意义。增龄是一个渐进过程，而且每个人的生物学年龄与历法年龄也并不是刻板同步的，个体差异相当大，有的“未老先衰”，有的“老当益壮”，可相差十年乃至更长。在《素问·上古天真论》和《灵枢·天年》中深刻地论述了人体脏腑气血盛衰与年龄的关系。在生长、发育、壮盛以至衰老、死亡的过程中，脏腑气血由盛而衰，影响着人体生理功能，决定着人体的体质，从而决定着各年龄期对致病因素反应的能力与类型。例如，小儿体质为“稚阴稚阳”之体，所谓“小儿稚阳未充，稚阴未长者也”（《温病条辨·解儿难》）。到了青春期则体质渐趋成熟，至青春期末，体质基本定型；青壮年是人体脏腑气血阴阳最旺盛的时期，因而也是体质最强健的阶段；及至老年，脏腑生理功能减退，体质日趋下降，逐渐呈现“老态龙钟”的衰老征象。

（4）性别差异：男为阳，女为阴。男性多禀阳刚之气，体魄健壮魁梧，女性多具阴柔之质，体形小巧苗条。男子以气（精）为本，女子以血为先，女性又有经带胎产的特点。所以说，男子以肾为先天，女子以肝为先天。“男子多用气，故气常不足；女子多用血，故血常不足。所以男子病多在气分，女子病多在血分”“男子之病，多由伤精；女子之病，多由伤血”。可见，男女性别不同，其遗传性征、身体形态、脏腑结构与生理功能、物质代谢乃至心理特征等都有所不同，体质上也必然存在着性别差异。

（5）心理因素：心理为感觉、知觉、记忆、思维、性格、能力等的总称。气质是个体心理特性的总和，它规定或影响着个体的各种心理活动的过程。气质作为体质的内涵，反映了中医学形神合一的生命观。体质是气质的基础，气质是在体质形成的基础上发展而成的。气质与体质虽分别与生理、心理有关，相互间却又存在着某种对应关系。一定的体质及生理特性，易使个体表现出某种气质类型，而个性气质特征又影响着其生理特性和体质的形成及演化。所以说，“气质不同，形色亦异”。

（6）地理环境因素：地理环境又称自然环境或自然地理环境。广义的地理环境包括整个地壳。狭义的地理环境是指存在于人类社会周围如地质、地貌、土壤、矿藏、气候、水文、生物等各种自然要素的总和。人们生活在不同的地理环境条件下，受着不同水土性质、气候类型的影响，以及由水土和气候而形成的生活习惯也对体质发生潜移默化的影响。因此，中医学在诊断和治疗上强调“因地制宜”，所谓“善疗疾病者，必先别方土”。

一般地说，寒冷的气候环境锻炼了人的健壮的体魄和强悍的气质，湿热的气候环境则造就了人的娇弱的体质和温顺的性格。我国的地理条件，南方多湿热，北方多寒燥，东部沿海为海洋性气候，西部内地为大陆性气候。因此西北方人，形体多壮实，腠理偏致密；东南方人，体形多瘦弱，腠理偏疏松。

总之，中医学对体质的综合评价，包括生理（形态、机能、素质）和心理（心理过程和个性特征）两个主要方面，这样才能全面地反映出人的体质水平。一个人体质的好坏，不仅要看他的机体各器官有无疾病，机能是否正常，而且还要看他的心理和精神上有无缺陷，有无亚健康。只有身心两方面都得到健康的发展，才称得上体质健全。因此，中医体质学说，强调形神合一的动态生命观。

三、体质的分类

（一）体质分类的方法

中医体质分类主要是根据阴阳五行、脏腑、精气血津液等基本理论来确定人群中不同个体的体质差异性。其具体分类方法有阴阳分类法、脏腑分类法、五行分类法、体型肥瘦分类法，以及禀性勇怯分类法等。而运用阴阳分类法对体质进行分类，是体质分类的基本方法。

（二）体质的阴阳分类

《素问·调经论》说：“阴阳匀平……命曰平人。”《素问·生气通天论》说：“阴平阳秘，精神乃治。”因此，理想的体质应是阴阳平和之质，但是阴阳的平衡是阴阳消长动态平衡，所以总是存在偏阴或偏阳的状态，只要不超过机体的调节和适应能力，均属于正常生理状态。因此，人体正常体质大致可分为阴阳平和质、偏阳质和偏阴质三种类型。

1. 阴阳平和质　是功能协调的体质。其体质特征为身体健壮，胖瘦适度，或略胖而不臃滞，略瘦而有精神；其面色与肤色虽有五色之偏，但都明润含蓄，目光有神，性格随和、开朗，食量适中，二便调畅，舌质红润，脉象缓和有力，对自身调节和对外适应能力强。阴阳平和质者，不易感受外邪，少生疾病，即使患病，往往自愈或易于治愈：其精力充沛，工作潜力大，夜眠安稳，休息效率高。如后天调养得宜，无暴力外伤或罹患瘟疫，则其体质不易改变，易获长寿。

2. 偏阳质　是指具有偏热、多动、亢奋等特性的体质。偏阳质者，多见形体偏瘦，但较结实。其面色多略偏红或微苍黑，或呈油性皮肤；性格外向，喜动，易急躁，自制力较差；其食量较大，消化吸收功能健旺。偏阳质者，平时精力旺盛，动作敏捷，反应快，性欲旺盛。畏热、喜冷，或体温略偏高，动则易出汗，喜饮水。偏阳质的人对风、暑、热邪的易感性较强，受邪发病后多表现为热证、实证，并易于化燥、伤阴。内伤为病多见火旺、阳亢或兼阴虚之证，容易发生眩晕、头痛、心悸、失眠以及出血等病症。皮肤易生疖疮。此类体质的人阳气偏亢，多动少静，有耗阴之势。兼之操劳过度，思虑不节，纵欲失精，则必将加速阴伤，而发展演化为临床常见的阴虚、阳亢、痰火等病理性体质。

3. 偏阴质　是指具有抑制、多静、偏寒等特性的体质。具有这种体质的人，多见形体偏胖，但较弱，容易疲劳；面色偏白而欠华；性格内向，喜静少动，或胆小易惊；食量较小，消化吸收功能一般；平时精力偏弱，动作较慢，反应迟缓。畏寒、喜热，或体温偏低。偏阴质者对寒、湿之邪的易感性较强，受邪后多从寒化，表证不发热或发热不高，并易传里或直中内脏。内伤杂病多见阴盛、阳虚之证。容易发生湿滞、水肿、痰饮、瘀血等病证。冬天易生冻疮。此类体质的人阳气偏弱，易致阳气不足，脏腑机能偏弱，水湿内生，从而形成临床常见的痰饮、痰湿、阳虚阴盛等病理性体质。

（三）体质的现代分类

中华中医药学会 2009 年 4 月 9 日发布的《中医体质分类与判定》，将体质分为平和质、气虚质、阳虚质、阴虚质、痰湿质、湿热质、血瘀质、气郁质、特禀质九个类型，并制定了体质标准化量表。该标准应用了中医体质学、遗传学、流行病学、心理测量学、数理统计学等多学科交叉的方法，经中医体质专家、临床专家、流行病学专家多次讨论论证而建立。也是我国第一部指导和规范中医体质研究及应用的文件，旨在为体质辨识及与中医体质相关疾病的防治、养生保健、健康管理提供依据，使体质分类科学化、规范化。

1. 平和质

（1）总体特征：阴阳气血调和，以体态适中、面色红润、精力充沛等为主要特征。

（2）形体特征：体形匀称健壮。常见表现：面色、肤色润泽，头发稠密有光泽，目光有神，鼻色明润，嗅觉通利，唇色红润，不易疲劳，精力充沛，耐受寒热，睡眠良好，胃纳佳，二便正常，舌色淡红，苔薄白，脉和缓有力。

（3）心理特征：性格随和开朗。

（4）发病倾向：平素患病较少。

（5）对外界环境适应能力：对自然环境和社会环境适应能力较强。

2. 气虚质

（1）总体特征：元气不足，以疲乏、气短、自汗等气虚表现为主要特征。

（2）形体特征：肌肉松软不实。常见表现：平素语音低弱，气短懒言，容易疲乏，精神不振，易出汗，舌淡红，舌边有齿痕，脉弱。

（3）心理特征：性格内向，不喜冒险。

（4）发病倾向：易患感冒、内脏下垂等病；病后康复缓慢。

（5）对外界环境适应能力：不耐受风、寒、暑、湿邪。

3. 阳虚质

（1）总体特征：阳气不足，以畏寒怕冷、手足不温等虚寒表现为主要特征。

（2）形体特征：肌肉松软不实。常见表现：平素畏冷，手足不温，喜热饮食，精神不振，舌淡胖嫩，脉沉迟。

（3）心理特征：性格多沉静、内向。

（4）发病倾向：易患痰饮、肿胀、泄泻等病；感邪易从寒化。

（5）对外界环境适应能力：耐夏不耐冬；易感风、寒、湿邪。

4. 阴虚质

（1）总体特征：阴液亏少，以口燥咽干、手足心热等虚热表现为主要特征。

（2）形体特征：体形偏瘦。常见表现：手足心热，口燥咽干，鼻微干，喜冷饮，大便干燥，舌红少津，脉细数。

（3）心理特征：性情急躁，外向好动，活泼。

（4）发病倾向：易患虚劳、失精、不寐等病；感邪易从热化。

（5）对外界环境适应能力：耐冬不耐夏；不耐受暑、热、燥邪。

5. 痰湿质

（1）总体特征：痰湿凝聚，以形体肥胖、腹部肥满、口黏苔腻等痰湿表现为主要特征。

（2）形体特征：体形肥胖，腹部肥满松软。常见表现：面部皮肤油脂较多，多汗且黏，胸闷，痰多，口黏腻或甜，喜食肥甘甜黏，苔腻，脉滑。

（3）心理特征：性格偏温和、稳重，多善于忍耐。

（4）发病倾向：易患消渴、中风、胸痹等病。

（5）对外界环境适应能力：对梅雨季节及湿重环境适应能力差。

6. 湿热质

（1）总体特征：湿热内蕴，以面垢油光、口苦、苔黄腻等湿热表现为主要特征。

（2）形体特征：形体中等或偏瘦。常见表现：面垢油光，易生痤疮，口苦口干，身重困倦，大便黏滞不畅或燥结，小便短黄，男性易阴囊潮湿，女性易带下增多，舌质偏红，苔黄腻，脉滑数。

（3）心理特征：容易心烦急躁。

（4）发病倾向：易患疮疖、黄疸、热淋等病。

（5）对外界环境适应能力：对夏末秋初湿热气候，湿重或气温偏高环境较难适应。

7. 血瘀质

（1）总体特征：血行不畅，以肤色晦暗、舌质紫暗等血瘀表现为主要特征。

（2）形体特征：胖瘦均见。常见表现：肤色晦暗，色素沉着，容易出现瘀斑，口唇暗淡，舌暗或有瘀点，舌下络脉紫暗或增粗，脉涩。

（3）心理特征：易烦，健忘。

（4）发病倾向：易患癥瘕及痛证、血证等。

（5）对外界环境适应能力：不耐受寒邪。

8. 气郁质

（1）总体特征：气机郁滞，以神情抑郁、忧虑脆弱等气郁表现为主要特征。

（2）形体特征：形体瘦者为多。常见表现：神情抑郁，情感脆弱，烦闷不乐，舌淡红，苔薄白，脉弦。

（3）心理特征：性格内向不稳定、敏感多虑。

（4）发病倾向：易患脏躁、梅核气、百合病及郁证等。

（5）对外界环境适应能力：对精神刺激适应能力较差；不适应阴雨天气。

9. 特禀质

（1）总体特征：先天失常，以生理缺陷、过敏反应等为主要特征。

（2）形体特征：过敏体质者一般无特殊；先天禀赋异常者或有畸形，或有生理缺陷。常见表现：过敏体质者常见哮喘、风团、咽痒、鼻塞、喷嚏等；患遗传性疾病者有垂直遗传、先天性、家族性特征；患胎传性疾病者具有母体影响胎儿个体生长发育及相关疾病特征。

（3）心理特征：随禀质不同情况各异。

（4）发病倾向：过敏体质者易患哮喘、荨麻疹、花粉症及药物过敏等；遗传疾病如血友病、先天愚型等；胎传疾病如五迟（立迟、行迟、发迟、齿迟和语迟）、五软（头项软、口软、手软、足软、肌肉软）、解颅、胎惊、胎痫等。

（5）对外界环境适应能力：适应能力差，如过敏体质者对易致敏季节适应能力差，易引发宿疾。

（四）体质学说的应用

体质的特殊性是由脏腑之盛衰、气血之盈亏所决定的，反映了机体阴阳运动形式的特殊性。由于体质的特异性、多样性和可变性，形成了个体对疾病的易感倾向、病变性质、疾病过程及其对治疗的反映等方面的明显差异。因此，中医学强调"因人制宜"，并把体质学说同病因、病机、发病、辨证和治疗等密切地结合起来，以指导临床实践。

1. 体质与病因　《医理辑要·锦囊觉后篇》曰："要知易风为病者，表气素虚；易寒为病者，阳气素虚；易热为病者，阴气素虚；易伤食者，脾胃素虚；易劳伤者，中气必虚。"体质决定对某种致病因素和某些疾病的易感性。不同体质对某些病因和疾病有特殊易感性。例如，偏阳质者素体阴虚，不耐暑热而易外感温邪，易于头昏、头痛、中风；偏阴质者素体阳虚，形寒怕冷，易感寒邪而为寒病，感受寒邪亦易伤里，常伤脾肾之阳气；痰湿质者素体湿盛，易感湿邪，常因外湿引动内湿而为泄、为肿等。由于脏腑组织有坚脆刚柔之别，不同体质的人发病情况也各不相同。肥人多痰湿，善病中风；瘦人多火，易得痨嗽；年老肾衰，多病痰饮、咳喘，均说明了体质的偏颇是造成机体易于感受某病的根本原因。

2. 体质与发病　中医学认为，正气的盈亏与体质强弱关系密切。正气旺盛者，体质强健，抗病力强；正气虚弱者，体质羸弱，抵抗力差。

体质决定发病与否及发病情况：一般来说，体质的强弱决定是否感受外来邪气。人体受邪之后，由于体质不同，发病情况也不尽相同。有立刻发病的，有不立刻发病的，也有时而复发的。体质健壮，正气旺盛，则难以致病；体质衰弱，正气内虚，则易于发病。例如，脾阳素虚之人，稍进生冷之物，便会发生泄泻，而脾胃强盛者，虽食生冷，却不发病。可见，感受邪气之后，机体发病与否，往往决定于体质。

3. 体质与病机

（1）体质与病机的从化：在中医学中，病情从体质而变化，称为从化。人体感受邪气之后，由于体质的特殊性，病理性质往往发生不同的变化。如同为感受风寒之邪，阳热体质者得之往往从阳化热，而阴寒体质者则易从阴化寒。又如同为湿邪，阳热之体得之，则湿易从阳化热，而为湿热之候，阴寒之体得之，则湿易从阴化寒，而为寒湿之证。因禀性有阴阳，脏腑有强弱，故机体对致病因子有化寒、化热、化湿、化燥等区别。

（2）体质与病机的传变：患者体质不同，其病变过程也迥然有别。在中医学中，传变是言疾病的变化和发展趋势。传变不是一成不变的，一切都因人而异。体质强壮者或其邪气轻微，则正能敌邪而病自愈。

综上所述，疾病的发生、发展过程，主要取决于患者的体质特征。"证"在整个病程中具有时相性的特征，不是固定不变的，它随病情的变化而时刻变化着。"证"常以体质为转变，体质是形成"证"的物质基础之一。所谓"异病同证"和"同病异证"，在一定程度上是以体质学说为依据的。所以，我们在观察疾病时，必须掌握患者的体质特点，注意患者在致病因素作用下，体内外阴阳矛盾的动态变化情况，辨明阴阳表里，寒热虚实。

4. 体质与辨证　体质是辨证的基础，体质决定临床证候类型。同一致病因素或同一种疾病，由于患者体质各异，其临床证候类型则有阴阳表里寒热虚实之不同。如同样感受寒邪，有的人出现恶寒发热，头身疼痛，苔薄白，脉浮等风寒表证；有的人一发病就出现畏寒肢冷，纳呆食减，腹痛泄泻，脉象缓弱等脾阳不足之证。前者平素体质尚强，正气御邪于肌表；后者阳气素虚，正不胜邪，以致寒邪直中太阴，故出现上述情况。又如同一地区、同一时期所发生的感冒，由于病邪不同，体质各异，感受也有轻重。因此，其临床类型有风寒、风热、暑湿三大类别。同病异证的决定因素，不在于病因而在于体质。如泄泻和水肿都可以表现出脾肾阳虚之证。这可能是由于虽然病因不同或疾病不同，而体质相同，所以才出现了相同的证候。

5. 辨体用方调理 辨体用方是指根据个体的体质差异来选择合适的方剂药物和治疗方法。这种做法体现了中医治疗中的个体化治疗原则，强调根据患者的具体情况（如体质、年龄、性别、生活习惯等）来选择最适合的治疗方案。

（1）平和质辨体用方

1）调体要点：根据人体生长规律适当调养，通过饮食和生活方式的调整来保持健康。小儿体质的生理特点是“脏腑娇嫩，形气未充”，宜食谱多样化促进其生长发育，少用寒凉之品；老年人生机衰减气血亏乏，当以扶正补虚为前提，但宜顾护脾胃；更年期为体质转变期，根据阴阳偏颇使用方剂。

2）调体方药：平和质主要通过良好生活方式来调养，一般无需服药。

（2）气虚质辨体用方

1）调体要点：培补元气，补气健脾。补气需防虚中夹实，少佐理气行滞之品。

2）调体方药：四君子汤、补中益气汤、参苓白术散等。

（3）阳虚质辨体用方

1）调体要点：补肾温阳，益火之源。切忌温阳太过，少佐补阴之品。

2）调体方药：金匮肾气丸、右归丸等。

（4）阴虚质辨体用方

1）调体要点：滋补肾阴，壮水制火。滋阴与清热并用，滋阴也可除热，清热也可存阴。

2）调体方药：六味地黄丸、大补阴丸等。

（5）痰湿质辨体用方

1）调体要点：健脾利湿，化痰泄浊。可适当配用温化通阳之品，助化痰湿。

2）调体方药：化痰祛湿方、泽泻白术散、苍砂导痰丸等。

（6）湿热质辨体用方

1）调体要点：分消湿浊，清泄伏火。宜宣透化湿以散热，通利化湿以泄热。

2）调体方药：甘露消毒饮、泻黄散、龙胆泻肝丸等。

（7）血瘀质辨体用方

1）调体要点：活血化瘀，疏利通络。宜养阴以活血，调气以化瘀。

2）调体方药：桂枝茯苓丸、桃红四物汤等。

（8）气郁质辨体用方

1）调体要点：疏肝理气，开其郁结。提倡情志相胜，避免理气伤阴。

2）调体方药：逍遥散、柴胡疏肝散等。

（9）特禀质辨体用方

1）调体要点：调理脏腑功能，纠正过敏体质。注意饮食，忌食鱼腥发物，避免接触致敏物质。

2）调体方药：麻杏石甘汤、消风散、过敏煎等。

在辨体用方中还应重视年龄、性别、生活条件、地理环境等因素造成的体质差异。

（1）年龄：人体脏腑盛衰和生理活动随着年龄的增长而发生不同的变化，从而影响机体对致病因素的反应能力，所以年龄长幼与治疗关系密切。如小儿属“稚阴稚阳”之体，不论用温热剂还是苦寒剂，均应中病即止。因苦寒之品易伐小儿生生之气，辛热之属则易损真阴。又如老年人大多肾气已衰，中气虚乏，易受邪致病，而既病之后多见虚证，或虚中夹实。因此治病用药尤须审慎。正如清代医家叶天士所论，对老年病的治疗应审体质、保真气、慎劫夺。

（2）性别：妇女在生理特点上有别于男子。盖女子以肝为先天而血常不足，因此在临床治疗中应特别注意女性患者是否有肝郁、血虚之证。

（3）生活条件：饮食习惯、居住环境、生活习惯对体质的影响很大。一般来说，过食膏粱厚味，易为痰湿之质或湿热之质；久居潮湿之地，易为痰湿体质；恣情纵欲，多损真阴真阳，易为阴虚之质或阳虚之质，因而治疗上须区别对待。

（4）地理环境：地区不同，生活习惯不一，人体的体质也有差异，因此中医治病讲究因地制宜。

6. 辨体、辨病、辨证诊疗模式　王琦在对中医体质进行分类的基础上，按照量表开发的科学程序和原则，编制了评价中医体质类型的测试工具——《中医体质量表》；通过它创立的个人健康量化标准，帮助每个人更加准确地了解自己，从而读懂自己的身体，找到真正的健康源头。依靠中医体质量表，每个人可以方便有效地进行自我检测，了解自身的体质，实现自主自助式的健康管理。王琦进一步将体质辨识运用到临床，开启"辨体、辨病、辨证"相结合的新诊疗模式。

（1）辨体论治：中医体质学说认为不同疾病的发生与体质类型相关，体质是预测疾病发生发展、转归、预后的重要依据，即"体病相关论"。具体而言，"体病相关论"可以概括为易感说、从化说、土壤说三个方面：①易感说认为，个体的体质差异决定了其对疾病的易罹性、倾向性和风险性；②从化说认为，疾病会顺从患者体质之脏腑气血阴阳变化，表现出不同的病证性质；③土壤说认为，某一体质对于具有相似病机的疾病具有相似的易罹性。体质的偏颇在一定程度上决定了证候，影响了疾病走向，辨体即辨体质，由于体质因素总体较为稳定，故根据体质辨识评估个体健康状态，预测个体偏颇体质的长期演变趋势，提前干预偏颇体质，即辨体论治。通过辨体论治，可改善疾病发生的土壤，阻止偏颇体质向疾病的方向发展，预防疾病发生，以达到治未病的作用；对已经处于疾病状态的个体，通过辨体论治，对个体的整体健康状态有清晰的认识，与辨证相结合能更加全面地诊察疾病的病变趋势，把握证治关键，阻止疾病进展和瘥后复发。在部分患者的症状不明显，甚至无症状的情况下，辨证论治的难度较大，这种情况下可从体质着手，通过调整患者体质而改善疾病发生的土壤，从而抑制病变的发生。由于体质有较为稳定的特点，是个体人群生活习惯、心理特点和所处环境综合影响的结果，因此在诊治过程中，除药物干预外，还需进行健康宣教，从保持乐观心态、纠正不良饮食习惯、改善生活及工作环境等方面综合干预，通过改善偏颇体质阻止其向疾病方向发展。《医门棒喝·人身阴阳体用论》中进一步说道："治疗之要，首察人体质之阴阳强弱，而后方能使安。"可见，治病所求之"本"首先在于人之体质。在治疗疾病时，应当辨其根本原因，探求其体质差异来辨体治疗，以达到治疗的最佳效果并符合中医"治病求本"的原则。

（2）辨体与辨病：体质是一种按时相展开的生命过程，随着自身发育的不同阶段而发生演变，不同阶段的体质的生理特征具有差异性，不同体质类型与不同疾病的发生相关，是预测疾病发生发展、转归、预后的重要依据。辨病不仅是明确疾病病变进展阶段的必要过程，西医辨病强调病因与病理，中医辨病更强调四诊所得资料，此两种辨病方式相辅相成、相互完善，达到合理辨病诊断，正确认识患者目前疾病进展状态。体质具有能够影响疾病发生发展的倾向性，辨明体质可以为诊治疾病提供参考。同样的疾病中，不同的体质可有不同表现，表现出不同的证候，从而为辨证提供依据，通过治证达到治病的目的。中医认为治病必求于本，这个"本"归根结底就是体质，辨体是辨病的根本，解决了根本，才能治好各种疾病。

（3）辨体与辨证：体质是患者自身的先天条件和后天环境综合决定的，能够影响疾病发生发展的倾向性，体质的偏颇决定了证候，辨明体质可以为辨证方向提供参考。值得注意的是，辨体质虽与辨证所使用的理论及诊断方法较为一致，但辨证倾向于诊疗患者当时所体现的状态，辨体更倾向于根据患者素来表现确定体质的类型，二者在时间的维度上有所区别，辨证与辨体相结合更能起到点、线、面相结合的作用，更加全面地诊察疾病的病变趋势，为治疗提供依据。

（4）辨体、辨病、辨证诊疗模式：基于中医体质学的三大科学问题——体质可分、体病相关以及体质可调，王琦国医大师创立了“辨体-辨病-辨证”的三辨诊疗模式，分别从体质、病、证三个角度说明机体的生理或病理状态。其中，“辨体”以“人”为主体，关注个体的整体状态；“辨病”以“病”为主体，关注整个疾病发生发展的病理特点；“辨证”则是对疾病证候的分析，关注疾病当前发展阶段中机体脏腑、阴阳、气血等病理因素。由于体质在疾病的发生、发展、转归中的重要作用，在三位一体的三辨诊疗模式中，体质因素是主要矛盾，核心是辨体论治，体质为本、病证为标。

将辨体、辨病、辨证诊疗模式有机结合，形成三位一体的诊疗模式，辨病即辨明病名，掌握疾病进展阶段；辨证即明确证候及亟待解决的临床问题；辨体即预测证型偏颇和疾病发展。将四诊收集到的信息归纳梳理得出证型，明确病机，审证求因，根据患者的证型预测疾病的进展，根据正邪强弱、气血状态的偏颇提前干预，先安未受邪之地，防止疾病向它脏传变。由于辨证与疾病进展相关，应当在辨证阶段就明确病机，根据证型指导特异性的、精准化的治疗，缓解患者的临床症状，有利病程的中止和患者恢复，做到既病防变，是辨病的进一步深化。因此，将辨体、辨病、辨证三位一体的诊疗模式与治未病理论相结合，有利于及早发现病变前征象，及时跟踪，采取正确、全面、贯穿全程的干预手段逆转疾病病变，对疾病病变的诊疗以及防治能起到积极作用。“辨体-辨病-辨证”的三辨诊疗模式对于个体能提出有针对性的诊疗方案，具有全面化、全程化、个性化的特点。

防病重调体，辨证须辨体，治病先调体，治病兼调体，无证可辨，调体入手。通过“辨体-辨病-辨证”诊疗模式，本着因人制宜、治病求本的原则，以临床调体治疗为主、辨病辨证论治为辅，从根本上调节机体阴阳的平衡、气血的运行、脏腑的功能，改善不同体质人群的症状。

以肺结节为例探讨辨体、辨病、辨证诊疗模式的临床应用。中医古籍无肺结节病名，现代医家多从“肺积”“积聚”“痰核”等肿块类疾病，或者“咳嗽”等肺系疾病为名进行辨证论治，其病位在肺，与脾、肾相关。肺结节患者多数无临床症状，缺乏辨证论治的四诊资料，难以对症下药。通过中医“辨体、辨病、辨证”诊疗模式与其治疗相结合，将其复杂多变的病机置于中医体质学说的框架之下进行辨证论治，从患者体质根本入手进行防治。肺结节最常见于气虚质、阳虚质、气郁质、痰湿质四种体质类型。①气虚质作为肺结节的根本病因，临床应以补脾益肺为主要治则，辅以化痰祛瘀，同时兼顾其易生虚热的生理特点；②阳虚质与磨玻璃肺结节密切相关，以温阳化气补肾、同时散寒祛瘀为治疗大法；③气郁质患者易伴随甲状腺结节，故在常规疏肝解郁的同时，应注意疏通三焦郁滞，调节气郁体质；④痰湿质作为肺结节常见的体质类型，女性常合并乳腺结节，痰湿又是其他病因所导致的病理产物，故其病机较为复杂，应以化痰行气、活血散结为主。通过中医药干预平衡体质偏颇，将“体质、辨病、辨证”诊疗模式应用于肺结节辨证论治，减少肺结节的发生发展。

总之，中医体质学作为一门应用性学科，源于临床实践，最终也要服务于临床，并从实践中获得发展，中医体质学的贡献，不仅在于生命科学，更在于临床医学，它将更全面、本质地揭示人类健康与疾病的关系，从而更有力地用以指导临床实践。

（张诗军）

第四节 经络学说

一、经络的概念和组成

（一）经络的概念

经络，是经脉和络脉的总称，是人体运行全身气血，联络脏腑肢节，沟通上下内外的通路系统，是人体结构的重要组成部分。《灵枢·本脏》说：“经脉者，所以行血气而营阴阳，濡筋骨，利关节者也。”《灵枢·海论》说：“夫十二经脉者，内属于腑脏，外络于肢节。”均指出经络是一种运行气血，沟通联系五脏六腑、形体官窍及上下内外的通道。

经络，分为经脉和络脉两大类。“经”，有路径、途径的意思，经脉是经络系统中的主干，即主要通路。“络”，有联络、网络的意思。络脉是经脉的分支，纵横交错，遍布全身。经脉多深而不见，行于分肉之间，络脉多浮而常见，行于体表较浅部位；经脉以纵行为主，络脉则纵横交错，网络全身。

经络学说，即研究人体经络的生理、病理及其与脏腑相互关系的学说，是针灸、推拿等学科的理论基础，是中医基础理论的重要组成部分。它与阴阳五行学说、藏象学说等基础理论一起，阐释了人体的生理、病理，并指导诊断和治疗。

（二）经络的组成

经络系统由经脉、络脉及其连属部分组成，见图 3-1 所示。

- 经络系统
  - 经脉与络脉
    - 经脉
      - 十二经脉（正经）
        - 手足三阴经
        - 手足三阳经
        - ——气血循环的主要通道
      - 奇经八脉
        - 督脉、冲脉
        - 任脉、带脉
        - 阴跷脉、阳跷脉
        - 阴维脉、阳维脉
        - ——统率、联络、调节十二经脉
    - 十二经别：从十二经脉别出的经脉，加强十二经脉中表里两经在体内的联系
    - 络脉
      - 十五别络：加强表里两经在体表的联系和渗灌气血
      - 孙络：细小的络脉
      - 浮络：浮现于体表的络脉
  - 连属部分
    - 内属
      - 属：十二经脉各与其本身脏腑直接相联属
      - 络：十二经脉各与其相为表里的脏腑相联络
    - 外连
      - 十二经筋：十二经脉所连属的肌肉系统，连缀四肢百骸，主司关节运动
      - 十二皮部：十二经脉的功能活动反映于体表皮肤的分区

图 3-1　经络系统

1. 经脉系统　经脉是经络系统的主干，主要有正经、经别和奇经三大类。正经有十二条，故又称“十二正经”或“十二经脉”，包括手足三阳经、手足三阴经。十二正经有一定的起止，一定的循行部位和交接顺序，在肢体的分布及走向有一定的规律，与脏腑有直接的络属关系，相互之间也有表里关系。十二正经是气血运行的主要通道。

经别，是从十二正经别出的重要分支，又称“十二经别”。分别起于四肢肘膝以上部位，具有加强十二经脉中相为表里的两条经脉的联系，加强体表与体内、四肢与躯干的联系，补充十二正经的作用。奇经有八条，即督脉、任脉、冲脉、带脉、阴跷脉、阳跷脉、阴维脉、阳维脉，合称为“奇经八脉”。奇经具有统率、联络和调节十二经脉中气血的作用。奇经八脉与十二经脉不同，不属气血运行的主要通道，与脏腑没有直接的属络关系，相互之间也无表里关系，其循行“别道奇行”，故称“奇经”。

2. 络脉系统　络脉，是经脉的分支，有别络、浮络、孙络之分。别络是络脉中较大者，有本经别走邻经之意，具有加强十二经脉相为表里的两经之间在体表联系的作用，还有统率全身络脉的作用。一般认为别络有 15 条，即十二正经与任督二脉各有一条别络，加上脾之大络，合称“十五别络”。但《内经》有“胃之大络，名曰虚里”之论，若加之也可称十六别络。

孙络，属络脉的细小分支，分布全身，难以计数。即《灵枢·脉度》所谓：“络之别者为孙。”孙络在人体内有“溢奇邪”“通荣卫”的作用。

浮络，是循行于人体浅表部位，“浮而常见”的络脉。其分布广泛，没有定位，起着沟通经脉、输达肌表的作用。

经络系统的组成中，还包含了其连属部分。经络对内连属各个脏腑，对外连于筋肉、皮肤而称为经筋和皮部。

经筋，是十二经脉之气“结、聚、散、络”于筋肉、关节的体系，为十二经脉的附属部分，具有连缀百骸、主司关节运动的作用。

皮部，是十二经脉功能活动反映于体表的部位，也是络脉之气散布之所在。《素问·皮部论》说：“凡十二经络脉者，皮之部也。”十二皮部的分布区域，是以十二经体表的分布范围为依据，把全身皮肤划分为十二部分，分属于十二经脉。

二、十二经脉

十二经脉是经络系统的核心组成部分。经络系统的十二经别以及络脉等都是从十二经脉中分出，彼此联系，相互配合而协同发挥作用的。

（一）十二经脉的名称

十二经脉对称地分布于人体的两侧，分别循行于上肢或下肢的内侧或外侧，每一经脉又分别隶属于一脏或一腑，因此十二经脉的名称各不相同。

十二经脉中每一经脉的名称，都是据其分布于手足内外、所属脏腑的名称和阴阳属性而命名的。行于上肢，起于或止于手的经脉，称“手经”；行于下肢，起于或止于足的经脉，称“足经”。分布于四肢内侧面的经脉，属“阴经”；分布于四肢外侧面的经脉，属“阳经”。阴经隶属于脏，阳经隶属于腑。按照阴阳的三分法，一阴分为三阴：太阴、厥阴、少阴；一阳分为三阳：阳明、少阳、太阳。胸中三脏，肺为太阴，心包为厥阴，心为少阴，其经脉皆行于上肢，分别称为手太阴肺经、手厥阴心包经和手少阴心经，并依次分布于上肢内侧的前、中、后线；与此三脏相表里的大肠、三焦和小肠，则分属阳明、少阳和太阳，其经脉分别称为手阳明大肠经、手少阳三焦经和手太阳小肠经，并依次分布于上肢外侧的前、中、后线。腹中三脏，脾为太阴，肝为厥阴，肾为少阴，其经脉皆行于下肢，故分别称为足太阴脾经、足厥阴肝经和足少阴肾经，并依次分布于下肢内侧的前、中、后线（在小腿下半部，足厥阴经在前缘，足太阴经在中线）；与此三脏相表里的胃、胆和膀胱，则分属阳明、少阳和太阳，其经脉分别称为足阳明胃经、足少阳胆经和足太阳膀胱经，依次分布于下肢外侧的前、中、后线（表 3-1）。

表 3-1　十二经脉名称表

	阴经（属脏）	阳经（属腑）
手	手太阴肺经	手阳明大肠经
	手厥阴心包经	手少阳三焦经
	手少阴心经	手太阳小肠经
足	足太阴脾经	足阳明胃经
	足厥阴肝经	足少阳胆经
	足少阴肾经	足太阳膀胱经

（二）十二经脉的走向、交接、分布、表里关系和流注次序

1. 十二经脉的走向规律　十二经脉的走向，《灵枢·逆顺肥瘦》说：“手之三阴，从脏走手；手之三阳，从手走头；足之三阳，从头走足；足之三阴，从足走腹。”说明手三阴经，从胸腔内脏走向手指端；手三阳经，从手指走向头面部；足三阳经，从头面部走向足趾端；足三阴经，从足趾

走向腹部和胸部。

2. 十二经脉的交接规律 十二经脉按照一定的循行走向，相互联系，有三种交接方式。

（1）相为表里的阴经与阳经在四肢末端交接：如手太阴肺经和手阳明大肠经在食指端交接，手少阴心经和手太阳小肠经在小指端交接，手厥阴心包经和手少阳三焦经在无名指端交接，足阳明胃经和足太阴脾经在足大趾交接，足太阳膀胱经和足少阴肾经在足小趾交接，足少阳胆经和足厥阴肝经在足大趾爪甲后交接。

（2）同名手足阳经在头面部交接：如手阳明大肠经与足阳明胃经交接于鼻翼旁，手太阳小肠经与足太阳膀胱经交接于目内眦，手少阳三焦经与足少阳胆经交接于目外眦。

（3）足手阴经在胸部交接：如足太阴脾经与手少阴心经交接于心中；足少阴肾经与手厥阴心包经交接于胸中；足厥阴肝经与手太阴肺经交接于肺中。

如此，手经交于手，足经交于足，阳经交于头，阴经交于胸腹内脏，十二经脉就构成了“阴阳相贯，如环无端”（《灵枢·营卫生会》）的循环径路（图 3-2）。

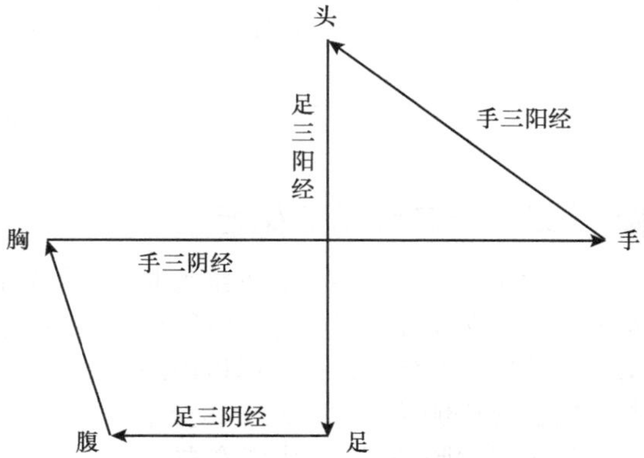

图 3-2 手足三阴三阳经走向交接规律示意图

3. 十二经脉的分布规律 十二经脉在体内的分布虽有迂回曲折，交错出入的状况，但基本上是纵行的。除足阳明胃经外，阴经均行于四肢内侧或躯干的胸腹面，阳经均行于四肢外侧或躯干的背面。手经主要行于上肢；足经主要行于下肢。十二经脉在身体不同部位的分布特点如下。

（1）头面部的分布：手三阳经从手走头，足三阳经从头走足，手足六阳经均行经头面部，故《难经·四十七难》说：“人头者，诸阳之会也。诸阴脉皆至颈、胸中而还，独诸阳脉皆上至头耳。”诸阳经在头面部的分布特点是：阳明经主要行于面部，少阳经主要行于侧头部，手太阳经主要行于面颊部，足太阳经行于头顶和头后部。诸阴经并非尽如《难经·四十七难》所言“皆至颈、胸中而还”，其中手少阴心经、足厥阴肝经均上达目系，足厥阴肝经与督脉会于头顶部，足少阴肾经上抵舌根，足太阴脾经连舌本、散舌下，均行达头面之深部或巅顶。

（2）四肢部的分布：十二经脉在四肢的分布特点是阴经行于内侧，阳经行于外侧。上肢内侧为太阴在前，厥阴在中，少阴在后；上肢外侧为阳明在前，少阳在中，太阳在后；下肢内侧，内踝尖上 8 寸以下为厥阴在前，太阴在中，少阴在后；内踝尖上 8 寸以上则太阴在前，厥阴在中，少阴在后；下肢外侧为阳明在前，少阳在中，太阳在后。

（3）躯干部的分布：十二经脉在躯干部的分布特点是手三阴经均从胸部行于腋下，手三阳经行于肩部和肩胛部。足三阳经则阳明经行于前（胸腹面），太阳经行于后（背面），少阳经行于侧面。足三阴经均行于腹胸面。循行于腹胸面的经脉，自内向外依次为足少阴肾经、足阳明胃经、足太阴脾经和足厥阴肝经。

十二经脉循行于躯干胸腹面、背面及头面、四肢，均是左右对称地分布于人体两侧，每侧十二条。左右两侧经脉除特殊情况外（如手阳明大肠经在头面部走向对侧），一般不走向对侧。相为表里的阴阳两经在体内与脏腑相互属络，在四肢则行于内外相对应的部位，并在手足末端相交接。

4. 十二经脉的表里关系 手足三阴与三阳经，通过各自的经别和别络相互沟通，组成六对表里关系。如《素问·血气形志》说：“手太阳与少阴为表里，少阳与心主为表里，阳明与太阴为表里，是为手之阴阳也。”“足太阳与少阴为表里，少阳与厥阴为表里，阳明与太阴为表里，是为阴阳也。”

相为表里的两条经脉，都在四肢末端交接，各自属络相为表里的脏或腑。如此则既加强了表里两经的联系，又促进了相为表里的脏与腑在生理功能上的相互协调和配合。表里两经及其属络的脏腑之间在病理上也可互相影响，如肺经受邪影响大肠腑气不通而便秘，心火亢盛循经下移小肠而见尿痛尿赤等。治疗时，可根据表里经的经气互相沟通的原理，交叉使用相为表里的两经腧穴。

5. 十二经脉的流注次序 十二经脉中的气血运行是循环贯注的，从手太阴肺经开始，依次传至足厥阴肝经，再传至手太阴肺经，首尾相贯，如环无端。其流注顺序如图 3-3 所示。

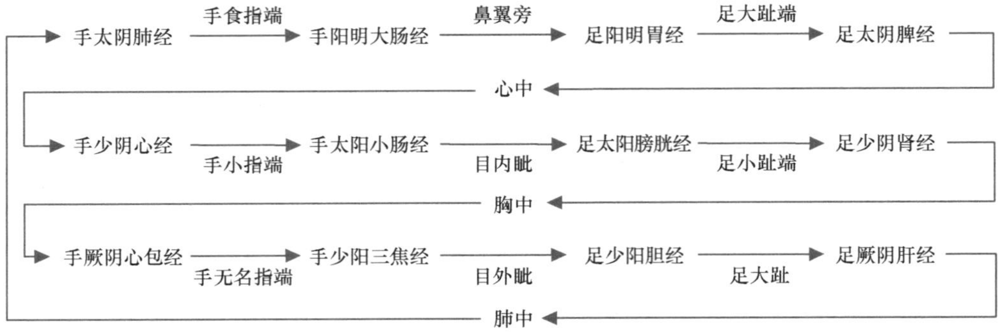

图 3-3 十二经脉流注顺序

（三）十二经脉的循行

手太阴肺经起于中焦，下络大肠，还循胃口（下口幽门，上口贲门），通过膈肌，属肺，从肺系（气管、支气管及喉咙等）横行至胸部外上方（中府穴），出腋下，沿上肢内侧前缘下行，过肘窝，入寸口，上鱼际，直出拇指桡侧端（少商穴）。分支：从手腕的后方（列缺穴）分出，沿掌背侧走向食指桡侧端（商阳穴），交于手阳明大肠经。

手阳明大肠经起于食指桡侧端（商阳穴），经过手背部行于上肢外侧前缘，上肩，至肩关节前缘，向后到第七颈椎棘突下（大椎穴），再向前下行入缺盆（锁骨上窝），进入胸腔络肺，向下通过膈肌下行至大肠，属大肠。分支：从锁骨上窝上行，经颈部至面颊，入下齿中，回出挟口两旁，左右交叉于人中，至对侧鼻翼旁（迎香穴），交于足阳明胃经。

足阳明胃经起于鼻翼旁（迎香穴），挟鼻上行，左右交会于鼻根部，旁行入目内眦，与足太阳经相交，向下沿鼻柱外侧，入上齿中，出而挟口两旁，环绕口唇，在颏唇沟承浆穴处左右相交，退回沿下颌骨后下缘到大迎穴处，沿下颌角上行过耳前，经过上关穴（客主人），沿发际，到前额。分支：从颌下缘（大迎穴）分出，下行到人迎穴，沿喉咙，入缺盆，深入体腔，下行穿过膈肌，属胃，络脾。直行者：从缺盆出体表，沿乳中线下行，挟脐两旁（旁开 2 寸），下行至腹股沟处的气街（气冲穴）。分支：从胃下口幽门处分出，沿腹腔内下行至气街，与直行之脉会合，而后沿大腿之前侧下行，至膝髌，向下沿胫骨前缘行至足背，入足第二趾外侧端（厉兑穴）。分支：从膝下三寸处（足三里穴）分出，下行入中趾外侧端。分支：从足背（冲阳穴）分出，前行入足大趾内侧端（隐白穴），交于足太阴脾经。

足太阴脾经起于足大趾内侧端（隐白穴），沿内侧赤白肉际，上行过内踝的前缘，沿小腿内侧正中线上行。至内踝尖上 8 寸处，交出足厥阴肝经之前，上行沿大腿内侧前缘，进入腹中，属脾，络胃。向上穿过膈肌，沿食管两旁，连舌本，散舌下。分支：从胃别出，上行通过膈肌，注入心中，交于手少阴心经。

手少阴心经起于心中，走出后属心系（心与其他脏腑相连的脉络），向下穿过膈肌，络小肠。分支：从心系分出，挟食管上行，连于目系（目与脑相连的脉络）。直行者：从心系出来，退回上行经过肺，向下浅出腋下（极泉穴），沿上肢内侧后缘，过肘中，经掌后锐骨端，进入掌中，沿小指桡侧端（少冲穴），交于手太阳小肠经。

手太阳小肠经起于小指外侧端（少泽穴），沿手背尺侧上腕部，循上肢外侧后缘，过肘部，到肩关节后面，绕行肩胛部，交肩上后入大椎穴，再前行入缺盆，深入体腔，络心，沿食管下行，穿过膈肌，到达胃部，下行，属小肠。分支：从缺盆出来，沿颈部上行到面颊，至目外眦后，退行进入耳中（听宫穴）。分支：从面颊部分出，向上行于目眶下，至目内眦（睛明穴），交于足太阳膀胱经。

足太阳膀胱经起于目内眦（睛明穴），向上到达额部，左右交会于头顶部（百会穴）。分支：从头顶部分出，到耳上角处的头侧部。直行者：从头顶部分出进入颅腔，络脑，回出后下行到项部（天柱穴），下行交会于大椎穴，再分左右沿肩胛内侧、脊柱两旁（脊柱正中旁开 1.5 寸）下行，到达腰部（肾俞穴），进入脊柱两旁的肌肉（膂），深入体腔，络肾，属膀胱。分支：从腰部分出，沿脊柱两旁下行，穿过臀部，从大腿后侧外缘下行至腘窝中（委中穴）。分支：从项部（天柱穴）分出下行，经肩胛内侧，从附分穴挟脊（脊柱正中旁开 3 寸）下行至髀枢，经大腿后侧至腘窝中，与前一支脉会合，然后下行穿过腓肠肌，出走于足外踝后，沿足背外侧缘至小趾外侧端（至阴穴），交于足少阴肾经。

足少阴肾经起于足小趾下，斜行于足心（涌泉穴），出行于舟骨粗隆之下，沿内踝后，分出进入足跟部，向上沿小腿内侧后缘，至腘窝内侧，上股内侧后缘入脊内（长强穴），穿过脊柱至腰部，属肾，络膀胱。直行者：从肾上行，穿过肝和膈肌，进入肺，沿喉咙，到舌根。分支：从肺中分出，络心，注入胸中，交于手厥阴心包经。

手厥阴心包经起于胸中，出属心包络，向下穿过膈肌，依次络于上、中、下三焦。分支：从胸中分出，沿胸浅出胁部，当腋下 3 寸处（天池穴），向上至腋窝下，沿上肢内侧中线入肘，过腕部，入掌中（劳宫穴），沿中指桡侧，出中指桡侧端（中冲穴）。分支：从掌中分出，沿无名指出尺侧端（关冲穴），交于手少阳三焦经。

手少阳三焦经起于无名指尺侧端（关冲穴），向上沿无名指尺侧至手腕背面，上行前臂外侧尺、桡骨之间，过肘尖，沿上臂外侧向上至肩部，交出足少阳经后面，向前入缺盆，布于膻中，散络心包，穿过膈肌，依次属上、中、下三焦。分支：从膻中分出，上行出缺盆，至肩部，左右交会于大椎，分开上行到项部，沿耳后（翳风穴），直上出耳上角，然后屈曲向下经面颊部至目眶下。分支：从耳后分出，进入耳中，出走耳前，经上关穴前，在面颊部与前一支相交，至目外眦（瞳子髎穴），交于足少阳胆经。

足少阳胆经起于目外眦（瞳子髎穴），上至额角（颔厌穴），再向下到耳后（完骨穴），再折向上行，经额部至眉上（阳白穴），又向后折至风池穴，沿颈下行至肩上，左右交会于大椎穴，分开前行入缺盆。分支：从耳后完骨穴分出，经翳风穴进入耳中，出走于耳前，过听宫穴至目外眦后方。分支：从目外眦分出，下行大迎穴处，同手少阳经分布于面颊部的支脉相合，复行至目眶下，再向下经过颊车穴，下行至颈部，经颈前人迎穴旁，与前脉会合于缺盆。然后下行进入胸腔，穿过膈肌，络肝，属胆，沿胁里浅出气街，绕毛际，横向至髋关节（环跳穴）处。直行者：从缺盆下行至腋，沿胸侧，过季胁，下行至髋关节（环跳穴）处与前脉会合，再向下沿大腿外侧、膝关节外缘，行于腓骨前面，直下至腓骨下端（绝骨穴），浅出外踝之前，沿足背行出于足第四趾外侧端（足窍阴穴）。分支：从足背（足临泣穴）分出，前行出足大趾外侧端，折回穿过爪甲，分布于足大趾爪甲后丛毛处，交于足厥阴肝经。

足厥阴肝经起于足大趾爪甲后丛毛处，向上沿足背至内踝前 1 寸处（中封穴），向上沿胫骨内缘，在内踝尖上 8 寸处交出足太阴脾经之后，上行过膝内侧，沿大腿内侧中线进入阴毛中，绕阴器，至小腹，挟胃两旁，属肝，络胆，向上穿过膈肌，分布于胁肋部，沿喉咙的后面，向上进入鼻咽部，上行连接目系，出于额，上行与督脉会于头顶部。分支：从目系分出，下行颊里，环绕口唇的里面。分支：从肝分出，穿过膈肌，向上注入肺，交于手太阴肺经。

三、奇 经 八 脉

（一）奇经八脉的概念和生理特点

1. 奇经八脉的概念　奇经八脉，是督脉、任脉、冲脉、带脉、阴跷脉、阳跷脉、阴维脉、阳维脉的总称。奇经八脉，奇者，异也。奇经是与正经相对而言的，指的是十二正经之外的八条经脉，既不直属脏腑，又无表里配合关系，“别道奇行”，所以被称为“奇经”。又因其数有八，故曰“奇经八脉”。滑伯仁曾说：“脉有奇常，十二经者常脉也，奇经八脉则不拘于十二经，故曰奇经。”

2. 奇经八脉的生理特点 奇经八脉是十二经脉之外的重要经脉，在经络系统中发挥着统率、联系、调节等作用。由于奇经八脉不同于十二正经，在循行分布等方面均有异于经络系统中的其他组成部分，故其功能也具有自己的特点，主要表现于以下几方面。

（1）加强十二经脉之间的联系：奇经八脉在循行分布过程中，不但与十二经脉交叉相接，加强十二经脉间的联系，补充十二经脉在循行分布上的不足，而且对十二经脉的联系还起到分类组合的作用。例如，督脉与手足六阳经交会于大椎而称“阳脉之海”；任脉与足三阴经交会于关元穴，而足三阴经又接手三阴经，故任脉因联系手足六阴经而称“阴脉之海”；冲脉通行上下前后，渗灌三阴三阳，有“十二经脉之海”之称；带脉约束纵行诸经，沟通腰腹部的经脉：阳维脉维络诸阳，联络所有阳经而与督脉相合，阴维脉维络诸阴，联络所有阴经而与任脉相会；阳跷、阴跷脉左右成对，有“分主一身左右阴阳”之说。

（2）调节十二经脉的气血：奇经八脉具有对十二经脉气血蓄积和渗灌的调节功能。当十二经脉气血满溢时，就会流入奇经八脉，蓄以备用；当十二经脉气血不足时，奇经中所涵蓄的气血则溢出给予补充，以保持十二经脉气血的相对恒定状态，有利于维持机体生理功能的需要。

（3）与部分脏腑关系密切：奇经八脉虽然不似十二经脉那样与脏腑有直接的属络关系，但它在循行分布过程中与脑、髓、女子胞等奇恒之腑以及肾脏等有较为密切的关系，相互之间在生理、病理上均有一定的联系。如督脉的“入络脑”“贯脊属肾”；任、督、冲三脉，同起于胞中，相互交通等。

（二）奇经八脉的循行与生理功能

1. 奇经八脉的循行 奇经八脉纵横交错地循行分布于十二经脉之间，与十二正经相比，其循行分布不似十二经脉有特定规律，但也有它自己的特点。八脉中，督脉行于人体后正中线；任脉行于人体前正中线；冲脉行腹部、下肢及脊柱前；带脉横行腰部；阳跷脉行于下肢外侧、胸后及肩、头部；阴跷脉行于下肢内侧、腹胸及头目；阳维脉行于下肢外侧、肩和头项；阴维脉行于下肢内侧、腹部和颈部。其中除带脉外，均自下而上行，上肢没有奇经的分布，对内与脏腑没有直接的属络关系，但与脑、女子胞等联系较为密切。此外，八脉中不存在表里关系，每一条脉的循行不像十二正经那样存在必然的左右对称关系。其中，带脉、督脉、任脉都只有一条而单行，冲脉除小部分外也是单行的。

2. 奇经八脉的生理功能 奇经八脉中，各条经脉因循行分布的特点不同，而表现出各自不同的生理功能。八脉的基本功能如下。

（1）督脉的基本功能：“督”，有总督、统率之意。督脉的主要功能为：

1）调节阳经气血，为“阳脉之海”：督脉与各阳经都有联系，称为“阳脉之海”，对全身阳经气血起调节作用。

2）反映脑、髓和肾的功能：督脉行于脊里，入络于脑，与脑、髓有密切联系。督脉又“属肾”，故与肾也有密切关系。

（2）任脉的基本功能：“任”，有担任、妊养之意。任脉的主要功能为：

1）调节阴经气血，为“阴脉之海”：任脉循行于腹面正中线，其脉多次与足三阴经及阴维脉交会。能总任阴脉之间的相互联系，调节阴经气血，故称“阴脉之海”。

2）任主胞胎：任脉起于胞中，与女子月经来潮及妊养、生殖功能有关。

（3）冲脉的基本功能：“冲”，有要冲之意。冲脉的主要功能为：

1）调节十二经气血：冲脉循行可谓贯穿全身，分布广泛，为一身气血之要冲，故能“通受十二经气血”。且上行者，行于脊内渗诸阳；下行者，行于下肢渗诸阴，能容纳和调节十二经脉及五脏六腑之气血，故有“十二经脉之海”（《灵枢·动输》）和“五脏六腑之海”（《灵枢·逆顺肥瘦》）之称。

2）与女子月经及孕育功能有关：女子月经来潮及孕育功能，皆以血为基础，冲脉起于胞中，分布广泛，为“十二经脉之海”，又为“血海”（《灵枢·海论》），因此女子月经来潮及妊娠与冲脉盛衰密切相关。

（4）带脉的基本功能：“带”，有束带之意，指带脉循行，绕身一周，“束带而前垂”的特点。带脉的主要功能为：

1）约束纵行诸经：十二正经与奇经中的其余七脉均为上下纵行，唯有带脉环腰一周，有总束诸脉的主要功能。

2）主司妇女带下：因带脉亏虚，不能约束经脉，多见妇女带下量多，腰酸无力等症。故《傅青主女科》曰：“夫带下俱是湿证，而以带名者，因带脉不能约束而有此病。”

（5）阴阳跷脉的基本功能：“跷”，有轻健跷捷的含义。跷脉的主要功能为：

1）主司下肢运动：跷脉，起于足踝下，从下肢内、外侧分别上行头面，具有交通一身阴阳之气和调节肢体肌肉运动的功能，主要使下肢运动灵活矫捷。

2）司眼睑开合：阴阳跷脉交会于目内眦。《灵枢·寒热病》曰：“阴跷、阳跷，阴阳相交……交于目锐眦，阳气盛则瞋目，阴气盛则瞑目。”所以阴阳跷脉有司眼睑开合的功能，跷脉有病则目不合。

（6）阴阳维脉的基本功能：“维”，有维系、维络之意。维脉的主要功能是维系全身经脉。《难经集注·二十八难》说：“阳维者，维络诸阳，故曰阳维，起于诸阳会也；阴维者，维络诸阴，故曰阴维，起于诸阴交也。”因此，阴维脉有维系联络全身阴经的作用，阳维脉有维系联络全身阳经的作用。

四、经脉的连属部分

（一）经筋

经筋，是十二经脉之气结、聚、散、络于筋肉、关节的体系，又称“十二经筋”，受十二经脉气血的濡养和调节。

1. 生理功能　经筋多附于骨和关节，具有约束骨骼，主司关节运动的功能。如《素问·痿论》说：“宗筋主束骨而利机关也。”除附于骨骼外，还满布于躯体和四肢的浅部，对周身各部分的脏器组织能起到一定的保护作用。

2. 循行部位　十二经筋的分布，与十二经脉的体表循行基本一致。其循行分布一般都在肢体部，从四肢末端走向头身，行于体表，结聚于关节、骨骼附近。手足三阳经的经筋分布于肢体外侧，手足三阴经的经筋分布于肢体内侧，有的还进入胸腹腔，但通常不入内脏。十二经筋的循行特点也可用“结、聚、散、络”加以概括。所谓“结聚散络”，是指十二经筋起于四肢末端，盘旋结聚于关节，布于胸背，终于头身的特点。此外，十二经筋多呈向心性循行。

（二）皮部

皮部，是十二经脉之气在体表皮肤一定部位的反映区，故称“十二皮部”。十二经脉及其所属络脉，在体表有一定分布范围，十二皮部就是十二经脉及其所属络脉在体表的分区。如《素问·皮部论》所说：“欲知皮部，以经脉为纪”，“凡十二经络脉者，皮之部也”。因此，皮部受十二经脉及其络脉气血的濡养而维持正常功能。皮部位于人体最浅表部位，与外界直接接触，对外界变化具有调节作用，并依赖布散于体表的卫气，发挥其抗御外邪的作用。观察不同部位皮肤的色泽和形态变化，有助于诊断某些脏腑、经络的病变。在皮肤一定部位施行贴敷、艾灸、热熨、梅花针等疗法，可治疗内在脏腑的病变。这是皮部理论在诊断和治疗方面的应用。

五、经络的生理功能

《内经》中记载："经脉者，所以决死生，处百病，调虚实，不可不通""夫十二经脉者，人之所以生，病之所以成，人之所以治，病之所以起"。经络是古人在长期大量的临床实践中不断总结而形成的，被现代医学证实在人体中是客观存在的。经络是人体的重要组成部分，是脏腑与组织器官联系的桥梁和枢纽，是气血灌注脏腑组织形体官窍的通道。以十二经脉为主体的经络系统，具有沟通联系，感应传导及运输、调节等基本生理功能。

（一）联络内外、沟通表里

经络者"内属于腑脏，外络于肢节"，如同网络一样沟通人体内外表里，使人体成为一个有机整体，从而发挥统一协调各脏腑组织功能的生理作用。

1. 脏腑与体表的联系 内在脏腑与外周体表肢节的联系，主要是通过经络的沟通作用来实现的。尤其是十二经脉内属脏腑，外连体表，每条经脉对内与脏腑发生特定的属络关系，对外联络筋肉、关节和皮肤。《灵枢·海论》说："夫十二经脉者，内属于腑脏，外络于肢节。"

2. 脏腑与官窍的联系 通过经络的起、止、上、下、循行、出入、夹贯、属络、交、连、支、布、散等把人体的五脏六腑、四肢百骸、五官九窍等组织器官有机地结合起来，构成一个统一的整体，五官成为五脏系统之外窍，反映脏腑经络组织生理功能和病理变化。如《灵枢·邪气脏腑病形》有"十二经脉，三百六十五络，其血气皆上于面而走空窍"，以及手阳明"挟口"，足阳明"挟口环唇"，足厥阴"环唇内"，手阳明"挟鼻孔"，足少阳"绕毛际"，足厥阴"入毛中，过阴器"，冲、任、督三脉均"下出会阴"等记载，表明经脉与五官九窍的密切联系。

3. 脏腑之间的联系 脏与脏、脏与腑、腑与腑之间经过经络的沟通联络而密切联系。在十二经脉中，每一条经脉都分别属络脏与腑，又通过经别和别络加强联系，这是脏腑相合理论的主要结构基础。某些经脉除属络特定脏腑外，还联系多个脏腑，如足少阴肾经，不但属肾络膀胱，并且贯肝，入肺，络心，注胸中接心包等。也有多条经脉同入一脏的情况，如手太阴经属肺、手阳明经络肺，足厥阴经注肺、足少阴经入肺等。此外，还有经别补正经之不足，如足阳明、足少阳及足太阳的经别都通过心。这样就构成了脏腑之间的多种联系。

4. 经脉之间的联系 经络系统各部分之间的联系也是多层次的，十二经脉有规律地首尾衔接、流注、阴阳相贯，如环无端，并有许多交叉和交会，如手、足六条阳经与督脉会于大椎，手少阴经与足厥阴经皆连目系等。十二经脉中六阴经和六阳经之间阴阳表里相合，在内则属于脏而络于腑或属于腑而络于脏，在外必在上、下肢端互相交接沟通，又有十二经别、十二别络从内、外加强了表里经之间的联系，使得表里经脉在不同层次上都能充分融洽交流，为脏腑表里相合理论奠定了结构基础。奇经八脉和十二经脉之间纵横交错，相互联系，如足厥阴肝经在头顶与督脉和足太阳膀胱经交会于百会穴等。奇经八脉本身也自有联系，如阴维脉、冲脉会于任脉，冲脉与任脉并于胸中，又向后与督脉相通，阳维脉与督脉会于风府穴，冲、任、督三脉同起于胞中（"一源三歧"）等。此外，还有无数络脉，从经脉分出后，网络沟通于脏腑器官组织和经脉之间，使经络系统成为一种具有完整结构的网状调节系统。

（二）运行气血，输送营养

《灵枢·本脏》曰："经脉者，所以行血气而营阴阳，濡筋骨，利关节者也。"气血是人体生命活动的物质基础，经络营运于周身内外，使得气血"内灌脏腑，外濡腠理"，维持体内脏腑和体表五官九窍、四肢百骸、皮肉筋骨的正常生理功能。

（三）感应传导，治疗疾病

感应传导，是指经络系统具有感应及传导针灸或其他刺激信息的作用。如对经穴刺激引起的感应及传导，通常称为“得气”，即局部有酸、麻、胀、重的感觉及沿经脉向远端传导，就是经络感应传导作用的体现。经络的感应传导作用，是通过运行于经络中的经气对信息的感受负载作用而实现的。经气，是一身之气分布于经络者，具有感受、负载和传递信息的作用。各种治疗刺激及信息可以随经气到达病所，起到调整机体虚实，治疗疾病的作用。故《灵枢·九针十二原》强调：“刺之要，气至而有效。”人的生命活动是一个极其复杂的过程，机体中每时每刻都有许多生命信息的发出、交换和传递。这就必须依赖经络系统的感应传导作用，进行生命信息的传递，沟通各部分之间的联系。

（四）协调虚实，调整平衡

人体各脏腑组织器官之间通过经络相互沟通，以维持机体活动的协调平衡。经络系统通过沟通联系、运输渗灌气血以及经气的感受和负载信息的作用，对各个脏腑组织器官的活动和功能进行调节，使人体复杂的生理功能相互协调，维持阴阳动态平衡状态。由于经络能“行气血而营阴阳”（《灵枢·本脏》），人体各个脏腑组织器官在气血的温养濡润后才能发挥其正常生理功能。针刺操作的关键在于调气，所谓“刺之要，气至而有效”（《灵枢·九针十二原》）。当经络或内脏功能失调时，通过针灸等刺激体表的特定穴位、经络可以将治疗性刺激传导到有关的部位和脏腑，从而发挥其调节人体脏腑气血的功能，使阴阳平衡，达到治疗疾病的目的。

实验证明，针刺有关经脉穴位，可以对脏腑功能产生调整作用，尤其在病理情况下表现得更为明显。如针刺足阳明胃经的足三里穴，可调节胃的蠕动与分泌功能。当胃的功能低下时，轻度刺激可以加强胃的收缩并增加胃液浓度；而当胃处于亢奋状态时，强度刺激则可引起抑制性效应。同样地，针刺手厥阴心包经的内关穴，既可使心动加速，但在某些情况下，又可抑制心动，故该穴在临床上既可治疗心动过缓，又可治疗心动过速。可见，经络的调节作用可表现出“双向调节作用”，即亢奋的可以通过调节而抑制，抑制的也可通过调节而兴奋。这种良性的双向调节作用在针灸、推拿等疗法中具有重要意义。

六、经络学说的应用

经络学说不仅补充了中医基础理论——藏象学说，说明了人体的生理功能，而且阐释了疾病病理变化，对指导疾病诊断与治疗也具有非常重要的价值。

（一）阐释病理变化

在正常生理情况下，经络有运行气血，感应传导的作用。所以在发生病变时，经络就可能成为传递病邪和反映病变的途径。“邪客于皮则腠理开，开则邪入客于络脉，络脉满则注于经脉，经脉满则入舍于脏腑也”（《素问·皮部论》）。经络是外邪从皮毛腠理内传于五脏六腑的传变途径。由于脏腑之间有经脉沟通联系，所以经络还可成为脏腑之间病变相互影响的途径。如足厥阴肝经挟胃、注肺中，所以肝病可犯胃、犯肺。至于相为表里的两经，更因络属于相同的脏腑，因而使相为表里的一脏一腑在病理上常相互影响，如心火可下移小肠，大肠实热，腑气不通，可使肺气不利而喘咳胸满等。

经络不仅是外邪由表入里和脏腑之间病变相互影响的途径，而且通过经络的传导，内脏的病变可以反映于外，表现于某些特定的部位或与其相应的官窍的症状。例如，肝气郁结常见两胁、少腹胀痛，这就是因为足厥阴肝经抵小腹、布胁肋；真心痛，不仅表现为心前区疼痛，且常引及上肢内侧尺侧缘（后缘），这是因为手少阴心经行于上肢内侧后缘。其他如胃火炽盛见牙龈肿痛，肝火上炎见目赤等。

（二）指导疾病的诊断

经络循行起止有一定的部位，并属络相应脏腑，内脏的疾病可通过经络反映于相应的形体部位。“察其所痛，左右上下，知其寒温，何经所在”（《灵枢·官能》），就指出了经络对于指导临床诊断的意义和作用。根据经脉的循行部位和所属络脏腑的生理病理特点来分析各种临床表现，可推断疾病发生在何经、何脏、何腑，并且可根据症状的性质和先后次序来判断病情的轻重及发展趋势。

循经诊断，即根据疾病表现的症状和体征，结合经络循行分布部位及其属络脏腑进行诊断。例如，两胁疼痛，多为肝胆疾病；缺盆中痛，常为肺病表现；在胸前虚里处疼痛，痛连左手臂及小指，则应考虑真心痛等心脏疾病。有些脏腑经络的疾病反映在经络循行部位时并没有像上述那样有明显的征象，需要医生切、按、触摸，甚至要借助多种仪器才能检测出其异常反应。在临床实践中，发现一些患者在经络循行通路上，或经气聚结的某些穴位处，有明显的压痛，或有条索状、结节状反应物，或局部皮肤的色泽、形态、温度等发生变化。根据这些病理反应，可辅助病证的诊断。例如，中府穴压痛或肺俞穴出现梭状或条索状结节，可以显示肺的疾病；阑尾穴明显压痛，多为肠痈。有的压痛还与疾病的证型有关，例如，阳明经头痛在阳白穴压痛，太阳经头痛在天柱穴压痛；高血压性头痛在期门穴压痛者多为肝火上炎，在京门穴压痛者多为肾阴亏损。此外，还有大量研究资料表明，足太阳膀胱经的背俞穴的阳性反应均与相应脏腑的病变呈对应关系。

此外，《伤寒论》的六经辨证，也是在经络学说的基础上发展起来的辨证体系。经络学说在疾病诊断中还有多方面的应用，如络脉诊察，观察小儿指纹、耳壳视诊等，均以经络学说为其理论基础。《灵枢·经脉》说：“凡此十五络者，实则必见，虚则必下。”说明通过经络诊察，还有助于判断疾病的寒热虚实性质。

（三）指导疾病的治疗

经络学说被广泛地用以指导临床各科的治疗。特别是对针灸、按摩和药物治疗，更具有重要指导意义。

针灸与按摩疗法，主要是根据某一经或某一脏腑的病变，而在病变的邻近部位或循行的远隔部位上取穴，通过针灸或按摩，以调整经络气血的功能活动，从而达到治疗的目的。而穴位的选取，就必须按经络学说进行辨证，断定疾病属于何经后，根据经络的循行分布路线和联系范围来选穴，这就是“循经取穴”。

药物治疗也要以经络为渠道，通过经络的传导转输，才能使药到病所，发挥其治疗作用。在长期临床实践的基础上，根据某些药物对某一脏腑经络有特殊作用，确定了“药物归经”理论：张洁古、李杲按照经络学说，提出“引经报使”药，如治头痛，属太阳经的可用羌活，属阳明经的可用白芷，属少阳经的可用柴胡。羌活、白芷、柴胡，不仅分别归手足太阳、阳明、少阳经，且能引他药归入上述各经而发挥治疗作用。

（安　鹏）

复习思考题

1. 简述五脏的生理功能。
2. 简述六腑的生理功能。
3. 简述奇恒之腑的形态和功能。
4. 简述脾与胃之间的关系。
5. 简述精的来源。
6. 简述气的功能。
7. 简述气与血之间的关系。

8. 简述气与津液之间的关系。
9. 简述精气神之间的关系。
10. 试述体质的基本特点。
11. 试述痰湿质调体要点和调体方药。
12. 试述你对辨体论治的认识。
13. 简述十二经脉的名称。
14. 简述经络的生理功能。

第四章　中医学的病理观

中医学的病理观，即中医对疾病致病因素、发病机理的认识，主要包括病因学说和病机学说。病因学说是研究各类病因的形成、性质、致病特点及所致病证临床表现的学说，而病机学说是研究疾病病机变化规律的学说。

第一节　病　　因

导致人体发生疾病的致病因素，称为病因，又称为病邪、病源等。中医学一般把病因分为外感病因、内伤病因、病理产物性病因及其他病因四类。主要包括六淫、疠气、七情、饮食、劳逸、痰饮、瘀血、结石、外伤等。

中医探求病因，除通过问诊直接了解疾病发生的病因外，主要是以病证的临床表现为依据，通过分析疾病的症状、体征来推求病因。后者被称为“辨证求因”法或“审证求因”法，为中医探究和认识疾病的特有方法。

一、外感病因

外感病因，是指来源于自然界气候变化，多从肌表、口鼻侵入人体而致病的病邪。主要包括六淫和疠气。

（一）六淫

六淫，即风、寒、暑、湿、燥、火六种外感病邪的统称。正常情况下，风、寒、暑、湿、燥、火为自然界六种不同的气候变化，称为“六气”。六气是自然界万物生长化收藏和人类赖以生存的必要条件，一般不易使人致病。但当自然界气候变化异常，出现六气太过或不及，或非其时有其气，或气候变化过于急骤等，超出了人体的适应能力；或者人体的正气不足，抗病能力下降，不能适应自然界气候变化，六气可导致疾病发生，成为致病因素。伤人致病的六气，则称为“六淫”，又称为“六邪”。淫，有太满、浸淫之意。

1. 六淫致病的共同特点　六淫致病一般具有以下共同特点：

（1）外感性：六淫致病多自外界通过肌表或口鼻而侵袭人体，或肌肤口鼻同时侵入。其称为外感致病因素，所致疾病即称为“外感病”。

（2）季节性：六淫致病常具有明显的季节性，如春多风病、夏多暑病、长夏多湿病、秋多燥病、冬多寒病等。六淫致病与季节时令的气候变化密切相关，故其所致病变又称为“时令病”。

（3）地域性：六淫致病常与生活、工作的区域环境密切相关。如西北高原地区多寒病、燥病；东南沿海地区多湿病、热病；久居潮湿环境多湿病；长期高温环境作业，多燥热或火邪为病等。

（4）相兼性：六淫既可单独侵犯人体致病，又可两种或两种以上合而侵犯人体而致病，如导致风寒感冒、湿热泄泻、风寒湿痹等。《素问·痹论》云：“风寒湿三气杂至，合而为痹也。其风气胜者为行痹，寒气胜者为痛痹，湿气胜者为着痹也。”

（5）转化性：六淫在发病过程中，一定条件下，可以相互转化。如寒邪可以因失治误治或体质等因素而化热，疾病由寒证转化为热证。这种转化并非六淫中的一种邪气变成了另一种邪气，而是六淫所致证候的性质发生转化，多与机体自身的体质特点有关。

2. 六淫各自的性质和致病特点　古人将自然界之气象、物候与六淫之邪导致人体病变所展现出的临床表现相比类，即取象比类，不断推演、归纳、总结而得出六淫之邪各自的性质和致病特点。

（1）风邪：风为春季之主气，但一年四季皆有，故风邪引起的疾病以春季居多，但其他季节亦可发生。风邪的性质和致病特点如下：

1）风为阳邪，其性开泄，易袭阳位：风邪具有轻扬、发散、透泄、向上、向外的特性，故属于阳邪。其性开泄，指其伤人易使腠理开张不固而汗出、恶风。风邪侵袭，常伤及人体头面、咽喉、肌表等属阳的部位，出现头痛、咽痒、咳嗽、面目浮肿等症状。故《素问·太阴阳明论》云："伤于风者，上先受之。"

2）风性善行而数变：善行，指风性善动不居，游走不定。故其致病具有病位游走、居无定处的特征。如风寒湿三气杂至引起的痹证，若风邪偏盛，可见痛无定处的游走性关节疼痛，称为"行痹"或"风痹"。数变，是指风邪致病发病迅速，变幻无常。如因风而发的瘾疹（荨麻疹）表现为皮肤风团瘙痒迅速发作、时隐时现、发作无定处、此起彼伏等特点。故《素问·风论》云："风者，善行而数变。"

3）风性主动：主动，指风邪致病具有动摇不定的特征。感受风邪，临床上常见眩晕、震颤、抽搐、颈项强直、角弓反张、两目上视等抽搐、动摇之症状。故《素问·阴阳应象大论》云："风胜则动。"

4）风为百病之长：长者，始也，首也。风为百病之长，一是指风邪常为外邪致病的先导，兼他邪合而伤人。因风性开泄，凡寒、湿、暑、燥、热诸邪，常依附于风而侵犯机体，从而形成外感风寒、风湿、风热、风燥等证。二是指风邪袭人致病最多。风，一年四季皆有，故发病机会多。风邪侵犯，无孔不入，表里内外均可遍及，可发生多种病证。因此，古人将风邪作为外感致病因素的总称。如《素问·骨空论》曰："风者，百病之始也。"《素问·风论》曰："风者，百病之长也。"

（2）寒邪：寒为冬季的主气。在寒冷的冬季，常易感受寒邪，多发寒病；其他季节气温骤降、或贪凉露宿、汗出当风等，不注意防寒保暖，亦常发为寒病。寒邪侵袭人体，若客于肌表，郁遏卫阳者，称为"伤寒"；若直中于里，伤及脏腑阳气者，称为"中寒"。寒邪的性质和致病特点如下：

1）寒为阴邪，易伤阳气：寒为阴气盛的表现，故为阴邪。寒邪侵入后，机体的阳气奋起抵抗，若寒邪过盛，则阳气不仅不足以驱除寒邪，反为寒邪所消耗，出现"阴盛则阳病"。所以，感受寒邪最易损伤人体阳气，表现为阳气衰退的虚寒证候。

2）寒性凝滞，主痛：凝滞，即凝结、阻滞。寒性凝滞，指寒邪伤人，易使气血津液凝结、经脉阻滞。人体气血津液之畅行流通，全赖一身阳气的温煦推动。一旦阴寒之邪侵犯人体，阳气受损而失于温煦，则易使经脉气血运行不畅，甚则凝结阻滞不通。"不通则痛"，易产生疼痛，故"寒性主痛"，即疼痛是寒邪致病的重要临床表现。如寒邪引起的痹证，称为"寒痹"，又因关节疼痛剧烈而称为"痛痹"。

3）寒性收引：收引，即收缩牵引。寒性收引，即指寒邪侵袭人体，可使气机收敛，腠理、经络、筋脉收缩而挛急。例如，寒邪侵及肌表，毛窍腠理闭塞，卫阳被郁不得宣泄，可见恶寒、发热、无汗等；寒客血脉，则气血凝滞，血脉挛缩，可见头身疼痛、脉紧；寒客经络关节，则经脉收缩拘急，甚则挛急作痛、屈伸不利等。故《素问·举痛论》曰："寒则气收。"

4）寒性清澈：清澈，是指人体分泌物和排泄物清稀。寒邪侵袭人体，常表现为鼻流清涕、咳痰清稀、小便清长、大便澄澈清冷等症状。

（3）暑邪：暑为夏季火热之邪所化，是夏季的主气。暑邪致病具有明显的季节性，主要发生于夏至至立秋之间。故《素问·热论》曰："先夏至日者为病温，后夏至日者为病暑。"

暑邪致病有伤暑和中暑之分：起病缓，病情轻者，为"伤暑"；发病急，病情重者，为"中暑"。暑邪的性质和致病特点如下：

1）暑为阳邪，其性炎热：暑为盛夏火热之气所化，火热属阳，故暑邪为阳邪。暑邪伤人，多表现为高热、心烦、面赤、脉洪大等阳热症状。

2）暑性升散，易扰心神，伤津耗气：升，即升发、向上。暑为阳邪，其性升发，故易上扰心神或侵犯头目，出现心烦不宁、头昏目眩、面赤等症状。散，指暑邪侵犯人体，可致腠理开泄而多汗。《素问·举痛论》曰："炅则气泄。"汗出过多，不仅伤津，而且耗气，故临床除口渴喜饮、尿赤短少等津液不足症状外，还常伴气短、乏力，甚则气津耗伤太过，清窍失养而突发昏倒、不省人事。故《素问·刺志论》云："气虚身热，得之伤暑。"

3）暑多夹湿：暑季气候炎热，且常多雨而潮湿，热蒸湿动，水气弥漫，故暑邪致病多夹湿邪为患。故临床表现除烦热、口渴等暑热症状外，常兼见身热不扬、汗出不畅、四肢困倦、胸闷呕恶、大便溏泄不爽等湿滞症状。

（4）湿邪：湿邪为病，一年四季亦均可发生，但长夏居多。长夏，又称"季夏"，为夏秋之交时节，阳热尚盛，雨水较多，热蒸湿腾，潮湿充斥，为一年中湿气最盛的季节。气候潮湿，或居处潮湿，或水中作业，或淋雨涉水，或汗出后湿衣未及时更换等，皆可导致外感湿邪。湿邪的性质和致病特点如下：

1）湿为阴邪，易损伤阳气，阻遏气机：湿与水同类，故属阴邪。阴胜则阳病，湿邪致病易伤阳气。湿邪伤人常易留滞于脏腑经络，阻遏气机，使脏腑气机升降失常，经络阻滞不畅。例如，湿阻胸胁，气机不畅，则胸膈满闷；湿阻中焦，脾胃纳运失司、气机升降失常，则脘痞腹胀、食欲减退；湿停下焦，肾与膀胱气机不利，则小腹胀满、小便淋涩不畅。

2）湿性重浊：重，即沉重、重着，指湿邪致病常出现头身困重、四肢酸楚沉重等以沉重感为特征的临床表现。湿邪外袭肌表，困遏清阳，清阳不升，则头重如裹；湿邪阻滞经络关节，阳气不得布达，则可见肌肤不仁、关节疼痛重着，称为"湿痹"或"着痹"。浊，即秽浊不清，指湿邪为患易导致分泌物和排泄物秽浊不清。如湿浊在上，则面垢、眵多；湿滞大肠，则大便溏泄、下痢脓血；湿浊下注，则小便混浊、妇女白带过多；湿邪浸淫肌肤，则可见湿疹流水等。

3）湿性黏滞：黏，即黏腻；滞，即停滞。湿邪致病，其黏腻停滞的特性主要表现在两个方面：一是症状的黏滞性。表现为排泄物和分泌物黏滞不爽、滞涩不畅。例如，湿热痢疾的大便排泄不爽，膀胱湿热的小便滞涩不畅等，以及汗出而黏、口黏和舌苔厚滑黏腻。二是病程的缠绵性。湿性黏滞，胶着难解，湿邪致病病程较长，反复发作，缠绵难愈。如湿疹、湿痹等，皆因其湿难除而不易速愈，或反复发作。

4）湿性趋下，易袭阴位：湿邪属阴而有趋下之势，故湿邪为病多易伤及人体下部。常见有下肢水肿、大便排泄不爽、小便不畅、带下等湿邪下注症状。故《素问·太阴阳明论》云："伤于湿者，下先受之。"

（5）燥邪：燥为秋季的主气。秋季收敛、肃杀，气候干燥，失于水分滋润。燥邪为病有温燥、凉燥之分：初秋尚有夏热之余气，燥与热合而侵犯人体，则发为温燥病证；深秋有近冬之寒气，燥与寒邪相合侵犯人体，则发为凉燥病证。燥邪的性质和致病特点如下：

1）燥性干涩，易伤津液：燥邪干涩，侵犯人体，最易损伤人体津液，出现各种干燥、涩滞症状。如口鼻干燥、咽干口渴、皮肤干涩甚则皲裂、毛发不荣、小便短少、大便干结等。故《素问·阴阳应象大论》曰："燥胜则干。"

2）燥易伤肺：肺为娇脏，喜润而恶燥。肺主气司呼吸，直接与自然界大气相通，且外合皮毛，开窍于鼻。燥邪多从口鼻而入，故最易损伤肺津，影响肺气之宣降，出现干咳少痰或痰黏难出，甚或燥伤肺络，出现痰中带血、喘息胸痛。肺与大肠相表里，肺津耗伤，大肠失润则传导失司，可见大便干涩不畅等症状。

（6）火（热）邪：火热旺于夏季，但一年四季均可发生。火、热均为阳盛所化，二者常常混称。火邪与热邪的主要区别为：热邪致病，多表现为全身性弥漫性发热征象；火邪致病，多表现为某些局部症状，如肌肤局部红肿热痛，或口舌生疮，或目赤肿痛等。与火热之邪同类的尚有温邪，一般认为：温为热之渐，火为热之极。若在温病范畴中，温邪是导致温热病（即温病）的致病因素。火热之邪的性质和致病特点如下：

1）火热为阳邪，其性炎上：火热邪气之性燔灼、升腾，属于阳邪。阳邪侵入，致人体阳气偏亢，阳胜则热，故发为实热性病证。临床多见高热、面赤、烦渴、汗出、脉洪数等症状。火性炎上，火热之邪易侵害人体上部，故火热病证常常发生在人体上部，尤以头面部为多见。如表现为目赤肿痛、咽喉肿痛、口舌生疮糜烂、牙龈肿痛、耳内肿痛或流脓等。

2）火热易扰心神：火热与心相通应，入于营血，则易影响心神。轻者心神不宁、心烦失眠；重者扰乱心神，出现狂躁不安、神昏谵语等症状。故《素问·至真要大论》曰："诸热瞀瘛，皆属于火""诸躁狂越，皆属于火"。

3）火热易伤津耗气：火热之邪伤人，淫于体内。一方面火热迫津外泄，因气随津泄而致津亏气耗，症状上除热象表现外，可兼见体倦乏力、少气懒言等气虚症状，甚则虚脱；另一方面热盛伤阴，消灼煎熬津液，耗伤人体阴气，症状上除热象表现外，往往伴有口渴喜冷饮、口舌干燥、小便短赤、大便秘结等津伤阴亏征象。

4）火热易生风动血：生风，指火热之邪侵犯人体，燔灼津液、劫伤肝阴，使筋脉失于濡润，易引起抽搐等风动症状，即"热极生风"。临床表现为高热神昏、两目上视、四肢抽搐、角弓反张等症状。动血，指火热邪气入于血脉，易迫血妄行，导致出血。火热之邪侵犯血脉，轻则加速血行，甚则可灼伤脉络，迫血妄行，引起吐血、衄血、便血、尿血、皮肤发斑等各种出血证。

5）火邪易致肿疡：火邪入于血分，可聚于局部，腐蚀血肉，发为痈肿疮疡。由火毒壅聚所致之肿疡，其临床表现亦以疮疡局部红肿热痛为特征。故《医宗金鉴·痈疽总论歌》曰："痈疽原是火毒生。"

此外，人体还可因为脏腑、气血津液功能失调而产生化风、化寒、化湿、化燥、化热、化火等病理变化，但并非为六淫之邪外感所致。为了与外感六淫相区别，称其为"内生五邪"，即内风、内寒、内湿、内燥、内火（内热）等。内生五邪与外感六淫在发病过程中常相互影响，性质特点和致病表现相似。

（二）疠气

疠气为一类具有强烈致病性和传染性的外感病邪，与六淫不同。在中医文献中，疠气又称为"疫毒""疫气""异气""戾气""毒气""乖戾之气"等。其主要通过空气传染，经口鼻侵入而致病，也可经饮食污染、蚊虫叮咬、虫兽咬伤、皮肤接触等途径传染而发病。

疠气伤人则发为疫病，又称疫疠病、瘟病、瘟疫。疫病包括了现代临床医学中诸多的传染病和烈性传染病。如痄腮（腮腺炎）、烂喉丹痧（猩红热）、疫毒痢（中毒性痢疾）、白喉、天花、霍乱、鼠疫、严重急性呼吸综合征（SARS）等，均属于感染疠气引起的疫病范畴。

1. 疠气的致病特点

（1）传染性强，易于流行：强烈的传染性和流行性是疠气致病的最主要特点，其可通过空气、食物、接触等多种途径在人群中进行传播。疠气流行，无论男女老少、体质强弱，触之多可发病。疠气致病多大面积流行，也可散在发生。《诸病源候论》谓："人感乖戾之气而生病，则病气转相染易，乃至灭门。"

（2）发病急骤，病情危笃：疠气之性暴戾，潜伏期较短，致病力强，具有发病急骤、来势凶猛、变化多端、病情险恶、死亡率高等特点。疠气发病比六淫致病急重。如白喉、疫痢、霍乱、天花等均发病急骤、来势凶猛、病情危笃。《温疫论》述及某些疫病："缓者朝发夕死，重者顷刻而亡。"

（3）一气一病，症状相似：疠气种类繁多，一种疠气引起一种疫病，每一种疫病，症状相似。感受不同的疠气，则症状也就不同。每种疠气所致之疫病，均有各自的临床特点和传变规律，即所谓"一气致一病"。如痄腮表现为耳下腮部肿胀，疫毒痢表现为壮热、腹痛剧烈、里急后重、痢下赤白脓血等症状。故《素问·刺法论》云："五疫之至，皆相染易，无问大小，病状相似。"

2. 疠气产生与疫病流行的主要因素

（1）气候因素：自然气候的反常变化，如久旱、酷热、洪涝、湿雾瘴气等，均可孳生疠气而导致疫病的发生。如霍乱的大流行与此类因素有关。

（2）环境与饮食因素：环境卫生不良，如水源污染、空气污染等，均可孳生疠气。食物污染、饮食不当，则疠气通过饮食入里而引发疫病，如疫毒痢、疫黄等病。

（3）预防措施不当：疠气具有强烈的传染性，触之者皆可发病。预防和隔离是防止疫病发生、控制其流行蔓延的有效措施。若预防隔离工作不力，往往会使疫病发生或流行。易接触感染者应服食或注射预防药物，并注意饮食起居，保养正气，提高机体抵抗力。

（4）社会因素：疫病的发生和流行与社会制度、社会状态密切相关。若社会动荡、贫穷落后，生活工作环境恶劣，均能造成抗御自然灾害能力低下，而易使疫病暴发流行。若国家安定、经济繁荣，注重卫生防疫工作，采取积极有效的防疫和治疗措施，疫病即能得到有效的控制，而不易发生流行。

二、内 伤 病 因

内伤病因，是指因人的情志活动、生活起居和饮食劳逸等有违常度，直接伤及脏腑气血而引起疾病发生的病因。主要包括七情内伤、饮食失宜、劳逸失度等。

（一）七情内伤

1. 七情与七情内伤 七情，即人的喜、怒、忧、思、悲、恐、惊七种正常情志活动，是人生理和心理对外界环境刺激做出的不同反应，一般情况下属于正常生理范畴。但当个体受到突然、强烈或长期持久的情志刺激，超过自身生理调节范围与耐受能力，或个体脏腑精气虚弱，对情志刺激的适应能力下降时，均会造成脏腑功能紊乱、气血阴阳失调，成为导致疾病发生的原因。七情异常能直接影响脏腑气血，病自内生，故又称为“七情内伤”。

情志活动以脏腑精气为物质基础，五脏精气决定五脏情志变化。五脏藏精，精化为气，气化为神，故《素问·阴阳应象大论》云：“人有五脏化五气，以生喜怒悲忧恐。”五脏精气可产生相应的情志活动，如《素问·阴阳应象大论》云：“肝在志为怒，心在志为喜，脾在志为思，肺在志为忧，肾在志为恐。”若五脏精气阴阳盛衰及气血运行失调，则可出现情志的异常变化。如《灵枢·本神》云：“肝气虚则恐，实则怒……心气虚则悲，实则笑不休。”

2. 七情内伤的致病特点

（1）直接伤及内脏：情志变化以内脏精气为物质基础，七情致病可直接伤及内脏，导致其精气失常、气机失调而致病。

1）首先影响心神：心主神明，为五脏六腑之大主，故七情内伤均可首先影响心神，产生相应的情志反应和精神状态，继而影响其他脏腑。

2）损伤相应之脏：情志活动影响脏腑功能，而不同的情志刺激对各脏腑有不同的伤害。七情致病可损伤相应之脏，如心在志为喜，过喜则伤心；肝在志为怒，过怒则伤肝；脾在志为思，过度思虑则伤脾；肺在志为悲为忧，过度悲忧则伤肺；肾在志为恐，过恐则伤肾。

3）易伤心肝脾：心藏神，为五脏六腑之大主，各种情志活动的产生都是在心神统帅下各脏腑精气阴阳协调作用的结果；肝藏血而主疏泄，调畅气机，促进和调节气血运行，在调节情志活动、保持心情舒畅方面发挥着重要作用；脾为气血生化之源，藏营而舍意，在志为思，思虑、记忆等精神活动皆与脾密切相关。故情志内伤，最易损伤心肝脾三脏。

4）易损潜病之脏腑：潜病，指病变已经存在，但尚无明显临床表现的病证。七情内伤，不仅易损伤心肝脾三脏，而且还极易损伤潜病之脏腑。如胸痹、真心痛、头痛、飧泄等病证的患者，虽平时临床症状已经消失，但遇有情志刺激，原病证的临床症状极易被诱发而再次出现。

（2）影响脏腑气机：七情致病伤及内脏，主要是影响脏腑的气机，使脏腑气机升降失常。不同的情志刺激，对脏腑气机的影响也有所不同。如《素问·举痛论》云：“百病生于气也，怒则气上，喜则气缓，悲则气消，恐则气下……惊则气乱……思则气结。”

1）怒则气上：指过怒伤肝，导致肝气疏泄太过，气机上逆，甚则血随气逆，并走于上。可见头胀头痛、面红目赤，甚则呕血、晕厥猝倒等症状。《素问·生气通天论》云：“大怒则形气绝，而血菀于上，使人薄厥。”

2）喜则气缓：指过度喜乐伤心，导致心气涣散不收、精神不集中，重者心气暴脱，神不守舍，失神狂乱。可见注意力不集中、神志失常、狂乱，或见大汗淋漓、气息微弱、脉微欲绝等心气暴脱的症状表现。

3）悲则气消：指过度悲忧会伤肺，导致肺气耗伤、肺失宣降。可见精神萎靡不振、倦怠乏力、气短声低等症状表现。《素问·举痛论》云：“悲则心系急，肺布叶举，而上焦不通，荣卫不散，热气在中，故气消矣。”

4）思则气结：指思虑过度伤脾，导致脾气郁结而运化失职。可见纳呆、脘腹胀满、便溏、消瘦等症状表现。思发于脾，成于心，太过思虑，不仅伤及脾脏，也伤及心血，心血虚弱，无法养神，导致心悸怔忡、健忘、失眠、多梦等。

5）恐则气下：指过度恐惧伤肾，致使肾气不固而气泄于下。可见大恐引起的二便失禁、骨酸痿厥，甚则遗精、孕妇流产等症状表现。《灵枢·本神》曰：“恐惧而不解则伤精，精伤则骨酸痿厥，精时自下。”

6）惊则气乱：指突受惊吓伤及心肾，导致心神不定、气机逆乱及肾气不固。可见惊悸不安、慌乱失措，甚则神志错乱、二便失禁等症状表现。《素问·举痛论》云：“惊则心无所倚，神无所归，虑无所定，故气乱矣。”

（3）影响疾病转归：疾病过程中，情绪积极乐观，精神愉悦恬淡，七情反应适当，则利于病情的好转乃至痊愈。若情绪消沉，悲观失望，七情异常波动明显，往往可使病情加重或恶化。例如，素有肝阳上亢之人，若遇事恼怒，可致肝阳暴涨而气血上走，亢极化风，出现眩晕欲仆，甚则昏厥不省人事、口眼㖞斜、半身不遂等；恶性肿瘤患者，可因情绪悲观、意志崩溃，出现病情迅速恶化。因此，在许多疾病治疗中，调畅患者情志也是极为重要的治疗措施。

（二）饮食失宜

饮食是人体赖以生存和维持健康的基本条件，是生命活动所需精微物质的重要来源。良好的饮食习惯，要求有规律和节制，定时、定量，同时也要饮食卫生、搭配合理。如果饮食失宜，则最易损伤脾胃，导致其运化失职及升降失常，而发生疾病。由于饮食失宜而引起内伤疾病，称为“饮食内伤”。饮食失宜包括饮食不节、饮食不洁和饮食偏嗜三个方面。

1. 饮食不节 指饮食没有节制，明显低于或超过本人适度的饮食量，以致内伤脾胃。过饥、过饱及饥饱无常，均可影响健康，引发疾病。

（1）过饥：指因食物不足、节食过度、不能按时饮食、七情内伤、脾胃功能虚弱等，而致摄食不足。《灵枢·五味》云：“谷不入，半日则气衰，一日则气少矣。”长期摄食不足，气血生化减少。一方面因气血亏虚而脏腑组织失养，功能活动衰退，全身虚弱；另一方面又因正气不足，抗病力弱，易招致外邪入侵，继发其他疾病。此外，长期摄食过少，胃腑失于水谷充养，也可损伤胃气，而致胃部不适或胃脘疼痛等；长期有意摄食过少又抑制食欲者，易发展成厌食等较为顽固的身心疾病；儿童时期，长期饮食过少可致营养不良，而影响正常的生长发育。

（2）过饱：指因暴饮暴食、中气虚弱而强食等，以致饮食量超过脾胃的受纳、消化转输能力。《素问·痹论》曰：“饮食自倍，肠胃乃伤。”轻者饮食积滞不化，可见脘腹胀满疼痛、嗳腐吞酸、呕吐泄泻、厌食纳呆等；甚者可因脾胃损伤或营养过剩，而发展成为消渴、肥胖、胸痹等病证。食积日久，脾胃运化功能久不得复，还可导致气滞、湿聚、化热、生痰等病变。若小儿喂养过量，导致消化不良，久则可致疳积等。

2. 饮食不洁 指食用陈腐变质、有毒或被疫毒、寄生虫、毒物等污染的不洁净食物。饮食不洁所致病变以胃肠病为主。如进食腐败变质食物，胃肠功能紊乱，出现脘腹疼痛、恶心呕吐、肠鸣腹泻等。如果进食被毒物污染或有毒性的食物，则会发生食物中毒，轻则脘腹疼痛、呕吐腹泻，重则毒气攻心，神志昏迷，甚至危及生命。若进食被疫毒污染的食物，可发生某些传染性疾病，如痢疾等。若进食被寄生虫污染的食物，则可导致各种寄生虫病，如蛔虫病、蛲虫病等，出现腹痛时作、嗜食异物、面黄肌瘦等。

3. 饮食偏嗜 指特别喜好某种性味的食物，或长期偏食某些食物，造成饮食结构不合理。如饮食偏寒偏热，或饮食五味偏嗜，或嗜酒成癖等，久之可导致人体阴阳失调、气血失和，或导致某些营养物质缺乏而引起疾病发生。

（1）寒热偏嗜：一般而言，良好的饮食习惯要求寒温适宜，不宜过寒、过热。若偏食生冷寒凉之品，易于损伤脾胃阳气，导致寒湿内生；若偏嗜辛温燥热饮食，易使肠胃积热，或酿成痔疮等。过分嗜好偏寒或偏热的饮食，可导致人体阴阳失调而发生某些病变。

（2）五味偏嗜：五味，指酸、苦、甘、辛、咸。五味入五脏，其对人体五脏各有所归和作用，即酸入肝、苦入心、甘入脾、辛入肺、咸入肾。长期偏嗜某种性味的食物，就会导致相应所入之脏气偏盛，功能活动失调而引发疾病。如《素问·至真要大论》云："夫五味入胃，各归所喜，故酸先入肝，苦先入心，甘先入脾，辛先入肺，咸先入肾。"五味偏嗜，既可引起本脏功能失调，也可因脏气偏盛，以致脏腑之间平衡关系失调，而出现它脏的病变。《素问·五脏生成论》曰："多食咸，则脉凝泣而变色；多食苦，则皮槁而毛拔；多食辛，则筋急而爪枯；多食酸，则肉胝腸而唇揭；多食甘，则骨痛而发落。"五味偏嗜，脏气偏盛，易导致"伤己所胜"和"侮所不胜"的病机变化。

（3）嗜酒成癖：酒性辛热，少量饮酒可祛寒、和血、通脉，益于人体健康。若长期、过量饮酒，嗜酒成癖，则易伤及肝脾。久易聚湿、生痰、化热，甚则阻滞气血运行，变生癥积。

（三）劳逸失度

正常的劳作有助于气血流通，强壮体质，增进健康；适当的休息，能消除疲劳，恢复体力。劳逸结合、动静相兼，是保障人体健康的重要条件。长时间过于劳累或过于安逸，均不利于健康，可导致人体脏腑经络及精气血津液神的失常而引起疾病的发生。

1. 过劳 是指过度劳累，包括劳力过度、劳神过度和房劳过度三个方面。

（1）劳力过度：又称"形劳"，指较长时间过用体力，劳伤形体而积劳成疾，或者病后体虚勉强劳作而致病。劳力太过致病特点主要表现在两个方面：一是过度劳力而耗气，损伤内脏的精气，导致脏气虚少，功能减退。故《素问·举痛论》曰："劳则气耗。"由于脾为生气之源、肺为气之主，故劳力太过尤易耗伤脾肺之气，常见少气懒言、体倦神疲、喘息汗出等症状。二是过度劳力而致形体损伤，即劳伤筋骨。体力劳动，主要是筋骨、关节、肌肉的运动，若长时间用力太过，则易致形体组织损伤，久而积劳成疾。故《素问·宣明五气》曰："久立伤骨，久行伤筋。"

（2）劳神过度：又称"心劳"，指长期用脑过度，思虑劳神而积劳成疾。由于心藏神，脾主思，血是神志活动的物质基础，故用神过度、长思久虑，则易耗伤心血，损伤脾气，以致心神失养、神志不宁及脾失健运。常见心悸、健忘、失眠、多梦，以及纳少、腹胀、便溏、消瘦等。

（3）房劳过度：又称"肾劳"，指房事太过，或手淫放纵，或妇女早孕多育等，耗伤肾中精气。肾藏精，为封藏之本，肾精不宜过度耗泄。若房事不节或手淫放纵，耗伤肾精肾气，可见腰膝酸软、眩晕耳鸣、精神萎靡、性功能减退等。妇女早孕多育，亏耗精血，累及冲任及胞宫，易致月经失调、带下过多等妇科疾病。此外，房劳过度也是导致早衰的重要原因。

2. 过逸 是指过度安逸，包括体力过逸和脑力过逸等。过度安逸致病特点主要表现在三个方面：

（1）气机不畅，脾胃等脏腑功能减退：长期运动过少，则人体气机失于畅达，可导致脾胃等脏腑的功能障碍，出现食少、胸闷、腹胀、困倦、肌肉软弱或肥胖臃肿等。久则影响气血运行和津液代谢，形成气滞血瘀、水湿痰饮、结石等病变。

（2）阳气不振，正气虚弱：过度安逸或长期卧床，阳气失于振奋，以致脏腑组织功能减退，体质虚弱，正气不足而抵抗力下降，出现动则心悸、气喘汗出及易反复外感。

（3）神气衰弱，萎靡健忘：长期用脑过少，加之阳气不振，可致神气衰弱，出现精神萎靡、健忘、反应迟钝等。

三、病理产物性病因

病理产物性病因，又称“继发性病因”，是指继发于其他疾病过程而产生的病理产物，又可成为导致新的病证发生的致病因素。病理产物性病因包括痰饮、瘀血、结石等。

（一）痰饮

痰饮，是机体津液代谢障碍所形成的病理产物。其中较稠浊者称为痰，较清稀者称为饮。痰可分为有形之痰和无形之痰：有形之痰，为可以视见或闻见的咳吐或喉鸣之痰，或触及有形之痰核等；无形之痰，指具有痰的致病特点和临床征象，但不见其形质之痰，如眩晕、癫狂等。中医学对痰的判定，主要是通过临床征象分析获知。饮流动性较大，多留积于人体的局部或肌肤。依据其所停留的部位不同又有“痰饮”“悬饮”“溢饮”“支饮”等。

1. 痰饮的形成　痰饮多为外感六淫、七情内伤、饮食不节等因素导致脏腑功能失调，气化不利，津液代谢障碍，水液停聚而形成。由于肺、脾、肾、肝及三焦等对津液代谢起着重要作用，故痰饮的形成，多与肺、脾、肾、肝及三焦的功能失常密切相关。

2. 痰饮的致病特点及临床表现　痰饮一旦产生，可随一身之气流窜全身，外达肌肤、筋骨、经络，内至脏腑，全身各处无处不至，从而产生各种纷繁复杂的病变。《杂病源流犀烛·痰饮源流》曰：“其为物则流动不测，故其为害，上至巅顶，下至涌泉，随气升降，周身内外皆到，五脏六腑俱有。”概括而言，其致病特点有以下几个方面。

（1）阻滞气血运行：痰饮为有形实邪，可随气流行全身，或停滞于经脉，或留滞于脏腑，阻滞气机，妨碍血行。痰饮流注于经络，则致经络气机阻滞，气血运行不畅，出现肢体麻木、屈伸不利，甚至半身不遂，或形成瘰疬痰核、阴疽流注等。痰饮留滞于脏腑，则阻滞脏腑气机，使脏腑气机升降失常：如痰饮阻肺，肺气失于宣降，出现胸闷气喘、咳嗽吐痰等；痰饮停胃，胃气失于和降，可见恶心、呕吐等；痰浊痹阻心脉，血气运行不畅，可见胸闷、心痛等。

（2）影响津液代谢：痰饮本为津液代谢失常产生的病理产物，而痰饮一旦形成，又可作为一种继发性致病因素作用于人体，影响肺、脾、肾等脏腑的功能活动，从而进一步加重津液代谢障碍。如痰湿困脾，可致脾脏水湿不运；痰饮阻肺，可致肺脏失宣，水液不布；痰饮停滞下焦可致肾与膀胱气化失司、水液停蓄。痰饮致病能进一步影响人体津液的输布与排泄，加重水液代谢障碍。

（3）致病广泛，变化多端，病势缠绵：痰饮随气流行，可停滞于人体五脏六腑或四肢百骸、肌肤腠理，上犯清窍，下注足膝，而导致多种疾病。同时，痰饮停滞于体内，又可或伤阳化寒，或郁而化火，或夹风夹热，或化燥伤阴。由于痰饮致病广泛，发病部位不一，且又易于兼邪致病，因而形成的临床病证繁多，症状表现十分复杂，故有“百病多由痰作祟”之说。由于痰饮类湿，其性黏腻，因此病情反复发作，缠绵难愈，病程较长。

（4）易扰乱神明：痰饮为浊邪，而心神清明。痰浊为病，随气上逆，尤易蒙蔽清窍，扰乱心神，使心神活动失常，出现头重、头晕目眩、精神不振、神昏、痴呆等症；或者痰浊上犯，与风、火相合，蒙蔽心窍，扰乱神明，出现神昏谵妄、癫狂等神志疾病。

（二）瘀血

瘀血，是指体内血液停滞，包括血液运行不畅，阻滞于经脉及脏腑组织内的血液，以及淤积体内的离经之血。在中医文献中，又被称为“恶血”“败血”“蓄血”等。

1. 瘀血的形成　凡外感六淫、内伤七情、跌仆损伤等原因，一旦引起心、肺、肝、脾等脏腑功能失常，血液运行不畅，或致血液离经脉而淤积体内，均可导致瘀血的形成。血液的正常运行，主要依赖于心、肺、肝、脾等脏的功能、气的推动与固摄作用，以及脉道的通利，且与寒热等内外环境因素密切相关。导致瘀血的常见原因有：

（1）气虚血瘀：气虚无力推动血行，血液运行涩滞；或气虚统摄无力，血液离经而停滞于人体某些部位，皆可成为瘀血。

（2）气滞血瘀：气行则血行，气滞则血瘀。若情志郁结、痰饮停聚等，皆可导致气机阻滞，血液运行不畅，而形成瘀血。

（3）血寒致瘀：血得温则行，得寒则凝。寒性凝滞，若感受外寒或体内阳虚寒盛，皆可使血液凝涩而运行不畅，而形成瘀血。如《灵枢·痈疽》云："寒邪客于经络之中则血泣（通'涩'），血泣则不通。"《医林改错·积块》云："血受寒则凝结成块。"

（4）血热成瘀：外感火热邪气，或体内阳盛化火，入舍于血，血热互结，煎灼血中津液，使血液黏滞而运行不畅；或因热灼脉络，迫血妄行，血液溢出脉外，淤积于体内局部而成为离经之血，皆可形成瘀血。如《医林改错·积块》云："血受热则煎熬成块。"

（5）血出致瘀：跌仆损伤、金刃所伤、手术创伤等外伤，致使脉管破损而出血成为离经之血，也是导致瘀血的常见原因。

此外，津液亏虚致血液黏稠，或阴虚脉道失于柔润，亦可使血液运行涩滞，导致瘀血。

2. 瘀血的致病特点和临床表现

（1）瘀血的致病特点：瘀血形成之后，不仅失去正常血液的濡养作用，而且可能会引起人体新的病变发生。瘀血的致病特点如下。

1）易于阻滞气机：血为气之母，瘀血一旦形成必然影响人体气机，导致气机郁滞，即所谓"血瘀必兼气滞"。

2）影响血脉运行：瘀血形成，瘀滞于脉内、脉外，可影响心、肝、脉等脏腑组织功能，导致局部或全身的血液运行失常，甚或可致血溢脉外而引起出血。

3）影响新血生成：瘀血阻滞体内，影响气血运行，导致脏腑失于濡养及功能失常，影响新血的生成。久瘀之人，常可表现出肌肤甲错、毛发不荣等失于濡养的临床特征，因而有"瘀血不去，新血不生"的说法。

4）病位固定、病证繁多：瘀血致病，常因瘀血阻滞部位不同而病证繁多，表现各异。瘀阻于心，可见心悸、心胸闷痛；瘀阻于肺，可见胸痛、咯血；瘀阻于胃肠，可见呕血，或大便色黑如漆；瘀阻于肝，见胁痛，或癥积肿块；瘀阻于胞宫，见小腹疼痛、月经不调、痛经、闭经或崩漏；瘀阻于肢体肌肤，可见局部肿痛、青紫；瘀阻于脑，可见突然昏倒、不省人事、半身不遂、语言謇涩、痴呆等。

（2）瘀血致病的临床表现：瘀血致病虽然病证繁多，但具有共同的临床症状特点。

1）疼痛：一般表现为刺痛，痛处固定不移，拒按，入夜尤甚。

2）肿块：瘀血积于皮下或体内，可出现肿块，部位固定不移。若在体表，可见局部青紫之肿胀隆起；若在体内，可扪及质硬难移之包块。

3）出血：部分瘀血为病者可见出血之象，且血色多为紫暗，或夹有瘀块。

4）紫暗：望诊可见面色黧黑，唇甲青紫，舌质紫暗或有瘀点瘀斑，舌下静脉曲张等。

5）脉涩或结代：脉诊多见涩脉、结脉、代脉等。

（三）结石

结石，是指体内某些部位形成并停滞为病的砂石样病理产物或结块。临床常见的有肾结石、膀胱结石、胆结石等。

1. 结石的形成 结石主要是由脏腑本虚，湿热浊邪蕴郁，积聚不散，煎熬日久而成。或因饮食偏嗜肥甘厚味，影响脾胃运化，蕴生湿热，交蒸于肝胆，日久可形成胆结石；湿热下注，蕴结于下焦，日久可形成肾结石或膀胱结石；或情志不遂，肝气郁结，郁而化热，胆气不达，胆汁排泄受阻，湿热与胆汁互结，日久煎熬可成胆结石。长期饮用含有过量矿物及杂质的水或服用某些特殊药物，以及先天禀赋及后天因素引起的体质差异，均可导致对某些物质的代谢异常，在体内形成结石。

2. 结石的致病特点及临床表现

（1）多发于肝、胆、肾、膀胱等脏腑：肝主疏泄，调节胆汁的生成和排泄，日久可形成肝胆结石；肾气蒸腾气化，影响尿液的生成和排泄，日久可形成肾与膀胱结石。且胆、膀胱等为中空性器官，结石易于停留。

（2）病程较长，时起时伏：结石多为湿热内蕴，日渐煎熬而成，形成过程缓慢。结石长期滞留于脏腑之内，缓慢增大或增多，病程较长。由于结石的大小不等、停留部位不同，故结石致病临床症状表现差异很大。结石小，一般可无任何症状；结石过大或梗阻在相对狭窄的部位，则病情时起时伏，发作频繁，局部疼痛剧烈。

（3）阻滞气机，损伤脉络：结石为有形实邪，停留体内，势必阻滞气机，影响气血津液运行，引起局部胀痛、水液停聚等。重者，结石梗塞于狭窄部位，出现剧烈绞痛。同时，结石梗塞损伤局部脉络，可引起出血，如肾结石、膀胱结石可致尿血等。

四、其他病因

除上述外感、内伤和病理产物性病因外，外力损伤、烧烫伤、冻伤、虫兽伤等致病因素统称为其他病因。

1. 外力损伤　指由机械暴力引起的创伤，主要包括枪弹、金刃、跌仆、持重努伤等。这种外伤可致皮肤肌肉出血、瘀血肿痛或骨折、关节脱臼等，甚者可损伤内脏，或出血过多导致气随血脱、亡阳虚脱而危及生命。

2. 烧烫伤　主要由温度过高的物品、沸水、热油或火焰等灼伤所致。轻者灼伤皮肤出现红、肿、热、痛，或出现水疱，严重者损伤肌肉筋骨，患处如皮革样，或出现蜡白、焦黄或炭化样改变，甚者因大面积烧烫伤，可致火毒内攻脏腑，出现神志昏迷，或大量伤津耗液而致亡阴亡阳。

3. 冻伤　指由低温造成的全身或局部的损伤。冻伤的程度与温度和受冻时间、部位等直接相关。温度越低，受冻时间越长，则冻伤程度越重。局部冻伤，多发生在手、足、耳、鼻及面颊等裸露和末端部位。初起，因寒性凝滞收引，局部可见肌肤苍白、冷麻、疼痛；继而肿胀青紫、痒痛或起水疱，甚至溃烂；日久则组织坏死而难愈。外界阴寒太甚，可使全身阳气严重受损而失于温煦，出现寒战、体温骤降、面色苍白、唇舌指甲青紫、肢体麻木、反应迟钝，甚则呼吸微弱、脉微欲绝、神志昏迷。如不及时救治，可危及生命。

4. 虫兽伤　主要指猛兽、毒蛇、疯狗及其他家畜、动物咬伤。其中猛兽所伤，轻者局部皮肉损伤、出血、肿痛；重者可损伤内脏，或出血过多而致死亡。毒蛇咬伤及蜈蚣、蜂、蝎等蜇伤，多致局部肿痛，或出现头晕、心悸、恶心呕吐，甚则昏迷等全身中毒症状；特别是毒蛇咬伤，常可迅速导致死亡。疯狗咬伤，除局部皮肉破损、出血、肿痛外，经一定潜伏期后，可发为“狂犬病”，出现烦躁、惊慌、恐水、恐风、抽搐等症，乃至死亡。

（孙　闵）

第二节　发　　病

发病，是研究疾病发生基本机制的理论。中医学称健康之人为“平人”。人体脏腑经络的正常生理活动，气血阴阳协调平衡，形与神俱，与外环境协调统一，是维持人体健康状态的基础。《灵枢·根结》以“真邪相搏”概括疾病发生的机理，即机体处于病邪损害与正气抗损害的相搏交争过程。邪正相搏贯穿于疾病始终，是疾病发生、发展、变化和转归过程中最基本的、具有普遍意义的规律。

一、邪正与发病

（一）邪正

邪，为邪气的简称，泛指各种致病因素，包括存在于外界或由人体内产生的各种致病因素，如六淫、疠气、七情内伤、饮食失宜、痰饮、瘀血、结石、外伤、虫兽伤等。邪气概念源于《内经》。《素问·调经论》云："夫邪之生也，或生于阴，或生于阳。其生于阳者，得之风雨寒暑；其生于阴者，得之饮食居处，阴阳喜怒。"根据病邪来源不同，可将外感、内伤两类病邪区分为阳邪、阴邪。

正，是正气的简称，即人体的功能活动（包括脏腑、经络、气血等功能）和抗病、康复等能力。正气概念源于《内经》，是一身之气相对邪气的称谓，有时又以"精气""真气"称之。如《素问·上古天真论》云："恬淡虚无，真气从之，精神内守，病安从来。"正气的充盛取决于精血津液等物质的充足、脏腑形质的完整及功能活动的正常和相互协调。

（二）发病

发病，是正邪相争的结果。在疾病的发生、发展过程中，正气与邪气之间相互斗争，发生着邪正盛衰变化。

1. 正气不足是疾病发生的内在因素 正气的强弱是决定发病与否的关键因素和内在根据。正气旺盛，脏腑功能正常，气血充盈流畅，卫外固密，则病邪难以侵入，病无以发生，正如《素问遗篇·刺法论》所谓："正气存内，邪不可干。"若正气相对虚弱，脏腑经络功能活动下降或卫外不固，则邪气内生或乘虚而入，发生疾病，如《素问·评热病论》所云："邪之所凑，其气必虚。"《灵枢·百病始生》云："风雨寒热不得虚，邪不能独伤人。卒然逢疾风暴雨而不病者，盖无虚，故邪不能独伤人。此必因虚邪之风，与其身形，两虚相得，乃客其形。"亦说明正气不足，是病邪侵入和发病的内在因素。

2. 邪气侵袭是发病的重要条件 中医学既强调正气在发病中的主导地位，也重视邪气在发病中的作用，认为邪气是发病的重要条件。疾病是邪气作用于人体引起邪正交争的结果，当感邪较重或邪气致病性强，正气虽不虚，亦可发病。邪气可引起疾病的发生，在一定的条件下甚至可主导疾病的发生。如烧冻伤、高温高压、枪弹伤、虫兽伤、食物中毒等，即使人体正气强盛亦难逃伤害。又如强烈传染性的疠气，如《温疫论》所描述"此气之来，无论老少强弱，触之者即病"，说明疠气在疫病的发生与流行中起主导作用。故历代医家均强调躲避邪气侵害，如《素问·上古天真论》指出："虚邪贼风，避之有时。"

3. 邪正斗争的胜负决定发病与否 邪正斗争的胜负决定着疾病的发生与否，影响着疾病的发展与转归。

（1）正胜邪去则不发病：正气强盛，抗邪有力，抵御病邪侵入。即使邪气已侵入，正气能及时消除或排出邪气，使机体免受邪气侵害，亦不会发病。

（2）邪胜正负则发病：邪气亢盛，正气相对不足，或正气不足，邪气乘虚侵入或内生，均可导致机体抗邪无力而发病。

二、内外环境与发病

影响发病的因素很多，除正气与邪气对发病的直接影响外，环境因素、体质因素和精神状态均与发病关系密切。

（一）环境与发病

环境，指人类生存的自然环境与社会环境，主要包括气候变化、地域因素、社会因素、生活工作环境等。人类生活需与自然、社会相适应，这种“天人相应”的关系一旦破坏，则易影响邪正关系而致发病。

1. 气候因素　四时气候异常变化，是孳生和传播邪气，导致疾病发生的条件，易形成季节性的多发病。如春易伤风、夏易中暑、秋易伤燥、冬易感寒等，麻疹、水痘、烂喉丹痧等多在冬春季发生和流行。久旱、水涝、暴热暴冷等反常气候，既可伤及人体正气，又可促成疠气的孳生与传播，造成疫病的发生与流行。另外，随四季变化不同，人体阴阳之气的盛衰有所偏颇，对病邪的抗御不同。因此，不同的季节，可出现不同的易感之邪和易患之病。

2. 地域因素　不同地域，其气候特点、水土性质、生活习俗各有不同，均可影响人群的体质特性和疾病的发生，形成地域性的多发病和常见病。如西北方地势高峻，气候干燥寒凉，多发寒病；东南方地势低洼，气候温热而潮湿，多发热病或湿热病。某些山区，易患瘿瘤之疾等。有些人易地而居，或异域旅行，初期常有“水土不服”的表现。

3. 社会因素　人生活在社会中，必然受到社会因素的影响。政治、经济、文化、宗教、法律、人际关系和婚姻等社会因素，通过与人的信息交换，影响着人体的生理、心理和病变。如《素问·疏五过论》说：“尝贵后贱，虽不中邪，病从内生”“暴苦暴乐，始乐后苦，皆伤精气”。说明人若不能随社会因素的变化自行调节，不能与之相适应，则可促使疾病的发生或成为某些疾病的诱发因素。

4. 生活工作环境　生活和工作环境不良，可影响疾病的发生而致病。生活居住条件差，阴暗潮湿、空气秽浊、蚊蝇孳生等，是导致疾病发生和流行的条件。工作环境中的废气、噪声、废渣、废液，均可成为直接的致病因素，造成硅肺、肿瘤，或急性、慢性中毒。

（二）体质与发病

体质，是禀受于先天，调养于后天，在生长、发育和衰老过程中所形成的与自然、社会环境相适应的人体个性特征，又称“素质”“禀质”“气质”“形质”等。体质源于长久的自然进化与适应，有着先天与后天的不同。体质是不同个体在形质、功能和心理方面的身心特征。作为反映正气盛衰特点的体质，往往会影响疾病的发生、发展和变化。体质对发病的影响主要有以下几方面。

1. 影响发病倾向　体质强弱是正气盛衰的体现，因而决定着发病的倾向性。一般而言，体质盛正气强，抗病能力强，不易被邪侵，或虽被邪扰，病后易趋向患实证；体质衰正气弱，易受邪或易生邪而发病，病后易趋向虚实夹杂证或虚证。《灵枢·五变》曰：“肉不坚，腠理疏，则善病风”“五脏皆柔弱者，善病消瘅”。说明不同的体质类型，其发病具有倾向性。

2. 影响对某些病邪的易感性　体质不同，气血阴阳盛衰有别，对某些病邪和疾病具有不同的易感性和易患性。阳虚之体，易感寒邪；阴虚之质，易受热邪。小儿脏腑娇嫩，形气未充，且又生机蓬勃，发育迅速，易感外邪，受邪后又易化热生风；或伤饮食，或易患生长发育障碍之疾。年高之人，脏气已亏，精血不足，抗病、康复、调节能力减退，易感外邪或内生五邪而发病，且病后多迁延难愈。女子以血为本，具有经、带、胎、产的生理变化，对发病也有一定影响，易病肝郁、血虚、血瘀；男子以精气为本，易患肾精肾气亏虚之疾。肥人或痰湿内盛之体，易感寒湿之邪，易患眩晕、中风之疾；瘦人或阴虚之质，易感燥热之邪，易患肺痨、咳嗽诸疾。

3. 影响某些疾病发生的证候类型、性质与从化　因个体体质不同，感受相同的病邪，可表现出不同的证候类型。如同感风寒之邪，卫气盛者，易形成表实证；卫气虚者，易为表虚证或虚实夹杂证。同感湿邪，阳盛之体易热化形成湿热证；偏阴质者易寒化而为寒湿证。体质可影响证候性质，如寒热证候与体质阴阳有关，虚实证候与体质正气强弱有关。体质亦可影响病机从化，感受同一致病因素，由于体质不同，病机或从阳化热，或从阴化寒，则表现出不同的证候。若体质相同，虽感受不同的病邪，也可表现出相类似的证。如阳热体质无论感受热邪或寒邪，都常表现出热证。

（三）精神状态与发病

精神状态可影响人体脏腑气血等内环境的协调平衡而影响发病。精神状态好，情志舒畅，脏腑气机通畅、气血调和而功能旺盛，正气强盛，则邪气难以入侵，或虽受邪也易祛除。如《素问·上古天真论》曰："恬淡虚无，真气从之，精神内守，病安从来？是以志闲而少欲，心安而不惧，形劳而不倦，气从以顺。"反之，若情志不舒，脏腑气机逆乱、气血不调，则脏腑功能失常可致疾病发生。因此，调摄精神，可使脏腑气血内环境协调平衡，从而减少和预防疾病的发生。

此外，禀赋因素对发病也有一定的影响，不但可形成遗传性疾病，也可影响人的体质状态与正气强弱而导致发病。

（孙　闵）

第三节　病　　机

病机，是机体对于致病因素侵袭所产生的最基本的病变反应，亦是疾病发生、发展与变化的机理，包括病位、病性、病势、病传及预后等。病机是疾病的临床表现、发展转归和诊断治疗的内在根据，是认识疾病的本质关键。病邪作用于人体，机体正气奋起抗邪，正邪相争，人体阴阳失调，脏腑经络、气血功能失常，从而导致全身或局部产生多种多样的病机变化。虽然疾病种类多种多样，临床表现错综复杂，但总的来讲大多数的病证具有某些共同的病机。疾病病机主要包括正邪相争、阴阳失调和气机失常等。

一、正邪相争

正邪相争，是指在疾病的发生、发展过程中，机体正气的抗病能力与致病邪气之间发生相互斗争。即邪气侵犯人体后，邪气损伤机体的正气，同时机体正气也对邪气产生抗御和清除作用。从一定意义上说，疾病过程就是正邪斗争及其盛衰变化的过程。正邪双方斗争的结果，不仅关系着疾病的发生，也决定病证的虚实变化，并影响着疾病的发展和转归。

（一）邪正盛衰与病邪出入

疾病发生后，邪正斗争及其消长盛衰的变化对于疾病发展的趋势起着决定性的作用。疾病发展趋势包括表邪入里、里邪出表两种形式。表与里，是一个相对的概念。表，常指皮毛、肌腠、经络等部位；里，常指脏腑、骨髓等部位。

（1）表邪入里：指外邪侵入机体，首先伤及肌腠卫表，邪正斗争后病邪内传入里、病及脏腑的病机传变过程。多因邪气过盛，或因失治误治，正气受损，抗邪无力，正不胜邪，致使疾病向纵深发展，预示病势加重和恶化。例如，外感风温，初见发热恶寒、头痛鼻塞、咽喉肿痛、脉浮数等邪气在表的症状，失治误治，继而出现发热不恶寒、口渴汗出、咳嗽胸痛、咳痰黄稠、脉滑数等邪热壅肺的症状，即是由表入里的病机转变过程。

（2）里邪出表：指病邪原在脏腑、在里，邪正斗争后，病邪透达于肌表的病机传变过程。里邪出表多是治疗得当，正气渐复，邪气日衰，正气祛邪外出，预示病势好转和向愈。如温病内热炽盛，出现汗出热退，或斑疹透发于外等，均属里病由里出表的病机转变过程。

（二）邪正盛衰与虚实变化

在疾病发生、发展过程中，正气和邪气不断斗争，发生力量对比的消长盛衰变化。邪正盛衰的消长变化，贯穿于疾病过程的始终。体内邪正的消长盛衰变化，决定着机体的虚与实的病理状态，形成了疾病的虚实病机变化。

1. 虚实病机 《素问·通评虚实论》云："邪气盛则实，精气夺则虚。"虚与实是相比较而言的一对病机概念。

（1）实：指邪气盛，是以邪气亢盛为矛盾主要方面的病机变化。致病邪气比较亢盛，而机体正气未衰，尚能与病邪抗争，邪正相搏剧烈，反应明显，临床上出现一系列病理反应比较剧烈的、亢盛有余的证候表现，称为实证。常见于外感六淫和疠气所致的外感病证的初期和中期，或由于水湿痰饮、食积、气滞、瘀血等引起的内伤病证。实证较多见于体质比较壮实的患者。

（2）虚：指正气不足，是以正气虚损为矛盾主要方面的病机变化。由于机体的精气血津液不足或脏腑经络等生理功能减弱，抗病能力低下，因而邪正斗争难以出现较剧烈的反应，临床上出现一系列虚弱、衰退和不足的证候表现，称为虚证。常见于先天禀赋不足；或后天失养，精气血津液等生化不足；或外感病、内伤病后期及多种慢性病证损耗，如大病、久病或大汗、吐利、大出血等。虚证较多见于体质比较虚弱的患者。

2. 虚实转化 指在疾病过程中，由于邪气伤正，或正虚而邪气积聚，发生病机性质由实转虚，或因虚致实的病机变化。虚实转化取决于邪正的盛衰变化，当邪正双方力量的消长互易其位成为疾病主要矛盾方面时，则呈现由实转虚或因虚致实的病机变化。

（1）由实转虚：指病证由以邪气盛为矛盾主要方面的实性病变，转化为以正气虚损为矛盾主要方面的虚性病变的过程。多因病邪过盛，正不敌邪，或失治、误治，正气耗伤，导致邪气虽去，但正气耗伤，逐渐由实转虚。如火热炽盛的实热证大量耗伤阴液，可转化为阴液不足的虚热证；湿热下注的痢疾，本属于实证，若未能及时消除积滞，泻痢日久，损伤正气，体质日渐瘦弱，则转化成虚证。

（2）因虚致实：指由正气虚损为矛盾主要方面的虚性病变，转变为邪气盛为矛盾主要方面的病变过程。因虚致实的病变过程，由于正虚始终存在，故转化结果只是邪实暂时居于突出地位，为实中夹虚证，而非真正的实证。多由于脏腑生理功能减退，气血阴阳亏虚，而产生气滞、痰饮、内湿、瘀血、食积等病理性产物，或因正虚抗邪无力而复感外邪，形成虚实并存的病机变化。如气虚患者日久失治或误治，气虚推动无力以致瘀血蓄积，逐步演变为因虚致实的气虚血瘀证。

3. 虚实错杂 指在疾病过程中，正虚和邪盛同时存在的病机变化。由于邪气亢盛，或疾病失治、误治，以致病邪久留，损伤人体正气；或因体虚受邪，正气无力祛邪外出；或本已正虚，又兼内生水湿、痰饮、瘀血等病理产物留聚阻滞，均可形成正虚邪实的虚实错杂病变。临床上可分为虚中夹实或实中夹虚两种情况。

（1）虚中夹实：指以正虚为主，又兼有实邪的病机变化。如脾气不足，运化无权，可致湿浊内生，阻滞中焦，形成脾虚湿滞证。

（2）实中夹虚：指以邪实为主，又兼有正气虚损的病机变化。如外感热病，热邪伤津耗气，可形成邪热炽盛兼见气津两伤的病证。

4. 虚实真假 指某些特殊情况下，疾病的临床表现可出现与其病机的虚实本质相反的假象。临床上可分为真实假虚或真虚假实两种情况。

（1）真实假虚：指病机的本质为"实"，但表现出"虚"的临床假象，又称为"大实有羸状"。一般是由邪气亢盛，结聚体内，阻滞脏腑经络，致使经络气血不得畅达于外所致。如患者气机阻滞，推动无力，反而可能表现为乏力、气短、倦怠的气虚证。

（2）真虚假实：指病机的本质为"虚"，但表现出"实"的临床假象，又称为"至虚有盛候"。一般是由正气虚弱，脏腑经络气血不足，功能减退，气化无力所致。如脾气虚弱，运化无力，反而可能表现为脘腹胀满疼痛等类似脾胃气滞的假实证。又如老年或大病久病，因气虚推动无力而出现的便秘。

总之，在疾病的发生和发展过程中，病机的虚和实是相对的。由实转虚、因虚致实和虚实夹杂，常常是疾病发展过程中的必然趋势。临床上应以动态的、相对的观点来分析疾病的虚与实的病机。

特别是在出现虚实真假的特殊情况时，必须透过现象看本质，不被假象所迷惑，从而真正把握疾病的虚实变化。

（三）邪正盛衰与疾病转归

在疾病过程中，邪正斗争及其消长盛衰的变化亦对于疾病转归起着决定性的作用。

1. 正胜邪退 指在疾病过程中，正气奋起抗邪，正气渐趋强盛，而邪气渐趋衰弱或被驱除，疾病向好转和痊愈方向发展的病机变化，为诸多疾病中最常见的一种转归。多由于患者正气比较充盛，抗御病邪的能力较强；或因得到及时正确的治疗，脏腑经络的气血阴阳得到修复，而邪气退却，疾病向愈。

2. 邪去正虚 指在疾病过程中，正气抗御邪气，邪气退却而正气大伤的病机变化。多因邪气亢盛，正气耗伤较重；或正气素虚，感邪后重伤正气；或攻邪猛烈，正气大伤所致。多见于疾病的恢复期，其最终的转归一般多是趋向好转、痊愈。

此外，若邪正双方力量对比势均力敌，则出现邪正相持或正虚邪恋，或邪去而正未复等情况，常是某些疾病由急性转慢性，或留下后遗症，或成为慢性病迁延不愈的主要原因。

二、阴 阳 失 调

阴阳失调，指在疾病的发生发展过程中，由于各种致病因素的影响，导致机体的阴阳双方失去相对的平衡协调，而出现的阴阳偏胜、偏衰、互损、格拒、转化、亡失等一系列病机变化。正常情况下，人体保持阴阳的动态平衡，呈现“阴平阳秘”的生理状态。在致病因素作用下，人体整体或局部的阴阳平衡失调，便会发病，即所谓“阴阳乖戾，疾病乃起”。阴阳失调亦是疾病发生、发展与变化的内在根据。

（一）阴阳偏胜

阴阳偏胜，指人体阴阳中的某一方过于亢盛，导致以邪气盛为主的病机变化，属“邪气盛则实”的实性病机。

1. 阳偏胜 指机体在疾病过程中出现的阳气偏盛、功能亢奋、代谢活跃、机体反应性强烈的一种病机变化，即为阳盛而阴未虚的实热证。由于阳气具有温煦、兴奋、推动等作用，主热、主动，故阳偏胜表现为身热、烦躁、面红目赤、便干、尿黄、舌红苔黄、脉数等症，即所谓“阳胜则热”。阳邪亢盛，阳长阴消，可伤阴耗液，则兼有口渴、小便短少、苔干等表现，疾病则转化为实热兼阴虚津亏证，即所谓“阳胜则阴病”。

形成阳偏胜的原因，多为感受温热阳邪，或虽感受阴邪而从阳化热；也可由于情志内伤，五志过极而化火；或因气滞、瘀血、食积等郁而化热等。

2. 阴偏胜 指机体在疾病过程中出现的一种阴气偏盛、功能抑制、代谢衰弱、机体反应减退的病机变化，即为阴盛而阳未虚的实寒证。由于阴气具有凉润、宁静等作用，主凉、主静，故阴偏胜表现为形寒肢冷、口淡不渴、蜷卧、冷痛、便溏、苔白、脉紧或迟等症，即所谓“阴盛则寒”。若阴邪亢盛，阴长阳消，可伤阳气，则兼有喜暖、舌胖大、脉沉弱无力等表现，形成实寒兼阳虚证，即所谓“阴胜则阳病”。

形成阴偏胜的主要原因，多为感受寒湿阴邪，或过食生冷，或阴寒性病理产物积聚，寒邪中阻等。

（二）阴阳偏衰

阴阳偏衰，指人体阴阳中的某一方虚衰不足为主的病机变化，属于“精气夺则虚”的虚性病机。由于阴阳双方存在着对立制约的关系，因此当阴或阳一方虚衰时，必然无力制约另一方而导致对方的相对偏盛，从而形成的虚寒性、虚热性病机变化。

1. 阳偏衰　指机体阳气虚损，温煦、推动、气化等功能减退，出现相应的功能减退、代谢减衰、产热不足的病机变化，即为阳虚阴盛的虚寒证。由于阳气的温煦、推动、气化等功能不足，故阳偏虚多表现为畏寒肢冷、面色㿠白、嗜卧乏力、小便清长、下利清谷、舌淡苔白、脉沉迟等症，即所谓“阳虚则阴盛”“阳虚则寒”。

形成阳虚的主要原因，多是先天禀赋不足，或后天失养，或劳倦内伤，或久病损耗阳气。阳虚则寒与阴胜则寒虽均有寒象，但在病机和临床表现方面不同：前者是虚而有寒；后者是以寒为主，虚象不明显。

2. 阴偏衰　指机体阴液不足，凉润、宁静、抑制等功能减退，出现相应的功能亢奋、代谢加快、产热相对增加的病机变化，即为阴虚阳盛的虚热证。由于阴液不足，阴不制阳，阳气相对偏亢，出现虚热内生，故阴偏虚多表现为五心烦热、潮热盗汗、咽干、颧红、舌红少苔、脉细数等症，即所谓“阴虚则阳亢”“阴虚则热”。

形成阴虚的主要原因，多是阳邪伤阴，或因五志过极，化火伤阴，或久病伤阴。阴虚则热与阳胜则热虽均有热象，但在病机和临床表现方面不同：前者是虚而有热；后者是以热为主，虚象并不明显。

（三）阴阳互损

阴阳互损，指阴阳中任何一方虚损或功能减退，不能资助另一方或促进其化生，则可影响到另一方，形成阴阳两虚的病机变化。阴阳互损是以阴阳偏衰为基础，以阴阳互根互用关系为依据，分为阴损及阳和阳损及阴两种变化。

1. 阴损及阳　指体内阴气阴液亏损到一定程度，“无阴则阳无以化”，久则累及阳气生化不足，即在阴虚的基础上又出现阳虚，形成以阴虚为主的阴阳两虚的病机变化。如肾阴亏虚日久影响肾阳化生不足，可出现畏寒肢冷、脉沉细等肾阳虚衰的症状，形成阴损及阳的阴阳两虚证。

2. 阳损及阴　指体内阳气虚损到一定程度，“无阳则阴无以生”，久则阴液生化不足，即在阳虚的基础上又出现阴虚，形成以阳虚为主的阴阳两虚的病机变化。如肾阳虚日久，可因阳气不足而导致阴液化生无源而亏虚，出现日益消瘦、烦躁不安等肾阴亏虚的症状，形成阳损及阴的阴阳两虚证。

（四）阴阳格拒

阴阳格拒，指在阴阳偏盛或偏衰至极的基础上，由阴阳双方相互排斥而出现寒热真假的病机变化。可分为阴盛格阳、阳盛格阴两种情况。阴阳相互格拒的机理，在于阴阳双方的对立排斥，即阴阳的一方偏盛，壅遏于内，将排斥格拒另一方于外，迫使阴阳之间不相维系，从而出现真寒假热或真热假寒的复杂病变。

1. 阴盛格阳　指阳气极虚，阴寒内盛，排斥格拒阳气于外，出现内真寒外假热的病机变化，即真寒假热证。阳虚寒盛是疾病的本质，阳气浮越于体表，而出现身热、烦躁、口渴等假热之象。此时若身虽热反喜盖衣被，口虽渴但饮水不多，且喜热饮，可资辨别。

2. 阳盛格阴　指阳气偏盛至极，壅遏于内，排斥格拒阴气于外，出现内真热外假寒的病机变化，即真热假寒证。热盛于内是疾病的本质，阴气被排斥于外，反可出现四肢厥冷等假寒之象。此时若四肢虽厥冷，但胸腹灼热，可资辨别。

（五）阴阳转化

阴阳转化，指在一定条件下，证候性质向相反方面转化的病机过程。“重”和“极”是转化的必备条件，“寒极生热”“热极生寒”“重阴必阳”“重阳必阴”，故包括由阴转阳和由阳转阴两方面。

1. 由阴转阳　指阴偏盛的寒证，转化为阳偏盛的热证的病机过程。临床表现为由寒化热的病性转化。如外感寒证，失治误治可致寒邪入里化热，寒证转化为热证。

由阴转阳的形成，发生于阳盛或阴虚阳亢的体质，或邪侵属阳的脏腑经络，在此条件下，寒证从阳化热；或失治误治伤阴，邪从热化。

2. 由阳转阴 指阳偏盛的热证，转化为阴偏盛的寒证的病机过程。临床表现为由热化寒的病性转化。如外感阳热之邪，高热至极，突然出现四肢冰凉之虚脱证，由阳热实证转化为阴寒虚证。

由阳转阴的形成，多发生于阳虚阴盛体质，或邪侵属阴的脏腑或经络，在此条件下，热证从阴化寒；或失治误治伤阳，邪从寒化。

（六）阴阳亡失

阴阳亡失，指机体的阴液或阳气突然大量地亡失，导致生命垂危的病机变化。可分为亡阳和亡阴两种情况。

1. 亡阳 指机体的阳气发生突然大量脱失，而致全身功能突然严重衰竭的病机变化。临床可见冷汗淋漓、心悸气喘、精神萎靡、面色苍白、四肢逆冷、畏寒蜷卧、脉微欲绝等阳气散脱之危象。亡阳的形成，多由于邪气太盛，正不敌邪，阳气突然脱失；或因汗出过多，吐泻无度，津液过耗，气随津泄，阳气外脱；或由于素体阳虚，劳伤过度，阳气消耗过多；亦可因慢性疾病，长期大量耗散阳气，终致阳气亏损殆尽，而出现亡阳。

2. 亡阴 指机体阴液发生突然大量消耗或丢失，而致全身功能严重衰竭的病机变化。临床可见大汗不止、汗热而黏、手足温和、烦躁不安、体倦无力、脉数疾躁动等危重征象。亡阴的形成，多由热邪炽盛或久留，大量消耗煎灼阴液所致。

由于机体的阴和阳存在着互根互用的关系，阴亡则阳无所依附而散越，阳亡则阴无以化生而耗竭，故亡阴可以迅速导致亡阳，亡阳也可继而出现亡阴，最终导致“阴阳离决，精气乃绝”，生命活动终止而死亡。

综上所述，阴阳失调的病机，是以阴与阳之间存在的对立制约、互根互用以及相互消长、转化等理论来阐释分析机体寒热病证的病变机理。阴阳失调的病机虽然很复杂，但其中最基本的病机是阴阳的偏胜和偏衰。阴阳偏胜不仅可以导致其对方的亏损，也可以形成阴阳格拒或阴阳转化；阴阳偏衰不仅可发展为阴阳互损，也可导致阴阳亡失。

三、气机失常

气机失常，即指气的升降出入运动失常。气的升降出入运动，推动和调节脏腑经络的功能活动和精气血津液的贮藏、运行、输布、代谢，维系着机体各种生理功能的协调。若气机失常，将影响脏腑经络及精气血津液等各种功能的协调平衡，因此有“百病皆生于气”之说。气机失常包括气滞、气逆、气陷、气闭和气脱等形式。

（一）气滞

气滞，指气的运行不畅，郁滞不通的病机变化。

气滞的形成，主要因为情志抑郁，或外邪侵袭，或痰湿、食积、热郁、瘀血等的阻滞，或因脏腑功能失调，形成局部的气机不畅或郁滞，从而导致某些脏腑、经络的功能障碍。气滞一般属于实证，但亦有因气虚推动无力而郁滞者。

肝脾宜升、肺胃宜降，在调畅全身气机中起着极其重要的作用，故脏腑气滞多以肺、肝、脾、胃为多见。不同脏腑的气滞，临床表现各有不同。例如，肺气壅塞，见胸闷、咳喘、呼吸不畅；肝气郁滞，见情志不畅、胸胁或少腹胀痛；脾胃气滞，见脘腹胀痛、大便秘结等。气滞所致临床表现共同点为闷、胀、疼痛，疼痛走窜不定。因气虚而滞者，一般在闷、胀、痛方面不如实证明显，并兼见相应的气虚症状。

另气滞影响及血，则血行不利；影响津液，则津液输布不畅。故气滞日久者，可引起血瘀、津停，形成瘀血、痰饮水湿等病理产物，且可造成气滞夹杂血瘀、痰饮等共同致病。气滞日久，还可郁而化热化火。

（二）气逆

气逆，指气的运动升之太过或降之不及，以脏腑之气上逆为特征的病机变化。

气逆多由情志不遂，或饮食不当，或外邪侵袭，或痰浊阻滞所致。气逆多常见于肝、肺、胃等脏腑。在肺，则肺失肃降，肺气上逆，发为咳嗽喘息、咳逆上气；在胃，则胃失和降，胃气上逆，发为恶心、呕吐、嗳气、呃逆；在肝，则肝气上逆，发为头痛头胀、面红目赤、易怒。肝为刚脏，主升主动，又为藏血之脏，因此肝气上逆时，甚则可导致血随气逆，发为咯血、吐血，甚则壅塞清窍而致昏厥。《素问·生气通天论》云："大怒则形气绝，而血菀于上，使人薄厥。"

一般而言，气逆于上，以实为主，但也有因虚而气逆者。如肺燥失润，或肾不纳气，都可导致肺气上逆；胃津或胃阴亏虚，也能导致胃气上逆。

（三）气陷

气陷，指气的上升不足，或下降太过，是以气虚升举无力而下陷为特征的病机变化。

气陷的形成，多由气虚发展而来，尤与脾气的关系最为密切。素体虚弱，或病久耗伤，致脾气虚损，清阳不升，或中气下陷，均可形成气虚下陷的病变。

气陷的病机变化，主要有上气不足与中气下陷两方面。上气不足，主要指气不能上荣，头目失养。一般由于脾气虚损，升清不足，无力将水谷精微上输于头目，致头目失养，临床可见头晕、目眩、耳鸣等症。《灵枢·口问》云："上气不足，脑为之不满，耳为之苦鸣，头为之苦倾，目为之眩。"中气下陷，指脾气虚损，升举无力，气机趋下，甚则内脏正常位置无力维系，发生某些内脏的位置下移，症见腰腹胀满重坠、肛门坠胀等，甚则形成胃下垂、肾下垂、子宫脱垂、脱肛等病变。

由于气陷是在气虚的基础上形成的，而且与脾气不升的关系最为密切，故常伴见面色无华、气短乏力、语声低微、脉弱无力等症状。

（四）气闭

气闭，指气闭阻于内，不能外出，以致清窍闭塞，神失所主而出现昏厥的病机变化。

气闭的形成，多由情志刺激，或外邪、痰浊等闭塞气机所致。气闭的临床所见，有因触冒秽浊之气所致的闭厥，突然精神刺激所致的气厥，剧痛所致的痛厥，痰阻气道所致的痰厥等。

气闭多发病急骤，以突然昏厥、不省人事为特点，可自行缓解，亦有因闭不复而亡者。临床表现除昏厥外，随原因不同而伴相应症状。

（五）气脱

气脱，指气不内守，大量向外亡脱，以致机体功能衰竭的病机变化。

气脱的形成，多由于正不敌邪，或慢性疾病迁延不愈，消耗正气，以致气不内守而外脱；或因大出血、大汗等气随血脱或气随津脱，从而出现机体功能突然衰竭的危重病理状态。气脱可见面色苍白、冷汗不止、目闭口开、全身瘫软、手撒、肢冷、二便失禁、脉微欲绝或虚大无根等症状。

气脱与亡阳、亡阴，基本病机都属气的大量脱失，临床皆可见因气的脱失而致虚衰不固及功能严重衰竭的表现。但亡阳是阳气突然大量脱失，可见冷汗淋漓、四肢厥冷等寒象；亡阴是阴气突然大量脱失，可见大汗而皮肤尚温、烦躁、脉数疾等热象；气脱则无明显寒热之象，但见气虚不固及功能衰竭的表现。

（孙　闵）

复习思考题

1. 寒、湿皆为阴邪，皆可伤阳，二者致病特点有何不同？
2. 暑、火皆为阳邪，皆可耗气伤津、扰及心神，二者致病特点有何不同？
3. 疠气致病特点如何？疫病发生后应如何防治？
4. 简述痰饮及瘀血的形成、致病特点的异同及其相互关系。
5. 简述中医学的发病机理和病机变化，并试述中医应如何防治疾病。
6. 简述阴盛格阳、阳盛格阴的产生机理和临床表现及辨别要点。
7. 简述气机失调的常见形式和临床表现。

第五章　中医诊断疾病的方法

诊法是中医诊断学的重要组成部分，是中医独具特色的诊察和收集疾病相关资料的基本方法，主要包括望、闻、问、切四法，简称“四诊”。本章主要介绍望诊、闻诊、问诊、切诊的方法、内容和意义。

中医学认为，人体是一个有机的整体，人体的皮、肉、筋、骨、脉以及经络等与脏腑息息相关，以脏腑为中心，以经络通联内外，外部的征象与内脏功能关系密切，五脏外应于皮、肉、筋、脉、骨，开窍于耳、目、口、鼻、舌，故内脏病变可从神色、形态及五官、四肢、体表等机体外部的表征反映出来。《灵枢·本脏》说：“视其外应，以知其内脏，则知所病矣。”所以，医生可以通过望、闻、问、切四诊来收集疾病的相关资料，进行整理归纳、综合分析、推理判断，从而探求疾病的本质，为辨证论治提供充分的依据。

望、闻、问、切四诊之法，各有所长和特点，又各有其局限性和不足，它们从不同的角度收集患者的生理和病理信息，信息资料之间是相互联系、互相补充的，既不可相互取代，又不可截然分开，临床运用时应遵循四诊合参的原则，必须全面收集病情资料，四诊综合起来研究分析，才能对病证做出准确的判断。

第一节　望　诊

望诊，是医生运用视觉，对人体全身和局部的可见征象及排出物等进行有目的的观察，以收集病情资料的诊察方法。由于人体的内脏和体表有着密切的联系，这种内在的联系是通过经络及其中运行的气血实现的，因而通过望诊，观察人体外部征象的变化，能够测知脏腑功能的强弱和气血阴阳的盛衰，推断整体的健康状况和病变。

望诊应尽量在充足的自然柔和的光线下进行，望诊须根据病情，有步骤、有重点地仔细观察，一般先进行神色形态的整体望诊，再分部望诊。望诊在四诊中占有重要的地位，所以充分利用视觉，培养敏锐的观察力也是医生职业所必需的。

一、全身望诊

全身望诊主要是医生在诊察病情时，首先对患者的神、色、形、态等整体表现进行观察，从而对疾病病性的寒热虚实、病情的轻重缓急形成总体的认识。为进一步深入细致地诊察疾病打下基础。

（一）望神

望神是通过观察人体生命活动的整体外在表现来诊察病情的方法，即观察人的精神状态和机能状态。神是生命活动现象的高度概括，有广义和狭义之分，广义的神是指整个人体生命活动的外在表现；狭义的神，是指人的精神活动，即神志、意识、思维活动。望神之神包括广义之神和狭义之神。神与形、精、气关系密切，神依赖于形体而存在，形神合一，有形才显神；神以精气作为物质基础，一方面源于先天之精而产生，另一方面又依赖于后天之精滋养而健旺。神是生命的主宰，神的盛衰是机体健康与否的重要标志，所以通过望神可以了解脏腑精气的盛衰、病情轻重与预后。

神的表现是多方面的，但望神的重点在于眼神、神情、气色、体态。临床一般分为得神、少神、失神、假神 4 种。

1. 得神 又称“有神”，临床表现为神志清楚，表情丰富自然，面色明润含蓄，两目灵活明亮，言语清晰，呼吸平顺，精力充沛，反应灵敏，形体壮实，活动自如。提示精气充足，生命活动正常，是健康的表现；疾病状态下则为精气未伤，病情轻浅，预后良好。

2. 少神 又称“神气不足”，介于得神和失神之间，临床表现为精神不振，面色少华，目光乏神，少气懒言，怠惰乏力，反应迟钝，动作迟缓等。提示精气不足，正气已伤，脏腑功能减弱，多见于虚证，或病情较轻，或病后恢复期的患者。

3. 失神 又称无神，临床表现为神志不清，或神昏谵语，烦躁狂乱，面色晦暗，两目呆滞无光，言语断续低弱，呼吸气微或喘，形体羸瘦或全身浮肿，动作艰难，甚至目闭口开，手撒尿遗，或搓空理线、循衣摸床等。提示精气衰败，正气大伤，脏腑功能虚衰，病情严重，预后较差。

4. 假神 是指垂危患者出现的暂时性的某些症状“好转”的假象，是临终的预兆。临床表现为久病重病之人，本已失神，但突然精神转佳，目光转亮，言语不休，想见亲人；或病至语声低微续断，忽然响亮起来；或原本面色晦暗，突然颧赤如妆，或原本毫无食欲，忽然食欲增强。提示病情恶化，脏腑精气将绝，预后不良。古人比作“回光返照”或“残灯复明”。假神与病情好转的区别在于，假神的出现比较突然，其“好转”与整个病情不相符，只是暂时的和局部的。真正的病情好转是多方面的整体好转，有一个逐渐变化的过程。

（二）望色

望色是指通过观察患者皮肤颜色与光泽的变化以诊察病情的一种望诊方法。颜色是色调的变化，而泽则是明度的变化。中医把色分青、赤、黄、白、黑五种颜色。由于面部气血充盛，为十二经脉、三百六十五络的气血上注之处，是脏腑气血之外荣，加之其皮肤薄嫩，色泽变化易现于外，故望色以望面部色泽为主，兼望皮肤、目睛、爪甲等部位。

根据五行学说和藏象理论，五色（青、赤、黄、白、黑）配五脏，故五色变化能反映相应脏腑的精血盈亏，光泽的变化能反映精气的盛衰。此外，病邪的性质、邪气部位等，也会通过色泽变化而有所反映。因此通过望色可以了解脏腑功能状态、气血盛衰情况以及邪气所在。面色临床分为常色和病色两种。五色既可为常色，也可为病色，所以应注意二者的区别。

1. 常色 指人体在正常生理状态时面部的色泽，因种族不同而异。我国健康人面色是红黄隐隐、明润含蓄，这是人体精神健旺、气血充盛、脏腑功能正常的表现。但由于体质禀赋的不同，可有偏青、偏赤、偏黄、偏白、偏黑的差异。常色又有主色与客色之分，主色指由禀赋所致、终生不变的色泽；客色指受季节气候、生活和工作环境、情绪及运动等不同因素影响所致面部色泽的短暂性改变，非疾病所致。

2. 病色 指人体在疾病状态时的面部色泽。病色又分为善色和恶色。五色光明润泽者为善色，说明虽病而脏腑精气未衰，神气尚存，多预后良好；五色晦暗枯槁无光泽者为恶色，说明脏腑衰败，神气已失，多预后不佳。病色主要有青、赤、黄、白、黑五种表现，现将五色主病分述如下。

（1）青色：主寒证、痛证、瘀血、惊风。

青色属木，多为经脉瘀滞、气血运行不畅所致。寒主收引，其性阴凝，寒凝气滞，经脉拘急，气血运行不畅，可致面色发青，甚则出现青紫色。如面、唇、爪甲青白为寒，青黑晦暗为阳虚，青紫多为阳气大衰；面色青黑多为寒痛证；鼻头色青多腹中疼痛；面色青，喜热饮，尿清长或腹满下利，多为腹中寒痛；腹痛时作，泛吐清水，面色乍青乍白，多为虫积腹痛；口唇青灰，常为心阳不振，心血瘀阻；妇女面青，兼见食少多怒，月经不调，属肝强脾弱。小儿眉间、鼻柱、唇周见青色，为小儿惊风。

（2）赤色：主热证。

赤色属火，多为火热内盛，鼓动气血，充盈脉络所致。常见于面、唇、舌、皮肤等部位。主病有实热、虚热之分。实热证常满面通红，多因热邪亢盛之外感发热或脏腑实热；虚热证，常见午后两颧嫩红或潮红，多因阴虚火旺；久病重病，面色苍白晦暗，时见泛红如妆，属戴阳证，此属真寒假热之危重症候。

（3）黄色：主湿证、虚证、黄疸。

黄色属土，多为脾失健运，水湿内停，气血不充，故面黄肌瘦。常见于面部、皮肤及白睛等部位。面色淡黄而晦暗无华者为萎黄，属脾胃虚弱；面目虚浮淡黄者为黄胖，属脾虚湿盛；身目俱黄者为黄疸，其中色黄鲜明如橘皮者为阳黄，证属湿热证，色黄晦暗如烟熏者为阴黄，证属寒湿证；小儿生后遍体皆黄，多为胎黄。

（4）白色：主虚证、寒证、失血、夺气。

白色属金，乃阳气虚衰，行血无力，脉络空虚，气血不荣所致。皖白而虚浮，多为阳气不足；淡白而消瘦，多为营血亏损；苍白无华为失血；面色白而发青多为阴寒内盛；急性病突然面色苍白，冷汗淋漓，属阳气暴脱之危候。

（5）黑色：主肾虚、寒证、痛证、水饮、瘀血。

黑色属水，为肾阳虚衰，阴寒内盛，气血凝滞，肌肤失养而致。面色黧黑、唇甲紫暗可见肾阳虚或心血瘀阻；面唇焦黑，发枯齿槁多为肾阴久耗；面色青黑多为寒证、痛证；黑色浅淡为肾病水寒；目眶周围发黑者，可见于肾虚水饮的痰饮病，或寒湿带下等。

（三）望形体

望形体，是通过观察患者身体外形和体质来诊察病情的一种望诊方法。人体内有五脏分属五行，外有皮毛、肌肉、血脉、筋、骨等五体合于五脏，形体的强弱胖瘦与脏腑的虚实和阴阳气血的盛衰密切相关。

1. 形体强弱 主要反映脏腑的虚实和气血的盛衰。

（1）体强：指身体强壮。表现为骨骼粗大，胸廓宽厚，肌肉充实，皮肤润泽，精力充沛，食欲旺盛。说明内脏坚实，气血旺盛，抗病力强，不易患病，有病易治，预后较好。

（2）体弱：指身体衰弱。表现为骨骼细小，胸廓狭窄，肌肉瘦削，皮肤枯槁，精神不振，食少乏力。说明内脏脆弱，气血不足，抗病力弱，容易患病，有病难治，预后较差。

2. 形体胖瘦 主要反映阴阳气血的偏盛偏衰。

（1）肥胖：其体形特点是形体肥胖，肌肉松软，气短乏力，为形盛气虚之痰湿体质。

（2）消瘦：其体形特点是形体瘦干，肌肉瘦削，易躁易怒，为阴虚内热之多火体质。

（四）望动态

望动态，是通过观察患者身体动作的姿态和体位的异常来诊察病情的一种望诊方法。正常的姿态是运动自如，反应灵敏；疾病中，由于阴阳气血的盛衰，机体的动态也随之出现异常变化，不同的疾病产生不同的病态。

1. 动静 阳证、热证、实证者多以动为主，可见坐卧不宁，烦躁不安，卧时面常向外，时时转侧，喜仰卧伸足，揭衣弃被，不欲近火；阴证、寒证、虚证患者多以静为主，可见喜卧少坐，卧时面常向里，不欲转侧，喜加衣被。

2. 抽搐 多为动风之象。项强抽搐，两目上翻，伴高热烦渴者，多为热极动风；肢体麻木，筋脉拘挛，伴有面色萎黄，精神萎靡者，多为血虚风动；手指震颤蠕动者，多为肝肾阴虚，虚风内动；四肢抽搐，牙关紧闭，角弓反张者，多为破伤风。

3. 偏瘫 猝然昏仆，不省人事，半身不遂，口眼㖞斜，为中风偏瘫。

4. 痿痹 关节肿痛，屈伸不利，沉重麻木或疼痛者多属痹证；四肢痿软无力，行动困难，多属痿证。

二、局部望诊

局部望诊是在全身望诊的基础上，再根据病情或诊断的需要，对患者的某些局部进行重点、细致的观察，从而帮助了解整体的病变。

（一）望头面

小儿头形过大或过小，伴有智力低下者，多属先天不足所致。囟门下陷或迟闭者，多为先天不足或津伤髓少之虚证；囟门高突者，多为痰火上冲之热证或脑髓有病。头颈无力抬起，多属虚证或病重；头项强直者，多由温热火邪上攻所致；头摇不能自主者，多为动风之征。面部水肿多为水湿上泛所致。头面红肿热痛者，多属风邪热毒。腮肿者，多由风温毒邪，阻滞少阳所致。口眼㖞斜为风邪中络，或为中风，多由肝阳上亢，风痰瘀血闭阻脉络所致。

（二）望毛发

应注意色泽、分布及有无脱落等情况。头发茂密，分布均匀，色黑润泽，为肾气充盛之象；白发多为肝肾亏损，气血不足；若毛发稀疏脱落，色枯无泽，多为肾气虚或血虚不荣；脱发可因血热或血燥；病久发脱多为精血亏虚；不规则片状脱发常因血虚或血瘀。小儿发结如穗，干枯不荣，多为疳积之征；初生少发、无发或头发稀疏黄褐，多为先天不足或体质较差。

（三）望五官

1. 望目 五脏六腑之精气皆上注于目。望目是望眼神、色泽、形态方面的变化。目光有神采，视物清楚，转动灵活为有神，提示无病或病浅易治；白睛暗浊，黑睛晦滞，或目光呆滞，视物模糊，转动不灵，或两目上视、直视，为无神，说明病情较重难治。目赤红肿为肝经风热或肝火；白睛发黄为黄疸；眼睑红肿湿烂为脾胃湿热或肝胆湿热；眼睑淡白为气血不足；目眶色黑为脾肾虚损，水寒内盛；下眼睑水肿多为脾肾虚；眼窝下陷多为伤津脱液；小儿睡时露睛多为脾虚或疳积；两目上视、斜视、直视均属肝风内动，瞳孔散大，多为阴阳离决之凶兆。

2. 望鼻 主要反映肺与脾胃的情况。望鼻，应注意鼻的色形和望鼻内分泌物。鼻端色青为阴寒腹痛；色白为气血不足；色赤为肺脾热盛；色黄多为湿邪；色黑则为水气内停。鼻塞多涕为外感；清涕为风寒；浊涕为风热；久流脓涕，有臭味多为鼻渊。鼻衄多因肺胃热盛；鼻翼煽动，发病急者为肺热壅盛；鼻柱溃烂塌陷，可见于梅毒；鼻柱崩坏，眉毛脱落多见于麻风病。

3. 望耳 主要反映肾与肝胆的情况。耳部望诊主要是观察耳壳及其各局部的色、泽、形、态，也观察其分泌物的变化。耳轮肉厚，色红明润为肾精充足或病浅易愈。耳轮肉薄干枯则为肾精不足；色淡白属寒；青黑属痛；焦黑为肾精亏耗；耳肿痛多为邪气实；耳旁红肿热痛多因风热外犯或肝胆火热；耳中疼痛，耳聋流脓者为肝胆湿热；久病血瘀可见耳轮甲错。

4. 望口唇 主要反映脾胃的情况。望口唇应注意口唇的颜色、润燥和形态的变化等。色红明润为正常。呈樱红色为煤气中毒；唇色深红而干，多为热证、实证；唇色淡而晦暗，多为寒证、虚证。唇色青紫，多属寒凝、瘀滞痛证；唇黑者脾胃将绝，久病唇黑预后不佳。口开不闭多为虚证；牙关紧闭多属实证；口角歪斜可见于中风。唇舌糜烂，为脾胃有热或阴虚火旺；口唇燥裂，多是燥热伤津。口腔黏膜近臼齿处，见边有红晕的白色小点，为将出麻疹之征。睡时口角流涎，多属脾虚或脾胃有热；小儿口疮，多为脾经郁热或消化不良。

5. 望齿龈 主要反映肾与胃的情况。应注意龈、齿的色泽、润燥及形态等异常变化。齿龈色淡白为血虚；色深红或紫为热证；牙龈肿痛是胃火上炎；齿龈红肿出血为胃火伤络；不红微肿者，多属气虚或虚火伤络；牙龈腐烂或牙齿脱落多为牙疳。牙齿干燥不泽，为阴液已伤；干燥如枯骨是肾阴涸竭；睡中咬牙或龂齿，多是胃热或虫积。

6. 望咽喉 主要反映肺胃与肾的情况。望诊时应注意观察其色泽形态变化和有无脓点、假膜等。咽部红赤肿痛多为肺胃有热；咽红干痛多为热伤肺津；若咽部色嫩红，疼痛不甚，多为肾水亏虚，为阴虚火旺。一侧或两侧喉核红肿疼痛，甚或溃烂有黄白色脓点，称为乳蛾，多因肺胃热毒炽盛，热灼肉腐所致；咽喉有灰白色假膜，擦之不去，重擦出血，且随即复生者，是为白喉，亦称疫喉，多因肺热伤阴所致。

（四）望躯体

望躯体的内容包括望颈项、胸胁、腹部和腰背部。颈前喉结处有肿块突起，或大或小，或单侧或双侧，逐渐长大，可随吞咽而上下移动者，称为瘿瘤。多因肝郁气结痰凝所致，或与地方水土有关。颈侧颌下有肿块如豆，累累如串珠者，称为瘰疬。多由肺肾阴虚，虚火内灼，炼液为痰，结于颈部，或外感风火时毒，夹痰结于颈部所致。鸡胸，多为先天不足，或后天失养；桶状胸，多为素有伏痰积饮，久病咳喘，肺气耗伤或肺肾两虚，肾不纳气所致。腹部深陷，多为久病虚弱，或新病津脱；腹部膨隆，四肢消瘦，甚者腹壁青筋暴露，肚脐突出，为臌胀，多属肝郁血瘀。

（五）望皮肤

主要观察皮肤的色泽形态变化及斑、疹、痈、疽、疔、疮、痘等情况。

1. 望色泽形态 正常人皮肤润泽，柔软光滑而无肿胀。皮肤肿胀，按之凹陷，为水肿；皮肤干瘪枯槁者是津液耗伤，或精血亏损。皮肤粗糙如鳞，肌肤甲错者，是血虚夹瘀血所致。

2. 望皮肤病症

（1）望斑疹：斑疹多为温热病邪热郁于肺胃，内迫营血所致。斑与疹不同，一般斑重于疹。斑或红或紫，点大成片，平铺于肌肤，抚之不碍手，压之不褪色，消失后不蜕皮，并有阴斑、阳斑之分。疹则色红，形如米粟，稍高于皮肤，抚之碍手，压之褪色，消失后蜕皮，又有麻疹、风疹、瘾疹之别。斑疹均有顺逆之分，以其色红活润泽，分布均匀，疏密适中，松浮于皮面为顺证，预后良好；其色紫红，分布稠密而紧束有根，压之不易褪色，为逆证，预后不良。

（2）望痈疽疔疖：局部红肿热痛，高出皮肤，根部紧束者为痈，属阳证；漫肿无头，坚硬而肤色不红者为疽，属阴证。初起如粟米，根部坚硬，麻木或痒，顶白痛剧，身发寒热，多发于颜面为疔；形小如核，红肿热痛不甚，顶端有脓头者为疖。皮肤红疹，破后渗液，色红糜烂者为湿疹；皮肤色赤如涂丹，热痛并作为丹毒。皮肤赤色，红疹集簇，烧灼刺痛，继而出现水疱，每多缠腰而发者多为缠腰火丹。

三、望 排 出 物

排出物是指排泄物和分泌物，包括痰涎、呕吐物、大小便、涕泪、白带等。通过对其形、色、质、量的观察，了解相关脏腑的虚实和邪气的性质。一般而言，排出物色白清稀者，多为寒证、虚证；色黄稠黏者，多属热证、实证。

（一）望涕、痰、涎、唾

鼻流清稀涕者，为外感风寒；鼻流黄浊涕者，为外感风热。痰清有泡沫为风痰；色白清稀为寒痰；痰多色白，咯之易出多为湿痰；痰黄稠黏为热痰；痰少色黄，不易咯出，或痰夹血丝者是燥痰。咳唾腥臭痰或脓血者是肺痈；劳瘵久咳，咯吐血痰多为虚火灼伤肺络；多涎喜唾可见于脾胃虚寒。

（二）望呕吐物

呕吐是由胃失和降，胃气上逆所致。呕吐物清稀，无酸臭味者，为胃寒证；呕吐物秽浊，有酸臭味者，为胃实热证；呕吐不消化食物，其味酸腐者，多属食积；呕吐不消化食物而无酸腐味，呕吐频作，伴见胁满、嗳气者，多属肝气犯胃；呕吐痰涎清水，量多无臭者，为水饮停胃；呕吐黄绿色苦水，多为肝胆湿热或肝经郁火；呕吐鲜血或紫暗有块，夹有食物残渣，多属胃有积热或肝火犯胃，热伤胃络，或素有瘀血，血不归经而外溢所致。

（三）望大便

大便溏薄多为虚寒之证；大便燥硬多为实热之证；便如羊粪为肠燥津枯；大便清稀如水样，属寒湿泄泻；大便黄褐如糜状，溏黏恶臭多为湿热泄泻；小儿绿便有泡多为消化不良或受惊；大便脓血，赤白相杂是下痢；便血色鲜红者是血热，色黑如漆为瘀血内积。先便后血，其色褐黑者，病多在脾胃，又称远血；先血后便，其色鲜红或深红者，病多在大肠与肛门，又称近血。

（四）望小便

小便清澈而长为虚寒证，赤而短少为实热证；其色黄甚可见于湿热证；黄赤混浊，或偶有砂粒为石淋；混浊如米泔、淋漓而痛是膏淋；尿带血色、热涩刺痛为血淋；小儿尿如米泔，多是食滞肠胃，内生湿热，或为脾虚。

四、望小儿指纹

望小儿指纹是指通过观察小儿食指掌侧前缘浅表络脉的部位及形色变化来诊察病情的方法。适用于3岁以内的小儿。由于小儿食指掌侧前缘络脉为寸口脉的分支，与寸口脉同属手太阴肺经，其形色变化在一定程度上可以反映寸口脉的变化，故望小儿指纹诊病与诊成人寸口脉的原理和意义基本相同。3岁以内的小儿寸口脉位短小，诊脉时又常易哭闹，气血先乱，使脉象失真，影响切脉效果。而小儿皮肤较薄嫩，食指络脉易于观察，故常以望指纹辅助脉诊。

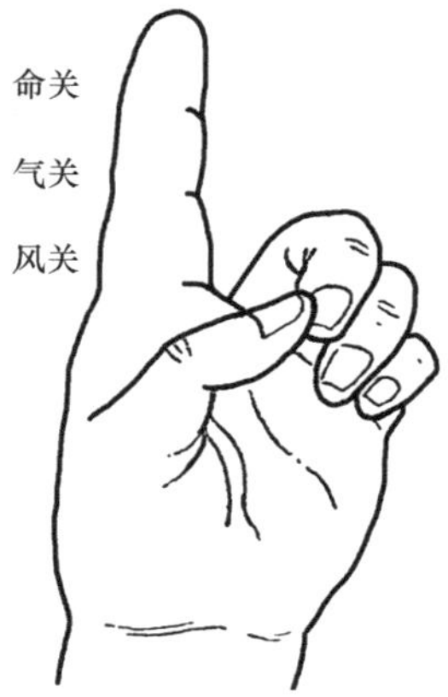

图 5-1 小儿指纹三关图

（一）小儿指纹的观察方法

小儿指纹按部位可分为风、气、命三关。食指第一节（掌指横纹至第二节横纹之间）为风关，第二节（第二节横纹至第三节横纹之间）为气关，第三节（第三节横纹至指端）为命关（图 5-1）。

诊察时，家长抱置小儿至光亮处，医生用左手握患儿食指端，以右手大拇指从命关向气关、风关直推，力度柔和适中，连推数次，使络脉显露，便于观察。主要观察指纹的长短、浮沉、色泽、形状等变化。

正常指纹：在食指掌侧前缘，隐隐显露于掌指横纹附近，纹色浅红略紫，呈单支且粗细适中。

（二）异常指纹的临床意义

1. 三关测轻重 指纹显于风关，是邪气入络，邪浅病轻，可见于外感初起。指纹达于气关，是邪气入经，邪深病重。指纹达于命关，是邪入脏腑，病情严重。指纹直达指端（称透关射甲）：提示病情凶险，预后不良。

2. 浮沉分表里 指纹浮而显露，为病邪在表，见于外感表证。指纹沉隐不显，为病邪在里，见于内伤里证。

3. 红紫辨寒热 指纹偏红，属外感表证、寒证。指纹紫红，属里热证。指纹青色，主疼痛、惊风。指纹淡白，属脾虚、疳积。指纹紫黑，为血络郁闭，病属重危。

4. 淡滞定虚实 指纹浅淡而纤细者，多属虚证，因气血不足，脉络不充所致。指纹浓滞而增粗者，多属实证，因邪正相争，气血壅滞所致。

五、望 舌

望舌，又称舌诊，是医生通过观察患者舌质和舌苔的变化以诊察疾病的方法。舌诊是望诊的重要组成部分，也是中医诊断疾病的重要特色之一。

足太阴脾经、足少阴肾经、足厥阴肝经、手少阴心经等通过经络或经筋直接或间接地连于舌，说明脏腑经络与舌有密切关系，舌为血脉丰富的肌性组织，有赖气血的濡养和津液的滋润。舌体的形质和舌色，与气血的盛衰和运行状态有关；舌苔和舌体的润燥与津液的盈亏有关。舌下肉阜部有唾液腺体的开口，中医认为唾为肾液，涎为脾液，皆为津液的一部分。即脏腑的精、气、津液上荣于舌，其病变则可从舌质与舌苔的变化反映出来。

舌质也称舌体，是舌的肌肉脉络组织，主要反映人体正气情况、脏腑虚实、气血盈亏；舌苔是附于舌面的一层苔状物，由胃气上蒸而成。病苔由胃气夹邪气上蒸而成，主要反映邪气情况、病邪浅深、病邪性质及胃气存亡。通过舌诊可以判断正气的盛衰，揣度津液的盈亏，分辨病位的深浅，区别病邪的性质，推断病势的进退，测知病情的预后。

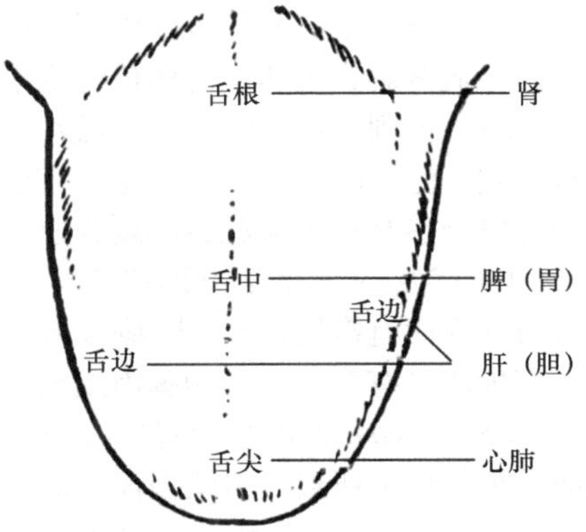

图 5-2　舌诊脏腑部位分属图

前人在长期临床实践中发现舌的特定部位与相应的脏腑密切相关：舌尖主心肺；舌边主肝胆；舌中主脾胃；舌根主肾（图 5-2）。若某脏腑有病变，在舌相应的部位可反映出来。舌的分部诊察在临床上虽具有一定的参考价值，但需“四诊合参”，灵活掌握。

望舌时应注意：光线充足，以自然光线为佳。患者应注意伸舌姿态，应自然舒展伸舌，不可用力太过。医生应循舌尖、舌中、舌根、舌边顺序观察，先看舌苔，后看舌质，并注意辨别染苔。

正常舌象：舌体柔软灵活，舌色淡红明润，舌苔薄白均匀，苔质干湿适中，简称“淡红舌，薄白苔”。

（一）望舌质

望舌质包括观察舌体的神、色、形、态的异常变化。

1. 望舌神　望舌神的有无主要从舌质的荣枯、灵动两方面进行观察。舌质荣润红活，光泽而有生气，舌体灵动自如者，为舌有神，说明胃气未亏，津液充足，气血充盈，正气未伤，病情轻浅；舌质干枯晦暗，无光泽，无生气，舌体运动呆滞，为舌无神，说明胃气匮乏，津液枯竭，气血虚衰，正气已伤，病较危重。

2. 望舌色　舌色，即舌质的颜色。一般分为淡红、淡白、红、绛、青、紫六种。淡红舌为正常舌色，下面介绍其余几种舌色。

（1）淡白舌：较正常淡红舌色浅淡为淡白舌。多为阳气衰弱或气血不足，使血不盈舌，舌失所养而致。主虚证、寒证。舌淡白而胖嫩多为阳虚寒湿；淡白而瘦薄多为气血两虚。

（2）红舌：舌色较正常舌色深，为红舌。血得热则行，热迫血涌，舌体脉络充盈故舌色红。红舌主热证，有虚实之分。舌色鲜红，甚至起芒刺而有苔者，多为实热证；舌红少苔或无苔或有裂纹，则为虚热证；舌尖红起刺多为心火上炎；舌边红赤为肝胆有热，舌红而舌中干燥可为热灼胃津。

（3）绛舌：舌色深红为绛舌，绛舌多系红舌进一步发展而成，介于红舌与青紫舌之间。多因热甚津液受伤，血液浓稠致血色加深。主邪热炽盛，主瘀。有外感与内伤之分。外感病中，若见舌绛或有芒刺为温病热入营分、血分；内伤杂病中，若舌绛少苔或无苔，或有裂纹，则为阴虚火旺；舌绛无苔，舌面光亮无津称为镜面舌，为内热阴液亏耗。舌绛色暗或有瘀斑、瘀点，是血瘀夹热。红舌与绛舌均主热证，但病势深浅和病情的轻重有所不同。一般情况下，绛舌较红舌病势深，病情重。

（4）青紫舌：色淡紫不红者为青舌，舌深绛而暗为紫舌，二者常并见。因热甚伤津，气血壅滞或寒凝所致。主热证、寒证和瘀血。舌绛紫干枯少津，为热盛伤津、气血壅滞；舌淡紫或青紫湿润者，多为寒凝血瘀。舌面或舌边见紫色斑点、斑块，称瘀点或瘀斑，为血瘀证。

3. 望舌形　舌形是指舌质的形状，包括老嫩、胖瘦、芒刺、裂纹等方面的特征。

（1）老嫩：舌质粗糙或皱缩，坚敛苍老为老舌，主实证、热证。舌质细腻，浮胖娇嫩为嫩舌，主虚证、寒证。

（2）胖瘦：舌体比正常人大而厚，伸舌满口，称为胖大舌。多主水湿内停、痰湿热毒上泛。舌淡胖大者，多为脾肾阳虚，津液输布障碍，水湿之邪停滞于体内的表现。舌红胖大者，多属脾胃湿热或痰热内蕴，或平素嗜酒，湿热酒毒上泛所致。舌体比正常舌瘦小而薄，称为瘦薄舌。多主气血两虚、阴虚火旺。瘦薄舌多由气血阴液不足，不能充盈舌体，舌失濡养所致。舌体瘦薄而色淡者，多是气血两虚；舌体瘦薄而色红绛干燥者，多见于阴虚火旺，津液耗伤。

（3）芒刺：舌乳头增生、肥大，高起如刺，状如草莓，摸之棘手，为芒刺舌，主邪热亢盛。舌有芒刺，色红而干为热入营血；舌有芒刺，紫绛而干为热甚伤阴；舌边芒刺为肝胆火盛；舌中有芒刺为胃肠热甚；舌尖红赤起刺为心火上炎。热愈甚则芒刺亦愈大愈多。

（4）裂纹：舌面上有形状各异、深浅不一的裂沟，为裂纹舌，因阴血亏损，不能荣润舌面所致。舌质红绛而有裂纹，多属热盛伤津或阴液亏虚；舌质淡白而有裂纹，多为血虚不润；舌质淡白胖嫩，边有齿印又有裂纹，多为脾虚湿浸或寒湿困脾；舌面布细碎裂纹常见于年老阴虚。

（5）齿印：舌体边缘有牙齿印痕为齿痕舌，常与胖大舌同见，由脾虚不能运化水湿，舌体胖大而受齿缘压迫所致。舌淡白而湿润边有齿痕为寒湿困脾；舌淡红胖嫩而有齿痕，多是脾虚或气虚。

（6）舌疮：舌生疮疡，散在舌四周上下，疼痛，称为舌疮。舌疮有虚实之分。若由心经火毒上壅而成，其特点为舌疮凸于舌面，局部红痛。若为下焦阴虚，虚火上浮而成，则舌疮多凹陷不起，红痛较轻。

（7）舌下络脉：主要观察舌系带两侧大络脉的长度、形态、颜色、粗细等变化。舌下络脉短细，周围络脉不明显，舌色淡白者，多因气血不足，脉络不充所致；舌下络脉出现粗大迂曲，舌色青紫，兼见舌有瘀斑、瘀点，多为血瘀之象。

4. 望舌态 指舌体的动态。舌体伸缩自如，运动灵活，为正常舌态。提示脏腑机能旺盛，气血充足，经脉调匀。常见的病理舌态包括痿软、强硬、震颤、歪斜、短缩、吐弄等。

（1）痿软：是指舌肌萎缩，舌体软弱，伸缩无力。久病舌体痿软，舌色淡白，属气血两虚，筋脉失养；痿软色绛，舌光无苔为肝肾阴液枯涸；突发舌体痿软，色红绛少津则为热灼阴液。

（2）强硬：是指舌体板硬强直，活动不利，言语不清。外感热病，多由热入心包，高热伤津，筋脉失养所致；内伤杂病，由肝风夹痰所致。舌强而干，舌色红绛多为热入心包，灼伤津液；舌胖苔厚腻而强者，多因痰浊阻滞；舌强语謇，口眼㖞斜，半身不遂者，多为中风。

（3）震颤：是指舌体颤动不定，不能自主。多由气血两虚，亡阳伤津，使筋脉失于温养和濡润，或为热极津伤而动风所致。舌色红绛，震颤明显，常因热极生风；舌色淡白，蠕蠕微动，多为虚风内动。

（4）歪斜：是指伸舌时，舌尖向左或向右偏斜。主中风或中风先兆。多因肝风内动，夹痰或夹瘀，阻滞一侧经络而成。

（5）短缩：是指舌体卷短、紧缩，不能伸出，多为危重之症。舌卷缩而赤干，属热极伤阴；舌卷缩而淡白湿润，是阳气暴脱，寒凝经脉；舌胖大，苔厚腻而短缩，多为痰浊内阻。

（6）吐弄：舌伸口外，久不回缩为吐舌；舌体反复伸出舐唇，旋即缩回为弄舌。舌红吐弄为心脾有热；舌紫绛吐弄为疫毒攻心；小儿弄舌多是惊风先兆，或久病危候；先天不足，智能低下者，也可见弄舌。

（二）望舌苔

望舌苔，主要是观察苔色和苔质的异常变化。

1. 苔色 舌苔的颜色一般有白、黄、灰黑色 3 种。

（1）白苔：多主寒证。苔薄白可见于正常人或病邪在表，病情轻浅；苔薄白而滑，主外感风寒；苔白而厚，主湿浊内盛，或寒湿痰饮；苔白滑黏腻多主痰湿；若舌苔白如积粉，舌质红赤，则主湿遏热伏，或瘟疫初起；苔白厚燥裂，可见于湿温病损伤津液。

（2）黄苔：多主热证。根据苔黄的程度，有微黄、深黄和焦黄之分，黄色越深，热邪越重。薄黄苔常为风热在表；苔黄腻为脾胃湿热或痰食化热；苔黄而干燥，主邪热伤津，燥结腑实；焦黄干裂或有芒刺，为里热盛极，耗伤气阴。

（3）灰黑苔：灰即浅黑色，灰苔与黑苔只是轻重程度之差别，故常并称为灰黑苔，黑苔较灰苔病情为重。灰、黑苔均主里证，但有寒热之分，见于病情较重者。苔灰黑湿润多津为阳虚阴盛；苔灰黑干燥无津液为热极津枯之证。

2. 苔质　主要观察舌苔的质地，如厚薄、润燥、腐腻、剥脱等变化。

（1）厚、薄苔：以“见底”和“不见底”为标准，透过舌苔能隐约见到舌体者为薄苔，不见舌体者为厚苔。舌苔的厚薄可反映病位的深浅和病邪的轻重。因正气未伤，邪气不盛，故见薄苔，多主外感表证或内伤轻病；厚苔由胃气夹湿浊邪气熏蒸所致，主邪盛入里，或内有痰饮食积，病较深重。舌苔由薄变厚，表示病邪由表入里，病势由轻转重；舌苔由厚变薄，表示邪气渐消，正气渐复，病势由重转轻。

（2）润、燥苔：舌苔润泽有津，干湿适中，不滑不燥，称为润苔；舌面水分过多，伸舌欲滴，扪之湿滑，称为滑苔；舌苔干燥，扪之无津，甚则舌苔干裂，称为燥苔。舌苔的润燥变化反映津液之存亡。润苔表示津液未伤；滑苔主脾虚湿盛或阳虚水泛；燥苔多为津液耗伤，或热盛伤津，或阴液亏虚，亦可因阳虚不运，津不上承所致。

（3）腐、腻苔：苔质颗粒粗大，疏松而厚，状如豆腐渣堆积舌面，刮之易去者，为腐苔；苔质颗粒细小，致密而黏，紧盖在舌面，刮之不脱者，为腻苔。舌苔腐腻主要反映中焦湿浊及胃气盛衰的情况。腻苔多为阴邪内停，阻遏阳气而成，常见于湿浊、痰饮、食积、湿温等证。腐苔乃因阳热有余，蒸腾胃中腐浊邪气上泛所致，常见于食积胃肠、痰浊内蕴，或内有痈疡之证。

（4）剥脱苔：舌本有苔，若舌苔全部或部分脱落，剥处见底，光滑无苔，称剥脱苔。主气阴两伤之证。一般少苔较轻，剥苔较重，无苔更重。若舌苔不规则地大面积脱落，界限清楚，形似地图，又称地图舌，多为胃之气阴两伤；小儿见地图舌多为虫积。舌苔全部褪去，不再复生，以致舌面光洁如镜为光剥苔，又称镜面舌，表示胃阴枯竭，胃气将绝。因此，望舌苔的剥脱情况可测知胃气、胃阴的耗损程度，对推断病情的预后有诊断价值。

（5）偏、全苔：舌苔布满全舌者为全苔，分布于局部者为偏苔。全苔主痰湿阻滞；苔偏舌之左右者，多属肝胆病证。

（吕军影）

第二节　闻　诊

闻诊是通过听声音和嗅气味来收集病情资料和诊察疾病的方法。听声音包括诊察患者的声音、语言、呼吸、咳嗽、鼻鼾、呕吐、呃逆、嗳气、太息、肠鸣等各种声响的变化；嗅气味包括嗅患者躯体、口鼻、分泌物、排泄物等所发出的种种异常气味。人体发出的声音和气味都是脏腑生理活动和病理变化的反映，故诊察其异常改变，可以推断出体内各脏腑的病证。

一、听　声　音

（一）声音

语声重浊而粗、高亢洪亮、烦躁多言多为实证和热证；语声轻清、细小低弱、静默懒言多见于虚证和寒证。语声重浊，或声音嘶哑，见于新病骤起，多为外感风寒或风热犯肺；久病喑哑或失音者，多为肺肾阴亏，或虚劳之证。呻吟声高亢有力，多为实证、剧烈疼痛；久病而呻吟低微无力，多为虚证。患者突然惊叫，多为剧痛或惊恐所致。小儿惊呼阵发，尖利高亢，多见惊风；小儿阵哭拒食，辗转不安，多因腹痛；小儿夜啼，可因惊恐、虫积、食积而致。神昏不醒，鼾声作响，手撒尿遗，多见于中风危候。

（二）语言

主要辨听患者言语的表达与应答能力是否异常。言为心声，言语异常多与心的病证有关。常见的病态言语有谵语、郑声、独语、狂言及言謇。

1. 谵语 是指神志不清，语无伦次，声音高亢。多为邪热亢盛，热扰心神的实证。

2. 郑声 是指神志不清，语言重复，时断时续，声音低微。多为心气大伤，精神散乱的虚证。

3. 独语 是指喃喃自语，喋喋不休，见人语止，首尾不续。属心气不足之虚证，或因痰气郁结，心窍阻闭所致，可见于郁病、癫病。

4. 狂言 是指精神错乱，语无伦次，狂躁妄言，不避亲疏。多属痰火扰乱心神所致，可见于狂病。

5. 言謇 是指神志清楚、思维正常而舌强语謇，吐字不清。多因风痰瘀血闭阻脉络所致，常见于中风先兆或中风。

（三）呼吸

呼吸声高，气粗而促，多为实证和热证；呼吸声低，气微而慢，多为虚证和寒证。呼吸急促而气息微弱，为元气大伤的危重证候。呼吸异常主要与肺肾病变有关，常见有喘、哮、气短、少气等。

1. 喘 指呼吸困难，短促急迫，甚则鼻翼煽动，张口抬肩，难以平卧的症状。喘有虚实之分。实喘者发病急骤，呼吸喘促，胸满气粗声高，以呼出为快，因肺有实邪，肺失肃降所致；虚喘者病势较缓，呼吸短促，声低气怯，吸少呼多，气不得续，动则喘甚，以吸入为快，多因肺肾气虚或肾不纳气所致。

2. 哮 指呼吸急促似喘，声高断续，喉中有哮鸣声的症状。哮有寒热之别，多因宿痰内伏，复感外邪诱发。往往时发时止，缠绵难愈。喘与哮的区别在于喘以气息急迫，呼吸困难为主；哮以喉间哮鸣音为特征。喘未必兼哮，但哮必兼喘。

3. 气短 是指自觉呼吸短促而不相接续，气短不足以息的轻度呼吸困难。其表现似喘而不抬肩，气急而无痰声，即只自觉短促，他觉征象不明显。气短有虚实之别，虚证气短，兼有形瘦神疲，声低息微等，多因体质衰弱或元气虚损所致；实证气短，常兼有呼吸声粗，或胸部窒闷，或胸腹胀满等，多因痰饮、胃肠积滞或气滞或瘀阻所致。

4. 少气 又称气微，指呼吸微弱，气少不足以息，声低无力的症状。多因气虚所致。

（四）咳嗽

有声无痰为咳，有痰无声为嗽，有痰有声为咳嗽。咳嗽乃肺失宣降，肺气上逆所致。咳声重浊有力，暴咳音哑多为实证；咳声低微无力，久咳音哑多为虚证。咳痰白而清稀，多为外感风寒；咳痰黄而黏稠，多属肺热；干咳少痰或无痰，多为燥邪伤肺或阴虚肺燥。咳声短促，呈阵发性、痉挛性，连续不断，咳后有鸡鸣样回声，并反复发作者，常见于百日咳；咳声如犬吠，伴有声音嘶哑，吸气困难，多见于白喉。

（五）鼻鼾

鼻鼾是指患者熟睡或昏迷时，喉鼻随呼吸发出的一种声响，是气道不畅的表现。熟睡时鼾声大，多为慢性鼻病或睡姿不当导致。昏迷患者，鼾声不绝，多见热入心包或中风中脏腑之危候。正常人熟睡后有轻微鼻鼾而无其他症状，不属病态。

（六）呕吐

呕吐指饮食物、痰涎等从胃中上涌，自口中吐出的症状。有物无声为吐；有声无物为干呕；有物有声为呕吐。皆因胃气上逆所致，有寒热虚实之分。呕吐来势徐缓，呕声低微无力，多为虚证或寒证；呕吐来势较猛，呕声响亮有力，多为实证或热证。

（七）呃逆

呃逆指从咽喉发出的一种不由自主的冲击声，声短而频，呃呃作响的症状。因胃气上逆所致，有寒热虚实、新病久病之别。呃声频作，高亢而短，其声有力者，多属实证、热证；呃声低沉，声弱无力者，多属虚证、寒证。新病呃逆，其声有力，为邪客于胃；久病、重病呃逆不止，声低气怯无力者，属胃气衰败之危候。

（八）嗳气

嗳气是指胃中气体上出于咽喉，由口排出，同时发出低沉且长之声的一种症状。俗称打饱嗝。饱食或饮碳酸饮料之后，偶有嗳气，无其他兼症者，不属病态。实证者多见，嗳气酸腐，兼脘腹胀满，多因宿食内停导致；嗳气频作而响亮，嗳气后脘腹胀减，嗳气发作因情志变化而增减者，多为肝气犯胃所致。虚证者多见，嗳气频作，兼脘腹冷痛，得温症减，多为寒邪犯胃，或为胃阳亏虚导致；嗳声低沉断续，无酸腐气味，兼见纳呆食少者，为胃虚气逆所致。

（九）太息

太息是指患者情志抑郁，胸胁胀闷不畅，不自觉发出吁叹声，叹气后自觉舒适，又称叹息。多因情志不遂，肝气郁结导致。

二、嗅　气　味

嗅气味，是指嗅患者身体所发出的各种气味以及分泌物、排泄物的气味的一种诊病方法。医生通过嗅取患者发出的种种异常气味，来鉴别病证的寒热虚实，判断病情轻重及预后，以帮助诊断。一般来说，凡气味酸腐臭秽者，多属实热证；气味腥而无臭者，多属虚寒证。嗅气味包括嗅病体气味和病室气味两种。

（一）病体气味

1. 口气　指从口中散发出的异常气味。正常人呼吸或讲话时，口中无异常气味散出。若口中散发臭气者，称为口臭，多与口腔不洁、龋齿、便秘或消化不良有关。口气酸臭，并伴食欲不振，脘腹胀满者，多属食积胃肠；口气臭秽者，多属胃热；口气腐臭，或兼咳吐脓血者，多是内有溃腐脓疡；口气臭秽难闻，牙龈腐烂者，为牙疳。

2. 汗气　指患者随汗出而散发的气味。汗出腥膻，是风湿热邪久蕴皮肤，津液受到蒸变所致，多见于风温、湿温、热病，或汗后衣物不洁所致；汗出腥臭，可见于瘟疫或暑热火毒炽盛之证；腋下随汗散发阵阵臊臭气味者，是湿热内蕴所致，可见于狐臭病。

3. 痰涕气味　正常状态下，人体排出少量痰涕多无异常气味。浊痰脓血，有腥臭味者为肺痈，是热毒炽盛所致。鼻流浊涕腥臭者为肺热鼻渊；鼻流清涕无气味者，为外感风寒。

4. 呕吐物气味　呕吐物清稀无臭味者，多属胃寒；气味酸臭秽浊者，多属胃热。呕吐未消化食物，气味酸腐者为食积。

5. 二便气味　大便酸臭难闻者，多属肠有郁热；大便溏泻而腥者，多属脾胃虚寒；大便泄泻臭如败卵，或夹有未消化食物，矢气酸臭者，为伤食；小便黄浊而臊臭者，多属湿热。

6. 经、带、恶露气味　月经臭秽者，多属热证；月经味腥者，多属寒证。带下黄稠而臭秽者，多属湿热；带下清稀而腥者，多属寒湿。崩漏或带下奇臭，并见异常颜色，常见于癌病，病情多危重。产后恶露臭秽者，多属湿热或湿毒下注。

（二）病室气味

病室气味是从病体气味发展而来，临床上通过嗅病室气味，可以推断病情及诊断特殊疾病。病室有血腥味，病者多患失血证；病室散有腐臭气，病者多患溃腐疮疡；如有尿臊气，多见于水肿晚期；若有烂苹果气味，多为消渴病患者，属危重证候；病室尸臭，多为病者脏腑衰败，病情重笃。

（吕军影）

第三节 问　诊

问诊，是医生询问患者或陪诊者，借以了解病情的一种诊查方法。通过问诊可以了解疾病的发生、发展、治疗经过、现有症状及其他与疾病有关的情况。它是四诊的一个重要组成部分。问诊时首先要问清一般情况、主诉、现病史、既往史、个人生活史、家族史等，更需要围绕主诉重点询问现在症状以便辨证确定证候。问诊涉及的范围较为广泛，自明代医家张景岳以后，一般认为《十问歌》比较全面且重点突出，可作为问诊时的参考。其内容是："一问寒热二问汗，三问头身四问便，五问饮食六胸腹，七聋八渴俱当辨，九问旧病十问因，再兼服药参机变，妇女尤必问经期、迟速闭崩皆可见。再添片语告儿科，天花麻疹全占验。"

一般情况，包括患者的姓名、年龄、性别、婚否、民族、职业、籍贯、现住址等；生活史，包括患者的生活经历、饮食嗜好、劳逸起居等；家族史和既往史，是患者直系亲属健康情况和曾患过的主要疾病；既往史是患者既往健康情况和曾患过的主要疾病。

主诉，是患者就诊时陈述的最主要的症状或体征及其持续的时间。现病史，是此次疾病发生发展治疗的全过程，应从发病情况、病变过程、诊治经过三个方面进行询问。

现在症状是问诊的主要内容，也是辨证的重要依据，以下分项论述。

一、问　寒　热

问寒热是指询问患者有无怕冷或发热的感觉。寒与热是临床常见症状之一，是辨别病邪性质、机体阴阳盛衰及病属外感或内伤的重要依据。"寒"指患者自觉怕冷的感觉，临床上有恶风、恶寒和畏寒之分。患者遇风觉冷，避之可缓者，谓之恶风；患者自觉怕冷，多加衣被或近火取暖而不能缓解者，谓之恶寒；患者自觉怕冷，多加衣被或近火取暖而能够缓解者，谓之畏寒。"热"即发热，发热除指体温高于正常者外，还包括患者自觉全身或某一局部发热的主观感觉，如"五心烦热"等。

（一）恶寒发热

恶寒与发热同时出现，称为恶寒发热，多为外感病的初期，是表证的特征。若恶寒重、发热轻，为外感风寒的特征；发热重、恶寒轻，为外感风热的特征；发热轻而恶风，多属外感风邪，伤风表证。

（二）寒热往来

恶寒与发热交替发作，称为寒热往来，为正邪交争于表里之间，互为进退之象，是半表半里证的特征，可见于少阳病和疟疾。

（三）但寒不热

但寒不热指患者只感寒冷而不觉发热，为里寒证。新病畏寒，多为寒邪直中；久病畏寒，多为阳气虚衰。

（四）但热不寒

但热不寒指患者只感发热而不觉寒冷，或反恶热，为里热证，分壮热、潮热、低热三种类型。

1. 壮热　热持续不退（体温39℃以上）不恶寒反恶热，为壮热，多因里热炽盛。

2. 潮热　发热如潮汐之有定时，或定时热甚，为潮热。有阳明潮热、阴虚潮热、湿温潮热之分。

（1）阳明潮热：日晡（下午3～5时，即申时）身发高热，或热势更甚，又称日晡潮热，常兼腹满硬痛、大便秘结等症，多见于阳明腑实证。

（2）阴虚潮热：午后或入夜低热，五心烦热或有热自骨髓向外透发感觉，又称骨蒸潮热，常兼颧红盗汗、口咽干燥、舌红少津等症，多由阴虚火旺所致。

（3）湿温潮热：午后热盛，身热不扬（体表初扪之不觉很热，但扪之稍久则觉灼手者），兼见脘痞身重、舌红苔黄腻等症，因湿遏热伏所致，可见于湿温病。

3. 低热　轻度发热（体温不超过38℃）或仅自觉发热，称低热或微热。低热一般持续日久，可见于温热病后期，或阴虚潮热、气虚发热、气郁发热、瘀血发热、小儿夏季热等。

二、问　汗

汗液是阳气蒸化津液出于腠理而成。问汗可辨疾病的性质和机体的阴阳盛衰。问汗主要诊察有无汗出及其汗出部位、时间、性质、多少等。

（一）表证辨汗

1. 无汗　外感寒邪，郁于肌表，寒性收引，腠理闭塞而无汗，为表寒，属表实证。

2. 有汗　外感风热，风性开泄，热性升散，腠理疏松而有汗，为表热，属表虚证。

（二）里证辨汗

1. 自汗　指日间汗出，活动后尤甚，常伴神疲乏力、少气懒言、畏寒、舌淡脉弱等症。多见于气虚证和阳虚证。

2. 盗汗　指睡时汗出，醒则汗止，常伴潮热、颧红、口咽干燥、舌红少苔等症。多见于阴虚内热或气阴两虚之证。

3. 大汗　指汗出量多，大汗不已，伴有面红、壮热烦渴、脉洪大等症。多见于实热证。

4. 战汗　指患者先恶寒战栗，继而汗出的症状。常见于温病或伤寒邪正剧烈交争的阶段，是疾病发展的转折点。如汗出热退，脉静身凉，是邪去正复的佳象；如汗出身热不减，仍烦躁不安，脉来急促，为邪胜正衰的危候。

5. 绝汗　指病情危重时出现大汗不止的症状。若冷汗淋漓，伴面色苍白、肢冷脉微欲绝者，为亡阳之汗；若热汗质黏，汗出如油，伴高热烦渴、脉细疾数者，为亡阴之汗。

（三）局部辨汗

1. 头汗　仅见于头部或头颈部汗出较多，又称但头汗出。多因上焦邪热或中焦湿热郁蒸，或病危虚阳浮越于上所致。

2. 半身汗　指患者半边身体汗出，另半身经常无汗，无汗的半身是病变的部位所在。多见于中风、痿病及截瘫等。

3. 手足汗　指手足心汗出过多，其他部位无汗或少汗。多因阳气内郁、阴虚阳亢，或中焦湿热郁蒸所致。

三、问　周　身

问周身，主要是询问患者周身有无疼痛与其他不适。临床问诊时可以按照从头至足的顺序，逐一进行。

（一）问疼痛

疼痛是临床上最常见的症状之一，可见于患者身体的各个部位。导致疼痛的病因病机较多，可分为虚实两类。实性疼痛，即“不通则痛”，多因外邪入侵、气滞血瘀、痰浊阻滞、食积或虫积等实邪阻滞脏腑经络，使气血运行不畅导致；虚性疼痛，即“不荣则痛”，多因气血不足、阴精亏虚，使脏腑经络失养所致。问疼痛应着重询问疼痛的性质和部位等。

1. 疼痛的性质 凡新病疼痛，痛势较剧，持续不解而拒按者为实证；久病疼痛，痛势较轻，时痛时止而喜按者为虚证。

（1）胀痛：是气滞疼痛的特点，疼痛伴有胀感，甚或胀重痛轻，部位走窜不定，常在叹息、嗳气或矢气后减轻。多因机体某部或某脏腑气机阻滞，运行不畅所致，以胸脘腹部最常见。

（2）刺痛：疼痛如针刺刀割者为刺痛，是瘀血疼痛的特点，疼痛部位固定，夜间痛甚，拒按。因瘀血内阻，血运受阻，不通则痛，夜间血运缓慢，故瘀阻加重而痛增。既可见于胸胁、少腹、胃脘，亦可见于关节、肌肉等部位。

（3）隐痛：疼痛不剧，但绵绵不休，喜温喜按，为隐痛。多由气血不足，阴寒内生，气血运行涩滞所致，常见于头、脘、腹、腰部的虚痛。

（4）冷痛：指疼痛伴有冷感，喜暖。常见于腰脊、脘腹、巅顶、四肢关节等部位，属寒证。

（5）灼痛：指疼痛伴有灼热感，喜凉。常见于咽喉、口舌、胁肋、脘腹、关节等部位，属热证。

（6）重痛：指疼痛伴有沉重感。常见于头部、四肢、腰部以及全身，多因湿邪留滞筋肉，困阻气机所致。

2. 疼痛的部位

（1）头痛：指头部或头的某一部分疼痛。无论外感、内伤、虚实病证均可引起头痛。头为诸阳之会，经脉循行于头部的不同部位，根据头痛的不同部位，即可以判断其病变属于何经。一般来说，头项痛，病在太阳经；两颞侧或太阳穴处痛，病在少阳经；前额痛或连及眉棱骨，病在阳明经；头顶痛，病在厥阴经。

（2）胸痛：胸居上焦，内藏心肺，故胸痛多为心肺之疾。凡热邪壅肺，痰浊阻肺，气滞血瘀均可导致胸痛。胸痛而咳吐脓血者，多为肺痈；胸痛伴潮热、颧红、盗汗多为肺痨；胸痛彻背，背痛彻心，多为心阳不振、血瘀痰阻之胸痹证。

（3）胁痛：胁为肝胆经脉循行之处，故胁痛多为肝胆病。常因肝气郁滞、肝胆湿热、肝胆火盛、瘀血内阻、水饮内停或肝阴不足等致使肝胆经脉受阻或经脉失养，导致胁痛。

（4）脘腹痛：脘是胃腑所居之处。腹部范围较广，分大腹、小腹、少腹三部分。脐以上为大腹，属脾胃；脐以下至耻骨毛际以上为小腹，属膀胱、大小肠及胞宫；小腹两侧为少腹，是肝经经脉所过之处。根据疼痛的不同部位，可察知所属不同脏腑之病变。其疼痛有寒热虚实之分，一般喜温为寒；喜凉为热；拒按者为实，可因寒凝、热结、气滞、血瘀、食积、虫积所致；喜按者为虚，可由气虚、血虚、阳虚、阴虚而致。

（5）腰痛：腰为肾之府，腰痛多见肾的病变。或为肾虚所致；或因风、寒、湿、热等邪阻滞经脉；或为瘀血阻络。

（6）四肢痛：多见于痹病。风邪偏盛，疼痛游走不定者，为行痹；寒邪偏盛，剧痛喜暖者，为痛痹；湿邪偏盛，重着而痛者，为湿痹；热邪偏盛，红肿疼痛者，为热痹。足跟或胫膝酸痛者，多为肾虚。

（7）周身痛：新病乍起者，多为实证，以感受风寒湿邪者居多；久病不愈者，多为虚证，以气血亏虚常见。

（二）问周身其他不适

问周身其他不适是指问除疼痛之外的其他不适或异常。主要包括头晕、耳鸣、耳聋、胸闷、心悸、胁胀、脘痞、腹胀、身重、麻木等症状。这些症状不仅临床常见，各有重要的诊断价值，并且只有患者自己才能感觉到，故应注意询问。

1. 头晕 指患者自觉头脑有晕眩之感，轻则闭目自止，重则感觉自身或眼前景物旋转，如坐舟车，不能站立的症状。头晕可由多种原因引起。头晕胀痛，口苦，易怒，脉弦数者，多因肝火上炎、肝阳上亢，脑神被扰所致；头晕面白，神疲乏力，舌淡脉弱者，多因气血亏虚，脑失充养所致；头晕而重，如物缠裹，痰多苔腻者，多因痰湿内阻，清阳不升所致；头晕耳鸣，腰酸遗精者，多因肾虚精亏，髓海失养所致；外伤后头晕刺痛者，多因瘀血阻滞脑络所致。

2. 耳鸣 指患者自觉耳内鸣响。耳鸣有虚实之分，若突发耳鸣，声大如潮，按之鸣响不减或加重者，属实证，多因肝胆火盛，上扰清窍所致；若渐觉耳鸣，声细如蝉鸣，按之鸣响减轻或暂缓者，属虚证，多由肝肾阴虚，肝阳上扰，或因肾虚精亏，髓海不充，耳失所养导致。

3. 耳聋 指患者听力减退，甚至听觉丧失。一般新病暴聋者属实证，常因肝胆火逆或邪壅上焦，耳窍失灵，或药毒损伤耳窍所致；久病或年老渐聋者属虚证，常因肝肾亏虚，精气不能上荣清窍而成。

4. 胸闷 指患者自觉胸部痞塞，满闷不舒的症状。胸闷与心、肺等脏气机不畅，肺失宣降，肺气壅滞有密切的关系。胸闷伴心悸气短者，多因心气虚或心阳不足所致；胸闷伴咳喘痰多者，多由痰饮停肺所致；胸闷伴壮热、鼻翼煽动者，多因热邪或痰热壅肺所致；胸闷气喘，伴畏寒肢冷者，多因寒邪客肺所致。胸闷气喘，兼见少气不足以息者，多因肺气虚或肺肾气虚所致。此外，气管、支气管异物，气胸，以及肝气郁结等，也可导致胸闷。

5. 心悸 指患者自觉心跳不安的症状，包括怔忡与惊悸，多是心与心神病变的反映。因受惊而致心悸，或心悸易惊者，谓之惊悸；心跳剧烈，上至心胸，下至脐腹，悸动不安者，谓之怔忡。怔忡多由心悸发展而来，病情较心悸为重。引发心悸的原因主要有心胆气虚，突受惊吓；胆郁痰扰，心神不安；心气、心阳亏虚，鼓动乏力；心阴、心血不足，心神失养；心脉痹阻，血行不畅；脾肾阳虚，水气凌心等。

6. 胁胀 指患者自觉一侧或两侧胁部胀满不舒的症状，多与肝胆病变有关。胁胀易怒，脉弦，多因肝气郁结所致；胁胀口苦，舌苔黄腻，多因肝胆湿热所致；胁胀兼见肋间饱满，咳唾引痛，多因饮停胸胁所致。

7. 脘痞 指患者自觉胃脘胀闷不舒的症状，是脾胃病变的表现。脘痞，伴嗳腐吞酸者，多为食积胃脘；脘痞，伴纳呆呕恶，苔腻者，多为湿邪困脾；脘痞，兼食少、便溏者，多属脾胃气虚；脘痞，伴饥不欲食、干呕者，多为胃阴亏虚；脘痞，伴胃脘有振水声者，为饮邪停胃。

8. 腹胀 指患者自觉腹部饱胀，满闷不适，甚则如物支撑，或有腹部增大的表现，病机以气机不畅为主。腹胀喜按者，属虚证，多因脾胃虚弱，腐熟运化无力所致；腹胀拒按者，属实证，多因食积胃肠，或燥热结滞肠道，或肠道气机阻塞引起。

9. 身重 指患者自觉身体沉重的症状，主要与水湿泛溢及气虚不运有关。身重，伴脘闷苔腻者，多因湿困脾阳，阻滞经络所致；身重，兼见浮肿，系水湿泛溢肌肤所致；身重，伴嗜卧、疲乏者，多因脾气亏虚，不能运化精微布达四肢肌肉所致；热病后期见身重乏力，多是邪热耗伤气阴，形体失养所致。

10. 麻木 指患者肌肤感觉减退，甚至消失的症状，亦称不仁。麻木可因气血亏虚、风寒入络、肝风内动、风痰阻络、痰湿或瘀血阻络，肌肤、经脉失养所致。

四、问饮食与口味

主要问食欲好坏，食量多少，有无口渴，饮水多少，冷热喜恶，口味偏嗜，以及异常口味等情况，以判断胃气有无及脏腑虚实寒热。

（一）问食欲与食量

食少纳呆者，或为脾胃气虚，或为内伤食滞，或为湿邪困脾；厌食脘胀，嗳腐吞酸，多为食滞胃脘；喜热食或食后常感饱胀，多是脾胃虚寒；厌食油腻，胁胀呕恶，可见于肝胆湿热；消谷善饥者，多为胃火炽盛，伴有多饮多尿者，可见于消渴；饥不欲食者，常为胃阴不足所致；食入即吐，其势较猛，多属胃中实火；朝食暮吐，暮食朝吐，多因脾胃虚寒；吞咽艰涩，哽噎不顺，胸膈阻塞者，可见于噎膈证；久病重病，厌食日久，突然思食、索食、多食，多为脾胃之气将绝之"除中"证，属"回光返照"之象。小儿嗜食异物，如泥土、纸张、生米等，可见于虫积、疳积证。

（二）问口渴与饮水

口渴可见于津液已伤，或水湿内停，津气不运。渴喜冷饮为热盛伤津；喜热饮，饮水不多或水入即吐者，可见于痰饮水湿内停，或阳气虚弱；口干但欲漱水不欲咽者，多为瘀血之象；口渴伴多饮多尿者，可见于消渴。

（三）问口味

口苦多见于胃热、肝胆火盛或肝胆湿热；口淡多见于脾胃虚寒或水湿内停；口甜多见于脾胃湿热；口酸多见于肝胃不和；口咸多见于肾虚；口腻多见于脾胃湿阻。

五、问睡眠与情绪

（一）问睡眠

睡眠是人体为适应自然界昼夜节律性变化，维持机体阴阳平衡的重要生理活动。睡眠情况与人体的卫气循行、阴阳盛衰、气血盈亏以及心肾的功能有关。正常情况下，卫气白昼行于阳经，阳气盛则醒；入夜行于阴经，阴气盛则眠。问睡眠应了解有无睡眠困难、睡眠时间长短、是否易醒，有无多梦等情况。睡眠失常主要分为失眠与嗜睡两类。

1. 失眠 是指患者经常不易入睡，或睡而易醒，醒后不能再睡，甚至彻夜不得眠的病症，常伴多梦，又称不寐，或不得眠。其病因有虚实之分，虚者为心血不足，心神失养，或阴虚火旺，内扰心神；实者可由气滞或痰火食积诸邪干扰，神不守舍所致。

2. 嗜睡 是指患者时时欲睡，眠而不醒，精神不振，头沉困倦，又称多寐，或多睡眠。实证多为痰湿内盛，困阻清阳所致，虚证多为阳虚阴盛或气血不足。

（二）问情绪

情绪是现代心理学概念，是人体对客观事物的主观反应和因之而产生的内心体念，又称情感活动，属于中医情志范畴。情志包括喜、怒、忧、思、悲、恐、惊等七种，是脏腑功能活动的外在反映。当脏腑气血紊乱时，可影响情志活动而出现各种情绪异常表现；反之，不良的情志刺激，可导致脏腑气血功能紊乱，从而引发疾病产生。因此，询问了解患者的情绪变化，既可为精神情志病变的诊断提供依据，又可为病因病机提供参考，还可使医生及时掌握患者的精神心理动态，在药物治疗的同时，辅以心理疏导，帮助患者尽快康复。

1. 烦躁 是指心中烦热，手足躁扰，甚至坐卧不宁的表现。烦即心烦，为患者内心的一种情绪体验；躁即躁扰、躁动，为手足、形体的动作表现。二者常伴随出现，统称为烦躁。由于邪热、痰火、瘀血、食积化热等上扰心神者，多属实证；而因阴血不足，虚火内扰者，多属虚证。

2. 情志抑郁 是指情绪低落，寡言少语，愁眉苦闷，唉声叹气，善悲易哭，缺乏兴趣，甚至悲观绝望，意志消沉，自罪自责，有自杀倾向等表现。常见于肝气郁结、肝郁脾虚、心脾两虚、脾肾阳虚等病证。

3. 过度兴奋 是指表现出与环境不相符的病态喜乐或过度激动。如精力充沛，兴奋多语，语调高昂，眉飞色舞，情绪不稳，表情丰富，对一切都感到非常乐观，对任何事都有兴趣，自负自信，甚至夸大其词等表现。多因心肝火旺，痰火扰神，或心肾不交，虚火内动导致。

4. 焦虑　是指无明显诱因经常忧虑不安，顾虑重重，紧张害怕，日久不能摆脱，以致出现坐卧不宁，唉声叹气，搓手顿足，如大祸临头，惶惶不可终日的表现。多因脏腑亏损，心神失养，或邪热内扰，心神不安所致。临床常见心胆气虚、胆郁痰扰等证。

5. 恐惧　是指对应激产生的一种不合理的恐惧反应，表现为紧张、害怕、提心吊胆，并伴心悸、气促、汗出、颤抖、面色改变等症状。由于患者可能对某种物体、处境或社交场合产生恐惧，因而常主动采取回避方式。临床常见肝胆气虚、胆郁痰扰等证。

六、问二便

问二便，主要是询问大小便的次数、便量、性状、颜色、气味以及便时有无疼痛、出血等症状，以了解脾胃、大肠的寒热虚实和肺、脾、肾及膀胱情况。

（一）问小便

小便色黄赤而短少者，多属热证；清长量多者，多属寒证；多尿且多饮而消瘦者，为消渴；尿频量多而清，为下焦虚寒；尿频数短赤不畅，急迫疼痛，见于淋证，多为膀胱湿热，其中伴尿流中断，有砂石排出者为石淋；夜间遗尿或尿失禁，多为肾气不固，膀胱失约；老人膀胱胀满，小便不利或癃闭，多因肾气虚弱，或血瘀湿热所致；产妇尿闭，常因血瘀或胞宫膨大压迫膀胱所致；重病之中癃闭无尿，或神昏遗尿，为阳气外脱，精气衰败之征兆。

（二）问大便

1. 便秘　以大便次数减少，质硬便难，或排便时间延长为特征。便秘有寒热虚实之分：实热者，多腹胀满闷，痛而拒按，苔黄燥裂，为热邪炽盛；实寒者，多腹痛拒按，苔白身冷，为寒邪阻遏阳气，腑气不通；大便燥结，硬如羊粪，排便困难，常见于病久不愈、年老体弱、孕中产后，乃因阴血亏少，无水行舟或气虚无力推动所致。

2. 泄泻　是以大便次数增加，一日数次或更多，便质溏稀或稀水状为特征。泄泻也有寒热虚实之别：湿热泄泻，可见暴发泄泻，大便臭秽，腹痛肠鸣，肛门灼热；寒湿泄泻，可见泻如稀水，色淡黄而味腥臭；食滞泄泻，可见吐泻交作，吐物酸臭，泻下臭秽；脾虚泄泻，可见完谷不化，便稀溏薄，迁延日久；大便时干时稀，多为肝郁脾虚，肝脾不调；大便先干后稀，多属脾胃虚弱；大便脓血，下利赤白，多为痢疾；肛门灼热者，多为大肠湿热；每日黎明前腹痛泄泻，泻后则安，多为肾阳虚泄泻，又称“五更泄”；肛门气坠，甚则脱肛，多为中气下陷。

七、问妇女（经带、妊娠）

妇女有经、带、胎、产等生理、病理特点，对青春期之后的女性患者，除常规问诊内容外，应加问月经、带下、妊娠和产后等情况。

（一）问月经

主要了解初潮、末次月经、绝经年龄、月经周期、行经天数、经量、经色、经质以及有无痛经、闭经等情况。正常月经周期为 28 天左右，行经 3～5 天，经量适中，色正红，质地不稀不稠，无瘀块。经色浅淡，质地清稀多为气血亏虚；经色鲜红，质地浓稠多为血热；紫黑有块者多为血瘀。

1. 月经先期　月经提前 1 周以上，为月经先期，若血淡质清稀为气虚不能摄血；若色鲜红质稠为血热迫血妄行。

2. 月经后期　月经推迟 1 周以上，称为月经后期，多因血虚任脉不充或寒凝、气滞所致。

3. 月经先后不定期　若经期错乱，或前或后，称为先后不定期，多为肝气郁滞所致。凡经量多色红质稠者为实证、热证；量多色淡质稀为气虚证；量少色淡为精血亏虚证；经色紫暗或有血块者多为血瘀证。

4. 闭经 停经3个月以上（排除妊娠情况），称闭经，多是化源不足、气血亏耗或血瘀不通、血寒凝滞所致。闭经者，可因气滞、血瘀、寒凝、气血阴阳亏虚所致。

5. 痛经 月经前后或经期出现小腹或腰部疼痛的症状，称痛经，多因气血运行不畅，或胞脉失养所致。可见于寒凝、气滞血瘀、气血亏虚等证。

6. 崩漏 月经忽然大下不止，来势急、血量多，称为经崩；长期淋漓不断，来势缓、血量少，称为经漏。崩与漏的出血情况虽然不同，但发病机制一致。“漏者崩之渐，崩者漏之甚”，临床上常崩漏并称，以血热、气虚最为多见。此外，瘀血也可致崩漏。

（二）问带下

主要了解带下色、量、质、气味等情况。如白带量多，质稀如涕，淋漓不绝者，多为脾肾阳虚，寒湿下注；带下色黄，质黏臭秽，多属湿热下注；带下有血，赤白夹杂，多属肝经郁热或湿热下注。

（三）问妊娠

已婚妇女平素月经正常，突然停经而无病理表现，脉象滑数冲和者，应考虑为妊娠。妊娠妇女出现厌食、恶心、呕吐，不能进食，为妊娠恶阻。妊娠妇女小腹坠痛、腰酸，或兼见漏红者，称为胎动不安，为坠胎或小产先兆。若兼见面色暗滞、头晕耳鸣、尿频者，为肾虚冲任不固所致；兼见面白无华、神疲倦怠者，为气血亏虚不能养胎所致；若跌仆闪挫而后出现腹痛漏红者，为外伤损伤冲任所致。

（四）问产后

产后恶露淋漓不断，持续20天以上者，称为产后恶露不绝，可由气虚、血热、血瘀等引起；产后恶露紫暗，小腹疼痛拒按，为瘀血未净；产后潮热自汗，为气血两虚。

八、问小儿

儿科古称“哑科”，问诊不仅困难，而且也不一定准确。问诊时若小儿不能述说，可询问其家长或保育人员。问小儿，除一般问诊内容外，还应结合小儿的生理病理特点进行询问。小儿的生理特点是脏腑娇嫩、生机蓬勃、发育迅速；病理特点是发病较快、变化较多、易虚易实。

小儿问诊时，应着重询问出生前后的情况，预防接种情况，是否患过麻疹、水痘等传染病及传染病接触史，喂养和生长发育情况等。小儿常见致病因素有易感外邪、易伤饮食、易受惊吓等，故对受寒、喂养、受惊等情况也应详细问及。此外，父母兄妹健康状况及遗传性疾病史亦应询问。

（吕军影）

第四节 切诊

切诊是医生用手对患者体表某些部位进行触、摸、按、压，以了解病情的诊察方法。切诊分为脉诊和按诊两部分。

一、脉诊

（一）脉象的形成原理与脉诊的临床意义

脉象是脉动应指的形象。脉象的产生与心的搏动、气血盈亏、脉管通利有密切的关系。因心主血脉，心脏的搏动将血液排入脉管，形成脉搏。血液正常运行于脉道之中，除依赖心气的推动和心血的充盈外，还必须由各脏腑协调配合。如肺朝百脉，脾主统血、脾胃为气血生化之源，共同使气血运行，环周不息，因此，脉象可以反映全身脏腑功能及气血阴阳状况。根据脉象的变化，可以了解疾病的病因、病位、病性、邪正关系、病情轻重及预后。

（二）脉诊的部位和方法

1. 脉诊的部位　脉诊，临床主要运用“寸口诊法”。寸口，又称“气口”或“脉口”，在患者桡动脉的腕后浅表部分。古人根据经络循行，认为全身脏腑气血的情况都可以从寸口反映出来。因为寸口为手太阴肺经的原穴部位，是脉之大会，肺经起于中焦，寸口可反映胃气的强弱；肺朝百脉，脏腑气血的变化都能通过肺经反映于寸口，且寸口部位固定，诊脉方便，所以诊脉独取寸口。

寸口脉分为寸、关、尺三部（图 5-3）。以腕后高骨（桡骨茎突）为标记，其内侧部位为关，关前（腕端）为寸，关后（肘端）为尺。两手各有寸、关、尺三部，共六部脉，分候不同的脏腑之气，即左寸候心，左关候肝，左尺候肾；右寸候肺，右关候脾，右尺候肾（命门），在临床上有一定的诊断参考意义。

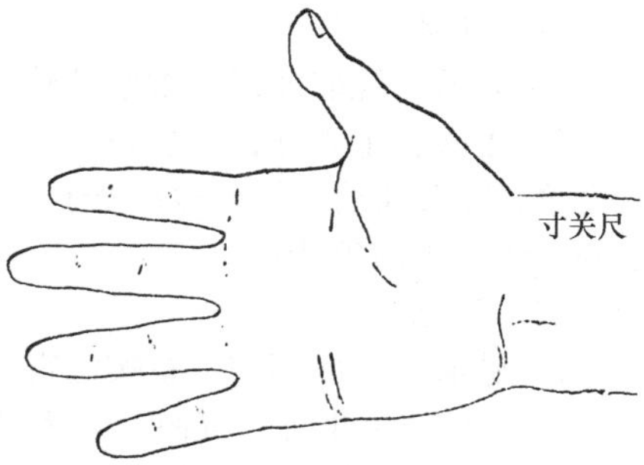

图 5-3　脉诊寸关尺部位图

2. 脉诊的方法　脉诊时以环境安静，医患双方气血平和为佳。患者将前臂平伸，掌心向上，腕下垫脉枕。医生切脉时，用左手按患者的右手，用右手按患者的左手；布指时，以中指定关位，食指切寸位，无名指切尺位，三指呈弓形，指头平齐，以指腹切按脉体，布指疏密应根据患者手臂长短而调整。诊脉时用指力轻切在皮肤上称为举，即浮取或轻取；用力不轻不重称为寻，即中取；用重力切按筋骨间称为按，即沉取或重取。如此，脉分寸、关、尺三部，每部有轻、中、重取三法，共称三部九候；三指平布，同时用力按脉，称为“总按”，总体体会三部九候脉象；分别用一指单按其中的一部脉象，重点体会某一部脉象，称为“单按”。

脉诊时，医生以正常的一呼一吸（即一息）作为时间单位去计算患者的脉搏至数，一般一息四五至。切脉的时间必须在 1 分钟以上。小儿因寸口脉狭小，可用“一指（拇指）定关法”，而不分三部。3 岁以下的小儿，可用望指纹代替切脉。

（三）正常脉象

正常脉象又称“平脉”或“常脉”，其特点是：三部有脉，不浮不沉，不快不慢，一息四五至（每分钟 60～90 次），和缓有力，节律均匀。这些特征在脉学中称为“有胃、有神、有根”。有胃即从容、和缓、流利为主要特点，反映脾胃运化功能的强盛和营养状况的良好；有神以应指有力柔和、节律整齐为主要特点，反映病情轻浅或病虽重而预后良好；有根以尺脉有力，沉取不绝为特点，反映肾气犹存，生机不息。平脉反映了机体气血充盈，脏腑功能健旺，阴阳平衡，精神安和的生理状态，是健康的标志。

平脉可由于人体内外诸多因素的影响而发生相应的生理性变化，如性别、年龄、体格、情志、劳逸、饮食、季节气候、地理环境等，但总以有胃、有神、有根者为平脉范围。

此外，临床可见少数人脉不见于寸口，而从尺部斜向手背，此名“斜飞脉”；也有脉见于腕部背侧的，此名“反关脉”，均为脉道位置的生理特异，不属于病脉。

（四）常见病脉及主病

疾病反映于脉象的变化，称为病脉。脉象的要素主要由位、数、形、势四个方面组成，历代脉学文献中，脉象种类及命名很不一致。我国最早的脉学专书《脉经》提出 24 种脉象，《濒湖脉学》

提出27种，《诊家正眼》又增加了疾脉，分28种脉论述。即浮、沉、迟、数、虚、实、滑、涩、长、短、洪、微、紧、缓、弦、芤、革、牢、濡、弱、散、细、伏、动、促、结、代、疾等。

脉象的辨别是通过位、数、形、势四个方面来体察的。其中位是指脉动部位的浅深；数是指脉动频率的快慢和脉动节律的整齐与否；形是指脉动的形态，具体是指脉形的粗细、长短，脉管的紧张度及脉搏往来的流利度；脉势是指脉搏应指的强弱，与脉的紧张度和流利度也相关，如浮沉是脉位的不同，迟数是至数的不同，虚实是力量强弱（气势）的不同。有些脉象，又是几方面相结合，如洪、细则是形态和气势的不同。现将其中常用脉象分述如下。

1. 按脉位分类

（1）浮脉

1）脉象：轻取即得，重按稍减而不空，举之泛泛而有余。特点是脉搏显现部位表浅。

2）主病：主表证，亦主虚证。见于表证者，浮而有力为表实，浮而无力为表虚，为卫阳与邪气交争，脉气鼓动于外而致；见于里虚证者，多因精血亏损，阴不敛阳或气虚不能内守，脉气浮散于外而致，为虚象严重。

（2）沉脉

1）脉象：轻取不应，重按始得。特点是脉象显现部位深。

2）主病：主里证。沉而有力为里实，沉而无力为里虚。所主里实证可见于气滞血瘀、积聚等，为邪气内郁，气血困阻，阳气被遏，不能浮应于外而致，多脉沉而有力，按之不衰；所主里虚证，为气血不足，阳气衰微，不能运行营气于脉外而致，多脉沉而无力，愈按愈弱。

2. 按频率分类

（1）迟脉

1）脉象：脉来缓慢，一息不足四至。特点是单位时间内较正常脉搏次数少，每分钟在60次以下。

2）主病：主寒证。若里虚寒者，多阳气衰微，脉迟而无力；里实寒者，多因阴寒积冷，凝滞阻闭，脉迟而有力。此外，若邪热内结，脉气郁闭，亦见迟脉，但迟而有力且伴有热结之象。久经体力锻炼者，脉迟和缓而有力，为健康之象。

（2）缓脉

1）脉象：一息四至，应指徐缓。

2）主病：湿证，脾虚。又见于正常人。

3）分析：脉势缓慢，懈怠无力，多因湿邪内困或脾虚气血不足所致；若脉来和缓有力，则见于正常人，或为胃气恢复之象。

（3）数脉

1）脉象：脉来急促，一息脉来五至以上。特点是单位时间内较正常脉搏次数多，每分钟在90次以上。

2）主病：主热证。若数而有力，多因邪热鼓动，气盛血涌，血行加速而致；数而无力，甚则数大而空，多因精血不足，虚阳外越所致。

（4）疾脉

1）脉象：脉来急疾，一息七八至（每分钟140次以上）。其脉率比数脉更快。

2）主病：主阳亢阴竭，元气将脱。伤寒、温病在热邪亢极之时，脉象急疾而按之益坚，是阳亢无制，真阴垂危之候；若疾而虚弱或散乱，是元气将脱之征。生理性疾脉可见于剧烈运动后，婴儿脉一息七至也是平脉，不作疾脉论。

（5）结脉

1）脉象：脉来缓中一止，止无定数。特点是往来缓慢，时而出现无规律的歇止，间歇时间较短，止后即恢复搏动。

2）主病：主阴盛气结、寒痰瘀血、气血虚衰。结脉亦有虚实之分。脉结有力，为阴盛结聚，寒痰瘀血，阻遏经脉，脉气不相接续所致；结而无力，为气血虚衰，运行无力，致脉气不相续接。

（6）代脉

1）脉象：脉来缓中一止，止有定数，良久方来。

2）主病：主脏气衰微，亦主风证、痛证、七情惊恐、跌打损伤。脉代而无力，良久不能自还，为脏气衰微，脉气不复所致；脉代而有力，多为痹证、痛证、七情内伤、跌打损伤等邪气阻抑脉道，涩滞血行所致。

（7）促脉

1）脉象：脉来数中一止，止无定数。

2）主病：阳盛实热、气血痰饮宿食停滞，亦主肿痛。阳热盛实或实邪阻滞、化热，正邪相搏，血行急速，故脉来急数。邪气阻滞，阴不和阳，脉气不续，故时一止，止后复来，指下有力，止无定数；如元阴亏虚，促而无力，为虚脱之象。

3. 按脉形分类

（1）滑脉

1）脉象：往来流利，如盘走珠，应指圆滑。特点是脉搏形态应指圆滑如珠，其搏动极其流利，令人有一种反复旋转、圆滑自如的感觉。

2）主病：主痰饮、食积、实热证。为邪正交争，气血壅盛，脉行通畅所致。平人脉滑和缓，是营卫充实之象，可见于青壮年；妇女妊娠亦常见脉滑数，是气血充盛而调和的表现。

（2）涩脉

1）脉象：脉细行迟，往来艰涩不畅，如轻刀刮竹。

2）主病：脉涩有力为实证，多因气滞血瘀或痰食等有形之邪闭阻气机，阻滞脉道，气血运行不畅而致；脉涩无力为虚证，多因精伤血少，脉道不充所致。

（3）洪脉

1）脉象：脉形宽大，状如波涛，来盛去衰。特点是脉形宽大，按之满指，状如波涛汹涌，来盛去衰。

2）主病：主气分热盛，属实证，乃邪热炽盛，正气抗邪有力，气盛血涌，脉道扩张而致。

（4）细脉

1）脉象：脉细如线，应指明显。特点是脉形窄，且波动小，按之不绝。

2）主病：主气血两虚、诸虚劳损；又主伤寒、痛甚及湿证。虚证因营血亏虚，脉道不充，气虚血运无力而致；实证因暴受寒冷或疼痛导致脉道拘急收缩，脉细而弦紧，湿邪阻遏脉道则见脉象细缓。

（5）弦脉

1）脉象：端直以长，如按琴弦。特点是脉本身的硬度大，张力大而不柔软，切脉时有挺然指下、直起直落。

2）主病：主肝胆病、诸痛、痰饮、疟疾。弦为肝脉，以上诸多因素可致使肝失疏泄，气机失常，经脉拘急而脉弦。此外，老年人脉象多弦硬，为精血亏虚，脉失濡养而致。春令平脉亦见弦象。

（6）紧脉

1）脉象：脉来绷急，应指紧张有力，状如牵绳转索。特点是脉搏动的张力大。弦脉与紧脉都有一定的紧张感，但弦脉紧中带有挺直的现象，紧脉紧如绞绳而有力。

2）主病：主寒证、痛证、宿食。乃邪气内扰，气机阻滞，脉道拘急紧张而致。

4. 按脉势分类

（1）虚脉

1）脉象：三部脉举之无力，按之空虚，应指软弱。

2）主病：主虚证。多见于气血两虚，气虚则血行无力，血少则脉道空虚。

（2）实脉

1）脉象：脉来坚实，三部有力，来去俱盛。特点是脉搏搏动力量强，寸、关、尺三部，浮、中、沉三候均有力量，脉管宽大。

2）主病：主实证。乃邪气亢盛，正气不虚，正邪剧烈交争，气血壅盛，脉道坚满而致。若虚证见实脉则为真气外越之险候。

（3）濡脉

1）脉象：浮而细软。特点是脉位表浅，轻取即得，细软无力，重按渐无。

2）主病：主诸虚、湿证。气血亏虚则脉浮而软，阴血不足则脉形细小；湿邪内侵，机体抗邪，气血趋于肌表则脉浮，湿邪阻遏脉道，则脉细而软。

（4）弱脉

1）脉象：极软而沉细。

2）主病：主气血脉道不足；气虚无力鼓动脉气；或阳气亏虚，鼓动乏力。病后正虚，见弱脉为顺；新病邪实，见弱脉为逆。

（5）芤脉

1）脉象：浮大中空，如按葱管。

2）主病：失血，伤阴。

（五）相似脉的鉴别

为了便于掌握各种病脉，在近似脉象之间可采用同中求异的鉴别方法，一般多采用六脉为纲，对 28 种脉进行归类，并和十纲辨证相呼应。以六纲脉分统它脉（表 5-1）。

表 5-1　六纲脉比较表

脉纲	脉名	脉象	主病
浮脉类	浮	轻取即得，重按稍减而不空	表证，亦主虚证
	洪	指下极大如波涛汹涌，来盛去衰	热邪亢盛
	濡	浮而细软	主虚，又主湿
	散	浮散无根，至数不齐	元气离散，脏腑之气将绝
	芤	浮大中空，如按葱管	失血，伤阴
	革	浮而搏指，中空外坚，如按鼓皮	精血亏虚
沉脉类	沉	轻取不应，重按始得	里证
	伏	重按推筋着骨始得	邪闭，厥证，痛极
	牢	沉按实大弦长	阴寒内实，疝气，癥瘕
	弱	柔细而沉	气血不足
迟脉类	迟	脉来迟慢，一息不足四至	寒证
	缓	一息四至，脉来怠缓	湿证，脾虚
	涩	往来艰涩，如轻刀刮竹	气滞血瘀，精伤血少
	结	脉来缓中一止，止无定数	阴盛气结，寒痰血瘀。亦主气血虚衰
数脉类	数	一息五至以上	热证，亦主虚证
	促	脉来数中一止，止无定数	阳盛实热，气血痰饮宿食停滞
	疾	一息七至以上，脉来急疾	主阳极阴竭、元气将脱
	动	脉形如豆，厥厥动摇，滑数有力	疼痛，惊恐
虚脉类	虚	举之无力，按之空虚	虚证，多为气血两虚
	微	极细极软，似有似无，至数不明	气血大虚，阳气衰微
	细	脉细如线，但应指明显	气血两虚，诸虚劳损，主湿
	代	脉来缓中一止，止有定数，良久方来	脏气衰微，跌仆损伤
	短	首尾俱短，不及本位	有力为气郁，无力为气虚

续表

脉纲	脉名	脉象	主病
实脉类	实	举按均有力	实证
	滑	往来流利，如盘走珠，应指圆滑	痰饮，食滞，实热
	紧	紧张有力，如转绳索	寒，痛，宿食
	长	首尾端直，超过本位	阳气有余，热证
	弦	端直以长，如按琴弦	肝胆病，痛证，痰饮，疟疾。亦主虚劳

（六）相兼脉及主病

临床上疾病常由多种因素相兼而致，病情是很复杂的，上述诸病脉往往不是单独存在的，而是数种脉象同时出现。数种脉象同见，称为相兼脉。相兼脉的主病一般而言就是各单一脉主病的相合。例如，浮脉主表证，紧脉主寒证，故浮紧脉主表寒证；因浮脉主表证，数脉主热证，故浮数脉主表热证；因沉脉主里证，迟脉主寒证，故沉迟脉主里寒证；沉脉主里证，细脉主虚证，数脉主热证，故沉细数脉主里虚热证；弦脉主肝胆病证，数脉主热证，滑脉主痰湿证，故弦滑数脉主肝胆湿热证，或肝火夹痰证。余可类推。

（七）脉症的顺逆与从舍

脉象和症状是疾病的表现，二者对于病情的反映通常一致，即脉症相应。但也有脉症不相应，甚至相反的情况。一般脉症相应者为顺证，多易治；反之为逆证，预后较差。临床上脉症相悖时，常有真假之别。在症真脉假时，须“舍脉从症”；而症假脉真时，须“舍症从脉”。

二、按　诊

按诊是医生用手直接触摸或按压患者某些部位的一种诊病方法，按诊是切诊的重要组成部分，在辨证中起着重要作用。通过按诊，可以了解病变局部冷热、软硬、胀满、压痛、肿块或其他异常变化，从而推断疾病部位、性质和病情轻重。其方法主要是触、摸、按、叩四法。临床上一般先触摸，后按压，由轻到重，由浅入深，先远后近，先上后下地进行诊察。

（一）按胸胁

胸胁即前胸和侧胸部的统称。主要诊察心、肺、肝、胆的病变。胸部高起，叩之膨膨而音清，按之气喘者，为肺胀；按之胸痛，叩之音实者，为痰热壅肺或水结胸膈。

虚里位于左乳下，心尖搏动处，能反映宗气的盛衰，疾病的虚实，预后的吉凶。医生用右手平抚虚里处，若动而微弱，为宗气内虚；若动而应衣，为宗气外泄；若脉动迟弱，多为心阳不足；虚里动高，聚而不散为热甚；若洪大不止或绝而不应，多为危重之候。

胁下按之胀痛，多为气结；胁痛喜按为肝虚；胁下肿块，刺痛拒按，为气滞血瘀；右胁下肿块，按之表面凹凸不平多为肝积。

（二）按脘腹

脘腹指胃脘部及腹部。按脘腹主要了解肝、脾、胃脘、小肠、大肠、膀胱、胞宫及其附件组织的病变。腹部按之凉而喜温为寒证；按之热而喜凉为热证。腹痛喜按，局部柔软者为虚证；腹痛拒按，局部坚硬者为实证。腹部胀满，须分虚实。若腹部按之手指下饱满充实而有弹性、有压痛者，多为实满；若腹部虽膨满，但按之手下虚软而缺乏弹性、无压痛者，多属虚满。腹部胀大明显，其状如鼓者，称为臌胀。臌胀通过腹诊可鉴别水臌与气臌。具体方法是：医生两手分置于患者腹部两侧相对位置处，一手轻轻叩拍腹壁，另一手则有波动感，按之如囊裹水者，为水臌；一手轻轻叩拍腹壁，另一手无波动感，而有如击鼓之膨膨声，为气臌。

当发现腹部有肿块时，须注意诊察肿块的部位、大小、硬度、有无压痛、可否移动等情况。凡腹中肿块固定，按之有形，推之不移，痛有定处者，称为癥积，病在血分；若肿块柔软，聚散不定，推之可移，痛无定处者，称为瘕聚，病属气分。肿块大者多为病深，肿块形状不规则，表面不光滑者为病重；若肿块坚硬如石者多为恶候。右少腹疼痛而拒按，甚则按之有包块应手者，常见于肠痈。左少腹疼痛，按之累累有块者，多为肠中有宿粪。若脐周有包块，按之起伏聚散，往来不定，多为虫积。

（三）按肌肤

按肌肤是指触摸某些部位的肌肤，以了解肌肤的寒热、润燥滑涩、疼痛、肿胀等情况，来分析疾病的寒热虚实及气血阴阳盛衰的诊断方法。

1. 寒热 肌肤寒冷、体温偏低者，为阳气衰少；若肌肤冷而大汗淋漓、脉微欲绝者，为亡阳之征。肌肤灼热，体温升高者，多为实热证；若汗出如油，四肢肌肤尚温而脉躁疾无力者，为亡阴之征。身灼热而肢厥，为阳热内闭，不得外达，属真热假寒证。外感病汗出热退身凉，为表邪已解；皮肤无汗而灼热者，为热甚。身热初按热甚，久按热反转轻者，为热在表；久按其热反甚者，为热在里。肌肤初扪之不觉很热，但扪之稍久即感灼手者，称身热不扬。常兼头身困重、脘痞、苔腻等症。主湿热蕴结证。由于湿性黏滞，湿邪遏制，阳热内伏而难以透达于外，湿郁热蒸，故身热而不扬。局部病变通过按肌肤之寒热可辨证之阴阳。皮肤不热，红肿不明显者，多为阴证；皮肤灼热而红肿疼痛者，多为阳证。

2. 润燥滑涩 通过触摸患者皮肤的润滑和燥涩，可了解汗出与气血津液的情况。皮肤干燥者多无汗或津液已伤；皮肤湿润者多汗出或津液未伤。肌肤润滑者为气血充盛；肌肤枯涩者为气血不足；肌肤甲错者，多为血虚失荣或瘀血所致。

3. 疼痛 触摸肌肤疼痛的程度，可以分辨疾病的虚实和病位的浅深。肌肤柔软，按之痛减者为虚证；肌肤硬痛，按之痛甚者为实证。轻摸即痛者，病在表浅；重按方痛者，病在深部。

4. 肿胀 按压肌肤肿胀程度，可以辨别水肿与气胀。按之凹陷，不能即起者为水肿；按之凹陷，应手而起者为气胀。

（吕军影）

第五节 其他辨证

一、六经辨证

六经辨证是《伤寒论》辨证论治的纲领，是东汉张仲景所创立，用于对外感伤寒发生发展过程中，所表现出的证候进行分类归纳的一种辨证方法。

六经是指太阳、阳明、少阳、太阴、少阴、厥阴六条经脉而言。张仲景在《内经》的基础上，总结前人的经验，依据机体抗病的强弱、病邪盛衰及病势的进展、缓急，结合八纲，联系经络、脏腑、气血，对外感伤寒演变过程中所表现的各种证候，进行分类归纳，概括为太阳病、阳明病、少阳病、太阴病、少阴病、厥阴病，用以说明病变的部位、性质、正邪斗争的消长盛衰、病势趋向和六类病证之间的传变关系。通常将太阳病、阳阴病、少阳病归为三阳病，太阴病、少阴病、厥阴病归为三阴病。一般来说，三阳病多属阳证、热证、实证，三阴病多属阴证、寒证、虚证。就表里而言，太阳属表，其余各经病变属里，但表里的概念又是相对的，例如，三阳属表，三阴属里；阳明病属表，太阴病属里等。根据经络脏腑相关理论，每条经脉在体内都与一定的脏腑相联系。

六经辨证的具体运用，无不贯穿着阴阳表里寒热虚实等八纲辨证内容，六经辨证与八纲辨证的关系是相辅相成的，二者相互补充，不可分割。

（一）太阳病证

太阳统摄营卫，主一身之表，有抗御外邪侵袭的功能，故称太阳为六经之藩篱。寒邪袭表，多从太阳而入，为外感病的初期阶段。由于患者体质有差异，感受病邪性质之不同，因而有太阳中风（表虚）与太阳伤寒（表实）的区别。

1. 太阳中风证　是指风邪袭表，卫气不固所表现出的证候。

【临床表现】　发热，恶风，头痛，汗出，苔薄白，脉浮缓。

【证候分析】　本证多由风邪袭表，腠理不固，营卫失调所致。卫阳与风邪相抗争，故有发热；风性开泄，腠理疏松，卫外不固，营阴不能内守，故汗出，恶风；风邪袭表，经气不利，故头痛；汗出营阴受损，则脉浮缓。

2. 太阳伤寒证　是指寒邪袭表，卫阳被郁所表现出的证候。

【临床表现】　恶寒发热，头项强痛，身痛腰痛，骨节疼痛，无汗而喘，脉浮紧。

【证候分析】　本证乃因寒邪侵袭腠表，风寒外束所致。寒邪袭表，卫阳被郁，肌肤失于温煦，故有恶寒；邪正相争，阳气被郁，故见发热；寒邪郁经脉，寒性收引，腠理闭塞，故无汗；寒邪凝滞营卫，气血不得宣通，故身痛腰痛；肺主皮毛，邪犯太阳，肺失宣降，故见喘；寒邪束于肌表，故脉浮紧。

（二）阳明病证

阳明主里主燥，为此当病邪传入阳明胃肠时多化热化燥，表现出一派阳亢热极的证候，为外感伤寒化热过程中邪热炽盛之阶段。由于体质的差异和邪气侵犯的部位不同，阳明病有经证和腑证之分。

1. 阳明经证　是指邪客阳明，邪热弥漫全身所表现出的证候。

【临床表现】　身大热，汗大出，口大渴，面赤心烦，舌苔黄燥，脉洪大。

【证候分析】　本证乃因邪热客于阳明经，里热弥漫全身，但肠内尚未结燥所致。邪热侵客阳明，造成里热亢盛蒸腾于外，故见身大热、面赤；热迫津液外泄，故大汗出；汗出津伤，则口渴；里热扰于心神，则心烦；舌苔黄燥，脉洪大，皆为里热炽盛，热盛伤津之征。

2. 阳明腑证　是指邪热传入阳明之腑，热邪与肠中糟粕相搏，致使腑气通降不利所表现出的证候。

【临床表现】　身热，日晡潮热，汗出连绵，大便秘结，腹满硬痛拒按，烦躁，甚则神昏谵语，舌苔黄燥或焦黄起芒刺，脉沉实有力。

【证候分析】　本证乃由热邪入里，传入阳明之腑所致。阳明经气旺于日晡，今阳热亢盛，邪正交争，故日晡潮热；里热蒸腾于外，迫津外泄，故汗出连绵；邪热与肠中糟粕相搏，燥屎内结，致使腑气不通，故大便秘结，腹满硬痛，拒按；邪热炽盛，上扰于心神，故见烦躁，甚则神昏谵语；里热亢盛成实，故脉沉实有力；苔黄燥或焦黄起芒刺，为燥热内结伤津之征。

（三）少阳病证

少阳病，是病邪已离太阳之表，尚未进入阳明之里的阶段，病邪客于半表半里之间。足少阳经属胆，胆居六腑之首，与肝脏相表里，其主半表半里。因少阳病证为介于表里之间的证候，故临床称“半表半里证”。

【临床表现】　口苦，咽干，目眩，往来寒热，胸胁苦满，心烦喜呕，默默不欲饮食，脉弦。

【证候分析】　本证乃因邪犯少阳经，处半表半里，正邪相争所致。热邪犯少阳，胆火上炎，耗伤津液，故口苦，咽干；热邪上熏，少阳风火上逆，则目眩；邪处半表半里间，邪正相争，病邪出入未定，故见寒热往来；少阳经脉布于胸胁，今热郁少阳，经气不利，故胸胁苦满；胆之郁热犯胃，胃为热扰，故默默不欲饮食；热郁则心烦，胃逆则呕，故有心烦喜呕；弦脉为少阳病之主脉。

（四）太阴病证

太阴病证，为脾阳虚、寒湿内盛的里虚寒证。其形成有两个因素：一为阳经传变而来，多由三阳病失治、误治，以致里虚而邪传太阴；二为素体脾胃虚弱，寒邪直中于太阴，引起虚寒下利及脾阳虚等证候。

【临床表现】 腹满呕吐，食欲不振，自利，腹痛阵发，喜温喜按，口不渴，舌淡苔白滑，脉迟缓。

【证候分析】 本证多由阳经病失治或误治传入太阴，或由素体脾胃虚衰，寒邪直中，导致脾阳虚，寒湿内盛而成。脾阳不足，脾失健运，寒湿内停，故见腹满，食欲不振；阳虚致阴寒凝滞，故腹痛阵发，喜温喜按；脾胃为寒湿所伤，升降失常，胃气上逆，则呕吐；脾阳虚，中阳不运，寒湿不化，水走肠间，故腹泻下利；口不渴，苔白滑，脉迟缓，皆为脾阳虚、寒湿内盛之征。

（五）少阴病证

少阴病证，是指心肾机能衰退的病变，无论其来自传变，还是因体质素虚而外邪直中，皆为疾病的严重阶段。其病变以阳虚里寒为主，有寒化、热化两个证型。

1. 少阴寒化证 是指病邪从阴化寒，阴盛阳衰所表现出的证候。

【临床表现】 畏寒蜷卧，四肢厥冷，下利清谷，舌淡苔白，脉沉微。

【证候分析】 本证乃因心肾两脏阳气虚亏所致。阳气虚衰不能温煦机体，故见畏寒蜷卧，四肢厥冷；肾阳虚不能温暖脾阳，使脾虚不运水谷，故下利清谷；舌淡苔白，脉沉微，皆属阳虚阴盛之征。

2. 少阴热化证 是指病邪从阳化热，阴虚而阳亢所表现出的证候。

【临床表现】 心烦不寐，口燥咽干，舌红少津，脉细数。

【证候分析】 本证乃因邪入少阴，灼耗肾阴，心火独亢所致。邪袭少阴从阳化热，灼伤肾阴，水亏而不能上济于心，使心火独亢，故见心烦不寐；阴虚内热，耗灼津液，故口燥咽干；舌质红少津，脉细数，皆为阴虚热之征。

（六）厥阴病证

厥阴病证，是六经病证最后的严重阶段，因此阶段正气和病邪在做最后抗争，故病变表现极其错综复杂。若阳气由虚衰而转复，则示病势好转；若阴寒盛极而阳气不续，则示病势重危；若阴寒虽盛而阳气尚能与之抗争，则病势多表现为寒热错杂的证候。因临床表现错综复杂，为此抓住辨证要点是非常重要的，临证中密切关注厥阴病证的正邪进退状况，及时调整治疗方案，才能获得较好疗效。

1. 寒热错杂证 乃由正邪交争，阴阳失调形成的上热下寒、胃热肠寒的证候。

【临床表现】 口渴饮水不止，胸中热痛，气上冲心，饥而不欲食，食则吐蛔，四肢厥冷，下利呕吐。

【证候分析】 本证乃由厥阴证阴寒与阳气相抗，造成阴阳失调，气机逆乱，所形成的寒热错杂证。若见上热，则口渴不止，气上冲心，心胸热痛而知饥渴；若见下寒，则不欲食，下利；若蛔虫上窜，故吐蛔；若阳气不能达于四肢，故四肢厥冷。

2. 厥热胜复证 为厥阴病发展过程中阴阳消长的外在表现。

【临床表现】 四肢厥冷与全身发热交替而作。

【证候分析】 本证乃由邪正相搏，正邪之间进退，表现出的阴阳交争之证候。阴气盛，则厥冷；阳气复，则发热。厥冷时多，发热时少，为阳消阴长，其病为进；先发热而后厥冷者，病重。

邪正相搏、厥热往来代表病之进退，故临床上常以厥热的时间长短以及厥热的多少，作为预测疾病病情转归和判断预后的依据。如厥热相等，为阳气来复，阴阳则趋于平衡，其病情向愈；热多厥少，乃为正能胜邪，故病势好转；厥多热少，则是正不胜邪，其病为进。热而复厥，为阳复不及，病又发作；但厥不热，则为阴盛而阳衰，病情危重；厥退而热不止，此为阳复太过，病从热化。

（七）六经病证的传变

六经病证循着一定的趋向发展和变化，无论病证由表入里，由阳入阴，还是由里出表，由阴出阳，皆谓之传变。六经病证是否传变以及如何传变，取决于正气的强弱、感邪的轻重、治疗是否得当等因素。一般情况下，病邪自表入里，由阳转阴，多为邪胜正衰，体质虚弱，或失治误治所致，是病情加重的传变；若疾病病邪由里达表，由阴出阳，则是正复邪退，体质强壮，或治疗得当的结果，为病情向愈的转归。

临床常见的传变方式有以下几种。

1. 传经　病邪从外侵入，逐渐向里深入传变，由一经证候转变为另一经证候，称为传经。传经与否，关键决定于受邪的轻重、病体的正气强弱和治疗得当与否三个方面。传经方式有以下三种：

（1）循经传：按六经的顺序相传，太阳病不愈，传入阳明，阳明不愈，传入少阳；三阳不愈，传入三阴，首传太阴，次传少阴，终传厥阴。

（2）越经传：不按循经传次序，隔一经甚或隔两经相传。如太阳病不愈，不传阳明，而传少阳，或直传太阴，多由病邪亢盛，正气不足所致。

（3）表里传：表里之经相传，如太阳传入少阴，阳明传入太阴等。从阳经传入阴经者，多为邪盛正虚，由实转虚，病情加重之恶兆；从阴经传出阳经者，则为正能胜邪，病情向愈之佳兆。

2. 合病　两经或三经的证候同时出现，称为合病。《伤寒论》中有太阳阳明合病、太阳少阳合病和三阳合病等。三阳经有合病之实，却无合病之名。

3. 并病　一经证候未罢，又出现另一经证候，两经证候合并出现，称并病。并病的两经证候出现有先后次序之分。例如，太阳阳明并病或太阳少阳并病，乃先出现太阳证候，而后出现阳明或少阳证候。

4. 直中　凡伤寒病初起，病邪不从阳经传入，而直接侵犯阴经发病者，称为直中，其特点是一发病就呈现三阴经的证候。

二、卫气营血辨证

卫气营血辨证是清代叶天士创立的，将外感温热病在其病程发展过程中所表现出的证候，进行分析归纳，概括为卫、气、营、血四个不同阶段的证候类型，即卫分证、气分证、营分证、血分证四个阶段，用以说明其病位深浅、病情轻重以及各阶段的病理变化及其传变规律，为临床治疗提供依据。卫气营血辨证是针对温病而创立的辨证方法。“温病”，即温热病，是机体感受温热病邪侵袭后引起的急性发热病的总称，具有发病急速、病情多变的特点，并具有传染性、流行性、季节性、地域性等。卫分主表，病位在肺与皮毛，病情轻浅；气分主里，病位在肺、胸膈、胆、三焦、胃、肠等脏腑，病情较重；营分为邪入心营，病位在心与包络，病情深重；血分为邪热深入心、肝、肾，重在耗血动血，病情危重。

（一）卫分证

卫分证，是指温热之邪侵袭肌表，卫气卫外功能失常，肺卫失宣所表现的证候。常见于温热病的初起阶段。因肺主皮毛，卫气通于肺，故卫分证常见肺经病变的证候。

【临床表现】　发热，微恶风寒，舌边尖红，舌苔薄白或微黄，脉浮数；常伴头痛，鼻塞，口干微渴，咳嗽，咽喉肿痛等。

【证候分析】 本证以发热，微恶风寒，舌边尖红，脉浮数为辨证要点。风温之邪，外袭肌表，卫为邪郁，故见发热，微恶风寒；温为阳邪，故多见发热重而恶寒轻。风温阳热炎上，故舌边尖红；温邪在表，脉气向外，故脉浮数。温热上扰清空，故见头痛；热伤津液，故口干渴；肺合皮毛，开窍于鼻，卫气被郁，肺气失宣，故鼻塞、咳嗽；温热上灼，故咽喉肿痛。

（二）气分证

气分证，是指温热病邪内入脏腑，正盛邪实，正邪剧争，阳热亢盛所表现的证候。温热入气分的途径大致有两方面：一是从卫分传来；二是温热病邪直入气分。由于邪入气分所犯脏腑部位的不同，所产生的证候类型相应较多。

【临床表现】 壮热，不恶寒反恶热，心烦，大渴，大汗，尿赤，舌红苔黄，脉洪大。或兼咳喘、胸痛、痰稠色黄；或兼日晡潮热、腹满胀痛拒按，便秘或纯利稀水；或兼胁痛，口苦，干呕，脉弦数等。

【证候分析】 本证以壮热，不恶寒反恶热，大汗大渴、舌红苔黄，脉洪大为辨证要点。多由卫分证不解，邪热内传入里，或温邪直入气分而成。温热病邪，入于气分，正邪剧争，阳热亢盛，故必发热；热邪从内蒸发，外灼肌腠，故不恶寒反恶热；热甚蒸腾，迫津外泄则大汗；津亏不润故大渴，热扰心神则心烦；邪从里发，热炽阳明，故舌红苔黄，脉洪大。肠道属阳明经，阳明经气旺于日晡，热入气分，燥热内盛，正邪交争，故见日晡潮热；热结肠道，耗伤津液，肠道津亏，故大便燥结；燥屎内结，腑气不通，故腹满胀痛拒按。

气分证具有病变范围较广，兼症繁杂的特点。凡温热病邪不在卫分，又不及营分、血分的一切证候，均属于气分证。故辨证时除抓住主症外，还必须依据兼症之特点，进一步判断病变所在的脏腑。

（三）营分证

营分证，是指温热之邪内陷心营，劫伤营阴，心神被扰所表现的证候，是温热病发展过程中病邪内陷较为深重的阶段，其病位在心和心包。营分证多为气分不解而内传入营分，亦有从卫分证不经气分而直入营分者，此称为“逆传心包”，或由温邪直入营分。

1. 热伤营阴证 是指温热之邪深入营分，耗伤营阴所表现出的证候。

【临床表现】 身热夜甚，口干不欲饮，心烦不寐，甚或神昏谵语，斑疹隐现，舌红绛，脉细数。

【证候分析】 本证以身热夜甚，心烦或谵语，舌红绛，脉细数为辨证要点。多由气分证不解，传变入营；或卫分证逆传直入营分；或营阴素亏，温邪乘虚内陷营分所致。温邪入营，灼伤营阴，阴虚阳亢则身热夜甚；邪热蒸腾营阴之气上潮于口，故口干不欲饮；营行脉中，内通于心，心神被扰，故心烦不寐，甚则神昏谵语；邪入于营，热窜血络，则斑疹隐隐。营分有热，热势蒸腾，故舌红绛；脉细数为热劫营阴之象。

2. 热入心包证 是指卫分邪热直接内陷心包所表现出的证候。

【临床表现】 高热，神昏谵语，手足厥冷，舌红绛，脉细数。

【证候分析】 本证是因温热之邪内陷于心包所致。热邪内陷心包，心神被扰，阻闭心窍，故见高热，神昏谵语；邪热闭遏于内，则自觉身灼热而手足厥冷；舌红绛，脉细数，皆为邪热伤营之征。

（四）血分证

血分证，是指温热病邪深入血分，热盛动血、耗阴、动风所表现的证候。热入血分是卫气营血病变的最后阶段，也是温热病发展过程中最为深重的极期阶段。病变涉及心、肝、肾三脏，病证可有热盛动血、热盛动风、热伤阴血、虚风内动等多种证型。

【临床表现】 身热夜甚，烦热躁扰，昏狂谵妄，斑疹显露，色紫或黑，吐血、便血、尿血，舌质深绛，脉细数。或兼抽搐，颈项强直，角弓反张，目睛上视，牙关紧闭等；或见持续低热，暮热早凉，五心烦热，口干咽燥，神倦，耳聋，形瘦；或见手足蠕动，瘛疭等。

【证候分析】 本证以身热夜甚，昏狂谵妄，斑疹紫暗，出血动风，舌深绛，脉细数为辨证要点。多由营分证病邪不解传入血分，或气分邪热直入血分，或因温邪久羁，劫烁肝肾之阴而成。血分热盛，阴血受损，故见身热夜甚；血热扰心，心神不宁，则烦热躁扰；心神失守，则见昏狂谵妄；热盛迫血妄行，故见出血诸病；血中炽热，故舌质深绛或紫；血热伤阴耗血，故脉细数。

若血热燔灼肝经，引动肝风，则可见抽搐、项强、上视、角弓反张、牙关紧闭等“动风”诸症。

若邪热久羁血分，劫灼肝肾之阴，阴虚阳热内扰，则可见持续低热，暮热早凉，五心烦热，口干咽燥，神倦，耳聋，形瘦等阴精不足之症；甚则出现筋脉失养、虚风内动的手足蠕动，瘛疭等症。

血分证病位最深，病情危重。心主血，肝藏血，邪入血分，势必影响心肝两脏；若邪热久羁，耗血伤阴，真阴亏损，病又多及肝肾两脏。故血分证实热者多以心、肝血热神乱为主，虚热者则多以肝、肾阴亏为主。

（五）卫气营血的传变

卫气营血辨证将温热病传变过程划分为卫、气、营、血四个不同的层次，其传变规律，一般是由浅入深，由表及里，由轻转重，主要有顺传和逆传两种传变方式。

1. 顺传　指温热病邪循卫、气、营、血的次序传变。由卫分开始，渐次内传入气，然后入营，最后入血。标志着邪气步步深入，病情逐渐加重。

2. 逆传　指温热病邪不按上述次序及规律传变。具体表现：一是不循次序传。如卫分证不经气分，而直接传入营分、血分；或发病初期未出现卫分证，即出现气分、营分或血分证等。二是不按规律传。如卫分证未罢，又出现气分证，即“卫气同病”；气分证未罢，又出现营、血分证，即“气营（血）两燔”等。反映机体邪热亢盛，传变迅速，正气虚衰，无力抗邪，病情重笃。

上述仅为温热病的一般传变规律，由于温热病邪和机体反应的特殊性，温热病传变过程中证候转化形式是非常复杂的。在温热病整个发生、发展和演变过程中，卫气营血四个阶段切不可孤立地截然划分，临床辨证时要从实际出发，灵活看待，注意其相互联系。

三、三焦辨证

三焦辨证是清代吴鞠通在其《温病条辨》中所创立的一种温热病辨证方法。吴鞠通根据《内经》三焦部位划分的概念，在六经辨证和卫气营血辨证的基础上，结合温热病的传变规律，把温热病的证候分别纳入上中下三焦病证范围，用以阐述三焦所属脏腑在温病过程中的病机和证候特点，区分病位的深浅，病程的阶段，并说明证候之间的传变规律。

三焦所属脏腑的病理变化和临床表现，也标志着温热病发展过程中的不同病理阶段。在三焦病证中，上焦包括手太阴肺经和手厥阴心包经的病变，其中手太阴肺的证候多为温病的初起阶段，病较轻浅。中焦病证主要包括手阳明大肠、足阳明胃和足太阴脾的病变。脾胃同属中焦，阳明主燥，太阴主湿，邪入阳明而从燥化，则多呈现里热燥实证；邪入太阴从湿化，多为湿温病证，多见于温热病的中期或极期，病情较重。下焦病证主要包括足少阴肾和足厥阴肝的病变，多为肝肾阴虚之候，属温热病的末期，病情深重。

（一）上焦病证

上焦病证，是指温热之邪侵袭肺卫及陷入心包所表现的证候。肺主气属卫，故在上焦病证中，温热之邪初犯人体，既可能肺卫同时受邪，也可能只限于肺脏受邪，邪热壅肺，表卫证不甚明显。病情严重时，温热之邪可逆传心包，其病证有邪袭肺卫、热邪壅肺、邪陷心包的不同。

【临床表现】 发热，微恶风寒，头痛，鼻塞流涕，咳嗽，微汗，口干，舌边尖红，脉浮数；

或身热烦渴，咳嗽，气喘，汗出，口渴，苔黄，脉数；甚则高热，神昏谵语或昏愦不语，舌謇肢厥，舌质红绛。

【证候分析】 温热之邪自口鼻、皮毛而入，而肺外合皮毛，开窍于鼻，故肺常先受邪。肺主表统卫，热邪犯表，卫气被郁，肺气失宣，故见发热，微恶风寒，鼻塞，咳嗽。热邪上炎则头痛，伤津则口干，卫外不固，腠理开泄则汗出。舌边尖红，脉浮数，是风热在表之象。

若表邪入里，热邪壅肺，肺失宣降，肺气上逆，则咳嗽，气喘；里热亢盛，充斥内外，则身热、烦躁；迫津外泄则汗多、口渴；苔黄，脉数，均为肺热炽盛之象。

若肺卫热邪不解，内陷心包，灼伤心神，故神昏谵语，舌謇或不语；热邪壅盛，格阴于外，阳气不能外达，故胸腹壮热而四肢厥冷；舌质红绛，为里热炽盛之征。

（二）中焦病证

中焦病证，是指温热之邪侵袭脾胃，邪从燥化或邪从湿化所表现的证候。

温邪自上焦传入中焦，脾胃二经受病，脾胃虽为表里，而其性各异。胃喜润而恶燥，邪入阳明则易化燥伤津，出现燥热证候；脾喜燥而恶湿，邪入太阴则易抑脾生湿，出现湿热证候。

【临床表现】 若邪入阳明而从燥化，则身热恶热，日晡益甚，面目俱赤，呼吸气粗，口干唇裂，渴喜冷饮，腹满便秘，苔黄或焦黑，脉沉实；邪入太阴而从湿化，则身热不扬，头身困重，胸脘痞闷，泛恶欲吐，小便短黄灼热，大便不爽或溏泄，舌苔黄腻，脉濡数。

【证候分析】 阳明主燥，温热之邪传至阳明，燥热炽盛，故身热恶热，日晡益甚；热性上炎，则面目俱赤；邪热壅盛，则呼吸气粗。热炽津伤，故口干唇裂，渴喜冷饮；胃肠津亏，邪热与燥屎内结，腑气不通，故见便秘而腹满胀痛。苔黄或焦黑，脉沉实，均为燥热内结，气机不畅之象。

太阴主湿，邪入中焦，脾气受困，运化失司，升降反常，故见胸脘痞闷，泛恶欲吐，小便短黄灼热，大便不爽或溏泄。湿遏热伏，故身热不扬；湿性重着，滞留肌腠，故头身困重。舌苔黄腻、脉濡数，为湿热内蕴之象。

（三）下焦病证

下焦病证，指温热之邪犯及下焦，劫灼肝肾之阴所表现的证候。

【临床表现】 低热，手足心热甚于手足背，口干舌燥，颧赤，耳聋，神倦，舌红少苔，脉虚数；或手足蠕动，心中憺憺大动，甚则时时欲脱。

【证候分析】 肾藏精，肝藏血，同居下焦。温热之邪深入下焦，最易耗损肝肾精血。精血既亏，神失所养，故耳聋。阴虚阳亢，虚热内扰，故见低热，手足心热甚于手足背，颧赤；阴虚津乏，则口干舌燥。舌红少苔，脉虚数，为阴虚内热之象。

肝体阴而用阳，属风木而主筋，赖肾水以涵养。邪热久羁，真阴被灼，水亏木枯，筋失所养，则虚风内动，故见手足蠕动，或时发抽搐，心悸怔忡，严重时则阴不敛阳，阳气有时时欲脱之势。

（四）三焦病证的传变

三焦病证的传变，一般多由上焦手太阴肺卫开始，传入中焦，进而传入下焦，此为“顺传”，标志着病情由浅入深，由轻到重的病理过程。若病邪从肺卫而传入心包者，称为“逆传”，说明邪热炽盛，病情重笃。

在温病的发展过程中，三焦病证自上而下的传变，是一般的规律。然而，由于病邪的性质不一，感邪的轻重不同，患者的体质各异，其传变也有其他形式。临床有邪犯上焦，经治而愈，并不传变的；也有上焦病证未罢而又见中焦病证的；有的又可自上焦传下焦；也有中焦病证未除而又出现下焦病证者；有起病即见下焦病证者；更有两焦病证错综互见和病邪弥漫三焦者。因此，对三焦病势的判断，应综合临床资料全面分析，临证时要知常达变。

（李一明）

复习思考题

1. 假神的病情“好转”与重病病情真正好转有何不同？
2. 苔色变化主要有哪几类？各有何临床意义？
3. 询问患者汗出情况有何临床意义？
4. 如何从咳声辨别病证的寒热虚实性质？
5. 为何诊脉可以独取寸口？
6. 简述六经辨证的主要内容。
7. 什么是卫气营血辨证？其病证传变规律是什么？

第六章　中医常用辨证方法

“辨”即辨认、辨别。“证”是对疾病过程中所处阶段的病因、病位、病性以及病势所作的病理性概括。“辨证”是在中医学理论指导下，从整体观念出发，对四诊收集的各种临床资料进行分析，从而对疾病当前的病因、病位、病性、病势等本质做出判断，并概括为完整证名的诊断思维过程。

辨证论治作为中医诊治疾病的重要手段和方法，在中医数千年的发展历史中，占有着重要地位。历代医家创立了八纲辨证、脏腑辨证、六经辨证、卫气营血辨证等多种辨证方法，从不同的方面总结和认识病证的规律，形成了中医学多种辨证方法共存的诊疗体系。八纲辨证为其主要者，历代医家均有发展，然中医传统的八纲辨证尚不足以概括临证之状况。临床之中气血辨证也尤为重要，因此逐渐产生了以阴阳为总纲，表里、虚实、寒热、气血为八纲的十纲辨证方法。这种学术思想源于《内经》，受到清代名医孙一奎、张璐重视阴阳气血调和思想的影响，也为近代中医大家施今墨、关幼波等所主张。

第一节　十纲辨证

十纲辨证，又称十纲法，是中医学中独特的诊断方法，它是以阴阳为总纲，结合表里、寒热、虚实、气血八纲，共同构成对疾病发生、发展及其证候表现的概括性认识。通过十纲辨证，医者能够系统、全面地分析疾病的本质，为制定治疗策略提供重要依据。在全国高等医药院校本科教育中，深入学习和掌握十纲辨证，对于培养具备扎实中医理论基础和临床实践能力的医学人才具有重要意义。

一、表里辨证

表里辨证是辨别病变部位深浅和病情轻重的方法。表证多指病邪侵犯肌表，病情较轻；里证则指病邪深入脏腑，病情较重。通过表里辨证，可以判断疾病的病位和病势。对于外感病而言，其意义尤为重要。

（一）表证

表证是外感六淫之邪，从皮毛、口鼻侵入机体所致病位浅在肌肤之证候。见于外感病初期，具有起病急、病程短、病位浅的特点。

【证候】　发热，恶寒或恶风，舌苔薄白，脉浮。常兼见头身疼痛、鼻塞流涕、喷嚏、咽喉痒痛、咳嗽等症状。

【证候分析】　表证见于外感病初期阶段，多由六淫、疫疠等外邪经皮毛、口鼻侵犯人体所致。六淫邪气侵袭肌表，正气奋起抗邪，邪正交争，故见发热；脉气鼓动于外，故脉浮。卫阳被遏，失其温分肉、肥腠理的功能，肌表得不到正常的温煦，故见恶寒或恶风的症状。邪气郁滞于肌表经络，气血流行不畅，故头身疼痛。肺开窍于鼻，肺主皮毛，外感六淫之邪从皮毛口鼻而入，内应于肺，肺失宣发肃降，故出现鼻塞流涕，喷嚏，咽喉痒痛，咳嗽，甚至喘促等症状。邪气在表，病情轻浅，故苔薄白，脉浮。

【辨证要点】　发热，恶寒或恶风，脉浮等。

（二）里证

里证是指病变部位在内，由脏腑、气血、骨髓等受病所表现的证候。里证多见于外感病的中、后期或内伤病，具有病位较深、病情较重、病程较长的基本特征。

【证候】 里证病位广泛，临床表现多样，无新起恶寒发热并见，以脏腑、气血、津液病变的症状为主。

【证候分析】 里证病因病机复杂，大致有三种情况：①外邪不解，内传入里，侵入脏腑所致。②外邪直中脏腑、气血、骨髓；内伤七情，饮食劳倦等，导致脏腑功能紊乱或亏虚。③情志内伤，饮食劳倦等因素，直接损伤脏腑，使脏腑功能失调所致。

【辨证要点】 脏腑气血津液病变的症状。

（三）半表半里证

半表半里证是指外邪由表内传，尚未达于里，或里证出表，尚未至于表，邪正搏于表里之间的一种证候。六经辨证中称之为少阳病证。

【证候】 寒热往来，胸胁苦满，心烦喜呕，默默不欲饮食，口苦咽干，目眩，脉弦等。

【证候分析】 多系太阳经证不解，邪传少阳，或外邪直入少阳或厥阴病转出少阳，胆气被郁，正邪纷争而成。少阳阳气较弱，邪正纷争，正胜则发热，邪胜则恶寒，邪正互有胜负，故见寒热往来；少阳之脉布于胁肋，邪郁少阳，经气不利，故胸胁苦满；少阳受病，邪热熏蒸，胆热扰胃或上泛，故心烦喜呕，口苦，津为热灼则咽干；少阳风火上逆，故目为之眩；胆气被郁，脉气紧张，是以脉弦。

【辨证要点】 寒热往来，胸胁苦满，口苦咽干，目眩，脉弦等。

（四）表证与里证鉴别

表证和里证的鉴别要点，见表6-1。

表6-1　表证、半表半里证与里证的鉴别

鉴别要点	表证	半表半里证	里证
寒热	发热恶寒同时并见	寒热往来	但寒不热，或但热不寒
脏腑症状	不明显	胸胁苦满等	明显
舌象	变化不明显	变化不明显	多种变化
脉象	浮脉	弦脉	沉脉或其他

（五）表证与里证的关系

人体的肌表与脏腑，通过经络的联系来沟通表里，在疾病发展过程中，表里证也相互联系和影响，出现表里同病、表里出入等情况。

1. 表里同病 表证和里证在同一时期出现，称为表里同病。如既外感风寒，又内伤饮食而发病，患者既有发热、恶寒、头痛等表证，又有腹胀、泄泻等里证，此即为表里同病。表里同病，可由于表证未解，邪已入里，或病邪同时侵犯表里，亦有旧病未愈，复感外邪所致。

2. 表里出入 即在一定条件下，病邪从表入里，或由里透表。一般而言，由表入里多提示病情转重，由里出表多预示病情减轻。

（1）表邪入里：先有表证，后出现里证，表证随之消失。多因机体正气不足，或邪气过盛，或护理不当，或失治误治等因素造成机体抗邪能力降低等所致。常见于外感病的早、中期。如外感风寒，表邪不解，入里化热，出现高热不退、咳喘痰黄稠或带血，说明病情发展，病邪由表入里，留阻于肺，形成痰热壅肺的里热实证。

（2）里邪出表：先有里证，后病邪从里透达于外。多为治疗、护理及时得当，机体抗病能力增强所致。表明邪有出路，是病情好转的一种趋势。例如，麻疹患儿热毒内闭，疹不出而见发热、咳喘、烦躁等症，经治疗后，麻毒外透，则疹出而烦热、咳喘消除，便是里邪外达，邪从表解的表现。

二、寒热辨证

寒热辨证是辨别疾病性质的方法。寒证多表现为机体功能活动衰退，阳热不足；热证则表现为机体功能活动亢进，阳热偏盛。通过寒热辨证，可以了解疾病的寒热属性，为选择温法或清法提供依据。

（一）寒证

寒证是感受寒邪，或阳虚阴盛，表现为机体功能活动抑制或衰减的证候。由于阴盛或阳虚都可表现为寒证，故寒证有实寒证与虚寒证之分。

【证候】 恶寒或畏寒喜暖，口淡不渴，面色㿠白，肢冷蜷卧，痰、涎、涕清稀色白，小便清长，大便稀溏，舌淡苔白而润滑，脉迟或紧。

【证候分析】 外感寒邪，或过用生冷寒凉所致，多为实寒、表寒；或内伤久病，阳气耗伤，失于温煦所致，多为虚寒、里寒。由于寒邪遏制阳气，或阳气不足，阴寒内生，不能发挥其温煦形体的功能，故见恶寒或畏寒喜暖，肢冷蜷卧。阴寒内盛，津液不伤，故口淡不渴。阳气不足，不能运血上行，面部失去气血的荣润，故面色㿠白。阳虚不能温化水液，以致痰、涎、涕等分泌物清稀，尿清长。寒邪伤脾或脾阳久虚，则运化失司而见大便稀溏。阳虚不化，寒湿内生，则舌淡苔白而润滑。阳气虚弱，鼓动血脉运行之力不足，故脉迟。寒主收，受寒则脉道收缩而拘急，故见紧脉。

【辨证要点】 怕冷喜暖与分泌物、排泄物澄澈清冷共见。

（二）热证

热证指感受热邪，或阳盛伤阴以温热表现为主的一类证候。由于阳盛或阴虚都可表现为热证，故寒证有实热证与虚热证之分。

【证候】 恶热喜凉，口渴喜冷饮，面红目赤，烦躁不宁，或吐血、衄血，痰涕黄稠，小便短赤，大便秘结，舌红苔黄而干，脉数等。

【证候分析】 外感温热阳邪，或寒湿、食积郁久化热，或过服辛辣燥热之品，或七情过极，五志化火导致体内阳热炽盛，多为实热；或因内伤久病，阴液耗损而致阳气偏亢，多为虚热。风热之邪袭于表者，多为表热；热邪盛于脏腑，或因阴虚阳亢所致者，多为里热。热为阳邪，阳热偏盛，则恶热喜冷。大热伤阴，津液被阳热煎熬，则痰涕等分泌物黄稠，小便短赤。津伤则须饮水自救，所以口渴喜冷饮。火性上炎，则见面红目赤。热扰心神，则烦躁不宁。火热之邪灼伤血络，迫血妄行，则见吐血、衄血。肠热津亏，大肠传导失司，则大便燥结。舌红苔黄为热证，舌干少津为伤阴。阳热亢盛，加速血行，故见脉数。

【辨证要点】 恶热喜凉与分泌物、排泄物黏浊色黄共见。

（三）寒证与热证的鉴别

寒证与热证的鉴别要点，见表 6-2。

表 6-2 寒证与热证的鉴别

鉴别要点	寒证	热证
寒热	恶寒喜暖	恶热喜冷
口渴	不渴或热饮不多	口渴喜冷饮

续表

鉴别要点	寒证	热证
面色	㿠白	红赤
四肢	不温	灼热
痰涕	清稀	黄稠
大小便	大便溏稀、小便清长	大便干结、小便短赤
舌象	舌淡苔白润	舌红苔黄干
脉象	迟或紧	数

（四）寒证与热证的关系

寒证与热证反映机体阴阳的偏盛偏衰，有着本质区别，但又相互联系。寒证与热证可以在同一患者身上同时出现，表现为寒热错杂的证候，如上热下寒、胃热肠寒等，在疾病的发展过程中，又可在一定条件下互相转化，出现寒证化热，热证转寒，危重阶段还可出现假象。

1. 寒热错杂　即同一患者既有寒证又有热证的表现。其形成可概括为以下三种情况：一是先有热证，复感寒邪，或先有寒证，复感热邪；二是先有外感寒证，寒郁而化热，虽已入里，但表寒未解；三是机体阴阳失调，出现寒热错杂。根据部位不同，主要可以分为表寒里热、表热里寒、上热下寒、上寒下热四种情况。如患者既有多食易饥、胸中烦热、渴喜冷饮的胃热（上热）证，同时又可兼见腹痛喜暖、大便稀溏的肠寒（下寒）证，即上热下寒证，这便是寒热错杂证。

2. 寒热转化　在一定条件下寒证与热证可以向其相反的方向转化。寒证化热提示阳气旺盛，热证转寒示阳气衰惫。

（1）寒证化热：是指病本寒证，后出现热证，热证出现寒证消失的证候。多因病情发展，或失治、误治所致。本证因寒邪未能温散，而机体的阳气偏盛，寒邪从阳化热所致。例如，风寒表实证，初起表现恶寒重，发热轻，苔薄白润，脉浮紧，由于失治、误治而见壮热、不恶寒，反恶热，心烦，口渴，舌红苔黄，脉数的里热证，此为由寒证转化为热证。

（2）热证转寒：是指病本热证，后出现寒证，寒证出现热证消失的证候。由于失治、误治，损伤阳气；或因邪气过盛，耗伤正气，正不胜邪，机能衰退或衰败所致。如某些温热病，在危重阶段，由于热毒极重，大量耗伤机体的元阳，阳气骤虚，可由原来的壮热、目赤而突然转化为面色苍白、四肢厥冷、大汗淋漓等一派阳气暴脱所致的阴寒危象，此为由热证转化为寒证。

3. 寒热真假　一般情况下，疾病的表现与其所反映的本质是一致的，即热证见热象，寒证见寒象。但在疾病发展到寒极或热极的危重阶段，有时会出现与疾病的本质相反的假象。即寒证见热象，即真寒假热证；热证见寒象，即真热假寒证。而这些假象又常见于患者生死存亡关头，故需要细心辨别。

（1）真寒假热：是指内有真寒而外现假热的证候。由于阴寒内盛，阳气虚弱已极，格虚阳于外，使阴阳寒热互相格拒而致，又称“阴盛格阳”。临床表现为身热、面赤、口渴、脉大等，似为热证，但见其身热而欲加衣被，面赤而四肢厥冷，口渴而又喜热饮，饮而不多，脉大但无力，并且又见小便清长、大便稀溏、舌淡苔白等寒象。这些征象说明阴寒内盛是真，外现之热象是假。

（2）真热假寒：是指内有真热而外现假寒的证候。由于内热过盛，深伏于里，格阴于外，又称“阳盛格阴”。临床表现为四肢厥冷、脉沉等，似属寒证，但其身寒而不喜加衣被，脉沉而有力，并且又见口渴喜冷饮、咽干口臭、谵语、小便短赤、大便燥结、舌质红、苔黄而干等热象。这些征象说明内热炽盛是真，而外现之寒象是假。

三、虚 实 辨 证

虚实辨证是辨别正气强弱和邪气盛衰的方法。虚证多指正气不足，抗病能力低下；实证则指邪气亢盛，正气未衰。通过虚实辨证，可以判断患者的体质状况，为制定补虚泻实的治疗策略提供依据。

（一）虚证

虚证是指人体的正气不足，脏腑功能活动减弱、抗病能力低下所表现的证候。

【证候】 由于损伤正气的原因及影响的脏腑不同，故虚证的临床表现极为复杂，很难概括。临床一般认为久病、势缓者多虚证，耗损过多者多虚证，体质素弱者多虚证。

【证候分析】 多由先天禀赋不足或后天失养所致，但以后天失养为主，如饮食失调、思虑太过、悲哀猝恐、过度劳倦、房室不节或久病失治、误治或大吐、大泻、大汗、出血、失精等，均可形成虚证。

【辨证要点】 久病、势缓，体质虚弱，以不足、松弛、衰退为特征。

（二）实证

实证指邪气亢盛而正气不虚，或体内病理产物蓄积所表现的各种证候。

【证候】 由于感邪性质、邪犯部位的差异，实证的表现各不相同，同样难以全面概括。临床一般认为新起、暴病多实证，病情急剧者多实证，体质壮实者多实证。

【证候分析】 实证的成因有两个方面：一是因风、寒、暑、湿、燥、火、疫疠及虫毒等邪气侵犯人体，正气奋起抗邪所致；二是脏腑功能失调，以致痰饮、水湿、瘀血、食积等病理产物停留在体内所致。

【辨证要点】 新起、暴病，体质壮实，以有余、亢盛、停聚为特征。

（三）虚证与实证的鉴别

虚证与实证的鉴别，以病程、形体及临床表现为主要依据，鉴别要点见表 6-3。

表 6-3　虚证与实证的鉴别

鉴别要点	虚证	实证
病程	久病	新病
形体	虚弱	强健
神情	萎靡	亢奋
声息	声低息微	声高息粗
疼痛	隐痛喜按	疼痛拒按
胸腹胀满	时减	不减
发热	多为低热	多为壮热
怕冷	畏寒	恶寒
二便	大便稀溏，小便清长，夜尿多	大便秘结，小便不利或涩痛
舌象	舌质淡嫩少苔	舌质老，苔厚腻
脉象	细弱无力	实而有力

（四）虚证与实证的关系

在疾病发展过程中，由于体质、治疗和护理等因素的影响，正邪力量的对比会不断变化，可能出现虚实夹杂、转化、真假等复杂情况。临床诊断时需仔细检查，以防误诊。

1. 虚实夹杂 指同一患者同时存在正虚与邪实两方面的病变。辨识的关键是分清虚实的主次，病势的缓急，为治疗提供重要依据。

（1）实中夹虚：即邪实为主，正虚为次。如外感伤寒，经发汗，或吐、下之后，心下痞硬，噫气不除，这是胃有痰湿、浊邪而胃气受损的实中夹虚之证。

（2）虚中夹实：即正虚为主，邪实为次。如温热病后期，邪热将尽，此时邪少虚多，以低热不退、口干口渴、舌红绛而干、少苔或无苔、脉细数等虚证的表现为主。此即肝肾之阴大伤，虚多实少之证。

（3）虚实并重：即正虚与邪实并重。如小儿疳积，既有大便泄泻、完谷不化、形体消瘦等脾胃虚象，又有腹部膨大、贪食不厌、舌苔厚腻等食积症状。病起于饮食积滞，日久损伤脾胃，为虚实并重之证。

2. 虚实转化　是指疾病发展过程中，正邪力量的变化导致虚证和实证的相互转化，形成相反的证候。实证转为虚证是疾病发展的普遍规律，而虚证转为实证较为少见，通常是由于虚证导致实证，形成本虚标实的复杂情况。

（1）实证转虚：即先表现为实证，后表现为虚证。例如，实热证，表现为壮热、烦渴、汗多、脉洪大，因失治误治，病程迁延，以致热邪耗伤阴液，出现潮热、盗汗、颧红、消瘦、脉细数等，即由实热证转为虚热证。

（2）因虚致实：即病本为虚证，脏腑功能衰退，导致痰、瘀、食、水等病理产物蓄积，邪实上升为矛盾的主要方面。例如，心气虚，心悸、气短、胸闷，久病不愈，气虚血瘀，突然出现心胸憋闷刺痛、唇舌青紫、脉涩等，此则为因虚致实的本虚标实之证。

3. 虚实真假　指虚证和实证发展到复杂或严重的阶段，有时或出现某些与疾病虚实本质相反的假象表现。即所谓“至虚有盛候”“大实有羸状”。

（1）真虚假实：即本为虚证却见某些盛实假象的复杂证候。如正气内虚较重之人，出现腹胀、腹痛、气喘、大小便闭涩、脉弦等假实表现。此为脏腑虚衰，气血不足，运化无力，气机不畅所致，即“至虚有盛候”。

（2）真实假虚：即本为实证却见某些虚羸假象的复杂证候。如实邪内盛之人，出现神情默默、倦怠懒言、泄泻体瘦、脉象沉细等假虚症状。此为大积大聚，实邪内阻，经脉阻滞，气血不畅所致，即“大实有羸状”。

四、气血辨证

气血的概念最早在《内经》中就已记载，《素问·调经论》中提到：“人之所有者，血与气耳……血气未并，五脏安定……血并于下，气并于上，乱而喜忘。”机体离不开气血的平衡。气可分为元气、宗气、谷气和营卫之气，气具有推动、防御、温煦和凉润、固摄等作用。中医认为气血作为构成人体的基本物质，是脏腑的生理活动得以正常发挥的物质基础，“气为血之帅，血为气之母”，气血的失衡会导致脏腑功能的异常。朱丹溪曾提到：“气血冲和，万物资生，一有怫郁，诸病生焉。”提示临床上应将调畅气血放在重要位置，注重辨气血，以及虚实、亏瘀，虚者补之，实者泻之，瘀者化之，逆者平之。气和血是维持人体生命活动的基本物质。气推动血液的运行，血则是气的载体。气血失调是导致疾病的重要原因，调理气血是中医治疗的重要手段。

国医大师孙光荣教授首次提出“中和”的学术思想，他认为临床上辨证用药离不开阴阳，而阴阳具体到人体就是“气血”，临床上应当注重以阴阳为总纲，以气血为基础，调和气血使其达到平衡、中和的状态。北京四大名医之一的施今墨提出八纲辨证存在不足，气血是构成人体的基本物质，在辨证中应当占据重要位置，将气血辨证加入八纲辨证变成十纲辨证，即以阴阳为总纲，表里寒热虚实气血为八纲。国医大师颜德馨认为，久积应当从瘀论治，癥积日久不去，多与瘀血内结相关，不管是气积、水积、寒积，还是痰积等，久积定会阻碍气血运行，导致气血不畅，久则积为瘀。因其寒热错杂，虚实夹杂，且伴有气血失衡，调畅气血后临床收效甚佳。可见若加入气血辨证，能更全面、全方位地说明疾病病机变化。中医学家关幼波教授提出在疾病的无症状期以及疾病慢性发展的中后期，注重调畅气机，使得血行通畅。认为“久病体自虚”，应更加注重气血辨证，将其加入到传统的八纲辨证中，在临床上可取到满意疗效。气血辨证是对疾病阴阳的重要判断标准，气血作为构成人体和维持人体生命活动的基本物质，气血辨证在中医临床中具有普遍性和重要性，所以，加上气血辨证而为的十纲辨证，是对前期所谓的八纲辨证的重要补充和发展，对疾病病情动态演变有全方位的把握，对疾病预后判断也更全面。

（一）气证

气的病证很多，古曰："百病皆生于气也。"临床常见的气病可概括为气虚证、气陷证、气脱证、气滞证、气逆证五大类型。

1. 气虚证 是指元气不足，导致气的推动、温煦等基本功能减退，或脏腑组织的功能活动减退所表现的虚弱证候。

【证候】 神疲乏力，气短息弱，声低懒言，头晕目眩，自汗，易感冒，动则诸症加重，舌淡嫩，脉虚弱。

【证候分析】 多因久病、重病、劳累过度等，使元气耗伤太过；先天不足，后天失养，致元气生成匮乏；年老体弱，脏腑功能减退而元气自衰。元气不足，脏腑功能减退，故神疲乏力，少气懒言，气短息弱；气虚推动乏力，清阳不升，头目失养，则头晕目眩；气虚卫外不固，肌表不密，腠理疏松，故自汗；劳则耗气，故活动劳累后诸症加重；气虚无力推动营血上荣于舌，故舌质淡嫩；气虚无力鼓动血脉，故脉虚弱。

【辨证要点】 神疲乏力、气短懒言、动则加重，脉虚等。

2. 气陷证 是指气虚无力升举，清气下陷或脏腑下垂所表现的证候。

【证候】 头晕眼花，气短乏力，脘腹坠胀，或见内脏下垂（如胃下垂、子宫脱垂等），脱肛，久泻久痢，舌淡苔白，脉弱。

【证候分析】 多因气虚进一步发展，或久病体虚，或劳累过度，或饮食不节损伤脾胃，致脾气亏虚，升举无力，清阳下陷。清阳不升，头目失养，故头晕眼花；气虚则气短乏力；脾气不升，中气下陷，故脘腹坠胀，内脏下垂；脾气虚弱，运化失职，故久泻久痢；舌淡苔白，脉弱为气虚之象。

【辨证要点】 头晕眼花、气短乏力、脘腹坠胀或内脏下垂、脉弱等。

3. 气脱证 是指气不内守，大量向外亡脱所表现的危重证候。

【证候】 突然昏厥，不省人事，呼吸微弱，汗出不止，四肢厥冷，面色苍白，口开目合，舌淡苔白，脉微欲绝或脉伏。

【证候分析】 多因正气极度亏虚，或大汗、大吐、大泻、大出血等耗伤人体气阴，致气突然大量脱失，或气之生成不足，或气之耗散太过。气脱则全身机能突然衰竭，故见突然昏厥，不省人事；气脱于外，则呼吸微弱，汗出不止；阳气外脱，不能温煦四肢，故四肢厥冷；气血不能上荣于面，故面色苍白；口开目合为气脱之神志失守之象；舌淡苔白，脉微欲绝或脉伏为气脱之征。

【辨证要点】 突然昏厥、呼吸微弱、汗出不止、四肢厥冷、脉微欲绝或脉伏等。

4. 气滞证 指人体局部或某一脏腑经络的气机不畅乃至停滞不行所表现的证候。

【证候】 胸胁、脘腹等处胀满疼痛，症状时轻时重，部位不固定，常因情志失调诱发或加重，多在嗳气、矢气、太息后减轻，脉弦。

【证候分析】 多因情志不舒，忧郁悲伤，思虑过度，而致气机郁滞；或是脏气虚弱，运行乏力而气机阻滞；外邪侵袭，内生病理产物如痰饮、瘀血、宿食、蛔虫、砂石等都能导致气机郁滞。气机运行不畅，不通则痛，故胀满疼痛；因气滞聚散无常，症状时轻时重；气机以通顺为贵，气机得畅，则症状减轻，故胀满疼痛常在嗳气、矢气、太息后减轻，或随情绪变化而加重或减轻；气机不利，脉气不舒故脉弦。

【辨证要点】 胸胁、脘腹等处胀满疼痛，脉弦，发作与情志不畅相关。

5. 气逆证 是指气机升降失常，逆而向上所表现的证候。

【证候】 根据不同脏腑的气逆，表现各异。如肺气逆上，则见咳嗽、喘息；胃气上逆，则见恶心、呕吐、嗳气、呃逆；肝气上逆，则见头痛、眩晕、昏厥、呕血等，脉弦或紧。

【证候分析】 多因情志内伤，饮食不节，寒温不适，或痰浊壅阻等导致气机升降失常，逆而向上。肺气以降为顺，肺气上逆则咳嗽、喘息；胃气以降为和，胃气上逆则恶心、呕吐、嗳气、呃逆；肝气主升发，若升发太过，或疏泄不及，肝气上逆则头痛、眩晕、昏厥、呕血等。脉弦或紧为气机逆乱之象。

【辨证要点】 咳嗽、喘息、恶心、呕吐、嗳气、呃逆、头痛、眩晕、昏厥、呕血等，脉弦或紧，症状表现与气机上逆有关。

（二）血证

血行脉中，内养脏腑，外注肌肤，无处不到。外邪侵扰，脏腑失调，均可导致血液亏虚或运行障碍，临床常见血虚证、血瘀证、血脱证、血热证、血寒证五大类型。

1. 血虚证 是血液不足导致脏腑、组织、器官失去濡养所表现的虚弱证候。

【证候】 面白无华或萎黄，唇、爪、眼睑色淡，头晕眼花，心悸健忘，失眠多梦，手足发麻，妇女月经后期、量少、色淡，乃至闭经，舌淡脉细。

【证候分析】 多因先天不足，后天失养，脾胃虚弱，生化乏源；或各种急慢性出血，或久病不愈，或思虑过度，耗伤阴血，或虫积肠道，吸耗营血等；或瘀血阻络，新血不生，机体失养所致。血液亏虚，不能濡养头目，上荣舌面，故面白无华或萎黄，唇、爪、眼睑色淡，头晕眼花；血虚心失所养则心悸健忘，神失滋养则失眠多梦；血少不能濡养筋脉、肌肤，故手足发麻；女子以血为用，血虚致血海空虚，冲任失充，故妇女月经后期、量少、色淡，乃至闭经；舌淡脉细均为血虚之象。

【辨证要点】 面唇淡白，头晕眼花，舌淡，脉细等。

2. 血瘀证 指脉管内血液运行迟滞，或血溢脉外而停蓄体内所表现的证候。

【证候】 刺痛，固定，拒按，夜间加重；体表肿块色青紫，腹内肿块质硬推之不移；出血色紫暗夹血块，或大便色黑如柏油。面色黧黑，唇甲紫暗，或腹部青筋暴露，皮肤丝状血缕，肌肤甲错。妇女可见痛经、经闭或崩漏。舌有瘀点、瘀斑，舌下络脉粗胀，脉涩，或结代，或无脉。

【证候分析】 多因外伤、跌仆，离经之血未及时排出或消散；或气滞血行不畅，或因寒而血脉凝滞，或因热而血液浓缩壅滞，或气虚推动无力，血行缓慢等，导致瘀血内阻。气血运行受阻，不通则痛，故有刺痛、固定、拒按等特点；夜间阳气内藏，阴气用事，血行较缓，瘀阻更甚，故夜间痛甚；血液瘀积不散，凝结成块，滞留于体表则色呈青紫，滞留腹内则触之坚硬，推之不移；瘀血阻塞脉络，阻碍血液运行，终致血涌络破，血不得循经而外溢，排出体外者，则见出血；停聚体内者，凝结为瘀，又堵塞脉络，成为再次出血的原因，故由瘀血引发的出血，其特点是反复不止，色紫暗或夹有血块，亦可见大便黑如柏油；血行瘀滞，则血色变紫、变黑，故见面色黧黑，唇甲紫暗；脉络瘀阻，则见舌下络脉粗胀，皮肤显现丝状红缕，肌肤甲错，腹露青筋；瘀血内停，胞络受损，冲任失调，故女子可见痛经、经闭或崩漏；舌有瘀点、瘀斑，舌下络脉粗胀，脉涩或结代或无脉，均为瘀血之征。

【辨证要点】 刺痛拒按、肿块质硬，出血紫暗，舌紫脉涩等。

3. 血脱证 是指因大量出血或长期失血，导致血液急剧耗失，全身机能严重衰竭所表现的危重证候。

【证候】 突然面色苍白，头晕目眩，心悸怔忡，气微欲绝，或精神恍惚，四肢厥冷，大汗淋漓，舌淡无华，脉微细欲绝或芤，甚则脉伏。

【证候分析】 多因外伤大出血，如创伤、手术失血过多；或吐血、咯血、衄血、便血、尿血等各种出血性疾病，出血量大，或久病体虚，长期慢性失血，导致血液急剧耗失，血脉空虚，全身机能严重衰竭。血脱则气无所附，气血不能上荣头目，故面色苍白，头晕目眩；心失所养则心悸怔忡；气血大脱，阳气暴脱，故气微欲绝，精神恍惚；阳气不能温煦四肢，故四肢厥冷；阳气不固，津液外泄，故大汗淋漓；舌淡无华，脉微细欲绝或芤，甚则脉伏，均为血脱之征。

【辨证要点】 有血液严重耗失的病史，面色苍白，头晕目眩，心悸怔忡，气微欲绝，脉微细欲绝或芤等。

4. 血热证 是指热邪侵入血分，或脏腑火热炽盛，迫血妄行所表现的证候。

【证候】 身热夜甚，口渴喜冷饮，烦躁不宁，或神昏谵语，或斑疹隐隐，或吐血、衄血、便血、尿血，或妇女月经提前、量多色深红，舌质红绛，脉数有力。

【证候分析】 多因外感热邪，或脏腑火热炽盛，内传血分，或情志过极，五志化火，或过食辛辣，火热内生，火热之邪侵犯血分，迫血妄行。血分热盛，故身热夜甚，口渴喜冷饮；热扰心神，故烦躁不宁，甚则神昏谵语；热邪迫血妄行，溢出脉外，故见斑疹隐隐，或吐血、衄血、便血、尿血；妇女以血为用，血热则经行提前，且量多色深红；舌质红绛，脉数有力，均为血热之征。

【辨证要点】 身热夜甚，口渴喜冷饮，烦躁不宁，斑疹隐隐，出血色深红，舌质红绛，脉数有力等。

5. 血寒证 是指寒邪侵袭血脉，或脏腑阳气亏虚，寒自内生，血脉凝滞所表现的证候。

【证候】 畏寒肢冷，手足不温，面色苍白或青紫，口淡不渴，或喜热饮，腹痛喜温，得温痛减，或小腹绵绵作痛，喜按，或月经延期、量少、色暗有块，舌淡苔白，脉沉迟或弦紧。

【证候分析】 多因外感寒邪，侵袭血脉，或脏腑阳气亏虚，内生寒邪，寒凝血脉，血脉运行不畅。寒为阴邪，其性凝滞，寒邪侵袭血脉，或脏腑阳气亏虚，寒自内生，血脉凝滞，故畏寒肢冷，手足不温，面色苍白或青紫；寒邪内侵，津液不伤，故口淡不渴，或喜热饮；寒凝气滞，不通则痛，故腹痛喜温，得温痛减，或小腹绵绵作痛，喜按；寒凝血脉，胞宫失养，故月经延期、量少、色暗有块；舌淡苔白，脉沉迟或弦紧，均为血寒之征。

【辨证要点】 畏寒肢冷，手足不温，面色苍白或青紫，腹痛喜温，月经延期、量少、色暗有块，舌淡苔白，脉沉迟或弦紧等。

（三）气证与血证的关系

气为血之帅，血为气之母，在生理上气血具有相互依存、相互资生、相互为用的关系，在病理上则相互影响，气病可影响及血，血病可波及气，或同时发病，或先后因果，形成多种兼病证候。临床上常见气血两虚证、气虚血瘀证、气不摄血证、气随血脱证、气滞血瘀证五种证型。

1. 气血两虚证 指气虚和血虚同时存在所表现的证候。

【证候】 头晕目眩，气短懒言，乏力自汗，心悸失眠，面唇色淡，舌淡嫩，脉细弱。

【证候分析】 多因久病不愈，气血两伤；或先有血虚，气失生化之源而随之匮乏；或先因气虚，不能生化而继见血少，均可导致气血两虚。气血双亏，脑窍失养，故见头晕目眩；气虚，脏腑功能减退，卫外不固，则见气短懒言，乏力自汗；血虚，血不养心，神不守舍，故心悸失眠；气血不足，不能上荣，则面唇色淡；舌淡嫩，脉细弱，均为气血两虚之征象。

【辨证要点】 气虚证和血虚证共见。

2. 气虚血瘀证 指气虚运血无力，血行瘀滞于体内所表现的证候。

【证候】 面色淡白或晦滞，神疲乏力，气短懒言，疼痛如刺，常见于胸胁，痛处不移，拒按。舌淡紫或有瘀点、瘀斑，脉细涩。

【证候分析】 多因先天禀赋不足，或久病脏腑气机衰减，气虚推动血液运行之力减弱，以致血行不畅而瘀滞。气虚无力推动血行，血行迟缓，血不上荣于面，瘀阻脉络，而见面色淡白或晦滞；气虚致脏腑功能减退，故见神疲乏力，气短懒言；血行瘀阻，不通则痛，故疼痛如刺，痛处固定不移，拒按。舌淡紫或有瘀点、瘀斑，脉细涩，为气虚血瘀之象。

【辨证要点】 气虚证和血瘀证共见。

3. 气不摄血证 指气虚统摄无力，导致血溢脉外所表现的证候。

【证候】 衄血、皮下紫斑、吐血、便血、尿血、月经过多或崩漏等慢性出血，面白无华，气短懒言，神疲乏力，食少纳呆，腹胀便溏，舌淡嫩苔薄白，脉弱或芤。

【证候分析】　多因久病、劳倦、饮食不节等导致气虚，以致气不能统摄血液的运行，血溢脉外所致。气虚统摄无权，血即离经而外溢，血溢于上，则见鼻衄、齿衄；血溢肌肤，则发为皮下紫斑；溢于胃肠，则吐血、便血；血溢于膀胱，则发尿血；气虚冲任不固，而成月经过多或崩漏；气虚失血，气血双亏，不能上荣于面，则见面白无华；气虚功能不足，不能滋养心神，故气短懒言，神疲乏力，头晕心悸；舌淡白，脉弱，为气虚之象。

【辨证要点】　慢性出血和气虚证共见。

4. 气随血脱证　指大失血引起气随之逸脱所表现的危重证候。

【证候】　大出血时突见面色苍白，四肢厥冷，大汗淋漓，气少息微，神情淡漠或晕厥，舌淡，脉微欲绝。

【证候分析】　多因外伤，或肝、胃、肺等脏器本有宿疾而脉道突然破裂，或妇女血崩、产后等突然大量出血所致。血亡气脱，气血不能上荣于面，故面色苍白，舌淡；气脱亡阳，形体失于温煦，则四肢厥冷；津随气泄，则大汗淋漓；气脱致宗气不足，故见气少息微；神随气散，神无所主，则神情淡漠或晕厥；血液骤然亡失，气无所依附而迅速外越，无力鼓动于脉，故脉微欲绝。

【辨证要点】　大出血时突然出现气脱亡阳证。

5. 气滞血瘀证　指气机郁滞而致血行瘀阻所表现的证候。

【证候】　情志抑郁，胸胁胀闷，走窜疼痛，胁下痞块，刺痛拒按，妇女可见乳胀、闭经、痛经、血色紫暗夹血块等，舌紫暗或有瘀点、瘀斑，脉弦涩。

【证候分析】　多因情志不遂，或跌仆闪挫，或外邪侵袭，使气机郁滞，血行不畅而成。情志不遂，肝失条达之性，气机不畅，则见情志抑郁，胸胁胀闷，走窜疼痛；瘀血内阻，积滞成块，可见胁下痞块，刺痛拒按；气血运行不畅，瘀血阻滞胞脉，则妇女可见乳胀、闭经、痛经、血色紫暗夹血块等；舌紫暗或有瘀点、瘀斑，脉弦涩，均为气滞血瘀之象。

【辨证要点】　气滞证和血瘀证共见。

五、阴阳辨证

阴阳是概括病证类别的一对纲领，既能概括整个病情，又可用于对所出现症状的分析。阴阳是中医理论的核心，也是十纲辨证的总纲。临床上表证、热证、实证、气证，可归属为阳证；里证、寒证、虚证、血证，可归属为阴证。但阴证与阳证的划分不是绝对的，是相对而言的。例如，与气证相对而言，血证属于阴证，但血证又有虚实、寒热之分；相对于血寒证与血虚证而言，血热证与血瘀证又归属于阳证的范畴。因此，临床上辨别疾病的阴阳属性时会存在阴中有阳、阳中有阴的情况。因此可以说，一切病证，无论怎样变化，但概括起来不外乎阴证和阳证两大类。

（一）阴证

阴证指体内阳气虚衰，或寒邪凝滞的证候。多为虚证、寒证。

【证候】　不同的疾病所表现的阴性证候不尽相同，各有侧重。一般表现为精神萎靡，面色苍白，畏寒肢冷，气短声低，口淡不渴，尿清便溏，舌质淡胖嫩，苔白，脉沉迟无力等。

【证候分析】　多因年老体弱，或久病虚损，或寒邪传里，或内伤生冷，导致阳虚阴寒，温煦气化失职所致。阴主静，主寒，阳气不足，虚寒内生，故精神萎靡；阳气虚衰，气血运行无力，不能上荣于面，故面色苍白；阴寒内盛，机体失于温煦，故见畏寒肢冷；阳气虚衰，肺气不足，故气短声低；寒不伤津液，故口淡不渴，尿清便溏；舌淡胖嫩，苔白，脉沉迟无力皆为虚寒之象。

【辨证要点】　具有里证、虚证的基本特征。

（二）阳证

阳证指体内邪热壅盛，或阳气亢盛的证候。多为实证、热证。

【证候】　不同的疾病所表现出的阳证亦不尽相同，各有侧重。一般表现为身热，面红目赤，烦躁不安，声高气粗，口渴喜冷饮，小便短赤，大便秘结，舌红绛，苔黄，脉滑数洪实等。

【证候分析】 多因感受外邪，或脏腑功能亢进，或过食辛辣温燥，导致阳气亢盛，阳热壅盛所致。阳主动，主热，阳热亢盛，蒸达于外，故身热；热盛血涌，故面红目赤；热扰心神，故烦躁不安；邪实于内，故声高气粗；热灼伤津液，故口渴喜冷饮，小便短赤，大便秘结；舌红绛，苔黄，脉滑数洪实皆为邪热内盛之象。

【辨证要点】 具有热证、实证的基本特征。

（三）亡阳证

亡阳证指体内阳气严重耗损，而致阳气虚脱的病变和证候。

【证候】 冷汗淋漓，面色苍白，精神淡漠，肢厥肤冷，呼吸气微，口不渴或渴喜热饮，舌淡润，脉微欲绝。

【证候分析】 亡阳多是在阳气由虚而衰基础上的进一步发展，但亦可因阴寒之邪极盛而致阳气暴伤，或因大汗、失精、大失血等阴血消亡而阳随阴脱，或因剧毒刺激、严重外伤、瘀痰阻塞心窍等而使阳气暴脱。由于阳气极度衰微，失却温煦、固摄、推动之能，故见冷汗，面色苍白，神情淡漠，肢厥肤冷，呼吸气微，脉微欲绝等垂危病状。

【辨证要点】 冷汗淋漓，面色苍白，肢厥肤冷，脉微欲绝等。

（四）亡阴证

亡阴证指体内阴液大量消耗或丢失，而致阴液衰竭的病变和证候。

【证候】 汗出如油，热而黏手，肢热体灼，虚烦躁扰或昏谵，口渴欲饮，皮肤皱瘪，小便极少或无尿，面赤唇焦，舌红干瘦，脉细数疾等。

【证候分析】 亡阴可以是在病久而阴液亏虚基础上的进一步发展，也可因壮热不退、大吐大泻、大汗不止、大量出血、严重烧伤致阴液暴失而成。由于阴液亏虚欲绝，阴竭阳浮，迫津外泄，故见汗出如油，热而黏手，肢热体灼；阴竭阳浮，上扰心神，则虚烦躁扰或昏谵；阴亏液竭，失于濡润，故见口渴欲饮，皮肤皱瘪，小便极少或无尿，唇舌干焦；阳气浮亢于上，则面赤颧红；舌红干瘦，脉细数疾，为阴伤重症之候。

【辨证要点】 汗出如油，热而黏手，肢热体灼，脉细数疾等。

但需要注意的是，阴竭则阳无所依附而散越，阳亡则阴无以化生而绝竭，所以，亡阴可以迅速转化为亡阳，亡阳之后亦往往出现亡阴。由于阴阳互根，亡阴亡阳总会相继出现，必须指出，亡阴之时并不是阳气未衰，亡阳之时并不是阴气无伤，亡阴与亡阳难以截然割裂，只是有先后主次不同而已。临床须及时准确地辨识，鉴别要点见表 6-4。

表 6-4 亡阴亡阳的鉴别

鉴别要点	亡阴证	亡阳证
汗	汗出如油、热而黏手	冷汗淋漓、汗质稀淡
四肢	温热	厥冷
呼吸	气粗	气微
神情	虚烦或昏谵	淡漠或呆滞
渴饮	口渴欲饮	不渴或喜热饮
舌象	舌红干瘦	舌淡而润
脉象	脉细数疾	脉微欲绝

六、十纲之间的关系

十纲辨证以阴阳为总纲，表里虚实寒热气血为八纲，对原有的八纲做出了完善与扩展。原有的八纲辨证，以表里划分疾病深浅，以寒热判别疾病性质，以虚实划分疾病邪正盛衰。同时又相互关联，如辨别表里应与寒热虚实相联系，辨别虚实又必须与表里寒热相联系。例如，表证有表寒、表热、表虚、表实之区别，还有表寒里热、表实里虚等错综复杂的病理变化。在一定的条件下，表里、寒热、虚实是可以互相转化的，如由表入里、由里出表、寒证化热、热证化寒、虚证转实、实证转虚等。而十纲辨证在八纲辨证基础上加入气血辨证，不仅与寒热、虚实等有所联系，在一定程度上对疾病病情动态演变有更加确切的把握，对疾病预后判断也更为直观。气血辨证不是意味着只辨气血病态，而是立足于切实相关的气血，将其他辨证方法为临床所用，从而形成的十纲辨证，加强了辨证精确性，确保了理法方药的准确实施。因此在运用十纲辨证过程中，既要掌握十纲各自不同的辨证、证候特点，又要注意十纲之间的相兼、转化、夹杂、真假，才能对疾病做出全面正确的判断。

十纲辨证是中医学中的重要诊断方法，它体现了中医学对人体生理和病理变化的深刻认识。所以，加强十纲辨证的学习对于培养中医药学生的中医思维能力和临床实践能力具有重要意义。未来，随着中医学的不断发展和完善，十纲辨证在临床中的应用将更加广泛和深入。通过深入学习和掌握十纲辨证，医学人才在临床工作过程中将能够更好地运用中医学理论和方法来服务于人民的健康事业。

（施杰民）

第二节　脏腑辨证

脏腑辨证，是在掌握脏腑生理功能和病理特点的基础上，结合十纲辨证等理论对四诊所获得的临床资料进行分析、综合，从而判断疾病所在脏腑部位及病因病性的一种辨证方法。脏腑辨证是临床各科的诊断基础，是辨证体系中的核心内容。脏腑辨证的基本原则包括整体观念、辨证论治和因人制宜。整体观念强调人体是一个有机整体，脏腑之间相互联系、相互制约，任何脏腑的病变都会影响到其他脏腑的功能。辨证论治则是指根据患者的具体病情，通过四诊合参，确定病变的脏腑及其病理性质，从而制定相应的治疗方案。因人制宜则强调在治疗过程中要充分考虑患者的个体差异，包括年龄、性别、体质等因素，以实现个性化治疗。脏腑辨证主要包括脏病辨证、腑病辨证、脏腑兼证辨证，其中脏病辨证是脏腑辨证的主体。

一、心与小肠病辨证

心主血脉，藏神志，其华在面。小肠主受盛化物，泌别清浊。心与小肠相表里，心病可影响小肠，小肠病亦可累及心。临床上，心虚证可见心悸、失眠、多梦等症状；心实证可见心烦、口舌生疮等症状。小肠病变则主要表现为消化吸收功能异常。

心病常见证型有虚实之分，小肠病则以实证多见，具体辨证分型如下。

（一）心气虚证

心气虚证指心气不足，鼓动乏力所表现的虚弱证候。

【证候】　心悸怔忡，胸闷气短，活动时加重，面白无华，体倦乏力，自汗，舌淡苔白，脉细弱或结代。

【证候分析】　多因久病体虚，先天禀赋不足，年老脏气虚衰或暴病伤正所致。心气虚衰，心中空虚惕惕而动，故见心悸怔忡。心气不足，胸中宗气运转无力，则见胸闷气短。心气不足，血液运行无力，不能上荣于面，故见面白无华，不能上荣于舌，故舌淡。劳则气耗，故活动及劳累时加重。气虚固摄功能减退，气不摄津，则自汗出。气血不足，不能充盈脉道或脉气不相连续，故脉细弱或结代。

【辨证要点】 心悸怔忡与气虚证共见。

（二）心阳虚证

心阳虚证指心阳虚衰，温运无力，虚寒内生所表现的虚寒证候。

【证候】 心悸怔忡，心胸憋闷，或心痛，畏寒肢冷，气短自汗，面色白，唇舌青紫，舌淡胖，苔白滑，脉沉迟无力，或结代。

【证候分析】 多由心气虚进一步发展，导致心阳虚衰、虚寒内生所致。心阳虚衰，推动、温运无力，心动失常，则心悸怔忡；阳虚寒凝，气血运行不畅，心脉阻滞，则心胸憋闷，或心痛。心阳受损，温煦不足，故见形寒肢冷；阳虚卫外不固，故见气短自汗；温运乏力，面部血脉失充，血行不畅，故见面色白，唇舌青紫；阳虚水湿不化，故舌淡胖嫩，苔白滑。脉沉迟无力，或结代皆为阳气虚衰之象。

【辨证要点】 心悸怔忡，胸闷或心痛与阳虚证共见。

（三）心阳暴脱证

心阳暴脱证指心阳衰极，阳气暴脱所表现的亡阳证候。

【证候】 在心阳虚的基础上，突然冷汗淋漓，四肢厥冷，呼吸微弱，面色苍白，或胸痛暴作，面唇青灰，神志模糊或昏迷，舌淡或淡紫，脉微欲绝。

【证候分析】 多由心阳虚证进一步发展；或由寒邪暴伤心阳，或痰瘀阻塞心脉；或失血亡津气无所附，心阳随之外脱所致。心阳衰亡，不能外固，故冷汗淋漓；不能温煦四肢，故见四肢厥冷；宗气外泄，不司呼吸，故见呼吸微弱；阳气外脱，脉道失充，故面色苍白；阳衰血脉失于温通，则见胸痛暴作，面唇青灰，舌淡或淡紫；心神涣散，则见神志模糊或昏迷；心阳衰竭，故脉微欲绝。

【辨证要点】 心悸胸痛，肢厥冷汗，脉微欲绝与亡阳证共见。

（四）心血虚证

心血虚证指心血不足，心失濡养所表现的血虚证候。

【证候】 心悸怔忡，失眠多梦，眩晕健忘，面色淡白或萎黄，唇舌色淡，脉细弱。

【证候分析】 多由久病耗伤阴血；或失血过多；或情志不遂，气火内郁，暗耗阴血等所致。心血不足，心失所养，心动不安则心悸怔忡。心神得不到阴血的濡养，致心神不宁，出现失眠多梦。心血亏虚，不能上荣于头面，故出现眩晕，健忘，面色淡白或萎黄。心开窍于舌，心血不足，则唇舌色淡，血虚不能充盈于脉，故脉细弱。

【辨证要点】 心悸怔忡，失眠多梦，眩晕健忘与血虚证共见。

（五）心阴虚证

心阴虚证指心阴亏虚，心失滋润，虚热内扰所表现的虚热证候。

【证候】 心悸怔忡，失眠多梦，两颧潮红，五心烦热，潮热盗汗，咽干，舌红绛少苔，脉细数。

【证候分析】 多因思虑劳神太过，暗耗心阴；或热病、久病耗伤阴液所致。心阴虚心失濡养，心动失常，故见心悸怔忡；虚热扰心，神不守舍，故见失眠多梦；阴不制阳，虚热内生，故两颧潮红，五心烦热，潮热盗汗；阴虚失滋，故口燥咽干；舌红少苔乏津，脉细数皆为阴虚之象。

【辨证要点】 心悸怔忡，失眠多梦与阴虚证共见。

（六）心火炽盛证

心火炽盛证指心火炽盛，上炎下移，热扰迫血所表现的实热证候。

【证候】 心胸烦热，失眠，面赤口渴，或见口舌生疮，舌体糜烂疼痛，或吐血衄血，甚或谵语、狂躁等，尿黄便结。舌尖红赤，苔黄，脉数。

【证候分析】 多因七情郁久化火，或六淫内郁化火所致。心火炽盛，故心胸烦热，火热内扰心神，心神不安，故见失眠。心火炽盛，灼伤津液，则见口渴，尿黄，肠道津伤则便秘。由于心为君主之官，主神明，心火炽盛，神明被扰则谵语，重者狂躁不识人。心火炽盛，灼伤络脉，迫血妄行，故见吐衄。心火上炎于面，故面赤；循经上炎于舌，故其舌体糜烂疼痛，或见口舌生疮，舌尖红赤。苔黄，脉数有力为实热之象。

【辨证要点】 心胸烦热，失眠或口舌生疮，吐衄与实热证共见。

（七）心脉痹阻证

心脉痹阻证指血瘀、痰阻、寒凝、气滞等闭塞心脉，不通则痛所表现的证候。

【证候】 心脉痹阻证由于诱因不同，临床可分为瘀阻心脉证、痰阻心脉证、寒凝心脉证、气滞心脉证四类，鉴别诊断见表6-5。其主要表现为心悸怔忡、心胸憋闷疼痛，痛引肩背内臂等。

【证候分析】 多因年高体弱，心气衰减；或多食肥甘厚味，痰浊凝聚，痹阻心脉；或外感寒邪，凝滞心脉；或情志抑郁，气滞胸中所致。心阳不振，失于温运，心脉失养，心动失常，故见心悸怔忡；阳气不运，心脉阻滞不通，故心胸憋闷疼痛；手少阴心经之脉横出腋下，循肩背、内臂后缘，故痛引肩背内臂。

【辨证要点】 心悸怔忡，心胸憋闷疼痛与瘀、痰、寒、气滞所致心脉痹阻症状共见。

表6-5　心脉痹阻证类证的鉴别

证名	共同症状	不同症状	舌脉象
瘀阻心脉证	心悸怔忡，心胸憋闷作痛，痛引肩背或内臂，时作时止	刺痛，夜间发作、加甚，面色青灰	舌紫暗或见瘀斑、瘀点，脉细涩或结代
痰阻心脉证		闷痛，体胖痰多，身重困倦	舌暗苔白腻，脉沉滑或沉涩
寒凝心脉证		突发剧痛，遇寒加重，得温痛减，伴畏寒肢冷	舌淡紫苔白，脉沉迟或沉紧
气滞心脉证		胀痛，发作与情志失调有关，伴胁胀，善太息	舌暗苔白，脉弦

（八）痰迷心窍证

痰迷心窍证指痰浊内盛，蒙蔽心神，以神志失常为主要表现的痰浊证候。

【证候】 面色晦滞，脘闷作恶，意识模糊，语言不清，呕吐痰涎或喉中痰鸣，甚则昏迷不省人事，苔白腻，脉滑。或有精神抑郁，表情淡漠，神志痴呆，喃喃自语，举止失常。或有突然昏倒、不省人事、口吐涎沫、两目上视、手足抽搐。

【证候分析】 多因外感湿浊之邪，或其他疾病脏腑功能失调，内生痰浊，或因七情所伤，肝气郁结，气郁生痰，痰阻气机，蒙闭于心神所致。痰阻气机，清阳不升，浊气上泛，故见面色晦滞。胃失和降，胃气上逆，则脘闷作恶，呕吐痰涎。痰蒙心神，可见昏迷或表现为精神抑郁、神志痴呆、喃喃自语的癫证，突然昏倒、不省人事、口吐涎沫、两目上视、手足抽搐之痫证。喉中痰鸣，苔腻，脉滑为痰浊内盛之征。

【辨证要点】 意识模糊，语言不清或精神抑郁，痴呆昏迷与痰浊内盛症状共见。

（九）痰火扰心证

痰火扰心证指痰火内盛，扰乱心神，以神志失常为主要表现的痰热证候。

【证候】 发热，面赤气粗，口苦，痰黄稠，喉间痰鸣，狂躁谵语，舌质红苔黄腻，脉滑数。或失眠心烦，或神志错乱，哭笑无常，狂躁妄动，甚则打人毁物。

【证候分析】 多因情志不遂，气机不畅，郁而化火，灼津成痰。或外感热邪，热灼津液为痰，痰热互结，内扰心神所致。外感热病以高热、痰盛、神志不清为其辨证要点；内伤杂病中，轻者见失眠心烦，重者以神志狂乱为其辨证要点。

外感热病，邪热亢盛，炼液为痰，痰热互结，内扰心神，致神志不宁，而见躁狂谵语，邪热炽盛，里热蒸腾于外，故发热，火性上炎，故见面赤气粗，口苦。痰热阻滞气机，气激痰涌，则见喉中痰鸣，痰色黄稠。内伤病中，因痰火扰心，内扰心神，则见失眠，心烦，甚至出现神志错乱，哭笑无常，狂躁妄动的狂证。舌红苔黄腻，脉滑数，乃痰火内盛之征。

【辨证要点】 狂躁谵语，或失眠心烦，或神志错乱与痰热症状共见。

（十）瘀阻脑络证

瘀阻脑络证指瘀血犯头，阻滞脑络所表现的血瘀证候。

【证候】 头痛、头晕经久不愈，痛处固定，痛如针刺，心悸，失眠，健忘，或头部外伤后昏不知人，面晦不泽；舌质紫暗或有瘀点、瘀斑，脉细涩。

【证候分析】 多因头部外伤；或久病入络，致瘀血内停，阻塞脑络所致。瘀血阻滞脑络，故头痛、头晕经久不愈，痛处固定，痛如针刺；瘀血不去，新血不生，心神失养，故心悸，失眠，健忘；外伤严重，元神无主，故昏不知人；面色晦暗，舌质紫暗或有紫斑、紫点，脉细涩，为瘀血内阻之征。

【辨证要点】 头刺痛不移，头晕经久不愈与血瘀证共见。

（十一）小肠实热证

小肠实热证指心火下移小肠，小肠里热炽盛所表现的实热证候。

【证候】 心中烦热，口渴喜凉饮，口舌生疮，小便赤涩，尿道灼痛，尿血，舌质红苔黄，脉数。

【证候分析】 多因心火下移小肠所致。心火炽盛，内扰心神，轻者见心胸烦热，甚者见心烦失眠。热盛伤津，故见渴喜凉饮；心火上炎，故见口舌生疮。心与小肠相表里，心火下移于小肠，影响其泌清别浊的功能，故见小便赤涩，尿道灼痛；热盛灼伤血络，则见尿血。舌红苔黄，脉数，皆为内热炽盛之征。

【辨证要点】 心中烦热，口舌生疮，小便赤涩，尿道灼痛与实热证共见。

二、肺与大肠病辨证

肺主气司呼吸，主宣发肃降，通调水道。大肠主传导糟粕。肺与大肠相表里，肺气肃降有助于大肠传导功能的正常发挥。肺虚证可见咳嗽、气短、自汗等症状；肺实证可见咳嗽、气喘、痰黄等症状。大肠病变则主要表现为便秘或泄泻。

肺与大肠病的常见证候有虚、实之分，具体辨证分型如下。

（一）风寒犯肺证

风寒犯肺证指风寒之邪侵袭肌表，肺卫失宣所表现的证候。

【证候】 咳嗽气喘，痰稀色白，鼻塞流清涕，或恶寒发热，无汗，头身疼痛，舌苔薄白，脉浮紧。

【证候分析】 多因外感风寒，肺卫失宣所致。风寒束肺，肺失宣降，肺气上逆则咳嗽，寒属阴，故痰液稀薄而色白。鼻为肺窍，喉为门户，今肺失宣降，故有鼻塞流清涕，咽痒。邪客肺卫，卫气郁遏则恶寒，正气抗邪，邪正交争则发热。毛窍郁闭则无汗。苔薄脉浮紧，为风寒束表之征。

【辨证要点】 咳嗽，痰清稀与风寒表证共见。

（二）风热犯肺证

风热犯肺证指风热之邪侵袭肺系，肺卫受病所表现的证候。

【证候】 咳嗽，咯吐黄稠痰而不爽，恶风发热，口渴，咽干痛，目赤头痛，鼻流黄涕，舌尖红，苔薄黄，脉浮数。

【证候分析】 多因风热之邪犯肺，肺失清肃宣降所致。肺失宣降则出现咳嗽；风热灼肺津，则痰黄稠。肺卫受邪，卫阳抗邪则发热，卫气被郁，故微恶风寒。咽喉为肺之门户，风热上壅，故见口渴，咽喉干痛。肺开窍于鼻，肺气不宣，鼻窍不利，津液为风热所灼，故见鼻流黄浊涕。肺为华盖其位在上，而舌尖常候上焦病变，今肺为风热侵袭，故见舌尖红。目赤头痛，苔薄黄，脉浮数，皆为风热犯肺之征。

【辨证要点】 咳嗽，痰黄稠与风热表证共见。

（三）燥邪犯肺证

燥邪犯肺证指燥邪侵犯肺卫，肺系津液耗伤所表现的证候，又称外燥证。

【证候】 干咳无痰或痰少而黏，不易咯出，唇舌口鼻咽干燥，或身热恶寒，头痛或胸痛咯血，舌干红苔白或黄，脉浮数或细数。

【证候分析】 多因秋令燥邪犯肺，耗伤肺津，津亏液少，肺失滋润，清肃失职，故见干咳无痰或痰少而黏，不易咯出。燥伤肺津，津液不布，则唇口舌干，鼻咽喉干燥。燥邪袭肺，肺卫失宣，故身热恶寒，脉浮。燥邪化火，灼伤肺络，故胸痛咯血；燥邪伤津，阴虚阳亢，故唇舌干红；燥邪袭表则苔白。燥热伤肺则苔黄脉浮数，燥邪伤津可见脉细数。

【辨证要点】 干燥少津及肺系症状共见。

（四）肺热炽盛证

肺热炽盛证指邪热内盛于肺，肺失清肃所表现的实热证候。

【证候】 咳嗽，气喘，胸痛，鼻煽气灼，咽喉红肿疼痛，发热，口渴，小便短赤，大便秘结，舌红苔黄，脉数。

【证候分析】 多因外感风热之邪入里，或风寒之邪入里化热，蕴结于肺所致。热邪壅肺，肺失清肃，气逆于上，故见咳嗽，气喘；热灼肺络，肺气不利，故见胸痛，鼻煽气灼；肺热上熏咽喉，气血壅滞，故见咽喉红肿疼痛；邪热蒸腾，则发热；热盛伤津，故见口渴，小便短赤，大便秘结；舌红苔黄，脉数，乃里实热盛之象。

【辨证要点】 咳嗽，气喘与里实热证共见。

（五）痰热壅肺证

痰热壅肺证指痰热互结，壅闭于肺，肺失宣降所表现的痰热证候。

【证候】 咳嗽气喘，呼吸急促甚则鼻翼煽动，咳痰黄稠或痰中带血，或咯脓血痰有腥臭味，发热，胸痛，烦躁不安，口渴，小便黄，大便秘结，舌红苔黄腻，脉滑数。

【证候分析】 多因温热之邪从口鼻而入，或风寒、风热入里从阳化热，内壅于肺所致。热邪炽盛，煎熬津液成痰，痰热郁阻，肺气不利，宣降失常，故见咳喘，呼吸气促，鼻翼煽动，痰黄稠。痰热阻滞肺络则胸痛；血败肉腐化脓，则咯吐血腥臭痰。热邪郁遏于里，肺热炽盛，痰热内灼阴津，故身热口渴，小便黄，大便秘结；痰热内扰心神，则烦躁不宁。舌红苔黄腻，脉滑数，皆为痰热内壅之征。

【辨证要点】 咳喘、痰多黄稠与痰热症状共见。

（六）痰湿阻肺证

痰湿阻肺证指痰湿交结，壅阻于肺所表现的证候。

【证候】 咳嗽痰多，色白而黏容易咯出，胸部满闷或见气喘，喉中痰鸣，舌淡苔白腻，脉滑。

【证候分析】 多因久咳伤肺，肺不布津，水湿停聚而成为痰湿；或由脾虚生湿，输布失常，水湿凝聚为痰，上渍于肺；或感受寒邪，肺失宣降，水液停聚而为痰湿所致。痰湿阻肺，肺气上逆，故有咳嗽痰多，痰黏易咯出；痰湿阻滞气道，肺气不利，影响气机升降，则见胸部满闷，甚则气喘痰鸣。舌淡苔白腻，脉滑，皆为痰湿内阻之征。临床以咳嗽痰多，质黏色白，易咳为辨证要点。

【辨证要点】 咳喘痰多，气喘与痰浊症状共见。

（七）肺气虚证

肺气虚证指肺气不足及卫外功能减退所表现出的虚弱证候。

【证候】 咳喘无力，神疲乏力，少气短息，动则尤甚，痰清稀，面色无华，声音低微，或有自汗畏风，易于感冒，舌淡苔白，脉虚无力。

【证候分析】 多因久病咳喘，伤及肺气，或由它脏病变累及于肺，或由脾虚精气化生不足，致使肺气不足所致。肺气虚弱，宣降失职故咳喘无力。宗气生化不足，气虚功能低下，故神疲乏力，少气短息，声音低微，动则尤甚。气虚不能运血上荣于面故面色无华。肺气虚卫外不固，固摄及防御功能降低，故自汗畏风，易患感冒。肺气不足，则输布水液功能相应减退，水液停聚于肺，故见痰多而质清稀。舌淡苔白，脉虚无力，均为肺气虚之征。

【辨证要点】 咳喘无力，吐痰清稀与气虚证共见。

（八）肺阴虚证

肺阴虚证指肺阴不足，虚热内生，失于清肃所表现的虚热证候。

【证候】 干咳无痰，或痰少而黏稠，或咳痰带血，口干咽燥，声音嘶哑，形体消瘦，潮热盗汗，两颧潮红，五心烦热，舌红少津，脉细数。

【证候分析】 多因燥热伤肺，或痨虫蚀肺，或汗出伤津，或素嗜烟酒及辛辣刺激之品，或久病咳喘，年老体弱，渐致肺阴亏虚而成。肺阴不足，虚火内灼，肺为热蒸，气机上逆，则为咳嗽。肺津为热灼，炼液成痰，故其痰量少而质黏稠。虚火灼伤肺络，则痰中带血。津液耗伤不能上润于咽喉，故见口干咽燥。虚火内炽则潮热、五心烦热；虚热上炎则见颧红。热扰营阴则盗汗。舌红少津，脉细数，均为阴虚火旺之征。

【辨证要点】 干咳无痰或痰少而黏与阴虚证共见。

（九）大肠湿热证

大肠湿热证指湿热侵犯肠道，传导失职所表现的湿热证候。

【证候】 腹痛，泄泻秽浊，或有下痢脓血，里急后重，肛门灼热，口渴，小便短赤，舌红苔黄腻，脉滑数。

【证候分析】 多因饮食不节，或过食生冷不洁之物，暑湿热毒侵犯肠胃所致。湿热蕴结于大肠，壅阻气机，传导失常，故见腹痛，里急后重。湿热熏灼肠道，脉络损伤，血腐成脓，故见下痢脓血；湿热下注大肠，传导失职，则泻泄秽浊，肛门灼热。发热口渴，舌红苔黄腻，脉滑数，均为湿热内结之征。

【辨证要点】 泄泻或下痢，里急后重，肛门灼热，与湿热证共见。

（十）肠热腑实证

肠热腑实证又称阳明腑实证，指邪热与肠中糟粕相搏，燥屎内结所表现的里实热证候。

【证候】 脐腹部硬满疼痛，拒按，大便秘结，或热结旁流，气味臭秽，日晡潮热，汗出口渴，甚则神昏谵语，壮热，汗出口渴，小便短黄，舌质红，苔黄厚而燥，或焦黑起刺，脉沉数或沉实有力。

【证候分析】 多因热邪内盛，津液暗耗，或汗出过多，津液外泄，肠中干燥，里热炽盛，燥屎内结而成。热结肠道，气机壅滞，肠中燥屎内结，腑气不通，津液耗伤，肠道失润，故腹部硬满疼痛、拒按，大便秘结；若燥屎内结，加之邪热迫津下泄，故可见泻下稀水，气味臭秽，即所谓“热结旁流”；大肠属阳明经，其气旺于日晡之时，故日晡潮热；邪热与燥屎胶结，火热愈炽，上扰心神，故见神昏谵语；里热蒸达，迫津外泄，故见壮热，汗出口渴，小便短黄；舌红，苔黄厚而燥，或焦黑起刺，脉沉数或沉实有力，均为里热炽盛之象。

【辨证要点】　腹满硬痛、便秘与里实热证共见。

（十一）肠燥津亏证

肠燥津亏证指大肠阴津亏损，传导不利所表现的津亏证候。

【证候】　大便秘结，干燥难下，数日一行，或腹胀作痛，口干，或口臭，或伴头晕，舌红少津，苔黄燥，脉细涩。

【证候分析】　多因素体阴亏，或年老阴血不足，或嗜食辛辣燥烈食物，或汗、吐、下太过，久病，温热病后期，津液耗伤，或失血、妇人产后出血等，阴血津液不足，肠道失润所致。阴津不足，肠道失濡，传导失职，则大便秘结，干燥难下，数日一行；燥屎结聚，气机阻滞，则腹胀作痛；阴津亏损，濡润失职，则口干；腑气不通，秽浊之气上逆，则口臭，甚至上扰清阳而见头晕；舌红少津，苔黄燥，脉细涩乃为阴津亏损之象。

【辨证要点】　大便燥结难解与津亏证共见。

三、脾与胃病辨证

脾胃为后天之本，气血生化之源。脾主运化水谷精微，主升清；胃主受纳腐熟水谷，主降浊。脾胃相互协调，共同完成饮食物的消化吸收和营养物质的输布。脾虚证可见食欲不振、腹胀、便溏等症状；胃实证可见胃痛、胃胀、恶心等症状。

脾与胃病的常见证候有虚、实之分，具体辨证分型如下。

（一）脾气虚证

脾气虚证指脾气不足，运化功能失职所表现的虚弱证候。

【证候】　食少纳呆，口淡无味，脘腹胀满，食后愈甚，便溏，面色萎黄，少气懒言，四肢倦怠，或消瘦，舌淡边有齿痕，苔白，脉缓弱。

【证候分析】　多因饮食失调，或过度劳倦，或其他疾病影响，损伤脾气所致。脾气虚，运化失常，故食少纳呆，口淡无味。脾虚失运，消化迟缓，食后脾气为食物所困，故食后腹胀愈甚。脾虚生湿，水湿不化，清浊不分，水谷齐下，并走肠中，故有便溏。脾虚食少，精微不布，气血生化之源匮乏，气血亏虚，不荣于面，则面色萎黄；中气不足则少气懒言。脾主四肢肌肉，肌体失于气血濡养，则四肢倦怠，消瘦。脾虚湿盛，故舌边有齿痕；舌淡，脉缓弱为脾气虚弱之证。

【辨证要点】　食少纳呆，脘腹胀满，便溏与气虚证共见。

（二）脾阳虚证

脾阳虚证指脾阳虚衰，失于温运，阴寒内生所表现的虚寒证候。

【证候】　纳呆食少，脘腹胀满冷痛，喜温喜按，畏寒肢冷，面色萎黄，口淡不渴，或肢体困重，或周身浮肿，大便溏薄清稀，或白带量多质稀，舌质淡胖，苔白滑，脉沉迟无力。

【证候分析】　多因脾气虚日久，损伤脾阳，或因过食生冷、过用寒凉药物，或命门火衰，火不暖土所致。脾阳虚衰，运化减弱，故见食少纳呆，脘腹胀满；中阳不振，虚寒内生，寒凝气滞，故腹中冷痛，喜温喜按。脾阳虚不能温煦四末，故有畏寒肢冷，水湿泛溢肌肤，故周身浮肿。中阳不运，水湿内盛，水湿流注肠中，大便稀溏；水湿渗注于下，故白带清稀量多。舌淡胖、苔白滑，脉沉迟无力，均为脾阳虚之征。

【辨证要点】　纳呆食少，脘腹胀满冷痛，喜温喜按与阳虚证共见。

（三）脾气下陷证

脾气下陷证，是指脾气虚弱，升举功能失常所表现出的证候，又称中气下陷证。

【证候】 脘腹有坠胀感，食后益甚，或便意频频，肛门坠重，或久泻、久痢不止，甚则脱肛，或内脏下垂，或小便混浊如米泔。伴头晕目眩，倦怠乏力，食少便溏，舌淡苔白，脉虚弱。

【证候分析】 多因久病虚损，劳倦伤脾或脾气虚进一步发展使脾气不升所致。脾气虚则升举无力，内脏无托，故见脘腹坠胀，便意频频，或见脱肛、内脏下垂。固摄无权，故久痢不止，小便混浊如米泔。清阳之气不能上升于头，清空失养，故见头晕目眩。倦怠乏力，食少便溏，舌淡，脉虚弱等，均为脾气虚弱之征。

【辨证要点】 脘腹坠胀，久泻久痢，内脏下垂与脾气虚证共见。

（四）脾不统血证

脾不统血证指脾气虚弱，统血无力，血溢脉外所表现的出血证候。

【证候】 便血，尿血，肌衄，鼻衄，齿衄或妇人月经过多，崩漏，伴有食少便溏，神疲乏力，少气懒言，面白无华或萎黄，舌淡，脉细弱。

【证候分析】 多因久病脾气虚弱所致。脾气虚失于统摄，血液不能循经而行，溢于肌肤，故见肌衄，溢于胃肠，则便血，溢于膀胱，则见尿血；脾虚统血无权，冲任不固，故月经过多，崩漏。脾失健运，食少便溏，气血生化无源，中气不足则神疲乏力，少气懒言；血溢脉外，营血更虚，肌肤失养则面白无华或萎黄。舌质淡，脉细弱，均为脾气虚甚，气血不足之征。

【辨证要点】 慢性出血症与脾气虚证共见。

（五）寒湿困脾证

寒湿困脾证指寒湿内盛，脾阳受困，运化失职所表现的寒湿证候。

【证候】 脘腹痞闷，食少便溏，泛恶欲吐，口黏乏味，头身沉重，面色晦黄或见肢体浮肿，小便短少，或妇人白带过多，舌淡胖，苔白腻，脉濡缓。

【证候分析】 多因贪凉饮冷，过食生冷，或久居潮湿之处，或内湿素盛所致。脾为太阴湿土，喜燥而恶湿，今寒湿内侵，中阳被困，升降失常，故见脘腹痞闷，重则作胀疼痛，食少便溏，泛恶欲吐，口黏乏味。寒湿滞于经脉，湿性黏滞重浊，阳气被困失展，故见头身困重。脾为湿困，生化不足，气血不能外荣，故有面色晦黄。阳气被寒湿所困，不能温化水湿，湿泛肌表，故见肢体浮肿，小便短少；寒湿渗注于下，可见妇女白带量多。舌胖，脉濡，皆为寒湿内盛之征。

【辨证要点】 脘腹痞闷、食少便溏、口黏乏味、头身沉重、面色晦黄、肢体浮肿、小便短少、舌淡胖苔、白腻、脉濡缓。

（六）脾胃湿热证

脾胃湿热证指湿热内蕴中焦，脾胃运化功能障碍所表现的湿热证候。

【证候】 脘腹痞闷，纳呆呕恶，口黏而甜，肢体困重，便溏尿黄，身目发黄或皮肤发痒，或身热起伏，汗出热不解，舌红苔黄腻，脉濡数或滑数。

【证候分析】 多因感受湿热之邪，或饮食不节，或过食肥甘酒酪，酿湿生热，蕴结于脾胃所致。湿热之邪蕴于脾胃，受纳运化失职，升降失常，故见脘腹痞闷，纳呆呕恶，湿热上泛，故口黏而甜。脾主肌肉，湿性重着，脾为湿困，故肢体困重；湿热蕴结，不得泄越，熏蒸肝胆，胆汁外溢，故见身目发黄，皮肤瘙痒。湿遏热伏，热处湿中，湿热郁蒸，故身热起伏，汗出热不解。湿热蕴脾，交阻下迫，故便溏、尿黄。舌红苔黄腻，脉濡数或滑数，均为湿热内盛之征。

【辨证要点】 脘腹痞闷，肢体困重，便溏不爽与湿热内蕴证共见。

（七）胃阴虚证

胃阴虚证指胃阴不足，胃失和降，虚热内生所表现的虚弱证候。

【证候】 胃脘隐痛，饥不欲食，口燥咽干，大便干结，或脘痞不舒，干呕呃逆，形体消瘦，舌红少津，脉细数。

【证候分析】 温热病后期，或嗜食辛辣或气郁化火，热盛伤津致胃阴耗伤。胃阴不足，胃阳偏亢，虚热内生，胃气不和，故见胃脘隐痛，或脘痞不舒，饥不欲食。胃阴亏虚不能滋润咽喉，故口燥咽干，燥热伤津，津不下润，不能濡润大肠，故大便干结。形体失养，故消瘦。阴虚热扰，胃气上逆，则见干呕呃逆。舌红少津，脉细数，皆为阴虚内热之征。

【辨证要点】 胃脘隐痛，饥不欲食与胃津亏虚证共见。

（八）寒滞胃脘证

寒滞胃脘证指寒邪犯胃，胃气凝滞，胃失和降所表现的实寒证候。

【证候】 胃脘冷痛，甚则剧痛，得温痛减，遇寒加剧，恶心呕吐，吐后痛缓，口泛清水，口淡不渴，形寒肢冷，舌淡苔白滑，脉沉紧或弦。

【证候分析】 多因饮食失宜，过食生冷，或寒邪犯胃，胃腑收引所致。寒邪犯胃，凝滞气机，不通则痛，故胃脘冷痛，痛势急剧；寒邪得温则散，故疼痛得温则减；遇寒气机凝滞加重，则痛势加剧；寒凝胃脘，胃失和降，胃气上逆，则恶心呕吐；吐后气滞暂得通畅，则吐后痛缓；寒凝气滞，津失输布，停积于胃，逆而向上，则口泛清水；寒邪不伤津液，故口淡不渴；寒邪阻遏，阳气失于温煦形体，则形寒肢冷；舌淡苔白滑，脉沉紧或弦，为阴寒内盛之象。

【辨证要点】 胃脘冷痛、恶心呕吐与实寒症状共见。

（九）胃火炽盛证

胃火炽盛证指胃中火热炽盛，胃失和降所表现的实热证候。

【证候】 胃脘灼热疼痛，吞酸嘈杂，消谷善饥，渴喜冷饮，或食入即吐，或牙龈肿痛溃烂，齿衄，口臭，小便短黄，大便秘结，舌红苔黄，脉滑数。

【证候分析】 平素过食辛辣，化热生火或邪热犯胃，或情志不遂，气郁化火所致。胃火内炽，煎灼津液，故见胃脘灼热疼痛，口渴，渴喜冷饮。肝经郁火横逆侮土，肝胃气火上逆，则吞酸嘈杂，呕吐，或食入即吐。胃热炽盛，腐熟水谷功能亢进，故消谷善饥；胃的经脉上络齿龈，胃热上蒸，故有口臭，牙龈肿痛或溃烂；热灼血络，迫血妄行，故见齿衄。溲短赤，便结，舌红苔黄，脉滑数，皆为热盛之征。

【辨证要点】 胃脘灼热疼痛，吞酸嘈杂，消谷善饥与实热证共见。

（十）食滞胃脘证

食滞胃脘证指饮食停滞胃脘，胃失和降所表现的证候。

【证候】 脘腹胀痛，嗳腐吞酸，或呕吐酸腐饮食，吐后腹痛得减，厌食，矢气酸臭，大便溏泄，泄下物酸腐臭秽，舌苔厚腻，脉滑。

【证候分析】 多因饮食不节，暴饮暴食，或脾胃素虚，运化失健所致。食滞于胃脘，阻滞气机，故见脘腹胀满疼痛，胃失和降而上逆，胃中腐败谷物夹腐蚀之气上泛，故见嗳腐吞酸，吐酸臭馊食，厌食。吐后食积得去，实邪得消，故腹胀痛得减。食浊下趋，积于肠道，则腹痛，腹泻；矢气酸臭，泻酸腐滑，皆为食浊内阻之征。

【辨证要点】 胃脘胀痛，嗳腐吞酸，厌食，矢气酸臭等。

四、肝与胆病辨证

肝主疏泄、主藏血，胆主贮存和排泄胆汁、主决断。肝胆互为表里，肝气条达有助于胆汁疏泄。肝的功能失常可表现为情志抑郁或急躁易怒，胸胁、乳房、少腹胀窜痛，眩晕，肢体震颤，抽搐，目疾，月经不调，疝痛等。胆的功能失常可见口苦，呕胆汁，黄疸，惊悸，胆怯，失眠等。

肝病较杂，证有属虚、属实、属虚实夹杂之分，胆病则以实证居多，具体辨证分型如下。

（一）肝血虚证

肝血虚证指肝血亏虚，相关组织器官失养所表现的血虚证候。

【证候】 眩晕耳鸣，面白无华，爪甲不荣，两目干涩，视物模糊，夜盲，肢体麻木，筋脉拘挛，月经量少或闭经，舌质淡，脉细。

【证候分析】 多因生血不足或失血过多所致。肝血不足，不能上荣于头目，故见面白舌淡，视物模糊，两目干涩，夜盲；肝阴血虚，阴虚阳亢，故有眩晕耳鸣；肝血亏虚，筋脉失养，故肢体麻木，筋脉拘挛，爪甲不荣；肝血虚，血海失于充盈，故月经量少，甚则闭经；血少，脉失充盈，故见脉细。

【辨证要点】 眩晕耳鸣，爪甲不荣，视物模糊，经少与血虚证共见。

（二）肝阴虚证

肝阴虚证指肝之阴液亏损，阴不制阳，虚热内扰所表现的阴虚证候。

【证候】 头晕头痛，胁肋隐痛，两目干涩，视物模糊，失眠少寐，五心烦热，潮热盗汗，咽干口燥，舌红少津，脉弦细数。

【证候分析】 多因情志不遂，气郁化火，灼伤阴液，肝阴不足所致。肝阴不足，头目失养，故见头晕头痛，两目干涩，视物模糊。两胁为肝经分布所在，肝阴不足，不能濡养肝络，则有胁肋隐痛，绵绵不休；阴虚内热，热扰心神，故见失眠；五心烦热，潮热盗汗，咽干口燥，舌红少津，脉细数，均为阴虚内热之象。

【辨证要点】 胁肋隐痛，两目干涩等与阴虚证共见。

（三）肝气郁结证

肝气郁结证指肝疏泄不及，气机郁滞所表现的证候。

【证候】 情志抑郁或易怒，善太息，胸胁或少腹胀痛，痛无定处，或咽有梗塞感，或胁下痞块，妇人见乳房胀痛，痛经，月经不调，甚则闭经，舌质紫暗或有瘀斑，脉沉弦或弦涩。

【证候分析】 多因情志不遂，肝失疏泄所致。肝属木主疏泄，以疏达为畅，今因情志不遂，肝失条达，故见精神抑郁、易怒，胸闷不舒，善太息；厥阴肝经循少腹，布胁肋，肝郁则经脉不利，故见胸胁少腹胀痛；气郁生痰，痰随气逆，痰气搏结于咽喉，故咽喉有异物梗塞感，俗称“梅核气”；肝气郁结，气血不畅，冲任失调，故有月经不调，经前乳房胀痛；肝郁经久不愈，气病及血，气滞血瘀，则成癥瘕痞块，痛经或闭经；舌质紫暗或有瘀斑，脉沉弦或弦涩，均为气滞血瘀之征。

【辨证要点】 情志抑郁或易怒，善太息，肝经部位胀痛与气滞证共见。

（四）肝火上炎证

肝火上炎证指肝经火盛，气火上逆，内扰于肝所表现的实热证候。

【证候】 头部胀痛，眩晕，面红，口苦，急躁易怒，夜间少寐，胁肋灼痛，耳鸣耳聋，尿黄便秘，或目赤肿痛，或吐血，衄血，舌红苔黄，脉弦数。

【证候分析】 多因情志不遂，肝郁化火，或过食肥腻厚味，或因外感火热之邪所致。肝火上攻于头，故见头部胀痛，眩晕，面红，目赤肿痛；肝火循经上扰于耳，则耳鸣耳聋；肝火内盛不能疏泄情志，故急躁易怒；不能藏神，则夜间少寐；火热内盛，肝不藏血，血热妄行，则吐血，衄血；口干，尿黄便秘，舌红苔黄，脉弦数，均为肝火内盛之征。

【辨证要点】 头晕胀痛，急躁易怒，胁肋灼痛与实热证共见。

（五）肝阳上亢证

肝阳上亢证指水不涵木，肝阳亢于上，肾阴亏于下所表现的上盛下虚证候。

【证候】 眩晕耳鸣，头目胀痛，面红目赤，失眠多梦，急躁易怒，腰膝酸软，头重脚轻，舌红少苔，脉弦或弦细数。

【证候分析】 多因年老肾亏，或房劳伤阴，或情志抑郁，化火伤阴，而致肝肾阴亏，阴不制阳，阳亢于上。肝阳亢逆，气血上冲，故眩晕耳鸣，头目胀痛，面红目赤；阳热内扰，神魂不安，故失眠多梦；肝肾亏虚，肝阳亢盛，肝失柔和，故急躁易怒；肝肾阴亏，腰膝失养，则腰膝酸软；肝肾阴亏于下，肝阳亢逆于上，上盛下虚，故头重脚轻；舌红少苔，脉弦或弦细数，为肝肾阴亏，肝阳上亢之象。

【辨证要点】 头目眩晕，胀痛，头重脚轻，腰膝酸软等上盛下虚证共见。

（六）肝风内动证

肝风内动证是指以眩晕欲仆、震颤、抽搐、蠕动等“动摇不定”表现为主的证候。据其病机不同，临床上可分为肝阳化风、热极生风、阴虚动风、血虚生风四型。

1. 肝阳化风证 指肝肾阴虚，肝阳亢逆无制，亢极化风所表现的动风证候。

【证候】 眩晕欲仆，头痛而摇，项强肢麻，肢体震颤，语言不利，步履不稳，舌红，脉弦细；若见猝然昏倒，不省人事，口眼㖞斜，半身不遂，舌强语謇，喉中痰鸣，则为中风。

【证候分析】 多因肝阳上亢发展而致。肝阳亢逆无制，阳亢于上，阴亏于下，则风自内生，上达巅顶，横窜脉络，而见面红目赤，烦躁，眩晕欲仆，肢体麻木，震颤头摇等动风之象。上盛下虚，故有步履不稳，行走飘浮，阳盛灼液而成痰，风阳夹痰上扰，蒙蔽清窍，则见猝然昏倒，不省人事，喉中痰鸣。风痰窜络，经气不利，则有口眼㖞斜，半身不遂，舌强语謇。

【辨证要点】 眩晕，肢颤，或猝然昏倒，半身不遂等风动症状共见。

2. 热极生风证 指热邪亢盛，灼伤筋脉，引动肝风所表现的动风证候。

【证候】 高热，烦渴，躁扰不安，抽搐，两目上翻，甚见角弓反张，神志昏迷，舌红苔黄，脉弦数。

【证候分析】 多因外感温热袭入，邪热炽盛，燔灼肝经，筋脉失养而动风，故见抽搐项强，角弓反张，两目上翻；热入心包，心神被扰，则见烦躁不宁；蒙蔽心窍，则神志昏迷；高热，口渴，舌红苔黄，脉弦数，均为热邪炽盛之征。

【辨证要点】 高热神昏与风动症状共见。

3. 阴虚动风证 指肝肾阴亏，筋脉失养，虚风内动所表现的动风证候。

【证候】 手足蠕动，震颤，眩晕耳鸣，潮热颧红，口燥咽干，形体消瘦，舌红少苔，脉细数。

【证候分析】 多因外感热病后期阴液耗损，或内伤久病，阴液亏虚，使肝阴不足，筋脉失养，虚风内动而致。肝阴亏虚，筋脉失养，虚风内动而拘挛，故见手足蠕动，震颤；阴虚头目失养，故眩晕耳鸣；阴虚则生内热，耗伤津液，故见潮热颧红，口燥咽干，形体消瘦；舌红少苔，脉弦细数，皆属肝阴不足，虚热内生之征。

【辨证要点】 手足蠕动，震颤，眩晕与阴虚证共见。

4. 血虚生风证 指肝血亏虚，筋脉失养，虚风内动所表现的动风证候。

【证候】 手足震颤，肌肉瞤动，关节拘急不利，肢体麻木，眩晕耳鸣，面色无华，爪甲不荣，舌质淡，苔白，脉细。

【证候分析】 多因急、慢性失血过多，或久病血虚所致。肝血不足，不能上荣于头面，故见眩晕耳鸣，面色无华，舌质淡；筋脉失去营血的濡养，则爪甲不荣；血虚动风，故见肢麻筋挛，肉瞤震颤。血少则脉不充盈，故其脉细。

【辨证要点】 手足震颤，肌肉瞤动，肢体麻木与血虚证共见。

（七）寒滞肝脉证

寒滞肝脉证指寒邪侵袭肝经，凝滞气血所表现的实寒证候。

【证候】 少腹胀痛，睾丸坠胀，遇寒加重；或见阴囊内缩，痛引少腹，面色青白，形寒肢冷，口唇青紫，小便清长，或便溏，舌淡苔白，脉沉弦。

【证候分析】 多因外感寒邪侵袭于肝脉，使气血凝滞而致。寒凝肝脉，气血凝滞，故见少腹胀痛，睾丸坠胀，遇寒加重；寒主收引，肝脉受寒，则阴囊冷缩而痛引少腹；寒为阴邪，寒胜阻遏阳气，阳气不得布达，故见面色青白，形寒肢冷；阳虚不能化气行水，泌清浊，水走肠间，而见小便清长，便溏；肝络环唇，寒滞于肝，故口唇青紫；舌淡苔白，脉沉弦，皆属寒盛于肝之征。

【辨证要点】 少腹胀痛，睾丸坠胀或见阴囊内缩，痛引少腹与实寒证共见。

（八）肝胆湿热证

肝胆湿热证指湿热蕴结肝胆，疏泄功能失职或湿热下注肝经所表现的证候。

【证候】 胁肋胀痛，口苦纳呆，呕恶腹胀，小便短黄，大便不调，舌质红，苔黄腻，脉弦数；或兼见身目发黄，发热，或见阴囊湿疹，睾丸肿大热痛，外阴瘙痒，带下黄臭等症。

【证候分析】 多因感受湿热之邪，或嗜酒肥甘，酿生湿热所致。湿热内蕴，肝胆疏泄失常，气机郁滞，故见胁肋胀痛；湿热熏蒸，胆气上泛则口苦；胆汁不循常道而外溢，则面目周身发黄，发热。湿热郁阻，脾胃升降失常，故有纳呆，腹胀，呕恶，大便不调。肝脉绕阴器，湿热下注，则阴囊湿疹或睾丸肿痛，妇人则见外阴瘙痒，带下黄臭等症。舌质红，苔黄腻，脉弦数，均为湿热内蕴之征。

【辨证要点】 胁肋胀痛，身目发黄，阴痒，带下黄臭与湿热证共见。

（九）胆郁痰扰证

胆郁痰扰证指痰热内扰，胆郁失宣所表现的痰热证候。

【证候】 惊悸不寐，烦躁不安，口苦，泛恶呕吐，胸闷胁胀，头晕目眩，耳鸣，舌黄苔腻，脉弦滑。

【证候分析】 多因情志不遂，气郁化火，炼津成痰所致。痰热内扰，胆气不宁，故见惊悸不寐，烦躁不安；胆热犯胃，胃气上逆，故口苦，泛恶呕吐；胆气郁滞，见胸闷胁胀；痰热循经上扰，则头晕目眩，耳鸣；苔黄腻，脉滑，均为痰热内蕴之征。

【辨证要点】 惊悸不寐，烦躁不安、口苦欲呕等与痰热症状共见。

五、肾与膀胱病辨证

肾主藏精、主水、主纳气，膀胱主贮尿、排尿，肾与膀胱互为表里。肾功能的失常可表现为腰膝酸软或痛，耳鸣耳聋，齿摇发脱，遗精，精少，女子经少、经闭不孕，水肿，呼多吸少，大小便异常等。膀胱功能失常，临床表现为小便排泄异常为主。

肾病多为虚证，膀胱病多见湿热证，其虚证多责之于肾，具体辨证分型如下。

（一）肾阳虚证

肾阳虚证指肾阳虚衰，温煦失职，气化失权所表现的虚寒证候。

【证候】 腰膝酸软，面色㿠白，畏寒肢冷，以下肢为甚，神疲乏力，男子阳痿，女子不孕，小便清长或尿少浮肿，五更泄，舌质淡胖，脉沉迟。

【证候分析】 多因素体阳虚或久病及肾所致。肾阳虚衰，腰膝失于温养，故见腰膝酸软；阳气不达四末，故面色㿠白，畏寒肢冷，下肢尤甚；阳气不足，髓海空虚，故神疲乏力；肾阳虚，不能温养脾阳，脾胃运化失常，可见五更泄；肾阳虚衰，生殖功能减退，可见阳痿或不孕；肾阳不足，膀胱气化失司，则见小便清长或尿少浮肿；舌淡胖，脉沉迟，均为阳虚之证。

【辨证要点】 腰膝酸冷，性与生殖功能减退，大小便失司与虚寒证共见。

（二）肾阴虚证

肾阴虚证指肾阴亏损，失于滋养，虚热内生所表现的阴虚证候。

【证候】 腰膝酸软，眩晕耳鸣，失眠多梦，咽干口燥，形体消瘦，五心烦热，潮热盗汗，男子遗精、早泄，女子经少、经闭，或崩漏，舌红少津，苔少或无苔，脉细数。

【证候分析】 多因久病及肾，或房室过度，或患急性热病后，或情志内伤，耗伤肾阴后所表现出的证候。肾阴虚，腰膝、脑髓、官窍失养，故见腰膝酸软，眩晕耳鸣，咽干口燥；肾阴不足，形体失于濡养，则消瘦；阴虚生内热，虚热内扰，故见五心烦热，失眠多梦，潮热盗汗；阴虚相火妄动，火扰精室，则男子遗精、早泄，女子经少、经闭或崩漏；舌红少苔而干，脉细数，均为阴虚火旺之征。

【辨证要点】 腰膝酸软，眩晕耳鸣，男子遗精，女子月经失调与虚热证共见。

（三）肾精不足证

肾精不足证指肾精亏损，生长发育、生殖功能低下，早衰为主的精亏证候。

【证候】 小儿发育迟缓，身材矮小，囟门迟闭，智力低下，肌肉、骨骼痿软，动作迟钝；成人早衰，发脱齿摇，耳鸣耳聋，健忘恍惚，两足痿软。男子精少不育，女子经闭不孕；舌淡，脉细弱。

【证候分析】 多因先天禀赋不足，元气不充，或后天失养所致。肾精不足，无以生髓、养骨、充脑，小儿则发育迟缓，出现五迟、五软；成人则致早衰，出现发脱齿摇，耳鸣耳聋，健忘恍惚，两足痿软等征；肾精亏虚，则性功能减退，男子精少不育，女子经闭不孕；舌淡，脉细弱皆为肾虚之象。

【辨证要点】 生长发育迟缓，生殖功能低下，早衰与精亏证共见。

（四）肾气不固证

肾气不固证指肾气亏虚，封藏固摄无权所表现的证候。

【证候】 小便频数而余沥不尽，遗尿或小便失禁，夜尿多，腰膝酸软；男子滑精早泄，女子带下清稀，胎动易滑，舌淡苔白，脉沉弱。

【证候分析】 多因年高肾虚，或年幼肾气不充，或久病劳损而伤肾，使肾的固摄功能减退所致。肾与膀胱相表里，肾气不固，膀胱失约，不能贮藏津液，故小便频数而余沥不尽，遗尿，或小便失禁；夜为阴盛阳衰之时，肾气虚则阴寒尤甚，故夜尿多；腰为肾之府，故有腰膝酸软；肾失封藏，精关不固，故滑精早泄；肾虚，冲任虚损，固摄失职，故带下清稀，滑胎；舌淡苔白，脉沉弱，皆为肾气虚而不固之征。

【辨证要点】 小便、大便、精关、经带、胎元等五不固与肾气虚证共见。

（五）肾不纳气证

肾不纳气证指肺肾气虚，摄纳无权，气浮于上所表现的气虚证候。

【证候】 喘促气短，呼多吸少，气不得续，动则益甚，形瘦神惫，声音低怯，舌淡苔白，脉沉细无力。

【证候分析】 多因久病咳喘，肺虚及肾，或年老肾气衰弱所致。肺主气司呼吸，肾主纳气，今久病咳喘，由肺及肾，肾虚摄纳无权，气不归元，故见喘促、气短，呼多吸少，气不得续；动则耗气，故动则益甚；肾虚精气耗损，则见形瘦神惫，声音低怯；舌淡苔白，脉沉细无力，均为肺肾气虚之征。

【辨证要点】 喘促气短，呼多吸少，动则益甚与肾气虚证共见。

（六）膀胱湿热证

膀胱湿热证指湿热蕴结膀胱，气化不利所表现的湿热证候。

【证候】 尿频，尿急，排尿灼热疼痛，小便黄赤短少，或尿浊，或尿血，或尿有砂石，可伴有发热，腰部胀痛，舌红苔黄腻，脉濡数。

【证候分析】 多因外感湿热之邪蕴结于膀胱，或饮食不节，湿热内生，下注膀胱所致。湿热蕴结下焦，膀胱气化不利，故见小便黄赤短少，淋沥不尽；湿热下迫尿道，故尿频、尿急、尿浊；湿热阻滞，不通则痛，故尿痛；热灼伤阴络，则尿血；湿热煎熬，炼液成石，尿有砂石；湿热郁蒸则发热；湿热阻滞肾府，故腰痛；舌红苔黄腻，脉濡数，皆为湿热内蕴之征。

【辨证要点】 尿频、尿急、排尿灼痛与湿热证共见。

六、脏腑兼病辨证

脏腑兼病，即指疾病发展到一定阶段，同时表现多个脏腑证候。然而，脏腑兼病并非多个脏腑证候的简单相加，而是涉及脏腑之间紧密的生理病理联系，如表里、生克、乘侮关系及功能联系。因此，辨证时应当注意辨析脏腑之间有无先后、主次、因果、生克等关系，这样才能明确其病理机制，做出恰当的辨证施治。

（一）心肾不交证

心肾不交证指心肾阴虚，心阳独亢，水火既济失调所表现的虚热证候。

【证候】 心烦少寐，健忘，头晕耳鸣，口咽干燥，腰膝酸软，多梦遗精，五心烦热，潮热盗汗，小便短赤，舌红少苔，脉细数。

【证候分析】 多因思虑太过，暗耗阴精，或情志忧郁，化火伤阴，或虚劳久病、房室过度等所致。肾水不足，不能上滋心阴，心阳偏亢；或心火亢于上，内耗阴精，致肾阴亏于下，心肾阴阳水火失去了协调既济，形成心肾不交之证。肾水不升，心火无制，心阳偏亢，上扰心神，故见心烦少寐；心肾阴虚，失于滋养，则头晕耳鸣，健忘，腰膝酸软；虚火内扰，精关不固，则多梦遗精；津亏火旺则口咽干燥，小便短赤；舌红少苔，脉细数，皆为阴虚内热之征。

【辨证要点】 心烦少寐，腰膝酸软，多梦遗精与阴虚证共见。

（二）心肾阳虚证

心肾阳虚证指心肾阳气虚衰，温运无力，血行不畅，水湿内停所表现的虚寒证候。

【证候】 形寒肢冷，心悸气促，心胸憋闷，小便不利，肢体浮肿，甚则唇甲青紫，舌质紫暗，苔白滑，脉沉微。

【证候分析】 多因劳倦内伤，或久病不愈所致。心阳虚衰，久病及肾，致肾阳亦衰，形成心肾阳虚。阳虚，机体失于温煦，故形寒肢冷；心肾阳虚，鼓动无力，血液失于温运，血行瘀滞，故见心悸气促，心胸憋闷，甚则唇甲青紫，舌质紫暗，脉沉微；心肾阳衰，气化失司，水液内停，泛溢肌肤，故见小便不利，肢体浮肿。

【辨证要点】 心悸气促，小便不利，肢体浮肿与阳虚证共见。

（三）心肺气虚证

心肺气虚证指心肺两脏气虚，功能减退所表现的虚弱证候。

【证候】 心悸气短，久咳不已，咳喘少气，动则尤甚，咳痰清稀，声低气怯，头晕乏力，自汗神疲，面白无华，舌淡苔白，脉细无力。

【证候分析】 多因久病咳喘，耗伤心肺之气，或禀赋不足所致。肺气虚弱，宗气生成不足，则心气亦虚；若先有心气亏虚，宗气耗散，则致肺气不足，导致心肺气虚。宗气不足，心鼓动无力，则见心悸，脉细无力；肺气虚，肃降无权，肺气上逆则咳喘；宗气不足，则气短乏力，声低气怯；动则耗气，故动则尤甚；肺气虚，气不布津，则痰稀；肺主气，心主血脉，心肺气虚，全身功能活动减弱，肌肤及头面失于濡养，则面白无华，头晕神疲；卫表不固则自汗；舌淡白，脉细无力为气虚之征。

【辨证要点】 心悸，咳喘与气虚证共见。

（四）心脾两虚证

心脾两虚证指心血不足、脾虚气弱，心神失养，脾失健运所表现的虚弱证候。

【证候】 心悸怔忡，失眠多梦，头晕健忘，食欲不振，腹胀便溏，倦怠乏力，面色萎黄，或皮下出血，女子月经量少色淡，或淋漓不尽；舌质淡，脉细弱。

【证候分析】 多因久病失调，气血亏耗，或慢性失血，或思虑过度，暗耗心血，脾气受损所致。脾气虚弱，生血不足或统摄无权，血溢脉外可致心血虚；心血不足，无以化气，则脾气亦虚，形成心脾两虚证。心血不足，不能养心安神，则心悸怔忡，失眠多梦，头晕健忘；脾气虚弱，健运失司，故食欲不振，腹胀便溏，倦怠乏力，面色萎黄；脾虚不能摄血，故皮下出血，女子月经淋漓不尽；气血生化乏源，故月经量少色淡；舌淡，脉细弱，皆为心脾两虚，气血亏虚之征。

【辨证要点】 心悸失眠，食欲不振，腹胀便溏，与气血两虚证共见。

（五）心肝血虚证

心肝血虚证指心肝两脏血亏，相关组织官窍失养所表现的血虚证候。

【证候】 心悸健忘，失眠多梦，头晕目眩，两目干涩，视物模糊，或肢体麻木，震颤拘挛，或女子月经量少色淡，甚则经闭，爪甲不荣，面白无华，舌质淡白，脉细。

【证候分析】 多因久病体虚，或思虑劳神、暗耗心血，或失血过多，或脾虚生血化源不足所致。心血亏虚，心神失养，神不守舍，则心悸健忘，失眠多梦；肝血亏虚，头目失养，则头晕目眩，两目干涩，视物模糊；血虚生风，则肢体麻木，甚则震颤拘挛；心肝血虚，血海空虚，冲任失养，则女子月经量少色淡，甚则闭经；肝血虚，爪甲、筋脉失于濡养，则爪甲不荣；面白无华，舌淡，脉细等，皆血虚常见之征。

【辨证要点】 神志、目、筋、爪甲失养之状与血虚证共见。

（六）肺脾气虚证

肺脾气虚证指肺脾两脏气虚，脾失健运，肺失宣降所表现的虚弱证候。

【证候】 久咳不止，喘促气短，痰多清稀色白，食欲不振，腹胀便溏，甚则面浮足肿，舌淡苔白，脉细弱。

【证候分析】 多因久病咳喘，肺虚及脾，或饮食不节，劳倦伤脾，不能输精于肺所致。脾肺之气均不足，水津无以布散，痰湿内生而形成肺脾气虚。久咳不止，肺气受损，故见气短喘促；肺气虚，水津失于布散，聚湿生痰，故痰多稀白：脾虚，失于运化，则食欲不振，腹胀便溏；脾失健运，气不行水，故面浮足肿；舌淡苔白，脉细弱，皆属肺脾气虚之征。

【辨证要点】 咳喘气短，食少便溏与气虚证共见。

（七）肺肾阴虚证

肺肾阴虚证指肺肾之阴液亏损，虚火内扰所表现的虚热证候。

【证候】 干咳少痰，甚或咯血，形体消瘦，骨蒸潮热，颧红盗汗，咽干或声音嘶哑，腰膝酸软，遗精，舌红少苔，脉细数。

【证候分析】 多因久咳耗伤肺阴，进而累及肾阴，而致肺肾阴虚。阴虚肺燥，津液不能上承，肺失清肃，则干咳少痰，咽干，或声音嘶哑；虚火上炎，灼伤肺络，故咯血；肾阴不足，故见腰膝酸软，遗精；阴虚生内热，故见形体消瘦，骨蒸潮热，颧红盗汗，舌红少苔，脉细数等。

【辨证要点】 干咳少痰，腰膝酸软，遗精与阴虚证共见。

（八）肝火犯肺证

肝火犯肺证指肝经气火上逆犯肺，肺失清肃，肺气上逆所表现的证候。

【证候】 胸胁灼痛，急躁易怒，头晕头胀，烦热口苦，咳嗽阵作，痰黄黏稠，甚则咯血，舌质红，苔薄黄，脉弦数。

【证候分析】 多因郁怒伤肝，肝郁化火，或邪热蕴结肝经，上逆犯肺，肺失清肃所致。肝郁化火，气火上逆，故胸胁灼痛、急躁易怒；肝火上炎，故烦热口苦，头晕头胀；肝火犯肺，肺失清肃，则咳嗽阵作，痰黄黏稠；火热灼伤肺络，则咯血；舌红，苔薄黄，脉弦数皆为肝火盛之征。

【辨证要点】 胸胁灼痛，易怒，咳嗽阵作，或咯血与实热证共见。

（九）肝胃不和证

肝胃不和证指肝气郁结，肝失疏泄，胃失和降所表现出的证候。

【证候】 胸胁、胃脘胀满疼痛，呃逆嗳气，吞酸嘈杂，纳食减少，苔薄白或薄黄，脉弦。

【证候分析】 多因情志不遂，肝气郁结，横逆犯胃，胃失和降所致。肝郁气滞，横逆犯胃，不通则痛，故胃脘胀痛；郁久化热，肝胃郁热，胃失和降，胃气上逆则呃逆嗳气，吞酸嘈杂；胃失受纳，则纳食减少；苔薄白或薄黄，脉弦，均属肝胃不和之征。

【辨证要点】 胸胁、胃脘胀满疼痛等共见。

（十）肝郁脾虚证

肝郁脾虚证指肝气郁结，肝失疏泄，脾失健运所表现出的证候。

【证候】 胁肋胀满窜痛，善太息，情志抑郁或急躁易怒，腹胀腹痛，纳呆便溏，或腹痛欲泻，泻后痛减，舌苔白腻，脉弦。

【证候分析】 多因情志不遂，肝气郁结，失于疏泄，横逆乘犯，脾失健运，形成肝脾不调。肝失疏泄，肝郁气滞，不通则痛，胁乃肝之分野，故胁肋胀满窜痛，善太息，情志抑郁或急躁易怒；脾失健运，则纳呆腹胀，便溏；肝郁乘脾，气机失畅，清气不升，则腹痛泄泻，泻后气滞得畅，故疼痛缓解；苔白腻，脉弦，均属肝郁脾虚之征。

【辨证要点】 胸胁胀满，情志抑郁，腹胀腹痛，纳呆便溏等共见。

（十一）肝肾阴虚证

肝肾阴虚证指肝肾阴液亏虚，阴不制阳，虚热内扰所表现的虚热证候。

【证候】 头晕目眩，失眠多梦，视物昏花，耳鸣，健忘，胁痛，腰膝酸软，口燥咽干，颧红盗汗，五心烦热，男子遗精，女子月经不调，舌红少苔而干，脉细数。

【证候分析】 多因久病失调伤阴，或房室过度伤精，或情志内伤耗阴等所致。肝藏血，肾藏精，精血同源，肝肾同源。肾阴不足，则水不涵木，肝阴亦亏；肝阴亏虚，子病及母，又可累及肾阴，导致肾阴亦亏，形成肝肾阴虚。肝肾阴虚，阴虚则阳亢，故头晕目眩，失眠多梦；肝肾阴虚，脑髓及官窍失养，则耳鸣健忘，视物昏花；肝脉失养则胁痛；肝肾阴亏，冲任失调，故月经不调；虚火扰动精室，则遗精；腰膝失于肾精滋养，则腰膝酸软；五心烦热，口燥咽干，颧红，盗汗，舌红少苔，脉细数，皆属阴虚内热之征。

【辨证要点】 眩晕耳鸣，视物昏花，腰膝酸软与阴虚证共见。

（十二）脾肾阳虚证

脾肾阳虚证指脾肾阳气亏虚，温化失权所表现的虚寒证候。

【证候】 面色㿠白，形寒肢冷，腰腹冷痛，下利清谷，或五更泄泻，或面浮肢肿，小便不利，甚则出现腹水，舌淡胖大，脉沉弱。

【证候分析】 多因脾、肾两脏久病，耗气伤阳，形成脾肾阳虚。脾肾阳虚，温煦失司，故见面色㿠白，形寒肢冷，腰膝或下腹冷痛；脾阳虚，运化失司，则下利清谷，五更泄泻；肾阳虚，膀胱气化失司，气不化水，水湿内停，泛溢肌肤，则小便不利，面浮肢肿；土不制水，水湿内聚，渗入腹腔，则出现腹水；舌淡胖、脉沉细弱皆为阳虚之征。

【辨证要点】 腰腹冷痛，下利清谷与阳虚证共见。

脏腑辨证是对患者临床证候的总结，即症状与体征的概括，确切地辨明了疾病部位，是中医辨证体系中的重要内容，是临床诊断的基本方法。如何制定有效的脏腑辨证分型和治疗方案，是临床医生面临的挑战。制定有效的脏腑辨证分型和治疗方案是一个综合的过程，需要综合考虑患者的具体病情、体质、病因、病机等多方面因素。以下是一些建议，以帮助制定有效的脏腑辨证分型和治疗方案。

（1）深入了解脏腑理论：熟悉中医脏腑理论，了解脏腑的生理功能、病理变化以及脏腑之间的相互关系。这是制定有效辨证分型的基础。

（2）详细收集病史和症状：全面收集患者的病史、症状、体征等信息，包括病程长短、病因、病情轻重、伴随症状等。这些信息对于判断脏腑功能状态、确定辨证分型至关重要。

（3）准确辨证分型：根据患者的病史、症状、体征等信息，结合中医脏腑理论，进行准确的辨证分型。辨证分型要考虑到脏腑的虚实、寒热、气血等因素，以及脏腑之间的相互关系。

（4）制定治疗方案：根据辨证分型结果，制定相应的治疗方案。治疗方案要综合考虑患者的体质、病因、病机等因素，选择适当的中药方剂、针灸、推拿等中医治疗方法。同时，也要结合现代医学的治疗方法，如药物治疗、手术治疗等，以提高治疗效果。

（5）个体化治疗：在制定治疗方案时，要充分考虑患者的个体差异，包括年龄、性别、体质、病情等因素。个体化治疗能够更好地满足患者的需求，提高治疗效果。

（6）动态调整治疗方案：在治疗过程中，要密切关注患者的病情变化，及时调整治疗方案。如果患者的病情变化较快，可能需要频繁地调整治疗方案。

（7）评估治疗效果：在治疗结束后，要对治疗效果进行评估。评估结果可以作为今后制定治疗方案的参考依据。如果治疗效果不佳，需要分析原因并调整治疗方案。

总之，制定有效的脏腑辨证分型和治疗方案需要综合考虑患者的具体病情、体质、病因、病机等多方面因素。在制定过程中，要深入了解中医脏腑理论，准确辨证分型，制定个体化治疗方案，并动态调整治疗方案以评估治疗效果。

（施杰民）

复习思考题

1. 如何鉴别表证、里证？
2. 何谓半表半里证？
3. 亡阳证与亡阴证的临床表现是什么？
4. 如何鉴别虚实真假？
5. 如何鉴别虚寒证和实寒证？
6. 寒证与热证的关系有哪些？
7. 气证与血证的关系，主要分为哪些证型？
8. 请简述“十纲辨证”的基本概念和其在中医诊断学中的重要性。
9. 列举“十纲辨证”中的十纲，并简要说明每个纲的特点及其在辨证中的应用。
10. 思考“十纲辨证”在中医养生和疾病预防中的作用，并举例说明。
11. 如何区分心气虚、心阳虚、心阳暴脱三证临床症状的异同点？
12. 血瘀、痰阻、寒凝、气滞心脉致心脉痹阻四证的症状以及鉴别要点是什么？
13. 心血虚证和肝血虚证的临床表现如何区分？

14. 肺阴虚证和燥邪犯肺证的异同有哪些?
15. 如何鉴别脾气虚证和脾阳虚证?
16. 如何鉴别肝火炽盛证与肝阳上亢证?
17. 肝风内动有哪几种类型以及各自的临床表现是什么?
18. 如何区分肾精不足证、肾气不固证、肾不纳气证?
19. 阳虚证所涉及的脏腑以及主要临床表现是什么?
20. 兼有气虚的脏腑兼证有哪些? 分述其辨证要点。

第七章 养生与防治

人的生、长、壮、老、已是一个正常生命个体必然经历。在这一生命过程中，由于自身、环境、社会等各方面因素，会发生疾病，影响或终止生命进程，或加速衰老，加快生命进程。中国人民在长期与疾病作斗争的发展过程中，在追求长生不老这一神话目标的孜孜不倦探索中，形成了中医学一套比较完整的养生及疾病防治理论和方法体系——中医养生学。其至今对我们仍有重要的指导意义。中医养生学指在中医理论指导下，研究人的心身颐养、体质增强、疾病预防、延年益寿的理论和方法。人的一生多数会发生疾病，防治疾病是健康和长寿的基础。

中医学已形成一套独到的疾病防治理论和方法。如《素问·四气调神大论》“不治已病治未病”的疾病预防思想，以及既病之后，倡导早治疗，防止疾病的发展与传变，做到疾病防与治的科学结合。

第一节 养 生

养生，又名摄生、顺生、保生、养性等，保养身体之谓。换言之，养生是指根据人生命发展的规律，采取保养身体、减少疾病、增进健康、延年益寿等措施而进行的一种健身益寿活动。

一、养生的基本原则

（一）顺应自然

《素问·宝命全形论》提出：“人以天地之气生，四时之法成。”人类生存于自然界中，人的生命活动与自然界息息相关。《灵枢·邪客》称之为“人与天地相应”。在自然界的变化中，存在着以四时、朔望、昼夜为标志的年月日周期性节律变化，并由此产生了气候变化和物候变化所呈现的生长化收藏等规律。人类在长期的进化过程中，形成了与之近乎同步的生理节律和适应外界变化并做出自我调适的能力。因此，人若能顺应自然而养生，各种生理功能便可循其常性、节律有序而稳定，机体则处于阴阳和谐的健康状态；若违逆自然，则会出现各种生理功能节律紊乱，机体适应外界变化和防御抗邪能力减弱，从而容易患病。正如《素问·四气调神大论》所言：“阴阳四时者，万物之终始也，死生之本也。逆之则灾害生，从之则苛疾不起，是谓得道。”所以，顺应自然是中医养生学的重要原则之一。养生顺应自然，旨在要求人们在掌握自然规律的基础上，主动采取各种措施来顺应其变化，使人体生理活动与自然变化节律同步，保持机体内外环境的协调统一，以避邪防病，保健延年。

人生来就具有了自然属性和社会属性，社会因素可以通过对人的精神状态和身体素质的影响而影响人的健康。在顺应自然规律的同时，要与社会和谐相处，才能有利于生存。所以，养生还有一个重点就是必须遵循人类社会发展、变化规律，顺应历史潮流，与时俱进。只有顺应正确的时代潮流，才能找准人生坐标，实现人生价值，会有益于心理平衡、身心健康，使有限的生命活得健康、快乐。

（二）形神共养

形，指形体，即脏腑身形；神，指以五神、五志为特征的心理活动。形神共养，是以形神合一、形与神俱的生命观为其理论基础。一方面，形体为生命的基础，形具而神生，五脏及其所藏的精气是产生“五神”活动的物质基础。《灵枢·天年》说：“血气已和，荣卫已通，五脏已成，神气舍心，魂魄毕具，乃成为人。”正如《抱朴子·内篇》所言：“形者，神之宅也。故譬之于堤，堤坏则水不留矣。”强调神依赖于形。另一方面，神乃形之主，为生命的主宰。人体脏腑的功能活动、气血津液的运行，都受神的主宰和影响。形为神之基，神为形之主；无形则神无以生，无神则形不可活，形神合一是生命的基本特征。故中医养生强调形神共养，养形以全神，调神以全形，最终达到“形与神俱，而尽终其天年”的目的。

中医养生提出动以养形，以形劳而不倦为度，用适宜劳动、太极拳、五禽戏、散步等，以运动形体、调和气血、疏通经络、通利九窍、防病健身。静以养神，动以养形，动静结合，刚柔相济，以动静适宜为度。形神共养，才有益于强身防病。

（三）保精固本

精是构成人体和维持人体生命活动的精微物质，是生命之源，具有促进生长发育、生殖、化生血液等作用，在人体生命活动中居于重要地位。《素问·金匮真言论》说：“夫精者，身之本也。故藏于精者，春不病温。”后世医家将精、气、神合称为人身之三宝，故在养生中，中医学很重视保精养精以固先天之本。《类经·摄生类》指出：“善养生者，必宝其精，精盈则气盛，气盛则神全，神全则身健，身健则病少，神气坚强，老而益壮，皆本乎精也。”精禀于先天，有赖后天水谷精气的充养。保精固本，不仅要节制房事不使精耗竭，而且要养五脏以使精不伤，忌劳伤以使其不过耗，药食调补以壮其精。后天充盛，五脏安和，则精自然得养。若纵欲过度，可使精液枯竭，真气耗散而导致未老先衰。

（四）调养脾胃

脾胃为后天之本，气血生化之源，故脾胃强弱是决定人寿命的重要因素，《景岳全书·脾胃》言：“土气为万物之源，胃气为养生之主。胃强则强，胃弱则弱，有胃则生，无胃则死，是以养生家当以脾胃为先。”脾胃健旺，水谷精微化源充盛，则精气充足，脏腑功能强盛，神自健旺。因此，中医养生十分重视调养脾胃，通过饮食调节、药物辅助、调摄情志、导引等调摄，以达到健运脾胃、调养后天、延年益寿的目的。先天之本在肾，后天之本在脾，先天与后天，相互促进，调补脾胃有利于滋养先天，是全身形、防早衰的重要方法。

（五）因人施养

因人施养，指根据每个人年龄、性别、体质、职业、生活习惯的不同，有针对性地选择相应的养生保健方法。人的体质存在较大差异，不同的个体由于年龄、性别、体质、职业、生活习惯等因素的影响，会出现生理和心理上的差异。所以，养生只有因人施养，抓住重点，有的放矢，才能有益健康，达到养生目的。例如，就年龄因素而言，少儿脏腑娇嫩，形气未充，但生机蓬勃，生活尚不能自理，故少儿养生应注意合理喂养、寒温适度、体格锻炼、免疫防病，并培养良好的生活习惯；中年人，生命活动开始由盛转衰，工作繁忙，压力较大，养生应注意静神少虑，不过劳，节制房事。《景岳全书·中兴论》说：“故人于中年左右当大为修理一番，则再振根基，尚余强半。”即强调了中年养生的重要性。老年人，脏腑功能衰退，生理与心理适应能力减退，养生应注意知足谦和、老而不怠，加强饮食调养，生活起居有节，运动锻炼要注意动静结合。就性别而言，女性有月经、胎孕、产育、哺乳等特点，养生自当有所区别。人的体质又有偏于气虚、血虚、阴虚、阳虚、血瘀、痰湿之差别，养生方法也各有特点。另外，人的体质、生活习惯又受长期生活地域环境的影响，养生要考虑不同区域的地理特点，采取相应的保健措施，充分利用有利于健康的各种因素，努力克服不良地理条件对人体的影响，使人与自然的关系和谐统一，以达到防治疾病、延年益寿之目的。

二、养生方法

（一）顺时养生

《素问·四气调神大论》曰："阴阳四时者，万物之终始也，死生之本也。逆之则灾害生，从之则苛疾不起，是谓得道。"阴阳四时的变化，是万物终始、盛衰存亡的根本。违逆了它的变化规律，就会发生灾害；顺应它的变化规律，就不会发生重病。如果四时阳气的生、长、收、藏变化规律出现了反常的变化，就会导致疾病的发生，甚至会引发传染病流行，这是自然界四时阴阳变化的一般规律。

因此，能掌握自然界的变化规律，顺应四时变化，进行调摄养生，不生疾病，可保健康长寿。老人脏腑功能衰弱，阴精耗损，神气不足，体质状况已日渐衰弱，不能很好自我调节以适应四时阴阳的异常变化。在日常生活中，如果其稍有调理不周，季节气候一旦有异常变化，就会发生严重疾病。因此，老人的悉心调摄护养，就成为延年益寿的关键所在。

（1）"春夏养阳，秋冬养阴。"春时阳始生，风寒之邪可为患，故春时应注意御寒保暖，以养人体之阳。夏时阳极盛，暑热邪盛，大热耗气，气者阳也，故大热亦伤人体之阳。夏季炎热，人们喜冷饮，饮食太过则易伤阳，故夏时既要善处阴凉以避大热，又要避免过食冷饮以防伤阳。秋冬时分燥邪为患，易伤阴，故秋冬之时宜服用滋阴之品养阴。

（2）秋冻春捂。"春捂"就是说春季，气温刚转暖，不要过早脱掉棉衣。冬季穿了几个月的棉衣，身体产热散热的调节与冬季的环境温度处于相对平衡的状态。由冬季转入初春，乍暖还寒，气温变化又大，过早地脱掉棉衣，一旦气温下降，就会难以适应，使身体抵抗力下降，引发呼吸系统疾病。"秋冻"就是说秋季气温稍凉爽，不要过早过多地增加衣服。适宜的凉刺激，有助于提高人体耐寒能力，在温度逐渐降低的环境中，经过一定时间的锻炼，身体的新陈代谢提高，产热增加，对低温的适应力增强。但秋冻并非人人适宜，老年人、儿童、心脑血管病患者、胃及十二指肠溃疡患者不宜"冻"。

（3）早起早睡。早睡早起有益身体健康。2021 年美国麻省理工学院和哈佛大学的科研人员研究发现：只要每天早睡早起 1 小时，患重度抑郁症风险降低 23%。子午觉，简单说，就是在每天的子时、午时按时入睡，其原则是"子时大睡，午时小憩"。子时是晚 11 时至凌晨 1 时，是人体经气"合阴"之时，此时阴气最盛，阳气衰弱，"阳气尽则卧"，晚上 11 点以前入睡，有利于养阴，效果最好。这个时刻休息睡眠效果最好，睡眠质量也最高，可以起到事半功倍的效果。午时是中午 11 时至 13 时，是人体经气"合阳"的时候，午觉只需休息 30 分钟，有利于养阳。

（二）饮食养生

中医养生首先强调吃饭七分饱，反对暴饮暴食，"饮食自倍，肠胃乃伤"。其次要求五味调和，做到营养均衡，反对偏食。《素问·脏气法时论》说："五谷为养，五果为助，五畜为益，五菜为充。气味合而服之，以补精益气。"

对于老年人，《寿亲养老新书·饮食调治》讲道："主身者神，养气者精，益精者气，资气者食。食者，生民之天，活人之本也""若少年之人，真元气壮或失于饥饱，食于生冷，以根本强盛，未易为患。其高年之人，真气耗竭，五脏衰弱，全仰饮食以资气血，若生冷无节，饥饱失宜，调停无度，动成疾患"。提出了老年病"先以食治，食治未愈，然后命药"的治疗原则和食疗胜于药治、防病重于治病的养生理念。主张老人饮食宜温热、熟、软，忌黏、硬、生、冷。

饮食调养也要个体化。药膳保健，可根据每个人的体质，针对性地选择一些药食同源中药，代茶饮、煲粥，改善体质偏差，提高脏腑功能，有益健康。

（三）情志养生

现代研究表明，良好的情绪会提高人体免疫力，成年人应注意保持乐观向上的心情，有利于健康。对于老年人，更应注意保持良好的情绪。《寿亲养老新书·性气好嗜》讲道：“眉寿之人，形气虽衰，心亦自壮，但不能遂时人事，遂其所欲，虽居温给，亦常不足，故多咨煎背执，等闲喜怒，性气不定，止如小儿。全在承顺颜色，遂其所欲，严戒婢使子孙，不令违背。若愤怒一作，血气虚弱，中气不顺，因而饮食，便成疾患。”因此，对待老人，要敬奉恭顺，察言观色，迎合他的心意，博取他的欢心。因老年人血气虚弱，脾胃等功能虚惫，一旦忧愤恼怒，就容易使饮食不化，脏腑功能紊乱，变生疾病。因此，应体恤、了解老年人的心境，常有人陪伴在身边，不让老人独居。因为人老之后，容易伤感，容易孤独寂寞，心情不快。所以，敬奉老人，要顺着老人的脾性与爱好。每人的做事脾性，既有各自特殊的爱好，又有一见喜爱之物即欢喜的共性。如果让老人看到自己喜爱的事物，自然会将心思用在所喜爱的事物上，天天逗趣赏玩，自以为乐，即使有疲劳倦乏，忧伤郁闷，自然可以释放、减轻。

每个人有各自特殊的爱好，有的爱好读书、书法、绘画或鉴赏字画，有的爱好抚琴、下棋、欣赏音乐及唱歌，有的喜欢禽鸟宠物。人的嗜好不能一一列举，可以根据自己平生的偏爱，选择自己喜爱赏玩、心情愉悦之事，痴迷于其中而忘掉心中不快、孤寂、郁闷。这样有利于调和脏腑气机，增进健康，有益于延年益寿。

（四）运动养生

中医将精、气、神称为“三宝”，与人体生命息息相关。运动养生则紧紧抓住了这三个环节，调意识以养神；以意领气，调呼吸以练气，以气行推动血运，周流全身；以气导形，通过形体、筋骨关节的运动，使周身经脉畅通，营养整个机体。如此，则形神兼备，百脉流畅，内外相和，脏腑协调，机体达到“阴平阳秘”的状态，从而增进机体健康，以保持旺盛的生命力。

现代研究证明，经常而适度的体育锻炼，对机体有好处：①可促进血液循环，改善大脑的营养状况，有益于神经系统健康，有助于保持旺盛的精力和稳定的情绪。②增强心、肺功能，改善末梢循环。③促进胃肠蠕动，有利于食物消化吸收。④可提高机体的免疫功能和内分泌功能。

1. 运动养生的要领 传统运动养生的练功要领就是意守、调息、动形的统一。最关键的是意守，只有精神专注，方可宁神静息，呼吸均匀，导气血运行。以意领气，以气动形。这样可内练精神、脏腑、气血；外练经脉、筋骨、四肢，使内外和谐、气血周流，机体可得到全面锻炼。

2. 强调适度，不宜过量 运动养生是通过锻炼以达到健身的目的，因此，要注意掌握运动量的大小。运动量太小则达不到锻炼目的，起不到健身作用；太大则超过了机体耐受的限度，反而会使身体因过劳而受损。《备急千金要方》中指出：“养性之道，常欲小劳，但莫大疲及强所不能堪耳。”

3. 持之以恒，坚持不懈 锻炼身体要注意坚持而不间断。“流水不腐，户枢不蠹”，这句话说明了“动则不衰”的道理，只有持之以恒、坚持不懈，才能达到健身锻炼的目的。传统的健身术如太极拳、易筋经、八段锦等，可供选学练习。

（李雪峰）

第二节 预　防

预防，是指采取一定的方法和医疗手段，防止人体疾病的发生和发展。中医理论成形时期就重视疾病预防，如《素问·四气调神大论》说：“圣人不治已病治未病，不治已乱治未乱。……夫病已成而后药之，乱已成而后治之，譬犹渴而穿井，斗而铸锥，不亦晚乎。”就鲜明提出“治未病”的疾病预防思想，强调“防患于未然”。治未病，包括未病先防、既病防变，以及瘥后防复。

一、未病先防

未病先防，就是在疾病发生之前，在日常生活中，就要注意针对性地做好预防工作，增强体质，在疫病流行期间，采取各种医疗措施规避戾气，防止人体发生疾病。疾病的发生，关系到邪、正两个方面。邪气是导致疾病发生的必要条件，而正气不足是人体疾病发生的内在因素。外邪通过内因而起作用。因此，治未病，必须从这两方面着手。

1. 调养身体，提高人体正气的抗邪能力　人体正气的强弱，由每个人的体质所决定。总体来说，体质强壮之人，正气充盛；体质瘦弱之人，正气不足。《素问·刺法论》说：“正气存内，邪不可干。”因此，增强体质，是提高正气抗邪能力的关键。增强体质要注意调摄精神、加强锻炼、适当药物预防等方面。

（1）调摄精神：中医认为人的精神情志活动，与人体的生理、病理变化关系密切。健康之人，由于情志异常而引发疾病，即情志致病。突然的精神刺激，或反复、持续的精神刺激，可使脏腑气机逆乱，如肝气上逆、郁结而引发疾病。而注意调摄精神，则心情舒畅，精神愉快，会促进脏腑气机调畅，有利于预防疾病发生。“恬淡虚无，真气从之，精神内守，病安从来。”所以，调摄精神，可以增强正气抗邪能力，预防疾病。

（2）加强锻炼：经常锻炼身体，能增强体质，减少或防止疾病的发生。汉代医家华佗创造“五禽戏”，即模仿虎、鹿、熊、猿、鸟五种动物的动作来锻炼身体，可使血脉流通，关节流利，气机调畅，体质增强，预防疾病。后世又出现太极拳、八段锦、易筋经等多种健身功法，能增强体质，增加健康，预防疾病的发生。

（3）药物预防及预防接种：《素问·刺法论》讲道：“小金丹……服十粒，无疫干也。”说明我国很早就开始了疾病的药物预防工作。此外，还有用醋、雄黄等烟熏以消毒防病等。近 30 多年来运用接种肝炎疫苗等预防肝炎，使我国肝炎发病人群快速减少。

2. 防止邪气侵害　病邪是导致疾病发生的必要条件，故未病先防除了增强体质、提高正气抗邪能力外，同时还要注意防止病邪的侵害。如注意个人和环境卫生，防止环境、水源和食物的污染。“虚邪贼风，避之有时”“饮食有节，起居有常，不妄作劳”等，皆是避免六淫、疫疠、七情、饮食与劳逸等致病的有效方法。

二、既病防变

未病先防，是最经济、最有效的预防疾病措施。但如果疾病已经发生，则应争取早诊断，早治疗，以防止疾病的发展与传变。

1. 早期诊治　《素问·阴阳应象大论》说：“故邪风之至，疾如风雨，故善治者治皮毛，其次治肌肤，其次治筋脉，其次治六腑，其次治五脏。治五脏者，半死半生也。”这说明外邪侵袭人体，如果不及时诊治，病邪就可能由表传里，侵犯脏腑，使病情加重，给治疗增加困难。因此，在防治疾病的过程中，一定要掌握疾病发生发展规律，做到早期诊断，有效治疗，才能防止其传变。

2. 根据疾病传变规律，先安未受邪之地　《难经·七十七难》说：“上工治未病，中工治已病者，何谓也？然：所谓治未病者，见肝之病，则知肝当传之与脾，故先实其脾气，无令得受肝之邪。故曰治未病焉。中工治已病者，见肝之病，不晓相传，但一心治肝，故曰治已病也。”肝属木，脾属土，肝木能乘克脾土，故临床上治疗肝病，常配合健脾和胃的方法，这是既病防变法则的具体应用。在疾病过程中，情绪波动可使病情加重，疾病恶化，应避免对患者，尤其是重病者的不良情绪刺激。

三、瘥后防复

瘥后防复就是指除邪务尽，注意巩固疗效，防止疾病复发。一方面要做好患者愈后跟踪回访，为恢复期患者提供中医康复评估和中医药健康指导，如中药、膳食疗法、情志疗法、传统功法等。另一方面要在患者病愈回归家庭后，及时纳入社区健康档案管理，通过定期家访和健康数据分析，实现中医药精准助力患者全面康复，防止疾病复发。

（李雪峰）

第三节　治则与治法

一、治则与治法的关系

治则，是中医治疗疾病的法则。它是从整体观出发，在阴阳五行学说指导下制定的治病准则，对临床治疗立法、处方、用药，具有普遍指导意义。

治则与治法不同，治则是用以指导疾病治法的总则，治法是治则的具体化。因此，任何具体的治法，总是从属于一定的治则。如各种病证从邪正关系来说，离不开邪正斗争、消长、盛衰的变化，因此，扶正祛邪即为治疗总则。在总则指导下的益气、养血、滋阴、补阳等方法，就是扶正的具体方法；而发汗、涌吐、攻下等方法，则是祛邪的具体方法。

由于人体疾病的证候表现多种多样，病理变化极为复杂，病变过程有轻重缓急。不同的时间、地点、不同个体对同一病因，会产生不同病情变化。因此，必须善于从复杂多变的疾病现象中，抓住病变的本质，治病求本；根据邪正斗争所产生的虚实变化，扶正祛邪；按阴阳失调的病理变化，调整阴阳；按脏腑、气血失调的病机，调整脏腑功能、调理气血关系；按发病的不同的时间、地点和不同的患者，因时、因地、因人制宜。

二、基本治则

（一）治病求本

1. 治病求本　就是寻找出疾病的根本原因，并针对根本原因进行治疗。这是辨证论治的基本原则，故《素问·阴阳应象大论》说：“治病必求于本。”“本”和“标”是一个相对概念，有多种含义，可用以说明病变过程中各种矛盾的主次关系。例如，从邪正双方来说，正气是本，邪气是标；从病因与症状来说，病因是本，症状是标；从疾病先后来说，旧病、原发病是本，新病、继发病是标。疾病的发生、发展，一般总是通过若干症状而显示出来的。但这些症状只是疾病的现象，还不是疾病的本质。只有充分地搜集、了解疾病的各个方面，在中医理论指导下，进行综合分析，才能透过现象看到本质，找出疾病的根本原因，从而确立恰当的治疗方法。比如头痛，可由外感和内伤所引起。外感头痛，属于风寒的，治宜辛温宣散法；属于风热的，治宜辛凉宣散法。这就是“治病必求于本”的意义所在。

在临床运用治病求本这一治疗法则的时候，必须正确掌握“正治与反治”“治标与治本”两种情况。

2. 正治与反治

（1）正治：是逆其证候性质而治的一种常用治疗法则，又称逆治。逆，是指采用方药的性质与疾病的性质相反。即通过分析疾病的临床证候，辨明疾病性质的寒热虚实，然后分别采用“寒者热之”“热者寒之”“虚则补之”“实则泻之”等不同方法去治疗。正治法适用于疾病的征象与本质相一致的病证。由于临床上大多数疾病的征象与疾病的性质是相符的，如寒病即见寒象，热病即见热象，虚病即见虚象，实病即见实象等，所以，正治法是临床上最常用的一种治疗方法。

（2）反治：是顺从疾病假象而治的一种治疗方法，又称从治。从，是指采用方药的性质与疾病的假象相一致，实质上，还是在治病求本法则指导下，针对疾病本质而进行治疗的方法，故仍是"治病求本"。主要有"热因热用""寒因寒用""塞因塞用""通因通用"等。

1）热因热用：是以热治热，即用热性药物治疗具有假热症状的病证。适用于阴寒内盛，格阳于外，反见热象的真寒假热证。由于阳虚寒盛是其本质，故仍用温热药治其真寒，而假热就自然会消失。

2）寒因寒用：是以寒治寒，即用寒性药物治疗具有假寒症状的病证。适用于里热盛极，阳盛格阴，反见寒象的真热假寒证。例如，热厥证，因阳盛于内，格阴于外，出现四肢厥冷，脉沉，很似寒证，但患者有心烦，口渴而喜冷饮，小便短赤等症，因为热盛是其本质，故须用寒凉药治其真热，而假象方能消失。这叫"寒因寒用"。

3）塞因塞用：是以补开塞，即用补益药治疗具有闭塞不通症状的病证。适用于因虚而闭阻的真虚假实证，如脾虚便秘、血枯经闭等证，其治应以补开塞，不要妄用通泄药物而更伤正气。

4）通因通用：是以通治通，即用通利的药物治疗具有实性通泄症状的病证。适用于食积腹痛，泻下不畅，热结旁流，以及膀胱湿热所致尿频、尿急、尿痛的病证。治疗分别用消食导滞、清热利湿等方法。

（二）扶正祛邪

扶正，适用于正气虚患者；或正气虚为主，邪气不盛的虚性病证患者。如气虚、阳虚的患者，应采取补气、补阳的方法治疗；阴虚、血虚的患者，应采取滋阴、补血的方法治疗。

祛邪，适用于以邪实为主要矛盾，而正气未衰的实性病证患者，用各种方法祛除邪气，例如，外感风寒表实证者，宜发汗解表；邪在肠胃，如热邪与肠中糟粕互结，应采取下法；食积胀满，则宜用消食导滞方法等。

运用扶正祛邪法则时，要认真地观察和分析正邪双方消长盛衰的情况，并根据正邪在矛盾斗争中的地位，决定扶正与祛邪的主次和先后。扶正与祛邪兼用：适用于正虚邪实病证，而且二者同时兼用则扶正不留邪，祛邪又不会伤正。但在具体应用时，还要分清以正虚为主，还是以邪实为主。正虚较急重的，应以扶正为主，兼顾祛邪；而邪实较急重的，则以祛邪为主，兼顾扶正。先祛邪后扶正：适用于虽然邪盛正虚，但正气尚能耐攻，或同时兼顾扶正反会助邪的病证，则应先祛邪而后扶正。先扶正后祛邪：适用于正虚邪实，以正虚为主的患者，因正气过于虚弱，兼以攻邪，则反而更伤正气，故应先扶正而后祛邪。

（三）调整阴阳

疾病的发生，从本质上说是阴阳的相对平衡遭到破坏，出现偏盛偏衰的结果。对于阴阳的偏盛偏衰，《素问·至真要大论》指出，应"谨察阴阳所在而调之，以平为期"。因此，调整阴阳，补偏救弊，恢复阴阳的相对平衡，促进阴平阳秘，乃是临床治疗的根本法则之一。

损其偏盛，是针对阴或阳一方过盛有余的病证，临床即可采用"损其有余"的方法治之。例如，阳热亢盛的实热证，应"治热以寒"，以清泻其阳热；阴寒内盛的寒实证，则应"治寒以热"，用"寒者热之"的方法以温散其阴寒。但是，《素问·阴阳应象大论》指出："阴胜则阳病，阳胜则阴病。"阴阳偏盛的病变中，一方的偏盛，可导致另一方的不足，阳热亢盛易于耗伤阴液，阴寒偏盛易于损伤阳气，故在调整阴或阳的偏盛时，应注意有没有相应的阳或阴偏衰情况的存在，若已引起相对一方偏衰时，则当兼顾其不足，配合以扶阳或益阴之法。

补其偏衰，是对阴或阳的一方虚损不足的病证，如阴虚、阳虚，或阴阳两虚等，采用"补其不足"的方法治之。例如，阴虚不能制阳，常表现为阴虚阳亢的虚热证，则应滋阴以制阳；因阳虚不能制阴而致阴寒偏盛者，应补阳以制阴。若属阴阳两虚，则应阴阳双补。应当指出，阴阳是互根互用的，故阴阳偏衰亦可互损，因此在治疗阴阳偏衰的病证时，还应注意“阳中求阴”或“阴中求阳”，即在补阴时适当配用补阳药，补阳时适当配用补阴药。

另外，由于阴阳是辨证的总纲，疾病的各种病理变化均可以阴阳失调加以概括，故凡表里出入，上下升降，寒热进退，邪正虚实，以及营卫不和，气血不和等，无不属于阴阳失调的具体表现。因此，诸如解表攻里、升清降浊、寒热温清、虚实补泻，以及调和营卫、调理气血等治疗方法，也都属于调整阴阳的范围。

（四）调整脏腑

人体是一个有机整体，脏与脏，脏与腑，腑与腑之间在生理上是相互协调、相互促进的，在病理上则相互影响。当某一脏或腑发生病变时，会影响别的脏腑功能。故在治疗脏腑病变时，不能单纯考虑一个脏或腑，而应注意调整各脏腑之间的关系。如肺的病变，既可因本脏受邪而发病，也可因心、肝、脾、肾及大肠的病变所引起。如因肝火亢盛，气火上逆所致的咳血，则应以泻肝火为主；因脾虚湿聚生痰，痰湿壅肺，以致肺失宣肃的咳嗽痰多，应以健脾燥湿为主；因肾虚不能纳气，肺气上逆的气喘，应以温肾纳气为主；若因大肠热结，肺气不降而致的气喘，则宜通腑以泻大肠实热。又如肝失疏泄，而致脾失健运者，应以疏肝为主。只有注意调整各脏腑之间的关系，使其功能协调，才能药到病除。

（五）调理气血

气血是各脏腑及其他组织功能活动的主要物质基础，气血各有其功能，又相互为用。在生理上气能生血、行血、摄血，故称“气为血帅”。而血能为气的活动提供物质基础，血能载气，故称“血为气母”。当气血相互为用、相互促进的关系失常时，就会出现各种气血失调病证。调理气血关系的原则为“有余泻之，不足补之”，从而使气血关系恢复协调。

气能生血，气旺则血生，气虚生血不足，可致血虚，或气血两虚，治疗以补气为主，兼顾补血养血，而不能单纯补血。气能行血，气虚或气滞，可致血行减慢而瘀滞不畅，是为气虚血瘀或气滞血瘀。治宜补气行血或理气活血化瘀。气能摄血，气虚不能摄血，可导致血离经脉而出血，治宜补气摄血。血为气母，故血虚气亦虚。血脱者，气常随血脱。治疗应根据血脱先益气的原则，急宜补气固脱。

（六）因人、因时、因地制宜

因时、因地、因人制宜，是指治疗疾病要根据季节、地区以及人体的体质、性别、年龄等不同而制定适宜的治疗方法。由于疾病的发生、发展与转归，受多方面因素的影响，如季节气候、地理环境等，尤其是患者的体质因素，对疾病的影响更大。因此，在治疗疾病时，必须把这些因素都考虑进去，对具体情况作具体分析，区别对待。以制定出适宜的治疗方法。

1. 因时制宜 季节气候的变化，对人体的生理功能、病理变化均产生一定的影响。根据不同季节气候特点，来考虑治疗用药的原则，即为“因时制宜”。一般来说，春夏季节，气候由温渐热，阳气升发，人体腠理疏松开泄，即使患外感风寒，也不宜过用辛温发散药物，以免开泄太过，耗伤气阴；而秋冬季节，气候由凉变寒，阴盛阳衰，人体腠理致密，阳气内敛，此时若非大热之证，当慎用寒凉药物，以防伤阳。暑邪致病有明显的季节性，且暑多兼湿，故暑天治病要注意解暑化湿；秋天气候干燥，外感秋燥，则宜辛凉润燥，此与春季风温、冬季风寒外感用药亦不甚相同，风温宜辛凉解表，风寒应辛温解表，所以治疗用药必须因时制宜。

2. 因地制宜 根据不同地区的地理特点，来考虑治疗用药的原则，即为“因地制宜”。不同地区，由于地势高低、气候条件及生活习惯各异，人的生理活动和病变特点也不尽相同，所以治疗用药应根据当地环境及生活习惯而有所变化。医生治病，同一病而治法各不相同，都能治好，就是地势不同，而治法各有不同的缘故。例如，外感风寒证，西北严寒地区，用辛温解表药量较重，常用麻黄、桂枝；东南温热地区，用辛温解表药量较轻，多用荆芥、防风。这也是地理气候不同的缘故，所以治病要因地制宜。

3. 因人制宜 根据患者年龄、性别、体质、生活习惯等不同特点，来考虑治疗用药的原则，叫作“因人制宜”。

（1）年龄：不同年龄则生理状况和气血盈亏不同，治疗用药也应有区别。老年人脏腑功能减退，气血亏虚，患病多虚证，或虚实夹杂，治疗虚证宜补，有实邪的攻邪要慎重，用药量应比青壮年较轻。小儿生机旺盛，但气血未充，脏腑娇嫩，易寒易热，易虚易实，病情变化较快，故治小儿病，忌投峻攻，少用补益，用药量宜轻。也有年高禀厚，年少赋薄者，又当注意权变。

（2）性别：男女性别不同，各有其生理特点，妇女有经、带、胎、产等情况，治疗用药应加以考虑。如在妊娠期，对峻下、破血、滑利、走窜伤胎或有毒药物，当禁用或慎用。产后应考虑气血亏虚及恶露情况等。

（3）体质：体质有强弱与寒热之偏，阳盛或阴虚之体，慎用温热之剂；阳虚或阴盛之体，慎用寒凉伤阳之药。此外，有的病者素有某些慢性病或职业病，以及情志因素，生活习惯等，在诊治时，也应注意。

综上所述，因人制宜，是指治病时不能孤立地看病，必须看到人的整体和不同人的特点。因时、因地制宜，则强调了自然环境对人体的影响。因时、因地、因人制宜的治疗法则，充分体现了中医治病的整体观、辨证论治在实际应用中的原则性和灵活性。只有全面地看问题，具体问题具体分析，才能取得好的治疗效果。

三、治　　法

治法包括治疗大法和具体治法，治法是治则的具体化。治疗大法概括了临床常见具体治法的共性特点。中医的基本治法包括汗、吐、下、和、温、清、消、补八种治法，简称“八法”。

（一）汗法

汗法，是通过发汗，开泄腠理，逐邪外出的一种治法，又称解表法。

适用范围：①解表，通过发散，可以祛除表邪，解除表证。因表证有表寒、表热之分，所以汗法又有辛温、辛凉之别。②透疹，通过发散，可以透发疹毒，故麻疹初期，疹未透发或透发不畅，均可以汗法，使疹毒随汗出而透发于外，透疹之汗法，宜辛凉，忌辛温。③祛湿，通过发散，可祛风除湿，故外感风寒而兼有湿邪者，以及风湿痹证，均可酌用汗法。④消肿，通过发散，可祛水外出而消肿，更能宣肺利水以消肿，故汗法还可用于水肿实证而兼有表证者。

汗法应用注意事项：①凡剧烈吐下之后，以及淋家、疮家、亡血家等，原则上都在禁汗之例。②发汗应以汗出邪去为度，不宜过量，以防汗出过多，伤阴耗阳。③发汗应因时因地因人制宜，暑天炎热，汗之宜轻，冬令严寒，汗之宜重；西北严寒地区，用量可以稍重，东南温热地区，药量就应稍轻；体虚者，汗之宜缓；体实者，汗之可峻。④表证兼有其他病证，汗法又当配用其他治法，兼气滞者，当理气解表；兼痰饮者，当化饮解表；兼气虚者，当益气解表；兼阳虚者，当助阳解表；兼血虚者，当养血解表；兼阴虚者，当滋阴解表。

（二）吐法

吐法，也叫催吐法，是利用药物涌吐的性能，引导病邪或有毒物质从口中吐出的一种治疗方法。《素问·阴阳应象大论》说：“其高者，因而越之。”它适用于食积停滞胃脘、顽痰留滞胸膈、痰涎阻塞于气道而病邪有上涌之势者，或误食毒物尚在胃脘等病证。吐法多用于病情严重急迫，必须迅速吐出积滞或毒物的实证。但因邪有寒热之分，又有邪实正气未伤和邪实正气已伤的不同。因此，吐法的具体运用一般可分为四类：①寒药吐法，适用于热邪郁滞于上的病证；②热药吐法，适用于寒邪郁滞于上的病证；③峻药吐法，适用于邪实于上，病势急迫的病证；④缓药吐法，适用于邪实正虚，病在上焦，且须采用吐法的病证。

应用吐法的注意事项：①吐法是一种急救的方法，用之得当，收效迅速；用之不当，最易伤正气，故必须慎用。②临床中凡见病势危笃、老弱气衰、失血证、喘证、幼儿及孕妇或产后气血虚弱者，均不得用吐法。③吐法，一般以一吐为快，不宜反复使用。④凡给予催吐剂时，吐后宜进稀粥等以自养，禁食辛辣、硬性食物，防止七情刺激、房室劳倦，谨避风寒。

（三）下法

下法，也称攻下法，是通过通便、下积、泻实、逐水，以消除燥屎、积滞、实热及水饮等证的治法。适用范围主要为里实证。因证候不同，可分别为寒下、温下、润下及逐水等法。①寒下适用于里热积滞实证，有下燥屎、泻实热的作用。②温下适用于脏腑间寒冷积滞的里寒实证，有温里逐寒泻实的作用。③润下适用于热盛伤津，或病后津亏，或年老津涸，或产后血虚的便秘等。④逐水适用于水饮停蓄胸胁，以及水肿、臌胀等病证。

下法应用注意事项：①凡邪在表或邪在半表半里一般不可用下法；阳明病腑未实者不可下；高年津枯便秘，或素体虚弱，阳气衰微而大便艰难者，不宜用峻下法。妇女妊娠或行经期间，皆应慎用下法。②下法以邪去为度，不宜过量，以防正气受伤。并告诉患者，如大便已通，或痰、瘀、水邪已去，则停服下剂。

（四）和法

和法，也称和解法，是和解少阳、扶正达邪、协调脏腑功能的一种治法，又称和法。适用范围：①和解少阳适用于邪在半表半里的少阳证。症见寒热往来、胸胁苦满、心烦喜呕、口苦咽干、苔薄脉弦。②调和肝脾适用于肝脾失调，情志抑郁，胸闷不舒，胁痛，腹痛、腹泻等病证。③调理胃肠适用于胃肠功能失调，寒热夹杂，升降失司而出现的脘腹胀满，恶心呕吐。

和法应用注意事项：①凡病邪在表未入少阳、邪已入里之实证以及虚寒证，原则上均不可用和法。②邪入少阳，病在半表半里，但有偏表与偏里、偏寒和偏热之不同，临证宜适当增损。

（五）温法

温法，也称温里法。温里法是祛除寒邪和补益阳气的一种治法，其主要作用在于回阳救逆、温中散寒，从而达到补益阳气而祛邪治病的目的。适用范围：①温中祛寒，适用于寒邪直中脏腑，或阳虚内寒而出现身寒肢凉，脘腹冷痛，呕吐泄泻，舌淡苔白，脉沉迟等。②温经散寒，适用于寒邪凝滞经络，血行不畅而见四肢冷痛，肤色紫暗，面青，舌有瘀斑，脉细涩等。③回阳救逆，适用于疾病发展到阳气衰微，阴寒内盛而见神情淡漠，面色苍白，冷汗淋漓，汗质稀淡，肌肤不温，手足厥冷，舌淡，脉微欲绝等。

温法应用注意事项：①凡热伏于里，热深厥深，形成真热假寒者；内热火炽而见吐血、溺血、便血者；素体阴虚，舌质红，咽喉干燥者；夹热下利，神昏气衰，形瘦面黑，状如槁木，阴液虚脱者，原则上均不可用温法。②寒证较重，温之应峻；寒证较轻，温之宜缓，由于温热药性皆燥烈，若温之太过，寒证虽解，但因耗血伤津，反致燥热，故非急救回阳，宜少用峻剂重剂。③寒而不虚，当专用温剂；若寒而且虚，则宜甘温。

（六）清法

清法，也称清热法，是通过寒凉泄热的药物和措施，以消除热证的一种治法。适用范围：①清气分热，适用于邪入气分，里热渐盛，出现发热，不恶寒而恶热，汗出，口渴，烦躁，苔黄，脉洪大数。②清营凉血，适用于邪热入于营分，神昏谵语，或热入血分，见舌红绛，脉数，及吐血、发斑等症。③清热解毒，适用于热毒诸证，如温疫、温毒及火毒内痈等。适用于邪热偏盛于某一脏腑，或某一脏腑的功能偏亢而发生的各种不同证候。④清脏腑热，适用于脏腑里热证候。

清法应用注意事项：①注意寒热真假，阴盛格阳的真寒假热证和命门火衰的虚阳上越证，均不可用清法。②表邪未解，阳气被郁而发热者禁用；体质素虚，脏腑本寒者禁用；因气虚、血虚而引起的虚热慎用。③由于热必伤阴，进而耗气，因此尚须注意清法和滋阴、益气等法配合应用，一般苦寒清热药多性燥，易伤阴液，不宜久用。④如热邪炽盛，服清热药入口即吐者，可于清热剂中少佐辛温之姜汁，或凉药热服，是反治之法。

（七）消法

消法，又称消导（或消散）法，即通过消导和散结，使积聚之实邪渐消缓散的一种治法。适用范围：①消食滞，适用于伤食积滞而见胸痞闷，嗳腐吞酸，腹胀或泄泻等病证。②消结石，适用于胆结石及泌尿系统结石一类的病证。③消瘿瘤，用化痰软坚散结的方药治疗瘿瘤肿块等病证。④消水肿，用利小便的方法消散水肿一类的病证。

消法应用注意事项：①消法虽不及下法之猛烈，但亦属攻邪之法，故须分清虚实，以免误治。②脾虚积食不消者，应健脾与消食并用。③脾虚之水肿，乃土衰不能制水而起，非补土难以利水。④肾虚之水肿，乃真阳大亏所致，非温补肾阳，无以消肿。

（八）补法

补法，又称补益法，是补益人体阴阳气血之不足，或补益某一脏之虚损的治法。适用范围：①补气适用于气虚的病证，如倦怠乏力，少气短气，声低懒言，神疲乏力，食欲不振，便溏、脉弱等。②补血适用于血虚的病证，如头眩目花，耳鸣耳聋，心悸失眠，面色无华，脉细数或细涩等。③补阴适用于阴虚的病证，如口干，咽燥，虚烦不眠，便秘，甚则骨蒸潮热，盗汗，舌红少苔，脉细数等。④补阳适用于阳虚的病证，如畏寒肢冷，冷汗虚喘，腰膝酸软，泄泻水肿，舌胖而淡，脉沉而迟等。

补法应用注意事项：①凡实证而表现虚证假象者禁补。②补气与补血，虽各有重点，但亦不能截然划分，因气为血帅，补血可佐以补气。如因大出血而致血虚者，更须补气以固脱。③补阴与补阳，二者亦不可截然分开，如张景岳所言："善补阳者，必于阴中求阳；善补阴者，必于阳中求阴。"④根据五脏的亏损不同，应分别确定治疗原则，而在五脏之中，重点在于脾、肾两脏。⑤阳虚多寒者，补以甘温，清润之品非其所宜；阴虚多热者，补以甘凉，辛燥之类不可妄用。

（九）其他常用治法

除八法之外，还有其他一些治法临床很常用，如活血化瘀法。心脑血管病作为现今中国疾病死因第一位，活血化瘀法是中医防治该类疾病的常用治法。此外，还有理气法、开窍法、固涩法等。

（李雪峰）

复习思考题

1. 何为养生？
2. 何为顺时养生，具体有哪些做法？
3. 何为预防？
4. 治未病包括哪些方面？
5. 什么是治则？
6. 什么是汗法，汗法的使用注意事项有哪些？

中 篇

第八章 中药学基本知识

第一节 中药的基本知识

中药是中医理论指导下，用于预防、治疗、诊断疾病并具有康复与保健作用的药物，涵盖了来源于植物、动物、矿物及其成品的中国传统药物。中药在世界医药学领域中自成体系，具有与西药不同的应用形式，并充分体现了中国的历史、文化及自然资源等多方面的特点。

一、中药的性能

（一）四气五味

四气是指药物寒热温凉四种不同的药性，又称“四性”。最早见于《神农本草经》序录：“药有酸咸甘苦辛五味，又有寒热温凉四气。”寒（大寒、微寒）和凉：属阴，凉弱于寒；热（大热）和温（微温）：属阳，温弱于热；平性：指药物寒热界限不很明显、药性平和、作用较缓和的一类药，如甘草、党参、山药等。现有认为实际上平性也有偏温偏凉的不同，如甘草，性平，生用性偏凉，炙用性偏温，所以平性仍未超出四性的范围，也是相对而言，因而仍然称作四气（四性）。四气的确定是以药物所治疾病为依据。凡能够减轻或消除阳热证的药物，属于寒性或凉性药物；凡能够减轻或消除阴寒证的药物，属于热性或温性药物。寒凉药一般具有清热泻火、凉血解毒、滋阴除蒸、泻热通便、清化热痰等作用；温热药一般具有温里散寒、补阳助火、回阳救逆、暖肝散结、温经通络等作用。

五味是指药物有酸、苦、辛、甘、咸五种不同的药味，是药物的五种基本真实滋味。除五种基本滋味以外，尚有淡味、涩味；后世医家习惯上主张淡附于甘、涩附于酸，故称“五味”。五味作为药性理论最早见诸《内经》和《神农本草经》中。药物品种的增多和功用不断拓展，部分药物的作用很难用滋味来解释。如皂角刺无辛味但可消散痈肿，葛根无辛味但可发表散邪，二者作用皆与“辛能散能行”相关，故药性标以辛味。因而，确定“味”的主要依据：一是药物的滋味，二是药物的作用。不同味道的药物作用于人体，产生不同的反应，获得不同治疗效果；五味不仅仅是药物味道的真实反映，更重要的是对药物作用的高度概括。五味作用的最早概括见于《素问·脏气法时论》所记载的“辛散、酸收、甘缓、苦坚、咸软”之句。

1. 辛味 能散、能行，具有发散、行气、行血的作用。辛散：辛味能发散，可解除侵于肌表的六淫之邪，具有发散表邪的作用；多用治表证。辛行：辛味能促进气血运行，故有行气、行血的作用；治疗气血瘀滞证。辛香：辛味除能散能行之外，还有芳香、辟秽、开窍的作用；治疗窍闭、湿滞中焦证等。“辛以润之”：如款冬花润肺止咳；菟丝子润养补肺。

2. 甘味 能补、能缓、能和，具有补益、缓急止痛、调和药性、和中、解毒的作用。甘补：甘味有补益的作用；治疗虚证。甘和：甘味有和中、调和诸药的作用；治疗脾胃不和证，入复方调和诸药。甘缓：甘味有缓急止痛、缓解毒性的作用；治疗腹部或四肢挛急疼痛、药物或食物中毒。甘味尚有滋润的作用，能润燥。

3. 酸味　能收（收敛）、能涩（固涩），即具有收敛、固涩的作用。酸味药可用于正虚无邪之滑脱不禁诸证。部分酸味药尚具有生津、开胃、消食、安蛔等作用。

4. 涩味　能收敛固涩。《神农本草经》记载："涩为酸之变味，涩味能收，与酸味同。"即涩附于酸之意，故酸涩并称，但涩味不具有酸味的生津、开胃、消食、安蛔等作用。

5. 苦味　能泄、能燥、能坚，即具有清泄火热、泄降气逆、通泄大便、燥湿、坚阴的作用。苦泄：通泄，通实邪，如泻下通便，治疗便秘；降泄，降逆气，如降肺气、降胃气以治疗咳喘、呕吐等；清泄，清火邪，如清三焦之热等；多用治火热证。如大黄泻热通便，苦杏仁降气平喘，陈皮降逆止呕，栀子清热泻火等。苦燥：即指燥湿作用；苦温药，苦温燥湿，多用治寒湿证；苦寒药，苦寒燥湿，多用治湿热证。如龙胆草清热燥湿，苍术、厚朴苦温燥湿。坚阴：或称"存阴"，即泻火存阴，多用治火热亢盛，灼伤阴液者。坚阴是泻火的结果；苦味药通过泻火消除了灼伤阴液的火热之邪，使得阴液得以保存，故称之为"坚阴""存阴"。与苦泄有关，而非苦味能补阴液。如黄柏、知母能泻火存阴。

6. 咸味　能软，能下，即具有泻下通便、软坚散结的作用。泻下通便、软化坚硬、消散结块药多具有咸味，多用治大便秘结、瘰疬、瘿瘤等。如芒硝泻热通便，海藻消散瘿瘤，鳖甲软坚消癥等。

7. 淡味　能渗、能利，即有渗利水湿的作用。部分利水渗湿药具有淡味，淡味药多用治水湿内停所致的水肿、小便不利等。如薏苡仁、茯苓、猪苓等。

（二）升降浮沉

升降浮沉是表示药物对人体作用的不同趋向性，即药物对机体有向上、向下、向外、向内四种不同作用趋向。升降浮沉是说明药物性质的概念之一，是药物作用的定向概念。升，上升提举，作用趋势向上；降，下达降逆，作用趋势向下；浮，向外发散，作用趋势向外（向上）；沉，向内收敛固藏、泄利二便，作用趋势向内（向下）。凡味属辛、甘，气偏于温、热的药物，大都是升浮药；如麻黄、升麻、黄芪等药；凡味属苦、酸、咸，性偏于寒、凉的药物，大都是沉降药，如大黄、芒硝等品。通常花、叶、皮、枝等质轻的药物大多都为升浮药，如紫苏叶、菊花、蝉蜕等；种子、果实、矿物、贝壳以及质重者大多是沉降药，如紫苏子、枳实、牡蛎、代赭石等。但某些药亦有特殊，如旋覆花虽然是花，但功能为降气消痰、止呕止噫，药性沉降而不升浮；苍耳子虽然是果实，但功能通窍发汗、散风除湿，药性升浮而不沉降。部分药物本身具有双向性，如川芎能上行头目、下行血海，白花蛇能走脏腑、外彻皮肤。部分药物酒制则升，姜炒则散，醋炒收敛，盐炒下行。如大黄属于沉降药，峻下热结、泻热通便，酒炒后则可清上焦火热，治目赤头痛。少量浮药配大量沉降药，药性也随之下降，如升麻配伍当归、肉苁蓉等咸温润下药，虽有升降合用究成润下之剂；少量沉降与大队升浮药同用，药性随之上升，如引血下行的牛膝配伍桃仁、红花、柴胡、枳壳等，随之上升，主治胸中瘀血。掌握药物升降浮沉的药性，顺其病位、逆其病势，可以指导临床正确地选择用药。病位在上在表者宜升浮不宜沉降，如外感风热宜选用薄荷、菊花等升浮药来疏散；病位在下在里者宜沉降不宜升浮，如热结便秘应选用大黄、芒硝等沉降药来泻热通便。病势上逆者，宜降不宜升，如肝阳上亢眩晕应选代赭石、石决明等沉降药来平肝潜阳；病势下陷，宜升不宜降，如气虚下陷久泻脱肛应选用黄芪、升麻、柴胡等升浮药来升阳举陷。

（三）归经

归经是药物作用的定位概念，即表示药物作用部位。归：是药物作用的归属部位；经：是指经络与脏腑的统称，代表某一经络或某一脏腑。归经是指药物对机体某部分的选择性作用，即某药对某些脏腑经络有特殊亲和作用。归经是以脏腑经络理论为基础；以药物所治疗的具体病证为依据。

临证时心经病变多见心悸失眠，肺经病变常见胸闷咳喘，肝经病变每见胁痛抽搐等，治疗上选用朱砂、远志能治愈心悸失眠，表明它们归心经；用桔梗、紫苏子能治愈胸闷喘咳，表明它们归肺经；而用白芍、钩藤能治愈胁痛抽搐，表明它们归肝经。至于一药可归数经，是指其治疗范围的扩大。掌握归经理论便于临床辨证用药，如根据病变所在脏腑经络部位，按照归经来选择适当药物治疗。如肺热咳喘，当用桑白皮、地骨皮等肺经药来泻肺平喘；胃火牙痛当用石膏、黄连等胃经药来清泻胃火；若心火亢盛心悸失眠，当用朱砂、丹参等心经药清心安神；肝热目赤，当用夏枯草、龙胆草等肝经药清肝明目。掌握归经理论有助于区别功效相似的药物，如同是利尿药，有麻黄宣肺利尿、黄芪健脾利尿、附子温阳利水、猪苓通利膀胱水湿等不同；同为治头痛药，但羌活善治太阳经头痛、葛根善治阳明经头痛、柴胡善治少阳经头痛、吴茱萸善治厥阴经头痛，而细辛则善治少阴经头痛等。

（四）毒性

现在药物的毒性一般是指药物对机体产生的不良影响及损害性，包括急性毒性、亚急性毒性、亚慢性毒性、慢性毒性和特殊毒性如致癌、致突变、致畸胎、成瘾等。

“毒药”：广义上，西汉以前，所有能治疗疾病的药物，均称为“毒药”；狭义是指具有一定毒性的药物，现代的毒药即为此义。这些药物用得不当，就可能导致中毒。正确对待中药的毒性是安全用药的保证。大多数中药品种是安全的，这是中药的一大优势。本草文献记载的药物毒性，值得借鉴，但由于受历史条件的限制，有不少错漏。如《本草纲目》认为马钱子无毒。重视中药中毒临床报道，认真总结经验；加强对有毒中药的使用管理。有毒中药指列入《医疗用毒性药品管理办法》中的中药品种：砒石、砒霜、水银、生马钱子、生川乌、生草乌、生附子、生白附子、生半夏、生南星、生巴豆、斑蝥等。

二、中 药 炮 制

（一）炮制的概念和目的

1. 纯净药材，保证质量，分拣药物，区分等级 除去杂质、非药用部位或异物等：石膏挑出沙石、茯苓去净泥土、防风去掉芦头、黄柏刮净粗皮、鳖甲除尽残肉、枳壳去瓤、远志抽芯等；分拣入药部位：麻黄根、麻黄（茎）、荷叶、莲子等；三七、冬虫夏草、人参、鹿茸分拣贵重药材，区分优劣。

2. 切制饮片，便于调剂制剂 通常将植物类中药材切削制成一定规格（片、段、丝、块等）的饮片；矿物类中药如磁石、代赭石、石决明、牡蛎等经过煅烧、醋淬等处理，使之酥脆；均是为了有效成分容易煎煮出。

3. 干燥药材，利于贮藏 经晒干、阴干、烘干、炒制等炮制，使之干燥，使酶类失去活性，防止霉变。种子类药材如白扁豆、赤小豆等须加热干燥才能防止发芽变质；刺猬皮、桑螵蛸、露蜂房等亦须炮制才能保存。

4. 矫味、矫臭，便于服用 部分动物药材以及一些特殊气味的中药，经过麸炒、酒制、醋制等，能起到矫味和除臭的作用，如醋炒五灵脂、麸炒白僵蚕、酒制乌梢蛇、滑石烫刺猬皮等，以方便临床服用。

5. 降低毒副作用，保证用药安全 部分毒副作用较强的中药须经炮制降低毒副作用以便临床能安全应用；如醋煮京大戟、甘遂，巴豆压油取霜，酒炒常山，姜矾水制半夏、天南星，胆巴水制附子，甘草银花水煮川乌等。

6. 增强药物功能，提高临床疗效 部分中药如经过特殊炮制后，某方面功效会得到增强。

（二）炮制方法

1. 修治 目的是为进一步加工贮存、调剂、制剂和临床用药做好准备。修治包括纯净、粉碎、切制药材三道工序。

（1）纯净：挑、拣、筛、簸、刷、刮、挖、撞等法；如拣去合欢花中的枝叶，刮去肉桂粗皮。

（2）粉碎：捣、碾、研、磨、镑、锉等法；如川贝母捣粉便于吞服；水牛角镑成薄片。

（3）切制：切、铡等法；如天麻切薄片。

2. 水制　即用水或其他液体辅料处理药物的方法。水制法主要目的是清洁药物、除去杂质、软化药物、便于切制、降低毒性及调整药性等。常用有漂洗（如将昆布、海藻漂去盐分）、浸泡、闷润（如姜汁浸润厚朴、盖润大黄）、喷洒、水飞（飞炉甘石、飞朱砂）等方法。

3. 火制　即用火加热处理药物的方法。常用火制法有炒、烫、炙、煅、煨等。

（1）炒

1）炒黄：是用文火将药物炒至表面微黄，或能嗅到药物固有的气味为度，如炒牛蒡子、炒紫苏子等。

2）炒焦：是用武火将药物炒至表面焦黄、焦褐色，以内部淡黄为度，如焦麦芽、焦山楂、焦白术等。

3）炒炭：是用武火将药物炒至外部枯黑，以部分炭化，内部焦黄为度，仍保留药材固有气味；如姜炭、艾叶炭、地榆炭等。

炒黄、炒焦的目的：使药材易于粉碎加工、缓和药性或煎煮时有效成分易于溶出。炒炭的目的：缓和药物的烈性或副作用，或增强其收敛止血、止泻的功效。

（2）烫：指先在锅内加热中间物体（如砂石、滑石、蛤粉等）用以烫炙药物，使其受热均匀，膨胀松脆，不能焦枯，烫毕，筛去中间物体，至冷即得。如砂烫穿山甲、蛤粉烫阿胶珠等。

（3）炙：是指将药材与液体辅料加热拌炒，使辅料逐渐渗入药材内部或附着于药物表面，以改变药性，增强疗效或减少毒副作用的炮制方法。常用的液体辅料有蜜、酒、醋、姜汁、盐水等。

1）蜜炙：增强润肺止咳之功；如蜜炙枇杷叶等。

2）酒炙：增强活血功效；如酒炙当归、川芎等。

3）醋炙：增强止痛作用或降低毒性；如醋延胡索、醋甘遂等。

4）姜炙：增强止呕作用；如姜竹茹、姜半夏等。

5）盐炙：引药入肾，增强补肾之功；如盐杜仲。

（4）煅法：是指将药物用猛火直接或间接煅烧，使质地松脆，易于粉碎，以便有效成分煎出充分发挥疗效。如煅龙骨、煅牡蛎、煅血余炭、煅石钟乳、煅云母等。

（5）煨法：是将药物用湿面或湿纸包裹，置于热火灰中或用吸油纸与药物隔层分开进行加热的方法。其目的是除去药物中的部分挥发性及刺激性成分，以缓和药性，降低副作用，增强疗效。如煨生姜、煨木香、煨葛根、煨肉豆蔻等。

4. 水火共制　是指既要用水又要用火，或加入其他辅料进行炮制药物的方法。常用方法有煮（如水煮乌头、醋煮芫花、甘草水煮吴茱萸等）、蒸（如清蒸玄参、酒蒸大黄等）、炖、焯（如焯杏仁、桃仁以去皮）、淬（如醋淬自然铜、醋鳖甲等）。

三、中药的用法

中药的用法，包括配伍、禁忌、剂量和用法等内容，它是在中医理论指导下，根据病情、药物性能和治疗要求所采取的用药方法，对于充分发挥药物疗效及确保用药安全具有非常重要的意义。

（一）配伍

配伍是指有目的地按病情需要和药物不同的性能特点，有选择地将两味以上的药物配合同用。目的是增进疗效，降低毒副作用，分清主次并全面兼顾复杂病情。单味药的应用和药与药之间的六种配伍关系，总结为七个方面，合称中药的“七情”，包括单行、相须、相使、相畏、相杀、相恶、相反七个方面。

（1）单行：是指单用一味药来治疗某种病情单一疾病，即单味药的应用。例如，独参汤治疗大失血等引起元气虚脱危重症；清金散（单用一味黄芩）治疗肺热咳嗽病证等。

（2）相须：两种性能、功效相类似的药物的配合应用，可以增强原有药物的功效（并无主辅之分）。例如，麻黄配桂枝，可增进发汗解表、祛风散寒的治疗作用；桂枝、麻黄即为相须配伍。再如陈皮配半夏，能增强燥湿化痰、理气和中的作用等。

（3）相使：性能功效方面有某些共性，或性能功效虽不相同但治疗目的一致的药物配合应用，其中以一种药为主，另一种药为辅，能提高主药的疗效（有主辅之分）。例如，黄芪配伍茯苓，治脾虚水肿，以黄芪健脾益气、利水消肿为主补气利水，茯苓淡渗利湿为辅利水健脾，二者均能利水，以达到治疗脾虚水肿的目的；黄芪、茯苓即为相使配伍（性能功效有某些共性）。再如雷丸配伍大黄治疗虫积证，雷丸驱虫，大黄泻下通便，雷丸为主，大黄为辅，以其泻下之功辅助雷丸驱虫之力，两药配伍为相使配伍（二者性能功效虽不相同，但治疗目的一致）。

（4）相畏：是指一种药物的毒性反应或副作用能被另一种药物减轻、降低或消除。

（5）相杀：即一种药物能降低、减轻或消除另一种药物的毒性反应或副作用。

相畏与相杀是对一个问题从两个不同的方面进行说明。如生半夏可“戟人咽喉”令人咽痛音哑，用生姜炮制后成姜半夏，其毒副作用能得到缓解，即生半夏之毒能被生姜所解，称为生半夏畏生姜，为相畏；生姜能抑制生半夏的毒性，称为生姜杀生半夏之毒，为相杀。

（6）相恶：即两药合用，一种药物能使另一种药物的原有功效降低，甚至丧失。如生姜恶黄芩，黄芩能削弱生姜的温胃止呕作用；人参恶莱菔子，莱菔子能削弱人参的补气作用。

（7）相反：两种药物合用，能产生或增强毒性反应或副作用，属于配伍禁忌，如甘草反甘遂、贝母反乌头等（十八反、十九畏）。

（二）禁忌

1. 配伍禁忌 是指某些药物合用会产生或增强剧烈的毒副作用或降低和破坏药效；因而应该避免配合应用，即《神农本草经》所谓的“勿用相恶、相反者”。《蜀本草》载“相恶者六十种，相反者十八种”，今人所谓“十八反”之名盖源于此。《新修本草》承袭了 18 种反药的数目；《证类本草》记载反药 24 种；至金元时期将反药概括为“十八反”“十九畏”，累计 37 种反药，并编成歌诀，便于诵读。“十八反”歌诀最早当见于金代医家张子和《儒门事亲》，其载：“本草明言十八反，半蒌贝蔹及攻乌，藻戟遂芫俱战草，诸参辛芍叛藜芦。”十八反具体是指：乌头（川乌、草乌、附子）反浙贝母、川贝母、半夏、瓜蒌、天花粉、白及、白蔹；甘草反甘遂、京大戟、红大戟、海藻、芫花；藜芦反人参、西洋参、党参、玄参、丹参、北沙参、南沙参、苦参、细辛、白芍、赤芍。“十九畏”歌诀最早见于明代医家刘纯《医经小学》，其载：“硫黄原是火中精，朴硝一见便相争；水银莫与砒霜见；狼毒最怕密陀僧；巴豆性烈最为上，偏与牵牛不顺情；丁香莫与郁金见；牙硝难合京三棱；川乌草乌不顺犀（犀角）；人参最怕五灵脂；官桂善能调冷气，若逢石脂（赤石脂）便相欺；大凡修合看顺逆，炮爁炙煿莫相依。”

2. 证候用药禁忌 由于药物的药性不同，其作用各有专长和一定的适应范围，因此临床对于某类或某种病证，应当避免使用某类或某种药物，称为证候用药禁忌，或病证用药禁忌。任何一种中药，对于特定的证候，都是有宜也有忌。由于药物皆有偏性，或寒或热，或润或燥；凡药不对证，药物功效不为病情所需，而有可能导致病情加重、恶化或产生新疾患，原则上都属于临床用药禁忌的范围。例如，麻黄辛温，功能发汗解表散风寒、宣肺平喘利尿，故只适宜于外感风寒表实无汗或肺气不宣的喘咳，而对表虚自汗及阴虚盗汗、肺肾虚喘则当禁止使用。再如黄精甘平，功能滋阴补肺、补脾益气，主要用于肺虚燥咳、脾胃虚弱及肾虚精亏的病证；但因其性质滋腻，易助湿邪，凡脾虚有湿、咳嗽痰多以及中寒便溏者则不宜服用。因此，除了药性极为平和者无须禁忌外，一般药物都有证候用药禁忌。

3. 妊娠用药禁忌　是指妇女妊娠期治疗用药的禁忌。妊娠禁忌药是指妇女妊娠期间除中断妊娠、引产外，禁止使用的药物。某些药物对母体不利、胎儿不利（具有损害胎元以致堕胎）、产程不利等，所以应作为妊娠禁忌药物。根据药物对于胎元损害程度的不同，一般可分为慎用与禁用两大类。禁用药是指剧毒或毒性强的药、药性峻猛之品以及有堕胎作用的药物，如巴豆、牵牛子、京大戟、商陆、麝香、三棱、莪术、水蛭、马钱子、川乌、草乌、斑蝥、雄黄、砒霜等。慎用药主要包括活血祛瘀药、行气药、攻下导滞药、药性辛热的温里药中部分药及药性滑利之品，如桃仁、红花、牛膝、大黄、冬葵子、木通、瞿麦、枳实、附子、肉桂、干姜等。

4. 服药饮食禁忌　是指服药期间对某些食物的禁忌，又简称食忌，也就是通常所说的忌口。其主要内容包括：服药期间，一般应忌食生冷、油腻、腥膻、有刺激性的食物；根据病情的不同，饮食禁忌也有区别，如热性病，应忌食辛辣、油腻、煎炸性食物；寒性病，应忌食生冷食物、清凉饮料等；此外，古代文献记载的一些禁忌，如鳖甲忌苋菜、常山忌葱等，也应作为服药禁忌的参考。

（三）剂量

1. 中药的剂量　中药临床应用时的分量，称为剂量，即指每味中药的成人一日量（除特殊标明外，均指干燥后的中药饮片，在汤剂中成人一日内用量）；也指方剂中每味药与药之间的比较分量，也即相对剂量（如六一散，滑石：甘草为 6：1）。自 1979 年起，我国对中药生产计量统一采用公制，计量单位：1 公斤（kg）=1000 克（g）；1 两≈31.25 克（g）；1 钱≈3.125 克（g）；1 分≈0.3 克（g）；1 厘≈0.03 克（g）。现在中药称量仍然常用戥子称，最大单位是两，小到分或厘。中药常用内服剂量为 5～10g。花、叶等质地轻的药物，常用剂量为 3～10g；金石、贝壳、甲壳等质地重的药物，常用剂量为 10～30g；新鲜的动植物药，常用剂量为 30～60g。此常规剂量均指无毒者。

2. 中药剂量的确定　依据药物的性质确定，如药材质量——质量好者药力充足，剂量宜少，质量差药力不够者，剂量宜多；药材质地——花、叶、皮、枝等质地轻者，剂量宜少，矿物、介壳等质地重者，剂量宜多，鲜品，剂量宜大（一般为干品的 2～4 倍）；药物性味——性弱力平味淡者，量宜大，性强力峻味浓者，量宜小；有毒无毒——有毒者，严格控制剂量，无毒者可增大剂量变化范围。依据剂型、配伍、用药目的确定，如剂型方面，一般煎剂量大，丸散量小；配伍方面，一般单味药使用比入复方配伍使用剂量要大些，复方中主药比辅药用量要大一些；用药目的不同，用量亦不同，如人参用于补气生津止渴、安神益智的常规剂量为 3～9g，但用于大补元气、急救虚脱则须 15～30g。依据患者年龄、体质、病情、职业、生活习惯确定，如年龄体质不同，对药物的耐受不同。一般老人、小儿、妇女产后、体质虚弱者，剂量宜减；成人、体质壮实者，剂量宜重（新生儿用 1/6 成人量，婴幼儿用 1/3～1/2 成人量，学龄前儿童用 2/3 或接近成人量）。病情轻、病势缓、病程长者用量宜小；病情重、病势急、病程短者用量宜大。此外，一般体力劳动者腠理较脑力劳动者致密，使用发汗解表药，体力劳动者剂量可较脑力劳动者重一些。依据生活区域、季节、居处确定，即因时因地制宜确定用药量。夏季发汗解表药、辛热性质的药不宜多用，冬季发汗解表药、辛热性质的药可用量增加；夏季苦寒泻火药用量宜大，冬季苦寒降火药则用量宜小。

（四）用法

1. 给药途径　中药的传统给药途径，以口服、皮肤给药为主，尚有吸入、舌下给药、黏膜表面给药、直肠给药等；20 世纪 30 年代后，中药的给药途径又增添了皮下注射、肌内注射、穴位注射和静脉注射等。

2. 应用形式　传统中药剂型中，有供口服的汤剂、丸剂、膏剂、散剂、露剂等；有供皮肤外用的软膏剂、硬膏剂、散剂、丹剂、涂擦剂、熨剂、熏洗剂等；供疮口、瘘管给药用的栓剂、药捻、钉剂等；20 世纪 30 年代研制出了中药注射剂，后又发展出了胶囊剂、颗粒剂、气雾剂、膜剂等。

3. 汤剂煎煮要求 汤剂是中药最为常用的剂型之一。汤剂的煎煮对煎煮用具、用水、火候、煎煮方法等均有要求。

（1）煎煮用具：砂锅、瓦罐为好，搪瓷罐次之，忌用铜铁铝锅。

（2）煎药用水：古时曾用长流水、井水、雨水、泉水、米泔水等煎煮。现多用自来水、井水、蒸馏水等，以符合饮用水标准为好。

（3）煎药火候：有文火、武火之分。文火，指温度上升及水液蒸发缓慢的火候；武火，指温度上升快及水液蒸发快的火候。

（4）煎煮方法：先浸泡 30～60 分钟，用水量以高出药面为度。一般中药煎煮 2 次，第二煎加水量为第一煎的 1/3 至 1/2；两次煎液去渣滤净混合后分 2 次服用。解表药、清热药宜武火煎煮，时间宜短，煮沸后煎 3～5 分钟即可；补药需文火慢煎，时间宜长，煮沸后再续煎 30～60 分钟。部分药物因质地不同，煎煮法有些特殊，处方上需加以注明。

1）先煎：部分难溶于水的矿物、动物介壳类药物，应打碎先煎 20～30 分钟，再下其他药物同煮，以使有效成分充分析出；如龙骨、磁石、牡蛎、生石膏、代赭石、紫石英、寒水石、海蛤壳、龟甲、鳖甲、瓦楞子、珍珠母、石决明等。另外有毒饮片，如制附子、生川乌、生草乌等毒性较强的药物，宜先煎 45～60 分钟，久煎可降低毒性，以保证用药安全。

2）后下：部分气味芳香的药物：久煎其有效成分易于挥发而降低药效，须在其他药煎煮沸腾 5～10 分钟后再放入，如降香、沉香、青蒿、薄荷、白豆蔻、砂仁、鱼腥草等。亦有部分药物虽不属于芳香类药，但久煎也可破坏其有效成分，例如苦杏仁、生大黄、徐长卿、番泻叶、钩藤等亦须后下。

3）包煎：部分药物具黏性（黏液质较多）、花粉等呈粉末状微小饮片或药物表面富含绒毛，宜先用纱布袋装好，再与其他药同煮，以防止药液混浊或刺激咽喉引起咳嗽、沉于锅底，加热容易焦化或糊化，如葶苈子、车前子、滑石、蒲黄、旋覆花、枇杷叶、海金沙、蛤粉、灶心土等。

4）另煎：亦称另炖，主要是指贵重药材如人参、西洋参、羚羊角等，为了更好煎出有效成分，宜单独另煎；煎液可单独服，亦可混合其他煎液同服。

5）烊化：亦称融化，主要是指胶类的药物以及黏性大而易溶的药物如阿胶、鹿角胶、鳖甲胶、龟甲胶、蜂蜜和饴糖等，为避免入煎粘锅或黏附他药，可单独用水或黄酒将其加热溶化，用煎好的药液冲服。

6）泡服：亦称焗服，主要指部分有效成分易溶于水或久煎容易破坏药效的药物，可以用少量开水或复方中其他药的热烫煎液趁热浸泡，加盖闷润半小时后，去渣服用，如西红花、番泻叶等。

7）冲服：部分贵重药材，用量轻，为防止散失，常研成细粉制成散剂用温开水或复方煎液冲服，如麝香、牛黄、珍珠、羚羊角、猴枣、马宝、西洋参、鹿茸、人参、蛤蚧等。部分药物，为提高疗效，亦常研末冲服，如止血用的三七、白及、花蕊石；息风止痉用的全蝎、蜈蚣、地龙、僵蚕；制酸止痛的海螵蛸、瓦楞子等。部分药物如雷丸、鹤草芽、朱砂等高温易破坏药效或有效成分难溶于水，只能作散剂冲服。此外，尚有液体药物如竹沥、藕汁、鲜地黄汁等需冲服。

8）煎汤代水：部分药物为了防止与其他药同煎煮时药液混浊难以服用，宜先煎后取其上清液代水再煮其他药，如灶心土等；部分药物质轻量多、体积大、吸水量大，如玉米须、丝瓜络、金钱草等，亦需煎汤代水。

4. 服药法 汤剂一般每日 1 剂，煎煮 2 次，分 2 次服用，两次间隔时间为 4～6 小时。急性病、热性病可 1 日煎 2 剂服。一般病在胸膈以上如眩晕、头痛、目疾、咽痛等宜饭后服；病在胸腹以下如胃肝肾等脏疾，宜饭前服。因饭前服用药物，有助于药物的消化吸收，多数药宜饭前服。消食药以及对胃肠有刺激的药宜饭后服；补益药多滋腻碍胃宜空腹服；驱虫药、攻下药宜空腹服；峻下逐水药宜晨起空腹服；服药与进食的时间间隔应超过 1 小时。

为使药物充分发挥疗效，部分药物尚须在特定的时间服用，如截疟药宜在疟疾发作前 2 小时服用；促进睡眠药宜在睡前服一次；涩精止遗药亦宜在晚间服用一次；缓泻通便药，宜睡前服以便翌日清晨排便。至于慢性病，多定时服；急性病、呕吐、惊厥、石淋、咽喉病须煎汤代茶服者，常不定时服。

汤剂一般宜温服。但解表药、寒证用热药宜偏热服。丸剂，颗粒小的宜直接温开水送服；大蜜丸可分成小块吞服；水丸质硬者可开水溶化后服。散剂、粉剂，用蜂蜜调服，或装入胶囊吞服。膏剂宜用开水冲服，避免直接倒入口中吞咽粘喉引起呕吐。颗粒剂直接开水冲服；糖浆剂可直接吞服。危重患者宜少量频服；呕吐者宜浓煎药液，少量频服；神志不清或其他原因不能口服者宜鼻饲给药。用发汗、泻下、清热药时，若药力较强，当注意个体差异，得汗、泻下、热退即可停药，中病即止，以免汗、下、清太过伤正。

（文　磊　奚胜艳）

第二节　中药的分类及常用中药

一、解　表　药

凡以发散表邪，解除表证为主要作用的药物，称为解表药。解表药大多味辛，清轻上浮，升阳发散，能解肌表之邪。表证有风寒、风热两种，解表药亦可分为辛温解表和辛凉解表两大类。辛温解表药发汗力强，适用于表寒证；辛凉解表药发汗力弱，适用于表热证，部分药物还有透疹解毒的作用。因解表药多有辛散之性，故不宜久煎、久用或过量使用。凡阳虚自汗、阴虚发热、久病体弱、失血过多、淋病、疮疡等证，临床上多应慎用或忌用。

（一）辛温解表药

麻黄（Máhuáng）

【药物来源】 本品为麻黄科植物草麻黄、中麻黄或木贼麻黄的干燥草质茎。立秋至霜降间采收，切段生用或炙用。

【性味归经】 辛、微苦，温。归肺、膀胱经。

【功效】 发汗解表，宣肺平喘，利水消肿。

【应用】

1. 用于外感风寒表实证，常与桂枝配伍，以增其发汗之功。
2. 用于咳嗽气喘，寒邪犯肺者，常与苦杏仁配伍；热邪壅肺者，常与石膏配伍；痰饮停肺者，常与干姜、细辛、制半夏配伍。
3. 用于水肿兼见恶风、发热，常与生姜皮、白术、石膏配伍。

【用法用量】 2～10g，水煎服。生麻黄发汗力强，多用于发汗解表；蜜炙麻黄发汗力缓，多用于平喘止咳。体虚多汗、肺虚咳喘、肝阳上亢者慎用或禁用。

桂枝（Guìzhī）

【药物来源】 本品为樟科植物肉桂的干燥嫩枝。春、夏采集，切片或切成小段使用。

【性味归经】 辛、甘，温。归心、肺、膀胱经。

【功效】 发汗解肌，温通经脉，助阳化气，平冲降气。

【应用】

1. 用于风寒表证。表实无汗，发热恶寒，常与麻黄配伍；表虚有汗，发热恶风，常与白芍配伍。
2. 用于风寒湿痹，肢节疼痛，常与附子、羌活、防风、细辛配伍。
3. 用于血脉阻滞，月经不调、痛经、经闭、小腹寒痛等，常与桃仁、赤芍配伍。

4. 用于心阴不足，心悸、气短、脉结代者，常与人参、炙甘草配伍；用于胸痹心痛，常与瓜蒌、薤白配伍。

5. 用于痰饮、水肿、眩晕、心悸、咳嗽者，常与茯苓、白术配伍。

【用法用量】 3～10g，水煎服。本品辛温，易伤阴动血，温热病、阴虚火旺、肝阳上亢、血热妄行者忌用。

荆芥（Jīngjiè）

【药物来源】 本品为唇形科植物荆芥的地上茎叶或花穗。夏、秋开花后割取全草，茎叶切段入药，或单用穗，生用或炒炭用。

【性味归经】 辛，微温。归肺、肝经。

【功效】 解表散风，透疹消疮，止血。

【应用】

1. 用于外感风寒表证，常与防风、羌活配伍；用于外感风热表证，常与薄荷、菊花、牛蒡子配伍。

2. 用于头面风热诸病，以及麻疹出疹不畅、风疹、痒疹等，常与菊花、蝉蜕、薄荷配伍。

3. 用于肠风下血、便血、尿血、崩漏、痔疮出血，常与侧柏叶、槐花、地榆炭配伍。

【用法用量】 5～10g，水煎服。外感病宜用荆芥穗，祛风宣毒宜用生荆芥，止血宜用荆芥炭。

防风（Fángfēng）

【药物来源】 本品为伞形科植物防风的根。春、秋采挖根部，切片晒干，生用或炒用。

【性味归经】 辛、甘，微温。归膀胱、肝、脾经。

【功效】 祛风解表，胜湿止痛，止痉。

【应用】

1. 用于外感风寒，头痛身痛，常与荆芥、羌活、葛根配伍。

2. 用于风寒湿痹证，常与羌活、秦艽、独活配伍。

3. 用于破伤风，常与天麻、天南星、白附子配伍。

4. 用于湿浊泄泻、腹痛、便血，本品炒炭，常与白术、炮姜配伍。

【用法用量】 5～10g，水煎服。祛风宜生用，止泻宜炒用。

羌活（Qiānghuó）

【药物来源】 本品为伞形科植物羌活的干燥根茎和根。春、秋二季采挖，切片入药，生用。

【性味归经】 辛、苦，温。归膀胱、肾经。

【功效】 解表散寒，祛风除湿，止痛。

【应用】

1. 用于外感风寒夹湿头痛、身痛、恶寒发热，常与防风、细辛配伍。

2. 用于风湿痹证、肩臂肢节疼痛，常与防风、独活配伍。

【用法用量】 3～10g，水煎服。本品有化燥伤阴之弊，凡血虚、阴虚痹证慎用或忌用。

紫苏叶（Zǐsūyè）

【药物来源】 本品为唇形科植物紫苏的干燥叶（或带嫩枝）。夏季枝叶茂盛时采收，切段入药、生用。

【性味归经】 辛，温。归脾、肺经。

【功效】 解表散寒，行气和胃。

【应用】

1. 用于风寒表证，伴脘闷呕吐者尤为适宜，常与陈皮、生姜配伍。

2. 用于脾胃不和，脘腹胀满、呃逆、呕吐者，常与大腹皮、陈皮、厚朴配伍。
3. 用于梅核气，常与制半夏、厚朴配伍。
4. 用于妊娠恶阻、胎动不安等，常与砂仁、黄芩、陈皮、生姜配伍。

【用法用量】 5～10g，水煎服。解表散寒，温中止呕宜用紫苏叶；疏肝理气、安胎消胀宜用苏梗。

白芷（Báizhǐ）

【药物来源】 本品为伞形科植物白芷的根。夏季采挖，切片入药，生用。

【性味归经】 辛，温。归肺、胃、大肠经。

【功效】 解表散寒，祛风止痛，宣通鼻窍，燥湿止带，消肿排脓。

【应用】

1. 用于外感风寒表证，常与细辛、羌活配伍。
2. 用于鼻渊、鼻塞、头痛、流涕，常与苍耳子、辛夷配伍。
3. 用于疮疡肿痛，常与蒲公英、贝母配伍。
4. 用于带下，寒湿下注而量多者，常与白术、山药配伍。

【用法用量】 3～10g，水煎服。

（二）辛凉解表药

薄荷（Bòhe）

【药物来源】 本品为唇形科植物薄荷的茎叶。夏、秋季采收，切段入药，生用。

【性味归经】 辛，凉。归肺、肝经。

【功效】 疏散风热，清利头目，利咽透疹，疏肝行气。

【应用】

1. 用于风热表证或风温初起，常与金银花、连翘、牛蒡子配伍；风热上攻而头痛目赤者，常与菊花、牛蒡子配伍。
2. 用于麻疹不透，风疹、痒疹，常与蝉衣、菊花、荆芥配伍。
3. 用于肝郁不舒，胸胁胀满，常与柴胡、白芍配伍。

【用法用量】 6～10g，水煎服。大剂量可用至20g，鲜品可用至30g。入煎剂宜后下，体虚自汗，血虚眩晕者应慎用。

牛蒡子（Niúbàngzǐ）

【药物来源】 本品为菊科植物牛蒡的成熟果实。7～8月份采集。晒干入药，生用或炒用。

【性味归经】 辛、苦，寒。归肺、胃经。

【功效】 疏散风热，宣肺透疹，解毒利咽。

【应用】

1. 用于外感风热表证，常与薄荷、连翘、金银花配伍。
2. 用于麻疹不透，常与葛根、蝉衣、薄荷配伍。
3. 用于疮疖疡证，常与金银花、连翘、蒲公英配伍。

【用法用量】 6～12g，水煎服。大剂量可用至30g。本品有滑肠作用，气虚便溏者慎用。

桑叶（Sāngyè）

【药物来源】 本品为桑科植物桑树的叶子。深秋霜后采收，入药生用或炙用。

【性味归经】 苦、甘，寒。归肝、肺经。

【功效】 疏散风热，清肺润燥，清肝明目。

【应用】

1. 用于外感风热表证或温病初起，症见发热咳嗽、口渴者，常与菊花、薄荷、连翘配伍。

2. 用于风热或肝火上扰，目赤肿痛，头晕等，与菊花、黄芩配伍。

3. 用于肺热和燥热咳嗽，轻者常与苦杏仁、北沙参配伍，重者常与生石膏、麦冬配伍。

【用法用量】 5～10g，水煎服，大剂量可用至50g。外用常作煎洗。

菊花（Júhuā）

【药物来源】 本品为菊科植物菊的头状花序。9月份花开齐时采集，晒干入药，生用。

【性味归经】 甘、微苦，微寒。归肺、肝经。

【功效】 疏散风热，清肝明目，清热解毒。

【应用】

1. 用于外感风热表证或温病初起，常与桑叶、薄荷配伍。

2. 用于肝经风热，头晕、目赤肿痛，常与桑叶、龙胆配伍。

3. 用于肝阳上亢，头目眩晕、耳鸣，常与钩藤、白芍、石决明配伍。

4. 用于疮痈肿毒，常与金银花、生甘草配伍。

【用法用量】 5～10g，水煎服。疏散风热常用黄菊花，平肝、清肝明目常用白菊花。

柴胡（Cháihú）

【药物来源】 本品为伞形科植物柴胡和狭叶柴胡的根，由于产地不同，前者又称为北柴胡，后者又称为南柴胡。春秋两季采集、晒干切段入药，生用或酒炒、醋炒用。

【性味归经】 辛、苦，微寒。归肝、胆、肺经。

【功效】 疏散退热，疏肝解郁，升阳举陷。

【应用】

1. 用于外感表证，尤为治少阳证之要药，常与黄芩配伍。

2. 用于肝气郁结，胸胁胀痛、月经不调等，常与当归、芍药配伍。

3. 用于中气下陷，气短、倦怠，脏器下垂等，常与黄芪、升麻配伍。

【用法用量】 3～10g，水煎服。阴虚火旺者应慎用。用于升阳举陷，剂量宜小。醋炒能增强止痛作用。

葛根（Gégēn）

【药物来源】 本品为豆科植物野葛的根。秋季采挖，切片入药，生用或煨用。

【性味归经】 甘、辛，凉。归脾、胃、肺经。

【功效】 解肌退热，生津止渴，透疹，升阳止泻，通经活络，解酒毒。

【应用】

1. 用于外感表证，伴项背强者尤宜。外感风寒，常与麻黄、桂枝配伍；外感风热，常与柴胡、黄芩配伍。

2. 用于麻疹初起，透发不畅，常与升麻配伍。

3. 用于湿热下痢，常与黄连、黄芩配伍。

4. 用于热病伤津或消渴证，常与芦根、麦冬、天花粉配伍。

5. 用于中风偏瘫，胸痹，眩晕，常与三七、丹参、川芎配伍。

6. 用于酒毒中阻，常与砂仁、枳椇子配伍。

【用法用量】 10～15g，水煎服。大剂量可用至50g。

升麻（Shēngmá）

【药物来源】 本品为毛茛科植物升麻的根茎。秋季采挖，切片入药，生用或炙用。

【性味归经】　辛、微甘，微寒。归脾、胃、肺、大肠经。

【功效】　发表透疹，清热解毒，升举阳气。

【应用】

1. 用于外感风热，头痛，或麻疹透发不畅，常与葛根、牛蒡子配伍。
2. 用于胃热，牙龈肿痛或咽痛腮肿，常与黄连、石膏，或连翘、板蓝根配伍。
3. 用于脾胃虚弱，中气下陷，常与柴胡、黄芪配伍。

【用法用量】　3～10g，水煎服。发表透疹、解毒宜生用；升阳宜蜜炙用。

蝉蜕（Chántuì）

【药物来源】　本品为蝉科昆虫黑蚱（蝉）羽化时脱落的皮壳。夏、秋季采集，入药生用。

【性味归经】　甘，寒。归肺、肝经。

【功效】　疏散风热，利咽透疹，明目退翳，止痉。

【应用】

1. 用于风热感冒，喉痛音哑，常与薄荷配伍。
2. 用于麻疹透发不畅，或风疹、痒疹，常与防风、荆芥配伍。
3. 用于热病生风，常与羚羊角、钩藤配伍；用于破伤风，常与白僵蚕、全蝎配伍。
4. 用于目赤肿痛，翳膜遮睛，常与菊花、木贼配伍。

【用法用量】　3～6g，水煎服。外用可煎水止痒。

二、清　热　药

凡药性寒凉，以清解里热为主要作用，能治疗热性病证的药物，称为清热药。清热药作用广泛，功效各异，可分为清热泻火药、清热解毒药、清热凉血药、清热燥湿药、清热解暑药及清虚热药等六类。

（1）清热泻火药，指以清气分实热为主要作用的药物，适用于壮热烦渴、多汗、目赤、苔黄燥、脉洪数有力等里热炽盛证。

（2）清热解毒药，是指以清热解毒为主要作用的药物，适用于高热、痈肿疮痛、热毒发斑、丹毒、喉痹、目赤肿痛、肠痈、痢疾等病证。

（3）清热凉血药，是指以清热凉血为主要作用的药物，能清营分、血分热，适用于热入营血而致心烦、不眠、神昏谵语、吐血、衄血、发斑疹、身热、口渴、舌绛、脉数等。

（4）清热燥湿药，是指以清热燥湿为主要作用，既能清泻热毒，又能蠲除湿热内扰的药物。适用于湿热黄疸、痢疾、痈疮肿疡、丹毒、湿疹、目赤肿痛等病证。

（5）清热解暑药，是指以清解暑热为主要作用的药物，适用于发热、汗出、烦渴、胸脘痞闷、身重懒言、脉虚等病证。

（6）清虚热药，是指以清退虚热为主要作用的药物，适用于肝肾阴虚所致的骨蒸潮热、午后发热、手足心热、虚烦不眠、遗精盗汗、舌红少苔、脉细数等病证，以及热病后期，余热未清等病证。

清热药多苦寒或咸寒，易燥湿伤津、克伐生机，故脾胃虚寒、阴虚津亏者当慎用。

（一）清热泻火药

石膏（Shígāo）

【药物来源】　本品为天然的硫酸钙矿石，主要成分是含水硫酸钙。打碎入药，生用或煅用。

【性味归经】　辛、甘，大寒。归肺、胃经。

【功效】　生用：清热泻火，除烦止渴；煅用：收湿，生肌，敛疮，止血。

【应用】

1. 用于温热病气分证，高热、烦渴、汗出、脉洪大等，常与知母配伍。
2. 用于肺热喘咳，常与麻黄、苦杏仁配伍。
3. 用于胃火亢盛，口渴、牙龈肿痛、口舌生疮等，常与知母、生地黄配伍。
4. 外用治疗疮疡溃不收口、水火烫伤等，单用或与青黛、黄柏配伍。

【用法用量】 15～60g，水煎服。大剂量可用至 100g。生石膏常用于内服，煅石膏常外用。气虚、阴虚、无实热者忌用。

知母（Zhīmǔ）

【药物来源】 本品为百合科植物知母的根茎。春、秋采挖，切片入药，生用或盐水炒用。

【性味归经】 苦、甘，寒。归肺、胃、肾经。

【功效】 清热泻火，滋阴润燥。

【应用】

1. 用于热病，症见烦渴、高热汗出、脉洪大，常与石膏配伍。
2. 用于肺热咳嗽、痰少或黄，常与贝母配伍。
3. 用于胃热烦渴或消渴证，常与天花粉、麦冬配伍。
4. 用于阴虚发热，骨蒸潮热，咳血、盗汗、心烦者，常与黄柏、地骨皮配伍。
5. 用于阴虚肠燥便秘，常与生地黄、玄参配伍。

【用法用量】 6～12g，水煎服。清热泻火宜生用，滋阴降火宜盐水炒用。脾虚便溏者禁用。本品与石膏均能清肺胃实热，但石膏专清实热，而本品还能滋阴降火，可用于虚热证。

栀子（zhīzi）

【药物来源】 本品为茜草科植物栀子的成熟果实。秋季采摘，入药生用，或炒焦、炒炭用。

【性味归经】 苦，寒。归心、肺、三焦经。

【功效】 泻火除烦，清热利湿，凉血解毒；外用消肿止痛。

【应用】

1. 用于热病心烦、郁闷、躁扰不宁，常与生地黄、豆豉配伍。
2. 用于火毒热盛，高热烦躁、神昏谵语，常与黄连、连翘、犀角、石膏配伍。
3. 用于湿热黄疸，常与茵陈、大黄配伍。
4. 用于血热妄行之吐血、衄血、尿血等，常与白茅根、生地黄配伍。
5. 用于肝胆火热上攻之目赤肿痛，常与黄连、夏枯草配伍。
6. 用于扭挫伤痛，可用生栀子研粉，与黄酒调为糊状外敷。
7. 用于热毒疮疡，常与金银花、连翘、蒲公英配伍。

【用法用量】 6～10g，水煎服。生用泻火，炒黑止血，姜汁炒止烦。清内热宜用栀子仁，除表热宜用栀子皮。

芦根（Lúgēn）

【药物来源】 本品为禾本科植物芦苇的地下茎。春季采挖，切段入药，生用或鲜用。

【性味归经】 甘，寒。归肺、胃经。

【功效】 清热泻火，生津止渴，除烦止呕，利尿。

【应用】

1. 用于热病，症见伤津、烦热口渴、舌燥少津，常与麦冬、石膏配伍。
2. 用于胃热呕吐，单用或与姜汁、竹茹配伍。
3. 用于肺痈及肺热咳嗽，常与鱼腥草、金银花配伍。
4. 用于热淋，症见小便短赤而涩痛，常与白茅根、车前子配伍。

【用法用量】 15～30g，水煎服。鲜品用量加倍，或捣汁用。

（二）清热解毒药

金银花（Jīnyínhuā）

【药物来源】 本品为忍冬科植物忍冬的花蕾。夏、秋季开花前采摘，阴干入药，生用。

【性味归经】 甘，寒。归肺、胃、心经。

【功效】 清热解毒，疏散风热。

【应用】

1. 用于外感风热或温病初起，常与连翘、荆芥穗、薄荷配伍；热邪入气分，常与石膏配伍；热邪入营血，常与牡丹皮、生地黄配伍。

2. 用于疔毒疮痈、红热肿痛，常与蒲公英、野菊花、连翘配伍。

3. 用于热毒血痢，单用浓水煎服，或与黄连、白头翁配伍。

【用法用量】 6～15g，水煎服。大剂量可至 60g。治痢常用金银花炭。

连翘（Liánqiáo）

【药物来源】 本品为木犀科植物连翘的果实。秋季采摘，生用。

【性味归经】 苦，微寒。归肺、心、小肠经。

【功效】 清热解毒，消肿散结，疏散风热。

【应用】

1. 用于风热犯肺，发热恶寒，常与金银花、荆芥配伍。

2. 用于多种疮疡化脓性疾患，素有“疮家圣药”之称，常与金银花、蒲公英、野菊花配伍。

3. 用于热淋，症见小便不利或淋沥涩痛，常与车前子、白茅根配伍。

【用法用量】 6～15g，水煎服。脾胃虚寒者慎用。

大青叶（Dàqīngyè）

【药物来源】 本品为十字花科植物菘蓝的叶或枝叶。夏、秋采集，晒干入药，生用。

【性味归经】 苦，寒。归心、胃经。

【功效】 清热解毒，凉血消斑。

【应用】

1. 用于高热，症见神昏、头痛、咽喉肿痛，常与玄参、石膏配伍。

2. 用于热毒发斑、吐血、衄血等症，常与犀角、生地黄配伍。

3. 用于丹毒、痈肿、痄腮、喉痹属瘟毒上攻者，常与金银花、牛蒡子配伍；属血热毒盛者，常用鲜品捣烂外敷或与蒲公英、紫花地丁配伍。

【用法用量】 10～15g，水煎服。鲜品可用至 30～60g。

蒲公英（Púgōngyīng）

【药物来源】 本品为菊科植物蒲公英、碱地蒲公英或同属数种植物的带根全草。洗净入药，鲜用或生用。

【性味归经】 苦、甘，寒。归肝、胃经。

【功效】 清热解毒，消肿散结，利湿通淋。

【应用】

1. 用于乳痈初起，红肿坚硬、灼热疼痛，常单用或与瓜蒌、连翘配伍。

2. 用于疔疮肿毒，焮肿疼痛，常与紫花地丁、野菊花配伍。

3. 用于眼目赤肿，常与龙胆、野菊花配伍。

4. 用于肺痈、肠痈，常与金银花、玄参、当归配伍。

【用法用量】 10～15g，水煎服。大剂量可用至60g。

败酱草（Bàijiàngcǎo）

【药物来源】 本品为败酱科植物黄花败酱和白花败酱的带根全草。夏季采集，阴干切段入药，生用。

【性味归经】 辛、苦，微寒。归胃、大肠、肝经。

【功效】 清热解毒，消痈排脓，祛瘀止痛。

【应用】

1. 用于肠痈、肺痈，常与薏苡仁、桃仁、红花、鱼腥草配伍。
2. 用于血滞或产后瘀血腹痛，常与赤芍、桃仁配伍。

【用法用量】 6～15g，水煎服。外用适量。

白头翁（Báitóuwēng）

【药物来源】 本品为毛茛科植物白头翁的根。春、秋采集，晒干切段入药，生用。

【性味归经】 苦，寒。归大肠、胃经。

【功效】 清热解毒，凉血止痢。

【应用】

1. 用于热毒血痢和湿热痢疾，常与黄连、黄芩、秦皮同用。
2. 用于下焦湿热所致之阴痒、带下，常与苦参、白鲜皮、秦皮等配伍，煎汤外洗。

【用法用量】 9～15g，水煎服。单用可用至30g。

鱼腥草（Yúxīngcǎo）

【药物来源】 本品为三白草科植物蕺菜的全草。夏、秋采挖，晒干入药，生用。

【性味归经】 辛，微寒。归肺经。

【功效】 清热解毒，消痈排脓，利尿通淋。

【应用】

1. 用于清肺热、疗肺痈及疮疡等，常与蒲公英、桔梗、芦根配伍治疗肺痈，单用捣敷治疗疗疮痈疖。
2. 用于湿热淋证，症见水肿、小便不利，常与车前子、木通配伍。

【用法用量】 15～25g，水煎服。大剂量可用至60g。

射干（Shègān）

【药物来源】 本品为鸢尾科植物射干的根茎。春、秋采挖，切段入药，生用。

【性味归经】 苦，寒。归肺、肝经。

【功效】 清热解毒，祛痰，利咽。

【应用】

1. 用于痰热壅结之咽喉肿痛，常与桔梗、山豆根配伍。
2. 用于肺热痰喘咳嗽，常与瓜蒌、贝母配伍；用于肺寒痰喘咳嗽，常与麻黄、干姜、紫菀配伍。

【用法用量】 3～10g，水煎服，其性降，虚者慎用。

（三）清热凉血药

生地黄（Shēngdìhuáng）

【药物来源】 本品为玄参科植物地黄的根。秋季采挖，切片入药，生用或制用。

【性味归经】 甘，寒。归心、肝、肾经。

【功效】 清热凉血，养阴生津。

【应用】

1. 用于温热病热入营血，症见身热口干、舌红或绛，常与玄参、犀角配伍。
2. 用于血热妄行，吐血、衄血、尿血、便血、崩漏下血等症，常与水牛角、牡丹皮配伍。
3. 用于热病津伤阴亏，口干或口渴多饮，常与麦冬、石斛、北沙参配伍。
4. 用于阴虚发热，骨蒸劳热，常与知母、地骨皮、青蒿同用。
5. 用于津伤便秘，常与玄参、麦冬同用。

【用法用量】 10～15g，水煎服。清热凉血、养阴生津宜生用或鲜用，止血宜炒炭用。脾虚有湿，腹满便溏者忌用。

玄参（Xuánshēn）

【药物来源】 本品为玄参科植物玄参的根。春、秋采挖，切段入药，生用。

【性味归经】 甘、苦、咸，微寒。归肺、胃、肾经。

【功效】 清热凉血，滋阴降火，解毒散结。

【应用】

1. 用于温热病邪入营血，热邪伤阴劫液而口渴、烦热、夜寐不安、神昏等，常与生地黄、黄连、金银花配伍。
2. 用于阴虚内热、肺燥咳嗽、潮热盗汗、咯血吐血等，常与贝母、百合、生地黄配伍。
3. 用于痰火郁结而致瘰疬、痰核、瘿瘤等，常与浙贝母、牡蛎配伍。

【用法用量】 9～15g，水煎服。脾胃虚寒、食少便溏者慎用。

牡丹皮（Mǔdānpí）

【药物来源】 本品为毛茛科植物牡丹的根皮。秋季采挖，晒干入药，生用、酒炒或炒炭用。

【性味归经】 苦、辛，微寒。归心、肝、肾经。

【功效】 清热凉血，活血化瘀。

【应用】

1. 用于热病邪入营血，迫血妄行，出现斑疹等，常与水牛角、生地黄配伍。
2. 用于血瘀经闭、痛经，或跌仆损伤血瘀肿痛证，常与桃仁、当归配伍。
3. 用于夜热早凉，无汗骨蒸，常与鳖甲、知母、生地黄配伍。
4. 用于热毒痈肿疮毒者，常与大黄、白芷配伍；瘀热互结之肠痈初起，常与大黄、桃仁配伍。

【用法用量】 6～10g，水煎服。清热凉血宜生用，活血祛瘀宜酒炒，化瘀止血宜炭用。

赤芍（Chìsháo）

【药物来源】 本品为毛茛科植物芍药、川赤芍的根。秋季采挖，晒干切片入药，生用。

【性味归经】 苦，微寒。归肝经。

【功效】 清热凉血，散瘀止痛。

【应用】

1. 用于温病邪入营血，出现斑疹、吐血、衄血等症，常与水牛角、牡丹皮、生地黄配伍。
2. 用于血瘀经闭、痛经、外伤瘀肿等，常与桂枝、桃仁、当归配伍。
3. 用于热性疮疡疖肿，常与金银花、连翘配伍。

【用法用量】 6～12g，水煎服。不宜与藜芦同用。

紫草（Zǐcǎo）

【药物来源】 本品为紫草科植物新疆紫草、内蒙古紫草的根。春、秋采挖，切段入药，生用。

【性味归经】 甘、咸，寒。归心、肝经。

【功效】 清热凉血，活血解毒，透疹消斑。

【应用】

1. 用于麻疹、斑疹等，常与牡丹皮、赤芍、蝉蜕配伍。

2. 用于疮疡疖肿，或湿热疹毒、阴痒等，外用可单味，以紫草浸油外涂；内服常与苦参、黄柏配伍。

【用法用量】 5～10g，水煎服。外用适量。

（四）清热燥湿药

黄芩（Huángqín）

【药物来源】 本品为唇形科植物黄芩的根。春秋季采挖，生用、酒炒或炒炭用。

【性味归经】 苦，寒。归肺、胆、脾、大肠、小肠经。

【功效】 清热燥湿，泻火解毒，止血，安胎。

【应用】

1. 用于暑湿、湿热泻痢、黄疸等病证，常与黄连、栀子、大黄配伍。

2. 用于肺热咳嗽气喘，或上焦气分热盛，常与连翘、栀子配伍。

3. 用于胎热不安，口苦、舌红者，常与白术、白芍配伍。

4. 用于火毒炽盛之迫血妄行，症见吐血、衄血，常与大黄配伍；痈肿疮毒，常与黄连、连翘配伍。

【用法用量】 3～10g，水煎服。清湿热宜酒炒用，止血宜炒炭用。枯芩清肺火，条芩清大肠火。

黄连（Huánglián）

【药物来源】 本品为毛茛科植物黄连、三角叶黄连、云连的根茎，分别称为“味连”“雅连”“云连”。秋季采挖，晒干入药。生用，或酒炒、姜汁炒、吴茱萸炒用。

【性味归经】 苦，寒。归心、肝、胆、脾、胃、大肠经。

【功效】 清热燥湿，泻火解毒。

【应用】

1. 用于湿热泻痢，常与黄芩、白头翁配伍。

2. 用于热病心经热盛，高热、神昏、谵语、烦躁，常与黄芩、栀子配伍。

3. 用于热毒疮疡，常与连翘、蒲公英配伍。

【用法用量】 2～5g，水煎服。清心火、肠火宜生用，泻胃火宜姜汁炒用，清肝胆实火宜吴茱萸炒用，清上焦之火宜酒炒用。

黄柏（Huángbǎi）

【药物来源】 本品为芸香科黄皮树的树皮。习称“川黄柏”。清明前后采剥，生用或盐炒用。

【性味归经】 苦，寒。归肾、膀胱经。

【功效】 清热燥湿，泻火除蒸，解毒疗疮。

【应用】

1. 用于湿热泻痢，常与黄连、白头翁配伍；用于下焦湿热，症见疮痈肿毒、带下色黄，常与龙胆、苦参配伍；用于湿热痹痛，常与苍术、薏苡仁、牛膝配伍。

2. 用于阴虚发热、潮热骨蒸、梦遗滑精，常与六味地黄丸、知母配伍。

【用法用量】 3～12g，水煎服。泻实火宜生用，退虚热、泻相火宜盐水炒用。外用适量。常与知母配伍，组成知柏地黄丸。

龙胆（Lóngdǎn）

【药物来源】 本品为龙胆科植物条叶龙胆、龙胆、三花龙胆和滇龙胆的根，前三者主要分布在我国东北三省，故习称“关龙胆”或“龙胆”，滇龙胆又称“坚龙胆”。春、秋采挖，晒干切段入药，生用。

【性味归经】 苦，寒。归肝、胆经。

【功效】 清热燥湿，泻肝胆火。

【应用】

1. 用于泻肝胆实火，症见头痛目赤、胁痛口苦、耳鸣耳聋等，常与栀子、石决明、钩藤配伍；热极生风，惊厥抽搐，常与牛黄、黄连配伍。
2. 用于下焦湿热，症见阴痒、阴肿，湿疹、带下色黄量多等，常与黄柏、苦参、苍术配伍。

【用法用量】 3～6g，水煎服。脾胃虚寒及阴虚津伤者慎用。

苦参（Kǔshēn）

【药物来源】 本品为豆科植物苦参的根。春、秋采挖，切片入药，生用。

【性味归经】 苦，寒。归心、胃、肝、大肠、膀胱经。

【功效】 清热燥湿，杀虫，利尿。

【应用】

1. 用于湿热黄疸，常与栀子、龙胆配伍。
2. 用于带下阴痒，常与黄柏、白芷、蛇床子配伍。
3. 用于皮肤疥癣、瘙痒、麻风等，可作配方水煎服，亦可用单方或配伍枯矾等外用。

【用法用量】 4.5～9g，水煎服。外用适量。

（五）清热解暑药

荷叶（Héyè）

【药物来源】 本品为睡莲科植物莲的叶片。夏季采摘，阴干或晒干入药，生用或炒炭用。

【性味归经】 苦，平。归肝、脾、胃经。

【功效】 清暑化湿，升发清阳，凉血止血。

【应用】

1. 用于暑温，头痛、身痛、口渴不甚者，常与竹叶、西瓜翠衣配伍。
2. 用于脾胃虚弱，饮食停滞、腹胀痞满，常与枳实、白术配伍。
3. 用于各种出血证，常与大蓟、小蓟、侧柏炭、生地黄炭配伍。

【用法用量】 荷叶3～10g，荷叶炭3～6g，水煎服。解暑宜用鲜荷叶，和胃醒脾宜用干荷叶，止血宜用荷叶炭。

（六）清虚热药

青蒿（Qīnghāo）

【药物来源】 本品为菊科植物黄花蒿的干燥地上部分。夏季开花时采割，切段入药，生用。

【性味归经】 苦、辛，寒。归肝、胆经。

【功效】 清虚热，除骨蒸，解暑热，截疟，退黄。

【应用】

1. 用于温热病后期，热伏阴分，夜热早凉、低热不退等，常与鳖甲、生地黄、知母配伍。
2. 用于阴虚发热、潮热盗汗、五心烦热等，常与知母、秦艽、地骨皮配伍。
3. 用于暑热外感，发热无汗，常与荷叶、广藿香、西瓜翠衣配伍。
4. 用于疟疾，常与黄芩、制半夏、柴胡配伍。

【用法用量】 6～12g，截疟用量20～40g。水煎服，不宜久煎，或鲜品绞汁服。

地骨皮（Dìgǔpí）

【药物来源】 本品为茄科植物枸杞或宁夏枸杞的根皮。春、秋采挖，晒干生用。

【性味归经】 甘，寒。归肺、肝、肾经。

【功效】 凉血除蒸，清肺降火。

【应用】

1. 用于肺热咳嗽，常与桑白皮、甘草配伍。
2. 用于阴虚潮热，常与银柴胡、鳖甲配伍。
3. 用于血热妄行之吐血、衄血、尿血、咳血，常与小蓟、侧柏叶配伍。
4. 用于内热消渴，常与天花粉、麦冬配伍。

【用法用量】 9～15g，水煎服。

三、泻 下 药

凡能促使排便或引起腹泻，以排除肠内积滞和体内积水的药物，称泻下药。根据其泻下的作用强弱及功效差异，泻下药可分为攻下药和润下药等。攻下药是指泻下通便作用较强的药，多为苦寒之品，适用于里热积滞、宿食内停、瘀血阻滞等证。润下药是指能润滑大肠，起缓下通便作用的药物，多为植物的种仁，含有油脂，适用于年老津枯、产后血亏、病后津伤肠燥等所致的便秘。攻下药作用较猛，逐水药尤为峻烈，虽然奏效迅速，但易伤正气，故适用于邪实而正气不虚的病证。对于久病正虚、年老体弱的患者以及孕产妇、月经过多的妇女等，攻下药应慎用或禁用。润下药作用缓和，故适用于年老体弱、孕产妇及其他原因导致的血虚或津亏所导致的肠燥便秘。

（一）攻下药

大黄（Dàhuáng）

【药物来源】 本品为蓼科植物掌叶大黄、唐古特大黄、药用大黄的根和根茎。秋末冬初采挖，切片入药。生用，或酒制、蒸熟、炒炭用。

【性味归经】 苦，寒。归脾、胃、大肠、肝、心包经。

【功效】 泻下攻积，清热泻火，凉血解毒，逐瘀通经，利湿退黄。

【应用】

1. 用于胃肠实热证，症见大便燥结、腹痛拒按、神昏谵语、苔黄燥焦黑等，常与芒硝、枳实配伍。
2. 用于热结泻痢，症见里急后重、下利不爽，常与黄连、芍药、白头翁配伍。
3. 用于湿热黄疸，常与茵陈、栀子配伍。
4. 用于热毒火盛，症见口舌生疮、牙龈肿痛，或目赤肿痛，或痈疮肿疡，常与黄连、黄芩、蒲公英配伍。
5. 用于血瘀经闭、癥瘕积聚、跌仆损伤、瘀血肿痛等证，常与桃仁、赤芍配伍。

【用法用量】 3～15g，大剂量可用 30g，水煎服，入煎剂一般后下。生用力猛，熟用力缓，炒炭止血，酒制活血。

【使用注意】 多不宜久煎，孕妇慎用。

芒硝（Mángxiāo）

【药物来源】 本品为含水硫酸钠的天然矿物经精制而成的结晶体，干燥入药。细芒如锋者称为芒硝，块状者称为朴硝，芒硝风化成粉末者称为元明粉。

【性味归经】 苦、咸，寒。归胃、大肠经。

【功效】 泻下通便，润燥软坚，清火消肿。

【应用】

1. 用于胃肠实热积滞，大便燥结、腹满胀痛，常与大黄、枳实配伍。

2. 用于热毒疮肿，无论内痈外疮皆可使用。单用外洗，亦常与大黄、连翘等配伍煎服。乳痈初起，常以芒硝适量外敷患处。外敷内用均可清解咽喉肿痛、口舌生疮等火热内盛之病症。

【用法用量】　6～12g，溶入汤剂冲服，外用适量。

【使用注意】　孕妇及非实热者慎用。

（二）润下药

郁李仁（Yùlǐrén）

【药物来源】　本品为蔷薇科植物欧李、郁李、长柄扁桃的成熟种子。夏、秋采收，晒干入药，捣碎用。

【性味归经】　辛、甘、苦，平。归大肠、小肠、脾经。

【功效】　润肠通便，下气利水。

【应用】

1. 用于肠燥便秘，常与火麻仁、柏子仁配伍。

2. 用于脚气水肿、小便不利，常与薏苡仁、冬瓜皮配伍。

【用法用量】　6～10g，水煎服。孕妇慎用。

火麻仁（Huǒmárén）

【药物来源】　本品为桑科植物大麻的成熟种子。秋末采集，晒干入药。

【性味归经】　甘，平。归脾、胃、大肠经。

【功效】　润肠通便。

【应用】

1. 用于热盛伤阴，津枯便秘，常与苦杏仁、大黄配伍。

2. 用于年老津枯、产后血虚而致便秘者，常与当归、肉苁蓉配伍。

【用法用量】　10～15g，水煎服。

四、祛风湿药

凡以祛除风湿，治疗风湿痹痛为主要功效的药物，称为祛风湿药。本类药物还兼有散寒、活血、通络、舒筋、止痛和强筋骨的作用。因此，适用于风寒湿痹、肢体疼痛、筋脉拘急、麻木不仁、关节不利、腰膝酸痛，以及肢体痿弱等症。此外，对于外伤、骨折、破伤风、疮痈、疥癣等症，亦可选用祛风湿药。由于祛风湿药多辛温性燥，易于伤阴耗血，阴血亏虚者应慎用或忌用。

独活（Dúhuó）

【药物来源】　本品为伞形科植物重齿毛当归的根茎。春、秋采挖，切片入药，生用或炒用。

【性味归经】　辛、苦，微温。归肾、膀胱经。

【功效】　祛风除湿，通痹止痛，解表。

【应用】

1. 用于风寒湿痹痛证，尤适偏于下半身者，常与桑寄生、秦艽、牛膝配伍。

2. 用于外感风寒夹湿之表证，症见身重疼痛、关节酸楚者，常与羌活、防风配伍。

【用法用量】　3～10g，水煎服。本品温燥，易耗伤阴液，阴虚血燥者慎用。

秦艽（Qínjiāo）

【药物来源】　本品为龙胆科多年生草本植物秦艽、麻花秦艽、粗茎秦艽和小秦艽的根。春、秋采挖，切片入药。

【性味归经】 苦、辛，平。归胃、肝、胆经。

【功效】 祛风湿，清湿热，止痹痛，退虚热。

【应用】

1. 用于风湿痹证，常与独活、防风配伍。
2. 用于阴虚火旺，骨蒸潮热，常与鳖甲、青蒿、地骨皮配伍。
3. 用于湿热黄疸，常与茵陈、栀子、大黄配伍。
4. 用于中风半身不遂，可单用或与升麻、葛根、防风配伍。

【用法用量】 3～10g，水煎服。

威灵仙（Wēilíngxiān）

【药物来源】 本品为毛莨科植物威灵仙、棉团铁线莲或东北铁线莲的根及根茎。秋季采挖，切段入药，生用。

【性味归经】 辛、咸，温。归膀胱经。

【功效】 祛风除湿，通络止痛，治鱼刺鲠喉。

【应用】

1. 用于痹证，肢体关节酸痛、屈伸不利、手足麻木、腰背疼痛，常与秦艽、当归、独活配伍，或单用浸酒服用。
2. 用于治鱼刺鲠喉，常与乌梅、醋配伍。

【用法用量】 6～10g，水煎服。

木瓜（Mùguā）

【药物来源】 本品为蔷薇科植物贴梗海棠的干燥近成熟果实。7～8 月份果实绿黄时采收，切片入药，生用。

【性味归经】 酸，温。归肝、脾经。

【功效】 舒筋活络，和胃化湿。

【应用】

1. 用于风湿痹痛、脚气肿痛、筋脉拘挛等，常与牛膝、苍术、威灵仙配伍。
2. 用于夏月伤湿，脘痞吐泻，转筋腿痛，常与广藿香、砂仁、陈皮配伍。

【用法用量】 6～9g，水煎服。

防己（Fángjǐ）

【药物来源】 本品目前指防己科植物粉防己的根，习称汉防己。秋季采挖。切片生用或酒炒用。

【性味归经】 苦，寒。归肺、膀胱经。

【功效】 祛风止痛，利水消肿。

【应用】

1. 用于风湿痹痛、湿热身痛等症，尤适宜湿热偏盛而关节红肿疼痛者，常与薏苡仁、滑石、蚕沙、秦艽配伍。用于寒湿偏盛者，常与附子、桂枝、白术配伍。
2. 用于水肿（尤其下肢）、小便不利及脚气等病症，常与黄芪、白术、茯苓配伍。

【用法用量】 5～10g，水煎服。治风湿痹痛多用木防己，利水退肿宜汉防己。

五加皮（Wǔjiāpí）

【药物来源】 本品为五加科植物细柱五加的根皮，亦称南五加皮。夏、秋采挖，切段入药，生用。

【性味归经】　辛、苦，温。归肝、肾经。

【功效】　祛风除湿，补益肝肾，强筋壮骨，利水消肿。

【应用】

1. 用于寒湿痹痛、关节肿痛、屈伸不利，常与木瓜、秦艽、松节配伍。

2. 用于肝肾不足、腰膝酸软、虚羸少气，常与枸杞子、杜仲、桑寄生配伍。

3. 用于水肿、小便不利，常与大腹皮、茯苓皮、桑白皮配伍。

【用法用量】　5～10g，水煎服。

桑寄生（Sāngjìshēng）

【药物来源】　本品为桑寄生科植物桑寄生的带叶茎枝。冬春采集，切段或切片入药，生用。

【性味归经】　甘、苦，平。归肝、肾经。

【功效】　祛风湿，补肝肾，强筋骨，安胎元。

【应用】

1. 用于风湿痹痛，腰膝关节不利，或肝肾不足而致腰膝酸软、筋骨痿弱无力，常与牛膝、杜仲、续断配伍。

2. 用于胎动不安、胎漏腰痛，常与续断、杜仲、白术、阿胶配伍。

【用法用量】　9～15g，水煎服。

五、化　湿　药

化湿药，多为辛温芳香之品，性偏温燥，具有化湿醒脾、芳香辟秽之功效，又称为芳香化湿药。多用于湿浊内阻，脾为湿困，运化失常而引起的脘腹痞满、呕吐、泄泻、食少倦乏、口淡不渴、苔白滑利等症。化湿药物气味芳香，多含挥发油，一般作为散剂服用疗效较好；若作为汤剂使用，宜后下，且不应久煎，以免挥发性有效成分逸失而降低疗效。本类药物多属辛温香燥之品，易于耗气伤阴，故阴虚血燥及气虚者宜慎用。

广藿香（Guǎnghuòxiāng）

【药物来源】　本品为唇形科植物广藿香的地上部分。夏秋季采收。切段入药，或单用梗、叶。

【性味归经】　辛，微温。归脾、胃、肺经。

【功效】　芳香化湿，和中止呕，发表解暑。

【应用】

1. 用于暑湿外感，常与紫苏叶、佩兰、陈皮、厚朴配伍。

2. 用于暑月内伤生冷或外感湿温，致湿阻脾胃，症见胸脘痞胀、呕恶纳呆、舌苔白腻，常与苍术、厚朴、陈皮配伍。

3. 用于寒邪内停或湿阻中焦，胃气失降，症见脘痞纳差、恶心呕吐，常与制半夏、生姜、陈皮配伍。

【用法用量】　3～10g，水煎服。鲜品可用至 30g。其叶偏于发表，其梗偏于和中，鲜品清暑化湿、辟秽之力强。阴虚火旺、胃虚而呕者慎用。

佩兰（Pèilán）

【药物来源】　本品为菊科植物佩兰的地上部分，夏、秋采收，切段入药，生用。

【性味归经】　辛，平。归脾、胃、肺经。

【功效】　芳香化湿，醒脾开胃，发表解暑。

【应用】

1. 用于暑湿外感、湿浊内蕴，症见发热头痛、胸闷身重等，常与荷叶、青蒿、广藿香配伍。

2. 用于湿浊内阻、中气不运，症见脘闷呕恶等，常与广藿香、厚朴、苍术、制半夏配伍。

【用法用量】 3～10g，水煎服。不宜久煎。

苍术（Cāngzhú）

【药物来源】 本品为菊科植物茅苍术或北苍术的根茎。春、秋采挖，切片，米泔水焖，炒黄入药。

【性味归经】 辛、苦，温。归脾、胃、肝经。

【功效】 燥湿健脾，祛风散寒，明目。

【应用】

1. 用于湿阻脾胃，症见脘腹胀满、饮食不振、呕恶便溏，常与陈皮、茯苓、厚朴配伍。
2. 用于风湿痹痛、寒湿痛痹、湿邪困表，症见身重疼痛，常与羌活、独活、桂枝、防风配伍。
3. 用于夜盲症，常与猪、羊、鸡肝和黑芝麻配伍。

【用法用量】 3～9g，水煎服。阴虚有热，大便燥结、多汗者，慎用。

厚朴（Hòupò）

【药物来源】 本品为木兰科植物厚朴或凹叶厚朴的干燥树皮，4～6月份剥取，切段入药，生用或姜制用。

【性味归经】 苦、辛，温。归脾、胃、肺、大肠经。

【功效】 燥湿消痰，下气除满。

【应用】

1. 用于湿阻中焦，症见脘腹胀满、痞闷纳呆，常与苍术、陈皮配伍。
2. 用于肠胃实邪阻滞，症见食积胀满、腹痛便秘，常与大黄、枳实配伍。
3. 用于痰饮喘咳、胸闷者，常与陈皮、紫苏子配伍。

【用法用量】 3～10g，水煎服。

六、利水渗湿药

利水渗湿药，因能渗除水湿，通利小便，又称为利尿药，主要分利水消肿药、清热利湿药等。本类药物大多味淡性平，适用于水湿停留的各种病症，如小便不利、水肿、淋浊、泄泻、痰饮、湿温、关节肿痛等。本类药物易耗伤津液，因此阴亏津少、肾虚遗精遗尿者应慎用或忌用。有些药物具有较强的通利作用，孕妇应慎用。

（一）利水消肿药

茯苓（Fúlíng）

【药物来源】 本品为多孔菌科真菌茯苓的菌核，寄生于松树根部。色白者名白茯苓，淡红者名曰赤茯苓，外皮名茯苓皮，抱松树根而生者名茯神。全年皆可采集，8月份后采者为佳。切片或碎块入药，生用。

【性味归经】 甘、淡，平。归心、肺、脾、肾经。

【功效】 利水渗湿，健脾，宁心。

【应用】

1. 用于水肿，小便不利，常与泽泻、猪苓配伍。
2. 用于脾虚湿盛，食少、泄泻，或痰饮内停等，常与党参、白术配伍。
3. 用于心悸、失眠等证，常与酸枣仁、远志配伍。

【用法用量】 10～15g，水煎服。大剂量可用至30g。利水宜用茯苓皮，安神宜用茯神，健脾渗湿宜用茯苓。白茯苓偏于补中渗湿，赤茯苓偏于清热利湿。

猪苓（Zhūlíng）

【药物来源】 本品为多孔菌科真菌猪苓的菌核。春、秋采挖。切片入药，生用。

【性味归经】 甘、淡，平。归肾、膀胱经。

【功效】 利水渗湿。

【应用】 用于小便不利、水肿、淋浊等，常与茯苓、泽泻配伍。

【用法用量】 6～12g，水煎服。大剂量可用至30g，阴虚者禁用。

泽泻（Zéxiè）

【药物来源】 本品为泽泻科植物泽泻或东方泽泻的块茎。冬季采挖，切片入药，生用或麸炒、盐炒用。

【性味归经】 甘、淡，寒。归肾、膀胱经。

【功效】 利水渗湿，泄热，化浊降脂。

【应用】

1. 用于水湿停滞、小便不利、水肿等，常与茯苓、白术、猪苓配伍。
2. 用于湿盛腹泻，常与茯苓、车前子、白术配伍。
3. 用于下焦湿热，带下或淋浊，常与薏苡仁、土茯苓配伍。
4. 用于高脂血症，常与决明子、何首乌配伍。

【用法用量】 6～10g，水煎服。

薏苡仁（Yìyǐrén）

【药物来源】 本品为禾本科植物薏苡的成熟种仁。秋季采收，生用或炒用。

【性味归经】 甘、淡，凉。归脾、肺、胃经。

【功效】 利水渗湿，健脾止泻，除痹，清热排脓，解毒散结。

【应用】

1. 用于水肿、脚气浮肿、小便不利，常与茯苓、滑石配伍。
2. 用于脾虚泄泻，常与白术、山药配伍。
3. 用于风湿痹痛、四肢拘挛。偏寒者，常与羌活、防风配伍；偏热者，常与忍冬藤、蚕沙配伍；湿重者，常与黄柏、苍术配伍。
4. 用于肺痈，常与芦根、鱼腥草配伍；用于肠痈，常与败酱草、桃仁配伍。

【用法用量】 9～30g，水煎服。健脾炒用，余者生用。

（二）清热利湿药

茵陈（Yīnchén）

【药物来源】 本品为菊科植物茵陈蒿或滨蒿的幼苗（干燥地上部分），春、秋采收，春季采收者习称“绵茵陈”。秋季采收者习称“花茵陈”。晒干入药，生用。

【性味归经】 苦、辛，微寒。归脾、胃、肝、胆经。

【功效】 清利湿热，利胆退黄。

【应用】

1. 用于湿热黄疸，常与栀子、大黄配伍。
2. 用于湿热疮疹等，常与黄柏、龙胆、赤芍配伍。

【用法用量】 6～15g，水煎服。大剂量可用至60g。外用常作煎洗。

木通（Mùtōng）

【药物来源】 本品目前主要包括川木通、白木通。川木通是毛茛科植物小木通或绣球藤的干燥藤茎，白木通是木通科木通属植物三叶木通的干燥藤茎，春、秋采收，切片入药，生用。

关木通因含有马兜铃酸，用量过大可导致肾衰竭，故《关于取消关木通药用标准的通知》（国食药监注〔2003〕121号）中取消了关木通的药用标准，《中华人民共和国药典》将其移出。

【性味归经】 苦，寒。归心、小肠、膀胱经。

【功效】 利尿通淋，清心除烦，通经下乳。

【应用】

1. 用于湿热淋证、小便短赤热痛，常与竹叶、牛膝、栀子配伍。
2. 用于心烦目赤、口舌生疮，常与生地黄、竹叶、甘草梢配伍。
3. 用于产后乳汁不下，常与穿山甲、王不留行配伍。

【用法用量】 3～6g，水煎服。

车前子（Chēqiánzǐ）

【药物来源】 本品为车前科植物车前或平车前的成熟种子。夏、秋采收，晒干入药，生用或炒用。

【性味归经】 甘，寒。归肺、小肠、肾、肝经。

【功效】 清热利尿通淋，渗湿止泻，明目，祛痰。

【应用】

1. 用于湿热结于膀胱，症见小便不利、淋沥涩痛等，常与木通、滑石配伍。
2. 用于肝经风热上扰，症见目赤肿痛，常与菊花、决明子配伍；用于肝肾不足，眼目昏花，常与菟丝子、枸杞子配伍。
3. 用于咳喘痰多，常与苦杏仁、黄芩配伍。

【用法用量】 9～15g，水煎服，布包煎。

滑石（Huáshí）

【药物来源】 本品为天然硅酸盐类的矿石滑石。打碎入药，磨粉或水飞供用。

【性味归经】 甘、淡，寒。归胃、膀胱、肺经。

【功效】 利尿通淋，清热解暑，外用祛湿敛疮。

【应用】

1. 用于暑热烦渴，症见小便短赤或水泻等，常与甘草配伍。
2. 用于湿热下注膀胱，症见小便赤涩淋痛，常与木通、车前子、萹蓄配伍。
3. 外用常与石膏、炉甘石等合用，治疗湿疹、湿疮、痱子等。

【用法用量】 10～20g，水煎服。外用适量。

萹蓄（Biǎnxù）

【药物来源】 本品为蓼科植物萹蓄的干燥地上部分。夏季采集，晒干入药，生用。

【性味归经】 苦，微寒。归膀胱经。

【功效】 利尿通淋，杀虫，止痒。

【应用】

1.用于湿热淋证，小便短赤、淋沥涩痛等，常与滑石、木通配伍。
2.用于皮肤湿疹、阴道滴虫等局部瘙痒病症，多以鲜品煎汤外洗。单用水煎服还可治疗蛔虫症。

【用法用量】 9～15g，水煎服。

瞿麦（Qúmài）

【药物来源】 本品为石竹科植物瞿麦或石竹的干燥地上部分。立秋前后花果期采收，切段入药，生用。

【性味归经】　苦，寒。归心、小肠经。

【功效】　利尿通淋，活血通经。

【应用】

1. 用于湿热淋证，症见小便赤涩疼痛、尿血等，常与萹蓄、车前子、栀子配伍。

2. 用于血热瘀滞经闭，常与丹参、赤芍配伍。

【用法用量】　9～15g，水煎服。

金钱草（Jīnqiáncǎo）

【药物来源】　本品为报春花科植物过路黄的全草，夏、秋采收，切段生用或鲜用。

【性味归经】　甘、淡，微寒。归胆、肾、肝、膀胱经。

【功效】　利湿退黄，利尿通淋排石，解毒消肿。

【应用】

1. 用于湿热黄疸，常与栀子、茵陈配伍。

2. 用于热淋、石淋，常与石韦、海金沙、滑石、鸡内金配伍。

【用法用量】　15～60g，水煎服。大剂量可用至60～100g。

石韦（Shíwéi）

【药物来源】　本品为水龙骨科植物庐山石韦、石韦或有柄石韦的叶，四季均可采集，切碎入药，生用。

【性味归经】　甘、苦，微寒。归肺、膀胱经。

【功效】　利尿通淋，清肺止咳，凉血止血。

【应用】

1. 用于热淋、石淋、血淋等淋证，常与滑石、车前子、金钱草配伍。

2. 用于肺热咳喘证，常与苦杏仁、马兜铃配伍。

3. 用于血热出血，吐血、衄血、尿血、崩漏者，可单用或随证与侧柏叶、栀子、白茅根配伍。

【用法用量】　6～12g，水煎服。

七、温里药

凡能温散里寒，治疗里寒证的药物，称为温里药。本类药物适用于寒邪内侵、中阳被困，以及厥逆、小便清长等阳虚之病证。此外，阳虚水肿、风寒湿痹、寒饮喘咳、寒疝疼痛、阴冷阳痿、宫寒不孕、虚寒痛经等证，也可选用温里药。温里药的药性多辛温燥烈，易伤阴助火，故凡阴虚内热者，使用此类药物时当中病即止，不可过服。寒冬用量宜重，炎夏用量宜轻；阳虚之体用量宜重，阴虚之体用量宜轻。

附子（Fùzǐ）

【药物来源】　本品为毛茛科植物乌头的子根加工品。夏至后采挖。切片入药，有盐附子、黑顺片、淡附片、白附片、炮附片等不同炮制品种。

【性味归经】　辛、甘，大热；有毒。归心、肾、脾经。

【功效】　回阳救逆，补火助阳，散寒止痛。

【应用】

1. 用于亡阳证，症见冷汗出、四肢厥逆、脉微欲绝，常与干姜、人参配伍。

2. 用于肾阳虚衰，症见腰酸肢冷、尿频、阳痿，常与肉桂、鹿茸配伍。

3. 用于脾阳虚，症见泄泻腹痛，常与干姜、白术配伍。

4. 用于心阳虚，症见心悸、胸痹，常与桂枝、人参配伍。

5. 用于寒湿冷痛或风湿痹痛，常与白术、桂枝配伍。

【用法用量】 3～15g，水煎服，先煎、久煎。凡热证、阴虚内热之病证和孕妇均禁用。不宜与制半夏、瓜蒌、天花粉、贝母、白蔹、白及同用。生姜、甘草、绿豆等可解附子中毒。

肉桂（Ròuguì）

【药物来源】 本品又称“官桂”，为樟科植物肉桂的树皮。秋季剥取，切片或打碎入药，生用。

【性味归经】 辛、甘，大热。归肝、肾、脾、心经。

【功效】 补火助阳，散寒止痛，温通经脉，引火归原。

【应用】

1. 用于肾阳虚衰之腰痛、阳痿、女子宫寒不孕等，常与附子、熟地黄、山茱萸配伍。
2. 用于脾肾阳虚，症见腹冷痛、腹泻，常与干姜、白术、党参配伍。
3. 用于妇人血寒经闭、痛经等，常与当归、川芎、艾叶配伍。
4. 用于寒性疮疡、色白漫肿，或溃久不愈，常与熟地黄、炮姜、白芥子、鹿角霜配伍。

【用法用量】 每用 1～5g，水煎服，不宜久煎。研末冲服每次 1～2g。阴虚阳亢、失血者及孕妇忌用。不宜与赤石脂同用。

干姜（Gānjiāng）

【药物来源】 本品为姜科植物姜的根茎。冬季采挖，晒干入药，切片生用，或炒黑用。

【性味归经】 大辛，大热。归心、脾、肺、胃、肾经。

【功效】 温中散寒，回阳通脉，温肺化饮。

【应用】

1. 用于脾胃虚寒，症见脘腹冷痛、呕吐、泄泻、肠鸣等，常与党参、白术配伍。
2. 用于阳衰阴盛，症见四肢厥逆、脉微欲绝，常与附子、甘草配伍。
3. 用于肺寒痰饮，症见喘咳、咳痰清稀等，常与五味子、细辛、制半夏配伍。
4. 用于虚寒性吐血、衄血、崩漏等病证，多用炮姜炭与附子及补气止血药配伍。

【用法用量】 3～10g，水煎服。回阳温中宜生用，止血宜炮用。阴虚内热、热证出血者忌用。

吴茱萸（Wúzhūyú）

【药物来源】 本品为芸香科植物吴茱萸树的近成熟果实。8～11 月份果实尚未开裂时采收，晒干入药，盐水炒用，或甘草水炒用。

【性味归经】 辛、苦，热；有小毒。归肝、脾、胃、肾经。

【功效】 散寒止痛，降逆止呕，助阳止泻。

【应用】

1. 用于肝胃虚寒，浊阴上逆而致的头痛、胃脘冷痛、呕吐涎沫等，常与党参、生姜配伍；若肝火犯胃，引起呕吐、吞酸、胁胀者，常与黄连配伍。
2. 用于寒疝、少腹痛、睾丸坠痛，常与小茴香、乌药、川楝子配伍。
3. 用于寒湿脚气疼痛、霍乱转筋，常与木瓜、甘草配伍。
4. 用于脾肾阳虚，五更泄泻，常与补骨脂、肉豆蔻、五味子配伍。

【用法用量】 2～5g，水煎服。外用适量。

八、理　气　药

凡以疏通气机、消除气滞为主要作用的药物，称为理气药。这类药物适用于肝、脾、胃、肺等脏腑气机运行不畅所引起的病变，如肝气郁滞的胸胁胀痛、疝气痛、女子月经不调、乳房胀痛或结块等；脾胃气滞的脘腹胀满、食欲不振、嗳气吞酸、恶心呕吐、大便失常等；肺气壅滞的呼吸不畅、胸闷气塞、咳嗽、气喘等。理气药大多辛温香散，易于伤阴耗气，故阴虚、气虚者应慎用。

陈皮（Chénpí）

【药物来源】 本品为芸香科植物橘及其栽培变种的成熟果皮。秋季果实成熟后采收，切丝入药，以陈久者为佳。

【性味归经】 辛、苦，温。归脾、肺经。

【功效】 理气健脾，燥湿化痰。

【应用】

1. 用于脾胃气滞，症见脘腹胀闷、食欲不振，常与厚朴、制半夏配伍。
2. 用于湿痰咳嗽，症见痰多色白、胸膈胀闷，常与制半夏、茯苓配伍。

【用法用量】 3～10g，水煎服。

青皮（Qīngpí）

【药物来源】 本品为芸香科植物橘及其栽培变种的干燥幼果或未成熟果实的果皮。5～8月份采集，切片入药。

【性味归经】 苦、辛，温。归肝、胆、胃经。

【功效】 疏肝破气，消积化滞。

【应用】

1. 用于肝气郁滞之胸胁胀痛，常与柴胡、郁金配伍。
2. 用于乳房胀痛、行经不畅，常与香附、丝瓜络配伍。
3. 用于寒凝肝脉，少腹痛引睾丸、疝痛，常与乌药、小茴香配伍。
4. 用于食积腹痛，常与山楂、神曲配伍。

【用法用量】 3～10g，水煎服。疏肝宜醋炒，气虚慎用，不宜久用。

枳实（Zhǐshí）

【药物来源】 本品为芸香科植物酸橙及其栽培变种或甜橙的幼果。5～6月份采收，切片入药，生用或麸炒用。

【性味归经】 苦、辛、酸，微寒。归脾、胃经。

【功效】 破气消积，化痰散痞。

【应用】

1. 用于胃肠积滞，症见脘腹胀满、食欲不振等，常与厚朴、麦芽配伍。
2. 用于痰湿阻滞，症见胸腹痞满，常与白术、陈皮、生姜配伍。
3. 用于脏器下垂，可单用或配伍黄芪、白术等。

【用法用量】 3～10g，水煎服。攻下宜生用，行气消胀宜麸炒。本品破气力强，能伤正气，体虚者和孕妇宜慎用。

香附（Xiāngfù）

【药物来源】 本品为莎草科植物莎草的根茎。秋季采挖，入药生用或醋炒用。以黄酒或醋同煮者，称为制香附；以酒、盐、姜汁、童便分次制炒者，称为四制香附。

【性味归经】 辛、微苦、微甘，平。归肝、脾、三焦经。

【功效】 疏肝解郁，理气宽中，调经止痛。

【应用】

1. 用于肝郁气滞，症见胸胁胀痛、食欲不振，常与柴胡、青皮配伍。

2. 用于月经不调、经来腹痛、乳房胀痛等，常与当归、白芍、柴胡配伍。

【用法用量】 6～10g，水煎服。醋炙后可增强疏肝止痛作用。

木香（Mùxiāng）

【药物来源】 本品为菊科植物木香的根，又称“广木香”“云木香”。秋、冬二季采挖，切片入药，生用或煨用。

【性味归经】 辛、苦，温。归脾、胃、大肠、三焦、胆经。

【功效】 行气止痛，健脾消食。

【应用】

1. 用于胃胀气滞，症见脘腹胀痛，常与砂仁、陈皮配伍。
2. 用于泄泻下痢，症见腹痛、里急后重，常与黄连、槟榔配伍。
3. 用于脾虚，症见食少、便溏，常与党参、白术配伍。

【用法用量】 3～6g，水煎服。行气宜生用，止泻宜煨用。

乌药（Wūyào）

【药物来源】 本品为樟科植物乌药的块根。全年采挖，切片入药，生用或麸炒用。

【性味归经】 辛，温。归肺、脾、肾、膀胱经。

【功效】 行气止痛，温肾散寒。

【应用】

1. 用于寒凝气滞，症见胸腹胀痛，常与木香、香附配伍。
2. 用于寒疝腹痛，常与小茴香、川楝子配伍。
3. 用于下焦虚寒，症见小便频数、遗尿，常与益智仁、山药配伍。

【用法用量】 6～10g，水煎服。

薤白（Xièbái）

【药物来源】 本品为百合科植物小根蒜或薤的地下鳞茎。夏、秋采挖，生用或蒸熟用。

【性味归经】 辛、苦，温。归肺、心、胃、大肠经。

【功效】 通阳散结，行气导滞。

【应用】

1. 用于寒湿痰饮凝滞胸中，症见心胸疼痛，常与瓜蒌、制半夏、枳实配伍。
2. 用于湿滞下痢、里急后重，常与木香、黄连配伍。

【用法用量】 5～10g，水煎服。

川楝子（Chuānliànzǐ）

【药物来源】 本品为楝科川楝的成熟果实，又称“金铃子”。冬季采收，捣碎入药，生用或麸炒用。

【性味归经】 苦，寒；有小毒。归肝、小肠、膀胱经。

【功效】 疏肝泄热，行气止痛，杀虫。

【应用】

1. 用于肝郁气滞或肝郁化火，症见胸腹胁肋疼痛、脘腹疼痛及疝痛，常与木香、延胡索配伍。
2. 用于疝痛，偏于热性者，常与延胡索、香附、木香、橘核配伍；偏于寒性者，常与小茴香、吴茱萸配伍。
3. 用于虫积腹痛，常与槟榔、使君子配伍。
4. 用于头癣，常研末外敷。

【用法用量】　5～10g，水煎服。

九、消　食　药

凡能消除肠胃积滞，帮助消化，促进食欲的药物，称为消食药。本类药物适用于饮食停滞不化所引起的脘腹胀满、食欲不振、嗳气吞酸、恶心呕吐、大便失常等症。在应用消食药时，常根据不同病情而配伍其他药物。脾胃虚弱者宜配伍健脾益气药；气滞者宜配伍行气药；食滞化热便秘者宜配伍清热通便药。

山楂（Shānzhā）

【药物来源】　本品为蔷薇科植物山里红或山楂的果实。秋季采集，晒干入药，生用或炒用。

【性味归经】　酸、甘，微温。归脾、胃、肝经。

【功效】　消食健胃，行气散瘀，化浊降脂。

【应用】

1. 用于食滞内积、胸腹胀满，常与神曲、陈皮配伍。
2. 用于产后瘀滞腹痛、恶露不尽，或血瘀经闭、痛经等，常与益母草、当归配伍。
3. 用于高脂血症，单用或与丹参、三七配伍。

【用法用量】　9～12g，水煎服。消食宜炒焦用，散瘀宜生用。

麦芽（Màiyá）

【药物来源】　本品为禾本科植物大麦的成熟种子经发芽干燥而成。生用或炒黄用。

【性味归经】　甘，平。归脾、胃经。

【功效】　行气消食，健脾开胃，回乳消胀。

【应用】

1. 用于食积不化，尤其米面食积，常与神曲、陈皮配伍。
2. 用于妇人断乳、乳房胀痛者。
3. 用于肝郁胁痛及肝胃气痛，常与柴胡、香附、陈皮配伍。

【用法用量】　10～15g，回乳用炒麦芽60g，水煎服。小剂量催乳、大剂量回乳。脾虚食少、乳汁郁积宜用生麦芽。食积不消、回乳宜用炒麦芽。食积、脘腹胀痛宜用焦麦芽。哺乳期妇女慎用。

神曲（Shénqū）

【药物来源】　本品为面粉、麸皮与多种药物混合后发酵加工而成，以陈久者为佳。生用或炒焦用。

【性味归经】　甘、辛，温。归脾、胃经。

【功效】　消食和胃。

【应用】　用于饮食积滞，食欲不振，腹胀腹泻，常与山楂、麦芽配伍使用。

【用法用量】　6～15g，水煎服。消食止泻宜用焦神曲。

莱菔子（Láifúzǐ）

【药物来源】　本品为十字花科植物萝卜的种子。夏季采收，生用或炒用。

【性味归经】　辛、甘，平。归脾、胃、肺经。

【功效】　消食除胀，降气化痰。

【应用】

1. 用于食积停滞，脘腹胀闷、嗳气吞酸、泻痢不爽等，常与山楂、神曲配伍。
2. 用于咳嗽痰喘、痰多、喘促，常与白芥子、紫苏子配伍。

【用法用量】　5～12g，水煎服。本品辛散耗气，故气虚与无食积痰滞者慎用。不宜与人参同用。

鸡内金（Jīnèijīn）

【药物来源】 本品为雉科动物家鸡的砂囊内壁。晒干入药，生用或炒用。

【性味归经】 甘，平。归脾、胃、小肠、膀胱经。

【功效】 健胃消食，涩精止遗，通淋化石。

【应用】

1. 用于饮食停滞，消化不良，常与山楂、麦芽配伍。
2. 用于肾气不固之遗精，常与金樱子、菟丝子配伍。用于小儿遗尿，常与桑螵蛸、山药、牡蛎配伍。
3. 用于泌尿系统结石症、胆石症，常与金钱草、海金沙配伍。

【用法用量】 水煎服每用 3～10g，研末吞服每次 1.5～3g。脾虚无积滞者慎用。

十、止 血 药

凡以制止体内外出血为主要作用，主要用以治疗各种出血病证的药物，称为止血药。依据药物的功效和主治差异，止血药分为凉血止血、化瘀止血、收敛止血、温经止血等不同类别。止血药适用于各种出血证，如衄血、咯血、吐血、尿血、便血、崩漏、紫癜及创伤出血等。前人经验认为，止血药宜炒炭用，故不少止血药以炒炭入药。应用止血药须注意有无血瘀，若血瘀未尽而偏求止血，则有留瘀之弊。

蒲黄（Púhuáng）

【药物来源】 本品为香蒲科植物水烛香蒲、东方香蒲或香蒲属其他植物的花粉。夏季采收，生用或炒炭用。

【性味归经】 甘，平。归肝、心包经。

【功效】 止血，化瘀，利尿通淋。

【应用】

1. 用于吐血、衄血、便血、尿血、崩漏等，常与三七、大蓟、小蓟配伍。
2. 用于血瘀所致脘腹疼痛、痛经、产后腹痛、心绞痛及跌打损伤等，常与五灵脂、赤芍配伍。
3. 用于小便淋痛，常与生地黄、金钱草、冬葵子、小蓟配伍。

【用法用量】 5～10g，水煎服，包煎；外用适量。生用化瘀止痛通淋，炒用止血。

仙鹤草（Xiānhècǎo）

【药物来源】 本品为蔷薇科植物龙牙草的地上部分。夏、秋采收。切段生用，或炒炭用。

【性味归经】 苦、涩，平。归心、肝经。

【功效】 收敛止血，截疟，补虚，止痢，解毒。

【应用】

1. 用于吐血、衄血、咯血、崩漏等各种出血证，常与侧柏炭、艾叶炭配伍。
2. 用于血痢，常与白头翁、黄连配伍。
3. 用于劳力过度，神疲乏力，常作食疗之用。

【用法用量】 6～12g，水煎服。

白及（Báijí）

【药物来源】 本品为兰科植物白及的块茎。夏、秋采挖，生用或打粉用。

【性味归经】 苦、甘、涩，微寒。归肺、肝、胃经。

【功效】 收敛止血，消肿生肌。

【应用】

1. 用于肺痨咯血，常与藕节、阿胶、生地黄配伍。

2. 用于胃出血，常与乌贼骨、三七配伍。

3. 用于痈肿溃疡、水火烫伤等，常单用或配方外敷。

【用法用量】　6～15g，水煎服。外用适量。

茜草（Qiàncǎo）

【药物来源】　本品为茜草科植物茜草的根及根茎。春、秋采挖，生用或炒炭用。

【性味归经】　苦，寒。归肝经。

【功效】　凉血，逐瘀，止血，通经。

【应用】

1. 用于各种热性出血，如吐血、衄血、便血、尿血及崩漏下血等，常与牡丹皮、小蓟配伍。

2. 用于血热瘀滞，症见闭经、腹痛、跌打损伤、瘀血肿痛，常与赤芍、红花配伍。

【用法用量】　6～10g，水煎服。止血宜炒炭用，活血通经宜生用或酒炒用。孕妇慎用。

白茅根（Báimáogēn）

【药物来源】　本品为禾本科植物白茅的根茎。春、秋采挖，切段生用。

【性味归经】　甘，寒。归肺、胃、膀胱经。

【功效】　凉血止血，清热利尿。

【应用】

1. 用于热证吐血、衄血和尿血等，对尿血、血淋最为适宜。常单用或与仙鹤草、小蓟、栀子、滑石配伍。

2. 用于热淋、水肿、湿热黄疸，常与茵陈、木通、滑石、金钱草配伍。

3. 用于肺热咳喘、热病烦渴，常与桑白皮等配伍，或单用鲜品。

【用法用量】　9～30g，或鲜品 30～60g，水煎服。以鲜品为佳。

大蓟（Dàjì）、小蓟（Xiǎojì）

【药物来源】　大蓟为菊科植物蓟的地上部分；小蓟为菊科植物刺儿菜的地上部分。夏、秋二季花开时采收，生用或炒炭用。

【性味归经】　甘、苦，凉。归心、肝经。

【功效】　凉血止血，散瘀解毒消痈。

【应用】

1. 用于热性出血证，如吐血、衄血、尿血、血淋、血痢、崩漏等。常与生地黄、侧柏叶、牡丹皮配伍。

2. 用于各种痈肿疮疖、烫火灼伤。可内服，亦常捣烂取汁外涂患处。

【用法用量】　大蓟 9～15g，小蓟 5～12g，水煎服。外用鲜品适量。

地榆（Dìyú）

【药物来源】　本品为蔷薇科植物地榆和长叶地榆的根。春、秋季采挖。切片生用，或炒炭用。

【性味归经】　苦、酸、涩，微寒。归肝、大肠经。

【功效】　凉血止血，解毒敛疮。

【应用】

1. 用于湿热蕴结大肠的出血，症见便血、血痢，常与槐花、黄连配伍；用于其他各种出血，如吐血、尿血、崩漏等，常与茜草、栀子、蒲黄配伍。

2. 用于水火烫伤、痈肿疮疡，常与大黄、紫草、金银花配伍，或单用本品研末，合香油外用涂擦。

【用法用量】 9～15g，水煎服。止血宜炒炭用，凉血解毒宜生用。外用适量。对于大面积烧伤患者，不宜使用地榆制剂外涂。

侧柏叶（Cèbǎiyè）

【药物来源】 本品为柏科植物侧柏的嫩枝及叶。夏、秋采收，生用或炒炭用。

【性味归经】 苦、涩，寒。归肺、肝、脾经。

【功效】 凉血止血，化痰止咳，生发乌发。

【应用】

1. 用于吐血、衄血、便血、尿血、咳血、崩漏等各种血热出血证，常与生地黄、荷叶配伍，亦可单用。

2. 用于血热或病后的脱发、白发，常与女贞子、黑芝麻、何首乌配伍。

3. 用于肺热咳嗽，单与黄芩、贝母、瓜蒌配伍或单用。

【用法用量】 6～12g，水煎服。止血宜炒炭用，止咳宜生用。

三七（Sānqī）

【药物来源】 本品为五加科植物三七的根及根茎。夏末秋初开花前或冬季种子成熟后采挖，生用。

【性味归经】 甘、微苦，温。归肝、胃经。

【功效】 散瘀止血，消肿定痛。

【应用】

1. 用于各种出血，尤以瘀滞肿痛出血为佳，单用或配方皆可。

2. 用于跌打损伤，瘀血肿痛，单味研末服用或与活血行气药配伍。

【用法用量】 3～10g，水煎服。或作散剂冲服，每用1～3g。外用适量。孕妇慎用。

艾叶（Àiyè）

【药物来源】 本品为菊科植物艾的叶。夏季花未开时采集，生用或炒炭用。

【性味归经】 苦、辛，温；有小毒。归肝、脾、肾经。

【功效】 温经止血，散寒止痛；外用祛湿止痒。

【应用】

1. 用于虚寒性月经过多、崩漏、妊娠下血等，常与阿胶、当归、炮姜配伍。

2. 用于下焦虚寒，症见少腹冷痛、经行腹痛、不孕等，常与小茴香、香附、肉桂、当归、干姜配伍。

此外，艾叶还具有温通经脉、调理气血、祛除风湿的功效，常煎水熏洗；或捣绒，制成艾炷和艾条，灸患处。

【用法用量】 3～9g，水煎服。外用适量。温经止血宜炒炭，温中宜炒焦，行滞宜生用。阴虚血热者慎用。

十一、活血化瘀药

凡以通利血脉、促进血行、消散瘀血为主要功效，主要用于治疗瘀血病证的药物，称为活血化瘀药。此类药能够通行血脉、改善血行、消散瘀血，使瘀者通、滞者行、结者散、凝者消，适用于气血瘀滞所致的经闭、痛经、产后瘀血、胸胁刺痛、腹中包块、跌打损伤、骨折、痹痛等。凡阴虚血燥、无瘀者及孕妇忌用活血化瘀药。本类药物行散走窜，易耗血动血，应注意防其破泄太过，须化瘀而不伤正。由于活血化瘀药行散力强，破血耗血，不宜用于妇女月经过多以及其他无瘀血现象的出血证。孕妇尤应慎用或禁用此类药物。破血逐瘀之品易伤正气，应中病即止，不可过服。

川芎（Chuānxiōng）

【药物来源】 本品为伞形科植物川芎的根茎。夏季采挖，切片入药，生用或酒炒、麸炒用。

【性味归经】 辛，温。归肝、胆、心包经。

【功效】 活血行气，祛风止痛。

【应用】

1. 用于血瘀气滞的月经不调、经闭、痛经，以及产后瘀滞腹痛，常与当归、芍药、乳香配伍；用于血瘀气滞的胸胁、心腹疼痛，常与三七、红花、桃仁配伍。

2. 用于感受风邪引起的头痛、身痛及风湿痹痛等症，常与防风、白芷、菊花、僵蚕配伍。

【用法用量】 3～10g，水煎服。阴虚火旺、肝阳上亢者忌用。

桃仁（Táorén）

【药物来源】 本品为蔷薇科植物桃或山桃的成熟种子。果实成熟后采收，除去种皮，生用。

【性味归经】 甘、苦，平。归肝、心、大肠经。

【功效】 破血祛瘀，润肠通便，止咳平喘。

【应用】

1. 用于血瘀经闭、痛经、癥瘕、产后瘀滞腹痛等，常与当归、赤芍、红花配伍。

2. 用于肠痈、肺痈，常与芦根、薏苡仁、冬瓜仁、大黄配伍。

3. 用于肠燥便秘，常与火麻仁、郁李仁配伍。

4. 用于咳嗽气喘，常与苦杏仁配伍。

【用法用量】 5～10g，水煎服。孕妇及脾虚便溏者慎用。

红花（Hónghuā）

【药物来源】 本品为菊科植物红花的筒状花冠。夏季花色由黄变红时采收，生用。

【性味归经】 辛，温。归心、肝经。

【功效】 活血通经，祛瘀止痛。

【应用】

1. 用于血滞经闭、痛经、产后瘀阻腹痛、癥瘕积块等，常与桃仁、川芎、当归、赤芍配伍。

2. 用于跌打损伤、关节气血阻滞疼痛等，常与乳香、没药配伍。

【用法用量】 3～10g，水煎服。

延胡索（Yánhúsuǒ）

【药物来源】 本品为罂粟科植物延胡索的块茎。夏初茎叶枯萎时采挖，捣碎生用或醋炒、酒炒用。

【性味归经】 辛、苦，温。归肝、脾经。

【功效】 活血，行气，止痛。

【应用】 用于血瘀气滞所致的各种疼痛，如少腹痛、心腹痛、关节痛、疝气痛、胸胁痛、跌打损伤痛等，常与当归、川芎、川楝子、乳香、桃仁、红花配伍。

【用法用量】 3～10g，水煎服。活血宜酒炒，止痛宜醋制。亦可研末吞服，每次 1.5～3g。孕妇忌服。

郁金（Yùjīn）

【药物来源】 本品为姜科植物温郁金、姜黄、广西莪术、蓬莪术的块根，冬季采收。切片入药，生用。

【性味归经】 辛、苦，寒。归肝、肺、心经。

【功效】 活血止痛，行气解郁，清心凉血，利胆退黄。

【应用】

1. 用于血瘀气滞，症见胸胁胀痛、痛经、经闭等，常与柴胡、白芍、香附配伍。
2. 用于血热瘀滞，症见吐血、衄血、便血、尿血等，常与生地黄、牡丹皮、山栀配伍。
3. 用于湿温病，浊邪蒙蔽清窍，症见神志不清、胸脘痞闷，常与石菖蒲、竹沥配伍。
4. 用于痰阻心窍，症见惊痫、癫狂，常与白矾、石菖蒲、制半夏配伍。
5. 用于黄疸及胆石症，常与茵陈、金钱草、山栀配伍。

【用法用量】 3～10g，水煎服。孕妇慎用。不宜与丁香同用。

益母草（Yìmǔcǎo）

【药物来源】 本品为唇形科植物益母草的地上部分。鲜品在春季幼苗期至初夏花前期采收，干品在夏季茎叶茂盛、花未开或初开时采收，切断入药，生用。

【性味归经】 辛、苦，微寒。归肝、心包、膀胱经。

【功效】 活血调经，利尿消肿，清热解毒。

【应用】

1. 用于产后恶露不尽、血滞血瘀腹痛，常单味水煎服，或与当归、川芎配伍。
2. 用于经前腹痛、月经不调，常与当归、赤芍配伍。
3. 用于水肿、小便不利，常与白茅根、茯苓配伍。

【用法用量】 9～30g，鲜品 12～40g，水煎服。外用适量。孕妇及血虚无瘀者慎用。

乳香（Rǔxiāng）

【药物来源】 本品为橄榄科小乔木乳香树皮部渗出的油胶树脂。春、夏采收，生用，或炒熔除去部分挥发油后放冷，切成小块用。

【性味归经】 辛、苦，温。归心、肝、脾经。

【功效】 活血定痛，消肿生肌。

【应用】

1. 用于血瘀气滞之疼痛、妇女痛经、跌仆损伤等，常与没药、红花配伍。
2. 用于疮疡溃破久不敛口、红肿疼痛，常与金银花、没药、皂角刺配伍。
3. 用于风寒湿痹、关节疼痛、屈伸不利，常与秦艽、羌活配伍。

【用法用量】 3～5g，水煎服或入丸散。外用适量。

五灵脂（Wǔlíngzhī）

【药物来源】 本品为哺乳动物鼯鼠的干燥粪便。全年均可在洞穴中掏取采集，晒干入药，酒炒或醋炒用。

【性味归经】 苦、咸、甘，温。归肝经。

【功效】 活血止痛，散瘀止血。

【应用】

1. 用于寒凝血瘀所致胃脘疼痛，常与高良姜、延胡索配伍。
2. 用于产后恶露不行、痛经、少腹疼痛、崩漏，常与蒲黄配伍。

【用法用量】 3～10g，水煎服，宜包煎。血虚无瘀者及孕妇慎用。不宜与人参同用。

丹参（Dānshēn）

【药物来源】 本品为唇形科植物丹参的根及根茎。春秋采挖，切片入药，生用或酒炒用。

【性味归经】 苦，微寒。归心、肝经。

【功效】 活血祛瘀，通经止痛，清心除烦，凉血消痈。

【应用】

1. 用于血滞经闭、痛经、月经不调、产后恶露不尽，常与当归、川芎、益母草配伍。

2. 用于心脉阻滞，胸痹疼痛，常与檀香、川芎、郁金配伍。

3. 用于肝郁血瘀，胸胁疼痛，常与鳖甲、赤芍配伍。

4. 用于热入营血，心烦不寐等，常与生地黄、玄参、黄连配伍。

5. 用于心悸怔忡、失眠，常与酸枣仁、夜交藤配伍。

【用法用量】　10～15g，水煎服。不宜与藜芦同用。

三棱（Sānléng）

【药物来源】　本品为黑三棱科植物黑三棱的块状根茎，又名“京三棱”。冬春季采挖切片入药，醋炒或麸炒用。

【性味归经】　辛、苦，平。归肝、脾经。

【功效】　破血行气，消积止痛。

【应用】

1. 用于血瘀经闭，产后瘀滞腹痛，常与赤芍、红花配伍。

2. 用于血凝气滞，癥瘕积聚，常与莪术、青皮配伍。

3. 用于宿食积滞，脘腹胀满疼痛，常与神曲、麦芽、槟榔配伍。

【用法用量】　5～10g，水煎服。孕妇忌用。不宜与芒硝、玄明粉同用。

牛膝（Niúxī）

【药物来源】　本品为苋科植物牛膝（怀牛膝）的干燥根，主产于河南。冬季采挖，切段生用，或酒炒、盐水炒用。

【性味归经】　苦、甘、酸，平。归肝、肾经。

【功效】　逐瘀通经，补肝肾，强筋骨，利尿通淋，引血下行。

【应用】

1. 用于血瘀，闭经、痛经、产后瘀滞腹痛、胞衣不下、跌仆损伤等，常与桃仁、当归、川芎配伍。

2. 用于痹证，周身关节疼痛、肌肤麻木不仁、关节伸屈不利，常与秦艽、独活、防风、细辛配伍。

3. 用于肝肾不足，腰膝酸软、关节不利等，常与杜仲、续断、桑寄生配伍。

【用法用量】　5～12g，水煎服。活血化瘀、利尿通淋、引血下行宜生用，补肝强筋宜炒用；补肝肾强筋骨宜酒炙用。孕妇慎用。

水蛭（Shuǐzhì）

【药物来源】　本品为水蛭科动物蚂蟥、水蛭、柳叶蚂蟥的干燥全体，夏秋季捞取，晒干入药，研末或微火炙黄用。

【性味归经】　咸、苦，平；有小毒。归肝经。

【功效】　破血通经，逐瘀消癥。

【应用】

1. 用于瘀血经闭、癥瘕积聚、产后恶露不下等症，常与虻虫、当归、桃仁配伍。

2. 用于中风偏瘫，常与人参、蜈蚣、全蝎配伍。

【用法用量】　1～3g，水煎服。孕妇及月经期妇女忌用。

土鳖虫（Tǔbiēchóng）

【药物来源】　本品又名䗪虫，为鳖蠊科昆虫地鳖、冀地鳖雌虫的全体，夏季捕捉。沸水烫死，干燥入药。

【性味归经】 咸，寒；有小毒。归肝经。

【功效】 破血逐瘀，续筋接骨。

【应用】

1. 用于血瘀，症见经闭、月经不调、产后瘀阻、癥瘕等，常与水蛭、桃仁、红花配伍。

2. 用于跌打损伤，症见瘀滞疼痛、伤筋折骨等，常与乳香、自然铜、苏木配伍。

【用法用量】 3～10g，水煎服。或1～1.5g，研末黄酒送服。孕妇忌用。

十二、祛痰止咳平喘药

凡能够减少或祛除痰涎，从而减轻或制止咳嗽的药物称为祛痰止咳药。其中，以减少或祛除痰涎为主要作用的药物，称为祛痰药；以减轻或制止咳嗽为主要作用的药物，称为止咳药。根据药物的性能，祛痰止咳药分为清热化痰药、温化寒痰药、止咳平喘药三种。清热化痰药药性多属寒凉，适用于痰热郁肺，症见咳喘胸闷、痰多黏稠、色黄味臭、不易咳出，以及痰热导致的中风、惊厥、癫、狂、瘿瘤、瘰疬等证。温化寒痰药药性多属温燥，适用于寒痰、湿痰内停，症见咳喘痰多、痰清稀易咳出、色白无臭、苔白腻，以及由寒湿之痰所致的肢痛、瘰疬、阴疽等证。止咳平喘药指具有宣肺润肺、祛痰止咳、下气平喘作用的药物，适用于咳嗽气喘的病证。

（一）清热化痰药

前胡（Qiánhú）

【药物来源】 本品为伞形科植物白花前胡的根。冬季及次春采挖，切片入药，生用。

【性味归经】 苦、辛，微寒。归肺经。

【功效】 降气化痰，宣散风热。

【应用】

1. 用于肺热咳嗽，痰黄黏稠、胸闷气急，常与桑白皮、苦杏仁、贝母配伍。

2. 用于外感风热、咳嗽痰多，常与桔梗、桑叶配伍。

【用法用量】 3～10g，水煎服。

瓜蒌（Guālóu）

【药物来源】 本品为葫芦科植物栝楼和双边栝楼的成熟果实。秋季采摘。全果称为全瓜蒌，种子称为瓜蒌仁，果皮称为瓜蒌皮，瓜蒌仁碾细去油称为瓜蒌霜，瓜蒌根称为天花粉。

【性味归经】 甘、微苦，寒。归肺、胃、大肠经。

【功效】 清热涤痰，宽胸散结，润燥滑肠。

【应用】

1. 用于肺热咳嗽，痰黄黏稠者，常与黄芩、知母、贝母配伍。

2. 用于胸痹胸痛，常与制半夏、薤白配伍。

3. 用于肺痈，常与鱼腥草、桔梗配伍；用于肠痈，常与红藤、败酱草配伍；用于乳痈，常与蒲公英、连翘配伍。

4. 用于大便秘结，常与火麻仁、柏子仁配伍。

【用法用量】 9～15g，水煎服。宣肺止咳宜用瓜壳，润肠通便宜用瓜蒌仁，散结消痈宜用全瓜蒌。不宜与川乌、草乌、附子等同用。

葶苈子（Tínglìzǐ）

【药物来源】 本品为十字花科植物播娘蒿（南葶苈子）和独行菜（北葶苈子）的成熟种子。立夏前后采集，微炒捣碎用。

【性味归经】　苦、辛，大寒。归肺、膀胱经。

【功效】　泻肺平喘，行水消肿。

【应用】

1. 用于肺热痰壅喘咳，常与苦杏仁、桑白皮、莱菔子配伍。

2. 用于胸腹积水，常与花椒、防己配伍。

【用法用量】　3～10g，水煎服，宜包煎。甜葶苈子功效与苦葶苈子同，但性缓力弱。

竹茹（Zhúrú）

【药物来源】　本品为禾本科植物青秆竹、大头曲竹、淡竹的茎秆去掉绿层后所刮下的纤维。鲜用、晒干生用或姜汁炒用。

【性味归经】　甘，微寒。归肺、胃、心、胆经。

【功效】　清热化痰，除烦，止呕。

【应用】

1. 用于肺热咳嗽，痰黄稠者，常与黄芩、瓜蒌配伍。

2. 用于胃热呕吐，呃逆者，常与黄连、橘皮、制半夏配伍。

3. 用于痰迷中风，舌强不语者，常与胆南星、牛黄配伍。

【用法用量】　5～10g，水煎服。清痰热宜生用，止呕宜姜汁炒用。

贝母（Bèimǔ）

【药物来源】　川贝母为百合科植物川贝母、暗紫贝母、甘肃贝母、梭砂贝母、太白贝母、瓦布贝母的地下鳞茎，按照性状不同，分别习称“松贝”“青贝”“炉贝”和栽培品。浙贝母为百合科植物浙贝母的地下鳞茎。晒干入药，生用。

【性味归经】　川贝母苦、甘，微寒；浙贝母苦，寒。归肺、心经。

【功效】　川贝母：清热润肺，化痰止咳，散结消痈；浙贝母：清热化痰止咳，解毒散结消痈。

【应用】

1. 用于肺虚久咳、痰少咽燥，多用川贝母。

2. 用于风热咳嗽或痰火郁结，多用浙贝母。

3. 用于瘰疬、痰核，多用浙贝母与玄参、牡蛎配伍。

【用法用量】　川贝母：3～10g，水煎服。研粉冲服，一次1～2g。浙贝母：5～10g，水煎服。不宜与川乌、草乌、附子同用。

桔梗（Jiégěng）

【药物来源】　本品为桔梗科植物桔梗的根。春、秋季采挖。切片入药，生用。

【性味归经】　苦、辛，平。归肺经。

【功效】　宣肺利咽，祛痰，排脓。

【应用】

1. 用于各种咳嗽痰多的病证。风寒咳嗽，常与紫苏叶、苦杏仁配伍；风热咳嗽，常与桑叶、苦杏仁配伍。

2. 用于咽喉肿痛，常与牛蒡子、蝉蜕配伍。

3. 用于肺痈，胸痛、咳吐脓血者，常与薏苡仁、鱼腥草配伍。

【用法用量】　3～10g，水煎服。

（二）温化寒痰药

半夏（Bànxià）

【药物来源】　本品为天南星科植物半夏的地下块茎。夏、秋采挖。晒干，称为生半夏；用生姜、白矾水浸渍者，称为姜半夏；用白矾水浸渍者，称为清半夏；用甘草、石灰液浸渍者，称为法半夏；法半夏研细，混合多种药物和面粉，制成饼状并经发酵者，称为半夏曲。

【性味归经】 辛，温；有毒。归肺、脾、胃经。

【功效】 燥湿化痰，降逆止呕，消痞散结。

【应用】

1. 用于痰湿咳嗽、痰饮眩晕，常与陈皮、茯苓配伍。

2. 用于各种呕吐，胃寒呕吐，常与生姜配伍；胃热呕吐，常与黄连、竹茹配伍；妊娠呕吐，常与生姜、灶心土配伍。

3. 用于痰湿内阻、寒热互结而致胸脘痞闷，常与黄连、干姜配伍。

4. 用于瘿瘤痰核，常与海藻、香附、青皮配伍。

【用法用量】 3～9g，水煎服。内服宜制用，外用宜生用。姜半夏长于止呕，清半夏长于化痰祛湿降浊，法半夏偏于燥湿，半夏曲化痰兼消食。生半夏内服易中毒，轻者口舌烧灼、发麻、流涎，重者胸闷、昏迷，亦可致死。

天南星（Tiānnánxīng）

【药物来源】 本品为天南星科植物天南星、东北天南星、异叶天南星的球状块茎。春秋季采挖。晒干，为生南星；用矾水浸泡，与生姜同煮后，切片入药，为制南星。

【性味归经】 辛、苦，温；有毒。归肺、肝、脾经。

【功效】 生天南星：散结消肿；制天南星：燥湿化痰，祛风止痉，散结消肿。

【应用】

1. 用于湿痰咳嗽、痰多胸闷，常与制半夏、茯苓、枳实、陈皮配伍。

2. 用于风痰眩晕、中风痰盛、口眼㖞斜、半身不遂，常与天麻、全蝎配伍。

3. 用于破伤风，常与全蝎、蜈蚣配伍。

此外，本品生用研末醋调外敷，能治痈肿疮疖及毒蛇咬伤等。

【用法用量】 3～9g，水煎服。外用适量。内服宜制用，外敷宜生用且以鲜者为佳。

芥子（Jièzǐ）

【药物来源】 本品为十字花科植物白芥、芥的成熟种子，前者习称“白芥子”，后者习称“黄芥子”。夏末秋初果实成熟时采收。晒干入药，炒用。

【性味归经】 辛，温。归肺经。

【功效】 温肺豁痰利气，散结通络止痛。

【应用】

1. 用于咳嗽，症见痰喘气逆、胸胁胀满，常与苏子、莱菔子配伍。

2. 用于悬饮，症见胸胁胀痛，常与大戟、甘遂配伍。

3. 用于痰湿阻滞经络，症见肢体关节疼痛、麻木，以及阴疽流注等，常与麻黄、肉桂、熟地黄、鹿角胶配伍。

此外，单用本品研末，醋调外敷，可治肿毒初起之病证。

【用法用量】 3～9g，水煎服。外用适量。本品对皮肤有发疱作用，皮肤过敏或破溃者不宜外敷。

旋覆花（Xuánfùhuā）

【药物来源】 本品为菊科植物旋覆花、欧亚旋覆花的头状花序。夏、秋采集。鲜用或生用。

【性味归经】 苦、辛、咸，微温。归肺、脾、胃、大肠经。

【功效】 降气消痰，行水，止呕。

【应用】

1. 用于咳喘痰多，以及痰饮蓄结、胸膈痞闷等证，常与细辛、制半夏、茯苓配伍。

2. 用于脾胃虚寒和湿重的呃逆、呕吐等症，常与代赭石、制半夏、生姜配伍。

【用法用量】 3～9g，水煎服，包煎。气虚下陷、阴虚劳嗽忌用。

白前（Báiqián）

【药物来源】 本品为萝藦科植物柳叶白前和芫花叶白前的根茎和根。秋末采挖，切断入药，生用或蜜炙用。

【性味归经】 辛、苦，微温。归肺经。

【功效】 降气，消痰，止咳。

【应用】

1. 用于寒邪犯肺咳嗽，常与桔梗、紫菀、苦杏仁配伍。
2. 用于痰热壅肺咳嗽，常与桑白皮、苦杏仁、知母配伍。
3. 用于肺热阴虚咳嗽，常与阿胶、北沙参配伍。

【用法用量】 3～10g，水煎服。外感咳嗽宜生用，内伤久咳宜炙用。

（三）止咳平喘药

桑白皮（Sāngbáipí）

【药物来源】 本品为桑科植物桑树的根皮。秋末叶落时至次春发芽前采挖，去黄色栓皮，切断入药，生用或蜜炙。

【性味归经】 甘，寒。归肺经。

【功效】 泻肺平喘，利水消肿。

【应用】

1. 用于肺热咳喘、痰多气逆，常与麻黄、苦杏仁、地骨皮配伍。
2. 用于水肿、小便不利，常与大腹皮、茯苓皮、生姜皮配伍。

【用法用量】 6～12g，水煎服。清热泻肺宜生用，止咳平喘宜炙用。

苦杏仁（Kǔxìngrén）

【药物来源】 本品为蔷薇科植物山杏、西伯利亚杏、东北杏和杏的成熟种子。夏季采收，捣碎用。

【性味归经】 苦，微温；有小毒。归肺、大肠经。

【功效】 降气止咳平喘，润肠通便。

【应用】

1. 用于多种咳嗽气喘证。风寒咳嗽，常与麻黄、甘草配伍；风热咳嗽，常与桑叶、菊花配伍；燥热咳嗽，常与北沙参、贝母配伍。
2. 用于肠燥便秘，常与火麻仁、郁李仁、当归配伍。

【用法用量】 5～10g，水煎服。杏仁有苦、甜 2 种，常用者为苦杏仁。甜杏仁功效与苦杏仁相似，但药力较缓。

百部（Bǎibù）

【药物来源】 本品为百部科植物直立百部、蔓生百部或对叶百部的块根。春秋两季采挖。切断入药，生用或蜜炙。

【性味归经】 苦、甘，微温。归肺经。

【功效】 润肺下气止咳，杀虫灭虱。

【应用】

1. 用于咳嗽之症。外感咳嗽，常与荆芥、紫菀配伍；肺痨咳嗽，常与麦冬、知母配伍；小儿顿咳，常与北沙参、白前、川贝母配伍。

2. 蛲虫病，煎汤，睡前灌肠；头虱、体虱，煎汤外洗。

【用法用量】 3～9g，水煎服。外用适量，水煎或酒浸。久咳虚嗽宜蜜炙用，杀虫灭虱宜生用。

紫菀（Zǐwǎn）

【药物来源】 本品为菊科植物紫菀的根及根茎。春、秋采挖。切断入药，生用或蜜炙用。

【性味归经】 苦、辛，温。归肺经。

【功效】 润肺下气，化痰止咳。

【应用】 用于治疗各种咳嗽：外感风寒咳嗽，常与荆芥、白前配伍；寒饮咳嗽，常与制半夏、细辛、款冬花配伍；肺虚咳嗽，常与知母、川贝母配伍。

【用法用量】 5～10g，水煎服。外感新咳宜生用，体虚久咳宜炙用。

枇杷叶（Pípáyè）

【药物来源】 本品为蔷薇科植物枇杷的叶。全年均可采集。刷去毛，切碎入药，生用或炙用。

【性味归经】 苦，微寒。归肺、胃经。

【功效】 清肺止咳，降逆止呕。

【应用】

1. 用于肺热咳嗽或燥热咳嗽，常与苦杏仁、前胡、桑白皮配伍。

2. 用于胃热呕吐、呃逆，常与陈皮、竹茹配伍。

【用法用量】 6～10g，水煎服。止咳宜炙用，止呕宜生用。

十三、平肝息风药

凡以平肝潜阳、息风止痉为主要功效，用于治疗肝阳上亢或肝风内动病证的药物，称为平肝息风药。根据功效及主治的不同，平肝息风药可分为平抑肝阳药和息风止痉药两类。主要适用于肝阳上亢所致头晕目眩、头痛耳鸣、烦躁易怒、心悸失眠，以及肝风内动所致高热神昏、惊风抽搐、痉挛震颤等病症。平抑肝阳药常与息风止痉药合用，并根据不同病情配伍其他药物。若属阴虚阳亢者，多配伍滋养肝肾之阴药；若血虚生风，则配伍滋补阴血药；若肝火亢盛，则当配伍清泻肝火药；兼窍闭神昏者，宜配伍开窍醒神药；兼心神不安、失眠多梦者，当配伍安神药；兼夹痰邪者，宜配伍化痰药。本类药物有性偏寒凉或温燥的不同，应区别使用。其中介类、矿石类药质地坚硬，入汤剂时应打碎先煎。

天麻（Tiānmá）

【药物来源】 本品为兰科植物天麻的干燥块茎。冬季茎枯时采挖者名“冬麻”，质量优良；春季发芽时采挖者名“春麻”，质量较差。生用。

【性味归经】 甘，平。归肝经。

【功效】 息风止痉，平抑肝阳，祛风通络。

【应用】

1. 用于小儿惊风，癫痫抽搐，破伤风，常与钩藤、全蝎、制天南星、僵蚕、白附子、防风配伍。

2. 用于肝阳上亢，头痛眩晕，常与钩藤、石决明、牛膝、川芎配伍。

3. 用于手足不遂，肢体麻木，风湿痹痛，常与没药、制乌头、秦艽、羌活、桑枝配伍。

【用法用量】 3～10g，水煎服。

钩藤（Gōuténg）

【药物来源】 本品为茜草科植物钩藤、大叶钩藤、毛钩藤、华钩藤或无柄果钩藤的干燥带钩茎枝。秋、冬采收。生用。

【性味归经】　甘，凉。归肝、心包经。

【功效】　息风定惊，清热平肝。

【应用】

1. 用于肝风内动，惊痫抽搐，高热惊厥，常与天麻、全蝎、僵蚕、羚羊角配伍。

2. 用于头痛眩晕，常与夏枯草、天麻、石决明配伍。

3. 用于感冒夹惊，小儿惊啼，常与蝉蜕、薄荷配伍。

【用法用量】　3～12g，水煎服，后下。

全蝎（Quánxiē）

【药物来源】　本品为钳蝎科动物东亚钳蝎的干燥体。春末至秋初捕捉，除去泥沙，置沸水或沸盐水中，煮至全身僵硬，捞出，置通风处，阴干。

【性味归经】　辛，平；有毒。归肝经。

【功效】　息风镇痉，通络止痛，攻毒散结。

【应用】

1. 用于肝风内动，痉挛抽搐，小儿惊风，中风口㖞，半身不遂，破伤风，常与羚羊角、钩藤配伍。

2. 用于风湿顽痹，偏正头痛，常与川乌、蕲蛇、没药、天麻、蜈蚣配伍。

3. 用于疮疡，瘰疬，常与马钱子、半夏、五灵脂配伍。

【用法用量】　3～6g，水煎服。外用适量。

牡蛎（Mǔlì）

【药物来源】　本品为牡蛎科动物长牡蛎、大连湾牡蛎或近江牡蛎的贝壳。全年均可捕捞。生用或煅用，用时打碎。

【性味归经】　咸，微寒。归肝、胆、肾经。

【功效】　潜阳补阴，重镇安神，软坚散结，收敛固涩，制酸止痛。

【应用】

1. 用于肝阳上亢，眩晕耳鸣，常与龟甲、鳖甲、龙骨、白芍、生地黄配伍。

2. 用于心神不宁，惊悸失眠，常与龙骨、琥珀、酸枣仁配伍。

3. 用于瘰疬痰核，癥瘕痞块，常与浙贝母、丹参、莪术配伍。

4. 用于自汗盗汗，遗精滑精，崩漏带下，常与麻黄根、浮小麦、沙苑子、龙骨、金樱子、山药、山茱萸配伍。

5. 用于胃痛吞酸，常与海螵蛸、瓦楞子、海蛤壳配伍。

【用法用量】　9～30g，水煎服，先煎。潜阳补阴、重镇安神、软坚散结宜生用；收敛固涩、制酸止痛宜煅用。

十四、安　神　药

凡以安定神志为主要功效，用于治疗心神不宁病证的药物，称为安神药。安神药药性多为平性。心藏神，主神明；肝藏魂，主疏泄。心、肝两脏腑与人体精神思维活动密切相关。神志不安病证多由心、肝两脏功能失常，尤其是心的功能失常所致。安神药适用于心悸、怔忡、失眠、多梦、健忘之心神不宁证，亦可用治惊风、癫狂等心神失常的病证。部分安神药尚兼有治疗肝阳上亢、肾虚气喘、疮疡肿毒、瘀血、自汗盗汗等病证的功效。应用安神药，常根据不同病情配伍其他药物。血虚阴亏者宜配伍补血养阴药；心脾两虚者宜配伍补益心脾药；气滞血瘀者宜配伍活血化瘀药。在使用有毒安神药物时，应注意用法用量。

朱砂（Zhūshā）

【药物来源】 本品为硫化物类矿物辰砂族辰砂，主含硫化汞（HgS）。除去杂质，水飞供用。

【性味归经】 甘，微寒；有毒。归心经。

【功效】 清心镇惊，安神，明目，解毒。

【应用】

1. 用于心神不宁，心悸易惊，失眠多梦，常与黄连、生甘草、当归、生地黄配伍。
2. 用于癫痫发狂，小儿惊风，常与牛黄、麝香、磁石、钩藤配伍。
3. 用于视物昏花，耳鸣耳聋，心悸失眠，常与磁石、神曲配伍。
4. 用于口疮，喉痹，疮疡肿毒，常与雄黄、山慈菇、大戟配伍外用。

【用法用量】 0.1～0.5g，多入丸散服，不宜入煎剂。外用适量。本品有毒，不宜大量服用，也不宜少量久服；孕妇及肝肾功能不全者禁用；忌火煅，宜水飞入药。

酸枣仁（Suānzǎorén）

【药物来源】 本品为鼠李科植物酸枣的干燥成熟种子。秋末冬初果实成熟时采收。生用或炒用，用时捣碎。

【性味归经】 甘、酸，平。归肝、胆、心经。

【功效】 养心补肝，宁心安神，敛汗，生津。

【应用】

1. 用于虚烦不眠，惊悸多梦，常与知母、茯苓、川芎配伍。
2. 用于体虚多汗，常与五味子、山茱萸、黄芪配伍。
3. 用于津伤口渴，常与生地黄、麦冬、天花粉配伍。

【用法用量】 10～15g，水煎服。

首乌藤（Shǒuwūténg）

【药物来源】 本品为蓼科植物何首乌的干燥藤茎。秋、冬采割。生用。

【性味归经】 甘，平。归心、肝经。

【功效】 养血安神，祛风通络。

【应用】

1. 用于失眠多梦，常与合欢皮、酸枣仁、柏子仁配伍。
2. 用于血虚身痛，风湿痹痛，常与鸡血藤、当归、川芎、羌活、独活配伍。
3. 用于皮肤瘙痒，常与蝉蜕、浮萍、地肤子配伍。

【用法用量】 9～15g，水煎服。外用适量，煎水洗患处。

合欢皮（Héhuānpí）

【药物来源】 本品为豆科植物合欢的干燥树皮。夏、秋剥取，生用。

【性味归经】 甘、平。归心、肝、肺经。

【功效】 解郁安神，活血消肿。

【应用】

1. 用于心神不安、忿怒忧郁、失眠多梦，可单用或与酸枣仁、首乌藤、郁金配伍。
2. 用于肺痈、疮肿，常与鱼腥草、冬瓜仁、蒲公英、紫花地丁、连翘配伍。
3. 用于跌仆伤痛，常与乳香、没药、骨碎补配伍。

【用法用量】 6～12g，水煎服。外用适量，研末调敷。

远志（Yuǎnzhì）

【药物来源】 本品为远志科植物远志或卵叶远志的干燥根。春、秋采挖，生用或炙用。

【性味归经】 苦、辛，温。归心、肾、肺经。

【功效】 安神益智，交通心肾，祛痰开窍，消散痈肿。

【应用】

1. 用于失眠多梦、健忘惊悸、神志恍惚，常与茯神、龙齿、人参、茯苓、石菖蒲配伍。

2. 用于癫痫惊狂，常与天麻、全蝎、石菖蒲、郁金、白矾配伍。

3. 用于咳痰不爽，常与苦杏仁、川贝母、桔梗配伍。

4. 用于疮疡肿毒，乳房肿痛，内服可单用为末，黄酒送服；外用可隔水蒸软，加少量黄酒捣烂敷患处。

【用法用量】 3～10g，水煎服。

十五、开　窍　药

凡以开窍醒神、回苏为主要功效，用于治疗闭证神昏病证的药物，称为开窍药。开窍药多辛温、芳香，具有辛香走窜的特点。"开窍"主要与心窍相关，但也与脑有密切关系。开窍药适用于温病热陷心包、痰浊秽恶阻闭心窍所致之神昏谵语，以及中风、惊风、癫痫、中暑、中恶等所致的闭证。开窍药还兼有辟秽、解毒、止痛、催产等功效。

使用开窍药时，常根据不同病情配伍其他药物。热扰心神所致热闭神昏者宜与清热泻火药配伍；寒闭神昏者宜与温里散寒药配伍；痰浊闭阻者宜配伍化痰药。开窍药为急救治标之品，只宜暂时使用，不可久用。

麝香（Shèxiāng）

【药物来源】 本品为鹿科动物林麝、马麝或原麝成熟雄体香囊中的干燥分泌物。野麝多在冬季至次春猎取。用时研碎。

【性味归经】 辛，温。归心、脾经。

【功效】 开窍醒神，活血通经，消肿止痛。

【应用】

1. 用于各种原因所致的闭证神昏，常与牛黄、冰片、檀香、安息香配伍。

2. 用于血瘀经闭，癥瘕，胸痹心痛，心腹暴痛，跌仆伤痛，痹痛麻木，难产死胎，常与桃仁、红花、水蛭、虻虫、川芎、三七、赤芍、乳香、没药、威灵仙、肉桂配伍。

3. 用于痈肿，瘰疬，咽喉肿痛，常与雄黄、乳香、没药、牛黄、蟾酥、珍珠配伍。

【用法用量】 0.03～0.1g，多入丸散用。外用适量。

冰片（Bīngpiàn）

【药物来源】 本品为龙脑香科植物龙脑香树脂的加工品，或龙脑香树的树干、树枝切碎，经蒸馏冷却而得的结晶（龙脑冰片），或菊科植物艾纳香的新鲜叶经提取加工制成的结晶（艾片，为左旋龙脑）。或由樟科植物樟的新鲜枝、叶经提取加工制成（天然冰片，为右旋龙脑）。现多用松节油、樟脑等经化学方法合成（合成龙脑）。研粉用。

【性味归经】 辛、苦，微寒。归心、脾，肺经。

【功效】 开窍醒神，清热止痛。

【应用】

1. 用于热病神昏，惊厥，中风痰厥，气郁暴厥，中恶昏迷，常与牛黄、麝香、苏合香、安息香配伍。

2. 用于胸痹心痛，常与川芎或丹参配伍。

3. 用于目赤肿痛，口舌生疮，咽喉肿痛，耳道流脓，单用点眼即可，或与炉甘石、硼砂、熊胆粉等制成点眼药水。

4. 用于疮疡肿痛、久溃不敛、烧烫伤，常与牛黄、珍珠、炉甘石、象皮、血竭配伍。

【用法用量】 0.15～0.3g，入丸散用。外用研粉点敷患处。

石菖蒲（Shíchāngpú）

【药物来源】 本品为天南星科植物石菖蒲的干燥根茎。秋、冬采挖。鲜用或生用。

【性味归经】 辛、苦，温。归心、胃经。

【功效】 开窍豁痰，醒神益智，化湿和胃。

【应用】

1. 用于痰蒙清窍，神昏癫痫，常与半夏、天南星、郁金、竹沥、竹茹配伍。
2. 用于健忘失眠，耳鸣耳聋，常与人参、白术、菟丝子、女贞子、远志配伍。
3. 用于湿阻中焦，脘痞不饥，噤口下痢，常与砂仁、苍术、厚朴、黄连、茯苓配伍。

【用法用量】 3～10g，水煎服；鲜品加倍。

十六、补 虚 药

凡以补益气血阴阳，纠正人体气血阴阳不足为主要功效，用于治疗虚证的药物，称为补虚药。补虚药多味甘，药性温热或寒凉。补虚药具有补充气血阴阳等精微物质不足或纠正脏腑功能低下等治疗作用。

补气药多甘温或甘平，主入脾、肺经，用于气虚诸证。例如，脾气虚证，症见食欲缺乏、脘腹胀满、大便溏薄、体倦神疲、面色萎黄、消瘦甚或脏器下垂等。肺气虚证，症见气少喘促、动者益甚、咳嗽无力、声音低怯、易出虚汗等气虚病证。补血药多甘温，主入心、肝、脾、肾经，用于血虚病证，如面色苍白或萎黄，唇甲苍白，眩晕耳鸣，心悸怔忡，失眠健忘，或月经延期，量少色淡等证。补阴药多甘寒，主入肺、胃、肝、肾经，用于阴虚诸证。例如，心阴虚证，症见心悸怔忡，心烦多梦，失眠健忘等。肝阴不足证，症见两目干涩，头晕眼花，爪甲干枯等。补阳药多甘、辛、咸，性多温热，主入肾经，用于阳虚诸证，如阴寒内盛，畏寒肢冷，精寒不育或宫寒不孕等。

（一）补气药

人参（Rénshēn）

【药物来源】 本品为五加科植物人参的干燥根和根茎。秋季采挖，生用。

【性味归经】 甘、微苦，微温。归脾、肺、心、肾经。

【功效】 大补元气，复脉固脱，补脾益肺，生津养血，安神益智。

【应用】

1. 用于气虚欲脱、肢冷脉微，常单用，或与附子、麦冬、五味子配伍。
2. 用于脾虚食少，肺虚喘咳，阳痿宫冷，常与白术、茯苓、黄芪、鹿茸、肉苁蓉配伍。
3. 用于气虚津伤口渴，内热消渴，常与石膏、知母配伍。
4. 用于气血亏虚，久病虚羸，常与白术、当归、熟地黄配伍。
5. 用于心气不足，惊悸失眠，常与黄芪、茯苓、酸枣仁、龙眼肉配伍。

【用法用量】 3～9g，水煎服；挽救虚脱可用15～30g，文火另煎兑服。也可研粉吞服，每次2g，每日2次。不宜与藜芦、五灵脂同用。

党参（Dǎngshēn）

【药物来源】 本品为桔梗科植物党参、素花党参或川党参的干燥根。秋季采挖。生用或米炒用。

【性味归经】 甘，平。归脾、肺经。

【功效】 补脾益肺，养血生津。

【应用】

1. 用于脾肺气虚，食少倦怠，咳嗽虚喘，常与白术、茯苓、黄芪、蛤蚧配伍。

2. 用于气血不足，面色萎黄，头晕乏力，心悸气短，常与黄芪、当归、熟地黄配伍。

3. 用于气短口渴，内热消渴，常与麦冬、五味子、黄芪配伍。

【用法用量】 9～30g，水煎服。不宜与藜芦同用。

黄芪（Huángqí）

【药物来源】 本品为豆科植物蒙古黄芪或膜荚黄芪的干燥根。春、秋采挖，生用或蜜炙用。

【性味归经】 甘，微温。归脾、肺经。

【功效】 补气升阳，益卫固表，利水消肿，生津养血，行滞通痹，托毒排脓，敛疮生肌。

【应用】

1. 用于气虚乏力，食少便溏，水肿尿少，中气下陷，久泻脱肛，便血崩漏等，可单用熬膏服，或与人参、白术、升麻、白术、茯苓等配伍。

2. 用于肺气虚弱，咳喘气短，常与人参、紫菀、五味子配伍。

3. 用于表虚自汗，常与牡蛎、麻黄根、白术、防风配伍。

4. 用于内热消渴，常与天花粉、葛根配伍。

5. 用于血虚萎黄，气血两虚，常与当归配伍。

6. 用于气虚血滞，半身不遂，痹痛麻木，常与当归、川芎、地龙、桂枝、芍药、丹参配伍。

7. 用于气血亏虚，痈疽难溃，久溃不敛，常与人参、当归、升麻、白芷、肉桂配伍。

【用法用量】 9～30g，水煎服。益气补中宜蜜炙用，其他方面多生用。

白术（Báizhú）

【药物来源】 本品为菊科植物白术的干燥根茎。冬季采挖，生用或麸炒用。

【性味归经】 甘、苦，温。归脾、胃经。

【功效】 补气健脾，燥湿利水，止汗，安胎。

【应用】

1. 用于脾气虚弱，食少倦怠，腹胀泄泻，痰饮眩晕，水肿，带下，常与人参、茯苓、甘草、桂枝、黄芪、猪苓、山药、苍术、车前子配伍。

2. 用于气虚自汗，常与黄芪、防风配伍。

3. 用于脾虚胎动不安，常与紫苏梗、砂仁、杜仲、续断、阿胶配伍。

【用法用量】 6～12g，水煎服。燥湿利水宜生用，补气健脾宜炒用，健脾止泻宜炒焦用。

山药（Shānyào）

【药物来源】 本品为薯蓣科植物薯蓣的干燥根茎。冬季采挖，生用或麸炒用。

【性味归经】 甘，平。归脾、肺、肾经。

【功效】 益气养阴，补脾肺肾，涩精止带。

【应用】

1. 用于脾虚食少，大便溏泄，白带过多，可作为食品长期服用，或作人参、白术等的辅助药。

2. 用于肺虚喘咳，常与太子参、南沙参配伍。

3. 用于肾虚遗精，带下，尿频，常与熟地黄、山茱萸、茯苓配伍。

4. 用于虚热消渴，常与黄芪、天花粉、知母配伍。

【用法用量】 15～30g，水煎服。麸炒山药补脾健胃，用于脾虚食少，泄泻便溏，白带过多。

甘草（Gāncǎo）

【药物来源】 本品为豆科植物甘草、胀果甘草或光果甘草的干燥根和根茎。春、秋采挖，生用或蜜炙用。

【性味归经】 甘，平。归心、肺、脾、胃经。

【功效】 补脾益气，清热解毒，祛痰止咳，缓急止痛，调和诸药。

【应用】

1. 用于脾胃虚弱，倦怠乏力，常与人参、白术、茯苓配伍。因其作用和缓，故多作辅助药用。

2. 用于心气不足，心悸气短，脉结代，可单用本品，或与人参、阿胶、生地黄等配伍。

3. 用于痈肿疮毒，咽喉肿痛，治热毒疮疡，可单用煎汤浸渍，或熬膏内服；或与金银花、连翘、紫花地丁、桔梗、射干、山豆根、牛蒡子等配伍。

4. 用于咳嗽痰多，可与麻黄、苦杏仁配伍。

5. 用于脘腹、四肢挛急疼痛，常与白芍配伍。

6. 用于缓解药物烈性或减轻毒副作用，有调和百药之功。

【用法用量】 2～10g，水煎服。清热解毒宜生用，补中缓急、益气复脉宜蜜炙用。

（二）补血药

当归（Dāngguī）

【药物来源】 本品为伞形科植物当归的干燥根。秋末采挖，生用或酒炙用。

【性味归经】 甘、辛，温。归肝、心、脾经。

【功效】 补血活血，调经止痛，润肠通便。

【应用】

1. 用于血虚萎黄，眩晕心悸，常与熟地黄、白芍、川芎、黄芪、人参配伍。

2. 用于血虚、血瘀之月经不调，经闭痛经，常与熟地黄、白芍、川芎等补血活血药配伍。

3. 用于虚寒腹痛，风湿痹痛，跌仆损伤，痈疽疮疡，常与桂枝、生姜、白芍、羌活、秦艽、乳香、没药、桃仁、金银花、赤芍等配伍。

4. 用于血虚肠燥便秘，常与肉苁蓉、牛膝、升麻、火麻仁、桃仁配伍。

【用法用量】 6～12g，水煎服。生当归长于补血、调经、润肠通便。酒当归功善活血调经。

熟地黄（Shúdìhuáng）

【药物来源】 本品为玄参科植物地黄的干燥块根，经炮制加工品制成。

【性味归经】 甘，微温。归肝、肾经。

【功效】 补血滋阴，益精填髓。

【应用】

1. 用于血虚萎黄，心悸怔忡，月经不调，崩漏下血。常与当归、白芍、远志、酸枣仁等配伍。

2. 用于肝肾阴虚，腰膝酸软，骨蒸潮热，盗汗遗精，内热消渴。常与山茱萸、山药、知母等配伍。

3. 用于肝肾不足，精血亏虚，眩晕耳鸣，须发早白。常与何首乌、牛膝、菟丝子等配伍。

【用法用量】 煎服，9～15g。

白芍（Báisháo）

【药物来源】 本品为毛茛科植物芍药的干燥根。夏、秋二季采挖，洗净，除去头尾和细根，置沸水中煮后除去外皮或去皮后再煮，晒干，切薄片。生用、清炒用或酒炙用。

【性味归经】 苦、酸，微寒。归肝、脾经。

【功效】 养血调经，敛阴止汗，柔肝止痛，平抑肝阳。

【应用】

1. 用于血虚萎黄，月经不调，崩漏。本品味酸，主入肝经，偏益肝之阴血，常与熟地黄、当归、川芎等配伍。

2. 用于自汗，盗汗。常与桂枝、黄芪、白术等配伍。

3. 用于胁肋脘腹疼痛，四肢挛急疼痛。常与当归、柴胡、白术、防风、木香、甘草等配伍。

4. 用于肝阳上亢，头痛眩晕。常与牛膝、代赭石、龙骨等配伍。

【用法用量】 煎服，6～15g。平抑肝阳、敛阴止汗多生用，养血调经、柔肝止痛多炒用或酒炒用。

阿胶（Ējiāo）

【药物来源】 本品为马科动物驴的干燥皮或鲜皮煎煮、浓缩制成的固体胶，主产于山东。

【性味归经】 甘，平。归肺、肝、肾经。

【功效】 补血，止血，滋阴润燥。

【应用】

1. 用于血虚萎黄、眩晕心悸、肌痿无力，本品为血肉有情之品，甘温质润，为补血要药。常与熟地黄、当归、白芍等配伍。

2. 用于吐血、尿血、便血、崩漏、妊娠胎漏，本品味甘质黏，止血作用好，为止血要药。常与生地黄、白茅根等配伍。

3. 用于热病伤阴、心烦不眠、虚风内动、手足瘛疭，本品养阴以滋肾水，阴液亏虚诸证常用。常与黄连、白芍、鸡子黄等配伍。

4. 用于肺燥咳嗽、劳嗽咳血，常与马兜铃、牛蒡子、苦杏仁等同用。

【用法用量】 3～9g，烊化兑服。润肺宜蛤粉炒，止血宜蒲黄炒。

【使用注意】 本品性质黏腻，有碍消化，故脾胃虚弱者慎用。

何首乌（Héshǒuwū）

【药物来源】 本品为蓼科植物何首乌的干燥块根。秋、冬二季叶枯萎时采挖，削去两端，洗净，干燥，称生何首乌。取生何首乌片或块，照炖法或照蒸法清蒸或用黑豆汁拌匀后蒸，蒸至内外均呈棕褐色，晒至半干，切片，干燥，称制何首乌。

【性味归经】 苦、甘、涩，微温。归肝、心、肾经。

【功效】 制何首乌：补肝肾，益精血，乌须发，强筋骨，化浊降脂。生何首乌：解毒，消痈，截疟，润肠通便。

【应用】

1. 用于血虚萎黄，眩晕耳鸣，须发早白，腰膝酸软，肢体麻木，崩漏带下，制何首乌功善补肝肾、益精血、乌须发、强筋骨，兼能收敛，不寒，不燥，不腻，为滋补良药。常与熟地黄、当归、枸杞子、菟丝子等配伍。

2. 用于高脂血症，制何首乌能化浊降脂，用治高脂血症，可单用或与墨旱莲、女贞子等配伍。

3. 用于疮痈、瘰疬、风疹瘙痒，生何首乌有解毒消痈散结之功，常与夏枯草、土贝母、防风、苦参、薄荷等配伍。

4. 用于久疟体虚，生何首乌有截疟之功，可与人参、当归等补气养血药配伍。

5. 用于肠燥便秘，生何首乌有润肠通便之效，可单用或常与肉苁蓉、当归、火麻仁等润肠通便药配伍。

【用法用量】 制何首乌 6～12g，生何首乌 3～6g，水煎服。

【使用注意】 本品制用偏于补益，且兼收敛之性，湿痰壅盛者忌用；生用滑肠通便，大便溏泄者忌用。何首乌可能有引起肝损伤的风险，故不宜长期、大量服用。

（三）补阴药

北沙参（Běishāshēn）

【药物来源】 本品为伞形科植物珊瑚菜的干燥根。夏、秋二季采挖，洗净，去须根，干燥。生用。

【性味归经】 甘、微苦，微寒。归肺、胃经。

【功效】 养阴清肺，益胃生津。

【应用】

1. 用于肺热燥咳、阴虚劳嗽痰血，常与麦冬、玉竹、桑叶等配伍。

2. 用于胃阴不足、热病津伤、咽干口渴，常与石斛、玉竹、乌梅等养阴生津之品配伍。

【用法用量】 5～12g，水煎服。

【使用注意】 避免与藜芦同用。

百合（Bǎihé）

【药物来源】 本品为百合科植物卷丹、百合或细叶百合的干燥肉质鳞叶。秋季采挖，洗净，剥取鳞叶，置沸水中略烫，干燥。生用或蜜炙用。

【性味归经】 甘，微寒。归心、肺经。

【功效】 养阴润肺，清心安神。

【应用】

1. 用于阴虚燥咳、劳嗽咳血，本品有养阴清肺，润燥止咳之效。常与款冬花、生地黄、玄参、川贝母等配伍。

2. 用于虚烦惊悸、失眠多梦、精神恍惚，本品入心经，能养阴清心，宁心安神。常与麦冬、酸枣仁、丹参、知母、生地黄等配伍。

【用法用量】 6～12g，水煎服。清心安神宜生用，润肺止咳宜蜜炙用。

麦冬（Màidōng）

【药物来源】 本品为百合科植物麦冬的干燥块根。干燥，生用。

【性味归经】 甘、微苦，微寒。归心、肺、胃经。

【功效】 养阴润肺，益胃生津，清心除烦。

【应用】

1. 用于肺燥干咳、阴虚劳嗽、喉痹咽痛，本品善于养肺阴，清肺热，常与桑叶、杏仁、阿胶等清肺润燥之品配伍。

2. 用于胃阴不足、津伤口渴、内热消渴、肠燥便秘，本品长于益胃生津清热，常与生地黄、玉竹、沙参等药配伍。

3. 用于心阴虚及温病热扰心营、心烦失眠，本品归心经，能养心阴，清心热，并略具除烦安神作用。宜与生地黄、酸枣仁、柏子仁等养阴安神之品配伍。

【用法用量】 6～12g，水煎服。清养肺胃之阴多去心用，滋阴清心大多连心用。

【使用注意】 脾胃虚寒、食少便溏者及外感风寒、痰湿咳嗽者忌服。

石斛（Shíhú）

【药物来源】 本品为兰科植物金钗石斛、霍山石斛、鼓槌石斛或流苏石斛的栽培品及其同属植物近似种的新鲜或干燥茎。全年均可采收，除去杂质后，鲜用或干用。

【性味归经】 甘，微寒。归胃、肾经。

【功效】 益胃生津，滋阴清热。

【应用】

1. 用于热病津伤、口干烦渴、胃阴不足、食少干呕、病后虚热不退，常与天花粉、生地黄、麦冬等配伍。

2. 用于肾阴亏虚、目暗不明、筋骨痿软，阴虚火旺、骨蒸劳热，常与枸杞子、熟地黄、菟丝子等配伍。

【用法用量】 6～12g，水煎服；鲜品 15～30g。

【使用注意】　本品能敛邪，温热病不宜早用；又能助湿，湿温病尚未化燥伤津者忌服。

玉竹（Yùzhú）

【药物来源】　本品为百合科植物玉竹的干燥根茎。秋季采挖，除去须根，洗净，晒干，生用。

【性味归经】　甘，微寒。归肺、胃经。

【功效】　养阴润燥，生津止渴。

【应用】

1. 用于肺阴不足、燥热咳嗽，本品甘润能养肺阴，微寒能清肺热，常与沙参、麦冬、桑叶等配伍。

2. 用于胃阴不足、咽干口渴、内热消渴，常与麦冬、沙参等益胃养阴之药配伍。

【用法用量】　6～12g，水煎服。

黄精（Huángjīng）

【药物来源】　本品为百合科植物滇黄精、黄精或多花黄精的干燥根茎。春、秋采挖，经洗净、蒸烫后干燥使用。

【性味归经】　甘，平。归脾、肺、肾经。

【功效】　补气养阴，健脾，润肺，益肾。

【应用】

1. 用于脾胃气虚，体倦乏力，胃阴不足，口干食少，常与党参、白术等补气健脾药配伍。

2. 用于肺虚燥咳，劳嗽咳血，本品能养肺阴，益肺气，可与沙参、川贝母等药物配伍。

3. 用于精血不足，腰膝酸软，须发早白，内热消渴，常与枸杞子、女贞子等配伍。

【用法用量】　9～15g，水煎服。

【使用注意】　本品性质黏腻，易助湿壅气，故脾虚湿阻、痰湿壅滞、气滞腹满者不宜使用。

枸杞子（Gǒuqǐzǐ）

【药物来源】　本品为茄科植物宁夏枸杞的干燥成熟果实。夏、秋季采收，经烘干或晒干后生用。

【性味归经】　甘，平。归肝、肾经。

【功效】　滋补肝肾，益精明目。

【应用】　用于肝肾阴虚，精血不足，腰膝酸痛，眩晕耳鸣，阳痿遗精，内热消渴，血虚萎黄，目昏不明，本品长于滋肾精，补肝血，为平补肾精肝血之品，常与怀牛膝、菟丝子、何首乌等配伍。

【用法用量】　6～12g，水煎服。

墨旱莲（Mòhànlián）

【药物来源】　本品为菊科植物鳢肠的干燥地上部分。花开时采割，晒干，切段后生用。

【性味归经】　甘、酸，寒。归肾、肝经。

【功效】　滋补肝肾，凉血止血。

【应用】

1.用于肝肾阴虚，牙齿松动，须发早白，眩晕耳鸣，腰膝酸软，常与女贞子、何首乌、桑葚、枸杞子等配伍。

2.用于阴虚血热吐血、衄血、尿血、血痢、崩漏下血，外伤出血，可单用或与生地黄、阿胶等滋阴凉血止血之品配伍。

【用法用量】　6～12g，煎服。外用适量。

女贞子（Nǚzhēnzǐ）

【药物来源】　本品为木犀科植物女贞的干燥成熟果实。冬季果实成熟时采收，除去枝叶，经蒸或烫后干燥。

【性味归经】 甘、苦，凉。归肝、肾经。

【功效】 滋补肝肾，明目乌发。

【应用】 肝肾阴虚，眩晕耳鸣，腰膝酸软，须发早白，目暗不明，内热消渴，骨蒸潮热，本品功善滋补肝肾，又兼清虚热，补中有清，常与生地黄、天冬、山药等配伍。

【用法用量】 6～12g，水煎服。酒制后可增强补肝肾作用。

龟甲（Guījiǎ）

【药物来源】 本品为龟科动物乌龟的背甲及腹甲。全年均可捕捉，捕捉后杀死或烫死，剥取背甲和腹甲，除去残肉，晒干。

【性味归经】 咸、甘，微寒。归肝、肾、心经。

【功效】 滋阴潜阳，益肾强骨，养血补心，固经止崩。

【应用】

1.用于阴虚潮热、骨蒸盗汗，阴虚阳亢、头晕目眩，虚风内动，常与熟地黄、知母、黄柏等滋阴降火药物配伍。

2.用于肾虚筋骨痿软，囟门不合，常与熟地黄、知母、锁阳等配伍。

3.用于阴血亏虚，惊悸、失眠、健忘，常与石菖蒲、远志、龙骨等配伍。

4.用于阴虚血热，崩漏经多，常与生地黄、黄芩等滋阴清热、凉血止血药物配伍。

【用法用量】 9～24g，水煎服，先煎。本品经砂烫醋淬后，更容易煎出有效成分，并除去腥气，便于服用。

【使用注意】 脾胃虚寒者忌服，孕妇慎用。

鳖甲（Biējiǎ）

【药物来源】 本品为鳖科动物鳖的背甲。全年均可捕捉，以秋、冬二季为多，捕捉后杀死，置沸水中烫至背甲上的硬皮能剥落时，取出，剥取背甲，除去残肉，晒干。

【性味归经】 咸，微寒。归肝、肾经。

【功效】 滋阴潜阳，退热除蒸，软坚散结。

【应用】

1. 用于阴虚发热、骨蒸劳热，阴虚阳亢、头晕目眩，虚风内动、手足瘛疭，常与牡丹皮、生地黄、青蒿等配伍。

2. 用于经闭，癥瘕，久疟疟母，常与牡丹皮、桃仁、土鳖虫等药配伍。

【用法用量】 9～24g，水煎服，先煎。本品经砂烫醋淬后，更容易煎出有效成分，并除去腥气，便于服用。

【使用注意】 脾胃虚寒者忌服，孕妇慎用。

（四）补阳药

鹿茸（Lùróng）

【药物来源】 本品为鹿科动物梅花鹿或马鹿的雄鹿未骨化幼角。夏、秋二季锯取鹿茸，经加工后，阴干或烘干。

【性味归经】 甘、咸，温。归肾、肝经。

【功效】 补肾壮阳，益精血，强筋骨，调冲任，托疮毒。

【应用】

1. 用于肾阳不足，精血亏虚，阳痿遗精，宫冷不孕，羸瘦，神疲，畏寒，眩晕，耳鸣耳聋，本品能峻补肾阳、益精血，常与当归、熟地黄、枸杞子等配伍。

2. 用于肾虚腰脊冷痛，筋骨痿软，可与五加皮、熟地黄、山茱萸等配伍。

3. 用于冲任虚寒，崩漏带下，常与山茱萸、龙骨、续断等配伍。
4. 用于阴疽内陷不起，疮疡久溃不敛，常与熟地黄、肉桂、白芥子等配伍，以托毒生肌。

【用法用量】 1～2g，研末冲服。

【使用注意】 服用宜从小量开始，逐渐增加，以免阳升风动，头晕目赤，或伤阴动血。凡热证、阴虚阳亢者均当忌服。

淫羊藿（Yínyánghuò）

【药物来源】 本品为小檗科植物淫羊藿、箭叶淫羊藿、柔毛淫羊藿或朝鲜淫羊藿的干燥叶。夏、秋采收，生用。

【性味归经】 辛、甘，温。归肝、肾经。

【功效】 补肾壮阳，强筋骨，祛风湿。

【应用】

1. 用于肾阳虚衰，阳痿遗精，筋骨痿软，常与肉苁蓉、巴戟天、杜仲配伍。
2. 用于风寒湿痹，麻木拘挛，常与威灵仙、苍耳子、肉桂配伍。

【用法用量】 6～10g，水煎服。

巴戟天（Bājǐtiān）

【药物来源】 本品为茜草科植物巴戟天的干燥根。全年均可采挖，生用，或除去木心，分别加工炮制成巴戟肉、盐巴戟天、制巴戟天用。

【性味归经】 甘、辛，微温。归肾、肝经。

【功效】 补肾阳，强筋骨，祛风湿。

【应用】

1. 用于肾阳不足，阳痿遗精，宫冷不孕，月经不调，少腹冷痛，常与淫羊藿、仙茅、枸杞子、肉桂配伍。
2. 用于风湿痹痛，筋骨痿软，常与肉苁蓉、杜仲、菟丝子、羌活、五加皮配伍。

【用法用量】 3～10g，水煎服。

肉苁蓉（Ròucōngróng）

【药物来源】 本品为列当科植物肉苁蓉或管花肉苁蓉的干燥带鳞叶的肉质茎。春、秋采挖，生用或酒炖、酒蒸用。

【性味归经】 甘、咸，温。归肾、大肠经。

【功效】 补肾阳，益精血，润肠通便。

【应用】

1. 用于肾阳不足，精血亏虚，阳痿不孕，腰膝酸软，筋骨无力，常与菟丝子、续断、杜仲配伍。
2. 用于肠燥便秘，常与麻子仁、当归配伍。

【用法用量】 6～10g，水煎服。

杜仲（Dùzhòng）

【药物来源】 本品为杜仲科植物杜仲的干燥树皮。4～6月份剥取，生用或盐炙用。

【性味归经】 甘，温。归肝、肾经。

【功效】 补肝肾，强筋骨，安胎。

【应用】

1. 用于肝肾不足，腰膝酸痛，筋骨无力，头晕目眩，常与胡桃肉、补骨脂、川芎、肉桂配伍。
2. 用于肝肾亏虚，妊娠漏血，胎动不安，常与续断、桑寄生、山药配伍。

【用法用量】 6～10g，水煎服。炒用可破坏其胶质，利于有效成分煎出，故比生用效果好。

续断（Xùduàn）

【药物来源】 本品为川续断科植物川续断的干燥根。秋季采挖，生用或炙用。
【性味归经】 苦、辛，微温。归肝、肾经。
【功效】 补肝肾，强筋骨，续折伤，止崩漏。
【应用】
1. 用于肝肾不足，腰膝酸软，风湿痹痛，常与杜仲、牛膝、五加皮、桑寄生配伍。
2. 用于跌仆损伤，筋伤骨折，常与桃仁、苏木、当归、木瓜配伍。
3. 用于肝肾不足，崩漏经多，胎漏下血，胎动不安，常与黄芪、艾叶、桑寄生、阿胶配伍。

【用法用量】 9～15g，水煎服。止崩漏宜炒用。

补骨脂（Bǔgǔzhī）

【药物来源】 本品为豆科植物补骨脂的干燥成熟果实。秋季采收。生用或炙用。
【性味归经】 辛、苦，温。归肾、脾经。
【功效】 补肾壮阳，固精缩尿，纳气平喘，温脾止泻；外用消风祛斑。
【应用】
1. 用于肾阳不足，阳痿不孕，腰膝冷痛，常与菟丝子、胡桃肉、沉香、杜仲配伍。
2. 用于肾虚遗精滑精，遗尿尿频，常与补骨脂、青盐、小茴香配伍。
3. 用于肾虚作喘，常与附子、肉桂、沉香配伍。
4. 用于脾肾阳虚，五更泄泻，常与吴茱萸、五味子、肉豆蔻配伍。
5. 用于白癜风，斑秃，将本品研末用酒浸制成酊剂，外涂患处。

【用法用量】 6～10g，水煎服。外用20%～30%酊剂涂患处。

益智仁（Yìzhìrén）

【药物来源】 本品为姜科植物益智的干燥成熟种子。夏、秋间果实由绿变红时采收，除去外壳，生用或炙用，用时捣碎。
【性味归经】 辛，温。归脾、肾经。
【功效】 暖肾固精缩尿，温脾止泻摄唾。
【应用】
1. 用于肾虚遗尿，小便频数，遗精白浊，常与乌药、山药配伍。
2. 用于脾寒泄泻，腹中冷痛，口多唾涎，常与干姜、吴茱萸、小茴香配伍。

【用法用量】 3～10g，水煎服。

菟丝子（Tùsīzǐ）

【药物来源】 本品为旋花科草本植物南方菟丝子或菟丝子的干燥成熟种子。秋季采收，生用或盐水炙用。
【性味归经】 辛、甘，平。归肝、肾、脾经。
【功效】 补益肝肾，固精缩尿，安胎，明目，止泻；外用消风祛斑。
【应用】
1. 用于肝肾不足，腰膝酸软，阳痿遗精，遗尿尿频，常与杜仲、山药、枸杞子、覆盆子、桑螵蛸、肉苁蓉、沙苑子配伍。
2. 用于肾虚胎漏，胎动不安，常与续断、桑寄生、阿胶配伍。
3. 用于肝肾不足，目昏耳鸣等症，常与熟地黄、车前子、枸杞子配伍。
4. 用于脾肾虚泻，常与补骨脂、白术、肉豆蔻配伍。

5. 用于白癜风，可酒浸外涂。

【用法用量】 6～12g，水煎服。外用适量。

十七、收　涩　药

凡以收敛固涩为主要作用，常用于治疗滑脱不禁证的药物，称为收涩药。收涩药味多酸涩，性温或平。收涩药可以增加机体对气血津液的约束力，从而维持机体气血阴阳的稳定和平衡，兼有清湿热、解毒、补虚等功效。收敛止汗药多味甘涩平，性收敛，多入肺、心经，具有固守腠理、固表止汗的功效，适用于治疗肌表不固、腠理疏松、自汗，以及阴虚不能制阳的盗汗等病证。涩肠止泻药性味多酸涩，能涩肠止泻，适用于久泻久痢之证。其中某些药物兼有止血的功效。由于其性敛涩，对痢疾初起、伤食腹泻者不宜使用。固精缩尿止带药多酸涩，其性敛涩，主入肾、膀胱经，具有固精、缩尿、止带的作用，适用于肾虚所引起的遗精、滑精、遗尿、尿频以及带下等病证。其中某些药物还兼有补肾功效。由于其性酸涩，凡外邪内侵、湿热下注所致的遗精、尿频、带下等病证不宜使用。

（一）收敛止汗药

麻黄根（Máhuánggēn）

【药物来源】 本品为麻黄科植物草麻黄或中麻黄的干燥根和根茎。秋末采挖，生用。

【性味归经】 甘、涩，平。归心、肺经。

【功效】 固表止汗。

【应用】 用于自汗，盗汗，常与黄芪、煅牡蛎、生地黄、熟地黄、当归、黄芪配伍。

【用法用量】 3～9g，水煎服。外用适量，研粉撒扑。有表邪者忌用。

浮小麦（Fúxiǎomài）

【药物来源】 本品为禾本科植物小麦的干燥轻浮瘪瘦的颖果。生用或炒用。

【性味归经】 甘，凉。归心经。

【功效】 固表止汗，益气，除热。

【应用】

1. 用于自汗，盗汗，常与黄芪、煅牡蛎、麻黄根、五味子、麦冬、地骨皮配伍。
2. 用于阴虚发热，骨蒸劳热，常与玄参、麦冬、生地黄配伍。

【用法用量】 15～25g，水煎服。表邪汗出者忌用。

（二）涩肠止泻药

五味子（Wǔwèizǐ）

【药物来源】 本品为木兰科植物五味子或华中五味子的干燥成熟果实。秋季采摘。生用，或醋蒸、干燥后用，用时捣碎。

【性味归经】 酸、甘，温。归肺、心、肾经。

【功效】 收敛固涩，益气生津，补肾宁心。

【应用】

1. 用于久嗽虚喘，常与黄芪、罂粟壳、山茱萸、熟地黄配伍。
2. 用于梦遗滑精，遗尿尿频，常与桑螵蛸、附子、煅龙骨、山茱萸配伍。
3. 用于久泻不止，可与吴茱萸同炒香研末，米汤送服；或与补骨脂、肉豆蔻、吴茱萸配伍。
4. 用于自汗，盗汗，常与麻黄根、煅牡蛎配伍。
5. 用于津伤口渴，内热消渴，常与人参、麦冬、知母、天花粉配伍。
6. 用于心悸失眠，常与麦冬、丹参、酸枣仁配伍。

【用法用量】 2～6g，水煎服。

乌梅（Wūméi）

【药物来源】 本品为蔷薇科植物梅的干燥近成熟果实。夏季采收。生用，去核用，或炒炭用。

【性味归经】 酸、涩，平。归肝、脾、肺、大肠经。

【功效】 敛肺，涩肠，生津，安蛔。

【应用】

1. 用于肺虚久咳，常与罂粟壳、苦杏仁配伍。
2. 用于久泻久痢，常与罂粟壳、诃子、黄连配伍。
3. 用于虚热口渴，可单用煎服，或与天花粉、麦冬、人参配伍。
4. 用于蛔厥呕吐腹痛，常与细辛、川椒、黄连配伍。

【用法用量】 6～12g，水煎服，大剂量可用至30g。外用适量，捣烂或炒炭研末外敷。止泻、止血宜炒炭用。

肉豆蔻（Ròudòukòu）

【药物来源】 本品为肉豆蔻科植物肉豆蔻的干燥种仁。冬、春采收，生用，或麸皮煨制去油用，用时捣碎。

【性味归经】 辛，温。归脾、胃、大肠经。

【功效】 温中行气，涩肠止泻。

【应用】

1. 用于脾胃虚寒，久泻不止，常与人参、白术、诃子、补骨脂、五味子、吴茱萸配伍。
2. 用于胃寒气滞，脘腹胀痛，食少呕吐，常与木香、干姜、半夏配伍。

【用法用量】 3～10g，水煎服。内服须煨制去油用。

（三）固精缩尿止带药

山茱萸（Shānzhūyú）

【药物来源】 本品为山茱萸科植物山茱萸的干燥成熟果肉。秋末冬初采收，生用，或酒炖、酒蒸用。

【性味归经】 酸、涩，微温。归肝、肾经。

【功效】 补益肝肾，收涩固脱。

【应用】

1. 用于肝肾亏虚，眩晕耳鸣，腰膝酸痛，阳痿，常与熟地黄、山药、肉桂、附子、补骨脂、淫羊藿配伍。
2. 用于遗精滑精，遗尿尿频，常与熟地黄、山药、沙苑子、覆盆子、桑螵蛸配伍。
3. 用于月经过多，崩漏带下，常与熟地黄、白芍、当归、黄芪、芡实、煅龙骨配伍。
4. 用于大汗虚脱，常与人参、附子、龙骨配伍。
5. 用于内热消渴，常与黄精、枸杞子、天花粉配伍。

【用法用量】 6～12g，水煎服；急救固脱可用至20～30g。

（文　磊　奚胜艳）

复习思考题

1. 中药炮制的目的是什么？中药先煎、后下和另煎的目的各是什么？
2. 麻黄是否能被其他解表药取代？

3. 试述荆芥治疗外感表证的临床常见配伍。
4. 麻黄、茯苓、黄芪、附子均可治疗水肿，其临床应用有何不同？
5. 白芍与赤芍功效有何异同？
6. 人参、西洋参、三七均为五加科植物，请分别简述其药性、功效。
7. 桂枝与肉桂古今使用有何区别？
8. 黄芩、黄连、黄柏的药性、功效及主治证有何异同？
9. 请你谈谈对“一味丹参，功同四物”的理解。
10. 生半夏的加工制品有清半夏、法半夏、姜半夏、半夏曲等，请分别简述上述五药的作用特点。

第九章 方剂基本知识

中药的功效各有所长，中医临床用药治病，在辨证审因、确定治法的过程中，根据病机分析，按照一定的组方原则，通过合理的配伍，可以达到治疗主证主病及兼证兼病的目的，同时调和药性、减少毒性，形成新的有机体——方剂。

第一节 方剂的基本知识

方剂是在中医理论指导下，针对具体病证，以辨证立法为依据，选择适当的药物，按照组方原则，酌定用量、用法，恰当配伍而成，是中医辨证施治的具体体现，也是中医临床治疗的重要手段。

一、方剂的组成与变化

方剂是在使用单味药治病进而用多味药治证的基础上，辨证立法选择适当的药物组合而成。药物的功用各不相同，只有通过合理的配伍，调其偏性，制其毒性，增强或改变原来的功用，消除和缓解对人体的不利因素，发挥其相辅相成或相反相成的作用，才能使各具特性的群药联结成一个新的有机整体，充分发挥药物的作用，以适应比较复杂病证的治疗需要。

（一）方剂组成的基本原则

每一首方剂的组成，必须根据病情，在辨证立法的基础上，选用适当的药物，在配伍组成方面，必须遵循严格的原则。如《素问·至真要大论》说："主病之谓君，佐君之谓臣，应臣之谓使。"明代何伯斋说："大抵药之治病，各有所主。主治者，君也。辅治者，臣也。与君药相反而相助者，佐也。引经及治病之药至病所者，使也。"因此，据历代医家论述及名方组成，组方原则如下。

1. 君药 是方剂中针对主病或主证起主要治疗作用的药物。其药力居方中之首，是方剂中必须具有的药物。

2. 臣药 意义有二：一是辅助君药加强治疗主病或主证的药物；二是针对兼病或兼证起主要治疗作用的药物，其药力次于君药。

3. 佐药 意义有三：一是佐助药，即配合君、臣药以加强治疗作用，或直接治疗次要的兼证；二是佐制药，即用以消除或减缓君、臣药的毒性与烈性；三是反佐药，即根据病情需要，与君药性味相反而又能在治疗中起相成作用的药物。

4. 使药 意义有二：一是引经药，即能引方中诸药直达病所的药物；二是调和药，即具有调和方中诸药作用的药物。

临床应用时，不一定每首方剂都具备佐、使药，若病情比较单纯，用一二味药即可奏效，或君、臣药无毒烈之性，有的则不需加用佐药。主病药物能至病所，则不必再用引经的使药。一般君药宜少，臣药可多于君药，佐药可多于臣药，而使药用一二味即可。总之方剂中药味的多少，以及君、臣、佐、使是否齐备，应视病情与治法的需要来确定。恰合病情，用药适宜，配伍严谨，主次分明即可。

（二）方剂的加减变化

方剂的组成既有严格的原则性，又有极大的灵活性，临证组方时必须根据具体病情而灵活化裁。

1. 增减药味 药物是决定方剂功效的主要因素，因此药物的增减必然使方剂的功效发生变化。

药味增减有两种情况。一种是佐、使药的加减，适用于主证未变而次要兼证不同的病例，这种加减变化不至于引起全方功效的根本改变。如银翘散是治疗风热表证的常用方剂，若兼见口渴者，是热伤津液，可加天花粉以生津。另一种是臣药的加减，由于改变了方剂的配伍关系，则全方的功效发生了根本变化，如麻黄汤去臣药桂枝，则发汗力弱，而变为治疗风寒犯肺咳喘的基础方；麻黄汤加白术为臣药后，则成为一君二臣的格局，变成发汗祛风寒湿邪之方。

2. 增减药量　药量是药物在方中药力大小的重要标志之一。方剂的药物组成虽然相同，但用量各异，致使方剂的配伍关系及功用、主治亦不相同。如小承气汤与厚朴三物汤均由大黄、厚朴、枳实三药组成，但前方重用大黄四两为君，为攻下热结之剂，主治阳明腑实证；后方重用厚朴八两为君，为行气消满之方，主治气滞大便不通之证。

3. 剂型变化　方剂的剂型各有特点。同一方剂，若剂型不同，其作用有大小缓峻之别，在主治病情上亦有轻重缓急之分。如理中丸与人参汤，两方组成及用量完全相同，但前者为细末，炼蜜为丸，用于中焦虚寒之轻证，作用较缓和；后者治疗中、上二焦之虚寒较重者，取汤剂以速治。

二、方剂的剂型

剂型是指方剂组成后，根据病情与药物的特点制成一定的形态。传统剂型有汤、丸、散、膏、酒、丹剂和露、锭、条、线、茶等剂型，现在又研制了许多剂型，如片剂、冲剂、糖浆剂、口服液、胶囊剂、颗粒剂、注射剂、气雾剂等。现将常用的剂型介绍如下。

1. 汤剂　是将药物饮片配齐后，用水或黄酒，或水酒各半浸泡后，再煎煮一定时间，去渣取汁而成，一般供内服用，如大承气汤、桂枝汤等。汤剂的特点是吸收快，能迅速发挥药效，特别是便于随证加减，是临床广泛使用的一种剂型。汤剂适用于病情较重或不稳定的患者。但该剂型某些有效成分不易煎出，服用量大，服用时口感欠佳，且不便于携带。

2. 丸剂　是将药物研成细末，加适宜的黏合剂制成的圆形固定剂型。丸剂吸收缓慢，药效持久，而且服用与携带方便，适用于慢性、虚弱性疾病，如十全大补丸、杞菊地黄丸等，亦可用于急救，如安宫牛黄丸、至宝丹等。常用的丸剂有：①蜜丸，是将药物细粉以炼制的蜂蜜为黏合剂制成的丸剂，分为大蜜丸和小蜜丸两种，作用缓和而持久；②水丸，是将药物细粉用冷开水或蒸馏水等为黏合剂制成的小丸，水丸较蜜丸崩解快，易于吸收；③糊丸，是将药物细粉用米糊、面糊、曲糊等为黏合剂制成的小丸，其崩解、溶散慢，内服可延长药效，并能减轻不良反应；④浓缩丸，是将药物煎汁浓缩成膏，再与其他药物细粉混合、粉碎，用水、蜂蜜或药汁制成丸剂，其体积小，服用剂量小，患者易于接受。

3. 散剂　是将药物粉碎，混合均匀，制成粉末状制剂，有内服与外用两种。内服散剂有细末和粗末之分：细末可直接冲服，如七厘散；粗末可加水煮沸取汁服用，如银翘散等。外用散剂一般作为外敷药，掺撒疮面或患病部位，如金黄散等；亦有作吹喉外用，如冰硼散等。散剂的特点是吸收快，制作简单，便于服用及携带，节省药材。

4. 膏剂　是将药物用水或植物油煎熬去渣而制成的剂型，有内服和外用两种。内服膏剂有流浸膏、浸膏、煎膏三种，外用膏剂分软膏和硬膏两种。流浸膏、浸膏多作为中间体，用于调配其他制剂。煎膏是将药物加水反复煎煮去渣浓缩后，加炼蜜或炼糖制成的半液体剂型，多用于慢性虚弱患者，如枇杷膏等。软膏是将药物细粉与适宜的药物基质制成的具有适当黏度的半固体外用制剂，多用于皮肤、黏膜或创面，如外用的三黄软膏等。硬膏又称膏药，是以植物油将药物煎至一定程度，去渣并加入黄丹等冷却制成的外用剂型，可用于跌打损伤、风湿疼痛等。

5. 丹剂　有内服与外用两种。内服丹剂没有固定剂型，有丸剂，亦有散剂，以药品贵重而名之曰丹，如至宝丹等。外用丹剂，是以某些矿物类药经高温烧炼制成的药品，常研粉涂撒疮面，主要供外科用。

6. 酒剂　古称“酒醴”，又称药酒，是将药物置于酒中浸泡，去渣取液供内服或外用。酒有活血通络和助长药效的特性，适用于风湿疼痛、体虚补养和跌打损伤等，如杜仲虎骨酒等。外用有活血消肿止痛的作用。酒剂不适用于阴虚火旺的病证。

7. 露剂 以新鲜的含有挥发性成分的药物为原料，用蒸馏法制成的具有芳香气味的澄明水液，气味清淡，便于口服。一般作为饮料，口感适宜，如金银花露等。

8. 栓剂 是将药物细粉与基质混合制成的具有一定形状的固体制剂，用于腔道并在其间溶解而释放药物，有杀虫止痒、清热解毒、收敛等作用。外用栓剂可减少药物对肝脏的毒副作用及对胃黏膜的刺激作用。

9. 冲剂 是将药材提取加适量赋形剂或部分药物细粉制成的干燥颗粒状制剂，用时以开水冲服。冲剂具有作用迅速、服用方便等特点，如感冒退热冲剂等。

10. 片剂 是将药物细粉或药材提取物与辅料混合压制而成的片状制剂。片剂体积小，用量准确，服用方便，应用广泛。

11. 糖浆剂 是将药物煎煮去渣取汁浓缩后，加入适量蔗糖溶解制成的浓蔗糖水溶液。糖浆制剂具有味甜、量小的特点，尤适用于儿童。

12. 口服液 是将药物用水或其他溶剂提取、精制而成的内服液体制剂。该制剂具有剂量小、吸收较快、口感适宜、服用方便等特点。

13. 注射剂 是将药物经过提取、精制、配制等步骤而制成的灭菌溶液、无菌混悬液，或供配制成液体的无菌粉末。该制剂具有剂量准确、药效迅速、适于急救的特点，对于昏迷及不能口服用药的患者尤为适宜。

14. 茶剂 是由药物粗粉与黏合剂混合制成的固体制剂。使用时将药物置于有盖的容器中，以沸水泡汁代茶服用，故称茶剂。茶剂外形不固定，常制成小方块或饼状。由于茶剂具有一定疗效，制法简单，服用方便，患者乐于采用，如午时茶等。

（吴喜利）

第二节　方剂的分类及常用方剂

方剂的分类，历代不尽相同，包括病证、病因、脏腑、药物组成以及治法或功效等分类方法。本教材遵循以法统方的原则，将所选常用方剂分为解表剂、泻下剂、和解剂、清热剂、祛暑剂、温里剂、表里双解剂、补益剂、安神剂、开窍剂、固涩剂、理气剂、理血剂、治风剂、治燥剂、祛湿剂、治痰剂、其他（消导化积、驱虫、痈疡）剂等类别。

一、解　表　剂

凡以辛散解表药组成为主，具有发汗、解肌、透疹等作用，用以治疗表证的方剂，称解表剂，属八法中的汗法。解表剂主要适用于表证或麻疹未透，以及疮疡、水肿等初起之时，症见恶寒、发热、头痛、身痛、苔薄、脉浮等。解表剂常分为两类：辛温解表剂，适用于表寒证，以麻黄汤为代表方；辛凉解表剂，适用于表热证，以银翘散为代表方。

解表剂多用辛散轻宣之品，故煎药时间不宜太久，以免药性耗散，影响疗效。应用解表剂时，服后取汗，但不可发汗太过，以防损伤正气。

（一）辛温解表剂

麻黄汤（《伤寒论》）

【组成】 麻黄去节，三两（9g）　桂枝去皮，二两（6g）　杏仁去皮尖，七十个（9g）　甘草炙，一两（3g）

【用法】　上四味，以水九升，先煮麻黄，减二升，去上沫，内诸药，煮取二升半，去滓，温服八合。覆取微似汗，不须啜粥，余如桂枝法将息（现代用法：水煎服，温覆取微汗）。

【功用】　发汗解表，宣肺平喘。

【主治】　风寒表实证。症见恶寒发热，头疼身痛，无汗而喘，舌苔薄白，脉浮紧。

【方解】　本方主治病证多由风寒袭表，毛窍闭塞，肺气不宣，营卫不调所致。治宜发汗解表，宣肺平喘。方中麻黄味苦辛，性温，既可发汗解除风寒表邪，又可宣肺平喘，以消除咳喘，为君药。配伍桂枝解肌发汗可助麻黄解表，温通经脉可解肢体疼痛，故为臣药。佐以杏仁降利肺气，与麻黄相伍一宣一降，可增强宣肺平喘之功。使以甘草缓中，制约麻、桂，使发汗不致过猛。

本方发汗作用较强，表虚有汗者、新产妇人、失血患者等均不宜用。

【现代研究】　本方有发汗解热，镇咳、祛痰和平喘，抗哮喘及抗过敏的作用；临床常用于普通感冒、流行性感冒、急性支气管炎、支气管哮喘等属风寒表实证者。

【方歌】　辛温发汗麻黄汤，麻桂杏草共煎尝，恶寒发热头身痛，无汗而喘服之康。

桂枝汤（《伤寒论》）

【组成】　桂枝去皮，三两（9g）　芍药三两（9g）　甘草炙，二两（6g）　生姜切，三两（9g）　大枣擘，十二枚（6g）

【用法】　水煎温服。服已须臾，食热稀粥一碗，以助药力，同时盖以棉被令一时许，遍身漐漐微似有汗者益佳；不可令如水流漓，病必不除。若一服汗出病瘥，停后服。若不汗更服依前法。若病重者，一日一夜服，周时观之，病证犹在者，更作服。禁生冷、黏滑、肉面、五辛、酒酪、臭恶等物（现代用法：水煎服，温覆取微汗）。

【功用】　解肌发表，调和营卫。

【主治】　外感风寒表虚证。头痛发热，汗出恶风，鼻鸣干呕，苔白不渴，脉浮缓或浮弱者。

【方解】　本方证属表虚，腠理不固，且卫强营弱，所以既用桂枝为君药，解肌发表，散外感风寒，又用芍药为臣，益阴敛营。桂、芍相合，一治卫强，一治营弱，合则调和营卫，是相须为用。生姜辛温，既助桂枝解肌，又能暖胃止呕。大枣甘平，既能益气补中，又能滋脾生津。姜、枣相合，还可以升腾脾胃生发之气而调和营卫，所以并为佐药。炙甘草之用有二：一为佐药，益气和中，合桂枝以解肌，合芍药以益阴；一为使药，调和诸药。

【现代研究】　现代医学证实桂枝汤具有调节体温、调节汗腺分泌、调节胃肠蠕动、调节免疫功能等多种功效。临床常用于治疗发热、怕冷或怕风、异常出汗、鼻塞、恶心、呕吐等多种不适症状。

【方歌】　太阳中风桂枝汤，芍药甘草枣生姜。解肌发表调营卫，啜粥温服汗易酿。

九味羌活汤（《此事难知》）

【组成】　羌活（9g）　防风（9g）　苍术（9g）　细辛（3g）　川芎（6g）　香白芷（6g）　生地黄（6g）　黄芩（6g）　甘草（6g）（原著本方无用量）

【用法】　水煎服。

【功用】　发汗祛湿，兼清里热。

【主治】　外感风寒湿邪，内有蕴热证。恶寒发热，无汗，头痛项强，肢体酸楚疼痛，口苦微渴，舌苔白或微黄，脉浮或浮紧。

【方解】　方中羌活辛苦性温，散表寒，祛风湿，利关节，止痹痛，为治太阳风寒湿邪在表之要药，故为君药。防风辛甘性温，为风药中之润剂，祛风除湿，散寒止痛；苍术辛苦而温，功可发汗祛湿，为祛太阴寒湿的主要药物。两药相合，协助羌活祛风散寒，除湿止痛，是为臣药。细辛、白芷、川芎祛风散寒，宣痹止痛，其中细辛善治少阴头痛、白芷善解阳明头痛、川芎长于止少阳厥阴头痛，此三味与羌活、苍术合用，为本方"分经论治"的基本结构。生地黄、黄芩清泄里热，并防诸辛温燥烈之品伤津，以上五药俱为佐药。甘草调和诸药为使。九味配伍，既能统治风寒湿邪，又能兼顾协调表里，共成发汗祛湿，兼清里热之剂。

【现代研究】 现代药理研究发现，本方还可促进、调节免疫功能，具有抗病原微生物、解热、镇痛、抗炎、抗氧化、抗过敏以及增强和改善心功能、改善血液流变学的作用。临床常用于治疗普通感冒、流行性感冒、急性肌炎、风湿性关节炎、偏头痛、腰肌劳损等证属外感风寒湿邪，兼有里热证。

【方歌】 九味羌活防风苍，辛芷芎草芩地黄，发汗祛湿兼清热，分经论治变通良。

小青龙汤（《伤寒论》）

【组成】 麻黄去节，三两（9g） 芍药三两（9g） 细辛三两（3g） 干姜三两（6g） 甘草炙，三两（6g） 桂枝去皮，三两（9g） 五味子半升（9g） 半夏洗，半升（9g）

【用法】 上八味，以水一斗，先煮麻黄，减二升，去上沫，内诸药，煮取三升，去滓，温服一升（现代用法：水煎服）。

【功用】 解表散寒，温肺化饮。

【主治】 外寒内饮证。恶寒发热，头身疼痛，无汗，喘咳，痰涎清稀而量多，胸痞，或干呕，或痰饮喘咳，不得平卧，或身体疼重，头面四肢浮肿，舌苔白滑，脉浮。

【方解】 方中麻黄、桂枝相须为君，发汗散寒以解表邪，且麻黄又能宣发肺气而平喘咳，桂枝化气行水以利里饮之化。干姜、细辛为臣，温肺化饮，兼助麻、桂解表祛邪。然而素有痰饮，脾肺本虚，若纯用辛温发散，恐耗伤肺气，故佐以五味子敛肺止咳、芍药和养营血；半夏燥湿化痰，和胃降逆，亦为佐药。炙甘草兼为佐使之药，既可益气和中，又能调和辛散酸收之品。八味相伍，辛散与酸收相配，散中有收；温化与敛肺相伍，开中有合；解表与化饮同施，表里双解。

【现代研究】 本方在现代临床中被广泛运用，疗效确切，多用于治疗慢性支气管炎、过敏性鼻炎、支气管哮喘、慢性阻塞性肺气肿、肺源性心脏病以及慢性支气管炎急性发作等呼吸系统疾病。

【方歌】 小青龙汤桂芍麻，干姜辛夏草味佳。外束风寒内停饮，散寒化饮效堪夸。

（二）辛凉解表剂

银翘散（《温病条辨》）

【组成】 连翘一两（30g） 金银花一两（30g） 苦桔梗六钱（18g） 薄荷六钱（18g） 竹叶四钱（12g） 生甘草五钱（15g） 荆芥穗四钱（12g） 淡豆豉五钱（15g） 牛蒡子六钱（18g）

【用法】 上杵为散，每服六钱（18g），鲜苇根汤煎，香气大出，即取服，勿过煮。肺药取轻清，过煮则味厚而入中焦矣。病重者，约二时一服，日三服，夜一服；轻者三时一服，日二服，夜一服；病不解者，作再服（现代用法：加入芦根适量，水煎服，用量按原方比例酌情增减）。

【功用】 辛凉透表，清热解毒。

【主治】 温病初起卫分证及风热表证。发热微恶风寒，无汗或有汗不多，头痛口渴，咳嗽咽痛，舌尖红，苔薄黄，脉浮数。

【方解】 本方主治病证由风热邪气或温热病的疫疠毒气，从口鼻或皮毛而入，首先犯肺，使表卫失和，肺失肃降而引起。治宜发散风热，清解热毒。方中重用金银花、连翘辛凉解表，清热解毒，辟秽化浊，为君药。薄荷、牛蒡子辛而性凉，疏散风热，清利头目，解毒利咽；荆芥穗、淡豆豉辛而微温，助君药宣散在表之邪，共为臣药。芦根、竹叶清热生津，桔梗开宣肺气而止咳利咽，同为佐药。生甘草调和诸药，护胃安中，又可助桔梗清利咽喉，是为佐使药。

本方所用药物均系轻清之品，用法强调“香气大出，即取服，勿过煮”，既为解表剂煎煮火候之通则，又体现了吴鞠通“治上焦如羽，非轻莫举”的用药原则。

【现代研究】 本方有发汗、解热、抗病原微生物、抗炎、抗过敏的作用；临床常用于急性发热性疾病的初起阶段，如感冒、流行性感冒、急性扁桃体炎、上呼吸道感染、肺炎、麻疹、流行性脑膜炎、乙型脑炎、腮腺炎等辨证属温病初起，邪郁肺卫者。治皮肤病，如风疹、荨麻疹、疮疡痈肿，亦多用之。

【方歌】 辛凉解表银翘散，竹叶荆牛薄荷甘，豆豉桔梗芦根入，风热外感服之安。

麻黄杏仁甘草石膏汤（《伤寒论》）

【组成】 麻黄去节，四两（9g）　杏仁去皮尖，五十个（9g）　甘草炙，二两（6g）　石膏碎，绵裹，半斤（18g）

【用法】 上四味，以水七升，煮麻黄，减二升，去上沫，内诸药，煮取二升，去滓。温服一升（现代用法：水煎服）。

【功用】 辛凉疏表，清肺平喘。

【主治】 外感风邪，邪热壅肺证。身热不解，有汗或无汗，咳逆气急，甚则鼻煽，口渴，舌苔薄白或黄，脉浮而数。

【方解】 方中麻黄辛温，宣肺平喘，解表散邪。《本草正义》曰："麻黄轻清上浮，专疏肺郁，宣泄气机，是为治外感第一要药。虽曰解表，实为开肺；虽曰散寒，实为泄邪。风寒固得之而外散，即温热亦无不赖之以宣通。"石膏辛甘大寒，清泄肺热以生津。二药相伍，一以宣肺为主，一以清肺为主，合而用之，既宣散肺中风热，又清宣肺中郁热，共为君药。石膏倍于麻黄，相制为用。全方主以辛凉，麻黄得石膏，宣肺平喘而不助热；石膏得麻黄，清解肺热而不凉遏。杏仁苦温，宣利肺气以平喘咳，与麻黄相配则宣降相因，与石膏相伍则清肃协同，是为臣药。炙甘草既能益气和中，又防石膏寒凉伤中，更能调和于寒温宣降之间，为佐使药。四药相伍，辛温与寒凉并用，宣肺而不助热，清肺而不凉遏。

【现代研究】 本方临床报道也见于治疗盗汗、眼疾、郁证、喉头水肿、老年慢性喘咳、鼻窦炎等证属肺热郁闭的病症。现代药理研究证实麻黄杏仁甘草石膏汤有抗病毒、解热、平喘、镇咳、祛痰、利尿、镇静等多种作用。

【方歌】 仲景麻杏甘石汤，辛凉宣肺清热凉，邪热壅肺咳喘急，有汗无汗均可尝。其他解表剂见表9-1。

表 9-1　其他解表剂

分类	方剂名称	药物组成	功用	主治
辛温解表剂	大青龙汤（《伤寒论》）	麻黄、桂枝、炙甘草、杏仁、石膏、生姜、大枣	发汗解表，兼清里热	1. 外感风寒，内有郁热证。恶寒发热，头身疼痛，不汗出而烦躁，脉浮紧 2. 溢饮。身体疼重，或四肢浮肿，恶寒身热，无汗，烦躁，脉浮紧
辛凉解表剂	桑菊饮（《温病条辨》）	桑叶、菊花、杏仁、连翘、薄荷、桔梗、生甘草、芦根	疏风清热，宣肺止咳	风温初起，邪客肺络证。但咳，身热不甚，口微渴，脉浮数
	柴葛解肌汤（《伤寒六书》）	柴胡、干葛、甘草、黄芩、羌活、白芷、芍药、桔梗	解肌清热	外感风寒，郁而化热证。恶寒渐轻，身热增盛，无汗头痛，目疼鼻干，心烦不眠，咽干耳聋，眼眶痛，舌苔薄黄，脉浮微洪

二、泻　下　剂

凡以泻下药组成为主，具有通便、泻热、攻积、逐水等作用，治疗里实证的方剂，称为泻下剂，属八法中的下法。泻下剂主要分为四类：①寒下剂，适用于里热积滞实证，以大承气汤为代表方；②温下剂，适用于里寒积滞实证，以温脾汤为代表方；③润下剂，适用于肠燥津亏，大便秘结之证，以麻子仁丸为代表方；④逐水剂，适用于水饮壅盛于里的实证，以十枣汤为代表方。

应用泻下剂，必待表邪已解，里实已成。若表邪未解，而里实已成，可表里双解。年老体弱者、孕妇、产妇及病后体虚者，均应慎用或禁用。泻下剂易伤胃气，中病即止。

（一）寒下剂

大承气汤（《伤寒论》）

【组成】 大黄酒洗，四两（12g） 厚朴去皮，炙，半斤（24g） 枳实炙，五枚（12g） 芒硝三合（9g）

【用法】 先煮枳实、厚朴，大黄后下，去渣，取药汁冲服芒硝。一剂药一般需分两次温服。若患者大便已下，余药勿服（现代用法：水煎服。先煎枳实、厚朴，后下大黄，溶服芒硝）。

【功用】 峻下热结。

【主治】 阳明腑实证。大便秘结，腹胀满或腹痛拒按，矢气频作，日晡潮热，神昏谵语，手足濈然汗出，舌苔黄燥起刺，脉沉实，或下利稀水臭秽，脐腹疼痛，按之有硬块，口干舌燥，脉滑数，或里热实证之热厥、痉病或发狂。

【方解】 本方为寒下的常用代表方剂，证属病邪入里化热，与肠中燥屎相结的阳明腑实证。方中大黄苦寒，泻热通便，荡涤肠胃邪热积滞，为君药。芒硝咸寒泻热，软坚润燥通便，为臣药。君、臣相须为用，则峻下热结之力增强。厚朴苦温下气，枳实苦辛破结，两药消痞除满，破气散结，助大黄、芒硝推荡积滞、通降腑气，为佐使药。本方治证虽然表现复杂多样，如热厥、痉病、发狂、热结旁流等，但皆由里热结滞、腑气不通所致，故用本方峻下热结，以存阴救阴，体现了“釜底抽薪、急下存阴”之法。

使用本方时，应以痞（心下闷塞坚硬）、满（胸胁脘腹胀满）、燥（肠有燥粪，干结不下）、实（腹中硬痛、痛而拒按；大便不通或下利清水而腹中硬满不减）四症及苔黄、脉实为依据。

本方取名承气，是取其有泻热结，承顺胃气之下行，可使塞者通、闭者畅之意。

【现代研究】 本方有调节肠蠕动、影响消化功能、改善肺水肿的作用，临床常用于急性单纯性肠梗阻、急性胆囊炎、急性阑尾炎、急性胰腺炎等属阳明腑实证者。

【方歌】 大承气汤用硝黄，配伍枳朴泻力强，阳明腑实真阴灼，峻下热结宜此方。

附方

1. 小承气汤（《伤寒论》）

【组成】 大黄酒洗，四两（12g） 厚朴去皮，炙，二两（6g） 枳实炙，三枚大者（9g）

【用法】 以水四升，煮取一升二合，去滓，分温二服。初服汤，当更衣，不尔者，尽饮之。若更衣者，勿服之。

【功用】 轻下热结。

【主治】 阳明腑实证。谵语，便秘，潮热，胸腹痞满，舌苔老黄，脉滑数，或痢疾初起，腹中胀痛，里急后重等。

2. 调胃承气汤（《伤寒论》）

【组成】 大黄去皮，清酒洗，四两（12g） 甘草炙，二两（6g） 芒硝半升（9g）

【用法】 以水三升，煮二物至一升，去滓，内芒硝，更上微火一二沸，温顿服之，以调胃气。

【功用】 缓下热结。

【主治】 阳明病，胃肠燥热证。大便不通，口渴心烦，蒸蒸发热，或腹中胀满，或为谵语，舌苔正黄，脉滑数，以及胃肠热盛而致发斑吐衄、口齿咽喉肿痛等。

（二）温下剂

温脾汤（《备急千金要方》）

【组成】 当归 干姜各三两（各9g） 附子 人参 芒硝各二两（各6g） 大黄五两（15g） 甘草二两（6g）

【用法】 上七味，㕮咀，以水七升，煮取三升，分服，日三（现代用法：水煎服，后下大黄）。

【功用】　攻下寒积，温补脾阳。

【主治】　脾阳不足。寒积便秘，或久痢赤白，腹部冷痛、绞痛，手足不温，口不渴，苔白，脉沉弦而迟。

【方解】　本方用于因脾阳不足而寒实冷积阻于肠间所致诸证。若寒湿久留，冷积不化，可导致脾气虚弱，而见下利赤白不止，不通则痛；腹痛而手足不温，脉沉弦，皆为中气虚寒，冷积内停之象。此时，单纯温补脾阳，虽可去里寒，但积滞难去；单纯予以攻下，则更伤中阳，寒积也未必得去。故方中附子温脾阳以散寒凝，大黄泻下攻逐除积滞，二者相配，具有温下之功，共为君药。芒硝润肠软坚，助大黄泻下攻积，干姜温中助阳，助附子温阳祛寒，共为臣药。人参、当归益气养血，使下不伤正，共为佐药。甘草既助人参益气，又能调和药性，为佐使药。诸药合用，使积滞得下，寒邪得去，脾阳得复，则诸症可愈。

【现代研究】　本方有调节脂代谢紊乱、保护肾脏的作用，临床常用于急性单纯性肠梗阻或不完全梗阻、蛔虫性腹痛、慢性结肠炎、肝硬化腹水、慢性肾炎、尿毒症等属中阳虚寒、冷积内停的腹痛者。

【方歌】　温脾附子大黄硝，当归干姜人参草，攻下寒积温脾阳，阳虚寒积腹痛疗。

（三）润下剂

麻子仁丸（《伤寒论》）

【组成】　麻子仁二升（20g）　芍药半斤（9g）　枳实炙，半斤（9g）　大黄去皮，一斤（12g）　厚朴炙，去皮，一尺（9g）　杏仁去皮尖，熬，别作脂，一升（10g）

【用法】　上六味，蜜和丸，如梧桐子大，饮服十丸，日三服，渐加，以知为度（现代用法：药研为末，炼蜜为丸，每次 9g，每日 1～2 次，温开水送服；亦可作汤剂，水煎服）。

【功用】　润肠泻热，行气通便。

【主治】　脾约证。肠胃燥热，脾津不足，大便秘结，小便频数，脘腹胀痛，舌红苔黄，脉数。

【方解】　方中火麻仁润肠通便，为君药。杏仁入肺与大肠经，上肃肺气，下润大肠，以降肺润肠；芍药养阴敛津，柔肝理脾，共为臣药。大黄苦寒泄热，攻积通便；枳实下气破结；厚朴行气除满，共用以加强降泄通便之力，同为佐药。本方以蜂蜜为丸，取其甘缓润肠，既助麻子仁润肠通便，又缓小承气汤攻下之力，兼为使药。

【现代研究】　本方具有润滑肠道、促进蠕动的通便作用。现代药理研究表明，其成分中的油脂和纤维素等成分能够增加肠道润滑度，促进肠道蠕动，从而缓解便秘。临床常用于治疗肠燥便秘、习惯性便秘、产后便秘、痔疮术后便秘等患者。

【方歌】　麻子仁丸小承气，杏芍麻仁治便秘，胃热津亏解便难，润肠通便脾约济。

（四）逐水剂

十枣汤（《伤寒论》）

【组成】　芫花熬　甘遂　大戟各等分

【用法】　三味等分，各别捣为散。以水一升半，先煮大枣肥者十枚，取八合去滓，内药末。强人服一钱匕，羸人服半钱，温服之，平旦服。若下后病不除者，明日更服，加半钱，得快下利后，糜粥自养（现代用法：三味药研细末，或装入胶囊，每次服用 0.5～1g，每日 1 次，以大枣 10 枚煎汤送服，在清晨空腹服，得快下利后，糜粥自养）。

【功用】　攻逐水饮。

【主治】

（1）悬饮。咳唾胸胁引痛，心下痞硬，干呕短气，头痛目眩，胸背掣痛不得息，舌苔滑，脉沉弦。

（2）水肿。一身悉肿，尤以身半以下肿甚，腹胀喘满，二便不利。

【方解】 方中甘遂、大戟、芫花三药逐水力猛，且有毒，但各有所长，甘遂善逐经隧之水湿；大戟善泻脏腑之水邪；芫花善消胸胁伏饮痰癖。三药合而用之，将胸腹积水攻逐体外，疗效迅速。用大枣10枚煎汤送服，一则取其甘缓之性，既缓其烈性，又制其毒性；二则益气护胃，使下不伤正；三则培土制水，邪正兼顾。寓有深意，故以“十枣”名之。

【现代研究】 本方具有润滑肠道、促进蠕动的通便作用。现代药理研究表明，其成分中的油脂和纤维素等成分能够增加肠道润滑度，促进肠道蠕动，从而缓解便秘。临床常用于治疗肠燥便秘、习惯性便秘、产后便秘、痔疮术后便秘等患者。以及常用于治疗渗出性胸膜炎、肝硬化腹水、肾炎水肿，以及晚期血吸虫病所致的腹水等属水饮内停里实证者。

【方歌】 十枣逐水效堪夸，大戟甘遂与芫花，悬饮内停胸胁痛，水肿腹胀用无差。

其他泻下剂见表9-2。

表9-2 其他泻下剂

分类	方剂名称	药物组成	功用	主治
寒下剂	大陷胸汤（《伤寒论》）	大黄、芒硝、甘遂	泻热逐水	大结胸证。心下疼痛，拒按，按之硬，或心下至少腹硬满疼痛而不可近，大便结，日晡潮热，或短气烦躁，舌上燥而渴，脉沉紧，按之有力
温下剂	大黄附子汤（《金匮要略》）	大黄、附子、细辛	温里散寒，通便止痛	寒积里实证。腹痛便秘，胁下偏痛，发热，畏寒肢冷，舌白腻，脉弦紧
润下剂	济川煎（《景岳全书》）	当归、牛膝、肉苁蓉、泽泻、升麻、枳壳	温肾益精，润肠通便	肾虚便秘。大便秘结，小便清长，腰膝酸冷，舌淡白，脉沉迟
逐水剂	禹功散（《儒门事亲》）	黑牵牛、茴香或加木香	逐水通便，行气消肿	阳水。遍身水肿，腹胀喘满，大便秘结，小便不利，脉沉有力

三、和解剂

凡具有和解少阳、调和肝脾、调和寒热等作用，治疗邪在少阳、肝脾不和、肠胃不和、寒热错杂以及表里同病等证的方剂，称为和解剂，属八法中的和法。和解剂分为三类：①和解少阳剂，适用于邪在少阳，以小柴胡汤为代表方；②调和肝脾剂，适用于肝气郁结，肝脾失调，以逍遥散为代表方；③调和肠胃剂，适用于肠胃气机失调，以半夏泻心汤为代表方。

凡邪在肌表，未入少阳，或邪已入里，皆不宜使用和解剂。

（一）和解少阳剂

小柴胡汤（《伤寒论》）

【组成】 柴胡半斤（24g） 黄芩三两（9g） 人参三两（9g） 甘草炙，三两（9g） 半夏洗，半升（9g） 生姜切，三两（9g） 大枣擘，十二枚（4枚）

【用法】 上七味，以水一斗二升，煮取六升，去滓，再煎，取三升，温服一升，日三服（现代用法：水煎服）。

【功用】 和解少阳。

【主治】

（1）伤寒少阳证。寒热往来，胸胁苦满，默默不欲饮食，心烦喜呕，口苦，咽干，目眩，舌苔薄白，脉弦。

（2）热入血室证。妇人伤寒，经水适断，寒热发作有时。

（3）黄疸、疟疾及内伤杂病见少阳证者。

【方解】 本方所治少阳病为伤寒邪传少阳，邪正相争于半表半里所致。本方为和解少阳的主方。方中柴胡苦辛微寒，轻清升散，清解透达少阳半表之邪，并能疏泄气机之郁滞，为君药。黄芩苦寒，清少阳半里之热，为胆经要药，与柴胡配伍，具有较好的和解清热作用，是为臣药。半夏、生姜和胃降逆止呕，人参、大枣益气健脾，扶正祛邪，皆为佐药。炙甘草助参、枣扶正，并调和诸药，为使药。诸药合用，以和解少阳为主，兼补胃气，使半表半里之邪得解，少阳枢机得利，上焦通而胃气和，则诸症自除。

【现代研究】 本方有解热、抗炎和抗菌、抗病毒作用；对免疫功能的影响包括促进B淋巴细胞成熟，促进机体产生抗体，显著提高体液免疫和非特异性免疫的能力；对肝胆系统的作用包括对肝损伤的保护作用和对肝细胞再生能力的影响；对胃肠道的影响包括对肠管蠕动有增强作用，对胃黏膜损伤有明显的抑制作用；具有抗纤维化作用；调节内分泌，对垂体-肾上腺皮质系统有双向调节作用；还具有抗衰老、抗肿瘤作用。临床常用于普通感冒、流行性感冒、急性胸膜炎、疟疾、慢性肝炎、肝硬化、胆汁反流性胃炎、急慢性胆囊炎、急性胰腺炎、急性乳腺炎、急性肾盂肾炎、膀胱炎、产褥热、睾丸炎等属少阳证者。

【方歌】 小柴胡汤和解功，半夏人参甘草从，更用黄芩加姜枣，少阳百病此为宗。

达原饮（《温疫论》）

【组成】 槟榔二钱（6g）　厚朴一钱（3g）　草果仁五分（1.5g）　知母一钱（3g）　芍药一钱（3g）　黄芩一钱（3g）　甘草五分（1.5g）

【用法】 上用水二盅，煎八分，午后温服（现代用法：水煎服）。

【功用】 开达膜原，辟秽化浊。

【主治】 瘟疫或疟疾，邪伏膜原证。憎寒壮热，或一日三次，或一日一次，发无定时，胸闷呕恶，头痛烦躁，脉弦数，舌边深红，舌苔垢腻，或苔白厚如积粉。

【方解】 方用槟榔辛散湿邪，化痰破结，使邪速溃，为君药。厚朴芳香化浊，理气祛湿；草果仁辛香化浊，辟秽止呕，宣透伏邪，共为臣药。以上三药气味辛烈，可直达膜原，逐邪外出。凡温热疫毒之邪，最易化火伤阴，故用芍药、知母清热滋阴，并可防诸辛燥药之耗散阴津；黄芩苦寒，清热燥湿，共为佐药。配以甘草生用为使者，既能清热解毒，又可调和诸药。全方合用，共奏开达膜原、辟秽化浊、清热解毒之功，可使秽浊得化，热毒得清，阴津得复，则邪气溃散，速离膜原，故以"达原饮"名之。

【现代研究】 本方具有抗病毒、抗炎、增强免疫功能的作用，能有效改善外感热病、邪郁膜原的症状。临床常用于治疗病毒性感冒等属于邪伏膜原者，对于缓解发热、咳嗽、头痛等症状有显著效果。

【方歌】 达原草果槟厚朴，知母黄芩芍甘佐，辟秽化浊达膜原，邪伏膜原寒热作。

（二）调和肝脾剂

逍遥散（《太平惠民和剂局方》）

【组成】 甘草微炙赤，半两（4.5g）　当归去苗，锉，微炒　茯苓去皮，白者　芍药白者　白术　柴胡去苗，各一两（各9g）

【用法】 为粗末，每服6g，加煨姜9g，薄荷少许，同煎服；亦可作汤剂，水煎服，用量按原方比例酌减；或为细末，水泛为丸，每服6g，每日两次。

【功用】 疏肝解郁，养血健脾。

【主治】 肝郁血虚证。两胁作痛，胸闷嗳气，头痛目眩，口燥咽干，神疲食少，或月经不调、乳房胀痛，舌淡红，脉弦细。

【方解】 方中以柴胡疏肝解郁，使肝郁得以条达，为君药。当归甘辛苦温，养血和血，且其味辛散，乃血中气药；白芍酸苦微寒，养血敛阴，柔肝缓急；归、芍与柴胡同用，补肝体而助肝用，使血和则肝和，血充则肝柔，共为臣药。木郁则土衰，肝病易传脾，故以白术、茯苓、甘草健脾益气，非但实土以御木乘，且使营血生化有源，共为佐药。用法中加薄荷少许，疏散郁遏之气，透达肝经郁热；烧生姜降逆和中，且能辛散达郁，亦为佐药。柴胡引药入肝，甘草调和药性，二者兼使药之用。所谓“肝苦急，急食甘以缓之……脾欲缓，急食甘以缓之……肝欲散，急食辛以散之”（《素问·脏气法时论》），可使肝郁得疏，血虚得养，脾弱得复，气血兼顾，肝脾同调，立法周全，组方严谨，故为调肝养血健脾之名方。

【现代研究】 本方有保肝、抗抑郁以及缓解胃肠道痉挛的作用；临床常用于慢性肝炎、肝硬化、胆囊炎、胆石症、胃及十二指肠溃疡、胃肠神经症、经前紧张征、乳腺增生症、更年期综合征、盆腔炎、子宫肌瘤等属肝郁血虚脾弱者。

【方歌】 逍遥散用当归芍，柴苓术草姜薄荷，两胁作痛饮食少，疏肝养血治脾弱。

四逆散（《伤寒论》）

【组成】 甘草炙　枳实破，水渍，炙干　柴胡　芍药各十分（各6g）

【用法】 上四味，各十分，捣筛，白饮和，服方寸匕，日三服（现代用法：水煎服）。

【功用】 透邪解郁，疏肝理脾。

【主治】

（1）阳郁厥逆证。症见手足不温，或身微热，或咳，或悸，或小便不利，或腹中痛，或泄利下重，四肢厥逆，脉弦。

（2）肝脾不和证。症见胁肋胀闷，脘腹疼痛，胸腹疼痛，泄利下重，脉弦。

【方解】 方中柴胡入肝胆经，升发阳气，疏肝解郁，透邪外出，为君药。芍药敛阴，养血柔肝，为臣药，与柴胡合用，以补养肝血，条达肝气，可使柴胡升散而无耗伤阴血之弊；且二者恰适肝体阴用阳之性，为疏肝法之基本配伍。佐以枳实理气解郁，泄热破结，与柴胡为伍，一升一降，增舒畅气机之功，并奏升清降浊之效；与芍药相配，又能理气和血，使气血调和。甘草调和诸药，益脾和中。四药配伍，疏柔相合，以适肝性；升降同用，肝脾并调，共奏透邪解郁、疏肝理脾之效，使邪去郁解，气血调畅，清阳得升，四逆自愈。原方用白饮（米汤）和服，亦取中气和则阴阳之气自相顺接之意。

【现代研究】 现代适用于慢性肝炎、胆囊炎、胆石症、胆道蛔虫病、肋间神经痛、胃溃疡、胃炎、胃肠神经官能症、附件炎、输卵管阻塞、急性乳腺炎等属肝胆气郁、肝脾（或胆胃）不和者。

【方歌】 四逆散中用柴胡，芍药枳实甘草须，此是阳郁成厥逆，疏和抑郁厥自除。

（三）调和肠胃剂

半夏泻心汤（《伤寒论》）

【组成】 半夏洗，半升（12g）　黄芩　干姜　人参各三两（各9g）　黄连一两（3g）　大枣擘，十二枚（4枚）　甘草炙，三两（9g）

【用法】 上七味，以水一斗，煮取六升，去滓，再煎，取三升，温服一升，日三服（现代用法：水煎服）。

【功用】 寒热平调，散结除痞。

【主治】 寒热互结之痞证。心下痞满、满而不痛，呕吐，肠鸣下利，舌苔腻而微黄。

【方解】 此方治疗系小柴胡汤证误行泻下，损伤中阳，少阳邪热乘虚内陷，以致寒热错杂，而成心下痞。方中以辛温之半夏为君，散结除痞，又善降逆止呕。臣以辛热之干姜以温中散寒；黄芩、黄连之苦寒以泄热开痞。以上四味相伍，具有寒热平调，辛开苦降之用。然寒热错杂，又缘于中虚失运，故方中又以人参、大枣甘温益气，以补脾虚，为佐药。使以甘草补脾和中而调诸药。

【现代研究】 本方有镇咳、抗炎、调节免疫等作用。现代药理研究表明，其成分中的半夏可抑制咳嗽中枢，缓解咳嗽症状；黄连、黄芩等具有抗炎作用，能够降低炎症反应；该方剂还能够调节免疫功能，增强机体抵抗力。临床常用于治疗急慢性胃肠炎、慢性结肠炎、慢性肝炎、早期肝硬化等属中气虚弱，寒热互结者。

【方歌】　半夏泻心黄连芩，干姜甘草与人参，大枣和之治虚痞，法在降阳而和阴。

附方

1. 生姜泻心汤（《伤寒论》）

【组成】　生姜切，四两（12g）　甘草炙，三两（9g）　人参三两（9g）　干姜一两（3g）　黄芩三两（9g）　半夏洗，半升（9g）　黄连一两（3g）　大枣擘，十二枚（4枚）

【用法】　上八味，以水一斗，煮取六升，去滓再煎取三升，温服一升，每日三次。

【功用】　和胃消痞，散结除水。

【主治】　伤寒汗后，胃阳虚弱，水饮内停，心下痞硬，肠鸣下利；妊娠恶阻，噤口痢。现用于胃下垂、胃扩张、慢性胃炎等属胃阳虚弱，水饮内停者。

2. 甘草泻心汤（《伤寒论》）

【组成】　甘草炙，四两（12g）　人参　干姜　黄芩各三两（各9g）　黄连一两（3g）　大枣擘，十二枚（4枚）　半夏洗，半升（9g）

【用法】　上七味，以水一斗，煮取六升，去滓再煎取三升，温服一升，每日三次。

【功用】　益气和胃，消痞止呕。

【主治】　主治伤寒痞证，胃气虚弱，腹中雷鸣，下利，水谷不化，心下痞硬而满，干呕心烦不得安；狐惑病。

其他和解剂见表9-3。

表9-3　其他和解剂

分类	方剂名称	药物组成	功用	主治
和解少阳剂	蒿芩清胆汤（《重订通俗伤寒论》）	青蒿、竹茹、半夏、茯苓、黄芩、枳壳、陈皮、碧玉散（滑石、甘草、青黛）	清胆利湿，和胃化痰	少阳湿热痰浊证。寒热如疟，寒轻热重，口苦闷，吐酸苦水，或呕黄涎而黏，甚则干呕呃逆，胸胁胀痛，小便黄少，舌红苔白腻，间现杂色，脉数而右滑左弦
调和肝脾剂	痛泻要方（《丹溪心法》）	炒白术、炒芍药、炒陈皮、防风	补脾柔肝，祛湿止泻	脾虚肝郁之痛泻。肠鸣腹痛，大便泄泻，泻必腹痛，泻后痛缓，舌苔薄白，脉两关不调，左弦而右缓者

四、清　热　剂

凡以清热药组成为主，具有清热、泻火、凉血、解毒、滋阴透热等作用，用以治疗里热证的方剂，称为清热剂，属八法中的清法。温、火、热三者，同属阳邪，一般有温感为热、热极似火的区别，实际是程度不同，其属性则一，故此三者统属里热证。清热剂主治里热证，但里热证有在气分、血分之异，实热、虚热之分及脏腑偏胜之殊，故清热剂分为六类：①清气分热剂，适用于热在气分证，以白虎汤为代表方；②清营凉血剂，适用于热邪深入营分、血分之证，以清营汤为代表方；③气血两清剂，适用于气热炽盛、热入营血，气血两燔之证，以清瘟败毒饮为代表方；④清热解毒剂，适用于温毒、热毒、丹毒、疔毒等证，以黄连解毒汤为代表方；⑤清脏腑热剂，适用于热邪偏盛于某一脏腑，以龙胆泻肝汤为代表方；⑥清虚热剂，适用于热病后期，邪热耗阴，邪不得解之证，以青蒿鳖甲汤为代表方。

使用清热剂的原则，是在表证已解，热已入里，但尚未结实的情况下使用；若邪热仍在表，应解表；里热已成腑实，则宜攻下。使用时需注意寒凉药物容易伤胃，必要时配伍护胃之品。

（一）清气分热剂

白虎汤（《伤寒论》）

【组成】　石膏碎，一斤（50g）　知母六两（18g）　甘草炙，二两（6g）　粳米六合（9g）

【用法】 上四味，以水一斗，煮，米熟汤成，去滓，温服一升，日三服（现代用法：水煎，米熟汤成，温服）。

【功用】 清热生津。

【主治】 阳明气分热盛证。壮热面赤，烦渴饮冷，汗出恶热，尿黄，舌红苔黄，脉洪大或滑数。

【方解】 本方主治阳明热盛及温病邪在气分之证。方中石膏辛甘大寒，清热泻火除烦，为清泻气分实热之要药，故为君药。知母苦寒质润，清热生津，为臣药。甘草、粳米和胃护津，以防寒凉伤中，为佐使药。四药合用，以辛寒清气分热为主，辅以生津益胃，使热去津复。对石膏用量皆主张偏重，方能生效。

使用本方应该注意：表证未解的无汗发热、口不渴者，脉见浮细或沉者，血虚发热、脉洪不胜重按者，真寒假热的阴盛格阳证等均不可妄投。

本方适应证一般以“四大”（身大热、口大渴、大汗出、脉洪大）典型症状为依据。

【现代研究】 本方有解热、抗感染作用，临床常用于治疗普通感冒、流行性感冒、大叶性肺炎、流行性乙型脑炎、流行性出血热、牙龈炎等属气分热盛者。

【方歌】 白虎膏知甘草粳，辛寒清热津能生，热渴汗出脉洪数，气分大热此方清。

（二）清营凉血剂

清营汤（《温病条辨》）

【组成】 犀角三钱（水牛角代，30g） 生地黄五钱（15g） 玄参三钱（9g） 竹叶心一钱（3g） 麦冬三钱（9g） 丹参二钱（6g） 黄连一钱五分（5g） 金银花三钱（9g） 连翘连心用，二钱（6g）

【用法】 上药，水八杯，煮取三杯，日三服（现代用法：作汤剂，水牛角镑片先煎，后下余药）。

【功用】 清营解毒，透热养阴。

【主治】 热入营分证。身热夜甚，口渴或不渴，神烦少寐，谵语，目喜开或闭不一，斑疹隐隐，舌绛干，脉数。

【方解】 方用苦咸寒之犀角（现用水牛角代）清解营分之热毒。热伤营阴，又以生地黄清热凉血养阴，麦冬清热养阴生津，玄参滋阴降火解毒，三药既可甘寒养阴保津，又可助犀角清营凉血解毒。四药相配，苦咸寒与甘寒并用，清营热而养营阴，祛邪扶正兼顾。温邪初入营分，尚有外泄之机，故用金银花、连翘清热解毒，轻清透泄，促使营分热邪向外从气分透泄而解，此即叶桂所云“入营犹可透热转气”；竹叶清心除烦，黄连清心解毒，丹参清热凉血，并能活血散瘀，可防热与血结，深陷血分。诸药相伍，辛苦甘寒以滋养清解，透热转气以入营清散，共成清营养阴透热之功。

【现代研究】 本方有清营解毒、透热养阴的作用。现代研究表明，其成分中的黄连能够抑菌抗炎；同时，方剂中的其他成分能够透热养阴，改善热邪深侵入体的症状。临床常用于治疗乙型脑炎、败血症、肠伤寒等热性疾病。

【方歌】 清营汤治热传营，身热夜甚神不宁，角地银翘玄连竹，丹麦清热更护阴。

（三）气血两清剂

清瘟败毒饮（《疫疹一得》）

【组成】 生石膏大剂六两至八两（180～240g）；中剂二两至四两（60～120g）；小剂八钱至一两二钱（24～36g） 小生地大剂六钱至一两（18～30g）；中剂三钱至五钱（9～15g）；小剂二钱至四钱（6～12g） 乌犀角（水牛角代）大剂六钱至八钱（18～24g）；中剂三钱至四钱（9～12g）；小剂二钱至四钱（6～12g） 真川连大剂四钱至六钱（18～24g）；中剂二钱至四钱（6～12g）；小剂一钱至钱半（3～4.5g） 生栀子 桔梗 黄芩 知母 赤芍 玄参 连翘 竹叶 甘草 牡丹皮（各6g）（以上十味，原著本方无用量）

【用法】　先煮石膏数十沸，后下诸药，犀角（水牛角代）磨汁和服（现代用法：水煎服）。

【功用】　清热解毒，凉血泻火。

【主治】　温病气血两燔证。大热渴饮，头痛如劈，干呕狂躁，谵语神糊，视物昏瞀，或发斑疹，或吐衄，四肢或抽搐，或厥逆，舌绛唇焦，脉沉细而数（偏正虚邪重），或沉数（偏在里），或浮大而数（偏在表）。

【方解】　方中重用生石膏直清胃热。胃是水谷之海，十二经的气血皆禀于胃，所以胃热清则十二经之火自消。石膏配知母、甘草，有清热保津之功，加以连翘、竹叶，轻清宣透，清透气分表里之热毒；再加芩、连、栀子（即黄连解毒汤法）通泄三焦，可清泄气分上下之火邪。诸药合用，目的清气分之热。犀角、生地黄、赤芍、牡丹皮共用，为犀角地黄汤法，专于凉血解毒，养阴化瘀，以清血分之热。以上三方合用，则气血两清的作用尤强。此外，玄参、桔梗、甘草、连翘同用，还能清润咽喉；竹叶、栀子同用则清心利尿，导热下行。综合本方诸药的配伍，对疫毒火邪，充斥内外，气血两燔的证候，确为有效的良方。

【现代研究】　本方现代药理研究显示，其成分中的连翘具有清热解毒作用，能够降低体内炎症反应；方剂中的其他成分能够凉血泻火，改善热毒内盛。临床常用于缓解干呕狂躁、谵语神昏、视物错瞀、斑疹或吐血、抽搐等症状，治疗流行性感冒、急性扁桃体炎等外感热病。

【方歌】　清瘟败毒连地芩，丹石栀甘竹叶寻，犀角玄翘知芍桔，气血两清火毒劫。

（四）清热解毒剂

黄连解毒汤（《外台秘要》）

【组成】　黄连三两（9g）　黄芩　黄柏各二两（各6g）　栀子擘，十四枚（9g）

【用法】　上四味切，以水六升，煮取二升，分二服（现代用法：水煎服）。

【功用】　泻火解毒。

【主治】　实热火毒，三焦热毒证。大热烦躁，口燥咽干，错语不眠，或热病吐血、衄血，或热甚发斑、身热下利、湿热黄疸，外科痈疡疔毒，小便黄赤，舌红苔黄，脉数有力。

【方解】　本方证乃实热火毒，充斥三焦所致。燥热错语，是火毒内盛，表里皆热，神明被扰而致；吐衄、发斑，是血为热迫，随火上逆，或热伤络脉，外溢肌肤；黄疸为郁热熏蒸外越；痈肿疔毒，为热毒壅滞肌肉而致。

方中以大苦大寒之黄连清泻心火为君，兼泻中焦之火。臣以黄芩清上焦之火。佐以黄柏泻下焦之火，栀子清泻三焦之火，导热下行，引邪热从小便而出。四药合用，苦寒直折，三焦之火邪去而热毒解，诸症可愈。

【现代研究】　本方有解热、抗菌、抗感染作用，临床常用于败血症、脓毒血症、痢疾、肺炎、尿路感染、流行性脑脊髓膜炎、乙型脑炎以及感染性炎症等属热毒证患者。

【方歌】　黄连解毒用四味，黄芩黄柏栀子备，烦躁大热呕不眠，吐衄斑黄皆可为。

五味消毒饮（《医宗金鉴》）

【组成】　金银花三钱（30g）　野菊花　蒲公英　紫花地丁　紫背天葵子各一钱二分（各12g）

【用法】　水二盅，煎八分，加无灰酒半盅，再滚二三沸时热服。去渣，如法再煎服，被盖出汗为度（现代用法：水煎服，加酒一二匙和服，取汗）。

【功用】　清热解毒，消散疔疮。

【主治】　火毒结聚之疔疮。疔疮初起，发热恶寒，疮形似粟，坚硬根深，状如铁钉，以及痈疡疖肿，局部红肿热痛，舌红苔黄，脉数。

【方解】　方中金银花清热解毒，清宣透邪，为君药。蒲公英长于清热解毒，兼能消痈散结，《本草正义》言其“治一切疔疮痈疡红肿热痛诸证”；紫花地丁清热解毒，凉血消痈。二者助君药清热解毒、消散痈肿之力，共为臣药。佐以野菊花、紫背天葵子清热解毒而治痈疮疔毒，其中野菊花尤专于治“痈肿疔毒，瘰疬眼瘜”（《本草纲目》），而紫背天葵子则能“散诸疮肿，攻痈疽，排脓定痛”（《滇南本草》）。加酒少量，是行血脉以助药效。诸药合用，共奏清热解毒、消散疔疮之功。

【现代研究】 本方具有广谱抗菌和免疫增强作用。文献报道，其水煎液能抑制金黄色葡萄球菌、枯草杆菌、绿脓杆菌的生长。

【方歌】 五味消毒治诸疗，银花野菊蒲公英，紫花地丁天葵子，煎加酒服效非轻。

（五）清脏腑热剂

龙胆泻肝汤（《医方集解》）

【组成】 龙胆草酒炒（6g） 黄芩炒（9g） 栀子酒炒（9g） 泽泻（12g） 木通（6g） 车前子（9g） 当归酒洗（3g） 生地黄酒炒（9g） 柴胡（6g） 甘草生用（6g）（原著本方无用量）

【用法】 水煎服；亦可制成丸剂，每服6～9g，日二次，温开水送下。

【功用】 清泻肝胆实火，清利肝经湿热。

【主治】

（1）肝胆实火上炎证。头痛目赤，胁痛，口苦，耳聋，耳肿，舌红苔黄，脉弦数有力。

（2）肝经湿热下注证。阴肿，阴痒，筋痿，阴汗，小便淋浊，或妇女带下黄臭，舌红苔黄腻，脉弦数有力。

【方解】 方中龙胆草大苦大寒，既能泻肝胆实火，又能利肝胆湿热，泻火除湿，两擅其功，故为君药。黄芩、栀子苦寒泻火，燥湿清热，增君药泻火除湿之力，用以为臣。泽泻、木通、车前子渗湿泄热，导肝经湿热从水道而去。肝乃藏血之脏，若为实火所伤，阴血亦随之消灼，且方中诸药以苦燥渗利伤阴之品居多，故用当归、生地黄养血滋阴，使邪去而阴血不伤。肝性喜疏泄条达而恶抑郁，火邪内郁，肝胆之气不疏，且骤用大剂苦寒降泄之品，既恐肝胆之气被抑，又虑折伤肝胆升发之机，遂用柴胡疏畅肝胆之气，与生地黄、当归相伍以适肝体阴用阳之性，并能引药归于肝胆之经，以上皆为佐药。甘草调和诸药，护胃安中，为佐使之用。火降热清，湿浊得利，循经所发诸症皆可相应而愈。

【现代研究】 本方可抗菌消炎、利胆保肝、解热利尿、抗组胺。临床上多用于治疗高血压、顽固性偏头痛、结膜炎、急性肾盂肾炎、急性胆囊炎、膀胱炎、外阴炎、急性盆腔炎、尿道炎、睾丸炎等属于肝经实火及湿热下注者。

【方歌】 龙胆泻肝栀芩柴，生地车前泽泻偕，木通甘草当归合，肝经湿热力能排。

（六）清虚热剂

青蒿鳖甲汤（《温病条辨》）

【组成】 青蒿二钱（6g） 鳖甲五钱（15g） 细生地四钱（12g） 知母二钱（6g） 牡丹皮三钱（9g）

【用法】 上药以水五杯，煮取二杯，日再服（现代用法：水煎服）。

【功用】 养阴透热。

【主治】 温病后期，邪伏阴分证。夜热早凉，热退无汗，舌红苔少，脉细数。

【方解】 方中鳖甲咸寒，直入阴分，滋阴退热；青蒿苦辛而寒，其气芳香，清热透络，引邪外出。两药相配，出入结合，养阴透热，共为君药。生地黄甘寒，滋阴凉血；知母苦寒质润，滋阴降火，共助鳖甲以养阴退虚热，为臣药。牡丹皮辛苦性凉，泄血中伏火，为佐药。诸药合用，共奏养阴透热之功。

【现代研究】 青蒿鳖甲汤在现代研究中证实具有改善代谢物水平、诱导细胞凋亡、抗菌抗病毒等多种药理作用，并在呼吸系统、泌尿系统、血液系统等疾病治疗中显示出显著疗效。

【方歌】 青蒿鳖甲知地丹，阴分伏热此方攀，夜热早凉无汗者，从里达表服之安。

其他清热剂见表 9-4。

表 9-4　其他清热剂

分类	方剂名称	药物组成	功用	主治
清气分热剂	竹叶石膏汤（《伤寒论》）	竹叶、石膏、半夏、麦冬、人参、甘草、粳米	清热生津，益气和胃	伤寒、温病、暑病余热未清，气阴两伤证。身热多汗，心胸烦闷，气逆欲呕，口干喜饮，虚羸少气，或虚烦不寐，舌红苔少，脉虚数
清营凉血剂	犀角地黄汤（《外台秘要》）	芍药、地黄、牡丹皮、犀角屑	清热解毒，凉血散瘀	热入血分证。身热谵语，斑色紫黑，或吐血、衄血、便血、尿血，舌深绛起刺，脉数；或喜妄如狂，或漱水不欲咽，或大便色黑易解
清热解毒剂	普济消毒饮（《东垣试效方》）	黄芩、黄连、人参、橘红、玄参、生甘草、连翘、牛蒡子、板蓝根、马勃、僵蚕、升麻、柴胡、桔梗	清热解毒，疏风散邪	大头瘟。恶寒发热，头面红肿痛，目不能开，咽喉不利，舌燥口渴，舌红白兼黄，脉浮数有力
清脏腑热剂	导赤散（《小儿药证直诀》）	生地黄、木通、生甘草梢、竹叶	清心利水养阴	心经火热证。心胸烦热，口渴面赤，意欲冷饮，以及口舌生疮；或心热移于小肠，小便赤涩刺痛，舌红，脉数
	左金丸（《丹溪心法》）	黄连、吴茱萸	清泻肝火，降逆止呕	肝火犯胃证。胁肋疼痛，嘈杂吞酸，呕吐口苦，舌红苔黄，脉弦数
	清胃散（《脾胃论》）	真生地黄、当归、牡丹皮、黄连、升麻	清胃凉血	胃火牙痛。牙痛牵引头痛，面颊发热，其齿喜冷恶热，或牙宣出血，或牙龈红肿溃烂，或唇舌腮颊肿痛，口气热臭，口干舌燥，舌红苔黄，脉滑数
清虚热剂	清骨散（《证治准绳》）	银柴胡、胡黄连、秦艽、鳖甲、地骨皮、青蒿、知母、甘草	清虚热，退骨蒸	肝肾阴虚，虚火内扰证。骨蒸潮热，或低热日久不退，形体消瘦，面红颧赤，困倦盗汗，或口渴心烦，舌红少苔，脉细数
	当归六黄汤（《兰室秘藏》）	当归、生地黄、黄芩、黄柏、黄连、熟地黄、黄芪	滋阴泻火，固表止汗	阴虚火旺盗汗。发热盗汗，面赤心烦，口干唇燥，大便干结，小便黄赤，舌红黄，脉数

五、祛　暑　剂

凡以祛除暑邪作用为主，用于治疗暑病的方剂，统称为祛暑剂。属于“八法”中之“清法”。暑邪致病有明显的季节性，《素问·热论》曰：“先夏至日者为病温，后夏至日者为病暑。”暑为阳邪，其性炎热，暑气通心，暑热伤人常直入气分，导致人体里热亢盛，心神被扰，故见身热、面赤、心烦、小便短赤、舌红脉数等症。又因暑性升散，易伤津耗气，常兼口渴汗多、体倦少气等症；夏季天暑下迫，地湿上蒸，故暑病多夹湿邪，兼见胸闷，或身体困重，小便不利，或泄泻，苔白腻；夏月贪凉露卧，不避风寒，加之腠理疏松，寒邪侵袭肌表，而伴见恶寒发热、头痛无汗、脉浮等症。故祛暑剂分为祛暑解表剂、祛暑清热剂、祛暑利湿剂、祛暑益气剂四类。在运用祛暑剂时，应注意暑病本证、兼证和主次轻重。单纯中暑受热，治宜清热祛暑，选用苦寒合甘寒的清热之品。暑病夹湿，应酌情在祛暑剂中配伍祛湿之品，若暑重湿轻，则湿易从热化，祛湿之品不宜过于温燥，以免损伤津液；若湿重暑轻，则暑易被湿遏，清热之品不宜过于甘寒，以免阴柔留湿。暑热耗气伤津，治宜祛暑清热、益气养阴，主选甘寒清热养阴或益气、甘酸敛津之品。

（一）祛暑解表剂

香薷散（《太平惠民和剂局方》）

【组成】 香薷去土，一斤（10g）　白扁豆微炒　厚朴去粗皮，姜汁炙熟，各半斤（各 5g）

【用法】 上粗末。每三钱（9g），水一盏，入酒一分，煎七分，去滓，水中沉冷，连吃二服，立有神效，随病不拘时（现代用法：水煎服，或加酒少量煎）。

【功用】 祛暑解表，化湿和中。

【主治】 阴暑。恶寒发热，头疼身痛，无汗，腹痛吐泻，胸脘痞闷，舌苔白腻，脉浮。

【方解】 方中香薷辛微温，芳香质轻，辛温发散，为夏月祛暑解表要药，故重用为君药。厚朴苦辛性温，行气除满，燥湿运脾，为臣药。白扁豆甘淡性平，健脾和中，渗湿消暑，为佐药。入酒少许同煎，意在温经脉，通阳气，使药力畅达周身。诸药合用，祛暑解表，化湿和中，有表里双解之功。

【现代研究】 本方具有抗菌抗病毒、调节胃肠运动、解热镇痛、增强免疫力等作用。临床常用于治疗夏季感冒、中暑等引起的恶寒发热、头痛等症状，对金黄色葡萄球菌、乙型链球菌等多种病原微生物具有抑杀作用，并能调节胃肠运动，改善胃肠功能，促进胃排空。同时，香薷散还能增强机体的免疫功能，提高抵抗力。

【方歌】 三物香薷豆朴先，散寒化湿功效兼，若益银翘豆易花，新加香薷祛暑煎。

附方

新加香薷饮（《温病条辨》）

【组成】 香薷二钱（6g） 金银花三钱（9g） 鲜扁豆花三钱（9g） 厚朴二钱（6g） 连翘二钱（6g）

【用法】 水五杯，煮取二杯，先服一杯，得汗，止后服；不汗再服，服尽不汗，更作服。

【功用】 祛暑解表，清热化湿。

【主治】 暑温夹湿，复感外寒证。症见发热头痛，恶寒无汗，口渴面赤，胸闷不舒，舌苔白腻，脉浮而数。

（二）祛暑清热剂

清络饮（《温病条辨》）

【组成】 鲜荷叶边 鲜金银花 西瓜翠衣 丝瓜皮 鲜竹叶心各二钱（各6g） 鲜扁豆花一枝（6g）

【用法】 以水二杯，煮取一杯，日二服（现代用法：水煎服）。

【功用】 解暑清肺。

【主治】 暑热伤肺之轻症，或暑温病经发汗后，余邪未清，症见身热口渴，头目不清，昏眩微胀，舌淡红，苔薄白。

【方解】 本方中荷叶主入心、肝、脾经，兼入肺经，清暑利湿，升发清阳；西瓜翠衣清热解暑，生津利尿；鲜扁豆花解暑之力最强，长于健脾和胃，清热化湿；竹叶心长于清心除烦，生津利尿；金银花为气分要药，长于清热解毒。全方聚集辛凉轻清、祛暑解热之品于一方，轻清走上，以清肺经暑热之邪。

【现代研究】 本方有解热、抗菌、抗炎等药理作用，并在治疗夏季中暑等疾病中显示出良好的临床应用价值。临床常用于治疗夏季暑热证，辅助治疗其他疾病：清络饮还可作为辅助治疗手段，用于慢性支气管炎、慢性胃炎、慢性肝炎等疾病的治疗，通过调节体内环境，提高机体免疫力，促进疾病康复。

【方歌】 清络祛暑六药鲜，银扁翠衣瓜络添，佐以竹叶荷叶边，暑热伤肺轻证安。

（三）祛暑利湿剂

六一散（原名益元散）（《黄帝素问宣明论方》）

【组成】 滑石六两（18g） 甘草一两（3g）

【用法】 为细末，每服三钱（9g），加蜜少许，温水调下，或无蜜亦可，每日三服；或欲冷饮者，新井泉调下亦得；解利伤寒，发汗，煎葱白、豆豉汤下，每服一盏，葱白五寸、豆豉五十粒，煮取七分服（现代用法：为细末，每服9g，包煎，或温开水调下，日服2～3次；亦可作汤剂，水煎服）。

【功用】 清暑利湿。

【主治】　暑湿证。身热烦渴，小便不利，或泄泻。

【方解】　方中滑石甘淡性寒，质重而滑，寒能清热，淡能渗利，重能走下，滑能利窍，善清解暑热、通利水道，令暑热水湿从小便而去，故为君药。甘草生用，甘平偏凉，清热泻火，益气和中，与滑石相配，防寒凉伐胃。二药合用，共奏清暑利湿之效。本方原名益元散，一名天水散，后世通称六一散，即取“天一生水，地六成之”之义；又标明方药用量之比例，以别于本方加朱砂之益元散。

【现代研究】　本方具有抑菌、消炎、解热、镇静等作用。临床常用于治疗暑湿证，如发热、头痛、口渴等症状。

【方歌】　滑石甘草六一散，清暑利湿功用专，辰砂黛薄依次加，益元碧玉鸡苏裁。

附方

1. 益元散（《奇效良方》）

【组成】　辰砂三钱（1g）　滑石六两（18g）　甘草一两（3g）

【用法】　上为细末，每服三钱（9g），不拘时，白沸汤调下。

【功用】　清暑利湿，镇心安神。

【主治】　暑湿证。症见烦渴多汗，心悸怔忡，失眠多梦，小便不利。

2. 碧玉散（《黄帝素问宣明论方》）

【组成】　滑石六两（18g）　甘草一两（3g）　青黛（9g，原著青黛无用量）

【用法】　研为散，每服三钱（9g），温开水调服，或水煎服。

【功用】　清暑利湿，凉肝解毒。

【主治】　暑湿证兼肝胆郁热，烦渴口苦，目赤咽痛。

3. 鸡苏散（《黄帝素问宣明论方》）

【组成】　滑石六两（18g）　甘草一两（3g）　薄荷叶末，一分（6g）

【用法】　同研，每服三钱（9g），温开水调服。

【功用】　清暑利湿，疏风散热。

【主治】　暑湿证兼微恶风寒，头痛头胀，咳嗽不爽。

（四）祛暑益气剂

王氏清暑益气汤（《温热经纬》）

【组成】　西洋参（5g）　石斛（15g）　麦冬（9g）　黄连（3g）　竹叶（6g）　荷梗（15g）　知母（6g）　甘草（3g）　粳米（15g）　西瓜翠衣（30g）（原著本方无用量）

【用法】　水煎服。

【功用】　清暑益气，养阴生津。

【主治】　暑热气津两伤证。身热汗多，口渴心烦，小便短赤，体倦少气，精神不振，脉虚数。

【方解】　方中用甘寒之西洋参益气生津，养阴清热；西瓜翠衣清热解暑，止渴利小便，共为君药。荷梗助西瓜翠衣清热解暑；石斛、麦冬助西洋参养阴清热，益胃生津，共为臣药。黄连苦寒泻火，以助清热祛暑之力；知母、竹叶清热除烦，共为佐药。甘草、粳米益胃和中，为使药。诸药合用，具有清暑益气、养阴生津之功，使暑热得清，气津得复，诸症自除。

【现代研究】　本方成分中的西洋参、麦冬等能够清热解暑，益气生津；方剂中的其他成分能够改善暑热引起的气虚、津亏症状。本方除治疗夏季暑热炽盛、气津两伤证外，还能治疗消化系统、呼吸系统、循环系统、神经系统等多方面的疾病，如治疗夏季热、夏季哮喘、中暑合并多器官功能障碍、小儿厌食症、慢性肾脏病、干燥综合征等病症。

【方歌】　王氏清暑益气汤，善治中暑气阴伤，洋参冬斛荷瓜翠，连竹知母甘粳襄。

附方

清暑益气汤（《内外伤辨惑论》）

【**组成**】 黄芪汗少者，减五分　苍术泔浸去皮，以上各一钱五分（各 4.5g）　升麻一钱（3g）　人参去芦　白术　橘皮　神曲炒　泽泻以上各五分（各 2g）　甘草炙　黄柏酒浸　当归身　麦冬去心　青皮去白　葛根以上各三分（各 2g）　五味子九个（2g）

【**用法**】 水煎服。

【**功用**】 清暑益气，除湿健脾。

【**主治**】 平素气虚，又受暑湿，身热头痛，口渴自汗，四肢困倦，不思饮食，胸满身重，大便溏薄，小便短赤，苔腻，脉虚者。

其他祛暑剂见表 9-5。

表 9-5　其他祛暑剂

分类	方剂名称	药物组成	功用	主治
清暑利湿剂	桂枝甘露散（《黄帝素问宣明论方》）	茯苓、甘草、白术、泽泻、官桂、石膏、寒水石、滑石、猪苓	清暑解热，化气利湿	暑湿证。发热头痛，烦渴引饮，小便不利，以及霍乱吐泻

六、温　里　剂

凡以温热药组成为主，具有温中散寒、回阳救逆作用，治疗脾胃虚寒、阴盛阳衰、亡阳欲脱等里寒证的方剂，称为温里剂，属八法中的温法。温里剂分为三类：①温中散寒剂，适用于脾胃虚寒证，以理中丸为代表方；②回阳救逆剂，适用于阳气衰微、阴寒内盛的急证，以四逆汤为代表方；③温经祛寒剂，适用于寒凝经脉证，以当归四逆汤为代表方。

本类药物多辛温燥热，阴虚、血虚、血热者均忌用；并应辨明寒热真假，如真热假寒，不可误用。

（一）温中散寒剂

理中丸（《伤寒论》）

【**组成**】 人参　干姜　甘草炙　白术各三两（各 9g）

【**用法**】 上四味，捣筛，蜜和为丸，如鸡子黄许大（9g）。以沸汤数合，和一丸，研碎，温服之，日三四服，夜二服。腹中未热，益至三四丸，然不及汤。汤法：以四物依两数切，用水八升，煮取三升，去滓，温服一升，日三服。服汤后，如食顷，饮热粥一升许，微自温，勿发揭衣被（现代用法：上药共研细末，炼蜜为丸，重 9g，每次 1 丸，小蜜丸则每次 9g，温开水送服，每日 2～3 次；亦可作汤剂，水煎服，药后饮热粥适量）。

【**功用**】 温中祛寒，补气健脾。

【**主治**】 脾胃虚寒证。脘腹疼痛，喜暖喜按，大便稀溏，口不渴，畏寒肢冷，呕吐食少，舌淡苔白，脉沉细。

【**方解**】 本方所治诸证皆由脾胃虚寒，升降失常所致。脾主运化而升清阳，胃主受纳而降浊阴。中虚有寒，升降失职，故吐利腹痛，不欲饮食。治当温中而祛寒，补气而健脾，助运化而复升降。

方中干姜为君，大辛大热，温脾阳，祛寒邪，扶阳抑阴。人参为臣，性味甘温，补气健脾。君臣相配，温中健脾。脾为湿土，虚则易生湿浊，故用甘温苦燥之白术为佐，健脾燥湿。炙甘草为使药：一为合参、术以助益气健脾；二为缓急止痛；三为调和药性。全方温补并用，以温为主，温中阳，益脾气，助运化，故曰“理中”。

【**现代研究**】 本方有治疗胃溃疡、调节机体内分泌和免疫功能以及抗应激的作用；临床常用于急慢性胃肠炎、胃及十二指肠溃疡、胃痉挛、胃下垂、胃扩张、慢性结肠炎等属脾胃虚寒者。

【方歌】 理中丸主温中阳，人参白术草干姜，呕利腹痛阴寒盛，或加附子总扶阳。

（二）回阳救逆剂

四逆汤（《伤寒论》）

【组成】 甘草炙，二两（6g）　干姜一两半（6g）　附子生用，去皮，破八片，一枚（15g）

【用法】 上三味，以水三升，煮取一升二合，去滓，分温再服。强人可大附子一枚，干姜三两（现代用法：水煎服）。

【功用】 回阳救逆。

【主治】 阴盛阳衰寒厥证。四肢厥逆，畏寒蜷卧，或冷汗淋漓，神疲欲寐，腹痛下利，面色苍白，舌苔白滑，脉微细。

【方解】 本方用于心肾阳衰，阴寒内盛所致的寒厥证。《素问·厥论》曰："阳气衰于下，则为寒厥。"故方中以大辛大热的生附子为君，入心、脾、肾经，温壮元阳，破散阴寒，回阳救逆，生用则能迅达内外以温阳逐寒。臣以辛热的干姜，入心、脾、肺经，温中散寒，助阳通脉。附子与干姜同用，既温先天以生后天，同时温后天以养先天，相须为用，令回阳之力大增。方中用炙甘草：一可益气补中，使全方温补结合，以治虚寒之本；二可甘缓姜、附峻烈之性，使其破阴回阳而无暴散之虞，是为佐药而兼使药之用。

【现代研究】 本方有强心、升压及抗心肌缺血的作用；临床常用于心肌梗死、心力衰竭、急性胃肠炎吐泻过多，或某些急证大汗而见休克属阳衰阴盛者。

【方歌】 四逆汤中附草姜，四肢厥冷急煎尝，腹痛吐泻脉微细，回阳救逆赖此方。

（三）温经祛寒剂

当归四逆汤（《伤寒论》）

【组成】 当归三两（9g）　桂枝去皮，三两（9g）　芍药三两（9g）　细辛三两（3g）　甘草炙，二两（6g）　通草二两（6g）　大枣擘，二十五枚（8枚）

【用法】 上七味，以水八升，煮取三升，去滓，温服一升，日三服（现代用法：水煎服）。

【功用】 温经散寒，养血通脉。

【主治】 主治血虚寒厥证。手足厥寒，或腰、股、腿、足、肩臂疼痛，口不渴，舌淡苔白，脉沉细或细而欲绝。

【方解】 方中当归甘温，养血和血；桂枝辛温，温经散寒，温通血脉，为君药。细辛温经散寒，助桂枝温通血脉；芍药养血和营，助当归补益营血，共为臣药。通草通经脉，以畅血行；大枣、甘草，益气健脾养血，共为佐药。重用大枣，既合归、芍以补营血，又防桂枝、细辛燥烈大过，伤及阴血。甘草兼调药性而为使药。

【现代研究】 本方有温经散寒、养血通脉的作用。现代药理研究表明，其成分中的当归、桂枝等能够扩张血管，改善血液循环；同时，方剂中的其他成分能够温经散寒，缓解四肢厥冷症状。临床常用于治疗血虚寒厥证。

【方歌】 当归四逆芍桂枝，细辛甘草通草施，血虚寒厥四末冷，温经通脉最相宜。

附方

当归四逆加吴茱萸生姜汤（《伤寒论》）

【组成】 当归三两（9g）　芍药三两（9g）　甘草炙，二两（6g）　通草二两（6g）　桂枝去皮，三两（9g）　细辛三两（3g）　生姜切，半斤（12g）　吴茱萸二升（9g）　大枣擘，二十五枚（8枚）

【用法】 水煎服。

【功用】 温经散寒，养血通脉，和中止呕。

【主治】 素体血虚，内有久寒，又复外受寒邪，手足厥逆，舌淡苔白，脉细欲绝，或兼见头顶痛，干呕、吐涎者。

黄芪桂枝五物汤（《金匮要略》）

【组成】 黄芪三两（9g） 芍药三两（9g） 桂枝三两（9g） 生姜六两（18g） 大枣擘，十二枚（4枚）

【用法】 上五味，以水六升，煮取二升，温服七合，日三服（现代用法：水煎服）。

【功用】 益气温经，和血通痹。

【主治】 血痹。肌肤麻木不仁，微恶风寒，舌淡，脉微涩而紧。

【方解】 本方为桂枝汤去炙甘草，倍生姜，加黄芪而成。方中黄芪甘温益气，补在表之卫气。桂枝辛温，散风寒而温经通痹，与黄芪配伍，益气温阳，和血通经。桂枝得黄芪，益气而振奋卫阳；黄芪得桂枝，固表而不留邪。芍药养血和营，濡养肌肤以通血痹，与桂枝合用，调营卫而和表里。生姜辛温，疏散风邪，以助桂枝之力；大枣甘温，益气养血，以资黄芪、芍药之功，与生姜为伍，又能和营卫，调诸药。五味相合，辛温甘酸合法，益气而和营卫，固表而不留邪，共奏益气温经、和血通痹之效。

【现代研究】 本方能够改善血液循环、促进神经功能恢复，并具有抗氧化、抗炎作用。临床常用于治疗神经系统疾病、周围血管疾病等，如末梢神经炎、糖尿病周围神经病变、血栓闭塞性脉管炎等，对于改善肢体麻木、疼痛等症状有良好效果。

【方歌】 黄芪桂枝五物汤，芍药大枣与生姜，益气温经和营卫，血痹风痹功效良。

其他温里剂见表9-6。

表9-6 其他温里剂

分类	方剂名称	药物组成	功用	主治
温中散寒剂	小建中汤（《伤寒论》）	桂枝、甘草、大枣、芍药、生姜	温中补虚，和里缓急	中焦虚寒，肝脾失调，阴阳不和证。脘腹拘急疼痛，时发时止，喜温喜按；或心中悸动，虚烦不宁，面色无华；兼见手足烦热，咽干口燥等，舌淡苔白，脉细弦。
	吴茱萸汤（《伤寒论》）	吴茱萸、人参、生姜、大枣	温中补虚，降逆止呕	1. 胃寒呕吐证。食谷欲呕，或兼胃脘疼痛，吞酸嘈杂，舌淡，脉沉弦而迟。 2. 肝寒上逆证。干呕吐涎沫，头痛，巅顶痛甚，舌淡，脉沉弦。 3. 肾寒上逆证。呕吐下利，手足厥冷，烦躁欲死，舌淡，脉沉细
回阳救逆剂	回阳救急汤（《伤寒六书》）	熟附子、干姜、人参、炙甘草、炒白术、肉桂、陈皮、五味子、茯苓、半夏	回阳固脱，益气生脉	寒邪直中三阴，真阳衰微证。四肢厥冷，神衰欲寐，恶寒蜷卧，吐泻腹痛，口不渴，甚则身寒战栗，或指甲口唇青紫，或吐涎沫，舌淡苔白，脉沉微，甚或无脉
温经祛寒剂	暖肝煎（《景岳全书》）	当归、枸杞子、茯苓、小茴香、肉桂、乌药、沉香	温补肝肾，行气止痛	肝肾不足，寒滞肝脉证。睾丸冷痛，或小腹疼痛，疝气痛，畏寒喜暖，舌淡苔白，脉沉迟

七、表里双解剂

凡以表里同治、内外分解等作用为主，用于治疗表里同病的方剂，统称为表里双解剂。表里双解剂适用于表证未解，又见里证，或原有宿疾，复感表邪，出现表证与里证同时并见的证候。表里同病因表证与里证的不同而病变各异，主要可见表证兼里热、表证兼里寒、表证兼里实及表证兼里虚四种类型。表证兼里虚证已在解表剂中论及，故本部分方剂分为解表攻里剂、解表清里剂和解表温里剂三类。表里同病，若单用解表，则里邪不去；仅治其里，则外邪不解。唯有表里同治，内外分解，才可使病邪得以表里分消。

表里双解剂之使用，首先是有邪气在表，而里证又急之证候；其次，要辨别表证与里证的寒、热、虚、实属性，并据表证与里证的轻重主次，权衡表药与里药之配伍比例，以免太过或不及之弊。

（一）解表攻里剂

防风通圣散（《黄帝素问宣明论方》）

【组成】 防风 川芎 当归 芍药 大黄 薄荷叶 麻黄 连翘 芒硝各半两（各 6g） 石膏 黄芩 桔梗各一两（各 12g） 滑石三两（20g） 甘草二两（10g） 荆芥 白术 栀子各一分（各 3g）

【用法】 上为末，每服二钱（6g），水一大盏，生姜三片，煎至六分，温服（现代用法：作水丸，每服 6g，加生姜 3 片，煎汤送服，每日 2 次；亦可作汤剂，水煎服）。

【功用】 疏风解表，泻热通便。

【主治】 风热壅盛，表里俱实。憎寒壮热，头目昏眩，目赤睛痛，口苦口干，咽喉不利，胸膈痞闷，咳呕喘满，涕唾黏稠，大便秘结，小便赤涩，舌苔黄腻，脉数有力。亦用治疮疡肿毒，肠风痔漏，鼻赤，瘾疹等。

【方解】 方中麻黄、荆芥、防风、薄荷疏风解表，使外感风邪从汗而解共为君药；大黄、芒硝泻热通便，滑石、栀子清热利湿，使里热从二便分消，石膏、黄芩、连翘、桔梗清热泻火解毒，以清肺胃之热，以上共为辅药；火热之邪灼血耗气，故用当归、芍药、川芎养血和血；白术健脾燥湿为佐药；甘草益气和中，调和诸药为使药。全方汗、下、清、利四法俱备，上中下三焦并治，共奏疏风解表、清热通便之功。

【现代研究】 本方具有刺激血液循环、扩张血管、抗菌、抗病毒、抗炎作用。临床常用于治疗感冒、风寒感冒等症状，如鼻塞、鼻炎、喉痛等，以及支气管炎、风湿性疾病。

【方歌】 防风通圣大黄硝，荆芥麻黄栀芍翘，甘桔芎归滑姜膏，薄荷芩术力偏饶，表里交攻阳热盛，外科疡毒总能消。

（二）解表清里剂

葛根芩连汤（《伤寒论》）

【组成】 葛根半斤（15g） 甘草炙，二两（6g） 黄芩三两（9g） 黄连三两（9g）

【用法】 上四味，以水八升，先煮葛根，减二升，纳诸药，煮取二升，去滓，分温再服（现代用法：水煎服）。

【功用】 解表清里。

【主治】 表证未解，邪热入里证。身热，下利臭秽，胸脘烦热，口干作渴，或喘而汗出，舌红苔黄，脉促或数。

【方解】 方中葛根解肌退热，升脾胃清阳而止泻，其先煮葛根使“解肌之力优而清中之气锐”，重用为君。黄芩、黄连清热燥湿，善清胃肠湿热而止利，共为臣药。甘草甘缓和中，调和诸药，为使药。四药合用，外疏内清，表里同治，可使表解里和，身热下利得愈。本方虽能解表清里，但从药物配伍来看，应以清里热为主，故对热泻、热痢，不论有无表证，皆可用之。

【现代研究】 本方有解表清里、止泻止痢的作用。现代药理研究显示，其成分中的葛根能够解表散热；黄芩、黄连则能够清热燥湿。临床常用于治疗表证未解、里热已盛证。

【方歌】 葛根黄芩黄连汤，再加甘草共煎尝，邪陷阳明成热痢，清里解表保安康。

（三）解表温里剂

五积散（《仙授理伤续断秘方》）

【组成】 苍术 桔梗各二十两（各 15g） 枳壳 陈皮各六两（各 9g） 芍药 白芷 川芎 川归 甘草 肉桂 茯苓各三两（各 5g） 半夏汤泡，三两（5g） 厚朴 干姜各四两（各 6g） 麻黄去根、节，六两（6g）

【用法】 上除枳壳、桂两件外，余细锉，用慢火炒令色变，摊冷，入枳、桂令匀。每服三钱（9g），水一盏，姜三片，煎至中盏热服（现代用法：上药为散，每服 9g，生姜 3 片，水煎服；亦可作汤剂，水煎服）。

【功用】 发表温里，顺气化痰，活血消积。

【主治】 外感风寒，内伤生冷而见寒、湿、气、血、痰五积之证。症见身热无汗，头痛身痛，项背拘急，恶食呕吐，脘腹冷痛，咳痰胸满，舌苔薄白而腻，脉浮或沉迟。

【方解】 方中重用苍术，既解表又燥湿，配厚朴，合陈皮、甘草，法取平胃散，功擅苦温燥湿、健脾助运，以祛湿积；陈皮、半夏、茯苓、甘草相伍，法取二陈汤，行气燥湿化痰，以消痰积；麻黄、白芷辛温发汗解表、散外寒，干姜、肉桂辛热温里以祛内寒，合而用之，以散寒积；当归、芍药、川芎活血化瘀止痛，以化血积；桔梗、枳壳升降气机，与厚朴、陈皮为伍，以行气积，并可助化痰除湿；炙甘草健脾和中，调和药性。诸药合用，共收表里同治、散寒温里、气血痰湿并行之功，使脾运复健，气机通畅，痰消湿化，血脉调和，诸症得解。

【现代研究】 本方有解表温里、散寒祛湿、理气活血、化痰消积的作用。现代研究发现，其成分中的麻黄能够解表散寒；陈皮、半夏则能够理气化痰。临床常用于治疗寒、湿、气、血、痰五种积滞引起的头痛、身痛、胸痛、腹痛、恶心、呕吐等症状。

【方歌】 五积散治五般积，麻黄苍芷归芍芎，枳桔桂苓甘茯朴，陈皮半夏加姜葱，除桂枳陈余略炒，熟料尤增温散功，发表温里活血瘀，祛湿化痰兼顺气。

其他表里双解剂见表 9-7。

表 9-7 其他表里双解剂

分类	方剂名称	药物组成	功用	主治
解表攻里剂	大柴胡汤（《金匮要略》）	黄芪、芍药、桂枝、生姜、大枣	和解少阳，内泻热结	少阳阳明合病。往来寒热，胸胁苦满，呕不止，郁郁微烦，心下痞硬，或心下急痛，大便不解或协热下利，舌苔黄，脉弦数有力

八、补益剂

凡以补益药组成为主，具有补益气血阴阳不足等作用，治疗各种虚证的方剂，称为补益剂，属八法中的补法。补益剂可分为四类：①补气剂，适用于肺脾气虚病证，以四君子汤为代表方；②补血剂，适用于血虚病证，以四物汤为代表方；③补阴剂，适用于阴虚病证，以六味地黄丸为代表方；④补阳剂，适用于阳虚病证，以金匮肾气丸为代表方。

补气、补血、补阴、补阳虽各有重点，但气血相依，阴阳互根，因此补气时可少配伍补血药，补血时可加补气药，补阴时可佐以补阳药，补阳时可佐以补阴药。

真实假虚证及正气未虚而邪气亢盛者，均不能使用补益剂。对虚不受补者，宜先调理脾胃，使之补而不滞。

（一）补气剂

四君子汤（《太平惠民和剂局方》）

【组成】 人参去芦 白术 茯苓去皮（各 9g） 甘草炙（6g），各等分

【用法】 上为细末，每服二钱，水一盏，煎至七分，通口服，不拘时候；入盐少许，白汤点亦得（现代用法：水煎服）。

【功用】 益气健脾。

【主治】 脾胃气虚证。面色萎白，语声低微，气短乏力，食少便溏，舌淡，苔白，脉虚弱。

【方解】 方中人参甘温，能大补脾胃之气，故为君药。臣以白术健脾燥湿，与人参相须，益气补脾之力更强。脾喜燥恶湿，喜运恶滞，故又以茯苓健脾渗湿，合白术互增健脾祛湿之功，为佐

助。炙甘草益气和中，既可加强人参、白术益气补中之功，又能调和诸药，故为佐使。四药相伍，重在健补脾胃之气，兼司运化之职，温而不燥，补中兼渗，为平补脾胃之良方。

【现代研究】 本方具有影响消化系统、脑内单胺介质、免疫器官及免疫功能的作用；临床常用于慢性胃炎、胃及十二指肠溃疡等属脾气虚者。

【方歌】 参术苓草四君汤，益气健脾推此方，食少便溏体羸瘦，甘平益胃效相当。

补中益气汤（《内外伤辨惑论》）

【组成】 黄芪五分，病甚、劳役、热甚者一钱（18g） 甘草炙，五分（9g） 人参去芦，三分（6g） 当归酒焙干或晒干，二分（3g） 橘皮不去白，二分或三分（6g） 升麻二分或三分（6g） 柴胡二分或三分（6g） 白术三分（9g）

【用法】 上㕮咀，都作一服，水二盏，煎至一盏，去滓，食远稍热服（现代用法：水煎服）。

【功用】 补中益气，升阳举陷。

【主治】

（1）脾胃气虚证。饮食减少，体倦肢软，少气懒言，面色萎黄，大便稀薄，脉虚软。

（2）气虚下陷证。脱肛，子宫脱垂，久泻，久痢，崩漏等，伴气短乏力，舌淡，脉虚。

（3）气虚发热证。身热自汗，渴喜热饮，气短乏力，舌淡，脉虚大无力。

【方解】 方中重用黄芪为君，其性甘温，入脾肺经，而补中气、固表气，且升阳举陷。臣以人参，大补元气，炙甘草补脾和中。君臣相伍，如《医宗金鉴》谓“黄芪补表气，人参补里气，炙草补中气”，可大补一身之气。李东垣称此三味为“除湿热烦热之圣药也”。佐以白术补气健脾，助脾运化，以资气血生化之源。当归补养营血，且可使所补之气有所依附；橘皮理气和胃，使诸药补而不滞。更加升麻、柴胡为佐使，升阳举陷，与人参、黄芪配伍，可升提下陷之中气。诸药合用，既补益中焦脾胃之气，又提升下陷之气，且全方皆为甘温之药而能治气虚发热证，即所谓“甘温除大热”之法也。

【现代研究】 本方具有增强机体免疫功能、调节消化系统功能的作用。临床常用于治疗脾胃虚弱、中气不足引起的食欲不振、消化不良、慢性胃肠炎等症状，同时对于气虚下陷引起的脱肛、子宫脱垂等也有一定疗效。

【方歌】 补中益气芪术陈，升柴参草当归身，虚劳内伤功独擅，亦治阳虚外感因。

（二）补血剂

四物汤（《仙授理伤续断秘方》）

【组成】 白芍药（9g） 川当归（9g） 熟地黄（12g） 川芎（6g）各等分

【用法】 每服三钱，水盏半，煎至七分，空心热服（现代用法：水煎服）。

【功用】 养血调经。

【主治】 冲任虚损，血虚血滞证。心悸失眠，头晕目眩，面色无华，月经不调，量少不畅或经闭不行，或经行腹痛，舌淡，口唇、爪甲色淡，脉细或细涩。

【方解】 本方为补血调经的主方。本方治证由营血亏虚，血行不畅，冲任虚损所致。方中熟地黄甘温、味厚、质润，入肝、肾经，长于滋养阴血，补肾填精，为补血要药，故为君药。当归甘辛温，归肝、心、脾经，为补血良药，兼具活血作用，且为养血调经要药，用为臣药。佐以白芍药养血益阴，川芎活血行气。四药配伍，共奏补血调血之功。

【现代研究】 本方有影响血液系统以及调节免疫的作用；临床常用于妇女月经不调、胎产疾病、荨麻疹以及过敏性紫癜等属营血虚滞者。

【方歌】 四物地芍与归芎，血家百病此方宗，妇人经病常应用，临证之时在变通。

归脾汤（《济生方》）

【组成】 白术 茯神去木 黄芪去芦 龙眼肉 酸枣仁炒，去壳，各一两（各 18g） 人参 木香不见火，各半两（各9g） 甘草炙，二钱半（6g） 当归一钱（3g） 远志蜜炙，一钱（3g）（当归、远志从《内科摘要》补入）

【用法】 上㕮咀，每服四钱（12g），水一盏半，加生姜五片，枣一枚，煎至七分，去滓温服，不拘时候（现代用法：加生姜、大枣，水煎服）。

【功用】 益气补血，健脾养心。

【主治】

（1）心脾气血两虚证。心悸怔忡，健忘失眠，盗汗，体倦食少，面色萎黄，舌淡，苔薄白，脉细弱。

（2）脾不统血证。便血，皮下紫癜，妇女崩漏，月经超前，量多色淡，或淋漓不止，舌淡，脉细弱。

【方解】 方中黄芪甘温，补脾益气；龙眼肉甘平，既补脾气，又养心血，共为君药。人参、白术皆为补脾益气之要药，与黄芪相伍，补脾益气之功益著；当归补血养心，酸枣仁宁心安神，二药与龙眼肉相伍，补心血、安神志之力更强，均为臣药。佐以茯神养心安神，远志宁神益智；更佐理气醒脾之木香，与诸补气养血药相伍，可使其补而不滞。炙甘草补益心脾之气，并调和诸药，用为佐使。引用生姜、大枣，调和脾胃，以资化源。诸药配伍，心脾得补，气血得养，诸症自除。

【现代研究】 本方能够改善血液循环、调节神经系统功能，具有抗焦虑、抗抑郁作用。临床常用于治疗心脾两虚引起的失眠、心悸、健忘等症状，同时对于贫血、血小板减少等血液系统疾病也有一定疗效。

【方歌】 归脾汤用术参芪，归草茯神远志齐，酸枣木香龙眼肉，兼加姜枣益心脾。

（三）补阴剂

六味地黄丸（《小儿药证直诀》）

【组成】 熟地黄炒，八钱（24g） 山萸肉 干山药各四钱（各12g） 泽泻 牡丹皮 茯苓去皮，各三钱（各9g）

【用法】 上为末，炼蜜为丸，如梧子大，空心温水化下三丸（现代用法：蜜丸，每服9g，每日2～3次；亦可作汤剂，水煎服）。

【功用】 滋补肝肾。

【主治】 肝肾阴虚证。腰膝酸软，头晕目眩，耳鸣耳聋，盗汗，遗精，消渴，骨蒸潮热，手足心热，口燥咽干，牙齿动摇，足跟作痛，小便淋沥，以及小儿囟门不合，舌红少苔，脉沉细数。

【方解】 肾藏精，为先天之本，肝为藏血之脏，精血互可转化，肝肾阴血不足又常可相互影响。方中重用熟地黄滋阴补肾，填精益髓，为君药。山茱萸补养肝肾，并能涩精，取“肝肾同源”之意，山药补益脾阴，亦能固肾，共为臣药。三药配合，肾、肝、脾三阴同补，是为“三补”，但熟地黄用量是山萸肉与山药之和，故仍以补肾为主。泽泻利湿而泄肾浊，并能减熟地黄之滋腻；茯苓淡渗脾湿，并助山药之健运，与泽泻共泻肾浊，助真阴得复其位；牡丹皮清泄虚热，以制山萸肉之温涩。三药称为“三泻”，均为佐药。六味合用，三补三泻，其中补药用量重于泻药，是以补为主；肝、脾、肾三阴同补，以补肾阴为主，这是本方的配伍特点。

【现代研究】 本方有降血糖、影响机体血液系统、保肝减毒、抗衰老、调节内分泌和改善脑发育等作用；临床常用于慢性肾炎、高血压、糖尿病、肺结核、肾结核、甲状腺功能亢进、中心性视网膜炎及无排卵性功能失调性子宫出血、更年期综合征等属肾阴虚弱为主者。

【方歌】 六味地黄益肾肝，萸山茯苓泽泻丹，腰酸头晕又耳鸣，遗精盗汗潮热安。

（四）补阳剂

肾气丸（又名金匮肾气丸、崔氏八味丸）（《金匮要略》）

【组成】 干地黄八两（24g） 薯蓣 山茱萸各四两（各12g） 泽泻 茯苓 牡丹皮各三两（各9g）

桂枝　附子炮，各一两（各 3g）

【用法】 上八味，末之，炼蜜和丸梧子大，酒下十五丸，加至二十五丸，日再服（现代用法：蜜丸，每服 6g，每日 2 次，白酒或淡盐汤送下；亦可作汤剂，水煎服）。

【功用】 补肾助阳。

【主治】 肾阳不足证。腰痛脚软，身半以下常有冷感，少腹拘急，小便不利，小便反多，入夜尤甚，舌质淡而胖，脉虚弱。阳痿早泄，痰饮，水肿，水饮内停，脚气，转胞，消渴。

【方解】 方用干地黄（今多用熟地黄）为君，滋补肾阴，益精填髓。《本草经疏》谓："干地黄乃补肾家之要药，益阴血之上品。"臣以山茱萸，补肝肾，涩精气；薯蓣（山药）健脾气，固肾精。二药与地黄相配，补肾填精，谓之"三补"。更臣以附子、桂枝，温肾助阳，生发少火，鼓舞肾气。佐以茯苓健脾益肾，泽泻、牡丹皮降相火而制虚阳浮动，且茯苓、泽泻均有渗湿泄浊、通调水道之功。三者配伍，与"三补"相对而言，谓之"三泻"，即补中有泻，泻清中之浊以纯清中之清，而益肾精，且补而不滞。诸药相合，非峻补元阳，乃阴中求阳，微微生火，鼓舞肾气，即"少火生气"之意。

《伤寒杂病论》载"崔氏八味丸"，将其名之为"肾气丸"，确当慎思之。方中乃以大队补精水之品为主，温补之品，药少量轻，意在以辛热之桂、附化其阴精以益肾气。正如柯琴所谓："此肾气丸纳桂、附于滋阴剂中十倍之一，意不在补火，而在微微生火，即生肾气也。故不曰温肾，而名肾气。"

【现代研究】 本方可治疗糖尿病、糖尿病神经源性膀胱、高血压、低血压、慢性支气管炎、慢性阻塞性肺疾病、慢性心力衰竭、尿路感染、遗尿、神经衰弱、自发性气胸、白内障、阳痿、更年期综合征、功能性子宫出血、席汉综合征、不孕症、神经症、骨质增生症、荨麻疹、口腔溃疡、复发性口疮等证属肾阳不足的病症。实验研究表明，金匮肾气丸具有抗衰老与促智的功效与作用，还能提高免疫功能，增强性腺功能，提高性激素水平以及促进骨痂愈合。

【方歌】 金匮肾气治肾虚，熟地怀药及山萸，丹皮苓泽加桂附，引火归原热下趋。

其他补益剂见表 9-8。

表 9-8　其他补益剂

分类	方剂名称	药物组成	功用	主治
补气剂	参苓白术散（《太平惠民和剂局方》）	莲子肉、薏苡仁、砂仁、桔梗、白扁豆、茯苓、人参、甘草、白术、山药	益气健脾，渗湿止泻	脾虚湿盛证。饮食不化，胸脘痞闷，肠鸣泄泻，四肢乏力，形体消瘦，面色萎黄，舌淡苔白腻脉虚缓，亦可用治肺脾气虚，痰湿咳嗽
	生脉散（《医学启源》）	麦冬、五味子、人参	益气生津，敛阴止汗	1. 温热、暑热耗气伤阴证 汗多神疲，体倦乏力，气短懒言，咽干口渴，舌干红少苔，脉虚数 2. 久咳伤肺，气阴两虚证 干咳少痰，短气自汗，口干舌燥，脉虚细
补血剂	当归补血汤（《内外伤辨惑论》）	黄芪、当归	补气生血	血虚发热证。肌热面赤，烦渴欲饮，脉洪大而虚，重按无力 亦治妇人经期、产后血虚发热头痛，或疮疡溃后，久不愈合者
补阴剂	左归丸（《景岳全书》）	熟地黄、山药、枸杞子、山茱萸肉、川牛膝、菟丝子、鹿角胶、龟甲胶	滋阴补肾，填精益髓	真阴不足证。头晕目眩，腰酸腿软，遗精滑泄，自汗盗汗，口燥舌干，舌红少苔，脉细
	炙甘草汤（《伤寒论》）	甘草、生姜、人参、生地黄、桂枝、阿胶、麦冬、麻仁、大枣	滋阴养血，益气温阳，复脉定悸	1. 阴血不足，阳气虚弱证。脉结代，心动悸，虚羸少气，舌光少苔，或质干而瘦小者。 2. 虚劳肺痿。咳嗽，涎唾多，形瘦短气，虚烦不眠，自汗盗汗，咽干舌燥，大便干结，脉虚数
补阳剂	右归丸（《景岳全书》）	熟地黄、山药、山茱萸、枸杞子、菟丝子、鹿角胶、杜仲、肉桂、当归、制附子	温补肾阳，填精益髓	肾阳不足，命门火衰证。年老或久病气衰神疲，畏寒肢冷，腰膝软弱，阳痿遗精，或阳衰无子，或饮食减少，大便不实，或小便自遗，舌淡苔白，脉沉而迟

九、安 神 剂

凡以重镇安神或滋养安神药物组成为主，具有安神作用，治疗神志不安证的方剂，称为安神剂。安神剂分为两类：①重镇安神剂，适用于肝郁化火，扰乱心神之证，以朱砂安神丸为代表方。②滋养安神剂，适用于思虑过度，心血不足，心神失养，或心阴不足，虚火内扰心神之证，以酸枣仁汤为代表方。

重镇安神剂多由金石类药物组成。此类药物易伤胃气，中病即止，不宜久服。某些安神药如朱砂具有一定毒性，久服能引起慢性中毒，亦应注意。

（一）重镇安神剂

朱砂安神丸（《内外伤辨惑论》）

【组成】 朱砂另研，水飞为衣，五钱（1g） 甘草五钱五分（15g） 黄连去须净，酒洗，六钱（15g） 当归去芦，二钱五分（8g） 生地黄一钱五分（6g）

【用法】 上四味共为细末，另研朱砂，水飞如尘，阴干，为衣，汤浸蒸饼为丸，如黍米大，每服十五丸（6g），津唾咽之，食后（现代用法：上药研末，炼蜜为丸，朱砂另研，水飞为衣。每次服6～9g，临睡前温开水送服；亦可作汤剂，用量按原方比例酌定，朱砂研细末水飞，以药汤送服）。

【功用】 重镇安神，清心泻火。

【主治】 心火亢盛，阴血不足证。失眠多梦，怔忡惊悸，心神烦乱，舌红，脉细数。

【方解】 方中朱砂甘寒质重，入心经为君，既镇心安神，又清心火，治标之中兼以治本。黄连为臣，善清心泻火除烦，助君药增强泻心安神之功，二药配伍，一镇一清，使心镇、火清、神安。当归补血养心，使阴血足而神自安；生地黄入肾滋阴凉血，使肾水上升，以制上炎心火，二药合之以补被灼伤之阴血，共为佐药。甘草为使，调和诸药，防朱砂、黄连质重苦寒之品碍胃。诸药合用，则心火得清，阴血得养，心神自安，故以“安神”名之。

【现代研究】 本方具有明显的安神作用，能缩短清醒期、延长总睡眠时间。现代药理研究表明，其成分中的朱砂可能含有多种微量元素和化合物，具有镇静、安神、抗惊厥等作用。临床常用于治疗失眠、神经衰弱等证属心火亢盛、阴血不足者。

【方歌】 朱砂安神有黄连，当归生地甘草全，惊悸失眠心烦乱，镇心安神服之安。

（二）滋养安神剂

酸枣仁汤（《金匮要略》）

【组成】 酸枣仁二升（15g） 甘草一两（3g） 知母二两（6g） 茯苓二两（6g） 川芎二两（6g）

【用法】 上五味，以水八升，煮酸枣仁，得六升，内诸药，煮取三升，分温三服（现代用法：水煎服）。

【功用】 养血安神，清热除烦。

【主治】 肝血不足，虚热内扰证。虚烦失眠，心悸不安，心烦头晕，咽干口燥，舌红，脉弦细。

【方解】 本方证皆由肝血不足，阴虚内热而致。方中酸枣仁甘酸质润，入心肝经，养血补肝，宁心安神，为君药。茯苓宁心安神，知母苦寒质润，滋阴润燥，清热除烦，为臣药，与君药相伍，以助安神除烦之功。川芎辛散，调肝血而疏肝气，与大量酸枣仁相伍，辛散与酸收并用，补血与行血结合，具有养血调肝之妙，为佐药。甘草调和诸药，为使药。

【现代研究】 本方有镇静、催眠、抗焦虑、增强记忆、保肝等作用；临床常用于神经衰弱、心脏神经症、更年期综合征等属心肝血虚，虚热内扰者。

【方歌】 酸枣仁汤治失眠，茯苓川芎知草煎，养血除烦清内热，服后入梦自安然。

其他安神剂见表 9-9。

表 9-9　其他安神剂

分类	方剂名称	药物组成	功用	主治
重镇安神剂	磁朱丸（《备急千金要方》）	磁石、光明砂、神曲	重镇安神，交通心肾	心肾不交证。视物昏花，耳鸣耳聋，心悸失眠。亦治癫痫
	桂枝甘草龙骨牡蛎汤（《伤寒论》）	桂枝、甘草、牡蛎、龙骨	潜镇安神，温通心阳	心阳虚损，神志不安证。心悸怔忡，失眠多梦，烦躁不安，面色㿠白，舌质淡胖嫩，苔白滑，脉弱；或见胸闷气短，畏寒肢冷，自汗乏力，面唇青紫，舌质紫暗，脉结或代等
滋养安神剂	天王补心丹（《校注妇人良方》）	人参、茯苓、玄参、丹参、桔梗、远志、当归、麦冬、天冬、柏子仁、酸枣仁、生地黄	滋阴清热，养血安神	阴虚血少，神志不安证。心悸怔忡，虚烦不眠，神疲健忘，或梦遗，手足心热，口舌生疮，大便干结，舌红少苔，脉细数
	甘麦大枣汤（《金匮要略》）	甘草、小麦、大枣	养心安神，和中缓急	脏躁。精神恍惚，常悲伤欲哭，不能自主，心中烦乱，睡眠不安，甚则言行失常，呵欠频作，舌淡红苔少，脉细微数

十、开　窍　剂

凡以芳香开窍药为主组成，具有开窍醒神作用，治疗神昏窍闭证的方剂，称为开窍剂。开窍剂分为两类：①凉开剂，适用于邪热内闭证，以安宫牛黄丸为代表方；②温开剂，适用于寒邪痰浊闭塞气机证，以苏合香丸为代表方。

开窍剂多芳香辛酸，久服则耗气伤阴，故中病即止，不可久服。本类方剂多制成丸、散剂，不宜加热煎煮。临床多用于急救，孕妇慎用。

（一）凉开剂

安宫牛黄丸（《温病条辨》）

【组成】 牛黄一两（30g）　郁金一两（30g）　犀角（水牛角代）一两（30g）　黄连一两（30g）　朱砂一两（30g）　冰片二钱五分（7.5g）　麝香二钱五分（7.5g）　珍珠五钱（15g）　山栀一两（30g）　雄黄一两（30g）　黄芩一两（30g）

【用法】 上为极细末，炼老蜜为丸，每丸一钱（3g），金箔为衣，蜡护。脉虚者人参汤下，脉实者金银花、薄荷汤下，每服一丸。大人病重体实者，日再服，甚至日三服；小儿服半丸，不知，再服半丸（现代用法：口服，每次 1 丸。小儿 3 岁以内，每次 1/4 丸；4～6 岁，每次 1/2 丸。每日 1～3 次。昏迷不能口服者，可鼻饲给药）。

【功用】 清热解毒，开窍安神。

【主治】 邪热内陷心包证。高热烦躁，神昏谵语，舌謇肢厥，舌红或绛，脉数。亦治中风昏迷，小儿惊厥，属邪热内闭者。

【方解】 本方适用于温热邪毒内陷心包，痰热壅盛，蒙蔽清窍之证。方中牛黄苦凉，清心解毒，豁痰开窍，麝香芳香通行十二经，开窍醒神，共为君药。水牛角咸寒，清心凉血解毒，黄连、黄芩、山栀子苦寒，清热泻火解毒，合牛黄、水牛角则清解心包热毒之力颇强，郁金、冰片芳香辟秽，化浊通窍，以增麝香开窍醒神之功，同为臣药。朱砂、珍珠、金箔镇心安神，雄黄豁痰解毒，均为佐药。以蜂蜜为丸，和胃调中，为使药。本方清热泻火、凉血解毒与芳香开窍并用，但以清热解毒为主，意“使邪火随诸香一齐俱散也”（《温病条辨》）。

【现代研究】 本方有解热、抗炎及影响中枢神经的作用，临床常用于流行性乙型脑炎、流行性脑脊髓膜炎、中毒性痢疾、尿毒症、肝性脑病、急性脑血管病、肺性脑病、颅脑外伤、小儿高热惊厥以及感染或中毒引起的高热神昏等属热闭心包证者。

【方歌】 安宫牛黄开窍方，朱郁芩连栀雄黄，牛角珍珠冰麝箔，热闭心包功效良。

（二）温开剂

苏合香丸（原名吃力伽丸）（《广济方》，录自《外台秘要》）

【组成】 吃力伽（即白术） 光明砂研 麝香当门子 诃黎勒皮 香附子中白 沉香重者 青木香 丁子香 安息香 白檀香 荜茇上者 犀角（水牛角代）各一两（各 30g） 熏陆香 苏合香 龙脑香各半两（各 15g）

【用法】 上十五味，捣筛极细，白蜜煎，去沫，和为丸。每朝取井华水，服如梧子四丸，于净器中研破服，老小每碎一丸服之，仍取一丸如弹丸，蜡纸裹，绯袋盛，当心带之（现代用法：口服，每次 1 丸，小儿酌减，每日 1～3 次，温开水送服。昏迷不能口服者，可鼻饲给药）。

【功用】 芳香开窍，行气温中。

【主治】 寒闭证。突然晕倒，牙关紧闭，不省人事，苔白，脉迟，心腹猝痛，甚则昏厥，亦治中风、中气及感受时行瘴疠之气伴上述症状者。

【方解】 方中苏合香、安息香善透窍逐秽化浊，开闭醒神；麝香、冰片开窍通闭，辟秽化浊，善通全身诸窍，共为君药。香附、丁香、青木香、沉香、白檀香辛香行气，调畅气血，温通降逆，宣窍开郁，使气降则痰降，气顺则痰消；熏陆香（乳香）行气兼活血，使气血运行通畅，则疼痛可止，共为臣药。本方集 10 种香药为一方，开窍启闭，为方之主体。荜茇温中散寒，增强诸香药止痛行气开郁之功；心为火脏，不受辛热之气，故配水牛角清心解毒，以防热药上扰神明，其性虽凉，但其气清香透发，寒而不遏；朱砂镇心安神；白术健脾和中，燥湿化浊；诃子温涩敛气，以防辛香走窜耗散太过，共为佐药。诸药合用，既可加强芳香开窍与行气止痛之效，又可防止香散耗气伤正之弊，配伍极为得当。

【现代研究】 本方具有镇静、抗惊厥、解热、降压、提高耐缺氧能力等作用。现代药理研究表明，苏合香在心血管系统方面具有明显的药理作用，如抗血小板聚集、抗血栓、抗心肌缺血及抗凝血促纤溶活性等。临床常用于治疗急性脑血管疾病、癔症性昏厥、流行性乙型脑炎、肝昏迷、冠心病心绞痛、心肌梗死等属于寒闭与寒凝气滞者。

【方歌】 苏合香丸麝息香，木丁熏陆荜檀襄，犀冰术沉诃香附，衣用朱砂中恶尝。

其他开窍剂见表 9-10。

表 9-10 其他开窍剂

分类	方剂名称	药物组成	功用	主治
凉开剂	紫雪（《苏恭方》，录自《外台秘要》）	黄金、寒水石、石膏、磁石、滑石、玄参、羚羊角、犀角、升麻、沉香、子香、木香、甘草	清热开窍，息风止痉	热盛动风证。高热烦躁，神昏谵语，痉厥，口渴唇焦，尿赤便秘，舌质红绛，苔干黄，脉数有力或弦数；以及小儿热盛惊厥
	至宝丹（《灵苑方》引郑感方，录自《苏沈良方》）	犀角（水牛角代）、生玳瑁、琥珀、朱砂、雄黄、牛黄、龙脑、麝香、安息香、金银箔	清热开窍，化浊解毒	痰热内闭心包证。神昏谵语，身热烦躁，痰盛气粗，舌绛苔黄垢腻，脉滑数。亦治中风、中暑、小儿惊厥属于痰热内闭者
温开剂	紫金锭（《丹溪心法附余》）	雄黄、文蛤、五倍子、山慈菇、大戟、千金子、朱砂、麝香	辟秽解毒，化痰开窍，消肿止痛	秽恶痰浊闭阻之证。脘腹胀闷疼痛，恶心呕吐，泄泻，痢疾，舌苔厚腻或浊腻，以及痰厥。外敷疗疮疖肿毒，虫咬损伤，无名肿毒，及痄腮、丹毒、喉风等

十一、固 涩 剂

凡以固涩药组成为主，具有收敛固涩作用，用以治疗气、血、津、精散失滑脱之证的方剂，称为固涩剂。固涩剂分为四类：①敛汗固表剂，适用于气虚卫外不固，阴液不能内守所致的自汗、盗汗，以玉屏风散为代表方；②涩肠固脱剂，适用于久泻、久痢、内脏虚寒所致的滑脱证，以四神丸为代表方；③涩精止遗剂，适用于肾虚失藏，精关不固所致的遗精滑泄，以金锁固精丸为代表方；④固崩止带剂，适用于妇女带脉不固所致的赤白带下，以固冲汤为代表方。

凡外邪未去者，不能使用固涩剂。由实邪所致的热病多汗、火扰精室、热痢初起、食滞泄泻、实热崩带等，亦均非本剂所宜。

（一）敛汗固表剂

玉屏风散（《究原方》，录自《医方类聚》）

【组成】 防风一两（15g）　黄芪蜜炙　白术各二两（各30g）

【用法】 水煎服。

【功用】 益气固表止汗。

【主治】 表虚自汗。汗出恶风，面色白，舌淡，苔薄白，脉浮虚，或体虚腠理不固，易于感冒者。

【方解】 方中黄芪甘温，内可大补脾肺之气，外可固表止汗，为君药。白术益气健脾，培土生金，协黄芪以益气固表实卫，为臣药。二药相合，使气旺表实，则汗不外泄，风邪不得侵袭。佐以辛润之防风以祛风邪，黄芪得防风，则固表而不留邪。《本草纲目》曰："黄芪得防风而功愈大。"全方重用芪、术，而少用防风，补中有散，补不敛邪，相反相成，药简效专，共奏固表止汗之功。方名玉屏风者，谓其功用似御风之屏障，有贵重如玉之意。

【现代研究】 本方有增强免疫、修复肾炎病理、抑制流感病毒、抗感染和增强垂体-肾上腺皮质系统功能等作用；临床常用于治疗或预防小儿及成人反复发作的上呼吸道感染，肾小球肾炎因伤风感冒而病情反复者，过敏性鼻炎、慢性荨麻疹、支气管哮喘等每因外受风邪而反复发作的过敏性疾病，以及手术后、产后、小儿等因表虚腠理不固而自汗者。

【方歌】 玉屏风散最有灵，黄芪白术与防风，表虚汗多易感冒，药物虽少效相成。

（二）涩肠固脱剂

四神丸（《证治准绳》）

【组成】 肉豆蔻二两（6g）　补骨脂四两（12g）　五味子二两（6g）　吴茱萸浸炒，一两（3g）

【用法】 为细末，水适量，姜枣同煎，待枣煮烂，取枣肉，合药末为丸，每服6～9g，空腹温水送下，每日两三次；亦可水煎服。

【功用】 温肾暖脾，涩肠止泻。

【主治】 脾肾虚寒证。五更泄泻，不思饮食，食不消化，或久泻不愈，腹痛喜温，腰酸肢冷，神疲乏力，舌淡，苔薄白，脉沉迟无力。

【方解】 五更即黎明之前，是阴气盛极，阳气萌发之际。肾阳虚衰者，阳气当至不至，阴气极而下行，故为泄泻。肾阳虚脾亦不暖，运化失健，故不思饮食。久泻不愈，有寒有热，今腹痛腰酸肢冷，是为寒证。

方中重用补骨脂辛苦性温，补命门之火以温养脾土，为君药。肉豆蔻温暖脾胃，涩肠止泻，与补骨脂相伍，既可增强温肾暖脾之力，又能涩肠止泻，为臣药。吴茱萸温脾暖胃以散阴寒，五味子酸温、固肾涩肠，合吴茱萸以助君、臣药温涩止泻之力，为佐药。生姜暖胃散寒，大枣补脾养胃，为使药。诸药协用，则肾温脾暖，大肠固而运化复，泄泻自愈。

【现代研究】 本方有保护肠道、抗炎、调节菌群和止泻等作用；临床常用于慢性结肠炎、肠结核、肠易激综合征等属脾肾虚寒者。

【方歌】 四神故纸与吴萸，肉蔻五味四般须，大枣生姜同煮烂，五更肾泄最相宜。

（三）涩精止遗剂

金锁固精丸（《医方集解》）

【组成】 沙苑蒺藜炒 芡实蒸 莲须各二两（各 12g） 龙骨酥炙 牡蛎盐水煮一日一夜，煅粉，各一两（各 6g）

【用法】 莲子粉糊为丸，盐汤下（现代用法：丸剂，每服 9g，每日 2 次，淡盐汤或开水送下；亦可作汤剂，加入莲子肉 10g，水煎服）。

【功用】 补肾涩精。

【主治】 遗精。遗精，滑泄，神疲乏力，四肢酸软，腰痛耳鸣，舌淡，苔白，脉细弱。

【方解】 方中沙苑蒺藜甘温，补肾固精，《本经逢原》谓其“为泄精虚劳要药，最能固精”，故为君药。莲子肉补肾涩精，芡实益肾固精，莲须固肾涩精，三药合用，以助君补肾固精之力，共为臣药。龙骨、牡蛎收敛固涩，重镇安神，共为佐药。诸药合用，既能涩精，又能补肾，标本兼顾，以涩为主。本方固精关，专为肾虚滑精者而设，故名“金锁固精”。

【现代研究】 本方具有固肾涩精的功效，可用于治疗肾虚精关不固导致的遗精、滑精、倦怠乏力、腰膝酸软、腰痛、耳鸣等症状。现代药理研究表明，金锁固精丸具有抗炎、止泻、降脂的作用，临床可用于治疗尿失禁、遗尿、尿频、重症肌无力、慢性肠炎等。

【方歌】 金锁固精芡莲须，龙骨蒺藜牡蛎需，莲粉糊丸盐汤下，涩精秘气滑遗无。

（四）固崩止带剂

固冲汤（《医学衷中参西录》）

【组成】 白术炒，一两（30g） 生黄芪六钱（18g） 龙骨煅，捣细，八钱（24g） 牡蛎煅，捣细，八钱（24g） 萸肉去净核，八钱（24g） 生杭芍四钱（12g） 海螵蛸捣细，四钱（12g） 茜草三钱（9g） 棕边炭二钱（6g） 五倍子轧细，药汁送服，五分（1.5g）

【用法】 水煎服。

【功用】 益气健脾，固冲摄血。

【主治】 脾气虚弱，冲脉不固之崩漏证。崩漏或月经过多，色淡质稀，心悸气短，头晕肢冷，四肢乏力，舌淡，脉微弱。

【方解】 方中重用白术、黄芪补气健脾，使脾健统摄有权，以固冲摄血，为君药。山萸肉、白芍甘酸敛阴，既补益肝肾，又敛阴摄血，共为臣药。煅龙骨、煅牡蛎、棕榈炭、海螵蛸、五倍子收敛固涩以止血；茜草祛瘀止血，使血止而不留瘀，共为佐药。冲为血海，崩漏则冲脉空虚，本方有益气健脾、固冲摄血之功，故以“固冲”名之。

【现代研究】 本方原为治疗脾肾气虚、冲任失固所致的妇人血崩之证而设，具有益气健脾、固冲摄血的功效。现代研究发现，固冲汤对于胃溃疡合并出血等内科疾病也有良好的治疗效果，能够改善患者的临床症状，促进病情恢复。

【方歌】 固冲汤用白术芪，龙牡芍萸茜草宜，倍子海蛸棕榈炭，崩中漏下总能医。

其他固涩剂见表 9-11。

表 9-11 其他固涩剂

分类	方剂名称	药物组成	功用	主治
涩肠固脱剂	真人养脏汤（《太平惠民和剂局方》）	人参、当归、白术、肉豆蔻、肉桂、甘草、白芍药、木香、诃子、罂粟壳	涩肠固脱，温补脾肾	久泻久痢、脾肾虚寒证。久泻，或下痢日久，赤白已尽，后重已除，滑脱不禁，甚则脱肛坠下，腹痛喜温喜按，不思饮食，舌淡苔白，脉沉迟细

续表

分类	方剂名称	药物组成	功用	主治
涩精止遗剂	缩泉丸（《魏氏家藏方》）	乌药、益智仁	温肾祛寒，缩尿止遗	膀胱虚寒证。小便频数，或遗尿不禁，舌淡，脉沉弱
固崩止带剂	易黄汤（《傅青主女科》）	山药、芡实、黄柏、车前子、白果	补益脾肾，清热祛湿，收涩止带	脾肾虚弱，湿热带下。带下黏稠量多，色黄如浓茶汁，其气腥秽，舌红，苔黄腻

十二、理　气　剂

凡以理气药为主组成，具有行气或降气作用，用以治疗气滞或气逆病证的方剂，称为理气剂。本类方剂根据《素问·至真要大论》中“逸者行之”“高者抑之”的原则立法，属于“八法”中的消法。

理气剂可分为行气与降气两大类：①行气剂，适用于气机郁滞之证，以越鞠丸为代表方；②降气剂，适用于肺胃之气上逆之证，以苏子降气汤为代表方。

理气剂大多辛香而燥，易伤津耗气，故气虚、阴虚火旺者及孕妇，均当慎用。

（一）行气剂

越鞠丸（又名芎术丸）（《丹溪心法》）

【组成】 香附　苍术　川芎　栀子　神曲各等分（各6～10g）

【用法】 上为末，水泛为丸如绿豆大（现代用法：水丸，每服6～9g，温开水送下；亦可作汤剂，水煎服）。

【功用】 行气解郁。

【主治】 六郁。症见胸膈痞闷，脘腹胀痛，嗳腐吞酸，恶心呕吐，饮食不消，舌苔腻，脉弦。

【方解】 本方所治郁证系指气、血、痰、火、食、湿六郁证，六郁之中以气郁为主。喜怒无常，忧思无度，则肝气不舒，形成气郁，进而导致血郁、火郁；饮食不节，寒温不适影响脾土，则脾失健运而致食郁，甚则形成湿郁、痰郁。故本方立意重在行气解郁，气行则血行，气畅则诸郁自解。

方中用药五味，以香附为君药，着重行气开郁以治气郁，因气行则血行，气畅则痰火湿食诸郁亦易于消解。川芎活血行气，以治血郁；苍术燥湿运脾，以治湿郁；栀子清热泻火，以治火郁；神曲消食导滞，以治食郁，共为臣佐药。方中不用化痰药，是因痰由诸郁而生，以火邪为主，火消痰自失，诸郁得解，痰郁随之而消。

【现代研究】 本方有抗抑郁作用；临床常用于胃肠神经症、胃及十二指肠溃疡、慢性胃炎、肝炎、胆囊炎、胆石症、妇女痛经、精神抑郁等属于六郁所致者。

【方歌】 越鞠丸治六般郁，气血痰火食湿因，香附芎苍栀子曲，气机畅达诸郁伸。

柴胡疏肝散（《证治准绳》）

【组成】 陈皮醋炒　柴胡各二钱（各6g）　川芎　枳壳麸炒　芍药各一钱半（各4.5g）　甘草炙，五分（1.5g）　香附一钱半（4.5g）

【用法】 水一盅半，煎八分（2.5g），食前服（现代用法：水煎服）。

【功用】 疏肝行气，活血止痛。

【主治】 肝气郁滞证。胁肋疼痛，胸闷喜太息，情志抑郁易怒，或嗳气，脘腹胀满，脉弦。

【方解】 方中柴胡苦辛而入肝胆，功擅条达肝气而疏郁结，为君药。香附微苦辛平，入肝经，长于疏肝行气止痛；川芎味辛气温，入肝胆经，能行气活血、开郁止痛。二药共助柴胡疏肝解郁，且有行气止痛之效，同为臣药。木郁则土壅，故配伍陈皮理气行滞而健脾和胃，醋炒以入肝行气；枳壳行气疏壅，宽胸除胀；肝为刚脏，以柔和为贵，故配伍芍药养血柔肝，缓急止痛，与柴胡相伍，养肝之体，利肝之用，且防诸辛香之品耗伤气血，俱为佐药。甘草调和药性，与白芍相合，则增缓急止痛之功，为佐使药。全方主以辛散疏肝，辅以敛阴柔肝，气血兼顾，肝脾同调，共奏疏肝解郁、行气止痛之功。

【现代研究】 本方具有疏肝解郁、调节内分泌系统的作用。临床常用于治疗肝气郁结引起的胸胁胀痛、情绪抑郁等症状，同时对于月经不调、乳腺增生等妇科疾病也有一定疗效。

【方歌】 柴胡疏肝芍川芎，枳壳陈皮草香附，疏肝行气兼活血，胁肋疼痛立能消。

（二）降气剂

苏子降气汤（《太平惠民和剂局方》）

【组成】 紫苏子 半夏汤洗七次，各二两半（各 9g） 川当归去芦，两半（6g） 甘草爁，二两（6g） 前胡去芦 厚朴去粗皮，姜汁拌炒，各一两（各 6g） 肉桂去皮，一两半（3g）

【用法】 上为细末，每服二大钱（6g），水一盏半，入生姜二片，枣子一个，紫苏五叶，同煎至八分，去滓热服，不拘时候（现代用法：加生姜 3g，大枣 1 枚，苏叶 2g，水煎服）。

【功用】 降气平喘，祛痰止咳。

【主治】 上实下虚之喘咳证。喘咳痰多，短气，胸膈满闷，呼多吸少，或腰疼脚软，或肢体浮肿，舌苔白滑或白腻，脉弦滑。

【方解】 方中以紫苏子为君药，温而不燥，质润而降，善降上逆之肺气，消壅滞之痰涎，为治痰逆咳喘之要药。半夏燥湿化痰降逆，为臣药。厚朴降逆平喘，宽胸除满，前胡降气祛痰，肉桂温肾助阳纳气，当归辛甘温润，既止咳逆上气，又可养血补虚以助肉桂温补下元，共为佐药。生姜、大枣调和脾胃，苏叶宣肺散寒，与诸药相伍，降逆化痰之中兼宣肺气。甘草和中益气，调和药性，为佐使药。诸药合用，标本兼治，治上顾下，使气降痰消，则咳喘自平。

【现代研究】 本方具有清上补下、降气消痰、纳气平喘的功用。现代药理研究证明，全方具有广泛的抗炎作用，更重要的是其具有扩张血管、缓解肺动脉高压的作用。临床常用于治疗咽异感症、慢性胃炎等疾病。

【方歌】 苏子降气半夏归，前胡桂朴草姜随，下虚上盛痰嗽喘，亦有加参贵合机。

其他理气剂见表 9-12。

表 9-12 其他理气剂

分类	方剂名称	药物组成	功用	主治
行气剂	半夏厚朴汤（《金匮要略》）	半夏、厚朴、茯苓、生姜、苏叶	行气散结，降逆化痰	梅核气。咽中如有物阻，咯吐不出，吞咽不下，或咳或呕，舌苔白润或白滑，脉弦缓或弦滑
降气剂	旋覆代赭汤（《伤寒论》）	旋覆花、人参、生姜、代赭石、甘草、半夏、大枣	降逆化痰，益气和胃	胃虚气逆痰阻证。心下痞硬，噫气不除，或见纳差、呃逆、恶心，甚或呕吐，舌苔白腻，脉缓或滑

十三、理 血 剂

凡以理血药组成为主，具有活血调血或止血作用，治疗血分病的方剂，称为理血剂。这里主要介绍活血化瘀剂与止血剂两类。①活血化瘀剂，适用于瘀血阻滞病证，以血府逐瘀汤为代表方；②止血剂，适用于各种出血证，以小蓟饮子为代表方。

活血化瘀剂性多破泄，月经过多者及孕妇当慎用或禁用。止血剂属于治标，病情缓解后，宜审因论治。

（一）活血化瘀剂

血府逐瘀汤（《医林改错》）

【组成】 桃仁四钱（12g） 红花三钱（9g） 当归三钱（9g） 生地黄三钱（9g） 川芎一钱半（4.5g）

赤芍二钱（6g）　牛膝三钱（9g）　桔梗一钱半（4.5g）　柴胡一钱（3g）　枳壳二钱（6g）　甘草二钱（6g）

【用法】 水煎服。

【功用】 活血祛瘀，行气止痛。

【主治】 胸中血瘀证。胸痛，头痛，日久不愈，痛如针刺而有定处，或呃逆日久不止，或饮水即呛，干呕，或内热瞀闷，或心悸怔忡，失眠多梦，急躁易怒，入暮潮热，唇暗或两目暗黑，舌质暗红或有瘀斑、瘀点，脉涩或弦紧。

【方解】 本方取桃红四物汤与四逆散之主要配伍，加下行之牛膝和上行之桔梗而成。方中桃仁破血行滞而润燥，红花活血祛瘀以止痛，共为君药。赤芍、川芎助君药活血祛瘀；牛膝入血分，性善下行，能祛瘀血，通血脉，并引瘀血下行，使血不郁于胸中，瘀热不上扰，共为臣药。生地黄甘寒，清热凉血，滋阴养血；合当归养血，使祛瘀不伤正；合赤芍清热凉血，以清瘀热。三者养血益阴，清热活血，共为佐药。桔梗、枳壳，一升一降，宽胸行气，桔梗并能载药上行；柴胡疏肝解郁，升达清阳，与桔梗、枳壳同用，尤善理气行滞，使气行则血行，亦为佐药。甘草调和诸药，为使药。诸药合用，活血与行气相伍，祛瘀与养血同施，升降兼顾，使血活瘀化气行，则诸证可愈。

【现代研究】 本方可影响血液流变学及心脏，有镇痛和抗缺氧的作用。临床常用于冠心病心绞痛、风湿性心脏病、胸部挫伤与肋软骨炎之胸痛，以及脑震荡后遗症之头痛、头晕等。此外，对精神抑郁属于瘀阻气滞者，亦有一定疗效。

【方歌】 血府当归生地桃，红花牛膝芎赤芍，柴胡枳壳桔甘草，胸中瘀血用之妙。

（二）止血剂

小蓟饮子（《济生方》，录自《玉机微义》）

【组成】 生地黄　小蓟　滑石　木通　蒲黄　藕节　淡竹叶　当归　山栀子　甘草各等分（各9g）

【用法】 上㕮咀，每服半两（15g），水煎，空心服（现代用法：水煎服）。

【功用】 凉血止血，利水通淋。

【主治】 热结下焦之血淋、尿血。尿中带血，小便频数，赤涩热痛，舌红，脉数。

【方解】 方中小蓟甘苦性凉入血分，清热凉血止血，又可利尿通淋，尤宜于尿血、血淋之症，是为君药。生地黄甘苦性寒，凉血止血，养阴清热；蒲黄、藕节助君药凉血止血，并能消瘀，为臣药。君臣相配，使血止而不留瘀。滑石、淡竹叶、木通清热利水通淋；山栀子清泄三焦之火，导热从下而出；当归养血和血，引血归经，并防诸药寒凉太过之弊，合而为佐。使以甘草缓急止痛，和中调药。诸药合用，凉血止血为主，利水通淋为辅，止血之中寓以化瘀，清利之中寓以养阴。

本方由导赤散加小蓟、藕节、蒲黄、滑石、山栀子、当归而成。由清心养阴、利水通淋之方变为凉血止血、利水通淋之剂。《重订严氏济生方》亦载"小蓟饮子"，其组成药物与本方相同，唯方中生地黄用量独重为四两，余药皆为半两，故是方当以生地黄为君，则凉血养阴之功较本方为胜。

【现代研究】 本方具有凉血止血、利尿通淋的作用，能够改善泌尿系统功能。临床常用于治疗尿血、血尿、尿路感染等症状，尤其适用于血热引起的尿血、血淋等。

【方歌】 小蓟饮子藕蒲黄，木通滑石生地襄，归草黑栀淡竹叶，血淋热结服之良。

十灰散（《十药神书》）

【组成】 大蓟　小蓟　荷叶　侧柏叶　白茅根　茜根　山栀　大黄　牡丹皮　棕榈皮各等分（各9g）

【用法】 上药各烧灰存性，研极细末，用纸包，碗盖于地上一宿，出火毒。用时先将白藕捣汁，或萝卜汁磨京墨半碗，调服五钱，食后服下（现代用法：各药烧炭存性，为末，藕汁或萝卜汁磨京墨适量，调服9～15g；亦可作汤剂，水煎服）。

【功用】 凉血止血。

【主治】 血热妄行之上部出血证。呕血、吐血、咯血、嗽血、衄血等，血色鲜红，来势急暴，舌红，脉数。

【方解】 方中大蓟、小蓟性味甘凉，长于凉血止血，且能祛瘀；荷叶、侧柏叶、白茅根、茜根皆能凉血止血；棕榈皮收涩止血，与止血药相配，既能增强澄本清源之力，又有塞流止血之功。血之所以上溢，是由于气盛火旺，故用栀子、大黄清热泻火，使邪热从大小便而去，则气火得降而血止，重用凉降涩止之品，恐致留瘀，故以牡丹皮配大黄凉血祛瘀，使止血而不留瘀。用法中用藕汁或萝卜汁磨京墨调服，藕汁能清热凉血散瘀，萝卜汁降气清热以助止血，京墨有收涩止血之功。诸药炒炭存性以收敛止血，重在治标，纳清降以助凉血，伍祛瘀以防留瘀。

【现代研究】 本方为治疗出血症的名方，具有止血作用。现代研究证明，十灰散中的药物成分能够凉血止血、收敛止血，且炒成炭后其鞣质、钙离子、黄酮、碳元素含量明显升高，这些成分均有助于止血。临床常用于治疗吐血、鼻衄、血崩等出血不止的病症。

【方歌】 十灰散用十般灰，柏茅茜荷丹榈随，二蓟栀黄皆炒黑，凉降止血此方推。

其他理血剂见表 9-13。

表 9-13 其他理血剂

分类	方剂名称	药物组成	功用	主治
活血化瘀剂	桃核承气汤（《伤寒论》）	桃仁、大黄、桂枝、甘草、芒硝	逐瘀泻热	下焦蓄血证。少腹急结，小便自利，至夜发热，其人如狂，甚则谵语烦躁；以及血瘀经闭，痛经，脉沉实而涩者
	补阳还五汤（《医林改错》）	黄芪、当归尾、赤芍、地龙、川芎、红花、桃仁	补气活血通络	气虚血瘀之中风。半身不遂，口眼㖞斜，语言謇涩，口角流涎，小便频数或遗尿不禁，舌暗淡，苔白，脉缓无力
止血剂	黄土汤（《金匮要略》）	甘草、地黄、白术、附子、阿胶、黄芩、灶心黄土	温阳健脾，养血止血	脾阳不足，脾不统血证。大便下血，先便后血，或吐血，衄血，以及妇人崩漏，血色暗淡，四肢不温，面色萎黄，舌淡苔白，脉沉细无力

十四、治 风 剂

凡以辛散祛风或息风止痉的药物组成为主，具有疏散外风或平息内风作用的方剂，称为治风剂。风病可分为外风与内风两大类。外风是指风邪侵袭人体头面、经络、肌肉、关节、筋骨等所致的病证，其主要表现为头痛、恶风、肌肤瘙痒、肢体麻木、筋骨挛痛、关节屈伸不利，或口眼㖞斜，甚或角弓反张等；内风是内生之风，由脏腑功能失调所致的风病，如热极生风、肝阳化风、阴虚风动等，主要表现为眩晕、震颤、抽搐、口眼㖞斜、语言謇涩、半身不遂，甚或猝然昏倒、不省人事等。疏散外风代表方如川芎茶调散；平息内风代表方如镇肝熄风汤。祛风剂药性多温燥，津液不足、阴虚有热者慎用。

（一）疏散外风剂

川芎茶调散（《太平惠民和剂局方》）

【组成】 薄荷叶不见火，八两（12g） 川芎 荆芥去梗，各四两（各 12g） 细辛去芦，一两（3g） 防风去芦，一两半（4.5g） 白芷 羌活 甘草爁，各二两（各 6g）

【用法】 上为细末，每服二钱（6g），食后，茶清调下（现代用法：共为细末，每服 6g，每日 2 次，饭后清茶调服；亦可作汤剂，水煎服）。

【功用】 疏风止痛。

【主治】 外感风邪头痛。偏、正头痛或巅顶疼痛，恶寒发热，目眩鼻塞，舌苔薄白，脉浮。

【方解】 本方所治头痛为风邪外袭，循经上犯清窍，清阳受阻，清窍不利所致。方中川芎味辛温，祛风活血止痛，善治少阳、厥阴经头痛，为君药。荆芥、薄荷、防风辛散上行，疏散风邪，清利头目，共为臣药。羌活、白芷疏风止痛，羌活善治太阳经头痛，白芷善治阳明经头痛，细辛散寒止痛，长于治少阴经头痛，共助君、臣药增强疏风止痛之效，为佐药。甘草调和诸药为使药。用时以清茶调下，取茶之苦凉性味，既可上清头目，又能制约风药的过于温燥与升散。

【现代研究】　本方有镇痛、解热作用，临床常用于感冒头痛、偏头痛、血管神经性头痛、慢性鼻炎头痛等属外风所致者。

【方歌】　川芎茶调用荆防，辛芷薄荷甘草羌，目眩鼻塞风攻上，偏正头痛悉能康。

（二）平息内风剂

镇肝熄风汤（《医学衷中参西录》）

【组成】　怀牛膝一两（30g）　生赭石轧细，一两（30g）　生龙骨捣碎，五钱（15g）　生牡蛎捣碎，五钱（15g）　生龟甲捣碎，五钱（15g）　生杭芍五钱（15g）　玄参五钱（15g）　天冬五钱（15g）　川楝子捣碎，二钱（6g）　生麦芽二钱（6g）　茵陈二钱（6g）　甘草钱半（4.5g）

【用法】　水煎服。

【功用】　镇肝息风，滋阴潜阳。

【主治】　肝肾阴亏，肝阳上亢，肝风内动证。头晕目眩，目胀耳鸣，心中烦热，面色如醉，或肢体渐觉不利，或口角渐形㖞斜，甚或眩晕颠仆，昏不识人，移时始醒，或醒后不能复原，脉弦长有力。

【方解】　方中怀牛膝苦酸性平，归肝肾经，重用以引血下行，折其阳亢，并有补益肝肾之效；代赭石质重沉降，镇肝降逆，合牛膝引气血下行，重在治其标，共为君药。龙骨、牡蛎、龟甲、白芍益阴潜阳，镇肝息风，共为臣药。玄参、天冬滋阴清热，壮水涵木；肝为刚脏，喜条达而恶抑郁，过用重镇之品以强制，势必影响其疏泄条达之性，故又以茵陈、川楝子、生麦芽清泄肝热，疏理肝气，以顺肝性，利于肝阳的平降镇潜，均为佐药。甘草调和诸药为使，合生麦芽又能和胃安中，以防金石、介壳类药物质重碍胃之弊。诸药相伍，镇降下行，重在治标，滋潜清疏，以适肝性，共奏镇肝息风、滋阴潜阳之功。

【现代研究】　本方有降压作用，可预防高血压并发症；对脑出血后的脑细胞有保护作用。临床常用于高血压、脑血栓形成、脑出血、血管神经性头痛等属于肝肾阴虚、肝风内动者。

【方歌】　镇肝熄风芍天冬，玄参龙牡赭茵供，麦芽龟膝草川楝，肝风内动显奇功。

其他治风剂见表9-14。

表9-14　其他治风剂

分类	方剂名称	药物组成	功用	主治
疏散外风剂	小活络丹（《太平惠民和剂局方》）	川乌、草乌、地龙、天南星、乳香、没药	祛风除湿，化痰通络，活血止痛	风寒湿痹。肢体筋脉疼痛，麻木拘挛，关节屈伸不利，疼痛游走不定。亦治中风，手足不仁，日久不愈，经络湿痰瘀血，而见腰腿沉重，或腿臂间作痛
	牵正散（《杨氏家藏方》）	白附子、白僵蚕、全蝎	祛风化痰，通络止痉	风痰阻于头面经络所致口眼㖞斜
平息内风剂	天麻钩藤饮（《中医内科杂病证治新义》）	天麻、钩藤、生决明、山栀、黄芩、川牛膝、杜仲、益母草、桑寄生、夜交藤、茯神	平肝息风，清热活血，补益肝肾	肝阳偏亢，肝风上扰证。头痛，眩晕，失眠，舌红苔黄，脉弦数
	羚角钩藤汤（《通俗伤寒论》）	羚角片、桑叶、川贝母、生地黄、钩藤、菊花、茯神、生白芍、生甘草、竹茹	凉肝息风，增液舒筋	肝热生风证。高热不退，烦闷躁扰，手足抽搐，发为痉厥，甚则神昏，舌质绛或舌焦起刺，脉弦数

十五、治　燥　剂

凡以轻宣辛散或甘凉滋润药组成为主，具有轻宣润燥或滋阴润燥等作用，治疗燥证的方剂，统称治燥剂。

治燥剂用治燥证。燥证有外燥与内燥之分，外燥指感受秋令燥邪所发生的病证，其病常始于肺卫。由于秋令气候温凉有异，因而外燥又有凉燥、温燥之分。内燥属于脏腑津亏液耗所致的病证，发病部位有上燥、中燥、下燥之别。燥在上者，多责之于肺，症见干咳、少痰、咽燥、咯血；燥在中者，多责之于胃，症见肌肉消瘦、干呕食少；燥在下者，多责之于肾，症见消渴或津枯便秘等。

根据"燥者濡之"的原则，故治疗燥证当以濡润为法。并且治燥剂多由甘凉滋润药物为主组成，故素体多湿、脾虚便溏、气滞痰盛者应当慎用。燥邪易于化热，伤津耗气，故运用时配伍清热泻火或益气生津之品较为适宜。

（一）轻宣润燥剂

杏苏散（《温病条辨》）

【组成】 苏叶（9g） 半夏（9g） 茯苓（9g） 甘草（3g） 前胡（9g） 苦桔梗（6g） 枳壳（6g） 生姜（3片） 橘皮（6g） 大枣去核（3枚） 杏仁（9g）（原著本方无用量）

【用法】 水煎服。

【功用】 轻宣凉燥，理肺化痰。

【主治】 外感凉燥证。恶寒无汗，头微痛，咳嗽痰稀，鼻塞咽干，苔白脉弦。

【方解】 方中苏叶辛温不燥，发表散邪，宣发肺气，使凉燥之邪从外而散；杏仁苦温而润，降利肺气，润燥止咳，二者共为君药。前胡疏风散邪，降气化痰，既协苏叶轻宣达表，又助杏仁降气化痰；桔梗、枳壳一升一降，助杏仁、苏叶理肺化痰，共为臣药。半夏、橘皮燥湿化痰，理气行滞；茯苓渗湿健脾以杜生痰之源；生姜、大枣调和营卫以利解表，滋脾行津以润干燥，是为佐药。甘草调和诸药，合桔梗宣肺利咽，功兼佐使。

【现代研究】 本方具有润肺止咳、化痰平喘的作用，研究表明其在呼吸系统疾病治疗中表现突出，可改善呼吸道症状，减轻咳嗽、咳痰，并有助于痰液排出。同时，其抗炎、抗菌作用显著，能有效减轻炎症反应，抑制病原菌生长。临床常用于治疗急慢性支气管炎、慢性阻塞性肺疾病等病症。

【方歌】 杏苏散内夏陈前，枳桔苓草姜枣研，轻宣温润治凉燥，咳止痰化病自痊。

（二）滋阴润燥剂

麦门冬汤（《金匮要略》）

【组成】 麦冬七升（42g） 半夏一升（6g） 人参三两（9g） 甘草二两（6g） 粳米三合（6g） 大枣十二枚（4枚）

【用法】 上六味，以水一斗二升，煮取六升，温服一升，日三夜一服（现代用法：水煎服）。

【功用】 清养肺胃，降逆下气。

【主治】

（1）虚热肺痿。咳嗽气喘，咽喉不利，咳痰不爽，或咳唾涎沫，口干咽燥，手足心热，舌红少苔，脉虚数。

（2）胃阴不足证。呕吐，纳少，呃逆，口渴咽干，舌红少苔，脉虚数。

【方解】 方中重用麦冬为君，甘寒清润，既养肺胃之阴，又清肺胃虚热。人参益气生津为臣。佐以甘草、粳米、大枣益气养胃，合人参益胃生津，胃津充足，自能上归于肺，此正"培土生金"之法。肺胃阴虚，虚火上炎，不仅气机上逆，且进一步灼津为涎，故又佐以半夏降逆下气，化其痰涎，虽属温燥之品，但用量很轻，与大剂麦冬配伍，则其燥性减而降逆之用存，且能开胃行津以润肺，又使麦冬滋而不腻，相反相成。甘草并能润肺利咽，调和诸药，兼作使药。

【现代研究】 本方具有滋阴润燥、润肺止咳的功效，现代研究发现其在肺部疾病治疗中效果良好，能显著改善肺燥症状，如干咳、咽干等，并有助于肺部功能的恢复，其免疫调节作用显著，能增强机体抵抗力，减少感染风险。临床常用于治疗慢性支气管炎、支气管哮喘等病症。

【方歌】 麦门冬汤用人参，枣草粳米半夏存，肺痿咳逆因虚火，清养肺胃此方珍。

其他治燥剂见表 9-15。

表 9-15　其他治燥剂

分类	方剂名称	药物组成	功用	主治
轻宣润燥剂	桑杏汤（《温病条辨》）	桑叶、杏仁、沙参、象贝、香豉、栀皮、梨皮	清宣温燥，润肺止咳	外感温燥证。头痛，身热不甚，微恶风寒，口渴，咽干鼻燥，干咳无痰，或痰少而黏，舌红，苔薄白而干，脉浮数而右脉大
	清燥救肺汤（《医门法律》）	桑叶、石膏、甘草、人参、胡麻仁、阿胶、麦冬、杏仁、枇杷叶	清燥润肺，益气养阴	温燥伤肺证。身热头痛，干咳无痰，气逆而喘，咽喉干燥，鼻燥，胸满胁痛，心烦口渴，舌干少苔，脉虚大而数
滋阴润燥剂	养阴清肺汤（《重楼玉钥》）	生地黄、麦冬、生甘草、元参、贝母、牡丹皮、薄荷、炒白芍	养阴清肺，解毒利咽	阴虚肺燥之白喉。喉间起白如腐，不易拭去，咽喉肿痛，初期或发热或不发热，鼻干唇燥，或咳或不咳，呼吸有声，似喘非喘，脉数无力或细数
	百合固金汤（《慎斋遗书》）	熟地黄、生地黄、当归、白芍、甘草、桔梗、玄参、贝母、麦冬、百合	滋润肺肾，止咳化痰	肺肾阴亏，虚火上炎证。咳嗽气喘，痰中带血，咽喉燥痛，头晕目眩，午后潮热，骨蒸盗汗，舌红少苔，脉细数

十六、祛　湿　剂

凡以祛湿药组成为主，具有化湿利水、通淋泄浊作用，治疗水湿为病的方剂，称祛湿剂。湿为阴邪，其性重滞，其中人缓，病势缠绵。湿邪为病，有外湿、内湿之分，又常与风、寒、暑、热相间。祛湿剂分为五类：①化湿和胃剂，适用于湿邪中阻、脾胃失和证，以藿香正气散为代表方；②清热利湿剂，适用于湿热俱盛或湿从热化之证，以茵陈蒿汤为代表方；③利水渗湿剂，适用于水湿壅盛所致的水肿、泄泻等，以五苓散为代表方；④温化水湿剂，适用于湿从寒化或阳不化水之证，以苓桂术甘汤为代表方；⑤祛风胜湿剂，适用于风湿在表所致的头痛身重，或风湿侵袭痹阻经络所致的腰膝顽麻痛痹等证，以羌活胜湿汤为代表方。

（一）化湿和胃剂

藿香正气散（《太平惠民和剂局方》）

【组成】 大腹皮　白芷　紫苏　茯苓去皮，各一两（各 3g）　半夏曲　白术　陈皮去白　厚朴去粗皮，姜汁炙　苦桔梗各二两（各 6g）　藿香去土，三两（9g）　甘草炙，二两半（6g）

【用法】 上为细末，每服二钱（6g），水一盏，姜三片，枣一枚，同煎至七分，热服。如欲出汗，衣被盖，再煎并服（现代用法：散剂，每服 6g，生姜 3 片、大枣 1 枚，煎汤送服；亦可作汤剂，加生姜 3 片、大枣 1 枚，水煎服）。

【功用】 解表化湿，理气和中。

【主治】 外感风寒，内伤湿滞证。霍乱吐泻，恶寒发热，头痛，恶心呕吐，胸膈满闷，腹痛腹泻，舌苔白腻，脉浮缓。

【方解】 方中藿香辛温芳香，外散风寒，内化湿滞，辟秽和中，为治霍乱吐泻之要药，重用为君。半夏曲、陈皮理气燥湿，和胃降逆以止呕；白术、茯苓健脾助运，除湿和中以止泻，助藿香内化湿浊以止吐泻，同为臣药。紫苏、白芷辛温发散，助藿香外散风寒，紫苏尚可醒脾宽中、行气止呕，白芷兼能燥湿化浊；大腹皮、厚朴行气化湿，畅中行滞，且寓气行则湿化之义；桔梗宣肺利膈，既益解表，又助化湿；兼加生姜、大枣，内调脾胃，外和营卫，俱为佐药。甘草调和药性，并协姜、枣以和中，用为使药。诸药相合，表里同治而以除湿治里为主，脾胃同调而以升清降浊为要。使风寒外散，湿浊内化，气机通畅，脾胃调和，清升浊降，则寒热、吐泻、腹痛诸症可除。感受山岚瘴气以及水土不服，症见寒甚热微，或但寒不热、呕吐腹泻、苔白厚腻者，亦可以本方散寒祛湿，辟秽化浊，和中悦脾而治之。

【现代研究】 本方有解痉镇痛、抗菌、镇吐、调节胃肠功能的作用。临床常用于急性胃肠炎，或四时感冒属湿滞脾胃或外感风寒者。

【方歌】 藿香正气大腹苏，甘桔陈皮苓术朴，夏曲白芷加姜枣，风寒暑湿并祛除。

（二）清热利湿剂

茵陈蒿汤（《伤寒论》）

【组成】 茵陈六两（18g） 栀子十四枚（12g） 大黄去皮，二两（6g）

【用法】 上三味，以水一斗二升，先煮茵陈，减六升，内二味，煮取三升，去滓，分三服（现代用法：水煎服）。

【功用】 清热，利湿，退黄。

【主治】 湿热黄疸。一身面目俱黄，黄色鲜明，发热，无汗或但头汗出，口渴欲饮，恶心呕吐，腹微满，小便短赤，大便不爽或秘结，舌红苔黄腻，脉沉数或滑数有力。

【方解】 方中重用茵陈为君药，以其苦寒降泄，长于清利肝胆湿热，为治黄疸要药。栀子泄热降火，清利三焦湿热，合茵陈可使湿热从小便而去，为臣药。大黄既利胆退黄，清热燥湿，又泻下通腑，导湿热从大便而去，为佐药。三药相伍，清利与泻热并进，前后分消，使湿热得去，则腹满自减，黄疸渐消。

【现代研究】 本方具有促进胆红素代谢、抗肝损伤、抑制肝细胞凋亡、抑制星状细胞活化及胶原合成等作用。现代研究表明，茵陈蒿汤中的有效成分能够改善肝功能，降低血清转氨酶水平，对急性黄疸、急性肝损伤及肝纤维化等动物模型具有良好的治疗作用。

【方歌】 茵陈蒿汤治阳黄，栀子大黄组成方，栀子柏皮加甘草，茵陈四逆治阴黄。

三仁汤（《温病条辨》）

【组成】 杏仁五钱（15g） 飞滑石六钱（18g） 白通草二钱（6g） 白蔻仁二钱（6g） 竹叶二钱（6g） 厚朴二钱（6g） 生薏苡仁六钱（18g） 半夏五钱（15g）

【用法】 甘澜水八碗，煮取三碗，每服一碗，日三服（现代用法：水煎服）。

【功用】 宣畅气机，清利湿热。

【主治】 湿温初起及暑温夹湿之湿重于热证。头痛恶寒，身重疼痛，肢体倦怠，面色淡黄，胸闷不饥，午后身热，苔白不渴，脉弦细而濡。

【方解】 方用“三仁”为君，其中杏仁苦辛，轻开肺气以宣上；白蔻仁芳香苦辛，行气化湿以畅中；薏苡仁甘淡渗利，渗湿健脾以渗下；方中杏仁宣上，白蔻仁畅中，薏苡仁渗下，三焦并调。臣以半夏、厚朴辛开苦降，行气化湿，散满除痞，助白蔻仁以畅中和胃。佐以滑石、通草、竹叶甘寒淡渗、清利下焦，合薏苡仁以引湿热下行。诸药合用，宣上、畅中、渗下，气机调畅，使湿热从三焦分消，诸症自解。

【现代研究】 本方具有宣畅气机、清热利湿的作用，能够调节肠道菌群平衡、促进肠道蠕动。临床常用于治疗湿热蕴结引起的头痛、身痛、胸闷等症状，同时对于慢性胃肠炎、胆囊炎等也有一定疗效。

【方歌】 三仁杏蔻薏苡仁，朴夏通草竹滑存，宣畅气机清湿热，湿重热轻在气分。

（三）利水渗湿剂

五苓散（《伤寒论》）

【组成】 猪苓去皮，十八铢（9g） 泽泻一两六铢（15g） 白术十八铢（9g） 茯苓十八铢（9g） 桂枝去皮，半两（6g）

【用法】 上五味，捣为散，以白饮和，服方寸匕，日三服，多饮暖水，汗出愈，如法将息（现代用法：散剂，每服6～10g，多饮热水，取微汗；亦可作汤剂，水煎服，温服取微汗）。

【功用】　通阳化气，利水渗湿。

【主治】

（1）蓄水证。小便不利，头痛微热，烦渴欲饮，甚则水入即吐，舌苔白，脉浮。

（2）痰饮。脐下悸，吐涎沫而头眩，或短气而咳者。

（3）水湿内停证。水肿，泄泻，小便不利，以及霍乱吐泻等。

【方解】　方中重用泽泻为君，利水渗湿。臣以茯苓、猪苓助君药利水渗湿。佐以白术补气健脾以运化水湿，合茯苓既可彰健脾制水之效，又可奏输津四布之功。《素问·灵兰秘典论》谓："膀胱者，州都之官，津液藏焉，气化则能出矣。"膀胱之气化有赖于阳气之蒸腾，故又佐以桂枝温阳化气以助利水，且可辛温发散以祛表邪，一药而表里兼治。诸药相伍，表里通治，重在渗湿治里，标本兼顾，重在利水治标，共奏淡渗利湿、健脾助运、温阳化气、解表散邪之功。由于方中桂枝并非专为解表而设，故"蓄水证"得之，有利水而解表之功；痰饮病得之，有温阳平冲降逆之功；水湿内盛而无表证者得之，则可收化气利水之效。

【现代研究】　本方有利尿作用，临床常用于急慢性肾炎水肿、肝硬化腹水、心源性水肿、急性肠炎、尿潴留、脑积水等属水湿内停者。

【方歌】　五苓散治太阳府，二苓泽泻与白术，温阳化气用桂枝，利水渗湿收效著。

（四）温化水湿剂

苓桂术甘汤（《金匮要略》）

【组成】　茯苓四两（12g）　桂枝三两（9g）　白术三两（9g）　甘草炙，二两（6g）

【用法】　上四味，以水六升，煮取三升，分温三服（现代用法：水煎服）。

【功用】　温阳化饮，健脾利水。

【主治】　中阳不足之痰饮。胸胁支满，目眩心悸，短气而咳，舌苔白滑，脉弦滑或沉紧。

【方解】　本方重用甘淡之茯苓为君，健脾利水，渗湿化饮，既能消除已聚之痰饮，又善平饮邪之上逆。桂枝为臣，功能温阳化气，平冲降逆。苓、桂相合为温阳化气，利水平冲之常用组合。白术为佐，功能健脾燥湿，苓、术相须，为健脾祛湿的常用组合，在此体现了治生痰之源以治本之意；桂、术同用，也是温阳健脾的常用组合。炙甘草用于本方，其用有三：一可合桂枝以辛甘化阳，以襄助温补中阳之力；二可合白术益气健脾，崇土以利制水；三可调和诸药，功兼佐使之用。四药相合，淡渗甘温合法，温而不热，利而不峻，标本兼顾，则中阳得建，痰饮得化，津液得布，诸症自愈。

【现代研究】　本方具有温阳化饮、健脾利湿的功效。现代药理研究表明，苓桂术甘汤能够改善水液代谢异常引起的水肿、心悸等症状，同时对心血管系统具有一定的保护作用。临床常用于治疗慢性心力衰竭、心律失常等心血管疾病。

【方歌】　苓桂术甘化饮剂，温阳化饮又健脾，饮邪上逆胸胁满，水饮下行悸眩去。

真武汤（《伤寒论》）

【组成】　茯苓三两（9g）　芍药三两（9g）　白术二两（6g）　生姜切，三两（9g）　附子炮，去皮，破八片，一枚（9g）

【用法】　上五味，以水八升，煮取三升，去滓，温服七合，日三服（现代用法：水煎服）。

【功用】　温阳利水。

【主治】

（1）阳虚水泛证。小便不利，四肢沉重疼痛，浮肿，腰以下为甚，畏寒肢冷，腹痛，下利，或咳，或呕，舌淡胖，苔白滑，脉沉细。

（2）太阳病发汗太过，阳虚水泛证。汗出不解，其人仍发热，心下悸，头眩，身瞤动，振振欲擗地。

【方解】 方中以大辛大热的附子为君药，温肾助阳，以化气行水，兼暖脾土，以温运水湿。臣以茯苓、白术健脾利湿，淡渗利水，使水气从小便而出。佐以生姜之温散，既助附子以温阳祛寒，又伍茯苓、白术以散水湿。其用白芍者，乃一药三用，一者利小便以行水气，一者柔肝以止腹痛，一者敛阴舒筋以止筋惕肉瞤。诸药配伍，温脾肾、利水湿，共奏温阳利水之效。

【现代研究】 本方具有温阳利水的作用，能够改善水液代谢、增强机体免疫功能。临床常用于治疗脾肾阳虚引起的水肿、小便不利等症状，如肾病综合征、慢性肾炎等。

【方歌】 真武汤壮肾中阳，茯苓术芍附生姜，少阴腹痛有水气，悸眩瞤惕保安康。

（五）祛风胜湿剂

羌活胜湿汤（《脾胃论》）

【组成】 羌活 独活各一钱（各6g） 藁本 防风 甘草炙，各五分（各3g） 蔓荆子三分（2g） 川芎二分（1.5g）

【用法】 上㕮咀。都作一服，水二盏，煎至一盏，去滓，食后温服（现代用法：水煎服）。

【功用】 祛风，胜湿，止痛。

【主治】 风湿在表之痹证。肩背痛不可回顾，头痛身重，或腰脊疼痛，难以转侧，苔白，脉浮。

【方解】 方中羌活、独活辛苦温燥，皆可祛风除湿，通利关节。其中羌活善祛上部风湿，独活善祛下部风湿，二者合用，可散周身风湿而止痹痛，共为君药。防风散风胜湿而治一身之痛；川芎上行头目，旁通络脉，既可疏散周身风邪，又能活血行气而止头身之痛，共助君药散邪通痹止痛之力，用为臣药。藁本疏散太阳经之风寒湿邪，且善达巅顶而止头痛；蔓荆子亦轻浮上行，主散头面之邪，并可清利头目，俱为佐药。甘草缓诸药辛散之性，并调和诸药，为佐使药。诸药配伍，可祛风胜湿，宣痹止痛。

【现代研究】 本方具有祛风胜湿、止痛的功效。现代研究发现，羌活胜湿汤能够降低炎症因子的表达水平，减轻炎症反应，从而缓解关节疼痛、肿胀等症状。临床常用于治疗风湿性关节炎、类风湿关节炎等风湿性疾病。

【方歌】 羌活胜湿羌独芎，甘蔓藁本与防风，湿气在表头腰重，发汗升阳有奇功。

独活寄生汤（《备急千金要方》）

【组成】 独活三两（9g） 桑寄生 杜仲 牛膝 细辛 秦艽 茯苓 肉桂心 防风 川芎 人参 甘草 当归 白芍 干地黄各二两（各6g）

【用法】 上十五味，㕮咀，以水一斗，煮取三升，分三服，温身勿冷也（现代用法：水煎服）。

【功用】 祛风湿，止痹痛，益肝肾，补气血。

【主治】 痹证日久，肝肾两虚，气血不足证。腰膝疼痛、痿软，肢节屈伸不利，或麻木不仁，畏寒喜温，心悸气短，舌淡苔白，脉细弱。

【方解】 方中重用独活为君，辛苦微温，善治伏风，除久痹，且性善下行，以祛下焦与筋骨间的风寒湿邪。臣以细辛、防风、秦艽、肉桂心，细辛入少阴肾经，长于搜剔阴经之风寒湿邪，又除经络留湿；秦艽祛风湿，舒筋络而利关节；肉桂心温经散寒，通利血脉；防风祛一身之风而胜湿，君臣相伍，共祛风寒湿邪。本证因痹证日久而见肝肾两虚，气血不足，遂佐入桑寄生、杜仲、牛膝以补益肝肾而强壮筋骨，且桑寄生兼可祛风湿，牛膝尚能活血以通利肢节筋脉；当归、川芎、干地黄、白芍养血和血，人参、茯苓、甘草健脾益气。以上诸药合用，具有补肝肾、益气血之功。且白芍与甘草相合，尚能柔肝缓急，以助舒筋。当归、川芎、牛膝、肉桂心活血，寓“治风先治血，血行风自灭”之意。甘草调和诸药，兼使药之用。

【现代研究】 本方具有祛风湿、止痹痛、益肝肾、补气血的作用，能够改善关节功能、缓解疼痛。临床常用于治疗风湿性关节炎、类风湿关节炎等痹证，对于关节疼痛、肿胀、僵硬等症状有显著疗效。

【方歌】 独活寄生艽防辛，芎归地芍桂苓均，杜仲牛膝人参草，冷风顽痹屈能伸。

其他祛湿剂见表 9-16。

表 9-16　其他祛湿剂

分类	方剂名称	药物组成	功用	主治
化湿和胃剂	平胃散（《简要济众方》）	苍术、厚朴、陈橘皮、甘草	燥湿运脾，行气和胃	湿滞脾胃证。脘腹胀满，不思饮食，口淡无味，恶心呕吐，嗳气吞酸，肢体沉重，怠惰嗜卧，常多自利，舌苔白腻而厚，脉缓
清热利湿剂	八正散（《太平惠民和剂局方》）	车前子、瞿麦、萹蓄、滑石、山栀子、甘草、木通、大黄	清热泻火，利水通淋	热淋。尿频尿急，溺时涩痛，淋沥不畅，尿色浑赤，甚则癃闭不通，小腹急满，口燥咽干，舌苔黄腻，脉滑数
	甘露消毒丹（《医效秘传》）	滑石、黄芩、茵陈、石菖蒲、川贝母、木通、藿香、连翘、白蔻仁、薄荷、射干	利湿化浊，清热解毒	湿温时疫之湿热并重证。发热口渴，胸闷腹胀，肢酸倦怠，颐咽肿痛，或身目发黄，小便短赤，或泄泻淋浊，舌苔白腻或黄腻或干黄，脉濡数或滑数
利水渗湿剂	猪苓汤（《伤寒论》）	猪苓、茯苓、泽泻、阿胶、滑石	利水渗湿，养阴清热	水热互结伤阴证。发热，口渴欲饮，小便不利，或心烦不寐，或咳嗽，或呕恶，或下利，舌红苔白或微黄，脉细数。 亦治热淋，血淋等
温化水湿剂	实脾散（《严氏济生方》）	厚朴、白术、木瓜、木香、草果仁、大腹子、附子、白茯苓、干姜、甘草	温阳健脾，行气利水	脾肾阳虚，水气内停之阴水。身半以下肿甚，手足不温，口中不渴，胸腹胀满，大便溏薄，舌苔白腻，脉沉弦而迟

十七、治　痰　剂

凡以祛痰平喘药组成为主，具有祛痰平喘作用，治疗咳嗽、哮喘的方剂，称为治痰剂。治痰剂临床常用以下五类：①燥湿化痰剂，适用于湿痰为病，以二陈汤为代表方；②清热化痰剂，适用于热痰为病，以清气化痰丸为代表方；③润燥化痰剂，适用于燥痰为病，以贝母瓜蒌散为代表方；④温化寒痰剂，适用于寒痰为病，以苓甘五味姜辛汤为代表方；⑤治风化痰剂，适用于风痰证，代表方如半夏白术天麻汤。

（一）燥湿化痰剂

二陈汤（《太平惠民和剂局方》）

【组成】 半夏汤洗七次　橘红各五两（各 15g）　白茯苓三两（9g）　甘草炙，一两半（4.5g）

【用法】 上药㕮咀，每服四钱（12g），用水一盏，生姜七片，乌梅一个，同煎六分，去滓，热服，不拘时候（现代用法：加生姜 7 片，乌梅 1 枚，水煎服）。

【功用】 燥湿化痰，理气和中。

【主治】 湿痰证。咳嗽痰多，色白易咳，胸膈胀满，恶心呕吐，或见肢体倦怠，或见头眩心悸，舌苔白腻，脉滑。

【方解】 本方为治湿痰之主方。湿痰咳嗽，多由脾不运化，湿聚成痰所致。方中以辛温性燥的半夏为君药，最善燥湿化痰，且能降逆和胃。橘红为臣药，理气燥湿，使脾健湿除，气行痰消；与半夏相伍，行气与燥湿化痰同用，加强祛痰作用。痰由湿聚而成，茯苓健脾渗湿，杜绝生痰之源，湿浊不生，痰无由成，是兼顾其本的治法；生姜降逆化痰，既助半夏、橘红行气消痰，又能兼制半夏的毒性；用少许乌梅收敛肺气，与半夏相伍，散中有收，使祛痰不伤正，收敛不留邪；上三味为佐药。使以甘草调和药性，兼可以润肺和中。诸药合用，共奏燥湿化痰、理气和中之效。方中半夏、橘红陈久者良，故方名为“二陈汤”。

【现代研究】 本方有祛痰、抗衰老以及调节血糖、血脂的作用。临床常用于治疗慢性支气管炎、肺气肿、慢性胃炎、妊娠呕吐、神经性呕吐、耳源性眩晕、胃及十二指肠溃疡、脑血管意外等属湿痰壅盛者。

【方歌】 二陈汤用半夏陈，苓草梅姜一并存，理气祛痰兼燥湿，湿痰为病此方珍。

（二）清热化痰剂

清气化痰丸（《医方考》）

【组成】 陈皮去白 杏仁去皮尖 枳实麸炒 黄芩酒炒 瓜蒌仁去油 茯苓各一两（各 6g） 胆南星 制半夏各一两半（各 9g）

【用法】 姜汁为丸。每服二至三钱（6～9g），温开水送下（现代用法：生姜汁为丸，每服 6～9g，每日 2 次，温开水送下；亦可作汤剂，加生姜 3 片，水煎服）。

【功用】 清热化痰，理气止咳。

【主治】 热痰咳嗽。咳嗽，痰黄稠，胸膈痞闷，甚则气急呕恶，舌质红，苔黄腻，脉滑数。

【方解】 方中胆南星清热化痰，治痰热之本，为君药。黄芩清热泻火，瓜蒌仁清热化痰，润肺止咳，二者助君药清热化痰之力，为臣药。半夏燥湿化痰，陈皮理气化痰，茯苓健脾渗湿，杏仁宣利肺气，枳实下气消痞，五药相合，既可助君臣药化痰之力，又可降逆理气，使气顺则痰消，为佐药。诸药合用，共奏清热化痰、理气止咳之功。

【现代研究】 本方具有清热化痰、理气止咳的功效。现代药理研究表明，清气化痰丸中的成分能够抑制细菌生长、降低炎症反应，同时能够扩张支气管、促进痰液排出。临床常用于治疗急慢性支气管炎、肺炎等呼吸系统疾病。

【方歌】 清气化痰杏瓜蒌，茯苓芩枳胆星投。陈夏姜汁糊丸服，专治肺热咳痰稠。

（三）润燥化痰剂

贝母瓜蒌散（《医学心悟》）

【组成】 贝母一钱五分（9g） 瓜蒌一钱（6g） 天花粉 茯苓 橘红 桔梗各八分（各 5g）

【用法】 水煎服。

【功用】 润肺清热，理气化痰。

【主治】 燥痰咳嗽，症见咳嗽有痰，黏稠难咯，或咽喉干痛，或咽干口燥，上气喘促，舌红苔白而干。

【方解】 方中贝母为君，主入肺经，有清热化痰、润肺止咳之功；配伍甘寒而润的瓜蒌，功善清热涤痰，利气润燥，与贝母相须为用，增强清润化痰而止咳之力，为臣药。佐以天花粉清肺生津，润燥化痰。痰因脾虚而生，因气滞而凝，故用茯苓健脾渗湿，以杜生痰之源；橘红理气化痰，使气顺痰消；再以桔梗宣利肺气，化痰止咳，使肺宣降有权，均为佐药。合而成方，清润与宣利并用，以润肺为主，且润而不碍化痰，化痰而不伤津，使肺得清润而燥痰自化，宣降有权而咳逆自平。

【现代研究】 本方具有润肺止咳、清热化痰的功效。现代研究发现，贝母瓜蒌散能够降低痰液黏稠度、促进痰液排出，同时能够抑制细菌生长、减轻炎症反应。临床常用于治疗咳嗽、咳痰等症状。

【方歌】 贝母瓜蒌花粉研，橘红桔梗茯苓添，呛咳咽干痰难出，润燥化痰病自安。

（四）温化寒痰剂

苓甘五味姜辛汤（《金匮要略》）

【组成】 茯苓四两（12g） 甘草三两（9g） 干姜三两（9g） 细辛三两（3g） 五味子半升（5g）

【用法】 上五味，以水八升，煮取三升，去滓，温服半升，日三服（现代用法：水煎服）。

【功用】　温肺化饮。

【主治】　寒饮咳嗽。咳痰量多，清稀色白，或喜唾涎沫，胸满不舒，舌苔白滑，脉弦滑。

【方解】　方以干姜为君，既温肺散寒以化饮，又温运脾阳以化湿。臣以细辛，取其辛散之性，温肺散寒，助干姜温肺散寒化饮之力；复以茯苓健脾渗湿，化饮利水，一以导水饮之邪从小便而去，一以杜绝生饮之源，合干姜温化渗利，健脾助运。为防干姜、细辛耗伤肺气，又佐以五味子敛肺止咳，与干姜、细辛相伍，一温一散一敛，使散不伤正，敛不留邪，且能调节肺司开合之职，为仲景用以温肺化饮的常用组合。使以甘草和中调药。

【现代研究】　本方具有温阳化饮、止咳平喘的功效。现代研究发现，苓甘五味姜辛汤能够改善水液代谢异常引起的咳嗽、咳痰等症状，同时能够扩张支气管、缓解支气管痉挛。临床常用于治疗支气管哮喘、慢性支气管炎等呼吸系统疾病。

【方歌】　苓甘五味姜辛汤，温肺化饮常用方，半夏杏仁均可加，寒痰水饮咳嗽康。

三子养亲汤（《韩氏医通》）

【组成】　白芥子（9g）　紫苏子（9g）　莱菔子（9g）（原著本方无用量）

【用法】　上三味各洗净，微炒，击碎。看何证多，则以所主者为君，余次之。每剂不过三钱（9g），用生绢小袋盛之，煮作汤饮，代茶水啜用，不宜煎熬太过（现代用法：三药捣碎，用纱布包裹，煎汤频服，不宜煎煮太过）。

【功用】　温肺化痰，降气消食。

【主治】　痰壅气逆食滞证。咳嗽喘逆，痰多胸痞，食少难消，舌苔白腻，脉滑。

【方解】　方中白芥子温肺化痰，利气畅膈；紫苏子降气消痰，止咳平喘；莱菔子消食导滞，降气祛痰。三药均属消痰理气之品，但白芥子豁痰力强，紫苏子以降气为长，而莱菔子消食独胜。诸药合用，祛痰理气消食，使气顺痰消，食积得化，则咳喘自平，为药简治标之剂。韩氏自述："夫三子者，出自老圃，其性度和平芬畅，善佐饮食奉养，使人亲有勿药之喜，是以仁者取焉。老吾老以及人之老，其利博矣。"故取名"三子养亲"。

【现代研究】　本方具有温肺化痰、降气消食的作用，能够改善呼吸系统功能、促进痰液排出。临床常用于治疗老年人慢性支气管炎、哮喘等呼吸系统疾病，对于咳嗽、气喘、痰多等症状有良好效果。

【方歌】　三子养亲祛痰方，芥苏莱菔共煎汤，大便实硬加熟蜜，冬寒更可加生姜。

（五）治风化痰剂

半夏白术天麻汤（《医学心悟》）

【组成】　半夏一钱五分（9g）　天麻　茯苓　橘红各一钱（各6g）　白术三钱（18g）　甘草五分（3g）

【用法】　加生姜1片，大枣2枚，水煎服。

【功用】　化痰息风，健脾祛湿。

【主治】　风痰上扰证。眩晕，头痛，胸膈痞闷，恶心呕吐，舌苔白腻，脉弦滑。

【方解】　方中半夏燥湿化痰，降逆止呕；天麻平肝息风，而止头眩，二者合用，为治风痰眩晕头痛之要药。李东垣在《脾胃论》中曰："足太阴痰厥头痛，非半夏不能疗；眼黑头眩，风虚内作，非天麻不能除。"故以两味为君药。以白术、茯苓为臣，健脾祛湿，能治生痰之源。佐以橘红理气化痰，脾气顺则痰消。使以甘草和中调药；煎加姜、枣调和脾胃，生姜兼制半夏之毒。

【现代研究】　本方具有健脾燥湿、化痰息风的功效。现代研究发现，半夏白术天麻汤能够改善脾胃功能、促进消化吸收，同时能够降低炎症反应、减轻头晕头痛等症状。临床常用于治疗眩晕、头痛等神经系统疾病。

【方歌】　半夏白术天麻汤，苓草橘红枣生姜，眩晕头痛风痰盛，化痰息风是效方。

其他治痰剂见表9-17。

表 9-17 其他治痰剂

分类	方剂名称	药物组成	功用	主治
燥湿化痰剂	温胆汤（《三因极一病证方论》）	半夏、竹茹、枳实、陈皮、甘草、茯苓	理气化痰，清胆和胃	胆胃不和，痰热内扰证。胆怯易惊，虚烦不宁，失眠多梦，或呕恶呃逆，或眩晕，或癫痫等，苔腻微黄，脉弦滑
清热化痰剂	小陷胸汤（《伤寒论》）	黄连、半夏、瓜蒌	清热化痰，宽胸散结	痰热互结之小结胸证。心下痞闷，按之则痛，或心胸闷痛，或咳痰黄稠，舌红苔黄腻，脉滑数
治风化痰剂	定痫丸（《医学心悟》）	天麻、川贝母、半夏、茯苓、茯神、胆南星、石菖蒲、全蝎、僵蚕、琥珀、陈皮、远志、丹参、麦冬、辰砂	涤痰息风，清热定痫	痰热痫证。忽然发作，眩仆倒地，不省高下，目斜口歪，甚则抽搐，痰涎直流，叫喊作声，舌苔白腻微黄，脉弦滑略数。亦用于癫狂

十八、其他方剂

凡以消食运脾、化积导滞等作用为主，用于治疗各种食积证的方剂，统称为消食剂，属于“八法”中的“消法”。其中，消导化积剂适用于食积内停之证，代表方如保和丸。

凡以驱虫、杀虫或安蛔等作用为主，用于治疗人体寄生虫病的方剂，统称为驱虫剂，属于“八法”中的“消法”。本类方剂常以驱虫药为主组方，代表方如乌梅丸。

凡以散结消痈、解毒排脓、生肌敛疮等作用为主，用于治疗痈疽疮疡证的方剂，统称为治痈疡剂。其中，散结消痈剂适用于痈疡初期，脓未成之时，代表方如仙方活命饮。

（一）消食剂

保和丸（《丹溪心法》）

【组成】 山楂六两（18g） 神曲二两（6g） 半夏 茯苓各三两（各 9g） 陈皮 连翘 莱菔子各一两（各 3g）

【用法】 上为末，炊饼为丸，如梧桐子大，每服七八十丸，食远白汤下（现代用法：共为末，水泛为丸，每服 6～9g，温开水送下；亦可作汤剂，水煎服）。

【功用】 消食化滞，理气和胃。

【主治】 食积证。脘腹痞满或胀痛，嗳腐吞酸，恶食呕逆，或大便泄泻，舌苔厚腻，脉滑。

【方解】 本方适用于多由饮食不节、暴饮暴食所致食积内停之证，《素问・痹论》称“饮食自倍，肠胃乃伤”。

方中重用山楂为君，消一切饮食积滞，尤长于消肉食油腻之积。神曲消食健脾，善化酒食陈腐之积；莱菔子下气消食，长于消谷面痰气之积，二药共为臣药。以上三药合用，消各种饮食积滞。食滞中脘，阻滞气机，致胃失和降，故以半夏、陈皮、茯苓和胃止呕，健脾理气化湿；连翘辛苦、性寒，既可散结以助消积，又可清食积所生之热，均为佐药。诸药配伍，共奏消食化积、理气和胃之功。

【现代研究】 本方有调节胃肠运动、增加胃酸分泌的作用。临床常用于治疗急性胃炎、急慢性肠炎、消化不良、婴幼儿腹泻等属食积内停者。

【方歌】 保和神曲和山楂，苓夏陈翘莱菔加，消食化滞和胃气，方中亦可用麦芽。

（二）驱虫剂

乌梅丸（《伤寒论》）

【组成】 乌梅三百枚（30g） 细辛六两（3g） 干姜十两（9g） 黄连十六两（9g） 当归四两（6g） 附子炮，去皮，六两（6g） 蜀椒炒香，四两（5g） 桂枝六两（6g） 人参六两（6g） 黄柏六两（6g）

【用法】 上十味，异捣筛，合治之。以苦酒渍乌梅一宿，去核，蒸之五斗米下，饭熟，捣成泥，和药令相得，内臼中，与蜜杵两千下，丸如梧桐子大，每服十丸，食前以饮送下，日三服，稍加至二十丸。禁生冷、滑物、臭食等（现代用法：乌梅用醋浸一宿，去核打烂，和余药打匀，烘干或晒干，研成细末，加蜜制丸，每服9g，每日2～3次，空腹温开水送下；亦可作汤剂，水煎服）。

【功用】　温脏安蛔。

【主治】　脏寒蛔厥证。脘腹阵痛，烦闷呕吐，时发时止，得食则吐，甚则吐蛔，手足厥冷，或久泻久痢，脉弦。

【方解】　蛔厥之证，是因患者素有蛔虫，复由肠道虚寒，蛔虫上扰所致。方中重用乌梅味酸安蛔，使蛔静而痛止，为君药。蜀椒、细辛辛温，辛可伏蛔，温能祛寒；黄连、黄柏苦寒，苦能下蛔，寒能清解由蛔虫上扰致气机逆乱所生之热；附子、桂枝、干姜辛热温脏祛寒，亦有辛可制蛔之力；人参、当归补养气血，且合桂枝以养血通脉，以解四肢厥冷：共为臣、佐药。蜜甘缓和中，为使药。

【现代研究】　本方有治疗溃疡性结肠炎、降血糖、抗肝纤维化等作用。临床常用于治疗胆道蛔虫病、慢性细菌性痢疾、慢性胃肠炎、结肠炎等证属寒热错杂、气血虚弱者。

【方歌】　乌梅丸用细辛桂，黄连黄柏及当归，人参附子椒干姜，清上温下又安蛔。

（三）治痈疡剂

仙方活命饮（《校注妇人良方》）

【组成】　白芷　贝母　防风　赤芍药　当归尾　甘草　皂角刺炒　穿山甲炙　天花粉　乳香　没药各一钱（各6g）　金银花　陈皮各三钱（各9g）

【用法】　用酒一大碗，煎五七沸服（现代用法：水煎服，或水酒各半煎服）。

【功用】　清热解毒，消肿溃坚，活血止痛。

【主治】　痈疡肿毒初起。局部红肿焮痛，或身热凛寒，苔薄白或黄，脉数有力。

【方解】　方中金银花善清热解毒疗疮，乃“疮疡圣药”，故重用为君。然单用清热解毒，则气滞血瘀难消，肿结不散，又以当归尾、赤芍药、乳香、没药、陈皮行气活血通络，消肿止痛，气行则营卫畅通，营卫畅通则邪无滞留，使瘀去肿散痛止，共为臣药。白芷、防风疏风散表，以助散结消肿；气机阻滞每致液聚成痰，故配用贝母、天花粉清热化痰排脓，可使脓未成即消；穿山甲、皂角刺通行经络，透脓溃坚，可使脓成即溃，均为佐药。甘草清热解毒，和中调药，为佐使药。煎药加酒者，借其通行周身，助药力直达病所，使邪尽散。诸药合用，共奏清热解毒、消肿溃坚、活血止痛之功，使脓“未成者即散，已成者即溃”（《校注妇人良方》），罗美称“此疡门开手攻毒之第一方也”（《古今名医方论》），全面地体现了外科阳证疮疡内治消法之基本配伍法则。

【现代研究】　本方具有清热解毒、活血化瘀、消肿止痛的功效。现代研究发现，仙方活命饮能够降低炎症反应、促进血液循环、改善组织代谢，从而缓解疼痛、肿胀等症状。临床常用于治疗痈疮肿毒、乳痈等外科疾病。

【方歌】　仙方活命金银花，防芷归陈草芍加，贝母天花兼乳没，穿山皂刺酒煎佳，一切痈毒能溃散，溃后忌服用勿差。

其他方剂见表9-18。

表9-18　其他方剂

分类	方剂名称	药物组成	功用	主治
消导化积剂	枳实导滞丸（《内外伤辨惑论》）	大黄、枳实、神曲、茯苓、黄芩、黄连、白术、泽泻	消食导滞，清热祛湿	湿热食积证。脘腹胀痛，大便秘结，或下痢泄泻，小便短赤，舌苔黄腻，脉沉
驱虫剂	化虫丸（《太平惠民和剂局方》）	胡粉、鹤虱、槟榔、苦楝根、白矾	驱虫杀虫	肠中诸虫。腹痛时作时止，往来上下，或呕吐清水涎沫，或吐蛔虫，多食而瘦，面色青黄
散结消痈剂	四妙勇安汤（《验方新编》）	金银花、玄参、当归、甘草	清热解毒，活血止痛	热毒炽盛之脱疽。患肢暗红微肿灼热，疼痛剧烈，久则溃烂腐臭，甚则脚趾节脱落，延及足背，烦热口渴，舌红，脉数

（吴喜利　汪选斌）

复习思考题

1. 阐述“君、臣、佐、使”各有什么意义？以麻黄汤为例说明之。
2. 银翘散主治风热表证，为何配伍辛温之荆芥、淡豆豉？
3. 泻下剂的分类、主治及代表方剂是什么？
4. 小柴胡汤与半夏泻心汤均用人参、炙甘草，其意义是否相同？为什么？
5. 四逆散、四逆汤、当归四逆汤与乌梅丸均能治疗四肢厥逆证，临床如何区别应用？
6. 试述桂枝在当归四逆汤、五苓散中的配伍意义。
7. 以二陈汤为例，说明祛痰剂中为何常配伍理气药？
8. 归脾汤、逍遥散均可用于治疗月经不调，临床如何区别应用？
9. 四神丸、参苓白术散均治泄泻，二方的临床治证有何异同？
10. 试述治风剂的分类、主治及代表方剂。
11. 苓桂术甘汤中苓桂相合意义何在？
12. 试述治燥剂的分类、主治及代表方剂。
13. 试述理气剂的分类、主治及代表方剂。

第十章　针灸学基本知识

针灸学是以中医理论为指导，运用针刺和艾灸防治疾病的一门学科。在临床上，针刺和艾灸常结合应用，故通称针灸。

第一节　腧　　穴

一、腧穴的基本概念

腧穴是人体脏腑、经络之气输注于体表的特殊部位，也是疾病的反应点和针灸等治法的刺激点。腧，又作“俞”，通“输”，有输注、转输之意；穴，原意为“土室”，引申指孔隙、空窍、凹陷之处。这些特定部位，在历代文献中还有“砭灸处”“气穴”“骨空”“孔穴”“输穴”等不同的名称。腧穴归于经络，经络通于脏腑，故腧穴与脏腑脉气相通。针灸刺激腧穴，通过经络的联络、传输、调节作用，以达到防治疾病的目的。所以，古代医家并不是把腧穴看成孤立于体表的部位，而是把它看成与脏腑密切相关，和经络不可分割的特定部分。

二、腧穴的分类

腧穴可分为三类：经穴、经外奇穴、阿是穴。

1. 经穴　是指归属于十二经脉和任、督二脉上的腧穴，亦称十四经穴。经穴均有具体的名称和固定的位置，分布在十四经循行路线上，有明确的主治病症。穴位有单穴、双穴之分，任、督二脉位于正中，是一名一穴；十二经脉左右对称分布，是一名双穴。目前有 361 个经穴，其中 309 对双穴，52 个单穴。

2. 经外奇穴　简称“奇穴”，凡未归入十四经穴范围，而有具体的位置和名称的经验效穴，统称为经外奇穴。这类腧穴是历代医家在“阿是穴”基础上发展起来的，主治范围比较单一，但对某些病症有特殊的疗效，如定喘穴治疗哮喘，四缝穴治疗小儿疳积等。

3. 阿是穴　又称“天应穴”“不定穴”，此类穴既不是经穴，又不是奇穴，以压痛点取穴，古代称“以痛为腧”。即在身体上暂时出现的压痛点或反应点。这一类腧穴既无具体名称，又无固定位置。阿是穴多在病变附近，也可在离病变较远处，如内脏疾病反映在脊柱旁的敏感点。临床上多用于疼痛性疾病。

三、腧穴的主治规律

每个腧穴都有较广的主治范围，是以经络学说为依据的，根据“经脉所过，主治所及”的原则总结而成。同属一经的腧穴，均有共性，但每个腧穴因所处部位不同，故其主治各有特点。具体有以下主治规律。

1. 近治作用　这是所有腧穴共有的主治特点，即腧穴均能治疗该穴所在部位及邻近部位的病症。如眼部的睛明、承泣、四白各穴，均能治眼病；耳部的听宫、听会、耳门诸穴，均能治耳病；胃部的中脘、梁门等穴，都能治胃病。

2. 远治作用　“经脉所过，主治所及”。这是十四经穴主治作用的基本规律。经穴中，尤其是十二经脉在四肢肘、膝以下的腧穴，不仅能治疗局部病症，而且能治疗本经循行所到达的远隔部位的病症。如合谷穴，不仅能治上肢病症，而且能治头面部等病症；足三里穴不但能治下肢病症，而且能治胃肠腹部等病症。

3. 特殊作用 临床实践证明，针刺某些腧穴，可起到整体性的调节作用，这是远治作用的扩大，也称整体作用。有些穴在机体的不同状态下和运用不同的针刺手法，可产生双向良性调节作用。例如，心动过速时，针刺内关穴能减慢心率；心动过缓时，针刺内关穴则可加快心率。腹泻时，针刺天枢穴能止泻；便秘时针刺天枢穴则能通便。还有些穴能调治全身性病症，如合谷、曲池、大椎穴可治外感发热；足三里、关元等穴，具有增强人体防卫、免疫功能的作用，故称强壮穴。

总之，十四经穴的主治作用，归纳起来大体是：①本经腧穴能治本经病症；②表里经腧穴能相互治疗表里两经病症；③邻近经穴能配合治疗局部病症。各经腧穴的主治既有其特殊性，又有其共性。

四、特　定　穴

特定穴是指十四经中具有特殊治疗作用的腧穴,这些腧穴在十四经中不仅在数量上占有相当的比例,而且在针灸学基本理论和临床应用方面有着极其重要的意义。按照它们不同的功能主治特点分为不同类别。

1. 五输穴 是指十二经脉分布在四肢肘、膝关节以下，各自称为井、荥、输、经、合的五个腧穴，合称“五输穴”。《灵枢·九针十二原》曰：“所出为井，所溜为荥，所注为输，所行为经，所入为合。”古人把经气运行过程用自然界的水流由小到大、由浅到深的变化来形容，把五输穴按井、荥、输、经、合的顺序，从四肢末端向肘膝方向排列。经气之源为“井”，经气动出为“荥”；经气灌注为“输”；经气所过为“经”；经气所汇为“合”。说明经气运行过程中每穴所具有的特殊作用。

2. 原穴、络穴 大部分分布在四肢腕、踝关节附近。

（1）原穴是脏腑原气留止的部位，十二经脉在腕、踝关节附近各有一个原穴，合称“十二原”。“原”是本原、原气之意，是人体生命活动的原动力。阴经的原穴即五输穴中的“输穴”，阳经则五输穴之外另有原穴。原穴主治所属脏腑的病症。

（2）络脉由经脉分出之处各有一穴，称为络穴。“络”即联络之意，络穴大多位于表里两经相接之处，具有联络表里两经的作用。十四经各有一个络穴，加上脾之大络，共十五络穴。络穴除主治本经病症外，还主治其所络属的经脉的病症。

原穴、络穴可单独应用，亦可配合应用，称为原络配穴法，又叫主客配穴法。

3. 俞穴、募穴 俞穴是脏腑经气输注于背腰部的腧穴，又叫“背俞穴”；募穴是脏腑经气汇聚于胸腹部的腧穴，又叫“腹募穴”。俞、募穴是脏腑之气通达体表的部位，它们均分布于躯干部，与脏腑有密切的关系。俞穴、募穴配合应用治五脏六腑的病症，称为俞募配穴法。

4. 八会穴 是人体脏、腑、气、血、筋、脉、骨、髓的精气会聚的八个腧穴。分布于躯干部和四肢部。这是根据一些重要腧穴，按其特殊治疗作用进行归纳，定出八会的名称。它们是脏会章门、腑会中脘、气会膻中、血会膈俞、筋会阳陵泉、脉会太渊、骨会大杼、髓会绝骨。

5. 郄穴 是经脉气血汇集深入的部位。郄与“隙”通，是空隙、间隙之意。十二经脉，阴维脉、阳维脉，阴跷脉、阳跷脉各有一个郄穴，共十六郄穴。多分布于四肢的肘膝关节以下。临床上常用郄穴来治疗本经循行部位及所属脏腑的急性病症。

6. 下合穴 是指手足三阳六腑之气下合于足三阳经的六个腧穴，说明六腑之气都通向下肢，故又称六腑下合穴。主要分布于下肢膝关节附近。下合穴是治疗六腑病症的主要穴位，如足三里治胃脘痛，下巨虚治泄泻，上巨虚治肠痈、痢疾，阳陵泉治胆痛，委阳、委中治三焦气化失常引起的癃闭、遗尿。

7. 八脉交会穴 是指奇经八脉与十二经脉之气相交会的八个腧穴，故称八脉交会穴，它们分布于肘膝关节以下。由于八穴与八脉相通，所以八脉交会穴既能治本经病症，又能治奇经病症。

五、腧穴的定位法

腧穴定位法，亦称取穴法，指确定腧穴位置的基本方法。每个腧穴有各自的位置，临床上腧穴定位是否准确，直接影响到治疗效果。要做到定位准确，就必须掌握定位的方法。常用的定位方法有三种。

（一）解剖标志取穴法

解剖标志取穴法以人体体表自然解剖标志作为取穴的依据，可分为固定标志和活动标志两类。

1. 固定标志 不受人体活动影响，而固定不移的标志，如头面部以五官、眉发为标志；背部以脊椎棘突和肩胛骨（两肩胛冈平第三胸椎棘突；两肩胛下角平第七胸椎棘突）、肋骨（肋弓下缘平第二腰椎）、髂嵴（两髂嵴平第四腰椎）为标志；胸腹部以乳头、胸骨、脐孔、耻骨联合为标志；四肢以关节、骨突为标志。

2. 活动标志 指必须采取相应的动作姿势才会出现的标志，包括皮肤的皱襞，肌肉的凹陷或隆起，关节间的孔隙，或手端所指的部位作定穴依据。如握拳于掌横纹头取后溪；垂手中指尽端取风市等。

（二）骨度分寸定位法

骨度分寸定位法，古称“骨度法”，是将人体不同部位的长度或宽度，分别规定一定等份，每一等份为 1 寸，作为取穴的标准。不论男女老幼，高矮肥瘦均可适用。常见骨度分寸见图 10-1 及表 10-1。

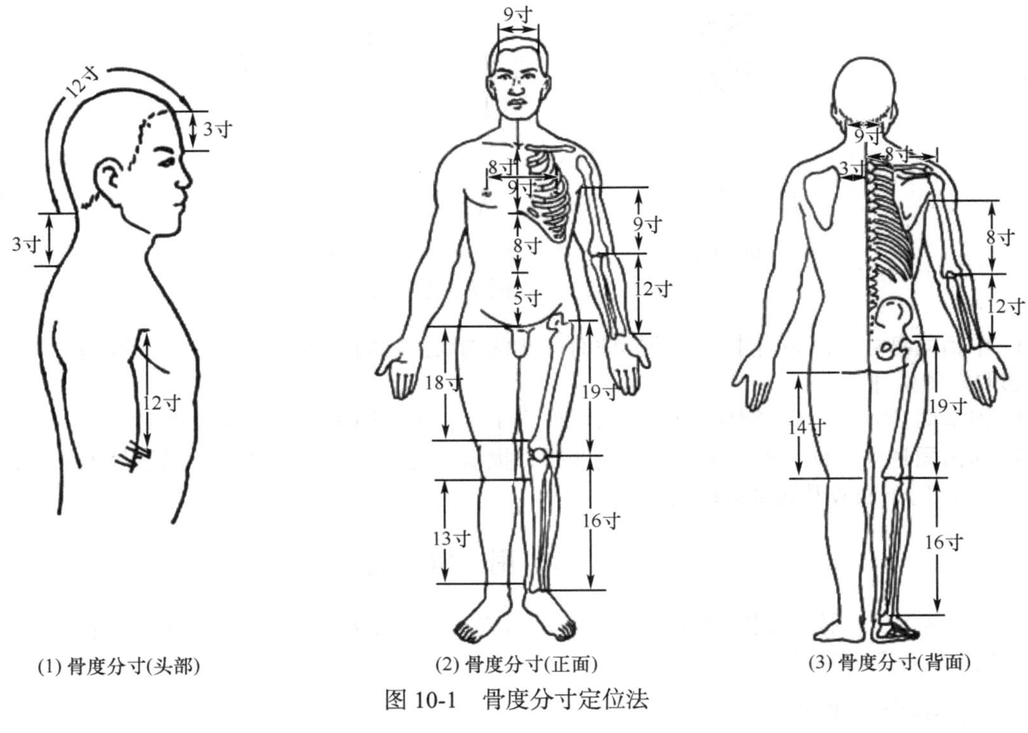

图 10-1 骨度分寸定位法

表 10-1 常用骨度简表

	起止点	长度	量用法	说明
头部	前发际正中至后发际正中	12 寸	直量	如前后发际不明，从眉间（印堂）至第七颈椎棘突为 18 寸[眉间（印堂）至前发际正中为 3 寸，第七颈椎棘突至后发际正中为 3 寸]
胸腹部	剑突尖至脐的中心	8 寸	直量	胸部直量，一般以肋骨计算，每一条肋骨为 1.6 寸
	脐的中心至耻骨联合上缘	5 寸	直量	
	两乳头之间	8 寸	横量	通用于胸腹部
腰背部	第一胸椎到骶尾联合	21 椎	直量	背部直量，数脊椎，两肩胛骨下角连线相当于第七胸椎，两髂嵴最高点连线相当于第四腰椎
	两肩胛骨内侧缘之间	6 寸	横量	量时双手应下垂
上肢部	腋前皱襞到肘横纹	9 寸	直量	通用于手三阴、三阳经
	肘横纹到腕掌（背）侧远端横纹	12 寸	直量	通用于前臂部经穴的纵向距离
下肢部	股骨大转子到腘横纹	19 寸	直量	通用于足三阴、三阳经
	腘横纹至外踝尖	16 寸	直量	
	内踝尖至足底	3 寸	直量	

（三）手指同身寸取穴法

手指同身寸取穴法，亦称指量法，是以患者的手指为标准，进行测量定穴的方法。如果医生的手和患者的手大小相仿，也可以医生手指为标准。临床常用的指量法有三种，见图 10-2。

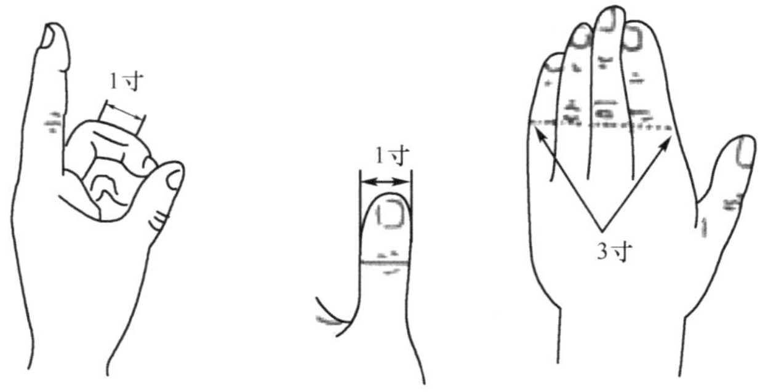

(1) 中指同身寸　(2) 拇指同身寸　(3) 横指同身寸

图 10-2 手指同身寸取穴法

1. 中指同身寸 以患者中指中节屈曲时内侧两端纹头之间作为 1 寸，用于四肢部定穴的直寸和背部取穴的横寸。

2. 拇指同身寸 以患者拇指关节的横度作为 1 寸，也适用于四肢部的直寸取穴。

3. 横指同身寸 食、中、无名、小指四指并拢横量为 3 寸（以中指中节横纹处为准），又名“一夫法”。用于四肢及腹部的取穴。

六、常用腧穴

腧穴包括十二经脉、任脉、督脉穴位及经外奇穴。掌握每条经脉的循行路线，了解腧穴的主治范围，是学习针灸的基础。

（一）手太阴肺经

【经脉循行】 起于中焦（胃脘部），向下联络大肠，绕回沿着胃的上口上行，通过横膈，属于肺脏。再从喉部横出腋下，沿着上臂内侧，循行于手少阴经和手厥阴经的前方，下抵肘窝中，沿着前臂内侧前缘，经寸口，沿着鱼际外缘，到大拇指桡侧的末端。其分支从列缺穴处分出，沿手腕的桡侧一直到食指的末端与手阳明经相接，见图10-3。

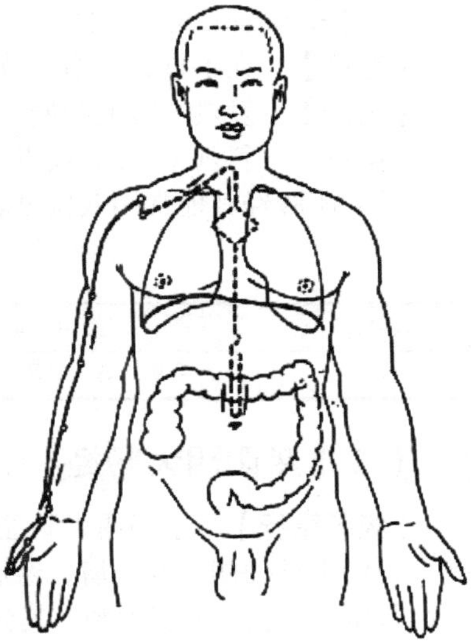

图10-3　手太阴肺经经脉循行

【主治概要】　本经腧穴主治喉、胸、肺部疾患。

【本经腧穴】　本经从胸走手，经穴有中府、云门、天府、侠白、尺泽、孔最、列缺、经渠、太渊、鱼际、少商等穴。

中府 Zhōngfǔ　肺募穴

【定位】　在前胸部，横平第1肋间隙，锁骨下窝外侧，前正中线旁开6寸，见图10-4。

【主治】　咳嗽，气喘，胸痛，肩背痛。

【操作】　向外斜刺或平刺0.5～0.8寸，可灸。注意不可向内深刺，以免伤及脏器。

尺泽 Chǐzé

【定位】　在肘前侧，肘横纹上，肱二头肌腱桡侧缘凹陷中，见图10-5。

【主治】　咳嗽，气喘，咯血，胸胁胀满，咽喉肿痛，急性腹痛、吐泻，肘臂痛。

【操作】　直刺0.5～1寸。或点刺出血。

列缺 Lièquē　络穴，八脉交会穴，通任脉

【定位】　在前臂外侧，腕掌侧远端横纹上1.5寸，拇短伸肌腱与拇长展肌腱之间，拇长展肌腱沟的凹陷中，见图10-5。

【主治】　头痛，项强，咳嗽，气喘，咽喉肿痛，口眼㖞斜，齿痛。

【操作】　向肘斜刺0.5～1寸。可灸。

太渊 Tàiyuān　输穴，原穴，八会穴之脉会

【定位】　在腕前外侧，桡骨茎突与腕舟状骨之间，拇长展肌腱尺侧凹陷中，见图10-5。

【主治】　咳嗽，气喘，咯血，胸痛，咽喉肿痛，腕臂痛，无脉症。

【操作】　直刺0.3～0.5寸，避开动脉。可灸。

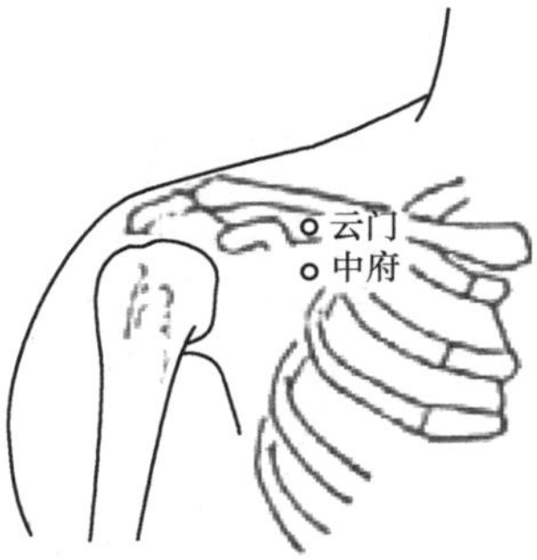

图10-4　中府穴

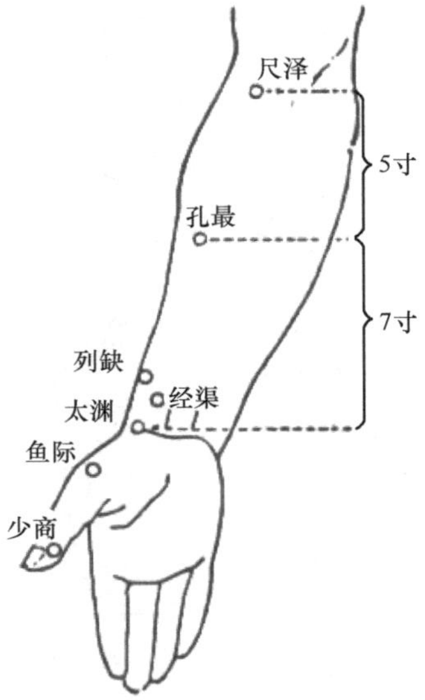

图10-5　尺泽、列缺、太渊、少商穴

少商 Shàoshāng　井穴

【定位】 在手指，拇指末节桡侧，指甲根角侧上方 0.1 寸，见图 10-5。

【主治】 发热，咽喉肿痛，鼻衄，中风，昏迷，癫狂。

【操作】 斜刺 1～2 分或点刺出血。

手太阴肺经其他常用穴位见表 10-2。

表 10-2　手太阴肺经其他常用穴位

穴名	位置	主治
鱼际	在手掌，第一掌骨桡侧中点赤白肉际处	咽喉痛，扁桃体炎，哮喘，咯血，发热，小儿疳积

（二）手阳明大肠经

【经脉循行】 手阳明大肠经，起于食指桡侧端，经第一、二掌骨之间及手腕的桡侧，至肘外侧，再沿上臂外侧前缘上肩，经肩峰前缘向上合于第七颈椎棘突下（大椎穴），再向前下入缺盆，联络肺脏，下膈，入属大肠。其分支支脉从缺盆上行，经过面颊，进入下齿龈，回绕至上唇，交叉于人中，左侧的经脉向右，右侧的经脉向左，至鼻孔的两侧，与足阳明胃经相接，见图 10-6。

【主治概要】 本经腧穴主治头面、五官、消化系统、生殖系统病症。

【本经腧穴】 本经经穴有商阳、合谷、阳溪、温溜、手三里、曲池、手五里、臂臑、肩髃、巨骨、扶突、迎香等穴。

商阳 Shāngyáng　井穴

【定位】 在手指，食指末节桡侧，指甲根角侧上方 0.1 寸，见图 10-7。

【主治】 咽喉肿痛，齿痛，鼻衄，热病，中风昏迷。

【操作】 浅刺或点刺出血。

合谷 Hégǔ　原穴

【定位】 在手背，第一掌骨和第二掌骨之间，约平第二掌骨桡侧的中点，见图 10-7。

【主治】 感冒，头痛，面瘫及眼、耳、鼻、口齿、咽喉病症，中暑，发热，中风后遗症，多发性神经炎，阑尾炎，痛经，经闭，滞产，上肢疼痛、不遂等。

【操作】 直刺 0.5～1 寸（稍偏向第二掌骨）。可灸。

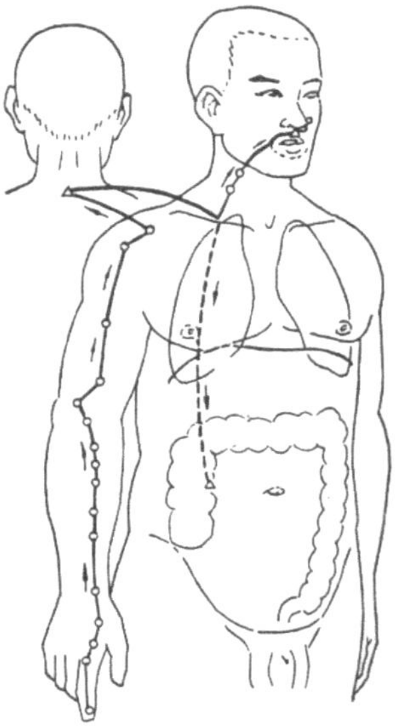

图 10-6　手阳明大肠经经脉循行

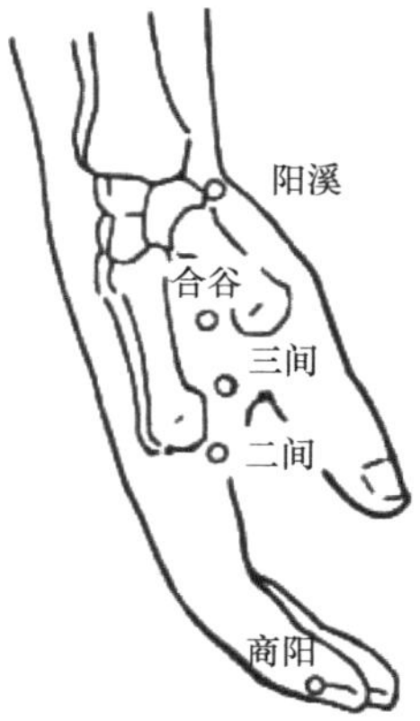

图 10-7　商阳、合谷穴

曲池 Qūchí　合穴

【定位】　在肘外侧，尺泽与肱骨外上髁连线的中点处，见图 10-8。

【主治】　发热，咽喉肿痛，齿痛，目赤痛，头痛，高血压，上肢疼痛，麻木，瘫痪，皮肤瘙痒，湿疹，腹痛，吐泻，月经不调。

【操作】　屈肘时，直刺 1～1.5 寸。可灸。

臂臑 Bìnào

【定位】　在臂外侧，在曲池与肩髃连线上，三角肌前缘处，见图 10-8。

【主治】　肘臂疼痛，上肢瘫痪，颈项强痛、瘰疬，目疾等。

【操作】　直刺或向上斜刺 1～1.5 寸。可灸。

肩髃 Jiānyú

【定位】　在肩带部，肩峰外侧缘前端与肱骨大结节两骨间凹陷中，见图 10-8。

【主治】　上肢瘫痪，肩关节周围炎，荨麻疹，瘰疬。

【操作】　直刺或向下斜刺 1～1.5 寸。可灸。

迎香 Yíngxiāng

【定位】　在面部，鼻翼外缘中点旁，鼻唇沟中，见图 10-9。

【主治】　鼻塞，不闻香臭，鼻衄，鼻渊，面瘫，三叉神经痛，胆道蛔虫病。

【操作】　平刺或斜刺 0.3～0.5 寸。此穴不宜灸。

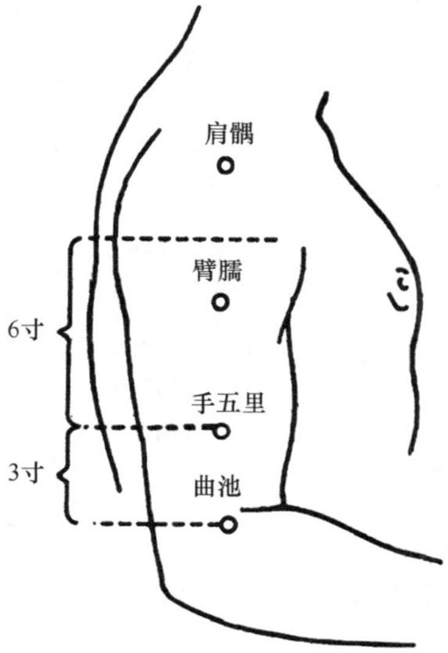

图 10-8　曲池、臂臑、肩髃穴

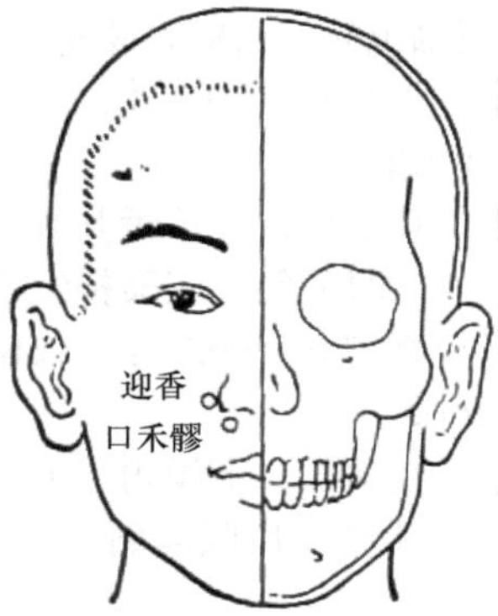

图 10-9　迎香穴

手阳明大肠经其他常用穴位见表 10-3。

表 10-3　手阳明大肠经其他常用穴位

穴名	位置	主治
阳溪	在腕后外侧，腕背侧远端横纹桡侧，桡骨茎突远端，解剖学“鼻烟窝”凹陷中	头痛，目赤肿痛，齿痛，咽喉肿痛，手腕痛
手三里	在前臂后外侧，肘横纹下 2 寸，阳溪与曲池连线上	上肢疼痛，麻痹或瘫痪，腹痛，腹泻

（三）足阳明胃经

【经脉循行】　起于鼻翼旁之迎香穴，挟鼻上行到鼻根部，入目内眦，与足太阳经脉交会于睛

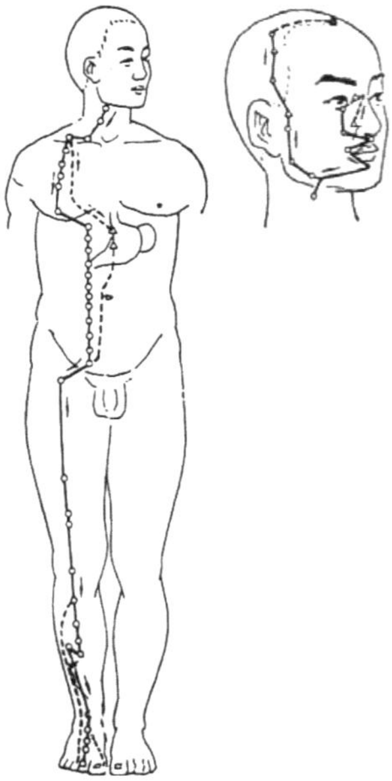

图 10-10 足阳明胃经经脉循行

明穴，向下沿着鼻柱的外侧，进入上齿中，回出环绕口唇，下交唇下的承浆穴处，再沿下颌角上行，经耳前及发际抵前额。其下行支脉，从下颌部下行，沿喉咙进入缺盆，通过横膈，属于胃，联络脾。直行的经脉由缺盆分出，经乳头，向下挟脐旁，到达腹股沟部。从胃口分出的支脉，再沿腹壁里面下行腹股沟部，和循行于体表的经脉相会合，再沿大腿前面及胫骨外侧至足背部，走向足第二趾外侧端；另一条支脉，从膝下 3 寸处分出走到足中趾外侧端。足跗部支脉由冲阳穴分出，进入足大趾内侧端，与足太阴脾经相接，见图 10-10。

【主治概要】 本经腧穴主治胃肠病，头面五官病症，神志病及发热病。

【本经腧穴】 本经从头走足，经穴有承泣、四白、巨髎、地仓、大迎、颊车、下关、头维、人迎、梁门、天枢、水道、归来、气冲、髀关、伏兔、梁丘、犊鼻、足三里、上巨虚、条口、丰隆、解溪、冲阳、内庭、厉兑等穴。

承泣 Chéngqì

【定位】 在面部，眼球与眶下缘之间，瞳孔直下，见图 10-11。

【主治】 眼睑跳（瞤）动，目赤肿痛，近视，视神经萎缩、口眼㖞斜，面肌痉挛等。

【操作】 紧靠眶下缘缓慢直刺 0.3～0.5 寸，不宜提插，以防刺破血管引起血肿。禁灸。

四白 Sìbái

【定位】 在面部，眶下孔处，见图 10-11。

【主治】 目赤痛痒，眼睑跳（瞤）动，近视，口眼㖞斜，三叉神经痛，胆道蛔虫病，头痛，眩晕。

【操作】 直刺 0.2～0.3 寸，不可深刺。不宜灸。

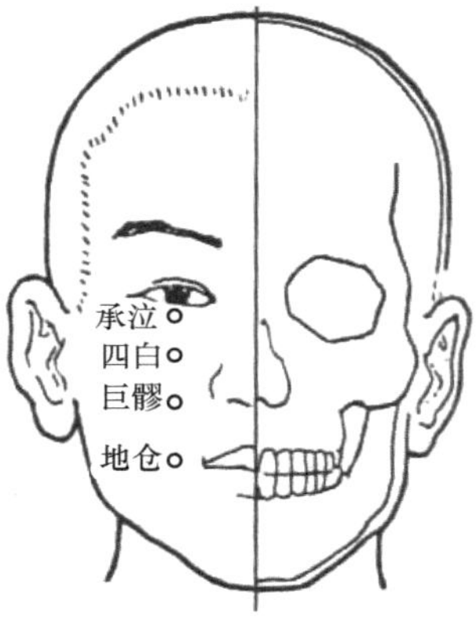

图 10-11 承泣、四白、地仓穴

地仓 Dìcāng

【定位】 在面部，口角旁开 0.4 寸，见图 10-11。

【主治】 口眼㖞斜，三叉神经痛，齿痛颈肿，流涎。

【操作】 直刺 0.2～0.3 寸，或向颊车方向透刺；可灸。

颊车 Jiáchē

【定位】 在面部，下颌角前上方一横指，见图 10-12。

【主治】 牙痛，口眼㖞斜，三叉神经痛，痄腮，咬肌痉挛，流涎。

【操作】 直刺 0.3～0.4 寸，或向地仓方向斜刺。可灸。

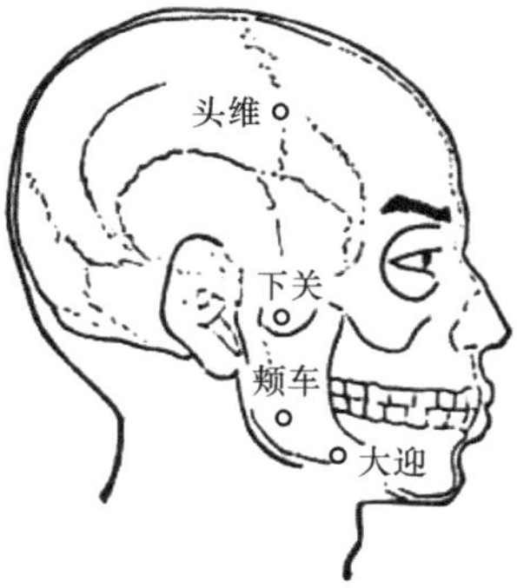

图 10-12 颊车、下关、头维穴

下关 Xiàguān

【定位】 在面部，颧弓下缘中央与下颌切迹之间凹陷中，见图 10-12。

【主治】 牙痛，下颌关节痛，口眼㖞斜，三叉神经痛，耳鸣，耳聋。

【操作】 直刺 0.3～0.5 寸。

头维 Tóuwéi

【定位】 在头部，额角发际直上 0.5 寸，头正中线旁开 4.5 寸，见图 10-12。

【主治】 头痛，眩晕，目痛，迎风流泪。

【操作】 针刺向下或向后平刺 0.5～0.8 寸。不可灸。

梁门 Liángmén

【定位】　在上腹部，脐中上 4 寸，前正中线旁开 2 寸，见图 10-13。

【主治】　胃痛，呕吐，急、慢性胃炎，胃、十二指肠溃疡，胃神经官能症。

【操作】　直刺 0.5～1 寸。可灸。

天枢 Tiānshū　大肠募穴

【定位】　在上腹部，横平脐中，前正中线旁开 2 寸，见图 10-13。

【主治】　腹痛，腹胀，肠鸣，泄泻，痢疾，肠痈，便秘，月经不调，痛经。

【操作】　直刺 0.8～1.2 寸。可灸。

归来 Guīlái

【定位】　在下腹部，脐中下 4 寸，前正中线旁开 2 寸，见图 10-13。

【主治】　腹痛，痛经，闭经，慢性盆腔炎，子宫脱垂，急性附件炎。

【操作】　直刺 0.8～1.2 寸。可灸。

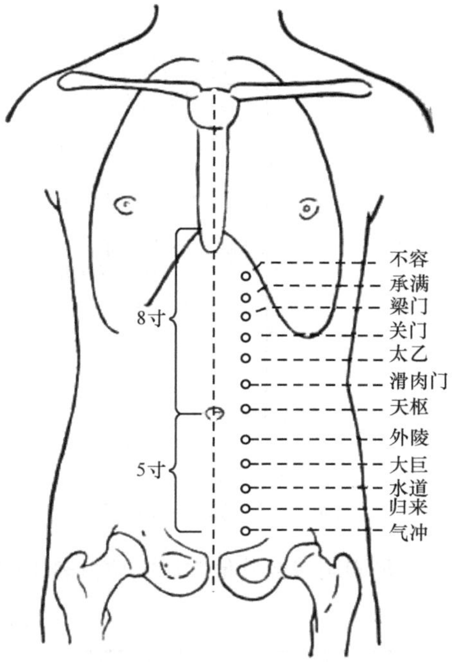

图 10-13　梁门、天枢、归来穴

梁丘 Liángqiū　郄穴

【定位】　在股前外侧，髌底上 2 寸，股外侧肌与股直肌肌腱之间，见图 10-14。

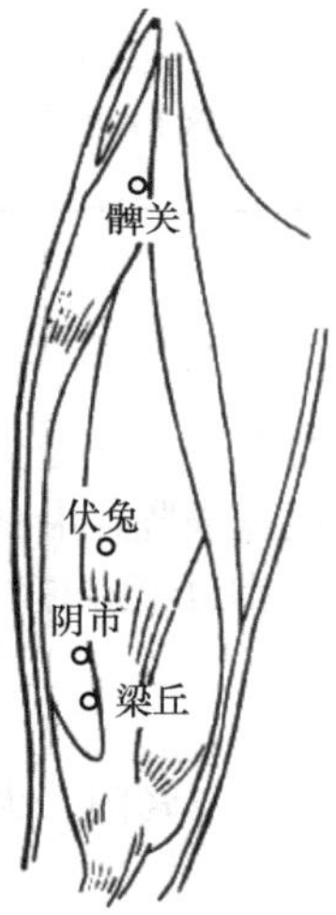

图 10-14　梁丘穴

【主治】　胃痛，乳痈，膝关节及周围软组织疾患。

【操作】　直刺 0.5～1 寸。可灸。

犊鼻 Dúbí

【定位】　在膝前侧，髌韧带外侧凹陷中，见图 10-15。

【主治】　膝关节及周围软组织疾患。

【操作】　向内上方刺 0.5～1 寸。

足三里 Zúsānlǐ　合穴

【定位】　在小腿外侧，犊鼻下 3 寸，犊鼻与解溪连线上，见图 10-15。

【主治】　胃痛，呕吐，腹胀泄泻，便秘，发热，乳痈，高血压，失眠，休克，昏厥，下肢疼痛，瘫痪，虚劳羸瘦，咳嗽气喘，心悸气短，头晕。

【操作】　直刺 0.5～1.5 寸。可灸。

丰隆 Fēnglóng　络穴

【定位】　在小腿外侧，外踝尖上 8 寸，胫骨前肌的外缘，见图 10-15。

【主治】　咳嗽、痰多，哮喘，头痛，眩晕，癫痫，下肢痿痹。

【操作】　直刺 1～1.5 寸。可灸。

内庭 Nèitíng　原穴

【定位】　在足背，第 2、3 趾间，趾蹼缘后方赤白肉际处，见图 10-16。

【主治】　头痛，牙痛，鼻衄，面瘫，发热，三叉神经痛，胃脘胀痛，泄泻，便秘，足背肿痛。

【操作】　直刺或斜刺 0.5～1 寸。可灸。

厉兑 Lìduì　井穴

【定位】　在足趾，第 2 趾末节外侧，趾甲根角侧后方 0.1 寸，见图 10-16。

【主治】　面肿，面瘫，牙痛，扁桃体炎，失眠，癔症，足背肿痛。

【操作】　毫针浅刺。可灸。

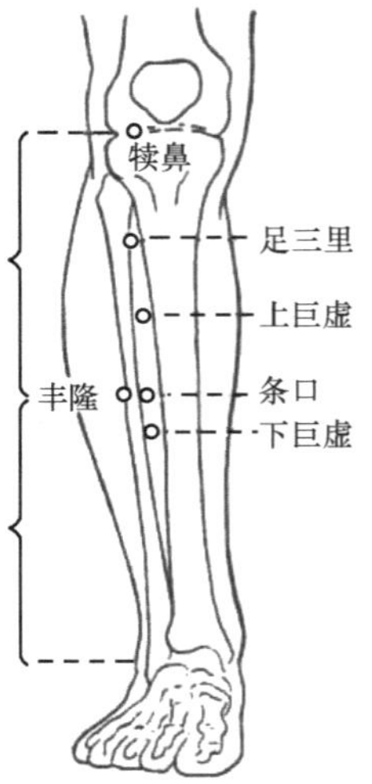

图 10-15　犊鼻、足三里、丰隆穴

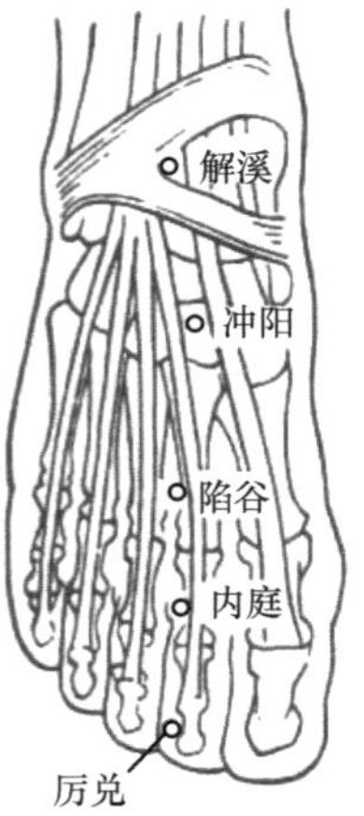

图 10-16　内庭、厉兑穴

足阳明胃经其他常用穴位见表 10-4。

表 10-4　足阳明胃经其他常用穴位

穴名	位置	主治
巨髎	在面部，横平鼻翼下缘，瞳孔直下	鼻炎，三叉神经痛，面神经麻痹
大迎	在面部，下颌角前方，咬肌附着部的前缘凹陷中，面动脉搏动处	腮腺炎，牙关紧闭，面神经麻痹，牙痛
关门	在上腹部，脐中上 3 寸，前正中线旁开 2 寸	腹胀，食欲不振，肠鸣腹泻，水肿
伏兔	在股前外侧，髌底上 6 寸，髂前上棘与髌底外侧端的连线上	下肢瘫痪，麻痹，膝关节炎，荨麻疹
解溪	在踝前侧，踝关节前面中央凹陷中，踇长伸肌腱与趾长伸肌腱之间	头痛，肾炎，肠炎，癫痫，踝关节周围软组织疾病，足下垂

（四）足太阴脾经

【经脉循行】　起于足大趾内侧端，沿足背内侧赤白肉际、内踝前缘上行，在内踝上 8 寸处交叉到足厥阴肝经的前面，经膝、股部内侧前缘进入腹部，属于脾脏，联络胃，上行通过横膈，沿食管两旁上行到舌根部，散布于舌下。其分支从胃部分出，通过横膈流注于心中，与手少阴心经相接，见图 10-17。

【主治概要】　本经腧穴主治消化系统疾病，同时能治疗生殖、泌尿系统疾病。

【本经腧穴】　本经从足走胸，经穴有隐白、太白、公孙、三阴交、阴陵泉、血海、箕门、大横、大包等穴。

隐白 Yǐnbái　**井穴**

【定位】　在足趾，大趾末节内侧，趾甲根角侧后方 0.1 寸，见图 10-18。

【主治】　崩漏，月经过多，便血，尿血，腹胀，腹痛，鼻衄，癫狂，惊风。

【操作】　浅刺 0.1 寸。或用三棱针点刺挤压出血。可灸。

公孙 Gōngsūn　**络穴，八脉交会穴，通冲脉**

【定位】　在足内侧，第一跖骨底的前下缘赤白肉际处，见图 10-18。

【主治】　胃痛，呕吐，腹痛，泄泻，痢疾，心痛，胸闷。

【操作】　直刺 0.5～1 寸。可灸。

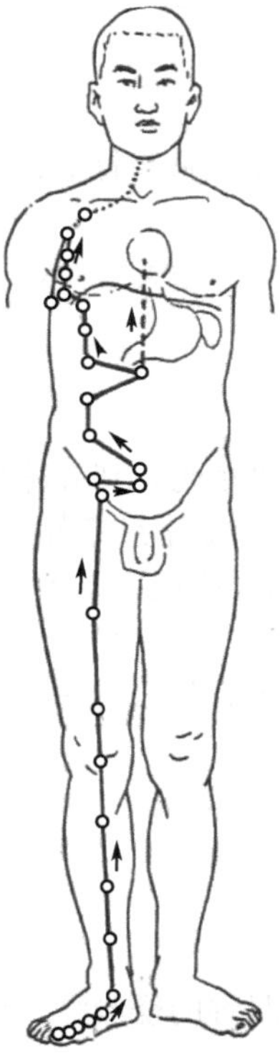

图 10-17　足太阴脾经经脉循行

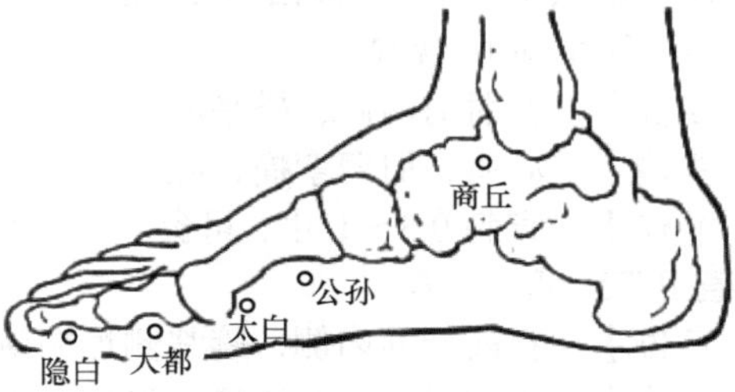

图 10-18　隐白、公孙穴

三阴交 Sānyīnjiāo

【定位】　在小腿内侧，内踝尖上 3 寸，胫骨内侧缘后际，见图 10-19。

【主治】　月经不调，痛经，经闭，带下，滞产，阴挺等妇产科病症；遗精，阳痿，遗尿，尿潴留，外阴部瘙痒等生殖泌尿系统病症；肠鸣腹胀，泄泻，脾胃虚弱诸证；神经衰弱，高血压，下肢痿痹等病症。

【操作】　直刺 0.5～1 寸。可灸。

阴陵泉 Yīnlíngquán　**合穴**

【定位】　在小腿内侧，由胫骨内侧髁下缘与胫骨内侧缘形成的凹陷中，见图 10-19。

【主治】　腹胀，腹泻，痢疾，水肿，肝炎，尿潴留，尿路感染，遗尿，膝痛等。

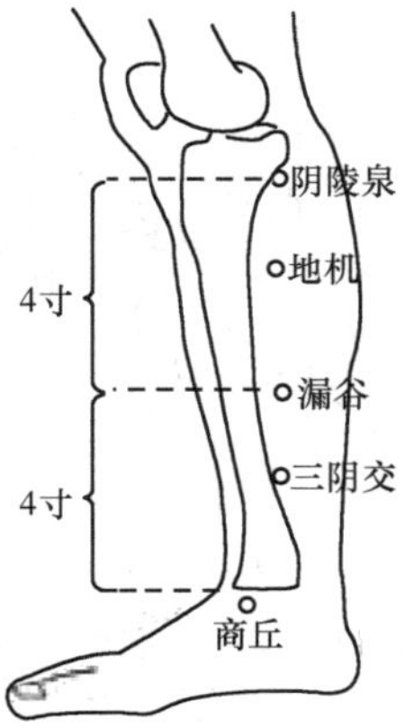

图 10-19　三阴交、阴陵泉穴

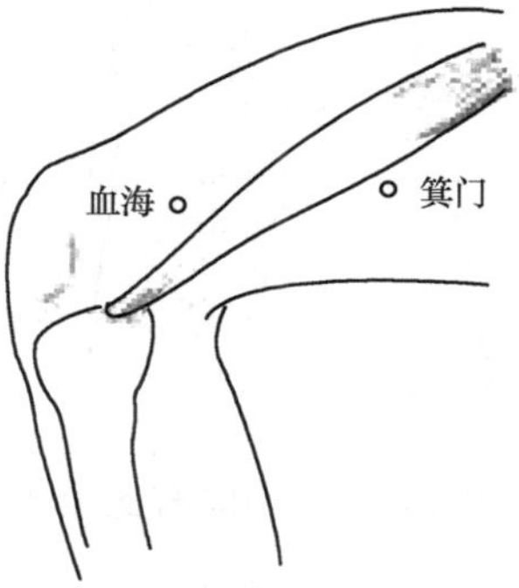

图 10-20　血海穴

【操作】 直刺1～2寸。可灸，不宜多灸。

血海 Xuèhǎi

【定位】 在股前内侧，髌底内侧端上2寸，股内侧肌隆起处。

简便取穴法：术者面对患者，用左（右）手掌心按在患者右（左）膝髌骨上，当拇指尖所至处定穴，见图10-20。

【主治】 月经不调，崩漏，痛经，经闭，瘾疹，湿疹，高血压，膝关节痛。

【操作】 直刺1～1.5寸。

（五）手少阴心经

【经脉循行】 起于心中，走出后属心系，向下通过横膈，联络小肠。其分脉从心系，上夹咽喉，连系眼睛。直行的经脉，从心脏上行抵肺部，向下浅出腋下，沿着上肢掌侧面的尺侧缘下行，进入手掌中，经第四、五掌骨之间到手小指桡侧端，与手太阳小肠经相接，见图10-21。

【主治概要】 本经腧穴主治心、胸、神经、精神病症为主。

【本经腧穴】 本经从胸走手，经穴有极泉、少海、灵道、通里、神门、少府、少冲等穴。

少海 Shàohǎi **合穴**

【定位】 在肘前内侧，横平肘横纹，肱骨内上髁前缘，见图10-22。

【主治】 心痛，肘臂挛痛，腋胁痛，头项痛，瘰疬。

【操作】 直刺0.5～1寸。可灸。

通里 Tōnglǐ **络穴**

【定位】 在前臂前内侧，腕掌侧远端横纹上1寸，尺侧腕屈肌腱的桡侧缘，见图10-22。

【主治】 心动过速，心绞痛，失语，癔症，手腕痛。

【操作】 直刺0.3～0.5寸。可灸。

神门 Shénmén **输穴，原穴**

【定位】 在腕前内侧，腕掌侧远端横纹尺侧端，尺侧腕屈肌腱的桡侧缘，见图10-22。

【主治】 失眠，癫狂，健忘，痴呆，心痛，心烦，惊悸怔忡，胁痛。

【操作】 直刺0.3～0.5寸。可灸。

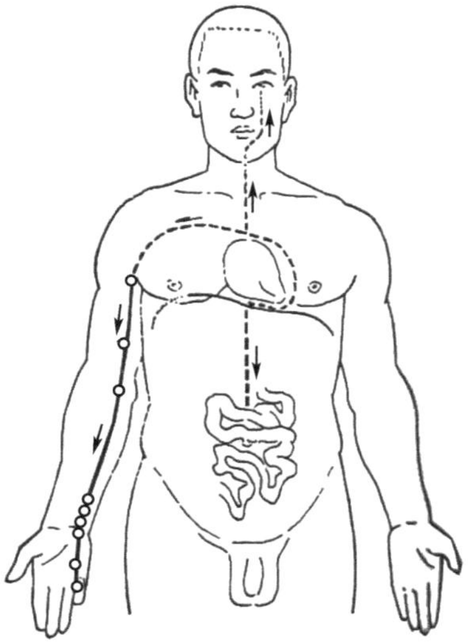

图10-21 手少阴心经经脉循行

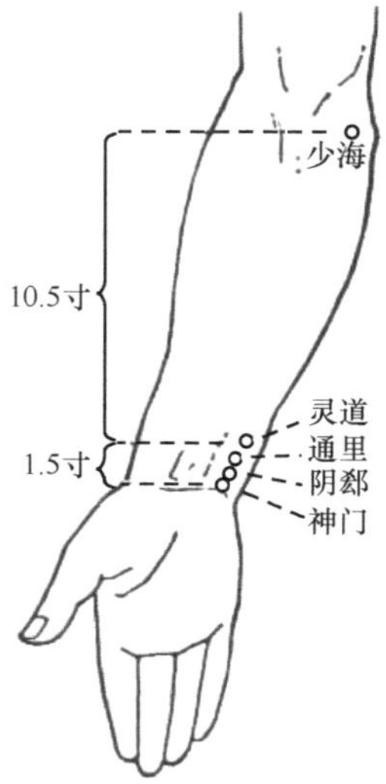

图10-22 少海、通里、神门穴

少冲 Shàochōng **井穴**

【定位】 在手指，小指末节桡侧，指甲根角侧上方0.1寸，见图10-23。

【主治】　心痛，心悸，热病，癫狂，昏厥，胸胁痛。

【操作】　斜刺 0.1 寸或三棱针点刺出血。可灸。

（六）手太阳小肠经

【经脉循行】　起于手小指外侧端（少泽），沿着手背外侧至腕部，出于尺骨茎突，直上沿着前臂外侧后缘，经尺骨鹰嘴和肱骨内上髁之间，沿上臂外侧后缘，出于肩关节，绕行肩胛部，交会于大椎（督脉），向下进入缺盆部，联络心脏，沿着食管，通过横膈达胃部，属于小肠。缺盆部支脉，沿着颈部，上达面颊，至目外眦，转入耳中（听宫）。颊部支脉，上行目眶下，抵于鼻旁，至目内眦（睛明），与足太阳膀胱经相接，见图 10-24。

【主治概要】　本经腧穴主治头、枕、项、背、肩胛部疼痛，五官病，热病，神志病症为主。

【本经腧穴】　本经从手走头，经穴有少泽、后溪、腕骨、阳谷、养老、小海、肩贞、臑俞、天宗、肩外俞、肩中俞、颧髎、听宫等穴。

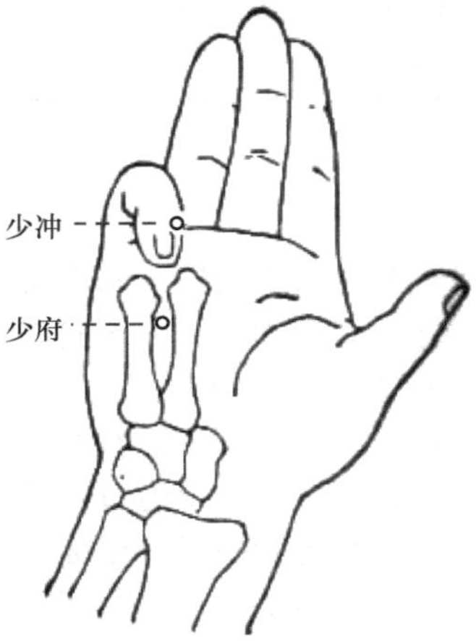

图 10-23　少冲穴

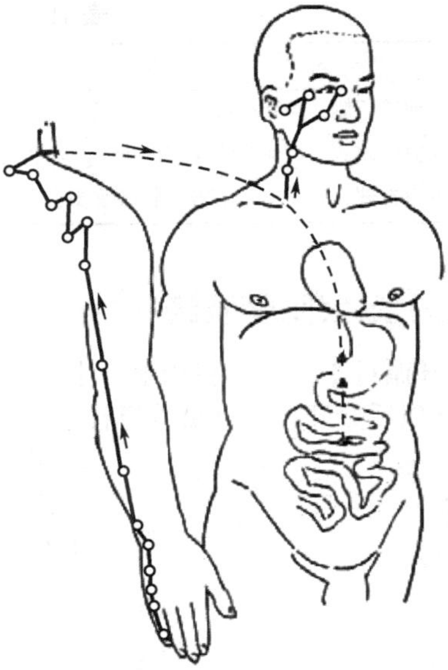

图 10-24　手太阳小肠经经脉循行

少泽 Shàozé　井穴

【定位】　在手指，小指末节尺侧，指甲根角侧上方 0.1 寸，见图 10-25。

【主治】　产后乳少，乳痈，咽喉肿痛，发热，昏迷。

【操作】　斜刺 0.1 寸或点刺出血。可灸。

后溪 Hòuxī

【定位】　在手背，第 5 掌指关节尺侧近端赤白肉际凹陷中，见图 10-25。

【主治】　头项强痛，落枕，急性腰扭伤，肩胛痛，耳鸣耳聋，目赤，癔症，癫痫，疟疾，盗汗，手指及肘挛急臂。

【操作】　直刺 0.5～0.8 寸。可灸。

听宫 Tīnggōng

【定位】　在面部，耳屏正中与下颌骨髁突之间的凹陷中，见图 10-26。

【主治】　耳鸣，耳聋，中耳炎，齿痛。

【操作】　张口，直刺 0.5～1 寸。可灸。

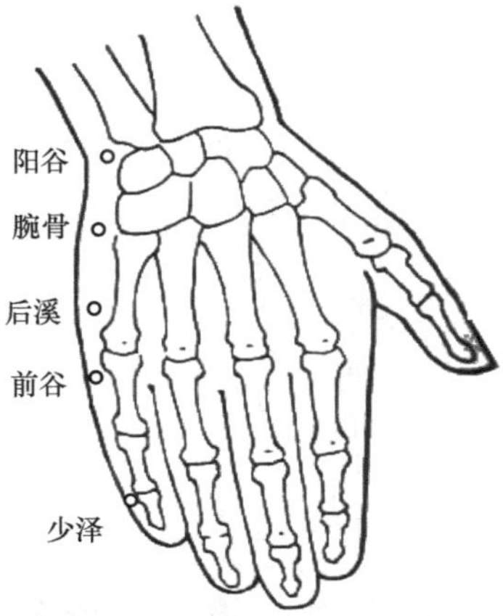

图 10-25　少泽、后溪穴

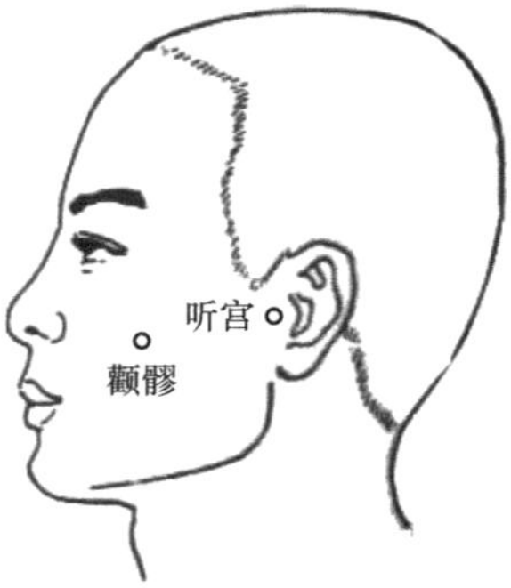

图 10-26 听宫穴

手太阳小肠经其他常用穴位见表 10-5。

表 10-5 手太阳小肠经其他常用穴位

穴名	位置	主治
养老	在前臂后侧，腕背横纹上 1 寸，尺骨头桡侧凹陷中	视力减退，外眼炎症，落枕，肩背痛
小海	在肘后内侧，尺骨鹰嘴（即肘尖）与肱骨内上髁之间凹陷中	尺神经痛，麻痹，癫痫，精神分裂症，舞蹈病，肩背痛
肩贞	在肩带部，肩关节后下方，腋后纹头直上 1 寸	肩关节软组织疾病，上肢瘫痪

（七）足太阳膀胱经

【经脉循行】 起于目内眦，上行交会于头顶部。直行的经脉：从头顶进入颅内联络于脑，回出向下到项后分开，一直沿着脊柱两侧到腰部，从脊旁进入内脏，联络肾脏，属于膀胱，再向下通过臀部，从大腿后侧外缘下行进入腘窝中央。后项支脉：从项分出沿肩胛骨的内侧缘下行，经过髋关节部，沿着大腿外侧后缘向下与腰部下行的支脉会合于腘窝中，再向下通过腓肠肌，经外踝后方，沿足背外侧到足小趾端，与足少阴肾经相接，见图 10-27。

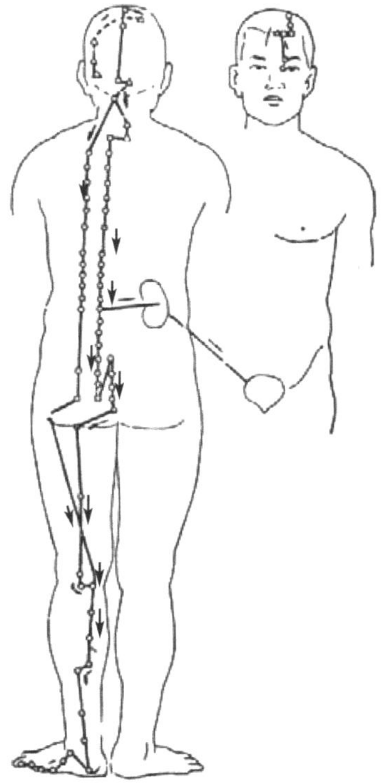
图 10-27 足太阳膀胱经经脉循行

【主治概要】 本经腧穴主治眼病和头、项、背、腰、骶部、下肢病及痔疮、脱肛、精神病、癫痫等。

【本经腧穴】 本经从头走足，经穴有睛明、攒竹、承光、通天、天柱、大杼、风门、肺俞、心俞、督俞、膈俞、肝俞、胆俞、脾俞、胃俞、三焦俞、肾俞、气海俞、大肠俞、关元俞、小肠俞、膀胱俞、上髎、次髎、承扶、殷门、委阳、委中、膏肓、志室、秩边、承筋、承山、飞扬、跗阳、昆仑、申脉、金门、京骨、至阴等穴。

睛明 Jīngmíng

【定位】 在面部，目内眦内上方眶内侧壁凹陷中，见图 10-28。

【主治】 ①急性结膜炎、近视、斜视、青光眼、视神经炎、视网膜炎、视神经萎缩、癔痫性或者脑炎后遗症失明、精神病幻视等。②急性腰痛。

【操作】 嘱患者闭目，医者以左手食指轻轻将眼球推向外侧固定，沿眼眶缘缓缓进针，直刺 0.5～1 寸。行针不用大幅度捻转，出针后压迫局部 1～2 分钟，以防出血。

攒竹 Cuánzhú

【定位】　在面部，眉头凹陷中，额切迹处，见图 10-28。

【主治】　头痛目眩，眉棱骨痛，面瘫，三叉神经痛，目赤肿痛，近视，腰痛。

【操作】　横刺或斜刺 0.5～0.8 寸。禁灸。

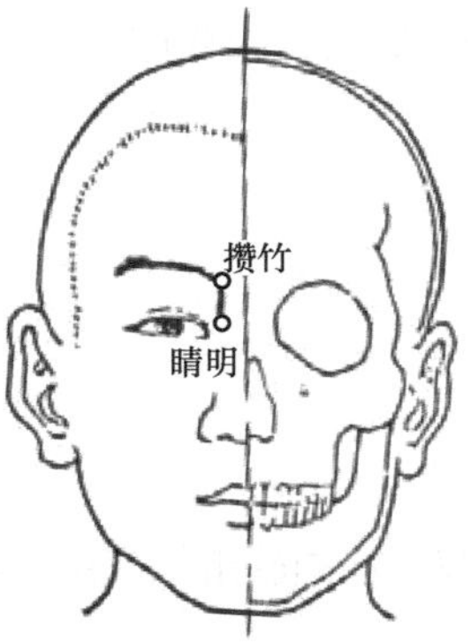

图 10-28　睛明、攒竹穴

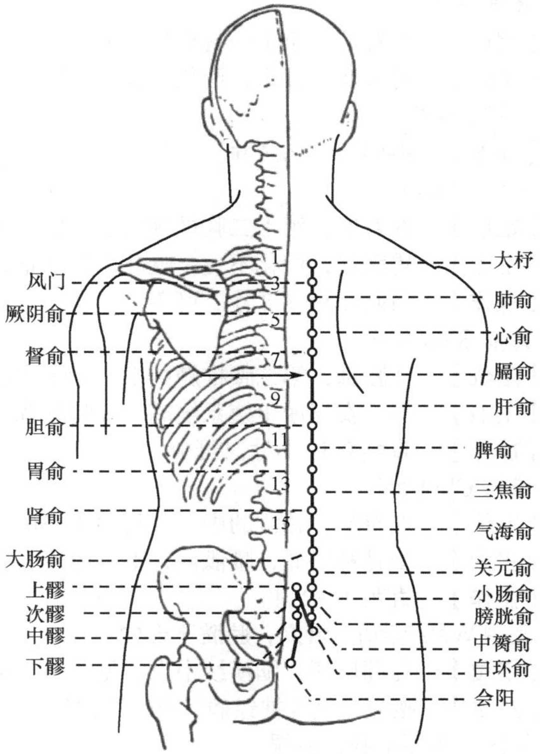

图 10-29　足太阳膀胱经穴位

风门 Fēngmén

【定位】　在背部，第二胸椎棘突下，后正中线旁开 1.5 寸，见图 10-29。

【主治】　感冒，咳嗽，哮喘，项背疼痛。

【操作】　斜刺 0.5～0.8 寸。可灸，此穴多灸可预防感冒。

肺俞 Fèishū

【定位】　在背部，第三胸椎棘突下，后正中线旁开 1.5 寸，见图 10-29。

【主治】　咳嗽，哮喘，肺结核，肺炎，胸膜炎，背部软组织劳损。

【操作】　斜刺 0.5～0.8 寸。可灸。

心俞 Xīnshū

【定位】　在背部，第五胸椎棘突下，后正中线旁开 1.5 寸，见图 10-29。

【主治】　心绞痛、心律不齐等心脏病，神经衰弱，精神病，癔症，咳嗽，吐血，盗汗。

【操作】　斜刺 0.5～0.8 寸。可灸。

膈俞 Géshū　**八会穴之血会**

【定位】　在背部，第七胸椎棘突下，后正中线旁开 1.5 寸，见图 10-29。

【主治】　慢性出血性疾患，贫血，胃病，膈肌痉挛，膈肌瘫痪，急性胆道感染。

【操作】　斜刺 0.5～0.8 寸。可灸。

肝俞 Gānshū

【定位】 在背部，第九胸椎棘突下，后正中线旁开 1.5 寸，见图 10-29。

【主治】 胸胁痛，肝炎，胆囊炎，胃病，结膜炎，近视，青光眼，视神经萎缩，腰背痛。

【操作】 斜刺 0.5～0.8 寸。可灸。

脾俞 Píshū

【定位】 在背部，第十一胸椎棘突下，后正中线旁开 1.5 寸，见图 10-29。

【主治】 胃脘痛，腹胀，消化不良，慢性腹泻，痢疾，浮肿，月经过多，慢性出血性疾病，贫血，神经衰弱。

【操作】 斜刺 0.5～0.8 寸。可灸。

胃俞 Wèishū

【定位】 在背部，第十二胸椎棘突下，后正中线旁开 1.5 寸，见图 10-29。

【主治】 胃脘痛，消化不良，呕吐，胃下垂，慢性腹泻。

【操作】 斜刺 0.5～0.8 寸。可灸。

肾俞 Shènshū

【定位】 在腰部，第二腰椎棘突下，后正中线旁开 1.5 寸，见图 10-29。

【主治】 男、女泌尿生殖系统病，耳鸣耳聋，肾虚气喘，慢性腹泻，腰背痛。

【操作】 直刺 0.5～1 寸。可灸。

承扶 Chéngfú

【定位】 在臀部，臀沟的中点，见图 10-30。

【主治】 坐骨神经痛，腰骶痛，下肢瘫痪，痔疮。

【操作】 直刺 1～2 寸。

委中 Wěizhōng **合穴，膀胱下合穴**

【定位】 在膝后侧，腘横纹中点，见图 10-30。

【主治】 腰痛，坐骨神经痛，急性腰扭伤，下肢瘫痪，膝关节及周围软组织疾患，急性吐泻，高热抽搐，小便不利，遗尿。

【操作】 直刺 1～1.5 寸，或刺出血。

秩边 Zhìbiān

【定位】 在臀部，横平第四骶后孔，骶正中嵴旁开 3 寸，见图 10-31。

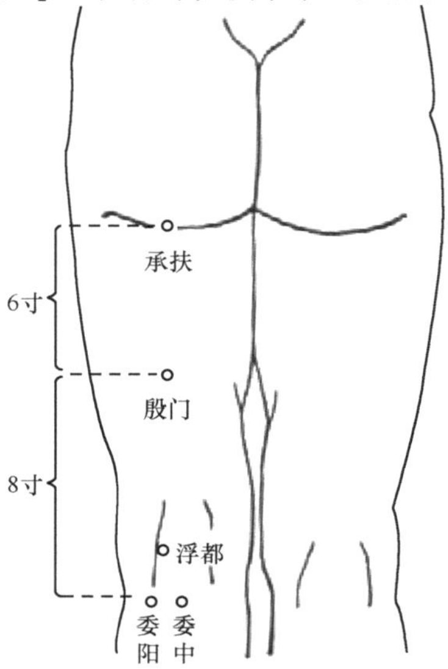

图 10-30 承扶、委中穴

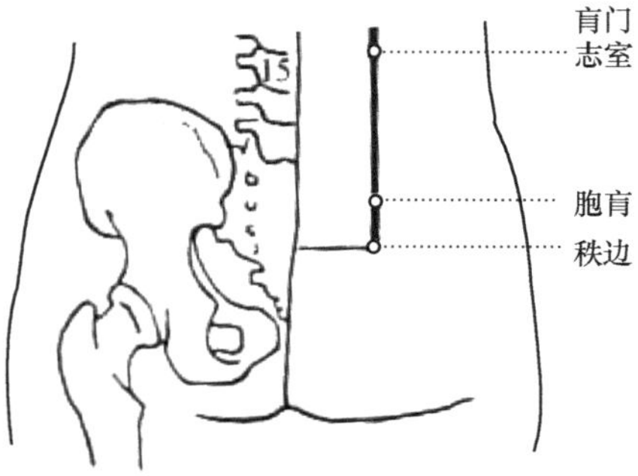

图 10-31 秩边穴

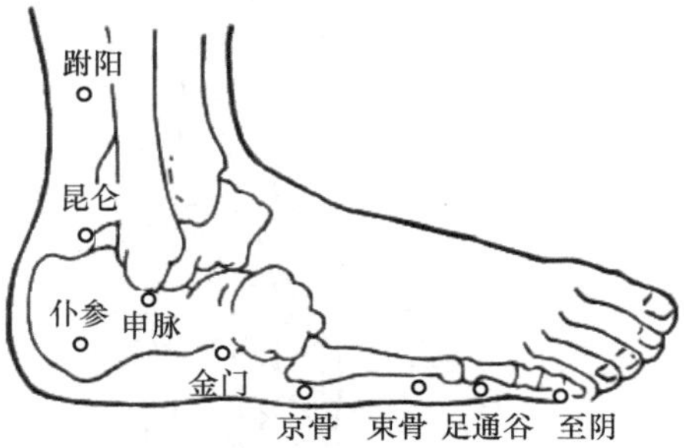

图 10-32 昆仑、至阴穴

【主治】 腰骶痛，坐骨神经痛，下肢瘫痪，小便不利，痔疮。

【操作】 直刺 1～1.5 寸。可灸。

昆仑 Kūnlún 经穴

【定位】 在踝后外侧，外踝尖与跟腱之间的凹陷中，见图 10-32。

【主治】 头项强痛，目眩，鼻衄，背腰痛，下肢及踝关节病症，滞产，癫痫。

【操作】 直刺 0.5～0.8 寸。可灸。

至阴 Zhìyīn 井穴

【定位】 在足趾，小趾末节外侧，趾甲根角侧后方 0.1 寸，见图 10-32。

【主治】 头痛，鼻炎，胎位不正（艾条灸），难产。

【操作】 毫针浅刺 0.1 寸。可灸。

足太阳膀胱经其他常用穴位见表 10-6。

表 10-6 足太阳膀胱经其他常用穴位

穴名	位置	主治
大杼	在背部，第一胸椎棘突下，后正中线旁开 1.5 寸	咳嗽，哮喘，颈项强直，肩背疼痛
胆俞	在背部，第十胸椎棘突下，后正中线旁开 1.5 寸	肝炎，胆囊炎，胃炎，胆道蛔虫病，淋巴结核，腹胀，胸胁痛
大肠俞	在腰部，第四腰椎棘突下，后正中线旁开 1.5 寸	腰腿痛，腰扭伤，骶髂关节炎，肠炎，痢疾，便秘
小肠俞	在骶部，横平第一骶后孔，骶正中嵴旁开 1.5 寸	腹痛、腹泻，痢疾，便秘，慢性腰背痛，急性腰扭伤，坐骨神经痛
膀胱俞	在骶部，横平第二骶后孔，骶正中嵴旁开 1.5 寸	膀胱炎，尿血，尿潴留，遗尿，腰骶痛
次髎	在骶部，第二骶后孔中	痛经、月经过多，胎位不正，慢性盆腔炎，尿路感染，尿潴留，遗精，阳痿，早泄，腰骶痛，下肢痿痹等
飞扬	在小腿后外侧，腓肠肌外下缘与跟腱移行处，约当昆仑直上 7 寸	风湿性关节炎，肾炎，膀胱炎，脚气，痔，癫痫，腰腿痛
申脉	在足外侧，外踝尖直下，外踝下缘与跟骨之间凹陷中	头痛、眩晕，失眠，癫痫，精神病，踝关节痛

（八）足少阴肾经

【经脉循行】 起于足小趾下，斜向足心，沿舟骨粗隆下缘，内踝后缘，进入足跟，由小腿内侧后缘，过膝内侧，上行脊柱，属于肾脏，联络膀胱。直行的经脉从肾上行到肝，穿过横膈，进入肺脏，沿喉咙到舌根部。其支脉从肺脏分出，联络心脏，流注于胸中，与手厥阴心包经相接，见图 10-33。

【主治概要】 本经腧穴主治泌尿、生殖系统疾病为主，也可治疗呼吸系统和神经系统疾病。

【本经腧穴】 本经从足走胸，经穴有涌泉、然谷、太溪、照海、复溜、阴谷、俞府等穴。

涌泉 Yǒngquán 井穴

【定位】 在足底，屈足卷趾时足心最凹陷中，见图 10-34。

【主治】 头痛，昏迷，休克，精神病，癔症，癫痫，小儿惊风，咽喉肿痛。

【操作】 直刺 0.5～1 寸。可灸。

太溪 Tàixī

【定位】 在踝后内侧，内踝尖与跟腱之间的凹陷中，见图 10-35。

【主治】 月经不调，遗精阳痿，小便频数，头痛，目眩，耳鸣耳聋，失眠腰痛，足跟痛，齿痛。

【操作】 直刺 0.5～0.8 寸。可灸。

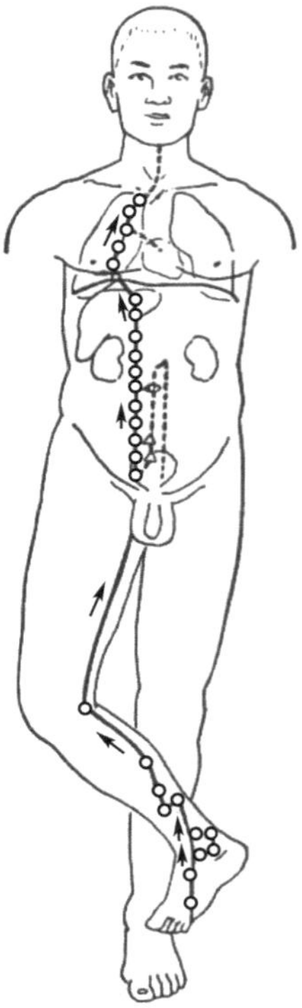
图 10-33 足少阴肾经经脉循行

图 10-34 涌泉穴

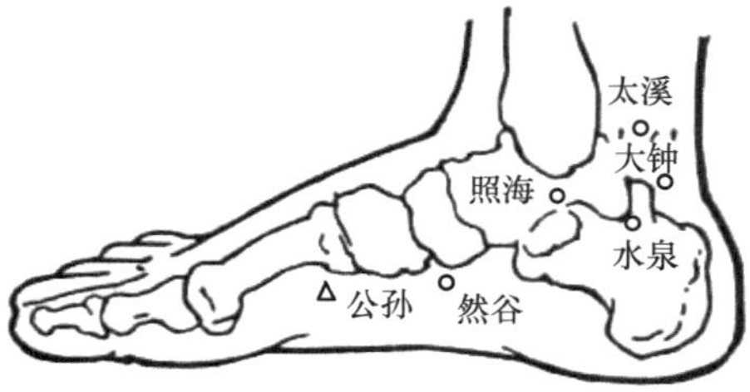

图 10-35 太溪、照海穴

照海 Zhàohǎi 原穴，络穴

【定位】 在足内侧，内踝尖下 1 寸，内踝下缘边际凹陷中，见图 10-35。

【主治】 月经不调，带下，小便频数，慢性咽炎，吞咽困难，目赤肿痛、失眠，癫痫。

【操作】 直刺 0.5～0.8 寸。可灸。

足少阴肾经其他常用穴位见表 10-7。

表 10-7 足少阴肾经其他常用穴位

穴名	位置	主治
然谷	在足内侧，足舟骨粗隆下方，赤白肉际处	咽喉炎，膀胱炎，月经不调，糖尿病，破伤风
复溜	在小腿后内侧，内踝尖上 2 寸，跟腱的前缘	肾炎，睾丸炎，功能性子宫出血，尿路感染，白带过多，腰痛

（九）手厥阴心包经

【经脉循行】 起于胸中，属心包，向下通过横膈联络三焦，外行支从胸部出来，经腋窝，沿手臂掌侧面的中间，进入手掌中，沿着中指到指端。另一条支脉从手掌中分出，走向无名指端，与手少阳三焦经相接，见图 10-36。

【主治概要】 本经腧穴主治心血管病，亦可治疗消化系统、神经系统的某些病症。

【本经腧穴】 本经从胸走手，经穴有天池、曲泽、间使、内关、大陵、劳宫、中冲等穴。

曲泽 Qūzé 合穴

【定位】 在肘前侧，肘横纹上，肱二头肌腱的尺侧缘凹陷中，见图 10-37。

【主治】 心痛，心悸，胃痛，急性吐泻，高热，烦躁不安，肘臂疼痛。

【操作】 直刺 1～1.5 寸。高热、急性吐泻时，用三棱针点刺放血。可灸。

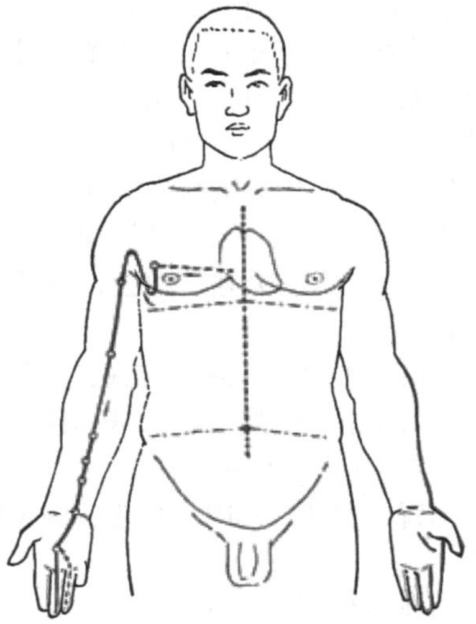

图 10-36 手厥阴心包经经脉循行

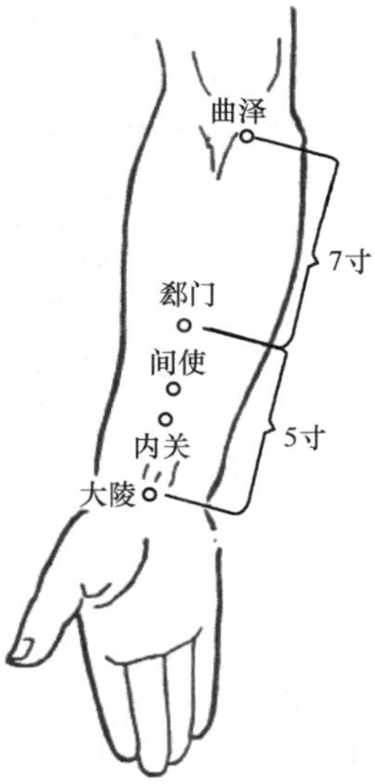

图 10-37 曲泽、间使、内关穴

间使 Jiānshǐ 经穴

【定位】 在前臂前侧，腕掌侧远端横纹上 3 寸，掌长肌腱与桡侧腕屈肌腱之间，见图 10-37。

【主治】 心痛，心悸，癫痫，精神病，胃脘痛，呕吐，肘臂疼痛。

【操作】 直刺 0.5～1 寸。可灸。

内关 Nèiguān 络穴，八脉交会穴，通阴维脉

【定位】 在前臂前侧，腕掌侧远端横纹上 2 寸，掌长肌腱与桡侧腕屈肌腱之间，见图 10-37。

【主治】 心痛，心悸，胸闷，头痛，眩晕，癫痫，失眠，胃脘痛，呃逆，呕吐，肘臂疼痛。

【操作】 直刺 0.5～1 寸。可灸。

中冲 Zhōngchōng 井穴

【定位】 在手指，中指末端最高点，见图 10-38。

【主治】 发热，休克，昏迷，中暑，心痛，舌强不语。

【操作】 毫针浅刺 0.1 寸，或三棱针点刺出血。

手厥阴心包经其他常用穴位见表 10-8。

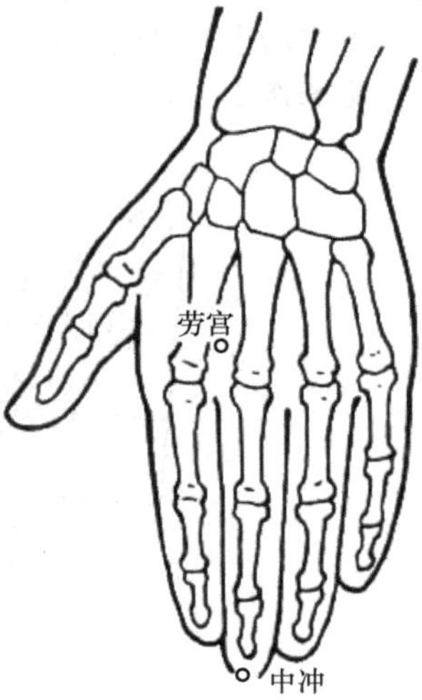

图 10-38 中冲穴

表 10-8 手厥阴心包经其他常用穴位

穴名	位置	主治
大陵	在腕前侧，腕掌侧远端横纹中，掌长肌腱与桡侧腕屈肌腱之间	癫狂，喉痹，腋肿，吐血，疥癣，上肢湿疹，舌本痛
劳宫	在手掌，横平第三掌指关节近端，第二、三掌骨之间偏于第三掌骨	中风昏迷，中暑，心绞痛，口腔炎，小儿惊厥，癔症，手掌多汗症，手指麻木

（十）手少阳三焦经

【经脉循行】 起于无名指端，经手背第四、五掌骨间，沿桡、尺骨之间向上通过鹰嘴突，再

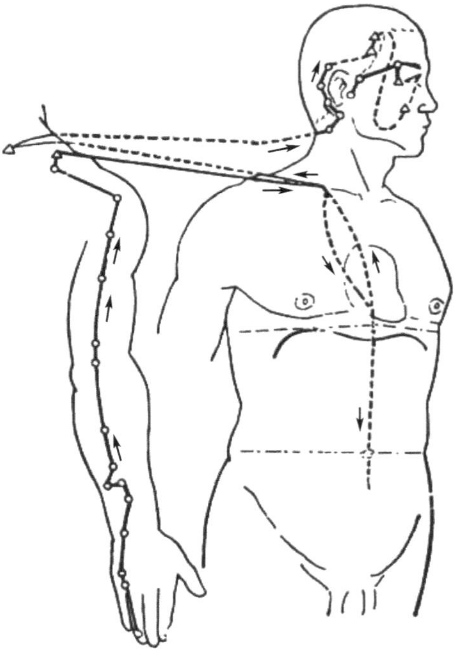
图 10-39 手少阳三焦经经脉循行

沿上臂外侧走向肩部，交出足少阳经的后面，向前进入锁骨窝，分布于胸中，联络心包，通过横膈，属于三焦。胸中支脉：从胸中向上，上出缺盆，循颈部至耳后，直上耳上方，由此屈曲下行至面颊部，到眼眶下。耳部支脉：从耳后进入耳中，出走耳前，与前条支脉交叉于面颊部，到达目外眦，与足少阳胆经相接，见图 10-39。

【主治概要】 本经腧穴主治侧头部、耳、目、咽喉部疾病为主。还可治疗发热，胸胁痛等症。

【本经腧穴】 本经从手走头，经穴有关冲、液门、中渚、阳池、外关、支沟、天井、臑会、肩髎、翳风、耳门、丝竹空等穴。

外关 Wàiguān **络穴，八脉交会穴，通阳维脉**

【定位】 在前臂后侧，腕背侧远端横纹上 2 寸，尺骨与桡骨间隙中点，见图 10-40。

【主治】 感冒，发热，耳鸣，耳聋，偏头痛，胁肋痛，上肢痿痹。

【操作】 直刺 0.5～1 寸。可灸。

支沟 Zhīgōu **经穴**

【定位】 在前臂后侧，腕背侧远端横纹上 3 寸，尺骨与桡骨间隙中点，见图 10-40。

【主治】 耳鸣，耳聋，失音，胁痛，落枕，肩臂部疼痛，腹胀，便秘。

【操作】 直刺 0.5～1 寸。可灸。

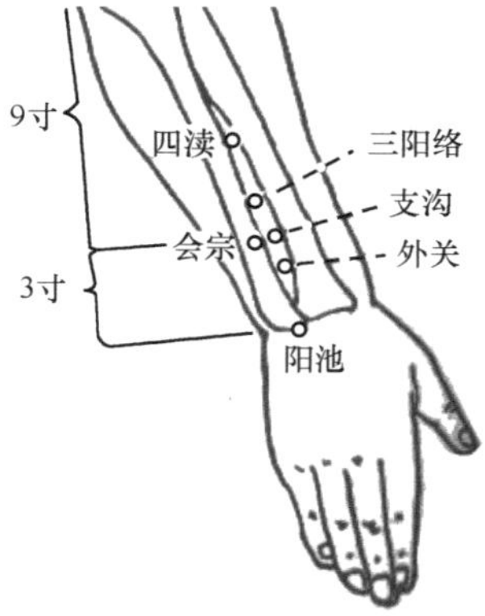

图 10-40 外关、支沟穴

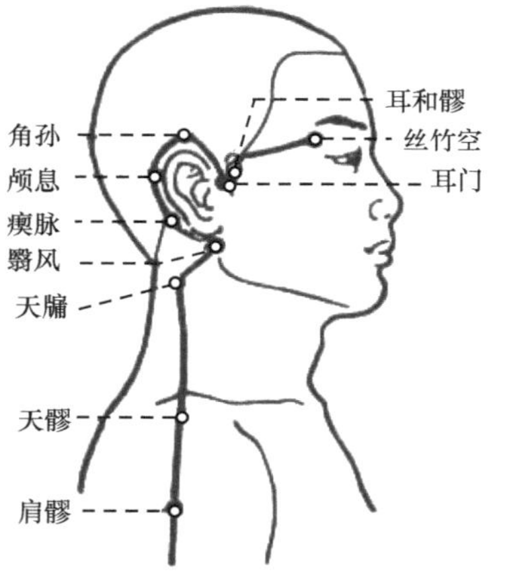

图 10-41 肩髎、翳风、耳门、丝竹空穴

肩髎 Jiānliáo

【定位】 在肩带部，肩峰角与肱骨大结节两骨间凹陷中，见图 10-41。

【主治】 肩关节及上肢病症。

【操作】 直刺 1～1.5 寸。可灸。

翳风 Yìfēng

【定位】 在颈部，耳垂后方，乳突下端前方凹陷中，见图 10-41。

【主治】 耳鸣，耳聋，外耳道肿痛，面瘫，乳突部疼痛，痄腮。

【操作】 直刺 0.5～1 寸。可灸。

耳门 Ěrmén

【定位】 在面部，耳屏上切迹与下颌骨髁突之间的凹陷中，见图 10-41。

【主治】 耳鸣，耳聋，齿痛。

【操作】 直刺 0.5～1 寸。可灸。

丝竹空 Sīzhúkōng

【定位】 在头部，眉梢凹陷中，见图 10-41。

【主治】 头痛，面瘫，斜视，目赤肿痛，齿痛。

【操作】 平刺 0.5～1 寸。不灸。

手少阳三焦经其他常用穴位见表 10-9。

表 10-9　手少阳三焦经其他常用穴位

穴名	位置	主治
关冲	在手指，第四指末节尺侧，指甲根角侧上方 0.1 寸	头痛，目赤咽喉，肿痛，昏厥
中渚	在手背，第四、五掌骨间，第四掌指关节近端凹陷中	肩背肘臂酸痛，五指不能屈伸，头痛，视物不明
臑会	在臂后侧，在尺骨鹰嘴尖与肩峰角连线上，与三角肌后缘相交处	肩及上肢痹痛，甲状腺肿，淋巴结肿

（十一）足少阳胆经

【经脉循行】 起于眼外角，向上达额角部，经过耳后循颈部抵肩部，进入锁骨窝。耳部支脉：从耳后进入耳中，出走耳前至眼外眦后方。眼部支脉：从外眦部下行，与前一支脉会合于锁骨窝，向下进入胸中，通过横膈，联络肝脏，属于胆，沿着胁肋内，到达腹股沟部，经前阴部，横行入髋关节部。其直行的经脉：从锁骨窝发出的外行支，经过腋、胸胁、季肋与前脉会合于髋关节部，再沿大腿外侧下行，经外踝前方至足背，止于足第四趾端。足背支脉：从足背分出，到达足大趾外侧，与足厥阴肝经相接，见图 10-42。

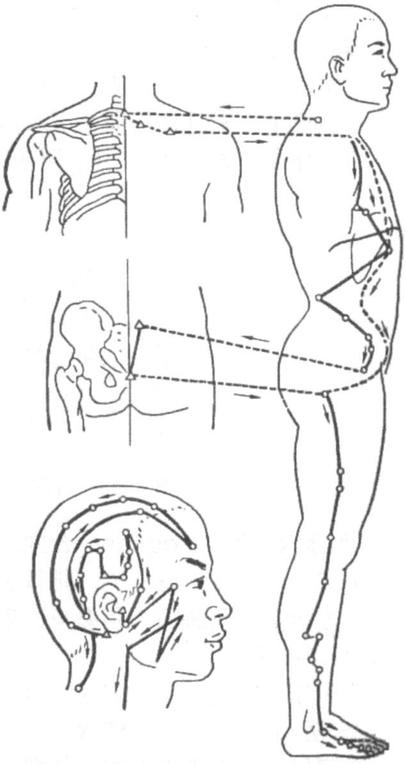

图 10-42　足少阳胆经经脉循行

【主治概要】 本经腧穴主治侧头、目、耳、咽喉病，神志病，热病病症。

【本经腧穴】 本经从头走足，经穴有瞳子髎、听会、上关、率谷、阳白、头临泣、风池、肩井、日月、京门、带脉、居髎、环跳、风市、阳陵泉、光明、悬钟、丘墟、足临泣、侠溪、足窍阴等穴。

瞳子髎 Tóngzǐliáo

【定位】 在头部，目外眦外侧 0.5 寸凹陷中，见图 10-43。

【主治】 偏头痛，近视，视神经萎缩，急性结膜炎。

【操作】 平刺 0.3～0.5 寸。

风池 Fēngchí

【定位】 在项部，枕骨之下，胸锁乳突肌上端与斜方肌上端之间的凹陷中，见图 10-43。

【主治】 头痛，眩晕，失眠，高血压，外眼炎症，近视，视神经萎缩，鼻炎，感冒，热病，颈项强痛。

【操作】 向鼻尖方向斜刺 0.5～1 寸。可灸。

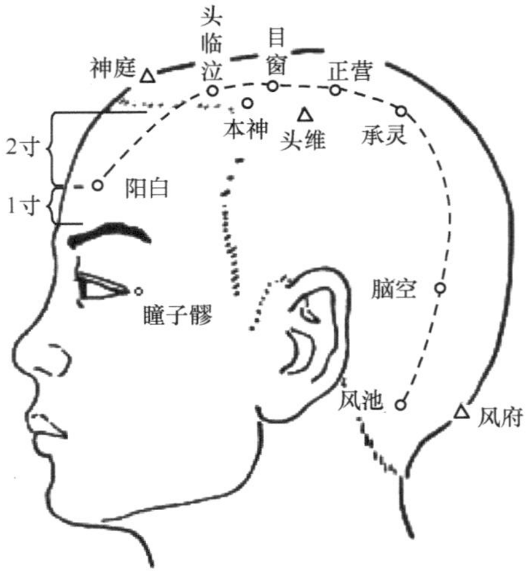

图 10-43　瞳子髎、风池穴

居髎 Jūliáo

【定位】　在臀部，髂前上棘与股骨大转子最凸点连线的中点处，见图 10-44。

【主治】　腰腿痛，下肢瘫痪，疝气，少腹痛。

【操作】　直刺 1～1.5 寸。可灸。

环跳 Huántiào

【定位】　在臀部，股骨大转子最凸点与骶管裂孔连线的外 1/3 与内 2/3 交点处，见图 10-45。

【主治】　坐骨神经痛，下肢疼痛，麻痹，瘫痪。

【操作】　直刺 2～3 寸。可灸。

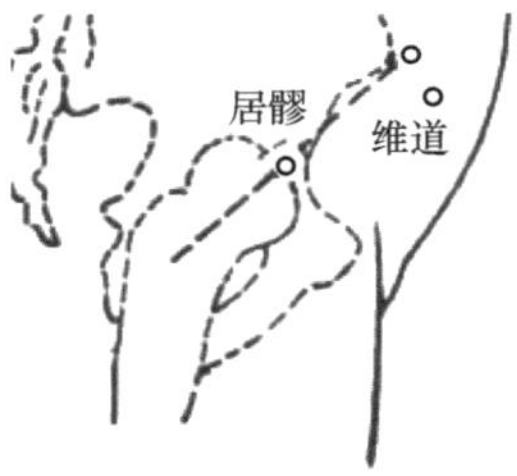

图 10-44　居髎穴

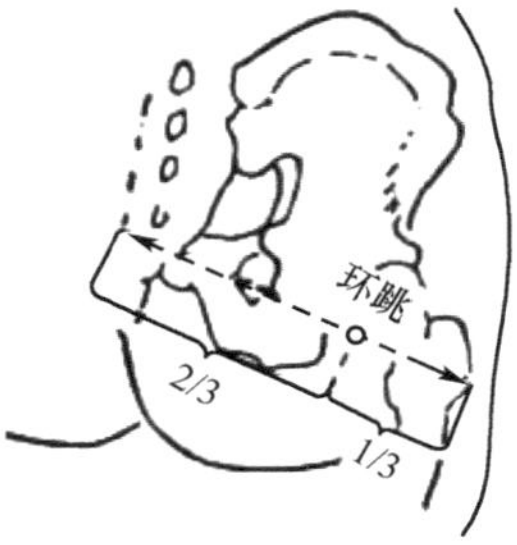

图 10-45　环跳穴

阳陵泉 Yánglíngquán　**合穴，八会穴之筋会**

【定位】　在小腿外侧，腓骨头前下方凹陷中，见图 10-46。

【主治】　胸胁痛，胆囊炎，坐骨神经痛，膝关节及小腿疼痛，麻痹，瘫痪，血栓闭塞性脉管炎，高热抽搐。

【操作】　直刺 1～1.5 寸。可灸。

光明 Guāngmíng　**络穴**

【定位】　在小腿外侧，外踝尖上 5 寸，腓骨前缘，见图 10-46。

【主治】　目痛、近视、夜盲、视神经萎缩等眼病，乳痈，乳汁少，膝痛，下肢痿痹。

【操作】　直刺 1～1.5 寸。可灸。

悬钟 Xuánzhōng　**又名绝骨　八会穴之髓会**

【定位】　在小腿外侧，外踝尖上 3 寸，腓骨前缘，见图 10-46。

【主治】　落枕，胸胁痛，下肢痿痹，血栓闭塞性脉管炎，脚气。

【操作】　直刺 0.5～1 寸。可灸。

足窍阴 Zúqiàoyīn　井穴

【定位】　在足趾，第四趾末节外侧，趾甲根角侧后方 0.1 寸，见图 10-47。

【主治】　偏头痛、目赤肿痛，耳鸣，耳聋，咽喉肿痛，胸胁痛，足跗肿痛。

【操作】　毫针浅刺 0.1 寸。可灸。

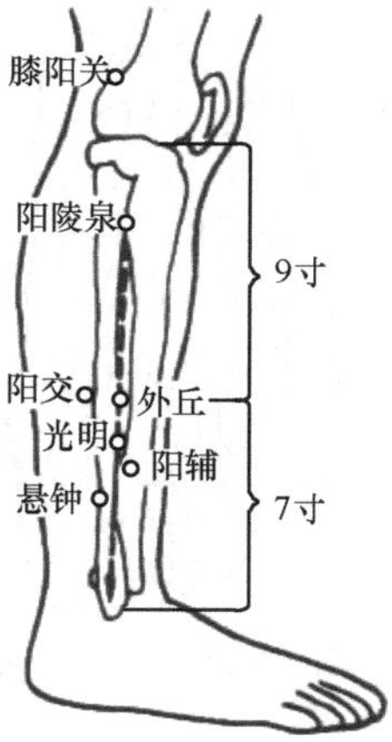

图 10-46　阳陵泉、光明、悬钟穴

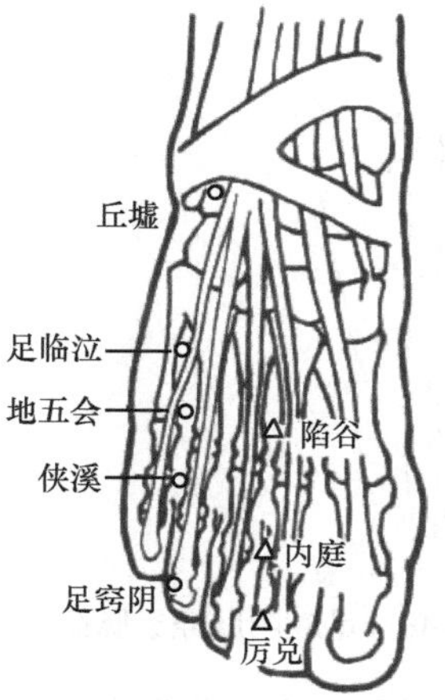

图 10-47　足窍阴穴

足少阳胆经其他常用穴位见表 10-10。

表 10-10　足少阳胆经其他常用穴位

穴名	位置	主治
肩井	在颈后部，第七颈椎棘突与肩峰最外侧点连线的中点	中风偏瘫，乳腺炎，功能性子宫出血，颈淋巴结核，肩背痛
风市	在股外侧，腘横纹上 9 寸，髂胫束后缘	下肢瘫痪，腰腿痛，股外侧皮神经炎

（十二）足厥阴肝经

【经脉循行】　起于足大趾上毫毛部，由足跗部向上，经过内踝前 1 寸处。沿胫骨内侧面上行，至内踝上 8 寸处交叉到足太阴脾经的后面，再沿大腿内侧中间上行，环绕阴部，达小腹部，夹胃旁，属肝脏，络胆。再向上通过横膈，分布于胁肋，并沿喉咙的后面上行，连接目系，上额到巅顶部与督脉会合。目系支脉：从眼睛下行到面颊部，环绕口唇。肝部支脉：从肝脏分出，通过横膈，向上联系肺脏，与手太阴肺经相接，见图 10-48。

【主治概要】　本经腧穴主治头面、眼、肝、胆病及生殖、泌尿系统疾病。

【本经腧穴】　本经从足走胸，经穴有大敦、行间、太冲、中封、三阴交、蠡沟、中都、膝关、曲泉、阴包、足五里、阴廉、急脉、章门、期门。

大敦 Dàdūn　井穴

【定位】　在足趾，大趾末节外侧，趾甲根角侧后方 0.1 寸，见图 10-49。

【主治】　崩漏，睾丸炎，外阴部瘙痒，疝气，尿失禁。

【操作】　毫针浅刺 0.1～0.2 寸，点刺出血。可灸。

太冲 Tàichōng　输穴，原穴

【定位】　在足背，第一、二跖骨间，跖骨底结合部前方凹陷中，或触及动脉搏动，见图 10-49。

【主治】　头痛，眩晕，耳鸣，耳聋，咽喉肿痛，面瘫，精神病，癫痫，小儿惊风，胁痛，下肢痿痹。

【操作】　直刺 0.5～0.8 寸。

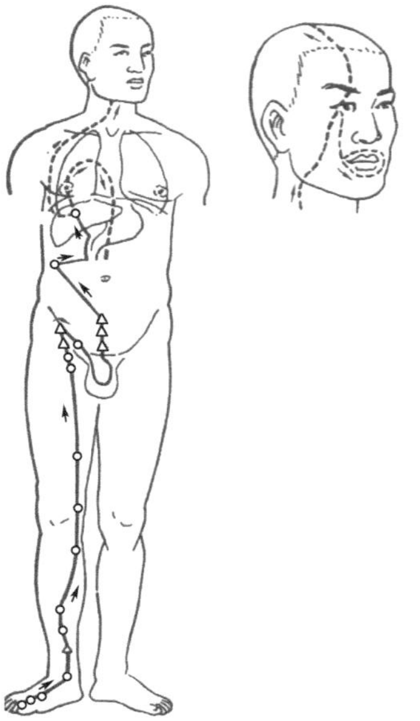

图 10-48 足厥阴肝经经脉循行

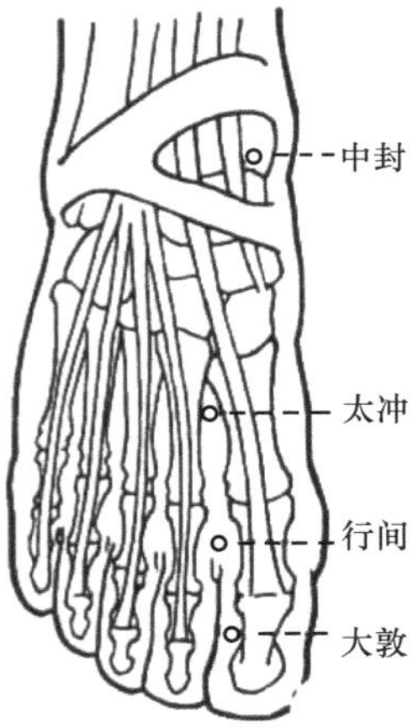

图 10-49 大敦、太冲穴

足厥阴肝经其他常用穴位见表 10-11。

表 10-11 足厥阴肝经其他常用穴位

穴名	位置	主治
期门	在前胸部，第 6 肋间隙，前正中线旁开 4 寸	胸胁胀痛，腹胀，呃逆，乳痈

（十三）督脉

【经脉循行】 起于小腹内，下出会阴部，向后沿脊柱之内上行到达项后，进入脑内，再上行头巅顶，沿前额下行鼻柱，止于唇系带处，见图 10-50。

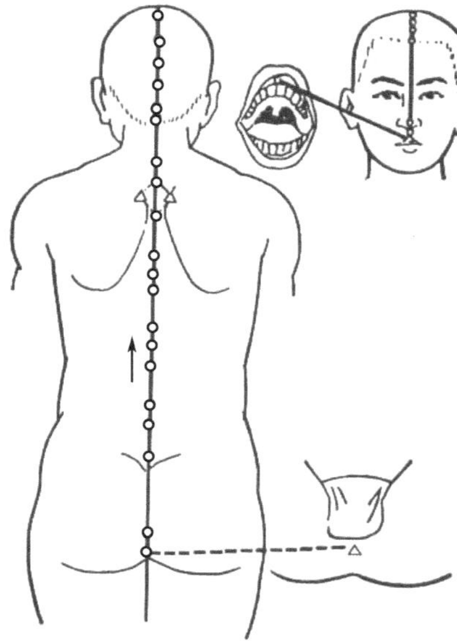

图 10-50 督脉循行

【主治概要】 本经腧穴：主治热病，神志病，内脏有关病症及腰骶、背、头项局部病症。

【本经腧穴】 本经经穴有长强、腰俞、腰阳关、命门、至阳、灵台、神道、身柱、陶道、大椎、哑门、风府、百会、上星、神庭、素髎、人中、龈交等穴。

长强 Chángqiáng **络穴**

【定位】 在会阴部，尾骨下方，尾骨端与肛门连线的中点处，见图 10-51。

【主治】 脱肛，便血，痔核，泄泻，便秘，痫证，腰脊疼痛。

【操作】 向上斜刺 0.5～1 寸。不宜直刺，以免伤及直肠。可灸。

命门 Mìngmén

【定位】 在腰部，第二腰椎棘突下凹陷中，后正中线上，见图 10-51。

【主治】 腰痛，下肢瘫痪，遗精，阳痿，早泄，月经不调，带下，遗尿，泄泻。

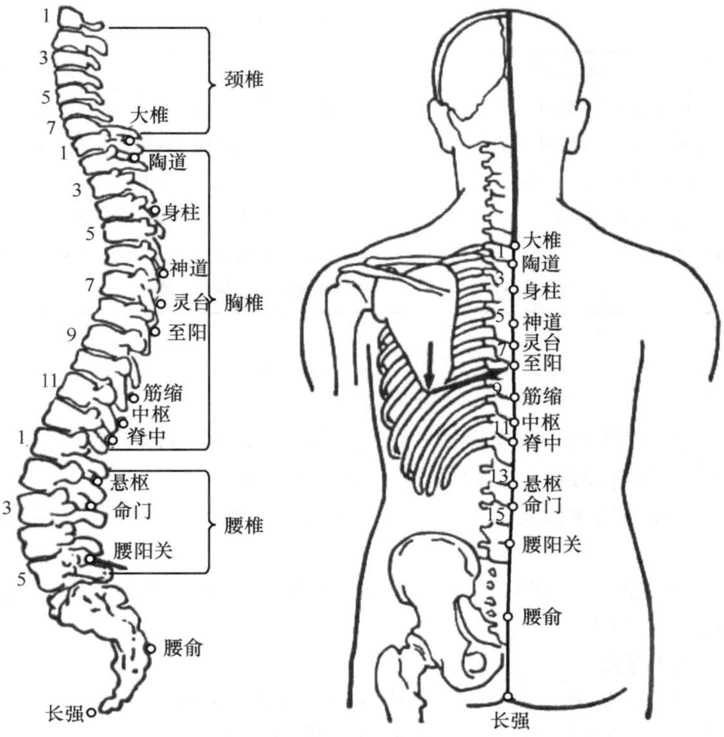

图 10-51 长强、命门、大椎穴

【操作】 向上斜刺 0.5～1 寸。可灸。

大椎 Dàzhuī

【定位】 在颈后部，第七颈椎棘突下凹陷中，后正中线上，见图 10-51。

【主治】 热证，中暑，咳嗽，气喘，癫痫，惊风，荨麻疹，项背部疼痛。

【操作】 向上斜刺 0.5～1 寸。可灸。

风府 Fēngfǔ

【定位】 在颈后部，枕外隆凸直下，两侧斜方肌之间凹陷中，见图 10-52。

【主治】 感冒，头痛，项强，中风后遗症，精神分裂症，癫痫，咽喉肿痛，失音。

【操作】 伏案正坐位，使头微前倾，项肌放松，向下颌方向缓慢刺入 0.5～1 寸，针尖不可向上，以免刺入枕骨大孔，误伤延髓。禁灸。

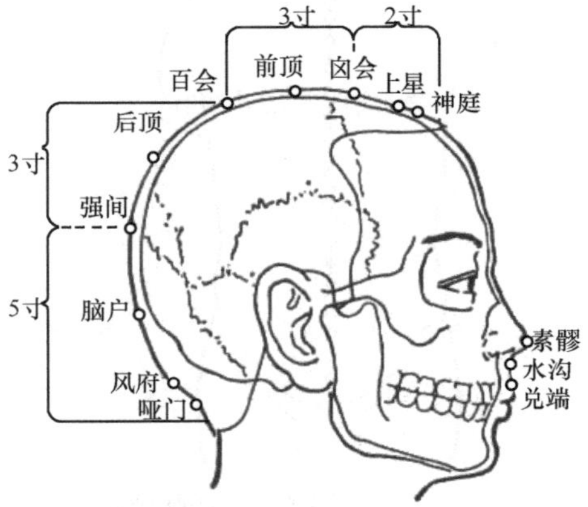

图 10-52 风府、百会穴

百会 Bǎihuì

【定位】 在头部，前发际正中直上 5 寸，约当两侧耳尖（折耳）向上连线中点处，见图 10-52。

【主治】 头痛，眩晕，中风失语，癫狂痫，昏厥（灸），失眠，健忘，久泻，子宫脱垂（灸）。

【操作】 平刺 0.5～1 寸。可灸。

督脉其他常用穴位见表 10-12。

表 10-12　督脉其他常用穴位

穴名	位置	主治
腰阳关	在腰部，第四腰椎棘突下凹陷中，后正中线上	腰痛，下肢瘫痪，月经不调，遗精，阳痿
至阳	在背部，第七胸椎棘突下凹陷中，后正中线上	黄疸，胸胁胀痛，咳嗽，气喘，腰脊疼痛
哑门	在颈后部，第二颈椎棘突上际凹陷中，后正中线上	中风后遗症失语，聋哑，精神病，癫痫，头痛，颈项强直
上星	在头部，前发际正中直上 1 寸	头痛，鼻炎，鼻出血，鼻息肉，角膜炎，眼痛
素髎	在面部，鼻尖的正中央	休克，低血压，心动过缓，酒糟鼻，鼻出血，鼻炎
龈交	在上唇内，上唇系带与上牙龈的交点	牙龈肿痛，鼻塞，鼻炎，癫狂

（十四）任脉

【经脉循行】 起于小腹内，出会阴部，上行于阴毛部，在腹内沿着前正中线上行，经胸达咽喉，再上行环绕口唇，经过面部，进入眼眶下，见图 10-53。

【主治概要】 本经腧穴主治泌尿生殖系统疾患及肠道疾患。少数腧穴有强壮作用或可治疗神志病。

【本经腧穴】 本经经穴有会阴、中极、关元、气海、神阙、水分、下脘、建里、中脘、上脘、膻中、天突、廉泉、承浆等穴。

中极 Zhōngjí　膀胱募穴

【定位】 在下腹部，脐中下 4 寸，前正中线上，见图 10-54。

【主治】 月经不调，痛经，带下，子宫脱垂，外阴瘙痒，尿频，遗尿，尿潴留，遗精阳痿。

【操作】 直刺 1～1.5 寸。需在排尿后进针，孕妇禁针。可灸。

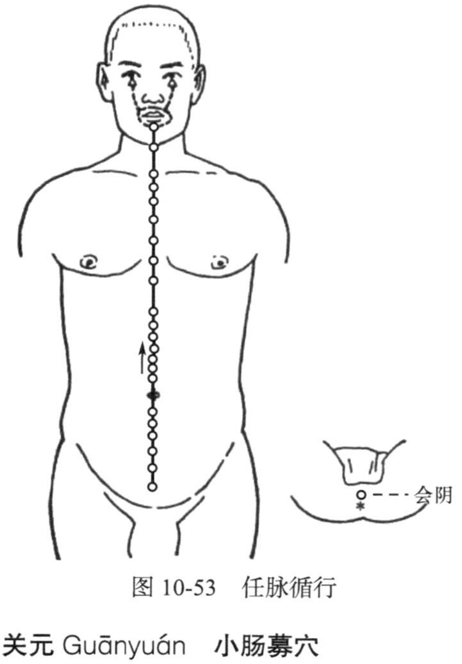

图 10-53　任脉循行

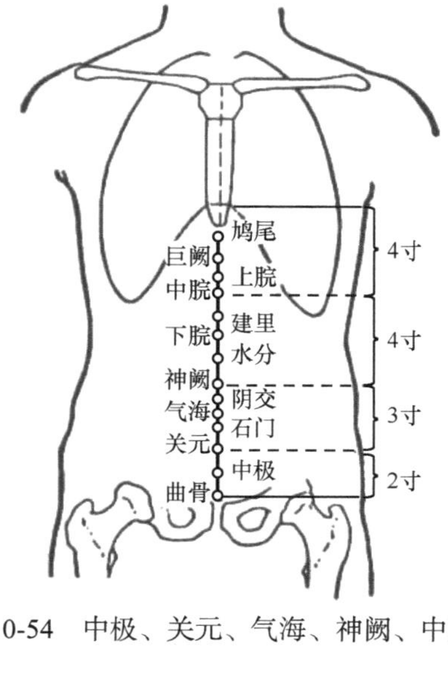

图 10-54　中极、关元、气海、神阙、中脘穴

关元 Guānyuán　小肠募穴

【定位】 在下腹部，脐中下 3 寸，前正中线上，见图 10-54。

【主治】 遗精，阳痿，早泄，遗尿，尿潴留，月经不调，痛经，带下，子宫脱垂，眩晕，中暑，肾虚气喘，全身衰弱，腹痛，腹泻。

【操作】 直刺 1～2 寸。需在排尿后进针，孕妇慎用。可灸。

气海 Qìhǎi

【定位】 在下腹部，脐中下 1.5 寸，前正中线上，见图 10-54。

【主治】 腹痛，腹泻，便秘，遗精，阳痿，遗尿，尿频，尿潴留，痛经，月经不调，子宫脱垂，带下，脱肛，胃下垂，休克，全身衰弱。

【操作】 直刺 1～2 寸。孕妇慎用。可灸。

神阙 Shénquè

【定位】 脐中央，见图 10-54。

【主治】 腹痛，腹胀，肠鸣，泄泻及其他虚脱证候。

【操作】 禁针，宜灸。大艾炷可灸；艾条灸 5～15 分钟。

中脘 Zhōngwǎn　**胃募穴，八会穴之腑会**

【定位】 在上腹部，脐中上 4 寸，前正中线上，见图 10-54。

【主治】 胃痛，腹胀，呃逆，呕吐，食欲不振，腹泻等胃肠疾患。

【操作】 直刺 1～1.5 寸。可灸。

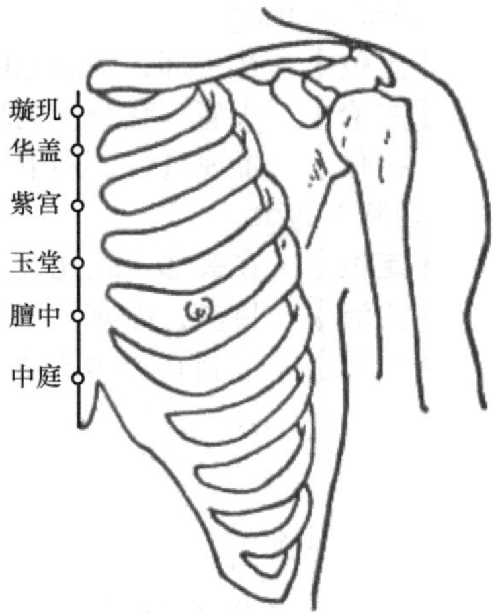

图 10-55　膻中穴

膻中 Dànzhōng　**心包募穴，八会穴之气会**

【定位】 在前胸部，横平第 4 肋间隙，前正中线上，见图 10-55。

【主治】 气喘，呃逆，胸痛，心悸，乳痈，乳汁少。

【操作】 平刺 0.3～0.5 寸。可灸。

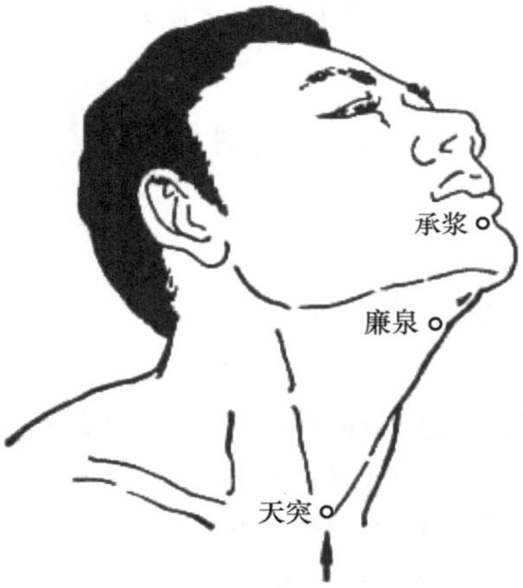

图 10-56　廉泉、承浆穴

廉泉 Liánquán

【定位】 在颈前部，甲状软骨上缘（约相当于喉结处）上方，舌骨上缘凹陷中，前正中线上，见图 10-56。

【主治】 舌强语言不利，暴喑，吞咽困难，咽喉肿痛，舌纵流涎。

【操作】 向舌根部斜刺 0.5～0.8 寸，不留针。可灸。

承浆 Chéngjiāng

【定位】 在面部，颏唇沟的正中凹陷处，见图 10-56。

【主治】 面瘫，三叉神经痛，流涎，癫狂。

【操作】 斜刺 0.3～0.5 寸。可灸。

任脉其他常用穴位见表 10-13。

表 10-13　任脉其他常用穴位

穴名	位置	主治
会阴	在会阴部，男性在阴囊根部与肛门连线的中点，女性在大阴唇后联合与肛门连线的中点	月经不调，阴挺，阴痒，遗精，阳痿，脱肛，痔疮，遗尿，遗精，溺水窒息，昏迷，癫狂痫
天突	在颈前部，胸骨上窝中央，前正中线上	咳嗽，哮喘，暴喑，咽喉肿痛，梅核气，呃逆，甲状腺肿大

（十五）经外奇穴

头　颈　部

四神聪 Sìshéncōng

【定位】 在头部，百会前后左右各旁开 1 寸，共 4 穴，见图 10-57。

【主治】 头痛，眩晕，失眠，健忘，痫证，偏瘫，大脑发育不全。

【操作】 平刺 0.5～1 寸。

印堂 Yìntáng

【定位】 在头部，两眉毛内侧端中间的凹陷中，见图 10-58。

【主治】 头痛，眩晕，失眠，小儿惊风，鼻塞，鼻渊。

【操作】 提捏进针，向下平刺 0.3～0.5 寸，或点刺出血。

鱼腰 Yúyāo

【定位】 在头部，瞳孔直上，眉毛中，见图 10-58。

【主治】 目疾，面瘫，三叉神经痛。

【操作】 平刺 0.3～0.5 寸。禁灸。

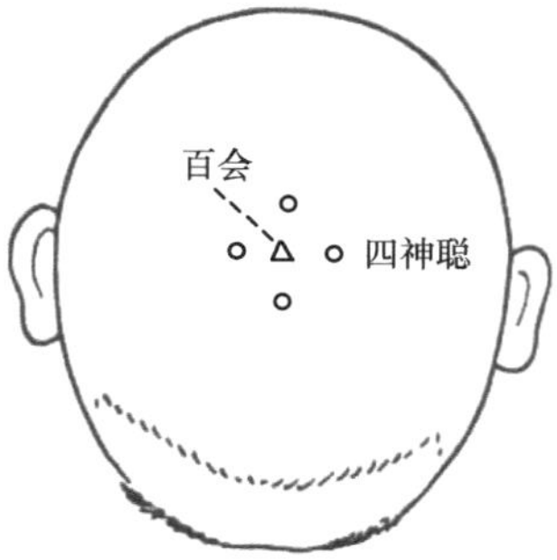

图 10-57 四神聪穴

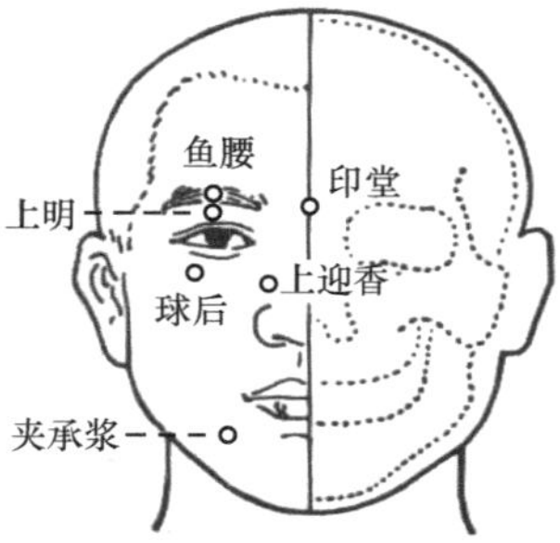

图 10-58 印堂、鱼腰穴

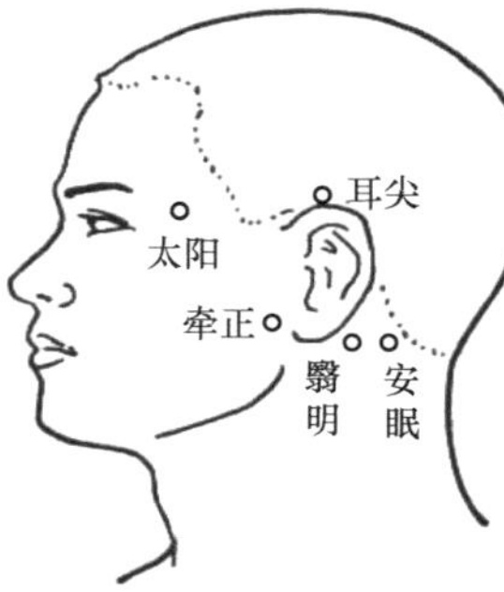

图 10-59 太阳穴

太阳 Tàiyáng

【定位】 在头部，眉梢与目外眦之间，向后约一横指（中指）的凹陷中，见图 10-59。

【主治】 头痛，面瘫，三叉神经痛，牙痛，目赤肿痛。

【操作】 直刺或向后斜刺 0.3～0.5 寸。禁灸。

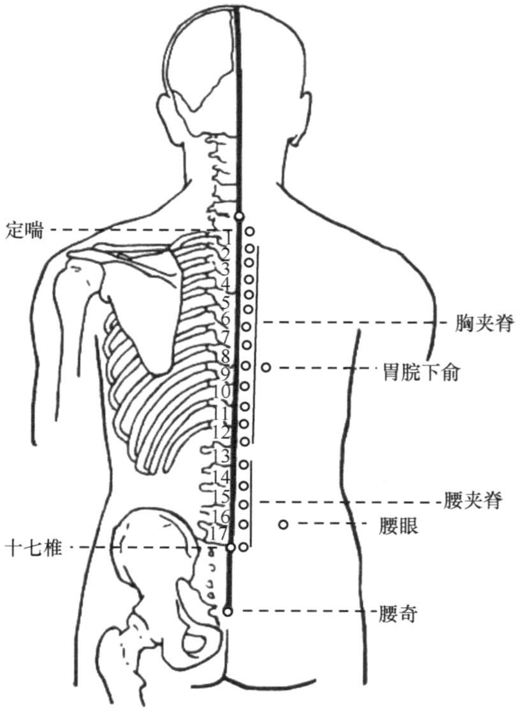

图 10-60 定喘、夹脊穴

胸背部

定喘 Dìngchuǎn

【定位】 在脊柱区，横平第 7 颈椎棘突下，后正中线旁开 0.5 寸，见图 10-60。

【主治】 咳嗽，哮喘，肩背痛。

【操作】 向椎体方向斜刺 0.5～1 寸。

夹脊 Jiájǐ

【定位】 在脊柱区，第一胸椎至第五腰椎棘突下两侧，后正中线旁开 0.5 寸，一侧 17 穴，见图 10-60。

【主治】 胸 1～5 夹脊：心肺、胸及上肢病症。胸 6～12 夹脊：胃肠、脾、肝胆病症。腰 1～5 夹脊：上肢疼痛，以及腰骶、小腹部病症。

【操作】 稍向内斜刺 0.5～1 寸，或用梅花针叩刺。可灸。

上肢部

十宣 Shíxuān

【定位】 在手指，十指尖端，距指甲游离缘 0.1 寸（指寸），左右共 10 穴，见图 10-61。

【主治】　中风，发热，昏迷，中暑及小儿惊风，癫痫，癔症发作，咽喉肿痛。
【操作】　浅刺 0.1～0.2 寸，或三棱针点刺出血。

四缝 Sìfèng

【定位】　在手指，第二至五指掌面的近侧指间关节横纹的中央，一手 4 穴，见图 10-62。
【主治】　小儿疳，百日咳。
【操作】　点刺，挤出少量黄白色透明样黏液或出血。

八邪 Bāxié

【定位】　在手背，第一至五指间，指蹼缘后方赤白肉际处，左右共 8 穴，见图 10-63。
【主治】　手背肿痛，手指麻木，头项强痛，毒蛇咬伤（刺出血）。
【操作】　向下斜刺 0.5～0.8 寸，或点刺出血。

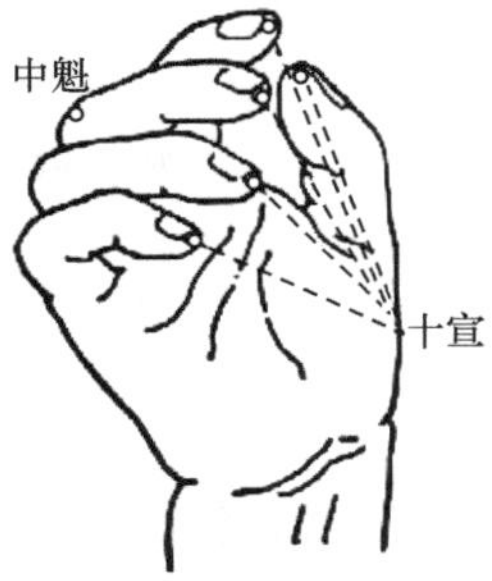

图 10-61　十宣穴

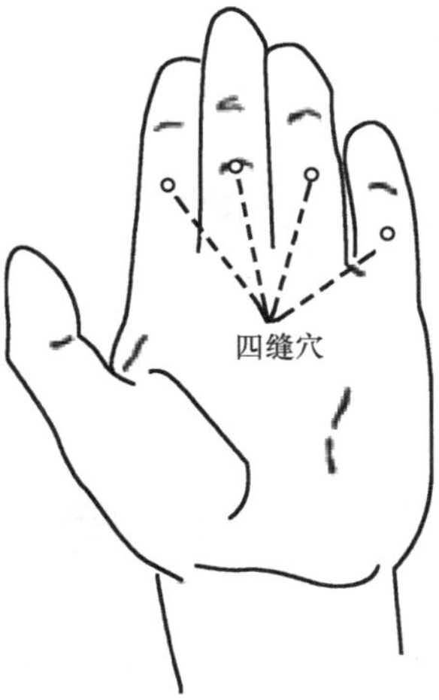

图 10-62　四缝穴

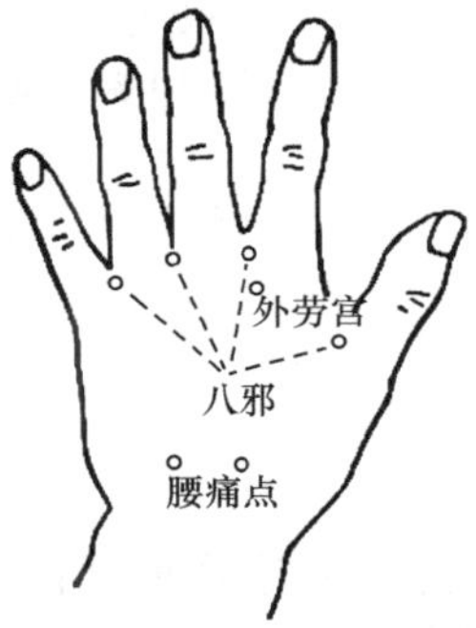

图 10-63　八邪、外劳宫穴

外劳宫 Wàiláogōng　又称落枕

【定位】　在手背，第二、三掌骨间，掌指关节后 0.5 寸（指寸）凹陷中，见图 10-63。
【主治】　落枕，手臂痛。
【操作】　直刺或斜刺 0.5～0.8 寸。

下　肢　部

胆囊 Dǎnnáng

【定位】　在小腿外侧，腓骨小头直下 2 寸，见图 10-64。
【主治】　急、慢性胆囊炎，胆石症，胆绞痛，胆道蛔虫病。
【操作】　直刺 1～1.5 寸。

阑尾 Lánwěi

【定位】　在小腿外侧，髌韧带外侧凹陷下 5 寸，胫骨前嵴外一横指（中指），见图 10-64。
【主治】　急、慢性阑尾炎。
【操作】　直刺 1～1.5 寸。

八风 Bāfēng

【定位】　在足背，第一至五趾间，趾蹼缘后方赤白肉际处，左右共 8 穴，见图 10-65。
【主治】　足背红肿，脚气，蛇咬伤（刺出血）。
【操作】　向上斜刺 0.5～0.8 寸，或点刺出血。可灸。

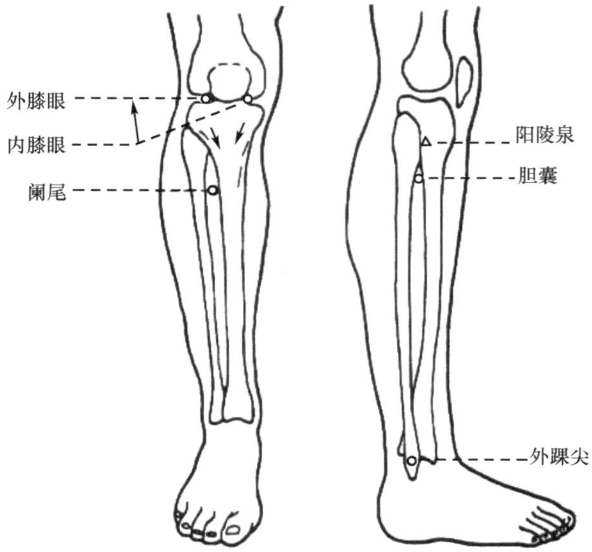

图 10-64　胆囊、阑尾穴

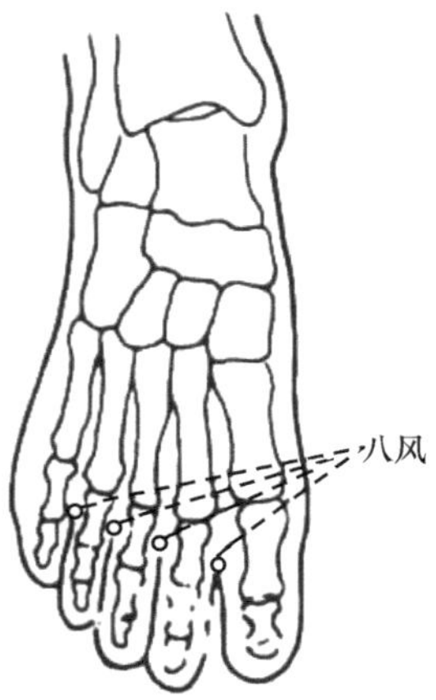

图 10-65　八风穴

（安　鹏）

第二节　针　灸　法

刺法和灸法是两种不同的治病方法，在临床上，针法和灸法常结合使用，故称针灸。本章主要介绍常用的针法和灸法。

一、针　　法

图 10-66　毫针

针法是利用金属制成的针具，通过一定的手法，刺激人体腧穴，以治疗人体多种疾病的方法。临床常用的针具有毫针、皮肤针、三棱针、耳针、电针、头针等。

1. 针具

（1）构造：毫针是最常用的针具。目前制针的原料，多选用不锈钢，但也有用金、银、合金为原料的。用不锈钢制作的毫针具有较高的强度和韧性，针体挺直滑利，能耐热和防锈，不易被腐蚀，所以被临床广泛应用。毫针的构造可分为针尖、针身、针根、针柄、针尾五个部分，见图 10-66。

（2）规格：毫针的规格，是以针身的直径（粗细）和长度区分的，见表 10-14 和表 10-15。一般临床以粗细为 28～30 号（0.32～0.38mm）和长短为 1～3 寸（25～75mm）者最为常用。短毫针主要用于耳穴和浅在部位的腧穴作浅刺之用，长毫针多用于肌肉丰厚部位的腧穴作深刺和某些腧穴作横向透刺之用。

2. 针刺练习　主要是对指力和手法的锻炼。由于毫针针身细软，如果没有一定的指力和协调的动作，往往会造成进针困难和针刺疼痛，影响治疗效果。针刺的练习，一般分三步进行。

表 10-14　毫针的长短

寸	0.5	1.0	1.5	2.0	2.5	3.0	4.0	4.5	5.0
mm	15	25	40	50	65	75	100	115	125

表 10-15　毫针的直径

号数	26	27	28	29	30	31	32	33	34	35
直径（mm）	0.45	0.42	0.38	0.34	0.32	0.30	0.28	0.26	0.23	0.22

（1）指力练习：主要在纸垫上练习。用松软的纸张，折叠成 5cm×8cm，厚 2～3cm 的纸垫，用线如“井”字形扎紧，做成纸垫。练针时，左手平执纸垫，右手拇、食、中三指持针柄，使针尖垂直地抵在纸垫上，交替捻动针柄，并渐加一定的压力，反复练习。纸垫练习主要是锻炼指力和捻转的基本手法，见图 10-67。

（2）手法练习：手法的练习主要在棉团上进行。取棉团一团，外用纱布扎紧，做成直径为 6～7cm 的圆球。因棉团松软，可以练习提插、捻转、进针、出针等各种毫针操作手法的模拟动作。做提插练针时，将针刺入棉球，在原处做上提下插的动作，要求深浅适宜，幅度均匀，针身垂直。在此基础上，可将提插与捻转动作配合练习，要求提插幅度上下一致，捻转角度来回一致，操作频率快慢一致，达到动作协调、得心应手、运用自如、手法熟练的程度，见图 10-67。

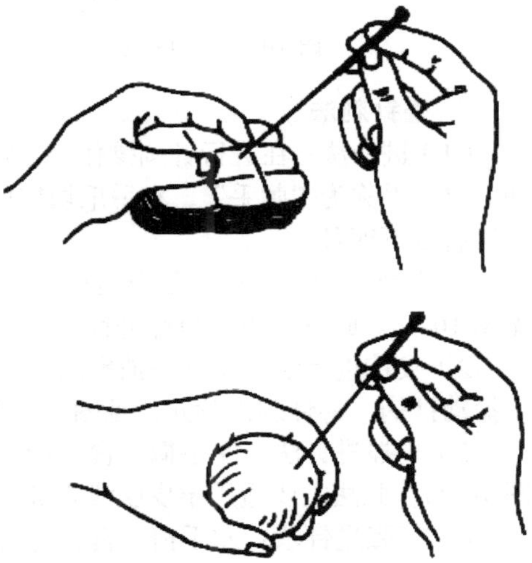
图 10-67　纸垫、棉团练针示意图

（3）自身练习：通过以上两种针法的练习，掌握了一定的指力和手法后，可以在自己身上进行试针练习，或学员之间相互试针，以亲身体会指力的强弱、针刺的感觉、行针的手法等。如此反复体会，以便提高临床针刺施术手法操作水平。

3. 针刺前的准备

（1）做好解释工作：对初诊患者应做好解释工作，使患者对针刺疗法有所了解，消除其思想顾虑，取得患者的积极配合，避免或减少异常情况的发生，使针刺治疗发挥更好的效果。

（2）检查针具：选择毫针应以针柄无松动，针身挺直、光滑、坚韧而富有弹性，针尖圆而不钝，但也不太尖，呈松针形者为好。如针体弯曲损伤，针尖钩毛者，应予剔除或修理。

（3）消毒：针具最好采用一次性用针。施术部位一般用 75%酒精棉球消毒，消毒后的穴位皮肤，必须保持洁净，防止再污染。操作时医者的手指应在施术前先用肥皂水洗刷，再用酒精棉球消毒，才能持针操作。

（4）选择体位：为了便于操作和正确取穴，应尽量采用患者舒适、耐久和医者便于操作的体位。一般采用的体位有仰卧位、俯卧位、侧卧位、仰靠坐位、俯伏坐位、侧伏坐位等，见图 10-68～图 10-72。

图 10-68　仰卧位

图 10-69　侧卧位

图 10-70　俯卧位

图 10-71 仰靠坐位

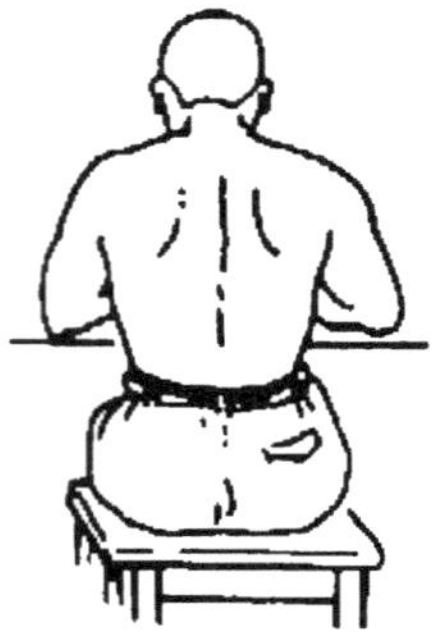

图 10-72 俯伏坐位

4. 毫针刺法

（1）进针法：在进行针刺操作时，临床上一般用右手持针操作，主要是以拇、食、中三指挟针柄，故右手称为“刺手”，右手爪切按压所刺部位或辅助针身，故称左手为“押手”，常用的进针方法有以下四种。

1）指切进针法：用左手拇指指甲切按在穴位旁边，右手持针，紧靠左手指甲而将针刺入腧穴，见图 10-73。此法适用于短针进针。

2）夹持进针法：用严格消毒的左手拇、食二指夹住针身下端，将针尖固定在所刺穴位上，右手捻动针柄，将针刺入腧穴，见图 10-73。此法适用于长针进针。

3）提捏进针法：左手拇、食二指将针刺部位的皮肤捏起，右手持针从捏起的经穴上刺入，见图 10-73。此法主要适用于皮肤浅表部位的进针。

4）舒张进针法：左手拇、食二指将针刺腧穴部位的皮肤向两侧撑开，使皮肤绷紧，右手持针将针刺入，见图 10-73。此法主要适用于皮肤松弛或有皱纹部位（如腹部）的进针。

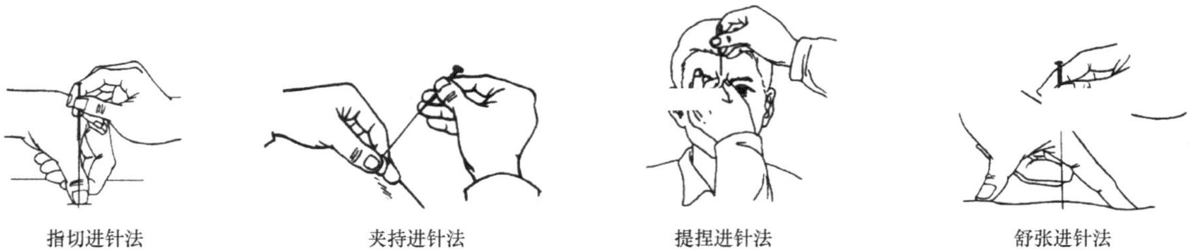

图 10-73 进针法

（2）针刺的角度：在针刺操作过程中，正确掌握针刺的角度和深度，是增强针感，提高疗效，防止意外事故发生的重要环节。针刺的角度是指进针时，针身与皮肤表面所形成的夹角。它是根据腧穴所在的位置和医者针刺时所要达到的目的结合起来而确定的。一般分为以下 3 种角度（图 10-74）。

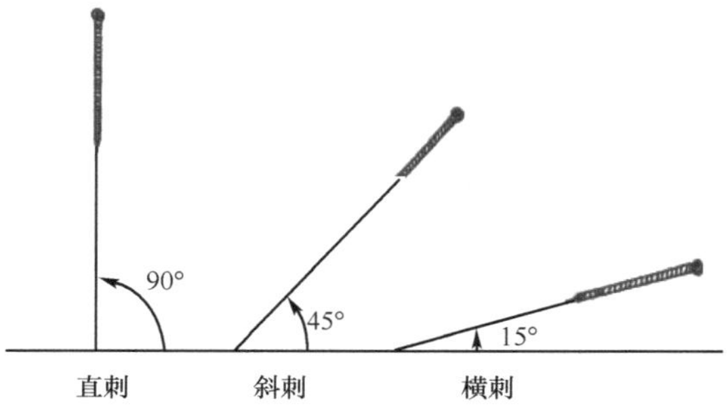

图 10-74 针刺的角度

1）直刺：针身与皮肤表面呈 90° 角垂直刺入。此法适用于全身大多数腧穴，尤其是腰、腹、四肢部腧穴。

2）斜刺：针身与皮肤表面呈 45° 角倾斜刺入。此法适用于肌肉较浅薄处或内有重要脏器的胸、背部腧穴。

3）横刺：又称“沿皮刺”及“平刺”。针身与皮肤表面呈 10° ～20° 沿皮刺入。此法适用于皮肉特别浅薄的头部及胸骨部等腧穴。

（3）针刺的深度：是指针身刺入人体的深浅程度。一般以既有针感而又不伤及重要脏器为原则。临床时多根据以下几种不同情况而定。

1）年龄：年老体弱，气血衰弱，小儿娇嫩，稚阴稚阳，都不宜深刺；中青年身强体壮者，可适当深刺。

2）体质：形瘦体弱者宜浅刺；形盛体强者可适当深刺。

3）部位：凡头面及胸背部皮薄肉少的腧穴宜浅刺；四肢及臀、腹部肌肉丰满处的腧穴，可适当深刺。

4）病情：阳证、新病宜浅刺；阴证、久病可深刺。

针刺的角度和深度之间有着相辅相成关系。一般而言，深刺多用直刺，浅刺多用斜刺或平刺。对重要脏器部位的腧穴，如哑门、风府、风池以及眼区、胸背部，尤须注意掌握好针刺的角度和深度。

（4）行针与得气：针刺入腧穴后，为了使患者产生针刺感应，而行使一定的手法，称为行针。针刺部位产生酸、麻、胀、重等感觉，医者指下有一种沉紧感，称为得气，亦称针感。

得气与否以及气至的迟速，不仅直接关系到针刺治疗效果，而且可以借此窥测疾病的预后。得气迅速，疗效颇佳；得气缓慢，疗效则差；如无得气，疗效更差或无效。因此在针刺过程中如遇得气较慢或不得气者，可采用行针催气和留针候气的方法促使针下得气，以增强疗效。

（5）常用的行针手法

1）提插法：针刺入穴位后，从浅层插入深层为插；再由深层向上退到浅层为提。提插的幅度、频率，需视病情和腧穴而异，但不宜过大或过快。一般来说，提插幅度大、频率快，刺激量就大；提插幅度小、频率慢，刺激量就小。

2）捻转法：是将针刺入腧穴的一定深度后，以右手拇指和中、食二指持住针柄，进行左右来回旋转捻动。捻转的角度大、频率快，刺激量就大；捻转的角度小、频率慢，刺激量就小。

3）弹法：是将针刺入腧穴的一定深度后，用手指轻轻叩弹针柄，使针体微微震动，以加强针感。

4）刮法：是将针刺入腧穴的一定深度后，用拇、食两指由下而上轻刮针柄的方法。刮法可加强针感和促使针感的扩散。

5）震颤法：是将针刺入腧穴的一定深度后，以右手拇、食二指夹持针柄，用小幅度、快频率的提插抖动，使针身发生轻微震颤，以增强针感。

（6）针刺补泻：是提高疗效的一种手法，是根据《内经》"实则泻之，虚则补之"的理论确立的治疗方法。临床上同一腧穴上运用不同的手法，即能产生完全相反的作用。例如，合谷既能发汗，又能止汗；内关既能催吐，又能止吐；天枢既能通便，又能止泻等。历代医家在长期医疗实践中，在运用补泻手法上积累了丰富的经验，创立了许多不同的手法，现将临床常用的几种补泻手法列表如下（表 10-16）。

表 10-16 主要补泻手法

补泻手法	补法	泻法
捻转补泻	捻转角度小，频率慢，用力较轻	捻转角度大，频率快，用力较重
提插补泻	先浅后深，重插轻提，提插幅度小，频率慢	先深后浅，轻插重提，提插幅度大，频率快
疾徐补泻	进针慢，少捻转，出针快	进针快，多捻转，出针慢
开阖补泻	出针后急按针孔	出针时摇大针孔而不按揉
迎随补泻	针尖随着经脉循行方向，顺经而刺	针尖迎着经脉循行方向，逆经而刺
呼吸补泻	呼气时进针，吸气时出针	吸气时进针，呼气时出针
平补平泻	进针后均匀地提插、捻转，得气后出针	

（7）留针与出针

1）留针：指使针留置穴内，以加强针感和针刺的持续作用。留针的长短，依病情而定。一般病情，只要针下得气，即可出针。治疗慢性疾病，可留针 10～30 分钟，但对一些顽固性、疼痛性、痉挛性疾病，可适当增加留针时间，并间歇予以行针，保持一定刺激量，以增强疗效。

2）出针：出针时，先用左手拇、食指夹持消毒干棉球按住针孔周围皮肤，然后右手轻微捻针，缓缓退出，出针后以棉球按压针孔，防止出血，切不可一抽而出，否则会造成出血或痛感。如需出血者（泻法），亦应缓缓退针，而不按压针孔。

5. 针刺注意事项

（1）过饥，过饱，酒醉，大惊，劳累过度等，一般不宜针刺。

（2）久病体虚，大出血，大汗出者，针刺刺激不宜过强，并尽可能采取卧位。

（3）妊娠 3 个月以内，下腹部和腰骶部的穴位禁针；妊娠 3 个月以上，上腹部穴位以及一些能引起子宫收缩的腧穴如合谷、三阴交、至阴等，均不宜针刺。

（4）小儿囟门未闭时，头顶部腧穴不宜针刺。

（5）皮肤有感染、溃疡、瘢痕或肿瘤的部位，不宜针刺。

6. 针刺异常情况的处理和预防

（1）晕针

1）症状：患者出现头晕目眩，心烦欲吐，面色苍白，身出冷汗，脉象微弱，重则四肢厥冷，不省人事，呼吸细微。

2）原因：由于患者精神紧张、体质虚弱、疲劳、饥饿和体位不当或针刺手法过重等原因，而发生晕针。

3）处理：立即停止针刺，将针全部取出，使患者平卧，头部稍低，注意通风和保暖，给饮温水或糖水，静卧片刻至症状消失。重度晕针患者，在上述处理基础上，针刺人中、素髎、内关、足三里，或灸百会、气海、关元等穴。必要时配合其他急救措施。病情缓解后，适当休息。

4）预防：对于初次受针和精神紧张的患者，应先做好解释，消除顾虑。对年老体弱者，应采取卧式体位，取穴宜少，手法宜轻。对于过度饥饿、疲劳的患者，应进食和休息后再予针刺治疗。医者在针刺过程中，应密切观察患者的神色，询问感觉，一旦出现晕针先兆，必须及时予以处理。

（2）滞针：是指在行针时或留针后医者感觉针下涩滞，捻转、提插、出针均感困难，而患者则感觉疼痛的现象。

1）现象：医者感觉针下非常紧涩，出现提插捻转和出针困难，若勉强捻转、提插时，患者痛不可忍。

2）原因：针刺后，患者精神紧张，致使局部肌肉强烈收缩；或因捻转幅度过大，或连续单向捻转，而致肌纤维缠绕针身；或针后患者移动体位所致。

3）处理：应根据不同原因处理。因患者精神紧张者，做好解释工作，消除紧张情绪，循按拍打滞针局部，或适当延长留针时间，缓解肌肉紧张状态。因单向捻转过度，向相反方向回捻，并用刮柄、弹柄法。因患者移动体位引起者，嘱患者慢慢恢复原来的体位。必要时可在滞针远端浅刺 1 针。不强力硬拔。

4）预防：对初次接受针治者和精神紧张者，做好解释工作，消除紧张情绪。进针和行针时手法宜轻，避开肌腱，切忌单方向捻转。选择较舒适体位，避免移动体位。

（3）弯针：是指进针和行针时，或当针刺入腧穴及留针后，针身在体内形成弯曲的现象。

1）现象：针柄改变了进针时的方向和角度，针身在体内形成弯曲，提插、捻转、退针滞涩而困难，患者自觉疼痛或酸胀。

2）原因：进针手法不熟练，指力不均匀，用力过猛，或进针后患者体位有移动；或外力碰撞；或因滞针处理不当，造成弯针。

3）处理：出现弯针后，不再行提插、捻转等手法。因患者移动体位所致，嘱患者慢慢恢复原来的体位。针身轻微弯曲，将针身慢慢退出；弯曲角度较大，先使局部的组织皮肤放松，再顺着弯曲的方向将针退出。针身弯曲不只一处，观察针身弯曲的方向，分段逐渐退出。不强力硬拔。

4）预防：术者手法要轻巧，用力适当；患者体位适当，留针过程中不可移动体位；针刺部位防止受外物碰压。

（4）折针：又称断针，是指针身折断在人体内。

1）现象：在行针或退针过程中，突然针身折断，有时针身部分露于皮肤之外，有时全部没于皮肤之内。

2）原因：针具质量欠佳，或针根、针身有损伤，进针后患者体位有移动；或外力碰撞、压迫针柄；或弯针、滞针等异常，未及时处理，并强力抽拔而造成。

3）处理：术者应冷静，嘱患者要镇静。保持原有体位，以防残端下陷。如皮肤尚露有残端，可用镊子钳出。若残端与皮肤相平，则重压针孔两旁，使断端外露，用镊子拔出；如针身已陷入深部，则必须经手术取出。

4）预防：针前须仔细检查针具，剔除不合格的针具。针刺时针体不要全部进入，应留有皮外部分。如果发现有弯针、滞针等，应及时处理。

（5）血肿

1）现象：出针后针刺部位出血；针刺部位出现肿胀疼痛，或皮肤青紫、小肿块等。

2）原因：出血、青紫多是刺伤血管所致，有的则为凝血功能障碍。

3）处理：一般不需处理，数日后即自行消退。若局部肿胀疼痛较剧，青紫面积大而且影响活动功能时，可先做冷敷止血后，再做热敷，以促使局部瘀血消散吸收。

4）预防：熟悉人体解剖位置，避开血管针刺。行针手法要适当，出针时立即用消毒干棉球按压针孔。对男性患者，要注意排除血友病患者。

二、灸　　法

灸，灼烧的意思。灸法主要是借灸火的热力给人体以温热性刺激，通过经络腧穴的作用，以达到防治疾病目的的一种方法。施灸的原料很多，但以艾叶作为主要灸料。灸法是用艾叶捣制成艾绒，然后做成艾炷或艾条，点燃以后在腧穴上熏灼，通过温热刺激，起到行气通经、活血逐瘀、回阳救逆、防病保健等作用。

（一）常用灸法

灸法的种类很多，常用的灸法大致分为艾炷灸、艾条灸、温针灸等几类，可根据病情需要而选用。

1. 艾炷灸　是将纯净的艾绒，放在平板上，用手搓捏成圆锥形艾炷，见图 10-75，如麦粒或如苍耳子或如莲子，大小不一。灸时每燃完一个艾炷，叫作一壮。灸治时，即以艾炷的大小和壮数的多少来掌握刺激量的大小。

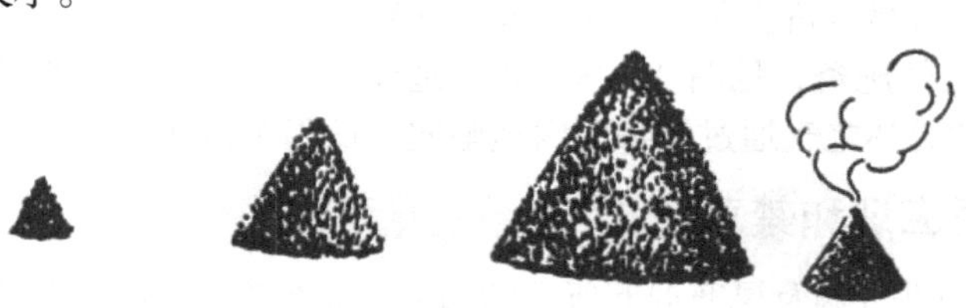

图 10-75　艾炷灸

艾炷灸可分为直接灸和间接灸两类：

（1）直接灸：是将艾炷直接放在皮肤上施灸。根据病情和燃烧程度的不同，又分为瘢痕灸和无瘢痕灸（图 10-76）。

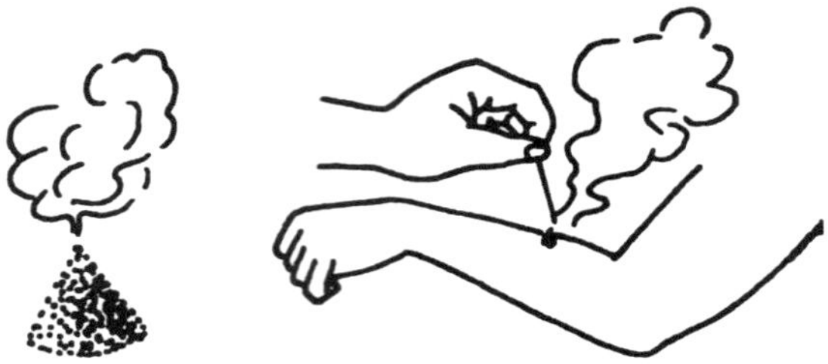

图 10-76 直接灸

1）瘢痕灸：又称“化脓灸”。施术前，用少量大蒜汁涂敷于腧穴部位，以增加黏附和刺激作用，然后放置艾炷施灸。每壮艾炷必须燃尽，除去灰烬后，方可继续加炷施灸。使局部皮肤灼伤，起疱化脓，5～6 周灸疮自愈，留有瘢痕。在施灸操作过程中，艾火烧灼皮肤而产生灼痛时，医者可用手在施灸部位周围不断叩打，以缓解灼痛。此法适用于某些顽固性疾患。

2）无瘢痕灸：将施灸部位涂以少量凡士林，以增加黏附作用，再放上艾炷，燃烧至半或 2/3 时，患者感到灼痛，即除去未燃尽的艾炷，更换新艾炷，继续施灸，以局部皮肤充血、红润为度。因为此灸法不致灼伤皮肤，灸后不留瘢痕，故其适应范围较广。

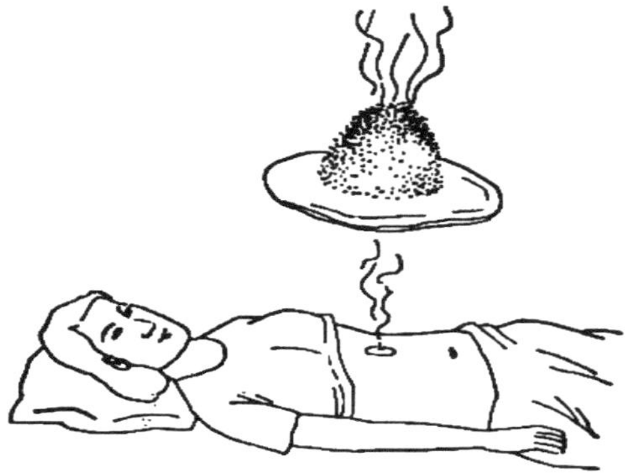

图 10-77 隔姜灸

（2）间接灸：是在艾炷下面加一层间隔物，不致直接烧灼皮肤。根据不同病症，选用不同的间隔物。

1）隔姜灸：用鲜生姜切成 0.3cm 厚姜片，中间以针刺数孔，置于施术部位，再放艾炷灸之（图 10-77）。当患者感觉灼痛时，则换炷再灸，以局部红润为度。此法有温胃止呕、散寒止痛的作用，适用于虚寒性疾患。

2）隔蒜灸：用鲜大蒜切成大约 0.3cm 厚薄片，中间针刺几个小孔，灸法同上。此法有清热解毒、杀虫等作用，适用于痈疽初起、毒虫咬伤等证。

3）隔盐灸：用研细食盐填平脐部，置大艾炷施灸。此法有回阳救逆之功，凡腹泻、肢冷、脉伏、虚脱者甚效，并治虚寒性腹痛、下痢、疝痛等症。

2. 艾条灸 将艾条一端用火点燃后，对准腧穴施灸，保持一定距离熏灸，使患者有湿热感或轻微灼痛感。亦可一上一下如雀啄状熏灸，以灸至局部红润为度。此法使用简便，一般疾病皆可应用。

3. 温针灸 是在毫针留针时，将艾绒捏裹于针柄上，大如小枣，点燃后至艾绒燃尽再去灰换新炷，或在针柄上穿置 1.5cm 长的较细艾炷施灸，见图 10-78。此法是针法和灸法并用，使艾叶的温热之气通过针身而内达腧穴，适用于因寒湿所致的痹证。

图 10-78 温针灸

（二）灸法的适应证和禁忌证

1. 适应证 凡属慢性久病及风寒湿邪所致的病症，如久泻、久痢、久疟、痰饮、水肿、寒哮、阳痿、遗尿、疝气、脱肛、痿痹、腹痛、胃痛、妇女气虚血崩，老人阳虚多尿，以及虚脱急救、瘰疬等，总之，一切虚寒病症为宜。

2. 禁忌证 凡实证、热证及阴虚内热证，一般不宜灸；颜面部、浅表血管部，不宜施瘢痕灸；妇女妊娠期下腹、腰骶部，均不宜施灸。

（三）灸法注意事项

（1）施灸次序，一般先灸阳经，后灸阴经；先灸上部、背部，后灸下部、腹部，先灸头身，后灸四肢。但在特殊情况下，也可例外。

（2）施灸时，体位要安排好，以免移动烧伤皮肤。

（3）隔姜灸、隔蒜灸容易起疱，需加注意。如起疱大者，可用消毒的针抽出水液，再涂以龙胆紫，防止感染。对行瘢痕灸者，灸疮化脓期间，注意休息，保持局部清洁，防止感染，可用敷料保护灸疮，待其自然愈合。

（4）注意安全。防止艾脱落烧伤非应灸腧穴部位的皮肤，并防止落艾烧灼衣物而引起火灾，必须将未用完的艾条或艾炷熄灭，以防火灾。

（安　鹏）

第三节　针灸治疗

一、概　　述

针灸治疗是在中医四诊合参，诊断为相应的病症，确定了治疗原则后，采用针法、灸法或推拿、拔罐等方法，以疏通经络、调整阴阳、扶正祛邪，达到治病防病目的的一类治疗方法。

二、针灸的治疗原则

运用针灸方法治疗疾病必须遵循一定的基本原则，可概括为补虚泻实、清热温寒、治病求本、三因制宜及同病异治、异病同治。

（一）补虚泻实

《素问·通评虚实论》说：“邪气盛则实，精气夺则虚。”虚指正气不足，实为邪气盛。《灵枢·经脉》云：“盛则泻之，虚则补之……陷下则灸之，不盛不虚以经取之。”补虚就是扶助正气，针刺采用补法治疗，如采用提插补法、捻转补法等；泻实就是祛除邪气，针刺采用泻法治疗，如采用提插泻法、捻转泻法等；不虚不实是指脏腑、气血的虚实表现不甚明显时，采用平补平泻的针刺手法，使经络的气血调和，脏腑功能恢复正常。

（二）清热温寒

清热就是热证用清法，温寒就是寒证用温法。《灵枢·经脉》说：“热则疾之，寒则留之。”

1. 热则疾之　热性疾病的治疗方法是浅刺疾出或点刺出血，手法宜轻而快，不留针或短留针。因为热证属实，治宜清泻，不宜用灸法之温热，故只针不灸。例如，风热感冒见发热时，取大椎、曲池、合谷等穴浅刺或点刺加拔火罐使邪气疾出，以达到泄热解表的目的。

2. 寒则留之　寒性疾病的治疗方法是深刺而留针宜久，以达到温经散寒的目的。因为寒性凝滞，针刺时不易得气，故应留针候气；寒邪常常凝滞脏腑，故针刺宜深而久留。结合温针灸及艾灸可助阳散寒，阳气得复。

（三）治病求本

治病求本指针对引起疾病发生的根本原因而进行治疗的原则。如外感头痛，其原因为外感风邪，应以祛除风邪为治疗原则，选用列缺、风池宣散风邪，肾虚头痛选太溪、肾俞，而不只是头痛只选头部的穴位。

（四）三因制宜

根据患者所处的季节、地理环境的不同和患者的长幼体质的不同而采取适宜的治疗方法。即因时、因人、因地制宜。

（五）同病异治，异病同治

同一种疾病，因证候的不同，采用不同的选穴原则。如同为头痛，由于外感风邪所致的可选风池、百会、太阳、列缺；内伤头痛虚证则可选百会、足三里、太溪、肾俞。

不同的疾病，由于具有相同的证候，可以选择相同的治法，选择相同的穴位及配穴方法。如呃逆及呕吐，均为胃气上逆所致，针灸治疗时均可选用上下配穴法，选用中脘、内关、足三里。

三、针灸的选穴与配穴

在中医理论尤其是经络学说的指导下，依据病症的性质和特点，在针灸治疗原则的指导下，正确地选择经络穴位，并进行恰当的配伍，采用恰当的刺灸方法，以达到治病求本、扶正祛邪、调整阴阳的目的。

（一）选穴原则

穴位是临证针灸处方的第一组成要素，穴位选择是否精当直接关系着针灸的治疗效果。选择穴位的基本法则为近部选穴、远部选穴和辨证及对证选穴。

1. 近部选穴 就是在病变局部就近选穴，是腧穴局部治疗作用的体现。如眼病取四白、攒竹，耳病取耳门、听宫，牙痛取颊车。

2. 远部选穴 也称循经取穴。就是在距离病位较远的本经或表里经所经过的部位选取穴位，是“经络所过，主治所及”治疗规律的体现。如牙痛取合谷，耳鸣取中渚，腰痛刺人中。

3. 辨证及对证选穴

（1）辨证选穴是根据疾病的证候特点而取穴。如针对潮热、盗汗、乏力等全身症状，可辨证为肝肾阴虚证，确定滋补肝肾、养阴清热的治疗原则，而选取肝俞、肾俞、复溜、太溪等肝肾经的穴位，以达到滋补肝肾、养阴清热的功效而减轻症状。

（2）对证选穴是根据疾病的特殊症状而取穴，是腧穴特殊治疗作用的应用。如哮喘选定喘，便秘选支沟。

（二）配穴方法

1. 前后配穴 是指将人体前部和后部的腧穴配合应用的方法。在《内经》中称“偶刺”。例如，俞募配穴法，取脏腑经络在腹部的募穴以及在背部膀胱经上的俞穴配合使用，以治疗脏腑病变，是前后配穴法的应用。如胃痛，在腹部取任脉上的中脘（胃的经气输注于腹部的募穴），以及膀胱经上的胃俞（胃的经气输注于背部的俞穴）。

2. 上下配穴 是将腰以上或上肢腧穴和腰部以下或下肢腧穴配合应用的方法。例如，胃痛可上取内关，下取足三里；肝火上炎型头痛可上取百会，下取太冲。

3. 左右配穴 是以经络的对称性分布为依据的配穴方法。例如，中风“补健侧、泻患侧”的选穴方法，泻患侧经穴，可使经络瘀滞得泄，以补法刺激健侧穴位，有利于激发气血的通行，而达到患侧气血通畅的治疗目的。

4. 表里配穴 是以脏腑、经络的阴阳表里配合关系为依据的配穴方法。

5. 远近配穴 是以腧穴的局部治疗作用及循经治疗作用为依据的配穴方法。如牙痛，近取下关、颊车，远取合谷。

临床上应灵活运用选穴方法和配穴方法。每一个疾病的治疗可能包括多种选穴方法及配穴方法。如面瘫，可以上下选穴（上部颊车、地仓，下部太冲），左右选穴（同侧面部颊车、巨髎，对侧合谷）。选穴原则和配穴方法是理论上提供的处方选穴的基本思路。

（安　鹏）

第四节　其他疗法

一、耳针疗法

耳针疗法是用针刺或其他方法刺激耳穴从而防治疾病的一种疗法。耳与经络脏腑有密切联系，耳不单纯是个听觉器官，它是人体的一部分。因此，针刺耳部能起疏通经络、调和气血、治疗疾病的作用。耳穴是指分布在耳廓上的腧穴，是耳廓上的一些特定刺激点。当脏腑或躯体病变时，往往会在耳廓的相应部位出现压痛敏感点、皮肤电特性改变、变形、变色等反应，可以作为诊断、治疗疾病的参考。

（一）耳廓表面解剖

耳轮：是耳廓最外圈的卷曲部分。

耳轮脚：是耳轮伸入耳甲腔的部分。

耳轮结节：是耳轮后上方突起处。

耳轮尾：是耳轮末端与耳垂的交界处。

对耳轮：是与耳轮相对的内侧隆起部。

对耳轮上脚：是对耳轮向上分支的部分。

对耳轮下脚：是对耳轮向下分支的部分。

三角窝：是对耳轮上脚、下脚及相连耳轮之间的三角形凹窝。

耳舟：是耳轮与对耳轮之间的凹沟。

耳屏：是耳廓前的瓣状突起。

屏上切迹：是耳屏上缘与耳轮脚之间的凹陷处。

对耳屏：是对耳轮下方与耳屏相对的瓣状隆起。

屏间切迹：是耳屏与对耳屏之间的凹陷处。

轮屏切迹；是对耳屏与对耳轮之间的凹陷处。

耳垂：是耳廓下部无软骨的部分。

耳甲：是部分耳轮、对耳轮、耳屏及外耳门之间的凹窝。

耳甲艇：是耳轮脚以上的耳甲部。

耳甲腔：是耳轮脚以下的耳甲部。

外耳门：是耳屏后、耳甲腔前的孔窍（图 10-79）。

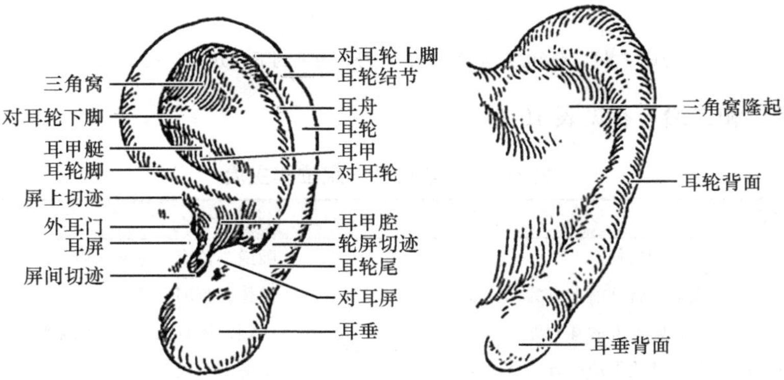

图 10-79　耳廓

（二）耳穴的分布、定位与主治

1. 耳穴的分布 耳穴的分布有其一定的规律，耳穴在整个耳廓上的分布，像一个在子宫内倒置的胎儿。与头面部位相应的穴位在耳垂；与上肢相应的穴位居耳舟；与躯干和下肢相应的穴位分布在对耳轮体部和对耳轮上、下脚；与内脏相应的穴位集中在耳甲艇和耳甲腔。常用耳穴总的分布概况如图 10-80 所示。

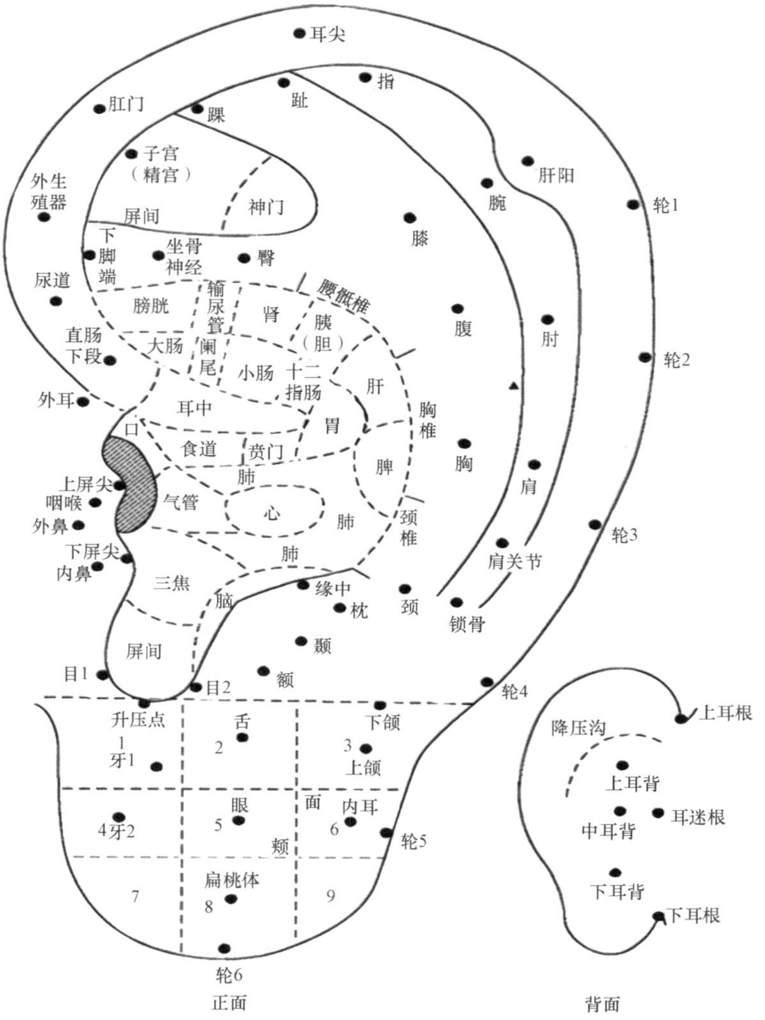

图 10-80 耳穴的分布

为使定位方便起见，将耳垂划分成“井”字形的九等份，由内向外，由上到下，分别为 1、2、3 区，4、5、6 区，7、8、9 区

2. 耳穴的定位和主治 参见表 10-17。

表 10-17 常用耳穴定位和主治

分部	耳穴名	解剖定位	主治
耳轮脚	耳中	在耳轮脚处	呃逆，黄疸，荨麻疹等
耳轮	直肠	在耳轮脚棘前上方的耳轮处	便秘，腹泻，脱肛，痔疮，里急后重
	尿道	在直肠上方的耳轮处	尿频，尿急，尿痛，尿潴留
	外生殖器	在对耳轮下角前方的耳轮部	阳痿，睾丸炎，附睾炎

续表

分部	耳穴名	解剖定位	主治
耳轮	肛门	在三角窝前方的耳轮部	痔疮，肛裂
	耳尖	在耳廓向前对折时上部尖端处	发热，高血压，急性结膜炎，睑腺炎，牙痛
耳舟	指	耳舟上方处	相应部位疼痛
	腕	在指区的下方处	
	肘	在腕区的下方处	
	肩	在肘区的下方处	
	锁骨	在肩区的下方处	
对耳轮上脚	趾	在耳尖下方的对耳轮上脚后上部	相应部位疼痛
	踝	在趾、跟区下方处	
	膝	在对耳轮上脚中 1/3 处	
对耳轮下脚	臀	在对耳轮下脚的后 1/3 处	相应部位疼痛
	坐骨神经	在对耳轮下脚的前 2/3 处	
	交感	在对耳轮下脚前端与耳轮内缘交界处	胃肠疾病，心绞痛，自主神经功能紊乱
对耳轮	腹	在对耳轮体前部上 2/5 处	腹痛，腹胀，腹泻，痛经，产后腹痛
	胸	在对耳轮体前部中 2/5 处	胸胁痛，肋间神经痛
	颈	在对耳轮体前部下 1/5 处	落枕，颈部疼痛
	腰骶椎	在腹区后方	相应部位疼痛
三角窝	角窝上	在三角窝前 1/3 上部	高血压、不孕症、血管神经性头痛
	内生殖器	在三角窝前 1/3 下部	月经不调，痛经，白带过多，盆腔炎，阳痿，遗精
	角窝中	在三角窝中 1/3 部	哮喘
	神门	在三角窝后 1/3 的上部	镇静，安神，消炎，止痛
	盆腔	在三角窝后 1/3 的下部	盆腔炎，附件炎
耳屏	外鼻	在耳屏外侧面的中部	鼻疖肿，鼻炎
	咽喉	在耳屏内侧面上 1/2 处	咽炎，扁桃体炎
	内鼻	在耳屏内侧面下 1/2 处	鼻炎，上颌窦炎，鼻衄
	屏尖	在耳屏游离缘上部尖端	咽炎，口腔炎
	肾上腺	在耳屏游离缘下部尖端	低血压，休克，昏厥，哮喘
轮屏切迹	脑干	在轮屏切迹处	眩晕，后头痛，脑膜炎后遗症
对耳屏	皮质下	在对耳屏的内侧面	镇静，止痛，消炎，无脉症
	额	在对耳屏外侧面前部	偏头痛，头晕
	颞	在对耳屏外侧面中部	偏头痛，头晕
	枕	在对耳屏外侧面后部	头晕，头痛，癫痫
屏间切迹	目 1	在屏间切迹前下方	青光眼
	目 2	在屏间切迹后下方	近视眼
	内分泌	在屏间切迹，耳甲腔的底部	生殖系统疾病，妇科疾病
耳甲艇	口	在耳轮脚下方前 1/3 处	面瘫，口腔炎，舌炎
	食道	在耳轮脚下方中 2/3 处	食管炎，食管痉挛
	贲门	在耳轮脚下方后 1/3 处	恶心，呕吐
	胃	在耳轮脚消失处	胃痛，呃逆，呕吐，消化不良
	十二指肠	在耳轮脚及部分耳轮与 AB 线之间的后 1/3 处	胆囊炎，十二指肠溃疡，腹胀，腹痛
	小肠	在耳轮脚及部分耳轮与 AB 线之间的中 1/3 处	消化不良，腹痛，腹胀，心悸
	大肠	在耳轮脚及部分耳轮与 AB 线之间的前 1/3 处	腹泻，便秘，咳嗽

续表

分部	耳穴名	解剖定位	主治
耳甲艇	阑尾	在小肠区和大肠区之间	单纯性阑尾炎、腹泻
	膀胱	在对耳轮下脚的下方中部	膀胱炎，尿潴留，遗尿
耳甲艇	肾	在对耳轮下脚的下方后部	腰痛，耳鸣，遗尿，遗精，阳痿等
	胰（胆）	在耳甲艇后上部	胰腺炎，糖尿病，胆道疾患，中耳炎
	肝	在耳甲艇后下部	高血压，肝炎，眼病
	脾	在 BD 线下方，耳甲腔的后上部	腹胀，腹泻，便秘，功能性子宫出血
耳甲腔	心	在耳甲腔中心最凹陷处	心血管系统疾病
	肺	在心、气管区周围	呼吸系统疾病，皮肤病
	气管	在外耳门与心区之间	气管炎
	三焦	在外耳门后下，肺与内分泌区之间	便秘，利尿消肿
耳垂	牙	在耳垂正面前上部	拔牙麻醉，牙痛
	颌	在耳垂正面中上部	牙痛，下颌关节炎
	眼	在耳垂正面中央	眼病
	面颊	在耳垂正面眼区与内耳区之间	面神经麻痹，三叉神经痛、痤疮
	内耳	在耳垂正面后中部	内耳性眩晕，耳鸣，听力减退，中耳炎
	扁桃体	在耳垂正面下部	扁桃体炎，咽炎
耳根	上耳根	在耳廓与头部相连的最上处	鼻衄
	下耳根	在耳廓与头部相连的最下处	下肢瘫痪，小儿麻痹证
	耳迷根	在耳轮脚沟的耳根处	胆囊炎，胆道蛔虫病，腹泻，鼻塞

（三）耳穴的应用

1. 适应证

（1）各种疼痛性病症：各种疼痛如头痛、扭伤、挫伤、落枕、手术后等疼痛、各种神经痛（如肋间神经痛、带状疱疹、坐骨神经痛）。

（2）炎性疾病：如急性结膜炎、中耳炎、牙周炎、咽喉炎、扁桃体炎、急慢性肠炎、盆腔炎、面神经炎、末梢神经炎等。

（3）功能紊乱性疾病：如眩晕症、高血压、多汗症、肠功能紊乱、月经不调、遗尿、神经衰弱、癔症。

（4）过敏与变态反应性疾病：如过敏性鼻炎、哮喘、过敏性结肠炎、荨麻疹等。

（5）内分泌代谢性疾病：如甲状腺功能亢进、糖尿病、肥胖、更年期综合征等。

（6）其他病症：失眠、腰腿痛、肩周炎、便秘、痤疮等。

2. 选穴原则

（1）根据病变对应部位选穴：根据病变的部位，在耳廓上选取相应的耳穴。如胃病选胃穴，痔疮选肛门，肩周炎选肩穴等。

（2）根据脏腑、经络理论辨证选穴：如皮肤病按“肺主皮毛”的理论，选肺穴；腹泻因脾虚所致，故选脾穴；因“肝开窍于目”，故目疾选肝穴等。

（3）根据现代医学理论选穴：如交感穴与自主神经的功能有关，故自主神经功能紊乱时常选交感穴；神经衰弱取皮质下穴；低血压选肾上腺穴等；内分泌功能紊乱的疾病选内分泌穴等。

（4）根据临床经验选穴：如耳中穴治疗膈肌痉挛、血液病、皮肤病；神门穴用于镇静、安神；睑腺炎选耳尖穴消泄热邪等。

（5）选穴应少而精。一般每次选穴 3～5 穴，多用单耳，可据疾病取相同的对侧耳穴。

3. 应用　可以用压丸、耳针、皮内针、放血等方法刺激耳穴达到治疗目的。

（1）寻找反应点：根据疾病确定处方，在选用的穴区寻找反应点，可用探针或针柄寻找明显压痛点；亦可用耳穴探测仪进行探测。

（2）用王不留行籽等贴耳以压迫刺激耳穴。或消毒后选用 0.5 寸短柄毫针或图钉型皮内针针刺，留针 20～40 分钟。

（3）疗程：每天一次或隔天一次，连续十次为一个疗程；停针数日，再行新的疗程。

4. 注意事项

（1）应注意预防晕针，如发生晕针要及时处理。初诊及体弱患者，最好采用卧位以防晕针。

（2）严格消毒，防止感染。针刺前后，必须严格消毒。耳廓冻伤或有炎症的部位，宜禁针。针后如见针眼红、耳廓胀痛，需用 2%碘酒涂擦，并服用消炎药。

（3）有习惯性流产史的孕妇，不宜针刺。对年老体弱的高血压及动脉硬化患者，针时手法要轻，留针时间要短，以防意外。

（4）轮流使用耳穴，同一个耳穴治疗次数以 5～10 次为宜。

二、推 拿 疗 法

推拿是以中医理论为指导，运用各种手法作用于人体特定部位的一种治疗方法，又称“按摩”。推拿学是中医学的重要组成部分，属于中医外治法范畴。在临床上广泛应用于内、外、妇、儿、五官等科。

（一）推拿的作用原理

推拿的基本作用是通过推、拿、提、捏、揉等手法作用于人体体表的特定部位，以达到疏通经络、推行气血、调理脏腑、舒滑筋骨、祛邪扶正等疗效。由于其治疗作用是多方面的，而影响其治疗作用的因素也不是单一的。诸如对疾病的了解和辨证，对患者体质、生活习惯、过去健康状况等情况的了解；对治疗穴位或部位的掌握、选择和应用；医者手法练功的功力和对手法技巧的熟练与灵巧运用，以及手法在运用过程中的速度、轻重、时间和步骤的掌握与操作方向、部位（穴位）的准确与否，都会直接影响推拿的作用。认识这些，对理解和研究推拿的作用，有着极其重要的意义。

1. 疏通经络　推拿具有疏通经络的作用。经络是人体气血运行的通路，内属脏腑，外连肢节，通达表里，贯穿上下，像网络一样分布全身，将人体各部分联系成一个统一、协调而稳定的有机整体，又具有“行血气而营阴阳，濡筋骨，利关节”之功能。当经络的生理功能发生障碍时，就会导致气血失调，不能行使正常的营内卫外功能，百病则由此而生。推拿手法作用于体表，就能引起局部经络反应，激发和调整经气，并通过经络影响到所连属的脏腑、组织的功能活动，从而调理机体的生理、病理状况，达到治疗全身疾病的效果，使百脉疏通，五脏安和。

2. 推行气血　气血是构成人体的基本物质，人体的脏腑组织器官都需要气血的供养和调节才能发挥它的功能。人体一切疾病的发生、发展无不与气血有关，气血调和则能使阳气温煦、阴精滋养。若气血失和则皮肉筋骨、五脏六腑均将失去濡养，以致脏器组织的功能活动发生异常，而产生一系列的病理变化。正如《素问·调经论》提出的：“血气不和，百病乃变化而生。”

推拿具有调和气血、促进气血运行的作用。其途径有二：一是通过健运脾胃。脾胃有主管消化饮食和运输水谷精微的功能，而饮食水谷是生成气血的重要物质基础，故有脾胃是“后天之本”和“气血生化之源”之说。脾胃健运则气血充足，从而保证全身的需要。临床上常通过摩腹、擦督脉及脾胃俞，一指禅推、按、揉脾胃经等方法，以增强脾胃运化功能，促进全身气血的运行。二是疏通经络和加强肝的疏泄功能。经络是人体运行气血、联络脏腑肢节、沟通上下内外的通路，经络畅通则气血得以通达全身，发挥其营养组织器官、抵御外邪、保卫机体的作用。肝的疏泄功能，关系着人体气机的调畅，气机条达则气血调和而不致发生瘀滞。

3. 调理脏腑 脏腑是化生气血、通调经络、维持人体生命活动的主要器官。推拿具有调整脏腑功能的作用。例如，点按脾俞、胃俞能缓解胃肠痉挛、止腹痛；在肺俞、肩中俞施用一指禅推法能止哮喘。而且不论是阴虚还是阴盛，阳虚还是阳亢，也不论是虚证或实证，热证或是寒证，只要选用相宜的手法治疗，均可得到不同程度的调整。推拿对脏腑的调节作用，是通过手法刺激体表直接影响脏腑功能以及经络与脏腑间的联系来实现的。

4. 舒滑筋骨 关节属筋骨范畴，亦需气血的温煦濡养。筋骨损伤必累及气血，致脉络受损，气滞血瘀，肿胀为病，影响肢体的活动。推拿滑利关节的作用表现为三个方面：一是通过手法促进局部气血运行，消肿祛瘀，改善局部营养，促进新陈代谢。二是运用适当的活动关节的手法松解粘连。三是应用整复手法纠正筋出槽、关节错缝。

5. 祛邪扶正 疾病的发生、发展及其转归的全过程，就是正邪相争、盛衰消长的过程。“正气存内，邪不可干”“邪之所凑，其气必虚”。临床实践表明，推拿能增强人体的抗病能力，提高机体的免疫功能，具有扶正祛邪的作用。所以推拿常作为一种养生保健和身体调整的重要手段应用于临床和日常生活中。其作用机制有三：一是通过刺激经络，直接激发、增强机体的抗病能力。二是通过疏通经络，调和气血，有利于正气发挥其固有的作用。三是通过调整脏腑功能，使机体处于最佳的功能状态，对抗邪气。

由此看出推拿的基本作用是彼此关联，密不可分的。通过疏通经络，促进气血运行，调整脏腑功能，滑利关节，增强人体抗病能力，最终达到调和阴阳的作用，使机体处于“阴平阳秘”的状态。

（二）推拿的适应证与禁忌证

1. 推拿适应证

（1）内科病症：常见的头痛、失眠、胃脘痛、胃下垂、呃逆、便秘等。

（2）外科病症：胆囊炎、乳痈初期、乳腺增生症、手术后肠粘连等。

（3）妇科病症：痛经、闭经、月经不调、子宫下垂等。

（4）儿科病症：发热、咳嗽、腹泻、呕吐、疳积、痢疾等。

（5）骨伤科病症：颈椎病、落枕、寰枢椎半脱位、肩周炎等。

（6）五官科病症：颞颌关节功能紊乱、声门闭合不全、近视、视力疲劳、耳聋耳鸣、慢性咽喉炎与慢性鼻炎等。

2. 推拿禁忌证 一些急性传染病，如肝炎、脑膜炎、肺结核等；外伤出血、骨折早期、截瘫初期以及内脏的损伤等；一些感染性疾病，如疔、丹毒、骨髓炎与化脓性关节炎等；各种出血症，如尿血、便血、吐血与衄血等；烫伤与溃疡性皮炎的局部病灶等；肿瘤及脓毒血症等。

（三）常用推拿手法简介

用手或肢体的其他部分，按照各种特定的技巧和规范化的动作，以力的形式在体表进行操作，称为推拿手法。尽管其具体操作方式多种多样，但都是直接在患者体表进行操作，以力的形式作用于经络穴位或特定部位，而产生治疗作用，因主要是以手进行操作，故统称为手法。由于操作的形式、刺激的强度（力量）、时间的长短以及活动肢体的方式不同，就逐渐形成了许多动作和操作方法不同的各种基本手法。熟练的手法技术应该具备持久、有力、均匀、柔和这四大基本要求，从而达到“深透”作用而又不损伤机体。这是推拿学通过长期的临床实践所总结的经验。

1. 推拿手法的补泻意义 推拿手法的补泻原则，在中医历代文献中多有叙述，尤其在小儿推拿的临床应用中更为广泛。如旋推为补，直推为清（泻）；左揉为补，右揉为泻；顺摩为补，逆摩为泻；缓摩为补，急摩为泻等。一般认为，手法的补泻作用，主要与所用手法的性质、刺激的强弱和时间的长短有关。凡刺激较弱、较浅，作用时间较长的手法，具有兴奋作用，属于“补”的范畴；反之，凡刺激较强、较深，作用时间较短的手法，具有抑制作用，属“泻”的范畴。从这一意义上说，重刺激为“泻”，轻刺激为“补”，但这种因手法刺激的轻重所起的补泻作用，其压力的分界量是因个人的体质和不同部位接受刺激的阈值而异的，在临床上则是以患者有较强烈的“得气”感来衡定的。

此外，手法的补泻作用，与具体的刺激部位有密切的关联。根据不同对象、不同病症和不同的治疗部位，通过选择相应的经络穴位，采用相应的手法在经络穴位或特定部位的刺激，才能起到应有的治疗作用，当然其中也包括补泻的作用。但是，手法所起的补泻作用的意义与口服用药不同，它是通过手法对经络穴位或特定部位的各种不同方式的刺激，使机体内部得到调节，起到扶正或祛邪之功效，达到阴阳相对平衡。

2. 基础手法

（1）㨰法

【定义】 用手背近小指部分或小指、无名指和中指的掌指关节着力于一定穴位或部位上，通过前臂的旋转摆动，连同肘关节做屈伸外旋的连续动作，使之产生的力持续地作用于部位或穴位上的一种手法（图 10-81）。

【操作】 取站势，两脚呈“丁”字步，沉肩、垂肘，肘关节下屈呈 130°，置于身体侧前方。操作时要吸定于着力穴位或部位，发力要均匀、柔和，有明显的动感。动作要协调、连续、有节律，移动时要循经或做直线往返移动。动作的速度每分钟以 120～160 次为佳。

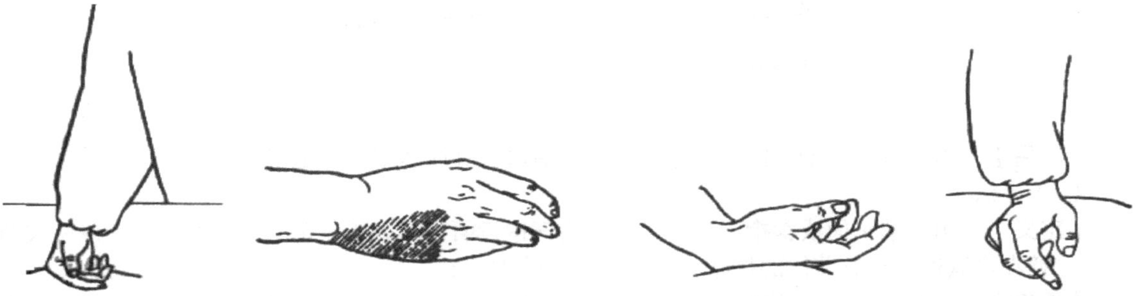

(1) 㨰法姿势　(2) 㨰法吸定部位和接触部位　(3) 屈腕和前臂旋后　(4) 伸腕和前臂旋前

图 10-81　㨰法

【应用】 本法适用于肩背、腰臀及四肢等肌肉较丰厚的部位。临床常用于治疗肌肉酸痛、麻木或肢体运动功能障碍等病症，具有舒筋活血、滑利关节、缓解痉挛等作用。

（2）揉法

【定义】 用掌或掌根，或大鱼际，或小鱼际，或手指拇指面以及肘尖部等其他部位着力，固定于一定的穴位或部位上，做轻柔缓和的回旋揉动的一种手法（图 10-82）。

【操作】 取站势或坐势，沉肩、垂肘，上肢放松置于身体前侧，腕部放松，手指自然伸开，前臂发力、摆动，带动腕部连同皮下组织一起做回旋运动。操作时，呼吸均匀、自然，气沉丹田，不可屏气与用力下压。揉动的幅度可大可小，亦可由小渐大，揉动时的力量可轻可重，亦可由轻渐重。揉动的穴位或部位要固定，不能滑动、摩擦。揉动的方向可顺时针方向，亦可逆时针方向，移动时要缓慢。揉法速度一般在每分钟 60～120 圈。

(1) 鱼际揉法　(2) 掌根揉法

图 10-82　揉法

【应用】 本法常与其他手法同时使用，组成如按揉、拿揉、点揉、掐揉、揉捏等复合手法，适用于全身各部，常用于治疗脘腹痛、胸胁痛、便秘、泄泻等病症，具有宽胸理气、消积导滞、活血化瘀、消肿止痛等作用。

（3）推法

【定义】 用指端或掌根或大鱼际或小鱼际、肘面、肘后鹰嘴突起部着力于一定穴位或部位，缓缓地做单方向的直线推动的一种手法（图 10-83）。

【操作】 站势，沉肩、垂肘，肘关节屈曲，呼吸自然，气沉丹田，不能屏气。着力部贴于皮肤，做缓慢的直线推动，用力均匀、一致，切忌耸肩、左右滑动、忽快忽慢和用力下压。推动距离应尽量长，然后顺势返回，推动速度一般在每分钟 30～60 次。

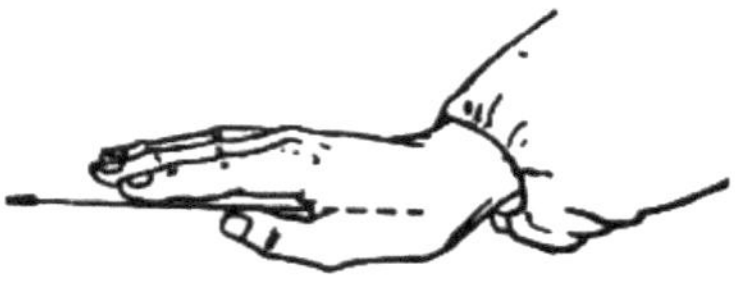

(1) 掌推法

(2) 肘推法

图 10-83 推法

【应用】 本法可应用于人体各部，具有行气活血、舒筋活络、增强肌肉兴奋性等作用。

（4）摩法

【定义】 用手掌掌面或食指、中指、无名指三指指面，附着于一定穴位或部位上，以腕关节连同前臂在皮肤做环形有节律的抚摩的一种手法（图 10-84）。

【操作】 坐势，亦有取站势，沉肩、垂肘，上肢放松，呼吸均匀、自然，指、掌、腕、前臂同时做缓和协调的环旋抚摩而不带动皮下组织，可顺时针方向摩，亦可逆时针方向摩。用力平稳、均匀，轻快柔和，不得按压、滞着。其用力要领是上臂甩动来带动前臂及腕部，摩法速度一般在每分钟 60～120 圈。

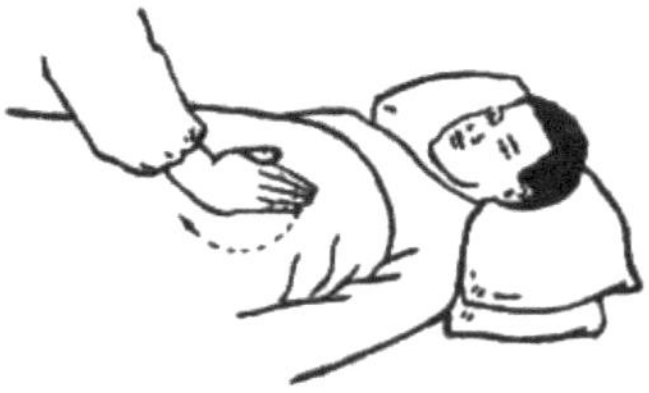

(1) 掌摩法

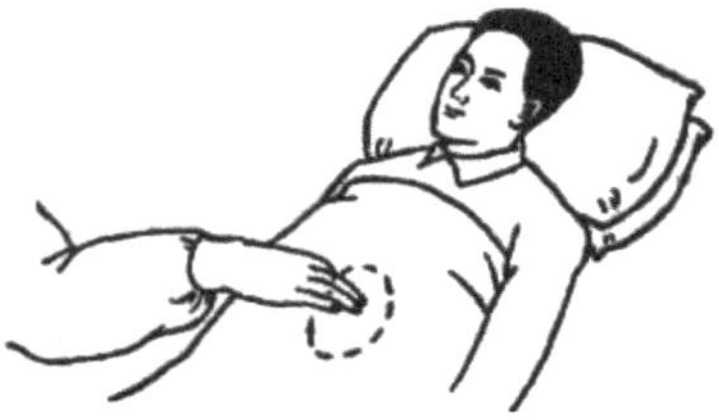

(2) 指摩法

图 10-84 摩法

另外，在本法操作时，裸露被操作部位，先涂上介质（如药膏、药水等），然后进行手法操作，以增加治疗效果，即为古代的“膏摩”。

【应用】 本法是胸腹、胁肋部常用手法，常用于治疗脘腹疼痛，食积胀满，气滞及胸胁迸伤等病症，具有理气和中、消积导滞、调节肠胃蠕动等作用。

（5）擦法

【定义】 用四指面、手掌掌面、大小鱼际部位附着于一定的部位上，做直线往返摩擦的一种手法（图 10-85）。

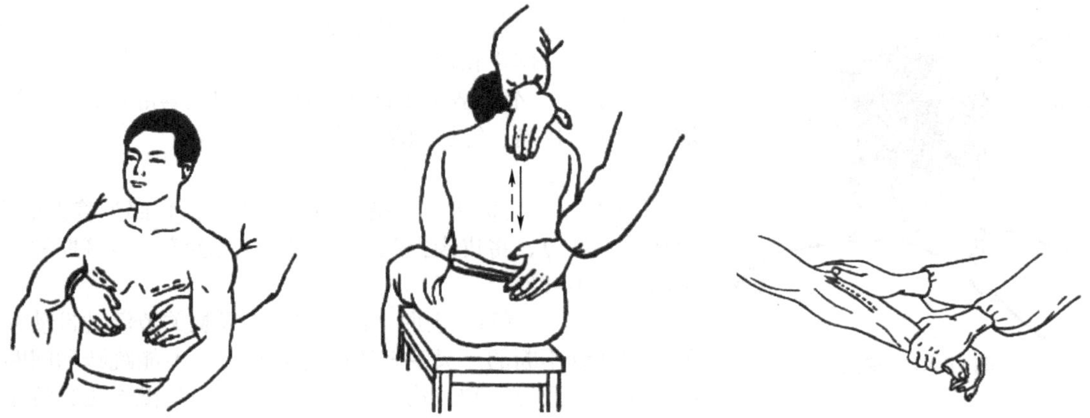

(1) 掌擦法　(2) 小鱼际擦法　(3) 大鱼际擦法

图 10-85　擦法

【操作】　取弓箭步或马步，沉肩、垂肘，肘关节屈曲，腕平指直，呼吸自然，气沉丹田，不要屏气。着力部要贴附肌肤上做稳实、均匀、连续的往返摩擦，不能用力下按或按压。擦法速度一般在每分钟 60～120 次。

在临床运用中，有时要使用介质，如按摩油、药膏等，既可以防止擦破表皮，又能借助介质中的药物渗透来加强疗效。本法最常作为治疗结束时的最后一个手法。

【应用】　本法常用于治疗内脏虚损及气血功能失常等病症。掌擦法多用于胸胁及腹部，小鱼际擦法多用于肩背腰臀及下肢部，大鱼际擦法多用于胸腹、腰背、四肢等部位。本法具有温经通络、行气活血、消肿止痛、健脾和胃等作用。

（6）按法

【定义】　以手指拇指端或中指端，或掌根部，或肘尖部，或肢体的其他部位为着力点，按压一定穴位或部位，逐渐用力深按，按而留之的一种手法（图 10-86）。

【操作】　取站势或坐势，沉肩、垂肘，气沉丹田，自然呼吸，意念集中于着力部位。所按穴位或部位要准确，用力须平稳并逐渐加重，使气力深透，以有“得气感”为度。按压时，不可移位，按压时间在 10 秒到 2 分钟。

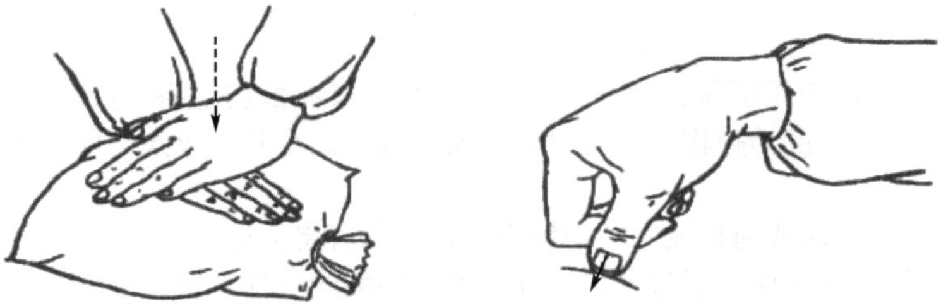

(1) 掌按法　(2) 指按法

图 10-86　按法

【应用】　本法常用于治疗胃脘痛，头痛，肌肉酸痛、麻木等病症。指按法适用于全身各部穴位；掌按法常用于腰背和腹部。按法具有放松肌肉、开通闭塞、活血止痛等作用。

（7）拿法

【定义】　用拇指与其他手指指面或拇指与食、中二指为着力部位，对称用力，一紧一松，一拿一放，拿取一定穴位或部位的一种手法（图 10-87）。

【操作】　沉肩、垂肘，悬腕，以腕关节与掌指关节的协调活动为主导，对称用力一紧一松。

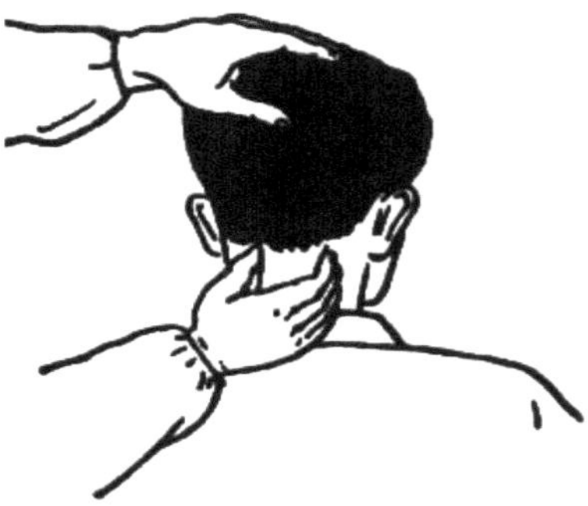

图 10-87 拿法

拿取的穴位和部位要准，用力稳实，由轻渐重，不可屏气突然用力，整个操作要和缓而有节律。

【应用】 本法适用于颈项、肩部和四肢等部位，具有祛风散寒、开窍止痛、舒筋通络等作用。

（8）捏法

【定义】 用拇指与食指、中指三指的指腹部为着力部位，捏住一定部位，将皮肉捏起，对称用力做连续捻转挤捏的一种手法（图 10-88）。

【操作】 沉肩、垂肘、自然呼吸，以腕关节活动带动掌指关节做连续不断的、灵活轻快的捻转挤捏，不能跳跃和间断，移动缓慢，用力柔和、均匀。用于脊柱时，其操作较为特殊，即用拇指指面顶住皮肤，食指、中指两指前按，二指同时对称用力提拿捻捏，双手交替移动向前；或食指屈曲，以中节指骨桡侧顶住皮肤，拇指前按，两手同时对称用力提拿捻捏，双手交替移动向前，从尾部捏至大椎穴。一般每次捏 3～5 遍，在捏第 2 遍、第 4 遍时，每捏 3 下，双手即用力将皮肤向上提一下，称为“捏三提一法”，也称之为“捏脊疗法”。

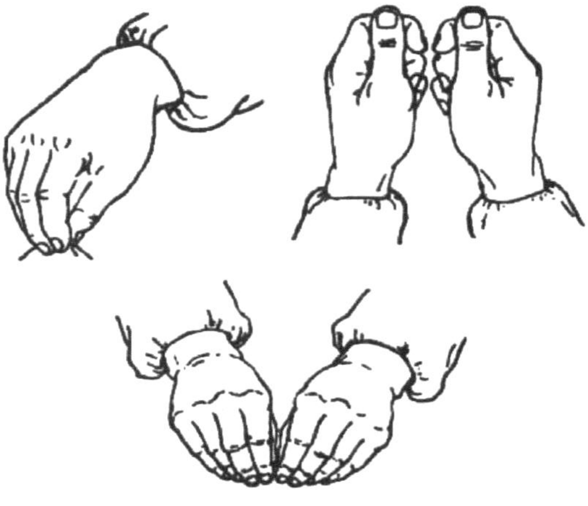

(1) 捏法姿势

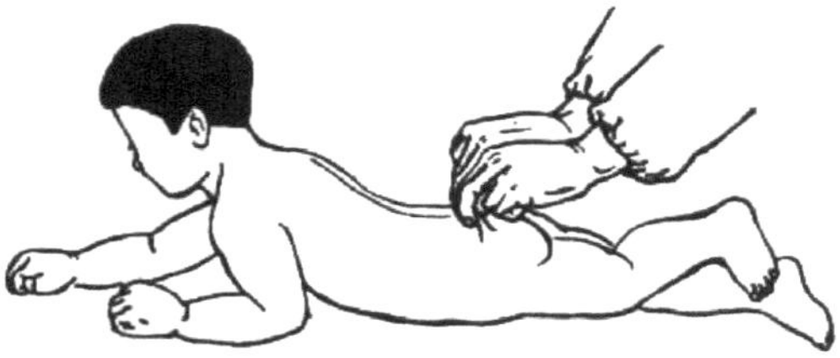

(2) 捏脊疗法

图 10-88 捏法

【应用】 本法适用于颈项部、四肢及脊背等部位，具有舒筋通络、行气活血等作用。捏脊疗法对消化系统病症有较好的治疗作用，可增强体质，故无论小儿、成人均可运用。

（9）振法

【定义】 用手掌掌面或拇指或中指为着力部位，术者将上臂肌肉持续收缩产生振颤，然后将振颤逐渐向下传到指端或掌面，引起着力的部位被动振颤的一种手法。

【操作】 沉肩、垂肘，呼吸自然、均匀、深长。前臂强力地静止性用力，使力量集中于指端或手掌上，产生振颤动作。切不可屏气发力。振动的幅度要小，频率要快，不可断断续续、忽快忽慢、时轻时重。一般每分钟在 400 次左右，振法时间一般在 5～20 分钟。操作时，因其着力部位不同分为指振法、掌振法（图 10-89）、大鱼际振法等。本法一般常用单手操作，也可双手同时操作。

【应用】 本法适用于全身各部，具有和中理气、消食导滞、温经止痛等作用。

（10）抖法

【定义】 用双手握住肢体远端，用力做缓缓的、连续不断的、小幅度上下抖动的一种手法。

【操作】 取马步，上身微前倾，沉肩、垂肘，肘关节屈曲 130° 左右，两手同时做快速小幅度的抖动，并由小缓慢增大，频率始终保持一致。呼吸自然、均匀、深长，不能屏气，意念在两手，令被抖动的肢体放松（图 10-90）。

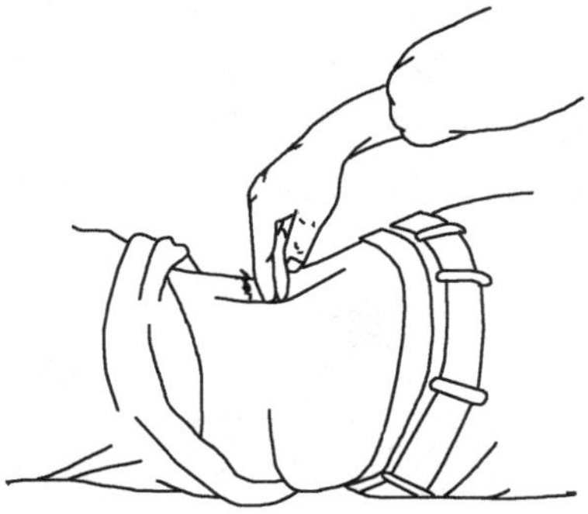

(1) 指振法

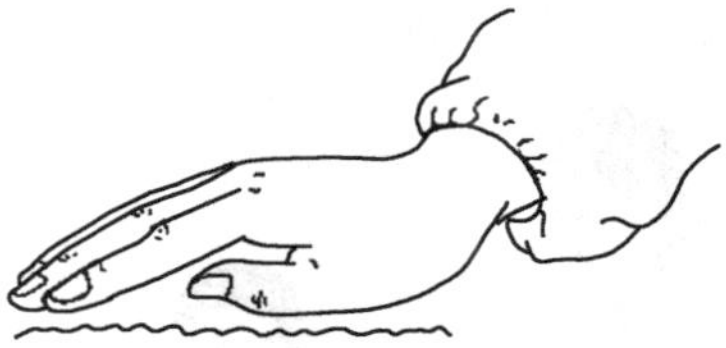

(2) 掌振法

图 10-89　振法

【应用】　本法可用于四肢部，以上肢为常用。临床常与搓法配合运用，作为治疗的结束手法。常与拔伸法结合，组成牵抖的复合手法而多用于腰骶部和下肢部；与提、拿法结合，组成提拿抖，或提抖，或拿抖的复合手法，多用于腰部、膝部、肩部等部位。本法具有调和气血、舒筋通络等作用。

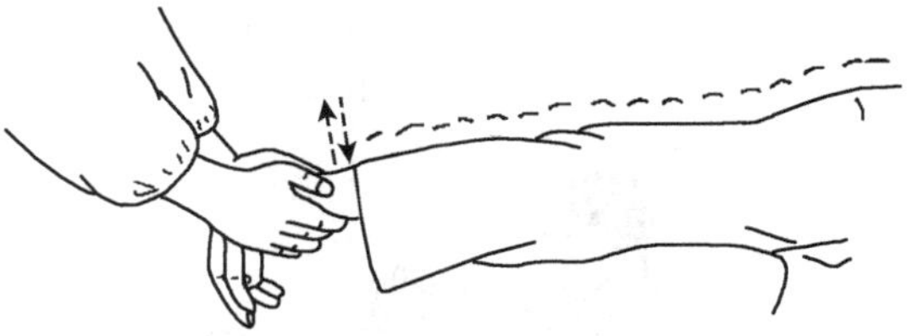

图 10-90　抖法

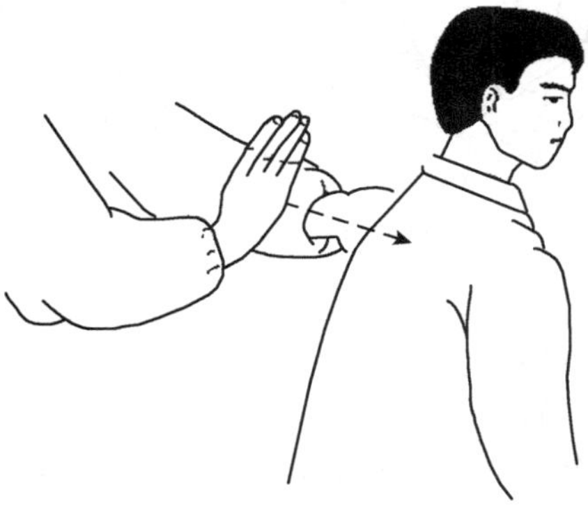

图 10-91　拍法

（11）拍法

【定义】　用虚掌或实掌或拍子，拍打体表一定部位的一种手法。

【操作】　沉肩、垂肘，腕部应放松，然后前臂带动，甩动腕部，掌指关节微屈成虚掌，五指并拢（图 10-91）。拍打要平稳而有节奏，拍打后迅速提起，拍打的部位要准确一致。

本法在操作时，可单手操作，亦可双手交替同时操作，操作时一般称用手掌拍为掌拍法，用特制的拍子拍打为拍打法。

【应用】　本法主要适用于肩背、腰臀及下肢部等部位，常配合其他手法治疗风湿酸痛、局部感觉迟钝或肌肉痉挛等病症，具有舒筋通络、行气活血等作用。

（12）摇法

【定义】　用一手握住或夹住关节近端肢体，另一手握住或固定关节远端肢体，做缓和回旋转动的一种手法。

【操作】　取站势，亦可用马步或弓步，沉肩、垂肘，使肩、肘、腕三关节协调活动。用力平稳，动作缓和，摇动的幅度要在生理功能许可的范围内，并结合被摇动关节的活动受限情况而定，顺其自然，因势利导，切忌使用蛮力和粗暴动作。摇动的幅度应由小渐大，由慢渐快，循序渐进，不能操之过急。摇法因运用部位的不同，其操作要点各有不同。要点如下。

1）摇颈项：患者取坐位，术者立于患者后侧，一手托住下颌部，一手扶住枕后部，做左右前后的环转摇动。（图 10-92）。

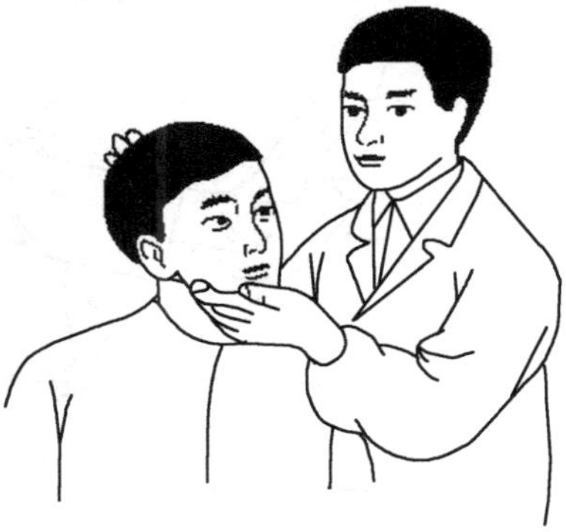

图 10-92　摇颈项

2）摇腰部：患者端坐，术者立于前侧，两膝夹住患者两大腿以固定下腰，两手夹住患者两肩部，做腰部环转摇动。术者立于患者一侧后部，一手扶住肩部，一手按于腰部，做腰部环转摇动。患者俯卧，术者立于患者一侧，一手托住患者两膝部，一手按于腰部，做腰部环转摇动。

3）摇肩部：一手扶住肩部，一手握住腕部，做肩关节的小幅度环转摇动；一手扶住肩部，一手托住肘部，做肩关节的环转摇动；一手握住腕部做肩关节的大幅度环转摇动，同时另一手自前臂至肩部做掌抹法（图 10-93）。

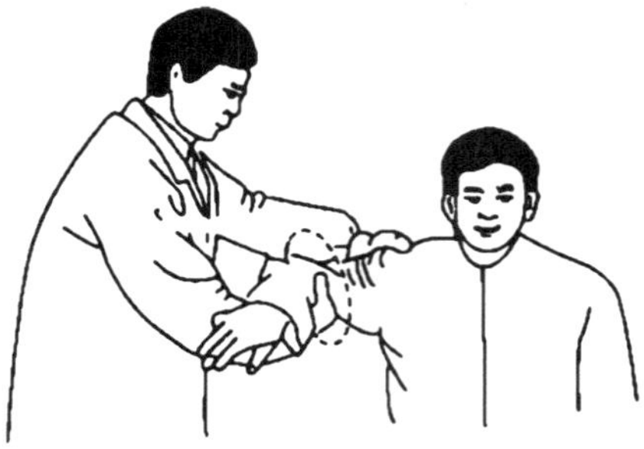

(1) 托肘摇法

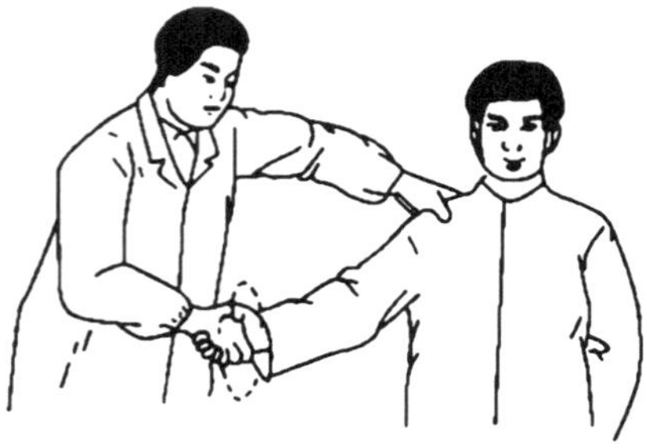

(2) 握手摇法

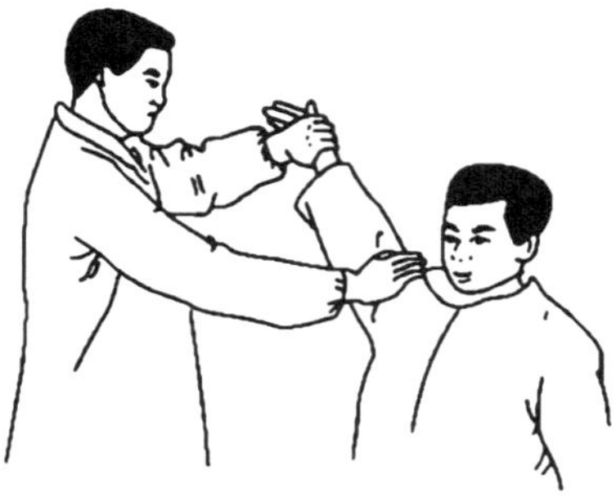

(3) 大幅度摇法1

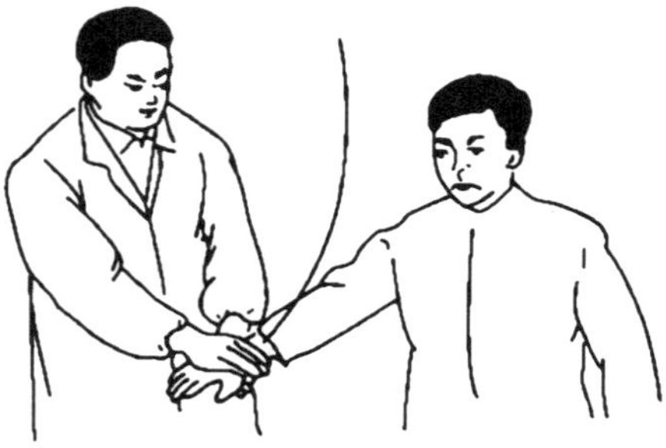

(4) 大幅度摇法2

图 10-93　摇肩部

4）摇肘部：一手固定肘部，一手握住腕部，做肘关节的环转摇动。

5）摇腕部：一手握住腕部，一手握住手掌，做腕关节的环转摇动。

6）摇髋部：患者仰卧，屈髋屈膝各呈 90°，术者一手按住膝部，一手握住踝部，做髋关节的环转摇动（图 10-94）。

7）摇膝部：患者屈膝 90°，术者一手握住股骨下端髁部，一手握住踝部，做膝关节的环转摇动。

8）摇踝部：一手托住足跟部，一手握住足背部，做踝关节的环转摇动（图 10-95）。

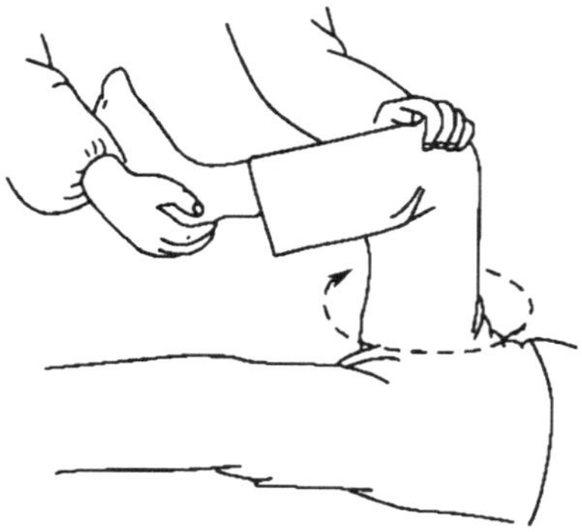

图 10-94　摇髋部

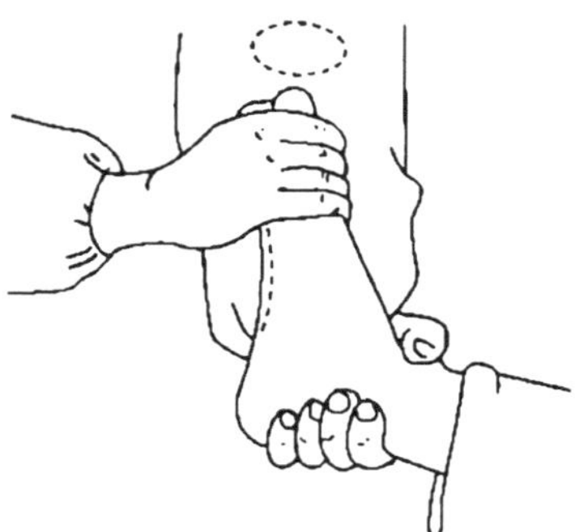

图 10-95　摇踝部

【应用】　本法适用于四肢关节及颈项、腰等部位，治疗关节强硬、屈伸不利等病症，具有滑利关节、增强关节活动等作用。

三、拔 罐 疗 法

拔罐疗法是以罐为工具，借助燃火、抽气等方法排出罐内空气，造成罐内负压，使之吸附于腧穴或应拔部位的体表，使局部皮肤充血、瘀血，以防治疾病的方法。

（一）罐具种类

临床常用的拔罐罐具有竹罐、陶罐、玻璃罐三种（图 10-96）。

1. 竹罐　选取粗毛竹，裁取 6～9cm 竹筒，留一头竹节，然后刮去青皮和竹内膜，制成形如腰鼓的圆筒，砂纸磨光即可，竹罐轻巧价廉，且可就地取材。缺点是易爆裂漏气。

2. 陶罐　为陶土烧制而成。形状两头小，中间大，形同腰鼓。陶罐吸力大，吸附时间长。缺点是易破碎。

3. 玻璃罐　质地透明，易于观察，现临床上多用。缺点是易破碎。

图 10-96　罐具

（二）拔罐方法

临床常用的拔罐方法有火罐法、水罐法、抽气法，并可采取留罐、走罐、刺络拔罐多种形式，达到治疗疾病的目的。

1. 火罐法　即用火力将罐内的气体排出，从而产生负压吸附的拔罐方法。常用于竹罐、陶罐、玻璃罐。

（1）闪火法：用镊子或止血钳夹住酒精棉球点燃后，在罐内绕 1～3 圈后，迅速退出，顺势将罐罩在施术部位上（图 10-97）。

（2）投火法：将易燃棉花或小纸片点燃后，投入罐内底部，在纸条燃烧未尽时，迅速将罐罩在施术部位上，此法适用于侧位拔罐，应注意未燃的一端应向下，以免烫伤皮肤（图 10-98）。

（3）贴棉法：将 1cm 见方薄的脱脂棉一块，略蘸少许 95%酒精，贴在罐内壁的上中段上，点燃后，迅速罩在施术部位。多用于侧身位。注意酒精不可蘸太多，以免流下烫伤皮肤。

2. 水罐法　用水煮或水蒸气使罐内产生负压吸附的拔罐法。此法一般用竹罐。将竹罐置于沸水中煮 2～3 分钟，甩去水液，用凉毛巾紧堵罐口，迅速扣在应拔部位上。

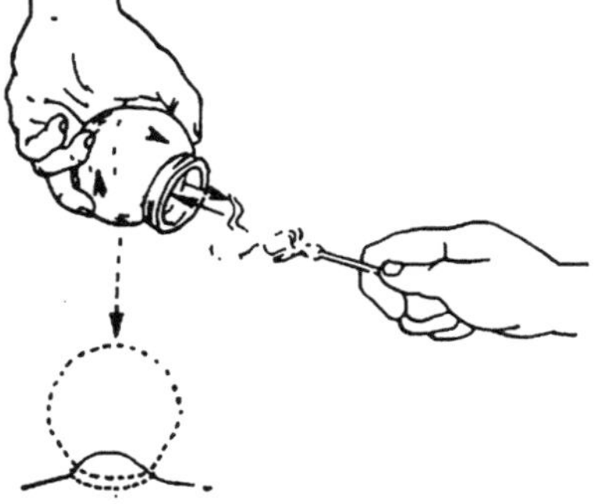
图 10-97　闪火法

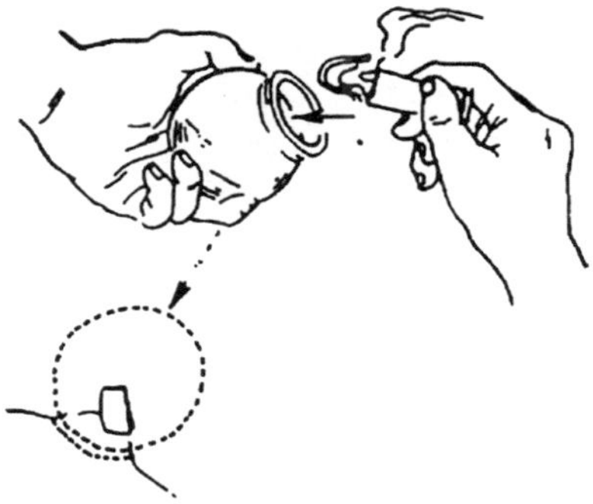
图 10-98　投火法

3. 抽气法 用抽气筒排出罐内气体，使之产生负压吸附的拔罐法。此法可避免烫伤，操作简便，负压大小可以调整。此法适用于任何部位。

（三）起罐方法

一般 5～15 分钟或视局部呈红紫色后即可起罐。起罐方法是一手持罐向一侧倾斜，另一手用指尖按压罐口皮肤，使空气进入罐内，罐则自行脱落。拔罐后局部红紫痕数日可消失，如起水疱，应注意不要擦破，一般 3～5 天即可吸收。

（四）适应证与禁忌证

拔罐法具有通经活络、行气活血、消肿止痛、祛风散寒等作用，其适应范围较为广泛，一般多用于风寒湿痹、腰背肩臂腿痛、关节痛、软组织闪挫扭伤及伤风感冒、头痛、咳嗽、哮喘、胃脘痛、呕吐、腹痛、泄泻、痛经、中风偏枯等。

拔罐疗法的禁忌证：大凡出血性和水肿疾病，以及大血管部、孕妇腰腹部，均不宜拔罐。肌肉瘦削、骨骼高低不平及毛发过多处不宜使用。

（安　鹏　吴喜利）

复习思考题

1. 简述腧穴的分类。
2. 简述三阴交的定位和主治。
3. 试述合谷的针刺操作。
4. 怎样判断进针后得气与否？
5. 人体背部应选取何种体位进行施针？
6. 选穴原则有哪些？
7. 耳针疗法的适应证有哪些？
8. 简述㨰法的动作要领及注意事项。

下　　篇

第十一章　内科常见病证

第一节　感　　冒

感冒是因外邪侵袭肺表所致。临床以发热、恶寒，头身疼痛，鼻塞、喷嚏，咽喉痛痒，咳嗽等为特征，是最常见的外感病之一。感冒四季均可发病，但以冬、春季节为多，有一定传染性。本病又有伤风、冒风、冒寒、小伤寒、重伤风之别名。在一个时期内引起广泛流行且病情类似的，称为时行感冒。

现代医学的急性上呼吸道感染，可参考本节进行辨证治疗，流行性感冒可参考时行感冒施治。

一、病因病机

1. 外感邪气　主要是外感风邪为主，并与当令时气相兼，多发于寒温失常之时。如冬季多风寒、春季多风热、夏季夹暑湿、秋季兼燥邪，其中尤以风寒、风热为多见。风邪合时令之邪，由皮毛、口鼻而入，侵犯肺卫，卫阳被遏，营卫失和，邪正相争，肺气失宣而致感冒。如在一个时期内流行范围广且全身症状较重者，称为时行感冒。

2. 正气不足　感受外邪是否发病与人体抗御邪气能力的强弱有关。如正气不足，卫外能力减退，或起居失宜、过度劳累的情况下，更易感受外邪，内外相互为因而发病。

感冒病变部位主要在肺卫，肺卫失常、肺气失宣是本病的主要病机。

二、辨证要点

1. 辨风寒风热　一般说，风寒感冒以恶寒重、发热轻、头痛身痛、鼻塞流清涕为特征；风热感冒以发热，微恶风、头痛口渴、鼻涕黄稠、咽痛或红肿为特征。

2. 辨偏虚偏实　感冒一般多属实证，但也不尽然。在辨证中，首先须辨表虚、表实。一般说，发热汗出、恶风者属表虚；发热、无汗、恶寒、身痛者属表实。

三、辨证论治

1. 风寒表证

【证候】　恶寒重、发热轻，无汗，头身疼痛，舌苔白，脉浮或紧，可伴见鼻塞、声重，喷嚏，时流清涕，咳嗽，痰清稀、色白。

【分析】　风寒外袭、肺气失宣所致。寒为阴邪，其气凝闭，风寒束表，卫阳被遏，正邪相争，故见恶寒重、发热轻、无汗；经络受阻，阳气不能宣通，故头身痛；外邪袭肺，上窍不利，故见鼻塞流涕，咳嗽痰清稀等；舌苔白，脉浮紧为风寒之邪在表之征。

【治法】　辛温解表，宣肺散寒。

【方药】 荆防败毒散（《摄生众妙方》）（荆芥、防风、羌活、独活、柴胡、前胡、川芎、枳壳、茯苓、桔梗、甘草）加减。表寒重者，加麻黄、桂枝。鼻塞头痛明显者，加辛夷、苍耳子。兼见头体困重、身热不扬、胸闷、纳呆或腹泻、舌苔白腻等，风寒夹湿，可用羌活胜湿汤加藿香、神曲、厚朴、陈皮等。风寒兼气滞，用香苏散。

2. 风热表证

【证候】 鼻塞，涕浊或黄，发热或高热，微恶风寒，汗出，头痛且胀，口干微渴，咽痛，咳嗽，痰白或黄稠，舌苔薄微黄，脉浮数。

【分析】 风热为阳邪，阳从热化，风热邪气郁于肌表，故发热、恶风；风热犯表，热蒸肌肤，皮毛腠理开泄，故汗出；风热上扰，故头痛且胀，咽喉肿痛；风热犯表，肺失宣肃，故咳嗽痰黄稠；热邪伤津，故口干微渴；舌苔微黄，脉象浮数，为风热袭于肺卫之征象。

【治法】 辛凉解表。

【方药】 银翘散（《温病条辨》）（金银花、连翘、竹叶、淡豆豉、牛蒡子、薄荷、荆芥穗、桔梗、甘草、鲜芦根）加减。若头痛甚者，加蔓荆子、菊花。咽肿疼痛者，加板蓝根、马勃、玄参等。若口渴多饮者，加天花粉、知母。兼见头重体倦，胸闷泛恶，小便黄，舌苔黄腻者，为风热夹湿，可加藿香、佩兰、滑石、芦根等。

3. 暑湿表证

【证候】 身热，微恶风寒，鼻塞流涕，痰黏浊涕，头晕胀痛，汗出不解，肌肉骨节酸重困痛，心烦口渴不多饮，胸闷泛恶，舌红苔黄腻，脉濡数。

【分析】 暑邪侵犯肌表，表卫不和，腠理开泄，故身热、微恶风、汗出心烦等；暑邪灼伤津液，故见口渴；湿为阴邪，其性黏滞，暑湿相兼为病，病邪黏滞难解，故汗出而热不退，口虽渴而不多饮；暑湿袭表，肺卫不宣，鼻窍不利，故咳嗽痰黏，鼻流浊涕；湿性重浊，留滞肌肉筋骨，故肢体酸重或疼痛；清阳不升，故头重而昏；脾阳受遏，气机不行，故胸闷泛恶。苔黄腻、脉濡数为暑湿之征。

【治法】 解表清暑，芳香化湿。

【方药】 新加香薷饮（《温病条辨》）（香薷、鲜扁豆花、厚朴、金银花、连翘）加减。若肢体酸重疼痛较甚，加藿香、佩兰；若胸闷脘痞，腹胀、便溏，加苍术、草豆蔻、法半夏、陈皮。

4. 气虚感冒

【证候】 恶寒发热，热势不盛，恶风或憎寒，头痛无汗或有汗，咳嗽，咳痰不利，倦怠无力，少气、懒言，语声低怯，舌淡苔白，脉浮无力。

【分析】 素体气虚，卫外不固，腠理疏松，易感风寒之邪，为气虚感邪之特征。风寒袭表，营卫失调，邪正相争，肺气不宣，则见恶寒发热、头痛无汗或有汗、咳嗽、脉浮等。卫阳不足，邪正相争不甚，故热势不盛。肺气亏虚，故见倦怠无力、气短懒言、咳痰不利。舌淡苔白、脉浮无力均为气虚之象。

【治法】 益气解表。

【方药】 参苏饮（《太平惠民和剂局方》）（人参、苏叶、葛根、前胡、半夏、茯苓、陈皮、桔梗、枳壳、甘草、大枣、木香、生姜）加减。对气虚易感冒者，平素宜常服玉屏风散等益气固表之品。

5. 阴虚感冒

【证候】 身热，微恶风寒，无汗或少汗，鼻塞，流涕，头身疼痛，或干咳，少痰，舌红而少津，舌苔少，脉浮细数，伴见平素五心烦热，或手足心热，时常盗汗，口燥、咽干，形体消瘦。

【分析】 阴虚之体，肺有燥热。感邪之后，常常偏于风热之证，故见身热、微恶风寒。阴虚津少，不能作汗，故无汗或少汗。肺阴不足，肺气失于清肃，故干咳少痰。阴虚生内热，其病在阴分，故手足心热、口渴。虚火上扰于心，故心烦。阴不敛阳，虚阳上亢，故头痛。舌红少苔、脉细数为阴虚有热之象。

【治法】 滋阴解表。

【方药】 加减葳蕤汤（《通俗伤寒论》）（玉竹、生葱白、桔梗、白薇、淡豆豉、薄荷、炙甘草、大枣）加减。如表证明显，加荆芥、桑叶。咳嗽咽干，咳痰不爽，加牛蒡子、瓜蒌皮。心烦口渴较甚，加沙参、天花粉、竹叶、麦冬。若盗汗明显，加煅牡蛎。

（宋恩峰）

复习思考题

1. 感冒的病因以何邪为主？并述其病机变化？
2. 如何辨别感冒的寒热、表里属性？

第二节　咳　　嗽

咳嗽是肺系疾病的主要症状之一。分而言之，有声无痰为咳，有痰无声是嗽，一般为痰声并见，难以分开，故咳嗽并称。本证病位在肺，“五气为病……肺为咳”（《素问·宣明五气》），“五脏六腑皆令人咳，非独肺也”（《素问·咳论》），其他脏腑病变侵及肺脏，导致肺失宣降，肺气上逆时，均可引起咳嗽。所以，前人有咳嗽“不离乎肺，不止于肺”的观点。

现代医学的上呼吸道感染、急慢性支气管炎、肺炎等疾病出现以咳嗽为主症时，可参考本节辨证治疗。

一、病因病机

1. 外感 因六淫之邪犯肺，或温邪上受，肺卫失宣，肺气上逆，从而引起咳嗽。其中较常见的外邪有风寒、风热和燥热三种。

2. 内伤 内伤咳嗽原因很多，肺虚气弱，肺阴亏耗，失于清润，气逆于上，可致咳嗽；肺气不足，清肃无权，亦可致咳嗽；此外，脾失健运，水谷不化精微，而酿成痰浊，使肺失宣降；肝气郁结化火，火逆于肺，熏灼肺脏，炼津为痰，致肺失肃降；肾气亏虚，不能纳气，水湿上泛，均可引起咳嗽。

二、辨证要点

1. 分外感内伤 外感咳嗽，起病较急，病程短，并伴有外感表证；内伤咳嗽，发病较缓，病程较长，兼有不同的里证。

2. 辨虚实证候 风寒、风热和燥热三种外感属于实证；内伤咳嗽中，痰湿、痰热、肝火多为邪实，气虚、阴虚咳嗽则多虚中夹实。

三、辨证论治

（一）外感咳嗽

1. 风寒犯肺

【证候】 咳嗽或喘，喉痒声重，痰白清稀，喷嚏、鼻塞流清涕，遇寒凉则发作或加重，舌苔白，脉浮或浮紧，可伴见恶寒，发热，无汗，头身疼痛。

【分析】 风寒束肺，肺失宣降，则咳嗽，喉痒声重。肺窍不利，故鼻塞流清涕。风寒束表，腠理闭阻，卫阳被遏，故见恶寒发热，无汗头痛，肢体酸痛。风寒犯肺，肺气不宣，故痰白而稀。

舌苔薄白，脉浮或浮紧，为风寒在表之征。

【治法】 疏风散寒，宣肺止咳。

【方药】 三拗汤合止嗽散[三拗汤（《太平惠民和剂局方》）：甘草、麻黄、杏仁；止嗽散（《医学心悟》）：桔梗、荆芥、紫菀、百部、白前、甘草、陈皮]加减。鼻塞声重较甚者，加辛夷、苍耳子。咳痰黏腻者，胸闷、苔腻，加法半夏、厚朴。

2. 风热犯肺

【证候】 咳嗽，气促，咳声重浊或音哑，咳痰不爽，痰黏或黄，咽痛，口渴，鼻流浊涕，舌红，舌苔薄黄，脉浮数或浮滑，伴见发热、恶风，头痛。

【分析】 风热犯肺，肺失清肃，热炼津液成痰，故见咳嗽，咯痰黄稠，口干。风热之邪侵袭肌表，卫表不和、腠里开泄，故身热恶风。风热上扰清窍，故头痛咽痛。舌苔薄黄，脉浮数，为风热在表之征。

【治法】 疏风清热，宣肺止咳。

【方药】 桑菊饮（《温病条辨》）（桑叶、菊花、连翘、薄荷、桔梗、杏仁、芦根、甘草）加减。发热重，加黄芩、山栀子。咽喉痛重者，加牛蒡子、射干。咳甚者，加浙贝母、枇杷叶。痰稠难咯者，加瓜蒌皮、冬瓜仁、天花粉。肺热甚者，加黄芩、鱼腥草。

3. 燥热伤肺

【证候】 久咳不已，干咳或呛咳，咳引胸胁掣痛，少痰或无痰，或咳痰血，鼻咽干燥，擤鼻见血，烦渴引饮，大便秘结，小便短赤，舌红，舌苔黄燥或无，脉细涩或数。

【分析】 燥热之邪伤肺，津液耗损，肺失清肃，故见于咳痰少或无痰，或痰黏难咯，鼻燥咽干，喉痛。如燥热之邪灼伤肺络，则痰带血丝。舌尖红，舌苔薄黄，脉细数，乃燥热伤津之征。

【治法】 清肺润燥。

【方药】 桑杏汤（《温病条辨》）（桑叶、杏仁、沙参、浙贝母、豆豉、栀子、梨皮）加减。口渴者，加南沙参、麦冬。痰中带血者，加白茅根、生地黄。咽痛明显者，加玄参、马勃。

（二）内伤咳嗽

1. 痰湿蕴肺

【证候】 久咳不已，咳声重浊，痰多色白，痰呈泡沫、黏稠，夹有脓痰、血痰，体位改变咳痰尤甚，痰出咳缓，舌淡，舌苔白腻，脉濡滑，伴见胸闷，脘腹胀满，纳差。

【分析】 痰湿上泛于肺，阻碍气机，肺气不利，故咳嗽痰多，色白而黏，胸脘作闷。湿困脾阳，脾失健运，则纳呆，身重易倦。舌体胖边有齿痕苔白腻，脉濡滑，乃痰湿内盛之象。

【治法】 燥湿健脾，化痰止嗽。

【方药】 二陈汤合三子养亲汤[二陈汤（《太平惠民和剂局方》）：半夏、橘红、白茯苓、甘草；三子养亲汤（《韩氏医通》）：紫苏子、莱菔子、白芥子]加减。寒痰者，痰白如泡沫，身寒背冷，加干姜、细辛温肺化痰。脾气虚者，加党参、白术健脾。咳逆气急者，痰多胸闷，加旋覆花、白前。

2. 痰热壅肺

【证候】 发热，咳嗽，或呼吸迫促，胸膈满闷，张口抬肩，或喉中有痰声，痰多色黄，质黏稠，咳痰不爽，或痰中带血，或咳痰有腥味，咳时引痛，或有身热面赤，口渴欲饮，舌红，舌苔黄腻，脉滑数。

【分析】 痰热壅肺，肺失清肃，故咳嗽气促，痰多色黄，质黏稠，咳痰不爽。痰热郁滞，则咳痰有腥味。肺气不利，热伤肺络，则胸胁胀满，咳时引痛，痰中带血。热郁于内，灼伤津液，则身热面赤，口渴欲饮。舌红，舌苔黄腻，脉滑数，为痰热之征。

【治法】 清热肃肺，化痰止咳。

【方药】 清金化痰汤（《医学统旨》）（桑白皮、黄芩、栀子、知母、浙贝母、瓜蒌、桔梗、橘红、茯苓、麦冬、甘草）加减。若痰稠如脓而腥臭，加浙贝母、金荞麦根、苇茎、鱼腥草、冬瓜仁。咳逆而痰涌、便秘者，酌加三子养亲汤、大黄、厚朴。热伤津液，口干舌燥者，加百合、麦冬、沙参等。

3. 肝火犯肺

【证候】 咳嗽阵作，呛咳或挛咳不已，痰黏难咯，咽干作痒，甚则咳血，咳作面赤，咳引胸胁灼痛，口苦，伴急躁，易怒，舌苔薄黄少津，脉弦数。

【分析】 肝失条达，郁而化火，肝火犯肺，肺失清肃，上气咳嗽阵作；肝火上炎，灼伤津液，则面赤咽干口苦，痰黏难咯。胁肋为肝经循行部位，故咳引胸胁作痛。苔薄黄少津、脉弦数，是肝火犯肺津亏之征。

【治法】 清肝降火，泻肺止咳。

【方药】 泻白散合黛蛤散[泻白散（《小儿药证直诀》）：桑白皮、地骨皮、生甘草、粳米；黛蛤散（《医说》引《类编》，名见《医略六书》）：青黛、海蛤壳]加减。若肝火旺伤津加山栀、天花粉。胸痛者，加郁金、橘络、丝瓜络。若胸闷气逆，加枳壳、旋覆花。

4. 肺气不足

【证候】 咳嗽无力，气短声怯，动辄尤甚，咳痰清稀，面色虚浮，乏力，畏寒自汗，易感冒，舌淡苔白，脉弱。

【分析】 肺气虚弱，肃降失司，故咳嗽，咳痰清稀，面色虚浮，气短声怯。肺卫之气不足，腠理不密，肌表不固，则畏寒汗出，频繁感冒。舌淡，脉弱，均为肺气虚弱之表现。

【治法】 益气固表，止嗽化痰。

【方药】 六君子汤（《医学正传》）（人参、白术、炙甘草、茯苓、陈皮、半夏）加减。痰多，胸脘满闷加枳壳、厚朴、法半夏，宽胸理气、除满化痰。

5. 肺阴亏耗

【证候】 干咳，或少痰，或痰中带血，咳声短促，咽干口燥，音哑难复，胸痛，掣引肩背，骨蒸潮热，颧红，盗汗，形体羸瘦，毛发枯脆、稀疏，舌红少苔，脉细数。

【分析】 肺阴亏虚，肺失润降，虚火内灼，损伤肺络，故干咳或痰少，咽干口燥，午后低热，盗汗，痰中带血。舌红少苔，脉细而数，为阴虚内热之象。

【治法】 养阴清热，润肺止咳。

【方药】 沙参麦冬汤（《温病条辨》）（沙参、玉竹、麦冬、天花粉、甘草、扁豆、桑叶）加减。虚火重，加地骨皮、知母等。咯血者，加生地黄、藕节、黄芩等。若咳而气促明显，加五味子、诃子。

（宋恩峰）

复习思考题

1. 论述咳嗽的治疗原则。
2. 临床上如何区别外感咳嗽与内伤咳嗽？

第三节　哮　　证

哮证是以突发呼吸急促，喉间哮鸣有声，甚则喘息不能平卧为主要特征的病证。哮必兼喘，故又称哮喘，而喘未必兼哮，为与喘证区分，故定名为哮病、哮证。本病证临床上具有渐进性或反复发作的特点。其主要病机是痰伏于内，肺失宣降所致。

现代医学的支气管哮喘、喘息性支气管炎、嗜酸性粒细胞增多症和其他急性肺部过敏性疾病在病变过程中出现呼吸急促、喉间痰鸣时，可参考本节辨证论治。

一、病因病机

1. 痰浊内伏 饮食不节，恣食肥甘、生冷，或嗜酒伤中，脾失健运，痰浊内生是主要因素。病后失于调摄，忧思怒恼等造成肺脾肾脏腑功能失调，都可产生痰浊。脾为生痰之源，肺为贮痰之器，痰浊内伏，遂成哮证的宿根。

2. 肺失宣肃 外感风寒，侵袭于肺，内阻肺气，外闭皮毛，肺气失于宣肃；或风热犯肺，肺气壅实，清肃失司；或肺热内蕴，表寒外束，热不得泄，均可与痰气相搏，肺失宣肃而肺气上逆，发为哮证，哮鸣有声。

二、辨证要点

1. 辨虚实 一般哮证发作时主要表现为实证，呼吸急促，喉中有哮鸣声；哮证缓解期表现为虚证，但有肺、脾、肾的不同：肺气虚者，自汗畏风，少气乏力；脾气虚者，食少便溏，痰多；肾气虚者，腰酸耳鸣，动则气喘。对于虚脱之危证，常需配合西医抢救方法。

2. 辨寒热 咳痰清稀，渴喜热饮，头痛，舌苔白滑，脉象浮紧为寒痰凝聚所致；胸闷气粗喘促，咳呛阵作，痰浊稠黄胶黏，舌红苔黄腻，脉象滑数为痰火壅盛所致。

三、辨证论治

1. 冷哮

【证候】 呼吸急促，喉中有哮鸣声，咳痰清稀而少，色白呈泡沫状，胸膈满闷如窒，面色晦滞而青，口不渴，或渴喜热饮，舌苔白滑，脉浮紧。

【分析】 痰浊伏于肺，气道受其阻遏，痰气相搏，故呼吸急促，喉中有哮鸣声；痰浊内阻，胸阳不宣，故胸膈窒闷，面色晦滞而青；寒痰内阻，邪未化热，故口不渴或渴喜热饮；舌苔白滑，脉象浮紧皆为寒痰凝聚之象。

【治法】 温肺散寒，豁痰利窍。

【方药】 射干麻黄汤（《金匮要略》）（射干、麻黄、细辛、紫菀、款冬花、半夏、五味子、生姜、大枣）加减。痰多清稀加三子养亲汤（紫苏子、白芥子、莱菔子）豁痰理气；若表解、喘渐平可用苏子降气汤（紫苏子、桔梗、法半夏、当归、前胡、肉桂、厚朴、炙甘草、生姜、沉香）以消痰理气。

2. 热哮

【证候】 呼吸急促，喉中有哮鸣声，胸闷气粗喘促，咳呛阵作，痰浊稠黄胶黏，胸膈烦闷不安，面赤自汗，口渴喜饮，舌红，苔黄腻，脉滑数。

【分析】 痰气相搏，痰热交阻，肺失清肃而肺气上逆，故胸闷、气粗、息涌；咳呛阵作，痰浊稠黄胶黏，面赤自汗，为痰热内伏于肺。痰火郁蒸，热灼津液，故烦闷不安，口渴喜饮。舌红，苔黄腻，脉滑数均为痰热内盛之征。

【治法】 宣肺清热，化痰降逆。

【方药】 越婢加半夏汤（《金匮要略》）（麻黄、石膏、生姜、大枣、甘草、法半夏）加减。哮喘较剧者，加葶苈子、苦杏仁和地龙等。若哮解，喘未平，痰热留恋于肺者，气急、痰黄和咳嗽者，可用定喘汤（白果、麻黄、款冬花、法半夏、桑白皮、苦杏仁、苏子、黄芩、甘草）。

3. 肺脾气虚

【证候】 咳嗽短气，痰液清稀，自汗恶风，纳呆便溏，头面四肢浮肿，舌淡有齿印，苔白，脉濡弱。

【分析】 哮证反复发作，正气日虚，脾虚则运化失职，食少便溏，痰多清稀浮肿；咳喘日久，肺气耗伤，脾气生化之源不足，则肺气更虚，皮毛不固，故自汗恶风，易感外邪；舌淡、脉濡弱皆脾气虚之征。

【治法】 健脾益气，补肺固卫。

【方药】 四君子汤（《太平惠民和剂局方》）（人参、白术、茯苓、炙甘草）加减。表虚自汗明显者加炙黄芪、浮小麦和五味子。

4. 肺肾两虚

【证候】 咳嗽，咳痰，动则气促，自汗恶风，腰膝酸软，耳鸣，神疲，乏力，遗精盗汗，舌淡苔白，脉沉细弱。

【分析】 肺为气之主，肾为气之根，久病不已，穷必及肾。肺气不足则咳嗽气短，自汗恶风；动则气喘，遗精盗汗，腰酸耳鸣则为肾不纳气、肾精亏损之象。

【治法】 肺肾双补。

【方药】 金水六君煎（《景岳全书》）（陈皮、法半夏、茯苓、甘草、熟地黄、当归）加减。肺气虚明显者加党参、黄芪；肾虚明显者加补骨脂、菟丝子和淫羊藿之类。

5. 阳气暴脱

【证候】 哮证发作期间，突见吐泻，筋惕肉瞤，面色苍白，气息微弱，冷汗淋漓，汗出如油，身凉、肢厥，二便失禁，脉微欲绝，舌色青暗，苔白滑。

【分析】 反复哮证发作，正气亏虚。内外皆寒，格阳外越，阳气暴脱，阳浮于外，阴盛于内，故吐泻不止，汗出如油，神倦气怯，肢厥脉微。

【治法】 回阳救逆。

【方药】 四逆汤（《伤寒论》）（附子、干姜、甘草）加人参、龙骨和牡蛎以回阳固脱。

（宋恩峰）

复习思考题

1. 热哮与冷哮临床特征有何不同？
2. 试述“痰”在哮病发病中的意义。

第四节　喘　　证

喘证是以呼吸困难，甚者张口抬肩、鼻翼煽动、不能平卧等为主要临床表现的病证。严重者可发生喘脱。

现代医学的喘息性支气管炎、肺气肿、心源性哮喘、肺部感染等疾病出现喘证的主要临床表现时，可参照本节辨治。

一、病因病机

1. 外邪侵袭 外感风寒，侵袭于肺，内阻肺气，外闭皮毛，肺气失于宣肃；或风热犯肺，肺气壅实，清肃失司；或肺热内蕴，表寒外束，热不得泄，均可引起肺气上逆，发为喘证。

2. 饮食不节 恣食肥甘、生冷，或嗜酒伤中，脾失健运，痰湿内生。脾为生痰之源，肺为贮痰之器，痰浊干肺，肺气壅阻，升降不利，以致气逆喘促。若痰郁化热，或肺火素盛，痰火交阻，痰壅火迫，肺气不降而上逆，以致喘促。

3. 情志失调 情怀不遂，忧思气结，则气机不利，肺气阻胸；或郁怒伤肝，肝气横逆侮肺，致气机不利，升降失常，肺气不得宣肃，上逆而为喘证。

4. 久病劳欲 久咳伤肺，肺气虚弱，肺阴不足，气失所主，而短气喘促。若病久不愈，由肺及肾，则肺肾俱虚；或劳欲伤肾，精气内夺，根本不固，肾失摄纳，出多入少，逆气上奔而为喘。如肾阳衰弱，水无所主，射肺凌心，心阳受累，亦可发喘。

二、辨证要点

1. 辨虚实 实喘呼吸深长有余，呼出为快，气粗声高，脉数有力，病势骤急；虚喘呼吸短促难续，深吸为快，气怯声低，脉微弱或浮大中空，一般病势徐缓，时轻时重，过劳即甚。

2. 分部位 外邪侵袭，饮食痰湿，情志肝郁，病变在肺，邪实正不虚；久病劳欲，肺肾俱虚，心阳受累，病及肺肾，本虚标实。对于虚脱之危证，常需配合西医抢救方法。

三、辨证论治

（一）实喘

1. 风寒束肺

【证候】 气喘，咳嗽，痰白清稀，胸闷，口不渴，初起多兼恶寒，发热无汗，鼻塞流涕，可伴见恶寒，发热，无汗，头身疼痛，舌苔薄白而滑，脉浮紧。

【分析】 外感风寒，寒邪束肺，肺郁不宣，肺气上逆，故喘咳胸闷。寒邪凝液成痰，则痰多清稀色白。风寒束表，卫阳被郁，故见恶寒发热，无汗。寒邪凝滞，经气不通，则头痛。肺气不宣，清窍不利，则鼻塞流涕。舌苔薄白而滑，脉浮紧为风寒在表之征。

【治法】 宣肺散寒。

【方药】 麻黄汤（《伤寒论》）（麻黄、桂枝、杏仁、炙甘草）加减。喘重者，加白果。痰多者，加二陈汤，白芥子、莱菔子等。素有寒饮，选用小青龙汤。

2. 痰热闭肺

【证候】 发热，咳喘痰鸣，胸部满闷胀痛，痰多黏稠色黄，或痰中带血，咽喉肿痛，甚则呼吸迫促，胸胁作痛，伴胸中烦热，身热有汗，渴喜冷饮，面红，咽干，尿赤，大便或秘，舌红，苔黄或腻，脉滑数。

【分析】 痰热郁于肺，肺气上逆故喘逆，息粗鼻煽，胸胀或痛，咳痰黄稠而不爽，里热内盛，故胸中烦热，身热有汗，渴喜冷饮，面红，咽干，尿赤，大便或秘。舌红，苔黄或腻，脉滑数为痰热遏肺之象。

【治法】 清泄痰热。

【方药】 桑白皮汤（《古今医统大全》）（桑白皮、黄芩、黄连、栀子、杏仁、贝母、半夏、苏子）加减。对便秘喘促者，可全瓜蒌、厚朴。热甚津伤，加知母、生石膏。

3. 痰浊阻肺

【证候】 气促，咳喘，痰鸣，痰多白黏，咯吐不利，或不得平卧，胸中窒闷，伴有脘腹胀闷，恶心纳呆，口黏不渴，舌苔白腻，脉滑。

【分析】 饮食不调，脾失健运，积湿成痰，痰浊壅肺，肺气失降，故喘咳痰多胸闷。痰湿中阻，肺胃不和，而见恶心纳呆，脘腹胀闷；口黏不渴，舌苔白腻，脉滑，为痰浊阻肺之象。

【治法】 化痰降逆。

【方药】 三子养亲汤合二陈汤[二陈汤（《太平惠民和剂局方》）：半夏、陈皮、茯苓、甘草；三子养亲汤（《韩氏医通》）：紫苏子、莱菔子、白芥子]加减。若痰浊壅盛，气喘难平，加皂荚等。

4. 肝气犯肺

【证候】 咳喘多因情志刺激诱发，甚则呼吸急促，胸憋闷，咽如窒，喉中痰鸣声不著，心烦，平素肝气郁结，容易激动，或失眠、心悸，舌淡红，舌苔薄白，脉弦。

【分析】　郁怒伤肝，肝气横逆犯肺，肺气不降，故呼吸短促，咽中如窒。肝肺络气不和，则胸闷胸痛；肝气郁滞，心神不宁，则失眠，心悸；舌淡红，舌苔薄白，脉弦，为肝气郁结之征。

【治法】　开郁降气平喘。

【方药】　五磨饮子（《医便》）（槟榔、沉香、乌药、木香、枳实）加减。喉中窒塞如梗，加半夏、厚朴、紫苏。若心悸失眠，加百合、夜交藤、酸枣仁。

（二）虚喘

1. 肺气虚弱

【证候】　喘促短气，气怯声低，咳声低弱，咳痰稀薄，自汗畏风，平素易感冒，伴见神疲，舌淡，脉细弱。

【分析】　肺为气之主，肺虚则气失所主，故短气而喘，气怯声低。肺气不足，则咳声低弱。气不化津，则咳痰稀薄。肺气虚弱，表卫不固，故自汗畏风，容易感冒。舌淡，脉细弱，为肺气虚弱之征。

【治法】　补益肺气。

【方药】　补肺汤合玉屏风散[补肺汤（《永类钤方》）：人参、熟地黄、五味子、紫菀、桑白皮、黄芪；玉屏风散（《究原方》，录自《医方类聚》）：黄芪、白术、防风]加减。偏于寒，加干姜、法半夏等。若咽干口燥，盗汗，舌红润，脉细数，为气阴两虚，可用生脉饮加沙参、玉竹、百合等。痰黏难咯，加天花粉、杏仁、瓜蒌皮。

2. 肾气不足

【证候】　喘促日久，呼多吸少，动则喘甚，气不得续，形瘦神惫，小便常因咳甚而失禁，汗出，肢冷面青，舌淡，脉沉细。

【分析】　喘促日久，肺病及肾，肾为气之根，下元不固，气失摄纳，故喘促，呼多吸少。动则耗气，故动则喘息更甚，气不得续。肾精耗损，形神失养，故形瘦神惫。肾气不固，膀胱失约，故咳甚则小便失禁。阳虚则卫外不固，故汗出，不能温养于外，故肢冷面青。舌淡，脉沉细，为肾气衰弱之征。

【治法】　补肾纳气。

【方药】　金匮肾气丸合参蛤散[金匮肾气丸（《金匮要略》）：干地黄、山萸肉、怀山药、茯苓、泽泻、制附子、桂枝、牡丹皮；参蛤散（《济生方》）：人参、蛤蚧]加减。若咽干口燥，喘则面红肢冷，舌红少苔脉细，为阴不敛阳，气失摄纳，可用麦味地黄汤加人参。本证到了肺肾心三脏同时衰竭，以致喘脱之候，急用参附汤送服黑锡丹回阳救逆，镇摄浮阳。

（宋恩峰）

复习思考题

1. 如何辨别喘证的虚实？
2. 哮证与喘证如何鉴别？

第五节　血　　证

血证是由多种原因引起火热熏灼或气虚不摄，致使血液不循常道，或上溢于口鼻诸窍，或下泄于前后二阴，或渗出于肌肤所形成的疾患。也就是说，非生理性的出血性疾患，称为血证。血证是涉及多个脏腑组织，而临床又极为常见的一类病证。它既可以单独出现，又常伴见于其他病证的过程中。

血证的范围相当广泛，凡以出血为主要临床表现的内科病症，均属本证的范围。本节讨论内科常见的鼻衄、齿衄、咳血、吐血、便血、尿血、紫斑等血证。

现代医学中多种急慢性疾病所引起的出血，包括呼吸、消化、泌尿系统疾病有出血症状者，以及造血系统病变所引起的出血性疾病，均可参考本节辨证论治。

一、病 因 病 机

1. 感受外邪 外邪侵袭、损伤脉络而引起出血，其中以感受热邪所致者为多。如风、热、燥邪损伤上部脉络，则引起衄血、咳血、吐血；热邪或湿热损伤下部脉络，则引起尿血、便血。

2. 情志过极 忧思恼怒过度，肝气郁结化火，肝火上逆犯肺则引起衄血、咳血；肝火横逆犯胃则引起吐血。

3. 饮食不节 饮酒过多以及过食辛辣厚味，或滋生湿热，热伤脉络，引起衄血、吐血、便血；或损伤脾胃，脾胃虚衰，血失统摄，而引起吐血、便血。

4. 劳倦过度 心主神明，神劳伤心；脾主肌肉，体劳伤脾；肾主藏精，房劳伤肾。劳倦过度会导致心、脾、肾气阴的损伤。若损伤于气，则气虚不能摄血，以致血液外溢而形成衄血、吐血、便血、紫斑；若损伤于阴，则阴盛火旺，迫血妄行而致衄血、尿血、紫斑。

5. 久病或热病之后 久病或热病导致血证的机理主要有三个方面：久病或热病使阴精伤耗，以致阴虚火旺，迫血妄行而致出血；久病或热病使正气亏损，气虚不摄，血溢脉外而致出血；久病入络，使血脉瘀阻，血行不畅，血不循经而致出血。

当各种原因导致脉络损伤或血液妄行时，就会引起血液溢出脉外而形成血证。

上述各种原因之所以导致出血，其共同的病机可以归结为火热熏灼、迫血妄行及气虚不摄、血溢脉外两类。在火热之中，又有实火及虚火之分，外感风热燥火，湿热内蕴，肝郁化火等，均属实火；而阴虚火旺之火，则属虚火。气虚之中，又有仅见气虚和气损及阳、阳气亦虚之别。

二、辨 证 要 点

1. 辨病证 出血是血证明确而突出的临床表现，但由于引起出血的原因以及出血部位的不同，应注意辨清不同的病证。如从口中吐出的血液，有吐血与咳血之分；小便出血有尿血与血淋之别；大便下血则有便血、痔疮、痢疾之异。应根据临床表现、病史等加以鉴别。

2. 辨脏腑 同一血证，可以由不同的脏腑病变而引起。例如，同属鼻衄，但病变脏腑有在肺、在胃、在肝的不同；吐血有病在胃、在肝之别；齿衄有病在胃、在肾之分；尿血则有病在膀胱、在肾或在脾的不同。

3. 辨虚实 血证一般初病多实，久病多虚；由火热迫血妄行所致者属实，由阴虚火旺、气虚不摄，甚至阳气虚衰所致者属虚。实热证，病势急，病程短，血色鲜紫深红，质浓稠，出血量多，体质多壮实，兼见实热症状。阴虚证，病势缓，病程长，血色鲜红或淡红，时作时止，血量一般不多，形体偏瘦，兼见阴虚内热症状。气（阳）虚证，病多久延不愈，血色暗淡，质稀，出血量少，亦可暴急量多，体质虚弱，伴阳气亏虚症状。在某些情况下，阴虚火旺及气虚不摄，既是引起出血的病理因素，又是出血所导致的结果。

此外，出血之后，已离经脉而未排出体外的血液，留积体内，蓄结而为瘀血，瘀血又会妨碍新血的生长及气血的正常运行。

三、辨 证 论 治

血证以出血为突出表现，随其病因、病位的不同，而表现为鼻衄、齿衄、咳血、吐血、便血、尿血、紫斑等。随病情轻重及原有疾病的不同，则有出血量或少或多、病程或短或长及伴随症状等的不同。因此，首先应辨清不同的病证。例如，从口中吐出的血液，有吐血与咳血之分；小便出血有尿血与血淋之别；大便下血则有便血、痔疮、痢疾之异。应根据临床表现、病史等加以鉴别。其次，需辨脏腑病变之异同。例如，同属鼻衄，但病变脏腑有在肺、在胃、在肝的不同；吐血有病在胃及病在肝之别；齿衄有病在胃及在肾之分；尿血则有病在膀胱、肾或脾的不同。最后，需辨证候之寒热虚实。血证有实证及虚证的不同，一般初病多实，久病多虚；由实火所致者属实，由阴虚火旺、气虚不摄甚至阳气虚衰所致者属虚。证候的寒热虚实不同，则治法各异，应注意辨明。

治疗血证，应针对各种血证的病因病机及损伤脏腑的不同，结合证候虚实及病情轻重而辨证论治。对血证的治疗可归纳为治火、治气、治血三个原则。①治火：应根据证候虚实的不同，实火当清热泻火，虚火当滋阴降火。并应结合受病脏腑的不同，分别选用适当的方药。②治气：对实证当清气降气，虚证当补气益气。③治血：最主要的是根据各种证候的病因病机进行辨证论治，适当地选用凉血止血、收敛止血或活血止血的方药。

以下分别叙述鼻衄、齿衄、咳血、吐血、便血、尿血、紫斑等共七种类型血证的辨证论治。

（一）鼻衄

鼻腔出血，称为鼻衄。它是血证中最常见的一种。鼻衄多由火热迫血妄行所致，其中肺热、胃热、肝火为常见。另有少数患者，可由正气亏虚，血失统摄引起。鼻衄可因鼻腔局部疾病及全身疾病而引起。内科范围的鼻衄主要见于某些传染病、发热性疾病、血液病、风湿热、高血压、维生素缺乏症、化学药品及药物中毒等引起的鼻出血。

至于鼻腔局部病变引起的鼻衄，一般属于五官科的范畴。

1. 热邪犯肺

【证候】 鼻燥衄血，口干咽燥，或兼有身热、咳嗽痰少等症，舌红，苔薄或薄黄，脉数。

【分析】 鼻为肺窍，肺有蕴热，肺津受灼，肺络受损，血热妄行，故鼻窍干燥而出血；邪热熏蒸，热伤津液则口干咽燥；若风热袭表，卫表失和则身热；热邪蕴肺，肺失宣肃，故咳嗽少痰。舌红，苔薄黄，脉数均为邪热阻于上焦之象。

【治法】 清泄肺热，凉血止血。

【方药】 桑菊饮（《温病条辨》）（桑叶、菊花、薄荷、连翘、桔梗、杏仁、甘草、芦根）加减。

2. 胃热炽盛

【证候】 鼻衄，或兼齿衄，血色鲜红，口渴欲饮，鼻干，口干臭秽，烦躁，便秘，舌红，苔黄，脉数。

【分析】 胃中积热，热循阳明经脉上炎鼻额，脉络受伤，追血妄行，故衄血；胃热熏蒸而致鼻燥口臭；阳明热炽，消灼胃阴，故口渴引饮；津液不足，大肠传导失司而便秘；热扰心神，故烦躁。舌红，苔黄，脉数为胃热壅盛之象。

【治法】 清胃泻火，凉血止血。

【方药】 玉女煎（《景岳全书》）（石膏、知母、地黄、麦冬、牛膝）加减。

3. 肝火上炎

【证候】 鼻衄，头痛，目眩，耳鸣，烦躁易怒，面目红赤，口苦，舌红，苔黄，脉弦数。

【分析】 肝郁化火，火性上炎，灼伤脉络，追血妄行，故衄血；肝火扰心，故心烦易怒；肝火上扰头目，则头痛，目眩目赤；火盛灼津则口干口苦。舌红，苔黄，脉弦数为肝火旺盛之象。

【治法】 清肝胃火，凉血止血。

【方药】 龙胆泻肝汤（《医方集解》）（龙胆草、栀子、黄芩、木通、泽泻、车前子、柴胡、甘草、当归、生地黄）加减。

4. 气血亏虚

【症状】 鼻衄，或兼齿衄、肌衄，神疲乏力，面色苍白，头晕，耳鸣，心悸，夜寐不宁，舌淡，脉细无力。

【分析】 脾主统血，脾虚统摄失职，则鼻衄，或兼齿衄、肌衄；脾为气血生化之源，脾气虚弱，故神疲乏力；脾虚饮食精微不能化气生血，则面色苍白；气血虚衰，不能充达脑窍，故头晕，耳鸣；血虚心神失养则心悸、夜寐不宁。舌淡，脉细无力均为气血不足之象。

【治法】 补气摄血。

【方药】 归脾汤（《济生方》）（白术、茯神、黄芪、龙眼肉、酸枣仁、人参、木香、甘草、当归、远志）加减。

（二）齿衄

齿龈出血称为齿衄，又称为牙衄、牙宣。以阳明经脉入于齿龈，齿为骨之余，故齿衄主要与胃肠及肾的病变有关。齿衄可由齿龈局部病变或全身疾病所引起。内科范围的齿衄，多由血液病、维生素缺乏症及肝硬化等疾病所引起。至于齿龈局部病变引起的齿衄，一般属于口腔科范围。

1. 胃火炽盛

【证候】 齿衄血色鲜，齿龈红肿疼痛，头痛，口臭，便秘、舌红，苔黄，脉洪数。

【分析】 齿龈为阳明胃经所过之处。若阳明炽热，循络上炎，络损血溢，则齿龈红肿疼痛而出血，其色鲜红；胃热上蒸，故头痛口臭；热结阳明，大肠传导失司故便秘。舌红苔黄，脉洪数为胃肠实热之象。

【治法】 清胃泻火，凉血止血。

【方药】 加味清胃散（《济阴纲目》）（当归身、黄连、生地黄、升麻、牡丹皮、石膏）合泻心汤（《金匮要略》）（大黄、黄连、黄芩）加减。

2. 阴虚火旺

【证候】 齿衄，血色淡红，起病较缓，常因受热及烦劳而诱发，齿摇不坚，舌红，苔少，脉细数。

【分析】 肾阴虚，虚火上浮，灼伤脉络，故齿龈出血，血色淡红；肾主骨，齿为骨之余，阴虚火动则齿摇不坚，微有疼痛。舌红，少苔，脉细数为阴虚火旺之象。

【治法】 滋阴降火，凉血止血。

【方药】 六味地黄丸（《小儿直证要诀》）（熟地黄、酒萸肉、牡丹皮、山药、茯苓、泽泻）合茜根散（《医方类聚》）（茜根、黄芩、阿胶、侧柏叶、生地黄、炙甘草）加减。

（三）咳血

血由肺及气管外溢，经口而咳出，表现为痰中带血，或痰血相兼，或纯血鲜红，间夹泡沫，均称为咳血，亦称为嗽血或咯血。

多种杂病及温热病都会引起咳血。内科范围的咳血，主要见于呼吸系统的疾病，如支气管扩张症，急性气管-支气管炎、慢性支气管炎、肺炎、肺结核、肺癌等。

1. 燥热伤肺

【证候】 喉痒咳嗽，痰中带血，口干鼻燥，或有身热，舌红，少津，苔薄黄，脉浮数。

【分析】 燥热伤肺，肺失清肃所以咳嗽喉痒；燥热灼伤肺络，故咳嗽带血，血色鲜红；肺热津伤，故咽干鼻燥。舌红，苔薄黄，脉浮数为燥热伤肺之象。

【治法】 清热润肺，宁络止血。

【方药】 桑杏汤（《温病条辨》）（桑叶、象贝、香豉、栀皮、梨皮、杏仁、沙参）加减。

2. 肝火犯肺

【证候】 咳嗽阵作，痰中带血或纯血鲜红，胸胁胀痛，烦躁易怒，口苦，舌红，苔薄黄，脉弦数。

【分析】 肝火犯肺，肺络受伤，故咯血；肝气上逆，肺气失于肃降，因而气逆咳嗽；胁肋为肝经循行部位，肺居胸中，肝火犯肺，胸胁络脉壅滞，气血不和，因而胸胁引痛；肝火亢盛，扰及心神，故烦躁易怒。舌红，苔黄，脉弦数为肝火内盛之象。

【治法】 清肝泻火，凉血止血。

【方药】 泻白散《小儿药证直诀》（桑白皮、地骨皮、粳米、甘草）合黛蛤散（《医说》）（青黛、蛤粉）加减。

3. 阴虚肺热

【证候】 咳嗽痰少，痰中带血或反复咳血，血色鲜红，口干咽燥，颧红，头晕耳鸣，腰酸，遗精，潮热盗汗，舌红，苔少，脉细数。

【分析】 肺肾阴虚，阴虚火旺，灼伤肺络，肺失宣降，故咯血，或痰中带血，咳嗽少痰；阴虚津液不足，失于濡润，故口干咽燥；肺阴亏虚，声道失润，金破不鸣，故声音不扬，甚或失音；肾阴亏虚，精髓不足，故头晕耳鸣，腰酸；虚火内扰，故遗精，潮热。舌红，苔少，脉细数为阴虚火旺之象。

【治法】 滋阴润肺，宁络止血。

【方药】 百合固金汤（《慎斋遗书》）（熟地黄、生地黄、当归身、白芍、甘草、桔梗、玄参、贝母、麦冬、百合）加减。

（四）吐血

血由胃来，经呕吐而出，血色红或紫暗，常夹有食物残渣，称为吐血，亦称为呕血。吐血主要见于上消化道出血，其中以消化性溃疡出血及肝硬化所致的食管、胃底静脉曲张破裂最多见。其次见于食管炎，急慢性胃炎，胃黏膜脱垂症等，以及某些全身性疾病（如血液病、尿毒症、应激性溃疡）引起的出血。

1. 胃热壅盛

【证候】 脘腹胀闷，甚则作痛，吐血色红或紫暗，常夹有食物残渣，口臭，便秘，大便色黑，舌红，苔黄腻，脉滑数。

【分析】 胃热壅盛，积热内灼，损伤胃络，胃气上逆，血随气升，故吐血鲜红或紫暗；胃主受纳，胃中食物随血上溢，因而血中夹有食物残渣；胃失和降，气机不利，故兼有胸脘闷痛；胃中积热，熏蒸于上，则口臭，舌红；下迫大肠，损伤津液，传导失职，因而大便秘结；离经之血下趋大肠，随大便而下，故见黑便或柏油样便。舌红，苔黄腻，脉滑数均为里热炽盛之象。

【治法】 清胃泻火，化瘀止血。

【方药】 泻心汤（《金匮要略》）（大黄、黄连、黄芩）合十灰散（《十药神书》）（大蓟、小蓟、荷叶、侧柏叶、茅根、茜根、山栀、大黄、牡丹皮、棕榈皮）加减。

2. 肝火犯胃

【证候】 吐血色红或紫暗，口苦胁痛，心烦易怒，寐少梦多，头痛目赤，舌红绛，脉弦数。

【分析】 肝火犯胃，损伤胃络，则吐血；火郁肝经，疏泄不利，故胁痛；肝火夹胆气上逆，故口苦；肝火上冲头目，故头痛目赤；火扰心神，故烦躁易怒。舌红绛，脉弦数属肝火内盛之象。

【治法】 泻肝清胃，凉血止血。

【方药】 龙胆泻肝汤（《医方集解》）（龙胆草、炒黄芩、炒山栀子、泽泻、木通、车前子、炒当归、生地黄、柴胡、生甘草）加减。

3. 气虚血溢

【证候】 吐血缠绵不止，时轻时重，血色暗淡，神疲乏力，心悸气短，面色苍白，舌淡，苔薄，脉细弱。

【分析】 脾主统血，脾虚统摄失职，则吐血绵绵不止，时轻时重；脾为气血生化之源，脾气虚弱，所以短气、纳少；脾虚饮食精微不能化气生血，则面色苍白，血色暗淡；气血虚衰，不能充达四末，故手足欠温；心失血养则心悸。舌淡，脉细弱均为气血不足之象。

【治法】 健脾养心，益气摄血。

【方药】 归脾汤（《济生方》）（白术、茯神、黄芪、龙眼肉、酸枣仁、人参、木香、甘草、当归、远志）加减。

（五）便血

便血系胃肠脉络受损，出现血液随大便而下，或大便显柏油样为主要临床表现的病证。便血均由胃肠之脉络受损所致。内科杂病的便血主要见于胃肠道的炎症、溃疡、肿瘤、息肉、憩室炎等。

1. 肠道湿热

【证候】 便血色红，大便不畅或稀溏，或有腹痛，口苦，舌红，苔黄腻，脉濡数。

【分析】 胃肠湿热，下移大肠，灼伤脉络，故血色鲜红；湿热蕴积大肠，气机阻滞，传导功能失常，故大便不畅，腹痛；湿热熏蒸浊气上逆而口苦。苔黄腻，脉濡数乃湿热内蕴之象。

【治法】 清化湿热，凉血止血。

【方药】 地榆散（《普济方》）（何首乌、肉桂、地榆、香白芷）合槐角丸（《太平惠民和剂局方》）（槐角、地榆、当归、防风、黄芩、枳壳）加减。

2. 气虚不摄

【证候】 便血色红或紫暗，食少，体倦，面色萎黄，心悸，少寐，舌淡，脉细。

【分析】 脾主统血，脾虚统摄失职，则便血色红或紫暗；脾为气血生化之源，脾气虚弱，所以食少，体倦；脾虚饮食精微不能化气生血，则面色萎黄；心失血养则心悸、少寐。舌淡，脉细均为气血不足之象。

【治法】 益气摄血。

【方药】 归脾汤（《济生方》）（白术、茯神、黄芪、龙眼肉、酸枣仁、人参、木香、甘草、当归、远志）加减。

3. 脾胃虚寒

【证候】 便血紫暗，甚则黑色，腹部隐痛，喜热饮，面色不华，神倦懒言，便溏，舌淡，脉细。

【分析】 脾胃虚寒，中气不足，脾不统血，血溢肠中，故大便下血，先便后血；若胃肠脉络大伤，出血连续不断，则血便混杂，或下纯血，血色暗紫，或大便呈柏油样；脾胃虚寒，中气不足，气机不和，故腹部隐隐作痛；脾虚气血不足，不能充盈血脉，荣润肌肤，故面色少华，神疲乏力，舌淡，脉细弱。

【治法】 健脾温中，养血止血。

【方药】 黄土汤（《金匮要略》）（甘草、干地黄、白术、附子、阿胶、黄芩、灶中黄土）加减。

（六）尿血

小便中混有血液，甚或伴有血块的病症，称为尿血。随出血量多少的不同，而使小便呈淡红色、鲜红色，或茶褐色。以往所谓尿血，一般均指肉眼血尿而言。但随着检测手段的进步，出血量微小，用肉眼不易观察到而仅在显微镜下才能发现红细胞的“镜下血尿”，现在也应包括在尿血之中。

尿血是一种比较常见的病症。现代医学所称的肾小球肾炎、泌尿系肿瘤等泌尿系统疾病，以及全身性疾病，如血液病、结缔组织疾病等出现的血尿，均可参考本节辨证论治。

1. 下焦湿热

【证候】 小便黄赤灼热，尿血鲜红，心烦口渴，面赤口疮，夜寐不安，舌红，脉数。

【分析】 心肝火旺，热移下焦，灼伤血络，则尿血鲜红；火邪下迫膀胱和尿道因而小便热赤；上扰心神则心烦，夜卧不宁；火热伤津故口渴；舌乃心之苗窍，心火亢盛则舌尖红，口舌生疮。舌红，脉数均为热盛之象。

【治法】　清热泻火，凉血止血。

【方药】　小蓟饮子（《济生方》）（生地黄、小蓟、滑石、木通、蒲黄、藕节、淡竹叶、当归、山栀子、甘草）加减。

2. 肾虚火旺

【证候】　小便短赤带血，头晕耳鸣，神疲，颧红潮热，腰膝酸饮，舌红，脉细数。

【分析】　肾阴亏虚，水不济火，虚火妄动，灼伤血络，见尿短赤带血；肾水不足，水不涵木，肝阳上亢，故头晕耳鸣、潮热颧红；腰为肾之府，肾精虚少，不能濡养腰膝，则腰膝酸软。舌红，脉细数为阴虚内热之象。

【治法】　滋阴降火，凉血止血。

【方药】　知柏地黄丸（《医宗金鉴》）（知母、熟地黄、黄柏、山茱萸、山药、牡丹皮、茯苓、泽泻）加减。

3. 脾不统血

【证候】　久病尿血，甚或兼见齿衄、肌衄，食少，体倦乏力，气短声低，面色不华，舌淡，脉细弱。

【分析】　劳倦内伤，脾气亏虚，不能摄血，血不循经，则小便带血，血色淡红；脾胃虚弱，运化失职，气血亏虚则食少、面色不华、体倦乏力、气短声低。舌淡，脉细弱为气血亏虚之象。

【治法】　补脾摄血。

【方药】　归脾汤（《济生方》）（白术、茯神、黄芪、龙眼肉、酸枣仁、人参、木香、甘草、当归、远志）加减。

4. 肾气不固

【证候】　久病尿血，血色淡红，头晕耳鸣，精神困惫，腰脊酸痛，舌淡，脉沉弱。

【分析】　久病肾气亏虚，固摄失职，封藏统摄无权，则尿血色淡红；肾精亏虚，头目失养，则头晕耳鸣，精神困惫；肾失主骨生髓，故腰脊酸痛。舌淡，脉沉弱为肾气不固之象。

【治法】　补益肾气，固摄止血。

【方药】　无比山药丸（《太平惠民和剂局方》）（薯蓣、肉苁蓉、五味子、菟丝子、杜仲、牛膝、泽泻、干地黄、山茱萸、茯神、巴戟天、赤石脂）加减。

（七）紫斑

血液溢出于肌肤之间，皮肤表现青紫斑点或斑块的病症，称为紫斑。亦有称为肌衄及葡萄疫者。多种外感及内伤的原因都会引起紫斑。外感温热病热入营血所出现的发斑，可参阅温热病学的有关内容。本节主要讨论内科杂病范围的紫斑。内科杂病的紫斑，可见于现代医学的原发性血小板减少性紫癜及过敏性紫癜。此外，药物、化学和物理因素等引起的继发性血小板减少性紫癜，亦可参考本节辨证论治。

1. 血热妄行

【证候】　皮肤出现青紫斑点或斑块，或伴有鼻衄、齿衄、便血、尿血，或有发热，口渴，便秘，舌红，苔黄，脉弦数。

【分析】　血分有热，迫血妄行，以皮肤出现青紫斑点或斑块，或伴有鼻衄、齿衄、便血、尿血；血热上扰，伤津耗液，则发热，口渴，便秘。舌红，苔黄，脉弦数为血热妄行之象。

【治法】　清热解毒，凉血止血。

【方药】　十灰散（《十药神书》）（大蓟、小蓟、荷叶、侧柏叶、茅根、茜根、山栀、大黄、牡丹皮、棕榈皮）加减。

2. 阴虚火旺

【证候】　皮肤出现青紫斑点或斑块，时发时止，常伴鼻衄、齿衄或月经过多，颧红，心烦，口渴，手足心热，或有潮热，盗汗，舌红，苔少，脉细数。

【分析】 肾阴虚，虚火上浮，灼伤脉络，故皮肤出现青紫斑点或斑块，时发时止，常伴鼻衄、齿衄或月经过多；阴虚内热上浮，伤津耗液，可见颧红，心烦，口渴，手足心热，或有潮热，盗汗。舌红，少苔，脉细数为阴虚火旺之象。

【治法】 滋阴降火，宁络止血。

【方药】 茜根散（《医方类聚》）（茜根、黄芩、阿胶、侧柏叶、生地黄、炙甘草）加减。

3. 气不摄血

【证候】 反复发生肌衄，久病不愈，神疲乏力，头晕目眩，面色苍白或萎黄，食欲不振，舌淡，脉细弱。

【分析】 脾主统血，脾虚统摄失职，则反复发生肌衄，久病不愈；脾为气血生化之源，脾气虚弱，气血不能上荣头目，所以神疲乏力，头晕目眩；脾虚饮食精微不能化气生血，则食欲不振，面色苍白或萎黄。舌淡，脉细弱均为气不摄血之象。

【治法】 补气摄血。

【方药】 归脾汤（《济生方》）（白术、茯神、黄芪、龙眼肉、酸枣仁、人参、木香、甘草、当归、远志）加减。

（吴国琳）

复习思考题

1. 血证常见的病因病机有哪些？
2. 血证的治疗原则是什么？

第六节 心 悸

心悸，是指患者自觉心中悸动不安，甚则不能自主的一种病证，包括惊悸和怔忡。惊悸常因惊恐、恼怒、劳累等引发，时作时止，但全身情况较好，病势浅而短暂，以实证多见。惊悸日久可发展为怔忡。怔忡，患者自觉心中跳动不安，全身情况较差，病情较重，以虚证居多；又易受惊扰，使心悸加重。

现代医学中的心律失常、更年期综合征，以心悸为主症者，可参考本节进行辨证论治。

一、病因病机

1. 七情所伤 常胆小易受惊吓之人，突闻巨响、目睹异物或惊悚画面，或遇险临危，使心神慌乱不能自主，甚者稍惊则心悸不已。或者大怒伤肝，怒则肝气上逆，化火撼动心神，而发惊悸。

2. 心血不足 营血亏虚，心血不足，心失荣养，不能藏神，故神不安而志不宁，发为心悸、怔忡。所以久病体虚，失血过多容易导致心悸。此外，思虑过度，劳伤心脾，不仅耗伤心血，而且影响脾胃气血化生之源，导致气血两亏，不能上奉养于心者，也会发生心悸。

3. 心阳不振 患者大病久病之后，阳气衰弱，不能温养心脉，故心悸不安。

4. 瘀血阻络 心气虚，心阳虚，致心主血功能障碍，血行不畅，久则血瘀阻络，出现心悸；或者喜食肥甘，化湿生痰，痰瘀互阻，引发心悸。

5. 外邪侵袭 风寒湿热由血脉内侵于心，耗伤心之气阴，可致心悸。此外，温热病、疫毒内传于脏腑，里热炽盛、劫伤营阴，扰动心神，可致心悸。

二、辨证要点

1. 辨症状与虚实　首先看患者是否有“心跳”“心慌”而不能自主的自觉症状，然后要根据症状区别心悸的性质，是实证还是虚证，是心阳虚还是心阴虚。

2. 辨惊悸与怔忡　惊悸常因惊而悸，初起由惊吓而发，实证居多，但也有内虚的因素；怔忡以虚证为多，并无外因，经常心慌，胸闷不舒，甚则心痛阵发。惊悸未治，日久不愈，可发展为怔忡。

三、辨证论治

1. 心虚胆怯

【证候】　心悸，善惊易恐，坐卧不安，少寐多梦，舌苔薄白或如常，脉细数或细弦。

【分析】　惊则气乱，心神不能自主，故发为心悸。心不藏神，心慌，易惊易恐，坐卧不安，少寐多梦。脉细数或细弦为心神不安，气血逆乱之象。本型病情较轻者，时发时止；重者怔忡不宁，心慌神乱，不能自主。

【治法】　镇惊定志，养心安神。

【方药】　安神定志丸（《医学心悟》）（茯苓、茯神、远志、人参、石菖蒲、龙齿）加味。加琥珀、磁石、朱砂治之。若惊悸心胆虚怯，可加炙甘草以补益心气；心阴不足加柏子仁、五味子、酸枣仁以养心安神。

2. 心血不足

【证候】　心悸，头晕，面色不华，疲倦无力，舌淡红，脉细弱。

【分析】　心主血脉，其华在面，血虚故面色不华，心血不足，不能养心，故发心悸。心血亏损不能上荣养于脑，故而头晕。血亏气虚故疲倦无力。舌为心苗，心主血脉，心血不足，故舌淡红，脉细弱。

【治法】　补血养心，益气安神。

【方药】　归脾汤（《济生方》）（人参、黄芪、白术、茯神、龙眼肉、炒酸枣仁、木香、炙甘草、当归、炙远志）加减。如见心动悸，脉结代者，为气虚血少，血不养心，用炙甘草汤益气养血，滋阴复脉，则诸症可解。

3. 阴虚火旺

【证候】　心悸不宁，心烦少寐，头晕目眩，手足心热，耳鸣腰酸，舌红，少苔或无苔，脉细数。

【分析】　肾精亏损，肾阴不足，水不济火，不能上济于心，以致心火独亢，扰动心神，致心悸而烦，出现不寐。阴亏于下，则见腰酸。阳扰于上，则眩晕耳鸣。手足心热，舌红，脉细数，均为阴虚火旺之征。

【治法】　滋阴清火，养心安神。

【方药】　天王补心丹（《校注妇人良方》）（人参、玄参、丹参、茯苓、五味子、远志、桔梗、当归、天冬、麦冬、炒柏子仁、炒酸枣仁、生地黄）加减。如阴虚火旺而兼见五心烦热、梦遗腰酸者，乃阴虚相火妄动之故，可用知柏地黄丸化裁，以滋阴降火。

4. 心阳不振

【证候】　心悸不安，胸闷气短，面色苍白，形寒肢冷，舌淡白，脉虚弱或沉细而数。

【分析】　久病体虚，损伤心阳，心失温养，故心悸不安。胸中阳气不足，故胸闷气短。心阳虚衰，血液运行迟缓，肢体失于温煦，故形寒肢冷，面色苍白。舌淡白，脉虚弱或沉细而数，均为心阳不足，鼓动无力之征。

【治法】　温补心阳，安神定悸。

【方药】 桂枝甘草龙骨牡蛎汤（《伤寒论》）（桂枝、炙甘草、牡蛎、龙骨）加味。可加人参、附子以温阳益气。

5. 心血瘀阻

【证候】 心悸不安，胸闷不舒，心痛时作，或见唇甲青紫，舌紫暗或有瘀斑，脉涩或结代。

【分析】 心主血脉，心脉瘀阻，心失所养，故心悸不安。血瘀气滞，心阳被遏，则胸闷不舒。心络瘀阻，则心痛时作。脉络瘀阻，故见唇甲青紫。舌紫暗或有瘀斑，脉涩或结代，均为瘀血阻络，心阳阻遏之征。

【治法】 活血化瘀，理气通络。

【方药】 桃仁红花煎（《陈素庵妇科补解》）（红花、当归、桃仁、香附、延胡索、赤芍、川芎、乳香、丹参、青皮、生地黄）加减。可加入桂枝、炙甘草以通阳气；龙骨、牡蛎以镇心神，诸药合用，使心络通畅，则心悸、心痛自止。

（李雪峰）

复习思考题

1. 如何辨别惊悸和怔忡?
2. 如何辨别心悸的心虚胆怯证和心血不足证?

第七节 胸 痹

胸痹是指阵发性胸痛或胸部憋闷，多见于膻中部位，可向心前区和左上肢放射，常伴有气短。少部分患者主要表现为咽痛，或心下痛。严重者发展为真心痛，胸痛持续时间延长，呈压榨性疼痛，心痛彻背，背痛彻心，甚至喘息不得卧。

现代医学中的冠心病心绞痛、心肌梗死、冠状动脉微血管疾病等以胸部疼痛为主症者，可参考本节进行辨证论治。

一、病因病机

本病的发生多与寒邪内侵、饮食不当、情志失调、年迈体虚等因素有关。其病机有虚实两方面：实为寒凝、气滞、血瘀、痰阻，痹遏胸阳，阻滞心脉；虚为心脾肝肾亏虚，心脉失养。在本病的形成和发展过程中，大多先实而后致虚，亦有先虚而后致实者。

1. 寒邪内侵 素体阳衰，胸阳不足，阴寒之邪乘虚侵袭，寒凝气滞，痹阻胸阳，引发胸痹。

2. 饮食不当 饮食不节，过食肥甘生冷，或嗜酒成瘾，损伤脾胃，运化失健，聚湿成痰，痰阻脉络，则气滞血瘀，胸阳失展，而成胸痹。

3. 情志失调 思虑太过伤脾，致脾虚气结，影响津液输布，停聚为痰；郁怒伤肝，导致肝失疏泄，肝郁气滞，血行不畅生瘀；另外严重者气郁化火，灼津成痰。无论气滞或痰阻，均可使血行失畅，气滞血瘀，或痰瘀交阻，脉道不利，致胸阳不展，心脉痹阻不通，而发为胸痹。

4. 年迈体虚 本病中、老年人常见，年过半百，肾气渐衰，如肾阳虚衰，不能鼓振心阳，可致心气不足或心阳不振；肾阴亏虚，不能滋养心阴，可引起心阴内耗。心阴亏虚，心阳不振，又可使气血运行失畅。凡此均可在本虚的基础上形成标实，导致气滞、血瘀，而使胸阳失运，心脉阻滞，发生胸痹。

以上病因病机可以二者或三者并存，或交互为患。

二、辨证要点

1. 辨缓急　胸痹治疗注重"急则治标""缓则治本"的原则，明确是缓解期还是发作期。

2. 分证型　在发作期主要选用有速效止痛作用之药剂、气雾剂、丸片剂以迅速控制病情，缓解胸痛。缓解期则重在根据不同证型予以补气、养阴、活血化瘀等治疗。

三、辨证论治

本病的主要特征是胸部疼痛憋闷，常伴有气短。其病位在心，但与脾、肾也有一定关系。胸痹总属本虚标实之证，辨证首先当掌握虚实，分清标本，标实应区别阴寒、痰浊、血瘀的不同；本虚应区别阴阳气血亏虚的不同。

本病的治疗原则应先治其标，后顾其本；先从祛邪入手，然后再予扶正；必要时可根据虚实标本的主次，兼顾同治。祛邪治标常以活血化瘀、辛温通阳、豁痰泄浊为主，扶正固本常用温阳补气、益气养阴、滋阴益肾为法。

（一）发作期的治疗

胸痹心痛的基本病机是本虚标实、不通则痛，疼痛发作时以标实为主，治疗当急治其标，予以温阳散寒、行气活血、止痛为法。发作期主要分为两型，具体如下所述。

1. 寒凝血瘀

【证候】　遇冷则疼痛发作，或闷痛，舌淡暗、苔白腻，脉滑涩。

【分析】　寒邪侵袭人体，凝滞气机，导致血行瘀阻。寒性凝滞，使气血运行不畅，尤其在寒冷环境中，气血凝滞更为严重，故遇冷则疼痛发作，或表现为闷痛。寒邪伤及阳气，导致气血运行无力，舌质因而淡暗，苔白腻，脉象滑涩，均为寒凝血瘀的特征。

【治法】　芳香温通。

【方药】　苏合香丸（《太平惠民和剂局方》）（荜茇、细辛、檀香、良姜、延胡索、冰片）。发作时予 1 丸（3g），舌下含服。应中病即止，不可久服。也可选用宽胸气雾剂。

2. 气滞血瘀

【证候】　疼痛剧烈多与情绪因素有关，舌暗或紫暗、苔白，脉弦滑。

【分析】　气滞血瘀证候的形成，多因情绪波动剧烈，如怒气、忧郁等，导致气机运行不畅，气滞则血行受阻，形成瘀血。情绪波动时，气机更加紊乱，气血运行受阻，故疼痛剧烈且与情绪变化密切相关。舌暗或紫暗、苔白，脉弦滑，均为气滞血瘀并存，气机不畅，血行受阻之候。

【治法】　行气活血，祛瘀止痛。

【方药】　速效救心丸（《中华人民共和国药典》）（川芎、冰片）。发作时予 10～15 粒舌下含服。

（二）缓解期的治疗

本病缓解期多虚实并见，寒热错杂为患。故应标本兼治，通中寓补，补中有通，而通以活血化瘀为主。

1. 心血瘀阻

【证候】　胸痛部位固定，面色紫暗，肢体麻木，口唇紫暗或暗红。舌暗红或紫暗，舌体有瘀点瘀斑，舌下静脉紫暗，脉涩或结代。

【分析】　气郁日久，出现瘀血内停，心脉瘀阻，络脉不通，发为胸痛。血脉凝滞，故胸痛部位固定。舌紫暗，舌体有瘀点瘀斑，舌下静脉紫暗，脉涩或结代，均为瘀血内停之候。

【治法】　活血化瘀，通络止痛。

【方药】 冠心 2 号方（北京冠心病协作组方）（丹参、赤芍、川芎、红花、降香）加减。若胸痛剧烈、畏寒肢冷、脉沉细或沉迟，阳虚血瘀者，可加蒲黄、延胡索、桂枝、细辛、高良姜、薤白等。

2. 气滞血瘀

【证候】 胸痛，胸部憋闷，时痛时止，疼痛发作多与情绪因素有关，伴有胁胀，喜叹息，舌暗或紫暗、苔白，脉弦。

【分析】 多由于情志不遂，肝气不舒，故见胁胀，喜叹息；郁结日久，气滞导致血行瘀阻，瘀血阻络，故见胸部疼痛。舌紫暗，脉沉涩为血瘀之候。

【治法】 行气活血，通络止痛。

【方药】 血府逐瘀汤（《医林改错》）（桃仁、红花、川芎、赤芍、当归、柴胡、牛膝、枳壳、地龙）加减。

3. 痰阻血瘀

【证候】 胸脘痞闷，胸闷痛，或痛引肩背，气短倦怠乏力，肢体沉重，形体肥胖、痰多，纳呆恶心，舌暗苔浊腻，脉滑。

【分析】 痰浊内停，胸阳失展，故胸闷痛。血瘀阻滞脉络，故痛引肩背。气机不畅，故见气短倦怠乏力。脾主四肢，痰浊困脾，脾气不运，故肢体沉重。形体肥胖、痰多，舌苔浊腻，脉滑，均为痰浊壅阻之象。

【治法】 通阳泄浊，活血化瘀。

【方药】 瓜蒌薤白半夏汤（《金匮要略》）（瓜蒌、薤白、半夏）合桃红四物汤《医宗金鉴》（桃仁、红花、川芎、赤芍、当归、生地黄）加减。

4. 寒凝心脉

【证候】 胸痛，胸闷，气短多于秋冬季节、天气转冷时发作，感寒痛甚，心悸，面色苍白，四肢冷，舌苔白，脉沉细。

【分析】 诸阳受气于胸中而转行于背，寒邪内侵致使阳气不运，痹阻心脉，故见胸痛彻背，感寒则痛甚。胸阳不振，气机受阻，故见胸闷，心悸气短。阳气不足，故面色苍白，四肢冷。舌苔白，脉沉细，均为阴寒凝滞，阳气不运之候。

【治法】 辛温通阳，活血化瘀。

【方药】 瓜蒌薤白白酒汤（《金匮要略》）（瓜蒌、薤白）加味。可加枳实、桂枝、附子、丹参、檀香。

5. 气虚血瘀

【证候】 胸痛、胸闷，动则尤甚，休息时减轻，乏力气短，心悸汗出，舌胖有齿痕，舌暗有瘀斑或瘀点、苔薄白，脉弦或有间歇。

【分析】 气行则血行，气虚则行血不足，出现血行瘀滞或瘀阻，心脉不畅，发为胸痹。故有气虚见症，乏力气短，心悸汗出，舌体胖有齿痕，在此基础上，易见劳累后胸痛、胸闷，休息时缓解。

【治法】 益气活血。

【方药】 保元汤（《博爱心鉴》）（人参或党参、黄芪、肉桂、甘草）合桃红四物汤（《医宗金鉴》）（桃仁、红花、川芎、赤芍、当归、生地黄）加减。可根据情况加用麝香保心丸。

6. 气阴两虚、心血瘀阻

【证候】 胸闷隐痛、时作时止，心悸气短，倦怠懒言，面色少华，头晕目眩，遇劳则甚，舌暗红少津，脉细弱或结代。

【分析】 胸痹日久，气阴两虚，气虚则无以行血，阴虚则脉络不利，均可使血行不畅，气血瘀滞，故见胸闷隐痛，时作时止。心脉失养，故见心悸。气虚故见短气、倦怠懒言，面色少华。阴虚阳亢故见头晕目眩。虚不耐劳，故遇劳则甚。舌暗红少津，脉细弱或结代，均为气阴两虚之征。

【治法】 益气养阴，活血通脉。

【方药】 生脉散（《医学启源》）（人参或党参、麦冬、五味子）合冠心 2 号方（北京冠心病协作组方）（丹参、赤芍、川芎、红花、降香）加减。如偏阴虚火旺，见烦渴、潮热盗汗、失眠、舌红少苔、脉细数或细涩，可加用虎杖、漏芦、何首乌、地骨皮。

7. 热毒血瘀

【证候】 胸痛发作频繁、加重，口干口苦，口气浊臭，烦热，大便秘结，舌紫暗或暗红，苔黄厚腻，脉弦滑或滑数。

【分析】 饮食不节，过食肥甘厚味，加之嗜酒成瘾，影响脾胃运化，聚湿成痰，内蕴化热，故见口干口苦，口气浊臭，烦热，大便秘结，苔黄厚腻，脉滑数；热毒损伤脉络，则痰热瘀血互阻，胸阳失展，导致胸痛频繁发作。

【治法】 清热解毒，活血化瘀

【方药】 冠心2号方（北京冠心病协作组方）（丹参、赤芍、川芎、红花、降香）减降香，加虎杖、黄连、毛冬青、生地黄，增加清热解毒之功。

（李雪峰）

复习思考题

1. 胸痹的主要病因病机及主要治法是什么？
2. 如何辨别胸痹心痛（心绞痛）发作？

第八节　不　寐

不寐，也称失眠，或“不得眠”“不得卧”“目不瞑”，是指经常不能获得正常睡眠为特征的一种病证。不寐的证候轻重不一，轻者有入睡困难，有寐而易醒，有醒后不能再寐，亦有时寐时醒等，严重者则整夜不能入睡。

现代医学中的睡眠障碍、更年期综合征等疾病，可参考本节进行辨证论治。

一、病因病机

1. 情志失常 情志不遂，暴怒伤肝，肝气郁结，肝郁化火，火性上炎，扰动心神，神不安宁以致不寐。或思虑太过，伤及心脾，心血暗耗，神不守舍。

2. 心肾不交 素体虚弱，或久病之人，肾阴耗伤，不能上奉于心，水不济火，则心阳独亢；或五志过极，心火内炽，不能下交于肾，心肾失交，心火亢盛，热扰神明，神志不宁，因而不寐。

3. 心虚胆怯 心虚胆怯，决断无权，遇事易惊，心神不安，亦能导致不寐。

4. 胃气不和 饮食不节，肠胃受伤，宿食停滞，酿为痰热，壅遏于中，痰热上扰，胃气不和，导致失眠。

综上所述，失眠的原因很多，但总是与心、肝、肾及阴血不足有关。其病理变化，总体属于阳盛阴衰，阴阳失交。因为血由水谷之精微所化，血上奉于心，则心得所养；受藏于肝，则肝体柔和；统摄于脾，则生化不息；调节有度，化而为精，内藏于肾，肾精上承于心，心气下交于肾，则神志安宁。若暴怒、思虑、忧郁、饮食不节等伤及诸脏，精血内耗，彼此影响，每多形成顽固性失眠。所以，不寐之证，虚者尤多。

二、辨证要点

1. 辨特征 首先要明确本病主要特征，为入寐艰难，或寐而不酣，或时寐时醒，或醒后不能再寐，或整夜不能入寐。

2. 分虚实 其次要分清虚实，虚证多属阴血不足，责在心脾肝肾。实证多因肝郁化火，食滞痰浊，胃腑不和。

三、辨证论治

本病在治疗上当以补虚泻实，调整阴阳为原则。虚者宜补其不足，益气养血，滋补肝肾；实者宜泻其有余，消导和中，清火化痰。实证日久，气血耗伤，亦可转为虚证。虚实夹杂者，应补泻兼顾为治。

1. 阴虚火旺

【证候】 心烦失眠，心悸不安，头晕，耳鸣，健忘，腰酸，梦遗，五心烦热，口干津少，舌红，脉细数。

【分析】 肾阴不足，不能上交于心，心肝火旺，火性炎上，虚热扰动心神，故心烦不寐，心悸不安。肾精亏耗，髓海空虚，故头晕、耳鸣、健忘。腰府失养，则腰酸。心肾不交，精关不固，故梦遗。口干津少，五心烦热，舌红，脉细数，均为阴虚火旺之象。

【治法】 滋阴降火，养心安神。

【方药】 黄连阿胶汤（《伤寒论》）（黄连、阿胶、黄芩、芍药、鸡子黄），或用朱砂安神丸（《内外伤辨惑论》）（朱砂、黄连、炙甘草、生地黄、当归）。

2. 心脾两虚

【证候】 多梦易醒，心悸健忘，头晕目眩，肢倦神疲，饮食无味，面色少华。舌淡，苔薄脉细弱。

【分析】 心主血，脾为生血之源，心脾亏虚，血不养心，神不守舍，故多梦易醒，健忘心悸。气血亏虚，不能上奉于脑，清阳不升，则头晕目眩。血虚不能上荣于面，故面色少华，舌色淡。脾失健运，则饮食无味。血少气虚，故精神不振，四肢倦怠，脉细弱。

【治法】 补养心脾，养血安神。

【方药】 归脾汤（《济生方》）（人参、黄芪、白术、茯神、龙眼肉、炒酸枣仁、木香、炙甘草、当归、炙远志）。如心血不足者，可加熟地黄、白芍、阿胶以养心血。如失眠较重者，酌加五味子、柏子仁有助于养心宁神，或加合欢花、夜交藤、龙骨、牡蛎以镇静安神。

3. 心虚胆怯

【证候】 失眠多梦，睡眠中容易惊醒，胆怯心悸，遇事善惊，气短倦怠，自汗，舌淡，脉弦细。

【分析】 心虚则心神不安，胆虚则善惊易恐，故多梦易醒，心悸善惊。气短倦怠，自汗均为气虚之象，舌色淡，脉弦细，均为气血不足的表现。

【治法】 益气镇惊，安神定志。

【方药】 安神定志丸（《医学心悟》）（茯苓、茯神、远志、人参、石菖蒲、龙齿）加味。心肾不交，虚阳上扰者，可用交泰丸。

4. 肝郁化火

【证候】 失眠，性情急躁易怒，不思饮食，口渴喜饮，目赤口苦，小便黄赤，大便秘结，舌红苔黄，脉弦数。

【分析】 本证多因恼怒伤肝，肝失条达，气郁化火，上扰心神则不寐。肝气犯胃则不思饮食。肝郁化火，肝火乘胃，胃热则口渴喜饮。肝火偏旺，则急躁易怒。火热上扰，故目赤口苦。小便黄赤，大便秘结，舌红苔黄，脉弦数，均为热象。

【治法】 疏肝泻热，镇心安神。

【方药】 龙胆泻肝汤（《医方集解》）（龙胆草、黄芩、山栀子、泽泻、木通、车前子、当归、生地黄、柴胡、生甘草）加味。可加茯神、龙骨、牡蛎以镇心安神。

5. 痰热内扰

【证候】 失眠，头重，胸闷痰多，厌食嗳气，吞酸恶心，心烦苦，目眩，苔黄腻，脉滑数。

【分析】 本证多因饮食不节，宿食停滞，积湿生痰，因痰生热，痰热上扰则心烦失眠。因宿食痰湿壅遏于中，故而胸闷。清阳被蒙，故头重目眩。痰食停滞则气机不畅，胃失和降，故症见厌食、嗳气或呕恶。苔腻而黄，脉滑数，均为痰热、宿食内停之象。

【治法】 化痰清热，和中安神。

【方药】 温胆汤（《三因极一病证方论》）（半夏、竹茹、枳实、陈皮、甘草、茯苓）加黄连、山栀主之。若痰食阻滞，胃中不和者，可神曲、山楂、莱菔子以消导和中。

（李雪峰）

复习思考题

1. 不寐的主要病因病机及主要治法是什么？
2. 如何辨别不寐的虚实？

第九节　郁　　证

郁证是由于情志不舒，气机郁滞所引起的一类病证。主要表现为心情抑郁、情绪不宁、胸部满闷、胁肋胀痛，或易怒喜哭，或咽中如有异物梗塞，或失眠多梦，以及症状难以用语言描述等各种复杂症状。

现代医学中的神经官能症、抑郁症、焦虑症、更年期综合征等疾病出现郁证临床表现者，可参考本节进行辨证论治。

一、病因病机

1. 肝气郁结　郁怒不畅，使肝失条达，气失疏泄，而致肝气郁结。气郁日久可以化火，气滞又可导致血瘀不行。若肝郁及脾，或思虑不解，劳倦伤脾，均能使脾失健运，蕴湿生痰，导致气滞痰郁。若湿浊停留，或食滞不消，或痰湿化热，则可发展为湿郁、食郁、热郁等证。

2. 心失所养　情志不遂，肝郁抑脾，耗伤心气，营血渐耗，心失所养，神失所藏，即所谓忧郁伤神，可以导致心神不安。若久郁伤脾，饮食减少，生化乏源，则气血不足，心脾两虚；郁久化火易伤阴血，累及于肾，阴虚火旺，由此发展可成种种虚损之候。

总之郁证的发生，因郁怒、思虑、悲哀、忧愁七情之所伤，导致肝失疏泄，脾失运化，心神失常，脏腑阴阳气血失调而成。

二、辨证要点

1. 辨虚实　初病因气滞而夹湿痰、食积、热郁者，则多属实证；久病由气及血，由实转虚，如久郁伤神，心脾俱亏，阴虚火旺等均属虚证。

2. 辨证型　临床上，肝气郁结、心神失养、肝郁化火三种证型最为常见，其次有心脾两虚、阴虚内热、气滞痰郁等证型。

三、辨证论治

郁证初起，总属情志所伤，气分郁结。其临床表现为抑郁不畅，精神不振，胸闷胁痛，善太息，不思饮食等症。

疏通气机为郁证总的治则，早期疏通气机对于防止病情的发展，发生它病，具有重要意义。当然临床治疗时，又应明辨虚实，实证以疏肝理气为主，依其病情分别配以行血、化痰、利湿、清热、消食之剂，虚证则以益气、养血、滋阴扶正为法。

1. 肝气郁结

【证候】 精神抑郁，情绪不宁，善太息，胸胁胀痛，痛无定处，脘闷嗳气，腹胀纳呆，或呕吐，大便失常，女子月事不行，苔薄腻，脉弦。

【分析】 情志所伤，肝失条达，故精神抑郁，情绪不宁。厥阴肝经循少腹，挟胃，布于胸胁，因肝气郁滞，气机不畅，气滞血瘀，肝络失和，故见腹胀、胸闷、胁痛，以及女子月事不行等症。肝气犯胃，胃失和降，故脘闷嗳气，纳呆，呕吐。肝气乘脾，则腹胀，大便失常。苔薄腻，脉弦，为肝胃不和之象。

【治法】 疏肝解郁，理气和中。

【方药】 柴胡疏肝散（《景岳全书》）（陈皮、柴胡、川芎、香附、枳壳、芍药、甘草）加减。可加郁金、青皮以助解郁之功。在服汤药的同时，可以常服越鞠丸，以行气解郁提高疗效。

2. 肝郁化火

【证候】 性情急躁易怒，胸闷胁胀，嘈杂吞酸，口干而苦，大便秘结，或头痛、目赤、耳鸣，舌红苔黄，脉弦数。

【分析】 气郁化火，火性炎上，循肝脉上行，则头痛，目赤，耳鸣。肝火犯胃，胃肠有热，故口干而苦，大便秘结。性情急躁易怒，舌红苔黄，脉弦数，均为肝火有余之象。

【治法】 清肝泻火，解郁和胃。

【方药】 丹栀逍遥散（《方剂学》）（柴胡、芍药、牡丹皮、当归、茯苓、白术、栀子、甘草、薄荷、煨姜）合左金丸（《丹溪心法》）（吴茱萸、黄连）治之。如口苦、苔黄、大便秘结者，可加龙胆草、大黄以泻火通便。

3. 气滞痰郁

【证候】 咽中不适，如有物梗阻，咯之不出，咽之不下，胸中窒闷，或兼胁痛，苔白腻，脉弦滑。

【分析】 肝郁乘脾，脾运不健，生湿聚痰，痰气郁结于胸膈之上，故自觉咽中不适，如有物梗阻感，咯之不出，咽之不下，亦称“梅核气”。气失舒展则胸中空闷。胁为肝经之所过，经络郁滞，故胁痛。苔白腻，脉弦滑，为肝郁夹痰湿之征。

【治法】 化痰利气解郁。

【方药】 半夏厚朴汤（《金匮要略》）（半夏、厚朴、茯苓、生姜、苏叶）加减。如见呕恶，口苦，苔黄而腻，证属痰热，可用温胆汤加黄芩、浙贝母、瓜蒌皮，以化痰清热，利气机。

4. 心神失养

【证候】 精神恍惚，心神不宁，悲忧善哭，时时欠伸，舌淡，苔薄白，脉弦细。

【分析】 忧郁不解，心气耗伤，营血暗亏，不能奉养心神，故见精神恍惚，心神不宁等症。此即《金匮要略》所谓“脏躁”证，多发于女子。舌淡，苔薄白，脉弦细，为气郁血虚之象。

【治法】 养心安神。

【方药】 甘麦大枣汤（《金匮要略》）（炙甘草、小麦、大枣）加味。可加柏子仁、枣仁、茯神、合欢花等以加强药力。

5. 心脾两虚

【证候】 多思善虑，心悸胆怯，少寐健忘，面色不华，头晕神疲，食欲不振，舌淡，脉细。

【分析】 劳心思虑，导致心脾两虚。心失所养，故见心悸胆怯，失眠健忘等症。脾胃为生化气血之源，脾虚不运，纳食减少，气血化源不足，故见面色少华，头晕，神疲，舌淡，脉细弱。

【治法】 健脾养心，益气补血。

【方药】　归脾汤（《济生方》）（人参、黄芪、白术、茯神、龙眼肉、炒酸枣仁、木香、炙甘草、当归、炙远志）加减。可酌加郁金、合欢花之类以解郁安神。

6. 阴虚内热

【证候】　眩晕，心悸，少寐，心烦易怒，或遗精，腰酸，妇女则月经不调，舌红，脉弦细而数。

【分析】　肾阴不足，营血暗耗，阴亏则虚阳上浮，故见眩晕易怒。阴血亏耗，心神失养，以及阴虚生热，虚热扰神，则心悸少寐而烦躁。肾阴不足，腰府失养则腰酸。阴虚火旺，扰动精室，精关不固则遗精。肝肾失养，冲任不调，故月经不调。舌红，脉弦细而数，为阴虚有火。

【治法】　滋阴清热，镇心安神。

【方药】　滋水清肝饮（《医宗己任编》）（熟地黄、当归身、白芍、枣仁、山萸肉、茯苓、山药、柴胡、山栀、牡丹皮、泽泻）加减。

（李雪峰）

复习思考题

1. 郁证的主要病因病机及主要治法是什么？
2. 如何辨别郁证的虚实？

第十节　噎　　膈

噎膈是指由于食管干涩，食管、贲门狭窄所致的以咽下食物梗塞不顺，甚则食物不能下咽到胃，食入即吐为主要临床表现的一类病证。噎即梗塞，指吞咽食物时梗塞不顺；膈即格拒，指食管阻塞，食物不能下咽到胃，食入即吐。噎属噎膈之轻证，可以单独为病，亦可为膈的前驱表现，故临床统称为噎膈。

现代医学中的食管癌、贲门癌，以及食管炎、贲门痉挛、食管憩室、弥漫性食管痉挛等疾病，出现吞咽困难等噎膈表现时，可参考本节辨证论治。

一、病因病机

1. 七情失调　导致噎膈的七情因素中，以忧思恼怒多见。忧思伤脾则气结，脾伤则水湿失运，滋生痰浊，痰气相搏；恼怒伤肝则气郁，气结气郁则津行不畅，瘀血内停，已结之气，与后生之痰、瘀交阻于食管、贲门，使食管不畅，久则使食管、贲门狭窄，而成噎膈。《临证指南医案·噎膈反胃》谓："噎膈之症，必有瘀血、顽痰、逆气，阻隔胃气。"

2. 饮食所伤　嗜酒无度，过食肥甘，恣食辛辣，助湿生热，酿成痰浊，阻于食管、贲门，或津伤血燥，失于濡润，使食管干涩，均可引起进食噎塞，而成噎膈。此外，饮食过热，食物粗糙发霉，既可损伤食管脉络，又可损伤胃气，气滞血瘀阻于食管、贲门，也可成噎膈。

3. 年老肾虚　年老肾虚，精血渐枯，食管失养，干涩枯槁，发为此病。若阴损及阳，命门火衰，脾胃失于温煦，脾胃阳虚，运化无力，痰瘀互结，阻于食管，也可形成噎膈。

噎膈的病因以内伤饮食、情志，年老肾虚，脏腑失调为主，且三者之间常相互影响，互为因果，共同致病，形成本虚标实的病理变化。噎膈的病位在食管，属胃气所主，与肝脾肾也有密切关系。基本病机是脾胃肝肾功能失调，导致津枯血燥，气郁、痰阻、血瘀互结，而致食管干涩，食管、贲门狭窄。

二、辨证要点

1. 辨虚实 因忧思恼怒，饮食所伤，寒温失宜，而致气滞血瘀，痰浊内阻者为实；因热邪伤津，房劳伤肾，年老肾虚，而致津枯血燥，气虚阳微者属虚。新病多实，或实多虚少；久病多虚，或虚中夹实。然而临证时，多为虚实夹杂之候，尤当详辨。

2. 辨标本 噎膈以正虚为本，夹有气滞、痰阻、血瘀等标实之证。初起以标实为主，后期以正虚为主。病理性质总属本虚标实。标实为气滞、痰阻、血瘀，本虚为津枯血燥，阳气衰微。在不同阶段，标本虚实各有侧重，可相互影响。

三、辨证论治

噎膈的辨证需辨别标本虚实。吞咽困难，梗塞不顺，胸膈胀痛者多实；食管干涩，饮食不下，或食入即吐者多虚。新病多实，或实多虚少；久病多虚，或虚实并重。邪实为标，正虚为本。

噎膈常因脾胃肝肾功能失调，导致津枯血燥，气郁、痰阻、血瘀互结而致，治疗以理气开郁，化痰消瘀，滋阴养血润燥，分清标本虚实而治。初起以标实为主，重在治标，以理气开郁、化痰消瘀为法，可少佐滋阴养血润燥之品；后期以正虚为主，或虚实并重，但治疗重在扶正，以滋阴养血润燥，或益气温阳为法，也可少佐理气开郁、化痰消瘀之品。但治标当顾护津液，不可过用辛散香燥之药；治本应保护胃气，不宜过用甘酸滋腻之品。

1. 痰气交阻

【证候】 进食梗阻，脘膈痞满，甚则疼痛，情志舒畅则减轻，精神抑郁则加重，嗳气呃逆，呕吐痰涎，口干咽燥，大便艰涩，舌红，苔薄腻，脉弦滑。

【分析】 痰气交阻，闭塞胸膈，食管不利，则吞咽食物困难，胸膈痞满，甚则胸膈隐痛，遇情绪舒畅则病症稍可减轻者，此属气结初期之征；气结津液不能上承，且郁热伤津，故口燥舌干；津伤肠道失润，故大便艰涩；舌偏红，脉弦滑，为痰气郁阻之象。

【治法】 开郁化痰，润燥降气。

【方药】 启膈散（《医学心悟》）（丹参、郁金、砂仁、沙参、贝母、茯苓、杵头糠）加减。

2. 津亏热结

【证候】 进食时梗塞而痛，水饮可下，食物难进，食后复出，胸背灼痛，形体消瘦，肌肤枯燥，五心烦热，口燥咽干，渴欲饮冷，大便干结，舌红而干，或有裂纹，脉弦细数。

【分析】 胃津亏耗，食管失于濡养，故吞咽时梗塞作痛，尤以进粗糙食物为甚；口干咽燥，大便干结，亦为胃肠津亏热结所致；如五心烦热，形体消瘦，则已由化源亏竭进而累及肝肾，肝肾阴血亏虚；舌质红干，或带裂纹，脉弦细数为津亏内热之象。

【治法】 养阴生津，泻热散结。

【方药】 沙参麦冬汤（《温病条辨》）（沙参、麦冬、玉竹、桑叶、天花粉、扁豆、甘草）加减。

3. 瘀血内结

【证候】 进食梗阻，胸膈疼痛，食不得下，甚则滴水难进，食入即吐，面色暗黑，肌肤枯燥，形体消瘦，大便坚如羊屎，或吐下物如赤豆汁，或便血，舌紫暗，或舌红少津，脉细涩。

【分析】 瘀血内结，阻于食管，因而痛有定所，食入即吐，甚至水饮难下；由于病久，阴血更伤，肠失润泽，故大便干结，坚如羊屎；瘀热伤络，络伤渗血，则吐出物如赤豆汁；长期饮食不入，化源不足，必形体更为消瘦，肌肤枯燥，面色晦滞；舌紫暗，脉细涩为血亏瘀结之象。

【治法】 破结行瘀，滋阴养血。

【方药】 通幽汤（《脾胃论》）（桃仁、红花、当归、生地黄、熟地黄、槟榔、升麻）加减。

4. 气虚阳微

【证候】 进食梗阻不断加重，饮食不下，面色苍白，精神衰惫，形寒气短，面浮足肿，泛吐清涎，腹胀便溏，舌淡苔白，脉细弱。

【分析】 噎膈日久，阴损及阳，导致脾肾阳气衰败，脾胃阳气衰微，饮食无以受纳和运化，津液输布无权，故长期饮食不下，泛吐清涎，精神疲惫。脾肾俱败，阳气无以化津，故面浮足肿、腹胀，面色苍白，形寒气短。舌淡苔白，脉细弱属气微阳虚之象。

【治法】 温补脾肾，益气回阳。

【方药】 温脾用补气运脾汤（《证治准绳·类方》）（人参、黄芪、白术、茯苓、甘草、砂仁、陈皮、半夏）加减；温肾用右归丸（《景岳全书》）（附子、肉桂、鹿角胶、杜仲、菟丝子、熟地黄、山茱萸、山药、枸杞子、当归）加减。

（吴国琳）

复习思考题

1. 噎膈的主要病因病机是什么？
2. 如何辨别噎膈的虚实标本？

第十一节 胃 痛

胃痛，又称胃脘痛，是以上腹胃脘部近心窝处反复发生疼痛为主症的病证。古人也称之为“胃心痛”。胃脘疼痛有胀痛、刺痛、隐痛、钝痛、绞痛、灼痛性质的不同，可呈持续性或发作性，常伴恶心、呕吐、食欲不振等症。

现代医学中的急性胃炎、慢性胃炎、消化性溃疡、胃下垂、胃痉挛、功能性消化不良等疾病以上腹胃脘部疼痛为主症者，可参考本节进行辨证论治。

一、病因病机

（一）病因

胃痛的发作多由寒邪客胃、情志失调、饮食不节、劳倦体虚所致。

1. 寒邪客胃 外感寒邪，内客于胃，寒主收引，气血凝滞，胃气不和而痛。

2. 情志失调 忧思恼怒，情志不遂，肝郁气滞，横逆犯胃，胃失和降，不通则痛。病程日久，气滞导致血瘀，瘀阻络脉，则痛有定处，甚者可见吐血、便血等症。

3. 饮食不节 暴饮暴食，饥饱无常，损伤脾胃之气；或嗜食肥甘厚味，过饮烈酒，以致湿热中阻，壅滞胃脘，胃失和降而致胃脘作痛。

4. 劳倦体虚 脾胃为仓廪之官，主受纳和运化水谷，若劳倦内伤，或久病不愈，或禀赋不足，延及脾胃，或用药不当，皆可损伤脾胃。寒从内生者多为虚寒胃痛；若胃阴受损，胃失濡养，则为阴虚胃痛。

（二）病机

本病主要病机为邪实犯胃，气机阻滞，不通则痛；或脾胃虚弱，胃失濡养，不荣则痛。病位在胃，与肝、脾两脏密切相关。早期多由外邪、情志、饮食等邪实所伤；后期多见脾胃虚弱，且往往虚实夹杂。

二、辨证要点

1. 辨急缓、寒热 胃痛暴发，多为寒邪客胃，过食生冷；胃痛渐作，常是肝郁气滞，脾胃虚弱。

2. 辨气血、虚实 胃痛且胀，拒按、喜冷者为实；胃痛不胀，喜按喜温者是虚。初期在气，久痛入血。

三、辨证论治

胃痛的辨证，须辨别虚实寒热、在气在血，还应辨夹杂证及脏腑。实证多痛急而拒按，痛有定处，脉实；虚证则痛缓而有休止，痛无定处，喜按，脉虚。遇寒痛甚，得温则舒为寒证；胃脘灼痛，痛势急迫，得寒痛减为热证。在气者多见胀痛，痛无定处，时痛时止；在血者持续刺痛，痛有定处，舌紫暗。各证往往不是单独出现或一成不变的，常常相互兼杂和转化，如寒热错杂、虚实夹杂、气血同病等。

胃痛常因脾胃纳运、升降失常，气血瘀阻不畅，并胃失濡养，治疗以理气和胃止痛为主，再须审证求因，辨证施治。临床上须根据不同的证候而选用相应的治法。若胃痛日久不愈，往往是由化火、伤阴或血瘀所致，当分别应用清火、养阴、祛瘀等法，而不仅拘泥于“通”法。

1. 寒邪客胃

【证候】 胃痛暴作，恶寒喜暖，脘腹得温则痛减，遇寒则痛增，口不渴或渴喜热饮，苔薄白，脉弦紧。

【分析】 寒主收引，寒邪内客于胃，则阳气被寒邪所遏而不得舒展，致气机阻滞，故胃痛暴作。寒邪得阳则散，遇阴则凝，所以得温则痛减，遇寒则痛增。胃无热邪，故口和不渴。热能胜寒，故喜热饮。苔薄白属寒，脉弦主痛，脉紧主寒。在辨证时注意询问胃痛史和近日感寒或偶食生冷史。

【治法】 温胃散寒，理气止痛。

【方药】 良附丸（《良方集腋》）（高良姜、香附）加味。

2. 肝气犯胃

【证候】 胃脘胀闷痛，攻撑连胁，每因情志因素而痛作，嗳气频繁，或有泛酸，大便不畅，舌苔薄白，脉弦。

【分析】 肝郁气滞，横逆犯胃，气滞不行，故胃脘胀闷痛；胁为肝经循行分布，故痛攻撑连胁，每因情志因素而痛作。肝气犯胃，胃失和降，故嗳气频繁，或有泛酸，大便不畅。进食则气滞增加，故食后胀甚，舌苔薄白，脉弦亦为肝气郁滞之象。

【治法】 疏肝理气，和胃止痛。

【方药】 柴胡疏肝散（《医学统旨》）（柴胡、香附、枳壳、陈皮、川芎、芍药、甘草）加减。

3. 瘀血阻胃

【证候】 胃脘多刺痛，痛有定处，按之痛甚或拒按，痛时持久，或痛有针刺感，食后痛剧，入夜加重。甚或伴吐血、黑便，舌紫暗或有瘀斑，脉涩。

【分析】 胃病日久，反复发作，气滞血瘀，瘀血阻络，脉络不通，不通则痛，故胃痛，且多呈刺痛。瘀血为有形，故痛有定处，按之痛甚或拒按，痛时持久，或痛有针刺感。食入触动瘀血，故食后痛剧。血分为病，入夜加重，甚或瘀久伤络，血不循经，上溢则吐血，下泻则便血。舌紫暗或有瘀斑，脉涩，是为瘀血阻络之象。

【治法】 活血化瘀，理气止痛。

【方药】 失笑散（《太平惠民和剂局方》）（五灵脂、蒲黄）合丹参饮（《医宗金鉴》）（丹参、檀香、砂仁）加味。

4. 饮食积滞

【证候】 胃脘疼痛拒按，或伴胀满，嗳腐吞酸，或呕吐不消化之食物，吐后痛减，不思饮食，大便不爽，得矢气及便后则舒，舌苔厚腻，脉滑。

【分析】 食滞中焦，脾胃纳运失常，胃失和降，故胃脘疼痛拒按，或伴胀满，呕吐不思食。食积胃脘、浊气上逆，故嗳腐吞酸，或呕吐不消化食物，吐后痛减。腑气不畅，故大便不爽得矢气及便后则舒。苔厚腻，脉滑均为食积内阻之象。

【治法】 消食导滞，和胃止痛。

【方药】 保和丸（《丹溪心法》）（茯苓、半夏、陈皮、山楂、莱菔子、连翘、神曲）加减。

5. 脾胃虚寒

【证候】 胃脘隐痛，喜温喜按，空腹痛甚，得食痛减，泛吐清水，纳差，乏力，畏寒肢冷，大便稀溏，舌淡白，脉虚或细弱。

【分析】 脾胃虚寒，病属正虚，故胃痛隐隐。寒得温而散，气得按而行，所以喜温喜按。脾虚中寒，水不运化而上逆，故泛清水。脾胃虚寒，受纳运化失常，故纳差。胃虚得食，则产热助正以抗邪，所以空腹痛甚，得食痛减。脾主肌肉而健运四旁，中阳不振则健运无权，肌肉筋脉皆失其温养，所以乏力，畏寒肢冷。脾虚生湿下渗肠间，故大便稀溏。舌淡白，脉虚或细弱皆为脾胃虚寒，中气不足之象。

【治法】 温中健脾，和胃止痛。

【方药】 黄芪建中汤（《金匮要略》）（黄芪、白芍、桂枝、炙甘草、生姜、大枣、饴糖）加减。

6. 胃阴亏虚

【证候】 胃痛隐隐，口干烦渴，大便干结，舌红少苔，脉细数或弦细。

【分析】 胃痛日久，郁热伤阴，胃失濡养，故见胃痛隐隐。阴虚津少，无以上承，则口干烦渴。阴虚液耗，无以下溉，则肠通失润而大便干结。舌红少苔，为阴虚液耗之象。脉细数或弦细，乃阴虚内热之征。

【治法】 养阴益胃。

【方药】 益胃汤（《温病条辨》）（沙参、麦冬、冰糖、地黄、玉竹）合芍药甘草汤（《伤寒论》）（白芍、炙甘草）加减。

（贾爱明）

复习思考题

1. 胃痛的主要病因病机及主要治法是什么?
2. 如何辨别胃痛的虚实寒热、在气在血?

第十二节 呕　　吐

呕吐是由胃失和降、胃气上逆所导致的饮食、痰涎等胃内容物，从胃中上涌，由口而出的病证。呕与吐有所区别，一般有物有声谓之呕，有物无声谓之吐，无物有声谓之干呕。临床二者常同时发生，难以截然分开，故统称为“呕吐”。

现代医学中的幽门梗阻、急慢性胃炎、肠梗阻、急性胰腺炎、十二指肠壅积症、颅脑疾病等，以呕吐为主要表现者，可参考本节辨证论治。

一、病因病机

（一）病因

呕吐的主要病因有外邪犯胃、饮食不节、情志不遂、久病体虚。

1. 外邪犯胃 外感邪气侵袭胃腑，致使胃失和降，水谷随逆气上出，发生呕吐。

2. 饮食不节 过食酒辣刺激、生冷油腻，暴饮暴食，或误食不洁之物，可导致食滞不化，物盛满而上溢为呕吐；或因脾胃受伤，水谷难化，聚生痰饮，停积胃中，饮邪上逆，则发生呕吐。

3. 情志不遂 情志不畅，肝失疏泄，气机郁滞，肝气横逆犯胃；或因气郁化火，胃气上逆而作呕吐；或因情志抑郁，忧思伤脾，脾失健运，饮食难化，胃失和降而发呕吐。

4. 久病体虚 素体脾胃虚弱，或先天禀赋不足，或劳倦太过，损伤脾胃阳气，纳运失常，胃气不降则呕吐；或久病损耗胃津，胃阴不足，胃失润降，不能承纳水谷，亦可发生呕吐。

（二）病机

呕吐基本病机为胃气上逆，胃失和降。病位在胃，与肝、脾二脏关系密切，呕吐病性之虚实可相互转化与兼夹。如实证暴吐伤津耗气，或呕吐日久，饮食水谷不化精微，由实转虚；或虚性呕吐，复因饮食、时邪犯胃，呈急性发作，表现为虚实夹杂。

二、辨证要点

1. 辨虚实 呕吐辨证以虚实为纲。实证多由外邪、饮食所伤，病程短，起病急，呕吐物较多；虚证多为脾胃运化功能减退，病程长，起病缓，呕吐物较少，或伴有倦怠乏力等症。虚证亦有脾胃虚寒及胃阴不足之区别。

2. 辨呕吐特点 若发病急，伴有表证者，属外邪犯胃；呕吐酸腐量多，气味难闻多，为宿食停胃；呕吐清水痰涎，胃脘如囊裹水者，属痰饮内停；呕吐泛酸，抑郁恼怒者，则多为肝气郁结；呕吐苦水者，多因胆热犯胃；反复发作，纳多寒凉即吐者，为脾胃虚寒；干呕嘈杂，或伴有口干、似饥而不欲食，为胃阴不足。

三、辨证论治

呕吐以和胃降逆止呕为基本治则，但应根据具体虚实寒热不同，分别予以对症治疗。偏于实者，治宜祛邪为主，分别采用解表、消食、化痰、理气等法，邪去则呕吐自止。偏于虚者，治宜扶正为主，分别采用健脾益气、养阴和胃、温中散寒等法，正复则呕吐自愈。虚实夹杂者，宜标本兼治，审其标本缓急主次而治之。

1. 外邪犯胃

【证候】 突然呕吐，频频泛恶，胸脘痞闷，或心中懊恼，伴有恶寒发热，头身疼痛；舌苔白腻，脉濡。

【分析】 外邪犯胃，起病急骤，胃失和降，浊气上逆故突然呕吐，频频犯恶。中焦气滞不畅，故胸脘痞闷，邪滞中焦，扰及胃腑，故心中懊恼。恶寒发热，头身疼痛均为外邪侵袭之征象。舌苔白腻，脉濡主寒湿外邪。

【治法】 疏邪解表，化浊和中，降逆止呕。

【方药】 藿香正气散（《太平惠民和剂局方》）（藿香、大腹皮、白芷、茯苓、紫苏、半夏曲、白术、苦桔梗、陈皮、厚朴、甘草、生姜、大枣）加减。

2. 饮食停滞

【证候】 呕吐酸腐量多，或吐出未消化的食物，嗳气厌食，脘腹胀满，得食更甚，吐后反快，大便秘结或溏泄，气味臭秽；舌苔厚腻，脉滑实有力。

【分析】　食滞中焦故脘腹胀满；纳化失常，胃失和降，浊气上逆，故呕吐酸腐量多，或吐出未消化食物。呕出食物，积滞减少故稍舒；腑气不畅故大便秘结或溏泄；积滞瘀久酸腐，故矢气酸臭。舌苔厚腻、脉滑实有力均为食积内阻之象。

【治法】　消食化滞，和胃降逆。

【方药】　保和丸（《丹溪心法》）（茯苓、半夏、陈皮、山楂、连翘、莱菔子、神曲）加减。

3. 痰饮内阻

【证候】　呕吐物多为清水痰涎，或胃部如囊裹水，胸脘痞闷，纳食不佳，头眩，心悸，或逐渐消瘦，或呕而肠鸣；舌苔白滑而腻，脉沉弦滑。

【分析】　若水谷不化精微，聚湿生痰，痰湿中阻，胃失和降，胃气上逆则出现呕吐清水痰涎，如囊裹水，胸脘胀闷；痰湿停滞，食不得下，进食反呕；浊阴不降，引起眩晕；痰湿俱为阴邪，其性黏滞，痹阻心脉，则心悸；精微不达四肢，故日渐消瘦；影响大肠传导功能，则肠鸣亢进；舌苔白滑而腻，脉沉弦滑均为痰湿内阻之象。

【治法】　温化痰饮，和胃降逆。

【方药】　小半夏汤（《金匮要略》）（半夏、生姜）合苓桂术甘汤（《金匮要略》）（茯苓、桂枝、白术、甘草）加减。

4. 肝气犯胃

【证候】　呕吐吞酸，或干呕泛恶，脘胁胀痛，烦闷不舒，嗳气频频，每因情志不遂而发作或加重；舌边红，苔薄腻或微黄，脉弦。

【分析】　情志所伤，肝失疏泄，横逆犯胃，胃失和降，故发呕吐，或干呕泛恶；气机郁滞可见脘胁胀满，嗳气频频，情志不遂时发作或加重；气郁生热，可见吞酸，烦闷不舒；舌边红，苔薄腻或微黄是为肝郁化热的表现，弦为肝脉，均属肝气犯胃之征象。

【治法】　疏肝和胃，降逆止呕。

【方药】　四七汤（《太平惠民和剂局方》）（苏叶、制半夏、茯苓、厚朴、生姜、大枣）加减。

5. 脾胃虚寒

【证候】　饮食稍多即欲呕吐，时发时止，食入难化，胸脘痞闷，不思饮食，面色白，倦怠乏力，四肢不温，口干不欲饮或喜热饮，大便稀溏；舌淡，苔薄白，脉濡弱或沉。

【分析】　脾阳不足，运化失健，则饮食稍多即欲呕吐，时发时止，食入难化，胸脘痞闷，不思饮食；阳虚阴盛，寒从中生，寒凝气滞，故口干不欲饮，喜热饮；中阳不振，肌肉筋脉失于濡养，可见面色白、倦怠乏力、四肢不温；阴寒之气内盛，脾虚不运，大便稀溏。舌淡，苔薄白，脉濡弱或沉均为脾胃虚寒之证。

【治法】　温中健脾，和胃降逆。

【方药】　理中丸（《伤寒论》）（人参、白术、干姜、甘草）加减。

6. 胃阴亏虚

【证候】　呕吐反复发作，或时作干呕，恶心，胃中嘈杂，似饥而不欲食，口燥咽干；舌红少津，苔少，脉细数。

【分析】　本证多因湿热病后，热盛伤津所致，胃阴不足，胃失濡养，不得润降，不能承受水谷，则呕吐反复发作，或时作干呕，恶心，胃中嘈杂；胃阴不足，胃阳偏亢，虚热内生，胃气不和，故见胃中嘈杂，似饥而不欲食，口燥咽干；舌红少津，苔少，脉细数皆为胃阴亏虚之表现。

【治法】　滋养胃阴，和胃降逆。

【方药】　麦门冬汤（《金匮要略》）（麦冬、半夏、人参、粳米、大枣、甘草）加减。

（贾爱明）

复习思考题

1. 呕吐的主要病因病机及主要治法是什么？
2. 呕吐的辨证要点是什么？

第十三节 泄　　泻

泄泻是指大便次数增多，便质稀薄，甚至泻出如水样的病证。泄，如水泄，其势缓；泻，指暴注下迫，发病急骤；二者有缓急轻重之分，合称泄泻。本病以大便清稀为主要表现，主要伴有大便次数增多和大便质地改变，亦常伴有腹部不适、肠鸣、食欲不振、恶心呕吐、小便不利等症状。

泄泻进一步发展，可成为慢性泄泻，如五更泻；或暴泻成痉、厥、闭、脱等危证。现代医学中的急性肠炎、炎症性肠病、肠易激综合征、吸收不良综合征、肠结核、肠道肿瘤等病，可参考本节进行辨证论治。

一、病 因 病 机

（一）病因

泄泻的发生多与外感邪气、饮食不节、忧思恼怒、劳伤脾胃、年老久病等关系密切。

1. 外感邪气　外感寒湿、暑热之邪均能引起泄泻，其中湿邪为关键致病因素，脾喜燥恶湿，湿邪困脾，脾失健运，水谷混杂而下，清浊不分则成泄泻，故有“无湿不成泻”之说。寒、暑、热之邪引起泄泻，往往与湿邪相兼而致病，故又有寒湿、湿热、暑湿之别。

2. 饮食不节　过量饮食，停滞不化；或过食肥甘厚味，脾胃运化不及；或误食生冷不洁食物，损伤脾胃，均可导致泄泻。

3. 忧思恼怒　郁怒伤肝，肝气乘脾；或因思虑过度，脾气受伤，运化失常，从而发生泄泻。

4. 劳伤脾胃　脾主运化，胃主受纳，若因长期饮食失调，劳倦内伤，久病缠绵，均可导致脾胃虚弱，不能受纳水谷、运化精微，清浊混降，化为泄泻。

5. 年老久病　久病损伤肾阳；或年老肾阳不足，脾失温煦，运化失常，而致泄泻；泄泻日久，则又可导致脾肾阳虚。

（二）病机

泄泻的主要病机为脾虚湿盛，肠道功能失司。泄泻的主要病变部位在脾胃与大小肠，发病多与肝、脾、肾功能失调有关。泄泻起病有暴泻和久泻不同，暴泻属实，久泻属虚，虚实间可相互转化兼夹。

二、辨 证 要 点

泄泻是以排便次数增多、粪便质稀为特征。其辨证要点有寒热、虚实之不同。

1. 辨寒热　一般情况下，粪便清稀者多为寒证；粪便黄褐而臭，肛门灼热者多为热证。

2. 辨虚实　起病急骤，病程较短，腹部胀痛拒按，泻后痛减者多属实证；病程较长，缠绵不愈，腹痛隐隐，喜温喜按，倦怠乏力，神疲肢冷者多属虚证。

泄泻的病变过程较为复杂，多呈虚实、寒热错杂为患，故临证时应全面分析。

三、辨 证 论 治

泄泻以运脾化湿为治疗原则。针对不同病因，灵活选用不同治法。实证治宜祛邪为主，风寒宜解表，暑热宜清化，食滞宜消导，湿盛宜分利。虚证治以扶正补虚为主，如中气下陷宜升提，中阳虚衰宜温补，久泄不止宜固涩。本病初起，慎用补涩，以免闭寇留邪。久泄缠绵，慎用分利，以免耗伤阴液。在治疗的同时，还须注意饮食的调节。

（一）感受外邪

1. 寒湿侵袭

【证候】 泄泻清稀，甚至如水样，腹痛肠鸣，来势较急，或兼寒热头痛，肢体酸楚，舌苔薄白或白腻，脉浮或濡缓。

【分析】 脾为太阴湿土，喜燥而恶湿，寒湿内侵，下渗大肠，故见泄泻清稀，来势较急，甚至如水样；中阳被遏，升降失常，故见腹痛肠鸣；寒主收引，湿性黏滞，故见寒热头痛，肢体酸楚；舌苔薄白或白腻，脉浮或濡缓均为寒湿侵袭之表现。

【治法】 解表散寒，芳香化湿。

【方药】 藿香正气散（《太平惠民和剂局方》）（藿香、大腹皮、紫苏、白芷、桔梗、茯苓、白术、厚朴、陈皮、半夏曲、甘草、生姜、大枣）加减。

2. 暑湿浸渍

【证候】 泄泻腹痛，泻下急迫，或泻而不爽，粪色黄褐而臭秽，肛门灼热，心烦口渴，小便短赤，舌红，苔黄腻，脉滑数或濡数。

【分析】 外受暑湿疫毒之气侵及肠胃，郁阻中焦，湿热郁蒸，传化失常而发生泄泻；肠中有热则泻下急迫；湿热互结则泄而不爽；湿热下注则粪色黄褐而臭秽，肛门灼热；湿热内盛则心烦口渴，小便短赤；舌红，苔黄腻，脉滑数或濡数，则均为暑湿邪热之象。

【治法】 清热利湿。

【方药】 葛根芩连汤（《伤寒论》）（葛根、黄芩、黄连、甘草）加减。

（二）食滞肠胃

【证候】 腹痛肠鸣，泻下粪便臭如败卵，泻后痛减，完谷不化，脘腹痞满，嗳腐酸臭，不思饮食，舌苔垢浊或厚腻，脉滑。

【分析】 暴饮暴食，食滞不化，故腹痛肠鸣，脘腹痞闷，不思饮食，泻后痛减胀消；饮食积滞，腐败化热，则泻下粪便臭如败卵；损脾伤胃，胃失受纳、脾失运化，清浊不分，混杂而下，则见完谷不化；浊气上逆则见嗳腐酸臭；舌苔垢浊或厚腻，脉滑皆为食滞胃肠，化生湿热之象。

【治法】 消食导滞。

【方药】 保和丸（《丹溪心法》）（茯苓、半夏、陈皮、山楂、莱菔子、连翘、六神曲）加减。

（三）肝气乘脾

【证候】 腹痛即泻，泻后痛减，每与情志有关，或兼嗳气食少，胸胁痞闷，肠鸣不适，舌淡红苔薄，脉弦。

【分析】 七情所伤，情绪紧张时，气机不利，肝失条达，横逆侮脾，失其健运，故腹痛泄泻；泻后气郁得舒，则痛减；肝失疏泄，脾胃气滞，故嗳气食少，胸胁痞闷，肠鸣不适；舌淡红苔薄，脉弦，是为肝郁脾弱之象。

【治法】 抑肝扶脾。

【方药】 痛泻要方（《景岳全书》）（白术、陈皮、白芍、防风）加减。

（四）脾胃虚弱

【证候】 大便时溏时泄，夹有不消化食物，反复发作，食欲减退，食后脘腹胀闷不舒，肢倦乏力，面色萎黄，舌淡，苔白，脉细弱。

【分析】 水湿阻于胃肠，脾虚失运，不能制水，清阳之气不升反下陷，分利无权而水湿并入大肠，湿注肠道，故大便时溏时泄，反复发作；脾胃气虚，气机郁滞，则食欲减退，食后脘腹胀闷不舒，肢倦乏力；水谷精华之气不能输化，故泄泻夹有不消化食物。面色萎黄，舌淡，苔白，脉细弱均为脾胃虚弱的表现。

【治法】 健脾益气，化湿止泻。

【方药】 参苓白术散（《太平惠民和剂局方》）（人参、茯苓、白术、薏苡仁、白扁豆、山药、桔梗、莲子肉、砂仁、陈皮、甘草、大枣）加减。

（五）肾阳虚衰

【证候】 泄泻多发于黎明之前，脐腹作痛，肠鸣即泻，泻后则安，腹部畏寒，四肢发凉，腰膝酸软，舌淡，苔薄白，脉沉细。

【分析】 黎明之时正值阳气始发，阴气始退之时，如若脾虚运化失常，久病及肾，肾阳虚衰，则阳气难以制阴，阴气将衰未衰，从而阴寒内动，泛于肠间，脐腹作痛；夹于肠间寒水随水谷而下则发为泄泻，泻后则安；脾虚日久，气虚及阳，则腹部畏寒；四肢发凉，腰膝酸软，舌淡，苔薄白，脉沉细则均为肾阳虚衰之征象。

【治法】 温肾健脾，固涩止泻。

【方药】 四神丸（《证治准绳》）（补骨脂、肉豆蔻、吴茱萸、五味子、生姜、大枣）加减。

（贾爱明）

复习思考题

1. 如何辨治外邪所致的泄泻？
2. 泄泻的主要治疗原则是什么？

第十四节　便　　秘

便秘是指大便秘结不通，或排便间隔时间延长，或虽有便意，但排便困难为主要临床表现的一类病证，《内经》称为“后不利”“大便难”，张仲景《金匮要略》称便秘为“阳结”“阴结”“脾约”等。

便秘日久，可伴腹胀、腹痛、口臭、心烦，甚至出现痔疮、肛裂等。现代医学中的药物性便秘、功能性便秘、便秘型肠易激综合征、肠炎恢复期之便秘、内分泌及代谢性疾病所致的便秘均属本病范畴，可参考本节进行辨证论治。

一、病因病机

（一）病因

便秘的发生主要与饮食不节、情志不畅、久病劳倦、年老体弱有关。

1. 饮食不节　嗜酒无度，或过食辛辣厚味，以致肠胃郁热；或热病后期，余热留恋；或肺热下移，导致肠道失润，形成热结便秘。

2. 情志不畅　思虑忧郁，情志不畅致使肝失疏泄，气机郁滞，气滞胃肠，通降失常，传导失职，糟粕内停，形成气滞便秘。

3. 久病劳倦　久病、产后，气血亏虚，或劳倦内伤或辛香燥热，损伤气血津液。气虚则大肠传导无力，阴血亏虚，则肠道失润干涩，形成虚损便秘。

4. 年老体弱 素体阳虚或年老体弱，命门火衰，温煦无权，不能蒸化津液，温润肠道；阴寒内盛，凝结肠道，致传导失职，糟粕不行，形成虚寒便秘。

（二）病机

便秘主要病机为积热、气滞、寒凝、气血阴阳亏虚等引起肠道传导失司，病位在大肠，涉及肝、脾、肺、肾诸脏。便秘分虚实，积热、气滞、寒凝为实秘，气血阴阳亏虚为虚秘；实证为邪滞胃肠，壅塞不通；虚证为肠失温润，艰涩难下。虚实、寒热之间又相互兼夹或相互转化。

二、辨证要点

辨虚实：便秘的病因众多，在临床上需辨其虚实。肠胃郁热及肝郁气滞所致便秘属实证；肺脾气虚、阴血不足及阳气虚衰所致便秘属虚证。各种类型便秘，既可独立出现，又可相兼为患。

三、辨证论治

便秘以“通”字立法，但并非单纯应用通下之法，应针对不同的病因病机采取不同的治疗方法。气滞者，宜顺气导滞；燥热者，宜清热润下；气虚者，宜益气健中；血虚者，宜养血润燥；阴虚者，宜滋阴润肠；阳虚者，宜温阳通便。兼夹之证，须根据兼夹及主次轻重之不同，采取灵活的治疗方法。

1. 热秘

【证候】 大便干结，小便短赤，面红身热，或兼有腹胀腹痛，口干口臭，心烦饮冷，舌红苔黄或黄燥，脉滑数。

【分析】 肠胃积热，热邪蒸盛，则见面红身热，口干口臭；火热扰心，则见心烦饮冷；耗伤津液，故小便短赤；肠道干涩失润，粪质干燥，难于排出，则见大便干结。舌红苔黄或黄燥，脉滑数均为热秘之表现。

【治法】 清热润肠通便。

【方药】 麻子仁丸（《伤寒论》）（火麻仁、白芍、枳实、大黄、厚朴、苦杏仁）加减。

2. 气秘

【证候】 大便秘结，欲便不得，嗳气频作，胸胁痞满，甚则腹中胀痛，肠鸣矢气，纳食减少，苔薄腻，脉弦。

【分析】 七情郁结，气壅大肠，故大便秘结，欲便不得；脾胃气机郁滞，气逆于上，则见嗳气频作，胸胁痞满，甚则腹中胀痛，矢气，纳食减少；苔薄腻，脉弦是为气秘之表现。

【治法】 顺气行滞通便。

【方药】 六磨汤（《世医得效方》）（沉香、木香、乌药、槟榔、枳实、大黄）加减。

3. 冷秘

【证候】 大便艰涩，腹痛拘急，胀满拒按，胁下偏痛，手足不温，呃逆呕吐；苔白腻，脉弦紧。

【分析】 寒邪侵袭，阴寒内盛，凝滞胃肠，故大便艰涩，排出困难。阴寒内盛，气机阻滞，故腹痛拘急，胀满拒按，胁下偏痛；邪气上逆则见呃逆呕吐；手足不温，苔白腻，脉弦紧均为冷秘之表现。

【治法】 温里散寒，通便止痛。

【方药】 温脾汤（《备急千金要方》）（附子、人参、大黄、甘草、干姜）合用半硫丸（《太平惠民和剂局方》）（半夏、硫黄）加减。

4. 气虚秘

【证候】 大便或干结或不干结，虽有便意，而临厕努挣乏力，汗出气短，难于排出，便后神疲乏力，肢倦懒言，舌淡嫩苔白，脉弱。

【分析】 肺脾气虚，传导失司，大肠传送无力，故虽有便意，而临厕努挣乏力，难于排出，便后神疲乏力，肢倦懒言，而大便并不干结；脾肺气虚，肺卫不固，气不摄津，腠理疏松，故挣则汗出短气；脾为气血生化之源，脾虚则健运无权，化源不足，则见舌淡苔薄，脉虚等气虚征象。

【治法】 益气健脾通便。

【方药】 黄芪汤（《千金翼方》）（黄芪、陈皮、火麻仁、白蜜）加减。

5. 血虚秘

【证候】 大便干结，面颊、口唇苍白无华，头晕眼花，心悸健忘，舌淡，脉细。

【分析】 阴血不足，肠道失润，则大便干结；血虚机体失于濡养，则见面颊、口唇苍白无华，头晕眼花，心悸健忘等症；舌淡，脉细均为血虚之象。

【治法】 养血润燥通便。

【方药】 润肠丸（《脾胃论》）（当归、生地黄、火麻仁、桃仁、枳壳）加减。

6. 阴虚秘

【证候】 大便干结，形体消瘦，或见颧红，眩晕耳鸣，腰膝酸软，舌红少苔，脉细数。

【分析】 阴液不足，肠道干枯，无水行舟，故大便干结，形体消瘦；阴虚生内热，故可见颧红；眩晕耳鸣，腰膝酸软，舌红少苔，脉细数，均为阴虚内热之象。

【治法】 滋阴补肾通便。

【方药】 六味地黄丸（《小儿药证直诀》）（熟地黄、山茱萸、山药、牡丹皮、泽泻、茯苓）加减。

7. 阳虚秘

【证候】 大便干涩，排出困难，小便清长，面色苍白无华，腹中冷痛。喜热畏寒，四肢不温，腰背酸冷，舌淡苔白，脉沉迟。

【分析】 阳气虚衰，寒气内生，大肠传导无力，故大便干涩，排出困难；肾阳虚温煦无权，故小便清长、四肢不温；脾虚不健，不能生化气血，故面色苍白无华。脾肾阳虚，阳虚阴寒内盛，气机阻滞，故腹中冷痛，喜热畏寒，腰背酸冷。舌淡苔白，脉沉迟，均为阳虚内寒之象。

【治法】 温阳益肾通便。

【方药】 济川煎（《景岳全书》）（当归、牛膝、肉苁蓉、泽泻、升麻、枳壳）加减。

（贾爱明）

复习思考题

1. 辨治便秘时如何掌握“通”便的原则？
2. 试述气虚秘的证候、治法、代表方。

第十五节　胁　　痛

胁痛是以一侧或两侧胁肋疼痛为主要表现的病证，属于临床较常见自觉症状。

现代医学的急、慢性肝炎，胆囊炎，胆石症等疾病的过程中出现的胁痛，可参考本节辨证论治。

一、病因病机

1. 肝气郁结 情志抑郁，或恼怒伤肝，肝失条达，疏泄不畅，气阻络痹而致胁痛。

2. 瘀血停着 气机郁滞，久则致血流不利，瘀血停积，胁络痹阻；或强力负重，伤及胁络，瘀血停留，阻滞胁肋，致使胁痛。

3. 肝胆湿热 外邪湿热内侵，或饮食损伤，则脾失健运，湿浊中阻，郁而化热，湿热结滞，影响肝胆疏泄条达，而为胁痛。

4. 肝阴不足 久病或劳欲过度，耗伤精血，肝阴不足，血虚不能养肝，脉络失荣，不荣则痛，出现胁痛。

二、辨证要点

1. 辨疼痛性质 一般胀痛多属气郁，疼痛游走不定；刺痛多属血瘀，痛有定所；隐痛多属阴虚，其痛绵绵；湿热胁痛，多疼痛剧烈。

2. 辨外感内伤 外感胁痛，湿热邪气侵犯肝胆，伴有寒热，发病急，恶心呕吐，发黄；内伤胁痛，又以气滞、血瘀为主，或肝阴不足，无寒热，发病缓，病程长。

三、辨证论治

1. 肝气郁结

【证候】 两胁胀痛，疼痛走窜不定，甚则引及胸背肩臂，情志变化波动为诱因，胸闷善太息，脘腹胀满、纳呆嗳气，口苦，苔薄，脉弦。

【分析】 肝气郁结，失于条达，胁肋胀痛。气属无形，聚散无常，故疼痛走窜不定。肝郁气滞、邪郁少阳，故胸胁苦满胀痛或延及胸背肩臂。情志异常，则气机紊乱，故疼痛因情志变化而波动。肝气不畅，横逆犯胃，故胸闷，脘腹胀满，纳呆嗳气。脉弦为肝郁之象。

【治法】 疏肝理气止痛。

【方药】 柴胡疏肝散（《证治准绳》）（柴胡、香附、枳壳、川芎、芍药、陈皮、甘草）加减。胁痛重者，加金铃子散，增强理气止痛之功。恶心呕吐，可加二陈汤，和胃降逆。

2. 瘀血停着

【证候】 胁肋刺痛，痛有定处，痛处拒按，入夜更甚，舌紫暗，脉沉涩。

【分析】 肝郁日久，气滞血瘀，或跌仆损伤致瘀血停着，痹阻胁络故胁痛如针刺、痛处不移、拒按。血属阴，夜主阴时，故入夜痛甚。舌紫暗，脉沉涩均属瘀血内停之征。

【治法】 活血祛瘀止痛。

【方药】 血府逐瘀汤（《医林改错》）（柴胡、枳壳、生地黄、赤芍、当归、川芎、桃仁、红花、牛膝、桔梗、甘草）加减。

3. 肝胆湿热

【证候】 胁肋胀痛拒按或灼热疼痛，口干口苦，腹满纳呆，恶心呕吐，黄疸，舌苔黄腻，脉弦滑数者。

【分析】 湿热蕴结于肝胆，肝失疏泄，胆气上逆故胁痛口苦。湿热中阻，脾胃升降失常，故腹满纳呆、恶心呕吐。湿热交蒸，胆汁不循常道而外溢，故出现目黄，身黄，小便黄赤。舌苔黄腻，脉弦滑数，均是肝胆湿热之征。

【治法】 清利湿热，疏肝利胆。

【方药】 大柴胡汤（《伤寒论》）（柴胡、黄芩、大黄、枳实、白芍、法半夏、生姜、大枣）加减。黄疸重者，可加茵陈蒿汤，以清热利湿退黄。有结石者，可加金钱草、海金沙、郁金、鸡内金等以利胆排石。

4. 肝阴不足

【证候】 胁肋隐痛，绵绵不休，遇劳加重，口干咽燥，心中烦热，头晕目眩，舌红少苔，脉弦细而数。

【分析】 肝郁化热，日久耗伤肝阴，或久病体虚，肝血亏损，不能濡养肝络，故胁肋隐痛，绵绵不休，遇劳加重。阴虚内热，津伤燥扰，故口干咽燥，心中烦热。精血亏虚，不能上荣，故头晕目眩。舌红少苔，脉细弦而数，均为阴虚内热之象。

【治法】 养阴柔肝。

【方药】 一贯煎（《续名医类案》）（生地黄、枸杞子、沙参、麦冬、当归、川楝子）加减。心中烦热可加炒栀子、牡丹皮、夜交藤、合欢皮以清热安神。晕眩，可加山茱萸、菊花、钩藤以益肾清肝。

复习思考题

1. 胁痛相当于西医何种疾病范畴？
2. 胁痛肝阴不足有何临床表现，如何选方用药？

第十六节 黄 疸

黄疸是以目黄、身黄、小便黄为主要表现的常见肝胆病证，其中尤以目睛黄染为主要特征。黄疸的危重证候称为“急黄”。

本病症与现代医学的细胞性黄疸、阻塞性黄疸、溶血性黄疸意义相同。病毒性肝炎、肝硬化、胆石症、胆囊炎、钩端螺旋体病、某些消化系统肿瘤等疾病过程中出现的黄疸，均可参考本节辨证治疗。

一、病 因 病 机

1. 感受外邪 外感时邪疫毒湿热由口而入，内阻中焦，脾胃运化失常，湿热交蒸，熏蒸肝胆，迫使胆汁外溢，淫浸肌肤，下注膀胱，使身目小便俱黄。若湿热夹时邪疫毒，热毒炽盛，入侵营血，内陷心包，迅速发黄，病情危急，属于急黄。

2. 饮食不节 饥饱失常，嗜酒过度，或嗜食肥甘厚腻，损伤脾胃运化功能，导致湿郁化热，熏蒸肝胆，胆汁不循常道而外溢。

3. 脾胃虚寒 素体脾胃阳虚，或病后脾阳受伤，或阳黄失治，迁延日久，过用苦寒药物致阳气受伤，湿从寒化，寒湿阻滞中焦，胆汁排泄失常，溢于肌肤而发黄。

4. 积聚 积聚日久不消，瘀血内结阻滞胆道，胆汁不循常道外溢，发为黄疸。

二、辨 证 要 点

1. 辨阳黄与阴黄 阳黄因湿热所致，起病急，病程短，黄色鲜明如橘色，口干发热，小便短赤，大便秘结，舌苔黄腻，脉弦数，预后多好；阴黄由寒湿引起，起病缓，病程长，黄色晦暗如烟熏，脘闷腹胀，畏寒神疲，口淡不渴，舌淡白，苔白腻，脉濡缓或沉迟，病程缠绵，不易速愈。

2. 辨湿热轻重 热重于湿，身目俱黄，黄色鲜明，发热口渴，小便短少黄赤，便秘，舌苔黄腻，脉弦数；湿重于热，身目俱黄不如前者明显，头重身困，胸脘痞满，便溏，舌苔厚腻微黄，脉弦滑。

三、辨 证 论 治

（一）阳黄

1. 热重于湿

【证候】 初起目黄，继而全身发黄，色鲜明如橘皮，发热口渴，胁胀腹满或疼痛，口干口苦，恶心呕吐，小便黄赤，大便秘结，舌苔黄腻，脉弦数。

【分析】 湿热熏蒸肝胆，胆汁外溢肌肤发黄，因热为阳邪，故黄色鲜明。湿热之邪耗伤胃津，故见发热口渴；湿热下结膀胱，气化不利故见小便黄赤。热湿蕴结大肠，传导失司，腑气不通，则大便秘结。湿热熏蒸，肝失疏泄，脾失健运，胃失和降，故见胁胀腹满或疼痛，恶心呕吐。湿热蕴结于肝胆，肝失疏泄，胆气上逆故口苦。苔黄腻，脉象弦数皆为湿热蕴结，肝胆热盛之象。

【治法】 清热利湿。

【方药】 茵陈蒿汤（《伤寒杂病论》）（茵陈、山栀子、大黄）加柴胡、郁金、川楝子、橘皮、竹茹、猪苓、生薏苡仁。

2. 湿重于热

【证候】 身目俱黄，不热或身热不扬，头身困重，胸脘痞满，食欲不振，恶心呕吐，腹胀，或大便溏稀，舌苔厚腻微黄，脉弦滑或濡缓。

【分析】 湿遏热伏，胆汁不循常道，溢于肌肤，故身目色黄。因湿重于热，湿为阴邪，故其色不如热重者鲜明。湿热内阻，清阳不得宣发，故头重身困。湿浊困脾胃，运化失常，气机阻滞，故见胸脘痞满，食欲不振，腹胀便溏。湿邪不化，浊阴上逆，故见恶心呕吐。舌苔厚腻微黄，脉弦滑或濡缓为湿重热轻征象。

【治法】 利湿化浊，清热退黄。

【方药】 茵陈五苓散或用甘露消毒丹（茵陈、藿香、滑石、栀子、白术、桂枝、茯苓、猪苓、泽泻）。湿盛腹胀者，加平胃散。

3. 疫毒发黄（急黄）

【证候】 起病急骤，黄疸迅速加深，身目深黄色，壮热烦渴，胁痛腹满，神昏谵语，或见衄血、尿血、便血、肌肤发斑，舌红绛，苔黄褐干燥，脉弦滑数。

【分析】 湿热疫毒，炽盛化火，热毒迫使胆汁外溢肌肤，故见发病急骤，高热烦渴，黄疸迅速加深。热毒壅盛，气机受阻，故胁痛腹满。热入营血，内陷心包，故见神昏谵语。热毒迫血妄行，故衄血、尿血、便血、肌肤发斑。舌红绛，苔黄褐干燥，脉弦滑数，均为毒盛伤津，热入营血之象。

【治法】 清热解毒，凉血开窍。

【方药】 犀角地黄汤合清营汤（犀角、生地黄、玄参、牡丹皮、赤芍、黄连、升麻、栀子、茵陈等）。神昏谵语，用“温病三宝”清心开窍。

（二）阴黄

1. 寒湿内困

【证候】 身目俱黄，色晦暗如烟熏，食少脘满，腹胀便溏，神疲畏寒，口淡不渴，舌淡苔腻，脉濡缓或沉迟。

【分析】 寒湿为阴邪，寒湿阻遏脾胃阳气，胆汁不循常道外泄，故黄色晦暗如烟熏。湿困脾土，脾阳不振，运化失常，故见脘满，腹胀、食少，便溏等症。寒伤阳气，故见口淡不渴，畏寒神疲等症。舌淡苔腻，脉濡缓或沉迟，系阳虚湿浊不化、寒湿留于阴分之象。

【治法】 健脾和胃，温化寒湿。

【方药】 茵陈术附汤（《医学心悟》）（茵陈、附子、白术、干姜、炙甘草、桂枝）。如脘腹胁肋胀痛，加柴胡疏肝散。

2. 瘀血内阻

【证候】 黄疸日久迁延，胁下痞块胀痛，痛有定处，按之硬，形体逐渐消瘦，体困乏力，面色少华，或纳呆便溏，舌暗紫，或有瘀斑，脉涩或细弦。

【分析】 阴黄日久，气滞不行，脉络阻塞，瘀血内结，故胁下痞块胀痛，痛有定处，按之硬，痛而拒按。阴黄日久，脾阳受伤，运化失调，气血生化乏源，内无以充养脏腑，外无以濡润肌肤，故形体日渐消瘦，体困乏力，纳呆便溏，面色少华。舌暗紫，或有瘀斑，脉涩，均为瘀血内停征象。

【治法】 活血化瘀，软坚通络。

【方药】 血府逐瘀汤（柴胡、当归、川芎、桃仁、生地黄、赤芍、红花、延胡索、香附、枳壳、牛膝）加减。注意健脾和胃，保护胃气。可酌加鳖甲、牡蛎，或土鳖虫、水蛭、三棱、莪术等。

（张诗军）

复习思考题

1. 黄疸的主要特征是什么？如何辨证施治？
2. 黄疸的辨证要点是什么？

第十七节 臌 胀

臌胀是以腹部胀大、皮色苍黄、甚则腹皮脉络暴露为特征的一种病证，因腹部膨胀如鼓而命名。臌胀又有“水蛊”“蛊胀”“蜘蛛蛊”等名称。其主要为肝、脾、肾功能失调，气结、血瘀、水裹于腹中所致。

现代医学的肝硬化腹水、腹腔内肿瘤、结核性腹膜炎等疾病的过程中出现腹部膨胀如鼓，可参考本节进行辨证论治。

一、病因病机

1. 酒食不节 嗜酒过度，饮食不节，或嗜肥甘厚腻之品，致酒湿浊气蕴聚不行，损伤脾胃运化功能。土壅木郁，肝失条达，气血郁滞，水湿逐渐增多，而成臌胀。

2. 情志所伤 情志抑郁，肝失条达，肝气横逆乘脾，脾失运化，水湿内停；肝气郁结，久则气滞血瘀；终致水裹、气结、血瘀于腹中，侵及于肾，肾开阖不利，水湿内停，而成臌胀。

3. 血吸虫感染 血吸虫感染后，未及时治疗，内伤肝脾，脉络瘀阻，气机升降失常，气滞、血瘀、痰饮搏结于腹中，日久而成臌胀。

4. 脉络阻塞 黄疸、积聚等迁延日久，久则肝脾俱伤，肝失疏泄，脾失健运，气血凝滞，水湿内停，脉络瘀阻，或气郁与痰瘀凝结，终致肝脾肾三脏俱病，气、血、水停于腹中而成臌胀。

臌胀的病机首先在于肝脾的功能失调，肝气郁结，阻滞气机，脾失健运，湿浊内生，出现气滞湿阻的病证，如热化则出现湿热蕴结的病证，如寒化则出现寒湿困脾的病证。肝气郁结，气血凝聚，隧道壅塞，可出现肝脾血瘀证。肝脾日虚，水谷之精微不能输布以奉养它脏，进而累及肾脏，出现脾肾阳虚证或肝肾阴虚证。

二、辨证要点

1. 辨虚实 腹大胀满以晚上加重者，多属脾肾阳虚证；腹大胀满不舒，多属肝肾阴虚。实证多表现为气滞湿阻、寒湿困脾、湿热蕴结和肝脾血瘀等证。

2. 辨气滞、血瘀、湿热和寒湿的偏盛 腹胀按之不坚、胁下胀满疼痛多属气滞湿阻证；腹大胀满、按之如囊裹水多属寒湿困脾证；腹大坚满、脘腹撑急多属湿热蕴结证；腹大坚满、胁腹刺痛、脉络怒张多属肝脾血瘀证。

三、辨证论治

（一）实证

1. 气滞湿阻

【证候】 腹大胀满，按之不坚，胁下胀满或疼痛，纳呆嗳气，大便不爽，小便短少，舌苔白腻，脉弦。

【分析】　情志抑郁，肝失条达，气机郁滞，气滞湿阻，浊气充塞中焦，故腹胀不坚，胁下胀满疼痛。气滞湿阻中满，脾胃运化失职，故纳呆嗳气，大便不爽；水道不利，故小便短少。脉弦，苔白腻，为肝郁湿阻之象。

【治法】　疏肝理气，行气化湿。

【方药】　柴胡疏肝散（陈皮、柴胡、香附、枳壳、川芎、芍药、甘草）加减。如纳呆嗳气、大便不爽可加枳实、焦白术、厚朴和法半夏等理气除湿之品。小便短少，可加茯苓、泽泻利尿。

2. 寒湿困脾

【证候】　腹大胀满，按之如囊裹水，得热稍舒，头身困重，甚则颜面及下肢浮肿，神疲畏寒，小便少，大便溏，舌苔白腻而滑，脉濡缓或弦迟。

【分析】　寒湿停聚，困阻中焦，脾阳不运，故腹大胀满，按之如囊裹水，得热稍舒。脾为寒湿所困，阳气失于舒展，故神疲畏寒。寒湿困脾，水湿不行，故小便少，大便溏，下肢浮肿。舌苔白腻而滑，脉濡缓或弦迟均是寒湿困脾之候。

【治法】　温阳散寒，化湿利水。

【方药】　实脾散（白术、附子、干姜、甘草、木瓜、槟榔、茯苓、厚朴、木香、草果、大枣、生姜）。如浮肿明显，可加肉桂、猪苓、泽泻以助膀胱之气化而利小便。如胁腹胀痛，可加郁金、青皮、砂仁等以理气宽中。

3. 湿热蕴结

【证候】　腹大坚满，拒按，脘腹撑急，烦热口苦，渴不欲饮，小便赤涩，大便秘结或溏垢，舌边尖红，苔黄腻或兼灰黑，脉象弦数。

【分析】　湿热互结，浊水停聚故腹大坚满，脘腹撑急。湿热上蒸，故烦热口苦，渴不欲饮。湿热阻于肠道，故大便秘结或溏垢。湿热下注膀胱，气化不利，故小便赤涩。舌边尖红、苔黄腻或灰黑，脉弦数，均为湿热蕴结肝脾之象。

【治法】　清热利湿，攻下逐水。

【方药】　中满分消丸（黄芩、黄连、知母、厚朴、枳实、半夏、陈皮、茯苓、猪苓、泽泻、砂仁、干姜、姜黄、甘草、人参、白术）加减。如大便秘结或溏垢明显者，加茵陈蒿汤（茵陈、山栀子、大黄）。如小便赤涩不利者，可加陈葫芦、滑石、蟋蟀粉（另吞服）以行水利窍。逐水峻剂可暂用，但注意不宜攻伐过猛，应遵循“衰其大半而止”的原则。

4. 肝脾血瘀

【证候】　腹大坚满，按之硬，脉络怒张，胁腹刺痛，面色暗黑，面颈胸臂有朱丝赤缕，手掌赤痕，唇色紫褐，口渴，饮水不能下，大便色黑，舌紫暗或有瘀点、瘀斑，脉细涩。

【分析】　瘀血阻于肝脾脉络之中，经隧脉道不通，致水气内聚，故腹大坚满，脉络怒张，胁腹刺痛。病邪日深，瘀阻下焦，入肾则面色暗黑，入血则面颈胸臂等处出现朱丝赤缕，手掌赤痕，唇色紫褐。阴络之血外溢，则大便色黑。水浊聚而不行，故口渴饮水不能下。舌紫暗或有瘀点、瘀斑，脉细涩，皆血瘀停滞之征。

【治法】　活血化瘀，行气利水。

【方药】　调营饮（当归、川芎、赤芍、莪术、延胡索、大黄、瞿麦、槟榔、葶苈子、赤茯苓、桑白皮、甘草、细辛、官桂、陈皮、大腹皮）加减。本方为急则治其标之法，须注意固护脾胃功能，不可攻伐太过。

（二）虚证

1. 脾肾阳虚

【证候】　腹大胀满不舒，早宽暮急，入夜尤甚，面色苍黄或苍白，脘闷纳呆，神倦怯寒，肢冷或下肢浮肿，小便短少不利，舌胖淡紫，脉沉弦无力。

【分析】 脾肾阳虚，水寒之气不化，早上阳气初生，入夜阴寒内盛，故腹胀大不舒，早宽暮急，入夜尤甚。脾阳虚不能运化水谷，故脘闷纳呆，面色苍黄或苍白。脾肾阳虚，失于温养，故神倦怯寒肢冷。肾阳不足，膀胱气化不行，故小便短少，下肢浮肿。舌体胖淡紫，脉沉弦无力，均为脾肾阳虚，内有瘀阻之象。

【治法】 温补脾肾，化气行水。

【方药】 附子理中丸（白术、炮附子、炮姜、炙甘草、人参）或济生肾气丸（熟地黄、山茱萸、山药、牡丹皮、茯苓、泽泻、炮附子、牛膝、车前子、肉桂）合五苓散（白术、桂枝、茯苓、猪苓、泽泻）加减。偏于脾阳虚的，用附子理中丸合五苓散，以温中扶阳化气行水。偏于肾阳虚的，用济生肾气丸以温肾化气行水。

2. 肝肾阴虚

【证候】 腹大胀满，或见青筋暴露，形体消瘦，面色晦滞，口干舌燥，心烦，失眠，易牙龈出血、鼻衄，小便短少；舌红绛少苔，脉弦细数。

【分析】 肝肾阴虚，阴液失于输布，水湿停聚中焦，故见腹大胀满，小便短少。血瘀阻滞于脉络，故见青筋暴露，面色晦滞。阴虚内热，扰乱心神，伤及脉络故见心烦，失眠，衄血。阴虚津液不能上承，故口燥。舌红绛少苔，脉弦细数，为肝肾阴血亏损之象。

【治法】 滋养肝肾，凉血化瘀。

【方药】 一贯煎（《续名医类案》）（生地黄、枸杞子、沙参、麦冬、当归、川楝子）加减。瘀血明显者，加膈下逐瘀汤（桃仁、牡丹皮、赤芍、乌药、延胡索、甘草、当归、川芎、五灵脂、红花、枳壳、香附）。口燥心烦、舌绛少津，可加石斛、玄参。尿少，可加猪苓、茯苓。齿鼻衄血，可加仙鹤草、鲜茅根。

（张诗军）

复习思考题

1. 臌胀的辨证要点是什么？
2. 简述寒湿困脾型臌胀的临床表现、治法、方药。
3. 臌胀的病机是什么？

第十八节 头 痛

头痛，是以自觉头部疼痛为特征的一种常见病证。头痛既可单独出现，亦可伴见于多种疾病的过程中。本节所讨论的头痛，是指因外感六淫、内伤杂病而引起的，以头痛为主要表现的一类病证。

现代医学中的高血压、血管性头痛、紧张性头痛、三叉神经痛、外伤后头痛、部分颅内疾病、神经官能症及某些感染性疾病、五官科疾病等以疼痛为主症者，可参考本节进行辨证论治。

一、病因病机

1. 六淫外袭 多因起居不慎，感受风、寒、湿、热之等外邪，邪气上犯于脑，清阳之气受阻，气血不畅，发为头痛。因风为百病之长，故六淫之中，以风邪为主要病因，每多兼夹寒、热、湿等邪致病。

2. 肾精不足 房劳过度，或禀赋不足，肾精亏损，肾主骨生髓，髓上通于脑，脑髓有赖于肾精的不断化生。若肾精久亏，无以生髓，脑髓空虚，则会发生头痛。

3. 气血亏虚 饮食失常或劳逸过度，损伤脾胃，脾虚则生化无权，气血亏虚，气虚则清阳不升，浊阴不降，清窍不利而致头痛，血虚则脑髓失养而头痛绵绵。

4. 肝阳上亢　恣食烟酒辛辣之品酿热化火，或七情过极，肝气郁结，郁久化火，火性炎上，上扰清窍；或肾水亏虚，水不涵木，肝阴不足，阴不制阳，致肝阳上亢，上扰头目，而发生头痛。

5. 痰浊内扰　恣食生冷或素体阳虚，致脾阳不振，脾失健运，聚湿生痰，痰浊内生，阻遏清阳，上蒙清窍，而致头痛。

6. 瘀血阻络　跌仆外伤，脑脉损伤，瘀血停留，或气滞血瘀，久病入络，阻滞脑窍脉络，发生头痛。

头为诸阳之会，又为髓海之所在，居于人体之最高位，五脏精华之血，六腑清阳之气皆上注于头，手足三阳经亦上会于头。若六淫之邪上犯清空，阻遏清阳，或痰浊、瘀血痹阻经络，壅遏经气，或肝阴不足，肝阳偏亢，或气虚清阳不升，或血虚头窍失养，或肾精不足，髓海空虚，均可导致头痛的发生。外感头痛起病多较急，经适当治疗，病症祛除亦较快。内伤头痛病势缓，病程较长，多反复发作，常因劳累紧张、情志不遂或受外邪而诱发或加重。头痛病位在脑，涉及肝、脾、肾三脏。病性有虚有实，外感头痛以实证居多；内伤头痛以虚证、虚中夹实多见。本虚以气血虚弱，中气不足，肝肾阴精亏虚等常见，标实则以风寒湿热、痰浊、瘀血等常见。

二、辨证要点

1. 辨外感、内伤　外感头痛，病程短暂，痛势较剧，并伴有其他外感症状，多属实证。内伤头痛，病程较久，痛势多缓，时作时止，病情有虚有实。

2. 辨疼痛性质　因于风寒者，头痛剧烈且连项背；因于风热者，头胀而痛；因于风湿者，头痛如裹；因于痰湿，头痛而重；因于肝阳，头胀痛而眩；因于肝火，头部跳痛、灼痛；因于瘀血，头部刺痛，痛处固定不移；因于虚者，多呈隐痛、空痛或昏痛。

3. 辨头痛所属经络　头为诸阳之会，手足三阳经均循行头面，厥阴经亦上会于巅顶，由于受邪之脏腑经络不同，头痛之部位亦不同。太阳头痛，在头后部，下连于项；阳明头痛，在前额部及眉棱骨等处；少阳头痛，在头之两侧，并连及于耳；厥阴头痛则在巅顶部位，或连目系。太阴、少阴头痛多以全头疼痛为主。

三、辨证论治

外感头痛属实证，以风邪为主，故治疗以疏风为主，兼以散寒、清热、祛湿；内伤头痛多属虚证或虚实夹杂证，虚者以滋阴养血，益肾填精为主；实证当平肝、化痰、行瘀；虚实夹杂者，酌情兼顾并治。

在遣方用药时，还应根据头痛部位及循经，注意选择引经药：太阳头痛选用川芎、防风，阳明头痛选用白芷、葛根，少阳头痛选用川芎、柴胡，太阴头痛选用苍术，少阴头痛选用细辛，厥阴头痛选用吴茱萸、藁本等，使药物直达病所，以提高疗效。对于较重或经久难愈的慢性头痛，在辨治基础上，选用蜈蚣、全蝎、地龙、僵蚕等祛风通络止痛类药物，颇具疗效。

1. 风寒头痛

【证候】　头痛连及项背，遇风寒尤剧，恶风畏寒，常喜裹头，舌苔薄白，脉浮或浮紧。

【分析】　风寒外袭，上犯清窍，凝滞经脉。太阳经脉主一身之表，足太阳膀胱经循项背，上行巅顶。当风寒外袭时，邪客太阳经脉，循经上犯，阻滞经脉，经气不通，则头痛头胀，连及项背。风寒束于肌表，卫阳被遏，故恶风畏寒；寒为阴邪，得温则减，故常裹头；苔薄白，脉浮或浮紧，为风寒外袭之征。

【治法】　疏风止痛。

【方药】　川芎茶调散（《太平惠民和剂局方》）（川芎、荆芥、白芷、羌活、防风、细辛、薄荷、甘草）加减。

2. 风热头痛

【证候】 头痛而胀，甚则胀痛如裂，面红目赤，发热恶风，口渴喜饮，便秘溲黄赤。舌红，舌苔薄黄，脉浮数。

【分析】 风热之邪外袭，上扰清窍，热为阳邪，其性属火，故头痛而胀，甚则如裂，面红目赤；风热郁于肌表，则发热恶风；热盛耗津，故口渴欲饮，便秘溲赤；苔黄，脉浮数，为风热邪盛之象。

【治法】 疏风清热。

【方药】 芎芷石膏汤（《医宗金鉴》）（川芎、白芷、石膏、菊花、藁本、羌活）加减。

3. 风湿头痛

【证候】 头痛如裹，肢体困重，胸闷纳呆，小便不利，大便溏薄，苔白腻，脉濡。

【分析】 湿为阴之邪，其性重浊，外感风湿，上蒙清窍故头痛如裹；脾运化而主四肢，脾为湿困，故肢体困重；湿浊中阻，故见胸闷纳呆，大便溏薄；湿浊内蕴，阳气不通则小便不利；苔白腻、脉濡，为湿邪偏胜之象。

【治法】 祛风胜湿。

【方药】 羌活胜湿汤（《脾胃论》）（羌活、独活、川芎、蔓荆子、防风、藁本、炙甘草）加减。

4. 肾虚头痛

【证候】 头痛且空，眩晕耳鸣，腰膝酸软，遗精带下，苔少，脉沉细无力。

【分析】 肾藏精，主骨生髓，脑为髓海，肾虚精髓不足，髓海空虚，故头脑空痛，眩晕耳鸣；腰为肾之府，肾虚故腰膝酸软；肾虚精关不固而遗精，女子则带脉失束而带下；苔少，脉沉细无力，为肾虚之象。

【治法】 补肾填精。

【方药】 大补元煎（《景岳全书》）（人参、山药、熟地黄、杜仲、枸杞子、当归、山茱萸、炙甘草）加减。

5. 气血不足头痛

【证候】 头痛绵绵，遇劳加剧，或伴头晕，倦怠乏力，面色少华，气短心悸，口淡乏味，纳差，舌淡苔白，脉细无力。

【分析】 气血亏虚，不得上荣，脑髓失养，故头痛绵绵；劳则伤气耗血，每于劳累后诱发或加重；中气不足，生化乏源，故纳少神疲，面色少华；舌淡苔白，脉细无力，均为气血亏虚之征。

【治法】 补益气血。

【方药】 八珍汤（《正体类要》）（人参、白术、茯苓、甘草、当归、白芍、熟地、川芎）加减。

6. 痰浊头痛

【证候】 头痛昏蒙，胸脘满闷，纳呆呕恶，舌苔白腻，脉滑。

【分析】 脾失健运，聚湿生痰，痰浊中阻，清阳不得舒展，故头痛昏蒙，痰阻胸膈，故胸脘痞闷，纳呆；痰浊上逆则呕恶；苔白腻，脉滑，均为痰浊内停之象。

【治法】 化痰降逆。

【方药】 半夏白术天麻汤（《医学心悟》）（半夏、白术、天麻、橘红、茯苓、甘草、大枣、生姜）加减。

7. 瘀血头痛

【证候】 头痛经久不愈，痛处固定不移，痛如针刺，每当夜间加重，或有头部外伤史。舌紫暗或有瘀点，脉细涩。

【分析】 久病入络，气滞血瘀，致络脉瘀阻，或跌仆损伤，瘀血内阻，不通则痛，故头痛如针刺；瘀血留滞不散，故痛有定处；血属阴，夜间阴气盛，故夜间症状加重。舌紫暗或有瘀点，脉细涩，均为瘀血阻滞之象。

【治法】 通窍活络，化瘀止痛。

【方药】 通窍活血汤（《医林改错》）（赤芍、川芎、桃仁、红花、麝香、老葱、大枣、鲜姜、黄酒）加减。

（黄宗轩）

复习思考题

1. 头痛的主要病因病机是什么？
2. 如何辨别头痛的疼痛性质？

第十九节　眩　　晕

眩为眼花，晕指头晕，二者同时出现，统称眩晕。眩晕是以头晕眼花，甚者天旋地转，如坐舟车，不能站立，或伴恶心、呕吐等为主症的一种病证。

现代医学中的耳源性眩晕，如梅尼埃病、位置性眩晕、晕动病、迷路炎、前庭神经元炎等，高血压、低血压、椎基底动脉供血不足、贫血、神经症等疾患以眩晕为主症时，可参考本节进行辨证论治。

一、病因病机

1. 肝阳上亢　素体阳盛之人，阴阳平衡失其常度，阴亏于下，阳亢于上，则见眩晕；或忧郁、恼怒太过，肝失条达，肝气郁结，气郁化火伤阴，肝阴耗伤，风阳易动，上扰头目，发为眩晕；或肾阴亏虚，不能养肝，水不涵木，肝阴不足，阴不制阳，肝阳上亢，肝风内动，发为眩晕。

2. 肾精不足　脑为髓之海，髓海有余则轻劲多力，髓海不足则头晕耳鸣。而脑髓的有余不足，取决于肾精的充足与否。肾为先天之本，主藏精生髓，髓聚而成脑。若年老肾精亏虚；或因房事不节，阴精亏耗过甚；或先天不足；或劳逸过度，伤骨损髓；或阴虚火旺扰动精室，遗精频繁；或肾气亏虚，精关不固，滑泄无度，均可使肾精不足而致眩晕。

3. 气血亏虚　脾胃为后天之本，气血生化之源，如忧思劳倦或饮食失节，损伤脾胃；或先天禀赋不足，或年老阳气虚衰，而致脾胃弱，不能运化水谷，气血生化乏源；或久病不愈耗伤气血；或失血之后，气随血耗，气虚则清阳不振，清气不升；血虚则肝失所养，而虚风内动；皆能发生眩晕。

4. 痰浊内扰　饮食不节、肥甘厚味太过，损伤脾胃，或忧思、劳倦伤脾，以致脾阳不振，健运失职，水湿内停，积聚成痰；或肺气不足，宣降失司，水津不得通调输布，津液留聚而生痰；或肾虚不能化气行水，水泛而为痰；痰阻经络，清阳不升，清空之窍失其所养，所以头目眩晕。若痰浊中阻更兼内生风、火，则痰夹风、火，眩晕更甚。

5. 瘀血阻络　久病入络，气滞血瘀，致络脉瘀阻，或跌仆损伤，瘀血内阻，使气血不能上荣于头目，发为眩晕。

眩晕病位在脑，但与心、肝、脾、肾密切相关，其中又以肝为主。眩晕多属本虚标实之证，肝肾阴虚、气血不足为病之本，风、火、痰、瘀为病之标。临床上，各类眩晕可单独出现，也可彼此影响，相互转化，或相互并见。病势总的趋势是初期以风、火、痰、瘀实证为主，久则伤肝、脾、肾，最终可致肝脾肾俱虚。

二、辨证要点

1. 辨脏腑　眩晕虽病位在清窍，但多与肝、脾、肾功能失调有关。肝阳亢盛者，眩晕多兼见头目胀痛，面部潮红等症。脾失健运，多兼见纳呆，乏力。痰湿中阻，兼有头重，耳鸣，呕恶等。肾精不足，多兼耳鸣如蝉、腰膝酸软等症。

2. 辨虚实 眩晕以虚证居多，而实证多由痰浊阻遏、痰火气逆所致。实证多为新病，体壮，症兼呕恶、面赤、头目胀痛、耳鸣如潮；虚证多为久病，体弱，兼见少气懒言，神倦乏力，耳鸣如蝉；发作期多实证，缓解期多虚证。眩晕病程较长者，可形成虚实相兼，阴损及阳，阴阳两虚等证。

3. 辨标本缓急 眩晕多属本虚标实之证，肝肾阴亏，气血不足，为病之本；痰、瘀、风、火，为病之标。痰、瘀、风、火，都各具特点，如风性主动，火性上炎，痰性黏滞，瘀性留着等，都需加以辨识。其中尤以肝风、肝火为病最急，风升火动，两阳相搏，上干清空，症见眩晕、面赤、烦躁、口苦，重者甚至昏仆。

三、辨证论治

眩晕一证多为虚实夹杂，本虚标实之证，故治疗大法为补虚泻实，调整阴阳气血。从阴阳方面讲，本病的发生多以阴虚阳亢者居多，故应多注意滋阴潜阳。从虚实方面讲，虚者以精气居多。精虚者，填精生髓，滋补肾阴。气血虚者则宜益气生血，调补脾胃。实证以痰火常见。痰湿中阻者宜燥湿祛痰。肝火偏盛者，则宜清肝降火。又有虚中夹实，因实致虚者，临证或扶正以祛邪，或祛邪以安正，权衡标本缓急，因机应变。

1. 肝阳上亢

【证候】 眩晕，耳鸣，头胀痛，易怒，失眠多梦，脉弦；或面红、目赤、口苦、便秘尿赤，舌红苔黄，脉弦数；或腰膝酸软，健忘，遗精，舌红少苔，脉弦细数；甚或眩晕欲仆，泛泛欲呕，头痛如掣，肢麻震颤，语言不利，步履不正。

【分析】 肝阳上亢，上犯巅顶，故眩晕、耳鸣、头痛且胀，脉见弦象；肝阳升发太过，故易怒；阳扰心神，故失眠多梦；若肝火偏盛，循经上炎，则兼见面红、目赤、口苦，脉弦且数；火热灼津，故便秘尿赤，舌红苔黄；若属肝肾阴亏，水不涵木，肝阳上亢者，则兼见腰膝酸软，健忘遗精，舌红少苔，脉弦细数；若肝阳亢极化风，则可出现眩晕欲仆，泛泛欲呕，头痛如掣，肢麻震颤，语言不利，步履不正等风动之象。此乃中风之先兆，宜加强重视。

【治法】 平肝潜阳。

【方药】 天麻钩藤饮《中医内科杂病证治新义》（天麻、钩藤、石决明、川牛膝、桑寄生、杜仲、栀子、黄芩、益母草、朱茯神、首乌藤）加减。

2. 气血两虚

【证候】 眩晕，动则加剧，劳累即发，神疲懒言，气短声低，面白少华；或面色萎黄，心悸失眠，纳差体倦，舌色淡、质胖嫩、边有齿印，苔白，脉沉细。

【分析】 气血不足，脑失所养，故头晕目眩，活动劳累后眩晕加剧，或劳累即发；气血不足，故神疲乏力，面白少华或萎黄；脾肺气虚，故气短声低；营血不足，心神失养，故心悸失眠；气虚脾失健运，故纳减体倦，舌色淡、质胖嫩、苔白，脉沉细，均是气虚血少之象。

【治法】 补气养血。

【方药】 八珍汤（《正体类要》）（人参、白术、茯苓、甘草、当归、白芍、地黄、川芎）加减。

3. 肾精不足

【证候】 眩晕，精神萎靡，腰膝酸软，或遗精、滑泄，耳鸣，发落，齿摇，舌瘦嫩或红，少苔或无苔，脉弦细或弱或细数。或兼见颧红，咽干，形瘦，五心烦热，舌嫩红，苔少或光剥，脉细数，或兼见面色㿠白或黧黑，形寒肢冷，舌淡嫩，苔白，脉弱尺甚。

【分析】 肾精不足，无以生髓，脑髓失充，故眩晕，精神萎靡；肾主骨，腰为肾之府，齿为骨之余，精虚骨骼失养，故腰膝酸软，牙齿动摇；肾虚封藏固摄失职，故遗精滑泄；肾开窍于耳，肾精虚少，故时时耳鸣；肾其华在发，肾精亏虚，故发易脱落；肾精不足，阴不维阳，虚热内生，故颧红，咽干，形瘦，五心烦热，舌嫩红、苔少或光剥，脉细数；精虚无以化气，肾气不足，日久真阳亦衰，故面色㿠白或黧黑，形寒肢冷，舌淡嫩，苔白，脉弱尺甚。

【治法】 滋养肝肾，益精填髓。

【方药】 左归丸（《景岳全书》）（熟地黄、山药、枸杞子、山茱萸、川牛膝、菟丝子、鹿角胶、龟甲胶）加减。

4. 痰浊中阻

【证候】 眩晕，倦怠或头重如裹，胸闷或时吐痰涎，少食多寐，舌胖、苔浊腻或白厚而润，脉滑。

【分析】 痰浊中阻，上蒙清窍，故眩晕；痰为湿聚，湿性重浊，阻遏清阳，故倦怠，头重如裹；痰浊中阻，气机不利，故胸闷；胃气上逆，故时吐痰涎；脾阳因痰浊阻遏而不振，故少食多寐；舌胖、苔浊腻或白厚而润，脉滑均为痰浊内蕴之征。

【治法】 化痰息风，健脾祛湿。

【方药】 半夏白术天麻汤（《医学心悟》）（半夏、白术、天麻、橘红、茯苓、甘草、大枣、生姜）加减。

5. 瘀血阻络

【证候】 眩晕，面色或唇色紫暗，舌有紫斑或瘀点，脉弦涩或细涩。

【分析】 瘀血阻络，气血不得正常流布，脑失所养，故眩晕时作；面唇紫暗，舌有紫斑瘀点，脉弦涩或细涩，均为瘀血内阻之征。

【治法】 活血化瘀。

【方药】 血府逐瘀汤（《医林改错》）（桃仁、红花、当归、生地黄、牛膝、川芎、桔梗、赤芍、柴胡、枳壳、甘草）加减。

（黄宗轩）

复习思考题

1. 肝阳上亢引起头晕的主要病因病机及主要治法是什么？
2. 如何辨别眩晕的虚实？

第二十节　中　　风

中风，又名卒中，是以突然出现口眼㖞斜，言语不利，半身不遂，甚则猝然昏倒，不省人事为特征的病证。因病起急骤，症见多端，变化迅速，与自然界中风性善行数变的特性相似，故以此取象比类，称为中风，又因其发病突然，也称为“卒中”。本病的发病率、病死率、病残率均较高，是严重危害人们健康的疾病之一。

现代医学中的短暂性脑缺血发作、脑梗死、脑出血、面神经麻痹，均可参考本节进行辨证论治。

一、病因病机

1. 内伤积损　多因年老体弱，或久病气血亏损，元气耗伤，脑脉失养。气虚行血无力，血流不畅，致使脑脉瘀滞不通；阴血亏虚，无以制阳，内风动越，夹痰浊、瘀血上扰清窍，突发本病。

2. 劳欲过度　烦劳过度，形神失养，耗气伤阴，易使阳气暴涨，引动风阳上旋，血随气逆，壅阻清窍；纵欲过度，房事不节，耗伤肾水，水亏于下，火旺于上，水不制火，则阳亢风动而发病。

3. 饮食不节 饮食无节制，嗜食肥甘厚味辛辣之物，或饮酒过度，致使脾失健运，聚湿生痰，痰湿生热，热极生风，导致风火痰热内盛，窜犯络脉、上阻清窍而发病。

4. 情志所伤 平素忧郁恼怒，情志不畅，肝气不舒，气郁化火，则肝阳暴亢，引动心火，气血上冲于脑，神窍闭阻，遂致猝倒。或长期烦劳过度，精神紧张，阴精暗耗，虚火内燔，日久导致肝肾阴虚、阳亢风动，引动内风而发卒中。

5. 气虚邪中 气血不足，脉络空虚，尤其在气候突变之际，风邪乘虚中人，气血痹阻，或痰湿素盛，形盛气衰，外风引动内风，痰湿闭阻经络而发病。

中风的形成虽有上述各种原因，但其基本病机为阴阳失调，气血逆乱。病位在心脑，与肝肾密切相关。病理基础则为肝肾阴虚。因肝肾之阴下虚，则肝阳易于上亢，复加饮食起居不当，情志刺激或感受外邪，气血上冲于脑，神窍闭阻，故猝然昏仆，不省人事。病理因素主要为风、火、痰、气、瘀，其形成与脏腑功能失调有关。病理性质多属本虚标实。肝肾阴虚，气血衰少为致病之本，风、火、痰、气、瘀为发病之标，二者可互为因果。发病之初，邪气鸱张，风阳痰火炽盛，气血上冲，故以标实为主；如病情剧变，在病邪的猛烈攻击下，正气急速溃败，可以正虚为主，甚则出现正气虚脱。后期因正气未复而邪气独留，可留后遗症。由于病位深浅、病情轻重的不同，可分为中经络和中脏腑，轻者中经络，重者中脏腑，中脏腑又分为闭证和脱证。恢复期因气血失调，血脉不畅而后遗经络形证。中脏腑者病情危重，但经积极抢救治疗，往往可使患者脱离危险，神志渐趋清醒，但因肝肾阴虚，气血亏损未复，风、火、痰、瘀之邪留滞经络，气血运行不畅，而仍留有半身不遂，口歪或不语等后遗症，一般恢复较难。

二、辨证要点

1. 辨病位深浅和病情轻重 中风急性期分中经络与中脏腑。中经络是以口眼㖞斜、言语謇涩、半身不遂、偏身麻木为主症，无神志昏愦；中脏腑是以卒暴昏仆而半身不遂者，其意识障碍，甚至完全昏愦无知，或伴目瞀、目不能眴、吞咽困难、尿闭便秘等，此邪中深、病情重。中经络与中脏腑均属急性期的见证，主要区别就是看是否有意识障碍，急性期为半个月以内，若病延半个月至半年为恢复期，延至半年以上则属后遗症期。以急性期中经络、中脏腑，恢复期，后遗症期的证候分类进行动态观察可辨别病情的浅深轻重。如起病时嗜睡而半身不遂，治后神志转为清醒，是先中脏腑后转为中经络，病情转轻，预后亦好；倘若神志和半身不遂加重，由清醒渐至昏迷，是先中经络而转为中脏腑，病情逆转，多预后不良。

2. 辨闭证与脱证 中脏腑的主要临床表现为突然昏仆，不省人事，半身不遂等，但有闭证和脱证的区别。闭证是邪闭于内，症见牙关紧闭，口噤不开，两手握固，大小便闭，肢体强痉，多属实证，急宜祛邪。脱证是阳脱于外，症见目合口张，鼻鼾息微，手撒遗尿，这是五脏之气衰弱欲绝的表现，多属虚证，急宜扶正。闭证和脱证均为危急重证，治法不可混同，因此临床上必须分辨清楚。

3. 辨病势的顺逆 若先中脏腑，神志渐渐转清，半身不遂未再加重或有恢复者，病由中脏腑向中经络转化，病势为顺，预后多好。若神志或半身不遂逐步加重，由清醒渐至昏迷，由中经络而转为中脏腑，病势为逆，多预后不良。或伴呃逆频频，呕血便血，四肢抽搐不已，或手足厥逆，或见戴阳证，多难挽救。

三、辨证论治

中风乃本虚标实，上盛下虚之病。急性期标实症状比较突出，急则治标，故治疗当以祛邪为主，常用平肝息风、清热化痰、化痰通腑、化痰通络、活血通络、醒神开窍等治法。恢复期多虚实夹杂，邪实未清而正虚已现，治宜扶正祛邪，常用育阴息风、益气活血等法。

中脏腑属痰热内闭清窍者，可用安宫牛黄丸鼻饲，每次1～2丸，每6~8小时1次。中脏腑属痰湿蒙塞清窍者，以苏合香丸1～2丸鼻饲，每6～8小时1次。中脏腑属元气败脱，神明散乱证者，急以参附汤鼻饲，或用参附注射液静脉滴注。必要时需结合现代医学手段积极抢救。

（一）中经络

1. 肝阳暴亢，风火上扰

【证候】 半身不遂，偏身麻木，舌强言謇或不语，或口舌㖞斜，眩晕头痛，面红目赤，口苦咽干，心烦易怒，尿赤便干，舌红或绛，苔薄黄，脉弦有力。

【分析】 肝气不舒，郁久化火，阳化风动，风火上扰，上犯于脑，闭塞脑脉或血溢脑脉之外，而出现半身不遂，偏身麻木，舌强言謇或不语，或口舌㖞斜；肝阳上亢，肝火上炎则见眩晕头痛，面红耳赤，口苦咽干，心烦易怒，尿赤便干；舌红或绛，苔薄黄，脉弦有力亦为肝火内炽之象。

【治法】 平肝泻火，通络息风。

【方药】 天麻钩藤饮（《中医内科杂病证治新义》）（天麻、钩藤、石决明、川牛膝、桑寄生、杜仲、栀子、黄芩、益母草、朱茯神、首乌藤）加减。

2. 风痰瘀血，痹阻脉络

【证候】 半身不遂，口舌㖞斜，言语謇涩或不语，偏身麻木，头晕目眩，舌暗淡，舌下脉络屈曲或有瘀斑瘀点，苔薄白或白腻，脉弦滑。

【分析】 脏腑失调，气机失和，痰浊瘀血内生，借助肝风鼓动，则风痰瘀血上犯于脑，壅塞脑脉，故见半身不遂，口舌㖞斜，言謇舌强或不语，偏身麻木；肝阳上扰则头晕目眩；瘀血内阻则舌暗淡，亦可有瘀斑瘀点；痰浊内停则苔白腻，脉弦滑。

【治法】 活血祛瘀，化痰通络。

【方药】 桃红四物汤（《医宗金鉴》）（当归、熟地黄、川芎、白芍、桃仁、红花）和真方白丸子（《瑞竹堂方》）（法半夏、白附子、天南星、天麻、川乌头、全蝎、木香、枳壳）加减。

3. 痰热腑实，风痰上扰

【证候】 半身不遂，口舌㖞斜，舌强言謇或不语，偏身麻木，腹胀便秘，甚至几日不解，头晕目眩，咳痰或痰多，舌暗红或暗淡，苔黄腻，脉弦滑。

【分析】 饮食不节，损伤脾胃，运化失司，痰浊内生，遇阳盛之体，痰郁化热，痰热互结，借风阳之鼓动，上犯于脑，或壅滞脑脉，或血溢脑脉之外，故半身不遂，口舌㖞斜，舌强言謇或不语，偏身麻木；痰热中阻，中焦气机阻滞，清阳不升，浊阴不降，则上见头晕目眩，下有腹胀便秘，甚则数日不解；痰浊内蕴则见咳痰或痰多；舌红，苔黄腻，脉弦滑，均为痰热腑实之象。

【治法】 化痰通腑。

【方药】 桃仁承气汤（《奇效良方》）（桃仁、甘草、芒硝、大黄）加减。

（二）中脏腑

1. 闭证

（1）风火上扰清窍

【证候】 神志恍惚、迷蒙，半身不遂，平时多有眩晕、麻木之症，肢体强痉拘急，颜面潮红，大便秘结，舌红绛，苔黄腻而干，脉弦滑大数。

【分析】 素有肝阳偏亢，肾阴不足，水不涵木，肝阳暴涨，水不济火，心火暴亢，风火相煽，气血上冲于脑，或壅塞脑脉，或使脑脉血溢于外，而见半身不遂等；风火上扰清窍，神明被扰则神志恍惚、迷蒙；肝风内动则见肢体强痉拘急；颜面潮红，大便秘结，舌红绛，苔黄腻而干，脉弦滑数大，均为心肝火旺之象。

【治法】 清热息风，开窍醒神。

【方药】 羚羊角汤《医醇賸义》（水牛角、龟甲、生地黄、白芍、牡丹皮、柴胡、薄荷、菊花、夏枯草、蝉衣、红枣、石决明）加减。

（2）痰湿蒙塞清窍

【证候】 神志昏愦，半身不遂，肢体松懈，瘫软不温，甚则四肢逆冷，面白唇暗，痰涎壅盛，舌暗淡，舌苔白腻，脉沉滑。

【分析】 素体阳虚，痰浊内蕴，遇情志相激，湿痰借风阳上逆之势，上犯于脑，壅塞脑脉或使血溢脑脉之外，且痰浊蒙塞清窍，阻滞神明出入之道，故见神昏而半身不遂；湿痰为阴邪，易伤阳气，故见肢体松懈，瘫软不温，甚则四肢逆冷，面白唇暗；痰浊内停则见痰涎壅盛；舌暗淡，舌苔白腻，脉沉滑，均为痰浊内蕴之象。

【治法】 温阳化痰，醒神开窍。

【方药】 涤痰汤（《奇效良方》）（胆南星、半夏、枳实、茯苓、橘红、石菖蒲、人参、竹茹、甘草）加减。

（3）痰热瘀阻清窍

【证候】 神志昏愦，半身不遂，起病急骤，鼻鼾痰鸣，肢体强痉拘急，项强身热，躁扰不宁，甚则手足厥冷，频繁抽搐，偶见呕血，舌红绛，舌苔褐黄而干，脉弦滑数。

【分析】 风火内炽，炼液为痰，夹痰热上犯于脑，或壅塞脑脉，或使血溢脑脉之外，而见半身不遂；痰热内闭清窍，阻塞神机出入之路，则神志昏愦；风火相煽则起病急骤；痰盛于内则鼻鼾痰鸣；痰热内扰则躁扰不宁，身热；肝风旋动则肢体拘急，项强，频繁抽搐；风火痰热内阻，阳气不能外达则见手足厥冷；热灼血脉，迫血妄行则可见呕血；舌红绛，舌苔黄褐而干，脉弦数而滑，均为风火痰热内炽之象。

【治法】 清热化痰，祛瘀开窍。

【方药】 羚角钩藤汤（《通俗伤寒论》）（水牛角、桑叶、川贝母、生地黄、钩藤、菊花、茯神、白芍、甘草、淡竹茹）加减。

2. 脱证 元气败脱，神明散乱。

【证候】 突然神志昏愦，肢体瘫软，手撒肢冷汗多，重则周身湿冷，二便自遗，舌卷囊缩，目合口开，气息低微，舌紫暗，苔白腻，脉微欲绝。

【分析】 本证多由中风闭证转化而来，为邪实而正衰，五脏真阳之气耗竭，元气败脱而成。故可见冷汗淋漓为心气竭；目合口开为脾气绝；舌卷囊缩为肝气绝；气息低微为肺气绝；二便自遗为肾气绝；昏愦，肢软，手撒，脉微欲绝，亦为元气败脱之候。

【治法】 益气回阳，救逆固脱。

【方药】 参附汤（《世医得效方》）（人参、附子）加减。

（三）恢复期及后遗症期

1. 风痰瘀阻

【证候】 口眼㖞斜，舌强语謇或失语，半身不遂，肢体麻木，苔滑腻，舌暗紫，脉弦滑。

【分析】 风痰瘀血之邪，留滞脉络，故见半身不遂，口舌㖞斜，言謇舌强或不语，偏身麻木；瘀血内阻则舌暗淡；痰浊内停则苔白腻，脉弦滑。

【治法】 搜风化痰，行瘀通络。

【方药】 解语丹（《永类钤方》）（白附子、石菖蒲、远志、天麻、全蝎、羌活、僵蚕、木香、胆南星）加减。

2. 气虚血瘀

【证候】 半身不遂，口舌㖞斜，言语謇涩或不语，偏身麻木，面色㿠白，气短乏力，口流涎，自汗出，心悸，便溏，手足肿胀，舌暗淡，舌苔薄白或白腻，脉沉细、细缓或细弦。

【分析】 气虚不能鼓动血液运行，血滞脑脉而见半身不遂，口舌㖞斜，言语謇涩或不语，偏身麻木；面色㿠白，气短乏力，自汗出为气虚之象；脾气不足，运化失司则便溏，口流涎；心气不足则心悸；气虚水液运行不畅则可见手足肿胀，苔腻；舌暗淡，苔薄白，脉沉细亦为气虚血瘀之象。

【治法】 益气活血通络。

【方药】 补阳还五汤（《医林改错》）（黄芪、当归尾、赤芍、地龙、川芎、红花、桃仁）加减。

3. 阴虚风动

【证候】 半身不遂，口舌㖞斜，舌强言謇或不语，偏身麻木，烦躁失眠，眩晕耳鸣，手足心热，舌红绛或暗红，少苔或无苔，脉细弦。

【分析】 肝肾阴虚，阴不制阳，肝风内动，上犯于脑，脑脉壅塞或血溢脉外而见半身不遂，口舌㖞斜，舌强言謇或不语，偏身麻木；肾精不足，髓海不充则见眩晕耳鸣；水不济火，心火扰乱，则烦躁失眠；手足心热，舌红绛或暗红，少苔或无苔，脉细为阴虚内热之象。

【治法】 育阴潜阳。

【方药】 镇肝熄风汤（《医学衷中参西录》）（怀牛膝、生赭石、生龙骨、生牡蛎、生龟甲、生杭芍、玄参、天冬、川楝子、生麦芽、茵陈、甘草）加减。

（黄宗轩）

复习思考题

1. 中经络和中脏腑有什么区别和联系？
2. 脱证的病因病机和治法是什么？

第二十一节　呆　　证

呆证，是以呆傻愚笨为主要临床表现的一种神志疾病。其轻者可见神情淡漠，寡言少语，善忘，迟钝等症。重者常表现为终日不语，或闭户独处，或口中喃喃，或言辞颠倒，举动不经，或忽笑忽哭，或不欲食，数日不知饥饿等。此类患者多不能独自处理日常生活，甚至不能抵御危险伤害。痴呆有从幼年起病者，也有因老年精气不足，延为呆傻之症。或有精神因素及外伤、中毒引起者。

现代医学中的先天性痴呆、血管性痴呆、阿尔茨海默病、早老性痴呆，以及感染性疾病、中毒性疾病、外伤性疾病和精神病后期出现痴呆表现者，不伴有意识障碍情况下，均可参照本节辨证论治。痴呆既可是一个独立的病，又可既发于其他疾病，成为该病某阶段的表现。

一、病因病机

1. 禀赋不充　自幼痴呆者多与先天禀赋不足有关；也有由于临产时产伤，伤及脑，使血瘀清窍而致病者。

2. 痰浊阻窍　中壮年人的痴呆起于癫狂或痫证之后者，多与痰浊阻窍密切关联。如痫久气血耗伤而积痰内盛，癫久肝气郁结，克伐脾土；或起居、饮食失节，使脾胃受伤，以致痰湿壅阻，蒙蔽清窍而生本病。

3. 肝肾不足　老年人患痴呆者，当由久病血亏气弱，心神失养，或肝肾不足，脑髓不充而成。综观本病进程缓慢，以虚为多见，也有部分病例属本虚标实证。其虚在肝肾者，以脑髓不健为主；其虚在脾胃者，多生痰湿，闭阻清窍；还有产伤血瘀所致者；若瘀久则耗气耗血，终成虚实夹杂之证。

发病病因不同，发病急缓有别。因于头部外伤，感受疫疠毒邪及中毒、中风所致者，可在遭受伤害后，较快出现痴呆；因于年高体衰，精气亏虚，或久生它病，如痫病、狂病、颤振等病所致者，发病较缓；因于先天禀赋不足者，生后不久可发现患儿活动、发育不及同龄儿，3 岁后愚笨更趋明显。病位在脑，与心肾肝脾均有关系，与肾之关系尤为密切。病性以虚及虚实夹杂为主。虚者多为肝肾精亏，脾肾俱虚，髓海不足；实者常见痰浊、瘀血、气滞、痰热以及风火。

二、辨证要点

1. 辨先天性痴呆或后天性痴呆 幼年起病多与禀赋不足有关；而老年得病多责之脾肾两虚，髓海空虚。

2. 辨疾病新久 久病多属痼疾难治；新病则多因情志之变，或因外伤、中毒等引起，多数可以逐渐恢复。

三、辨证论治

痴呆证病性总属本虚标实。辨明虚实何者为主、为急，何者为次、为缓，治疗时应把握通降祛浊不伤正，滋补养正不致邪壅。当根据标本之缓急轻重，予以或祛邪通络降浊，或补肾精气血，或通络降浊，补虚扶正并用之治。先天性痴呆一般不易根治，老年人痴呆若能进行积极治疗，部分可有精神症状的好转。因外伤或中毒引起本病者，经治疗，可得到不同程度的改善；由精神暴怒引起者，一般多可获愈。

1. 髓海不足

【证候】 禀赋不足者，出生后随年龄增长智力明显低于同龄人，小儿可伴有发育迟缓，骨软萎弱，囟门迟闭，步履艰难，发齿稀少，舌淡脉细弱；年老渐呆者，智能减退，头晕耳鸣，懈惰思卧，齿枯发焦，腰酸腿软，步行艰难，舌瘦色淡，苔白，脉沉细弱；或仅有遇事多忘，近记忆力减退，舌脉兼症无异者。

【分析】 脑为髓海，赖先天肾精所充养，若先天禀赋不足，肾元精血不足则可致脑髓发育不良，神失所养，自幼智能发育不健而为痴呆；若年老体衰，肾精气亏乏耗损，髓海失养渐空，神机失用，记性皆失而为痴呆；骨软萎弱，囟门迟闭，步履艰难，发齿稀少及齿枯发焦，腰酸腿软，步行艰难，皆为先天肾精不足，不能主骨生髓固齿荣发之征；舌脉亦为肾精气虚之象。

【治法】 补肾填精，益髓增智。

【方药】 七福饮（《景岳全书》）（人参、熟地黄、当归、白术、炙甘草、酸枣仁、制远志）加减。

2. 肝肾亏虚

【证候】 神情呆滞，反应迟钝，静默寡言，头晕目眩，腰膝酸软，舌暗红，舌体瘦小，少苔，脉沉细弱。

【分析】 年高体衰，肝肾阴精渐亏，或长期精神抑郁或性情暴躁，肝火亢盛，肝阴耗伤，或邪气久羁，劫伤肝肾之阴，肝肾阴精亏虚，不能上通于髓海，荣于脑窍，则神情呆滞，反应迟钝，静默寡言；阴精亏虚，水不涵木，则阳亢易化风上扰清窍致头晕目眩，耳鸣；肝主筋脉，腰为肾府，精血亏乏不能荣润，则腰膝酸软；若阳亢化风，风痰瘀痹阻经脉，则见肢麻、举动不灵；风痰瘀阻于脑络，可使呆证加重；舌体瘦小，舌红少苔，脉沉细均为肝肾亏虚之象。

【治法】 补益肝肾。

【方药】 左归饮（《景岳全书》）（熟地黄、山药、枸杞子、炙甘草、茯苓、山茱萸）加减。

3. 脾肾不足

【证候】 表情呆滞，沉默缄言，反应迟钝，失认失算，口齿含糊，伴腰膝酸软，肌肉萎缩，倦怠流涎，四肢欠温，纳呆乏力，腹胀便溏，舌淡体胖，苔白滑，脉沉细弱，双尺尤甚。

【分析】 久病体弱，气血不调，脾胃功能衰减，不能化精微生气血，不能充养先天之本，致使肾之精气渐亏损，进而脑髓失荣，清窍失养，元神失用，故症见表情呆滞，沉默缄言，反应迟钝，失认失算，口齿含糊；肾之精气亏虚不能温脾阳，助脾运，脾之气虚阳微，运化水谷之力衰减，气化温煦四肢百骸不力，则见纳呆乏力，倦怠流涎，四肢欠温，腹胀便溏；肾主骨，腰为肾之府，脾主肌肉，脾肾不足不能强腰膝、壮肌肉，则见腰膝酸软，肌肉萎缩；舌淡体胖，苔白滑，脉沉细弱，双尺尤甚，均为脾肾不足之象。

【治法】 补益脾肾。

【方药】 还少丹（《洪氏集验方》）（熟地黄、山药、牛膝、枸杞子、山萸肉、茯苓、杜仲、远志、五味子、石菖蒲、楮实、小茴香、巴戟天、肉苁蓉）加减。

4. 痰浊阻窍

【证候】 神情呆钝，智力低减，或哭笑无常，喃喃自语或终日无语，呆若木鸡，伴不思饮食，倦怠嗜卧，脘腹胀痛或痞满，口多涎沫，头重如裹，舌淡，苔白腻，脉细滑。

【分析】 患病日久或七情内伤，肝气郁结，克伐脾土，或成年积劳思虑，损伤心脾，脾失运，聚湿生痰，上扰清窍，脑髓失聪而致痴呆。肝郁气滞血瘀，气郁日久可生痰涎，血瘀则气壅，气壅复液成痰，痰气郁结留为邪气，痹壅于五脏，影响心神则哭笑无常，喃喃自语或终日无语，呆若木鸡；痰浊中阻，气机不畅，清阳不升，浊阴不降，脾胃受纳运化失常则见头重如裹，口多涎沫，倦怠嗜卧，脘腹胀痛或痞满，不思饮食，舌脉均为气虚气滞，痰湿内阻之象。

【治法】 健脾化湿，涤痰开窍。

【方药】 指迷汤（《辨证录》）（人参、白术、半夏、神曲、南星、甘草、陈皮、石菖蒲、附子、肉豆蔻）加减。

5. 气虚血瘀

【证候】 神情呆滞，智力低减，面色无华或白，气短乏力，或偏侧肢体活动无力，或酸胀麻木，面色晦暗。烦乱少寐，舌淡紫或有瘀斑，脉细涩。

【分析】 年老气衰，气虚行血无力，可致气虚血瘀，脑络痹阻，脑髓失养而症见神情呆滞，智力低减，或伴偏肢体麻木酸胀或无力；或因忧郁伤肝，或因大惊猝恐，气血逆乱，或产伤、外伤、感邪、中毒致气虚血瘀，瘀浊阻窍，脑神逆乱而为呆证；面色晦暗，烦乱少寐为气虚血瘀，血行不畅，面失荣养，心神为瘀浊所扰之症；舌淡紫或有瘀斑，脉细涩，为气虚血瘀之象。

【治法】 益气活血通络。

【方药】 补阳还五汤（《医林改错》）（黄芪、当归尾、赤芍、地龙、川芎、红花、桃仁）加减。

（黄宗轩）

复习思考题

1. 呆证的病因病机主要有哪些？
2. 试述呆证之脾肾不足证的治法和方药。

第二十二节　消　渴

消渴是因禀赋不足、饮食不节、情志失调、劳欲过度等导致阴虚内热，表现以多饮、多食、多尿、乏力、消瘦，或尿有甜味为主要症状的病证，又称消瘅。其病位在肺、胃（脾）、肾，尤以肾为关键。须与口渴症、瘿病等相鉴别。

现代医学中的糖尿病、尿崩症等可参考本节辨证治疗。

一、病因病机

1. 禀赋不足 先天禀赋不足是引起消渴重要的内在因素。《灵枢·五变》说："五脏皆柔弱者，善病消瘅。"其中尤以阴虚体质最易罹患。

2. 饮食不节 长期过食肥甘，醇酒厚味，辛辣香燥，损伤脾胃，致脾胃运化失职，积热内蕴，化燥伤津，发为消渴。如《素问·奇病论》说："此肥美之所发也，此人必数食甘美而多肥也，肥者令人内热，甘者令人中满，故其气上溢，转为消渴。"

3. 情志失调 长期过度的精神刺激，导致肝气郁结，郁久化火，火热内炽，消烁肺胃阴津，发为消渴。正如《临证指南医案·三消》所说："心境愁郁，内火自然，乃消症大病。"

4. 劳欲过度 房劳过度，肾精亏损，虚火内生，上蒸肺胃，致肾虚与肺燥、胃热俱现，发为消渴。

消渴病位有在肺、在胃、在肾的不同，但常相互影响，肺燥津伤，津液失于敷布，则脾胃不得濡养，肾精不得滋助；脾胃燥热偏胜，上可灼伤肺津，下可耗伤肾阴；肾阴不足则阴虚火旺，也可上灼肺胃，终致肺燥胃热肾虚。

消渴日久，易出现眼疾、痈疽、心脑病证等并发症。消渴虽以阴虚为本，燥热为标，但日久阴损及阳，可致阴阳两虚，且以肾阳虚、脾阳虚较为多见；阴虚内热，耗津灼液，影响气血的正常运行，可使血行不畅，血脉瘀滞，出现久病入络的病理现象。

二、辨证要点

1. 辨病位 消渴多饮、多食、多尿的三多症状，往往同时存在，但因肺燥、胃热、肾虚程度的不同，而有上、中、下三消之分。肺燥为主，多饮症状较突出的，称为上消；胃热为主，多食症状较突出的，称为中消；肾虚为主，多尿症状较突出的，称为下消。

2. 辨标本 本病以阴虚为本，燥热为标，二者互为因果，常因病程长短、病情轻重的不同，阴虚与燥热之表现各有侧重。一般初病多以燥热为主，病程较长者阴虚与燥热并见，日久则以阴虚为主。

3. 辨本症与并发症 多饮、多食、多尿和乏力、消瘦为消渴本症的基本临床表现，但日久可并发痈疽、眼疾、心脑病证。多数患者，先见本症，随病情发展而出现并发症。但部分患者，三多等本症不甚明显，常因痈疽、眼疾、心脑病证的出现，继而确诊本病，尤为中老年患者当仔细辨识。

三、辨证论治

（一）上消

肺热津伤

【证候】 口渴多饮，口干舌燥，尿频量多，烦热多汗，舌边尖红，苔黄，脉洪数。

【分析】 肺为水之上源，敷布津液。肺为燥热所伤，肺不布津，故口渴多饮，口干舌燥。津液不能敷布而直趋下行，故尿频量多。燥热盛，迫使津液外泄，则烦热汗出。舌边尖红，为燥热在肺；苔黄，脉洪数由里热所致。

【治法】 清热润肺，生津止渴。

【方药】 消渴方（天花粉末、黄连末、生地汁、藕汁、人乳汁、姜汁、蜂蜜）加减。若烦渴引饮，舌苔黄燥，脉洪大，为肺胃炽热，津阴耗伤，可用石膏、知母、黄芩、甘草清热降火、生津止渴。若烦渴不止，小便频数，脉数乏力者，为肺热津亏，肾气阴两虚，可加人参、天冬、麦冬、知母等。

（二）中消

1. 胃热炽盛

【证候】　多食易饥，口渴，尿多味甘，形体消瘦，大便秘结，舌苔黄燥，脉滑实有力。

【分析】　胃主腐熟，脾主运化，脾为胃行其津液。胃火炽盛，脾阴不足，致口干多饮，多食易饥。脾虚不能转输水谷精微与津液，则精微下行注入小便，故尿多味甘。水谷精微不能充养肌肉，故形体消瘦。津枯肠燥，则大便秘结。舌苔黄燥，脉滑实有力是胃热炽盛之象。

【治法】　清胃泻火，养阴生津。

【方药】　玉女煎（石膏、熟地黄、知母、麦冬、牛膝）加黄连、山栀子。大便秘结者，加生地黄、玄参、大黄以清热生津通便。

2. 气阴亏虚

【证候】　口渴引饮，能食与便溏并见，或饮食减少，精神不振，四肢乏力，体瘦，舌淡红，苔白而干，脉弱。

【分析】　脾失健运，不能运化水湿，湿邪内生，郁久化热，灼伤阴津，则致气阴两虚。气阴不足，不能上承于口，故见口渴多饮。脾胃虚弱，健运失司，不能运化水谷，故见多食易饥或饮食减少，甚与便溏并见。不能固摄精微，故精神不振、乏力消瘦。舌淡红，苔白而干，脉弱均为气阴两虚征象。

【治法】　益气健脾，生津止渴。

【方药】　七味白术散（人参、茯苓、炒白术、甘草、藿香、木香、葛根）。若肺有燥热，加地骨皮、知母、黄芩；口渴明显，加天花粉、生地黄、乌梅养阴生津；气短汗多，加五味子、山茱萸敛气生津；食少腹胀，加砂仁、鸡内金健脾助运。

（三）下消

1. 肾阴亏虚

【证候】　尿频量多，混浊如脂膏，或尿味甘，头晕耳鸣，烦渴，腰膝酸软，或皮肤干燥瘙痒，或消谷多食，舌红少苔，脉沉细数。

【分析】　肾主藏精，寓元阴元阳。肾阴亏损，肾失濡养，开阖固涩失司，故尿频量多。若精微与津液直趋下泄，随尿而排出，则小便混浊如脂，或尿味甘甜。肾精气不足，清窍失养，则头晕耳鸣。肾虚而腰府筋脉失养，则腰膝酸软。精血不能荣养滋润肌肤，则皮肤干燥瘙痒。肾阴亏，虚火旺，上燔心肺则烦渴；中灼脾胃则消谷。舌红少苔，脉沉细数为阴虚内热之象。

【治法】　滋阴益肾，润燥止渴。

【方药】　六味地黄丸（熟地黄、山茱萸、怀山药、牡丹皮、泽泻、茯苓）加减。若出现烦躁、失眠、盗汗、遗精等症，为虚火偏盛，可加知母、黄柏滋阴泻火。尿多混浊者，加益智仁、桑螵蛸益肾缩泉。

2. 阴阳两虚

【证候】　小便频数，混浊如膏，甚则饮一溲一，面容憔悴，耳轮干枯，腰膝酸软，畏寒肢冷，甚则阳痿或月经不调，舌淡苔白而干，脉沉细无力。

【分析】　消渴日久，阴损及阳，阴阳两虚，肾失固摄，精微与津液下泄，故小便频数，混浊如膏，甚至饮一溲一；精微下注，精血亏虚，不能充养肌肤，故面容憔悴，耳轮干枯。肾虚则腰膝酸软；命门火衰，则畏寒肢冷，或阳痿或月经不调。舌淡苔白而干，脉沉细无力为阴阳两虚之象。

【治法】　滋阴温阳，补肾固涩。

【方药】　金匮肾气丸（熟地黄、山茱萸、怀山药、茯苓、泽泻、牡丹皮、附子、肉桂）加减。尿多而混浊者，加益智仁、金樱子、覆盆子、桑螵蛸。身体困倦，气短乏力，加党参、黄芪。命门火衰阳痿，加巴戟天、淫羊藿、肉苁蓉。

（谢毅强）

复习思考题

1. 消渴日久可见哪些合并病证?
2. 消渴的基本病机是什么?

第二十三节 痹 证

痹证是由于感受风寒湿热之邪，闭阻经络，气血运行不畅，引起以肢体筋骨、关节、肌肉等处发生疼痛、重着、酸楚、麻木以及活动不利，甚或关节肿大变形为主要症状的病证。本病证临床上具有渐进性或反复发作的特点。其主要病机是气血痹阻不通，筋脉关节失于濡养所致。须与痿病相鉴别。

现代医学中的风湿病、风湿性关节炎、类风湿关节炎、强直性脊柱炎、骨性关节炎、感染性关节炎、痛风等，可参考本节辨证治疗。

一、病因病机

1. 体虚感邪 素体虚弱，卫外不固，或先天禀赋不足，外无御邪之能，内乏抗病之力，腠理空虚，风寒湿邪则易乘虚而入，留于肌表关节、筋骨血脉，致气血运行不畅，经络阻滞，筋脉关节失于濡养而为痹证。

2. 外邪入侵 风、寒、湿邪是引发本病的外在因素。风为阳邪，开泄腠理，寒借风性内犯，风借寒性凝积，使邪附病位，成为致病的基础。若久居潮湿或严寒之地而又缺乏防潮保暖措施，或长期冒雨涉水，或水中作业，日久则致风、寒、湿邪相互胶着，侵害于经络肢体。或在卫外功能低下的情况下，感受风、寒、湿邪，阻滞经络筋脉，致气血痹阻不通。而成行痹、痛痹、着痹。素体阳盛，或阴虚内热，或风、寒、湿邪郁久，邪从热化，与气血相搏，气血壅滞，筋脉拘急而转为热痹。若风寒湿痹或热痹经久不愈，内舍脏腑，耗伤气血，损及肝肾，痰瘀凝滞，可导致关节肿胀变形及脏腑相应病变。

二、辨证要点

1. 辨病邪 肢体关节疼痛为痹证的基本特征，以风寒湿三邪合而为病。但三邪在体有所偏胜，因而有不同的症状学特点，据此，可分不同的证型。风邪胜者为行痹，其痛游走不定，恶风寒；寒邪胜者为痛痹，痛剧，遇寒则甚，得温则缓；湿邪偏胜为着痹，重着而痛，肌肤麻木；热邪偏胜为热痹，肢体关节灼痛，或痛处焮红，肿胀剧烈。

2. 辨虚实 行痹、痛痹、着痹、热痹虽起病缓慢，但病程短者多为实证。久治不愈，肝肾亏虚，痰瘀阻络，则为虚中夹实，如尪痹，以关节剧痛、肿大、变形、屈伸受限为特点，同时兼有脏腑相应病变。若久病气血亏虚者，关节酸沉，绵绵而痛，麻木尤著，心悸气短，四肢乏力，则以虚证为主。临证不可无问虚实，一概使用祛风通络之品。

三、辨证论治

1. 行痹

【证候】 肢体关节酸楚疼痛，屈伸不利，游走无定处，多见于腕、肘、踝、膝等处关节。或伴有发热、恶风或恶寒，舌苔薄白，脉浮。

【分析】 风邪兼夹寒湿，留滞经脉骨节，闭阻气血，不通则痛，故肢体关节酸痛。经脉失于气血濡养，故关节屈伸不利。风性善行而数变，故腕、肘、踝、膝多处关节游走疼痛无定处。若风邪或夹寒湿侵袭肌表，卫阳郁闭失宣，营卫失和，则见恶风或恶寒，发热。舌苔薄白，脉浮为邪在卫表之象。

【治法】 祛风散寒，除湿通络。

【方药】 防风汤（防风、麻黄、秦艽、桂枝、葛根、当归、茯苓、甘草、生姜、大枣、杏仁、黄芩）加减。湿邪著，加防己、羌活、独活。寒邪盛，加川乌、草乌、白芷、细辛。

2. 痛痹

【证候】 肢体关节疼痛较剧，痛有定处，遇寒则痛甚，得热则痛减，关节屈伸不利，舌苔薄白或薄白腻，脉弦紧。

【分析】 寒邪兼夹风湿外袭，留滞关节，气血痹阻。寒为阴邪，其性凝滞，经络气血凝结，阻滞不通，故肢节疼痛较剧，且遇寒则加重，得热痛减。寒性收引，经脉收缩拘挛，故关节屈伸不利。舌苔薄白、脉弦紧或沉迟而弦为寒凝疼痛之象。兼有湿邪则苔薄白而腻。

【治法】 温经散寒，祛风除湿。

【方药】 乌头汤（麻黄、制川乌、黄芪、白芍、甘草、蜂蜜）加减。若关节皮肤冷感，疼痛剧烈，可加附子、细辛、桂枝、白芷、干姜等。

3. 着痹

【证候】 肢体关节沉重酸楚、疼痛，甚则关节肿胀，肌肤麻木不仁，关节活动不利，舌淡，苔白腻，脉濡缓。或肢体疼痛，足胫肿热，苔黄厚腻。

【分析】 湿性重浊黏滞，兼夹风寒入侵，则闭阻气血，阻滞经脉，故肢体关节出现沉重酸楚而痛。若湿邪壅滞于骨节，则关节肿胀。湿邪阻滞气血不行，肌肤、经脉失于濡养，则肢肤麻木不仁，关节活动不利。舌淡，苔白腻，脉濡缓为湿邪致病之象。

【治法】 除湿通络，祛风散寒。

【方药】 薏苡仁汤（薏苡仁、瓜蒌仁、川芎、当归、麻黄、桂枝、羌活、独活、防风、制川乌、甘草、苍术、生姜）加减。若肌肤麻木不仁，加海桐皮、豨莶草祛风通络。若寒湿甚，佐附子、细辛、干姜温经散寒。若兼见足胫肿热，苔黄厚腻，湿邪化热者，加黄柏、苍术清热除湿。

4. 热痹

【证候】 关节疼痛，焮红灼热，肿胀，痛不可触，屈伸不利，多兼发热、恶风、口渴、汗出，心烦，舌红，苔黄或黄腻，脉浮数或滑数。

【分析】 风湿热邪侵袭于肌腠，壅滞于经络，留滞于骨节，热郁气滞，故关节肿胀，焮红灼热，痛不可触，得冷则缓。经脉不通，气血不畅，故关节肢体屈伸不利。邪郁肌表，卫阳郁遏，则发热，恶风。风热袭表，腠理开泄，故汗出。热盛伤津，热扰心神，故口渴，心烦。舌红，苔黄或黄腻，脉浮数或滑数为风湿热邪致病之象。

【治法】 清热通络，祛风除湿。

【方药】 白虎加桂枝汤（知母、石膏、粳米、甘草、桂枝）合宣痹汤（防己、杏仁、滑石、连翘、薏苡仁、半夏、蚕沙、赤小豆、山栀）加减。若发热、恶风、咽痛者，加金银花、牛蒡子、薄荷、荆芥，以疏风清热，解毒利咽。若热毒炽盛，关节红肿热痛，入夜尤著，壮热烦渴者，可选用五味消毒饮（金银花、野菊花、蒲公英、紫花地丁、紫背天葵）合犀黄丸（牛黄、麝香、没药、乳香、黄米饭），以清热解毒、凉血止痛。

5. 尪痹

【证候】 痹证日久，肢体关节疼痛时轻时重，关节僵硬、变形，屈伸不利，筋脉拘急，肌肉萎缩，肘膝不能伸，甚至肢体关节强直残废，舌暗红不鲜，脉细涩。

【分析】 风寒湿邪久恋，伤津耗血，肝肾两亏。津液凝滞，聚而成痰；脉络阻滞，血滞为瘀；血虚津亏，内风遂起。风痰瘀互结，留着肢体关节，痹阻经脉，则肢体关节疼痛时轻时重，关节肿大、僵硬、变形。肝肾亏虚，筋骨失养，则屈伸不利，筋脉拘急，肘膝不能伸，甚至肢体关节强直残废。瘀血阻络，血行不畅，血脉空虚，则舌暗红不鲜，脉细涩。

【治法】 补肝益肾，搜风涤痰，活血通络。

【方药】 双合汤（桃仁、红花、地黄、芍药、当归、川芎、半夏、茯苓、陈皮、甘草、白芥子、鲜竹沥、生姜汁）加减。久治不愈，可加蜂房、全蝎等搜风通络。痰浊偏胜，加制南星豁痰。瘀血明显，加乳香、没药、地鳖虫、炮山甲等活血散瘀。肝肾亏虚，筋骨不健者，加鹿角霜、苁蓉、狗脊、桑寄生、杜仲、牛膝等。

（谢毅强）

复习思考题

1. 痹证的预防调摄有哪些？
2. 痹证的辨证要点是什么？

第二十四节 水 肿

水肿是指因感受外邪，饮食失调，或劳倦过度等，使肺失宣降通调，脾失健运，肾失开合，膀胱气化失常，导致体内水液潴留，泛滥肌肤，以头面、眼睑、四肢、腹背，甚至全身浮肿为临床特征的一类病证。

现代医学中的急慢性肾小球肾炎、肾病综合征、充血性心力衰竭、内分泌失调，以及营养障碍等疾病出现的水肿，可参考本节进行辨证论治。

一、病因病机

1. 风邪外袭，肺失通调 风邪外袭，内舍于肺，肺失宣降，上则津液不能宣发外达以营养肌肤，下则不能通调水道而将津液的代谢废物变化为尿，以致风遏水阻，风水相搏，水液潴留体内，泛滥肌肤，发为水肿。

2. 湿毒浸淫，内归肺脾 肺主皮毛，脾主肌肉。痈疡疮毒生于肌肤，未能清解而内归肺脾，脾伤不能升津，肺伤失于宣降，以致水液潴留体内，泛滥肌肤，发为水肿。

3. 水湿浸渍，脾气受困 脾喜燥而恶湿。久居湿地，或冒雨涉水，水湿之气内侵；或平素饮食不节，过食生冷，均可使脾为湿困，而失其运化之职，致水湿停聚不行，潴留体内，泛滥肌肤，发为水肿。

4. 湿热内盛，三焦壅滞 三焦为决渎之官，水道出焉。湿热内侵，久羁不化；或湿郁化热，湿热内盛，使中焦脾胃失其升清降浊之能，三焦为之壅滞，水道不通，以致水液潴留体内，泛滥肌肤，发为水肿。

5. 饮食劳倦，伤及脾胃 饮食失调，或劳倦过度，或久病伤脾，脾气受损，运化失司，水液代谢失常，引起水液潴留体内，泛滥肌肤，而成水肿。

6. 肾气虚衰，气化失常 肾为水脏，主津液。生育不节，房劳过度，或久病伤肾，以致肾气虚衰，不能化气行水，遂使膀胱气化失常，开合不利，引起水液潴留体内，泛滥肌肤，而成水肿。

本病的病位在肺、脾、肾三脏，与心有密切关系，以肾为本，以肺为标，而以脾为制水之脏。基本病机是肺失宣降通调，脾失转输，肾失开合，膀胱气化失常，导致体内水液潴留，泛滥肌肤。因外邪、疮毒、湿热所致的水肿，病位多在肺脾；因内伤所致的水肿，病位多在脾肾。此外，瘀血阻滞，三焦水道不利，往往使水肿顽固难愈。

二、辨证要点

1. 辨阳水与阴水 阳水多为实证、热证；阴水多为虚证、寒证。阳水多因感受风邪、水湿、疮毒、湿热诸邪，导致肺失宣降通调，脾失健运而成。起病较急，病程较短。阴水多因饮食劳倦、久病体虚等引起脾肾亏虚、气化不利所致。起病缓慢，多逐渐发生，或由阳水转化而来，病程较长。

2. 辨外感和内伤 外感常有恶寒发热、头痛脉浮等表证；内伤多由内脏亏虚、正气不足所致。外感多实，内伤多虚。外感日久不愈也可由实转虚；内伤正气不足，表卫虚弱，又易招致外感。

3. 辨脏腑 若水肿较甚，咳喘较急，不能平卧者，病变部位多在肺；若水肿日久，纳食不佳，四肢无力，身重，苔腻，病变部位多在脾；若水肿反复，腰膝酸软，耳鸣眼花者，病变部位多在肾；若水肿下肢明显，心悸怔忡，胸闷烦躁，甚则不能平卧，病变部位多在心。

三、辨 证 论 治

水肿需辨别阳水和阴水。其肿多先起于头面，由上至下，延及全身，或上半身肿甚，肿处皮肤绷急光亮，按之凹陷即起，常兼见烦热口渴，小便赤涩，大便秘结等为阳水，多为表、实、热证。其肿多先起于下肢，由下而上，渐及全身，或腰以下肿甚，肿处皮肤松弛，按之凹陷不易恢复，甚则按之如泥，不烦渴，常兼见小便少但不赤涩，大便溏薄，神疲气怯等为阴水，多为里、虚、寒证。但应注意，阳水和阴水之间在一定条件下，亦可互相转化，需用动态的观点进行辨识。如阳水久延不退，正气日虚，水邪日盛，便可转为阴水；反之，若阴水复感外邪，肺失宣降，脾失健运，肿势剧增，又可表现为以实证、热证为主，而先按阳水论治。

水肿的治疗，《素问·汤液醪醴论》提出“去宛陈莝”“开鬼门”和“洁净府”三条基本原则。张仲景宗《内经》之意，在《金匮要略》中提出：“诸有水者，腰以下肿，当利小便；腰以上肿，当发汗乃愈。”因此，水肿的治疗应分阴阳而治，阳水主要治以发汗、利小便、宣肺健脾，水势壅盛则可酌情暂行攻逐，总以祛邪为主；阴水则主要治以温阳益气、健脾、益肾、补心，兼利小便，酌情化瘀，总以扶正助气化为治。虚实并见者，则攻补兼施。

（一）阳水

1. 风水泛滥

【证候】 浮肿起于眼睑，继则四肢及全身皆肿，甚者眼睑浮肿，眼合不能开，来势迅速，多有恶寒发热，肢节酸痛，小便短少等症。偏于风热者，伴咽喉红肿疼痛，口渴，舌红，脉浮滑数。偏于风寒者，兼恶寒无汗，头痛鼻塞，咳喘，舌苔薄白，脉浮滑或浮紧。

【分析】 风邪袭表，肺失宣降，不能通调水道，下输膀胱，故见恶寒发热，肢节酸楚，小便不利，全身浮肿等症；风为阳邪，其性轻扬，风水相搏，推波助澜，故水肿起于面目，迅及全身；若风邪兼热则咽喉红肿热痛，舌红，脉浮滑数；若风邪兼寒，邪在肌表，卫阳被遏，肺开窍于鼻，肺气不宣，故见恶寒无汗，头痛鼻塞，咳喘，舌苔薄白，脉浮滑或浮紧。

【治法】 疏风清热，宣肺行水。

【方药】 越婢加术汤（《金匮要略》）（麻黄、生石膏、白术、甘草、生姜、大枣）加减。

2. 湿毒浸淫

【证候】 身发疮痍，甚则溃烂，或咽喉红肿，或乳蛾肿大疼痛，继则眼睑浮肿，延及全身，小便不利，恶风发热，舌红，苔薄黄，脉浮数或滑数。

【分析】 肌肤乃肺脾所主，湿毒侵淫，故肌肤疮痍；湿毒未能及时清解消散，内归脏腑，使中焦脾胃不能运化水湿，失其升清降浊之能，使肺不能通调水道而小便不利；风为百病之长，故病之初起，多兼风邪，是以肿起眼睑，迅及全身，有恶风发热之象；舌红苔薄黄，脉浮数或滑数，是风邪夹湿毒所致。

【治法】 宣肺解毒，利尿消肿。

【方药】 麻黄连翘赤小豆汤（《伤寒论》）（麻黄、杏仁、桑白皮、连翘、赤小豆）合五味消毒饮（《医宗金鉴》）（金银花、野菊花、蒲公英、紫花地丁、紫背天葵）加减。

3. 水湿浸渍

【证候】 全身水肿，按之没指，小便短少，身体困重，胸闷腹胀，纳呆，泛恶，苔白腻，脉沉缓，起病较缓，病程较长。

【分析】 水湿之邪，浸渍肌肤，壅滞不行，以致肢体浮肿不退；水湿内聚，三焦决渎失司，膀胱气化失常，故小便短少，水湿日增而无出路，横溢肌肤，所以肿势日甚，按之没指；脾为湿困，阳气不得舒展，故见身重神疲，胸闷，纳呆，泛恶等症；苔白腻，脉沉缓，亦为湿胜脾弱之象；湿为黏腻之邪，不易骤化，故病程较长。

【治法】 健脾化湿，通阳利水。

【方药】 胃苓汤（《丹心溪法》）（白术、茯苓、苍术、厚朴、陈皮、猪苓、泽泻、肉桂）合五皮饮（《证治准绳》）（桑白皮、陈皮、大腹皮、茯苓皮、生姜皮）加减。

4. 湿热壅盛

【证候】 遍体浮肿，皮肤绷急光亮，胸脘痞闷，烦热口渴，或口苦口黏，小便短赤，或大便干结，舌红，苔黄腻，脉滑数或沉数。

【分析】 水湿之邪，郁而化热，或湿热之邪壅于肌肤经隧之间，故遍身浮肿而皮肤绷急光亮；由于湿热壅滞三焦，气机升降失常，故见胸脘痞闷；若热邪偏重者，津液被耗，故见烦渴，小便短赤，大便干结；苔黄腻，脉滑数或沉数，均为湿热之征。

【治法】 分利湿热。

【方药】 疏凿饮子（《重订严氏济生方》）（大腹皮、茯苓皮、生姜、羌活、秦艽、泽泻、木通、椒目、赤小豆、商陆、槟榔）加减。

（二）阴水

1. 脾阳虚衰

【证候】 身肿，腰以下为甚，按之凹陷不易恢复，脘腹胀闷，纳减便溏，食少，面色不华，神倦肢冷，小便短少，舌淡，苔白腻或白滑，脉沉缓或沉弱。

【分析】 中阳不振，健运失司，气不化水，以致下焦水邪泛滥，故身肿，腰以下尤甚，按之凹陷不起；脾虚运化无力，故脘闷纳减，腹胀便溏；脾虚生化无权，阳不温煦，故面色萎黄，神疲肢冷；阳不化气，则水湿不行，而见小便短少；舌淡，苔白腻或白滑，脉沉缓或沉弱是脾阳虚衰，水湿内聚之征。

【治法】 温阳健脾，化气利水。

【方药】 实脾饮（《重订严氏济生方》）（干姜、附子、厚朴、大腹皮、草果仁、木香、白术、茯苓、炙甘草、木瓜、生姜、大枣）加减。

2. 肾阳衰微

【证候】 面浮身肿，腰以下为甚，按之凹陷不起，心悸，气促，腰部冷痛酸重，尿量减少或多尿，四肢厥冷，怯寒神疲，面色㿠白或灰滞，舌淡胖，苔白，脉沉细或沉迟无力。

【分析】 腰膝以下为肾气所主，肾气虚衰，阳不化气，水湿下聚，故见腰以下肿甚，按之凹陷不起；水气上凌心肺，故见心悸气促；腰为肾之府，肾虚而水湿内盛，故腰痛酸重；肾与膀胱相表里，肾阳不足，膀胱气化不利，故尿量减少，或因下之不固而多尿。故有浮肿与多尿并见；肾阳亏虚，命门火衰，不能温养，故四肢厥冷，怯寒神疲；阳气不能温煦上荣，故面色灰滞或㿠白；舌淡胖，苔白，脉沉细或沉迟无力，均为阳气虚衰，水湿内盛之候。

【治法】 温肾助阳，化气行水。

【方药】 济生肾气丸（《济生方》）：熟地黄　山药　山茱萸　牡丹皮　茯苓　泽泻　炮附子　官桂　川牛膝　车前子。

（吴国琳）

复习思考题

1. 水肿的治则治法有哪些？
2. 水肿如何辨阳水、阴水？

第二十五节 淋　　证

淋证是指以小便频急，滴沥不尽，尿道涩痛，小腹拘急，痛引腰腹为主要临床表现的一类病证。历代医家根据淋证的临床表现，将淋证分为热淋、石淋、气淋、血淋、膏淋和劳淋六种类型。

现代医学的尿路感染、泌尿系结石、前列腺疾病、泌尿系肿瘤、乳糜尿等，当临床表现为淋证时，可参考本节内容辨证论治。

一、病因病机

1. 外感湿热 因下阴不洁，秽浊之邪从下侵入机体，上犯膀胱，或由小肠邪热、心经火热、下肢丹毒等它脏外感之热邪传入膀胱，膀胱气化不利，发为淋证。

2. 饮食不节 多食辛热肥甘，或嗜酒太过，脾胃运化失常，积湿生热，下注膀胱，发为淋证。

3. 情志失调 情志不遂，肝气郁结，肝失疏泄，膀胱气滞，或气郁化火，气火郁于膀胱，膀胱气化不利，导致淋证。

4. 禀赋不足或劳伤久病 禀赋不足，肾与膀胱先天畸形，或劳累过度，房室不节，或年老，久病，体弱，或久淋不愈，耗伤正气，或妊娠、产后，皆可致脾肾亏虚，膀胱容易感受外邪，而致本病。

淋证的病位在肾与膀胱，且与肝脾有关。其主要病机是肾虚，膀胱湿热，气化失司。肾与膀胱相表里，肾气的盛衰，直接影响膀胱的气化与开合。淋证日久不愈，热伤阴，湿伤阳，易致肾虚；肾虚日久，湿热秽浊邪毒容易侵入膀胱，引起淋证的反复发作。因此，肾虚与膀胱湿热在淋证的发生、发展及病机转化中具有重要的意义。淋证有虚有实，初病多实，久病多虚，初病体弱及久病患者，亦可虚实并见。实证多在膀胱和肝，虚证多在肾和脾。

二、辨证要点

1. 辨淋证类别 由于每种淋证都有不同的病机，其演变规律和治法也不尽相同，在此需要辨明淋证类别。辨识的要点是每种淋证的各自特征。起病急，症见发热，小便热赤，尿时热痛，小便频急症状明显，每日小便可达数十次，每次尿量少者为热淋；小便排出砂石，或尿道中积有砂石，致排尿时尿流突然中断，尿道窘迫疼痛，或砂石阻塞于输尿管或肾盂中，常致腰腹绞痛难忍者为石淋；小腹胀满明显，小便艰涩疼痛，尿后余沥不尽者为气淋；尿中带血或夹有血块，并有尿路疼痛者为血淋；淋证而见小便混浊如米泔或如脂膏者为膏淋；久淋，小便淋沥不已，时作时止，遇劳即发者为劳淋。

2. 辨虚实 在区别各种不同淋证的基础上，还需辨识证候的虚实。一般而言，初起或在急性发作阶段，因膀胱湿热、砂石结聚、气滞不利所致，尿路疼痛较甚者，多为实证；淋久不愈，尿路疼痛轻微，见有肾气不足，脾气虚弱之证，遇劳即发者，多属虚证。气淋、血淋、膏淋皆有虚、实及虚实并见之证，石淋日久，伤及正气，阴血亏耗，亦可表现为正虚邪实并见之证。

3. 辨标本缓急 各种淋证之间可以相互转化，也可以同时并存，所以辨证上应区别标本缓急。以劳淋转为热淋为例，从邪与正的关系看，劳淋正虚是本，热淋邪实为标；从病因与证候的关系看，热淋的湿热蕴结膀胱为本，而热淋的证候为标，根据急则治标，缓则治本的原则，当以治热淋为急务，从而确立清热通淋利尿的治法，先用相应的方药，待湿热渐清，转以扶正为主。同样在石淋并发热淋时，则新病热淋为标，旧病石淋为本，如尿道无阻塞等紧急病情，应先治热淋，后治石淋，治愈热淋后，再治石淋。

三、辨证论治

淋证的辨证首先应辨别六淋之类别。其次，须辨证候之虚实，虚实夹杂者，须分清标本虚实之主次，证情之缓急。最后须辨明各淋证的转化与兼夹。同一患者常可发生数种淋证并存，虚实夹杂，甚或兼夹消渴、水肿、癃闭等证。辨证时，既要掌握淋证共性，又要熟悉各淋证的特征，通过病因分析，虚实判别，正确分辨各种淋证兼夹、转化。

实则清利，虚则补益，是治疗淋证的基本原则。实证有膀胱湿热者，治宜清热利湿；有热邪灼伤血络者，治宜凉血止血；有砂石结聚者，治宜通淋排石；有气滞不利者，治宜利气疏导。虚证以脾虚为主者，治宜健脾益气；以肾虚为主者，治宜补虚益肾。同时正确掌握标本缓急，在淋证治疗中尤为重要。对虚实夹杂者，又当通补兼施，审其主次缓急，兼顾治疗。

1. 热淋

【证候】 小便频急短涩，尿道灼热刺痛，尿色黄赤，少腹拘急胀痛，或有寒热，口苦，呕恶，或腰痛拒按，或有大便秘结，苔黄腻，脉滑数。

【分析】 湿热蕴结下焦，膀胱气化失司，故见小便短数，灼热刺痛，溺色黄赤；腰为肾之府，若湿热之邪侵犯于肾，则腰痛拒按；若湿热内蕴，邪正相争，可见寒热起伏、口苦、呕恶；热甚波及大肠，则大便秘结；苔黄腻，脉滑数，均系湿热之象。

【治法】 清热解毒，利湿通淋。

【方药】 八正散（《太平惠民和剂局方》）：木通、车前子、萹蓄、瞿麦、滑石、甘草、大黄、山栀、灯心草。

2. 石淋

【证候】 尿中时夹砂石，小便艰涩，或排尿时突然中断，尿道窘迫疼痛，少腹拘急，或腰腹绞痛难忍，痛引少腹，连及外阴，尿中带血，舌红，苔薄黄。若病久砂石不去，可伴见面色少华，精神委顿，少气乏力，舌淡边有齿印，脉细而弱；或腰腹隐痛，手足心热，舌红少苔，脉细带数。

【分析】 湿热下注，煎熬尿液，结为砂石，故为石淋。砂石不能随尿排出，则小便艰涩，尿时疼痛；如砂粒较大，阻塞尿路，则尿时突然中断，并因阻塞不通而致疼痛难忍，结石损伤脉络，则见尿中带血；初起阴血未亏，湿热偏盛，故舌红，苔薄黄，脉弦或带数。久则阴血亏耗，伤及正气，或为阴虚，或为气虚，而表现为虚实夹杂之证，阴虚者，腰酸隐痛，手足心热，舌红少苔，脉细带数；气虚者，面色少华，精神委顿，少气乏力，舌淡边有齿印，脉细而弱。

【治法】 清热利尿，通淋排石。

【方药】 石韦散（《外台秘要》）（石韦、冬葵子、瞿麦、滑石、车前子、金钱草、海金沙、鸡内金）加减。

3. 气淋

【证候】 实证表现为小便涩痛，淋沥不宣，小腹胀满疼痛，苔薄白，脉多沉弦。虚证表现为尿时涩滞，小腹坠胀，尿有余沥，面白不华，舌淡，脉虚细无力。

【分析】 少腹乃足厥阴肝经循行之处，情志怫郁，肝失条达，气机郁结，膀胱气化不利，故见小便涩滞，淋沥不宣，小腹满痛。脉沉弦为肝郁之征。此属气淋之实证。如病久不愈，或过用苦寒疏利之品，耗伤中气，气虚下陷，故见小腹坠胀，气虚不能摄纳，故尿有余沥。面色不华，舌淡，脉虚细无力，均为气血亏虚之征。此属气淋之虚证。

【治法】 实证宜利气疏导，虚证宜补中益气。

【方药】　实证用沉香散（《三因极一病证方论》）（沉香、橘皮、当归、白芍、甘草、石韦、冬葵子、滑石、王不留行）加减；虚证用补中益气汤（《内外伤辨惑论》）（黄芪、白术、陈皮、升麻、柴胡、人参、甘草、当归）加减。

4. 血淋

【证候】　实证表现为小便热涩刺痛，尿色深红，或夹有血块，疼痛满急加剧，或见心烦，舌苔黄，脉滑数。虚证表现为尿色淡红，尿痛涩滞不明显，腰酸膝软，神疲乏力，舌淡红，脉细数。

【分析】　湿热下注膀胱，热盛伤络，迫血妄行，以致小便涩痛有血；血块阻塞尿路，故疼痛满急加剧；如心火亢盛，则可见心烦，苔黄，脉数，为实热之象。病延日久，肾阴不足，虚火灼络，络伤血溢，则可见尿色淡红，涩痛不明显；腰膝酸软，为血淋之虚证。

【治法】　实证宜清热通淋，凉血止血；虚证宜滋阴清热，补虚止血。

【方药】　实证用小蓟饮子（《济生方》）（小蓟、生地黄、蒲黄、藕节、木通、淡竹叶、栀子、滑石、当归、生甘草梢）加减；虚证用知柏地黄丸（《医方考》）（熟地黄、山茱萸、怀山药、牡丹皮、茯苓、泽泻、知母、黄柏）加减。

5. 膏淋

【证候】　实证表现为小便混浊如米泔水，置之沉淀如絮状，上有浮油如脂，或夹有凝块，或混有血液，尿道热涩疼痛，舌红，苔黄腻，脉濡数。虚证表现为病久不已，反复发作，淋出如脂，小便涩痛反见减轻，但形体日渐消瘦，头昏无力，腰酸膝软，舌淡，苔腻，脉细弱无力。

【分析】　湿热下注，气化不利，脂液失于约束，故见小便混浊如米泔水，尿道热涩疼痛等实证。如日久反复不愈，肾虚下元不固，不能制约脂液，脂液下泄，故见淋出如脂，形瘦、头昏乏力、腰酸膝软等虚证。

【治法】　实证宜清热利湿，分清泄浊；虚证宜补虚固涩。

【方药】　实证用程氏萆薢分清饮（《医学心悟》）（萆薢、石菖蒲、黄柏、车前子、白术、茯苓、莲子心、丹参）加减；虚证用膏淋汤（《医学衷中参西录》）（党参、山药、地黄、芡实、白芍、龙骨、牡蛎）加减。

6. 劳淋

【证候】　小便不甚赤涩，但淋沥不已，时作时止，遇劳即发，腰酸膝软，神疲乏力，舌淡，脉细弱。

【分析】　诸淋日久，或过服寒凉，或久病体虚，或劳伤过度，以致脾肾两虚。湿浊留恋不去，故小便不甚赤涩，但淋沥不已，遇劳即发。气血不足，故舌淡脉弱。

【治法】　健脾益肾。

【方药】　无比山药丸（《备急千金要方》）（山药、茯苓、泽泻、熟地黄、山茱萸、巴戟天、菟丝子、杜仲、牛膝、五味子、肉苁蓉、赤石脂）加减。

（吴国琳）

复习思考题

1. 淋证分哪几种？各自的主要临床特征是什么？
2. 淋证的治疗原则是什么？

第二十六节　腰　　痛

腰痛又称“腰脊痛”，是指因外感、内伤或跌仆闪挫导致腰部气血运行不畅，或失于濡养，引起腰脊或脊旁部位疼痛为主要症状的病证，可以是一侧或者两侧，常伴有酸楚感。腰为肾之府，腰痛与肾的关系最为密切。

现代医学的肾脏疾病、腰椎疾病、腰肌劳损等病症的过程中出现以腰痛为主症者，可参考本节进行辨证论治。

一、病因病机

1. 感受寒湿 由于坐卧或者久居冷湿之地，涉水冒雨，衣着湿冷，劳汗当风，寒湿之邪入侵，致腰部经脉气血运行不畅而发生疼痛。

2. 感受湿热 湿热交蒸之季，感受湿热之邪，或寒湿内蕴日久，郁而化热，湿热阻遏，腰部经脉气血运行不畅，引起腰痛。

3. 体虚年老 素体先天禀赋不足，或久病失治，或年老体虚，或房劳过度，致肾精气亏虚，无以濡养肾经而发生腰痛。

4. 跌仆外伤 跌仆闪挫，体位不正，用力失当，经络气血阻滞不通，瘀血阻络，留滞腰部而痛。

二、辨证要点

1. 辨外感内伤 发病急，病程短，伴感受外邪，为外感。内伤病程较长，反复发作，疼痛较轻，多为内伤。

2. 辨虚实 虚证病情缠绵、反复发作，多由肾虚所致，疼痛较轻；实证多由感受外邪或跌仆闪挫而致，疼痛较为明显。

三、辨证论治

1. 寒湿腰痛

【证候】 腰部冷痛重着，转侧不利，静卧疼痛不减或遇阴雨天加重，苔白腻，脉沉迟缓。

【分析】 寒湿邪气侵袭腰部，寒性收引、凝滞，痹阻经络，湿性重着、黏滞，气血运行不畅，故腰部冷痛重着、转侧不利。寒湿为阴邪，静卧则寒湿邪气更易停滞，故虽卧疼痛不减。阴雨天则寒湿更盛，经络更加痹阻，疼痛加剧。苔白腻，脉沉迟缓均为寒湿停聚之象。

【治法】 散寒化湿，温经通络。

【方药】 甘姜苓术汤（干姜、甘草、茯苓、白术）加味。若冷痛甚，拘急不舒，可加麻黄、熟附片以温阳祛寒。若痛而沉重，可加羌活、苍术以燥湿散邪。若腰痛左右游走不定，牵引关节两足，或连肩背，可加独活、防风、桑枝以祛风通络。

2. 湿热腰痛

【证候】 腰部疼痛，痛处伴有热感，或伴肢体关节红肿，口渴烦热，小便短赤，苔黄腻，脉濡数。

【分析】 湿热壅于腰部，经络痹阻，故腰部疼痛，痛处伴有热感。湿热易于流注关节，故见肢体关节红肿。湿热下注膀胱，故小便短赤。苔黄腻，脉濡数，均为湿热之象。

【治法】 清热利湿，通络止痛。

【方药】 三妙散（苍术、黄柏、牛膝）加味。腰痛伴坠胀明显时，可加防己、萆薢以加强祛湿通络之功。

3. 瘀血腰痛

【证候】 腰痛如刺，痛有定处，痛处拒按，转侧不利，寒冷天气加重，舌暗紫，或有瘀斑，脉涩。或有外伤史。

【分析】 瘀血阻滞于腰部，痹阻经络，故腰痛如刺，痛有定处，痛处拒按，转侧不利。寒性收引凝滞加重血瘀，故寒冷天气加重。舌暗紫，或有瘀斑，脉涩，均为瘀血内停征象。

【治法】 活血化瘀，通络止痛。

【方药】 身痛逐瘀汤（秦艽、当归、桃仁、红花、乳香、五灵脂、香附、牛膝、地龙、羌活、甘草、川芎、没药）加减。若有腰部外伤病史则加土鳖虫、乳香以增强活血止痛之功。若疼痛伴畏寒，可加麻黄、熟附片以温阳祛寒止痛。

4. 肾虚腰痛

【证候】 腰部以隐痛为主，常伴酸软感，绵绵不绝，喜揉喜按，腿膝无力，遇劳更甚，卧则减轻。偏阳虚者，则少腹拘急，手足不温，少气乏力，舌淡，脉沉细；偏阴虚者，则五心烦热，失眠多梦，口燥咽干，面色潮红，舌红少苔，脉弦细数。

【分析】 肾精气亏虚，腰府失养，故见腰部以隐痛为主，常伴酸软感，绵绵不绝，喜揉喜按；劳则耗气，故遇劳更甚，卧则减轻。肾阳虚不能温煦下元，则少腹拘急；肾阳虚不能温养四末，故手足不温。舌淡，脉沉细皆为阳虚有寒之象。肾阴虚则阴津不足，虚火上炎，故五心烦热，失眠多梦，口燥咽干，面色潮红。舌红少苔，脉弦细数，均为阴虚有热之征。

【治法】 滋肾壮腰，偏阳虚者温肾补肾，偏阴虚者滋肾益阴。

【方药】 偏阳虚者以右归丸（熟地黄、山茱萸、怀山药、枸杞子、菟丝子、杜仲、附子、肉桂、当归、鹿角胶）为主方加减。偏阴虚者以左归丸（熟地黄、山茱萸、怀山药、枸杞子、菟丝子、鹿角胶、龟甲胶、川牛膝）为主方加减。房劳过度致肾虚腰痛者，选用河车大造丸补肾。

（谢毅强）

复习思考题

1. 腰痛的预防调摄有哪些？
2. 腰痛的辨证要点是什么？
3. 腰痛如何辨证施治？

第二十七节　内 伤 发 热

内伤发热是指因气血阴阳亏虚、脏腑功能失调所导致的以发热为主要表现的病证。临床表现以低热为多，有时或见高热，或患者自觉发热而体温不高。本病一般起病较缓，病程较长，或虚或实。

现代医学中的功能性发热、结缔组织病、肿瘤、血液病、慢性感染性疾病、内分泌疾病等所引起的发热和某些原因不明的发热，可参考本节进行辨证论治。

一、病 因 病 机

1. 久病体虚 素体虚损，或久病耗伤，致气血阴阳亏虚，阴阳失衡而发热。

2. 饮食劳倦 饮食失调，劳倦过度，导致脾胃受损，中气不足，虚阳外越而发热；或阴血无以化生，阴火内生而发热；或运化失常，痰湿内蕴，郁而化热。

3. 七情失调 七情失调，肝气不能条达，气郁化火，以致发热。

4. 外伤瘀血 外伤、出血等原因导致瘀血内结，停积于体内，气血运行不畅，壅遏不通，引致发热。或外伤出血过多，阴血亏损，阴不济阳，阳气独亢，而引起发热。

本病基本病机为脏腑功能失调，气血阴阳亏虚，阴阳失衡，或气、血、水湿郁遏化热。不同病机之间，可以互相转化，或可因虚致实，或可久病从实转虚、虚实夹杂。

二、辨证要点

1. 辨虚实 本病应根据病史、症状、舌脉辨别证候的虚实。实证者，应辨其气滞、血瘀、痰湿。虚证者，应辨别其气血阴阳之不足及脏腑的虚损。气虚者，常见于脾虚中气不足。血虚者以心脾两虚或肝血不足为主。阴虚者，可累及多个脏腑，又以肺阴虚或肝肾阴虚较多见。阳虚者，多见于肾阳不足或心肾阳虚。又有因虚致实及邪实伤正者，其临床表现既有正虚，又有邪实，而为正虚邪实、虚实夹杂的证候，亦属常见。

2. 辨轻重 内伤发热须结合病程长短，发热状况，兼次症状，舌脉象等，辨别病情的轻重。一般病程长、热势亢盛、持续发热、久治不愈，或反复发热，致胃气衰败，则病情较重。反之则病情较轻。

三、辨证论治

发热的辨证，首先根据发病原因、病程长短、临床表现和体质强弱，确定其为内伤发热或为外感发热。内伤发热由内因而致，其一般特点是：发热缓慢，病程较长或反复发作，发热而不恶寒，多为低热，亦可高热，或发热时作时止，或发有定时，或五心烦热，或自觉发热而体温不高。因内伤发热主要由气、血、内湿的郁遏壅滞或气、血、阴、阳的虚损失调所致，故常伴有气郁、血瘀、湿郁或气虚、血虚、阴虚、阳虚的症状。而外感发热为感受外邪所致，多表现为起病较急，病程较短，发热时多伴有恶寒，并常伴头痛、鼻塞、流涕、喷嚏、脉浮等。确定为内伤发热后，依据病史、症状、舌脉等辨别证候的虚实，以便确定治疗原则。由气郁、血瘀、湿聚所致的内伤发热属实，由气虚、血虚、阴虚、阳虚所致的内伤发热属虚。既有正虚，又有邪实的表现为虚实夹杂证。

临床需根据内伤发热证候、病机的不同，采取相应的治疗方法，或滋阴清热，或补益气血，或温阳补肾，或清热化湿，或疏肝解郁，或活血化瘀。对虚实夹杂者，则须分清主次，兼而顾之。切忌一见发热便用发汗或清热之法。

1. 阴虚发热

【证候】 午后潮热或夜间发热，手足心热，颧赤如妆，心烦，盗汗，口干咽燥，或少寐多梦，舌红或绛，少苔或无苔，脉细数。

【分析】 阴液亏虚不能制阳，阳气浮亢则发热，或午后潮热或夜间发热，五心烦热，两颧潮红；虚热内蒸，迫津外泄而盗汗；阴虚失于濡润，故口燥咽干；阴虚之火内扰，故失眠多梦。舌红或绛，少苔或无苔，脉细数均属阴虚内热之象。

【治法】 滋阴清热。

【方药】 清骨散（《医方集解》）（银柴胡、胡黄连、秦艽、鳖甲、地骨皮、青蒿、知母、甘草）加减。阴虚较甚者，可加生地黄、玄参、制首乌等。

2. 气虚发热

【证候】 发热常在劳累后发作或加重，气短懒言，倦怠乏力，自汗，易于感冒，或食少便溏，舌淡，苔薄白，脉细弱。

【分析】 脾胃气虚，中气下陷，阴火内生则见发热，劳倦耗气尤甚，则发作或加重；中土虚弱，运化失职，气血不足则气短懒言，纳少便溏；脾主四肢，气虚则肢体乏力；气虚卫外不固则自汗易感。舌淡，苔薄白，脉细无力，皆属气虚之象。

【治法】 益气补中，甘温除热。

【方药】 补中益气汤（《医学心悟》）（黄芪、人参、白术、甘草、当归、陈皮、升麻、柴胡）加减。若进而发展为阳气虚衰，虚阳外越，则热而形寒，面色㿠白，汗出肢冷，腰酸便溏，舌淡，脉沉细而微，或浮大无根，可用参附汤（人参、熟附子）。

3. 血虚发热

【证候】 发热，多为低热，伴头晕眼花，乏力身倦，心悸不宁，面白无华，唇甲苍白，舌淡，脉细弱。

【分析】 阴血亏损，阴不济阳，阳气独亢，故见发热，且多为低热。血虚无权奉养脏腑肢体则头晕眼花，心悸不宁，乏力身倦。血不荣于外，则面白无华，唇甲苍白。舌淡、脉细弱，均属血虚之征。

【治法】 养血益气。

【方药】 归脾汤（《医学心悟》）（人参、白术、黄芪、远志、酸枣仁、茯神、龙眼肉、当归、木香、大枣、生姜、甘草）加熟地黄、银柴胡、白薇等。若仍有少许出血，可酌加三七、仙鹤草、棕榈炭、生蒲黄。

4. 阳虚发热

【证候】 自觉发热而体温多不高，热而欲近衣，形寒怯冷，四肢不温，面色㿠白，头晕嗜卧，腰膝酸痛，舌淡胖，或有齿痕，苔白润，或苔黑而润，脉沉细无力或浮大无力。

【分析】 肾阳亏虚，命门火衰，阳虚而阴盛，阳气被格拒于外，内真寒而外假热，故自觉发热而体温多不高，热而欲近衣，形寒怯冷，四肢不温。面色㿠白，头晕嗜卧，腰膝酸痛等，均为肾阳虚衰，失于温煦所致。舌淡胖，或有齿痕，苔白润，或苔黑而润，脉沉细无力或浮大无力均为阳虚之征。

【治法】 温阳补肾，引火归原。

【方药】 金匮肾气丸（《金匮要略》）（熟地黄、山药、山茱萸、泽泻、茯苓、牡丹皮、桂枝、附子）加减。阳虚气短而促者，加人参、黄芪以补气助阳。大便溏薄者，加干姜、白术以温中健脾。五更泄泻者，可合以四神丸。肾阳衰惫，腰膝酸软，阳痿者，可加巴戟天、淫羊藿。心肾阳虚者，可合参附汤、四逆汤为用。

5. 肝郁发热

【证候】 发热多潮热、烘热或午后低热，常随情绪波动而起伏，抑郁喜叹息，或烦躁易怒，或兼胸胁胀痛，口苦咽干，或妇女月经不调，舌红，苔黄，脉弦数。

【分析】 七情失调，肝失疏泄，肝气郁滞，气郁化火生热，故见发热，或午后低热，发热随情绪波动而起伏；肝气不能条达，故抑郁不欢，胸胁胀痛；肝气郁结，则血行不畅，故见妇女月经不调；叹气则气机暂得舒畅，故喜叹息；肝火上扰心神，故烦躁易怒；肝火灼津，则口苦咽干。舌红，苔黄，脉弦数，俱为肝郁化火之象。

【治法】 疏肝理气，解郁泻热。

【方药】 丹栀逍遥散（《外科正宗》）（柴胡、当归、白芍、白术、茯苓、甘草、薄荷、煨姜、牡丹皮、栀子）加减。发热甚，可加黄芩、地骨皮、白薇等；胸胁胀痛明显，可加青皮、郁金、香附等；妇女月经量少，可加益母草、泽兰等。

6. 瘀血发热

【证候】 午后或夜间发热，或自觉身体局部发热，口干不喜饮，有固定痛处或肿块，甚则面色晦暗，肌肤甲错，舌紫暗或有瘀斑，脉沉弦或涩。

【分析】 瘀血病在血分，属阴，故发热多在下午或晚间；瘀血阻滞，气血壅遏，致痛处固定或有肿块；瘀血阻滞，新血不生，气血不能上荣头面，以致面色暗黑；瘀热互结致口干不多饮。舌紫暗或瘀斑，脉沉弦或涩，皆为瘀血内阻之象。

【治法】 活血化瘀。

【方药】 血府逐瘀汤（《医林改错》）（当归、川芎、赤芍、地黄、桃仁、红花、牛膝、柴胡、枳实、桔梗、甘草）加减。若发热较甚者可加白薇、牡丹皮等。

7. 湿郁发热

【证候】 身热不扬，午后为甚，热势缠绵，脘痞呕恶，困顿纳呆，渴不欲饮，大便不爽，胸闷，头重如裹，舌红，苔黄腻，脉濡数。

【分析】 湿邪郁而化热，湿性黏滞，故见身热不扬、热难速已；湿为阴邪，故出现午后发热明显；湿邪阻滞气机，蒙蔽清窍，则脘痞、胸闷、头重如裹；湿阻中焦，脾失健运，故呕恶纳呆，大便不爽；湿停于内，故渴而不欲饮。舌红，苔黄腻，脉濡数，均为湿郁化热之象。

【治法】 清热利湿，宣畅气机。

【方药】 三仁汤（《温病条辨》）（杏仁、白蔻仁、薏苡仁、半夏、厚朴、通草、淡竹叶、滑石）加减。若头昏重痛如裹，如戴重帽，可加白芷、藁本等；胸闷脘痞可加佩兰、苍术、郁金、陈皮等。

（何 钦）

复习思考题

1. 如何区分内伤发热与外感发热？
2. 内伤发热各个证型相应的治法和代表方为何？

第二十八节 汗 证

汗证是阴阳失调，营卫不和，腠理不固而致汗液外泄失常的病证。汗出不因外界环境因素的影响，为汗液过度外泄的病理现象。根据汗出的临床表现，可分为自汗、盗汗、脱汗、战汗、黄汗五种。其中表现为白昼汗出，动则益甚，常伴有气虚不固的症状为自汗；寐中汗出，醒后即止，常伴有阴虚内热的症状为盗汗；外感病中，全身战栗而汗出为战汗；危重患者，大汗淋漓，或汗出如油如珠，并伴亡阳或亡阴危证为脱汗；汗出色黄如柏汁，染衣着色为黄汗。

现代医学中的甲状腺功能亢进症、自主神经功能紊乱、风湿热、结核病、低血糖、虚脱、休克、肝病、黄疸以及某些传染病等以汗出为主要症状者，可参考本节进行辨证论治。

一、病因病机

1. 病后体虚 肺气耗伤，卫外失固，腠理失固；或阴津耗伤，阴虚火旺，迫津外泄；或表虚受风，营卫失和，卫外失司。

2. 情志不调 思虑过度，损伤心脾，血不养心，心不敛营；或恼怒伤肝化火，逼津外泄。

3. 嗜食辛辣厚味 脾失健运，湿热郁蒸，津液外泄。

汗证的主要病机是阴阳失调，腠理不固，营卫失和，汗液外泄。病位在卫表肌腠，涉及肺、心、肝、肾诸脏。汗证病理性质有虚实之分，自汗多为气虚，盗汗多为阴虚，脱汗为亡阳或亡阴危证，实证多为肝火、湿热郁蒸。

二、辨证要点

1. 辨虚实 一般来说，虚实之分，应正邪合参。邪气盛则多实，或在表，或在里，或为寒，或为热；正气衰则虚，或气虚，或血虚，或阴虚，或阳虚；正衰邪恋则虚实夹杂。如自汗多属气虚不固，然实证也或有之；盗汗多属阴虚内热，然气虚、阳虚、湿热也间或有之；脱汗多属阳气亏虚，阴不内守，阴极阳竭。黄汗多属感受外邪，湿热内蕴，则为实证。战汗则常发于虚人外感，则属本虚标实之证。病程久者，或病变重者，则出现阴阳虚实错杂的情况。

2. 辨阴阳寒热 阳气盛则热，阳气衰则寒。汗证属热者，为热邪迫津外泄或阴虚火旺，心液被扰而失常所致；表里阳气虚衰，津液不固亦可外泄为汗，则属寒证。

三、辨证论治

本病辨阴阳虚实。自汗多属气虚不固，盗汗多属阴虚内热。因肝火、湿热等邪热郁蒸所致者属实证。病程久者或病变重者会出阴阳虚实错杂的情况。自汗久则可以伤阴，盗汗久则可以伤阳，出现气阴两虚或阴阳两虚之证。故治疗分虚实，虚证当根据证候的不同而治以益气、养阴、补血，调和营卫；实证当清肝泄热，化湿和营；虚实夹杂者，则根据虚实的主次而适当兼顾，各证均可酌加固涩敛汗之品。

1. 肺卫不固

【证候】 汗出恶风，稍劳汗出尤甚，易于感冒，体倦乏力，面色少华，苔薄白，脉细弱。

【分析】 肺气不足，表虚失固，则肌腠不实；皮毛不固，故汗出恶风，易于感冒；劳则耗气，气不摄津，故汗出尤甚；体倦乏力，面色少华，苔薄白，脉细弱均为气虚之征。

【治法】 益气固表。

【方药】 玉屏风散（《究原方》）（黄芪、白术、防风）加减。汗出多者，可加浮小麦、糯稻根、牡蛎固表敛汗；气虚甚者，加党参、黄精益气固摄；兼有阴盛而见舌红、脉细数者，加麦冬、五味子养阴敛汗。自汗之气血不足及体虚甚者可改用大补黄芪汤（《医方考》）（黄芪、白术、防风、人参、山茱萸、茯苓、甘草、五味子、熟地黄、川芎、肉苁蓉）补益固表力强。

2. 营卫不和

【证候】 汗出恶风，周身酸楚，时寒时热，或表现半身、某局部出汗，苔薄白，脉缓。

【分析】 体质虚弱，阴阳失调，或表虚感受风邪，致营卫失和，汗泄失常，腠理不密，故汗出恶风，周身酸楚，时寒时热；营卫失和，经络阻滞，故半身或局部出汗。苔薄白，脉缓为风伤营卫之表证。

【治法】 调和营卫。

【方药】 桂枝汤（《伤寒论》）（桂枝、白芍、生姜、大枣、甘草）加减。汗出多者，酌加煅龙骨、煅牡蛎固涩敛汗；兼气虚者，加黄芪；兼阳虚者，加附子；半身或局部出汗者，可配合甘麦大枣汤。

3. 心血不足

【证候】 自汗或盗汗，心悸少寐，神疲气短，面色不华，舌淡脉细。

【分析】 劳心过度或脾虚不运，气血生化不足，心血不足，心神浮越，心液不藏，故汗出，心悸少寐；气血不足故神疲气短、面色不华；舌淡脉细为气血失充之象。

【治法】 补心养血。

【方药】 归脾汤（《医学心悟》）（人参、黄芪、白术、茯神、当归、龙眼肉、酸枣仁、远志、木香、甘草、生姜、大枣）加减。汗出多者，加五味子、牡蛎、浮小麦收涩敛汗。血虚甚者，加制何首乌、枸杞子、熟地黄补益精血。

4. 阴虚火旺

【证候】 夜寐盗汗，五心烦热，或兼午后潮热，两颧色红，口渴，舌红少苔，脉细数。

【分析】 患者阴亏，虚火内生，寐则卫气行阴，助长阴分伏火，迫津外泄故盗汗；虚热内扰，故五心烦热或兼午后潮热；虚火上炎灼津，故两颧红，口渴；舌红少苔，脉细数为阴虚火旺之象。

【治法】 滋阴降火。

【方药】 当归六黄汤（《丹溪心法》）（当归、生地黄、熟地黄、黄连、黄芩、黄柏、黄芪）加减。汗出多者，加牡蛎、浮小麦、糯稻根；潮热甚者，加秦艽、银柴胡、白薇清退虚热；耳鸣者多用白蒺藜、菊花、枸杞子。

5. 邪热郁蒸

【证候】 蒸蒸汗出，汗液易使衣服黄染，面赤烘热，烦躁，口苦，小便色黄，舌苔薄黄，脉弦数。

【分析】 湿热内蕴，逼津外泄，故蒸蒸汗出；湿热交蒸脾土，脾色外泄，故汗液易使衣服黄染；肝火上炎，故面赤烘热，烦躁，口苦；湿热下注，故小便色黄；舌苔薄黄，脉象弦数为内热之象。

【治法】 清肝泄热，化湿和营。

【方药】 龙胆泻肝汤（《外科正宗》）（龙胆草、黄芩、栀子、柴胡、泽泻、木通、车前子、当归、生地黄、甘草）加减。郁热较甚，小便短赤者，加茵陈清解郁热。湿热内蕴而热势不盛、面赤烘热、口苦等症不显著者，可改用四妙丸（黄柏、苍术、薏苡仁、牛膝）；大便干结加大黄、枳实。

（何 钦）

复习思考题

1. 试述自汗、盗汗的概念及临床特征。
2. 试述阴虚火旺型汗出的主证、治法、代表方。

第十二章 妇科常见病证

第一节 月经不调

一、月经先期

月经周期提前7天以上，或半个月左右一行，连续发生2个周期或以上，称为月经先期，如果仅提前3～5天，或偶尔提前1次，但下次月经仍然如期的，不作先期论述。月经先期属于以月经周期异常为主的月经病，常伴有月经过多，严重者可发展为崩漏。

现代医学中排卵性功能失调性子宫出血和盆腔炎性疾病所致的子宫出血可参照本病辨证治疗。

（一）病因病机

1. 气虚 体质素虚或饮食失节，或是思虑劳倦过度，损伤脾气，脾伤中气虚弱，统摄无权，冲任不固，故月经先期而至。

2. 血热 可分为阳盛血热、阴虚血热和肝郁血热。阳盛血热为素体阳盛，或过食辛辣温燥之品，或感受热邪，热伤冲任，迫血妄行，遂致月经先期而至。阴虚血热为素体阴虚，或久病失血伤阴，或多产房劳而耗伤精血，以致阴液亏虚，虚热内生，热扰冲任，则月经先期而下。肝郁血热为素性抑郁，肝气郁结，郁久化热，热伤冲任，血海不宁，发为月经先期而至。

（二）辨证要点

月经先期的辨证重在月经周期的提前及经量、色、质的变化，结合全身形、气、色、脉等证候作为辨证依据，辨其属实、属虚、属热。

（三）辨证论治

本病以月经周期提前，经期正常为诊断要点，主要辨证其属气虚或血热。一般月经周期提前伴有量多、色淡、质清稀兼有神疲乏力、气短懒言等属气虚；月经周期提前伴有量多或量少、色红、质稠兼有心烦面赤、尿黄便秘等属阳盛血热，兼有手足心热、颧红潮热等属阴虚血热，兼有口苦咽干、胸胁乳房少腹胀痛等为肝郁血热。

本病治疗以安冲调经为原则，并根据疾病性质，或补或清。虚者补脾固肾益气，或滋阴清热养血；实者清热凉血泻火，或疏肝解郁调经。

Ⅰ. 气虚

【证候】 经期提前，月经量多、色淡质稀，神疲乏力，气短懒言，脘腹胀满，纳少便溏，小腹空坠。舌淡红，苔薄白，脉细弱。

【分析】 脾虚中气虚弱，统摄无权，冲任不固则月经先期量多；脾虚化源不足且失血日久，故经色淡而质清稀；中气不足，则神疲乏力，气短懒言；脾失运化，则纳少便溏、小腹空坠；舌淡红，苔薄白，脉细弱，均为气虚之征。

【治法】 补脾益气，摄血调经。

【方药】 补中益气汤（《脾胃论》）（白术、甘草、人参、黄芪、当归、陈皮、升麻、柴胡）

加减。若脾虚及肾，见腰腹冷痛，溲多便溏，加杜仲、菟丝子、益智仁、补骨脂等；心脾两虚，见心悸怔忡、失眠多梦者，去柴胡、升麻，加茯苓、远志、炒枣仁等；如失血量过多，则加乌贼骨、艾叶炭、炮姜炭、阿胶等；腹痛加白芍。

Ⅱ. 血热

1. 阳盛血热

【证候】 经期提前，经血量多，色深红或紫黑，质稠，或夹血块，心烦面赤，口干渴喜冷饮，便秘尿黄。舌红，苔黄，脉数。

【分析】 阳盛则热，热扰冲任，经血妄行，故发为先期。血分热盛、迫血妄行，则经血量多；血为热灼则色深红或紫黑质稠，或夹血块；热扰心胸则心烦面赤；津液耗伤则口干渴喜冷饮，便秘尿黄。舌红，苔黄，脉数，均为阳盛血热之象。

【治法】 清热凉血，固冲调经。

【方药】 清经散（《傅青主女科》）（熟地黄、白芍、牡丹皮、青蒿、黄柏、地骨皮、茯苓）加减。若热已伤津去茯苓，加天花粉；经血量多者，加炒地榆、炒槐花、马齿苋；肾水不亏以生地黄易熟地黄；心烦尿黄加木通、黄连。

2. 阴虚血热

【证候】 经期提前，经血量少，色红质稠，心烦少寐，咽干口燥，手足心热，颧红潮热。舌红，少苔，脉细数。

【分析】 阴虚内热，热扰冲任，血海失宁，以致月经先期。阴虚血少、血为热灼、冲任不足，故经血量少、色红质稠；阴虚内热则手足心热，虚热上浮则颧红潮热；虚热扰心则心烦少寐，阴液不足则咽干口燥。舌红，少苔，脉细数，为阴虚内热之象。

【治法】 养阴清热，凉血调经。

【方药】 两地汤（《傅青主女科》）（生地黄、地骨皮、玄参、麦冬、阿胶、白芍）加减。如见头晕目眩，潮热耳鸣，加龟甲、鳖甲、刺蒺藜、菊花；经血量多者，加知母、墨旱莲。

3. 肝郁血热

【证候】 经期提前，量或多或少，经色深红或紫红，质稠有块；经前胸胁、乳房、小腹胀痛，头晕目眩，心烦喜怒，口苦咽干。舌红，苔黄，脉弦数。

【分析】 肝郁化火，热扰冲任，经血妄行，以致经期提前。血为热灼，经色深红或紫红，质稠有块；肝郁气滞，疏泄失司，故经量或多或少；肝郁经脉阻滞，故胸胁、乳房、小腹胀痛；肝火上扰，则头晕目眩，心烦喜怒；火热伤津，则口苦咽干。舌红，苔黄，脉弦数，均为肝郁血热之象。

【治法】 疏肝清热，凉血调经。

【方药】 丹栀逍遥散（《内科摘要》）（柴胡、牡丹皮、栀子、当归、白芍、白术、茯苓、薄荷、煨姜、甘草）加减。经量过多者去当归，加大小蓟、黄芩、墨旱莲；经行不畅，夹有血块者，加泽兰、益母草、丹参；两胁或乳房、少腹胀痛，加青皮、川楝子。

二、月 经 后 期

月经周期延后7天以上，甚至3～5个月一行，连续2个周期以上，称为月经后期。青春期月经初潮后1年内，或围绝经期，周期时有延后，而无其他证候者，不作月经后期论。月经后期如伴经量过少，常可发展为闭经。

现代医学中月经稀发可参照本病辨证治疗。

（一）病因病机

1. 肾虚 先天禀赋不足，肾气亏虚，或房事不节，损伤肾气，肾虚精亏血少，冲任亏虚，血海不能按时满溢，遂至经行延后。

2. 血虚　素体气血不足，或久病体虚，或脾气虚弱，或饮食劳倦损伤脾胃，化源不足，营血亏虚，冲任不足，血海不能按时满溢，以致月经延迟。

3. 血寒　可分为实寒与虚寒。实寒为经期产后，余邪未尽，调摄失宜，过食生冷，或冒雨涉水，以致寒邪内侵，血为寒凝，运行不畅，阻滞冲任，血海不能按时满溢，遂至经期延后；虚寒为素体脾肾阳虚，或久病伤阳，脏腑失于温养，气血运行迟滞，阻滞冲任而致月经后期。

4. 气滞　情志抑郁，气机不畅，气滞血瘀，经血运行不畅，冲任受阻，血海不能按时满溢，遂至经期延后。

5. 痰湿　素体肥胖，痰湿内盛，或劳倦过度，或嗜食膏粱厚味，痰脂滋生，阻滞胞脉；或素体脾气虚衰，运化失职，水湿不化，聚湿生痰，流注冲任，血海不能按时下注，以致月经延后。

（二）辨证要点

月经后期的辨证，应根据经色、量、质及舌脉等全身证候，结合舌脉及兼证，辨其虚、实、寒、热。

（三）辨证论治

本病以月经周期延后，经期基本正常为诊断要点。辨证注意分清寒、热、虚、实。一般月经后期，伴见量少，经色淡质稀，头晕耳鸣，腰膝酸软等属肾虚；伴见量少，经色淡红，质清稀，头晕眼花，心悸少寐属血虚；伴见量少、经色淡红、质清稀，或兼有小腹冷痛、喜暖喜按等属虚寒；伴见量少、经色暗有块，或兼有小腹冷痛拒按、得热痛减等属实寒；伴见量少、经色暗红或有血块，或兼有小腹胀满而痛、精神抑郁等属气滞；伴见量少，经血夹杂黏液，或兼有形体肥胖、腹满便溏等属痰湿。

治疗需辨明虚实，虚证当温精养血，实证当活血行滞。

Ⅰ. 肾虚

【证候】　月经延迟，经血量少，色淡质稀，面色晦暗，伴腰膝酸软，头晕耳鸣。舌淡，苔薄白，脉沉细。

【分析】　肾虚精亏血少，冲任不足，血海不能按时满溢，故月经延迟，量少；肾虚命门之火不足，血失温煦，故色淡质稀；肾主骨生髓，脑为髓海，腰为肾之外府，肾虚则腰膝酸软，头晕耳鸣；肾主黑，肾虚则肾色上泛，故面色晦暗。舌淡，苔薄白，脉沉细，均为肾虚之象。

【治法】　补肾助阳，养血调经。

【方药】　当归地黄饮（《景岳全书》）（当归、熟地黄、山茱萸、山药、杜仲、怀牛膝、甘草）加减。若肾气不足，日久伤阳，症见腰膝酸冷者，可酌加菟丝子、巴戟天、淫羊藿等以温肾阳，强腰膝；带下量多清稀者，酌加鹿角霜、金樱子温肾固涩止带。

Ⅱ. 血虚

【证候】　月经延迟，经血量少，色淡质稀，面色萎黄，伴头晕眼花，心悸少寐。舌淡，苔薄白，脉细弱。

【分析】　营血亏虚，冲任不充，血海不能按时满溢，故月经延后，经血量少；血虚赤色不足，精微不充，故经色淡红，质清稀；血虚不能上荣头面，故头晕眼花，面色萎黄；血虚不能养心，故心悸少寐。舌淡，苔薄白，脉细弱，为血虚之征。

【治法】　补血填精，益气调经。

【方药】　大补元煎（《景岳全书》）（人参、山药、甘草、熟地黄、当归、枸杞子、山萸肉）加减。如脾肾阳虚加附子、炮姜；气虚乏力加炙黄芪、白术；食少便溏，去当归，加砂仁、茯苓、补骨脂；心慌失眠，加酸枣仁、远志。

Ⅲ. 血寒

1. 虚寒

【证候】 月经延迟，经血量少，色淡质稀，小腹隐痛，喜温喜按；腰酸无力，小便清长，大便稀溏；舌淡，苔白，脉沉迟或细弱。

【分析】 阳虚阴寒内盛，不能温养脏腑，气血化生不足，冲任不充，血海满溢延迟，故月经延迟，量少；血失温煦，故经色淡质稀；阳虚不能温煦胞宫，故小腹隐痛，喜温喜按；肾阳不足，腰府失养，故腰酸无力；小便清长，大便稀溏，舌淡，苔白，脉沉迟或细弱，皆为虚寒之征。

【治法】 温阳散寒，养血调经。

【方药】 温经汤（《金匮要略》）（当归、吴茱萸、桂枝、白芍、川芎、生姜、牡丹皮、半夏、麦冬、人参、阿胶、甘草）加减。若经血量多者，加炮姜炭、艾叶炭；腹痛，加蒲黄、五灵脂、延胡索；便溏，加白术、山药、神曲；肾阳亏虚，加杜仲、仙茅。

2. 实寒

【证候】 月经延后，经血量少，色暗有块，小腹冷痛拒按，得热痛减；畏寒肢冷，或面色青白；舌淡暗，苔白，脉沉紧。

【分析】 寒客下焦，血为寒凝，冲任阻滞，血海不能按时满溢，故月经延后，量少；寒凝冲任，故经色暗有块；寒客胞中，经脉失煦，故小腹冷痛；得热后气血稍通，故小腹得热痛减；寒邪阻滞于内，阳不外达，则畏寒肢冷，面色青白。舌淡暗，苔白，脉沉紧，皆为实寒之征。

【治法】 温经散寒，活血调经。

【方药】 温经汤（《妇人大全良方》）（当归、川芎、白芍、桂心、牡丹皮、莪术、人参、甘草、牛膝）加减。若经行腹痛者，可加小茴香、延胡索、香附散寒行气止痛；月经量少者，酌加丹参、益母草活血调经；气滞腹胀，加香附。

Ⅳ. 气滞

【证候】 月经延后，经血量少，色暗红或有血块，伴胸胁、乳房小腹胀痛；精神抑郁；舌质正常或稍暗，苔薄白，脉弦或涩。

【分析】 情志抑郁，气机不畅，气滞血瘀，冲任不畅，血海不能按时满溢，故月经延后，经量减少，色暗红或有血块；肝失疏泄，故小腹、胸胁、乳房等肝经所过处胀痛；舌质正常或稍暗，苔薄白，脉弦或涩，皆为气滞之征。

【治法】 开郁行气，活血调经。

【方药】 柴胡疏肝散（《景岳全书》）（柴胡、枳壳、川芎、香附、白芍、陈皮、甘草）加减。若经行腹痛重者，加延胡索、川楝子；小腹冷痛者，加炮姜、小茴香；胸胁满痛者，加柴胡、郁金、木香；小腹胀满者，加小茴香、乌药；心烦不眠，加牡丹皮、栀子；经期下血量多者，加侧柏炭、血余炭。

Ⅴ. 痰湿

【证候】 月经延后，经血量少，夹杂黏液；形体肥胖，脘闷呕恶，腹满便溏，带下量多；舌淡胖，苔白腻，脉滑。

【分析】 痰湿内盛，气血运行不畅，冲任阻滞，血海不能如期满溢，故经期延后，量少；痰湿下注胞宫，则经血夹杂黏液；痰湿阻于中焦，气机升降失常，则脘闷呕恶；痰湿困脾，脾失健运，则形体肥胖、腹满便溏；痰湿流注下焦，损伤任带二脉，带脉失约，故带下量多。舌淡胖，苔白腻，脉滑，均为痰湿之征。

【治法】 燥湿化痰，理气调经。

【方药】 苍附导痰丸（《叶氏女科》）（苍术、香附、陈皮、半夏、茯苓、甘草、枳壳、南星、生姜、神曲）加减；月经久不至者，可加当归、川芎、川牛膝活血调经。白带量多者，可加车前子、苍术；胸闷呕恶者，可加砂仁、木香。

三、月经先后不定期

月经周期时或提前、时或延后 7 天以上，连续 3 个周期以上者，称为月经先后不定期。月经先后不定期若伴有经量过少，可形成闭经；若伴有经量增多及经期延长，常可因经乱之甚发展为崩漏。

现代医学排卵障碍性异常子宫出血出现月经先后不定期征象者可参照本病辨证治疗。

（一）病因病机

1. 肝郁　情志抑郁，或忿怒伤肝，则致肝气逆乱，疏泄失司，冲任失调，血海蓄溢失常；若疏泄太过，则月经先期而至；若疏泄不及，则月经后期而来；如疏泄失常，时而太过，时而不及，则气机紊乱，血海蓄溢失常，遂至月经先后不定期。

2. 脾虚　劳倦过度、饮食失节，或思虑过度，损伤脾气，脾虚生化不足，统摄无权，冲任失调，血海蓄溢失常。若血海过期不满，则可致月经延后；若统摄失职，血海不及期而满，可致月经先行；时而生化不足，时而统摄失常，则月经先后不定期。

3. 肾虚　若素体肾气不足，多产房劳、大病久病，损伤肾气；或年少肾气未充，或绝经之年肾气渐衰。肾气不充，开阖不利，冲任失调，应藏不藏则经水先期而来，当泻不泻则经水后期而来，藏泻紊乱则月经先后不定期。

（二）辨证要点

月经先后不定期的辨证，除月经周期紊乱外，应结合月经的量、色、质的变化，并结合全身证候及舌脉综合分析。

（三）辨证论治

本病以月经周期不规律，提前或错后不定，经期基本正常为诊断要点。一般而言，月经先后不定期，伴见经量多或少，色暗红，有血块，精神抑郁，舌质正常，脉弦者属肝郁；伴见量或多或少，色淡红，质稀，面色萎黄不华，气短神疲，纳少便溏者属脾虚；伴见月经量少，色淡，质稀，腰膝酸软，舌淡脉细弱者属肾虚。

本病治疗以调理冲任气血为原则，肝郁者疏肝调经，肾虚者补肾调经，脾虚者补脾调经，随证治之。

1. 肝郁

【证候】　经期不定，经量或多或少，色暗红或紫红，或有血块，胸胁、乳房、少腹胀痛，精神抑郁，时欲太息，嗳气少食。舌质正常，苔薄白，脉弦。

【分析】　肝气郁结，冲任失司，血海蓄溢失常，故月经周期先后不定，经量或多或少；气机不畅甚或气郁化火则色暗红或紫红、有血块；肝郁气滞，经脉涩滞，故胸胁、乳房、少腹胀痛；气机不利，则精神抑郁，时欲太息；肝气犯胃，则嗳气食少；苔薄白，脉弦为肝郁气滞之象。

【治法】　疏肝解郁，理气调经。

【方药】　逍遥散（《太平惠民和剂局方》）（柴胡、白术、茯苓、当归、白芍、薄荷、煨姜）加减。若经行少腹胀痛，加香附、延胡索理气止痛；夹有血块者，加丹参、益母草、香附、延胡索等；肝郁化热，经量增多，色红质稠者，去当归、煨姜，加牡丹皮、栀子清热凉血；脘闷纳呆者，加厚朴、陈皮理气健脾。

2. 脾虚

【证候】　经期先后不定，经量或多或少，色淡红，质清稀，面色萎黄不华，少气懒言，四肢倦怠，食少纳呆，脘腹胀满，大便溏泄，舌淡，苔白，脉缓弱。

【分析】 脾气虚弱，时或生化不足，血海不充，时或统摄无权，血海不固，则经行先后不定，经量或多或少；生化不足，气血俱虚，则经色淡红而质稀，面色萎黄不华，少气懒言；四肢肌肉无以充养，则四肢倦怠；脾虚无力运化，则食少纳呆，脘腹胀满，大便溏泄。舌淡，苔白，脉缓弱，均为脾虚之象。

【治法】 补脾益气，养血调经。

【方药】 归脾汤（《正体类要》）（白术、茯苓、黄芪、龙眼肉、酸枣仁、人参、木香、当归、远志、甘草、生姜、大枣）加减。若气短下陷，小腹下坠，酌加黄芪、升麻、乌贼骨等；若生化不足，经量过少者，酌加熟地黄、枸杞子等；经量过多者，加升麻、乌贼骨，或加焦艾叶、炮姜炭。

3. 肾虚

【证候】 经行先后不定，量少，色淡，质稀，腰膝酸软，头晕耳鸣，舌淡，苔白，脉细弱。

【分析】 肾气亏虚，封藏失司，冲任不调，血海蓄溢失常，以致经行先后不定期；肾气亏虚，精血不足，则经量少而色淡质稀；肾虚腰府失养，则腰膝酸软；肾虚髓海不足，则头晕耳鸣；舌淡，苔白，脉细弱，皆为肾虚之象。

【治法】 补肾益气，养血调经。

【方药】 固阴煎（《景岳全书》）（菟丝子、熟地黄、山茱萸、人参、山药、炙甘草、五味子、远志）加减。若腰骶酸痛者，酌加杜仲、续断等；若带下量多者，酌加鹿角霜、金樱子等。

（朱晓峰）

第二节 崩 漏

崩漏是经血非时暴下不止或淋漓不尽，前者称为“崩中”，后者称为“漏下”。崩与漏常相互转化，交替出现，虽出血情况不同，但病因病机相似，故统称崩漏。崩漏病程缠绵，久病难愈，为妇科常见病。

现代医学排卵障碍性异常子宫出血可参照本病辨证治疗。

一、病因病机

1. 血热 可分为实热与虚热。素体阳盛，肝火易动；或素性抑郁，郁久化火；或感受热邪，或过服辛温香燥助阳之品，热伏冲任，扰动血海，迫血妄行而成崩漏，是为实热。素体阴虚，或久病失血伤阴，阴虚水亏，虚火内炽，损伤冲任，冲任失约，故经血非时妄行，是为虚热。

2. 肾虚 禀赋不足，肾气未充，冲任未盛；育龄期因房劳多产伤肾，损伤冲任胞脉；绝经期天癸渐竭，肾气渐虚，封藏失司，或因手术不当，损伤胞宫冲任以致肾虚。肾虚不能调摄和制约经血，因而发生崩漏。

3. 脾虚 忧思过度，或饮食劳倦损伤脾气，脾气亏虚，气失统摄，冲任失固，不能制约经血而成崩漏。

4. 血瘀 七情内伤，肝气郁结，气滞血瘀；或经行产后感受邪气，迁延日久，瘀阻冲任，旧血不去，新血难安，发为崩漏。冲任脉道不畅，血不循经，病为崩漏。

二、辨证要点

崩漏的辨证，以无周期性的阴道出血为辨证要点，要根据出血的量、色、质的变化，结合全身症状及舌脉变化，辨明寒、热、虚、实。

三、辨 证 论 治

崩漏以无周期性的阴道出血为特点，根据出血的期、量、色、质辨证寒、热、虚、实。一般而言，经血非时暴下，色红质稠，多属实热；若经血量少淋漓而下，色鲜红质稠，多属虚热；经血淋漓不尽，突然下血，小腹胀痛拒按，多属瘀滞；经血淋漓不尽，色淡质清，畏寒肢冷，多属虚属寒。

本病治疗当以“急则治其标，缓则治其本”为原则，灵活运用塞流、澄源、复旧三法。

塞流即止血。治疗崩漏的当务之急为止血，以防失血过多而阴竭阳脱。

澄源即治本求因。出血量减少后应找出导致崩漏的不同病因，采用补肾、健脾、清热、理气、化瘀等法，但不可妄投寒凉或温补之剂，以免犯虚虚实实之戒。

复旧即善后调理。在血止后采取补肾、疏肝、健脾之法，重新建立月经周期或促排卵。

塞流、澄源、复旧三法虽有不同，但又相互联系，临证时必须根据临床表现、舌苔脉象辨证论治，灵活运用。

（一）血热

1. 虚热

【证候】　经血非时而暴下，量少淋漓不止，血色鲜红而质稠；伴心烦，潮热，尿黄，便干；舌红，苔薄黄，脉细数。

【分析】　阴虚生热，热迫血行，阴虚血少，则量少淋漓不止，虚热煎灼，则经血鲜红而质地黏稠；心烦潮热，尿黄便干，舌红，苔薄黄，脉细数，均为虚热之象。

【治法】　滋阴清热，止血调经。

【方药】　保阴煎（《景岳全书》）（生地黄、熟地黄、白芍、黄芩、黄柏、续断、山药、甘草）加减。若体瘦、咽干、唇焦加沙参、麦冬、五味子双补气阴；血多加阿胶，滋阴养血止血；血不止加地榆、乌梅、槐花；夜卧身热加地骨皮；小便热频加栀子、木通。

2. 实热

【证候】　经血非时暴下，或日久淋漓不净，色深红或鲜红，质稠，或有血块；唇红目赤，烦热口渴，或大便干结，小便黄；舌红苔黄，脉滑数。

【分析】　阳盛血热，实热内蕴，损伤冲任，血海不宁，迫血妄行，故经血崩下或淋漓不净；邪热内蕴，则血热，则血色深红或鲜红；热灼伤津，则质稠或有血块。唇红目赤，烦热口渴，大便干结，小便黄，舌红苔黄，脉滑数，皆为实热之象。

【治法】　清热凉血，调经止血。

【方药】　清热固经汤（《简明中医妇科学》）（黄芩、焦栀子、地榆、藕节、地骨皮、龟甲、甘草、生地黄、阿胶、牡蛎、棕榈炭）加减。症见暴崩，身热，口渴，苔黄，脉洪大有力者，加柴胡、夏枯草；如实热已除，血减少而未止者，加三七、牡丹皮、茜草、益母草化瘀止血。

（二）肾虚

1. 肾阴虚

【证候】　经乱无期，出血淋漓不尽或量多，色鲜红质稠，头晕耳鸣，腰膝酸软，手足心热，颧赤唇红，舌红苔少，脉细数。

【分析】　肾阴亏虚，冲任不固，故经期紊乱，经量多或淋漓不净；阴虚血热，煎灼阴血，则经色鲜红，质稠；阴血不足，不能上荣于脑，故头晕耳鸣；阴精亏虚，不荣腰府，则腰膝酸软。舌红，苔少，脉细数，亦为肾阴亏虚之象。

【治法】　滋阴养肾，固冲止血。

【方药】　左归丸（《景岳全书》）（熟地黄、山药、枸杞子、山茱萸、菟丝子、龟甲胶、鹿角胶、川牛膝）加减。如胁胀痛者，加柴胡、香附、白芍疏肝解郁柔肝；干咳加百合；心烦，寐差者，加五味子、柏子仁、夜交藤养心安神；头晕耳鸣加菊花；腰酸痛加桑寄生、杜仲；便秘加肉苁蓉、知母。

2. 肾阳虚

【证候】 经来无期，经血淋漓，色淡质清，畏寒肢冷，精神萎靡，腰膝酸软，小便清长，苔薄白，脉沉弱。

【分析】 肾阳虚弱，肾气不足，封藏失司，冲任失固，故经来无期，量多或淋漓；阳虚火衰，胞宫失煦，故经血色淡质清。畏寒肢冷，精神萎靡，腰膝酸软，小便清长，苔薄白，脉沉弱均为阳虚失煦之象。

【治法】 温补肾阳，固冲止血。

【方药】 右归丸（《景岳全书》）（鹿角胶、制附子、肉桂、当归、熟地黄、山萸肉、枸杞子、杜仲、菟丝子、山药）加减。若腰腿酸软，周身无力，加川续断益肾强腰；久崩不止，出血色淡，量多，宜加党参、黑荆芥、生炙黄芪等益气固经。

（三）脾虚

【证候】 经血非时而下，量多或淋漓日久不尽，色暗淡而质稀；气短神疲，面色㿠白，面色浮肿，手足不温，纳呆便溏，舌色淡，边有齿痕，苔薄白，脉沉弱。

【分析】 脾气亏虚，统摄无权，冲任不固，故经血非时而下，或淋漓日久不尽，遂成漏下；脾虚气血化源不足，则血色淡而质薄；脾虚中阳不振，机体失于温煦，故气短神疲，面色㿠白，手足不温；脾虚不运，可有浮肿，纳呆便溏。舌色淡，边有齿痕，苔薄白，脉沉弱，皆为脾虚之象。

【治法】 益气摄血，固冲止崩。

【方药】 固本止崩汤（《傅青主女科》）（人参、黄芪、白术、当归、熟地黄、干姜）加减。若中气下陷，加升麻以升提阳气，加大枣、山药健脾生血。血多血不止，加乌贼骨、荆芥穗炭、棕榈炭、珍珠母；血少，加蒲黄、五灵脂；小腹胀痛者，加益母草、炒荆芥、炒香附；血虚面白，加白芍、何首乌；心悸失眠，加五味子、酸枣仁。

（四）血瘀

【证候】 经血非时而下，出血量时多时少，时出时止，血行不畅，色紫暗有块，小腹部阵痛或胀痛拒按，面色晦暗，胸胁刺痛；舌紫或有瘀斑，脉涩。

【分析】 胞脉瘀滞，旧血不去，新血不安，故月经紊乱，离经之血时瘀时流，经血时来时止；冲任瘀阻，经血不至，蓄极而满，故经血非时暴下；瘀阻则气血不畅，故小腹阵痛或胀痛拒按，胸胁刺痛。血色紫黑有块，面色晦暗，舌紫或有瘀斑，脉涩，均为有瘀之征。

【治法】 活血化瘀。

【方药】 四物汤合失笑散（四物汤及失笑散均出自《太平惠民和剂局方》）（熟地黄、白芍、当归、川芎、炒蒲黄、五灵脂）加减。若腹胀满不适加川楝子、香附子；小腹冷痛加炮姜、艾叶炭；漏下日久不净加益母草、红花；血崩量多加人参、仙鹤草、三七；寒客少腹，血瘀崩漏者，以桃红四物汤选加三七、茜草、乌贼骨、炒蒲黄、炮附子等。

（朱晓峰）

第三节　闭　　经

女子年逾16周岁，月经尚未来潮，或月经来潮后又中断6个月以上者，称为闭经。前者称原发性闭经，后者称继发性闭经。本病为临床常见病，属难治之症，病程较长，疗效较差，必要时应采用多种方法综合治疗以提高疗效。妊娠期、哺乳期或更年期月经停闭属生理现象，不作闭经论。因先天性生殖器官发育异常，或后天器质性损伤致无月经者，药物治疗难以奏效，不属本节讨论范围。

现代医学功能失调性闭经、多囊卵巢综合征引起的闭经可参照本病辨证论治。

一、病因病机

1. 肾虚　先天不足，或早婚多产，房事不节，或惊恐伤肾，或久病伤肾以致肾精亏损，冲任气血不足，血海不能满溢，遂致月经停闭。

2. 脾虚　脾胃素虚，饮食不节，或思虑劳累过度损伤脾气，气血生化不足，冲任气血不充，血海不能满溢，遂致月经停闭。

3. 血虚　素体精血亏虚，或数伤于血，或大病久病，营血耗损，冲任血少，胞脉空虚，血海不能满溢，遂致月经停闭。

4. 气滞血瘀　素性抑郁，或七情内伤，肝气郁结致使气滞血瘀，瘀阻冲任，气血运行受阻，血海不能满溢，遂致月经停闭。

5. 寒凝血瘀　经产之时，血室正开，感受寒邪，或过食生冷；或淋雨涉水，寒邪乘虚客于冲任，血为寒凝成瘀，滞于冲任，气血运行阻隔，血海不能满溢，遂致月经停闭。

6. 痰湿阻滞　素体肥胖，痰湿偏盛，或饮食劳倦致使脾失健运，痰湿内生，痰湿下注，壅塞胞脉，气血运行受阻，血海不能满溢，遂致月经停闭。

二、辨证要点

闭经的辨证，应根据患者素体情况、初潮年龄、所在年龄阶段、月经史、胎产史、家族史等，结合鉴别诊断与四诊信息辨别证候虚实。

三、辨证论治

本病辨证必须结合全身证候、舌脉与详细病史及全面检查。一般而论，年逾16岁尚未行经，或已行经而又月经稀发、量少，渐至停闭，并伴腰膝酸软，五心烦热，面色萎黄，或畏寒肢冷，头晕目花，舌淡脉弱等者，多属虚证；若既往月经基本正常，而骤然停闭，伴胸胁胀满，小腹疼痛，或脘痞痰多，形体肥胖，脉象有力等者，多属实证。

本病治疗应区分虚实。虚者补而通之，或补益脾肾，或调养气血；实者泻而通之，或活血化瘀，或理气化痰。切不可不分虚实，滥用攻伐方药重伤气血，亦不可一味峻补壅滞脾胃。

（一）肾虚

1. 肾气虚证

【证候】　月经初潮来迟，或月经后期量少，渐至闭经；头晕耳鸣，腰膝酸软，小便频数，性欲淡漠；舌淡红，苔薄白，脉沉细。

【分析】　肾气不足，精血衰少，冲任气血不充，血海不能按时满溢，故月经初潮来迟，或后期量少，渐至停闭；肾虚不化生精血，髓海、腰府失养，故头晕耳鸣，腰膝酸软；肾气虚则阳气不足，故性欲淡漠；肾虚膀胱失于温化，则小便频数。舌淡红，苔薄白，脉沉细，皆为肾气虚之征。

【治法】　补肾益气，养血调经。

【方药】　大补元煎（《景岳全书》）（人参、山药、熟地黄、杜仲、当归、山茱萸、枸杞子、炙甘草）加丹参、牛膝。若闭经日久，畏寒肢冷甚者，酌加菟丝子、肉桂、紫河车；夜尿多者，酌加金樱子、覆盆子。

2. 肾阴虚证

【证候】 月经初潮来迟，或月经后期量少，渐至闭经；头晕耳鸣，腰膝酸软，或足跟痛，手足心热，甚则潮热盗汗，心烦少寐，颧红唇赤；舌红，苔少或无苔，脉细数。

【分析】 肾阴不足，精血亏虚，冲任气血不足，血海不能满溢，故月经初潮来迟，或后期量少，渐至停闭；精亏血少，不能濡养空窍，故头晕耳鸣；亦不能濡养腰府，故腰膝酸软，或足跟痛；阴虚内热，故手足心热；虚热迫津外泄，故潮热盗汗；虚热内扰心神，则心烦少寐；虚热上浮，则颧红唇赤。舌红，苔少或无苔，脉细数，皆为肾阴虚之征。

【治法】 滋肾益阴，养血调经。

【方药】 左归丸（见崩漏）加减。潮热盗汗者，酌加青蒿、鳖甲、地骨皮以滋阴清热；心烦不寐者，酌加柏子仁、丹参、珍珠母；阴虚肺燥，咳嗽咯血者，酌加白及、仙鹤草。

3. 肾阳虚证

【证候】 月经初潮来迟，或月经后期量少，渐至闭经；头晕耳鸣，腰痛如折，畏寒肢冷，小便清长，夜尿多，大便溏薄，面色晦暗，或目眶暗黑；舌淡，苔白，脉沉弱。

【分析】 肾阳虚衰，脏腑失于温养，精血化生乏源，冲任气血不足，血海不能满溢，故月经初潮来迟，或后期量少渐至停闭；肾阳虚衰，阳气不布，故形寒肢冷；肾阳虚不足以温养髓海、外府，故头晕耳鸣，腰痛如折；肾阳虚膀胱气化失常，故小便清长，夜尿多；肾阳虚不能温运脾阳，运化失司，故大便溏薄；肾阳虚，本脏色外现，故面色晦暗，目眶暗黑。舌淡，苔白，脉沉弱，皆为肾阳虚之征。

【治法】 温肾助阳，养血调经。

【方药】 十补丸（《济生方》）（熟地黄、山药、山茱萸、泽泻、茯苓、牡丹皮、肉桂、五味子、炮附子、鹿茸）加佛手、川芎。若腰痛甚，畏寒肢冷，性欲淡漠者，酌加淫羊藿、菟丝子；少腹冷痛甚者，酌加补骨脂、艾叶。

（二）脾虚证

【证候】 月经停闭数月，神疲肢倦，纳呆食少，脘腹满闷，大便溏薄，面色萎黄；舌淡胖有齿痕，苔白腻，脉缓弱。

【分析】 脾虚运化无力则气血生化乏源，冲任气血亏虚，血海不能满溢，故月经停闭数月，面色萎黄；脾虚运化失司，湿浊内盛，故纳呆食少，脘腹满闷，大便溏薄；脾主四肢，脾虚中阳不振，故神疲肢倦。舌淡胖有齿痕，苔白腻，脉缓弱，皆为脾虚之征。

【治法】 健脾益气，养血调经。

【方药】 参苓白术散（《太平惠民和剂局方》）（人参、白术、茯苓、白扁豆、甘草、山药、莲子肉、桔梗、薏苡仁、砂仁）加当归、怀牛膝。若兼见腰膝酸软，五更泻，小便频数者，酌加肉豆蔻、巴戟天；若出血量多，酌加升麻；久漏不止者，酌加藕节、炒蒲黄。

（三）血虚证

【证候】 月经后期，经血量少，色淡，渐至停闭；头晕目花，心悸少寐，面色萎黄，皮肤干枯，或纳少便溏、毛发不泽；舌淡，苔少，脉沉细弱。

【分析】 素体脾肾亏虚，精血无以化生，精血亏虚，冲任气血衰少，血海不能满溢，故月经停闭；精血乏源，不能濡养头目脑窍而头晕目花；血虚内不养心神，故心悸少寐；外不荣肌肤，故皮肤干枯，毛发不泽，面色萎黄。舌淡，苔少，脉沉细弱，皆为精血亏虚之征。

【治法】 补中益气，养血调经。

【方药】 人参养荣汤（《三因极一病证方论》）（人参、黄芪、白术、茯苓、陈皮、炙甘草、熟地黄、当归、白芍、五味子、远志、肉桂）加减。若精血亏虚日久，渐至阴虚血枯经闭者，兼见形体羸瘦，骨蒸潮热，或咳嗽唾血，两颧潮红，舌绛，苔少或无苔，脉细数，治宜滋肾养血，壮水制火，可选用左归丸（见崩漏）。

（四）气滞血瘀证

【证候】 月经停闭数月，小腹胀痛拒按；精神抑郁，烦躁易怒，胸胁胀满，嗳气叹息；舌紫暗或有瘀点，脉沉弦或涩而有力。

【分析】 气机郁结，冲任瘀阻，胞脉阻隔，血海不能满溢，故月经停闭；瘀阻胞脉，故小腹胀痛拒按，胸胁胀满；气滞不宣，肝气不舒，故精神抑郁，烦躁易怒，嗳气叹息。舌紫暗或有瘀点，脉沉弦或涩而有力，皆为气滞血瘀之征。

【治法】 行气活血，祛瘀通经。

【方药】 膈下逐瘀汤（《医林改错》）（炒五灵脂、当归、川芎、桃仁、牡丹皮、赤芍、乌药、延胡索、甘草、香附、红花、枳壳）加减。若烦急，胁痛或乳房胀痛，舌尖边红者，酌加柴胡、郁金、栀子；口干，大便结，脉数者，酌加黄芩、知母、大黄；若肝郁气逆，水不涵木，闭经而兼见溢乳，心烦易怒，腰膝酸软，舌红苔薄，脉弦而尺弱，方用逍遥散（见月经先后不定期）酌加川楝子、炒麦芽、川牛膝、生地黄。

（五）寒凝血瘀证

【证候】 月经停闭数月，小腹冷痛拒按，得热则痛缓；形寒肢冷，面色青白；舌紫暗，苔白，脉沉紧。

【分析】 外感寒邪，或饮食生冷，或淋雨涉水，致使寒邪客于冲任，与血相搏，血为寒凝而瘀阻冲任，血海不能满溢，故月经停闭；寒客胞宫，血行不畅，“不通则痛”，故小腹冷痛拒按，得热后血脉暂通，故得以痛缓；寒邪伤阳，阳气不达，故形寒肢冷，面色青白。舌紫暗，苔白，脉沉紧，皆为寒凝血瘀之征。

【治法】 温经散寒，活血通经。

【方药】 温经汤（《妇人大全良方》）（见月经后期）加减。小腹冷痛甚者，酌加艾叶、小茴香、姜黄；四肢不温畏寒者，酌加制附子、吴茱萸、肉桂等。

（六）痰湿阻滞证

【证候】 月经停闭数月，带下量多，色白质稠；形体肥胖，胸脘满闷，神疲肢倦，头晕目眩；舌淡胖，苔白腻，脉滑。

【分析】 痰湿内盛，壅阻冲任，经血不能满溢，故月经停闭；痰湿下注，损伤带脉，故带下量多，色白质稠；痰湿上犯清阳，故头晕目眩；痰湿困阻脾阳，运化失司，故胸脘满闷，神疲肢倦，形体肥胖。舌淡胖，苔白腻，脉滑，皆为痰湿阻滞之征。

【治法】 豁痰除湿，活血通经。

【方药】 丹溪治湿痰方（《丹溪心法》）（苍术、白术、半夏、茯苓、滑石、香附、川芎、当归）加减。胸脘满闷重者，酌加瓜蒌、枳壳；面目、肢体浮肿甚者，酌加益母草、泽泻、泽兰；腰膝酸软者，酌加川续断、菟丝子、杜仲。

（朱晓峰）

第四节　痛　　经

痛经是指凡在经期或经行前后，出现周期性小腹疼痛，或伴痛引腰骶，甚至剧痛晕厥，影响正常工作及生活的疾病，亦称“经行腹痛”。现代医学把痛经分为原发性痛经和继发性痛经，原发性痛经又称为功能性痛经，指生殖器官无明显器质性病变者；继发性痛经多继发于生殖器官的某些器质性病变，如子宫内膜异位症、子宫腺肌病、盆腔炎性疾病或宫颈狭窄，可参照本病辨证治疗。而异位妊娠破裂、先兆流产，或卵巢囊肿蒂扭转等病证导致的下腹痛，皆不属于本病范畴，在诊断痛经时应进行鉴别。

一、病因病机

1. 肾气亏虚 先天肾气亏虚，或房劳多产，或久病虚损，致使肝肾亏虚，精亏血少，冲任不充，经后血海空虚，胞脉失去濡养，“不荣则痛”，发为痛经。

2. 气血虚弱 脾胃素虚，化源不足，或大病久病耗损气血，胞脉空虚，经期或行经后气血益亏，冲任、胞宫失于濡养，“不荣则痛”，亦可发病。

3. 气滞血瘀 素性抑郁，肝郁气滞，气滞血瘀，滞于冲任、胞宫而作痛；经期产后，血不循经，余血内流，滞于胞宫，日久成瘀，阻碍气机。气滞与血瘀相互为病，“经水不利”，则“不通则痛”，而致痛经。

4. 寒凝血瘀 经期产后，感受寒邪，或过食寒凉，寒邪客于胞脉，血得寒则凝，以致气血凝滞，瘀阻冲任，血行失畅。经前、经期气血下注冲任，加重胞脉气血壅滞，“不通则痛”，故致痛经。

5. 湿热蕴结 素体湿热内蕴，或经期、产后感受湿热邪气，与血相搏，下注稽留于冲任、胞中，致使气血凝滞，经期气血下注冲任，加重胞脉气血壅滞，“不通则痛”，发为痛经。

二、辨证要点

痛经的辨证，要根据痛经发生的时间、部位、疼痛的性质及程度，结合月经的情况、全身证候与患者素体情况等，辨其虚实、寒热、在气、在血。

三、辨证论治

本病以伴随月经来潮而周期性小腹疼痛发作为诊断要点。一般痛在经前多属实，痛在经后多属虚；痛甚于胀多属血瘀，胀甚于痛多为气滞；剧痛多为实证，隐痛多为虚证。

痛经的治疗，以调理胞宫、冲任气血为主，根据证候在气、在血，以及寒热、虚实的不同，以止痛为核心，或补气，或活血，或散寒，或清热，或补虚，或泻实。经期重在调血止痛以治标，平素辨证求因以治本。标本缓急，主次有序，分阶段治疗。

1. 肾气亏虚

【证候】 经期或经后，小腹隐痛喜按，月经量少，色淡质稀；神疲乏力，头晕耳鸣，腰膝酸软，面色晦暗，小便清长；舌淡，苔薄，脉沉细。

【分析】 肾气不足，精血亏虚，经行之后，血海更虚，胞宫、冲任失于濡养，故经期或经后小腹隐痛喜按；冲任不足，血海未满而溢，故月经量少，色淡质稀；气虚中阳不振，故神疲乏力；肾精不足，上不能濡养清窍，故头晕耳鸣；下不能濡养腰府，故腰膝酸软，肾气虚膀胱运化不及，则小便清长；面色晦暗，舌淡，苔薄，脉沉细，皆是肾气亏虚之象。

【治法】 补肾填精，养血止痛。

【方药】 调肝汤（《傅青主女科》）（当归、白芍、山茱萸、巴戟天、甘草、山药、阿胶）加减。经量少者，酌加鹿角胶、熟地黄、枸杞子；腰骶酸痛甚者，酌加桑寄生、杜仲、狗脊。

2. 气血虚弱

【证候】 经期或经后，小腹隐痛喜按，月经量少，色淡质稀；神疲乏力，头晕心悸，面色苍白，失眠多梦；舌淡，苔薄，脉细弱。

【分析】 气血本虚，经行之后，血海更虚，胞宫、冲任失于濡养，故经期或经后小腹隐痛喜按；气血两虚，冲任不足，血海未满而溢，故月经量少，色淡质稀；气虚中阳不振，故神疲乏力；

血虚无以养心神，故见头晕心悸，失眠多梦，面色苍白；血虚无以上荣头面，故面色苍白；舌淡，苔薄，脉细弱，皆是气血两虚之象。

【治法】　补气养血，和中止痛。

【方药】　黄芪建中汤（《金匮要略》）（黄芪、白芍、桂枝、炙甘草、生姜、大枣、饴糖）加当归、党参。头晕心急失眠者，加炒枣仁、鸡血藤；腹胀纳少者，酌加砂仁、麦芽、神曲、佛手、鸡内金等。

3. 气滞血瘀

【证候】　经前或经期，月经量少，经行不畅，色紫暗有块，块下痛减；小腹胀痛拒按，胸胁、乳房胀痛；舌紫暗或有瘀点，脉弦涩。

【分析】　肝郁气滞，阻滞冲任，经血不利，经行之时，气血下注冲任，则胞脉气血更为壅滞，因而经前或经期小腹胀痛拒按，胸胁、乳房胀痛；冲任气滞血瘀，故月经量少，经行不畅，色紫暗有块；块下气血运行稍畅，则疼痛减轻；舌紫暗或有瘀点，脉弦涩，均是气滞血瘀之象。

【治法】　行气活血，祛瘀止痛。

【方药】　膈下逐瘀汤（见闭经）加减。痛经剧烈伴有恶心呕吐者，酌加吴茱萸、半夏、陈皮；小腹冷痛者，酌加艾叶、小茴香；夹热者，酌加栀子、连翘、黄柏。

4. 寒凝血瘀

【证候】　经前或经期，经血量少，色暗有块；小腹冷痛拒按，得热痛减；畏寒肢冷，面色青白；舌暗，苔白，脉沉紧。

【分析】　寒客胞宫，血为寒凝，冲任阻滞，血行不畅，故经前或经期小腹冷痛拒按；得热则寒凝瘀滞暂通，故得热痛减；寒凝血瘀，冲任失畅，可见周期后延，经血量少，色暗而有块；寒邪内盛，阻遏阳气，故畏寒肢冷，面色青白；舌暗，苔白，脉沉紧，皆为寒凝血瘀之象。

【治法】　温经散寒，祛瘀止痛。

【方药】　温经汤（《妇人大全良方》）（见月经后期）加减。痛经发作时，酌加延胡索、小茴香；小腹冷痛、四肢不温者，酌加熟附子、巴戟天。

5. 湿热蕴结

【证候】　经前或经期，小腹灼痛拒按，或痛连腰骶，或平时小腹痛，经前加剧，月经量多或经期长，色紫红，质稠或有血块；平素带下量多，色黄稠臭秽，或伴低热，小便黄赤；舌红，苔黄腻，脉滑数或濡数。

【分析】　湿热蕴结，阻滞气血运行，经前或经期气血下注冲任，胞脉气血壅滞加重，故见小腹灼痛拒按，或平时小腹痛，经前加剧；湿热蕴结胞脉，胞脉系于肾，故可见痛连腰骶；湿热损伤冲任，迫血妄行，故经量多，或经期长；血为热灼，故色紫红，质稠或有血块；湿热下注，伤于带脉，带脉失约，故带下量多，色黄稠臭秽；湿热熏蒸，故低热，小便黄赤；舌红，苔黄腻，脉滑数或濡数，皆为湿热蕴结之候。

【治法】　清热除湿，化瘀止痛。

【方药】　清热调血汤（《古今医鉴》）（牡丹皮、黄连、生地黄、当归、白芍、川芎、红花、桃仁、莪术、香附、延胡索）加红藤、败酱草、薏苡仁。月经过多或经期延长者，酌加槐花、地榆、马齿苋；带下量多者，酌加黄柏、白芷。

（朱晓峰）

第五节　带　下　病

带下病是指带下的量明显增多，色、质、气味发生异常，或伴有全身、局部症状的疾病。

现代医学的阴道炎、子宫颈炎、盆腔炎、妇科肿瘤等疾病引起的阴道分泌物异常与带下病表现相似者，可参照本病辨证论治。

一、病因病机

1. 脾阳虚弱 饮食不节，忧思劳倦过度，损伤脾气，脾阳不振，运化失职，水湿内停，流注下焦，伤及任带，带脉失约，而致带下过多。

2. 肾阳不足 素体肾虚，或年老体衰，房劳多产，或久病及肾，肾阳亏虚，气化失常，水湿内盛，下注冲任而为带下病；或肾气不固，封藏失职，阴液滑脱，而致带下病。

3. 湿热下注 素体脾虚，湿浊内生，郁久化热；或肝气不舒，横逆犯脾，脾虚湿盛，湿郁久化热，湿热互结，或感受湿热之邪，流注或侵及下焦，损及任带，而致带下病。

4. 湿毒蕴结 经期产后，胞脉空虚，或房事不禁，或手术损伤，致使湿毒之邪乘虚内侵，损伤任带，而致带下病。

二、辨证要点

带下病的辨证，主要根据带下的量、色、质、气味的异常及伴随全身证候及舌脉辨其寒、热、虚、实。

三、辨证论治

本病辨证首先根据带下量、色、质、气味等辨其寒热虚实。如带下量多，色白质稀，多属脾阳虚；带下量多，色白质清稀如水，伴畏寒肢冷，多属肾阳虚；带下量多，色黄质稠或有臭味，为湿热下注；带下量多，色黄绿如脓，或混浊如米泔，恶臭难闻，属湿毒蕴结。

带下俱是湿证，故治疗以祛湿止带为基本原则。在此基础上针对不同证型施治，对于湿毒蕴结或湿热下注者，采取清热解毒或清热利湿止带；对于脾阳虚者，采取健脾除湿止带；对于肾阳不足者，采用温肾固涩止带。

1. 脾阳不足

【证候】 带下量多，色白质稀；面色萎黄，神疲乏力，少气懒言，纳少便溏；舌淡，苔白，脉缓弱。

【分析】 脾阳虚弱，运化失司，水湿内停，湿邪下注损伤任带二脉，带脉失固，而为带下量多，色白质稀；脾虚中阳不振，则面色萎黄，神疲乏力，少气懒言；脾虚运化失职，则纳少便溏。舌淡，苔白，脉缓弱，均为脾阳虚弱之象。

【治法】 健脾益气，除湿止带。

【方药】 完带汤（《傅青主女科》）（山药、白术、党参、柴胡、白芍、苍术、车前子、陈皮、黑荆穗）加减。腰痛者，酌加续断、杜仲、鹿角胶；带下量多，日久不止者，酌加芡实、龙骨、牡蛎、乌贼骨、金樱子等

2. 肾阳不足

【证候】 带下量多，色淡，质清稀如水，淋漓不断；面色晦暗，畏寒肢冷，腰背冷痛，小腹冷感，小便清长，大便溏薄；舌淡，苔薄白，脉沉细而迟。

【分析】 肾阳不足，命门火衰，封藏失职，任脉不固，阴液滑脱而下，故带下量多，色淡质清，淋漓不断；阳气不能外达，故畏寒肢冷；肾阳虚外府不荣，故腰背冷痛；肾阳虚胞脉失于温煦，故小腹冷感；肾阳虚上不温脾阳，下不暖膀胱，致使脾阳不足，膀胱气化失常，则大便溏薄，小便清长。舌淡，苔薄白，脉沉细而迟，皆为肾阳虚之象。

【治法】 温肾助阳，涩精止带。

【方药】 内补丸（《女科切要》）（鹿茸、肉苁蓉、菟丝子、潼蒺藜、肉桂、制附子、黄芪、桑螵蛸、白蒺藜、紫菀茸）加减。带下清冷如水，畏寒腹冷甚者，加艾叶、补骨脂；便溏者，加肉豆蔻、白术。

3. 湿热下注

【证候】 带下量多，色黄质稠，气味臭秽，伴外阴瘙痒，口苦咽干；小便短黄，大便黏滞难解；舌红，苔黄腻，脉濡数。

【分析】 湿热之邪蕴结，下注任带，损伤任带二脉，故带下量多，色黄质稠，气味臭秽；湿热留连阴户，则外阴瘙痒；湿热熏蒸则口苦咽干；湿热伤津，可见小便短黄；湿邪黏滞，阻滞肠腑，可见大便黏滞难解。舌红，苔黄腻，脉濡数，为湿热之象。

【治法】 清热利湿止带。

【方药】 止带方（《世补斋医书》）（猪苓、茯苓、车前子、泽泻、茵陈、赤芍、牡丹皮、黄柏、栀子、川牛膝）加减。湿浊偏甚者，酌加苍术、藿香；烦躁易怒，口苦咽干，头晕耳鸣者，加苦参、黄连、柴胡。

4. 湿毒蕴结

【证候】 带下量多，色黄绿如脓，或赤白相兼，或五色杂下，状如米泔，臭秽难闻；伴阴部瘙痒，阴中灼热，小腹或腰骶胀痛，口苦咽干；舌红，苔黄腻，脉滑数。

【分析】 湿毒内侵，损伤任带二脉，故带下量多，色黄绿如脓，或赤白相兼，甚或五色杂下，状如米泔，臭秽难闻；湿毒蕴结于阴户，则阴户瘙痒，阴中灼热；湿毒蕴结，瘀阻胞脉，故小腹或腰骶胀痛；湿毒上蒸，故口苦咽干；舌红，苔黄腻，脉滑数，为湿毒蕴结之象。

【治法】 清热解毒，利湿止带。

【方药】 五味消毒饮（《医宗金鉴》）（蒲公英、金银花、野菊花、紫花地丁、天葵子）加味。腰骶痛甚，带下臭秽难闻者，酌加半枝莲、鱼腥草；大便秘结者，酌加瓜蒌仁、牡丹皮、知母。

（朱晓峰）

第六节　妊娠恶阻

妊娠期间出现严重恶心呕吐，头晕厌食，甚则食入即吐者，称为妊娠恶阻。中医又称“子病”“病儿”“阻病”，是妊娠早期最常见的病证之一。若妊娠早期仅见恶心、择食，或偶有晨起呕吐者，为早孕反应，不属病态，一般 3 个月后可逐渐消失。

现代医学的妊娠剧吐，可参照本病辨证论治。

一、病因病机

1. 脾胃虚弱 脾胃素虚，孕后经血停闭，经血不泻，血聚冲任以养胎，冲脉之气较盛，又冲脉隶于阳明，冲气上逆则犯胃，胃失和降，反随冲气上逆，则发为恶阻。或脾虚不运，痰湿内生，痰湿随冲气上逆，而致恶心呕吐。

2. 肝胃不和 素性肝旺，或恚怒伤肝，孕后阴血聚于下以养胎，肝血不足，则肝火愈旺。且冲脉气盛，冲脉附于肝，肝脉挟胃贯膈，肝火上逆犯胃，胃失和降，而致恶心呕吐。

二、辨证要点

妊娠呕吐的辨证，主要根据呕吐物的性状（色、质、气味等），结合伴随的全身症状及舌脉进行综合分析，辨其寒、热、虚、实。

三、辨 证 论 治

本病辨证首先根据呕吐物的性状（色、质、气味等），辨其寒热虚实。如呕吐清涎，口淡者，多属脾胃虚弱；呕吐痰涎，口中黏腻者，多属脾虚痰湿；呕吐酸水或苦水，口苦者，多属肝胃不和。

妊娠呕吐的治疗，以调气和中，降逆止呕为基本原则。同时应注意饮食及情志的调节；用药亦当兼顾胎元。

1. 脾胃虚弱

【证候】 妊娠早期，恶心呕吐，甚者食入即吐；口淡，呕吐清水痰涎，脘腹胀满，不思饮食，头晕体倦，神疲思睡；舌淡，苔白，脉缓滑无力。

【分析】 脾胃虚弱，孕后血聚冲任以养胎，冲脉之气较盛，上逆犯胃，胃失和降，则恶心呕吐不食，甚者食入即吐；脾胃虚弱，水湿不运，随胃气上逆，则口淡，呕吐清水痰涎，脘腹胀满，不思饮食；脾胃虚弱，中阳不振，清阳不升，则头晕体倦，怠惰思睡；舌淡，苔白，脉缓滑无力，均为脾胃虚弱之象。

【治法】 健脾和胃，降逆止呕。

【方药】 香砂六君子汤（《古今名医方论》）（人参、白术、茯苓、甘草、半夏、陈皮、木香、砂仁、生姜、大枣）加减。脾虚夹痰湿，脘腹胀满者，方用小半夏加茯苓汤加白术、砂仁、陈皮；吐甚伤阴，口干便秘者，去木香、砂仁、茯苓，酌加玉竹、麦冬、石斛；脾胃虚寒，呕吐清涎，形寒肢冷者，酌加丁香、白豆蔻。

2. 肝胃不和

【证候】 妊娠早期，呕吐酸水或苦水，胸胁满闷，嗳气叹息，头晕而胀，口苦咽干，烦渴喜冷饮，便秘溲赤，舌红，苔薄黄，脉弦滑。

【分析】 孕后阴血聚于下以养胎，肝失血养，则肝火偏旺；肝脉挟胃贯膈，肝火上逆犯胃，胃失和降，而致恶心呕吐酸水或苦水；肝郁气滞，气机不利，则胸胁满闷，嗳气叹息；肝热气逆，上扰清窍则头晕而胀，口苦咽干；舌红，苔薄黄，脉弦滑，均为肝胃不和之象。

【治法】 清肝和胃，降逆止呕。

【方药】 加味温胆汤（《医宗金鉴》）（陈皮、制半夏、茯苓、甘草、枳实、竹茹、黄芩、黄连、麦冬、芦根、生姜、大枣）加减。呕甚伤津，口干，舌红者，酌加石斛、玉竹；便秘者，酌加胡麻仁。

（朱晓峰）

第七节 妊娠腹痛

妊娠期间，出现以小腹疼痛为主的病证，称为妊娠腹痛，亦称“胞阻”，又称“痛胎”“胎痛”“妊娠小腹痛”等。

现代医学先兆流产出现腹痛者，可参照本病辨证论治。

一、病 因 病 机

1. 血虚 素体血虚，或失血过多，或饮食劳倦致使脾虚化源不足，妊娠后血聚养胎，阴血愈虚，胞脉失养，不荣则痛，而致小腹疼痛。

2. 虚寒 素体阳虚，阴寒内盛，妊娠后胞脉失于温煦，寒凝气血运行不畅，胞脉失养，而致小腹疼痛。

3. 气滞 素性抑郁，孕后血聚于冲任养胎，肝血偏虚，肝失血养，则疏泄失司；或孕后为情志所伤；或胎体渐长，阻滞气机，而生郁滞，气郁则血行不畅，不通则痛，而致小腹疼痛。

4. 血瘀　孕妇宿有癥瘕痼疾，阻碍气血运行，孕后胎体渐长，气血运行失调，胞脉阻滞，不通则痛，而致小腹疼痛。

二、辨证要点

妊娠腹痛的辨证，主要根据腹痛的性质和程度，结合兼证及舌脉进行综合分析，辨其在气、在血，属虚、属实。

三、辨证论治

本病辨证应根据腹痛的性质，结合兼证及舌脉辨其虚实。腹部隐隐作痛，按之痛减者，多属血虚；小腹胀痛，拒按者，多属气滞；小腹冷痛，喜温喜热，得热痛减者，多属虚寒；小腹刺痛，痛处不移者，多属血瘀。

妊娠腹痛的治疗，以调理气血、补肾安胎为基本原则。调理气血用药宜平和，以免耗气伤阴、内动胎元。

1. 血虚

【证候】　妊娠后小腹隐隐作痛，按之痛减，面色萎黄，头晕心悸，眠差多梦，舌淡，苔薄白，脉细滑弱。

【分析】　素体血虚，孕后血聚养胎，气血愈虚，胞脉失养，故小腹隐隐作痛，按之痛减；血虚不能上荣于面，故面色萎黄；血虚髓海失养，则头晕，眠差多梦；血不养心，则心神失养，失眠多梦；舌淡，苔薄白，脉细滑弱，均为血虚之象。

【治法】　补血养血，止痛安胎。

【方药】　当归芍药散（《金匮要略》）（当归、芍药、川芎、茯苓、白术、泽泻）加何首乌、桑寄生。血虚者，加枸杞子、阿胶、熟地黄；心悸失眠者，加酸枣仁、龙眼肉。

2. 虚寒

【证候】　妊娠后小腹冷痛，绵绵不止，喜温喜热，得热痛减；形寒肢冷，面色㿠白，纳少便溏，倦怠乏力；舌淡，苔薄白，脉沉细滑。

【分析】　素体阳虚，阴寒内生，胞脉失于温煦，气血运行不畅，故小腹冷痛，绵绵不止；阳虚阳气不能外达，则形寒肢冷，面色㿠白；脾虚不运，则纳少便溏，倦怠乏力；舌淡，苔薄白，脉沉细滑，均为虚寒之象。

【治法】　暖宫止痛，养血安胎。

【方药】　胶艾汤（《金匮要略》）（阿胶、艾叶、当归、川芎、白芍、干地黄、甘草）加减。食少便溏者，酌加白术、砂仁；腰痛甚者，酌加续断、巴戟天。

3. 气滞

【证候】　妊娠后小腹胸胁胀满疼痛，情志抑郁，或急躁易怒，嗳气叹息；舌红，苔薄黄，脉弦滑。

【分析】　素性抑郁，孕后血聚养胎，肝血不足，肝失血养，疏泄失司；或孕后为情志所伤；或胎体渐长，阻滞气机，则小腹胀满疼痛；肝脉布胸胁，肝气郁滞，则胸胁胀满；肝郁化火，则情志抑郁，急躁易怒，嗳气叹息。舌红，苔薄黄，脉弦滑，均为气滞之象。

【治法】　疏肝解郁，止痛安胎。

【方药】　逍遥散（见月经先后不定期）加苏梗、陈皮。郁而化热，口干苦，尿黄便结，舌红苔黄者，加栀子、黄芩；肝血虚而气滞者，酌加枸杞子、何首乌。

4. 血瘀

【证候】　妊娠期间小腹隐痛，或刺痛，痛处不移，或宿有癥瘕；舌暗有瘀点，脉弦滑。

【分析】 宿有癥瘕，或寒凝血瘀，或气滞血瘀，胞脉气血运行不畅，则小腹隐痛不适，甚或刺痛，痛处不移；舌暗有瘀点，脉弦滑，均为血瘀之象。

【治法】 活血化瘀，补肾安胎。

【方药】 桂枝茯苓丸（《金匮要略》）（桂枝、茯苓、牡丹皮、芍药、桃仁）合寿胎丸（《医学衷中参西录》）（菟丝子、桑寄生、续断、阿胶）。心悸失眠者，酌量加阿胶、龙眼肉；小腹冷痛者，酌加艾叶、炮姜。

（朱晓峰）

第八节　胎漏、胎动不安

妊娠期间阴道少量流血，时作时止，或淋漓不断，而无腰酸腹痛、小腹坠胀者，称“胎漏”，亦称“胞漏”“漏胎”。妊娠期间出现腰酸腹痛、下腹坠胀，或伴有阴道少量出血者，称“胎动不安”。

现代医学先兆流产、先兆早产、妊娠期间出现前置胎盘，可参照本病辨证论治。

一、病因病机

本病病因包括胎元与母体方面。

（一）胎元方面

父母之精气不足，两精虽能结合，但胎元不固，胎多不能成实，以致发生胎漏、胎动不安。

（二）母体方面

1. 肾虚 先天肾气虚弱，或房事不节，或多产，损伤肾气，肾虚冲任不固，胎失所系，以致胎漏、胎动不安。

2. 气血亏虚 素体气血亏虚，或因饮食劳倦，或因孕后恶阻所伤，或因他病损伤气血，致脾胃虚弱，化源不足，胎失所养，胎元不固而致胎漏、胎动不安。

3. 血热 素体阳盛，或孕后过食辛辣，或外感热邪，或情志内伤化热，以致阳盛血热，或素体阴虚，阴虚生热，热伤冲任，冲任失固，则发为胎漏、胎动不安。

4. 血瘀 孕妇宿有癥瘕痼疾，或孕后不慎跌仆闪挫，或孕期手术创伤，致使气血失和，阻碍气血运行，气血运行失调，胞宫、胞脉阻滞，胎失所养，胎元失固，而致胎漏、胎动不安。

二、辨证要点

胎漏、胎动不安的辨证，主要根据阴道流血、腹痛、腰酸、小腹下坠的性质，以及既往史、服药史、生育史、外伤史等情况，结合兼证及舌脉进行综合分析，辨其在气血、虚实、寒热。

三、辨证论治

本病辨证应根据阴道流血、腰腹酸痛、小腹下坠的性质，结合兼证及舌脉辨其虚实。妊娠期间阴道少量流血，色淡暗，腰酸腹痛，舌淡苔白，脉沉滑尺弱，多属肾虚证；妊娠期间阴道少量流血，色淡红，质稀薄，小腹空痛，舌淡苔薄白，脉细滑，多属气血虚弱；妊娠期间阴道流血，色鲜红，质稠，小便短黄，大便秘结，舌红苔黄，脉滑数，属血热；妊娠期间阴道少量流血，色暗红，孕妇有瘤积史，或妊娠期间跌仆闪挫史，舌暗红，或有瘀斑，脉弦，属血瘀。

妊娠腹痛的治疗，以补肾固肾为基本治法，根据不同情况辅以健脾益气、补血益气、清热凉血、活血化瘀等治法。

1. 肾虚

【证候】　妊娠期间阴道少量流血、色淡暗、腰酸腹痛；头晕耳鸣，小便频数，夜尿多甚至失禁；舌淡，苔白，脉沉滑尺弱。

【分析】　素体肾虚，冲任失固，系胞无力，孕后出现阴道少量流血，色淡暗，小腹坠痛；肾虚不养腰府，则腰酸；肾虚髓海不充，脑失所养，故头晕耳鸣；肾虚膀胱失约，则夜尿频多甚则失禁；舌淡，苔白，脉沉滑尺弱，均为肾虚之象。

【治法】　补肾益气，固冲安胎。

【方药】　寿胎丸（见妊娠腹痛）加减。肾阳虚，腰痛如折，畏寒肢冷，小便清长者，酌加补骨脂、杜仲、鹿角霜；肾阴虚，手足心热，面赤唇红、口燥咽干者，酌加熟地黄、山茱萸、地骨皮。

2. 气血虚弱

【证候】　妊娠期间阴道少量流血，色淡红、质稀薄，小腹空痛，腰酸；神疲肢倦，心悸气短，面色㿠白；舌淡，苔薄白，脉细滑。

【分析】　素体气血亏虚，冲任失养，系胞无力，则妊娠期间阴道少量流血，色淡红，质稀薄；气虚升举无力，血虚胞脉失养，则小腹空痛；气血亏虚，无以化肾精，则腰酸无力；气血亏虚，清阳不升，则神疲肢倦，心悸气短，面色㿠白；舌淡，苔薄白，脉细滑，均为气血虚弱之征。

【治法】　补气养血，固肾安胎。

【方药】　胎元饮（《景岳全书》）（人参、杜仲、白芍、熟地黄、白术、陈皮、炙甘草、当归）加减。气虚甚者，酌加升麻、高丽参；腰酸甚者，可与寿胎丸合用。

3. 血热

【证候】　妊娠期间阴道流血，色鲜红，腰腹坠胀作痛；心悸烦躁，五心烦热，口燥咽干，小便短黄，大便秘结；舌红，苔黄，脉滑数。

【分析】　热扰冲任，迫血妄行，血海不宁，故妊娠期间阴道流血，色鲜红，腰腹坠胀作痛；热扰心神，故心悸烦躁；热盛阴伤，故五心烦热，口燥咽干，小便短黄，大便秘结；舌红，苔黄，脉滑数，均为血热之象。

【治法】　滋阴清热，养血安胎。

【方药】　保阴煎（方见崩漏）加苎麻根。阴道流血多者，可加阿胶、墨旱莲、仙鹤草。

4. 血瘀

【证候】　素有癥积，孕后常有腰酸腹痛下坠，阴道不时少量流血，色暗红；或孕期外伤及手术创伤致腹痛或阴道流血；舌暗有瘀点，或有瘀斑，苔白，脉弦滑或沉弦。

【分析】　宿有癥瘕，阻滞气血，或孕后胎体渐长，阻滞更甚，不通则痛，则孕后常有腰酸腹痛下坠；血瘀阻络，血不循经，故阴道不时少量流血，色暗红；孕期外伤及术后，气血失和，损伤冲任，胎元不固，则小腹隐痛不适，甚或刺痛，痛处不移；舌暗有瘀点，或有瘀斑，脉弦滑，均为血瘀之象。

【治法】　活血化瘀，补肾安胎。

【方药】　寿胎丸（方见妊娠腹痛）。素体虚寒，小腹冷痛者，酌加艾叶、炮姜；肝气不舒，胸胁胀痛者，酌加柴胡、苏梗。

（朱晓峰）

第九节　产后恶露不绝

产后血性恶露持续 10 天以上，仍淋漓不尽者，称为产后恶露不绝，又称“产后恶露不尽”“产后恶露不止”。

现代医学中产后子宫复旧不全、胎盘胎膜残留、子宫内膜炎所致晚期产后出血及中期妊娠引产、人工流产、药物流产后表现为恶露不尽者，均可参照本病辨证治疗。

一、病 因 病 机

1. 气虚 素体气虚，正气不足，复因产时气随血耗，或产后操劳过早，劳倦伤脾，中气不足，冲任不固，血失统摄，以致恶露日久不止。

2. 血热 素体阴虚，因产后亡血伤津，营阴更亏，阴虚则内热；或产后感受热邪；或因情志不遂，肝郁化热，热扰冲任，迫血妄行，而致恶露不绝。

3. 血瘀 产后胞宫、胞脉空虚，寒邪乘虚而入，血为寒凝，结而成瘀；或七情内伤，气滞而血瘀，瘀阻冲任，血不归经，以致恶露淋漓不尽。

二、辨 证 要 点

产后恶露不绝的辨证重在辨恶露的量、色、质、气味的变化，结合全身症状作为辨证依据，辨其属实、属虚、属寒、属热。

三、辨 证 论 治

本病的辨证应以恶露的量、色、质、气味等，并结合全身症状辨别寒热、虚实。如恶露量多，色淡，质稀，无臭气者，多为气虚；色红或紫，黏稠而臭秽者，多为血热；色暗有块，小腹疼痛者，多为血瘀。

本病的治疗应遵循虚者补之、瘀者攻之、热者清之的原则分别施治，并随证选加相应止血药以达标本同治。

1. 气虚

【证候】 产后恶露过期不止，量多，色淡红，质稀，无臭味；面色㿠白，精神倦怠，四肢无力，气短懒言，小腹空坠；舌淡，苔薄白，脉缓弱。

【分析】 气虚统摄无权，冲任不固，则恶露过期不止，血量较多；血失气化，则色淡，质稀，无臭味；气虚中阳不振，则精神倦怠，四肢无力，气短懒言；中气不足，则小腹空坠；气虚清阳不升，则面色㿠白。舌淡，苔薄白，脉缓弱，为气虚之征。

【治法】 益气摄血固冲。

【方药】 补中益气汤（见月经先期）加阿胶、艾叶、乌贼骨。若症见恶露过期不止，腰膝酸软，头晕耳鸣者，酌加菟丝子、金樱子、续断、巴戟天等。

2. 血热证

【证候】 产后恶露过期不止，量较多，色鲜红，质黏稠；口燥咽干，面色潮红；舌红苔少，脉细数无力。

【分析】 产后营阴耗损，虚热内生，或气郁化热，或感热邪，热扰冲任，迫血妄行，故恶露过期不止，量较多；阴虚热灼，则血色鲜红，质黏稠；虚热上浮，故面色潮红；阴液不足，则口燥咽干。舌红，苔少，脉细数无力，为阴虚内热之征。

【治法】 养阴清热，凉血止血。

【方药】 保阴煎（见崩漏）加煅牡蛎、地榆。若兼乳房、少腹胀痛，心烦易怒，恶露夹血块，口苦咽干，脉弦数者，此属肝郁血热之证，治宜疏肝解郁、清热止血，方用丹栀逍遥散（方见月经先期）加生地黄、墨旱莲、茜草清热凉血止血。

3. 血瘀证

【证候】 产后恶露过期不止，淋漓量少，或突然量多，色暗有血块，或伴小腹疼痛拒按，块下痛减；舌紫暗或有瘀点，苔薄，脉弦涩。

【分析】 瘀血阻滞冲任，新血不得归经，则恶露过期不止，淋漓量少，或突然量多，色暗有块；瘀血内阻，“不通则痛”，故小腹疼痛拒按；块下瘀滞稍通，故使痛减。舌紫暗或有瘀点，苔薄，脉弦涩，为瘀血阻滞之征。

【治法】 活血化瘀，理血归经。

【方药】 生化汤（《傅青主女科》）（当归、川芎、桃仁、干姜、甘草）加益母草、茜草、三七、蒲黄。若兼口干咽燥，舌红，脉弦数者，酌加地榆、黄柏；若气虚明显，伴小腹空坠者，加党参、黄芪；若瘀久化热，恶露臭秽，兼口干咽燥，加紫草、马齿苋、蒲公英；若为胞衣残留者，视具体情况，可行清宫术，并配合中西药物治疗。

（范　荣）

第十节　缺　乳

哺乳期内，产妇乳汁甚少，或无乳可下，称为缺乳，又称“乳汁不足”“乳汁不行”。本病的特点是产妇哺乳期完全无乳或乳汁甚少，不足以喂养婴儿。多发生在产后2～3日至半个月内，也可发生在整个哺乳期。

现代医学中产后缺乳、泌乳过少等可参照本病辨证治疗。

一、病因病机

1. 气血虚弱　素体气血亏虚，或脾胃虚弱，气血生化不足，或产后操劳过度，耗伤气血，复因分娩失血耗气，以致气血虚弱，不能化生乳汁，因而乳汁甚少或无乳可下。

2. 肝郁气滞　素性抑郁，加之产时失血，肝失所养，肝郁更甚；或产后情志不遂，肝失条达，气机不畅，致乳络不通，乳汁运行不畅，因而缺乳。

二、辨证要点

缺乳的辨证重在乳汁量、质的变化，结合全身形、气、色、脉等证候作为辨证依据，辨其属实、属虚。

三、辨证论治

本病以哺乳期乳汁甚少，或乳汁全无为诊断要点，主要辨证其属虚属实。一般如乳汁清稀，乳房柔软，属虚证，多为气血虚弱；若乳汁浓稠，乳房胀硬疼痛，属实证，多为肝郁气滞。

本病以调理气血，通络下乳为治疗原则。虚者补益气血，实者疏肝解郁，均宜佐以通乳之品。

1. 气血虚弱证

【证候】 产后乳少，甚或全无，乳汁清稀，乳房柔软，无胀感；面色少华，倦怠乏力，神疲食少；舌淡，苔薄白，脉细弱。

【分析】 气血虚弱，乳汁化源不足，无乳可下，故乳少或全无，乳汁清稀；乳汁不充，乳腺空虚，故乳房柔软，无胀感；气虚血少，不能上荣头面、四肢，故面色少华，倦怠乏力；阳气不振，脾虚失运，故神疲食少。舌淡，苔薄白，脉细弱，均为气血虚弱之征。

【治法】 补气养血，佐以通乳。

【方药】 通乳丹（《傅青主女科》）（人参、黄芪、当归、麦冬、木通、桔梗、猪蹄）加减。若食少便溏者，加炒白术、茯苓、炒扁豆；头晕心悸者，加阿胶、白芍、何首乌。

2. 肝郁气滞证

【证候】 产后乳少，甚或全无，乳汁浓稠，乳房胀硬、疼痛；胸胁胀满，情志抑郁，食欲不振；舌质正常，苔薄黄，脉弦或弦数。

【分析】 情志不舒，肝气郁结，气机不畅，乳络受阻，故乳汁少或全无；乳汁壅滞，运行受阻，故乳房胀满而痛，乳汁浓稠；肝经布胁肋，肝气郁结，疏泄不利，故胸胁胀满；肝气不疏，故情志抑郁；肝气犯胃，脾胃受累，故食欲不振。舌质正常，苔薄黄，脉弦或弦数，均为肝郁气滞之征。

【治法】 疏肝解郁，通络下乳。

【方药】 下乳涌泉散（《清太医院配方》）（柴胡、青皮、当归、白芍、川芎、生地黄、天花粉、白芷、穿山甲、王不留行、漏芦、通草、桔梗、甘草）加减。乳房胀痛甚者，酌加橘络、丝瓜络、香附；乳房胀硬疼痛，局部有热感，触之有块者，加蒲公英、夏枯草、赤芍、路路通；若乳房红肿掣痛，伴高热恶寒，或乳房结块有波动感者，应按乳痈诊治。

（范 荣）

第十一节 不 孕 症

育龄期妇女，夫妇同居，女子未避孕，男方生殖功能正常，性生活正常，同居 1 年而未孕者，称为不孕症。从未妊娠者为原发性不孕，曾经有过妊娠者继而未避孕 1 年以上未孕者为继发性不孕。

现代医学不孕症由排卵障碍、输卵管、子宫、阴道、外阴等因素所致以及其他如免疫因素等，也可参照本病辨证治疗。

一、病因病机

1. 肾虚 先天禀赋不足，肾气亏虚；或房事不节，损伤肾精，或久病及肾，肾气亏虚，精不化血，则冲任气血不充，难以受孕；素体肾阳亏虚，胞宫失煦，则冲任虚寒，不能化血行血，使冲任不充，而致不孕；或素体肾阴亏虚，或久病耗损真阴，精血不足，胞宫失养，冲任血海空虚，或阴虚内热，热扰冲任，乃致不孕。

2. 肝郁 素性肝郁，或久不受孕，盼子心切，致使肝郁气滞，疏泄失常，血行不畅，气血不和，冲任不能相资，不能受精成孕。

3. 痰湿壅阻 素体肥胖或恣食膏粱厚味，痰湿内生，躯脂满溢，或思虑劳倦，或肝气乘脾，健运失司，水湿内停，湿聚成痰，冲任壅滞，而致不孕。

4. 瘀滞胞宫 经行产后余血未尽、房事不节，感受外邪，邪入胞宫而与血结；或寒凝血瘀，或热灼血瘀，或气虚运血无力致瘀，瘀滞胞宫，经脉不通，以致不孕。

二、辨证要点

不孕症的辨证，主要根据月经、带下、全身证候及舌脉等变化综合分析，审脏腑、冲任、胞宫之病位，辨气血、寒热、虚实之变化。

三、辨证论治

不孕症的辨证，主要根据月经、带下及舌脉等的变化，明确脏腑、虚实、气血、寒热。一般而言，婚久不孕，月经错后，量少，腰膝酸软，多属肾虚；婚久不孕，月经先后不定期，经来小腹及胸胁乳房胀痛，心烦易怒，多属肝郁；婚久不孕，经色紫暗有块，少腹刺痛，多属血瘀；婚久不孕，形体肥胖，月经延迟、推后，带下量多，多属痰湿。

本病治疗以温养肾气，调理气血为主。经调病除，择“时候”而合阴阳，以利于受孕。

1. 肾阳虚证

【证候】 婚久不孕，初潮延迟，经期错后，经量少，色淡质稀，带下量多，清稀如水，性欲淡漠；伴腰膝酸冷，头晕耳鸣，大便溏薄，小便清长；舌淡，苔白，脉沉迟。

【分析】 肾阳不足，无以化气行血，冲任亏虚，胞宫失煦，故婚久不孕；阳虚内寒，天癸不充，冲任空虚，血海不能如期满溢，故初潮延迟，月经错后，甚至闭经，经量少，色淡质稀；肾阳不足，封藏失职，精液滑脱而下，故带下量多，清稀如水；命火不足，外府失煦，则腰膝酸冷；火不暖土，脾阳不足，则大便溏薄；膀胱气化失职，则小便清长。舌淡，苔白，脉沉迟，皆为肾阳虚之象。

【治法】 温肾助阳，调补冲任。

【方药】 右归丸（见崩漏）加减。带下量多，色淡质稀者，加金樱子、桑螵蛸；月经后期，量少者，加益母草；性欲淡漠，加淫羊藿、肉苁蓉、仙茅等。

2. 肾阴虚证

【证候】 婚久不孕，经量少或停闭，色红质稠，或带下量少，阴中干涩；腰酸膝软，头晕耳鸣，形体消瘦，五心烦热，失眠多梦，大便偏干。舌偏红，苔少，脉弦细或细弦数。

【分析】 肾阴亏虚，精血不足，胞宫失养，则婚久不孕；冲任亏虚，则月经量少，甚或闭经；阴虚火旺，血少津亏，阴液不充，任带失养，阴窍失濡，故形体消瘦，带下量少，阴中干涩，大便偏干。虚火灼津，则经血色红质稠；肾阴亏虚，上不能濡养清窍，则头晕耳鸣，下不能濡养外府则腰膝酸软；阴虚血少，血不养心，故失眠多梦；虚热扰动血海，故五心烦热，经色红质稠。舌偏红，苔少，脉弦细或细弦数，均为肾阴虚之象。

【治法】 滋阴养血，调补冲任。

【方药】 左归丸（见崩漏）加减。阴虚火旺者，加女贞子、墨旱莲、牡丹皮；心火偏旺，心烦失眠者，加夜交藤、炒枣仁、青龙齿。

3. 肝气郁结证

【证候】 婚久不孕，月经先后不定期，经量或多或少，色暗有块，经行腹痛，或经前胸胁、乳房胀痛；情志抑郁，或烦躁易怒；舌红，苔薄，脉弦细。

【分析】 肝气郁结，气血失调，冲任失和，故婚久不孕；气机不畅，血海蓄溢失常，故月经周期先后不定期，经量或多或少；气郁血滞，则经色暗，有血块；肝失条达，经脉不利，故肝经所过部位胸胁、乳房、少腹胀痛；情怀抑郁，郁久化火，故情志抑郁，或烦躁易怒。舌红，苔薄，脉弦细，均为肝郁之象。

【治法】 疏肝解郁，理血调经。

【方药】 逍遥散（见月经先后不定期）加减。经行腹痛甚者，加延胡索、蒲黄、五灵脂；经前乳房胀痛甚者，加橘核、穿山甲。

4. 痰湿壅阻证

【证候】 婚久不孕，月经后期，甚或闭经，带下量多，色白质黏；形体肥胖，胸闷呕恶，头晕气短；舌淡胖，苔白腻，脉滑。

【分析】 素体脾虚，聚湿成痰，或肥胖之体，痰湿内盛，壅滞冲任，不能摄精成孕，故婚久不孕；痰阻冲任、胞脉，故月经后期，甚或闭经；湿浊下注，则带下量多，色白质黏；痰浊中阻，清阳不升，则胸闷呕恶，头晕气短。舌淡胖，苔白腻，脉滑，均为痰湿壅阻之象。

【治法】 燥湿化痰，调理冲任。

【方药】 苍附导痰汤（《叶氏女科》）（香附、苍术、制南星、制半夏、枳壳、茯苓、神曲、陈皮、滑石）加减。胸闷泛恶者，加瓜蒌、石菖蒲宽胸利气；月经减少，甚或闭经者，酌加鹿角霜、淫羊藿、丹参；月经后期，闭经者，加丹参、泽兰。

5. 瘀滞胞宫证

【证候】 婚久不孕，月经后期，量或少，色紫黑，有血块，可伴痛经；平素小腹或少腹隐痛、刺痛，或肛门坠胀不适；舌紫暗，边有瘀点，脉弦涩。

【分析】 瘀阻冲任，胞脉不通，故致不孕；冲任气血失调，血海不能按时满溢，故月经周期延后，量或少，色紫黑；瘀阻冲任，气血运行受阻，故有血块；血瘀气滞，不通则痛，故经行腹痛，小腹、少腹隐痛、刺痛，肛门坠胀不适。舌紫暗，边有瘀点，脉弦涩，均为血瘀之象。

【治法】 活血化瘀，止痛调经。

【方药】 膈下逐瘀汤（见闭经）加减。瘀久成块者，加三棱、莪术、夏枯草、穿山甲。

（朱晓峰）

第十二节　绝经前后诸证

绝经前后诸证是指妇女在绝经期前后，出现月经紊乱，烘热汗出，面赤口干，手足心热，或烦躁易怒，头晕目眩，耳鸣心悸，失眠健忘，腰背酸痛等特征的月经病。

现代医学的围绝经期综合征、卵巢早衰、双侧卵巢切除、放射治疗后卵巢功能衰竭或早发绝经卵巢功能障碍而出现绝经前后诸证，可参照本病辨证论治。

一、病因病机

1. 肾阴虚 绝经前后，天癸渐竭，精血衰少；或房事多产，精血耗伤，肾阴更虚，复加忧思不解，积念在心，营阴暗耗，肾阴益亏；冲任衰少，脏腑失养，遂致绝经前后诸证。

2. 肾阳虚 绝经前后，肾气渐衰，若素体阳虚，过用寒凉及过度贪凉，或房事不节，损伤肾气；而致命门火衰，脏腑失于温煦，遂致绝经前后诸证。

3. 肾阴阳两虚 肾藏元阴而寓元阳，阴损及阳，或阳损及阴，真阴真阳不足，失去濡养、温煦脏腑功能，遂致绝经前后诸证。

二、辨证要点

绝经前后诸证的辨证，以肾虚为本，肾阴阳失衡为其主要病机，临床辨证应分清阴阳。

三、辨证论治

绝经前后诸证以肾虚为本，由肾中阴阳平衡失调所致。临床宜辨清肾中阴阳偏颇。烘热汗出，五心烦热等多见于肾阴虚；腰膝酸软，畏寒肢冷等多见于肾阳虚；寒热错杂、阴阳两虚兼有多见于肾阴阳两虚。

本病治疗原则以平调肾中阴阳为主。偏于肾阴虚者滋阴补肾，偏于肾阳虚者温阳补肾。但用药注意选用得当，补阴不可过用滋腻，温阳不可过用辛燥，清热不宜过于苦寒，祛寒不宜过于辛热，免犯虚虚实实之戒，同时也应注意有无郁火、痰湿、瘀血之兼夹证候。

1. 肾阴虚证

【证候】 绝经前后，月经周期紊乱，量少或多，经色鲜红，头晕耳鸣，腰酸腿软，烘热汗出，五心烦热，失眠多梦，或皮肤干燥瘙痒，口干便结，尿少色黄；舌红，苔少，脉细数。

【分析】 绝经前后，天癸渐绝，冲任失调，血海蓄溢失常，故月经周期紊乱，经量少或多，虚火煎灼津液，则经色鲜红；肾阴不足，精血衰少，上不能濡养清窍，则髓海失养，故头晕耳鸣；下不能濡养外府，故腰酸腿软；肾阴不足，阴不维阳，虚阳上越，故烘热汗出，失眠多梦；阴虚内热，津液不足，故五心烦热，口干便结，尿少色黄；阴虚血燥生风，故皮肤瘙痒。舌红，苔少，脉细数，为肾阴虚之象。

【治法】　滋肾益阴，育阴潜阳。

【方药】　左归丸（见崩漏）合二至丸（《医方集解》）（熟地黄、山药、枸杞子、山茱萸、菟丝子、鹿角胶、龟甲胶、川牛膝、女贞子、墨旱莲、制何首乌）加减。头痛、眩晕较甚者，酌加天麻、钩藤、珍珠母；双目干涩者，以杞菊地黄丸加减；心烦不宁，失眠多梦，甚至情志异常，舌红少苔或薄苔，脉细数，以百合地黄汤加甘麦大枣汤合黄连阿胶汤加减。

2. 肾阳虚证

【证候】　绝经前后，月经不调，量多或少，带下量多，色淡质稀，头晕耳鸣，腰痛如折，腹冷阴坠，形寒肢冷，小便频数或失禁；精神萎靡，面色晦暗；舌淡，苔白滑，脉沉细而迟。

【分析】　肾阳虚冲任失司，故月经不调，量多或少，阳虚不温，故色淡质稀；肾阳亏虚，气化失常，约固无力，故带下量多；绝经前后，肾气渐衰，上不能濡养清窍则髓海空虚，头晕耳鸣，下不能濡养外府，则腰痛如折；肾阳虚下焦失于温煦，故腹冷阴坠；膀胱气化不及，故使小便频数或失禁；肾阳虚惫，命门火衰，中阳不振，经脉失于温煦，故形寒肢冷，精神萎靡，面色晦暗。舌淡，苔白滑，脉沉细而迟，皆为肾阳虚衰之征。

【治法】　温肾壮阳，填精养血。

【方药】　右归丸（见崩漏）加减。月经量多或崩中漏下者，酌加赤石脂、补骨脂等；若腰背冷痛明显者，酌加川椒、鹿角片；若胸闷痰多者，酌加瓜蒌、丹参、法半夏等；肌肤面目浮肿者，酌加茯苓、泽泻、冬瓜皮等。

3. 肾阴阳俱虚证

【证候】　绝经前后，月经紊乱，量少或多；乍寒乍热，烘热汗出，头晕耳鸣，五心烦热，健忘，腰背冷痛；舌淡，苔薄，脉沉弱。

【分析】　绝经前后，肾阴阳俱虚，冲任失调，则月经紊乱，量少或多；阴阳失调，营卫不和，则乍寒乍热，烘热汗出；肾虚精亏，脑髓失养，则头晕耳鸣，健忘；肾阳不足，失于温煦，则腰背冷痛。舌淡，苔薄，脉沉弱，皆为肾阴阳俱虚之征。

【治法】　补肾扶阳，滋肾养血。

【方药】　二仙汤（《中医方剂临床手册》）（仙茅、淫羊藿、巴戟天、当归、盐知母、盐黄柏）合二至丸（女贞子、墨旱莲）加菟丝子、制何首乌、龙骨、牡蛎。如便溏者，去当归，加茯苓、炒白术。

（朱晓峰）

复习思考题

1. 月经先后不定期与崩漏如何进行鉴别诊断？
2. 痛经需要与哪些疾病相鉴别？
3. 何种情形下带下需与崩漏鉴别？
4. 简述崩漏的治疗原则。
5. 简述痛经“不通则痛”者的分型及治法方药。

第十三章　儿科常见病证

第一节　肺炎喘嗽

肺炎喘嗽是以发热、咳嗽、痰壅、气急、鼻煽等为主要临床特征的疾病。古人也称之为“马脾风”。本病一年四季均可发生，但多见于冬春季节；任何年龄均可患病，年龄越小，发病率越高，病情越重。本病若治疗及时得当，一般预后良好，若发生变证者则病情危重。

现代医学中的小儿肺炎、支气管肺炎、间质性肺炎、大叶性肺炎等疾病以上述症状为主症者，可参考本节进行辨证论治。

一、病因病机

肺炎喘嗽的病因主要有外因和内因两大类。外因主要是感受风邪，小儿寒温失调，风邪外袭而为病，风邪多夹热或夹寒为患，其中以风热为多见；内因责之于小儿形气未充，肺脏娇嫩，卫外不固，如先天禀赋不足，或后天喂养失宜，久病不愈，病后失调，则致正气虚弱，卫外不固，腠理不密，而易为外邪所中。病位在肺，常累及于脾，重者可内窜心肝。病机关键为肺气郁闭。

1. 风寒闭肺　风寒之邪外侵，寒邪束肺，肺气郁闭，失于宣降，肺气上逆，则致呛咳气急；卫阳为寒邪所遏，阳气不得敷布全身，则见恶寒发热而无汗；肺气郁闭，水液输化无权，凝而为痰，则见痰涎色白而清稀。

2. 风热闭肺　风热之邪外侵，热邪闭肺，肺气郁阻，失于宣肃，则致发热，咳嗽；热邪闭肺，水液输化无权，凝聚为痰，加之温热之邪，灼津炼液为痰，痰阻气道，壅盛于肺，则见咳嗽剧烈，喉间痰鸣，气急鼻煽。

3. 痰热闭肺　邪热闭阻于肺，导致肺失于宣肃，肺津因之熏灼凝聚，痰热胶结，闭阻于肺，则致咳嗽，气急鼻煽，喉间痰鸣；痰堵胸宇，胃失和降，则胸闷胀满，泛吐痰涎；肺热壅盛，充斥内外，则见发热，面赤口渴；肺气郁闭不解，气滞则血瘀，致口唇紫绀。

4. 毒热闭肺　肺热炽盛，郁滞不解，蕴生毒热，热深毒亦深，闭阻于肺，则出现高热、咳剧、烦躁、喘憋等本脏重证的表现；毒热耗灼阴津，津不上承，清窍不利则见涕泪俱无，鼻孔干燥，黑如煤烟。

5. 肺阴亏虚　小儿肺脏娇嫩，久热久咳，邪热耗伤肺阴，则见干咳、无痰，舌红乏津。余邪留恋不去，则致低热盗汗，舌苔黄，脉细数。

6. 肺脾气虚　体质虚弱儿或伴有其他疾病者，感受外邪后易累及于脾，导致病情迁延不愈。若病程中肺气耗伤太过，正虚未复，余邪留恋，则发热起伏不定；肺虚气无所主，则致咳嗽无力；肺气虚弱，营卫失和，卫表失固，则动辄汗出；脾虚运化不健，痰湿内生，则致喉中痰鸣，食欲不振，大便溏；肺脾气虚，气血生化乏源，则见面色无华，神疲乏力，舌淡苔薄，脉细无力。

肺主气而朝百脉。小儿肺脏娇嫩，或素体虚弱，感邪之后，病情进展，由肺而涉及其他脏腑。如肺为邪闭，气机不利，气滞血瘀，血行不畅，心失所养，心气不足，心阳不能运行敷布全身，则出现心阳虚衰之变证。小儿感受风温之邪，易化热化火，内陷厥阴，出现邪陷厥阴之变证。

二、辨证要点

1. 辨轻重　肺炎喘嗽轻证表现为发热、咳嗽、气急，如兼见鼻翼煽动、高热稽留不退、喘憋为本脏重证。若病情进一步进展，出现面色苍白、口唇青紫、四肢厥冷，或神昏谵语、四肢抽搐、口噤项强及它脏变证为危重证。

2. 辨风寒风热　肺炎喘嗽初起，应分清风寒及风热。感受风寒者多表现为恶寒无汗，咳声不扬，痰多清稀，舌不红苔薄白，脉浮紧；感受风热者多表现为发热微汗，咳声响亮，痰黄黏稠，咽红疼痛，舌红苔薄黄，脉浮数。

3. 辨痰热毒热　肺炎喘嗽极期，应区分痰热及毒热。若发热，咳嗽喘促，气急鼻煽，喉间痰鸣，泛吐痰涎，舌红苔黄腻，脉滑数，多以痰热为主；若高热持续，咳嗽剧烈，喘憋，涕泪俱无，鼻孔干燥，舌红而干苔黄燥，脉洪数，多以毒热为主。

三、辨证论治

（一）常证

1. 风寒闭肺

【证候】　恶寒发热，无汗不渴，呛咳气急，痰稀色白，咽不红，舌淡红，舌苔薄白或白腻，脉浮紧，指纹浮红。

【分析】　风寒之邪外袭，由皮毛而入，首先犯肺，肺失肃降，其气上逆，则呛咳气急；卫阳为寒邪所遏，阳气不能敷布周身，故恶寒发热、无汗；肺气闭塞，水液输化无权，凝而为痰，故痰白而稀；舌淡红，舌苔薄白或白腻，脉浮紧，指纹浮红均为风寒犯肺，邪在表分之象。

【治法】　辛温开肺，化痰止咳。

【方药】　华盖散（《太平惠民和剂局方》）加减。

2. 风热闭肺

【证候】　发热恶风，微有汗出，口渴欲饮，咳嗽痰多，痰稠色黄，呼吸急促，咽红，舌红，苔薄白或黄，脉浮数，指纹浮紫或紫滞。

【分析】　风热外袭，肺闭失宣，则致发热咳嗽；邪闭肺络，水液输化无权，留滞肺络，凝聚为痰，故见痰多，黏稠或黄；舌红，苔薄白或黄，脉浮数皆为风热之象。

【治法】　辛凉宣肺，清热化痰。

【方药】　银翘散（《温病条辨》）合麻黄杏仁甘草石膏汤（《伤寒论》）加减。

3. 痰热闭肺

【证候】　壮热，烦躁，喉间痰鸣，痰稠色黄，气促喘憋，鼻翼煽动，口唇青紫，面赤口渴，胸闷胀满，泛吐痰涎，舌红，苔黄腻，脉滑数，指纹紫滞。

【分析】　痰热胶结，闭阻于肺，则致发热咳嗽，气急鼻煽，喉间痰鸣；痰堵胸宇，胃失和降，则胸闷胀满，泛吐痰涎；肺热壅盛，则见面赤口渴；肺气郁闭，气滞血瘀，血流不畅，则致口唇紫绀；舌红，苔黄腻，脉滑数均为痰热之象。

【治法】　清热宣肺，涤痰定喘。

【方药】　五虎汤（《仁斋直指方论》）合葶苈大枣泻肺汤（《金匮要略》）加减。

4. 痰浊闭肺

【证候】　高热持续，咳嗽剧烈，气急鼻煽，喘憋，涕泪俱无，鼻孔干燥，黑如煤烟，面赤唇红，烦躁口渴，小便短黄，大便秘结，舌红而干，舌苔黄燥，脉洪数，指纹紫滞。

【分析】　毒热内闭肺气，熏灼肺金，则致高热持续，咳嗽剧烈，气急喘憋，烦躁口渴，面赤唇红，小便短黄，大便干结；毒热耗灼阴津，津不上承，清窍不利则见涕泪俱无，鼻孔干燥，黑如煤烟；舌红而干，舌苔黄燥，脉洪数皆为毒热内盛之象。

【治法】 清肺平喘，涤痰开闭。

【方药】 黄连解毒汤（《肘后备急方》）合麻黄杏仁甘草石膏汤（《伤寒论》）加减。

5. 阴虚肺热

【证候】 干咳少痰，低热盗汗，面色潮红，五心烦热，舌质红而干，舌苔花剥、少苔或无苔，脉细数，指纹淡红。

【分析】 小儿肺脏娇嫩，余邪留恋，耗伤肺阴，则见干咳少痰，舌红乏津。舌质红而干，苔花剥、少苔或无苔，脉细数，指纹淡红为阴虚之象。

【治法】 养阴清肺，润肺止咳。

【方药】 沙参麦冬汤（《温病条辨》）加减。

6. 肺脾气虚

【证候】 病程迁延，低热起伏，咳嗽无力，喉中痰鸣，面白少华，神疲乏力，气短多汗，纳差，大便溏，舌质偏淡，舌苔薄白，脉细无力，指纹淡。

【分析】 体质虚弱儿或伴有其他疾病者，感受外邪后易累及于脾，导致病情迁延不愈。若病程中肺气耗伤太过，正虚未复，余邪留恋，则发热起伏；肺虚气无所主，则致咳嗽无力；肺气虚弱，营卫失和，卫表失固，则动辄汗出；脾虚运化不健，痰湿内生，则致喉中痰鸣，纳差，大便溏；肺脾气虚，气血生化乏源，则见面白少华，神疲乏力，舌淡苔薄，脉细无力。

【治法】 健脾益气，肃肺化痰。

【方药】 人参五味子汤（《幼幼集成》）加减。

（二）变证

1. 心阳虚衰

【证候】 突然面色苍白，紫绀，呼吸困难，或呼吸浅促，汗出不温，四肢厥冷，烦躁不安，或神萎淡漠，右胁下肝脏肿大、质坚，舌淡紫，苔薄白，脉微弱虚数，指纹青紫，可达命关。

【分析】 心气不足，心阳不能运行敷布全身，则致面色苍白，紫绀，四肢厥冷；肺气痹阻，气为血之帅，气滞则血瘀，心血运行不畅，故紫绀，舌淡紫；肝藏血，右胁为肝脏之位，肝血瘀阻，右胁下肝脏肿大、质坚；脉通于心，心阳虚，运血无力，则脉微弱虚数。

【治法】 温补心阳，救逆固脱。

【方药】 参附龙牡救逆汤（经验方）加减。

2. 邪陷厥阴

【证候】 壮热神昏，烦躁谵语，四肢抽搐，口噤项强，两目窜视，舌红绛，脉弦数，指纹青紫，达命关，或透关射甲。

【分析】 小儿感受风温之邪，易化热化火，邪热炽盛，内陷手厥阴心包经，则壮热神昏，烦躁谵语；邪热内陷足厥阴肝经，则热盛动风，致四肢抽搐，口噤项强，两目窜视。温热化火伤阴，故舌红绛，脉弦数。

【治法】 平肝息风，清心开窍。

【方药】 羚角钩藤汤（《通俗伤寒论》）合牛黄清心丸（《痘疹世医心法》）加减。

（刘星星）

复习思考题

1. 简述肺炎喘嗽的主要病因病机及主要治法。
2. 简述肺炎喘嗽的辨证要点。

第二节 哮 喘

哮喘是小儿时期的常见肺系疾病，临床以反复发作的喘促气急，喉间哮鸣，呼气延长，严重者不能平卧，张口抬肩，摇身撷肚，唇口青紫为特征。哮指声响，喘指气息，临床上哮常兼喘。本病发作有明显的季节性，以冬季及气温多变季节发作为主，年龄以1～6岁多见，发病有明显的遗传倾向，起病越早遗传倾向越明显。

现代医学中的喘息性支气管炎、支气管哮喘等疾病以发作性喉间哮鸣气促，呼气延长为主症者，可参考本节进行辨证论治。

一、病因病机

本病的发病原因既有内因，又有外因。内因责之于痰饮内伏，与肺脾肾三脏有关；外因主要为感受外邪、接触异气、饮食不慎、劳倦过度以及情志失调等，是哮喘的诱发因素。

（一）内在因素

1. 正虚痰伏 痰饮的产生与素体肺、脾、肾三脏功能失常有关。小儿时期，若素体肺气不足，津液不能正常宣散敷布，通调水道功能失常，酿湿成痰；脾气不足，水湿不化，则聚湿生痰；肾气不足，不能温煦蒸腾水液，肾阳虚，水泛为痰；肾阴虚，炼津为痰。因此，素体肺、脾、肾不足，导致津液调节失常，水湿停聚，则聚湿生痰，痰饮内伏，俟时而泛肺发病。

2. 禀赋因素 哮喘患儿多为特禀质，常有家族史，既往多有奶癣、瘾疹等病史。

（二）诱发因素

1. 外感六淫 气候突变，感受外邪，肺卫失宣，肺气上逆，触动伏痰，痰气交阻于气道，则发为哮喘。小儿时期感受六淫之邪是诱导哮喘发作的主要原因。

2. 接触异气 如吸入花粉、螨虫、灰尘、烟尘、煤气、油漆、异味，以及动物毛屑、杀虫粉、棉花籽等。这些异物可由气道或肌肤而入，内犯于肺，触动伏痰，阻于气道，影响肺气的宣降，导致肺气上逆，发为哮喘。

3. 饮食不慎 过食生冷酸咸常使肺脾受损，即“形寒饮冷则伤肺”；过食肥甘，常积热蒸痰，使肺气壅塞不利，每能诱发哮喘。

4. 劳倦过度 哮喘每于过劳或游玩过度而发。劳倦过度耗伤正气，或汗出当风，触冒外邪，引动伏痰，肺气不利而发为哮喘。

5. 情志失调 小儿暴受惊恐，情绪紧张，过度悲伤，所欲不遂，气郁不舒，则气机不畅，升降失常，气逆于上，引动伏痰，发为哮喘。

（三）发病机制

哮喘发病机制是外因诱发，触动伏痰，痰随气升，气因痰阻，相互搏结，阻塞气道，宣肃失常，气逆而上，出现咳嗽、气喘哮鸣、呼吸困难。

因于外感风寒，或内伤生冷，或素体阳虚、寒痰内伏者，发为寒性哮喘；因外感风热，或风寒化热，或素体阴虚、痰热内伏者，发为热性哮喘；若外寒未解，内热已起，可见外寒内热之证；若咳喘虽减而未平，动则气喘，时静时止，迁延发作，为正虚邪恋、虚实夹杂之证，风痰壅肺未消而兼见肺脾肾气阴阳不足，偏于肺脾气虚为气虚痰恋证，偏于肾不纳气为肾虚痰恋证；哮喘患儿本为禀赋异常、肺脾肾三脏不足之体质，哮喘反复发作，常导致肺之气阴耗伤、脾之气阳受损、肾之阴阳亏虚，因而形成缓解期痰饮留伏，表现为肺脾气虚、脾肾阳虚、肺肾阴虚的不同证候。发作期以邪实为主，迁延期邪实正虚，缓解期以正虚为主，形成三期邪正虚实演变转化的复杂证候。

二、辨证要点

1. 发作期辨寒热 发作期以邪实为主，重点辨寒热。若哮喘发时痰白清稀或泡沫痰，伴形寒肢冷，或伴风寒表证者，多属寒性哮喘；若哮喘发时痰黄质稠难咯，伴心烦便秘，面赤唇红者，多属热性哮喘；若发时咳嗽痰鸣，咳痰黏稠色黄，但见流清涕，或恶寒发热，为寒热错杂之外寒内热证。

2. 迁延期辨邪正虚实 迁延期哮喘症状虽有所减轻但尚未完全平息，时作时止。若静时不发，活动则喘鸣发作，汗多易感，纳呆便溏为气虚痰恋证；若咳喘痰鸣久作未止，动则喘甚，喘息无力，畏寒肢冷为肾虚痰恋证。

3. 缓解期辨脏腑 重点辨肺、脾、肾。若自汗出，反复感冒，痰多、便溏，属肺脾气虚；若食少便溏，动则气短，面色㿠白，形寒肢冷，则属脾肾阳虚；若面色潮红，消瘦气短，干咳少痰，舌红少苔，脉细数，属肺肾阴虚。

4. 辨轻重险逆 发时哮鸣喘息气促，短期内即逐渐平复，其证为轻。哮喘持续不平，咳嗽喘鸣气促，呼吸困难，不能平卧，则属重证。若哮发急剧，张口抬肩，面色青灰，面目浮肿，肢静身冷，则为险逆之候。

三、辨证论治

哮喘应坚持长期、规范、个体化的治疗原则，按发作期、迁延期和缓解期分别施治。发作期当攻邪以治其标，分辨寒热虚实、寒热夹杂分别随证施治。如寒邪应温，热邪应清，痰浊宜涤，表邪宜散，气逆宜降等。迁延期祛邪兼顾扶正，祛邪不宜攻伐太过，扶正需辨别本虚脏腑，补其不足。缓解期当扶正以治其本，以补肺固表，补脾益肾为主，调整脏腑功能，祛除生痰之因。

（一）发作期

1. 寒性哮喘

【证候】 咳嗽气喘，喉间有哮鸣音，痰多白沫，形寒肢冷，鼻流清涕，面色淡白，唇青，恶寒无汗，舌淡红，苔白滑或薄白，脉浮紧，指纹红。

【分析】 风寒在表，故恶寒无汗，鼻流清涕；痰湿内阻，阳气不能宣畅，故面色淡白；湿痰阻络，气道受阻，故咳嗽气喘，吐白沫痰；痰气相搏，喉间可闻哮鸣音。

【治法】 温肺散寒，化痰定喘。

【方药】 小青龙汤（《伤寒论》）合三子养亲汤（《韩氏医通》）加减。

2. 热性哮喘

【证候】 咳嗽喘息，声高息涌，咳痰稠黄，喉间哮吼痰鸣，胸膈满闷，身热，面赤，鼻塞流黄稠涕，口干咽红，尿黄便秘，舌红，舌苔黄，脉滑数，指纹紫。

【分析】 外感风热，或风寒化热，引动伏痰，痰热蕴阻，肺气失肃，故咳嗽哮喘，声高息涌；外感风热，故身热面赤，咽红口干，痰黄黏稠，鼻塞流黄稠涕。

【治法】 清肺涤痰，止咳平喘。

【方药】 麻杏石甘汤（《伤寒论》）合苏葶丸（《医宗金鉴》）加减。

3. 外寒内热

【证候】 喘促气急，咳嗽痰鸣，咳痰黏稠色黄，胸闷，鼻塞喷嚏，流清涕，或恶寒无汗发热，面赤口渴，夜卧不安，小便黄赤，大便干结，舌红，舌苔薄白或黄，脉滑数或浮紧，指纹浮红或沉紫。

【分析】 外有风寒束表，内有痰热内蕴，外寒引动体内伏痰，痰气搏结，故见喘促气急，咳嗽痰鸣，恶寒无汗，鼻塞清涕；里有痰热则咳痰黏稠色黄，口渴，小便黄赤，大便干结。

【治法】　散寒清热，降气平喘。

【方药】　大青龙汤（《伤寒论》）加减。

（二）迁延期

1. 气虚痰恋

【证候】　咳喘减而未平，静时不发，活动则喘鸣发作，面色少华，形体偏瘦，平素易感，易于出汗，晨起喷嚏、流涕时作，神疲乏力，纳呆便溏，舌淡，苔薄白或白腻，脉弱，指纹淡滞。

【分析】　本证多为素体肺脾气虚、咳喘迁延不愈，正虚邪恋，虚实夹杂。风痰恋肺未消，故见咳喘虽有减轻而未能平息，静时不发，活动则喘鸣发作；素体肺脾气虚，故平素汗多易感，神疲乏力，纳呆便溏等。

【治法】　消风化痰，补益肺脾。

【方药】　射干麻黄汤（《金匮要略》）合人参五味子汤（《幼幼集成》）加减。

2. 肾虚痰恋

【证候】　喘息气促、喉间哮鸣久作未止，动则喘甚，咳嗽胸满，痰质多稀、色白，易咯，面色欠华，畏寒肢冷，神疲纳呆，小便清长，舌淡，苔薄白或白腻，脉细弱或沉迟，指纹淡。

【分析】　本证多为先天禀赋不足、哮喘迁延日久不愈，表现为正虚邪恋、上盛下虚之证。上盛肺实故见喘促胸满，咳嗽痰鸣；下虚肾亏则咳嗽喘息无力，动则尤甚，形寒肢冷，纳呆神疲。

【治法】　泻肺祛痰，补肾纳气。

【方药】　偏于上实者用苏子降气汤（《丹溪心法》）加减；偏于下虚者用都气丸（《症因脉治》）合射干麻黄汤（《金匮要略》）加减。

（三）缓解期

1. 肺脾气虚

【证候】　咳嗽无力，反复感冒，气短自汗，神疲懒言，形瘦纳差，面白少华或萎黄，便溏，舌淡胖，舌苔薄白，脉细软，指纹淡。

【分析】　肺主表，表卫不固故多汗，易感冒；肺主气，肺虚则气短，咳嗽无力；脾主运化，脾气虚运化失健故纳差，便溏；形体失于充养则形瘦。

【治法】　健脾益气，补肺固表。

【方药】　人参五味子汤（《幼幼集成》）合玉屏风散（《究原方》）加减。

2. 脾肾阳虚

【证候】　动则喘促，咳嗽无力，气短心悸，面色苍白，形寒肢冷，脚软无力，腹胀纳差，大便溏泄，夜尿多，发育迟缓，舌淡，舌苔薄白，脉细弱，指纹淡。

【分析】　肾阳虚，摄纳无权，故动则喘促咳嗽，面色苍白，形寒肢冷，脚软无力；脾阳虚，运化失司，则腹胀纳差，大便溏薄。较大儿童可有腰酸膝软，畏寒，四肢欠温，夜尿多等表现。

【治法】　健脾温肾，固摄纳气。

【方药】　肾气丸（《金匮要略》）加减。

3. 肺肾阴虚

【证候】　喘促乏力，咳嗽时作，干咳或咳痰不爽，面色潮红，形体消瘦，潮热盗汗，口咽干燥，手足心热，便秘，舌红少津，苔花剥，脉细数，指纹淡红。

【分析】　素体阴虚，或热性哮喘日久不愈，或用药过于温燥，伤及肺肾之阴，肺阴虚则干咳少痰；肾阴虚则喘促乏力；面色潮红，手足心热，形体消瘦，潮热盗汗，舌红，苔花剥，脉细数，均为阴虚内热之象。

【治法】 补肾敛肺，养阴纳气。

【方药】 麦味地黄丸（《体仁汇编》）加减。

（刘星星）

复习思考题

1. 简述哮喘的治疗原则。
2. 简述哮喘的辨证要点。

第三节 肥 胖

肥胖是由于多种原因导致体内膏脂堆积过多，体重异常增加，可伴有头晕乏力、神疲懒言、少动气短等症状的一类病证，是其他多种疾病发生的基础。肥胖与家族遗传及环境因素密切相关，已成为影响儿童健康的一种常见慢性疾病。

肥胖与先天禀赋关系密切，《灵枢·阴阳二十五人》中将人分为“金、木、水、火、土”五种类型，其中土型之人最易肥胖。也与气虚体质密切相关，如清·陈士铎《石室秘录》中提出：“肥人多痰，乃气虚也，虚则不能运化，故痰生之。”饮食不节也是肥胖的重要病因，如《素问·奇病论》即记载：“喜食甘美而多肥。”儿童缺乏运动，无法启动“气化”的功能，体内精微物质无法“气化”掉，脂肪就此堆积，指出“阳化气，阴成形”失调是肥胖症的关键病机。摄入的食物超过阳化气的范围或疾病影响阳化，导致气化功能失调，水液代谢紊乱，阴浊无以排出，蓄积体内，从而发为肥胖。

现代医学中的单纯性肥胖、代谢综合征及具有明确病因的继发性肥胖病（继发于下丘脑及垂体性、胰源性，以及甲状腺功能减退症等），均可参照本病进行辨证论治。

一、病因病机

1. 正虚体弱 素体脾肾气虚，或久病体弱之人，气虚阳衰，水液气化、运行无力，血液运行涩滞，导致水湿痰瘀内聚，久而酿生肥胖。

2. 先天禀赋 具有家族性，素多膏脂，痰湿体质，或先天肾气不足，或后天脾失健运，水湿内蕴，致膏脂痰湿堆积，而成肥胖。

3. 饮食不节 过食膏粱肥甘厚味，日久损伤脾胃，脾虚而痰湿内生，或素体胃强脾弱，胃热则食量过大，而脾虚则失于疏布水谷精微，致湿浊积聚不化，进而肥胖。

4. 劳逸失常 疏于运动，久坐久卧，“久卧伤气，久坐伤肉”，气虚脾损则运化失司，影响体内水谷精微正常输布，日久积聚而成痰浊脂膏，内聚体内，发为肥胖。

本病属本虚标实。本虚多为脾肾阳气虚衰，或兼心肺气虚，标实为痰浊、胃热，痰浊常与水湿、瘀血、气滞相兼。病位主要在脾与肌肉，发病亦与脾、肾、肺、肝功能有关。主要病机为气虚阳衰，痰湿瘀滞。在病变过程中常发生病机转化，一是虚实之间可转化；二是多种病理产物之间可转化；三是肥胖病变日久可变生它病。

二、辨证论治

本病辨证应首辨标本虚实，并结合辨脏腑病位，治疗以补虚泻实为原则。治本用补益脾肾，治标常用祛湿、化痰、清热，结合行气、利水、消导、通腑、化瘀等法。

1. 胃热滞脾

【证候】 体胖腹胀，多食善饥，胃灼痛嘈杂，面红心烦，口干苦，舌红苔黄腻，脉弦滑。

【治法】 清胃泻火，佐以消导。

【方药】 小承气汤（《伤寒论》）（大黄、枳实、厚朴）合保和丸（《丹溪心法》）（山楂、神曲、半夏、茯苓、陈皮、连翘、莱菔子）加减。

2. 肝郁气滞

【证候】 体胖，常有情绪性多食，神情抑郁或烦躁易怒，胃脘痞闷，腹胀，胸胁胀痛，头胀痛，眩晕，喜叹息，口苦，咽部时有憋堵感，失眠多梦，痛经，舌质暗红或紫，脉弦。

【治法】 疏肝解郁，理气健脾。

【方药】 柴胡疏肝散（《景岳全书》）（陈皮、柴胡、川芎、香附、枳壳、芍药、甘草）或逍遥散（《太平惠民和剂局方》）（柴胡、当归、白芍、白术、茯苓、薄荷、甘草、煨姜）加减。

3. 痰湿内盛

【证候】 形盛体胖，嗜食肥甘厚味，身体困重，脘腹胀满，胸膈痞闷，神疲嗜卧懒动，头晕目眩，大便黏滞不爽，舌淡边有齿痕，舌体胖大，苔白腻或白滑，脉滑或濡。

【治法】 燥湿化痰，理气消痞。

【方药】 导痰汤（《济生方》）（半夏、天南星、橘红、枳实、茯苓、炙甘草、生姜）加减。

4. 脾虚不运

【证候】 肥胖臃肿，面色皖白，神疲乏力，身体困重，胸闷脘胀，四肢轻度浮肿，晨轻暮重，劳累后明显，饮食如常或偏少，既往多有暴饮暴食史，小便不利，大便溏或便秘，舌淡胖，边有齿痕，苔薄白或白腻，脉濡细。

【治法】 健脾益气，渗利水湿。

【方药】 参苓白术散（《太平惠民和剂局方》）（莲子肉、薏苡仁、砂仁、桔梗、白扁豆、茯苓、甘草、人参、白术、山药）合防己黄芪汤（《金匮要略》）（防己、黄芪、白术、甘草、生姜、大枣）加减。

5. 脾肾阳虚

【证候】 体胖，颜面虚浮，下肢浮肿，神疲乏力，头晕畏寒，腹胀便溏，遗尿夜啼，小便清长，舌淡胖，苔薄白，脉沉细。

【治法】 温补脾肾，利水化饮。

【方药】 真武汤（《伤寒论》）（炮附子、生姜、茯苓、白术、白芍）合苓桂术甘汤（《金匮要略》）（茯苓、桂枝、白术、甘草）加减。

（唐　庆）

复习思考题

1. 肥胖常见证型、治法、方药是什么？
2. 肥胖的病因病机如何？其病机与哪些脏腑相关？

第四节　泄　　泻

泄泻是以大便次数增多，粪质稀薄或如水样为特征的一种小儿常见病。本病以 2 岁以下的小儿最为多见。虽一年四季均可发生，但以夏秋季节发病率为高，秋冬季节发生的泄泻，容易引起流行。

现代医学中的感染性腹泻（病毒、细菌、真菌、寄生虫）、非感染性腹泻（喂养不当、食物过敏、乳糖酶缺乏及消化功能紊乱）等疾病以大便次数增多，粪质稀薄为主症者，可参考本节进行辨证论治。

一、病因病机

1. 感受外邪 小儿脏腑娇嫩，藩篱不密，若调护失宜，易为风、寒、暑、湿等外邪所侵。且因小儿脾胃薄弱，不耐受邪，若脾受邪困，运化失职，升降失调，水谷不分，合污而下，则为泄泻。因脾喜燥而恶湿，湿易困脾土，故有“无湿不成泻”“湿多成五泄”之说。由于长夏多湿，湿胜则濡泄，故外感泄泻以夏秋季节多见，其中又以湿热泻最为常见。

2. 伤于饮食 小儿脾常不足，运化力弱，加之饮食不知自节，若调护失宜，过食肥甘厚味或生冷瓜果，以及难以消化或不洁之食物，皆能损伤脾胃。脾伤则运化失职，胃伤则腐熟不能，宿食内停，升降失常，清浊不分，并走大肠而成伤食泻。

3. 脾胃虚弱 小儿素体脾虚，或久病迁延不愈，或用药攻伐太过，导致脾胃虚弱，腐熟健运失司，以致水谷不化，水反为湿，谷反为滞，清阳不升，致合污而下，形成脾虚泄泻。

4. 脾肾阳虚 脾虚致泻，病程迁延，先耗脾气，继损脾阳，日久则脾伤及肾，致脾肾阳虚。肾阳不足，火不暖土，脾失温煦，阴寒内盛，水谷不化，并走肠间，而致澄澈清冷、洞泄而下的脾肾阳虚泻。

由于小儿为稚阴稚阳之体，患病后“易虚易实，易寒易热”，故发生泄泻后易于伤阴伤阳。其中暴泻者多伤阴，久泻者多伤阳。重症泄泻由于泻下过度，伤阴耗气，出现气阴两伤，甚则阴伤及阳，导致阴阳两伤、阴竭阳脱的危重变证。若久泻不止，脾气虚弱，土虚木贼，肝旺而生内风，可成慢惊风；脾虚失运，生化乏源，气血不足以荣养脏腑肌肤，日久则形成疳证。

二、辨证要点

1. 辨常证、变证 常证轻者表现为便次不多，大便呈糊状或蛋花汤样，微热或不发热，精神尚好；重者表现为大便量多次频，伴发热、恶心、呕吐，口干尿少；或精神萎靡，大便清稀，面色不华，形寒肢冷。变证表现为泻下不止，神萎或烦躁，目眶及囟门凹陷，皮肤干皱，尿少或无，口渴唇红；或面色青灰，精神萎靡，四肢厥冷，脉微欲绝。

2. 辨寒热、虚实、阴阳 常证重在辨寒、热、虚、实；变证重在辨阴、阳。常证中便稀如水、粪色淡黄、臭味不甚者多属寒；大便黄褐而臭秽者多属热。暴泻起病急，病程短，泻下急迫，或夹有不消化物，纳呆，腹胀或痛，泻后痛减，邪气盛正未虚，多属实证；久泻病程迁延，反复不愈，食后易泻，或大便澄澈清冷，完谷不化，多属虚证或虚实夹杂证。变证中泻下无度，神萎或烦躁，目眶及囟门凹陷，皮肤干燥，啼哭无泪，小便短少，唇红少津，脉细数，为气阴两伤，属重证；若泻下不止，精神萎靡，尿少或无，四肢厥冷，脉细欲绝，为阴竭阳脱，属危证。

三、辨证论治

（一）常证

1. 湿热泻

【证候】 大便水样，或如蛋花汤样，泻下急迫，量多次频，气味秽臭，或见少许黏液，肛门红赤，腹痛时作，或伴恶心呕吐，或发热烦哭，口渴尿黄，舌红，苔黄腻，脉滑数，指纹紫。

【分析】 本证常有外感暑湿或饮食不洁史。湿热蕴结，下注大肠，传化失职，则泻下急迫，量多次频；湿热交蒸，壅遏气机，则气味秽臭，伴有黏液，肛门红赤，腹痛恶心呕吐；热重于湿，可见发热、口渴尿黄；舌红，苔黄腻，脉滑数，指纹紫，为湿热蕴结之征。

【治法】 清肠泄热，化湿止泻。

【方药】 葛根黄芩黄连汤（《伤寒论》）加减。

2. 风寒泻

【证候】　大便清稀，夹有泡沫，臭味不甚，肠鸣腹痛，或伴恶寒发热，鼻流清涕，咳嗽，舌淡，苔薄白，脉浮紧，指纹淡红。

【分析】　本证常有着凉受寒史。风寒客于肠胃，则大便清稀有泡沫，臭味不甚；外感风寒，寒性收引，气机阻滞，则肠鸣腹痛；风寒束表，肺卫失和，则恶寒发热，咳嗽流涕；舌淡，苔薄白，脉浮紧，指纹淡红，为风寒郁阻之象。

【治法】　疏风散寒，化湿和中。

【方药】　藿香正气散（《太平惠民和剂局方》）加减。

3. 伤食泻

【证候】　大便稀溏，夹有乳凝块或食物残渣，气味酸臭，或如败卵，脘腹胀满，嗳气酸馊，或有呕吐，不思乳食，腹痛拒按，泻后痛减，夜卧不安，舌苔厚腻或微黄，脉滑实，指纹紫滞。

【分析】　本证常有乳食不节史。乳食内停，壅滞肠胃，则大便稀溏，夹有乳凝块或食物残渣，气味酸臭；乳食内腐，气秽上冲，则嗳气酸馊；不通则痛，故脘腹胀满，泻后痛减；舌苔厚腻或微黄，脉滑实，指纹紫滞，为乳食积滞之征。

【治法】　消食化滞，运脾和胃。

【方药】　保和丸（《丹溪心法》）加减。

4. 脾虚泻

【证候】　大便稀溏，色淡不臭，多于食后作泻，时轻时重，面色萎黄，神疲倦怠，食欲不振，形体消瘦，舌淡苔白，脉缓弱，指纹淡。

【分析】　本证常由暴泻失治迁延形成。脾虚则清阳不升，运化失职，不能分清别浊，则大便稀溏，色淡不臭；脾胃虚则运纳无权，故多于食后作泻，食欲不振；偏脾气虚者面色萎黄，形体消瘦，神疲倦怠；偏脾阳虚者面白神萎，肢体不温，大便清稀。本证进一步发展，或由脾及肾，转为脾肾阳虚泻，或久泻而成疳证。

【治法】　健脾益气，助运止泻。

【方药】　参苓白术散（《太平惠民和剂局方》）加减。

5. 脾肾阳虚泻

【证候】　久泻不止，食入即泻，大便清稀，澄澈清冷，完谷不化，或见脱肛，或有五更作泻，形寒肢冷，面色㿠白，精神萎靡，寐时露睛，舌淡苔白，脉细弱，指纹色淡。

【分析】　本证见于久泻。脾肾阳虚，命火不足，脾失温煦，水谷不化，并走肠间，则大便澄澈清冷，完谷不化，久泻不止；脾虚气陷则见脱肛；命门火衰，阴寒内盛则形寒肢冷，面色㿠白，精神萎靡，寐时露睛；舌淡苔白，脉细弱，指纹色淡，为脾肾阳虚之征。

【治法】　温补脾肾，固涩止泻。

【方药】　附子理中汤（《三因极一病证方论》）合四神丸（《内科摘要》）加减。

（二）变证

1. 气阴两伤

【证候】　泻下无度，质稀如水，精神萎弱或心烦不安，目眶及囟门凹陷，皮肤干燥，啼哭无泪，口渴引饮，小便短少，甚至无尿，唇红而干，舌红少津，苔少或无苔，脉细数。

【分析】　本证多发生于湿热泻之重证。泻下无度，水液耗损，阴津受劫，津伤液脱，则大便质稀如水，目眶及囟门凹陷，啼哭无泪，小便短少甚至无尿；气随液耗，则神萎乏力；胃阴伤，则口渴引饮。本证若不能及时救治，则很快发展为阴竭阳脱证。

【治法】　健脾益气，酸甘化阴。

【方药】　人参乌梅汤（《温病条辨》）加减。

2. 阴竭阳脱

【**证候**】 泻下不止，次频量多，精神萎靡，表情淡漠，面色青灰或苍白，哭声微弱，啼哭无泪，尿少或无，四肢厥冷，舌淡无津，脉沉细欲绝。

【**分析**】 本证常由气阴两伤证发展而来，或久泻不止阴阳俱耗而成。脾肾虚衰，阴寒内盛，阳气外脱，则泻下不止，表情淡漠，面色青灰或苍白，少尿或无尿，四肢厥冷；舌淡无津，脉沉细欲绝为阴液耗竭、阳气欲脱之危重征象。

【**治法**】 挽阴回阳，救逆固脱。

【**方药**】 生脉散（《医学启源》）合参附龙牡救逆汤（经验方）加减。

（李华蓉）

复习思考题

1. 简述泄泻的治疗原则。
2. 简述泄泻的辨证要点。

第五节 小儿抽动症

小儿抽动症又称抽动障碍，是一种起病于儿童时期、以抽动为主要表现的神经精神疾病，其特征为突然、无目的、快速、刻板的肌肉收缩，分为运动抽动和发声抽动。运动抽动是指手指、面部、颈、肩、躯干和四肢的快速收缩运动，发声抽动是指口鼻、咽喉及呼吸肌群的收缩，通过鼻、口腔、咽喉的气流而发声。

《小儿药证直诀·肝有风甚》云："凡病或新或久，皆引肝风，风动而止于头目，目属肝，风入于目，上下左右如风吹，不轻不重，儿不能任，故目连劄也。"小儿抽动症的病因多因禀赋不足、外感六淫、情志失调、饮食失节等，以致肝失调达，气机不畅，或肝风妄动，肝阴不足，出现筋脉拘急、痉挛等抽动症状。

现代医学中暂时性抽动障碍、慢性抽动障碍、Tourette 综合征，可参考本节进行辨证论治。

一、病 因 病 机

1. 禀赋不足 小儿先天以母为基，以父为楯，若父母体质孱弱，气血亏虚，复以难产、缺氧、窒息、感染、产伤等围产期损害等，则使小儿禀赋不足，肾精虚亏之本更显，肾阴不足，水不涵木则肝阳失潜，浮越上亢，阳亢风动，导致抽动。

2. 外感六淫 小儿稚阴稚阳之体，脏腑娇嫩，形气未充，肌腠空疏，冷暖不知自调，易感受六淫邪气，六淫之中以风邪为首，《小儿药证直诀·伤风后发搐》云："伤风后得之，口中气出热，呵欠顿闷，手足动摇。"加之小儿阳常有余，外风引动内风，风火相煽，劫耗阴津为痰，风痰互结，痰随风行，上阻清窍，外至筋脉，流窜经络，可致抽动诸证。

3. 情志失调 小儿虽然形骸具备，但气质未实，易受环境影响，宠惯溺爱，致其性格任性骄纵；或因学习压力过大、课业负担过重，肝气不舒；或所思不遂，忧思过度，心神不定。脾意不藏，情志失调，五脏失和，气机不畅，郁久化火，引动肝风，则见挤眉眨眼、张口撅嘴、摇头耸肩。气郁化火耗伤阴精，肝血不足，筋脉失养，虚风内动，故伸头缩脑，肢体颤动。

4. 饮食失节 脾胃位居中州，为后天之本，然小儿脏腑娇嫩，脾常不足，且饮食不知自调，喜食肥甘厚味、煎烤炙煿、辛香刺激之品，饮食积滞，脾失健运，水谷难化，聚湿生痰，痰郁化火，上扰心神，则发秽语粗言；脾虚木乘，木亢生风，则见撅嘴，咧嘴，摇头，四肢、腹肌抽动。

小儿抽动症病位主要在肝，与心、脾、肾相关。病机乃阴阳失衡，肝风妄动。病理有虚有实，实者多为肝风、气郁、痰湿，虚者多为脾虚、阴虚。病初多为实证，迁延日久不愈易转为虚证，虚实之间可以互相转化或兼见。

二、辨 证 论 治

1. 肝亢风动

【分析】 肝主筋，肝风内动则筋脉拘急，表现为抽动频繁有力，多动难静。肝开窍于目，肝风上扰则面部抽动明显。肝阳上亢，肝火上炎，故见摇头耸肩，吼叫，任性，自控力差。肝火旺盛，情绪失控，可见烦躁易怒。肝火上冲，导致头晕头痛。肝气郁结，气机不畅，可见胁下胀满。舌红，苔白或薄黄，脉弦有力，均为肝火上炎，肝风内动之征。

2. 气郁化火

【分析】 肝主疏泄，气郁则疏泄失常，肝火上炎，表现为抽动频繁有力，秽语连连。肝火旺盛，情绪失控，脾气变得急躁。肝火上冲，面部血脉扩张，故见面红耳赤。肝火上扰清窍，引起头晕头痛。肝气郁结，气滞胸胁，导致胸胁胀闷。肝火内炽，胆汁上溢，故口苦喜饮。肝开窍于目，肝火上炎则目赤咽红。肝火伤津，肠道失润，导致大便干结。热盛伤津，尿液浓缩，故小便短赤。舌红、苔黄，脉弦数，均为肝火内炽，气郁化火之征。

3. 脾虚痰聚

【分析】 脾主肌肉，脾虚则肌肉失养，表现为抽动日久，发作无常，抽动无力。脾虚不能上荣于面，故嘴角抽动，皱眉眨眼。脾为生痰之源，痰阻气道，故喉中痰声。脾虚运化失常，导致形体虚胖，食欲不振。脾虚不能升清降浊，故困倦多寐。脾虚气血生化不足，故面色萎黄。脾失健运，湿邪下注，导致大便溏。舌淡红，苔白腻，脉沉滑，均为脾虚湿盛，痰湿内阻之征。

4. 痰火扰神

【分析】 肝主疏泄，肝气郁结则气机不畅，痰湿内生，痰火互结，上扰清窍，故见抽动有力，喉中痰鸣，异声秽语。肝火上炎，故面红耳赤，头晕头痛。肝火扰心，心神不宁，故睡眠多梦，烦躁易怒。肝火犯胃，胃失和降，故口苦口干，喜食肥甘。大肠燥热，故大便秘结。热伤津液，故小便短赤。舌红，苔黄腻，脉滑数，均为痰火内扰，热盛伤津之征。

5. 阴虚风动

【分析】 肝主筋，肾主骨，肝肾阴虚则筋脉失养，表现为肢体震颤、筋脉拘急。阴虚生内热，虚火上炎，故见头晕耳鸣、两颧潮红、手足心热。阴虚火旺，内扰心神，故睡眠不安。大便干结，尿频或遗尿，是由于阴液不足，肠道失润，膀胱失约。舌红绛、少津，苔少光剥，脉细数，均为阴虚内热，筋脉失养之征。

（唐　庆）

复习思考题

1. 简述小儿抽动症的治疗原则。
2. 简述小儿抽动症肝亢风动证的证候、治法、代表方。

第十四章 外科常见病证

第一节 概 述

一、外科病因

中医外科疾病致病因素包括外因与内因两个方面。其中，外因者有外感六淫邪毒、感受特殊之毒、外来伤害等，内因者有情志内伤、饮食不节、房室损伤等。

（一）外感六淫致病

六淫指风、寒、暑、湿、燥、火六种自然界的气候变化异常，超过人体的适应能力，所致人体发生疾病，具有一定的季节性，如春季多风，易患荨麻疹、颈痈；夏季多暑热，易患暑疖、暑湿流注；秋季多燥，易患白屑风、肛裂；冬季多寒，易患冻疮、脱疽等。其次，六淫邪毒致病与环境有关，如北方多风寒，患脱疽、冻疮者多；南方多湿热，患足癣、痱子者多。六淫邪毒致病，可一邪独犯，亦可合邪致病，同时也与人体正气虚弱、卫外不固有关。另外，六淫所致外科疾病，多直接化火生毒，如外感风邪致风疹，湿热引发湿疹或痈疽等。

（二）感受特殊之毒

感受特殊之毒指因接触某些特殊有毒物质，如蛇毒、虫毒、疯犬毒、漆毒、药毒、食物毒和疫毒、无名毒等，导致人体发生疾病。例如，毒蛇咬伤、狂犬病；因虫螯刺伤后引起的虫咬皮炎；接触生漆后而发漆疮；未能找到明确致病的病邪称为毒，如无名肿毒；还有金刃竹木创伤后所致的疮疡也属毒，如外伤染毒等。外科特殊之毒的种类诸多，常为阳证、实证、里证，病势迅疾，发展迅速，有的具有传染性，局部红肿热痛，疼痛剧烈，或发疹，或麻木不仁，或很快侵及全身，常伴明显的全身中毒症状，如发热、高热、神昏谵语、惊厥等。

（三）外来伤害

凡跌打损伤、火焰、沸水、冷冻、交通事故等外力作用于人体，导致皮肉筋骨受损，引起局部气血凝滞、热盛肉腐等，而发生跌打损伤、烧伤烫伤、冻伤等创伤性疾病。同时也可因外伤复感毒邪而生破伤风或手足疔疮等，或因损伤，导致筋脉瘀阻，气血运行失常，而发生脱疽等。

（四）情志内伤

情志指喜、怒、忧、思、悲、惊等七情。在一般情况下，人体内在精神活动属于生理活动的范围，不会致病；但长期在情绪波动、精神刺激等因素作用下致人体脏腑功能失调，引发疾病。如瘿病、乳痈的发生多由忧思气郁所伤。情志内伤的致病特点表现为病程缓慢、病情长久，伴有情绪低落、易怒、焦虑失眠等精神症状。肝主疏泄，病变部位常见于乳房、胸胁、颈部两侧等肝胆经循行部位，情志内伤多与肝气郁结、气血不和有关，常伴有痰凝、血瘀，表现为患处肿胀，或坚硬如石，或软绵绵，或胀痛，皮色不变，或伴精神抑郁、急躁易怒、喉间梗塞等症状。

（五）饮食不节

饮食不节指饮食无度、偏嗜、恣食辛辣肥甘厚味、烧烤、醇酒炙煿或刺激之品，多与脾胃受损、湿热内蕴有关。若同时感受外邪则易发生痈、有头疽、疔疮、疖等。由饮食不当、脾胃火毒盛行引起的痈、疮、有头疽等疾病，比单纯外邪引起的病情更为严重，如消渴合并有头疽，皮肤病如痤疮、粉刺、酒渣鼻、湿疮，甚至大肠癌的发生，都与过量饮酒、吃辛辣食物等因素有关。饮食不节的急性表现多见痛吐胀闭或泄泻等急性消化系统疾病。慢性发作多见积聚证，如肿瘤、结石等疾病，常伴有局部包块、舌苔厚腻、脉滑等特征。

（六）虚劳损伤

虚劳损伤指先天发育不良或后天因素（如过度劳累、劳神、房事过度）等，导致人体脏腑气血受损，阴阳失衡，正气亏虚而引发疾病。肾主骨，肾虚则骨骼空虚易于骨折；肾阴不足，虚火上炎，灼津为痰，痰火凝结于颈部而生瘰疬，治愈后因体虚而易复发；肝肾不足，寒湿外侵，凝聚经络，导致气血不畅而致脱疽或阳痿；过度劳力或长时间站立行走使肌肉劳损，可能引起下肢筋瘤等疾患。由虚劳损伤而致的外科疾患多为慢性病变，病变可能深及骨骼与关节，表现出虚寒征象多见，患部肿胀不显著、不红不热、隐隐作痛、化脓缓慢；或见阴虚火旺征象，患部皮肤色暗红、微热，常伴有头晕腰酸、神疲乏力、遗精、月经不调、消瘦等全身症状。

（七）痰浊瘀血

痰浊、瘀血是阴阳失和、脏腑失调的病理产物，它们可以直接或间接作用于某些脏腑，引发新的病症，因此也是致病因素之一。在外科中，痰主要指凝聚于皮里膜外、肌肉、经络、骨节之间的有形物质，表现为局部包块、结节状硬块或囊性肿块，有的可能溢流痰浊样脓液，病程缓慢，病情进展较长，早期症状多不明显。痰的具体表现因部位和所致病证而异，如痰阻颈项可致瘰疬，痰凝乳络可生乳核、乳癖，痰凝肌肤可发为皮肤结节肿块，痰留骨节可导致流痰等。有些外科疾病以痰命名，如子痰、流痰、阴茎痰核等，而其他疾病虽未以痰命名，但其发病与痰有关，如气瘿、肉瘿、石瘿、气瘤、肉瘤、骨瘤等。现代医学中所称的一些囊肿性病变，如肝囊肿、肾囊肿、腱鞘囊肿、结节囊肿等，中医认为也与痰有关。痰浊和瘀血常相互影响，痰浊阻滞气机可致瘀血，瘀血阻滞经络又易导致痰浊生成。血液循环不畅、溢出脉外或脉络壅塞都可导致血瘀。其致病范围广泛，病种繁多，症状复杂，涉及人体脏腑、经络内外、上下、皮肉筋脉。例如，痰阻皮肤可产生痰核、瘿瘤油风、瓜藤缠、药毒等；瘀阻肌肤可导致痈肿、疮等；瘀阻经脉可引发脱疽；脉络滞塞不通则发生恶脉；瘀血滞留肛门不散可致痔；下焦蓄血、瘀阻膀胱则引起癃闭；瘀血阻于肠胃、血热相结可产生肠痈、肠结等。男子前阴病中的子痈、囊痈、阴茎痰核与瘀血也常相关。通过查体可以发现病证的特点，如包块固定不移，痛若针刺，出血紫暗或夹有血块，面唇青紫或黧黑，肌肤甲错，舌紫暗或有瘀斑点，脉涩或迟或弦。

各种致病因素可以单独或同时引发疾病，而内伤和外感常常相互结合导致疾病的发生。因此，针对每一种外科疾病的致病因素需要具体分析，审因论治。此外，外科疾病的发生原因与部位有一定联系。同一种疾病如发生于不同部位，其病因也不尽相同。例如，发生在头面颈项的疾病多与风邪有关，如颜面丹毒；发生在两胁多与气郁有关，如缠腰火丹；而下肢的疾病多与湿邪有关，如小腿丹毒、臁疮、湿疮等。

二、外科病机

外科疾病总的发病机理主要是邪正盛衰、气血凝滞、经络阻滞、脏腑失和四个方面。

（一）邪正盛衰

邪正盛衰在疾病过程中表现为邪气的盛衰和正气的强弱。“正气存内，邪不可干”。邪胜正负影响外科疾病的发生。当邪气盛而正气虚时，疾病表现为实证、阳证，如高热、疼痛、肿胀等；当邪气退而正气复时，疾病则表现为虚证、阴证，如乏力、气短、面色无华等。疾病发生发展过程中并非一成不变，而是随着病情的发展而发生变化。实证可以转化为虚证，虚证也可以转化为实证。这种转化取决于邪正力量的对比以及治疗措施的得当与否。

（二）气血凝滞

气血凝滞是指人体内的气血运行受到阻碍，导致气血在经络、脏腑等部位滞留不前，形成凝滞不通的病理状态。人身气血相辅而行，循环全身，周流不息，当人体感受六淫邪毒、特殊之毒，承受外来伤害，或情志内伤、饮食失节、虚劳损伤，破坏了气血的正常运行，局部气血凝滞，或阻于肌肤，或留于筋骨，或致脏腑失和，即可发生外科疾病。气血凝滞的症状表现多种多样，主要包括疼痛、麻木、肿胀、活动受限等。气血凝滞部位不同而各具临床特征，阻于肺则咳喘咯血；阻于肝则胁痛；阻于脾胃则呕吐腹胀；阻于膀胱则淋浊、癃闭、血尿；阻于肌肤则刺痛、肿胀、瘀斑、血肿；阻于筋骨则酸胀疼痛；阻于经脉则肢体拘急、活动不利，甚则麻木冷痛。气血凝滞，郁而化热，热盛肉腐，血肉腐败，则蒸酿液化为脓。外科疾病的发病情况与人体气血的充盈程度关系密切。一般而言，人体气血旺盛，外感六淫和七情内伤不一定致病。相反，气血亏虚则会使人体更易受到侵害，从而发病。例如，气血充足，外科疮疡不仅易于起发、破溃，而且也易于生肌长肉而愈合；气虚则难于起发、破溃；血虚则难以生肌收口；气虚下陷可致脱肛；血虚不润可致皮肤干燥、脱屑、瘙痒。可见气血的盛衰对外科疾病的预后和治疗都有着密切关系。

（三）经络阻滞

经络阻滞是人体气血运行受到阻碍，导致气血流通不畅，局部功能紊乱，从而引发一系列病理变化的状态。阻塞可以由外伤、气血凝滞、湿邪滞留等因素引起。如外伤瘀阻后形成瘀血流注、白驳风，头皮外伤血肿后常可导致油风的发生等，所谓“最虚之处，便是容邪之地”。经络的通畅与否直接影响着病邪的传播和体内的气血运行。当经络阻塞时，病邪在体内难以排出，容易造成毒邪内蕴，导致内脏器官受损。此外，脏腑内部的病变也可以通过经络传导到体表，形成外在的症状或病变。

（四）脏腑失和

脏腑失和是指人体内部脏腑器官之间原本应有的协调平衡状态被打破，导致脏腑功能异常。“大凡疮疡皆由五脏不和，六腑壅滞，则令经络不通而所生焉。”例如，心火亢盛、脾胃湿热火毒等可致疮疡的发生；肠胃湿热蕴蒸，可发为粉刺；肺肾两亏，可发生瘰疬、流痰。古代医家有关于“五善”“七恶”的精辟论述。即通过观察体表症状，可以推断出脏腑的病变情况，以及毒邪的炽盛程度和传播方向。例如，毒邪攻心，蒙蔽心包，扰乱神明，则出现神昏谵语；毒邪犯肺可见咳嗽、胸痛、血痰等，形成走黄、内陷危证。

外科疾病的发生与阴阳失衡密切相关。阴阳失衡是外科疾病发生、发展的根本原因。气血、脏腑、经络、正气是寓于阴阳之中的。气为阳，血为阴；腑属阳，脏属阴；经络之中有阳经、阴经之分，它们之间相互依存、相互制约和相互转化。各种致病因素破坏了这种关系，造成了阴阳的平衡失调，就能导致疾病的发生。在临证辨治时，要综合分析。一个病，往往由多个症状组成，且随着疾病发生发展，阴阳属性也随之变化，阴中有阳，阳中有阴，阴阳交错。需要医者辨别阴阳，抓住主要症状，掌握疾病性质，方可有的放矢。

三、外科辨证

（一）辨病与辨证

辨病，即辨识具体的疾病。目的是了解疾病的发生、发展规律，并与相关疾病进行鉴别诊断。如局部红肿热痛是阳证疮疡的共同特征，而痈是局部光软无头，结块范围多在6～9cm，易脓、易溃、易敛，一般不会造成陷证。有头疽初起即在肿块上有粟米状脓头，疮面渐渐腐烂，形似蜂窝，范围常超过 10cm，难脓、难溃，常可合并内陷。肉瘿与石瘿均为瘿，但前者是良性肿瘤，后者是恶性肿瘤，其转归预后不同，必须及早分明。所以，在外科领域中，辨病尤为重要。

辨证，是在中医辨证理论指导下，通过四诊（望、闻、问、切）所获得的材料，运用八纲辨证、藏象辨证、病因辨证和经络辨证等方法，进行综合分析和归纳，对病变的病因、病位、病变机理、功能状态及演变趋势做出综合评定，从而得出“证”的概念。外科疾病多有局部症状及体征，因此辨证不仅要辨全身症状，还要辨局部症状。如瘰疬发病缓慢，局部不红不热，化脓迟，溃后脓稀薄如痰，不易收口，属阴证疮疡。但结合全身症状来辨，病的后期，如见低热、目渐消瘦，精神委顿，面色无华，形体畏寒，心悸，失眠，自汗，舌淡红，苔薄白，脉细或虚大者，属气血两亏证。如见午后潮热，夜间盗汗，口燥咽干，食欲减退，或咳，痰中带血，舌红少苔，脉细数者，属阴虚火旺证。又如脱疽，根据疾病发展和临床表现特点，临床上常分为寒湿阻络证、血脉瘀阻证、湿热毒盛证、热毒伤阴证和气血两虚证。

（二）辨阴证阳证

阴阳者，八纲辨证之纲领也。外科疾病首当辨其阴阳属性。在辨清疾病的表、里、寒、热、虚、实之后，即可判明是阴证或阳证，或半阴半阳证。此外也要根据疾病的发生、发展、症状和转归等各方面的相对性，辨认其为阳证或阴证。辨别阴证、阳证的要点如下。

（1）发病缓急：急性发作的病属阳；慢性发作的病属阴。

（2）肿形高度：肿胀形势高起的属阳；平坦下陷的属阴。

（3）皮肤颜色：红赤的属阳；紫暗或皮色不变的属阴。

（4）皮肤温度：灼热的属阳；不热或微热的属阴。

（5）病位深浅：病发于皮肉的属阳；发于筋骨脉的属阴。

（6）肿胀范围：肿胀局限，根脚收束的属阳；肿胀范围不局限，根脚散漫的属阴。

（7）包块硬度：肿块软硬适度，溃后渐消的属阳；坚硬如石，或柔软如棉的属阴。

（8）疼痛感觉：疼痛比较剧烈的属阳；不痛、隐痛、酸痛或抽痛的属阴。

（9）分泌物稀稠：溃后脓液稠厚的属阳；稀薄或纯血水的属阴。

（10）病程长短：阳证的病程较短；阴证的病程较长。

（11）全身症状：阳证初起常伴有形寒发热，口纳呆，大便秘结，小便短赤，溃后症状逐渐消失，如乳痈；阴证初起一般无明显症状，酿脓期常有骨蒸潮热颧红，或面色㿠白、神疲、自汗、盗汗等症状，溃脓后更甚，如瘰疬。

（12）预后顺逆：阳证易消，易溃，易敛，预后多良好；阴证难消，难溃，难敛，预后多不良。

辨阴证阳证是通过类比常见症状，将其归纳为阴阳两类，尤其以疮疡为代表。在辨证过程中，需要综合四诊，全面分析。既要重视局部症状，又要关注全身症状。由于每个病的症状复杂，病情也在不断变化，一个病常常表现出阴阳交错的特征。疾病的阴阳属性不是固定的，而是随着病情变化而转化。误治可能使阳证转为阴证，病程久长的阳证也可能因正气虚弱而变为阴证；相反，治疗得当则可使阴证转为阳证。例如，有头疽初起为阳证，因脓血大量流失而正气虚弱转为阴证；若治疗得法，使用补托之法，病邪由内向外排出，正气渐复，阴证又可转为阳证。因此，在辨证过程中，要动态观察疾病的发展变化。

（三）辨肿、痛、痒、脓、麻木、溃疡

外科疾病中的疮疡与皮肤病，局部必有不同程度的自觉症状与他觉症状，包括肿、痛、痒、脓、麻木以及皮肤病的各种损害。而引起这些症状的原因不同，程度有异。不同的症状反映不同的病因和发展阶段，有助于诊断和治疗。

（1）肿：肿胀的程度、范围、质地各不相同，可用于辨别病变的阴阳属性及深浅。

（2）痛：疼痛的性质、强度和持续时间不同，可帮助判断病变的急缓、寒热虚实。

（3）痒：瘙痒的部位和程度，可提示湿热、风邪等病因。
（4）脓：脓液的稠稀、色泽和气味，反映病变的性质和阶段。
（5）麻木：局部麻木或感觉异常，多与气血阻滞、经络失调有关。
（6）溃疡：溃疡面的形态、分泌物和愈合情况，可示病变的轻重和预后。

四、外科治法

外科治法主要分内治和外治两大类。内治法强调从整体出发，进行辨证施治，调整全身的阴阳平衡，而不仅仅是针对局部症状进行治疗。同时强调内外同治，标本兼顾，既要缓解表面症状（标），又要根除病因（本），达到治本的目的。“痈疽虽属外科，用药即同内伤”，故临证施用外治之法也讲求辨证。外治法在中医外科中是必不可少的。许多临床难症、顽症，唯独外治可医。外治包括外用药物、手术疗法和其他疗法中的药线、垫棉。有些皮肤疾病，单用外治可以获效，但大部分外科疾病必须内、外治并重。在具体应用时，必须根据患者的体质和不同的致病因素，辨别阴阳表里，寒热虚实，然后立出内治和外治的法则。

1. 内治法 除了从整体观念进行辨证施治外，还要依据外科疾病的发生发展过程中将其分为初起、成脓、溃后三个阶段（即初起为邪毒蕴结、经络阻塞、气血凝滞；成脓为瘀久化热，腐肉成脓；溃后则为脓毒外泄、正气耗损），立出消、托、补三个总的治疗法则，然后循此治则运用具体的治疗方法，如解表、清热、和营等法。消法是运用不同的治疗方法和方药，使初起的肿疡得到消散，不使邪毒结聚成脓，是一切肿疡初起的治法总则。此法适用于尚未成脓的初期肿疡和非化脓性肿块性疾病以及各种皮肤性疾病。若疮形已成，则不可用内消之法，以免毒散不收，气血受损；或脓毒内蓄，侵蚀好肉，甚至腐烂筋骨，反使溃后难敛，不易速愈。托法是用补益气血和透脓的药物，扶助正气，托毒外出，以免毒邪扩散和内陷的治疗法则。托法适用于外疡中期，即成脓期。补托法用于正虚毒盛，不能托毒外达，疮形平塌，根脚散漫不收，难溃难腐的虚证。补法是用补养的药物，恢复其正气，助养其新生，使疮口早日愈合的治疗法则。此法则适用于溃疡后期，此时毒势已去，精神衰疲，血气虚弱，脓水清稀，肉芽灰白不实，疮口难敛。补法是治疗虚证的法则，所以外科疾病只要有虚的证候存在特别是疮疡的生肌收口期，均可应用补法。凡气血虚弱者，宜补养气血；脾胃虚弱者，宜理脾和胃；肝肾不足者，宜补益肝肾等。但毒邪未尽之时，切勿遽用补法，以免留邪为患，助邪鸱张，而犯“实实”之戒。在临床中要把握好疮疡初起、成脓、溃后三个发展阶段的病机及证候特点，根据全身和局部情况、病程阶段，按病情的变化和发展，抓住主要矛盾，辨证选方用药。

2. 外治法 是运用药物、手术、手法或配合一定的器械等，直接作用于患者体表某部位或病变部位以达到治疗目的的一种治疗方法。根据疾病不同的阶段，选用不同的治疗方法；对不同的证候，采用不同的处方。现将常用的方法归纳为药物疗法、手术疗法和其他疗法三大类。药物疗法是用药物制成不同的剂型施用于患处，使药物直达病所，从而达到治疗目的的一种方法。常见的剂型有膏药、油膏、箍围药、散剂、草药等。药物疗法通过局部应用，发挥清热解毒、消肿止痛、活血化瘀等作用。手术疗法，就是运用各种器械和手法操作进行治疗的一种治疗方法。常用的方法有脓肿切开引流的切开法、祛腐生肌的烙法、割开病灶的砭镰法、治疗痔疮的挂线法、结扎血管的结扎法等，针对疾病的不同情况选择应用。其他疗法包括针灸、拔罐、艾灸等，通过物理作用或热力作用直接作用于病变部位，达到治疗目的。

（黄国栋）

第二节 丹 毒

丹毒，是一种由 A 组 β 溶血性链球菌引起的皮肤及皮下组织淋巴管的急性感染性疾病。古人也称之为“丹胗”“流火”。本病发无定处，生于胸腹腰胯部者，称内发丹毒；发于头面部者，称抱头火丹；发于小腿足部者，称流火；新生儿多生于臀部，称赤游丹。其特征是，皮肤鲜红成片，色如涂丹，灼热肿胀，迅速蔓延扩大，可发于头面部、躯干及下肢，新生儿多发于臀部。

现代医学的急性网状淋巴管炎，可参考本节辨证治疗。

一、病因病机

1. 外感风热、湿热毒邪　外感风热邪气侵袭肌肤，或湿热毒邪浸淫皮肉，致使气血凝滞，热毒内蕴，壅阻肌肤。

2. 内因湿热蕴结、气血亏虚　脾胃失调，湿热内蕴，或气血亏虚，肌肤失养，外邪易侵，导致丹毒发作。

丹毒的发作多由血热火毒所致。病位在肌肤，与肝、脾、心等脏腑密切相关，病性为本虚标实；主要病机为素体血分有热，外受火毒，内外热毒搏结，郁阻肌肤而发病；或由于皮肤黏膜损伤，脚湿气糜烂、毒虫咬伤，致使毒邪乘隙入侵而致病。

二、辨证要点

1. 辨部位　凡发于头面部者，多夹风热。发于胸腹腰胯部者，多夹肝脾郁火。发于下肢者，多夹湿热。发于新生儿者，多由胎热火毒所致。

2. 辨表里　发于头面部，皮肤焮红灼热，伴恶寒发热多为表证。发于胸腹腰胯部或下肢，皮肤红肿蔓延，伴发热不恶寒，口干口苦为里证。

三、辨证论治

丹毒的辨证，须辨别发病部位以及风热、湿热，还应辨夹杂证及病情变化。风热毒蕴证多由风邪侵袭头面部所致，好发于头面部，皮肤焮红灼热，肿胀疼痛，甚则发生水疱，脉浮数；湿热证发于胸腹腰胯部，则沿肝经出现皮肤红肿蔓延，摸之灼手，肿胀疼痛，同时伴口干、口苦，脉弦滑数；湿热证蕴结于下肢，则可见下肢红赤肿胀、灼热疼痛，或有大脚风，脉滑数。

本病治疗以凉血清热、解毒化瘀为主。发于头面者，须兼散风清火；发于胸腹腰胯者，须兼清肝泻脾；发于下肢者，须兼利湿清热。在内治的同时结合外敷、熏洗、砭镰等外治法，能提高疗效、缩短疗程、减少复发。若出现毒邪内攻之证，须中西医综合救治。

1. 风热犯表

【证候】　发于头面部，皮肤焮红灼热，肿胀疼痛，甚则发生水疱，眼胞肿胀难睁；伴恶寒，发热，头痛；舌红，苔薄黄，脉浮数。

【分析】　丹毒发于头面，风热邪毒侵袭头面，风为阳邪，易袭表，热为火邪，易伤津，风热侵入，气血失常，致皮肤焮红灼热、肿胀疼痛。风热夹湿，湿热毒邪壅滞肌肤。湿热毒盛，迫津外泄，形成水疱，眼胞肿胀。舌红，苔薄黄，脉浮数，均为风热邪犯之象。

【治法】　疏风清热解毒。外治：用金黄散冷开水调敷。

【方药】　普济消毒饮（《东垣试效方》）（牛蒡子、黄芩、黄连、甘草、桔梗、板蓝根、马勃、连翘、玄参、升麻、柴胡、陈皮、僵蚕、薄荷）加减。

2. 肝脾湿火

【证候】　发于胸腹腰胯部，皮肤红肿蔓延，摸之灼手，肿胀疼痛；伴口干、口苦；舌红，苔黄腻，脉弦滑数。

【分析】　肝气郁滞，郁而化火，横逆犯胃，脾气不运，痰湿内生，湿与火热相互勾结，氤氲于肌肉皮肤之间，故皮肤红肿蔓延，摸之灼手，肿胀疼痛。肝脾失调，湿热内蕴，故口干、口苦；

苔黄腻，脉弦滑数，均为肝脾湿火之象。

【治法】 清肝泻火利湿。

【方药】 龙胆泻肝汤（《医方集解》）（龙胆草、栀子、黄芩、木通、泽泻、车前子、柴胡、甘草、当归、生地黄）加减。

3. 湿热毒蕴

【证候】 发于下肢，局部红赤肿胀、灼热疼痛，或见水疱、紫斑，甚至结毒化脓或肌肤坏死，或反复发作，可形成大脚风；伴发热，胃纳不香；舌红，苔黄腻，脉滑数。

【分析】 湿热下注，复感外邪，湿热毒邪瘀结于下肢，郁阻肌肤，经络阻塞，故局部红赤肿胀、灼热疼痛，或见水疱、紫斑；热毒炽盛，腐化肌肉，故甚者可致结毒化脓、肌肤坏死；湿性黏滞，与热胶结，故易反复发作，形成大脚风；湿邪中阻，故见发热，胃纳不香；舌红，苔黄腻，脉滑数，为湿热蕴结之象。

【治法】 利湿清热解毒。

【方药】 五神汤（《辨证录》）（茯苓、车前子、金银花、牛膝、紫花地丁）合萆薢渗湿汤（《太平惠民和剂局方》）（萆薢、薏苡仁、赤茯苓、黄柏、牡丹皮、泽泻、滑石、通草）加减。

4. 胎火蕴毒

【证候】 发于新生儿，多见于臀部，局部红肿灼热，常呈游走性；或伴壮热烦躁，甚则神昏谵语、恶心呕吐。

【分析】 胎火蕴毒，与气血搏结，故见局部皮肤红肿灼热；火毒入于心包，心神受扰，故可伴壮热烦躁，甚则神昏谵语；邪热侵扰脾胃，故恶心呕吐。

【治法】 凉血清热解毒。

【方药】 犀角地黄汤（《外台秘要》）（芍药、地黄、牡丹皮、犀角）合黄连解毒汤（《肘后备急方》）（黄连、黄芩、黄柏、栀子）加减。

（黄国栋）

复习思考题

1. 丹毒的发病特点是什么？
2. 简述丹毒的证型和治法、方药。

第三节 乳 痈

乳痈，又称奶疮，是由热毒侵入乳房而引起的急性化脓性疾病。好发于产后3～4周的哺乳期妇女，尤以初产妇多见，称外吹乳痈；如发生于妊娠期妇女称内吹乳痈；在非哺乳期和非妊娠期发生的，名不乳儿乳痈。古人也称之为“妒乳”“吹乳”“乳毒”等。其特征是，乳房局部结块，红肿热痛，溃后脓出稠厚，伴有全身发热，溃后脓出稠厚等症。

现代医学中的急性化脓性乳腺炎，可参考本节进行辨证论治。

一、病 因 病 机

1. 肝胃蕴热 乳头属足厥阴肝经，肝主疏泄，能调节乳汁的分泌。乳房属足阳明胃经，乳汁为气血所生化，或因七情化火，肝气郁结，或产后饮食不节，脾胃失调，阳明积热，胃热壅滞，或肝气犯胃，肝胃失和，均可致乳络闭阻，气血瘀滞，郁而化热，形成乳痈。

2. 乳汁淤积　因乳头破损，怕痛拒哺，或多乳、乳头内陷等先天畸形，或乳汁多而少饮，或初产妇乳络不畅，或断乳不当，均可致乳汁排出不畅，乳络闭阻，余乳积存，郁结成块，化热酿脓。

3. 外邪侵袭　产妇体虚汗出且露胸哺乳，易外感风邪，或乳头破损，外邪乘隙而入，或乳儿含乳而睡，口中热毒之气侵入乳窍而致乳汁不畅，邪气热蕴结于肝胃之经，热盛肉腐。

乳痈的发作多由乳头破损，风邪外袭，或乳汁淤积，乳络阻滞，郁而化热所致。病位在乳房部，与肝、胃有关，主要病机为外吹乳痈多因肝郁胃热，或风邪夹热毒侵袭，引起气血瘀滞，乳络闭阻，热盛肉腐而成脓；内吹乳痈多因肝气郁结，气郁化火而致乳汁淤积，郁久化热而成脓。

二、辨证要点

本病根据临床特点可分为郁乳期、成脓期、溃后期三个阶段。

1. 郁乳期　患处色白，寒热不甚者多气郁、血瘀、络阻。患处色红者多为胃热。

2. 成脓期　验脓成与否是关键。

3. 溃后期　久不收口者多气血不足。肿痛不消，发热不退者，则将成“传囊乳痈”。

三、辨证论治

本病证候有虚有实。实者因乳汁阻塞乳管或外邪入侵而表现为实证、热证，虚者因部分产后的患者仍未复元，有气虚、血虚的表现，但总以实证、热证为主证。辨证主要根据症状和体征，按病程分郁乳期、成脓期、溃后期三个阶段分期辨证。

本病以通乳疏痈为要，以消法、托法、补法为原则。根据乳痈的不同阶段和症状，选用不同治法，包括内治法和外治法。内治法中郁乳期以疏肝理气、通乳散结为主；成脓期以清热解毒、托里透脓为主；溃后期以益气和营、托毒生肌为主。外治法包括中药外敷、热敷、针灸、推拿等，以调和气血，疏通经络，缓解疼痛，消散乳痈。

1. 郁乳期

【证候】　乳房肿胀触痛，皮色不变或微红，内有肿块，乳汁排泄不畅，伴恶寒发热、头痛骨楚，食欲不振，口渴，便秘，舌淡红或红，苔薄黄，脉浮数或弦数。

【分析】　情志内伤，肝气郁结，郁久化热，加之产后恣食厚味，胃内积热，以致肝胃蕴热，气血凝滞，乳络阻塞，不通则痛，故乳房肿胀疼痛有块。毒热内蕴，故患侧乳房皮肤微红。邪热内盛，正邪相争，营卫失和，故恶寒发热，头痛骨楚。胃经热盛，故口渴、便秘。舌红，苔薄黄，脉浮数或弦数，均为热象。

【治法】　疏肝清胃，通乳散结。

【方药】　瓜蒌牛蒡汤（《医宗金鉴》）（瓜蒌仁、牛蒡子、天花粉、黄芩、山栀子、金银花、连翘、皂角刺、青皮、陈皮、柴胡、生甘草）加减。

2. 成脓期

【证候】　乳房硬块逐渐增大，继而皮肤发红灼热，疼痛呈搏动性，有压痛，疼痛如鸡啄，若硬块中央渐软，按之有波动感者。可伴壮热不退，口渴饮冷，面红目赤，烦躁不宁，大便秘结，小便短赤。舌红，苔黄或黄干，脉洪数。

【分析】　肝胃蕴热，热毒炽盛，乳络阻塞，气血凝滞，故乳房硬块逐渐增大，局部发红灼热、疼痛；热盛则肉腐成脓，故肿块中央渐软，按之有应指感。火热炎上，故面红目赤。热扰心神，则烦躁不宁。火热伤阴，津液被耗，故小便短赤；津伤则引水自救，故渴喜饮冷。肠热津亏，故大便干燥。舌红，苔黄或黄干，脉洪数，均为热象。

【治法】　清热解毒，托里透脓。

【方药】　透脓散（《外科正宗》）（黄芪、穿山甲、川芎、当归、皂角针）加减。

3. 溃后期

【证候】 溃破后乳房肿痛减轻，但疮口脓水不断，脓汁清稀，愈合缓慢，或乳汁从疮口溢出形成乳漏；面色少华，全身乏力，头晕目眩，或低热不退，食欲不振；舌淡，苔薄，脉弱无力。

【分析】 脓成破溃后，脓毒尽泄，肿痛消减；但若素体本虚，溃后脓毒虽泄，气血俱虚，故收口缓慢；气血虚弱可见面色少华、全身乏力、头晕目眩；舌淡、苔薄、脉弱无力为气血不足之象。

【治法】 益气和营，托毒生肌。

【方药】 托里消毒散（《校注妇人良方》）（人参、黄芪、当归、川芎、芍药、白术、茯苓、金银花、白芷、甘草）加减。

（黄国栋）

复习思考题

1. 乳痈的主要病因病机是什么？
2. 乳痈的中医辨证分型有哪些？每种类型的临床表现和治疗方法有何不同？

第四节 乳 癖

乳癖，又称乳痞，是与月经周期有关的乳腺组织的良性增生性疾病，好发于30～50岁的妇女，约占全部乳腺疾病的75%，古人也称之为“乳栗”“奶栗”等。其特征是，乳房部疼痛与肿块，且与月经周期及情志变化有关。疼痛以胀痛为主，可伴有刺痛或牵拉痛，疼痛常在月经前加剧，经后减轻。肿块大小不等，形态不一，边界清楚，推之可动，增长缓慢，质地坚韧或呈囊性感，伴有乳头疼痛和作痒，以及乳头溢液等症。

现代医学中的乳腺增生病，可参考本节进行辨证论治。

一、病因病机

1. 肝气郁结 因情志不遂，怒则伤肝，或受到精神刺激，致肝气郁结，气血瘀滞，乳络不通，不通则痛。思则伤脾，脾失健运，痰浊内生，肝郁痰凝，循经留聚乳中，故乳中结核。

2. 肝肾不足，冲任失调 肾为五脏之本，肾气化生为天癸，天癸起到激发冲任通调的作用，冲任下起胞宫，上连乳房。冲任失调，上则乳房痰浊凝结而发病，下则经水逆乱而月经失调。或房劳、劳力过度，耗伤元气，动摇先天之本，肾气亏虚，无以灌养冲任，痰湿内结，而生乳癖。

乳癖的发作多由冲任失调、肝气不舒、思虑郁怒损伤肝脾、气滞痰凝所致。病位在乳房部，与肝、脾、肾、冲任有关，主要病机为忧思郁怒，肝失疏泄，脾脏受损，导致气滞痰凝血瘀，则出现乳房结块且伴疼痛；乳房的生理直接受冲任二脉经气盈亏的调节，经、孕、产、乳屡伤精血，或因后天失养，房室不节，或因忧思恼怒，乙癸同源，日久伤肾，冲任失调，气机郁结，痰浊阻滞，瘀血内停，循经上逆，客于乳房发为乳癖。

二、辨证要点

1. 辨虚实 胸闷胁胀，情绪易波动，易怒，失眠多梦多为实证。腰酸乏力，神疲倦怠，头晕，月经先后失调，量少色淡，甚或经闭等症多为虚证。

2. 辨气血 见肿块和胀痛随情绪变化而消长，证属气滞痰凝。若每于月经来前加重，月经过后减轻者，证属冲任失调。

三、辨证论治

乳癖的中医分型甚多，但其基本病机为气滞痰凝，冲任失调。针对病因病机辨证治疗并注重周期疗法。在月经周期中，冲任血海有先盈后亏的生理变化。经前气血聚于冲任，经脉壅滞，故症状加重。经后血海空虚，故症稍减。因而治疗时，经前期重于疏肝，以通为主，沿月经应疏泄时而导之。经后期重于补脾肾，以补为主，顺冲任应充盈时而益之，旨在顺应女性生理变化之自然规律。

1. 肝郁痰凝

【证候】 乳房胀痛或刺痛，乳房肿块随喜怒消长。伴有胸闷胁胀，情绪易波动，易怒，失眠多梦等症状；舌淡红，苔薄黄，脉弦和细涩。

【分析】 肝主疏泄，若情志内伤，肝气郁结，脾失健运，痰浊内生，肝郁痰凝，瘀血阻于乳络可致乳房肿块伴胀痛或刺痛，乳房肿块随喜怒消长。胁肋部为肝经所过之处，肝气不舒时，胸中气机不畅，故感胸闷胁胀；情志不畅，心神不宁，故情绪易波动，易怒，失眠多梦。舌淡红，苔薄黄，脉弦和细涩，均为脾虚痰瘀郁阻之象。

【治法】 疏肝解郁，化痰散结。

【方药】 柴胡疏肝散（《景岳全书》）（陈皮、柴胡、川芎、香附、枳壳、芍药、甘草）加减。

2. 冲任失调

【证候】 多见于中年妇女。乳房肿块或胀痛，经前加重，经后缓减；伴腰酸乏力，神疲倦怠，头晕，月经先后失调，量少色淡，甚或经闭；舌淡，苔白，脉沉细。

【分析】 冲任失调，上则乳房痰浊凝结，故乳房肿块伴胀痛；下则经水逆乱，故月经周期紊乱，量少色淡，甚或闭经；脾失健运，气血亏虚，故神疲倦怠，头晕。冲为血海，隶属肝肾，冲任失调，肝气不舒，故经前加重，经水一行，肝气得舒，故经后缓减；肝肾不足，故腰酸乏力；舌淡，苔白，脉沉细，为冲任失调之象。

【治法】 调摄冲任。

【方药】 归肾丸（《景岳全书》）（熟地黄、山药、山茱萸肉、茯苓、当归、枸杞子、杜仲、菟丝子）加减。

（黄国栋）

复习思考题

1. 乳癖的临床表现是什么？
2. 乳癖的发病与月经周期有何关系？请解释其中的原因。

第五节　瘰　疬

瘰疬，又称老鼠疮，为生于颈部的一种感染性外科疾病。因其结核累累似串珠，故名瘰疬。好发于体弱儿童或青年女性。古人也称之为“疬子颈”等。其特征是，好发于颈部及耳后，起病缓慢。初起时结核如豆，皮色不变，不觉疼痛，以后逐渐增大，并可串生，溃后脓液清稀，夹有败絮样物质，往往此愈彼溃，形成窦道。

现代医学中的颈部淋巴结结核，可参考本节进行辨证论治。

一、病因病机

1. 肝气郁结 因情志不畅，肝气郁结，气滞伤脾，脾失健运，痰浊内生，久则郁而化热，痰热结于颈项，结聚成核，形成瘰疬。病之后期，肝郁化火，下烁肾阴，热胜肉腐成脓，或脓水淋漓，耗伤气血，形成虚损。

2. 阴虚火旺 素体阴亏或热病耗损，肺肾阴虚，阴虚则火旺，肺津不能输布，灼津为痰，痰火凝结，以致结聚成核而为病。

瘰疬多由三焦、肝、胆等经风热气毒蕴结所致，病位在颈项，与肝、肾两脏密切相关。主要病机为外邪侵袭，肝郁化火或肝肾阴亏，虚火内生，灼津为痰，痰火凝结而成。常因情志不畅，肝气郁结，气滞伤脾，以致脾失健运，痰湿内生，结于颈项而成。日久痰湿化热，或肝郁化火，下烁肾阴，热胜肉腐成脓，或脓水淋漓，耗伤气血，渐成虚损。亦可因肺肾阴亏，以致阴亏火旺，肺津不能输布，灼津为痰，痰火凝结，结聚成核。

二、辨证要点

本病根据临床特点可分为初期、中期、后期三个阶段。

1. 初期 颈部结核如豆，一个或数个不等，孤立或成串状，皮色不变，按之坚实，推之活动，不热不痛，多无全身症状。

2. 中期 颈部结核渐大，渐感疼痛，皮核粘连，皮色渐转暗红，扪之微热，按之有应指感，为脓已成，有时相邻的结核可互相融合成块，推之不动。伴低热及食欲不振、全身乏力等症状。

3. 后期 脓肿切开或自行溃破后脓液稀薄，夹有败絮样物质，疮口呈潜行性空腔，疮面肉色灰白，疮周皮肤紫暗，疮口久不收敛，形成窦道。常伴有潮热、咳嗽、盗汗等肺肾阴亏之症。或面色无华、精神倦怠、头晕、失眠、经闭等气血两虚之症。或腹胀便溏、形瘦纳呆等脾虚之症。

三、辨证论治

痰浊乃瘰疬发生、发展、转归之关键，治瘰必治痰。瘰疬可分为急性、慢性两类。急性多因外感风热、内蕴痰毒而发。慢性多因气郁、虚伤而发。瘰疬早期多为肝胆有热，木火刑金，气阴两虚，痰浊阻滞，宜消，多以肝郁气滞痰凝为主；中期脓肿形成，可伴潮热、纳差、全身乏力等症，多以肺肾阴亏，痰火凝结为主；后期破溃期，颈部脓肿破溃，脓水清稀，可伴消瘦、面色少华、精神倦怠等症，多以气血亏虚为主。

瘰疬常因肝肾两经气血亏损，虚火内动所致，其治疗原则以扶正祛邪为总则，以理气化痰、软坚散结为治法，按早、中、后期辨证论治。早期疏肝解郁，化痰散结；中期滋阴清热，化痰散结；后期益气扶正，养血滋阴。尽量争取早期消散。形成窦道者需用腐蚀药，必要时做扩创手术。病情严重者配合西医抗结核药物治疗。

1. 气滞痰凝

【证候】 颈部结块肿大如豆粒，一个或数个不等；皮色不变，按之坚实，推之能动，不热不痛，无明显全身症状；舌红，苔腻，脉弦滑。

【分析】 情志内伤，肝气不舒，脾失健运，痰热内生，随经络循至颈部，痰凝气结而成结块。病在初期，尚未化热，故皮色不变，按之坚实，推之能动，不热不痛，无明显全身症状。舌红，苔腻，脉弦滑，均为气滞痰凝之象。

【治法】 内治：疏肝解郁，化痰散结。外治：早期局部肿块处可敷冲和膏或用阳和解凝膏掺黑退消，5～7 日一换。

【方药】 逍遥散（《太平惠民和剂局方》）（甘草、当归、茯苓、白芍、白术、柴胡）合二陈汤（《太平惠民和剂局方》）（半夏、橘红、白茯苓、甘草）加减。

2. 阴虚火旺

【证候】 多见于中年妇女；结块逐渐增大，皮肤粘连，皮色暗红；全身见潮热、盗汗、咳嗽或痰中带血丝，心烦失眠；舌红，苔少，脉细数。

【分析】 肺肾阴虚，阴虚火旺，灼津为痰，痰与虚火互结而成结块。阴虚火旺，则潮热。虚热迫津外泄，则盗汗；虚火伤肺络，故咳嗽，痰中带血丝；虚火内扰心神，则心烦失眠。舌红，苔少，脉细数，均为阴虚内热之象。

【治法】 内治：滋阴降火。外治：中期外敷冲和膏，如脓成未熟，改用千捶膏。脓熟宜切开排脓，创口宜大，或做“十”字切口，以充分引流。

【方药】 知柏地黄汤（《医宗金鉴》）（山药、牡丹皮、白茯苓、山茱萸肉、泽泻、黄柏、熟地黄、知母）加减。

3. 气血两虚

【证候】 溃后或经切开后脓出清稀，淋漓不尽，或夹败絮样物，创面灰白，形成窦道，不易收口；兼见面色苍白，头晕，精神疲乏，胃纳不香；舌淡红，苔薄，脉细弱。

【分析】 气血不足，不能酿化为脓，故脓出清稀，淋漓不尽。气血亏虚，不能上荣于面，则见面色苍白，头晕。脾失健运，则胃纳不香，精神疲乏。舌淡红，苔薄，脉细弱，为气血两虚之象。

【治法】 内治：益气养血。外治：或做“十”字切口，以充分引流。后期已溃者一般先用五五丹或七三丹，次用八二丹药线引流，或药棉嵌入疮口，外敷红油膏或冲和膏。肉芽鲜红，脓腐已尽时，改用生肌散、白玉膏。若创面肉芽高突，可先用千金散棉嵌，待胬肉平整后改用生肌散、白玉膏。如有空腔或窦道时，可用千金散药线，也可行扩创或挂线手术。

【方药】 香贝养荣汤（《医宗金鉴》）（白术、人参、茯苓、陈皮、熟地黄、川芎、当归、贝母、香附、白芍、桔梗、甘草）加减。

（黄国栋）

复习思考题

1. 瘰疬的特征是什么？
2. 瘰疬的气血两虚证的内治和外治是什么？

第六节　缠腰火丹

缠腰火丹，又称蛇串疮，是一种由水痘-带状疱疹病毒引起的急性疱疹性皮肤疾病。古人也称之为“蜘蛛疮”“蛇丹”。其特征是，皮肤上出现成簇水疱，呈带状分布，并伴有疼痛。疼痛性质多样，可呈刀割样、针刺样、烧灼样等疼痛。

现代医学中的带状疱疹，可参考本节进行辨证论治。

一、病因病机

1. 情志内伤　情志所伤，肝经郁火，复感火热时毒，客于少阳、厥阴经络，熏灼肌肤、脉络。

2. 饮食不节　嘈杂脾胃，致脾经湿热内蕴，复感火热时邪，客于阳明、太阴经络，浸淫肌肤、脉络。

3. 正气亏虚　日久皮损表面火热湿毒得以外泄，疱疹消退，但余邪滞留经络，以致气虚血瘀，经络阻滞不通，局部疼痛不止。

缠腰火丹的发作多由情志失调、饮食不节、正气亏虚所致，病位在肌肤，与肝、脾两脏密切相关。主要病机为肝经火毒循经外发，或饮食不节、年老体弱等，致使湿热毒蕴，气滞血瘀，常遗留疼痛。

二、辨证要点

1. 辨分期、部位 早期多因肝胆火盛，或脾虚湿盛，外感毒邪而发。晚期余邪未尽，阻滞经脉，气血运行不畅，热毒伤阴动血，经脉失于濡养，气滞血瘀，不通则痛，引发后遗神经痛。

2. 辨虚实 皮损鲜红，疱壁紧张，灼热刺痛，多为热毒证。皮损颜色较淡或晦暗，疱壁松弛，易破，糜烂渗液，疼痛较轻，多为湿热证。皮损暗红，或血疱，或皮损消退后疼痛不消，多为血瘀证。

三、辨证论治

缠腰火丹的辨证，须辨别发病部位以及虚实，还应辨夹杂证及病情变化。皮损鲜红，灼热刺痛多为肝经郁热证；皮损颜色淡红，疼痛较轻，多为脾虚湿蕴证；皮损消退后疼痛不消，并可放射至附近部位，多为气滞血瘀证。

缠腰火丹治法以清热利湿解毒、理气活血止痛为主，在脏腑尤重肝脾，痛甚多从活血行气着手。缠腰火丹早期以祛邪为主，晚期攻补兼施。据症加用疏肝解郁、健脾益气、滋阴平阳、通络止痛等法。缠腰火丹后遗神经痛是临床治疗难点，应及早正确辨证治疗，并配合外治、针灸综合治疗，重症及特殊类型应配合西药治疗。

1. 肝经郁热

【证候】 肝经郁热皮损鲜红，疱壁紧张，灼热刺痛。伴口苦咽干，烦躁易怒，大便干或小便黄，舌红，苔薄黄或黄厚，脉弦滑数。

【分析】 肝气郁结，气郁化火，外炎肌肤，故皮损鲜红，疱壁紧张；气滞湿热郁阻，则灼热刺痛。肝为刚脏，肝经郁热，肝胆火盛则烦躁易怒。口苦咽干，大便干，小便黄，舌红，苔黄，脉弦滑数，均为热盛之象。

【治法】 清泄肝火，解毒止痛。

【方药】 龙胆泻肝汤（《医宗金鉴》）（龙胆草、黄芩、车前子、柴胡、通草、地黄、当归、栀子、板蓝根、牡丹皮、赤芍、紫草）加减。

2. 脾虚湿蕴

【证候】 皮损颜色较淡，疱壁松弛，疼痛略轻。伴食少腹胀，口不渴，大便时溏，舌淡，苔白或白腻，脉沉缓或滑。

【分析】 饮食不节，脾虚湿蕴，湿阻气机。蕴滞肌肤，故见皮肤起丘疱疹或水疱。湿盛于热则皮疹色较淡，疱壁松弛，疼痛略轻。脾失健运则食少腹胀，便溏。口不渴，舌淡，苔白或白腻，脉沉缓或滑，均为湿盛之象。

【治法】 健脾利湿，清热解毒。

【方药】 除湿胃苓汤（《医宗金鉴》）（防风、苍术、白术、赤茯苓、陈皮、厚朴、猪苓、山栀、木通、泽泻、滑石、薄桂、甘草）加减。

3. 气滞血瘀

【证候】 皮疹减轻或消退后局部疼痛不止，放射到附近部位，痛不可忍，坐卧不安，重者可持续数月或更长时间，舌暗，苔白，脉弦细。

【分析】 湿热毒邪虽退，但气血凝滞未解，不通则痛，故皮疹消退疼痛不止，放射到附近部位，痛不可忍，坐卧不安，重者可持续数月或更长时间。舌暗，苔白，脉弦细，均为气滞血瘀之象。

【治法】 理气活血，通络止痛。

【方药】 血府逐瘀汤（《医林改错》）（桃仁、红花、当归、川芎、白芍、丹参、郁金、王不留行、延胡索、川楝子、香附、柴胡、陈皮、枳壳、炙甘草）加减。

（黄国栋）

复习思考题

1. 缠腰火丹的特征是什么？
2. 缠腰火丹的后遗神经痛多属什么证型？请解释其中的原因。

第七节　痔　　病

痔病，又称痔疮，是直肠末端黏膜下和肛管皮肤下的静脉丛发生扩大、曲张形成柔软静脉团的一种慢性疾病，古人也称之为"脉痔""血痔""牝痔"等。其特征是，发作时以出血、疼痛、脱垂等为主要表现。其中内痔是指肛管齿状线以上，直肠末端黏膜下的痔内静脉丛扩大、曲张所形成的柔软静脉团块，外痔是指肛管齿状线以下，由痔静脉丛扩大曲张或痔静脉破裂或反复炎症纤维增生而成的疾病，混合痔指内外痔静脉丛曲张相互沟通吻合，使得内痔部分和外痔部分形成一整体者。

现代医学中的内痔、外痔（结缔组织性外痔、静脉曲张性外痔、血栓性外痔、炎性外痔）、混合痔，可参考本节进行辨证论治。

一、病因病机

1. 风伤肠络　风善行而数变，又多夹热，热迫血溢，血不循经而下溢出血，所下之血色泽鲜红，下血暴急呈喷射状。

2. 湿热下注　多因饮食不节，恣食生冷、肥甘，伤及脾胃而滋生内湿。湿与热结，下注肛门，致使肛门部气血纵横、经络交错而生痔；热盛则迫血妄行，血不循经，则血行外溢而便血；湿热下注大肠，肠道气机不畅，经络阻滞，则肛门内有块状物脱出。

3. 气滞血瘀　气为血之帅，气行则血行，气滞则血瘀。气机阻滞而运行不畅，气滞则血瘀阻于肛门，故肛门内有块状物脱出，坠胀疼痛；气机不畅，统摄无力，则血不循经而导致血栓形成。

4. 脾虚气陷　老人、妇女生育过多、小儿久泻久痢致脾胃功能失常，脾虚气陷，中气不足，无力摄纳，可致痔核脱出不得回纳；气与血阴阳相随，相互依存，气虚则无以生化，无力摄血，气虚则血虚，致使气血两虚，故下血量多而色淡。

痔病多由风伤肠络、湿热下注、气滞血瘀、脾虚气陷所致。病位在肛门，与脾胃和大肠密切相关。主要病机为脏腑本虚，风燥湿热下迫，瘀阻魄门，瘀血浊气结滞不散，筋脉横解，导致脏腑功能失调而成痔。具体的病因包括外感六淫、情志内伤、劳倦过度、饮食不节、久咳、久坐久立、负重远行、长期便秘、泻痢日久、妇女妊娠等。

二、辨证要点

1. 辨急缓　发病急，大便滴血、射血多为风伤肠络。患病日久，肛门肿物脱出、不能自行回纳多为脾虚气陷。

2. 辨虚实、寒热　便血后颜色鲜红多为实，便血后颜色淡多为虚。便血色鲜红，质地稠厚，常为实热证。血色淡红，质稀薄，常为虚寒证。血色暗红伴有黏液，多为湿热证。血色暗紫多为气滞血瘀证。

三、辨证论治

本节所述辨证论治适用于Ⅰ、Ⅱ期内痔，不适合手术的外痔和混合痔患者，包括痔核嵌顿并有继发感染、年老体弱，以及有其他慢性病不宜手术的痔病患者。

若便血颜色鲜红，为“近血”，常见于肛门直肠疾病的出血，实证多见，若便血颜色暗紫，为“远血”，多为肛管直肠以上部位出血，虚证多见。若便血色鲜红，质地稠厚，常为实热证。血色淡红，质稀薄，常为虚寒证。血色暗红伴有黏液，多为湿热证。若脱出物色红或紫，嵌顿肛缘，系实证，多由湿热下注、气血不畅所致。脱出物色淡红，或表面肥厚增生，经常脱出，脱出后不能自行回纳，多为虚证，常由脾虚，中气不足，承托无力所致。脱出物色紫暗，嵌顿于肛缘，不能自行纳入，疼痛较甚，多为气血受阻之瘀血证。

本病有虚有实，以气血失调为本，瘀毒阻滞为标。论治时治本以健脾益气养血为主，治标以祛风润燥、清热止血、活血祛瘀为主。

1. 风伤肠络

【证候】 大便滴血、射血或带血，血色鲜红，大便艰涩难下，肛门瘙痒，口干咽燥，舌红，苔黄，脉浮数。

【分析】 风邪善行而数变，夹热客于胃肠，热迫血溢，则出现大便滴血、射血或带血。热伤津液，肠道津亏干涩，则大便艰涩难下。风邪乘虚外袭，血虚生风，则肛门瘙痒。口干咽燥，舌红，苔黄，脉浮数，均为热邪内盛之象。

【治法】 清热凉血，祛风润燥。

【方药】 凉血地黄汤（《外科正宗》）（生地黄、白芍、当归、川芎、黄连、天花粉、地榆、栀子、人参、茯苓、白术、甘草）合槐花散（《普济本事方》）（槐花、侧柏叶、荆芥穗、枳壳）加减。

2. 湿热下注

【证候】 肛门肿物外脱、肿胀、灼热疼痛或有滋水，或便血色鲜红，量较多。小便短赤，舌红，苔黄腻，脉浮数。

【分析】 脾胃运化失常，经络阻塞，气血瘀滞，则肛门肿物外脱、肿胀。湿性重浊、黏滞、趋下，与热搏结，蕴阻于肛门，则灼热疼痛或有滋水。湿热邪毒侵入，气血瘀滞，则便血色鲜红，量较多。小便短赤，舌红，苔黄腻，脉浮数，均为湿热下注之象。

【治法】 清热渗湿止血。

【方药】 脏连丸（《外科正宗》）（黄连、猪大肠）加减。

3. 气滞血瘀

【证候】 肛缘肿物突起，排便时可增大，有异物感，可有坠胀疼痛，疼痛剧烈，触痛明显，局部可触及硬结，或肿物脱出肛外、水肿，内有血栓形成，或有嵌顿，表面紫暗、糜烂、渗液，舌紫暗或有瘀斑，苔薄黄，脉弦或涩。

【分析】 肝失疏泄，情志郁结，气机失调，气机阻滞则血行不畅，瘀阻于肛门，经络不通，不通则痛，故肛门坠胀疼痛，疼痛剧烈，触痛明显，局部可触及硬结。气机运行不畅则统摄无力，血不循经溢出脉外，则肿物脱出肛外、水肿，内有血栓形成，或有嵌顿，表面紫暗、糜烂、渗液，舌紫暗或有瘀斑，苔薄黄，脉弦或涩，均为气滞血瘀之象。

【治法】 清热利湿，活血祛瘀。

【方药】 止痛如神汤（《外科启玄》）（秦艽、桃仁、皂角子、防风、苍术、黄柏、当归尾、泽泻、槟榔、熟大黄）加减。

4. 脾虚气陷

【证候】 肛缘肿物隆起或肿物脱出肛外，不易复位，肛门坠胀，排便乏力，便血色淡，面色少华，头晕神疲，食少乏力，少气懒言，舌淡胖，苔薄白，脉细弱。

【分析】　脾胃虚弱，升举无力，中气不足，则肛缘肿物隆起或肿物脱出肛外，不易复位，肛门坠胀，排便乏力。久病耗伤气血，血虚不能养气载气，故便血色淡，面色少华。气虚无力生血，无力行血、摄血，故头晕神疲，食少乏力，少气懒言。舌淡胖，苔薄白，脉细弱，均为脾虚气陷之象。

【治法】　健脾益气摄血。

【方药】　补中益气汤（《内外伤辨惑论》）（黄芪、人参、炙甘草、白术、当归、陈皮、柴胡、升麻）加减。

（黄国栋）

复习思考题

1. 痔病的分型依据是什么？
2. 痔病中的证型所用的治法和方药分别是什么？

第八节　肛　　漏

肛漏，又称痔漏，是指肛管或直肠因病理原因形成的与肛门周围皮肤相通的一种异常管道。一般由原发性内口、管道、继发性外口三部分组成，但也有仅具有内口或外口者。可发生于不同性别、年龄，以 20～40 岁青壮年为主。婴幼儿发病者亦不少见。男性多于女性，男女比例为（5～6）：1。古人也称之为“穿肠漏”等。其特征是，肛门硬结、局部反复破溃流脓、疼痛、潮湿、瘙痒。

现代医学中各种原因导致的肛瘘以肛门硬结、局部反复破溃流脓、疼痛、潮湿、瘙痒等症状为主要临床表现的疾病，可参考本节进行辨证论治。

一、病 因 病 机

1. 湿热下注　本证多见于肛漏早期。湿热未清，瘀久不散，热盛肉腐成脓，则肛门流脓，脓质稠厚，肛门灼热，气血壅塞则肛门胀痛不适。

2. 正虚邪恋　本证多见于肛漏后期。由于病久，正气已虚，湿热留恋，故肛周溃口，按之较硬，溃口时溃时愈，时有脓液从溃口流出，肛门隐隐作痛，可伴有神疲乏力。

3. 阴液亏损　本病多见于结核性肛漏。由于痨虫内侵，肺、脾、肾阴液亏损，邪乘下位，郁久肉腐成脓，溃后成漏。可伴有潮热盗汗、心烦口干。肛周溃口周围常呈堤状，颜色淡红。

肛漏的病变部位在肛门，与肺、脾、肾和大肠密切相关。中医学认为本病多为肛痈溃后久不收口，湿热余毒未尽；或房虫内侵，肺、脾、肾二脏亏损；或因肛裂损伤日久染毒而成。病因包括外感风、热、燥、火、湿邪，饮食醇酒厚味、劳伤忧思、便秘、房劳过度等，导致机体阴阳失调，经络壅塞，气血不畅，正气内伤，毒邪乘虚而入；或机体脾胃功能受损，内生湿热，湿热下注，郁久不化，热腐成脓，穿肠穿臀，日久成漏。

二、辨 证 要 点

1. 辨虚实、寒热　病程初期，出现肛周流脓，脓质黏稠，红肿热痛多为热证，实证。病程后期肛周流脓，质地稀薄，溃口皮色暗淡多为虚证。

2. 辨气血、阴阳　神疲乏力为气虚证；潮热盗汗，心烦口干为阴虚证。

三、辨证论治

肛漏的辨证，须辨别虚实、寒热、阴阳、气血。实证多有肛周流脓、脓质黏稠，色黄白，局部红肿热痛，苔黄腻，脉滑数或弦数等症；虚证则有肛周流脓，质地稀薄，肛门隐隐作痛，溃口皮色暗淡，时溃时愈等症；若为正气虚，多有神疲乏力，脉濡等症；若为阴虚，多有形体消瘦，潮热盗汗，心烦不寐，口渴，食欲不振，脉细数等症。

肛漏多由肛门直肠周围脓肿破溃后，余毒未尽，蕴结不散，气血凝滞，血行不畅，日久成瘘或因肛裂渐深，虚劳久咳，肺脾两虚，湿热下注大肠所致。总体病性以本虚标实、虚实夹杂、气血同病为主，治疗原则以祛邪与扶正相结合，气血同治。发病之初，多由于湿热蕴阻，治以清化湿热。若病程长，正气亏损，治以扶正托毒、益气养血、养阴清热。

1. 湿热下注

【证候】 肛周流脓、脓质黏稠，色黄白，局部红肿热痛，按之自溃口有条索状物通向肛内。伴纳呆少食，或有呕恶，渴不欲饮，大便不爽，小便短赤，形体困重，舌红，苔黄腻，脉滑数或弦数。

【分析】 湿热之邪蕴于肛门，气血壅滞，日久不去，郁久化热，肉腐成脓，故见肛周流脓，脓质黏稠，色黄白，局部红肿热痛。邪毒旁窜，则成索状物通向肛内。湿阻中焦，脾失健运，故纳呆少食。湿热困脾，运化失职，升降失常，清浊不分故见呕恶，大便不爽，小便短赤。湿停于内，故渴不欲饮。湿邪郁而化热，湿性重浊，故见形体困重。舌红，苔黄腻，脉滑数或弦数，皆为湿热之象。

【治法】 清热利湿。

【方药】 二妙丸（《丹溪心法》）（苍术、黄柏）合萆薢渗湿汤（《疡科心得集》）（萆薢、薏苡仁、赤茯苓、黄柏、牡丹皮、泽泻、滑石、通草）加减。大便秘结者加大黄，剧痒者加浮萍、白蒺藜。

2. 正虚邪恋

【证候】 肛周流脓，质地稀薄，肛门隐隐作痛，溃口皮色暗淡，时溃时愈，按之质地较硬，或有脓液从溃口流出，且多有条索状物通向肛内，伴神疲乏力，舌淡，苔薄，脉濡。

【分析】 病程日久，正气亏损，故肛周流脓，质地稀薄。气血亏虚、气血不足，故肛门隐隐作痛，溃口皮色暗淡。正虚邪恋，久病正虚，不能托毒外出，故时溃时愈，按之质地较硬，或有脓液从溃口流出，且多有条索状物通向肛内。舌淡，苔薄，脉濡，均为正虚邪恋之象。

【治法】 托里透毒。

【方药】 托里消毒散（《外科正宗》）（人参、川芎、白芍、黄芪、白术、当归、茯苓、金银花、白芷、桔梗、皂角刺、甘草）加减。

3. 阴液亏虚

【证候】 肛周溃口凹陷，周围皮肤颜色晦暗，脓水清稀如米泔水样，局部无硬索状物扪及，伴有形体消瘦，潮热盗汗，心烦不寐，口渴，食欲不振，舌红少津，少苔或无苔，脉细数。

【分析】 肺脾肾三阴亏损，邪乘下位，郁久肉腐化脓，溃破成漏，故可见肛周溃口凹陷，周围皮肤颜色晦暗。正气不足，湿热之邪蕴于肛门，留恋不去，故脓水清稀如米泔水样，局部无硬索状物扪及。阴虚内热则见形体消瘦，潮热盗汗，心烦不寐，口渴，食欲不振。舌红少津，少苔或无苔，脉细数，均为阴虚火旺之象。

【治法】 养阴清热。

【方药】 青蒿鳖甲汤（《温病条辨》）（青蒿、鳖甲、生地黄、知母、牡丹皮）加减。分泌物较多者去知母加木通，腐肉不去者加生黄芪、当归。

（朱晓峰）

复习思考题

1. 肛漏的病因病机是什么？
2. 肛漏阴液亏虚证与正虚邪恋证证候有何区别？

第九节　骨　伤　病

骨伤病是骨关节及其周围肌肉筋膜的损伤与疾病，古属“疡医”范畴，又称“接骨”“正体”“正骨”“伤科”等。

一、病 因 病 机

（一）病因

1. 外因　骨伤病的外因多种多样，主要是外力作用伤害，与外感六淫、邪毒感染伤害也有一定关系。

（1）外力作用伤害：外力作用损伤人体的皮肉筋骨可引起各种损伤，如跌仆、坠堕、撞击、闪挫、压轧、负重、刀刃、劳损等所引起的损伤。根据力的性质不同，可分为直接暴力、间接暴力、肌肉强烈收缩和持续劳损等。

（2）外感六淫：外感六淫可引起筋骨、关节疾患，导致关节疼痛或活动不利。损伤之后，外邪可乘虚侵袭，阻塞经络，致使气机不得宣通，则肌肉挛缩或松弛无力，进一步加重脊柱和四肢关节功能障碍。

（3）邪毒感染：多见于开放性损伤，若邪毒从伤口乘虚而入，可引起局部及全身感染，出现各种变证。

2. 内因　指人体内部影响损伤的各种因素，包括年龄、体质、局部解剖结构、先天因素、病理因素、职业工种、七情内伤等。

（二）病机

1. 皮肉筋骨病机　皮肉筋骨的损伤，在骨伤科疾病中最为常见，一般包括“伤皮肉”“伤筋”“伤骨”，其中互有联系。皮肉筋骨损伤还可危及肝肾精气。

2. 气血津液病机　气血津液之间关系密切，在组成和功能活动等方面各有特点，相互联系，相互制约。若人体受到外力伤害，则气血运行紊乱而出现一系列病理改变。伤气则可见“气滞”“气虚”“气闭”“气脱”“气逆”，伤血则可见“血瘀”“血虚”“血脱”“血热”。气血损伤亦伤及津液，如损伤致血瘀，则积瘀生热，煎灼津液；重病久病耗伤津液；损伤后脏腑气机失调则又会影响三焦气化，从而妨碍津液正常运行。

3. 脏腑经络病机　脏腑化生气血，主持人体生命活动，经络运行全身气血，联络脏腑肢节，沟通上下内外，调节体内各部分功能活动。外伤后必会造成脏腑功能紊乱，并累及经络，致使经络运行迟滞。

二、辨 证 论 治

（一）药物

药物治疗是治疗骨伤科疾病的重要方法。在机体遭受损伤后，机体正常的气血、营卫、脏腑、经络等整体功能活动必然受到影响，而药物治疗便是从整体观念出发，局部损伤与整体功能兼顾，内外治相结合的重要方法。

Ⅰ. 内治法

本病临床内治法可归纳为下、消、清、开、和、续、补、舒等，可分为骨伤内治法和骨病内治法。

1. 骨伤内治法 骨伤病的发展过程，可分初、中、后三期。对此可运用损伤三期辨证治法，以调和疏通气血、生新续损、强筋壮骨为主要目的，结合患者体质及损伤情况辨证施治。

（1）初期治法：初期，一般在伤后1～2周内，以活血化瘀与理气止痛兼顾，采用“下法”或“消法”；瘀血积久不消，郁而化热，或邪毒入侵，或迫血妄行，可用“清法”；气闭昏厥或瘀血攻心，则用“开法”。

1）攻下逐瘀法：适用于损伤早期蓄瘀，大便不通，腹胀拒按，舌苔黄，脉洪大而数的体实患者。常用方剂有大成汤、桃核承气汤、鸡鸣散加减等。攻下逐瘀方剂由于药效峻猛，对年老体弱、气血虚衰和妇女妊娠、经期及产后失血过多者，应当禁用或慎用。

2）行气消瘀法：适用于损伤后有气滞血瘀，局部肿痛，无里实热证，或有因禁忌而不能猛攻急下者。常用方剂有桃红四物汤、柴胡疏肝散、血府逐瘀汤等。行气消瘀方剂一般并不峻猛，如需逐瘀通下，可与攻下药配合；但对于年老、体虚、妊娠、产后、经期、幼儿等，仍需慎用。

3）清热凉血法：包括清热解毒与凉血止血两法。适用于跌仆损伤后积瘀化热、热毒蕴结于内，或创伤感染，邪毒侵袭，火毒内攻，迫血错经妄行等证。常用清热解毒方剂有五味消毒饮、黄连解毒汤；凉血止血方剂有清营汤、犀角地黄汤等。由于本法方剂多药性寒凉，若身体素虚，脏腑虚寒，饮食素少，肠胃虚滑，或妇女分娩后有热证者，均慎用。

4）开窍活血法：适用于治疗跌仆损伤后气血逆乱、气滞血瘀、瘀血攻心、神昏窍闭等危重症的急救。常用方剂有苏合香丸、复苏汤、羚角钩藤汤、镇肝熄风汤等。由于开窍药走窜性强，易引起流产、早产，孕妇慎用。

（2）中期治法：中期在损伤后3～6周，损伤症状改善，肿胀瘀阻渐趋消退，疼痛逐步减轻，但瘀阻去而未尽，疼痛减而未止，仍以活血化瘀、和营生新、接骨续筋为主，即“和”“续”两法为基础。

1）和营止痛法：适用于损伤后，虽经消、下等法治疗，但仍气滞瘀凝，肿痛尚未尽除，而继续运用攻下之法又恐伤正气。常用方剂有和营止痛汤、橘术四物汤、定痛和血汤、和营通气散等。

2）接骨续筋法：适用于损伤中期，筋骨已有连接但未坚实者。常用方剂有续骨活血汤、新伤续断汤、接骨丹、接骨紫金丹等。

（3）后期治法：后期，一般为损伤7～8周以后，瘀肿已消，但筋骨尚未坚实，功能尚未恢复，应以补气养血、补益肝肾、补养脾胃为主，即“补法”，同时予以温经散寒、舒筋活络，即“舒法”。

1）补气养血法：适用于外伤筋骨，内伤气血及长期卧床，出现气血亏损、筋骨痿弱等证候。可用四君子汤、四物汤、八珍汤、十全大补汤等。

2）补益肝肾法：适用于骨折、脱位、筋伤的后期，年老体虚、筋骨痿弱、肢体关节屈伸不利、骨折迟缓愈合、骨质疏松。常用方剂有壮筋养血汤、生血补髓汤、六味地黄汤、左归丸、金匮肾气丸、右归丸、健步虎潜丸、壮筋续骨丹等。

3）补养脾胃法：适用于损伤后期，耗伤正气，或长期卧床缺少活动，而导致饮食不消，四肢疲乏无力，肌肉萎缩等脾胃气虚者。可用补中益气汤、参苓白术散、归脾汤、健脾养胃汤等。

4）舒筋活络法：适用于损伤后期，气血运行不畅，瘀血未尽，腠理空虚，复感外邪，以致风寒湿邪入络，遇气候变化则局部症状加重的陈伤旧疾的治疗。可用小活络丹、大活络丹、麻桂温经汤、蠲痹汤、舒筋汤、舒筋活血汤、独活寄生汤、三痹汤等。

2. 骨病内治法 骨病的发生在病理变化、临床表现上与骨伤相比有其特殊性。骨病的用药也基本遵循“寒者热之，热者寒之……客者除之，劳者温之，结者散之”的原则。例如，骨痈疽多属热证，“热者寒之”，宜用清热解毒法；骨痨多属寒证，“寒者热之”，宜用温阳驱寒法；痹证因风寒湿邪侵袭，“客者除之”，宜用舒筋活络法；骨病局部出现结节、肿块者，癥瘕积聚，“结者散之”，宜用祛痰散结法。

Ⅱ. 外治法

损伤外治法指对损伤局部进行治疗的方法。临床外用药物大致可分为敷贴药、搽擦药、熏洗湿敷药与热熨药。

（1）敷贴药：使用时将药物制剂直接敷贴在损伤局部，使药力发挥作用。常用剂型有药膏、膏药和药散。

（2）搽擦药：可直接涂搽于伤处，或在施行理筋手法时配合推擦等手法运用，或在热敷熏洗后进行自我按摩时涂搽。常用剂型包括酊剂、油膏及油剂。

（3）熏洗湿敷药：常用剂型有热敷熏洗、湿敷洗涤。

（4）热熨药：选用温经祛寒、行气活血止痛药物，加热后用布包裹热熨患处，借助其热力作用于局部。常用剂型有坎离砂和熨药。

（二）手法

手法在骨伤科治疗中占有重要地位，是骨伤科四大治疗方法（手法、固定、药物、练功）之一。按其功用，可分为正骨手法与理筋手法两大类。

1. 手法治疗适应证及禁忌证　手法治疗适应证包括骨折、脱位、筋伤、骨关节退行性病变、损伤后遗症和内伤等；禁忌证包括急性传染病、高热、肿瘤、妊娠、皮肤感染、急性脊柱损伤及严重内科疾病等。

2. 手法分类

（1）骨折复位手法

1）拔伸：用于克服肌肉抵抗力，矫正患肢重叠移位，恢复肢体长度。

2）旋转：主要矫正骨折断端的旋转畸形。

3）屈伸：术者一手固定关节的近端，另一手握住远端，沿关节的冠轴摆动肢体，以整复骨折脱位。

4）提按：医者借助掌、指分别置于骨折断端的前后或左右，用力挤压，迫使侧方移位就位。

5）端挤：医者一手固定骨折近端，另一手从侧方挤骨折远端靠向近端，迫使内外侧方（即左右侧方）移位复位。

6）摇摆：主要用于横断骨折、锯齿形骨折。

7）触碰：骨折整复夹板固定后，一手固定骨折部的夹板，另一手轻轻叩击骨折的远端，使骨折断端紧密嵌插，可使发生于干骺端的横断型骨折复位更加稳定。

8）分骨：可用于矫正两骨并列部位的骨折，如尺桡骨骨折、胫腓骨骨折、掌骨骨折、跖骨骨折等。

9）折顶：针对患者肌肉发达，单靠牵引力量不能完全矫正重叠移位的横断骨折或锯齿形骨折时，可用折顶手法。

10）回旋：多用于矫正有背向移位的斜行骨折、螺旋形骨折，或有软组织嵌入的骨折。

11）蹬顶：常用在肩关节脱位、肘关节脱位及髋关节前脱位。

12）杠杆：多用于难以整复的肩关节脱位或陈旧性脱位。

（2）理筋手法：根据理筋手法具体作用部位、作用及操作方法的不同，可以将其分为舒筋通络法和活络关节法。①舒筋活络法包括按摩法、揉擦法、滚法、击打法、拿捏法、点压法、搓抖法；②活络关节法包括屈伸法、旋转摇晃法、腰部背伸法、拔伸牵引法、按压踩跷法等。

（三）固定

固定是治疗骨伤的重要方法，可维持损伤整复后的良好位置，防止骨折、脱位再移位，保证骨折的正常愈合。临床上常用的固定方法，有外固定与内固定两大类。

1. 外固定 是损伤后用于体外的一种固定方法。目前常用的外固定方法有夹板固定、石膏固定、牵引固定及外固定器固定等。

（1）夹板固定：指骨折复位后选用不同的材料，如柳木板、竹板、杉树皮、纸板等，根据肢体的形态加以塑形，制成适用于各部位的夹板，并用系带扎缚，以固定垫配合保持复位后位置的固定方法。

（2）石膏固定：用熟石灰细粉末撒布在特制稀孔纱布绷带上，做成石膏绷带，待温水浸泡后，包裹在需固定的肢体上，10～20 分钟后石膏即可硬结成形，并逐渐干燥凝固，对患肢起到有效固定效果。

（3）牵引固定：指通过牵引装置，利用牵引装置悬垂作为牵引力，身体重力作为反牵引力，以缓解肌肉紧张和强烈收缩，整复骨折、脱位，预防及矫正软组织痉挛，以及作为对某些疾病术前组织松解和术后制动的治疗方法，常见的牵引疗法有皮肤牵引、骨牵引及布托牵引。

（4）外固定器固定：利用骨圆针或螺纹针穿入骨折远近两端骨干上，外用固定器使骨折复位并固定。

2. 内固定 是在骨折复位后，用金属内固定物维持骨折复位的方法。临床上包括两种固定方法：一是切开后置入固定物；二是闭合复位，在 X 线透视下将钢针插入固定骨折。

（四）练功

练功又称功能锻炼，古称导引，是通过自身运动防治疾病、增进健康、促进肢体功能恢复的一种疗法。采用局部和全身练功相结合方法进行运动锻炼，可推动全身气血流通以活血化瘀，消肿止痛、濡养患肢关节经络、促进骨折的迅速愈合，并可防止筋肉萎缩、关节粘连及骨质疏松等骨伤并发症的发生，有利于骨伤及整个机体全面恢复。

（朱晓峰）

复习思考题

1. 写出此病中医诊断及证型。
2. 写出此病的治法及方药。

第十节 湿 疮

湿疮是一种有明显渗出倾向的过敏性炎症性皮肤疾患。因皮损总有湿烂、渗液、结痂而得名。其临床特点是皮损对称分布、多形损害、剧烈瘙痒、有渗出倾向、反复发作、易成慢性等。通常分为急性、亚急性、慢性三类。本病男女老幼皆可发病，但以先天禀赋不耐者为多，无明显季节性，但冬季常复发。

现代医学中的湿疹可参考本节辨证治疗。

一、病因病机

本病可由禀赋不耐，风湿热邪客于肌肤所致；也可由饮食失节、嗜酒或过食辛辣荤腥动风之品，脾失健运，湿热内生，内外两邪相搏而成。最终导致湿热蕴阻肌肤而发病。急性者以湿热为主；亚急性者以脾虚湿蕴为主；慢性者则以久病伤阴耗血，血虚生风生燥为主。

二、辨证论治

湿疮根据病程和皮损特点，分急性、亚急性、慢性三种。可根据临床表现分证论治。湿热浸淫证，属湿热之邪流溢肌肤所致，多为急性湿疮的表现；脾虚湿蕴证，属脾虚健运，湿邪内生，蕴积肌肤所致，多为亚急性湿疮的表现；血虚风燥证，属湿疮反复发作，数年不愈，伤阴耗血，血燥生风所致，多为慢性湿疮的表现。

1. 湿热浸淫

【证候】 发病急，皮肤潮红灼热，水疱渗液瘙痒，可泛发全身，伴身热，心烦，舌红，苔黄腻，脉滑数。

【分析】 本证由湿热内生，兼外受风邪，客于肌肤所致。风性轻扬，善行而数变，故发病急，犯发全身；湿为阴邪，其性黏滞，重浊而趋下，袭于肌腠，水湿蕴内，而见水疱糜烂、渗液；风湿夹热蕴结，故致皮肤潮红、灼热、瘙痒、身热、心烦。舌红，苔黄腻，脉滑数，为湿热内生、外受风邪之象。

【治法】 清热利湿。

【方药】 内治用萆薢渗湿汤（萆薢、薏苡仁、黄柏、赤芍、牡丹皮、泽泻、滑石、通草）加减。水疱多，破后渗液多者，可加土茯苓、鱼腥草。热盛者，加黄连解毒汤。瘙痒重者，加紫荆皮、地肤子、白鲜皮。外治应避免刺激，用苦参汤温洗。

2. 脾虚湿蕴

【证候】 发病较缓，皮肤潮红，瘙痒有糜烂、渗出及鳞屑，伴纳呆、倦怠乏力，舌淡胖，苔黄腻，脉濡细。

【分析】 脾胃虚弱，运化失调，故纳呆、倦怠乏力；脾失健运，湿热内生，蕴积肌肤，故皮肤潮红，瘙痒，有糜烂、渗出；舌淡胖，苔黄腻，脉濡细，为脾虚湿重之象。

【治法】 健脾利湿。

【方药】 内治用除湿胃苓汤（苍术、厚朴、陈皮、猪苓、泽泻、赤茯苓、白术、滑石、防风、栀子、木通、肉桂、甘草、灯心草）合参苓白术散（人参、白术、茯苓、甘草、山药、桔梗、白扁豆、莲子肉、砂仁、薏苡仁、陈皮、大枣）加减。外治可用苦参汤温洗，也可外搽黄连膏。

3. 血虚风燥

【证候】 病处皮损色暗或色素沉着，皮肤肥厚、粗糙脱屑，奇痒难熬，入夜尤甚，舌淡苔白，脉细。

【分析】 风湿热邪久蕴化热，耗伤阴血，肌肤失养，故皮损脱屑；血虚化燥生风，故奇痒难熬；风湿热壅阻，入而不散，局部气血瘀滞，故皮损色暗肥厚，色素沉着；舌淡，苔白，脉细为血虚之象。

【治法】 养血润肤，祛风止痒。

【方药】 内治用四物汤（熟地黄、当归、白芍、川芎）加制何首乌、胡麻仁、荆芥、防风、蝉蜕、白鲜皮、徐长卿。外治用青黛散麻油膏外搽。

（马天鹏）

复习思考题

1. 湿疮的预防调摄有哪些？
2. 湿疮如何辨证施治？

第十一节 瘾　疹

瘾疹是一种皮肤出现风团，时隐时现的瘙痒性、过敏性皮肤病。其临床特点是皮肤上出现风团，色红或白，形态各异，发无定处，骤起骤退，退后不留痕迹，自觉瘙痒。

现代医学中的荨麻疹可参考本节辨证治疗。

一、病因病机

瘾疹主要由禀赋不足，复感外邪所致。先天禀赋不足，表虚不固，风寒、风热外袭，客于肌表，致使营卫失调而发；或饮食不节，过食辛辣肥厚，或有肠道寄生虫，使肠胃积热，复感风邪，内不得疏泄，外不得透达，郁于皮毛腠理之间而发。此外，情志内伤，冲任不调，肝肾不足，血虚生风生燥，阻于肌肤也可发病。

二、辨证论治

瘾疹根据病程特点可分为急性和慢性，急性者发病急骤，慢性者可反复发作，可根据临床表现辨证论治。风寒束表证，属风寒之邪，蕴积肌肤所致；风热犯表证，属风热之邪，客于肌表所致，二者皆为风邪致营卫失调，风邪善行数变，起病急骤，多为急性瘾疹的表现。湿热内蕴证，为脾胃湿热，脾胃虚弱，不能运化水湿，湿邪内生，蕴积肌表，缠绵不愈；气血两虚证，属病久耗伤气血，致血虚生风，反复发作，二者多为慢性瘾疹的表现。

1. 风寒束表

【证候】 风团色白，遇冷则发，遇热缓解，剧痒，舌淡红，苔薄白，脉浮紧。

【分析】 风寒外袭，蕴积肌肤，致营卫不和，邪气郁于腠理，故起淡红色或白色风团，遇冷则发，遇寒加重，得温则缓。舌淡红，苔薄白，脉浮紧，皆为风寒束表之征。

【治法】 内治宜祛风散寒，调和营卫；外治同风热犯表。

【方药】 荆防败毒散（荆芥、防风、羌活、独活、柴胡、前胡、川芎、枳壳、茯苓、桔梗、甘草）合桂枝汤（桂枝、白芍、炙甘草、生姜、大枣）加减。畏风怕冷者，加玉屏风散；恶心欲呕者，加法半夏、陈皮等。

2. 风热犯表

【证候】 风团色赤，遇热则发，得冷则减，患处灼热剧痒，舌红，苔薄黄，脉浮数。

【分析】 风热之邪，客于肌表，致营卫失调，邪气郁于腠理，外不得透达，内不得疏泄，故见风团；风为阳邪善行而数变，故起病急骤，时隐时现，发无定处，遇热则发，得冷则减，患处灼热剧痒。舌红，苔薄黄，脉浮数为风热犯表之征。

【治法】 内治宜疏风清热凉血；外治可用苦参汤温洗。

【方药】 消风散（当归、生地黄、防风、蝉蜕、知母、苦参、胡麻、荆芥、苍术、牛蒡子、石膏、甘草、木通）加减。风热袭肺者，加金银花、连翘；风团颜色鲜红者，加牡丹皮等；口渴者，加玄参；瘙痒剧烈者，加白鲜皮、徐长卿等。

3. 湿热内蕴

【证候】 出现风团时，作脘腹疼痛，神疲纳呆，大便秘结或泄泻，舌红，苔黄腻，脉滑。

【分析】 脾胃不能运化水湿，复受风热之邪刺激或湿热之邪伤及脾胃故见风团迭发不愈，脾失健运，运化失职，食滞中焦，则脘闷纳呆，腹痛；热结脾胃肠腑，则大便秘结；完谷不化则便滞。舌红，苔黄腻，脉滑为脾胃湿热之征。

【治法】 内治宜清热除湿，祛风通里；外治同风热犯表。

【方药】 防风通圣散（防风、荆芥、连翘、麻黄、薄荷、川芎、当归、白芍、白术、山栀、大黄、芒硝、石膏、黄芪、桔梗、滑石、甘草）加减。大便稀溏者，去大黄，加砂仁；腹脘胀痛或恶心呕吐者，加枳壳、厚朴、藿香等；有肠道寄生虫者，加乌梅、使君子、槟榔等。

4. 气血两虚

【证候】 风团反复发作，迁延数年，神疲乏力，舌淡，苔薄，脉濡细。

【分析】 病久耗伤气血，气血被耗，血虚生风故见皮疹反复发作，迁延数年，神疲乏力；舌淡，苔薄，脉濡细，皆为气血两虚之征。

【治法】 内治宜养血祛风，益气固表；外治同风热犯表。

【方药】 当归饮子（当归、生地黄、白芍、川芎、何首乌、荆芥、白蒺藜、黄芪、生甘草）合玉屏风散（黄芪、白术、防风）加减。兼血瘀者，加丹参、桃仁、红花；瘙痒剧烈者，加磁石、钩藤等；心烦失眠者，加酸枣仁、首乌藤等。

（马天鹏）

复习思考题

1. 瘾疹如何预防调摄？
2. 瘾疹与湿疹有何不同？

第十五章　肿瘤病证

第一节　肿瘤概论

肿瘤是指机体在各种致瘤因子作用下，局部组织细胞增生所形成的新生物，常表现为局部的异常肿块。肿瘤细胞生长旺盛、失去控制，具有相对自主性，在引起肿瘤性增殖的初始因素消失后仍能稳定传代。肿瘤的发生机制复杂，涉及遗传、环境、生活习惯等多种因素。根据其对人体危害的不同，肿瘤又分为良性肿瘤、恶性肿瘤和交界性肿瘤。其中恶性肿瘤生长迅速，侵袭性强，可播散，危害严重，称为癌症。恶性肿瘤对人体健康和生命的威胁极大，早期发现和根治肿瘤较为困难，需要手术、化疗、放疗、介入、免疫、中医药、预防等多学科合作。基于临床实际，中医肿瘤学主要面对的是恶性肿瘤及其治疗相关副作用的防治。中医结合现代医学的治疗手段，继承传统，推陈出新，在肿瘤学中的地位日益突出。

一、中医肿瘤学的发展历程

中医治疗恶性肿瘤最早可以溯源到原始社会到秦汉时期。早在公元前 16～前 11 世纪殷商时期的甲骨文中就有了“瘤”的记载，《圣济总录》中说：“瘤之为义，留滞不去也。”《周礼》中“疡医”所主治的“肿疡”也包括了肿瘤。春秋战国时期，《黄帝内经》认为“瘤”与“营气不通”“寒气客于肠外与卫气相搏”“邪气居其间”“正气虚”“邪气胜之”有关，阐述了“瘤”的病名，并分为筋瘤、肠瘤、脊瘤、肉瘤等，对癥瘕、肠覃、伏梁、石瘕、积聚、噎膈等病的症状进行详尽的描述。“胃反”“积聚”及妇科肿瘤的脉因证治和预后在东汉张仲景的《伤寒杂病论》中有明确的阐述及记载，鳖甲煎丸、大黄䗪虫丸至今仍为治疗积聚的临床常用方剂，抵当丸、麦冬汤、旋覆代赭汤、桂枝茯苓丸等方剂至今仍被用于癌病的治疗。晋代葛洪《肘后备急方》论述了甲状腺肿瘤及常见肿瘤的治疗，所载的海藻等药治疗甲状腺肿瘤，葛洪还发明了红升丹、白降丹等升华药品，开创了化疗的先河，对后世痈疽、肿疡、瘿瘤、赘疣的治疗起到了很大的推动作用。隋代巢元方的《诸病源候论》中关于肿瘤的病因、病机以及证候的记载总共有 169 条，已经非常准确和详细地记录了肿瘤的病因病理和症状。此外，还记载了古代运用网膜血管结扎手术、肠吻合术。

到了宋金元时期，由于医学流派之间的争鸣，丰富的学术思想充实了肿瘤学防治里面的内容，中医肿瘤学的学科理论逐步成型，“扶正治癌”成为重要法则。金元四大家中，刘完素认为疾病多因火热而起，倡“六气皆从火化”说，提倡用寒凉药治疗火热病，清热解毒来治疗肿瘤。从金元时期就已经有明确治疗理念和方法，比如用凉膈散来治疗食管癌，就取得了比较好的效果。张从正善用攻法，认为“治病应着重驱邪，邪去则正安，不可畏攻而养病”，以攻邪为主，在《儒门事亲》中记载：“癖积，两胁刺痛，三棱……之类，甚者甘遂、蝎梢。水积足胫、胀满，郁李、商陆之类，甚者甘遂、芫花。”这些理气化结、化痰祛浊等方法在肿瘤及其并发症中医治疗实践中具有典型意义。李东垣强调“内伤脾胃、百病由生”“人以胃气为本”，提出“养正积自消”，对于指导肿瘤治疗具有较大意义，创制的方剂如补中益气汤、连翘散坚汤、救苦化坚汤等为临床预防、治疗所习用。朱丹溪在《丹溪心法》中论述道：“凡人身上、中、下有块者，多是痰。”提出“痰挟瘀血，遂成窠囊”，是对癌病病机的高度概括。与此同时，他力主养阴的学术思想在肿瘤治疗中也有所体现，强调了“治痰”的重要性，影响深远。

随着时间的推移，肿瘤的发展越来越丰富，中医治疗的方法越来越全面。明代建立以后，肿瘤学发展，中医治疗肿瘤的历史就到了下一个阶段：在实践中对各种肿瘤的认识和积累有了一些新的经验，使肿瘤学理论和研究得到进一步的深入和完善。张景岳较全面地总结了前人关于肿瘤病因的认识，对积聚的辨证认识又深入了一步。将治疗积聚的药物归纳为功、消、补、膳四大类；提出了对噎膈、反胃等病的不同治法；还提出及早治疗。陈实功的《外科正宗》对乳腺癌的症状描述非常细致。书中写道：“坚硬木痛，近乳头累累遍生疙瘩。”这就是乳腺癌典型的临床症状和表现。明代王肯堂对肿瘤也有比较深入的认识，他的著作《证治准绳》就记录了乳腺癌、噎膈等的病因、病机和预后。

清代末叶前后，西学东渐，西方医学大规模传入，对肿瘤的认识也就开始了中西医结合的历史，对恶性肿瘤的了解和认识日渐深入，肿瘤医学随着科技的进步和发展也有了非常显著的进步，在这个阶段中医学对肿瘤的认识也更加深化，治法有内服、外用、手术、针灸、食疗，逐渐发展出了综合治疗的思想，学科体系日渐成熟，为现代肿瘤防治和研究工作提供了丰富的资料。王维德在《外科证治全生集》中所记载的阳和汤、西黄丸、千金托里散内服，蟾酥外贴等治法，对于当今临床具有很强的指导意义。唐容川是中西结合汇通学派比较早的代表，所著《血证论》《中西汇通医书五种》中记载了“痞滞”证类，如胃癌、肝癌、胰腺癌，他认为痞、积聚、癥瘕等肿瘤类疾病与气血瘀滞脏腑经络有关，提倡活血化瘀的治法。张锡纯所著《医学衷中参西录》，在“治膈食方”中提出用参赭培元汤治疗膈证，阐释了食管癌和胃底贲门癌的治疗，强调补中逐瘀法则。《医学衷中参西录》记录了非常多的防治肿瘤较详细的痊愈病例，也为现代中西医结合治疗肿瘤扶正培本法提供了有力的根据。

发展到近现代，特别是新中国成立以后，生物学和其他学科技术的进步，融合到了中医肿瘤学的发展当中，形成了一个综合性的学科，其所涵盖的内容包括了肿瘤的起因、发病、诊断方法、治则、治法与康复，以及抗癌中草药的筛选以及作用机制。将中医肿瘤学的理、法、方、药，推进到一个新的高度。正是在这一大背景下，中医近现代肿瘤学的学科框架逐渐形成，并且得到了不断的充实和发展。在实际的肿瘤临床治疗中，逐渐形成中西医结合取长补短、相辅相成的诊断、治疗、预防体系，尤其在提高晚期恶性肿瘤患者生存质量、减轻放化疗等副作用、防治癌前病变等领域，离不开中医学的独特建树。

二、肿瘤的病因病机

中医学认为，肿瘤的发生，多由正气内虚、外感邪毒、内伤七情、饮食失调，或宿有旧疾等因素致脏腑功能失调，气血津液运行失常，产生气郁、血瘀、痰凝、湿浊、毒聚等病理产物，蕴结于脏腑，相互搏结，日久渐积而成。其常见病因主要有以下几类。

1. 素体内虚 宿有旧疾，久病正虚，邪毒内生；或年高体衰，阴阳失衡，脏腑失调，虚邪郁滞，终致痰瘀互结而成肿块。《医宗必读·积聚》说：“积之成也，正气不足，而后邪气踞之。”

2. 六淫邪毒 外感六淫之邪，或烟毒、工业废气、放射性物质等邪毒之气，由外入里，正不胜邪，邪毒久羁，脏腑气血阴阳失调，气郁、痰浊、血瘀或邪毒等互结，形成肿块。

3. 饮食失调 饮食不节，如饥饱失常，嗜食醇甘、辛辣、腌炸、烧烤，或海腥发物，或食物过热过冷等，久伤脾胃，痰湿内生，浊毒瘀热，日久耗气伤阴，脏腑功能失调，气血津液紊乱，邪毒炽盛，形成肿瘤。

4. 内伤七情 情志不遂，七情怫郁，气机郁结，或气不布津，痰湿内生，或气滞血瘀，或郁热伤阴，虚实夹杂，终致痰湿与血瘀互结，渐成肿块。

肿瘤的基本病机为正气亏虚，脏腑功能失调，气机郁滞，痰瘀酿毒久羁而成有形之肿块。主要的病理因素为气郁、痰浊、湿阻、血瘀、毒聚（热毒、寒毒）。病理性质为标实本虚、虚实夹杂，常见全身属虚而局部属实。发病初期，邪毒偏盛而正虚不显；中晚期由于邪毒耗伤人体气血津液，多出现气虚、阴伤、气血亏虚或阴阳两虚等。由于邪愈盛而正愈虚，本虚标实，病变错综复杂，病势日益深重。恶性肿瘤的病机变化往往较为复杂，预后险恶，由于邪毒猖獗乖戾，最易化热，肿瘤一旦形成，常迅速生长，结聚成块；痰湿、瘀热、毒蕴，耗损正气，容易走进它脏，恶化迅速，患者常消瘦明显、疲劳乏力、腹凹如舟、面色晦暗、肌肤甲错、饮食量少，累及五脏功能，气血阴阳俱衰，病情危重，预后往往不良，难以根治。

三、肿瘤的辨治备要

（一）辨证要点

1. 辨病期

（1）病程早期：邪实为主，痰湿、气滞、血瘀与热毒互结成肿瘤，正虚不显。

（2）病程中期：正虚渐显，肿瘤增大、变硬，侵及范围增大。

（3）病程晚期：正衰为主，正气消残，邪气侵凌范围广泛，或有远处转移，呈大虚大实状态。

2. 辨正虚

（1）辨阴虚：干咳或痰少，口咽干燥，形体消瘦，潮热盗汗，颧红目涩，舌红少津，脉细数。多见于放疗之后。

（2）辨气虚：咳喘无力，短气，动则加重，声音低怯，神疲体倦，自汗，纳食不馨，腹胀，腰膝酸软。多见于放化疗或手术之后。

（3）辨血虚：面黄无华，口唇淡白，疲劳，腿软，失眠，头昏，心慌心悸，眼睑苍白，舌淡，脉细。多见于肿瘤中晚期或手术、放化疗之后。

（4）辨阳虚：形寒怕冷，肢端清凉，面色㿠白，小便清长，五更腹泻，夜尿频多，舌淡胖有齿印，脉沉细。多见于肿瘤晚期。

3. 辨邪实

（1）病性辨气郁：情志抑郁，或性情急躁、胁肋胀痛、或胸闷、或咽部有异物感、嗳气，泛恶，纳食减少，或乳房胀痛。多见于甲状腺癌、乳腺癌等。

（2）病性辨痰浊：咳嗽咳痰（注意痰的颜色、形状、稀稠度、气味等）、固定部位肿块质地不甚坚硬，形体肥胖、肢体关节僵硬或疼痛，舌胖苔白腻，脉滑。多见于肺癌、甲状腺癌、淋巴癌等。

（3）病性辨湿浊：口黏，身重，苔厚浊腻，大便溏烂不爽，小便不畅，白带偏多等。多见于胃肠道癌、泌尿系癌。

（4）病性辨瘀血：固定部位肿块、疼痛，出血，发绀，舌紫暗或有瘀点瘀斑，脉涩等。多见于癌病中晚期或术后患者。

（5）病性辨热毒：发热，口苦，口干多饮，大便干结，体表癌病局部红肿灼热，舌深红，舌苔黄燥等。多见于头面部癌或癌病放疗后患者。

（6）病性辨寒毒：畏寒怕冷，脘酸冷痛，便溏，小便清长，面黄晦暗，局部肿块色白或暗，舌暗淡、舌苔白腻水滑等。多见于癌病晚期，或素体阳虚或久用苦寒患者。

（二）治则治法

“扶正以祛邪，祛邪以安正”，治疗原则为扶正祛邪，攻补兼施。在具体运用过程中要结合病史、证候、实验室检查，以及手术或放化疗前后不同阶段等综合分析、辨证论治，重点把握不同癌病及其不同病程阶段中扶正与祛邪的主次。常用的治疗方法包括扶正和祛邪两方面。扶正治法分别采用补气、养血、滋阴、温阳以达到祛邪的目的，祛邪治法包括理气、除湿、化痰、祛瘀、解毒（热毒、寒毒）、软坚散结等法，并结合所在病位及肿瘤性质，适当配伍有抗肿瘤作用的中药，综合治疗。同时祛邪过程中务必要时时顾护正气，从而邪去正安，病情康复。

（三）临证要点

1. 病证结合，多法并举，综合治疗

（1）首先要重视对癌病的早期诊断，明确癌病的病情程度、病程分期及预后。熟知当前国内外中西医各种治疗手段和规范化治疗方案，及时制定个体化综合治疗措施。

（2）癌病一般采取包括手术、放疗、化疗、生物靶向治疗、中医药治疗等在内的综合疗法，根据患者的具体情况选择不同的方法。中医药能提高综合治疗的疗效，对其他疗法有减毒增效的作用，并可改善症状，提高生存质量，延长生存期。

（3）中医治疗癌病，在重视辨证论治的基础上，结合癌毒致病的特殊性，既重视滋阴养血、益气温阳、“扶正即所以祛邪”、“养正积自除”，又重视癌毒的存在。理气、化痰、祛湿、活血、散结等解毒消癌法应贯穿癌病治疗的始终，祛邪与扶正联合，辨病与辨证结合，复法制方，有望达到尽快改善症状、控制或消除癌肿的目的。

2. 重视扶助正气，时时顾护胃气 依据《内经》“阳化气，阴成形”理论，对阴寒内盛者，采用温阳散寒法，能够提高治疗效果。整个治疗过程都要时时顾护胃气为先，以期调理脾胃，滋养气血生化之源，扶助正气。早期胃气尚健，祛邪的同时保护胃气；中晚期，胃气已伤，治疗应以保胃气为主，兼顾祛邪，诸如参苓白术散、益胃汤、六君子汤等皆为常用方药。

（1）早期邪盛为主，正虚不显，可先以祛邪为主。

（2）中期宜攻补兼施。

（3）晚期正气大伤，不耐攻伐，当以补为主。

（4）术后患者虽以扶正调理为主，但余邪未尽，易于复发转移，仍以扶正与祛邪相结合。

（5）对于中晚期肿瘤患者，正气耗伤，扶正能够调整脏腑生理功能、提高免疫功能和抗病力、改善症状，可用益气健脾、温肾壮阳、滋阴养血、养阴生津等法。

3. 结合西医不同疗法，分类分期辨证论治

（1）中医药结合西医手术、化疗、放疗治疗肿瘤，有提高疗效或减毒增效的作用。肿瘤患者手术后，常出现发热、盗汗或自汗、纳差、神疲乏力等症状，可使用补气生血的中药，使免疫功能尽快恢复，同时又有直接抗肿瘤作用，常以健脾益气、滋阴养血为法，方如参苓白术散、八珍汤、十全大补汤、六味地黄丸等。

（2）肿瘤放化疗的患者，常出现消化障碍、骨髓抑制、机体衰弱及炎症反应等毒副作用，以阴虚毒热、气阴两伤、气血不足、脾胃虚弱、肝肾亏虚等为常见，常用治法为清热解毒、益气养阴、生津润燥、补益气血、健脾和胃、滋补肝肾等，方如黄连解毒汤、沙参麦冬汤、圣愈汤、香砂六君子汤、左归丸、右归丸等。

（四）预防调护

针对癌病的病因，采取相应的预防措施，如虚邪贼风，避之有时，起居有节，调畅情志，饮食适宜，不妄作劳等。戒烟、戒酒，保持心情愉快，对预防本病有重要意义。应加强普查工作，做到早期发现、早期诊断、早期治疗，对预后有积极意义。做好预防对减少发病有重要意义。

既病之后，要使患者树立战胜疾病的信心，积极配合治疗，起居有节，调畅情志，饮食清淡易于消化，适当参加锻炼。治疗用药要“衰其大半而止”，过度放化疗或使用中药攻邪之品常易耗伤正气。一般宜“缓缓图之”，最大限度地延长患者生存期，减少痛苦，提高生活质量。

（胡德胜）

复习思考题

1. 肿瘤的病因病机以及辨治要点有哪些？

2. 肿瘤的临证要点有哪些？

第二节 肺 癌

肺癌是由于正气内虚、邪毒外侵引起的痰浊内聚，气滞血瘀，蕴结于肺，以致肺失宣发与肃降为基本病机，以咳嗽、咯血、胸痛、发热、气急为主要临床表现的一种恶性疾病。根据本病的临床表现，肺癌可归属于中医学“肺积”“息贲”“息积”“肺壅”“咳嗽”等范畴。肺癌是一种发生在肺部的恶性肿瘤，与现代医学中的原发性支气管肺癌相对应，肺部其他原发性恶性肿瘤、肺转移性肿瘤等，可参照本节进行辨证论治。

肺癌是全球范围内导致癌症相关死亡的最主要原因之一，据统计，每年约 180 万人死于肺癌，需要及早发现和治疗。现代医学对肺癌按组织学分类，分为鳞状上皮细胞癌、小细胞癌、腺癌、大细胞癌等，其中以鳞状上皮细胞癌多见。由于肿瘤部位的不同，临床常分为中央型肺癌和周围型肺癌，以中央型肺癌常见。

一、病因病机

肺癌的中医学病因病机较为复杂，根据患者的起病经过及临床表现，主要认为是由于内因和外因相互作用，本病的发生与正气盛衰和邪毒侵袭有比较密切的关系。内因包括先天禀赋不足，外因主要是六淫、饮食、邪毒等，导致肺失宣降，气机不利，血行瘀滞，痰浊内生，毒邪结聚而成。

（一）正气亏虚

正气内虚，脏腑阴阳失调，是罹患肺癌的主要基础。“正气存内，邪不可干”“邪之所凑，其气必虚”。禀受父母、先天不足，或年老体衰，慢性肺部疾患，或劳累过度，后天失养，致正气亏虚，肺气、肺阴亏损，外邪乘虚而入，客邪留滞不去，脏腑功能失调、气血阴阳失和，气机不畅，逐渐影响肺脏气血的运行以及肺之通调水道功能，引起痰凝、血瘀、气滞等病理变化，聚而化热，痰、热、瘀、气凝聚形成癌毒，聚集于肺，日久渐成癌瘤。正如《药症忌宜·息贲》载：“息贲，属肺气虚，痰热壅结所致。”《活人积要》云：“壮人无积，虚人则有之。”《医宗必读·积聚》说：“积之成者，正气不足，而后邪气踞之。”

（二）外邪犯肺

肺为娇脏，通于外窍，易受邪毒。《医学心悟·咳嗽》载：“肺为娇脏……而外主皮毛，最易受邪。”工业废气、石棉、矿石粉尘、煤焦烟灰和放射性物质等有毒物质，致使肺气肃降失司，肺气郁滞不宣，进而血瘀不行，毒瘀互结，久而形成肿块。肺喜润恶燥，火热燥邪最易伤肺。清代顾松园认为：“烟为辛热之魁。”《医门补要·肺热极便烂臭》载：“表邪遏伏于肺，失于宣散，并嗜烟酒，火毒上熏，久郁热炽，烁腐肺叶。”长期吸烟，热灼津液；或邪客于肺，邪毒蕴久化热，阴液内耗，致肺阴不足，久则气阴亏虚，加之烟毒之气内蕴，羁留肺窍，阻塞气道，而致痰湿瘀血凝结，形成瘤块。如《杂病源流犀烛·积聚癥瘕痃癖痞源流》所描述的“邪积胸中，阻塞气道，气不得通，为痰……为血，皆邪正相搏，邪既胜，正不得制之，遂结成形而有块”。

（三）饮食劳倦

《素问·痹论》曰：“饮食自倍，肠胃乃伤。”饮食不节，伤及脾胃，母子相及，土不生金，则肺脏失于濡养；脾为生痰之源，食伤劳倦，运化失司，湿阻气滞，水湿痰浊内聚，痰贮肺络，痰瘀互结，形成癌肿。《类经·息积》载：“若饮食过伤，脾不及化，则余气留滞而结聚于此，其根正在胁间，阳明病剧则上连于肺，此其所以为息积也。”

（四）情志失调

七情不遂，内伤脏腑，气机失调，气滞血瘀，瘀而化热，损伤肺叶，痰贮于肺，痰毒内聚，日久形成肿块，遂成肺积。《张氏医通·咳嗽》云：“七情郁结，五脏不和，则邪火逆上，肺为气出入之道，故五脏之邪，上蒸于肺而为嗽。”肺积日久，肺脾之气受损，出现肺脾气虚的症状，见神疲乏力、面色少华、气短、少气懒言；气不摄血则反复咯血；或思虑伤脾，脾失健运，聚湿生痰，痰贮于肺，肺失宣降，气滞血瘀，于是痰气瘀毒胶结，日久成为肺部肿瘤。诚如《素问·举痛论》说：“悲则心系急，肺布叶举，而上焦不通，荣卫不散……思则心有所存，神有所归，正气留而不行，故气结矣。”

肺癌的基本病机为肺脏虚弱，宣降失司，痰瘀毒结。肺癌的发生是正气虚损，阴阳失调，六淫之邪乘虚侵袭肺脏，邪滞胸中，导致肺脏功能失调，肺气膹郁，或肺脏虚弱，宣降失司，气机不利，痰瘀毒结，血行瘀滞，津液失于输布，津聚为痰，痰凝气滞，瘀阻络脉，瘀毒胶结，日久形成肺部积块。因此，肺癌病性多属本虚标实，以肺气亏虚为本，痰阻、血瘀、癌毒为标。肺癌的虚以阴虚、气阴两虚为多见，实则不外乎气滞、血瘀、痰凝、毒聚之病理变化。本病病位在肺，与脾胃关系密切，涉及肾。因肝主疏泄，调畅人体气机；脾主运化水湿，脾升胃降，协调人体气化；肾主水之蒸化，协助肺之呼吸运动，故与肝、脾、肾关系密切。

二、辨证要点

1. 辨证候虚实 肺癌的发生多与肺气不足、痰湿瘀血阻滞有关。肺癌早期多见痰湿、气滞、瘀毒，以邪实为主；中期正气渐耗，邪正并存；肺癌晚期正气虚损，阴液耗伤，阴损及阳，多见气阴两虚、阴阳两虚之证，以正虚为主。

2. 辨邪正盛衰 辨明邪正盛衰是把握肺癌扶正祛邪治则的合理选方用药的关键。一般说来，肺部癌瘤早期发现或部位局限，临床症状虽明显，但患者形体尚丰，日常生活未受影响，此时多为邪气盛而正气尚充，正邪交争之时；如病邪广泛侵犯或多处转移，全身情况较差，日常生活饮食受到明显影响，生活行动困难，症状复杂多变者，多为邪盛而正衰的正虚邪实者。

三、诊断要点

1. 临床表现 肺癌的临床表现，因肿瘤发生部位、大小、种类、发展阶段及有无转移或并发症而有所不同。周围型肺癌早期常无呼吸道症状，中央型肺癌可出现相应的临床症状及体征，常见症状主要有咳嗽、咳痰、咯血、喘鸣、胸闷、气急、发热、胸痛等，严重者或伴见声音嘶哑、吞咽困难、上腔静脉综合征、膈肌麻痹、胸腔和心包积液、Pancoast 综合征、副肿瘤综合征等。咳嗽是最为常见的早期症状，常是阵发性呛咳，或呈高音调金属音的阻塞性咳嗽，无痰或仅有少量白色黏液痰。咯血时作时止，量可多可少，色或鲜红，或深暗，多兼泡沫，或痰中带血。患者多有程度不同的胸痛，早期以胸闷胀痛为主，晚期疼痛部位固定不移，多以刺痛为主，甚至剧痛，痛不可耐。发热以潮热或稽留热为主，主要表现为午后或夜间发热，或手足心热，久稽不退。气急初期多为胸闷喘息，声高息粗；晚期多因慢性消耗表现为声息低怯，胸闷而不甚急。

2. 诊断 肺癌的诊断通常需要结合临床表现、影像学和病理学检查。

（1）呛咳、干咳持续数周不愈，或反复咯血痰，或不明原因的顽固性胸痛、气急、发热，或伴进行性消瘦、疲乏等。

（2）年龄在 40 岁以上，有长期吸烟史的男性。

（3）医学影像学检查方法主要包括 X 线摄影、CT、MRI、PET-CT、超声、骨扫描等方法，主要用于肺癌诊断、分期、疗效监测、再分期及预后评估等。

（4）肺癌细胞学或组织学检查中，可选择痰脱落细胞学检查、支气管镜检查、胸腔穿刺术、淋巴组织穿刺活检、纵隔镜、胸腔镜等方法，以明确病理和进行肺癌分期。其中，痰脱落细胞学检查是早期诊断中央型肺癌最简单方便的无创诊断方法，但有一定的假阳性和假阴性可能，且分型较为困难，多次检查阳性率可提高。支气管镜检查是常用的确诊肺癌的检查方法。如发现浅表皮下病灶或浅表淋巴结肿大，怀疑肺部占位为恶性者，可进行活检以获得病理学诊断。纵隔镜检查取样较多，是鉴别伴纵隔淋巴结肿大的良恶性疾病和评估肺癌分期的有效方法。内科胸腔镜可用于不明原因的胸腔积液、胸膜疾病的诊断。外科胸腔镜可切除经支气管镜和经胸壁肺穿刺术等检查方法无法取得病理标本的肺癌，尤其是肺部微小结节病变，通过胸腔镜下病灶切除，即可明确诊断。

（5）血清学检查常用的肺癌标志物有癌胚抗原（CEA）、神经元特异性烯醇化酶（NSE）、细胞角蛋白 19 片段抗原（CYFRA21-1）、胃泌素释放肽前体（ProGRP）、鳞状上皮细胞癌抗原（SCCA）等。

3. 鉴别诊断

（1）肺痨：肺痨与肺癌临床表现均可出现咳嗽、咯血、胸痛、发热、消瘦等症状，应注意鉴别。肺痨多发生于青壮年，而肺癌好发于 40 岁以上的中老年男性。部分肺痨患者已愈合的结核病灶所引起的肺部瘢痕可恶变为肺癌。肺痨经抗痨治疗有效，肺癌经抗痨治疗则病情无好转。借助实验室检查加以鉴别。

（2）肺痈：肺痈患者也可有发热、咳嗽、咳痰的临床表现，与肺癌容易混淆，应注意鉴别。肺痈多急性发病，而肺癌病势较缓。肺痈多表现为高热，寒战，咳嗽，咳吐大量脓臭痰，痰中可带血，可伴有胸痛；肺癌热势一般不高，呛咳，咳痰不爽或痰中带血，伴见神疲乏力、消瘦等全身症状。肺癌患者肺部感染时，也可出现高热、咳嗽加剧等症，此时更应详细询问病史，四诊合参，实验室检查有助于二者的鉴别。

（3）肺胀：是多种慢性肺系疾患反复发作、迁延不愈所致的慢性肺部疾病，是以喘息气促，咳嗽咳痰，胸部膨满，憋闷如塞，或唇甲发绀，心悸，肢体浮肿，经久难愈，严重者可出现喘脱、昏迷等为主症的疾病。肺胀病程长达数年，反复发作；肺癌则起病较为隐匿，以咳嗽、咯血、胸痛、发热、气急为主要临床表现，伴见消瘦乏力等全身症状。借助肺部 X 线检查、痰脱落细胞学检查等不难鉴别。

四、辨 证 论 治

1. 痰湿蕴肺证

【证候】 咳嗽痰多，色白黏腻或呈泡沫状，胸闷气短，中脘不快，纳呆消瘦，腹胀便溏，神疲乏力，面色少华，舌淡胖，边有齿痕，舌苔白腻，脉濡缓滑。

【分析】 肺癌属肺脾气虚，中焦运化失职，痰湿内阻者，多见于中晚期及化疗后患者。或因肺癌久病致虚、中气不足，或因子盗母气、肺虚及脾，或因化疗药毒伤及脾胃。中焦运化失职，水不生津，谷不化气，痰湿内生。脾为生痰之源，肺为贮痰之器，痰湿蕴肺则咳嗽咳痰，胸闷气短；痰湿困脾，运化失职，气血生化乏源可见面色少华，脾主四肢，肢体失养则神疲乏力，升降失常则纳少便溏。

【治法】 燥湿化痰，理气和中。

【方药】 二陈汤（《太平惠民和剂局方》）合六君子汤（《医学正传》）加减。前方以燥湿化痰为主，后方以理气健脾为主。常用药：党参、茯苓、白术、甘草、陈皮、半夏、薏苡仁、瓜蒌皮、百部、紫菀等。加减：纳差食少者，加神曲、山楂、麦芽、鸡内金等和胃助运；痰涎壅盛者，加陈皮、牛蒡子；肢倦嗜睡者，加人参、黄芪。有胸水者，加葶苈子、泽泻利水渗湿。

2. 瘀毒内阻证

【证候】 咳嗽不畅或有痰血，胸闷气急，胸胁胀痛、刺痛或钝痛，痛有定处，颈部及胸壁青筋显露，唇甲紫暗，舌暗红或青紫，舌有瘀斑，苔薄，脉弦或涩。

【分析】 肺癌属气精亏虚，瘀毒内结者，见于肺癌晚期患者。肺癌一病发病隐匿、病程长，病至后期，正气消残，邪气侵凌，全身状况逐渐衰弱，久病及肾，肾精渐耗；肺癌久病入络，百脉空虚，瘀血内生，癌毒入络，毒瘀胶结，见胸闷气急，唇甲紫暗，舌暗红或青紫，舌有瘀斑，苔薄，脉弦或涩。

【治法】 活血化瘀，解毒散结。

【方药】 复元活血汤（《医学发明》）加减。常用药：柴胡、瓜蒌根、当归、红花、甘草、穿山甲、大黄、桃仁等。加减：胸痛甚者，加枳壳、延胡索、薤白行气止痛；唇甲紫暗明显者，加三棱、莪术破血消癥；大便秘结者，加厚朴、枳实行气导滞。

3. 阴虚内热证

【证候】 咳嗽无痰或痰少质黏，或痰中带血，喉干痒燥痛，声音嘶哑甚至失音，气急胸痛，低热，口唇干燥，盗汗，舌红或红绛，少苔或光剥无苔，脉细数。

【分析】 肺癌属肺阴亏耗者，多见于放疗后患者。肺喜润恶燥，肺癌导致肺阴亏虚，清肃失调则咳嗽少痰或无痰；肺阴亏耗，喉失所养，可见喉干痒燥痛，声音嘶哑甚至失音，即所谓“金破不鸣”；阴不制阳，虚热内生，灼伤肺络则咯血；肺阴受损，化源不足，母病及子，金水不生，或肺癌晚期，久病及肾，致肺肾阴虚，虚火上炎可见潮热盗汗等症；舌红少苔，脉细数均属阴虚之象，可为阴虚辨证依据。

【治法】 养阴清肺，润肺化痰。

【方药】 百合固金汤（《慎斋遗书》）加减。常用药：百合、生地黄、北沙参、麦冬、苦杏仁、瓜蒌、鱼腥草等。加减：心烦失眠者，加丹参、酸枣仁、首乌藤养心安神；痰黄稠者，加浙贝母、胆南星清热化痰；盗汗明显者，加煅牡蛎、瘪桃干敛汗固涩；大便干结者，加火麻仁。

4. 脾肾阳虚证

【证候】 咳嗽气急，动则气促，乏力，咳嗽无力，纳少便溏，耳鸣，腰酸膝软，畏寒肢冷，夜间尿频，舌淡胖，苔薄白，脉细沉。

【分析】 肺癌晚期属阳虚寒凝者或肺癌骨转移者。肺癌患者晚期多有气血内耗，或气虚及阳、或阴损及阳、或久病及肾，形成脾肾阳虚、痰凝血滞、阴寒内生之证。脾阳亏虚，肺失宣肃，临证见咳嗽、喘促，伴有少气懒言、声低畏寒、鼻流清涕、舌淡暗、苔白、脉虚沉；肾主骨，肾阳亏虚，肺癌之毒乘虚而入，留注骨骼，与痰瘀互结形成局部或全身骨转移，临证可见顽固性疼痛，患处皮肤无红肿，触之不热或微温，伴耳鸣，腰酸膝软，舌多淡胖或有瘀斑瘀点，舌下脉络瘀暗。

【治法】 温肾健脾，化痰散结。

【方药】 肾气丸（《金匮要略》）合二陈平胃散（《症因脉治》）加减。前方以温补肾阳为主，后方以理气化痰为主。常用药：桂枝、附子、生地黄、山茱萸、山药、茯苓、牡丹皮、泽泻、半夏、茯苓、陈皮、甘草、苍术、厚朴等。加减：气喘甚者，加白前、苏子、莱菔子化痰降气；下肢沉重浮肿者，加薏苡仁利水渗湿；大便溏稀者，加肉豆蔻、五倍子涩肠止泻。

五、中西医协同治疗

肺癌属于常见的恶性肿瘤之一，目前总的治愈率很低，手术、放疗、化疗、靶向及免疫治疗是肺癌的主要治疗手段，手术、放化疗结合中医药的协同治疗方法可以发挥更大的作用。中医药基于整体观念，治疗肺癌具有多层次、多靶点综合调节的特点，治疗肿瘤具有独特的优势。中医治疗要根据病机特点，结合不同分期病情的复杂性，分清主次进行辨证论治。肺癌中西医协同治疗时期，中医治疗原则以补脾益肺为主，兼燥湿化痰、祛瘀解毒。中、晚期肺癌，正气大伤，直接威胁患者的生命，因此“扶正培本”成为治疗关键。不仅有助于提高抗癌能力，延缓病情的急剧恶化，同时还能提高机体对抗癌药物的耐受力和敏感性，为抗癌药物的使用创造良好的条件。注意配合选用具有抗癌作用的中草药。研究表明，中医药联合西药干预肺癌具有减毒增效的作用。因此，将中医治癌与西医治疗的优势互补，不仅是现代肿瘤治疗方法和概念的创新，同时也符合世界卫生组织把肿瘤作为慢性病管理的理念。

肺癌的预防应从加强锻炼，增强机体抗病能力，避免接触致癌因素等做起。目前已公认吸烟是引起肺癌的重要危险因素，所以应积极戒烟。避免或减少接触苯并芘、石棉、煤焦油、电离辐射等有致癌作用的物质。对肺癌易感人群做好防癌普查工作也是早期发现肺癌的重要手段。肺癌患者的日常调护应使保持心情舒畅，起居有时，饮食营养均衡，避免进食黏腻、辛辣之品，注意防寒保暖，防止肺部继发感染。

复习思考题

1. 如何理解肺癌的中医病因病机？
2. 肺癌的中医辨证要点有哪些？
3. 肺癌的中医分型有哪些？各型的症候特点是什么？
4. 如何根据肺癌的中医分型进行辨证论治？

附　肺结节

中医学并无“肺结节”之名，但根据其临床表现和影像学特征，可以归属于中医的“肺积”“瘿瘤”“咳嗽”“喘证”等范畴。肺结节在影像学常表现为直径小于 3cm 的高密度、局灶性、类圆形的实性或亚实性肺部阴影，可为孤立性或多发性，不伴肺不张、肺门淋巴结肿大和胸腔积液。

现代医学中，肺结节可能是多种肺部疾病的影像学表现，包括但不限于肺癌、肺部炎症、肺结核等。其诊断需要结合临床表现、影像学特征以及病理学检查等多方面因素。

一、病 因 病 机

肺结节临床多无症状，肺结节的形成与人体的体质、情志、饮食、外邪等多种因素密切相关，其病因可分为内外两端。具体来说，内因有情志不畅、饮食不节、劳役失度及先天禀赋不足，外因有感受六淫外邪、烟毒雾霾、电离辐射等。

1. 情志内伤　七情怫郁，情志过极均可导致气机不畅，肺主气功能失司，气郁伤肺，肺络不通，津液失布，痰饮水湿，瘀血停聚发为肺结节。

2. 外邪乘袭　六淫外邪、烟毒雾霾、电离辐射等外来邪气可客于肺，使肺宣降失常，产生痰饮、瘀血等病理产物，又可化热、化毒，发为肺结节。

3. 素体亏虚　先天禀赋不足、后天失养或年老体弱，肺脾肾亏虚，脏腑经络不通，感邪后不能胜邪，反复罹病则正更虚，终致肺主气行水失司，病理产物停聚，发为肺结节。

诸多因素导致气机不畅、痰湿凝聚、瘀血阻滞等，从而形成肺结节。同时，脏腑功能失调、代谢功能紊乱、气血运行不畅也是肺结节产生的根源。肺结节发病与气、湿、热、痰、瘀、毒等病理产物产生及其相互搏结有关。病位主要在肺，与肝、脾、肾相关。以本虚标实居多。

二、辨 证 要 点

中医对肺结节的辨证主要基于患者的临床表现、舌象、脉象等信息。在辨证过程中，需要在对肺结节的全程管理基础上，综合考虑患者的体质、病因、病机等因素，以制定个体化的治疗方案。由于肺结节临床多无明显症状，“微观辨证”是肺结节辨证治疗的重要方法。此外，患者虽临床症状不明显，但可结合形态结构、生理功能、心理状态等辨明体质，采用体质理论进行临床指导。

三、辨证论治

（一）气郁伤肺证

【证候】 胸闷不畅，时轻时重，常随太息、嗳气而减，忧思气结，情志不遂，时有咳嗽，呼吸短促，可见便秘，舌淡红，苔薄白，脉弦。

【治法】 行气宣肺，散结止咳。

【代表方】 越鞠丸（《丹溪心法》）加减。

（二）寒痰阻肺证

【证候】 恶寒畏冷，咳嗽痰多，痰质黏稠，或清稀色白，量多易咯，胸闷，气喘或喉中哮鸣，舌淡，苔白腻或白滑，脉濡缓或滑。

【治法】 宣肺散寒、化痰散结。

【代表方】 二陈汤（《太平惠民和剂局方》）合三子养亲汤（《韩氏医通》）加减。

（三）痰热蕴肺证

【证候】 咳嗽，咯黄稠痰而量多，黏稠难咯，胸闷，气喘息粗，甚则鼻翼煽动，或喉中痰鸣、烦躁不安，或伴身热，微恶寒，口渴欲饮，或咳吐脓血腥臭痰，胸痛，大便秘结，小便短黄，舌边尖红，苔黄或黄腻，脉数或滑数。

【治法】 宣肺清热，止咳化痰散结。

【代表方】 千金苇茎汤（《外台秘要》）或清金化痰汤（《医学统旨》）加减。

（四）痰瘀毒结证

【证候】 咳嗽咳痰，量多质黏，色黄，或痰中带血，胸部憋闷，甚者胸部胀痛或刺痛，痛有定处，神疲乏力，气短，夜寐差，入睡困难，舌暗红，有瘀斑，苔黄腻，脉滑数。

【治法】 化痰活血，解毒清热散结。

【代表方】 二陈汤（《太平惠民和剂局方》）合海藻玉壶汤（《外科正宗》）或小陷胸汤（《伤寒论》）与大柴胡汤（《金匮要略》）加减。

（五）肺阴虚证

【证候】 干咳，咳声短促，咳少量黏痰，或痰中带血，不易咯去，口燥咽干，形体消瘦，午后自觉手足心热，或见少量盗汗，颧红，声音嘶哑，纳差，舌红少津，苔薄白干或少，脉细数。

【治法】 养阴润肺，止咳散结。

【代表方】 桑杏汤（《温病条辨》）或沙参麦冬汤（《温病条辨》）加减。

（六）肺脾气虚证

【证候】 咳嗽无力，久咳不止，或吐痰清稀而多，气短而喘，声低懒言，乏力少气，伴有畏风，怕冷，或见面浮肢肿，面白无华，纳差，便溏，舌淡或边有齿印，苔白滑，脉细弱缓。

【治法】 补肺健脾，益气散结。

【代表方】 四君子汤（《太平惠民和剂局方》）合玉屏风散（《究原方》）加减。

四、中西医协同治疗

根据肺结节危险程度的差异，建议采取不同的管理方式，对于综合评估恶性程度较高的结节，建议进行外科手术治疗，部分不能耐受手术创伤或不愿意进行手术的患者，可选择消融、立体定位放疗等手段；对于恶性程度较低的患者，建议进入随访观察，中西医协同治疗能够发挥更大的作用。

肺结节中西医协同治疗时期，中医基本治疗大法为益气、化痰、散结，同时根据不同西医治疗手段进行中医辅助治疗，以增强疗效。如对于通过影像检查评定的中高危结节，运用化痰、化瘀、散结等中药可能使部分患者的结节缩小；对于一些炎症相关性结节，一些清热、化湿、解毒的中药可促进病灶的吸收；肿瘤相关性肺结节，是中医药参与肺结节全程管理的主要对象，中医药有可能延缓结节的进展，另外需注意中医药治疗期间定期随访，若期间结节增大或实性成分增多，通常提示为恶性，需考虑进一步行穿刺检查或手术切除。

肺结节患者饮食上应少食肥甘厚味，避免痰湿阻碍，影响肺结节的消散。调摄情志，注意居住环境空气良好，适当通风。注意规律运动，可以选择节奏舒缓的太极拳、八段锦等传统功法，引导全身气机调畅。

（施杰民）

复习思考题

1. 简述肺结节在中医理论中的归属和病因病机。
2. 论述中医对肺结节的辨证要点和治疗方法。
3. 思考如何结合现代医学的诊断技术和中医的辨证论治方法，提高肺结节的治疗效果。

第三节 胃　癌

胃癌是源于胃黏膜上皮细胞的恶性肿瘤，主要是胃腺癌。由于正气内虚，加之饮食不节、情志失调等原因导致气滞、痰浊、邪毒、瘀血蕴结于胃，以胃失和降为基本病机，日久发生于胃的占位性病变。本病以脘部饱胀或疼痛、纳呆、消瘦、黑便、脘部肿块为主要临床表现，可归属于中医“噎膈”“胃反”“癥瘕”“积聚”“伏梁”“心腹痞”“胃脘痛”的范畴。

一、病因病机

胃癌的发生是由多种内外因素相互作用的结果，与正气虚损、饮食不节、情志失调等有密切的关系。如《儒门事亲·五积六聚治同郁断》说：“积之成也，或因暴怒、喜、悲、思、恐之气，或伤酸、苦、甘、辛、咸之食，或停温、凉、热、寒之饮，或受风、暑、燥、寒、火、湿之邪。”

1. 饮食不节　饮食不节，饥饱失常，过食生冷，或烟酒过度或恣食辛香燥热、熏制、腌制、油煎之品，或霉变、不洁之食物等，使损脾碍胃，脾失健运，运化无权，气滞津停，痰湿内生；或过食生冷，伤败脾胃之阳气，不能温化水饮，则酿湿生痰。痰湿阴邪，日久伤阳，内蕴化热，亦可酿生火热，炼液成痰，终致痰热凝聚伤胃而发病。如《景岳全书·反胃》所述：“或以酷饮无度，伤于酒湿；或以纵食生冷，败其真阳……总之，无非内伤之甚，致损胃气而然。”

2. 情志失调　情志失调会导致气机郁滞，损伤脾胃，气血运行受阻，如肝气郁滞，气滞则津停血聚，痰凝血瘀；忧思伤脾，脾失健运，运化失司，则聚湿生痰；或郁怒伤肝，肝气郁结，克伐脾土，脾伤则气结，水湿失运；五志过极化火，火热伤阴，炼液成痰，日久痰瘀互结而发病。

3. 正气内虚　正气不足，可内生实邪，有形之邪亦可损伤正气，二者相互影响，互为因果。宿有旧疾，久治未愈，正气亏虚，痰瘀互结，脾胃虚弱导致消化吸收功能减退，水谷精微不能输布，聚湿生痰，痰浊凝聚成积，形成肿块；或因年老体虚及其他疾病久治不愈，正气不足，脾胃虚弱，复因饮食失节、情志失调等因素，使痰瘀互结为患，而致本病。如《医宗必读·反胃噎塞》曰：“大抵气血亏损，复因悲思忧恚，则脾胃受伤，血液渐耗，郁气生痰，痰则塞而不通，气则上而不下，妨碍道路，饮食难进，噎塞所由成也。”

4. 感受外邪　外来六淫邪气侵袭，或久居毒盛之所，或嗜烟沁毒，正虚外感，毒邪稽留体内，正邪相争，日久正气益虚，无力抗邪，正虚邪盛，毒邪侵脏入腑，致脏腑失调，阴阳失序，生化失常，癌毒之邪内生。

胃癌的基本病机是脾胃虚损，胃失和降，痰、气、热、瘀互结。病性总属于本虚标实。现代中医肿瘤研究显示胃癌是多种因素综合而形成的疾病，与肝、脾、胃、肾多种脏腑有关，病机以脾虚为基础，脾胃虚弱是胃癌发生与发展的基本因素之一，气滞可出现在胃癌的任何阶段，痰阻、血瘀、癌毒大多出现在胃癌的中晚期，脾肾阳虚、热结伤阴多见于胃癌晚期。因三脏之经脉均循行于胃，胃与脾相表里，脾为胃行其津液，若脾失健运则酿湿生痰，痰湿内生，气结痰凝，阻于胃腑。胃气以降为顺，以通为用，其和降有赖于肝气之条达，肝失条达则胃失和降，气机郁滞，血行失畅，而致瘀血内结，气滞血瘀，日久形成积块。脾胃损伤，纳化失常，气血渐亏；宿谷不化，积而化热，耗伤胃阴，亦可因气郁日久化火伤阴；中焦脾胃有赖肾之元阴、元阳的濡养、温煦，若肾阴不足，失于濡养，胃阴不足，胃失濡润可发为胃癌，或肾阳不足，脾胃失于温煦，虚寒内生，日久则耗气伤阳，以致脾胃阳气虚，久病及肾；阳气不足无以化气行水，则气滞、痰阻、瘀血变证丛生。

二、辨证要点

1. 辨证候虚实　胃癌需辨明标本虚实，早期以标实为主，中晚期以正虚为主，虚实夹杂。胃癌早期，多见痰气交阻、痰湿凝结之证，以邪实为主；中晚期则多见痰瘀互结、胃阴亏虚、脾胃虚寒、气血两虚等本虚标实而以正虚为主之证。临床上多病情复杂，虚实互见。

2. 辨胃气有无　胃气的有无代表着正气之强弱，对预后有重要的提示作用。食欲尚可、舌苔正常、面色荣润、脉搏从容和缓是有胃气之象，病情尚浅，预后较好；反之，则胃气衰败，病情重，预后不良。《中藏经·论胃虚实寒热生死逆顺》说："胃者，人之根本也。胃气壮，五脏六腑皆壮……胃气绝，则五日死。"

3. 辨危候　晚期可见大量吐血、便血、昏迷等危候。

三、诊断要点

1. 临床表现　早期胃癌常无特异症状，随着疾病的进展可出现有上腹饱胀、食欲减退。进展期胃癌除上述症状外，常有上腹部肿块、胃痛、恶心、呕吐、呕血、黑便等。晚期患者可出现脘部肿块，扪及边缘不整齐、质硬，疼痛拒按，肿块位于贲门者则有吞咽困难或呃逆，位于幽门部者可出现反胃，痰瘀流注于左颈窝或左腋，可出现如栗子或花生米大小的痰核，质硬压痛，或常伴有严重消瘦、贫血、腹水、水肿、发热、黄疸等。

2. 诊断　凡有下列情况者，应高度警惕，并及时进行胃镜和病理组织学检查，以明确诊断。

（1）不明原因出现中上腹不适或疼痛，无明显节律性并伴明显食欲不振、进行性消瘦者、不明原因贫血和粪便隐血持续阳性者。

（2）胃癌前疾病及胃癌前病变，如胃溃疡、慢性萎缩性胃炎伴有肠上皮化生及异型增生、残胃炎等患者，经严格内科治疗而症状仍无好转者。

（3）X线检查显示胃息肉＞2cm者。

（4）年龄40岁以上，出现上述症状者，应高度警惕。

胃癌的早期筛查可通过内镜、病理组织学检查及血清学检测，如肿瘤标志物（CA72-4、CA199、CEA）、胃癌三项（PGⅠ、PGⅡ、G-17）、Hp抗体等。治疗前诊断可采用内镜或影像学检查用于胃癌的定性诊断、定位诊断和分期诊断，内镜活检组织病理学是胃癌诊断的金标准。其他还包括体格检查、实验室检查、内镜（超声内镜和细针穿刺）、转移灶活检，以及诊断性腹腔镜探查和腹腔灌洗液评价。胸腹盆部CT检查是治疗前分期的基本手段，MRI、腹腔镜探查及PET-CT分别作为CT疑诊肝转移、腹膜转移及全身转移时的备选手段。影像学报告应提供涉及cTNM分期的征象描述，并给出分期意见。

3. 鉴别诊断

（1）胃痛：胃癌亦可见胃痛症状。胃癌疼痛程度较重，并呈进行性加重，伴见明显消瘦、神疲乏力等恶病质征象。非胃癌之疼痛较缓，常伴有食欲不振，痞闷或胀满，恶心呕吐，吞酸嘈杂，常反复发作，发作与情志不遂、饮食不节、劳累或受寒有关。若胃痛经严格内科治疗而症状仍无好转者，应做内镜及病理组织学检查等以排除癌变的可能。

（2）痞满：以胃脘部痞塞、满闷不舒等自觉症状为主症，具有触之无形，按之柔软，压之不痛的特点；起病多缓，反复发作；发病常与饮食、情志、起居、寒温等诱因有关。胃癌中有部分病例也可以痞满为主症，此时，当借助上消化道X线检查、胃液分析、内镜等检查以明确诊断。

（3）便血：血液随大便而下，或大便呈柏油样为主要临床表现。胃癌的便血常伴见胃脘部饱胀或疼痛、纳呆、消瘦、脘部积块等主症，大便隐血检测阳性，色稍暗或紫暗，甚至可呈柏油样，多持续发生，应用一般止血药效果不理想，即使暂时止住，不久即可反复，重者可伴有吐血。可借助消化道X线检查、胃液分析、内镜等检查以明确诊断。

四、辨 证 论 治

胃癌的治疗原则应标本兼顾，扶正与祛邪并进。本病多由痰、气、热、瘀互结所致，故化痰、理气、燥湿、活血化瘀是本病主要治标之法；后期出现脾虚血瘀、胃热伤阴、脾胃虚寒者，则应健脾活血、滋阴清热、温中散寒等标本兼顾。本病病位在胃，多有脾胃气机阻滞，气化不利，运化无权，在治疗中应始终重视顾护脾胃，勿损正气，尤其对中晚期患者和放化疗患者更为重要。补虚时，用药也不可过于滋腻，以免呆滞脾胃，应在辨证论治的基础上，结合选用具有一定抗胃癌作用的草药。

1. 肝胃不和证

【证候】 胃脘胀满作痛，痛及胸胁，呃逆呕吐，嗳气频繁，胃中嘈杂，口苦吞酸，善太息，常因情志失调发作或加重，舌淡红，苔薄白，脉弦。

【分析】 胃癌属肝胃不和者，多见于胃癌早中期。情志是胃癌发病常见因素，情志久郁，肝气不利，致肝脾郁而不升，胆胃郁而不降，气机不舒，胃腑气滞，抑或胃气上逆，故胃脘胀满或疼痛，嗳气呃逆等。

【治法】 疏肝和胃，理气止痛。

【方药】 柴胡疏肝散（《证治准绳》）加减。常用药：柴胡、白芍、川芎、枳壳、陈皮、香附、甘草等。加减：泛酸口苦者，加黄连、黄芩清泻肝火；胁肋或胃脘痛甚者，加延胡索、木香行气止痛；恶心呕吐者，加半夏、旋覆花降逆止呕。

2. 痰湿阻滞

【证候】 胃脘满闷，面黄虚胖，呕吐痰涎，腹胀便溏，呃逆，胃纳减退，厌肉食，舌淡滑，苔滑腻，脉弦滑。

【分析】 胃癌属痰湿凝滞者，多见于胃癌早中期。脾胃运化失常，水湿停聚，凝结成痰，阻滞气血。湿性重浊、黏腻，滞于胃脘，故脘腹胀满，食欲不振；胃气上逆，湿邪随之上泛，则吐黏痰宿食；大便溏，舌滑腻，脉弦滑，均为痰湿之征象。

【治法】 燥湿化痰，理气和胃。

【方药】 二陈汤（《太平惠民和剂局方》）加减。常用药：半夏、陈皮、茯苓、白术、厚朴、苍术、甘草等。加减：嗳气呃逆者，加旋覆花、代赭石化痰降逆；脘痞腹胀者，加枳实下气除满；纳差食少者，加焦神曲、鸡内金健脾助运。

3. 瘀血内结

【证候】 胃脘刺痛而拒按，痛有定处，或可扪及腹内积块，腹满不食，或呕吐物如赤豆汁样，或黑便如柏油样，或左颈窝有痰核，形体日渐消瘦，舌紫暗或有瘀点，脉涩。

【分析】 胃癌属之瘀血内阻结者，多见于胃癌早中期。气血阻于胃腑，不通则痛，故胃脘疼痛，痛处固定、疼痛拒按、按及有瘤块；胃失和降，受纳失司，则腹满不欲食；胃气上逆，则呕吐宿食，血瘀胃络致血不归经而便血；舌紫暗或有瘀点，脉涩，均为瘀血征象。

【治法】 活血化瘀，行气止痛。

【方药】 膈下逐瘀汤（《医林改错》）加减。常用药：当归、川芎、桃仁、牡丹皮、赤芍、乌药、延胡索、五灵脂、甘草、香附、红花、枳壳等。加减：腹痛明显者，加蒲黄、降香化瘀止痛；便血者，加三七、茜草化瘀止血；腹中积块明显者，加三棱、莪术破血消癥。

4. 胃热伤阴

【证候】 胃脘部灼热，口干欲饮，胃脘嘈杂，食后剧痛，进食时可有吞咽梗噎难下，甚至食后即吐，纳差，五心烦热，大便干燥，形体消瘦，舌红少苔，或舌黄少津，脉细数。

【分析】 胃癌属胃热阴伤者，多见于胃癌中晚期、放化疗后。胃癌久病；或平素嗜辛辣之品；或情志不遂，久郁化火；或胃癌放疗后，均可致耗液伤津，而胃失濡养，或灼津成痰，灼血为瘀，终使胃失和降，而为恶病。阴液耗伤，故胃内灼热、口干欲饮；胃腑肠道失于濡养，故食后脘痛，或大便干结；五心烦热、舌红少苔等症皆为阴虚之征象。

【治法】 清热养阴，益胃生津。

【方药】 玉女煎（《景岳全书》）加减。常用药：熟地黄、石膏、知母、牛膝、麦冬等。加减：胃热壅盛者，加黄连、栀子清热泻火；阴伤较重者，加玉竹、沙参滋养胃阴；热盛动血者，加生地黄、白茅根凉血止血。

5. 脾胃虚寒

【证候】 胃脘隐痛，喜温喜按，腹部可触及积块，朝食暮吐，或暮食朝吐，宿食不化，泛吐清涎，面色㿠白，肢冷神疲，面部、四肢浮肿，便溏，大便可呈柏油样，舌淡而胖，苔白滑润，脉沉无力。

【分析】 胃癌属脾胃虚寒者，多见胃癌中晚期。胃癌日久，脾胃阳虚，阳虚阴盛，寒从内生，寒凝气滞，则胃脘冷痛，喜温喜按，肢冷神疲；阳虚失于温煦，故见面色㿠白；胃阳不足，胃失和降，受纳、腐熟无力，故呕吐宿谷不化或泛吐清水，便溏，浮肿；苔白滑，脉沉无力，均为阳虚之征象。

【治法】 温中散寒，健脾和胃。

【方药】 理中汤（《伤寒论》）加减合六君子汤（《医学正传》）加减。常用药：人参、干姜、白术、茯苓、半夏、陈皮、甘草等。加减：肾阳不足者，加肉桂、补骨脂温肾散寒；阳虚水泛者，加桂枝、泽泻温阳利水；胃痛较重者，加吴茱萸、乌药温胃止痛。

6. 气血两亏

【证候】 胃脘疼痛绵绵，面色萎黄或苍白，神疲乏力，少气懒言，心悸气短，头晕目眩，虚烦不眠，自汗盗汗，面浮肢肿，纳差，形体消瘦，舌淡苔白，脉沉细无力。

【分析】 胃癌属气血亏虚者，多见于胃癌切除术后，或化疗后，亦多见于胃癌晚期。胃癌术后或后期，气血虚弱，筋骨失养，则形体消瘦，肢体乏力；心主血，其华在面，心藏神，心失所养，则面黄心悸，失眠多梦；气血亏虚，脾胃运化不及，故而纳差。

【治法】 益气养血，扶正祛邪。

【方药】 十全大补汤（《太平惠民和剂局方》）加减。常用药：人参、黄芪、白术、茯苓、炙甘草、熟地黄、白芍、当归、川芎、肉桂等。加减：嗳气频频者，加丁香、旋覆花理气降逆；反酸甚者，加瓦楞子、乌贼骨制酸和中；阳虚重者，加附子、干姜温阳散寒。

五、中西医协调治疗

外科手术、放化疗、靶向以及免疫等治疗是针对胃癌的重要西医治疗手段，临床正确掌握中西医结合的用药时机和方法路径是重要的。中西医结合的目的在于取长补短，相互配合，提高疗效。

中医药治疗胃癌临床疗效突出，可显著改善患者症状，提高生活质量，延长晚期胃癌患者生存期和胃癌术后患者的无病生存期；减轻放化疗的毒副作用。

胃癌中西医协同治疗时期，中医治疗原则为固本培元、扶正祛邪，主要方法以益气健脾为主，兼理气、活血、燥湿、解毒。胃癌具有高复发转移的特点。中医协同胃癌手术治疗对于降低胃癌复发转移率具有重要意义。一方面胃癌术前运用益气健脾等治法，增强患者脾胃功能，扶助正气，提高对手术的耐受能力；针对术后体虚状态，予以补益气血，调整功能，促进恢复，施以健脾和胃、补气养血、理气通腑等治法，为后续肿瘤治疗创造条件。另一方面在手术、化疗后至出现复发转移的治疗空窗期，以中医药扶正祛邪，巩固治疗，提高免疫，清除余毒，以减少术后复发转移的风险。放疗、化疗的毒副作用多伤津耗液，以消化道症状为主，如食欲不振、恶心呕吐、全身不适等。化疗期运用和胃降逆、益精填髓等治法，可以减轻恶心呕吐、食欲不振、骨髓抑制等化疗不良反应；放疗期运用益胃养阴、凉血解毒等治法，可以协同增敏、减轻放射治疗不良反应；靶向或免疫治疗期运用祛风清热、化湿和中等治法，可以减轻皮疹、恶心呕吐、腹泻等不良反应。

“端口前移，早癌防治”是胃癌预防工作的重中之重，对有效降低胃癌发生率和死亡率具有重要作用。因此，应结合实验室检查对胃癌前病变及胃癌前疾病积极开展早期筛查、早期诊断、早期治疗，定期随访，并切实发挥中医药的作用疗效。此外，胃癌的预防与危险因素的防控密切相关。晚期胃癌可合并肝肿大、黄疸、大量便血、呕血或转为臌胀等，均为危重难治之证，预后不良。结合营养学评估和辅助治疗对患者进行生活指导，有助于患者康复。养成良好的饮食习惯，如按时进餐，不食过烫、过冷、过辣、变质食物，少吃或不吃油炸、腌熏食品，细嚼慢咽，戒除烟酒；多食新鲜瓜果蔬菜、豆类。平衡饮食对胃癌患者康复有益，饮食宜“软、烂、慢、热”，不强调过分忌口，注意营养均衡。应注意精神护理，使患者增强战胜疾病的信心，积极配合各种治疗。适当的运动锻炼对胃癌康复有益，运动能够提高生活质量，改善生理功能，缓解心理压力，减轻相关癌因性疲乏。

（施杰民）

复习思考题

1. 胃癌的中医病因病机有哪些？如何理解这些病因病机？
2. 胃癌的辨证要点是什么？
3. 不同分型的胃癌在证候、治法、方药上有何异同？
4. 胃癌的中医治疗原则是什么？在实际治疗中如何应用？

第四节　肝　癌

原发性肝癌是指发生在肝脏的恶性肿瘤，主要起源于肝细胞或肝内胆管细胞，简称“肝癌”。在中医中通常被归为“积聚”“癥瘕”“胁痛”“肥气”“积气”“积证”等范畴。

一、病因病机

中医认为，肝癌的病因主要为正气不足，七情内伤，饮食劳倦，邪毒内侵，蕴久致脏腑失调，气机失常，气血失和，阴阳失衡，生化失常，气滞、血瘀、痰湿结聚于肝，癌毒内生，发为癌肿。

1. 饮食失宜　嗜酒过度，或长期饮食不节、恣食肥甘厚味，或饮食不洁，食用霉变食物等，或损伤脾胃，导致脾胃运化失司，水谷精微输布失常，脾虚湿困，运化不健，水湿停聚，痰湿中阻，聚于腹中，气机不畅，发为臌胀，血瘀内停，阻塞肝络，痰浊与气血互结，酿生癌毒，久成瘤块。《医述·积聚》云：“凡人脾胃虚弱，或饮食过常，或生冷过度，不能克化，致成积聚结块。”

2. 情志失调 内伤七情，忧愁思虑伤脾，恼怒气郁伤肝，不得发泄而导致肝失疏泄，气机不畅，肝藏血功能失调，气滞血瘀，癌毒内生，结于肝中，日久则变生积块。正如《血证论·脏腑病机论》记载："肝属木，木气冲和条达，不致遏郁，则血脉得畅。"

3. 外感邪毒 感受毒邪、寒邪、湿热、疫疠（肝炎病毒或肝脏寄生虫等），留恋体内，久治不愈，或正虚无法抗邪外出，邪毒聚于肝内，易化毒成瘀，毒瘀内聚，终成癥积。《金匮翼·积聚通论》指出："积聚之病，非独痰食气血，即风寒外感，亦能成之。"

4. 正气亏虚 先天禀赋不足，或劳倦内伤，或久病耗伤，脏腑功能衰弱，中气不足，正虚易致邪气内聚，痰毒瘀积聚而成块。《外台秘要·积聚方五首》曰："病源积聚者，由阴阳不和，腑脏虚弱，受于风邪，搏于腑脏之气所为也。"《中藏经》中所曰："积聚、癥瘕、杂虫者，皆五脏六腑真气失而邪气并，遂乃生焉……盖因内外相感，真邪相犯，气血熏抟，交合而成也"。

肝癌的基本病机为脏腑功能失调，湿热瘀毒蕴结于肝。肝癌病位在肝，因肝与胆相表里，盖因肝主疏泄，调畅气机，可疏土助运，脾与胃相表里，肝肾同源，藏泄互用，且肾主命门之火，能温煦脾阳，与人体先天禀赋及正气息息相关，故与胆、脾胃、肾密切相关。本病病性为虚实夹杂，虚常见气血亏虚、脾胃气虚、肝肾阴虚或脾肾阳虚；实则多见于肝郁气滞、瘀血内结、湿热瘀毒，痰、气、瘀、毒相互结聚于肝，发为癌肿。邪实与正虚互为因果，因虚得病，由虚致实，恶性循环，贯穿本病的全程。本病初起之时，病机多以肝郁脾虚、气滞血瘀为主，发展到中期可见湿热与癌毒互结，晚期常表现为肝肾阴虚和脾肾阳虚，阴血耗伤，最终正衰邪实，病情恶化，甚则阴阳离决。

二、辨证要点

1. 辨虚实 肝癌初期以气郁脾虚湿阻为主，表现为实证；随着病情发展，湿浊、湿热毒瘀互结，耗伤阴血，表现为虚证。

2. 辨脏腑 肝癌病位在肝脾，与胆胃有关，亦可及肾。因此，在辨证时需考虑这些脏腑的功能状态。

3. 辨阴阳 肝癌患者往往存在阴阳失调的情况，需根据具体症状进行辨证。

三、诊断要点

1. 临床表现 肝癌的临床症状主要表现为不明原因的右胁不适或疼痛，原有肝病症状加重伴全身不适，食欲减退，乏力，体重下降等。体征表现为右胁部肝脏进行性肿大，质地坚硬如拒按，表面有结节隆起。

2. 诊断 有以下情况者应完善相关检查，明确诊断：

（1）乙型肝炎病毒和（或）丙型肝炎病毒感染、其他各种原因引起的肝硬化，经严格内科治疗而症状仍无好转者。

（2）过度饮酒、脂肪变性肝病、饮食中黄曲霉毒素的暴露及有肝癌家族史等危险人群，尤其是年龄＞40 岁的男性，应予以早期肝癌筛查与监测。

（3）动态增强 CT、MRI 扫描是肝脏超声显像和（或）血清 AFP 筛查异常者明确诊断的首选影像学检查方法。PET/CT 扫描有助于对肝癌进行分期及疗效评价。血清 AFP 是诊断肝癌和疗效监测常用且重要的指标。

（4）有典型肝癌影像学特征的肝占位性病变，符合肝癌临床诊断标准的患者，通常不需要以诊断为目的的肝病灶穿刺活检。

3. 鉴别诊断

（1）黄疸：黄疸以身黄、目黄、小便黄为主症，黄疸色泽有明有暗，起病有急有缓，病程有长有短，肝癌患者中晚期可见有黄疸症状。肝癌以肝脏进行性肿大，右胁疼痛、乏力、消瘦等为主症。腹部 CT、腹部超声等检查有助于鉴别。

（2）臌胀：系指肝病日久，肝脾肾功能失调，气滞、血瘀、水停于腹中所导致的以腹胀大如鼓，皮色苍黄，脉络暴露为主要临床表现的一种病证。肝癌后期可能出现腹水臌胀，表明病情深重，预后不良。

四、辨 证 论 治

（一）肝郁脾虚证

【证候】 腹部、胸胁胀闷不舒，或攻窜胀痛，胁下胀痛，善太息，倦怠纳少，进食后易腹胀，消瘦乏力，大便不成形或溏稀，舌淡红，苔薄白，脉濡或弦。

【分析】 此证多因情志抑郁，肝气不舒，肝郁脾虚而致肝癌，多见于女性患者。肝气郁结，不能疏达津气于脉络之间，则胸胁胀痛；肝郁乘脾，脾虚无以运化，气血生化不足，则神疲食少，便溏；或兼血虚不能上荣于头面诸窍，则头晕目眩，口干咽燥。舌淡红，苔薄白，脉濡或弦，为肝郁脾虚之征象。

【治法】 疏肝解郁，益气健脾。

【方药】 柴胡疏肝散（《证治准绳》）合四君子汤（《太平惠民和剂局方》）加减。常用药：柴胡、白芍、川芎、枳壳、陈皮、香附、白术、炙甘草、党参等。加减：胁痛甚者，加郁金、延胡索理气止痛；嗳气反酸者，加姜半夏、竹茹和胃降逆；胁下积块质硬者，加牡蛎、鳖甲软坚散结；食欲不振者，加炒麦芽、鸡内金健脾开胃；睡眠不佳者，加合欢皮、茯神解郁安神。

（二）气滞血瘀证

【证候】 胁下结块刺痛或胀痛，疼痛较剧，痛有定处而拒按，入夜尤甚，甚则痛引肩背，入夜尤甚，或虽无痛而见呕血黑便为主，腹大坚满，脉络怒张，舌紫暗或有瘀斑瘀点，苔薄白或薄黄，脉弦细或沉涩。

【分析】 肝癌患者瘀血停聚日久，阻滞气机，不通则通，故本证表现以疼痛为主，瘀血固定不移，则见肝区痛甚且牵引至肩背部者，痛处固定，入夜尤甚。瘀阻血脉，血不循经，故呕血、便血。舌紫暗有瘀斑，苔薄白，脉弦涩，皆为瘀血内停、气机不通之征象。

【治法】 理气活血，化瘀消积。

【方药】 膈下逐瘀汤（《医林改错》）加减。常用药：炒五灵脂、川芎、桃仁、乌药、当归、红花、牡丹皮、赤芍、延胡索、香附、甘草、枳壳等。加减：疼痛剧烈者，加郁金、乳香、没药活血理气止痛；气滞较甚者，加木香、青皮等行气除滞；腹胀者，可加厚朴、大腹皮行气消满。

（三）湿热瘀毒证

【证候】 腹部痞闷或胁肋胀痛灼热，身目俱黄如橘色，小便短赤，或腹大坚满，脘腹撑急，身热往来，汗出不解，心烦易怒，口干口苦，食少厌油，恶心欲吐，腹部胀满，大便秘结，舌红或暗红，苔黄腻，脉弦滑或滑数。

【分析】 多用于肝癌早期湿热毒甚者。肝癌患者湿热毒盛，肝胆枢机不利，故见肝区疼痛；湿热阻滞中焦，气机升降失司，故见胸闷腹胀；热邪偏盛，下注小肠，则见溲赤；湿热下注胃肠，则见泻而不畅，或有热臭气；湿热在于上焦或少阳三焦，则大便可见秘结；湿热内蕴，故苔白或垢腻；湿热交蒸则舌苔黄，皆为湿热壅盛之征象。

【治法】 清热解毒，利湿退黄。

【方药】 茵陈蒿汤（《伤寒论》）合鳖甲煎丸（《金匮要略》）加减。常用药：茵陈、栀子、大黄、鳖甲、柴胡、黄芩、牡丹皮、葶苈子、瞿麦、厚朴、䗪虫、桃仁等。加减：发热较甚者，加犀黄丸（《治疗汇要》）凉血解毒；足肿、腹水者，加猪苓、泽泻等利水消肿；恶心呕吐者，加姜半夏、竹茹、代赭石等和胃降逆止呕；大便秘结者，加瓜蒌仁泻下通便。

（四）肝肾阴虚证

【证候】 胁肋隐痛，右胁下结块，头晕耳鸣，头面或五心烦热，咽干口苦，耳聋眼涩，烦躁易怒，腰膝酸软，纳差消瘦，夜寐多梦，舌红少苔，脉细数无力。

【分析】 多用于肝癌晚期，肝肾不足者。肝癌晚期，热毒伤阴，阴血不足，疏泄失职，不能为肾输布精气，而致咽干口苦；津液不能上承，则耳聋眼涩，头晕耳鸣；肝肾同源，肝肾阴虚，虚火灼津，头面或五心烦热，烦躁易怒；肝失柔润，经络失养则见胁肋疼痛；肾阴亏，无以充养腰膝，故而腰膝酸软；舌红少苔、脉细数无力均为肝肾阴虚之表现。

【治法】 滋补肝肾，养阴软坚。

【方药】 一贯煎（《续名医类案》）加减。常用药：生地黄、北沙参、枸杞子、麦冬、川楝子、当归等。加减：吐血、便血者，加仙鹤草、蒲黄炭、地榆炭或三七粉凉血止血；神昏谵语、惊厥抽搐者，加安宫牛黄丸（《温病条辨》）、至宝丹（《灵苑方》）等开窍醒神。

（五）脾肾阳虚证

【证候】 右胁积块，胁肋隐痛，大便溏薄，完谷不化，久泄不止，腰膝酸软，腹胀纳少，面色㿠白或萎黄，腹胀有水如鼓，肢体水肿，畏寒肢冷，神疲乏力，口不渴，舌淡胖，边有齿痕，苔白腻，脉沉缓或细弱。

【分析】 多用于肝癌晚期，脾肾亏虚者。肝癌晚期，脾肾双亏，而以阳虚为主，脾阳亏虚，运化无力，气血不足，则见食少，腹胀，神疲乏力；阳虚水泛，故见腹部胀满，肢体浮肿；舌淡胖，苔白腻，脉沉缓或细弱，为脾肾阳虚之征象。

【治法】 温肾健脾，利水消肿。

【方药】 真武汤（《伤寒论》）合实脾饮（《重订严氏济生方》）加减。常用药：白术、制附子、白芍、生姜、厚朴、大腹皮、草果、木香、木瓜等。加减：黄疸者，加茵陈利湿退黄；纳差者，加炒麦芽、神曲、山楂健脾消食；肿块较大者，加生牡蛎、鳖甲、夏枯草软坚散结；腹胀满者，加青皮、枳实破气除满；腹部有水者，加猪苓、泽泻利水消肿。

五、中西医协同治疗

在中西医结合医学体系指导下，针对肝癌不同阶段，采取病证结合临床诊疗模式，以肝癌病机为着眼点，综合运用中国医药学方药、现代中药制剂以及中医药特色诊疗技术，与现代医学技术互补协作，形成系统规范方案。手术、肝动脉插管化疗栓塞术（TACE）、立体定向体部放射治疗（SBRT）、消融治疗、靶向或免疫治疗等是肝癌的重要治疗手段。中医治疗融入各种西医治疗手段中，可以提高治疗效果。中国医药学方药分阶段治疗，早期肝癌治疗原则应着眼于正气受损、癌毒未净，重点在于预防治疗术后复发转移，包括维护肝功能储备、增强机体免疫力、提高手术成功率、减少术后并发症。终末期治疗原则应着眼于癌毒炽盛、正气亏虚，治疗以扶正为主，治疗目标在于发挥整体调节优势、减轻症状、提高生活质量、适当延长生存期。终末期肝癌常见肝肾不足、气阴两亏等证候表现。放疗期间运用养阴柔肝、凉血活血、清热解毒等治法，以协同增敏减毒，缓解放射性肝炎、放射性皮炎等损伤；使用益气养血、补益肝肾、温阳健脾等治法，防治药物相关性肝损害、腹泻及乏力等。

（施杰民）

复习思考题

1. 如何理解肝癌的中医病因病机？

2. 肝癌的中医辨证要点有哪些？如何根据这些要点进行辨证施治？
3. 不同分型的肝癌在证候、治法、方药上有何异同？如何根据分型进行个体化治疗？
4. 在肝癌的中医治疗中，如何平衡祛邪与扶正的关系？如何提高治疗效果？

第五节 大肠癌

大肠癌是指发生在大肠黏膜上皮的恶性肿瘤，包括结肠癌和直肠癌，以排便习惯与粪便性状改变、腹痛、肛门坠痛、里急后重，甚则腹部结块、消瘦为主要临床表现。根据大肠癌的临床表现和病理特点，中医学将其归属于“肠积”“积聚”“癥瘕”“肠风”“脏毒”“肠覃”等范畴。

一、病因病机

大肠癌病性多属本虚标实，结直肠癌的病因主要是由于正气亏虚，外邪侵袭，情志不遂，饮食失调，久染肠疾，损伤脾胃，运化失司，致湿毒内生，邪毒湿热蕴结，乘虚流注肠道，导致气滞血瘀，湿毒瘀滞结为癌肿。正如《疮疡经验全书·痔漏症并图说》云：“脏腑所发，多由饮食不节，醉饱无时，恣食肥腻……任情醉饱，耽色，不避严寒酷暑，或久坐湿地，恣意耽看，久忍大便，遂致阴阳不和，关格壅塞，风热下冲，乃生五痔。”

1. 饮食失调 饮食不洁或饮食不节，饥饱无常，暴饮暴食，恣食肥甘厚味、辛辣炙煿之物，甚则醉饮无度，导致脾失健运，湿浊内蕴，日久化热化火，湿与热合或发为火毒下迫大肠，损伤肠络而发病。《古今医鉴·肠风脏毒》指出：“夫肠澼者……皆由饱食炙煿生冷酒色，并伤坐卧当风，荣卫气虚，风邪冷气进袭脏腑，因热乘之。”

2. 情志不遂 情志不舒，致使肝失疏泄，气机失畅，气滞血瘀，结于肠中，日久则蕴生肿物；或情志过极，木横乘土，肝脾失和，使湿浊内生，郁久化热，久成癌毒，湿热瘀毒夹杂下注肠腑，发为肠癌。《临证指南医案·郁证》曰：“郁则气滞，其滞或在形躯，或在脏腑，必有不舒之现症……不知情志之郁，由于隐曲不伸，故曰气之升降开合枢机不利。”

3. 外邪侵袭 久处湿地，寒温失节，湿邪伤阳，湿淫肠道，日久积而生积；或起居不慎，外邪入侵致脏腑功能失调，经脉不利，血行不畅，瘀阻肠络，内外相因致病。《灵枢·水胀》云：“肠覃何如？岐伯曰：寒气客于肠外，与卫气相搏，气不得荣，因有所系，癖而内着，恶气乃起，息肉乃生。”

4. 正气虚损 先天不足、久病不愈或年老体弱，正虚无力抗邪，引外邪入侵或诸邪内生，邪浸肠腑，湿浊瘀血凝滞，形成肿物，发为本病。《灵枢·五变》记载：“人之善病肠中积聚者……皮肤薄而不泽，肉不坚而淖泽。如此则肠胃恶，恶则邪气留止，积聚乃作。”《景岳全书·积聚》曰：“凡脾肾不足及虚弱失调之人，多有积聚之病。盖脾虚则中焦不运，肾虚则下焦不化，正气不行则邪滞得以居之。”

本病的基本病机为脾虚肠实，肠腑气机功能失司，以脾胃虚弱为本，湿热瘀毒为标。正气亏虚在先，癌毒乘虚而入，夹之气滞血瘀，痰凝内阻遂致病，正邪交争正气更虚。本虚标实，二者互为因果，由虚而致积，因积而愈虚。本病病位在肠腑，与脾胃关系密切，涉及肝、肾。盖因脾主运化水湿，脾主升清，胃主降浊；脾胃健运失司，肠道则不能正常分清泌浊、传导化物，故与脾胃关系密切。又因肝主疏泄，调畅气机，可疏土助运；肾主命门之火，能温煦脾阳，故肠腑病变亦与肝、肾功能失调相关。

二、辨证要点

1. 辨疾病分期 根据疾病的早晚程度，可以分为早期、中期和晚期，不同分期的病理特点和治疗原则有所不同。疾病初期以湿、热、瘀、毒等邪实为主；中期正虚渐显，邪实与正虚并存；晚期正气耗伤，以脾肾亏虚为主。

2. 辨正虚邪实　正虚是大肠癌发病的内在因素，需要辨别正气的虚损程度，以便采取相应的治疗措施。邪实是大肠癌发病的外在因素，包括湿、热、瘀、毒等多种邪气，需要辨别邪气的性质、部位和程度。尤其癌毒是其发病的外在因素，但正气亏虚则是结直肠癌形成的内在因素和预后的关键。

三、诊断要点

1. 临床表现　大肠癌临床表现以排便习惯与粪便性状改变为主，或伴见腹痛、肛门坠痛、里急后重，甚则腹部结块、消瘦等。

2. 诊断　有下列症状者需要高度重视，考虑大肠癌的可能。

（1）近期出现持续性腹部不适，腹痛隐隐，腹胀，经治疗症状无缓解。

（2）无明显诱因大便习惯改变，如腹泻或便秘等。粪便带脓血、黏液或血便，而无炎症性肠病、肠道感染或痢疾等病史。

（3）结肠部位出现肿块。

（4）原因不明的贫血或体重减轻。

（5）经结直肠 CT、肠镜及病理组织活检检查提示结肠癌可能者。

3. 鉴别诊断

（1）痢疾：痢疾与大肠癌腹痛、泄泻、里急后重、脓血便等症状相似。痢疾是以腹痛、腹泻、里急后重、赤白脓血便为主要临床表现的具有传染性的疾病。痢疾起病较急，常伴有发热、呕吐。腹痛多呈阵发性，常在腹泻后减轻，腹泻次数可达 10～20 次。粪便呈胶冻状、脓血状。大肠癌起病隐匿，早期症状不明显，腹痛持续性隐痛，腹泻但次数不多，或腹泻与便秘交替发作。实验室检查，如粪便常规、粪便隐血试验、血常规、结肠镜等有助于鉴别。

（2）痔疾：痔疾与大肠癌都可见大便带血、肛门坠胀或异物感等症状。痔疾和大肠癌均起病缓，病程长。但痔疾一般不伴有全身症状，便时或便后出血，多见鲜血便，多因劳累、食用辛辣之品诱发或加重。大肠癌属于慢性消耗性疾病，伴见消瘦、疲倦乏力、纳呆等症状，便血可为暗红色或鲜血便，时有脓血或黏液。

四、辨证论治

（一）湿热郁毒证

【证候】　腹部阵痛，便中带血或黏液脓血便，里急后重，肛门灼热，或大便干稀不调，秽浊不洁，黏滞不爽，或胸闷脘痞，口干口苦，或发热，或恶心，纳差，舌红，苔黄腻，脉滑数。

【分析】　长期嗜食膏粱厚味，中焦湿热积聚，致使湿热秽浊之邪蕴结肠道而成。湿热阻滞肠道，气机不畅，故见里急后重；湿热之邪熏灼肠道，脉络受损，故见便中带血或黏液脓血便；舌红苔黄腻，脉滑数为湿热蕴结之征象。

【治法】　清热利湿，化瘀解毒。

【方药】　槐角丸（《太平惠民和剂局方》）合葛根黄芩黄连汤（《伤寒论》）加减。常用药：槐角、地榆、当归、防风、黄芩、枳壳、葛根、黄连、苦参、败酱草、半枝莲、薏苡仁、肿节风等。加减：腹痛较甚者，加延胡索、郁金等；大便秘结者，加生大黄、枳实、玄明粉、瓜蒌仁等。

（二）瘀毒内阻证

【证候】　腹部疼痛拒按，痛有定处，入夜尤甚，或腹部扪及包块，或下痢紫暗脓血，或大便变细或扁，或大便难，烦热口渴，面色晦暗，或肌肤甲错，舌紫暗或有瘀斑，苔薄黄，脉涩或弦。

【分析】 下焦湿热瘀毒蕴结，瘀血内阻，日久瘀热化毒，致大肠传导失司，通降失常，肠道实邪及肠内糟粕内停，故见下腹拘急疼痛，腹胀，或下痢紫暗脓血，或大便变细或扁，舌紫暗或有瘀斑，苔薄黄，脉涩或弦，为瘀血内结之征。

【治法】 活血化瘀，清热解毒。

【方药】 膈下逐瘀汤（《医林改错》）加减。常用药：当归、川芎、桃仁、牡丹皮、赤芍、乌药、延胡索、香附、红花、枳壳、丹参、三棱、莪术、炙刺猬皮等。加减：以肿块为主者，可加鳖甲、夏枯草、生牡蛎等；出血者，可加仙鹤草、生地榆、三七粉等。

（三）脾肾亏虚证

【证候】 腹部喜温喜按，或腹内结块，腹痛隐隐，或下利清谷，或五更泄泻，便下黏液夹血，或便意难尽，肛门渗液，面色萎黄或苍白，少气无力，神疲懒言，畏寒肢冷，腰酸膝软，形体消瘦，头晕心悸，纳差食少，舌淡，苔薄白，脉细弱无力。

【分析】 大肠癌患者经手术或化疗后脾胃受损，致脾虚失运，气血生化乏源，寒湿内生，偏走肠间，由脾及肾，脾肾阳气受损，不能温煦机体，故可见腹痛隐隐，面色萎黄或苍白，形体消瘦，神疲懒言等气虚湿盛之征象；肠道肿瘤，影响气机通降，气虚无力升提而下陷，故可见泄泻，或便意难尽等不适。

【治法】 健脾益气，温阳益精。

【方药】 参苓白术散（《太平惠民和剂局方》）合大补元煎（《景岳全书》）加减。常用药：党参、茯苓、白术、白扁豆、陈皮、山药、莲子、砂仁、木香、熟地黄、枸杞子、山茱萸、巴戟天、肉苁蓉等。加减：肛门坠胀、脱肛者，加炙黄芪、升麻、葛根等；纳差食少者，加神曲、山楂、谷芽、麦芽、鸡内金等；心慌、失眠者，加酸枣仁、远志、柏子仁等。

（四）肝肾阴虚

【证候】 腹痛隐隐，或腹内结块，或便下带血，便秘，腰酸膝软，头晕耳鸣，视物昏花，五心烦热，口咽干燥，盗汗，遗精，舌红苔少，脉弦细数。

【分析】 本证多见于大肠癌晚期肝肾双亏，故见腰酸膝软，头晕耳鸣，视物昏花；阴虚火旺，故五心烦热，口咽干燥，盗汗，遗精；舌红苔少，脉弦细数，为肝肾两虚之象。

【治法】 滋肾养肝，清退虚热。

【方药】 知柏地黄丸（《医宗金鉴》）加减。常用药：知母、黄柏、熟地黄、山药、山茱萸、牡丹皮、泽泻、茯苓等。加减：低热，可加地骨皮、银柴胡等；腹胀，可加大腹皮、八月札等，大便秘结，可加火麻仁、郁李仁等。

五、中西医协同治疗

外科手术是大肠癌的主要治疗手段，此外辅助化疗、靶向或免疫治疗等同样是大肠癌的重要治疗方式，中西医结合的综合治疗可以进一步提高其治愈率。结直肠癌围手术期常运用健脾和胃、益气养血、调气通腑等治法，扶助正气，提高免疫力，促进结直肠癌术后复运、肠道功能恢复；化疗、靶向或免疫治疗期间运用和胃降逆、补养气血、清热化湿等治法以协同增强效果，减轻消化道症状等毒副作用；靶向或免疫治疗期出现药物相关性腹泻，可运用健脾化湿等治法；出现药物相关性皮疹可运用祛风清热、养血滋阴等治法治疗等。放疗期间出现放射性直肠炎可运用清热凉血、清肠化湿、活血化瘀等治法。

（施杰民）

复习思考题

1. 大肠癌的中医病因病机是什么？如何理解这些因素在发病过程中的作用？
2. 大肠癌的中医辨证要点有哪些？如何根据这些要点进行辨证施治？
3. 不同类型大肠癌在证候、治法、方药上有何异同？如何根据临床实际情况进行选择？
4. 中医治疗大肠癌的优势是什么？如何结合现代医学手段提高治疗效果？

参 考 文 献

鲍晓虹，叶田园，卢慧，等，2023. 基于网络药理学和细胞实验探讨酸枣仁汤防治焦虑症的机制和物质基础[J]. 中国药理学与毒理学杂志，37（S1）：23-24.

陈金水，2018. 中医学[M]. 9 版. 北京：人民卫生出版社.

陈直，2013. 寿亲养老新书[M]. 王均宁，评注. 北京：中华书局.

董莉，2020. 朱南孙妇科学术经验集[M]. 上海：上海科学技术出版社.

范恒，2015. 中医学：案例版[M]. 3 版. 北京：科学出版社.

贺燕玲，李莎，王国全，等，2022. 基于网络药理学和分子对接技术探讨清瘟败毒饮治疗新型冠状病毒肺炎（COVID-19）的活性成分研究[J]. 辽宁中医药大学学报，24（11）：181-187.

黄鑫，高思宇，高智，2021. 高智治疗输卵管阻塞性不孕症经验[J]. 浙江中医药大学学报，45（2）：146-149.

李荣荣，杜航，李航，等，2024. 基于临床疗效挖掘和靶点网络验证的二陈汤治疗高脂血症燥湿化痰功效研究[J]. 中草药，55（8）：2708-2722.

李毅，胡娜，胡兰贵，2024. 四逆散药理作用及治疗内科疾病的临床应用研究[J]. 辽宁中医杂志，51（4）：6-10.

马宝璋，杜惠兰，2018. 中医妇科学[M]. 3 版. 上海：上海科学技术出版社.

马媛虹，程森，李长安，等，2023. 麻杏石甘汤辅助治疗肺系疾病的研究[J]. 世界中医药，18（18）：2696-2700.

谈勇，2016. 中医妇科学[M]. 4 版. 北京：中国中医药出版社.

唐庆，范恒，2023. 中医基础理论[M]. 北京：科学出版社.

王琦，2012. 中医体质学研究与应用[M]. 北京：中国中医药出版社.

王群，王建玲，2019. 王建玲治疗绝经前后诸证的临床经验[J]. 内蒙古中医药，38（2）：46，94.

王颖，赵冠宇，薛淑萍，等，2023. 乌梅丸及其类方治疗胃肠疾病的临床与基础研究进展[J]. 中药药理与临床，39（3）：122-128.

谢文英，霍华英，2018. 妇科病名医验案解析[M]. 北京：中国科学技术出版社.

张伯礼，吴勉华，林子强，2019. 中医内科学[M]. 北京：中国中医药出版社.

张伯臾，1985. 中医内科学[M]. 上海：上海科学技术出版社.

张圆圆，靳培培，李宛哲，等，2023. 基于网络药理学、分子对接和实验验证探讨加味真武汤延缓慢性肾功能衰竭进展的作用机制[J]. 中国实验方剂学杂志，29（16）：123-133.

郑洪新，杨柱，2021. 中医基础理论[M]. 5 版. 北京：中国中医药出版社.

附录一　中医学常用方剂

一　画

一贯煎（《续名医类案》）：生地黄　枸杞子　沙参　麦冬　当归　川楝子

二　画

二陈汤（《太平惠民和剂局方》）：半夏　橘红　白茯苓　炙甘草　生姜　乌梅

十灰散（《十药神书》）：大蓟　小蓟　侧柏叶　荷叶　白茅根　茜根　山栀　大黄　牡丹皮　棕榈皮

十补丸（《济生方》）：熟地黄　山药　山茱萸　泽泻　茯苓　牡丹皮　肉桂　五味子　炮附子　鹿茸

十枣汤（《伤寒论》）：大戟　芫花　甘遂　大枣

丁香散（《太平圣惠方》）：丁香　白术　前胡　桂心　人参　厚朴　茯苓　陈皮　柴胡　煨诃子　炙枇杷叶　半夏　炙甘草

七味白术散（《小儿药证直诀》）：人参　白茯苓　炒白术　木香　藿香叶　葛根　甘草

七味都气丸（《医宗己任编》）：地黄　山茱萸　山药　牡丹皮　茯苓　泽泻　五味子

七厘散（《良方集腋》）：血竭　麝香　冰片　乳香　没药　红花　朱砂　儿茶

八正散（《太平惠民和剂局方》）：木通　萹蓄　瞿麦　滑石　甘草　大黄　山栀　灯心草

八珍汤（《正体类要》）：人参　白术　茯苓　甘草　当归　白芍　地黄　川芎

九一丹（《医宗金鉴》）：熟石膏　升丹

九味羌活汤（《此事难知》）：羌活　防风　苍术　细辛　川芎　香白芷　生地黄　黄芩　甘草

三　画

三子养亲汤（《韩氏医通》）：紫苏子　白芥子　莱菔子

三仁汤（《温病条辨》）：杏仁　飞滑石　白通草　白蔻仁　竹叶　厚朴　生薏苡仁　半夏

三拗汤（《太平惠民和剂局方》）：麻黄　杏仁　甘草　生姜

三黄汤（《金匮要略》）：大黄　黄连　黄芩

大补元煎（《景岳全书》）：人参　山药　熟地黄　杜仲　枸杞子　当归　山茱萸　炙甘草

大承气汤（《伤寒论》）：大黄　厚朴　枳实　芒硝

大秦艽汤（《素问病机气宜保命集》）：秦艽　当归　甘草　羌活　防风　白芷　熟地黄　茯苓　石膏　川芎　白芍　独活　黄芩　生地黄　白术　细辛

大柴胡汤（《伤寒论》）：柴胡　黄芩　半夏　枳实　白芍　大黄　生姜　大枣

大黄牡丹皮汤（《金匮要略》）：大黄　牡丹皮　芒硝　桃仁　冬瓜仁

小半夏汤（《金匮要略》）：半夏　生姜

小青龙汤（《伤寒论》）：麻黄　芍药　细辛　干姜　炙甘草　桂枝　半夏　五味子

小承气汤（《伤寒论》）：厚朴　枳实　大黄

小柴胡汤（《伤寒论》）：柴胡　黄芩　半夏　人参　炙甘草　生姜　大枣

小陷胸加枳实汤（《温病条辨》）：黄连 枳实 半夏 瓜蒌

小营煎（《景岳全书》）：当归 熟地黄 白芍 山药 枸杞子 炙甘草

小蓟饮子（《济生方》）：小蓟 蒲黄 藕节 滑石 木通 生地黄 当归 甘草 山栀子 淡竹叶

千金苇茎汤（《备急千金要方》）：苇茎 薏苡仁 冬瓜仁 桃仁

川芎茶调散（《太平惠民和剂局方》）：川芎 荆芥 白芷 羌活 防风 细辛 薄荷叶 甘草 清茶

四 画

王氏清暑益气汤（《温热经纬》）：西洋参 石斛 麦冬 黄连 竹叶 荷梗 知母 甘草 粳米 西瓜翠衣

天王补心丹（《摄生秘剖》）：人参 玄参 丹参 茯神 桔梗 远志 五味子 当归 天冬 麦冬 柏子仁 酸枣仁 生地黄

天台乌药散（《医学发明》）：天台乌药 茴香 木香 青皮 高良姜 槟榔 巴豆 川楝子

天麻钩藤饮（《中医内科杂病证治新义》）：天麻 钩藤 石决明 川牛膝 桑寄生 杜仲 山栀 黄芩 益母草 朱茯神 夜交藤

无比山药丸（《太平惠民和剂局方》）：怀山药 肉苁蓉 干地黄 山茱萸 茯神 菟丝子 五味子 赤石脂 巴戟天 泽泻 杜仲 牛膝

五仁丸（《世医得效方》）：桃仁 杏仁 柏子仁 松子仁 郁李仁 陈皮

五皮饮（《中藏经》）：桑白皮 陈皮 茯苓皮 大腹皮 生姜皮

五苓散（《伤寒论》）：白术 桂枝 茯苓 猪苓 泽泻

五味消毒饮（《医宗金鉴》）：金银花 野菊花 蒲公英 紫花地丁 紫背天葵子

五神汤（《外科真诠》）：茯苓 金银花 牛膝 车前 紫花地丁

五积散（《仙授理伤续断秘方》）：苍术 桔梗 枳壳 陈皮 芍药 白芷 川芎 川归 甘草 肉桂 茯苓 生姜

五磨饮子（《医便》）：槟榔 沉香 乌药 木香 枳实

不换金正气散（《太平惠民和剂局方》）：藿香 苍术 厚朴 陈皮 半夏 甘草

止带方（《世补斋医书》）：猪苓 茯苓 车前子 泽泻 茵陈 赤芍 牡丹皮 黄柏 栀子 川牛膝

止嗽散（《医学心悟》）：荆芥 桔梗 陈皮 紫菀 百部 白前 甘草

少腹逐瘀汤（《医林改错》）：小茴香 干姜 延胡索 当归 川芎 肉桂 赤芍 蒲黄 五灵脂

内补丸（《女科切要》）：鹿茸 菟丝子 潼蒺藜 黄芪 白蒺藜 紫菀茸 肉桂 桑螵蛸 肉苁蓉 制附子

贝母瓜蒌散（《医学心悟》）：贝母 瓜蒌 天花粉 茯苓 橘红 桔梗

升麻葛根汤（《闫氏小儿方论》）：升麻 葛根 芍药 甘草

丹参饮（《时方歌括》）：丹参 砂仁 檀香

丹栀逍遥散（《内科摘要》）：柴胡 当归 白芍 白术 茯苓 炙甘草 薄荷 煨姜 牡丹皮 山栀子

乌及散（《中医方剂手册新编》）：乌贼骨 白及

乌头汤（《金匮要略》）：麻黄 白芍 黄芪 制川乌 甘草 蜂蜜

乌头赤石脂丸（《金匮要略》）：乌头 附子 蜀椒 干姜 赤石脂

乌梅丸（《伤寒论》）：乌梅 黄连 黄柏 人参 当归 附子 桂枝 蜀椒 干姜 细辛

六一散（《黄帝素问宣明论方》）：滑石　甘草
六君子汤（《医学医传》）：人参　炙甘草　茯苓　白术　陈皮　制半夏
六味地黄丸（《小儿药证直诀》）：熟地黄　山萸肉　干山药　牡丹皮　泽泻　茯苓
六神丸（《中药制剂手册》）：牛黄　蟾酥　雄黄　冰片　麝香　珍珠　百草霜
六磨汤（《世医得效方》）：沉香　木香　槟榔　乌药　枳实　大黄
双合汤（《医学发明》）：黄芪　熟地黄　当归　川芎　芍药　甘草　肉桂　人参

五　画

玉女煎（《景岳全书》）：石膏　熟地黄　知母　麦冬　牛膝
玉泉丸（《杂病源流犀烛》）：葛根　天花粉　麦冬　人参　茯苓　乌梅　生黄芪　炙黄芪　甘草
玉泉散（《证治准绳》）：犀角　川芎　黄连　冰片
玉屏风散（《究原方》）：黄芪　白术　防风
玉真散（《外科正宗》）：防风　白芷　羌活　天麻　天南星　白附子
玉露散（经验方）：芙蓉叶
玉露膏（经验方）：玉露散配凡士林
甘麦大枣汤（《金匮要略》）：甘草　浮小麦　大枣
甘草干姜汤（《伤寒论》）：炙甘草　干姜
甘草泻心汤（《伤寒论》）：炙甘草　人参　干姜　黄芩　半夏　黄连　大枣
甘露消毒丹（《温热经纬》）：滑石　黄芩　茵陈　石菖蒲　川贝母　木通　藿香　射干　连翘　薄荷　白豆蔻或加神曲
左归丸（《景岳全书》）：熟地黄　山茱萸　怀山药　枸杞子　菟丝子　鹿角胶　龟甲胶　川牛膝
左金丸（《丹溪心法》）：吴茱萸　黄连
右归丸（《景岳全书》）：熟地黄　山茱萸　山药　枸杞子　菟丝子　杜仲　附子　肉桂　当归　鹿角胶
石韦散（《证治汇补》）：石韦　冬葵子　瞿麦　滑石　车前子　制附子
龙胆泻肝汤（《医方集解》）：龙胆草　生地黄　木通　泽泻　车前子　当归　柴胡　栀子　黄芩　甘草
平胃散（《太平惠民和剂局方》）：苍术　厚朴　陈皮　甘草　生姜　大枣
归脾汤（《济生方》）：人参　白术　黄芪　炙甘草　远志　酸枣仁　茯神　龙眼肉　当归　木香　大枣　生姜
四君子汤（《太平惠民和剂局方》）：人参　白术　茯苓　炙　甘草
四妙丸（录自《成方便读》）：黄柏　薏苡仁　苍术　川牛膝
四苓散（《明医指掌》）：白术　茯苓　猪苓　泽泻
四物汤（《仙授理伤续断秘方》）：熟地黄　川当归　白芍药　川芎
四逆汤（《伤寒论》）：附子　干姜　炙甘草
四逆散（《伤寒论》）：炙甘草　枳实　柴胡　芍药
四神丸（《证治准绳》）：补骨脂　肉豆蔻　吴茱萸　五味子　生姜　大枣
生肌散（经验方）：制炉甘石　滴乳石　滑石　血竭　朱砂　冰片
生脉散（《医学启源》）：人参　麦冬　五味子
生姜泻心汤（《伤寒论》）：生姜　炙甘草　人参　干姜　黄芩　半夏　黄连　大枣
失笑散（《太平惠民和剂局方》）：五灵脂　蒲黄

仙方活命饮（《校注妇人良方》）：金银花　甘草　赤芍药　穿山甲　皂角刺　白芷　当归尾　天花粉　贝母　防风　乳香　没药　陈皮

白头翁汤（《伤寒论》）：白头翁　黄柏　黄连　秦皮

白虎加人参汤（《伤寒论》）：石膏　知母　粳米　甘草　人参

白虎加桂枝汤（《金匮要略》）：知母　石膏　粳米　甘草　桂枝

白虎汤（《伤寒论》）：石膏　知母　甘草　粳米

瓜蒂散（《伤寒论》）：瓜蒂　赤小豆

瓜蒌薤白白酒汤（《金匮要略》）：瓜蒌实　薤白　白酒

半夏白术天麻汤（《医学心悟》）：半夏　白术　天麻　橘红　茯苓　甘草　大枣　生姜

半夏泻心汤（《伤寒论》）：半夏　黄芩　干姜　人参　炙甘草　黄连　大枣

半夏厚朴汤（《金匮要略》）：半夏　厚朴　茯苓　紫苏　生姜

半硫丸（《太平惠民和剂局方》）：半夏　硫黄

加减葳蕤汤（《重订通俗伤寒论》）：玉竹　生葱白　桔梗　白薇　淡豆豉　薄荷　炙甘草　大枣

六　画

托里消毒散（《医宗金鉴》）：生黄芪　当归　金银花　皂角刺　白芷　川芎　白芍　桔梗　人参　白术　茯苓　甘草

地黄饮子（《黄帝素问宣明论方》）：生地黄　熟地黄　巴戟天　山茱萸　石斛　肉苁蓉　五味子　肉桂　茯苓　麦冬　炮附子　石菖蒲　远志　薄荷　生姜　大枣

耳聋左慈丸加减（《全国中药成药处方集》）：生磁石　五味子　熟地黄　山药　山萸肉　牡丹皮　茯苓　泽泻　柴胡

芍药甘草汤（《伤寒论》）：芍药　甘草

芍药汤（《素问病机气宜保命集》）：芍药　当归　黄连　槟榔　木香　甘草　大黄

芎芷石膏汤（《医宗金鉴》）：川芎　白芷　石膏　菊花　藁本　羌活

百合固金汤（《医方集解》）：生地黄　熟地黄　麦冬　贝母　百合　当归　炒芍药　甘草　玄参　桔梗

达原饮（《瘟疫论》）：槟榔　厚朴　草果仁　知母　芍药　黄芩　甘草

至宝丹（《太平惠民和剂局方》）：朱砂　安息香　金箔　银箔　犀角　冰片　牛黄　琥珀　雄黄　玳瑁　麝香

当归龙荟丸（《丹溪心法》）：当归　龙胆草　黄芩　黄连　黄柏　大黄　栀子　青黛　芦荟　木香　麝香

当归四逆加吴茱萸生姜汤（《伤寒论》）：当归　桂枝　芍药　细辛　生姜　吴茱萸　炙甘草　通草　大枣

朱砂安神丸（《内外伤辨惑论》）：朱砂　黄连　甘草　生地黄　当归

当归四逆汤（《伤寒论》）：当归　桂枝　芍药　细辛　炙甘草　通草　大枣

血府逐瘀汤（《医林改错》）：生地黄　赤芍　枳壳　牛膝　柴胡　当归　川芎　桃仁　桔梗　甘草　红花

冰硼散（《外科正宗》）：冰片　硼砂　玄明粉　朱砂

交泰丸（《韩氏医通》）：黄连　肉桂

安宫牛黄丸（《温病条辨》）：牛黄　郁金　犀角　黄连　黄芩　山栀　朱砂　雄黄　冰片　麝香　珍珠　金箔衣

安神定志丸（《医学心悟》）：人参　龙齿　茯苓　茯神　石菖蒲　远志

导赤散（《小儿药证直诀》）：生地黄　木通　生甘草　淡竹叶

导痰汤（《济生方》）：制半夏 陈皮 茯苓 甘草 枳实 制南星

异功散（《小儿药证直诀》）：人参 白术 茯苓 炙甘草 陈皮

阳和汤（《外科全生集》）：鹿角胶 肉桂 姜炭 熟地黄 麻黄 白芥子 甘草

防风汤（《黄帝素问宣明论方》）：防风 甘草 当归 赤茯苓 杏仁 肉桂 黄芩 秦艽 葛根 麻黄

防风通圣散（《黄帝素问宣明论方》）：防风 川芎 当归 芍药 大黄 薄荷叶 麻黄 连翘 芒硝 石膏 黄芩 桔梗 滑石 甘草 荆芥 白术 栀子 生姜

七 画

麦门冬汤（《金匮要略》）：麦冬 人参 半夏 甘草 粳米 大枣

苍术导痰丸（《叶天士女科证治秘方》）：茯苓 半夏 陈皮 甘草 苍术 香附 天南星 枳壳 生姜 神曲

苏子降气汤（《太平惠民和剂局方》）：紫苏子 半夏 川当归 前胡 肉桂 厚朴 甘草 生姜 大枣 苏叶

苏合香丸（《太平惠民和剂局方》）：吃力伽（即白术） 光明砂 麝香当门子 诃黎勒皮 香附子 沉香 青木香 丁子香 安息香 白檀香 荜茇 犀角 熏陆香 苏合香 龙脑香

杏苏散（《温病条辨》）：杏仁 苏叶 橘皮 半夏 生姜 枳壳 苦桔梗 前胡 茯苓 甘草 大枣

杞菊地黄丸（《医级》）：枸杞子 菊花 熟地黄 山茱萸 山药 牡丹皮 泽泻 茯苓

两地汤（《傅青主女科》）：生地黄 玄参 地骨皮 麦冬 阿胶 白芍

牡蛎散（《太平惠民和剂局方》）：煅牡蛎 黄芪 麻黄根 浮小麦

羌活胜湿汤（《脾胃论》）：羌活 独活 川芎 蔓荆子 防风 藁本 炙甘草

沙参麦门冬汤（《温病条辨》）：沙参 麦冬 玉竹 桑叶 甘草 天花粉 白扁豆

沉香散（《全国中药成药处方集》）：沉香 石韦 滑石 当归 陈皮 白芍 冬葵子 甘草 王不留行

完带汤（《傅青主女科》）：白术 山药 人参 白芍 苍术 甘草 陈皮 黑芥穗 柴胡 车前子

补中益气汤（《内外伤辨惑论》）：黄芪 人参 白术 炙甘草 当归 橘皮 升麻 柴胡

补阳还五汤（《医林改错》）：当归尾 川芎 黄芪 桃仁 红花 地龙 赤芍

补肺汤（《永类钤方》）：人参 黄芪 熟地黄 五味子 桑白皮 紫菀

附子理中丸（《太平惠民和剂局方》）：白术 炮附子 炮姜 炙甘草 人参

鸡苏散（《黄帝素问宣明论方》）：滑石 甘草 薄荷叶末

八 画

青蒿鳖甲汤（《温病条辨》）：青蒿 鳖甲 细生地 知母 牡丹皮

青黛散（《验方》）：青黛 石膏 滑石 黄柏

苓甘五味姜辛汤（《金匮要略》）：茯苓 甘草 干姜 细辛 五味子

苓桂术甘汤（《金匮要略》）：茯苓 桂枝 白术 炙甘草

肾气丸（《金匮要略》）：干地黄 薯蓣 山茱萸 茯苓 泽泻 牡丹皮 附子 桂枝

固本止崩汤（《傅青主女科》）：熟地黄 白术 黄芪 当归 黑姜 人参

固冲汤（《医学衷中参西录》）：生黄芪 白术 海螵蛸 茜草 龙骨 牡蛎 萸肉 生杭芍 棕边炭 五倍子

知柏地黄丸（《医宗金鉴》）：知母 黄柏 熟地黄 山茱萸 怀山药 茯苓 泽泻 牡丹皮

金铃子散（《素问病机气宜保命集》）：金铃子　延胡索

金黄散（《外科正宗》）：南星　苍术　甘草　白芷　天花粉　厚朴　陈皮　黄柏　姜黄　大黄

金黄膏（经验方）：金黄散配凡士林

金锁固精丸（《医方集解》）：沙苑蒺藜　芡实　莲须　龙骨　牡蛎　莲子肉

肥儿丸（《医宗金鉴》）：人参　茯苓　白术　黄连　胡黄连　使君子　神曲　麦芽　山楂　芦荟　甘草

泻心汤（《金匮要略》）：大黄　黄芩　黄连

泻白散（《小儿药证直诀》）：桑白皮　地骨皮　生甘草　粳米

泻青丸（《小儿药证直诀》）：当归　龙脑　川芎　山栀　大黄　羌活　防风

泽泻汤（《金匮要略》）：泽泻　白术

实脾饮（《严氏济生方》）：附子　干姜　白术　厚朴　槟榔　木瓜　草果　木香　炙甘草　茯苓　大枣

参苏饮（《太平惠民和剂局方》）：人参　苏叶　葛根　前胡　半夏　茯苓　陈皮　甘草　桔梗　枳壳　木香　生姜　大枣

参附龙牡汤（《验方》）：人参　附片　龙骨　牡蛎

参附汤（《正体类要》）：人参　熟附子

参苓白术散（《太平惠民和剂局方》）：人参　白术　茯苓　甘草　山药　桔梗　白扁豆　莲子肉　砂仁　薏苡仁　陈皮　大枣

参蛤散（《普济方》）：人参　蛤蚧

九　画

荆防败毒散（《摄生众妙方》）：荆芥　防风　羌活　独活　柴胡　前胡　川芎　枳壳　茯苓　桔梗　甘草

茵陈五苓散（《金匮要略》）：茵陈　白术　桂枝　茯苓　猪苓　泽泻

茵陈术附汤（《医学心悟》）：茵陈　附子　白术　干姜　炙甘草　肉桂

茵陈蒿汤（《伤寒论》）：茵陈　栀子　大黄

枳实导滞丸（《内外伤辨惑论》）：大黄　枳实　黄连　黄芩　神曲　白术　茯苓　泽泻

枳实薤白桂枝汤（《金匮要略》）：枳实　薤白　桂枝　瓜蒌　厚朴

栀子豉汤（《伤寒论》）：栀子　淡豆豉

牵正散（《杨氏家藏方》）：白附子　全蝎　僵蚕

胃苓汤（《丹溪心法》）：苍术　厚朴　陈皮　甘草　桂枝　白术　茯苓　泽泻　猪苓　生姜　大枣

香连丸（《太平惠民和剂局方》）：黄连　木香

香砂六君子汤（《名医方论》）：人参　白术　茯苓　甘草　木香　砂仁　陈皮　半夏　生姜　大枣

香薷散（《太平惠民和剂局方》）：香薷　白扁豆　厚朴

保元汤（《博爱心鉴》）：人参　黄芪　甘草　肉桂

保阴煎（《景岳全书》）：生地黄　熟地黄　黄芩　黄柏　白芍　山药　续断　甘草

保和丸（《丹溪心法》）：茯苓　半夏　陈皮　山楂　莱菔子　连翘　神曲

独活寄生汤（《备急千金要方》）：独活　桑寄生　杜仲　牛膝　细辛　秦艽　茯苓　肉桂心　防风　川芎　人参　甘草　当归　白芍　干地黄

前胡散（《普济方》）：前胡　桑白皮　贝母　杏仁　麦冬　炙甘草　生姜

济川煎（《景岳全书》）：当归　牛膝　肉苁蓉　泽泻　升麻　枳壳

济生肾气丸(《济生方》):熟地黄　山药　山茱萸　牡丹皮　茯苓　泽泻　炮附子　官桂　川牛膝　车前子

宣痹汤(《温病条辨》):防己　杏仁　滑石　连翘　薏苡仁　半夏　蚕沙　赤小豆　姜黄　山栀

十　画

定痫丸(《医学心悟》):天麻　川贝母　姜半夏　茯苓　茯神　丹参　麦冬　陈皮　远志　石菖蒲　僵蚕　胆南星　琥珀　全蝎　朱砂

真武汤(《伤寒论》):附子　白术　生姜　茯苓　芍药

桂附八味丸(《金匮要略》):肉桂　附子　熟地黄　山茱萸　山药　牡丹皮　泽泻　茯苓

桂枝甘草龙骨牡蛎汤(《伤寒论》):桂枝　炙甘草　煅牡蛎　龙骨

桂枝甘草汤(《伤寒论》):桂枝　甘草

桂枝加厚朴杏仁汤(《伤寒论》):桂枝　芍药　甘草　生姜　大枣　厚朴　杏仁

桂枝汤(《伤寒论》):桂枝　芍药　炙甘草　生姜　大枣

桂枝附子汤(《金匮要略》):桂枝　附子　生姜　甘草　大枣

桂枝茯苓丸(《金匮要略》):桂枝　茯苓　牡丹皮　桃仁　芍药

桃仁红花煎(《陈素庵妇科补解》):丹参　赤芍　桃仁　红花　香附　青皮　延胡索　生地黄　当归　川芎

桃红四物汤(《医宗金鉴》):桃仁　红花　熟地黄　白芍　川芎　当归

柴胡葛根汤(《外科正宗》):柴胡　天花粉　葛根　黄芩　桔梗　连翘　牛蒡子　石膏　甘草　升麻

柴胡疏肝散(《证治准绳》):陈皮　柴胡　香附　枳壳　川芎　芍药　炙甘草

柴葛解肌汤(《伤寒六书》):柴胡　葛根　芍药　羌活　甘草　黄芩　石膏　白芷　桔梗　生姜　大枣

逍遥散(《太平惠民和剂局方》):柴胡　当归　芍药　白术　茯苓　炙甘草　薄荷　煨姜

透脓散(《外科正宗》):生黄芪　炒山甲　川芎　皂角刺

益元散(《奇效良方》):辰砂　滑石　甘草

益胃汤(《温病条辨》):沙参　麦冬　冰糖　生地黄　玉竹

消风散(《外科正宗》):当归　生地黄　防风　蝉蜕　知母　苦参　胡麻　荆芥　苍术　牛蒡子　石膏　甘草　木通

消渴方(《丹溪心法》):花粉末　黄连末　生地汁　藕汁　人乳汁　姜汁　蜂蜜

涤痰汤(《济生方》):制法夏　制南星　陈皮　枳实　茯苓　人参　石菖蒲　竹茹　甘草　生姜　大枣

润肠丸(《沈氏尊生书》):当归　生地黄　麻仁　桃仁　枳壳

调肝汤(《傅青主女科》):当归　白芍　山茱萸　巴戟天　甘草　山药　阿胶

调味承气汤(《伤寒论》):大黄　炙甘草　芒硝

通幽汤(《兰室秘藏》):当归身、升麻、桃仁、红花、炙甘草、生地黄、熟地黄、槟榔

通窍活血汤(《医林改错》):赤芍　川芎　桃仁　红花　麝香　老葱　大枣　鲜姜　酒

桑白皮汤(《古今医统大全》):桑白皮　半夏　苏子　杏仁　贝母　栀子　黄芩　黄连　生姜

桑杏汤(《温病条辨》):桑叶　杏仁　沙参　浙贝母　豆豉　栀子　梨皮

桑菊饮(《温病条辨》):桑叶　菊花　连翘　薄荷　桔梗　杏仁　芦根　甘草

桑麻丸(《医方集解》):桑叶　黑芝麻　白蜜

桑螵蛸散（《本草衍义》）：桑螵蛸　远志　龙骨　茯神　石菖蒲　人参　龟甲　当归

十 一 画

理中丸（《伤寒论》）：人参　白术　干姜　炙甘草
黄芪汤（《金匮翼》）：黄芪　陈皮　火麻仁　白蜜
黄芪建中汤（《金匮要略》）：黄芪　白芍　桂枝　炙甘草　生姜　大枣　饴糖
黄芪桂枝五物汤（《金匮要略》）：黄芪　桂枝　芍药　生姜　大枣
黄连阿胶汤（《伤寒论》）：黄连　阿胶　黄芩　鸡子黄　芍药
黄连温胆汤加减（《六因条辨》）：黄连　陈皮　半夏　茯苓　甘草　枳实　竹茹
黄连解毒汤（《外台秘要》）：黄连　黄芩　黄柏　栀子
萆薢渗湿汤（《疡科心得集》）：萆薢　薏苡仁　黄柏　赤芍　牡丹皮　泽泻　滑石　通草
银翘散（《温病条辨》）：金银花　连翘　淡豆豉　牛蒡子　薄荷　荆芥穗　苦桔梗　生甘草　竹叶　鲜芦根
猪苓汤（《伤寒论》）：猪苓　茯苓　泽泻　阿胶　滑石
麻子仁丸（《伤寒论》）：麻子仁　芍药　炙枳实　大黄　炙厚朴　杏仁
麻杏石甘汤（《伤寒论》）：麻黄　杏仁　石膏　炙甘草
麻黄加术汤（《金匮要略》）：麻黄　桂枝　杏仁　甘草　白术
麻黄汤（《伤寒论》）：麻黄　桂枝　杏仁　炙甘草
麻黄连翘赤小豆汤（《伤寒论》）：麻黄　杏仁　桑白皮　连翘　赤小豆　甘草　生姜　大枣
麻黄根散（《太平圣惠方》）：麻黄根　当归　黄芪
旋覆代赭汤（《伤寒论》）：旋覆花　代赭石　人参　半夏　炙甘草　生姜　大枣
羚角钩藤汤（《通俗伤寒论》）：羚羊角　桑叶　川贝母　地黄　钩藤　菊花　白芍　生甘草　鲜竹茹　茯神
清气化痰丸（《医方考》）：陈皮　杏仁　枳实　黄芩　瓜蒌仁　茯苓　胆南星　制半夏　生姜
清金化痰汤（《医学统旨》）：黄芩　山栀子　桔梗　麦冬　桑白皮　贝母　知母　瓜蒌皮　橘红　茯苓　甘草
清经散（《傅青主女科》）：牡丹皮　地骨皮　白芍　熟地黄　青蒿　黄柏　茯苓
清带汤（《医学衷中参西录》）：生山药　龙骨　牡蛎　海螵蛸　茜草
清胃散（《兰室秘藏》）：生地黄　当归　牡丹皮　黄连　升麻
清骨散（《证治准绳》）：银柴胡　胡黄连　秦艽　鳖甲　地骨皮　青蒿　知母　甘草
清络饮（《温病条辨》）：鲜荷叶边　鲜金银花　西瓜翠衣　丝瓜皮　鲜竹叶心　鲜扁豆花
清热调经汤（《古今医鉴》）：牡丹皮　黄连　生地黄　当归　白芍　川芎　红花　桃仁　莪术　香附　延胡索
清营汤（《温病条辨》）：犀角　生地黄　玄参　竹叶心　麦冬　丹参　黄连　金银花　连翘
清暑益气汤（《内外伤辨惑论》）：黄芪　苍术　升麻　人参　白术　橘皮　神曲　泽泻　炙甘草　黄柏　当归身　麦冬　青皮　葛根　五味子
清瘟败毒饮（《疫疹一得》）：生石膏　小生地　乌犀角　真川连　生栀子　桔梗　黄芩　知母　赤芍　玄参　连翘　竹叶　甘草　牡丹皮

十 二 画

越婢加术汤（《金匮要略》）：麻黄　石膏　白术　大枣　生姜　甘草
越鞠丸（《丹溪心法》）：苍术　香附　川芎　神曲　栀子

葛根汤（《伤寒论》）：葛根 麻黄 桂枝 甘草 白芍 生姜 大枣

葛根芩连汤（《伤寒论》）：葛根 黄芩 黄连 炙甘草

黑锡丹（《太平惠民和剂局方》）：黑锡 附子 肉桂 硫黄 阳起石 补骨脂 胡芦巴 金铃子 木香 肉豆蔻 沉香 茴香

程氏萆薢分清饮（《医学心悟》）：川萆薢 车前子 黄柏 茯苓 白术 石菖蒲 丹参 莲子心

痛泻要方（《景岳全书》）：白术 炒陈皮 炒白芍 防风

普济消毒饮(《东垣试效方》)：黄芩 黄连 甘草 玄参 连翘 板蓝根 马勃 牛蒡子 薄荷 僵蚕 升麻 柴胡 桔梗 陈皮

温经汤（《妇人大全良方》）：人参 当归 川芎 白芍 肉桂 莪术 牡丹皮 甘草 牛膝

温胆汤（《备急千金要方》）：半夏 陈皮 枳实 竹茹 生姜 甘草 茯苓 大枣

温脾汤（《备急千金要方》）；大黄 附子 干姜 人参 甘草 芒硝 当归

犀角地黄汤（《备急千金要方》）：犀角 地黄 牡丹皮 芍药

犀角散（《备急千金要方》）：犀角 黄连 升麻 栀子 茵陈

犀黄丸（《外科全生集》）：牛黄 麝香 没药 乳香

疏凿饮子（《重订严氏济生方》）：商陆 泽泻 赤小豆 椒目 木通 茯苓皮 大腹皮 槟榔 羌活 秦艽 生姜

十 三 画

蒲黄散（《太平惠民和剂局方》）：生蒲黄 干地黄 干荷叶 牡丹皮 炙甘草 延胡索

槐花散（《普济本事方》）：槐花 柏叶 荆芥穗 枳壳

新加香薷饮（《温病条辨》）：香薷 鲜扁豆花 厚朴 金银花 连翘

十 四 画

碧玉散（《伤寒论》）：滑石 甘草 青黛

酸枣仁汤（《金匮要略》）：酸枣仁 知母 茯苓 川芎 甘草

膈下逐瘀汤（《医林改错》）：五灵脂 当归 川芎 桃仁 牡丹皮 赤芍药 乌药 延胡索 甘草 香附 红花 枳壳

膏淋汤（《医学衷中参西录》）：党参 怀山药 芡实 龙骨 牡蛎 生地黄 白芍

十 五 画

增液汤（《温病条辨》）：玄参 生地黄 麦冬

镇肝熄风汤（《医学衷中参西录》）：怀牛膝 生龙骨 生杭芍 天冬 生麦芽 生赭石 生牡蛎 玄参 川楝子 茵陈 甘草 生龟甲

十 六 画

薏苡仁汤（《类证治裁》）：薏苡仁 瓜蒌仁 川芎 当归 麻黄 桂枝 羌活 独活 防风 制川乌 甘草 苍术 生姜

十 七 画

黛蛤散（《医说》）：青黛 海蛤壳

十 九 画

藿香正气散（《太平惠民和剂局方》）：藿香　紫苏　白芷　苦桔梗　白术　厚朴　半夏曲　大腹皮　茯苓　陈皮　甘草　生姜　大枣

蟾酥丸（《外科正宗》）：蟾酥　轻粉　枯矾　寒水石　绿铜　乳香　没药　胆矾　麝香　雄黄　蜗牛　朱砂

二 十 三 画

蠲痹汤（《医学心悟》）：羌活　独活　桂枝　秦艽　当归　川芎　甘草　海风藤　桑枝　木香　乳香　姜黄

附录二 术语简释

本简释收录中医常用术语及用语，旨在帮助读者解决学习时的一些疑问。词条按笔画数及笔形（一、丨、丿、丶、フ）顺序排列。中西医病名相同者，以＝表示；相当者以≈表示。

一 画

一息 息指鼻息，即呼吸。一呼一吸为一息。

乙癸同源 即肝肾同源，亦即精血同源，古人将脏腑与天干相配，肝为乙，肾为癸，故名。

二 画

二阴 前阴和后阴的总称。前阴指外生殖器及尿道；后阴指肛门。

十二经之海 冲脉的别称。

十二经脉 经络的主要组成部分。每一经脉都与相应的脏腑相联系。十二经脉分别属于十二脏腑。

十四经脉 即十二经脉和奇经八脉中任脉、督脉的合称。因十四经脉在体表的循行部位上皆有其所连属的经穴，为针灸学所重视。

七冲门 消化道的七个冲要之门，即飞门（唇）、户门（齿）、吸门（会厌）、贲门（胃上口）、幽门（胃下口）、阑门（大小肠交接处）、魄门（肛门）。

七窍 指头面部的七个孔窍，即眼二、耳二、鼻孔二、口一。七窍与五脏相通，通过七窍可了解五脏的病变。

七情 ①喜怒忧思悲恐惊七种情志变化。②中药配伍关系的七个方面。

人中 位于鼻唇沟上 1/3 与中 1/3 的交界点。

人迎 又称人迎脉，位于颈总动脉搏动处。

八纲 是最原则、最基本、最重要的一种辨证方法。阴、阳、表、里、寒、热、虚、实四对纲领可以概括疾病的基本性质。

八法 前人将治法归纳为汗、吐、下、和、温、清、补、消八种治法。

三 画

三消 即上消、中消、下消，是消渴的三种分型。上消的病机是肺热津伤，以烦渴多饮为主症；中焦的病机是胃热炽盛，以多食易饥为主症；下消的病机是肾阴亏虚，以尿频量多为主症。

三焦 是上焦、中焦、下焦的合称，为六腑之一。可以认为其是体内包罗诸脏腑之一大腔。上焦位于膈上，包括心肺在内；中焦位于膈下、脐上之间，包括脾胃在内；下焦位于脐以下，包括肝、肾、膀胱、小肠、大肠在内。三焦的生理功能：一是通行元气，二为水液运行的道路，三是气化进行的场所。

三焦辨证 是温病辨证的方法之一，现较少使用。

干呕 胃气上逆而出，有声无物。

下元 指肾阳，故肾阳虚，又称下元虚冷、下元虚惫、下元亏损。

下气 即降气，为气逆的治法，使上逆之气得以下行。

下利 即腹泻。

下乳 即催乳、通乳，为产后缺乳的治法。

下法 为八法之一，即通下或泻下的治法。

寸口 即寸口脉，脉诊的部位，位于手腕桡动脉搏动处。

寸白虫 =绦虫。

寸白虫病 =绦虫病。

寸关尺 寸口脉由远侧端向近侧端分为三部分，依次名为寸、关、尺。

大头瘟 以颈项、颌下及面部肿大为主症，伴有高热、疼痛及吞咽困难的严重感染。≈颈、颌下及面部蜂窝织炎。

上气 表现为息粗气促，呼多吸少，为呼气性呼吸困难，见于气道不利之实喘，如哮喘。

小儿食指络脉 亦称小儿指纹。3 岁以内小儿，望食指络脉以代替脉诊。

小儿暑温 =流行性乙型脑炎。

小产 妊娠 12～28 周内，胎儿已形成而自然殒堕者为小产。=晚期流产。

小肠气 又称小肠气痛，即疝气。=疝。

小腹 指下腹部中间的部位。

口中和 口不干渴，食而知味，表示胃气正常，津液充足的口中正常感觉。

口气 即口臭。

口疮 ≈各种口腔炎，口腔溃疡，口角炎。

山岚瘴毒 指南方山林间湿热蒸郁而产生的一种病邪，类于自然疫源的性质，通常多指疟邪。

亡阳 脱证+大寒证；≈血压降低，低血容量性休克。

亡阴 脱证+大热证；≈感染性休克。

卫气 是运行于体表之气，分布于皮肉之间。其作用为：①护卫肌表，防御外邪入侵；②温养脏腑、肌肉、皮毛；③调控腠理的开合及汗液的排泄。

卫分证 是卫气营血辨证的第一阶段，见于温热病初起时。相当于八纲辨证的表热证。

子门 又名子户，子宫颈口的部位。

子肠 =阴道。

子脏，子处 =子宫。

四　画

开胃 增进食欲之意。增加食欲的药叫开胃药。

开窍 又称开闭，宣窍，醒脑，用于治疗神昏窍闭之证。分为清热开窍（凉开）、逐寒开窍（温开）及化痰开窍。

天行 又称天行时疫，指大流行性的传染病。

天行赤眼 =流行性出血性结膜炎。

天柱骨 =颈椎。

天庭 位于额部的中央。

天癸 指男女之肾精，是促进性腺发育成熟的物质。≈性激素。

元气 又名原气、真气，是人体最基本、最重要的气，是人体生命活动的原动力。

元阳 指命门火，即肾阳。

元神之府 指脑。

无权 指脏腑功能减退，如肾虚摄纳无权而致虚喘。

五心烦热 患者感手心、足心及心口发热及虚烦，见于阴虚证。

五更泻 病名。在黎明之前，阴寒较盛之时，腹部作痛，肠鸣即泻。因肾阳虚衰所致。

五体 指分属于五脏的五种形体，即筋属肝，脉属心，肉属脾，皮毛属肺，骨属肾。

五迟、五软 泛指小儿发育不全或发育迟缓。五迟指立迟、行迟、发迟、齿迟、语迟。五软指头项软、口软、手软、足软、肌肉软。见于脑性发育不全、脑性瘫痪、佝偻病等。

五轮 眼由外周向中心分为肉轮（眼睑，属脾），血轮（内、外眦，属心），气轮（白珠，属肺），风轮（黑珠，属肝），水轮（瞳人，属肾）。

五味 中药具有辛、酸、甘、苦、咸五种基本味，不同的味具有相应的药性。

五府 脑为元神之府，头为精明之府，腰为肾之府，膝为筋之府，脉为血之府，合称为五府。

五官 指分属于五脏的五种头面部器官，即目属肝，舌属心，口属脾，鼻属肺，耳属肾。

支饮 饮证的一种，又称寒饮伏肺或寒饮停肺。见于慢性支气管炎、支气管哮喘、支气管扩张等病。

不仁 麻木不仁，指肢体感觉减退或消失。

不用 肌力减退，肢体瘫痪，丧失活动能力。

不孕 指女性不育。

不利 指功能活动减退或障碍。如关节屈伸不利，气机不利，气化不利。

不育 指男性不育。

不振 虚弱之意，尤指阳虚。如脾阳不振，心阳不振。

不寐 即失眠。

太仓 胃之别称。

太冲脉 冲脉之别称。

太阳 即颞颥，位于眼眶的外后方，颧弓上方的部位。

太阳病（证） 为伤寒六经辨证的初起阶段，相当于八纲辨证的表寒证。

太息 即叹长气，深深地叹息，常见于心情郁闷不舒畅之时。肝气郁结患者易频频叹长气，称善太息。

历节 病名，又名历节风，是痹证的一种，以关节红肿、剧痛、不能屈伸为特点。

牙宣 又名齿衄，即牙龈出血。

牙痈 ≈牙周脓肿。

少气 指呼吸微弱，言语无力的症状。见于气虚证。

少火 即生理之火，指温煦全身，推动脏腑生理活动的阳气。

少阳病（证） 为六经辨证之证名。患伤寒，病邪已离太阳之表，而未入阳明之里，正在表里之间的病证，主要表现为寒热往来，胸胁苦满，心烦喜呕等。

少阴病（证） 为六经辨证之证名。伤寒历三阳证不愈，进入到三阴证，由太阴进而至少阴，表现为心肾功能衰减之全身虚寒，亦可为全身虚热。

少腹 位于脐下腹部两侧。

少腹拘急 下腹部有拘挛急迫（痉挛收缩）的感觉，或有疼痛，并可见小便频数短涩，排出不畅。

少腹急结 指下腹部胀满、板硬，为下焦蓄血的主要症状之一。

中气 指中焦脾胃之气。

中气下陷 即脾气下陷，亦称气虚下陷。

中气不足 指脾胃气虚。

中风 ＝脑血管意外。

中阳不振 即脾胃虚寒。

内火 或称内热，为内生五邪之一。内火有虚实之分。阴虚火旺为虚火；阳气过盛、邪郁、五志过极化火为实火。

内伤病 又称杂病，或内伤杂病。由内因——阴阳失调，气血紊乱导致的一类慢性疾病。

内陷 疮疡毒邪恶化，正不胜邪，内陷入里，客于营血，内传脏腑称为内陷。

内障 凡眼球内部的疾病统称为内障。=内眼病。

水气 即水肿之古称。

水火既济 又称心肾相交。正常情况下，心火与肾水互相协调，互相制约，使水火二脏保持动态平衡。

水蛊病 =肝硬化腹水。

水痘 又称水疮。=水痘。

见 意为呈现，表现，出现。如“胆气上溢则见口苦”，又如“肝血虚或见肢体麻木”。

气门 即汗孔。

气化 气的运动变化及其所产生的能量转化过程称为气化，即水谷津液在体内的代谢过程：将饮食物转化成水谷之精气，然后再化成气血津液，输布全身，产生能量，并排出代谢糟粕。

气分证 卫气营血辨证的第二阶段。温热病邪由表入里，正盛邪实，正邪剧争，阳热亢盛的里热证。

气机 通常泛指气的功能活动，亦指脏腑之气运行的通路及方向，以概括脏腑的功能，如肺主肃降，脾主升清，腑气以通降为顺。

气海 宗气在胸中积聚之处称气海，又称膻中。

气随血脱 血脱后气亦随之而脱，即大失血后气血皆脱。

长夏 农历六月称为长夏。

化湿 祛湿邪的一种治法，又称芳香化湿。

反治 是顺从疾病假象而治的一种治法，又称从治。实际上还是针对疾病的本质进行治疗。如用清法治疗真热假寒证，表面看是用清法治寒证，而实质上仍是用清法治热证。

反胃 宿食不化，停留胃中，胃脘痞胀，朝食暮吐，暮食朝吐。

从治 即反治。

月水 即月经。

月经先期 又称经期超前。月经周期提前 1～2 周。

月经后期 又称经期错后。月经周期延后 1 周以上。

月经愆期 又称经行先后无定期，经乱。月经不按正常周期来潮，或提前，或延后，或经期不定。=月经周期不规则。

风火眼痛 又名风热眼、火眼。=急性结膜炎。

风热喉痹 =急性咽喉炎。

风疹 =风疹。

风瘙痒 =皮肤瘙痒症。

丹痧 又名烂喉丹痧，喉痧。=猩红热。

文火、武火 指煎药的火力。火力小而缓为文火，火力大而猛为武火。

火 火的种类列举如下，意义见各词条。

- 少火
  - 君火——心火（心之阳气）
- 相火
  - 命门之火（肾阳）
  - 肝之阳气
- 壮火
  - 外火——火热病邪
- 内火
  - 心火亢盛

相火旺动

肝火上炎（实火）

虚阳上亢（虚火）

火丹 又称流火。=丹毒。

火毒 又称热毒，指火热病邪郁结成毒，在身体的局部形成疮疡痈疽等化脓性感染。

心阳不振 即心阳虚。

心系 指直接与心脏连接的大血管。

心肾不交 心肾两脏失去协调，出现肾水虚于下及心火旺于上的证候。

心脉痹阻 又称心血瘀阻，为瘀血阻于心的证候。=冠心病。

五 画

玉门 又名胞门。其指妇女外生殖器的阴道口及处女膜的部位。

正治 是逆其证候而治的常规治法，又称逆治，如用温法治寒证，用补法治虚证。

正骨科 又称伤科，骨伤科，为治疗跌打损伤的专科。

本节 指手的掌指关节及足的跖趾关节。

石淋 =泌尿道结石。

石瘕 =子宫肌瘤。

平补阴阳 指能兼补阴阳的药性，如山茱萸既滋阴又补阳，为平补阴阳药。

平脉 正常人的脉象。

东医 朝鲜、越南对中医的称谓。

归经 对中药功效的一种归纳方法，归经即归该经所连系的脏腑，表示对该脏腑疾病有治疗作用。

目系 眼球内连于脑的神经。=视神经。

目眵 俗称眼矢，即附着在内眦及睑缘的黄色分泌物。

目窠 又称胞睑、目胞、眼胞，俗称眼皮。即上、下眼睑。

目窠肿 =眼睑水肿。

四气 中药的寒、热、温、凉四种药性，称为四气。

四末 指四肢的末端，即手和足。

四海 指髓海（脑）、气海（膻中）、血海（冲脉）、水谷之海（胃）。

失司 司意为主管、掌管。失司意指某脏腑之功能减退，如脾之运化失司，肾之封藏失司。

失音 即声音嘶哑。

矢 通“屎”，如蚕矢。

矢气 指肛门排出之臭气，俗称屁。

白秃疮 =发癣中的白癣。

白疕 =银屑病。

白驳风 白癜风。

白浊 尿道流出白色如米油、如膏脂样的秽浊似脓样的分泌物，为一种淋病。

白屑风 =皮脂溢出症，皮脂溢性皮炎。

白喉 =白喉。

白睛 指眼球的白色部分，相当于巩膜部分。

用 功用、功能、作用之意，如六腑以通为用，肝脏体阴用阳。

印堂 鼻根部两眉之间的部位。

外火 指六淫之邪中的火邪。

外证 见于皮肤、肌肉等浅表部位的病变，包括各种皮肤病及热毒所致的疮疡痈肿皆为外证，属中医外科的范畴。

外感病 感受外邪所致的疾病，分为伤寒和温病两大类。明代以前外感病按《伤寒论》六经辨证论治；明代以后温病学派兴起，外感病多按温病卫气营血辨证，于是外感病有伤寒派与温病派之分。

外障 凡眼球外部的病称外障。=外眼疾病。

主 主宰、主持之意，如心主血脉。

玄府 即汗孔。

闪挫 闪伤和挫伤合称闪挫。躯干突然用力旋转或屈伸，使筋膜、韧带、肌腱等受急骤的牵拉而引起的损伤称闪伤，属于扭伤的范围。体表受钝器猛烈撞击而致肌肉等软组织损伤称挫伤。

半身不遂 为中风后遗症状。=偏瘫。

头风 慢性发作性头痛，如血管神经性头痛。

头重 头部的重坠、沉重、闷胀感。由外感湿邪或痰湿内阻所致。

汉医 又称汉方医学，为日本对中医的称谓。

出血性中风 =脑出血。

皮痹 =硬皮病。

发 相当于西医的痈，或痈并发蜂窝织炎。痈之大者名发。

发际 头发的边缘部位。在额上方者为前发际，在枕部者为后发际。

发表 即解表。

发颐 =化脓性腮腺炎。

六　画

托毒透脓 运用补气血药，扶助正气，托毒外出，以免毒邪内陷的治法。用于疮疡中期毒邪盛，而正气未衰，疮疡痈肿尚能溃破者。

百合病 ≈癔病，神经官能症。

百骸 泛指人体所有的大小骨骼。

达邪 即透邪外出。

早产 =早产。

早泄 行性生活时排精过早的病状，因肾虚或相火过盛所致。

吐血 =呕血。

吐酸 见吞酸。

虫积 =肠寄生虫病。

吸门 =会厌。

舌本 即舌根。有足太阴脾经连于舌本，散于舌下。

舌蕈 ≈舌癌。

伏气 感觉温热病邪，潜伏体内，经过一段时间才发病。此种病邪称伏气，此种温病称伏气温病。

延孔 指女子的尿道口。

伤食 由暴饮暴食所致的急性消化不良或急性胃肠炎。

伤筋 又称软组织损伤。

伤寒 ①广义的伤寒是外感病的一大类；②狭义的伤寒是伤寒太阳病证的一种证型；③动宾词组，意为伤于寒邪。

华盖 指肺。因肺的位置最高，喻为华盖，遮盖着其他脏腑。

自汗 不因劳累、炎热、服发汗药而自行出汗为自汗，见于气虚卫表不固，感受外邪营卫不和，以及里热炽盛之时。

血不归经 又称血不循经，即血不循血脉运行溢出于外而导致出血。

血分证 为温病发展的最深重阶段，也是卫气营血辨证的最后阶段。在营分证的基础上，更有血热妄行和（或）肝热风动的表现。

血证 出血病证的总称。

血室 ①指子宫；②指冲脉；③有时亦指肝脏。

血脏 指子宫。

血海 指冲脉。

血脱 ＝失血性休克。

肌肤 又称肌表、肌腠，泛指体表。

肌肤甲错 皮肤干燥、粗糙、角化、脱屑如鳞甲状，且有瘙痒及抓痕。

肌衄 又称紫斑，指皮下出血。＝紫癜。

杂病 指外感病以外的内科病证，病因为内因，多为慢性疾病。

多寐 ＝嗜睡。

壮火 指致病之邪火。

壮阳 用温补药以强壮阳气叫壮阳。壮阳主要指壮肾阳，比补阳的范围稍窄些。

壮热 即高热。

冲任不固 “冲为血海，任主胞胎”，冲任二脉与妇女的月经、妊娠有密切关系。冲任不固是冲脉、任脉不能固摄之意，易发生崩漏、流产等病证。

冲脉 为奇经八脉之一。能调节十二经气血，故有“十二经脉之海”之称。其与妇女月经有密切关系，故又称“血海”。

交骨 耻骨联合处。

闭证 神昏之浅者为闭证，兼有热象者为阳闭，兼有寒象者为阴闭。

羊痫风 ＝癫痫大发作。

汗法 为八法之一，即解表法。

安神 ＝镇静、催眠。

阳事 指男子性生活或性功能。

阳明病（证） 是伤寒六经辨证的病证之一，病邪入里化热为阳明病，又分阳明经证和阳明腑证两种证型。相当于八纲辨证的里实热证。

阳脉之海 为督脉的别称。

阳盛格阴 邪热内盛，深伏于里，格阴于外，表现为四肢厥冷，脉象沉伏，身大寒反不欲近衣被，以及心腹烦热，扪诊腹部灼热之真热假寒之象。

阳痿 又称阳事不举，指性交时阴茎不能坚硬勃起的病证。

阴户 指女子阴蒂、大小阴唇、阴唇系带及阴道前庭的部位。

阴阳格柜 是阴阳失调中比较特殊的一类病机，包括阴盛格阳和阳盛格阴两种。由于阴或阳的一方偏盛至极，因而壅遏于内，将另一方排斥格拒于外，迫使阴阳之间不相维系，从而出现真寒假热或真热假寒之证。

阴冷 男子阴冷指阴茎或阴囊冷而不温。女子阴冷指阴户有寒冷感，甚至下腹也觉冷。

阴挺 ＝子宫脱垂，阴道前后壁膨出。

阴脉之海 任脉的别称。

阴盛格阳 阴寒内盛，逼微弱之阳气浮于外，表现为内真寒外假热的证候。

阴痒 妇女外阴或阴道内瘙痒，甚则疼痛，常有渗出物。≈阴道炎，外阴瘙痒。

阴器 指男女生殖器。

七　画

吞酸　酸水由胃中上逆至咽又随即咽下者称为吞酸；不咽下而吐出者则称吐酸。

运脾　是治疗湿邪困脾的方法。湿浊内阻中焦，致使脾不耐重负，用祛湿之剂以解脾之围，俾其运化功能得以恢复。

走黄　是由疔毒入血,内攻脏腑而引起的全身性感染,一般以颜面部疔疮并发走黄者最为多见。＝败血症，脓毒血症。

赤游丹　＝丹毒。

抑木扶土　又称疏肝与健脾药同用的治法，用于治肝旺乘脾之证。

芳香化浊　是使用藿香、佩兰、砂仁、蔻仁之类具芳香气味，能化除湿浊之邪的药物以治疗上、中焦湿证的治法。

劳淋　遇劳累辄发作的慢性淋证。＝慢性肾盂肾炎。

杨梅疮　＝梅毒。

更衣　解大便之婉称。

医案　即病案。

尪痹　又称顽痹，指久治不愈，关节肿胀、变形、致残的痹证。

坚阴　是平相火、固肾精的治法，用于相火妄动，肾气不固，梦中遗精之证。

时方　指汉代张仲景所著《伤寒杂病论》以后，历代医家所制订的方剂。时方在经方的基础上有了很大的发展，但时方之药味往往多而杂。

时行　指流行性疾病。

时行感冒　＝流行性感冒。

助阳　即补阳，是用于阳虚证的治法。

呃逆　＝膈肌痉挛。

针眼　＝麦粒肿。

利湿　又称渗湿，或渗湿利尿，是通利小便，使湿邪从下焦渗利而出的治法。

体气　＝狐臭。

佐金平木　又称泻肝清肺，是清肃肺气以抑制肝木的治法，用于肝火旺盛，影响肺气清肃之证。

身热不扬　热受湿阻遏的一种热象，其特点是体表初扪之不觉很热，但扪之稍久则觉灼手。

身瞤动　肌肉掣动或跳动，程度较筋惕肉瞤为轻。

肝痈　＝肝脓肿。

肠痈　＝阑尾周围脓肿。

肠覃　＝卵巢囊肿。

肠澼　痢疾之古称。

疔疮　泛指一切体表疮疡发病迅速而危险性较大者。相当于西医的疖、脓疱、蜂窝织炎、甲沟炎等体表化脓性感染。

泛恶　即恶心。

完骨　＝颞骨之乳突部分。

证　又称证候，亦称证型，是中医辨证的结果，诊断疾病的单位，其对论治具有指导意义。

补火生土　又称温补脾肾，是温补命门以恢复脾的运化功能的治法，用于脾肾阳虚之五更泻。

君火　指心火。

附骨疽　是无头疽的一种，附着于骨的感染，多为慢性，好发于四肢长骨，溃后难愈，可成窦道。≈慢性骨髓炎，骨结核。

纳呆　胃的受纳功能呆滞，表现为食欲不振，不思饮食。

八画

青盲 ＝视神经萎缩。

表里双解 表证、里证同时存在时，必须表里同治，解表与通里清热之剂同用，此称表里双解。

表证 是外感病的初期阶段，八纲辨证证型之一，其对立面为里证。

拘急 四肢拘挛难以屈伸，但较强直轻。

苗窍 通过五官的孔窍以审视病变的苗头。鼻为肺之窍，目为肝之窍，口为脾之窍，舌为心之窍，耳为肾之窍。审察这些苗窍可知内脏的变化。

直中 病邪（主要是寒邪）不经三阳经传变而直接侵入三阴经为直中。如直中太阴，直中少阴。

郁证 是由情志不舒，气机郁滞所引起的一类病证，以肝气郁结为其代表。＝抑郁症。

郁热 为火热内生之实热，体内阳气过盛、病邪郁滞及五志过极皆能产生郁热，如肝郁发热、瘀血发热。

奇经八脉 指十二经脉以外的另一些重要经脉，包括任脉、督脉、冲脉、带脉、阴跷脉、阳跷脉、阴维脉、阳维脉。它们与脏腑没有直接的络属关系，但有联络和调节十二经脉的作用。

奇恒之腑 脑、髓、骨、脉、胆、女子胞六个脏器称为奇恒之腑。奇恒有异乎寻常之意。它们似脏非脏，似腑非腑，但贮藏精气，与肾、心、肝三脏关系密切。

转筋 多指腓肠肌痉挛。

齿衄 即牙龈出血，又称牙宣。

齿龄 睡眠中上下牙齿自相磨切，嘎嘎作响的症状。

肾囊风 又称绣球风。＝阴囊湿疹。

岩 指发于体表的坚硬如石形状不规则的肿物。岩与“癌”通。

乖戾 指一类具有强烈传染性的致病因素。

和 原意为和谐、调和，引申为适合、适中、和顺、平和、正常，如胃以降为和，口中和。

和法 为八法之一，即和解法，实际上为其他七法所不能解决的一种调和法。其用于和解病邪在表里之间的少阳病证，用于调和肝强乘脾的肝脾不和证，也用于调和寒热互结心下之痞证。

金水相生 又称补肺滋肾，是肺肾同治、滋养肺肾阴虚的治法，用于肺肾阴虚证。

命门 有生命之门的含义，为肾阳所在之处。

命门之火 简称命火，为肾火、肾阳的同义词。

命门火衰 指肾阳虚之甚者，又称肾阳衰微。

命火不足 即肾阳虚。

乳岩 ＝乳腺癌。

乳泣 妊娠期乳汁自出。＝溢乳症。

乳核 乳房中结块形如弹丸，边界清楚，推之活动，轻度胀痛或无痛，与月经周期无关。＝乳腺纤维腺瘤。

乳疽 指乳房深部脓肿。

乳痈 ＝急性乳腺炎。

乳蛾 ＝扁桃体炎。

乳癖 双侧乳房发生多个大小不等、边界不清的小结节，胀痛，经期前加重。＝乳腺（囊性）增生病。

肺系 指肺的附属器官，如气管、喉、鼻道等上呼吸道的统称。

肺胀 ＝（慢性阻塞性）肺气肿。

肺痨 ＝晚期肺结核。

肺痿 ＝肺纤维化、肺硬变、硅肺、肺不张。

股白肿 一侧下肢突然明显肿胀，皮色不变。=下肢深静脉血栓形成，或血栓性静脉炎。

肥疮 =发癣中的黄癣。

狐惑病 ≈白塞病。

炙 指将药材与液体辅料共炒，使辅料渗入药材之内的炮制法。如炙甘草即是将甘草与蜜拌匀后加热同炒制成。

疠风 =麻风。

废用 即瘫痪。

郑声 神识不清时，低声地、断续地重复说一些话语叫郑声，属心气大伤、精神散乱之虚证。

泄泻 =腹泻。

油风 =斑秃。

泻肝 即清泻肝火的治法。

泻南补北 又称泻火补水法，即泻心火与滋肾水同用之滋阴降火法，用于肾阴不足、心火偏旺之心肾不交证。

性冷 =性欲低下，性厌恶。

宗气 为积于胸中之气，由肺从自然界吸入的清气和由脾转输来的水谷精气在胸中结合而成。

宗筋 三阴、三阳的经筋会合于前阴部位称宗筋。宗筋又指男子的生殖器。

孤腑 指三焦。

经气 泛指在经脉中运行的气。

经方 主要指汉代张仲景在《伤寒论》《金匮要略》中制定的方剂，经方的特点是药味少而精，组方严谨。

经外奇穴 指十四经以外的穴位。

经穴 十四经脉（十二正经、任脉、督脉）所属的腧穴称经穴，分布于经脉在体表循行的路线上，供针灸用。

经行吐衄 又称倒经、逆经，指每在经前或经期有规律性地出现吐血或衄血。=代偿性月经，子宫内膜异位症。

经闭 即闭经。

经乱 即经行先后无定期，又称月经愆期。

经脉 为经络系统的主要组成部分，包括十二经脉、奇经八脉及十二经别。经脉是经气运行的主要通道。

九 画

封藏失司 肾有贮藏精气，主二便的功能，如肾气不固，出现遗精、滑精、早泄、小便失禁、夜尿频多、五更泄泻等症状，称之为封藏失司。

带下 指生理的白带，有时亦指病理的白带过多，即带下病。

带下病 病理的白带过多，或色质的改变。=阴道炎，宫颈炎。

标本 是辨证论治中经常使用的一对概念。其含义是多方面的。本：指根本、本质、病因、整体、正气、原发病、主要矛盾等；标：指枝节、现象、症状、局部、病邪、继发病、次要矛盾等。

相反 两药配合应用，能产生毒副作用叫相反，此属配伍禁忌。

相火 指正常的肾阳、肝阳。

相火妄动 相火因失却肾阴、肝阴的滋养而妄动，表现为肝阳上亢（眩晕头痛，急躁易怒）而虚火内灼（五心烦热，遗精早泄），称为相火妄动。

相使 性能功效有某种共性的药物配合应用，辅药能提高主药的疗效叫相使，如清热泻火的黄芩配以攻下泻火的大黄，辅药大黄能提高主药黄芩的清热泻火作用。

相畏、相杀 实际上是一种配伍关系的两种提法。两药配伍，一药能减轻或消除另一药的毒性或副作用，如生半夏配生姜，生姜能减少生半夏的毒性，这种关系叫生半夏畏生姜，或叫生姜杀生半夏。

相侮 在五行生克关系中，出现反向的相克，叫相侮，又叫反侮或反克，如正常为金克木，但当木旺时反过来克金，比如木侮金或木火刑金。

相须 性能功效相类似的药物配合应用，能增强疗效叫相须，如金银花与连翘，麻黄与桂枝。

相恶 两药配合应用，有拮抗作用而致减效或失效叫相恶，如人参恶莱菔子，莱菔子能削弱人参的补气作用。

相乘 在五行生克关系中，相克太过叫相乘，如肝木乘脾土。

面游风 ＝脂溢性皮炎。

咳血 ＝咯血。

骨痨 ＝骨结核。

重听 即听力减退。

顺 通顺、和顺之意，引申为功能正常，如六腑以降为顺。

顺气 即降逆下气的治法，用于气逆证。

顺证 病情由重转轻，向好的方向发展叫顺证。

鬼胎 ＝葡萄胎。

食积 又称积滞。表现为纳呆，恶食，恶心，脘腹痞闷，嗳腐吞酸，大便稀溏，舌苔厚腻。＝慢性消化不良。

胞衣 ＝胎盘。

胞脉 ＝子宫内膜。

胞室 ＝子宫。

胞宫 ＝子宫。

脉 指脉管，即血管，包括动脉、静脉及毛细血管。

脉结代 泛指脉律不齐。

脉象 脉诊所得脉搏的形象，包括频率、节律、充盈度、强度、幅度、动势诸方面的综合。

脉象冲和 指有胃（徐和之象），有神（柔和有力）之脉。冲和之脉见于平脉，亦见于病脉，如孕妇脉来滑数冲和，又如脉虽细弱，仍有徐和之象，不是完全无力，仍属冲和之象。

胎动不安 妊娠期出现腰酸、腹痛、胎动、下坠感，甚至阴道少量出血。又称胎气不安。＝先兆早产。

胎黄 ＝新生儿黄疸。

胎漏 亦称胞漏或漏胎。妊娠期阴道少量出血，时下时止，或淋漓不断，而无腰酸腹痛者。＝先兆流产。

急下存阴 当热病耗伤津液之际，急用通下药以泻实热，以免津液进一步耗损，叫急下存阴。

疮疡 泛指体表部位的各种感染性疾病，包括疔疮、疖肿、痈疽、流痰、流注等。

类中风 由内风所致之中风叫类中风。即通常所称之中风，又称卒中。轻者表现为中经络，重者表现为中脏腑。

逆传心包 温病不按卫气营血次序传变，由卫分（肺）突然陷入营分（心包）为逆传心包。

逆证 病情突然恶化由轻转重，向坏的方向发展叫逆证。

逆治 即正治，见正治。

烂喉丹痧 又称丹痧。＝猩红热。

室女 未结婚的女性，即处女。

客 用作动词，寄居他乡，停留异地之意，借指病邪侵犯身体某部位，如寒邪客肺。

语言不利 指语言障碍，发音困难或吐词不清。

语言謇涩 由于中风所致舌强不能言，发音困难或模糊不清。

语音重浊 简称声重。由于鼻塞，气道不畅通而发音低沉重浊（鼻音），为肺气不宣的症状。

祛湿 祛湿的治法包括芳香化湿、苦温燥湿及淡渗利湿。

神乱 ＝精神错乱。

神明 ＝神志，神识。

神昏 ＝昏迷。

神阙 ＝脐。

柔肝 治法用语，用滋养肝阴之药，以收敛过旺的肝气，功与滋阴潜阳近似，如白芍功效为柔肝止痛、平抑肝阳。

结代脉 为节律不齐脉的总称，包括结脉、代脉及促脉三种。

结核 泛指一切皮肉之间的圆形肿块。包括皮下囊肿、皮下结节、肿大的淋巴结以及肿瘤。

结胸 指热与水或热与痰结于胸腹，表现为心下胃脘或至少腹的硬满疼痛。

结喉 指男子颈前方突起处，即甲状软骨。

络脉 为经脉的分支,纵横交错网络全身,把人体所有的器官组织联结成一个统一的有机整体。

绝汗 又称脱汗，见于亡阴、亡阳之际。

十　画

顽疾 又称顽症，指难治或久治不愈的病症。

顽痹 又称尪痹，见尪痹。

顽痰 指顽固难愈的痰证。顽痰多胶结胸膈发为痰饮、哮喘，或结为气痰、瘀痰滞留多处形成痰核、瘰疬、肢体顽麻等病。

热入心包 即温热病的营分证，表现为高热、神昏、谵语。

热入血室 经期、行经前后，或产后恶露未尽之时，出现下腹部或胸胁下硬满疼痛及发热（寒热往来无定时）。≈急性盆腔炎。

热因热用 为反治法之一。热因热用意为以热治热，即用热性方药治疗热证（其实是真寒假热证）。

热毒 即火毒。见火毒。

热淋 淋证属膀胱湿热证，其中热象明显者称热淋。

热痹 是痹证的一种，即风湿热痹，表现为关节红肿热痛。

热（气）疮 ＝单纯疱疹；发热时出现的一种急性疱疹性皮肤病，多发生在唇缘、口角、鼻孔附近。

恶（wù）寒发热 恶寒与发热同存，为外感病表证的热型。

恶阻 ＝妊娠呕吐。

真中风 由外风侵袭而引发之中风称真中风。此种中风仅表现为中经络。

真心痛 ＝心绞痛。

破气 行气作用之峻烈者叫破气，具有散结导滞的作用。

破伤风 ＝破伤风。

破血 活血祛瘀作用之峻烈者叫破血。

逐水 用猛烈泻下药，引起剧烈腹泻，使体内水液排出的治法叫逐水。

顿咳 ＝百日咳。

峻下 即逐水。见逐水。

缺血性中风 ＝缺血性脑血管病。

缺盆 ＝锁骨上窝。

积聚 又称癥瘕，见癥瘕。

透邪 又称达邪，即用辛凉解表法治风热表证，使病邪往外透达。

透表 即透邪、透疹一类的治法。

透疹 麻疹、风疹之类病，在皮疹透发不畅或应出未出之时，采用辛凉解表一类的治法，使其顺利出疹，不致发生变证，叫透疹。

倒经 又叫逆经，经行吐衄。在月经周期中或行经前后出现周期性吐血或衄血的病证。

息风 指平息内风的治法。

息粗 呼吸气息粗糙、急迫，见于实证。

息微 呼吸浅表，气息微弱，见于虚证。

釜底抽薪 用抽去灶中的柴火以降低釜中温度，来比喻通大便以泻去实热证的治法。

胸阳不振 即心阳虚。

胸胁停饮 ＝胸水。

胸痞 指胸中满塞不痛。若胸中满塞兼痛者则为结胸。

胸痹 ＝冠心病。

脏躁 ＝癔病。

脐风 ＝新生儿破伤风。

脐突 ＝脐疝。

脑鸣 即耳鸣。

脑漏 病名，鼻渊的俗称。

高骨 手腕近拇指一侧有显著隆起的部分称高骨，即桡骨茎突处。

症 ＝症状。

疳 又称疳病或疳证，泛指小儿营养不良及其合并症。表现为营养不良、面黄肌瘦、消化不良、腹部膨胀、慢性腹泻等。轻度者称疳气，中度者称疳积，重度者称干积。

病 又称病名。中医的病名和西医的病概念完全不同。中医的病名不具有独立的诊断价值，只是几个有关联症的组合。例如，痢疾是下利赤白黏冻、里急后重症状的组合，各种类型的痢疾皆包括在内。

病机 病因启动后，引发疾病的病理过程称病机，病因、病机常连用称病因病机。

病进 指病情恶化或加重。

病退 指病情好转或向愈。

疽 分有头疽与无头疽两种。有头疽是发于肌肤间的阳性疮疡，相当于西医所称之痈及蜂窝织炎。无头疽的发病部位深在筋骨，初起漫肿无头，多为阴性，相当于西医的慢性骨髓炎、骨关节结核等深部慢性感染。

痄腮 ＝流行性腮腺炎。

痈 中西医痈的概念不同，中医的痈相当于西医的脓疱或脓肿。发生在体表皮肉部位的急性化脓性感染称外痈，相当于西医的脓疱；发生在内脏的化脓性感染称内痈，相当于西医的脓肿，如肺痈即肺脓肿。

疰夏 ＝小儿夏季热。

粉刺 又名酒刺。＝寻常痤疮。

益火补土 是温肾阳而补脾阳的一种治法，又称温肾健脾法或温补脾肾法。适用于肾阳式微而致脾阳不振之证。

消导 即消食化滞，是消除食滞以恢复脾胃运化功能的治法。

消法 八法之一。有消散、消导之意。使积聚之实邪渐消缓散的治法。适应于气滞、血瘀、肿瘤、结石、食滞、水肿诸证。

消渴 ≈糖尿病、尿崩症。

消瘅 ＝消渴之古名。

浮火 为阳虚至极，欲亡之象，见于阴盛格阳于外，真阳外逸将亡之际。

涤痰 用峻烈祛痰药荡涤顽痰的治法。

流火 ＝小腿部位的丹毒。

流注 是由它处病灶的毒邪，转移扩散到深部肌肉，停留住了而发生的脓肿，具有初起微肿，结块不甚明显，皮色如常，发生无固定部位的特点。≈寒性脓肿。

流痰 好发于骨关节间，起病缓慢，化脓亦迟，溃后流脓清稀，或夹有干酪样物质，不易愈合而形成瘘管。≈骨关节结核、慢性骨髓炎。

润燥 是使用滋润药以治疗燥证的治法。

浸淫疮 ＝急性湿疹。

家 指患者，如称失血患者为亡血家。

调气 即理气，包括行气、降气，以治气滞、气逆证。

调和营卫 是解除风邪以纠正营卫不和的治法，代表方为桂枝汤。

通因通用 是反治法之一，是以通治通的治法，即用通利方法以治疗表象。通泄，实际上是因阻滞而欠通畅的病证。适用于湿热痢、湿热淋、瘀血性崩漏、热结旁流等真塞假通之证。

通阳 是阳气被寒邪或湿邪阻碍时，使用祛寒方药或祛湿方药使阻碍的阳气得以宣通的治法。

绣球风 ＝阴囊湿疹。

十 一 画

理气 又称调气。又分行气及降气，前者用于气滞证，后者用于气逆证。

培土生金 即补脾益肺法，用于治脾虚进而脾肺两虚之证。

培土抑木 即健脾疏肝法，用于治肝脾不和证。

黄水疮 ＝脓疱疮。

黄胖病 ≈钩虫病。

萎黄 由虫积、食滞所致慢性营养不良，表现为面黄肌瘦，皮肤干燥不润泽，倦怠乏力，纳呆便溏等。

营卫不和 营是汗液的物质基础，卫指卫于体表的阳气。营卫不和是指太阳中风（表虚）证的自汗而言。

营气 是与血共行于脉中之气，营与血的关系极为密切，可分而不可离，故常“营血”并称。

营分证 是温病卫气营血辨证的第三阶段，由气分证传变而来，是温热病邪内陷的深重阶段。表现为高热，神昏，谵语，斑疹隐现，舌红绛，脉细数。

虚里 即心尖搏动处。

雀目 ＝夜盲症。

悬饮 ＝渗出性胸膜炎，多为结核性胸膜炎。

趺阳脉 又名冲阳脉，位于足背动脉搏动处。

蛊病 又称蛊胀。＝血吸虫病肝硬化。

蛇皮癣 ＝鱼鳞病。

蛇串疮 ＝带状疱疹。

崩漏 在非经期，阴道大量出血称崩中，出血淋漓不断称漏下，合称崩漏。若经期延长，达3周以上，称经崩或经漏，亦属崩漏范畴。

秽浊 ①指秽浊之气，为一种中伤人体的污秽混浊之气，以及“山岚瘴气”之类的病邪。②指体内排出的污秽混浊之物。

敛阴 即收敛阴气的治法，用于阴津耗散而病邪已衰退的病证。

脚气 ≈维生素B_1缺乏性脚气病，或营养不良性水肿。

脚湿气 ≈足癣。

脱气 =虚脱。

脱汗 又称绝汗，见于亡阴、亡阳之时。

脱肛 =直肠脱垂。

脱证 ①虚证为慢性消耗不足之证，分气虚、血虚、阴虚、阳虚四种；而脱证为急性亡失之证，分气脱、血脱、亡阴、亡阳四种。久虚虽可致脱，亦可无久虚而突发暴脱。总之脱证是病情急骤的危重阶段。=虚脱，休克。②中风，有神志障碍者称中脏腑，又有闭证与脱证之分。其中重度神昏者为脱证。=深昏迷。

脱骱 =关节脱臼。

脱（骨）疽 =血栓闭塞性脉管炎。

麻风 =麻风。

麻疹 =麻疹。

盗汗 =睡时出汗，醒后汗止的异常出汗症状，见于阴虚证。

清气 指水谷精气中的轻清部分。

清法 为八法之一，即治疗实热证的清热法。

清窍 ①指上窍；②指脑。

淋证 表现为小便频数短涩，滴沥刺痛，欲出未尽，小腹拘急或痛引腰腹的病证。

淋浊 淋证之有小便混浊者称淋浊。

惊风 =小儿惊厥。

宿疾 指旧有的疾病，与新病相对而言。

堕胎 凡妊娠12周内，胚胎自然殒堕者称堕胎。=早期流产。

胬肉攀睛 =翼状胬肉。

绿风内障 =青光眼。

十 二 画

厥阴病（证） 伤寒六经辨证，是三阴病发展的最后阶段。在此阶段正气和病邪相争于内，表现极为错综复杂，厥热胜复，寒热交错为其特点。

厥证 指突然昏倒，神志不清，或有四肢逆冷，短时间内可以苏醒。=昏厥，晕厥。

紫斑 =紫癜。

遗溺 =遗尿。

蛔厥 =胆道蛔虫病。

喉风 指发病急速，病势严重，咽喉肿痛剧烈，痰涎壅盛，呼吸困难的病证。又分急喉风、烂喉风、缠喉风及锁喉风四证。

喉痧 又称烂喉丹痧或丹痧，=猩红热。

喉痹 即咽喉肿痛，=咽喉炎。

喑 又称“瘖”，即失音。

黑睛 即眼睛的黑色部分，相当于角膜部分。

短气 呼吸困难，气不接续，短而促，浅而快，见于虚喘。

鹅口疮 又称雪口。=口腔念珠菌病。

鹅掌风 =手癣。

筋 指附着于骨关节处的肌腱。

筋惕肉瞤 即肌肉抽掣跳动，其病机与“身瞤动”基本相同，不过津液损伤的程度更甚。

舒肝 即疏肝。

脾约 古病名，指脾虚津少，肠液干燥以致大便坚硬难出的病证。≈习惯性便秘。

痞块 指上腹之硬块，属积证范畴。＝肝脾肿大。

痞满 自觉脘腹痞塞不通，满闷不舒，但检查腹部未能触得肿块。

痢疾 ＝痢疾。

痧 痧的概念含混不清，其临床表现多样，实际上是一类病证的概称，有热痧、暑痧、瘟痧、绞肠痧等诸种痧之分。简言之，痧是感受秽浊之邪、不正之气，多发于夏秋的一类时病。表现有发热、闷乱、腹痛，吐泻或出疹等多种症状。实际上一些温病、中暑、瘟疫、干霍乱等也包括在其中。

善 ①长于。如肉桂善通血脉。②易于。如“肝郁患者善太息”“中消患者消谷善饥”。

滞下 为痢疾之古称。

滞颐 小儿常流口涎而渍于颐下，故名。

湿土 指脾。

湿毒 ＝慢性湿疹。

湿疮 ＝湿疹。

湿浊 指湿邪。湿邪为患，表现为口中发黏，舌苔垢腻，胃纳呆滞，脘腹闷胀，大便溏泻，故称湿浊。

湿热痢 ＝急性菌痢。

湿温 为温病病种之一。≈伤寒、副伤寒。

温法 为八法之一，即温里法，是用温热方药以祛除寒邪的治法。

温病 是感受四时不同的温邪所引起的多种急性热性病的总称。伤寒与温病是外感病的组成部分。温病学虽后起于伤寒论，但由于切合临床实际，应用更为广泛。

滑胎 凡堕胎、小产连续发生 3 次以上者称滑胎。＝习惯性流产。

滋水涵木 即滋养肝肾法，是滋养肾阴以养肝阴的治法。用于肝肾阴虚而肝阳偏亢之证。

寒因寒用 为反治法之一，是以寒治寒，即用寒性方药治疗真热假寒证。

强中 即阴茎异常勃起。

疏风 是使用善于祛风的药物以疏散外感风邪的治法。

疏表 即疏解表邪，是使用发表作用较弱的解表药，不一定引起出汗即能解除表证的治法。

（腓肠）**转筋** ＝腓肠肌痉挛。

十 三 画

暗产 ＝自然流产。

错经 即经行便血，每在行经时出现大便下血，而经血量减少。

微热 即低热。

腠理 概括皮肤的孔隙，皮下的空隙及肌肉的间隙。

腧穴 即穴位。

解肌 是外感表证有汗的治法，如桂枝汤为辛温解肌方，柴葛解肌汤为辛凉解肌方。

解痉 即镇痉，又称息风。

解颅 指头颅骨缝分裂，前囟扩大不闭合，见于重症佝偻病及脑积水。

痹 指闭塞不通之意。如胸痹、脉痹、痹证。

痹证 风、寒、湿、热、痰、瘀等邪闭阻经路，致气血运行不畅，发为关节、肌肉疼痛，或有肿胀变形。＝风湿病。

痼疾 指久治不愈的顽固性疾病。

痿证 是肢体痿弱废用，筋弛不收的一类病证，多见于下肢。≈脊髓病变导致的截瘫或轻瘫。

痰浊 指广义的痰证。痰浊上干清窍则头目眩晕，滞于胸中则胸闷咳喘，阻于胃则恶心呕吐，流窜经络则结为痰核瘰疬等。

痰核 为皮下肿起如核的结块，结块多少不一，不红不肿，一般不化脓溃破，多为淋巴结核。

廉 指侧或面之意。如上廉即肢的上侧或上面，内廉即肢的内侧或内面。

新感 温病中感受病邪立即发病者称新感温病。

溏 大便稀薄为溏。如便溏、溏泄。

塞因塞用 为反治法之一，意为以塞治塞，实为以补开塞，即用补益方药治疗因虚而闭塞的真虚假实证或本虚标实证。如用补脾法治脾虚腹胀。

缠腰火丹 又名缠腰蛇丹。=（腰腹部或胸胁部的）带状疱疹。

十 四 画

截疟 在疟疾发作前进行治疗以制止再次发作称截疟。

嘈杂 指胃脘似饥非饥，似辣非辣，似痛非痛的一种莫可名状的症状。

鼻衄 =鼻出血。

鼻痔 =鼻息肉。

鼻渊 =副鼻窦炎。

鼻鼽 为以阵发性发作鼻痒、喷嚏、流清涕为主要特点的慢性鼻病。≈过敏性鼻炎。

膏粱厚味 膏为肥肉，粱为细粮。膏粱厚味泛指油脂浓厚的荤腥美味。

瘖 同“喑”，即失音。

精微 饮食经过消化吸收的精微部分，通称水谷精微。

漏肩风 =肩关节周围炎。

十 五 画

聤耳 又称脓耳。=化脓性中耳炎。

横痃 各种性病所致的腹股沟淋巴结肿大。

噎膈 ≈食管癌、贲门癌、食管贲门失弛缓症。

嘶嗄 又称音哑，即声音嘶哑。

镇痉 又称解痉，即息风。

瘛疭 即俗称之抽风。=抽搐。

潜阳 是治阴虚而肝阳上亢的治法，又分重镇潜阳及滋阴潜阳，二者常结合运用。

潮热 指发热如潮水定时而至，多在每日午后出现。多见于内伤，如阴虚潮热，骨蒸潮热。亦见于外感病，如湿温潮热，阳明日晡潮热。

谵语 指高热神志不清时的胡言乱语，属实证。

十 六 画

醒脾 脾为湿邪所困之际，运用祛湿药使脾的运化功能得以复苏叫醒脾，意同运脾。

霍乱 古人把上吐下泻并作的病都叫霍乱。≈霍乱、急性肠胃炎。

噫气 又称嗳气。

瘰疬 =颈部结核性淋巴结炎。

瘿病 =甲状腺肿大诸病。

癃闭 癃指小便不利，量少，点滴而出；闭指小便不通。癃闭概指排尿困难。≈尿潴留、无尿症。

瘾疹 俗称风疹块。=荨麻疹。

十 七 画

戴阳 因下焦虚寒而阳气浮越于上，为下真寒上假热的证候，属阴盛格阳所致真寒假热的一种表现。

戴眼 俗称翻白眼，指目睛上视不能转动的危重症状。

瞳神 又称瞳仁。=瞳孔。

髀骨 =股骨。

臌胀 =腹水。

膻中 前胸正中，两乳的正中间部位。

臁疮 指发生在小腿部位的慢性溃疡。

燥湿 指祛除中焦湿邪的治法，又分苦温燥湿及苦寒燥湿。

豁痰 意同涤痰、逐痰，即豁痰醒脑，此法用于治疗痰涎壅盛而有神志障碍之痰证。

謇 为转动艰难之意。如舌謇则语言不利，称语言謇涩。

十八画以上

巅 头顶部。

蟹足肿 =瘢痕疙瘩。

癥瘕 又称积聚。腹内有块，可触及，坚硬不移，痛有定处为癥，又称积；腹内有不定形之物，但聚散无常，推之游移不定，痛无定处为瘕，又称聚。

髓 包括骨髓、脊髓及脑髓三种，均属于肾，为肾中精气所化生。

癫狂 =精神病。

蠲 为祛除之意。如蠲痹、蠲毒。